D1701022

SPORT

REGELN ■ TECHNIK ■ TAKTIK

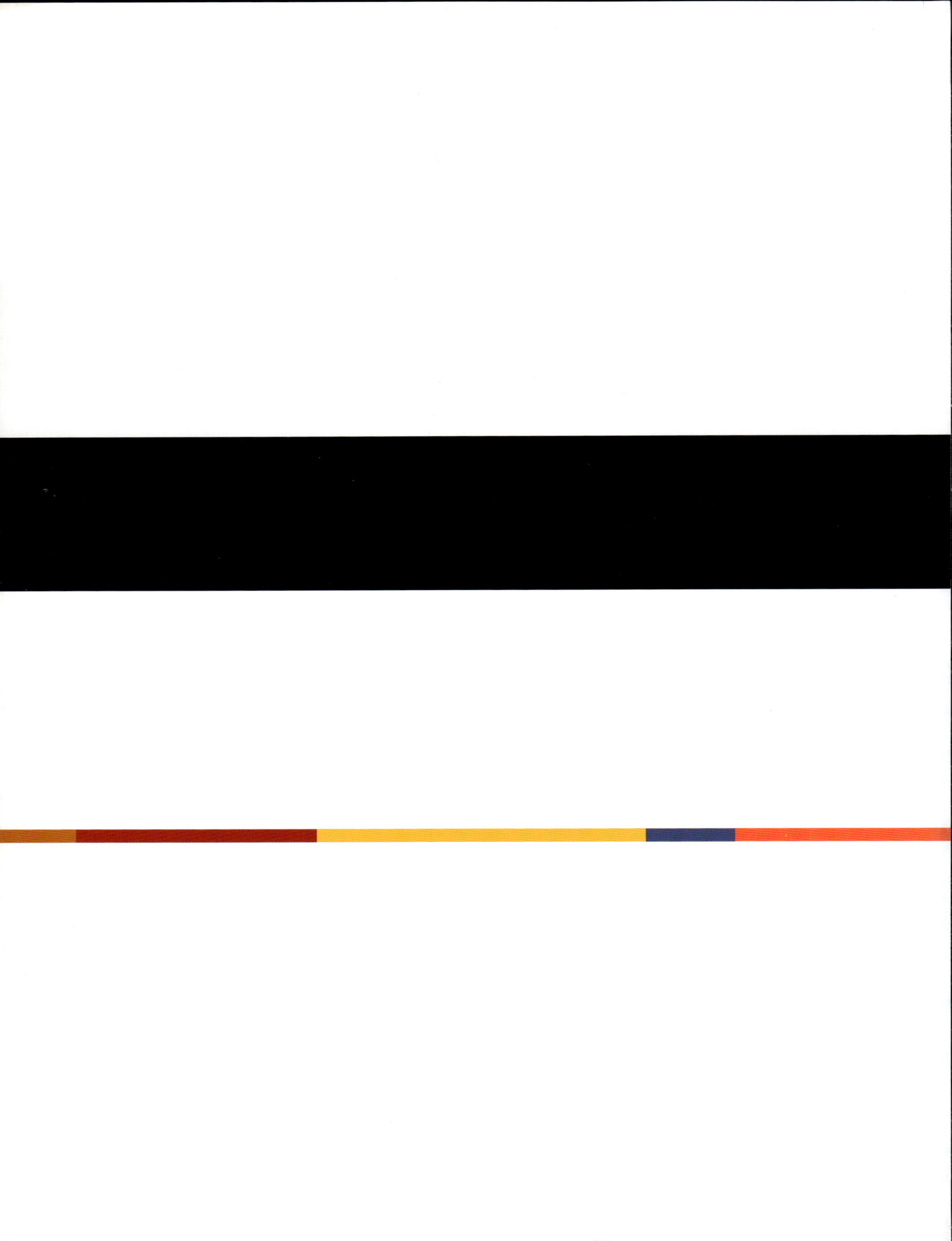

DK

ÜBER 200 SPORTARTEN

SPORT

REGELN ▪ TECHNIK ▪ TAKTIK

London, New York, Melbourne, München und Delhi

Vierte Ausgabe:
Cheflektorat Stephanie Farrow
Redaktion Ed Wilson
Redaktionsassistenz Satu Fox
Bildredaktion Lee Griffiths, Katie Cavanagh
Herstellung Ben Marcus, Rachel Ng

Erste Ausgabe:
Cheflektorat Stephanie Farrow
Lektorat David Summers
Projektbetreuung Tarda Davison-Aitkins, Richard Gilbert, Philip Morgan, Sean O'Connor, Chris Stone
Bildredaktion Michael Duffy, Lee Griffiths, Adam Walker, Angela Won-Yin Mak, Phil Fitzgerald, Phil Gamble, Brian Flynn, Anna Hall, Dave Ball
Herstellung Shane Higgins, Sharon McGoldrick
Illustrationen Mike Garland

Für die deutsche Ausgabe:
Programmleitung Monika Schlitzer
Projektbetreuung Kerstin Uhl, Manuela Stern
Herstellungsleitung Dorothee Whittaker
Herstellungskoordination Madlen Richter
Herstellung Kim Weghorn

Bibliografische Information der Deutschen Bibliothek
Die Deutsche Bibliothek verzeichnet diese Publikation in der Deutschen Nationalbibliografie; detaillierte bibliografische Daten sind im Internet über **http://dnb.ddb.de** abrufbar.

Titel der englischen Originalausgabe:
The Sports Book

Übersetzung und Satz Brigitte Rüßmann und Wolfgang Beuchelt, Scriptorium, Köln
Redaktion Erwin Klein, Kontor 11 Grafikdesign, München

ISBN 978-3-8310-2656-2

Colour reproduction by MDP, England
Printed and bound in China

Besuchen Sie uns im Internet
www.dorlingkindersley.de

LEGENDE

Die Sportarten sind mit Piktogrammen versehen, die sie einer bestimmten Sportkategorie zuordnen (entsprechend der Kapiteleinteilung). Sie geben auf einen Blick gebündelte Informationen über die Sportart, wie etwa, ob es sich um eine Team- oder Einzelsportart handelt, wie lange die Spielzeit ist oder ob es Wertungsrichter gibt.

KATEGORIEN

LEICHTATHLETIK UND MEHRKAMPF

TURNEN UND KRAFTSPORT

TEAMSPORT

RÜCKSCHLAGSPIELE

KAMPFSPORT

WASSERSPORT

WINTERSPORT

PRÄZISIONSSPORT

SPORT MIT TIEREN

MOTORSPORT

SPORT AUF RÄDERN

EXTREMSPORT

ZEITNAHME
Bei diesen Sportarten geht es darum, die schnellste Zeit zu erzielen.

DISTANZ
Bei diesen Sportarten geht es darum, die größte Weite zu erzielen.

ERGEBNIS
Bei diesen Sportarten geht es darum, die höchste Punkt- oder Torzahl zu erzielen.

WERTUNGSRICHTER
Bei diesen Sportarten wird die Leistung der Sportler von Wertungsrichtern beurteilt.

SPIELDAUER
Dauer an Spielzeit, die beispielsweise für einen Mannschaftssport angesetzt wird.

TEAM- ODER EINZELSPORTART
Diese Piktogramme besagen, ob der Sport vorwiegend von Einzelsportlern oder Mannschaften ausgeübt wird.

INHALT

KAMPFSPORT

WASSERSPORT

WINTERSPORT

PRÄZISIONSSPORT

SPORT AUF RÄDERN

MOTORSPORT

SPORT MIT TIEREN

EXTREMSPORT

EINLEITUNG

Seitdem die antiken Griechen zum ersten Mal ihre Spiele in Olympia veranstalteten, haben sich Laufen, Springen und Werfen beachtlich weiterentwickelt. Damals gab es nur eine einzige Disziplin, den Stadionlauf – heute gibt es Hunderte von Sportarten. Angesichts dieser Menge ist es nicht verwunderlich, dass eigentlich niemand sie alle kennt, geschweige denn über ihre Regeln Bescheid weiß. Und so entstand die Idee zu diesem Buch. Denn hier beschreiben wir detailliert mehr als 200 Sportarten. So können Sie die unterschiedlichsten Fakten nachschlagen – ob Sie nun wissen möchten, worauf es den Wertungsrichtern beim Synchronspringen ankommt, was ein »Madison-Rennen« und wer oder was ein »Gyoji« ist.

Früher war es üblich, sich alle vier Jahre vor dem Fernseher zu versammeln, um fasziniert die Olympischen Spiele zu verfolgen. Dabei stieß man immer wieder auf Sportarten, die man kaum kannte und deren Punktesystem man nicht verstand. Dann kamen das Kabelfernsehen und die Sportkanäle, und heutzutage passiert es uns noch viel häufiger, dass wir beim Hin- und Herschalten auf irgendeinem Kanal einen uns vollkommen fremden und neuartigen Sport entdecken.

Auf den folgenden Seiten finden Sie viele spannende Informationen zu all den faszinierenden und manchmal verrückten Sportarten, die die Menschheit erfunden hat. Sie können sich über Regeln informieren, Statistiken nachschlagen oder herausfinden, welche Ausrüstung benötigt wird, was erlaubt ist und was nicht, und worüber der Kommentator gerade wieder redet. Dieses Buch macht Sie zum absoluten Sofa-Sportexperten, der einen »Migi-Men« oder einen »Alley Oop« jederzeit sicher erkennt.

Sieht man einem Weltmeister im Fernsehen zu, lässt sich oft nicht beurteilen, wie viel Können und Training hinter seiner Perfektion steckt. Wie schwierig kann es schon sein, diesen kleinen weißen Ball über die paar Bäume, zwischen den Bunkern hindurch auf die andere Seite des Sees zu spielen? Was ist schon dabei, auf diesem Holzbalken einen Rückwärtssalto zu machen oder sich mit einem Stab in die Höhe zu katapultieren? Bei den Top-Sportlern sieht das doch so einfach aus. Aber in Wirklichkeit ist es der Erfolg harter Arbeit, und wir hoffen, dass dieses Buch auch zeigt, was es bedeutet, bei einer dieser Disziplinen im Wettkampf anzutreten. Viele Sportarten haben sich im letzten Jahrhundert enorm ausgebreitet und auf beeindruckende Weise weiterentwickelt. Es sind viele internationale Sportveranstaltungen entstanden, die ein wichtiges Mittel der Völkerverständigung darstellen. Sport ruft starke Emotionen wie Begeisterung und Verzweiflung hervor und ist für Millionen Menschen auf der Welt enorm wichtig. Und ich habe bei meinen Recherchen zu diesem Buch noch etwas gelernt: Sport macht süchtig!

Wir verfolgen begeistert nicht nur den Sport, den wir selbst betreiben, sondern sind von jeder neuen Sportart wieder aufs Neue fasziniert. Vielleicht entdecken Sie beim Durchblättern dieses Buches eine für Sie ganz neue Sportart und fühlen sich inspiriert, Atlatl oder Strandsegeln einmal auszuprobieren. Das wäre großartig! Vielleicht wissen Sie aber auch einfach beim nächsten Großereignis besser Bescheid, was da auf dem Bildschirm vor sich geht. Auch das würde mich freuen.

Stellen Sie sich vor, Sie könnten beim nächsten Sport-Quiz alle Fragen mit Leichtigkeit beantworten (geben Sie es zu, Sie haben auch schon einmal mitgemacht!), könnten Ihren Freunden erklären, was beim Australian Football der Unterschied zwischen »Tor« und »Behind« ist, und glänzten beim »Trivial Pursuit«, weil Sie wissen, was man auf einem »Shiajo« macht.

Oder noch besser: Sie finden die perfekte Sportart für sich oder probieren einfach etwas Neues aus. Es gibt in der Welt des Sports viel mehr zu erleben als Fußball, Handball, Tennis und Tischtennis. Wer weiß, vielleicht entdecken Sie an sich ein verborgenes Talent, und wir alle können Sie bei den nächsten oder übernächsten Olympischen Spielen bewundern!

Ich hoffe, dass Sie unter den über 200 Sportarten in diesem Buch einige entdecken, die Sie spannend finden. Wir möchten uns bei den vielen Verbänden und Dachverbänden bedanken, die uns Informationen zur Verfügung gestellt haben. Aber bevor uns der Verband des Kinderwagen-Rennsports mit Spielzeug bewirft, gebe ich gerne zu, dass es bestimmt viele Sportarten gibt, die wir übersehen haben. Das lässt auch Raum für neue Bücher über all die schönen und verrückten Wettkämpfe dieser Welt, die es noch zu erkunden gibt. (Also aufgepasst, Ihr Schlammschnorchler und Rasenmäher-Rennfahrer, auch Eure Zeit wird kommen!)

Ich wünsche Ihnen viel Freude mit diesem Buch!

RAY STUBBS
Ehemaliger Fußballprofi,
BBC-Sportmoderator

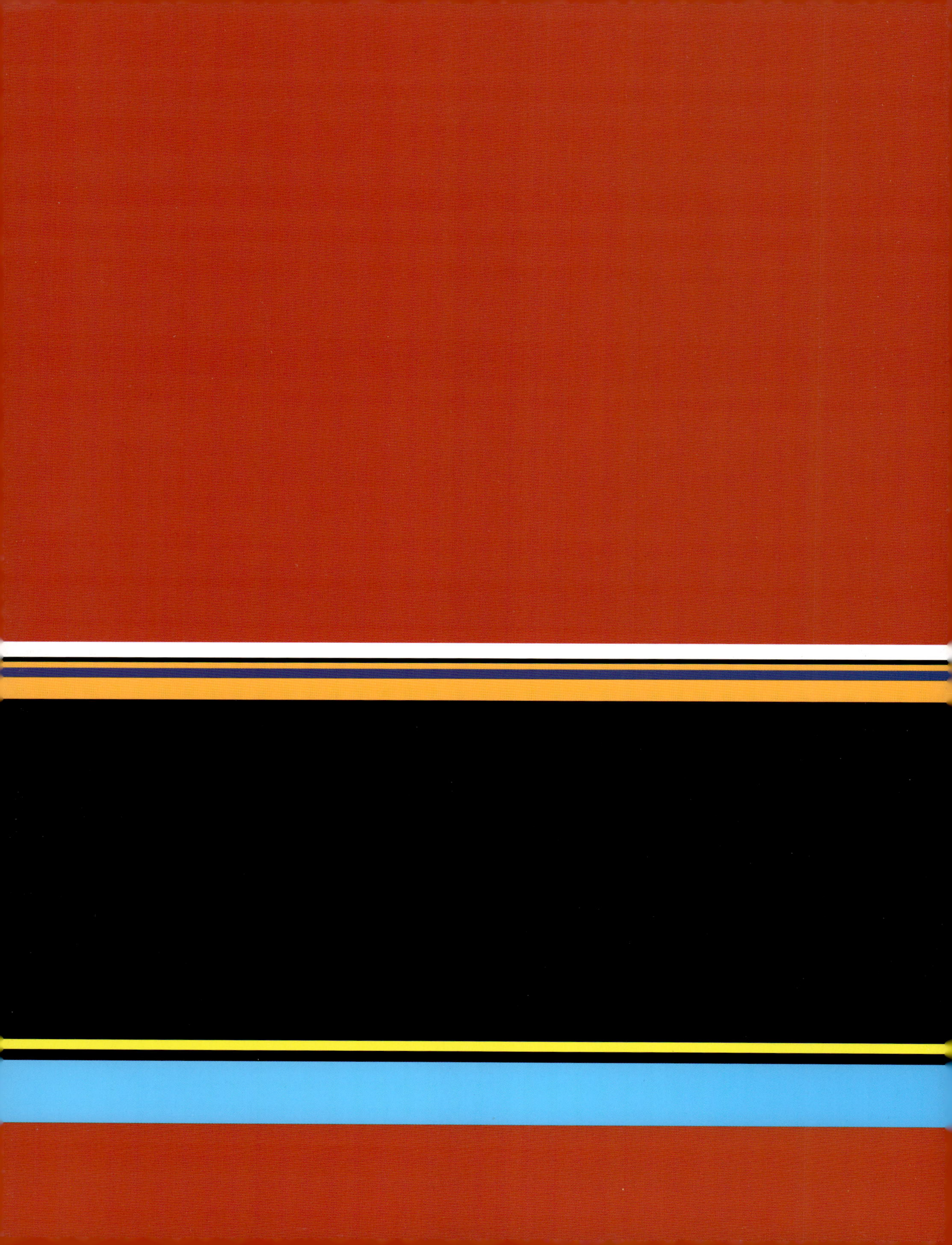

OLYMPISCHE SPIELE

DIE OLYMPISCHEN SPIELE

DIE SPIELE DER ANTIKE

Um etwa 500 v. Chr. fanden in ganz Griechenland Sportfeste statt. Die berühmtesten waren die Olympischen Spiele, die zu Ehren des Zeus alle vier Jahre in Olympia ausgetragen wurden. Zu den damaligen Disziplinen zählten Läufe über Kurz-, Mittel- und Langstrecke, Fünfkampf, Boxen und Ringen. Die – ausschließlich männlichen – Athleten traten meist nackt gegeneinander an.

DIE OLYMPISCHEN SPIELE DER NEUZEIT

Die Römer eroberten Griechenland im 2. Jahrhundert v. Chr. und verboten die Olympischen Spiele. Erst 1892 griff der Franzose Pierre de Coubertin die zu dieser Zeit kursierende Idee auf, die Spiele wiederzubeleben. Er überzeugte die Union des Sports Athlétiques in Paris, ihn in seiner Vision zu unterstützen, und betonte vor allem das Potenzial der Olympischen Spiele, die Nationen der Welt in einem gemeinsamen Anliegen zu einen. Auch auf dem Internationalen Leibeserzieherischen Kongress 1894 kämpfte er für seine Idee und erreichte einen Beschluss zur Wiederbelebung der Olympischen Spiele. Die Organisation wurde dem Internationalen Olympischen Komitee (IOC) unter Leitung des Griechen Demetrius Vikelas übertragen, einem der glühendsten Unterstützer Coubertins.

ATHEN

06. – 15. APRIL 1896 SPIELE DER I. OLYMPIADE

Ursprünglich sollten die Spiele in Zusammenhang mit der Weltausstellung 1900 in Paris stattfinden, wurden dann aber doch als eigenständige Veranstaltung in Athen geplant und auf das Jahr 1896 vorverlegt. Die Neuauflage der Olympischen Spiele zog Athleten aus 14 Nationen, darunter Griechenland, Deutschland, Frankreich und Großbritannien, an.

SPORTLICHE HIGHLIGHTS

- Der Amerikaner James Conolly war nach 1500 Jahren erster Olympiasieger im Dreisprung.
- Nachdem er bereits drei Titel im Geräteturnen errungen hatte, holte sich der deutsche Athlet Carl Schumann einen vierten im Ringen.
- Keinen Wettkampf wollten die griechischen Gastgeber lieber gewinnen als den historisch bedeutsamen Marathon. Ihr Wunsch wurde erfüllt: Spyridon Louis siegte mit über sieben Minuten Vorsprung.

14 Nationen **241** Athleten
9 Sportarten **43** Wettkämpfe

STARPROFIL ALFRÉD HAJÓS

Mit 13 Jahren beschloss Alfréd Hajós, ein überdurchschnittlicher Schwimmer zu werden, nachdem sein Vater in der Donau ertrunken war. Bei den ersten olympischen Schwimmwettkämpfen, die in 13 °C kaltem Wasser in der Bucht von Zéa vor Athen stattfanden, gewann er innerhalb eines Tages über 100 m und 1200 m Freistil. Für die längeren Strecken wurden die Athleten per Boot in offenes Wasser gebracht und mussten zurück an Land schwimmen.

PARIS

15. MAI – 28. OKTOBER 1900 SPIELE DER II. OLYMPIADE

24 Nationen **997** Athleten
18 Sportarten **95** Wettkämpfe

STARPROFIL ALVIN KRAENZLEIN

Bei den Spielen 1900 gewann der US-Amerikaner Alvin Kraenzlein den 60-m-Lauf, die 110 und 200 m Hürden sowie den Weitsprung. Seine vier Einzel-Goldmedaillen sind ein einsamer Rekord für einen Leichtathleten bei einer Olympiade. Er errang sie in nur drei Tagen. Der studierte Zahnarzt Kraenzlein wurde später Leichtathletik-Trainer.

Die Spiele 1900 fanden im Rahmen der Internationalen Weltausstellung in Paris statt. Die Organisatoren dehnten die Wettkämpfe über die Dauer der Ausstellung von fünf Monaten aus und spielten ihren olympischen Status eher herunter. Erstmals nahmen Frauen teil, wenn auch nur in wenigen Sportarten, wie Golf und Tennis.

SPORTLICHE HIGHLIGHTS

- Der Amerikaner Ray Ewry gewann drei Goldmedaillen an einem Tag. Sein Name ist aber nahezu unbekannt, weil Ewry seine Leistungen in Sportarten erbrachte, die es heute nicht mehr gibt: Standhochsprung, Standweitsprung und Standdreisprung.
- Die Britin Charlotte Cooper siegte im Tennis-Dameneinzel und wurde erste Olympiasiegerin. Mit ihrem Partner gewann sie auch im Mixed.

ST. LOUIS

01. JULI – 23. NOVEMBER 1904 SPIELE DER III. OLYMPIADE

12 Nationen **651** Athleten
17 Sportarten **91** Wettkämpfe

STARPROFIL **MARTIN SHERIDAN**

Der Amerikaner Martin Sheridan war der beste Allround-Sportler seiner Zeit. Er gewann nicht nur das Diskuswerfen der Spiele 1904 und 1908, sondern 1908 auch das Diskuswerfen im klassischen Stil und den Standweitsprung. Das war zu einer Zeit, ehe Weltrekorde offiziell anerkannt waren – zwischen 1902 und 1911 stellte Sheridan mit dem Diskus 15 »Weltbestleistungen« auf.

Bei den Olympischen Spielen 1904 in St. Louis machte man dieselben Fehler wie bei den Spielen von 1900. Die über viereinhalb Monate ausgedehnten Wettkämpfe gingen im Chaos der Weltausstellung unter. Das allgemeine Desinteresse wurde noch dadurch verstärkt, dass lediglich an 42 der 94 Wettkämpfe Sportler von außerhalb der USA teilnahmen.

SPORTLICHE HIGHLIGHTS

- Einer der bemerkenswertesten Sportler war der amerikanische Turner George Eyser: Er errang sechs Medaillen, obwohl er ein Holzbein hatte.
- Der Ire Thomas Kiely gewann eine frühe Version des Zehnkampfs, bei dem er alle Disziplinen – 100 m, 120 m Hürden, 800 m Gehen, 1600 m, Hochsprung, Weitsprung, Stabhochsprung, Kugelstoßen, Hammerwerfen und 56 Pfd. Gewichtwerfen – an einem Tag absolvierte.

Oben (im Uhrzeigersinn von links) Schwimmolympiasieger Alfréd Hajós, Alvin Kraenzlein, Gewinner von vier Einzel-Goldmedaillen bei einer Olympiade, Schütze Oscar Swahn, der seine erste Goldmedaille mit 60 Jahren errang, und Allround-Sportler Martin Sheridan.

LONDON

27. APRIL – 31. OKTOBER 1908 SPIELE DER IV. OLYMPIADE

22 Nationen **2008** Athleten
22 Sportarten **110** Wettkämpfe

STARPROFIL **OSCAR SWAHN**

Der schwedische Sportschütze Oscar Swahn war bereits 60 Jahre alt, als er 1908 sein erstes olympisches Gold gewann. Er siegte in der Disziplin »Laufender Hirsch Einzelschuss« und holte auch mit der Mannschaft Gold. Außerdem gewann er Bronze im Wettbewerb »Laufender Hirsch Doppelschuss«. Nach dem Ersten Weltkrieg trat er erneut an und gewann mit 72 Jahren eine Silbermedaille.

Die Londoner Spiele von 1908 fanden im White City Stadium statt, das ein Jahr zuvor für die Franco-British Exhibition gebaut worden war. Das Stadion besaß eine Laufbahn und eine Radrennbahn sowie ein großes Schwimmbecken und ein verstellbares Sprungbrett. Frauen nahmen in begrenzter, aber wachsender Zahl an bestimmten Sportarten teil.

SPORTLICHE HIGHLIGHTS

- Als der Italiener Dorando Pietri am Ende des Marathons das Stadion erreichte, lief er in die falsche Richtung und kollabierte. Funktionäre halfen ihm durchs Ziel. Er wurde disqualifiziert, aber seine Tapferkeit machte ihn berühmt.
- Der amerikanische Standsprungspezialist Ray Ewry fügte seinen Erfolgen zwei weitere Goldmedaillen hinzu. Mit insgesamt acht Einzel-Goldmedaillen ist Ewry einer der erfolgreichsten Olympiasieger aller Zeiten.

STOCKHOLM

05. MAI – 27. JULI 1912 SPIELE DER V. OLYMPIADE

28 Nationen **2407** Athleten
14 Sportarten **102** Wettkämpfe

STARPROFIL JIM THORPE

Jim Thorpe gilt vielen als der größte Allround-Sportler aller Zeiten. Allerdings wurden Thorpe seine Medaillen aberkannt, als man herausfand, dass er als bezahlter Spieler in der Minor League Baseball gespielt hatte – bei den Spielen waren nur Amateure zugelassen. Das IOC revidierte seine Entscheidung 1982 und gab die Medaillen an Thorpes Familie zurück.

Organisation und Sportstätten in Stockholm waren makellos und machten die V. Olympischen Spiele zu einem Vorbild für zukünftige Veranstaltungen. Zu den bahnbrechenden technischen Innovationen der Stockholmer Spiele zählten das Fotofinish in der Leichtathletik und die elektronische Zeitmessung in Ergänzung zu den konventionellen Stoppuhren.

SPORTLICHE HIGHLIGHTS

- Jim Thorpe, Amerikaner indianisch-irischer Herkunft, gewann den Fünf- und Zehnkampf mit großem Vorsprung. Bei der Siegerehrung sagte der schwedische König zu ihm: »Sir, Sie sind der größte Athlet der Welt.«
- Hannes Kolehmainen aus Finnland gewann den 5000-m-, 10 000-m- und Einzel-Geländelauf. Außerdem holte er mit der Mannschaft im Geländelauf Silber.

Oben (im Uhrzeigersinn von links): Allround-Sportler Jim Thorpe, Tennisass Suzanne Lenglen, Eisschnelllauf-Sieger Julius Skutnabb, Langstrecken-Champion Paavo Nurmi und Olympiaschwimmer und Filmstar Johnny Weissmüller.

ANTWERPEN

20. APRIL – 12. SEPTEMBER 1920 SPIELE DER VII. OLYMPIADE

29 Nationen **2626** Athleten
22 Sportarten **154** Wettkämpfe

STARPROFIL SUZANNE LENGLEN

Die Französin Suzanne Lenglen war eine der größten Tennisspielerinnen aller Zeiten. Zwischen 1919 und 1926 verlor sie nur ein Match. In den zehn Sätzen, die ihr 1920 den Olympiatitel einbrachten, verlor sie nur vier Spiele. Zusammen mit Max Decugis gewann sie eine weitere Goldmedaille im Mixed und mit Elisabeth d'Ayen Bronze im Doppel.

Nach langen Diskussionen, ob Sportler aus den für den Ersten Weltkrieg verantwortlichen Nationen teilnehmen dürften, schloss das IOC die Vertreter der Mittelmächte (Deutschland, Österreich, Ungarn, Türkei, Bulgarien) aus. Die Zuschauer sahen zum letzten Mal Tauziehen, Gewichtwerfen, 3000 m Gehen und 400 m Brustschwimmen.

SPORTLICHE HIGHLIGHTS

- Der Hawaiianer Duke Kahanamoku errang seinen zweiten Titel in Folge über 100 m Freistil und unterbot dabei seinen eigenen Weltrekord.
- Der italienische Fechter Nedo Nadi errang die Einzeltitel mit Florett und Säbel und führte die Italiener in allen drei Mannschafts-Wettbewerben zum Sieg. Er gewann fünf Fecht-Goldmedaillen bei diesen Olympischen Spielen.

CHAMONIX

25. JANUAR – 05. FEBRUAR 1924 I. OLYMPISCHE WINTERSPIELE

16 Nationen **258** Athleten
6 Sportarten **16** Wettkämpfe

STARPROFIL JULIUS SKUTNABB

Der finnische Eisschnellläufer Julius Skutnabb bestritt 1914 seine erste Weltmeisterschaft. Bei den ersten Winterspielen startete der 34-Jährige in allen Eisschnelllauf-Wettkämpfen. Er holte Silber über 5000 m und Gold über 10 000 m, mit drei Sekunden Vorsprung vor Landsmann Clas Thunberg. Auf Basis seiner Einzelergebnisse erhielt Skutnabb Bronze in der Kombination.

1922 beschloss das französische Olympische Komitee, 1924 in Chamonix eine internationale Wintersportwoche abzuhalten (das IOC ließ Winterspiele erst ab 1926 zu). Leider litten die gut organisierten Wettkämpfe unter widrigen Wetterbedingungen. Die nordischen Länder demonstrierten ihre Überlegenheit in allen fünf Disziplinen, einschließlich Eishockey und Bobfahren.

SPORTLICHE HIGHLIGHTS

- Der Amerikaner Charles Jewtraw war der erste Winter-Olympiasieger. Er gewann Gold im Eisschnelllauf über 500 m, dem ersten Wettkampf der Spiele.
- Der finnische Eisschnellläufer Clas Thunberg gewann dreimal Gold, einmal Silber und einmal Bronze. Thorleif Haug aus Norwegen siegte im 18-km- und 50-km-Skilanglauf sowie in der Nordischen Kombination.

PARIS

04. MAI – 27. JULI 1924 SPIELE DER VIII. OLYMPIADE

1924 wurde nicht nur das olympische Motto »*Citius, Altius, Fortius*« (»Schneller, Höher, Stärker«) eingeführt, sondern auch das Abschlussritual, drei Flaggen zu hissen: die des IOC, die des Gastlandes und die des nächsten Gastlandes. Die Anzahl der teilnehmenden Nationen stieg von 29 auf 44 und belegte die weitverbreitete Akzeptanz der Olympischen Spiele.

SPORTLICHE HIGHLIGHTS

- Der Amerikaner Johnny Weissmüller gewann an einem Tag zwei Goldmedaillen im Schwimmen und eine Bronzemedaille im Wasserball.
- Der finnische Athlet Ville Ritola siegte über 10 000 m und brach seinen eigenen Weltrekord. Außerdem holte er Gold im 3000-m-Hindernislauf und Silber im 5000-m- und 10 000-m-Querfeldeinlauf hinter Paavo Nurmi.

44 Nationen **3089** Athleten
17 Sportarten **126** Wettkämpfe

STARPROFIL PAAVO NURMI

In Paris gelang dem finnischen Läufer Paavo Nurmi eine der größten Leistungen in der olympischen Geschichte. Er siegte zunächst über 1500 m und dann, nach nur zwei Stunden Pause, über 5000 m. Zwei Tage später gewann er den 10 000-m-Querfeldeinlauf und holte mit der Mannschaft Gold. Tags drauf erkämpfte er sich mit der Mannschaft über 3000 m seine fünfte Goldmedaille.

AMSTERDAM

17. MAI – 12. AUGUST 1928 SPIELE DER IX. OLYMPIADE

46 Nationen **2883** Athleten
14 Sportarten **109** Wettkämpfe

STARPROFIL JOHNNY WEISSMÜLLER

Bei den Spielen von Amsterdam siegte der amerikanische Schwimmer Johnny Weissmüller über 100 m Freistil. Zudem war er Mitglied der siegreichen 200-m-Staffelmannschaft. Weissmüller gilt vielen Experten als der größte Schwimmer aller Zeiten. Später übertrug er seinen sportlichen Erfolg auf die Leinwand: Zwischen 1932 und 1948 spielte er in zwölf Filmen den *Tarzan*.

Bei den Spielen von 1928 durften auch Sportlerinnen Turn- und Leichtathletik-Wettkämpfe bestreiten, sodass sich die Zahl der Olympionikinnen verdoppelte. Erstmals wurde das olympische Feuer in einem Turm über dem Stadion entzündet. Athleten aus 28 Nationen gewannen bei diesen Olympischen Spielen Goldmedaillen.

SPORTLICHE HIGHLIGHTS

- Der australische Ruderer Henry Pearce stoppte im Viertelfinale sein Boot, um eine Gruppe von Enten passieren zu lassen. Er gewann das Rennen dennoch und holte sich später die Goldmedaille.
- Percy Williams aus Kanada sprintete sowohl über 100 m als auch über 200 m aufs Siegerpodest.

ST. MORITZ

11. – 19. FEBRUAR 1928 II. OLYMPISCHE WINTERSPIELE

25 Nationen **464** Athleten
4 Sportarten **14** Wettkämpfe

STARPROFIL GILLIS GRAFSTRÖM

Der Schwede Gillis Grafström war ein Pionier des Eiskunstlaufs. Er erfand die nach ihm benannte Grafström-Pirouette, die Sitzpirouette und die eingesprungene Sitzpirouette. Außerdem gewann er mehr Medaillen als jeder andere Eiskunstläufer. Von 1920 bis 1928 war er dreimal in Folge Olympiasieger, 1932 holte er die Silbermedaille.

Die Organisatoren hatten das Glück, in St. Moritz die Einrichtungen eines etablierten Skiorts nutzen zu können. Die Athleten aus 25 Nationen waren voll des Lobes über die Organisation. Erstmalig seit dem Ersten Weltkrieg durften wieder deutsche Athleten teilnehmen. Wie in Chamonix waren die Norweger mit sechs Goldmedaillen das erfolgreichste Team.

SPORTLICHE HIGHLIGHTS

- Die Norwegerin Sonja Henie löste eine Sensation aus, als sie mit erst 15 Jahren im Eiskunstlauf gewann. Ihr Rekord als jüngste Siegerin eines Einzelwettbewerbs sollte 74 Jahre halten.
- Kanada dominierte das Eishockey-Turnier in seinen drei Spielen mit 11:0, 14:0 und 13:0.

LAKE PLACID

04. – 15. FEBRUAR 1932 III. OLYMPISCHE WINTERSPIELE

Trotz der Weltwirtschaftskrise fanden die 3. Winterspiele statt. Leider entwickelten sie sich für die Organisatoren zum finanziellen Desaster. Nur 252 Athleten aus 17 Ländern kämpften um die Medaillen. Mehr als die Hälfte dieser Athleten stammten zudem aus den USA oder Kanada.

SPORTLICHE HIGHLIGHTS

- Das französische Ehepaar Pierre und Andrée Brunet verteidigte im Eiskunstlauf der Paare sein Gold von 1928.
- Der norwegische Skifahrer Johan Gröttumsbraaten siegte in der Nordischen Kombination und verteidigte erfolgreich seinen Titel von 1928.
- Nur vier Mannschaften nahmen am Eishockey-Turnier teil, sodass sie jeweils zweimal gegeneinander antreten mussten. Kanada schlug die USA zuerst 2:1 und sicherte sich dann mit einem 2:2 den Gesamtsieg.

17 Nationen **252** Athleten
4 Sportarten **14** Wettkämpfe

STARPROFIL EDDIE EAGAN

Der Amerikaner Eddie Eagan nimmt in der olympischen Geschichte eine Sonderstellung ein: Er ist der einzige Sportler, der Gold sowohl bei Sommer- als auch bei Winterspielen errang. 1920 schlug Eagan den Norweger Sverre Sörsdal bei den Sommerspielen in Antwerpen im Leichtgewichtsboxen. Zwölf Jahre später siegte er bei den Winterspielen in Lake Placid als Mitglied des Viererbob-Teams.

LOS ANGELES

30. JULI – 14. AUGUST 1932 SPIELE DER X. OLYMPIADE

37 Nationen **1332** Athleten
14 Sportarten **117** Wettkämpfe

STARPROFIL BOB VAN OSDEL

Die beiden Hochspringer Duncan McNaughton und Bob van Osdel waren enge Freunde. Bei den Spielen in Los Angeles vertrat van Osdel die USA, McNaughton startete für Kanada. Das Finale entwickelte sich zu einem Duell zwischen den beiden. McNaughton gewann mit 1,97 m Gold, während van Osdel riss und Silber holte.

Weil die Sommerspiele 1932 mitten in der Weltwirtschaftskrise im für damalige Verhältnisse relativ abgelegenen Los Angeles stattfanden, nahmen nur halb so viele Athleten teil wie 1928. Nichtsdestotrotz war das Niveau der Wettkämpfe extrem hoch: 18 Weltrekorde wurden gebrochen oder eingestellt. Die Spiele dauerten erstmals 16 Tage.

SPORTLICHE HIGHLIGHTS

- Die Amerikanerin »Babe« Didrikson siegte im Speerwerfen, im 80-m-Hürdenlauf und gewann im Hochsprung Silber. Sie hatte durchaus das Potenzial, um noch mehr Goldmedaillen zu erringen, doch Frauen durften nur in diesen drei Leichtathletik-Disziplinen antreten.
- Die amerikanische Schwimmerin Helene Madison siegte über 100 m und 400 m Freistil und brach mit der 4-x-100-m-Freistil-Staffel den Weltrekord.

GARMISCH-PARTENKIRCHEN

06. – 16. FEBRUAR 1936 IV. OLYMPISCHE WINTERSPIELE

28 Nationen **646** Athleten
4 Sportarten **17** Wettkämpfe

STARPROFIL **SONJA HENIE**

Die norwegische Eiskunstläuferin Sonja Henie hatte bei den Olympischen Winterspielen 1924 im Alter von 11 Jahren in Chamonix debütiert. Sie gewann sowohl 1928 als auch 1932 Gold. Bei den Spielen 1936 holte sie mit 23 Jahren ihre dritte Goldmedaille. Ein Jahr später gewann sie ihre zehnte Weltmeisterschaft in Serie, ein bis heute ungebrochener Rekord.

Die Winterspiele 1936 wurden im bayrischen Garmisch-Partenkirchen ausgetragen. Erstmals fanden alpine Skiwettbewerbe statt, was zu heftigen Auseinandersetzungen führte. Das IOC untersagte Skilehrern die Teilnahme an den Spielen, weil sie Profisportler seien. Die erbosten Österreicher und Schweizer boykottierten daraufhin die Wettkämpfe.

SPORTLICHE HIGHLIGHTS

- Der Norweger Birger Ruud trat sowohl bei den alpinen Skiwettbewerben als auch im Skispringen an. Weil er beim Slalom ein Tor ausließ, landete er nur auf dem vierten Platz, gewann aber eine Woche später auf der Normalschanze seine zweite Goldmedaille in Folge.
- Der norwegische Eisschnellläufer Ivar Ballagrud gewann dreimal Gold und einmal Silber. Letztere war seine siebte Medaille bei drei Olympischen Spielen.

Oben (im Uhrzeigersinn von links): Eddie Eagan, der einzige, der Gold bei Winter- und Sommerspielen gewann; die dreifache Olympiasiegerin Sonja Henie; der mehrfache Weltrekordler Jesse Owens; Gillis Grafström, ein Pionier des Eiskunstlaufs; der Hochspringer Bob van Osdel.

BERLIN

01. – 16. AUGUST 1936 SPIELE DER XI. OLYMPIADE

49 Nationen **3963** Athleten
19 Sportarten **129** Wettkämpfe

STARPROFIL **JESSE OWENS**

Jesse Owens sicherte sich am 25. Mai 1935 seinen Platz in der Sportgeschichte, als er in nur 45 Minuten fünf Weltrekorde brach und einen sechsten einstellte. Einer davon, die 8,13 m im Weitsprung, sollte 25 Jahre halten. Seine vier Goldmedaillen bei den Spielen von 1936 – 100 m, Weitsprung, 200 m und 4 x 100 m Staffel – stellten einen Rekord auf, der 20 Jahre Bestand hatte.

Der Held der Olympischen Spiele 1936 in Berlin war der afroamerikanische Sprinter und Weitspringer Jesse Owens, der vier Goldmedaillen errang – sehr zum Missfallen der regierenden Nationalsozialisten, die die Spiele für Propagandazwecke nutzen wollten. Der Fackellauf vom antiken Olympia zur Austragungsstätte wurde eingeführt.

SPORTLICHE HIGHLIGHTS

- Der britische Ruderer Jack Beresford stellte mit seiner fünften olympischen Medaille einen Rekord auf.
- Die erst 13-jährige amerikanische Kunstspringerin Marjorie Gestring war die jüngste Goldmedaillengewinnerin in der Geschichte der Olympischen Sommerspiele.

ST. MORITZ

30. JANUAR – 08. FEBRUAR 1948 V. OLYMPISCHE WINTERSPIELE

28 Nationen
669 Athleten (592 Männer/77 Frauen)
4 Sportarten **22** Wettkämpfe

STARPROFIL BARBARA ANN SCOTT

Barbara Ann Scott war erst 11 Jahre alt, als sie ihren ersten Juniorentitel gewann. 1945–1948 siegte sie bei den nordamerikanischen Eiskunstlauf-Meisterschaften. 1948 war sie bei den Winterspielen die erste Kanadierin, die Eiskunstlauf-Gold holte. Sie wurde in die Canadian Olympic Hall of Fame aufgenommen. 1945, 1947 und 1948 erhielt sie die Lou Marsh Trophy als kanadische Spitzenathletin. 1991 wurde sie zum Officer of the Order of Canada ernannt.

Wusst en Sie's? … Diese Spiele wurden »Spiele der Erneuerung« genannt. >>> Der alpine Skilauf hatte sein eigentliches olympisches Debüt. 1936 hatte es nur wenige Wettbewerbe gegeben, nun fanden je drei Wettkämpfe für Männer und Frauen statt.

Die Winterspiele 1940 sollten im japanischen Sapporo stattfinden, aber aufgrund des Krieges mit China musste Japan im Juli 1938 eingestehen, dass man die Spiele nicht durchführen könne. Wegen organisatorischer Unstimmigkeiten zog sich auch die Schweiz zurück und so boten die Deutschen im Juli 1939 Garmisch-Partenkirchen an. Der Ausbruch des Zweiten Weltkriegs zwang vier Monate später zur Aussetzung der Spiele. Die ersten Nachkriegsspiele fanden 1948 unter Ausschluss Deutschlands und Japans in St. Moritz statt. Dank der Neutralität der Schweiz waren Sportstätten und Infrastruktur unbeschädigt geblieben. Allerdings führten Geldknappheit und Reisebeschränkungen einiger Länder zu einem Ausbleiben der Zuschauer.

SPORTLICHE HIGHLIGHTS

- Die amerikanische Slalomfahrerin Gretchen Fraser erzielte die schnellste Zeit im ersten Durchgang. Obwohl sie im zweiten Lauf 17 Sekunden einbüßte, holte sie Gold – das erste für eine amerikanische Skiläuferin.
- Henri Oreiller siegte bei der Abfahrt und in der alpinen Kombination und war somit der erste Franzose, der einen Titel bei Winterspielen gewann.
- Die 19-jährige kanadische Eiskunstläuferin Barbara Ann Scott beerbte Sonja Henie – die Siegerin der vorherigen drei Winterspiele – als Goldmedaillengewinnerin im Eiskunstlauf.

LONDON

29. JULI – 14. AUGUST 1948 SPIELE DER XIV. OLYMPIADE

London bot sich als Austragungsort für die ersten Nachkriegs-Sommerspiele an, da die Sportstätten weitgehend unbeschädigt geblieben waren. Die XIV. Spiele wurden in Anwesenheit von König George VI. vor mehr als 80 000 Zuschauern im Wembley-Stadion eröffnet. Im Vorfeld hatte man die Idee eines olympischen Dorfs angesichts der zu erwartenden Kosten verworfen – Großbritannien stand nach dem Zweiten Weltkrieg am Rande eines Staatsbankrotts. Stattdessen brachte man die Athleten, von denen viele aufgrund der Lebensmittelrationierung ihre Verpflegung selbst mitbringen mussten, in Kasernen und Universitäten rund um die Hauptstadt unter. Deutschland und Japan nahmen nicht teil, doch auch die Sportler der Sowjetunion blieben den Spielen fern, weil die UdSSR nicht dem IOC angehörte.

SPORTLICHE HIGHLIGHTS

- Der 17-jährige Amerikaner Bob Matthias siegte im Zehnkampf. Er war der jüngste Leichtathletik-Sieger bei Olympischen Spielen.
- Die Niederländerin Fanny Blankers-Koen, eine 30-jährige Mutter und Inhaberin von sechs Weltrekorden, die bereits an den Olympischen Spielen 1936 teilgenommen hatte, wurde zum Star der Londoner Spiele.
- Nachdem eine Granate die rechte Hand – die Pistolenhand – des Ungarn Károly Takács zerschmettert hatte, lernte er mit links zu schießen und gewann mit der Schnellfeuerpistole Gold.

59 Nationen
4104 Athleten (3714 Männer/390 Frauen)
17 Sportarten **136** Wettkämpfe

STARPROFIL FRANCINA BLANKERS-KOEN

Francina »Fanny« Blankers-Koen war eine überragende Allround-Sportlerin. Bei den Londoner Spielen gewann sie vier Goldmedaillen: über 100 m, 200 m, 80 m Hürden, und in der 4-x-100-m-Staffel. Weitere Medaillen verhinderte eine Regel, nach der Frauen nur an drei Einzel-Wettkämpfen teilnehmen durften. Francina Blankers-Koen hielt Rekorde im Hoch- und Weitsprung. Sie stellte insgesamt 16 Weltrekorde in acht verschiedenen Disziplinen auf.

Wussten Sie's? … Bei den Spielen 1948 wurden Startblöcke für Sprinter (100–400 m) eingeführt. >>> Es waren die ersten im Fernsehen übertragenen Olympischen Spiele.

OSLO

14. – 25. FEBRUAR 1952 VI. OLYMPISCHE WINTERSPIELE

30 Nationen
694 Athleten (585 Männer/109 Frauen)
4 Sportarten **22** Wettkämpfe

STARPROFIL **HJALMAR ANDERSEN**

Der Norweger Hjalmar Andersen war der erste Sportler, der bei einer Olympiade drei Mal Eisschnelllauf-Gold holte: Er siegte über 1500, 5000 und 10 000 m. Über 5000 und 10 000 m gewann er mit dem größten Vorsprung in der olympischen Geschichte. Er trat nach den Spielen 1952 zurück, feierte aber 1954 sein Comeback, um seinen vierten nationalen Titel zu gewinnen. Zwischen 1950 und 1952 war Andersen Welt-, Europa- und norwegischer Meister.

Wussten Sie's? … In Oslo fand der erste Fackellauf im Winter statt. >>> Der Amerikaner Richard »Dick« Button zeigte als erster Eiskunstläufer einen Doppelaxel und einen Dreifachsprung in einem Wettkampf. >>> Der Skilanglauf für Frauen wurde eingeführt.

Erstmals fanden die Olympischen Winterspiele in einem skandinavischen Land statt. Die Norweger nahmen das Ereignis begeistert auf und sorgten für einen Besucherrekord. Im Vorfeld hatten die Organisatoren bezweifelt, ob Oslo als Austragungsort geeignet sei. Die Stadt verfügte über keine Sportstätten, die den hohen olympischen Standards genügten. Allerdings wurden die vorhandenen Anlagen renoviert und neue rechtzeitig zur Eröffnungsfeier fertiggestellt. Einrichtungen und Sportstätten fanden die uneingeschränkte Zustimmung von Sportlern und Funktionären. Erstmals nach dem Zweiten Weltkrieg durften auch Deutsche und Japaner wieder teilnehmen. Mit 150 000 Zuschauern stellte das Skispringen einen bis heute ungebrochenen Rekord auf.

SPORTLICHE HIGHLIGHTS

- Der Amerikaner Dick Button versuchte einen Dreifachsprung, obwohl das noch kein Eisläufer in einem Wettkampf gewagt hatte. Er legte eine perfekte Landung hin und die Kampfrichter erklärten ihn einstimmig zum Sieger.
- Der Norweger Stein Eriksen war der erste nicht aus den Alpen stammende Skiläufer, der eine alpine Goldmedaille holte.
- Obwohl sie die älteste Teilnehmerin im Feld war, siegte die 31-jährige Finnin Lydia Wideman im 10-km-Langlauf.

HELSINKI

19. JULI – 03. AUGUST 1952 SPIELE DER XV. OLYMPIADE

Bei den XV. Sommerspielen herrschte eine tolle Atmosphäre. Zur großen Freude des heimischen Publikums liefen als letzte Fackelträger die Langstrecken-Stars Paavo Nurmi und Hannes Kolehmainen ins Stadion ein. Erstmals seit 1912 nahmen Sportler aus Russland, nun Teil der Sowjetunion, teil. Allerdings kam es zu Unstimmigkeiten, als das sowjetische Team sich weigerte, im olympischen Dorf in Käpylä neben Athleten aus kapitalistischen Ländern einquartiert zu werden. Die Spiele wurden von den Auseinandersetzungen der beiden Systeme überschattet: Die Funktionäre betrachteten jeden Sieg »ihres« Teams als Beleg für die Überlegenheit des jeweiligen Gesellschaftsmodells. Zum ersten Mal nach dem Zweiten Weltkrieg nahm eine westdeutsche Mannschaft an den Spielen teil. Ostdeutschland hatte sich nach Kontroversen über die Auswahlkriterien zurückgezogen.

SPORTLICHE HIGHLIGHTS

- Der tschechische Ausnahmesportler Emil Zátopek siegte als erster Athlet über 5000 m, 10 000 m und im Marathon (seinem ersten überhaupt).
- Die Dänin Lis Hartel war eine der ersten Frauen, die in der Dressur antreten durften. Obwohl sie von den Knien abwärts gelähmt war und Hilfe beim Auf- und Absteigen benötigte, holte sie die Silbermedaille.
- Der Amerikaner Bob Matthias war der erste, der zwei Zehnkampftitel in Folge gewann. Er siegte mit überwältigendem Punktvorsprung und war einer der wenigen Sportler, die es aufs Cover des *Time*-Magazins schafften.

69 Nationen
4955 Athleten (4436 Männer/519 Frauen)
17 Sportarten **149** Wettkämpfe

STARPROFIL **KÁROLY TAKÁCS**

Károly Takács war Mitglied des ungarischen Pistolenteams von 1938. Beim Militärdienst zerriss ihm eine defekte Handgranate die rechte Hand. Er lernte mit links zu schießen und kehrte in den Schießsport zurück. 1952 verteidigte Takács seinen Olympiatitel mit der Schnellfeuerpistole.

Wussten Sie's? … Israel nahm erstmals an Olympischen Spielen teil. >>> Die erste Gedenkmünze der modernen Olympischen Spiele wurde geprägt. >>> Erstmals traten beim Reiten gemischte Mannschaften an.

CORTINA D'AMPEZZO

26. JANUAR - 05. FEBRUAR 1956 VII. OLYMPISCHE WINTERSPIELE

32 Nationen
821 Athleten (687 Männer/134 Frauen)
4 Sportarten **24** Wettkämpfe

STARPROFIL TONI SAILER

Der Österreicher Toni Sailer war der erste alpine Skifahrer, der drei Goldmedaillen holte. Er gewann den Riesenslalom mit 6,2 Sekunden Vorsprung – nach wie vor der größte Abstand bei Olympischen Spielen. Tage später siegte er im Slalom mit 4 Sekunden Vorsprung. 15 Minuten vor dem Start zum Abfahrtslauf riss ihm einer der Riemen zwischen Ski und Stiefel. Ein Trainer der italienischen Mannschaft lieh Toni Sailer einen seiner Riemen. Der Österreicher beendete das Rennen mit 3,5 Sekunden Vorsprung.

Wussten Sie's? ... Die UdSSR holte bei ihrem Winterspiel-Debüt die meisten Medaillen (16). >>> Erstmals in der Geschichte der Spiele wurde der olympische Eid von einer Athletin – der Skifahrerin Chenal Minuzzo – gesprochen.

Das norditalienische Cortina d'Ampezzo war für die Winterspiele 1944 vorgesehen gewesen, welche aufgrund des Zweiten Weltkriegs nicht ausgetragen wurden. Die Wettkämpfe von 1956 waren von akutem Schneemangel bedroht. Wenige Tage vor Beginn der Olympischen Spiele transportierte man Schnee aus höheren Lagen hinunter ins Tal, musste aber einen Großteil davon nach Beginn der Spiele wieder abtragen, da heftiger Schneefall einsetzte. Die Spiele erlebten das olympische Debüt einer gesamtdeutschen Mannschaft aus 75 Athleten. Dank Fernsehübertragung konnte ganz Mitteleuropa an den Wettkämpfen teilhaben.

SPORTLICHE HIGHLIGHTS

- Die amerikanische Eiskunstläuferin Teenley Albright verletzte sich kurz vor den Spielen bei einem Sturz schwer. Ihre linke Kufe durchschnitt den rechten Schuh und verletzte eine Vene und den Knochen. Nichtsdestotrotz holte sie sich in Cortina die Goldmedaille.
- Der sowjetische Eisschnellläufer Jewgeni Grischin siegte über 500 m und teilte sich über 1500 m Sieg und Gold mit seinem Landsmann Juri Michailow.
- Toni Sailer war der erste Skiläufer, der alle drei alpinen Goldmedaillen gewann.

Unten: Die sowjetische Turnerin Larissa Latynina war die erste Sportlerin mit neun Goldmedaillen (4 davon in Melbourne).

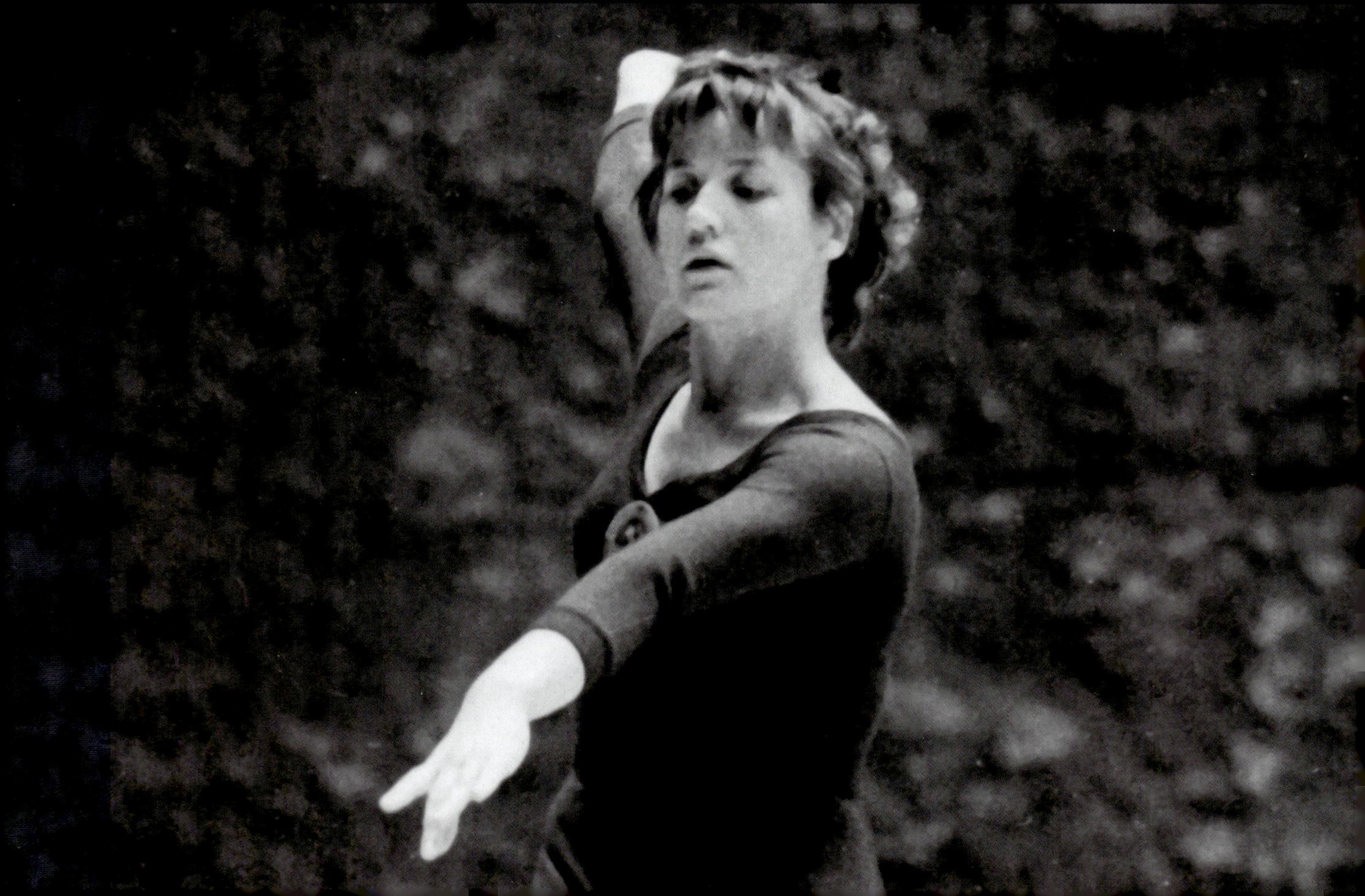

MELBOURNE

22. NOVEMBER - 08. DEZEMBER 1956 SPIELE DER XVI. OLYMPIADE

72 Nationen
3314 Athleten (2938 Männer/376 Frauen)
17 Sportarten **145** Wettkämpfe

STARPROFIL DAWN FRASER

Die Schwimmerin Dawn Fraser ist eine Kultfigur des australischen Sports. Sie gewann acht olympische und acht Commonwealth-Medaillen. Mit 19 Jahren nahm sie an den Spielen von 1956 teil, gewann Gold über 100 m Freistil und stellte dabei einen neuen Weltrekord auf.

Wussten Sie's? … Das IOC überredete West- und Ostdeutschland zu einer gemeinsamen Mannschaft. >>> Die Reitwettkämpfe fanden in Stockholm statt, um die strengen australischen Quarantänebestimmungen für Pferde zu umgehen.

Die ersten Olympischen Spiele südlich des Äquators bereiteten ganz eigene Probleme. Viele Athleten von der Nordhalbkugel hatten nicht die finanziellen Mittel, um sich längere Zeit vor den Spielen zu akklimatisieren. Viele konnten sich auch die Reise nicht leisten. Wegen des späten Termins mussten die Sportler ihre Form viel länger als sonst bewahren. Die Reihen der Athleten wurden weiter gelichtet, als Ägypten, der Irak und der Libanon wegen der Suez-Krise fernblieben. Liechtenstein, die Niederlande, Spanien und die Schweiz zogen ihre Teilnahme aus Protest gegen die sowjetische Besetzung Ungarns zurück. China sagte ab, weil Taiwan teilnahm. Auch die Wettkämpfe selbst litten unter politischen Spannungen. Ein Wasserballspiel zwischen der Sowjetunion und Ungarn musste abgebrochen werden, nachdem es zu Schlägereien zwischen den Spielern gekommen war.

SPORTLICHE HIGHLIGHTS

- Die sowjetische Turnerin Larissa Latynina war mit vier Gold-, einer Silber- und einer Bronzemedaille die erfolgreichste Athletin der Spiele.
- Bei seiner Heimkehr wurde der britische Boxsieger Dick McTaggart von begeisterten Fans auf den Schultern getragen. Er gewann nicht nur Leichtgewichts-Gold, sondern auch den Val Barker Cup als technisch bester Boxer der Spiele.
- Der sowjetische Langstreckenläufer Wladimir Kuts siegte über 5000 und 10 000 m und stellte über die 10 000 m einen neuen olympischen Rekord auf.

SQUAW VALLEY

18. - 28. FEBRUAR 1960 VIII. OLYMPISCHE WINTERSPIELE

Als 1955 die Entscheidung über den Austragungsort der Spiele von 1960 fiel, war die Region um den Lake Tahoe noch völlig unterentwickelt. In nur vier Jahren entstanden in Squaw Valley Sportstätten, Infrastruktur und Unterkünfte für Sportler und mehr als zwei Millionen Zuschauer. Dies war dem Organisationskomitee sowie der finanziellen Unterstützung durch die US-Bundesstaaten Kalifornien und Nevada sowie Subventionen der Bundesregierung zu verdanken. Die Zeit reichte allerdings nicht mehr aus, um eine Bobbahn zu bauen, sodass das IOC die Bob-Wettbewerbe streichen musste – ein einmaliger Vorgang. Eröffnungs- und Abschlussfeier wurden von Walt Disney gestaltet. Es waren die ersten Spiele, die live in Millionen Wohnzimmer weltweit übertragen wurden.

SPORTLICHE HIGHLIGHTS

- Vier Jahre nach seinem Doppelgold siegte der sowjetische Eisläufer Jewgeni Grischin über 500 m erneut und stellte seinen Weltrekord ein. Über 1500 m musste er sich wiederum den Sieg teilen, diesmal mit dem Norweger Roald Aas.
- Der finnische Langläufer Veikko Hakulinen hatte bereits zwei Goldmedaillen gewonnen – aber sein größter Triumph sollte noch kommen. Als Schlussläufer der finnischen Staffel startete er 20 Sekunden hinter dem Norweger Håkon Brusveen, überholte ihn 100 m vor der Ziellinie und siegte mit einem Meter Vorsprung.

30 Nationen
665 Athleten (521 Männer/144 Frauen)
4 Sportarten **27** Wettkämpfe

STARPROFIL JEWGENI GRISCHIN

Bei den Winterspielen 1956 gewann Jewgeni Grischin Gold im 500-m-Eisschnelllauf. Zwei Tage später teilte er sich den ersten Platz und einen gemeinsamen Weltrekord über 1500 m mit Juri Michailow. In Squaw Valley siegte Grischin erneut über 500 m und 1500 m. 1964 gewann er über 500 m Silber. 1968, bei seinem letzten olympischen Auftritt, wurde er Vierter, als er um nur 0,1 Sekunden eine Medaille verpasste.

Wussten Sie's? … Der Sieger der Abfahrt fuhr mit Metall- anstelle von Holzskiern. >>> Als Alexander Cushing dem IOC 1955 Squaw Valley als Austragungsort antrug, war er einziger Bewohner des Tals.

ROM

25. AUGUST – 11. SEPTEMBER 1960 SPIELE DER XVII. OLYMPIADE

83 Nationen
5338 Athleten (4727 Männer/611 Frauen)
17 Sportarten **150** Wettkämpfe

STARPROFIL **ALADÁR GEREVICH**

Aladár Gerevich ist der einzige Sportler, der sechsmal in der gleichen Sportart gewann, und der Einzige, der in sechs Spielen in Folge Gold holte. Der Rekord des Säbelfechters wäre wohl noch beeindruckender ausgefallen, wären wegen des Zweiten Weltkriegs nicht zwei Spiele ausgefallen. Bei den Spielen von Rom hatte er im Alter von 50 Jahren seinen letzten Auftritt.

Wussten Sie's? … Die Spiele von Rom waren bis 1992 die letzten, an denen Südafrika teilnehmen durfte. Wegen der Apartheidpolitik wurde das Land durch das IOC ausgeschlossen. >>> Die Spiele wurden von mehr als 100 Fernsehsendern übertragen.

Eigentlich hatte Rom schon die Spiele 1908 ausrichten sollen, was aber ein Vulkanausbruch des Vesuv verhindert hatte. So fanden die Spiele erst 52 Jahre später in der italienischen Hauptstadt statt. Die Wettkämpfe wurden in alle europäischen Länder übertragen und von Millionen Menschen verfolgt. Überschattet wurden die Wettkämpfe von der Rivalität zwischen den USA und der UdSSR. Im Medaillenspiegel lag die UdSSR am Ende mit 43 zu 34 Goldmedaillen vorn.

SPORTLICHE HIGHLIGHTS

- Der Äthiopier Abebe Bikila (siehe S. 23) erregte Aufsehen, als er barfuss zum Marathonlauf antrat. Unbeeindruckt von abfälligen Bemerkungen ließ er bis zum Ziel am Triumphbogen alle Gegner hinter sich und gewann erstmals in der olympischen Geschichte eine Medaille für Afrika.
- Die 20-jährige Wilma Rudolph war die erste amerikanische Leichtathletin, die drei Goldmedaillen bei den Spielen einer Olympiade holte: 100 m, 200 m und 4 x 100 m Staffel. Diese außerordentliche Leistung gelang ihr, obwohl sie in ihrer Kindheit an einer Reihe von Krankheiten und einem deformierten Bein gelitten hatte.
- Cassius Marcellus Clay, der spätere Muhammad Ali, machte durch die Goldmedaille im Halbschwergewicht international auf sich aufmerksam. Er wurde später Profiboxer und startete eine phänomenale Karriere.

INNSBRUCK

29. JANUAR – 09. FEBRUAR 1964 IX. OLYMPISCHE WINTERSPIELE

Die Organisatoren hatten alle denkbaren Vorbereitungen getroffen, aber das Wetter konnten sie nicht beeinflussen. Wegen des mildesten Februars seit 58 Jahren musste das österreichische Bundesheer mehr als 25 000 Tonnen Schnee aus höher gelegenen Gebieten des Inntals heranschaffen, damit die alpinen Wettbewerbe stattfinden konnten. Die weiter unten im Tal startenden Langläufer fanden dagegen ideale Bedingungen vor. Zu den Wettbewerben zählte erstmals auch das Rennrodeln, bei dem die Sportler auf dem Rücken liegend durch den Eiskanal fuhren. 1928 und 1948 hatte es bereits Skeleton-Wettbewerbe gegeben. Auch die Bobrennen fanden nach der Zwangspause von Squaw Valley wieder statt. Außerdem wurden für das Skispringen neue Regeln eingeführt.

SPORTLICHE HIGHLIGHTS

- Die russische Eisschnellläuferin Lidija Skoblikowa war die erste Frau, die alle vier Eislaufwettbewerbe der gleichen Spiele gewann.
- Die 18-jährige französische Skifahrerin Marielle Goitschel wurde beim Slalom Zweite hinter ihrer älteren Schwester.
- Eugenio Monti aus dem italienischen Bobteam verhalf den Briten Tony Nash und Robin Dixon zu Gold, indem er ihnen eine Achsschraube lieh. Monti erhielt die erste Pierre-de-Coubertin-Medaille für sportliches Verhalten.

36 Nationen
1091 Athleten (892 Männer/199 Frauen)
6 Sportarten **34** Wettbewerbe

STARPROFIL **KNUT JOHANNESEN**

Der Eisläufer Knut Johannesen gewann bei den Spielen von 1956 Silber über 10 000 m. 1964 stellte sein norwegischer Landsmann Per Ivar Moe über 5000 m mit 7:38,6 Minuten einen Rekord auf. Johannesen lag im Verlauf seines Rennens 3 Sekunden dahinter, holte aber langsam auf. Als er die Ziellinie überfuhr, zeigte die Uhr 7:38,7 Minuten. Die offizielle Zeit von 7:38,4 Minuten trug ihm die Goldmedaille ein.

Wussten Sie's? … Erstmals bei Winterspielen wurde die Fackel im griechischen Olympia entzündet. Seitdem wird sie immer dort entfacht. >>> Großbritannien gewann im Zweier-Bob seine erste Winter-Goldmedaille seit zwölf Jahren.

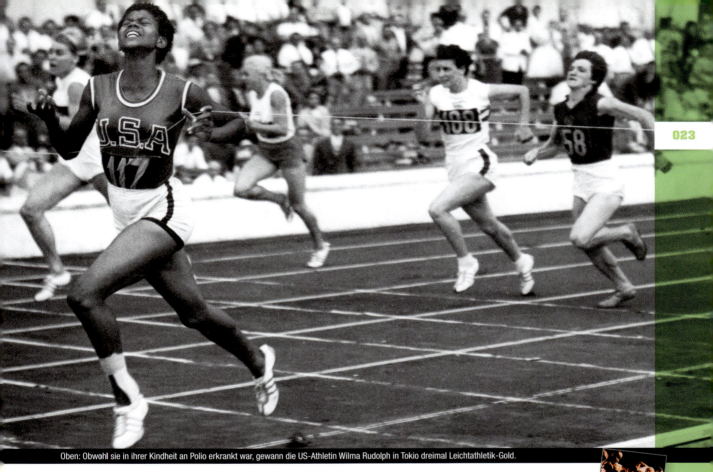

Oben: Obwohl sie in ihrer Kindheit an Polio erkrankt war, gewann die US-Athletin Wilma Rudolph in Tokio dreimal Leichtathletik-Gold.

TOKIO

10. – 24. OKTOBER 1964 SPIELE DER XVIII. OLYMPIADE

Zum ersten Mal fanden die Spiele in Asien statt. Japan investierte viel Geld in modernste Sportanlagen und in die Infrastruktur einer Stadt mit über 10 Millionen Einwohnern. Das außergewöhnliche Design des Schwimmstadions trug ihm den Titel »Kathedrale des Sports« ein. Ähnlich herausragend war die Judo-Halle, die im Stil eines traditionellen japanischen Tempels errichtet worden war. Die Eröffnungszeremonie ließ schon erahnen, wie rekordverdächtig die Spiele sein würden, als Teams aus 93 Nationen (zehn mehr als in Rom) ins Meiji-Stadion einzogen. Allerdings führten die hohen Standards, die in Tokio gesetzt wurden, auch zu Warnungen vor überzogenen Erwartungen an die zukünftige Weiterentwicklung der olympischen Disziplinen.

SPORTLICHE HIGHLIGHTS

- Die australische Schwimmerin Dawn Fraser (siehe S. 21) gewann über 100 m Freistil ihr drittes Gold in Folge. Sie war die erste Schwimmerin mit acht Medaillen (vier Gold, vier Silber) bei drei Olympischen Spielen.
- Die Turnerin Larissa Latynina (siehe S. 20) fügte ihren Trophäen sechs weitere Medaillen hinzu und war die erste Frau mit neun olympischen Goldmedaillen.
- Deszo Gyarmati holte mit der ungarischen Wasserball-Mannschaft Gold und schaffte es damit, Medaillen bei fünf Spielen in Folge zu gewinnen.

93 Nationen
5151 Athleten (4473 Männer/678 Frauen)
19 Sportarten **163** Wettkämpfe

STARPROFIL **ABEBE BIKILA**

Der Äthiopier Abebe Bikila lief seinen ersten olympischen Marathon 1960 in Rom, wo er barfuss Gold gewann. 1964 trat er erneut an, diesmal mit Schuhen. Trotz einer nur 40 Tage zurückliegenden Blinddarmoperation übernahm Bikila auf halber Strecke die Führung und zog davon, um schließlich mit mehr als vier Minuten Vorsprung zu siegen. Seine Zeit von 2 Stunden, 12 Minuten und 11,2 Sekunden war Marathon-Weltrekord.

Wussten Sie's? … Judo und Volleyball wurden olympisch. >>> Der Amerikaner Al Oerter gewann trotz einer Nackenverletzung zum dritten Mal das Diskuswerfen. >>> Zum letzten Mal wurde eine Aschenbahn genutzt.

Oben: Die 16-jährige amerikanische Schwimmerin Debbie Meyer stellte neue olympische Rekorde über 200 m, 400 m und 800 m Freistil auf.

GRENOBLE

06. – 18. FEBRUAR 1968 X. OLYMPISCHE WINTERSPIELE

Bevor aus der Industriestadt Grenoble ein angemessener Austragungsort für die Winterspiele werden konnte, mussten große Summen in den Bau neuer Sportstätten und in eine verbesserte Infrastruktur investiert werden. Selbst danach gab es noch nicht genügend Sportanlagen, und so fanden die Wettkämpfe über die gesamte umliegende Region verteilt statt. Die Athleten wohnten in sieben olympischen Dörfern. Der Franzose Jean-Claude Killy siegte bei allen alpinen Wettbewerben und zog mit Toni Sailer gleich – allerdings erst nach der größten Kontroverse in der Geschichte der Olympischen Winterspiele. Erstmals marschierten zwei getrennte deutsche Mannschaften ins Stadion ein. Trotz gemeinsamer Flagge und Nationalhymne verschlechterten sich die Beziehungen zwischen den beiden Teams im Verlauf der Wettkämpfe zusehends.

SPORTLICHE HIGHLIGHTS

- Beim Rennrodeln kam es zu Auseinandersetzungen, als die drei ostdeutschen Rodlerinnen, die auf dem 1., 2. und 4. Platz lagen, wegen Erhitzens ihrer Kufen disqualifiziert wurden.
- Die amerikanische Eiskunstläuferin Peggy Fleming wurde von allen neun Richtern zur Siegerin erklärt und war die einzige amerikanische Gewinnerin.
- Die schwedische Langläuferin Toini Gustafsson siegte sowohl über 5 km als auch über 10 km und holte mit der Staffel Silber.

37 Nationen
1158 Athleten (947 Männer/211 Frauen)
6 Sportarten **35** Wettkämpfe

STARPROFIL **JEAN-CLAUDE KILLY**

In den alpinen Sportarten dominierte Jean-Claude Killy, der zunächst Abfahrt und Riesenslalom gewann. Während des Slaloms behauptete sein Hauptkonkurrent, der Österreicher Karl Schranz, ein mysteriöser Mann in Schwarz habe ihn behindert und zum Anhalten gezwungen. Im Wiederholungslauf schlug Schranz Killys Zeit, doch ein Berufungskomitee sprach den Sieg nachträglich Killy zu.

Wussten Sie's? … Das IOC führte Geschlechtskontrollen für Frauen ein (sie wurden 1999 eingestellt) – die britische Reiterin Prinzessin Anne war die einzige Frau, die davon befreit war. >>> Die Winterspiele wurden erstmals in Farbe übertragen.

MEXIKO-CITY

12. – 22. OKTOBER 1968 SPIELE DER XIX. OLYMPIADE

112 Nationen
5516 Athleten (4735 Männer/781 Frauen)
20 Sportarten **172** Wettkämpfe

STARPROFIL DICK FOSBURY

Die Sommerspiele von 1968 waren das Debüt des amerikanischen Hochspringers Dick Fosbury und des »Fosbury-Flop«. Bis dahin sprang man mit dem Innenfuß ab und schwang den Außenfuß über die Stange. Fosbury hingegen lief sehr schnell an und sprang mit seinem rechten (äußeren) Fuß ab. Dann drehte er sich, um mit dem Kopf voran und dem Rücken nach unten die Stange zu überwinden. Sein persönlicher Rekord von 2,24 m trug ihm die Goldmedaille ein.

Wussten Sie's? … Erstmals wurden die Laufwettkämpfe auf synthetischen Tartanbahnen ausgetragen. >>> Bei Leichtathletik-, Rad-, Ruder-, Kanu-, Schwimm- und Reitwettkämpfen wurde die Zeit elektronisch gemessen.

Die Lage Mexiko-Citys in fast 2240 m Höhe bestimmte die Diskussionen im Vorfeld der Spiele. Man war sich einig, dass Athleten aus tiefer gelegenen Ländern im Nachteil seien. Allerdings konnten viele von ihnen ihre Leistungen durch gezieltes Höhentraining verbessern. Angesichts der hohen Geldsummen, die in die Sportanlagen investiert wurden, kam es aufgrund der gesellschaftlichen Probleme des Landes zu gewalttätigen Demonstrationen. Außerdem gab es Meinungsverschiedenheiten über die Teilnahme Südafrikas an den Spielen, sodass das IOC seine Einladung zurückziehen musste. Erstmals wurden Dopingkontrollen durchgeführt. Ein schwedischer Sportler wurde wegen eines zu hohen Blutalkoholspiegels disqualifiziert.

SPORTLICHE HIGHLIGHTS

- Der Amerikaner Bob Beamon war der Weitsprungfavorit, übertraf aber alle Erwartungen. Seine Weite von 8,90 m verbesserte den Weltrekord um 55 cm.
- Die Tschechin Vera Cáslavská gewann im Turnen vier Gold- und zwei Silbermedaillen. Die Siege erhielten besondere Bedeutung, weil Cáslavská die sowjetischen Turnerinnen schlug, kurz nach der Invasion in Tschechien.
- Die Amerikanerin Debbie Meyer gewann als erste Schwimmerin drei Einzel-Goldmedaillen bei einer Olympiade.

SAPPORO

03. – 13. FEBRUAR 1972 XI. OLYMPISCHE WINTERSPIELE

Die Spiele von 1972 im japanischen Sapporo waren die ersten Winterspiele in Asien. Die japanische Regierung investierte enorme Summen in neue Sportanlagen für das prestigeträchtige Ereignis, was die Spiele zu den bisher extravagantesten und teuersten machte. Der geforderte Amateurstatus führte zu einem Eklat, als Karl Schranz disqualifiziert wurde, weil er Geld von einem Zuberhörhersteller angenommen hatte, während Berufs-Eishockeyspieler aus den kommunistischen Ländern teilnehmen durften. Die steigenden Kosten für die Spiele wurden durch höhere Einnahmen aus den Fernsehrechten aufgefangen.

SPORTLICHE HIGHLIGHTS

- Vor heimischem Publikum gelang Yukio Kasaya in beiden Durchgängen der jeweils beste Sprung von der Normalschanze und trug ihm Gold ein. Seine Teamkollegen Konno und Aochi machten den japanischen Triumph mit Silber und Bronze komplett.
- Die größte Überraschung der Spiele war der 21-jährige »Paquito« Fernandez Ochoa aus Spanien, der im Slalom mit einer Sekunde Vorsprung siegte. Es war die erste Goldmedaille für einen Spanier bei Winterspielen.
- Galina Kulakowa aus der Sowjetunion startete und siegte bei allen drei Langlauf-Wettbewerben. Sie gewann über 5 und 10 km und überquerte als Schlussläuferin der Staffel als Erste die Ziellinie.

35 Nationen
1006 Athleten (801 Männer/205 Frauen)
6 Sportarten **35** Wettkämpfe

STARPROFIL ARD SCHENK

1968 gewann Ard Schenk eine Silbermedaille im 1500-m-Eisschnelllauf. 1972 hielt er bereits Weltrekorde über drei der vier olympischen Distanzen. Während eines Schneesturms gewann Schenk über 5000 m mit 4,57 Sekunden Vorsprung. Über 500 m stürzte er nach vier Schritten und wurde 34. Dann aber siegte er über 1500 und 10 000 m. Wochen später war er der erste Eisschnellläufer in 60 Jahren, der alle vier Wettkämpfe bei Weltmeisterschaften gewann.

Wussten Sie's? … Die Japaner holten ihre erste Winter-Goldmedaille. >>> Kanada sandte aus Protest gegen die Teilnahme der heimlichen Berufsspieler aus der UdSSR und Osteuropa keine Eishockey-Mannschaft.

MÜNCHEN

26. AUGUST – 11. SEPTEMBER 1972 SPIELE DER XX. OLYMPIADE

121 Nationen
7134 Athleten (6075 Männer/1059 Frauen)
23 Sportarten **195** Wettkämpfe

STARPROFIL MARK SPITZ

Der Amerikaner Mark Spitz kündigte 1968 großspurig an, bei den Spielen in Mexiko sechs Goldmedaillen zu gewinnen, gewann aber nur zwei in den Staffeln. 1972 startete er binnen acht Tagen in sieben Wettbewerben, siegte in allen und stellte in jedem einen neuen Weltrekord auf. Spitz ist der einzige Athlet, der bei einer Olympiade sieben Mal Gold holte, und einer von nur vieren, die neun Goldmedaillen gewannen.

Wussten Sie's? … Bogenschießen und Handball wurden wieder eingeführt. >>> Erstmals leisteten auch die Funktionäre den olympischen Eid. >>> Es waren die ersten Spiele mit einem Maskottchen – dem Dackel Waldi.

Die Spiele von München 1972 waren die bis dahin größten, mit rekordverdächtigen 195 Wettkämpfen und 7134 Athleten aus 121 Nationen. Sie sollten eine Feier des Friedens sein, und die ersten zehn Tage waren sie das auch. Dann, am frühen Morgen des 5. September, drangen acht palästinensische Terroristen ins olympische Dorf ein, töteten zwei israelische Teammitglieder und nahmen neun weitere als Geiseln. Beim Befreiungsversuch starben alle neun Geiseln, fünf Terroristen und ein Polizist. Die Spiele wurden unterbrochen und es wurde eine Gedenkfeier im Stadion abgehalten. Um dem Terror nicht nachzugeben, ließ das IOC die Spiele nach einer Pause von 34 Stunden fortsetzen. Die Ergebnisse verblassten zwar angesichts des Anschlags, aber es gab dennoch einige sportliche Höhepunkte.

SPORTLICHE HIGHLIGHTS

- Der finnische Läufer Lasse Virén stürzte im 10 000-m-Finale, stellte aber dennoch einen Weltrekord auf und gewann die erste seiner vier Goldmedaillen.
- Medienstar der Münchner Spiele war die zierliche sowjetische Turnerin Olga Korbut, deren drei Goldmedaillen die sowjetische Dominanz der Turn-Wettkämpfe der Frauen begründeten und die Zuschauer in aller Welt faszinierten.
- Die westdeutsche Dressurreiterin Lieselott Linsenhoff war die erste Reiterin, die eine Einzel-Goldmedaille gewann.

INNSBRUCK

04. – 15. FEBRUAR 1976 XII. OLYMPISCHE WINTERSPIELE

Die Winterspiele 1976 wurden an Denver vergeben, aber die Bürger des US-Bundesstaates Colorado stimmten gegen die Verwendung öffentlicher Mittel für die Wettkämpfe. So sprang Innsbruck ein und richtete zum zweiten Mal innerhalb von zwölf Jahren Olympische Winterspiele aus. Die Organisatoren führten die Medaillenvergabe am Ende jedes Tages in der Eislaufbahn durch – statt am Ende der Wettkämpfe –, weil die Zuschauer die Siegerehrung gerne »vor Ort« verfolgten. Das bemerkenswerteste Bild gab zweifellos Franz Klammer ab, wie er wild und nur mühsam die Kontrolle bewahrend die Abfahrtpiste hinunter der Goldmedaille entgegen flog.

SPORTLICHE HIGHLIGHTS

- Die westdeutsche Skiläuferin Rosi Mittermaier gewann Gold in der Abfahrt und drei Tage später Gold im Slalom. Sie hätte beinahe auch in der dritten alpinen Disziplin gesiegt, verpasste aber um 0,12 Sekunden Gold im Riesenslalom.
- Einige Eiskunstlaufrichter lehnten den Stil des Briten John Curry ab, der Anmut und künstlerischen Ausdruck der Athletik vorzog. Im Lauf der Spiele ergänzte er seine natürliche Eleganz durch dynamische Sprünge und erhielt letztendlich die höchste Punktsumme in der Geschichte des Einskunstlaufs der Männer.
- Die ostdeutsche Rennrodelmannschaft gewann alle Goldmedaillen. Die Sportler aus anderen Ländern mussten sich mit Silber und Bronze bescheiden.

37 Nationen
1123 Athleten (892 Männer/231 Frauen)
6 Sportarten **37** Wettkämpfe

STARPROFIL FRANZ KLAMMER

Der Österreicher Franz Klammer gewann 1975 acht der neun Weltcup-Abfahrten. Als die Winterspiele im Jahr darauf in Innsbruck stattfanden, stand Klammer unter Erfolgsdruck. Der Schweizer Titelverteidiger Bernhard Russi schoss in einer Spitzenzeit von 1:46,06 Minuten die Abfahrtpiste hinab. Klammer fuhr eine Fünftelsekunde hinter Russi, kämpfte sich aber auf den letzten 1000 Metern nach vorne und siegte mit 0,33 Sekunden Vorsprung.

Wussten Sie's? … Es wurden zwei olympische Feuer entzündet, da Innsbruck die Winterspiele zum zweiten Mal ausrichtete. >>> Der Eistanz hatte sein Debüt. >>> Beim Eiskunstlauf führte Terry Kubicka einen Rückwärtssalto vor.

MONTREAL

17. JULI - 01. AUGUST 1976 SPIELE DER XXI. OLYMPIADE

92 Nationen
6084 Athleten (4824 Männer/1260 Frauen)
21 Sportarten **198** Wettkämpfe

STARPROFIL **NADIA COMANECI**

1976 erhielt die Rumänin Nadia Comaneci als erste Turnerin der olympischen Geschichte die Bestnote von 10,00. Comaneci fiel erstmals bei den Europameisterschaften 1975 auf, wo sie vier Goldmedaillen gewann. Bei den Spielen 1976 und 1980 holte sie insgesamt neun Medaillen. Nach den Spielen von 1980 litt ihre Leistung zunehmend unter der natürlichen körperlichen Entwicklung. Nach einem Sieg bei der Universiade 1981 trat sie zurück.

Wussten Sie's? ... Der Turner Nikolai Andrianow aus der Sowjetunion errang viemal Gold. >>> Der Ungar Miklós Németh gewann im Speerwurf als erstes Kind eines Goldmedaillengewinners (im Hammerwurf) selbst Gold.

Die Spiele 1976 in Montreal wurden vom Fernbleiben 22 afrikanischer Nationen überschattet. Die protestierten gegen die Teilnahme Neuseelands an den Spielen – weil das neuseeländische Rugbyteam trotz eines internationalen Sportboykotts eine Tour durch Südafrika unternommen hatte. Daneben erlebte Kanada einen ungewöhnlich langen Winter, Arbeitskämpfe und Mittelknappheit, sodass die Sportanlagen nicht rechtzeitig zur Eröffnungszeremonie fertig waren. Allerdings litten die sportlichen Leistungen nicht unter diesen Schwierigkeiten. Die Spiele waren trotz allem gut organisiert und hatten nach den Ereignissen von 1972 in München einen hohen Sicherheitsstandard.

SPORTLICHE HIGHLIGHTS

- Nadia Comaneci war der Star der Spiele. Sie erzielte ihre erste 10,00 am Stufenbarren. Insgesamt sieben Mal gaben ihr die Richter die höchste Note (siehe Starprofil).
- Der Österreicher Klaus Dibiasi gewann als erster olympischer Turmspringer drei Goldmedaillen in Folge sowie Medaillen bei vier Olympischen Spielen.
- USA und DDR beherrschten die Schwimmwettkämpfe. Nur der Brite David Wilkie und Marina Koschewaja aus der Sowjetunion (beide im 200-m-Finale mit Rekordzeiten erfolgreich) durchbrachen das Monopol.

Unten: Der Amerikaner Edwin Moses siegte 1976 sensationell mit acht Metern Vorsprung über die 400 m Hürden. Zwölf Jahre später gewann er in Seoul Bronze.

LAKE PLACID

13. – 24. FEBRUAR 1980 XIII. OLYMPISCHE WINTERSPIELE

37 Nationen
1072 Athleten (840 Männer/232 Frauen)
6 Sportarten **38** Wettkämpfe

STARPROFIL **ERIC HEIDEN**

Als 17-Jähriger trat der amerikanische Eisschnellläufer Eric Heiden bei den Winterspielen 1976 an, wurde 7. über 1500 m und 19. über 5000 m. Er verbesserte sich schnell und gewann drei Jahre in Folge die Weltmeisterschaften. Bei den Winterspielen 1980 gewann er alle fünf Wettkämpfe – von 500 m bis 10 000 m – und stellte bei jedem einen olympischen Rekord auf. Beim 1500-m-Lauf stürzte er beinahe, siegte aber dennoch mit 0,37 Sekunden Vorsprung.

Wussten Sie's? ... Zum ersten Mal wurde Kunstschnee eingesetzt. >>> US-Präsident Jimmy Carter drohte wegen des Einmarschs der Sowjetunion in Afghanistan Ende 1979 mit dem Boykott der Sommerspiele in Moskau.

1974 vergab das IOC die Winterspiele zum zweiten Mal nach 1932 an Lake Placid. Die Organisatoren hatten mit einem Mangel an Schnee und dem Transport riesiger Menschenmengen von und zu einer kleinen 3000-Seelen-Gemeinde zu kämpfen. Die Zuschauer mussten zum Teil stundenlang auf die Shuttlebusse zu den Wettkampfstätten warten. Vielen Sportlern waren die Verhältnisse im olympischen Dorf zu beengt – es sollte nach den Spielen als Jugendgefängnis dienen. Die Sportanlagen aber wurden einmütig gelobt, obwohl sie weit verstreut lagen. Erstmals kam Kunstschnee aus einer 5-Millionen-Dollar-Anlage zum Einsatz. Der Kunstschnee stellte hohe Anforderungen an die Sportler – vor allem, wenn er sich mit frischem Neuschnee mischte.

SPORTLICHE HIGHLIGHTS

- Hanni Wenzel siegte im Riesenslalom. Liechtenstein ist das kleinste Land, das je eine Olympiasiegerin hervorbrachte.
- Der sowjetische Biathlet Alexander Tichonow holte mit der Staffel seine vierte Goldmedaille. Sein Landsmann Nikolai Simjatow gewann drei Goldmedaillen im Langlauf.
- Das amerikanische Eishockey-Team schlug die seit 1964 unbesiegte sowjetische Mannschaft in der Finalrunde mit 4:3 und gewann am Ende Gold.

Unten: Das 4:3-»Wunder auf dem Eis«, der Sieg einer unerfahrenen amerikanischen Mannschaft über die Sowjetunion.

MOSKAU

19. JULI – 03. AUGUST 1980 SPIELE DER XXII. OLYMPIADE

80 Nationen
5179 Athleten (4064 Männer/1115 Frauen)
21 Sportarten **203** Wettkämpfe

STARPROFIL ALEXANDER DITJATIN

Der sowjetische Turner Alexander Ditjatin trat erstmals bei den Spielen 1976 auf und gewann Silber mit der Mannschaft. In Moskau führte er die Sowjetunion vor heimischer Kulisse zum Mannschaftssieg, gewann zudem den Einzelmehrkampf und qualifizierte sich für alle sechs Geräte-Finale. Er gewann sechs Medaillen an einem Tag und insgesamt acht Medaillen bei den Olympischen Spielen in Moskau. Außerdem erhielt er als erster Turner in einem olympischen Wettkampf die Note 10.

Wusster Sie's? … Die Zahl der teilnehmenden Nationen war die niedrigste seit 1956. >>> Beim Zweier ohne Steuermann gingen sowohl Gold als auch Silber jeweils an ein Team aus eineiigen Zwillingen aus der DDR bzw. der UdSSR.

Als Folge des amerikanischen Boykotts wegen der Invasion der Sowjetunion in Afghanistan nahmen nur 80 Nationen an den Spielen teil. Die wichtigsten Absagen kamen, neben den USA, aus Japan und Westdeutschland. Die westlichen Nationen haben die Moskauer Spiele häufig als minderwertig bezeichnet und den sportlichen Wert der Ergebnisse und Medaillen in Zweifel gezogen. Trotzdem kann man nicht von mangelnder Qualität der Moskauer Spiele sprechen: 36 Weltrekorde, 39 Europarekorde und 73 olympische Rekorde sprechen für das hohe Niveau der Sportler und Wettkämpfe.

SPORTLICHE HIGHLIGHTS

- Der sowjetische Schwimmer Wladimir Salnikow gewann dreimal Gold: über 400 und 1500 m Freistil und in der 4-x-200-m-Staffel. Er schwamm als Erster die 1500 m unter 15 Minuten.
- Die britischen Mittelstreckenläufer Steve Ovett und Sebastian Coe trugen zwei bemerkenswerte Duelle aus. Über 800 m gewann Ovett die Goldmedaille knapp vor seinem Landsmann. Sechs Tage später revanchierte sich Coe über 1500 m mit Gold, während Ovett Bronze holte.
- Durch seinen Sieg im Zehnkampf wurde der Brite Daley Thompson »König der Athleten«. Er verwies den Lokalmatador Juri Kutsenko auf den zweiten Platz.

SARAJEVO

08. – 19. FEBRUAR 1984 XIV. OLYMPISCHE WINTERSPIELE

1984 fanden die Winterspiele erstmals auf dem Balkan und zum ersten Mal in einem kommunistischen Land statt. Die Bewohner Sarajevos erhielten viel Lob für ihre Gastfreundlichkeit. Nichts deutete darauf hin, dass die Stadt zehn Jahre später in einen blutigen Bürgerkrieg versinken sollte. Zum ersten Mal übernahm das IOC die Auslagen der Sportler. Die Zahl der teilnehmenden Nationen stieg von 37 auf 49, wobei Ägypten, die Jungferninseln, Mexiko, Monaco, Puerto Rico und der Senegal von jeweils nur einem Athleten vertreten wurden.

SPORTLICHE HIGHLIGHTS

- Die finnische Skilangläuferin Marja-Liisa Kirvesmiemi-Hämäläinen – die einzige Frau, die zwischen 1976 und 1994 an sechs Winterspielen teilnahm – gewann alle drei Langlauf-Wettbewerbe und holte mit der 4-x-7,5-km-Staffel Bronze.
- Der Jugoslawe Jure Franko gewann Silber im Riesenslalom – die einzige Medaille für das Gastgeberland.
- Der kanadische Eisschnellläufer Gaétan Boucher gewann über 500 m Bronze. Dann schlug er Sergei Chlebnikow über die 1000 m und holte sein erstes Gold. Zwei Tage später siegte er auch über die 1500-m-Distanz.
- Die Ostdeutsche Katarina Witt gewann ihr erstes Eiskunstlauf-Gold.

49 Nationen
1272 Athleten (998 Männer/274 Frauen)
6 Sportarten **39** Wettkämpfe

STARPROFIL JAYNE TORVILL UND CHRISTOPHER DEAN

Das britische Paar Jayne Torvill und Christopher Dean verzauberte beim Eistanz das Publikum mit seiner Interpretation von Ravels »Bolero«. Die Richter gaben ihm zwölfmal die Note 6,0 und einstimmig die Bestnoten für den künstlerischen Ausdruck. Das reichte zum klaren Sieg. Die Winterspiele 1984 waren eine der seltenen Veranstaltungen, bei denen kein sowjetisches Paar den Eistanz dominierte.

Wussten Sie's? … Es waren die ersten Spiele unter der Präsidentschaft von Juan Antonio Samaranch. >>> Die Preise für die Übertragungsrechte wurden deutlich angehoben. >>> Der Langlauf der Frauen wurde um die 20-km-Distanz erweitert.

LOS ANGELES

28. JULI – 12. AUGUST 1984 SPIELE DER XXIII. OLYMPIADE

140 Nationen
6829 Athleten (5263 Männer/1566 Frauen)
23 Sportarten **221** Wettbewerbe

STARPROFIL **CARL LEWIS**

Der Amerikaner Carl Lewis ist einer von nur vier Athleten mit neun Goldmedaillen und einer von drei, die viermal den gleichen Einzel-Wettbewerb gewonnen haben. 1984 zog Lewis mit Jesse Owens gleich, indem er Gold über 100 m, 200 m, im Weitsprung und mit der 4-x-100-m-Staffel gewann. Bei den Spielen von Atlanta, zwölf Jahre nach seinen Triumphen in Los Angeles (in seinen Worten: »14 Frisuren später«), war Lewis immer noch der olympische Weitsprung-Champion.

Wussten Sie's? … Die 14 boykottierenden Nationen hatten bei den Spielen 1976 mehr als die Hälfte der Goldmedaillen gewonnen. >>> Der Marathon der Frauen, die rhythmische Sportgymnastik und das Synchronschwimmen wurden erstmals ausgetragen.

Auch wenn ein Revanche-Boykott der UdSSR und anderer Ostblockstaaten das Teilnehmerfeld ausdünnte, nahm doch eine Rekordanzahl von 140 Nationen an den ersten privat finanzierten Spielen der Geschichte teil. Mehr als 30 Sponsoren hatten über 500 Millionen Dollar aufgebracht, während weitere Unternehmen den Bau neuer Sportanlagen finanzierten und dafür auf den Tickets werben durften. Das Sendernetzwerk ABC zahlte 225 Millionen Dollar für die exklusiven Fernsehrechte und sorgte so dafür, dass die meisten Wettkämpfe zur Prime Time in den USA stattfanden. Die riesigen Geldmengen ließen viele Kritiker fürchten, dass aus dem einstmaligen Sportfest der Amateure ein rein kommerzielles Spektakel geworden war.

SPORTLICHE HIGHLIGHTS

- Der amerikanische Turmspringer Greg Louganis blieb sowohl vom 3-m-Brett als auch vom 10-m-Turm ungeschlagen.
- Sebastian Coe war der erste olympische Titelverteidiger über 1500 m.
- Bei den 400 m Hürden der Frauen führte Nawal El Moutawakel vom Start weg. Sie holte als erste Marokkanerin eine Goldmedaille.
- Dem britischen Goldmedaillengewinner im Zehnkampf Daley Thompson fehlte nur ein Punkt zum Weltrekord.

CALGARY

13. – 28. FEBRUAR 1988 XV. OLYMPISCHE WINTERSPIELE

Das Geld für die Spiele von Calgary kam aus drei Quellen: Die kanadische Regierung brachte die Hälfte der Mittel auf, Sponsoren, offizielle Zulieferer und Lizenznehmer trugen weitere 90 Millionen Dollar bei, und das amerikanische Fernsehnetzwerk ABC zahlte 309 Millionen für die Übertragungsrechte. Dabei profitierte ABC von der Entscheidung zur Verlängerung der Spiele auf 16 Tage, inklusive dreier Wochenenden. Als direkte Folge wurden viele Wettkämpfe zeitlich an die Bedürfnisse der Fernsehwerbung in den USA angepasst. Die Zuschauer genossen die Spiele von Calgary zwar, aber viele sahen sie eher als Entertainment denn als eine Reihe echter sportlicher Wettkämpfe an.

SPORTLICHE HIGHLIGHTS

- Die ostdeutsche Eiskunstläuferin Katarina Witt gewann ihren zweiten olympischen Titel in Folge.
- Die niederländische Eisschnellläuferin Yvonne van Gennip schien keine Chance auf einen Olympiasieg zu haben, als sie zwei Monate vor den Spielen ins Krankenhaus kam. Dennoch gewann sie drei Goldmedaillen und stellte zwei Weltrekorde auf.
- Der Schwede Gunde Svan erhöhte seine Goldausbeute auf vier Medaillen.

57 Nationen
1423 Athleten (1122 Männer/301 Frauen)
6 Sportarten **46** Wettkämpfe

STARPROFIL **MATTI NYKÄNEN**

Der finnische Skispringer Matti Nykänen siegte auf der Normalschanze mit 17 und auf der Großschanze mit 16,5 Punkten Vorsprung. Damit war er der erste Springer, der zwei Goldmedaillen bei der gleichen Olympiade errang. Erstmals fand ein dritter Wettbewerb – das Mannschaftsspringen von der Großschanze – statt. Nykänen führte das finnische Team zum Sieg und erhöhte seine Medaillenausbeute bei Olympia auf vier goldene und eine silberne.

Wussten Sie's? … Erstmals fand der Eisschnelllauf in der Halle statt. >>> Die Spiele von Calgary waren die ersten »rauchfreien« Olympischen Spiele. >>> Curling stand als Demonstrationssportart auf dem Programm.

Oben: Der amerikanische Turmspringer Greg Louganis gewann 1988 zwei Goldmedaillen, obwohl er sich den Kopf am Brett gestoßen hatte.

SEOUL

17. SEPTEMBER – 02. OKTOBER 1988

SPIELE DER XXIV. OLYMPIADE

Zum Glück wiederholten sich die Massenboykotts von Moskau und Los Angeles in Seoul nicht. Erstmals seit zwölf Jahren nahmen wieder alle führenden Olympia-Nationen, mit Ausnahme Kubas und Äthiopiens, an den Spielen teil. Zwar war die größte Sensation die Doping-Disqualifikation des Sprinters Ben Johnson, aber die Spiele von Seoul glänzten auch mit zahlreichen Spitzenleistungen und 27 neuen Weltrekorden. Einmal mehr demonstrierten die Sowjetunion (55 Goldmedaillen) und die DDR (37) ihre sportliche Überlegenheit: Sie belegten den ersten bzw. zweiten Platz im Medaillenspiegel.

159 Nationen
8391 Athleten (6197 Männer/2194 Frauen)
25 Sportarten **237** Wettbewerbe

SPORTLICHE HIGHLIGHTS

- Der amerikanische Schwimmer Matt Biondi gewann sieben Medaillen, darunter fünfmal Gold: über 50 und 100 m Freistil und mit allen drei Staffeln.
- Der sowjetische Stabhochspringer Sergej Bubka gewann mit 5,90 m im dritten Versuch sein erstes olympisches Gold. Es sollte sein einziges bleiben, obwohl er Weltrekordhalter war und 14 Jahre lang den Sport dominierte.
- Die ostdeutsche Eisschnellläuferin und Radfahrerin Christa Luding-Rothenburger schrieb olympische Geschichte: Sie gewann als erster Mensch im selben Jahr Gold bei Sommer- und Winterspielen. Nach Gold und Silber in Calgary siegte sie in Seoul im 1000-m-Sprint.

STARPROFIL »FLO-JO«

Bei den Trials für die Spiele von 1988 lief die amerikanische Sprinterin Florence (»Flo-Jo«) Griffith-Joyner die 100 m in verblüffenden 10,49 Sekunden – schneller als der Rekord der Männer in vielen Ländern. In Seoul brach sie zweimal den olympischen Rekord und siegte mühelos im Finale. Ihre Rekorde über 100 und 200 m bestehen bis heute. Sie lief auch beide Staffeln und gewann eine dritte Gold- und eine Silbermedaille. 1998 starb sie 38-jährig im Schlaf an einem epileptischen Anfall.

Wussten Sie's? … Die schwedische Fechterin Kerstin Palm nahm als erste Frau an sieben Spielen teil. >>> Erstmals waren alle drei Sieger in der Dressur Frauen. >>> Tennis wurde nach einer Pause von 64 Jahren wieder eingeführt.

ALBERTVILLE

08. – 23. FEBRUAR 1992 XVI. OLYMPISCHE WINTERSPIELE

Die erfolgreiche Bewerbung Albertvilles um die Ausrichtung der Winterspiele war durch den dreifachen olympischen Champion von 1968, Jean-Claude Killy (siehe S. 24), inspiriert, der dem Organisationskomitee vorsaß und die wirtschaftliche Entwicklung Savoyens ankurbeln wollte. Die Folgen der politischen Veränderungen in Ost- und Mitteleuropa wurden beim Einmarsch der Nationen deutlich. Litauen trat erstmals seit 1928 unter eigener Flagge an, Estland und Lettland erstmals seit 1936. Teilnehmer aus anderen Teilen der ehemaligen Sowjetunion bildeten ein gemeinsames Team. Zum ersten Mal seit 28 Jahren traten die Sportler aus Deutschland wieder in einer Mannschaft an.

SPORTLICHE HIGHLIGHTS

- Freestyle-Skiing hatte sein olympisches Debüt. Sieger auf der Buckelpiste war der Franzose Edgar Grospiron. Er fuhr die schnellste Zeit und erhielt die zweitbesten Noten im Springen.
- Die Hälfte der Bevölkerung ihres Heimatdorfs (160 Einwohner) erschien, um die italienische Langläuferin Stefania Belmondo anzufeuern. Sie gewann Gold über 30 km.
- Vegard Ulvang aus Norwegen holte im 30-km-Langlauf der Männer Gold. Über 10 km trat er zum ersten Mal in seiner Karriere ohne Wachs an den Skiern an und siegte erneut.

64 Nationen
1801 Athleten (1313 Männer/488 Frauen)
7 Sportarten **57** Wettkämpfe

STARPROFIL **ALBERTO TOMBA**

1992 gewann der italienische Skiläufer Alberto »la Bomba« Tomba nach 1988 erneut Gold im Riesenslalom. Damit war er der erste alpine Skiläufer, der zwei Mal in derselben Disziplin siegte. Das Doppelgold im Slalom verpasste er nur um einen Platz. Tomba gewann bei drei Olympischen Spielen insgesamt fünf Medaillen. Im April 2000 wurde er für seine Leistungen mit dem olympischen Orden ausgezeichnet.

Wussten Sie's? … Speed Skiing, Freestyle Aerials und Curling waren Demonstrationssportarten. >>> Erstmals nahmen Kroatien und Slowenien als unabhängige Nationen des ehemaligen Jugoslawien an den Spielen teil.

BARCELONA

25. JULI – 09. AUGUST 1992 SPIELE DER XXV. OLYMPIADE

169 Nationen
9356 Athleten (6652 Männer/2704 Frauen)
28 Sportarten **257** Wettkämpfe

STARPROFIL **WITALI SCHTSCHERBO**

Bei den Spielen von 1992 war der Weißrusse Witali Schtscherbo der erste Turner, der sechs Goldmedaillen während einer Olympiade holte. Er führte zunächst das Team der GUS zum Sieg im Mannschafts-Wettbewerb. Dann siegte er überlegen im Einzelmehrkampf, um schließlich am 2. August im Einzel an den Geräten der erste Sportler in der olympischen Geschichte zu werden, der vier Goldmedaillen an einem Tag gewann.

Wussten Sie's? … Zum ersten Mal seit 1972 gab es keinen Boykott. >>> Jugoslawien wurde von der Teilnahme an sämtlichen Mannschaftssportarten ausgeschlossen. >>> Badminton, Frauen-Judo und Baseball wurden olympisch.

Der spanische IOC-Präsident Juan Antonio Samaranch holte die Spiele in seine Heimatstadt Barcelona und sprach den Sponsoren bei der Abschlussfeier seinen Dank aus. Das IOC nahm Millionen Euro aus dem Verkauf der Fernsehrechte ein, wobei sich viele Sportler darüber beschwerten, dass die Anfangszeiten zahlreicher Wettkämpfe den Wünschen der Werbeindustrie angepasst wurden. Mannschaften aus dem von der Apartheid befreiten Südafrika und dem vereinigten Deutschland wurden wieder auf der Weltbühne willkommen geheißen. Erstmals stand der Basketball-Wettbewerb auch Profis offen, sodass ein amerikanisches »Dream Team« mit Magic Johnson, Michael Jordan, Larry Bird und Charles Barkley antreten konnte.

SPORTLICHE HIGHLIGHTS

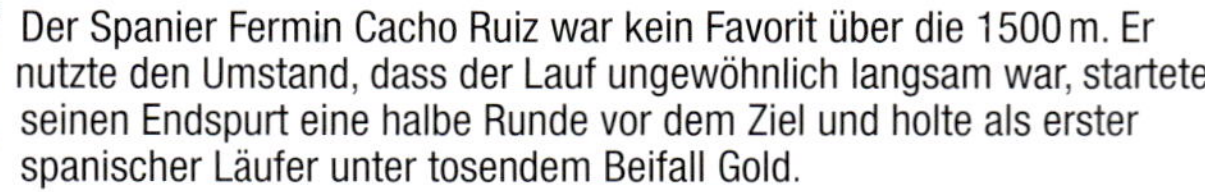

- Der Spanier Fermin Cacho Ruiz war kein Favorit über die 1500 m. Er nutzte den Umstand, dass der Lauf ungewöhnlich langsam war, startete seinen Endspurt eine halbe Runde vor dem Ziel und holte als erster spanischer Läufer unter tosendem Beifall Gold.
- Der Brite Linford Christie war der älteste Sportler (32), der über 100 m olympisches Gold holte. Im folgenden Jahr fügte er noch den Weltmeistertitel hinzu.
- Bei den hart umkämpften 100 m der Frauen lag die Jamaikanerin Merlene Ottey lediglich 0,06 Sekunden hinter der Siegerin, kam aber mit dieser Zeit nur auf den fünften Platz.

LILLEHAMMER

12. – 27. FEBRUAR 1994 XVII. OLYMPISCHE WINTERSPIELE

1986 änderte das IOC den Zeitplan so, dass Sommer- und Winterspiele in unterschiedlichen Jahren stattfanden. Das hatte auch damit zu tun, dass die Fernsehsender nicht genügend Werbekunden akquirieren konnten, um die Übertragungsrechte zweimal im Jahr zu bezahlen. Von nun an sollten die Winterspiele ins gleiche Jahr fallen wie die Fußball-Weltmeisterschaft. Deshalb fanden die Spiele von Lillehammer 1994 statt, das einzige Mal, dass zwei Winterspiele im Abstand von zwei Jahren ausgetragen wurden. Lillehammer war eine Kleinstadt mit 21 000 Einwohnern, aber in nur vier Jahren verwandelten die Organisatoren es in eine erstklassige Olympia-Stadt.

67 Nationen
1737 Athleten (1215 Männer/522 Frauen)
6 Sportarten **61** Wettkämpfe

STARPROFIL **BJØRN DÆHLIE**

Der norwegische Skilangläufer Bjørn Dæhlie hält mehrere Winterspiel-Rekorde. In den 1990ern trat er bei drei Spielen an und ist der einzige Wintersportler, der insgesamt zwölf Medaillen gewann, davon acht goldene. Er ist auch der einzige, der sechs Goldmedaillen von insgesamt neun in Einzelwettkämpfen holte. In Lillehammer siegte Dæhlie über 10 km sowie in der Verfolgung und gewann über 30 km und mit der 4-x-10-km-Staffel Silber.

SPORTLICHE HIGHLIGHTS

- Der norwegische Eisschnellläufer Johann Olav Koss gewann drei Goldmedaillen und stellte jedes Mal einen neuen Weltrekord auf.
- Die amerikanische Eisschnellläuferin Bonnie Blair schrieb Geschichte, als sie zum dritten Mal in Folge über 500 m siegte.
- Nach dem ersten Durchgang im Slalom lag die Schweizer Skiläuferin Vreni Schneider auf dem fünften Platz. Mit einem fantastischen zweiten Lauf holte sie doch noch Gold. Außerdem gewann sie Silber in der Kombination und Bronze im Riesenslalom.

Wussten Sie's? … Das bosnisch-herzegowinische Bobteam bestand aus zwei Bosniern, einem Kroaten und einem Serben; ein schönes Beispiel für den olympischen Geist. >>> Umweltschützende Maßnahmen spielten bei der Planung der Spiele eine wichtige Rolle.

ATLANTA

19. JULI – 04. AUGUST 1996 SPIELE DER XXVI. OLYMPIADE

197 Nationen
10 318 Athleten (6806 Männer/3512 Frauen)
26 Sportarten **271** Wettkämpfe

STARPROFIL **MICHAEL JOHNSON**

Der Amerikaner Michael Johnson war der erste, der sowohl über 200 m als auch über 400 m an der Weltspitze stand. Zwischen 1990 und 1996 hatte er 54 400-m-Läufe gewonnen und war über die Distanz ungeschlagen. Er gewann das 400 m-Finale von Atlanta mit dem größten Vorsprung (10 m) seit 100 Jahren. Die 200 m lief er in sensationellen 19,32 Sekunden, einschließlich der schnellsten 100 m (9,2 Sek.) aller Zeiten.

Wussten Sie's? … Jede qualifizierte Fußballmannschaft durfte drei Profis aufstellen, ungeachtet des Alters und der Erfahrung. >>> Erstmals waren alle 197 Nationalen Olympischen Komitees (NOCs) bei den Spielen vertreten.

Die Spiele 1996 in Atlanta begannen spektakulär, als Muhammad Ali, dessen Parkinson-Erkrankung deutlich zutage trat, das olympische Feuer entzündete. Während eines Konzerts im Centennial Olympic Park wurden am 27. Juli durch eine Bombenexplosion ein Mensch getötet und 110 weitere verletzt. Trotzdem erinnert man sich an die Spiele von Atlanta vor allem wegen der sportlichen Leistungen, wie dem Doppelsieg Michael Johnsons über 200 und 400 m. 79 Nationen gewannen Medaillen, 53 von ihnen Gold.

SPORTLICHE HIGHLIGHTS

- Die französische Läuferin Marie-José Pérec gewann über 200 und 400 m, brach dabei den olympischen 400-m-Rekord und war die erste Frau, die in zwei aufeinanderfolgenden Spielen über 400 m siegte. Sie ist die erfolgreichste französische Leichtathletin überhaupt.
- Der russische Schwimmer Alexander Popow gewann Gold über 50 und 100 m Freistil – er besiegte beide Male den Amerikaner Gary Hall Jr. – und zwei Silbermedaillen in den Staffeln.
- Naim Süleymanoglu aus der Türkei gewann als erster Gewichtheber drei olympische Titel in Folge.
- Der Amerikaner Michael Johnson holte als erster männlicher Athlet in der olympischen Geschichte Doppel-Gold über 200 und 400 m.

NAGANO

07. - 22. FEBRUAR 1998 XVIII. OLYMPISCHE WINTERSPIELE

72 Nationen
2176 Athleten (1389 Männer/787 Frauen)
7 Sportarten **68** Wettkämpfe

STARPROFIL **HERMANN MAIER**

Herrmann Maier vertrat Österreich erstmals 1996. Beim Abfahrtsrennen in Nagano stürzte er spektakulär und wurde über 100 m weit durch die Luft katapultiert. Drei Tage später holte er im Super-G und einige Tage später auch im Riesenslalom Gold.

Wussten Sie's? ... Erstmalig nahmen Eishockey-Profis aus den USA teil. >>> Schulkinder erhielten einen 50%-igen Rabatt auf die Eintrittskarten. >>> Die offiziellen Uniformen der Helfer waren aus recycelbarem Material geschneidert.

Das 90 Zugminuten von Tokio entfernte Nagano sollte die letzten und größten Winterspiele des 20. Jahrhunderts mit 68 Wettkämpfen in sieben Disziplinen über 16 Tage beherbergen. Ein Kritikpunkt der vergangenen Winterspiele war, dass die Sportstätten zu weit vom olympischen Dorf entfernt lagen. Deshalb teilten die Organisatoren von Nagano den Wettkampfbereich in sechs Zonen ein, die alle in einem 40-km-Radius um die Stadt lagen. Als Gastgebernation profitierte Japan vom Enthusiasmus der Zuschauer und gewann in Nagano mehr Gold als in den vergangenen 70 Jahren der Winterspiele zusammen. Deutschland führte im Medaillenspiegel, gefolgt von Norwegen und Russland.

SPORTLICHE HIGHLIGHTS

- Der norwegische Langläufer Bjørn Dæhlie, der erfolgreichste nordische Skiläufer in der olympischen Geschichte (siehe S. 33), siegte über 10 und 50 km, führte die Staffel als Schlussläufer zum Sieg und holte in der Verfolgung Silber.
- Der japanische Skispringer Kazuyoshi Funaki gewann auf der Normalschanze Silber, bevor er auf der Großschanze Bestnoten und Gold erhielt.
- Die Italienerin Deborah Compagnoni wiederholte ihren Erfolg von 1994 im Riesenslalom und verpasste Gold im Slalom um nur 0,06 Sekunden. Sie war die erste alpine Läuferin, die Gold bei drei Spielen gewann.

SYDNEY

15. SEPTEMBER - 01. OKTOBER 2000 SPIELE DER XXVII. OLYMPIADE

Die Spiele von Sydney waren mit 10 651 Athleten, die in 300 Wettkämpfen antraten, die bis dahin größten. Trotz dieser Größe waren sie gut organisiert und stärkten das Vertrauen in die olympische Bewegung. Athleten aus Nord- und Südkorea marschierten hinter einer gemeinsamen Flagge ein, während vier Sportler aus Osttimor (das erst 2002 souverän wurde) unter der olympischen Flagge antreten durften. Cathy Freeman, eine Angehörige der Aborigines, hatte die Ehre, bei der Eröffnungsfeier das olympische Feuer zu entzünden, und revanchierte sich dafür mit dem Sieg im 400-m-Finale vor heimischem Publikum.

SPORTLICHE HIGHLIGHTS

- Nachdem er wegen Schulter- und Rückenproblemen ein Jahr aussetzen musste, gewann der französische Judo-Champion David Douillet sein zweites olympisches Gold, als er Shinichi Shinohara aus Japan in einem spannenden Finale schlug.
- Der 17-jährige australische Schwimmer Ian Thorpe gewann sein erstes Gold über 400 m Freistil, wobei er seinen eigenen Weltrekord brach. Dann schwamm er als Schlussstarter in der 4-x-100-m-Freistil-Staffel zum Sieg. Eine weitere Goldmedaille gewann er mit der 4-x-200-m-Freistil-Staffel.
- Die deutsche Kanutin Birgit Fischer (siehe S. 35) holte zweimal Gold. Sie war die erste Athletin, die im Abstand von 20 Jahren Medaillen gewann.

199 Nationen
10 651 Athleten (6582 Männer/ 4069 Frauen)
28 Sportarten **300** Wettkämpfe

STARPROFIL **STEVEN REDGRAVE**

Steven Redgrave aus Großbritannien ist der einzige Ruderer mit fünf olympischen Goldmedaillen in Folge. In Atlanta verteidigten Redgrave und sein Partner Matthew Pinsent erfolgreich ihren Titel und siegten in ihrem 100. gemeinsamen Rennen als Zweier ohne Steuermann. In Sydney holte Redgrave 38-jährig seine fünfte Goldmedaille im Vierer ohne Steuermann.

Wussten Sie's? ... Die erste Medaillengewinnerin aus Sri Lanka, die Sprinterin Susanthika Jayasinghe, holte über 200 m Bronze. >>> Vietnam gewann im Taekwondo der Frauen seine erste Medaille seit der Erstteilnahme 1952.

SALT LAKE CITY

08. – 24. FEBRUAR 2002 XIX. OLYMPISCHE WINTERSPIELE

Das Programm von Salt Lake City war auf 78 Wettkämpfe angewachsen, einschließlich Skeleton und Bob der Frauen. 18 Nationen gewannen Goldmedaillen, darunter zum ersten Mal China und Australien. Zu den Highlights zählten Ole Einar Bjørndalens Vierfachgold in allen Biathlon-Disziplinen, das Dreifachgold des Finnen Samppa Lajunen in der Nordischen Kombination und der Doppelsieg des Schweizers Simon Ammann in beiden Sprungwettbewerben. Kanada siegte im Eishockey der Männer und der Frauen, wobei der Sieg der Männer über die USA das erste Gold seit 50 Jahren war. Mit seinem Silber wurde der deutsche Rennrodler Georg Hackl zum ersten Olympioniken, der in fünf aufeinanderfolgenden Spielen Medaillen in derselben Disziplin gewann.

SPORTLICHE HIGHLIGHTS

- Nach einer Knieoperation schrieb die Kroatin Janica Kostelic Geschichte als erste Frau mit drei alpinen Goldmedaillen bei einer Olympiade: in Kombination, Slalom und Riesenslalom. Außerdem gewann sie Silber im Super-G.
- Die amerikanische Bobfahrerin Vonetta Flowers war die erste schwarze Athletin, die bei Winterspielen Gold gewann.
- Der Australier Steven Bradbury gewann überraschend Gold im Shorttrack-Finale, als die führenden Vier in der letzten Kurve stürzten.

77 Nationen
2399 Athleten (1513 Männer/886 Frauen)
7 Sportarten **78** Wettkämpfe

STARPROFIL **KJETIL ANDRÉ AAMODT**

Bei den Spielen 2002 gewann der Norweger Kjetil André Aamodt zwei alpine Goldmedaillen: eine im Super-G und eine in der Kombination. Auch in Turin trat er stark auf und holte Gold im Super-G. Er gewann insgesamt acht Medaillen.

Wussten Sie's? … Beim Eiskunstlauf wurde ein Videosystem zur Bewertung eingeführt. >>> Statt Gold und Silber wurde im Eiskunstlauf der Paare zweimal Gold vergeben. >>> Es waren die ersten Spiele unter IOC-Präsident Jacques Rogge.

ATHEN

13. – 29. AUGUST 2004 SPIELE DER XXVIII. OLYMPIADE

2004 kehrten die Olympischen Spiele nach Griechenland zurück, der Heimat sowohl der antiken als auch der ersten modernen Spiele. Zum allerersten Mal nahmen rekordverdächtige 201 Nationale Olympische Komitees (NOCs) an den Spielen teil. Insgesamt wurden 301 Wettkämpfe (einer mehr als in Sydney) ausgetragen. Die Popularität der Spiele erreichte mit 3,9 Milliarden Fernsehzuschauern neue Höhen – 2002 in Sydney waren es noch 3,6 Milliarden Zuschauer gewesen.

SPORTLICHE HIGHLIGHTS

- Der Marokkaner Hicham El Guerrouj siegte als erster Läufer seit Paavo Nurmi 1924 sowohl über 1500 als auch über 5000 m. Bei den 1500 m wurde er von Bernard Lagat auf der Zielgeraden überholt, lief aber dennoch zum Sieg. Über 5000 m schlug er den 10 000-m-Champion Kenenisa Bekele.
- Die türkische Gewichtheberin Nurcan Taylan holte Gold in der Klasse der Frauen bis 48 kg. Sie war die erste Türkin überhaupt, die einen Olympiasieg errang.
- Das argentinische Männer-Basketballteam beendete mit 89:81 im Halbfinale die Dominanz der US-Profis. Anschließend schlugen die Argentinier Italien im Finale mit 84:69.
- Die deutsche Kanutin Birgit Fischer wurde sowohl die jüngste als auch die älteste Goldmedailliengewinnerin im Kanu, indem sie ihr Gold – im Einer und Vierer über 500 m – mit 24 Jahren Abstand holte. Zudem gewann sie als erste Sportlerin Gold bei sechs Olympischen Spielen.

201 Nationen
11 099 Athleten (6458 Männer/4551 Frauen)
28 Sportarten **301** Wettkämpfe

STARPROFIL **MICHAEL PHELPS**

Der Schwimmer Michael Phelps (USA) gewann in Athen sechsmal Gold und zweimal Bronze. 2008 in Peking übertraf er diese Leistung mit achtmal Gold. Mit seinen langen Armen, relativ kurzen Beinen und großen Füßen hat Phelps die perfekte Statur für den Sport. In Trainingszeiten nimmt er täglich über 10 000 Kalorien zu sich – fünfmal mehr als ein »normaler« Erwachsener.

Wussten Sie's? … Die kenianischen Läufer räumten über 3000 m Hindernis Gold, Silber und Bronze ab. >>> Der Marathonlauf folgte der gleichen Strecke wie bei den Spielen 1896: von Marathon bis ins Athener Panathinaikon-Stadion.

TURIN

10. – 26. FEBRUAR 2006 XX. OLYMPISCHE WINTERSPIELE

80 Nationen
2508 Athleten (1548 Männer/960 Frauen)
7 Sportarten **84** Wettkämpfe

STARPROFIL KATERINA NEUMANNOVÁ

Die tschechische Skilangläuferin Katerina Neumannová trat erstmals bei den Spielen von 1992 an, gewann aber erst bei ihren dritten Winterspielen 1998 ihre ersten Medaillen. Da sie außerdem auf dem Mountainbike an den Sommerspielen 1996 in Atlanta teilnahm, waren Turin ihre sechsten Olympischen Spiele. Am 12. Februar holte sie Silber in der Verfolgung. Am 24. Februar errang sie im Alter von 33 Jahren über 30 km ihre erste Goldmedaille.

Wussten Sie's ?… Zum ersten Mal wurden Olympische Spiele live aufs Handy übertragen. >>> Mit über 900 000 Einwohnern ist Turin die größte Stadt, die je Olympische Winterspiele ausgerichtet hat.

Bei den Turiner Winterspielen traten 2508 Athleten aus 80 Ländern an, 26 Nationen nahmen Medaillen mit nach Hause. Die Österreicher dominierten den alpinen Skisport und gewannen 14 der 30 Medaillen. Ähnlichen Erfolg hatte Südkorea im Shorttrack, wo man 10 der 24 Medaillen abräumte. Im Langlauf-Team-Sprint brach der Kanadierin Sara Renner ein Stock. Der norwegische Cheftrainer Bjørnar Håkensmoen überließ ihr einen seiner Stöcke. Renner gewann mit ihrer Mannschaft Silber und verdrängte Norwegen aus den Medaillenrängen.

SPORTLICHE HIGHLIGHTS

- Der Snowboarder Philipp Schoch galt als Favorit im Parallel-Riesenslalom, hatte aber mit seinem älteren Bruder Simon einen harten Herausforderer. Beide qualifizierten sich für das Finale und Philipp holte sein zweites Gold in Folge.
- Beim Eishockey der Männer kam es zum skandinavischen Finale, als Finnland auf Schweden traf. Im Endspiel brachte Nicklas Lidstrom die Schweden im letzten Drittel nach 10 Sekunden in Führung. Das reichte zum Sieg.
- Der Eisschnellläufer und Lokalmatador Enrico Fabris gewann über 5000 m als erster Italiener in dieser Disziplin eine Medaille.

PEKING

8.–24. AUGUST 2008 SPIELE DER XXIX. OLYMPIADE

Am 8. August 2008 um 8:08 Uhr abends (Ortszeit) begannen offiziell die Spiele der 29. Olympiade – die Acht gilt in China als Glückszahl. Für die Spiele stellte China ein gewaltiges Bauprogramm auf die Beine: Zwölf neue Sportstätten wurden errichtet, die Pekinger U-Bahn wurde zur doppelten Kapazität ausgebaut. Im Mittelpunkt der Aufmerksamkeit stand das neue Nationalstadion mit 91 000 Sitzplätzen, wegen seiner ungewöhnlichen Form auch »Vogelnest« genannt. Neun Sportarten waren erstmals olympisch, darunter BMX-Rennen, 10-km-Marathonschwimmen und der 3000-m-Hindernislauf der Frauen. Das Gastgeberland China führte mit 51 Goldmedaillen den Medaillenspiegel an.

SPORTLICHE HIGHLIGHTS

- Usain Bolt bejubelte seinen Sieg im 100 m-Sprintfinale, noch bevor er die Ziellinie überquert hatte – mit offenen Schnürsenkeln! Der 21-jährige Bolt deklassierte seine Gegner sowohl über 100 als auch 200 m.
- Michael Phelps gewann alle acht Schwimmwettbewerbe, an denen er teilnahm, und brach damit den Rekord von Mark Spitz für die meisten Goldmedaillen. Daneben stellte er auch noch vier neue Weltrekorde auf.
- Von den deutschen Sportlern konnten die Kanuten die meisten Erfolge feiern: Dreimal Gold, zweimal Silber und dreimal Bronze. Die Schwimmerin Britta Steffen wurde für zweimal Gold über 50 m und 100 m Freistil gefeiert.

204 Nationen
11 196 Athleten (6450 Männer/4746 Frauen)
28 Sportarten **302** Wettkämpfe

STARPROFIL USAIN BOLT

Drei neue Weltrekorde stellte der jamaikanische Sprinter Usain Bolt in Peking auf: Die 100 m lief er in 9,69 Sekunden – ohne seinen verfrühten Siegesjubel wäre er wahrscheinlich noch schneller gewesen. Vier Tage später lief er die 200 m in 19,30 Sekunden und brach damit Michael Johnsons Rekord von 1996. Beim 4-x-100-m-Staffellauf errang Bolts Team Gold – wieder in Rekordzeit. Zuvor gelang es zuletzt seinem Landsmann Don Quarrie, die Weltrekorde sowohl über 100 m als auch 200 m gleichzeitig innezuhaben.

Wussten Sie's ?… Rund 70 000 Menschen halfen bei der Organisation der Spiele. >>> Der kubanische Taekwondo-Kämpfer Angel Matos wurde disqualifiziert und trat daraufhin dem Schiedsrichter ins Gesicht. Die Folge war eine lebenslange Sperre.

VANCOUVER

12. – 28. FEBRUAR 2010 XXI. OLYMPISCHE WINTERSPIELE

Die Winterspiele 2010 in Vancouver verzeichneten erneut eine Rekordzahl an Sportlern, Wettkämpfen und Nationen, darunter die Debütanten Cayman-Inseln, Kolumbien, Ghana, Montenegro, Pakistan und Peru. Die Eröffnungszeremonie war dem georgischen Rennrodler Nodar Kumaritaschwili gewidmet, der nur Stunden zuvor bei einem Trainingsunfall ums Leben gekommen war. Trotz der Tragödie feierten Sportler und Zuschauer ausgelassen und fröhlich das Angedenken an den verstorbenen Kollegen. Kanada konnte die verpassten Goldchancen der vorangegangen zwei Spiele als Gastgeber vergessen machen und stellte mit 14 Goldmedaillen einen Rekord als ausrichtende Nation auf. Daneben konnten die Slowakei und Weißrussland ihr erstes Winter-Gold feiern.

SPORTLICHE HIGHLIGHTS

- Die Norwegerin Marit Bjørgen bestätigte ihren Status als erfolgreichste Skilangläuferin der Neuzeit. Die führte den Medaillenspiegel mit dreimal Gold und je einmal Silber und Bronze an und steigerte ihre Bilanz auf sieben Medaillen.
- Team Canada krönte seine Rekordspiele als Gastgebernation, indem es den Nachbarn USA im Eishockey der Männer schlug: Sidney Crosby holte die letzte Goldmedaille der Spiele in der Verlängerung.
- Die Slowenin Petra Majdi gewann Bronze beim Klassiksprint, obwohl sie sich zuvor bei einem Sturz vier Rippen gebrochen und die Lunge verletzt hatte. Sie sagte dazu: »Das ist nicht Bronze, das ist Gold mit kleinen Diamanten.«

82 Nationen
2536 2536 Athleten (1503 Männer/1033 Frauen)
7 Sportarten **86** Wettkämpfe

STARPROFIL **KIM YU-NA**

Die 19-jährige südkoreanische Eiskunstläuferin Kim Yu-na lieferte eine atemberaubende Vorstellung ab und stellte in der Kür den Rekord von 150,86 Punkten auf. Auch ihre Gesamtpunktzahl von 228,56 war ein Rekord und übertraf die Silber-Gewinnerin Mao Asada aus Japan um 23 Punkte. Viele waren der Ansicht, dass ihre Kür genauso lange in Erinnerung bleiben würde, wie Torvill/Deans Bolero von 1984.

Wussten Sie's? ... Mit 2,3 Mio. Einwohnern war Vancouver die größte Stadt, die je die Winterspiele ausgerichtet hat. >>> Aus Umweltschutzgründen wurde der Energieverbrauch jeder Veranstaltungsstätte live gemessen und veröffentlicht.

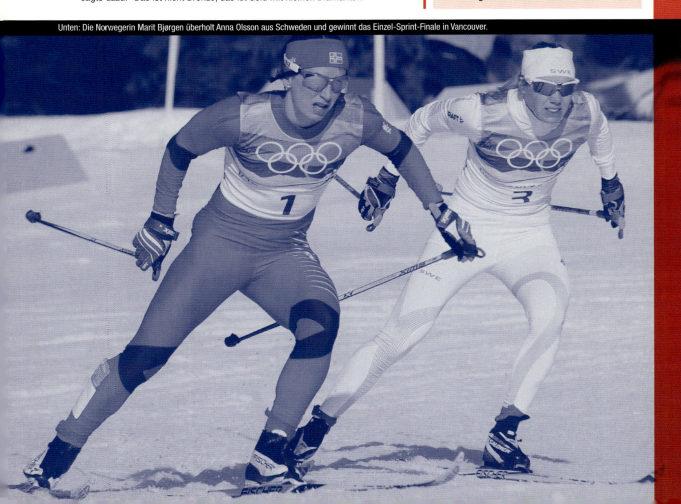

Unten: Die Norwegerin Marit Bjørgen überholt Anna Olsson aus Schweden und gewinnt das Einzel-Sprint-Finale in Vancouver.

LONDON

27. JULI – 12. AUGUST 2012 SPIELE DER XXX. OLYMPIADE

204 Nationen
10 383 Athleten (5814 Männer/4569 Frauen)
26 Sportarten **302** Wettkämpfe

STARPROFIL **SHIWEN YE**

Die 16-jährige Schwimmerin Shiwen Ye betrat auf spektakuläre Weise die internationale Bühne, als sie sowohl über 200 als auch über 400 m Lagen Gold holte. Noch beeindruckender waren aber ihre Zeiten: Sie schwamm über die 200 m olympischen und über die 400 m Weltrekord, wobei sie den bestehenden Rekord um eine Sekunde unterbot. Ihre Leistungssteigerung wurde einem Wachstumsschub um 12 cm zugeschrieben, den sie in den zwei Jahren vor den Spielen erlebt hatte.

Wussten Sie's? ... 8000 Läufer trugen die Olympische Fackel rund um Großbritannien und legten dabei im Schnitt jeweils rund 300 m zurück. >>> London hat nun drei Olympische Spiele ausgerichtet, mehr als jede andere Stadt der Welt.

Bei den Spielen 2012 in London gab es zwei Erfolge für die Gleichstellung: Frauen nahmen erstmals in allen Sportarten teil und der südafrikanische Sprinter Oscar Pistorius ging als erster beinamputierter Läufer bei den Olympischen Spielen an den Start. Es gab aber auch Probleme. In der Gruppenphase der Frauendoppel beim Badminton versuchten vier Paare – zwei aus Südkorea und je eines aus China und Indonesien – durch absichtlich schlechtes Spiel zukünftig auf schwächere Gegner zu stoßen und wurden disqualifiziert. Besonders beeindruckend war die Eröffnungsfeier unter Regie von Oscar-Gewinner Danny Boyle, die die Geschichte Großbritanniens feierte.

SPORTLICHE HIGHLIGHTS

- Der amerikanische Schwimmer Michael Phelps (siehe S. 35) gewann viermal Gold. Er beendete nach diesen Spielen mit 18 Goldmedaillen als erfolgreichster Athlet in der olympischen Geschichte seine Sportkarriere.
- Das Highlight für die Gastgeber der Spiele war zweifellos Samstag, der 4. August, der »Super Saturday«, an dem Großbritannien sechs Gold- und eine Silbermedaille erringen konnte.
- Usain Bolt wiederholte seine Ausnahmeleistung von 2008 (siehe S. 36) und gewann Gold über 100, 200 und 4 x 100 m Staffel. In seiner Begeisterung bezeichnete er sich selbst als den »größten Sportler aller Zeiten« und als »lebende Legende«.

SOTSCHI

7. – 23. FEBRUAR 2014 XXII. OLYMPISCHE WINTERSPIELE

Die 22. Winterspiele in Sotschi am Schwarzen Meer waren die ersten Olympischen Spiele, die nach der Auflösung der Sowjetunion 1991 auf russischem Boden stattfanden. 88 Nationen und damit so viele wie nie zuvor nahmen an den Winterspielen teil. Als Wettkampfstätten dienten der Olympiapark an der Küste mit neu erbauten Eislaufarenen und das zum Wintersportresort ausgebaute Gebiet um Krasnaja Poljana für die Wettbewerbe im Ski-, Rodel- und Bobsport. Mehrere neue Wettbewerbe wurden in das olympische Programm aufgenommen, darunter der Hindernisparcours-Sport Slopestyle für Ski und Snowboard.

SPORTLICHE HIGHLIGHTS

- Den Eisschnelllauf dominierten die Niederlande: Von 36 Medaillen gingen 23 an die holländischen Sportler – acht davon in Gold.
- Das deutsche Olympia-Team war mit viermal Gold und einer Silbermedaille vor allem im Rodeln sehr erfolgreich. Besonders beeindruckte Felix Loch, der erfolgreich seinen Titel im Einzelrennen verteidigen konnte und auch mit der Teamstaffel die Goldmedaille gewann.
- Das Skispringen der Frauen war 2014 zum ersten Mal olympische Disziplin. Die erste Goldmedaille gewann die Deutsche Carina Vogt. Silber ging an die Weltmeisterin von 2011, die Österreicherin Daniela Iraschko-Stolz.

STARPROFIL **WOLOSSOSCHAR UND TRANKOW**

Bevor sie ein Team wurden, waren die russischen Eiskunstläufer Tatjana Wolossoschar und Maxim Trankow mit anderen Partnern nur mäßig erfolgreich. Seit sie 2010 als Paar laufen, sind sie für ihre Konkurrenz jedoch ernstzunehmende Gegner geworden. Sie gewannen 2012 und 2013 die Eiskunstlauf-Europameisterschaften im Paarlauf, 2013 auch die Weltmeisterschaft, die sie in den beiden Jahren zuvor nur als Zweitplatzierte abschließen konnten. In Sotschi trugen sie mit einer Goldmedaille im Paarlauf zum ersten Rang des Gastgeberlandes im Medaillenspiegel bei.

Wussten Sie's? ... Beim längsten Fackellauf in der Geschichte der Olympischen Spiele trugen 14 000 Sportler das Olympische Feuer über eine Strecke von 65 000 km nach Sotschi – unter anderem über den Grund des Baikalsees und durch den Weltraum.

Die Siebenkämpferin Jessica Ennis war eine der sechs Athleten, die am »Super Saturday« der Olympischen Spiele 2012 in London Gold für die Gastgeber holten.

RIO DE JANEIRO

5. – 21. AUGUST 2016 SPIELE DER XXXI. OLYMPIADE

STARPROFIL **KIRANI JAMES**

Mit gerade einmal 14 Jahren machte sich Kirani James aus Grenada einen Namen als kommender Sprint-Star, indem er die 400 m in 46,96 Sekunden lief, der schnellsten in seiner Altersklasse je gemessenen Zeit. Er bestätigte sein Potenzial 2011 mit dem Weltmeistertitel und holte 2012 in London die allererste olympische Medaille für Grenada, als er über 400 m Gold gewann. James wird bei den 31. Spielen in Rio 23 Jahre alt sein und hofft, dort nicht nur seine Goldmedaille zu verteidigen, sondern auch Michael Johnsons 400-m-Weltrekord von 43,18 Sekunden zu unterbieten.

Wussten Sie's? ... Das Maracana-Stadion erlebte (vor dem Umbau auf Sitzplätze) bei der WM 1950 einen Besucher-Rekord von 199 854 Zuschauern. >>> Brasilien ist das erste portugiesischsprachige Land, das die Olympischen Spiele ausrichtet.

Die 31. Spiele in Rio de Janeiro werden die ersten in Südamerika und die ersten Spiele, die im Winter der Gastgeberstadt stattfinden. Es gibt zwei neue Sportarten: 7er-Rugby (siehe S. 126–127) und Golf (siehe S. 320–325). Golf war das letzte Mal 1904 im olympischen Programm und vermutlich werden diverse Top-Spieler, wie z. B. Tiger Woods, um olympisches Gold spielen. Die meisten Sportstätten und das olympische Dorf liegen in Barra da Tijuca, einem wohlhabenden Stadtteil Rios. Auch weitere Markenzeichen der Stadt werden bei den Spielen eine Rolle spielen: So werden im weltberühmten Maracana-Stadion mit seinen 80 000 Sitzplätzen neben den Fußballspielen auch die Eröffnungs- und die Abschlussfeier stattfinden.

AUSBLICK

- Der Olympiapark wird auf dem Gelände einer ehemaligen Grand-Prix-Rennstrecke errichtet.
- Am 4 km langen Strand von Copacabana finden der Triathlon, das Freiwasserschwimmen und das Beach-Volleyball-Turnier statt.
- Das Logo der Spiele 2016 beruht auf der Form des Zuckerhuts, dem Wahrzeichen Rio de Janeiros an der Guanabara-Bucht.
- Das Fußballturnier wird in einigen der größten Städte des Landes ausgetragen, darunter São Paulo und die Bundeshauptstadt Brasilia.

PARALYMPISCHE SPIELE

Die Paralympics sind Olympische Spiele für behinderte Sportler. Ursprünglich als Sportveranstaltung für Weltkriegsveteranen mit Rückenmarksverletzungen erdacht, fand der erste echte Wettbewerb, mit etwa 400 Teilnehmern aus 23 Nationen, erstmals 1960 in Rom statt. In jeder Disziplin traten drei Sportler gegeneinander an, sodass jeder eine Medaille bekam. Anfangs waren die Paralympics nur Rollstuhlfahrern vorbehalten, doch die Spiele 1976 in Toronto wurden für Sportler mit verschiedenen Behinderungen geöffnet, sodass die Teilnehmerzahl von etwa 1000 auf 1600 stieg. Die ersten Winter-Paralympics wurden im selben Jahr in Schweden ausgetragen. Sowohl die Sommer- als auch die Winter-Paralympics finden heute im selben Jahr und am selben Austragungsort wie ihr olympisches Gegenstück statt. Die Winter-Paralympics sind eine kleinere Veranstaltung mit sechs Hauptdisziplinen: Ski alpin, Sledge-Eishockey, Ski nordisch mit Biathlon und Langlauf sowie Rollstuhl-Curling und Para-Snowboarding.

SPORTLICHE HIGHLIGHTS

- Die Sommer-Paralympics 2012 in London sahen 21 Sportarten, von denen viele auch zum olympischen Standardprogramm zählen, darunter Judo, Rudern, Schwimmen und Tischtennis.
- Zu den Sportarten, die nur im Programm der Sommer-Paralympics zu finden sind, zählen behindertengerechte Wettkämpfe, wie Boccia und Pétanque, die von Rollstuhlfahrern ausgetragen werden.
- Mit 55 Medaillen (41 Gold, 9 Silber und 5 Bronze) ist die amerikanische Schwimmerin Trischa Zorn-Hudson die erfolgreichste Paralympionikin.

Wussten Sie's? ... »Paralympics« besteht aus »para« (griech. »neben«) und »Olympics«, was den Wunsch des Gründers Sir Ludwig Guttmann spiegelt, ein Äquivalent zu den Olympischen Spielen für Behinderte zu schaffen. >>> Die jüngste Paralympionikin, die Schwimmerin Joanne Round, war 1988 in Seoul erst 12 Jahre alt. Sie gewann zweimal Gold und einmal Silber.

Unten: Die Nummer Eins der Welt, Marie Bochet aus Frankreich, bei der Abfahrt stehend bei den Winter-Paralympics 2010.

Oben: Grzegorz Pluta aus Polen greift bei den Paralympics 2012 den Griechen Panagiotis Triantafyllou beim Rollstuhlfechten mit dem Säbel an.
Oben rechts: Der Brite Jonnie Peacock deklassiert 2012 in London beim 100-m-Sprint (T44) Richard Browne aus den USA und Arnu Fourie aus Südafrika.

DIE KLASSIFIZIERUNG

Um einen fairen Wettkampf zu garantieren, treten die Paralympioniken in sechs Kategorien an: Amputierte, Zerebralparese, Sehbehinderte, Rollstuhlsport, Keinwüchsige und »alle Übrigen«. Im Rahmen dieser Kategorien greift ein präzises Klassifizierungssystem: Vor den Spielen beobachtet ein Experten-Komitee jeden einzelnen Sportler bei einer Reihe von sportspezifischen Aufgaben und stuft seine Fähigkeiten in eine der Klassen ein.

CHANCENGLEICHHEIT

Der Schwerpunkt dieser Beurteilung hängt von der Sportart ab. So richtet sich z. B. beim Reitsport besonderes Augenmerk auf die Art, in der die Behinderung des Sportlers die Kontrolle über seinen Rumpf beeinträchtigt. Ein Code aus Buchstaben und Zahlen beschreibt dabei die Art des Wettkampfs und die Behinderung der teilnehmenden Athleten. So bezeichnet F31–38 z. B. eine Leichtathletik-Disziplin (F) für Sportler mit eingeschränkter Kontrolle über Rumpf und Gliedmaßen (31–38), wie Zerebralparese. Bei bestimmten Sportarten, wie Sitzvolleyball (siehe unten), können Sportler unterschiedlicher Kategorien gegeneinander antreten.

DIE KRITERIEN

Jede Sportart stellt andere Anforderungen an die Athleten, sodass die Kriterien speziell auf den jeweiligen Sport zugeschnitten sein müssen. Die Tabelle unten zeigt die Startklassen in der Leichtathletik.

STARTKLASSEN IN DER LEICHTATHLETIK

KLASSE	KRITERIEN
11-13	Sportler mit Sehbehinderungen, wobei 11 die stärkste und 13 die schwächste Behinderung anzeigt.
20	Sportler mit geistigen Behinderungen
31–38	Sportler mit Bewegungsstörungen in Rumpf und Gliedmaßen. Eine niedrige Zahl bedeutet eine stärkere Behinderung. Sportler der Klassen 31–34 treten sitzend an.
40	Kleinwüchsige Sportler
42–46	Sportler mit Behinderungen der Gliedmaßen, wie Amputierte. 42–44 zeigt eine Behinderung der Beine an, 45–46 eine Behinderung der Arme.
51–58	Rollstuhlfahrer. Sportler der Klassen 51–54 haben eingeschränkte Funktion der oberen oder unteren Extremitäten oder des Rumpfs. Sportler der Klassen 55–58 haben stärkere Einschränkungen der Rumpf- und Beinfunktion.

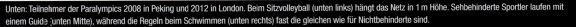

Unten: Teilnehmer der Paralympics 2008 in Peking und 2012 in London. Beim Sitzvolleyball (unten links) hängt das Netz in 1 m Höhe. Sehbehinderte Sportler laufen mit einem Guide (unten Mitte), während die Regeln beim Schwimmen (unten rechts) fast die gleichen wie für Nichtbehinderte sind.

Oben links: Der Deutsche Tobias Graf tritt beim Zeitrennen in der Klasse C123 an. Oben Mitte: Der japanische Sledge-Eishockey-Spieler Kazuhiro Takahashi verwendet Schläger mit Spikes, um zu beschleunigen. Oben rechts: Rollstuhl-Basketball ist ein harter Sport mit verstärkten Rollstühlen.

ANPASSUNGSFÄHIGE ATHLETEN

Eine wichtige Rolle spielt bei den Paralympics die Ausrüstung. Jede Klassifizierungsstufe hat ihre eigenen technischen Hilfsmittel, mit denen die Sportler sich für ihren Leistungssport fit machen. Die Rollstuhltechnologie ist heute hoch entwickelt und so nutzen die Rollstuhl-Basketballer mittlerweile leichte und manövrierfähige maßgeschneiderte Rollstühle aus Aluminium und Kohlefaser. In der Zukunft könnten Athleten dank Hightech sogar ohne Helfer auskommen, indem beispielsweise Headsets mit Sensoren die sehenden Guides für sehbehinderte Läufer überflüssig machen.

Die Technik ist nicht unumstritten. Entwicklungsländer können sich meist die hoch entwickelte Technologie nicht leisten, die Athleten aus reichen Nationen unterstützt. So wird auch zunehmend darüber diskutiert, ob Prothesen, wie die Kohlefaser-»Blades« für Amputierte, einen behinderten Sportler nicht gar leistungsfähiger machen als einen nicht behinderten. Deshalb sollen Prothesen heute dem Sportler nur zu der Größe oder Beweglichkeit verhelfen, die er hätte, wenn er nicht behindert wäre, sodass Blades z.B. nur so lang sein dürfen wie die ursprünglichen Unterschenkel.

STARPROFIL **ORAZIO FAGONE**

Der Shorttrackläufer und Sledge-Eishockeyspieler Orazio Fagone aus Sizilien ist der einzige Paralympionike, der auch eine olympische Medaille gewonnen hat, und zwar bevor er durch einen Unfall seine Behinderung erlitt. Fagones olympische Karriere begann bei den Winterspielen 1988 im kanadischen Calgary, wo er beim Demonstrationswettkampf im Shorttrack Dritter über 1500 m und Zweiter über 5000 m wurde. Shorttrack wurde bei den Winterspielen 1992 im französischen Albertville olympische Sportart und Fagone gewann 1994 mit der italienischen Männerstaffel über 5000 m Gold in Lillehammer. 1997 verlor er bei einem schweren Motorradunfall das rechte Bein. Seitdem trat Fagone als Mitglied der italienischen Sledge-Eishockeymannschaft, dem paralympischen Äquivalent des Eishockeys, bei den Paralympischen Winterspielen 2006 in Turin sowie 2010 in Vancouver an.

Manche Sportarten, wie z.B. Boccia und Goalball, gibt es nur bei den Paralympics. Unten links: Josh Vander Vies aus Kanada wirft eine Boccia-Kugel. Unten rechts: Die Japanerin Akiko Adachi hütet das Tor. Sie kann den mit Glocken im Inneren ausgestatten Ball hören.

DIE TOP-PARALYMPIONIKIN

OKTOBER 1988 – MAI 2007 EINE BEEINDRUCKENDE KARRIERE

Die Britin Tanni Grey-Thompson, die sich im Mai 2007 aus dem Wettkampfsport zurückgezogen hat, ist eine der größten Sportlerinnen der Paralympics. 1969 mit offenem Rücken geboren, war sie seit dem siebten Lebensjahr an den Rollstuhl gefesselt, was aber ihre sportliche Karriere nicht beeinträchtigte. Mit 13 Jahren begann sie Rollstuhlrennen zu fahren und wurde zu einer Pionierin des Behindertensports. Sie trat in den verschiedensten Disziplinen an – von den 100 m bis zum Marathon – und war in allen erfolgreich. Sie hielt 30 Weltrekorde, gewann zwischen 1997 und 2002 sechsmal den London-Marathon und holte bei fünf Paralympics 16 Medaillen, darunter 11 goldene. Sie wurde 2005 in Anerkennung ihrer Leistungen für den Behindertensport zur Dame of the British Empire ernannt und 2006 zum Mitglied der Laureus World Sports Academy berufen.

MEDAILLENSPIEGEL

JAHR	ORT	MEDAILLEN
2004	ATHEN	2 GOLD
2000	SYDNEY	4 GOLD
1996	ATLANTA	1 GOLD UND 3 SILBER
1992	BARCELONA	4 GOLD UND 1 SILBER
1988	SEOUL	1 BRONZE

WEITERE ERFOLGE

ERSTE FRAU, DIE DIE 400 M UNTER EINER MINUTE FUHR
GEWINNERIN VON ZEHN WELTMEISTERTITELN
ERSTE FRAU, DIE DEN MARATHON UNTER ZWEI STUNDEN FUHR

Unten: Tanni Grey-Thompson stürmt im September 2004 in Athen mit äußerster Entschlossenheit der ersten von zwei Goldmedaillen entgegen. Im Verlauf ihrer 20-jährigen Karriere an der Spitze des Behindertensports stellte sie 20 Weltrekorde auf.

DIE SPORT-ARTEN

LEICHT-
ATHLETIK
UND
MEHRKAMPF

01

LEICHT-ATHLETIK

ÜBERBLICK

Leichtathletik ist der Oberbegriff für verschiedene Lauf-, Sprung- und Wurfdisziplinen sowie für kombinierte Wettkämpfe, wie den Fünfkampf, die mehrere Disziplinen in sich vereinen. Die Leichtathletik bildet das Herzstück der Olympischen Spiele und die wichtigsten Disziplinen waren bereits Bestandteil der ersten Spiele in Olympia 776 v. Chr. Ihre Beliebtheit ließ während des Römischen Reiches nach, seit den ersten Spielen der Neuzeit stehen sie erneut im Zentrum.

DRINNEN UND DRAUSSEN

Leichtathletikwettbewerbe werden in der Halle (Winter) oder im Freien (Frühjahr und Sommer) abgehalten. Die meisten Disziplinen finden sowohl in der Halle als auch in den großen Stadien statt, wobei es Ausnahmen gibt. Die Wurfdisziplinen wie Speer-, Hammer- und Diskuswurf gibt es aus Platzmangel nur in der Freiluftsaison. Aus demselben Grund verkürzt sich die Sprintstrecke drinnen von 100 m auf 60 m.

MASS FÜR MASS

Die Messung der Zeit und der Distanzen ist in der Leichtathletik ausschlaggebend. Bei den Laufdisziplinen wird die Zeit vollautomatisch über mit Kameras verbundene Sensoren genommen. Beim Weitsprung, Dreisprung und den Wurfwettbewerben werden die Distanzen mit einem geeichten Stahlmaßband gemessen.

IMMER IM BLICK
Bewegliche elektronische Anzeigetafeln werden im Stadion aufgestellt, damit Athleten, Offizielle und Zuschauer während des Rennens die Zeit im Auge behalten können.

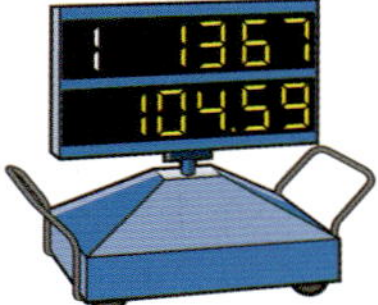

FOTOFINISH
Die digitale Zielkamera (auf die Ziellinie gerichtet und mit einem digitalen Zeitsensor verbunden) entscheidet über die Platzierung. Sie ist auf die Tausendstelsekunde genau.

STARTPISTOLE
Das Startsignal wird in der Leichtathletik mit der Startpistole gegeben. Der Knall der mit Platzpatronen betriebenen Pistole signalisiert den Athleten den Start und setzt gleichzeitig die Zeitnahme in Gang.

FAKTEN

- Das Wort »Athlet« stammt vom griechischen Wort »athlos« und bedeutet Wettbewerb.
- Der erste Wettbewerb bei den Olympischen Spielen der Antike war der »Stadionlauf«, ein Sprint über die Länge des Stadions (eine Distanz von rund 192 m).
- In welcher Reihenfolge die Disziplinen bei Leichtathletiktreffen ausgetragen werden, entscheidet das Los.

Startlinie 3000 m Hindernislauf
Die Läufer müssen in den siebeneinhalb Runden des Rennens 28 feste Hürden und siebenmal den Wassergraben überspringen.

Weitsprung/Dreisprung
Bei Weit- und Dreisprung muss der Anlauf mindestens 40 m und die Sprunggrube mindestens 9 m lang sein.

Startlinie 5000 m
Nach 200 m wechseln die Läufer auf die Innenbahn und müssen dann noch zwölf Runden laufen.

Startlinie 200 m
Die Startlinien beim 200-m-Sprint sind leicht versetzt, damit alle Läufer trotz der verschieden langen Kurven exakt 200 m bis zum Ziel laufen müssen.

Diskuswerfen
Das Wurffeld öffnet sich in einem Winkel von 35°, was die Zuschauer bei Fehlwürfen vor Gefahr schützt.

Wassergraben
Der Wassergraben ein Stück innerhalb der Laufbahnen ist ein wichtiger Bestandteil des 3000-m-Hindernislaufs.

Hammerwerfen
Das Schutzgitter um den Wurfkreis (der Wurfkäfig) öffnet sich nur zum Wurffeld und schützt Zuschauer vor Hämmern auf Irrwegen.

Startlinie 110 m Hürden
Der Start beim 110-m-Hürdenlauf der Männer ist ähnlich explosiv wie beim Sprint.

Startlinie 100 m & 100 m Hürden
Die Läufer dürfen das gesamte Rennen hindurch Ihre Bahn nicht verlassen.

DAS LEICHTATHLETIKSTADION

Die Laufbahn eines Stadions ist 400 m lang und besteht aus sechs bis acht Einzelbahnen. Im Innenraum der Bahn liegen die Zonen der technischen Disziplinen. Kunstkautschuk oder Polyurethan als Belag ermöglichen die ganzjährige Nutzung der Bahnen. In der Halle ist die Laufbahn meist nur 200 m lang und hat vier bis sechs Einzelbahnen mit überhöhten Kurven, um den wesentlich engeren Kurvenlauf zu erleichtern. Die Laufrichtung ist im Freien wie in der Halle immer entgegen dem Uhrzeigersinn. Aus Platzgründen werden die technischen Disziplinen in der Halle auf die Sprungwettbewerbe und das Kugelstoßen beschränkt.

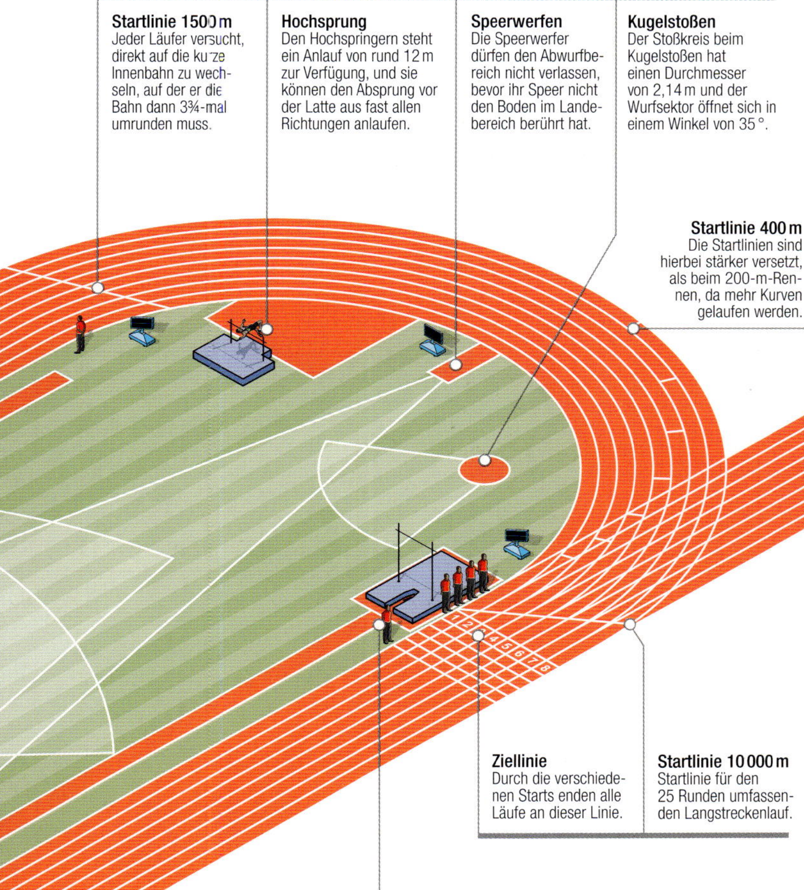

Startlinie 1500 m
Jeder Läufer versucht, direkt auf die kurze Innenbahn zu wechseln, auf der er die Bahn dann 3¾-mal umrunden muss.

Hochsprung
Den Hochspringern steht ein Anlauf von rund 12 m zur Verfügung, und sie können den Absprung vor der Latte aus fast allen Richtungen anlaufen.

Speerwerfen
Die Speerwerfer dürfen den Abwurfbereich nicht verlassen, bevor ihr Speer nicht den Boden im Landebereich berührt hat.

Kugelstoßen
Der Stoßkreis beim Kugelstoßen hat einen Durchmesser von 2,14 m und der Wurfsektor öffnet sich in einem Winkel von 35°.

Startlinie 400 m
Die Startlinien sind hierbei stärker versetzt, als beim 200-m-Rennen, da mehr Kurven gelaufen werden.

Ziellinie
Durch die verschiedenen Starts enden alle Läufe an dieser Linie.

Startlinie 10 000 m
Startlinie für den 25 Runden umfassenden Langstreckenlauf.

Stabhochsprung
Der keilförmige Einstichkasten für den Stab am Ende der Anlaufbahn ist 20 cm tief.

DOPINGTESTS

Der Gebrauch von leistungssteigernden Mitteln sorgt besonders in der Leichtathletik immer wieder für Schlagzeilen. Im ständigen Kampf für das Fair Play führt der Internationale Leichtathletikverband laufend Dopingkontrollen durch, um den Missbrauch von Arzneimitteln, wie etwa anabolen Steroiden, aufzudecken. 1999 gründete das Internationale Olympische Komitee zudem mit der World Anti-Doping Agency (WADA) eine Stiftung gegen Doping.

INSIDER-STORY

Die Leichtathletik ist nicht nur zentraler Bestandteil der Olympischen Spiele, sondern auch sehr prestigeträchtig. Topathleten können hier Millionen verdienen. Die vom Internationalen Leichtathletikverband jährlich abgehaltene IAAF Golden League lobt z. B. einen Jackpot von 1 Million Dollar aus. Er wird unter den Athleten geteilt, die bei allen sechs Treffen einer Saison in ihrer Disziplin siegreich sind (die genaue Aufteilung ist also jedes Jahr anders). Seit der Saison 2000/2001 wird das Preisgeld in 50 kg schweren Goldbarren ausgegeben.

STATISTIK

OLYMPISCHE LAUFWETTBEWERBE

WETTBEWERB	GESCHLECHT
100 m	M & F
200 m	M & F
400 m	M & F
100 m HÜRDEN	F
110 m HÜRDEN	M
400 m HÜRDEN	M & F
4 x 100 m STAFFEL	M & F
4 x 400 m STAFFEL	M & F
800 m	M & F
1500 m	M & F
3000 m HINDERNIS	M & F
5000 m	M & F
10 000 m	M & F
MARATHON	M & F
20 km GEHEN	M & F
50 km GEHEN	M

OLYMPISCHE TECHNIKDISZIPLINEN

WETTBEWERB	GESCHLECHT
DISKUSWERFEN	M & F
SPEERWERFEN	M & F
HAMMERWERFEN	M & F
KUGELSTOSSEN	M & F
STABHOCHSPRUNG	M & F
HOCHSPRUNG	M & F
WEITSPRUNG	M & F
DREISPRUNG	M & F

OLYMPISCHER MEHRKAMPF

WETTBEWERB	GESCHLECHT
ZEHNKAMPF	M
SIEBENKAMPF	F

EIN SPORTLICHER SONDERFALL

Bei den Olympischen Spielen 1932 in Los Angeles gewann die in Polen geborene Leichtathletin Stanislawa Walasiewicz (auch als Stella Walsh bekannt) das 100-m-Rennen der Frauen. Vier Jahre später konnte sie sich bei den Spielen in Berlin die Silbermedaille sichern. Nachdem sie 1980 bei einem bewaffneten Raubüberfall auf tragische Weise ums Leben kam, stellte man bei der Obduktion fest, dass sie männliche Genitalien und sowohl männliche als auch weibliche Chromosomen besaß. Ihre Rekorde blieben ihr aber dennoch erhalten.

FAKTEN

- Sprints sind Teil aller großen Leichtathletiktreffen wie der Olympischen Spiele und Weltmeisterschaften.
- Der Sprint über 183 m war u. U. einzige Disziplin bei den ersten Olympischen Spielen (776 v. Chr.).
- Carl Lewis ist mit fünf Welt- und Olympiatiteln (1983–1991) der beste 100-m-Sprinter aller Zeiten.

SPRINT

ÜBERBLICK

Die Sprintstrecken von 60, 100, 200 und 400 Metern gehören zu den beliebtesten Leichtathletikdisziplinen. Beim olympischen 100-m-Lauf der Männer ist es, als würde die gesamte Welt die Luft anhalten. Die explosive Kraft, mit der die Athleten aus ihren Startblöcken schießen, im Höchsttempo die Bahn entlang und nur knapp 10 Sekunden später über die Ziellinie rasen, hat eine ganz eigene Faszination.

100 METERS
155
100 METERS
180
Körperhaltung
Um die maximale Geschwindigkeit halten zu können, muss der Oberkörper ruhig, aufrecht und entspannt sein.
Veranlagung
Sprinter weisen meist überdurchschnittlich viele »schnell zuckende« Muskelfasern auf. Dieser Muskeltyp bringt kurze Kraftstöße, ermüdet aber schnell.
Ohne Socken
Da der Fuß im Schuh so wenig Bewegungsfreiheit wie möglich haben sollte, tragen die meisten Athleten keine Socken.
Gute Haftung
Leichte Schuhe mit spitzen Spikes bieten maximale Traktion.
Kleidung
Eng anliegende Anzüge aus Elastan minimieren den Luftwiderstand und geben gleichzeitig maximale Bewegungsfreiheit.

DAS GROSSARTIGSTE RENNEN?

Das 100-m-Sprintfinale der Männer 1996 in Atlanta gilt als eines der größten Rennen aller Zeiten. Nach misslungenem Start konnte Favorit Donovan Bailey dennoch in Weltrekordzeit von 9,84 Sekunden gewinnen.

IN DER BAHN

Bei allen Sprintdisziplinen gilt, dass die Läufer während des gesamten Rennens in ihrer Startbahn laufen müssen. Daher sind die Startlinien bei den Rennen, die eine oder zwei Kurven beinhalten (200-m- und 400-m-Sprint) versetzt, sodass alle Läufer exakt dieselbe Distanz laufen müssen.

SPORTLERPROFIL

Bei Sprintern ist die Beinmuskulatur sehr stark und bringt explosive Schnelligkeit. Auch der Oberkörper ist muskulös, denn die von den laufenden Beinen erzeugten Kräfte müssen durch die der schwingenden Arme ausgeglichen werden. Zudem braucht der Läufer gute Reflexe zur schnellen Reaktion auf die Startpistole.

GEWUSST?

20 So viele Jahre hielt der 100 m-Rekord von 10,3 Sekunden, den der US-Amerikaner Jesse Owens bei den Olympischen Spielen 1936 aufstellte. Owens gilt als einer der besten Athleten aller Zeiten und gewann sogar einmal über 91 m gegen ein Pferd.

53 So oft ist der Amerikaner Maurice Greene die 100 m bei offiziellen Wettbewerben unter 10 Sekunden gelaufen.

33 So alt war der britische Athlet Linford Christie, als er 1993 die 100 m bei der Weltmeisterschaft gewann.

0,33 So viele Sekunden betrug der Vorsprung, den der US-Amerikaner Michael Johnson (USA) beim 200-m-Finale der Weltmeisterschaften 1991 und 1995 herauslaufen konnte. Das war der größte Abstand, seit Jesse Owens 1936 in Berlin die 200 m mit 0,4 Sekunden Vorsprung gewann.

SPRINTAUSRÜSTUNG

Sprinter tragen einen aerodynamischen Elastan-Laufanzug und sehr leichte Schuhe mit Spikes von bis zu 9 mm Länge und dünnen Sohlen, um ein besseres Gefühl für die Bahn zu haben. Die Startblöcke ermöglichen es den Athleten, sich beim Knall der Startpistole kraftvoll abzustoßen, um die beste Startposition und maximale Beschleunigung zu erreichen.

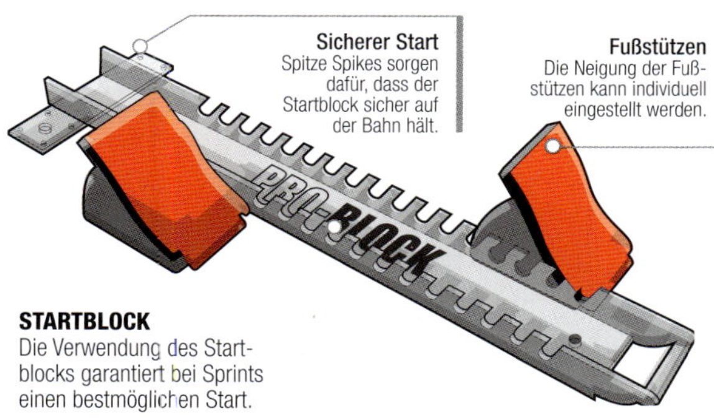
Sicherer Start
Spitze Spikes sorgen dafür, dass der Startblock sicher auf der Bahn hält.
Fußstützen
Die Neigung der Fußstützen kann individuell eingestellt werden.
PRO-BLOCK

STARTBLOCK
Die Verwendung des Startblocks garantiert bei Sprints einen bestmöglichen Start.

DIE SPRINTDISTANZEN

Es gibt vier Sprintdistanzen. Zumeist nur in der Halle gelaufen, erfordert der 60 m-Sprint Läufer mit hoher Explosivität, aber wenig Ausdauer. Das 100 m-Rennen kürt inoffiziell den Läufer zum »schnellsten Menschen der Welt«, der schnell startet und seine Geschwindigkeit halten kann. Dies erfordert Muskelkraft und ausgefeilte Technik. Dieselben Fähigkeiten werden von einem 200 m-Läufer erwartet. Er muss allerdings in den Kurven zusätzlich mit der Fliehkraft fertig werden. Er muss schnell starten und genug Energie bis zum Ziel haben. Die 400 m gelten als strapaziösester Sprint und werden auch als Ausdauersprint bezeichnet. Die exakte Krafteinteilung ist hierbei das A und O, denn nach rund 30 Sekunden hoher Laufgeschwindigkeit baut sich Milchsäure in den Muskeln auf, die das Laufen immer schwerer und schmerzhafter macht.

EINFLUSSNEHMENDE FAKTOREN

Ein Sprinter braucht Talent, einen kräftigen Körperbau, gute taktische Kenntnisse, muss sehr hart trainieren und körperlich wie geistig topfit sein. Weitere ausschlaggebende Faktoren sind z. B. der Bahnbelag (härtere Böden ermöglichen schnellere Zeiten) und klimatische Bedingungen, wie Windgeschwindigkeit und -richtung.

RENNPHASEN

Ein Sprint ist in vier Phasen unterteilt: den Start (siehe unten), die Beschleunigung (mit vorgeneigtem Körper, damit die Beine maximal beschleunigen können), den vollen Lauf (volle Geschwindigkeit ist erreicht und wird durch entspannte Technik gehalten, der Körper ist aufrecht) und den Zieleinlauf (Arme sind zurückgezogen, Kopf und Schultern sind zur Ziellinie vorgestreckt).

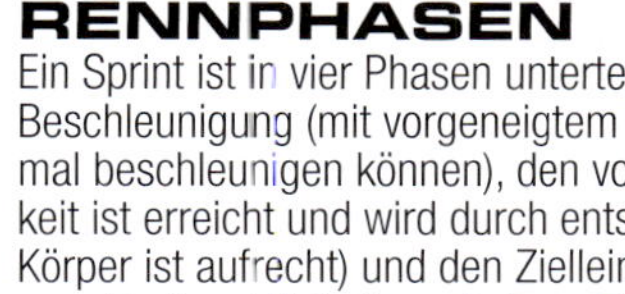

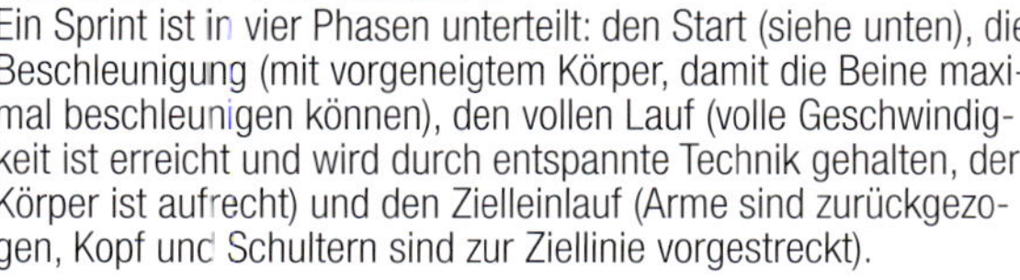

DER START
Beim Start kommt es auf ein gutes Gleichgewicht und maximale Schnellkraft an.

4

Schultern vorgestreckt
Die Schultern sind nun direkt über oder etwas vor den Händen.

Armschwung
Schnell schwingende Arme treiben den Athleten zusätzlich voran.

Gesenkter Kopf
Mit Blick auf die Bahn wahrt der Sprinter eine niedrige Haltung.

Auf die Plätze
Der Läufer kniet auf einem Knie, Füße gegen den Startblock gestützt.

Startposition
Die Hände sind etwas mehr als schulterbreit auseinander auf die Finger aufgestützt.

Fertig
Beim Kommando »fertig« hebt der Läufer die Hüften über Schulterhöhe.

Los
Beim Knall der Startpistole schnellen die Sprinter aus den Startblöcken.

SCHNELLSTE ZEITEN

100 m MÄNNER

ZEIT	ATHLET (LAND)
9,58	USAIN BOLT (JAM)
9,69	TYSON GAY (USA)
9,69	YOHAN BLAKE (JAM)
9,72	ASAFA POWELL (JAM)
9,78	NESTA CARTER (JAM)

200 m MÄNNER

ZEIT	ATHLET (LAND)
19,19	USAIN BOLT (JAM)
19,26	YOHAN BLAKE (JAM
19,32	MICHAEL JOHNSON (USA)
19,53	WALTER DIX (USA)
19,58	TYSON GAY (USA)

400 m MÄNNER

ZEIT	ATHLET (LAND)
43,18	MICHAEL JOHNSON (USA)
43,29	HARRY (BUTCH) REYNOLDS (USA)
43,45	JEREMY WARINER (USA)
43,50	QUINCY WATTS (USA)
43,75	LASHAWN MERRITT (USA)

100 m FRAUEN

ZEIT	ATHLETIN (LAND)
10,49	FLORENCE GRIFFITH-JOYNER (USA)
10,64	CARMELITA JETER (USA)
10,65	MARION JONES (USA)
10,70	SHELLY-ANN FRASER-PRYCE (JAM)
10,73	CHRISTINE ARRON (FRA)

200 m FRAUEN

ZEIT	ATHLETIN (LAND)
21,34	FLORENCE GRIFFITH JOYNER (USA)
21,62	MARION JONES (USA)
21,64	MERLENE OTTEY (JAM)
21,69	ALLYSON FELIX (USA)
21,71	MARITA KOCH (GER)

400 m FRAUEN

ZEIT	ATHLETIN (LAND)
47,60	MARITA KOCH (GDR)
47,99	JARMILA KRATOCHVÍLOVÁ (CZE)
48,25	MARIE-JOSÉ PÉREC (FRA)
48,27	OLGA WLADYKINA-BRYSGINA (URS)
48,59	TATÁNA KOCEMBOVÁ (CZE)

FAKTEN

- Staffeln sind enorm taktische Rennen. Die Teams wählen die Reihenfolge ihrer Läufer sorgfältig aus. Normalerweise ist der schnellste Läufer der Schlussläufer.
- Die Staffelwettbewerbe der Männer wurden bei den Spielen in Stockholm 1912 ins olympische Programm aufgenommen. Die Frauenstaffeln wurden erst 1928 (4 x 100 m) und 1972 (4 x 400 m) olympisch.
- Die ersten Staffeln liefen Feuerwehrmänner in den USA zu wohltätigen Zwecken. Sie nutzten Wimpel statt Stäbe.

KEIN WEG ZURÜCK

Bei den Weltmeisterschaften 1997 lief der zweite Läufer der 4-x-400-m-Staffel der USA, Tim Montgomery, zu früh los. Kurz entschlossen drehte er um und prallte mit seinem Teamkollegen Brian Lewis zusammen.

STAFFEL

ÜBERBLICK

Die Staffeln sind stets heiß umkämpft und wegen des Stabwechsels sehr spannend. Die Läufer müssen je eine Teilstrecke absolvieren und dann den Stab innerhalb des festgelegten Wechselraums dem nächsten Läufer übergeben. Die bekanntesten Staffelrennen sind bei Männern wie bei Frauen die 4 x 100 m und die 4 x 400 m. Die 4-x-400-m-Staffel der Männer bildet traditionell den Abschluss jedes Leichathletiktreffens. Seltener sind 4-x-200-m-, 4-x-800-m- und 4-x-1600-m-Rennen.

DIE LAUFBAHN

Die Staffeln laufen auf den üblichen Bahnen. Sowohl bei den 4 x 100 m als auch bei den 4 x 400 m wird von versetzten Startlinien gestartet, damit alle Läufer trotz der unterschiedlichen Bahnlängen in der Kurve die gleiche Distanz laufen. Bei beiden Rennen startet der Läufer auf der Innenbahn von der Ziellinie aus, die anderen jeweils in gleichen Abständen davor. Die Startlinien sind bei den 4 x 400 m stärker versetzt. Die drei Wechselräume sind deutlich auf den Laufbahnen markiert.

KÜHLEN KOPF BEWAHREN
Da die Staffelläufer sehr schnell und eng beieinander laufen, sind bei der Stabübergabe exaktes Timing und höchste Konzentration gefragt. Das gilt besonders für die hier gezeigte 4-x-100-m-Staffel.

Stabwechsel
Der ankommende Läufer bereitet sich auf den Stabwechsel vor.

Mit ruhiger Hand
Der Stab darf nicht zu Boden fallen; das Team wird sonst disqualifiziert.

Stabübernahme
Der übernehmende Läufer sprintet los und streckt seine Hand zur Übernahme bereit nach hinten.

Stab erhalten
Nach der Übernahme des Stabs von seinem Teamkollegen vollendet der Läufer seine Teilstrecke so schnell wie möglich.

In der Bahn bleiben
Wer außerhalb des Wechselraums wechselt oder seine Startbahn verlässt, dem droht die Disqualifikation.

SPORTLERPROFIL

Die Läufer der 4-x-100-m-Staffeln müssen genau wie die Sprinter über explosive Schnellkraft verfügen. Außerdem müssen alle Staffelläufer ihre Rennen exakt timen können, damit die Stabwechsel problemlos ablaufen. 4-x-400-m-Läufer benötigen zudem Stehvermögen für die längere Distanz.

DER STAFFELSTAB
Der Staffelstab besteht aus Aluminium, ist hohl, 30 cm lang, mindestens 50 g schwer und hat einen Durchmesser von 4 cm. Gemessen wird übrigens die Zeit, die der Stab für die Strecke benötigt, nicht die des Läufers, der ihn trägt.

30 cm

Glatte Oberfläche
Der glatte Stab muss sehr vorsichtig übergeben werden.

Röhrenform
Durch seine hohle Röhrenform und die Verwendung von Aluminium ist der Staffelstab ein absolutes Leichtgewicht.

IN DER SPUR BLEIBEN

Bei der 4-x-100-m-Staffel müssen die Läufer bis zum Ziel in ihrer Bahn bleiben, also findet auch der Wechsel auf dieser Bahn statt. Die 4-x-400-m-Staffel startet auf einzelnen Bahnen, die zweiten Läufer dürfen aber nach 100 m auf die Innenbahn wechseln. Für die letzten Wechsel startet der Läufer des führenden Teams auf der Innenbahn, die anderen Läufer sind in Platzierungsreihenfolge daneben aufgestellt.

WECHSEL BEI HÖCHSTER GESCHWINDIGKEIT

Bei der 4-x-400-m-Staffel laufen die Läufer bei der Übergabe aufgrund der längeren Teilstrecken relativ langsam. Der Wechsel der 4-x-100-m-Staffel (siehe unten) ist hingegen sehr heikel, da er bei höchster Geschwindigkeit durchgeführt wird. Die drei Anlaufzonen und Wechselräume liegen versetzt in der Kurve, um die unterschiedlichen Bahnlängen auszugleichen.

WECHSELZONE

Für den Wechsel müssen sich beide Läufer innerhalb des 20 m langen Wechselraums und nicht weniger als 5 m von seinem Ende entfernt befinden. Um Geschwindigkeit aufbauen zu können, starten der zweite, dritte und vierte Läufer in einer 10 m langen Anlaufzone vor dem Wechselraum. Vor allem bei der 4-x-100-m-Staffel sind Geschwindigkeit und Timing beim Wechsel entscheidende Faktoren für den Sieg.

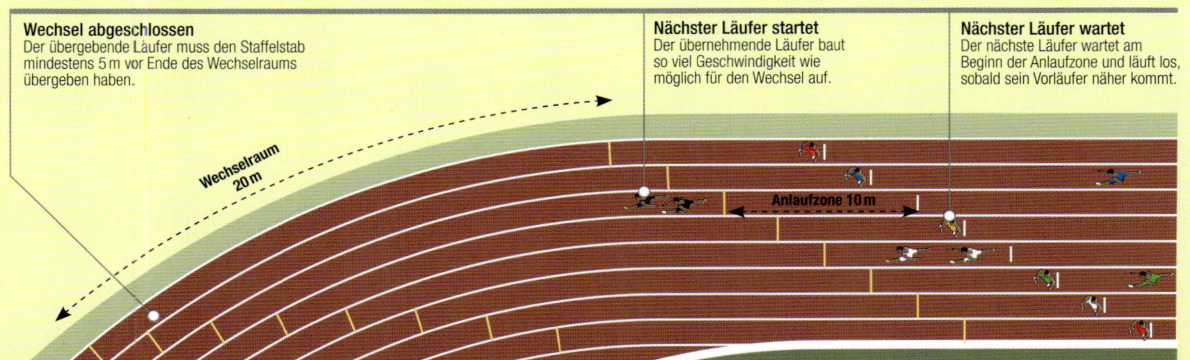

Wechsel abgeschlossen
Der übergebende Läufer muss den Staffelstab mindestens 5 m vor Ende des Wechselraums übergeben haben.

Nächster Läufer startet
Der übernehmende Läufer baut so viel Geschwindigkeit wie möglich für den Wechsel auf.

Nächster Läufer wartet
Der nächste Läufer wartet am Beginn der Anlaufzone und läuft los, sobald sein Vorläufer näher kommt.

WECHSELZEITEN

Der Stabwechsel ist der entscheidende Moment eines Staffelrennens und muss daher sehr sorgfältig durchgeführt werden. Bei der 4-x-100-m-Staffel wird der Stab praktisch »blind« gewechselt, da der übernehmende Läufer keinen Blickkontakt hält. Er läuft los, sobald sein Vorläufer einen bestimmten Punkt auf der Bahn erreicht hat und streckt auf Zuruf seines Teamkollegen die Hand nach hinten aus. Bei der 4-x-400-m-Staffel sieht der übernehmende Läufer bei der Übergabe nach hinten auf den Stab.

WECHSEL VON UNTEN
Beliebt bei der 4-x-100-m-Staffel. Dabei wird der Staffelstab mit einer Aufwärtsbewegung übergeben und der Griff vor der nächsten Übergabe gewechselt.

WECHSEL VON OBEN
Der weniger risikoträchtige Wechsel, bei dem der Läufer den Stab in einer Abwärtsbewegung übergibt, wird häufig bei der 4-x-400-m-Staffel gewählt.

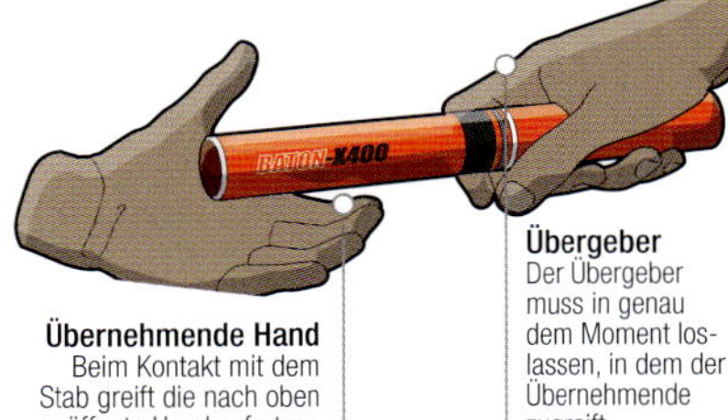

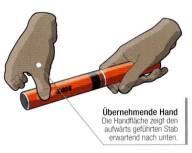

Übernehmende Hand
Die Handfläche zeigt den aufwärts geführten Stab erwartend nach unten.

Übernehmende Hand
Beim Kontakt mit dem Stab greift die nach oben geöffnete Hand sofort zu.

Übergeber
Der Übergeber muss in genau dem Moment loslassen, in dem der Übernehmende zugreift.

GEWUSST?

300 So lang (in Metern) waren die Teilstrecken der ersten dokumentierten Staffelrennen, die im 19. Jahrhundert von Feuerwehrmännern in den USA ausgetragen wurden. Als Stab verwendeten sie einen roten Wimpel. Das erste offizielle Staffelrennen fand 1893 in Philadelphia (USA) statt.

24 Mit dieser Anzahl an olympischen Medaillen führen die Männer- und Frauenteams der USA in den Staffelwettbewerben die Rangliste der Nationen an. Daneben halten die USA 12 Weltmeistertitel.

5,2 Um so viele Sekunden wurde der Weltrekord in der 4-x-100-m-Staffel der Männer seit 1912 verringert.

STATISTIK

4 x 100 M MÄNNER

JAHR	OLYMPIASIEGER
2012	JAMAIKA
2008	JAMAIKA
2004	GROSSBRITANNIEN
2000	USA

4 x 100 M FRAUEN

JAHR	OLYMPIASIEGER
2012	USA
2008	RUSSLAND
2004	JAMAIKA
2000	BAHAMAS

4 x 400 M MÄNNER

JAHR	OLYMPIASIEGER
2012	BAHAMAS
2008	USA
2004	USA
2000	NIGERIA

4 x 400 M FRAUEN

JAHR	OLYMPIASIEGER
2012	USA
2008	USA
2004	USA
2000	USA

FAKTEN

- Die Hürdenläufe werden in Hürdensprints (Männer 110 m; Frauen 100 m) und die 400-m-Hürdenstrecke unterteilt, die von Männern wie Frauen gelaufen wird.
- In der Halle sind die Hürdendistanzen kürzer; normalerweise 60 m und 300 m. Die Abstände zwischen den einzelnen Hürden werden nicht verändert, nur die Anzahl wird entsprechend der Bahnlänge verringert.

GEWUSST?

10 So viele Hürden müssen bei Hürdenläufen im Freien überwunden werden, unabhängig von der Distanz.

15 Die Zeit des ersten 100 m-Hürden-Weltrekords von 1908 in Sekunden. Die 13-Sekunden-Marke konnte erst 1981 durchbrochen werden.

19 So oft gewannen US-Athleten bei den ersten 24 Olympischen Spielen der Neuzeit Goldmedaillen in den 110 m Hürden. Ihre dominierende Stellung ging bei den Spielen 2000 und 2004 allerdings verloren.

122 So viele aufeinanderfolgende 400-m-Hürdenläufe gewann Edwin Moses zwischen 1977 und 1987.

HÜRDEN

ÜBERBLICK

Die Hürdenrennen sind immer Publikumsmagneten und zählen mit zu den spannendsten Wettbewerben. Bei den Rennen muss eine Reihe von Hindernissen auf der Bahn in schnellstmöglicher Zeit übersprungen werden. Die vier wichtigsten Hürdenrennen sind 100 m der Frauen, 110 m der Männer (Hürdensprint) und die 400 m jeweils für Männer und Frauen.

HÜRDENSPRINT

Sowohl bei den 100-m- als auch beim 110-m-Hürdenläufen starten die Läufer aus Startblöcken und müssen auf gerade verlaufender Bahn jeweils 10 Hürden überspringen. Bei den Männern steht die erste Hürde 13,7 m von der Startlinie entfernt. Die Entfernung zwischen den folgenden neun Hürden beträgt je 9,1 m. Nach der letzten Hürde verbleiben bis zur Ziellinie noch 14,0 m. Bei den Frauen beträgt der Abstand zur ersten Hürde 13 m, die Hürden stehen danach 8,5 m voneinander entfernt. Der Weg von der letzten Hürde bis zur Ziellinie beträgt 10,5 m.

EINE RUNDE UMS OVAL

Genau wie bei den kurzen Hürdendistanzen starten die Läufer auch bei den 400-m-Hürdenläufen aus Startblöcken und müssen 10 Hürden überwinden. Die Startlinien sind je nach Lage der Bahn von außen nach innen versetzt. Die Hürden sind etwas niedriger als bei den kurzen Sprintdistanzen. Die erste Hürde wird in einem Abstand von 45 m hinter der Startlinie aufgestellt. Die Abstände zwischen den folgenden Hürden betragen jeweils 35 m. Die letzte Hürde steht 40 m von der Ziellinie entfernt.

SPORTLERPROFIL

Wie alle Läufer benötigen auch Hürdenläufer Schnelligkeit, Kraft und Ausdauer. Die Läufer müssen vor allem Schnellkraft besitzen, die sie über die Hindernisse bringt, ohne dabei zeitraubend aus dem Rhythmus zu geraten. Hürdenläufer müssen sehr beweglich sein (sie absolvieren ein spezielles Hüfttraining).

Ausgleich mit den Armen
Die Arme spielen eine entscheidende Rolle, da sie die Kräfte, die durch das Schwingen der Beine beim Hürdenschritt auf den Rumpf wirken, ausgleichen müssen.

Niedrige Flugbahn
Das Nachziehbein sollte so tief wie möglich gehalten werden. Es ist besser, die Hürde mit dem Knie umzustoßen, als durch unnötige Höhe Geschwindigkeit einzubüßen.

Guter Halt
Eine Platte mit Spikes unter der Sohle des Laufschuhs sorgt für die Traktion.

Materialunterschiede
Das Gestell der Hürden besteht aus Metall, wohingegen der Querbalken aus Holz ist.

SPORTGERÄT

Bei den verschiedenen Distanzen werden unterschiedlich hohe Hürden verwendet. Beim Hürdensprint spricht man von »hohen« Hürden. Bei den längeren Distanzen werden etwas niedrigere Hürden aufgestellt. Grundsätzlich sind sie L-förmig und so konstruiert, dass sie in Laufrichtung umfallen. Beim Training werden teils höhenverstellbare Hürden verwendet.

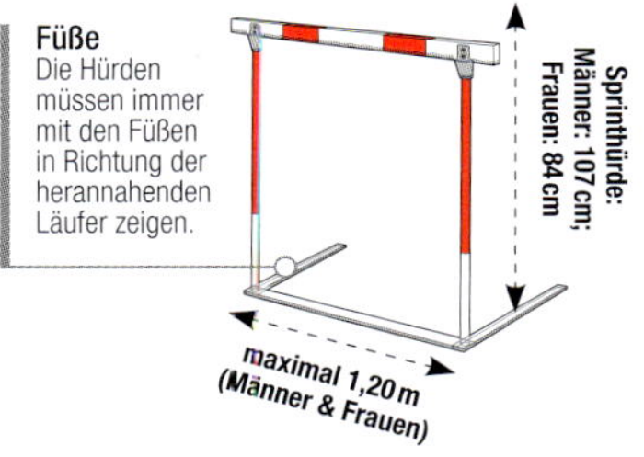

»HOHE« HÜRDEN
Die höchsten Hürden kommen jeweils bei den Sprintrennen, der 110 m der Männer und den 100 m der Frauen, zum Einsatz.

EDWIN MOSES

Edwin Moses gewann bei den Olympischen Spielen 1976 und 1984 die 400 m Hürden. Nach Beendigung seiner Leichtathletikkarriere holte er bei der Weltmeisterschaft 1990 Bronze im Zweierbob.

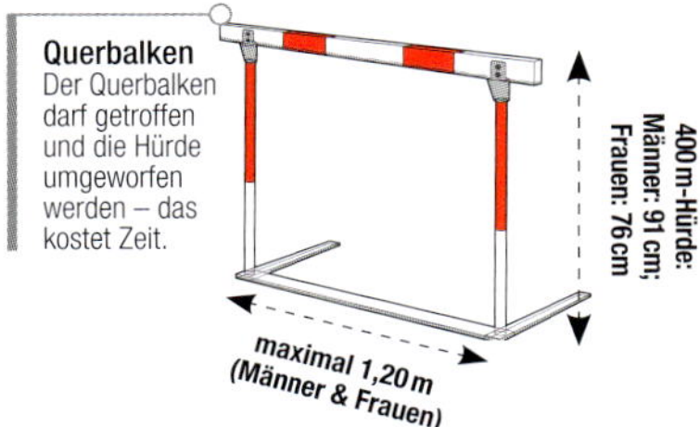

Querbalken
Der Querbalken darf getroffen und die Hürde umgeworfen werden – das kostet Zeit.
400 m-Hürde: Männer: 91 cm; Frauen: 76 cm
Die Hürden müssen immer mit den Füßen in Richtung der herannahenden Läufer zeigen.
Sprinthürde: Männer: 107 cm; Frauen: 84 cm
maximal 1,20 m (Männer & Frauen)

MITTELHOHE HÜRDEN
Bei den 400-m-Wettbewerben der Frauen und der Männer werden jeweils etwas niedrigere Hürden verwendet als bei den Sprintwettbewerben.

IMMER IM SCHRITT BLEIBEN

Hürdenläufer trainieren nicht auf eine besonders große Schrittlänge. Ihr Hauptaugenmerk gilt dem Anlauf auf die Hürde bzw. dem Zwischenhürdenlauf und einem möglichst gleichmäßigen Lauffluss. Sie sollten nie vor einer Hürde aus dem Tritt kommen. Zudem wird eine möglichst ökonomische Überquerung der Hürde angestrebt. Dazu »überläuft« der Läufer die Hürden, d. h. er vollführt keinen Sprung im üblichen Sinne, sondern macht einen besonderen Laufschritt, der so niedrig wie möglich ausgeführt wird. Fast alle Läufer haben ein festes Schwungbein.

VOLLER ARMEINSATZ

Die besten Hürdenläufer nutzen ihre Arme optimal, um ihren Körper im Gleichgewicht zu halten. Beim Anlauf auf die Hürde strecken sie das Schwungbein und den gegenüberliegenden Arm weit vor. Der Läufer bringt den Kopf nahe an das Knie des Schwungbeins. Der andere Arm schwingt genau wie bei anderen Sprintrennen nach hinten.

ÜBERQUEREN DER HÜRDE
Hürdensprinter lehnen sich weiter nach vorne als 400-m-Hürdenläufer, da sie die Höhe des Hürdenschritts stärker optimieren und ihre Füße schneller wieder auf dem Boden haben müssen.

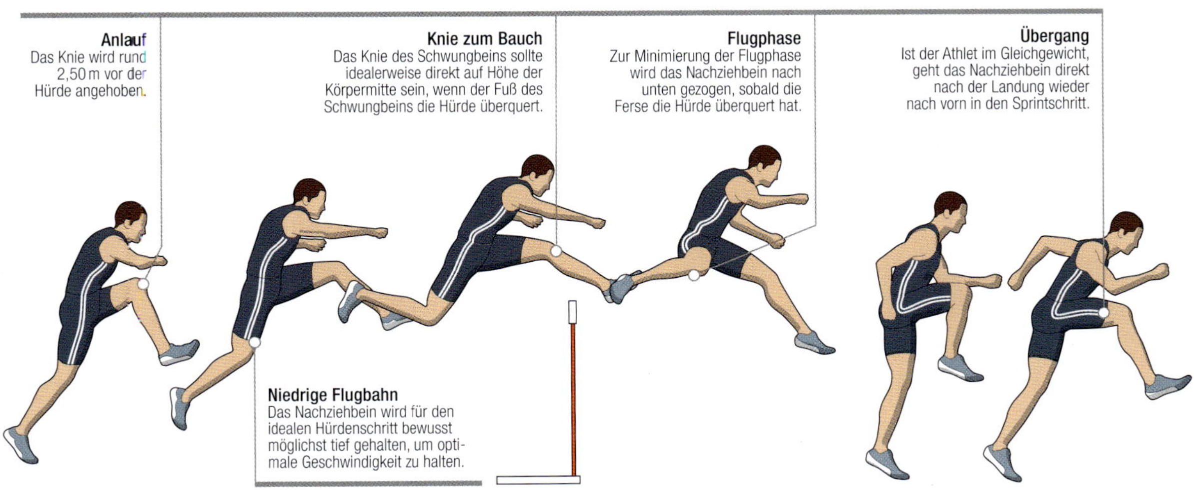

Anlauf
Das Knie wird rund 2,50 m vor der Hürde angehoben.
Knie zum Bauch
Das Knie des Schwungbeins sollte idealerweise direkt auf Höhe der Körpermitte sein, wenn der Fuß des Schwungbeins die Hürde überquert.
Flugphase
Zur Minimierung der Flugphase wird das Nachziehbein nach unten gezogen, sobald die Ferse die Hürde überquert hat.
Übergang
Ist der Athlet im Gleichgewicht, geht das Nachziehbein direkt nach der Landung wieder nach vorn in den Sprintschritt.
Niedrige Flugbahn
Das Nachziehbein wird für den idealen Hürdenschritt bewusst möglichst tief gehalten, um optimale Geschwindigkeit zu halten.

STATISTIK

110 M HÜRDEN MÄNNER

JAHR	OLYMPIASIEGER
2012	ARIES MERRITT (USA)
2008	DAYRON ROBLES (CUB)
2004	LIU XIANG (CHN)
2000	ANIER GARCIA (CUB)
1996	ALLEN JOHNSON (USA)
1992	MARK MCCOY (CAN)

100 M HÜRDEN FRAUEN

JAHR	OLYMPIASIEGERIN
2012	SALLY PEARSON (AUS)
2008	DAWN HARPER (USA)
2004	JOANNA HAYES (USA)
2000	OLGA SCHISCHIGINA (KAZ)
1996	LUDMILA ENGQUIST (SWE)
1992	VOULA PATOULIDOU (GRE)

400 M HÜRDEN MÄNNER

JAHR	OLYMPIASIEGER
2012	FÉLIX SÁNCHEZ (DOM)
2008	ANGELO TAYLOR (USA)
2004	FÉLIX SÁNCHEZ (DOM)
2000	ANGELO TAYLOR (USA)
1996	DERRICK ADKINS (USA)
1992	KEVIN YOUNG (USA)

400 M HÜRDEN FRAUEN

JAHR	OLYMPIASIEGERIN
2012	NATALJA ANTJUCH (RUS)
2008	MELANIE WALKER (JAM)
2004	FANÍ CHALKIÁ (GRE)
2000	IRINA PRIWALOWA (RUS)
1996	DEON HEMMINGS (JAM)
1992	SALLY GUNNELL (GBR)

MITTELSTRECKEN-RENNEN

ÜBERBLICK

Neben dem 3000-m-Hindernislauf, der Bestandteil fast aller großen Leichathletiktreffen ist, sind 800 m und 1500 m die häufigsten Mittelstrecken. Viele Athleten laufen beide Distanzen, da Training und körperliche Anforderungen ähnlich sind. Taktik spielt eine große Rolle – Mittelstreckenrennen werden häufig auf den letzten Metern gewonnen. Diese Rennen waren schon immer fester Bestandteil bei Olympia und anderen großen Sportfesten.

SPORTLERPROFIL

Mittelstreckler benötigen körperliche wie psychische Ausdauer. Für den Endspurt muss Geschwindigkeit aufgebaut werden, was über die längere Distanz Taktik erfordert.

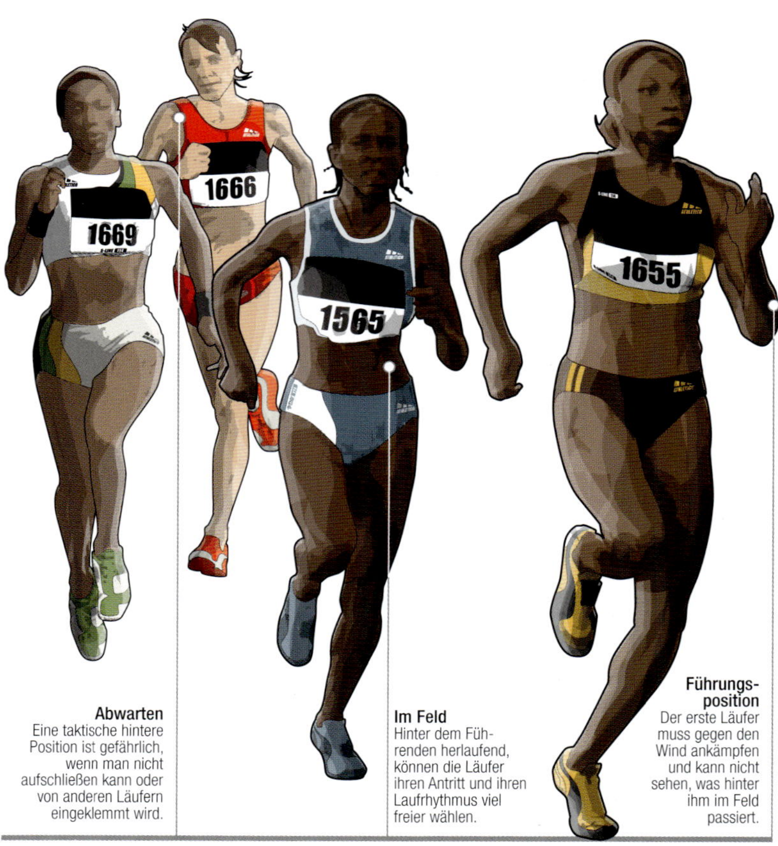

Abwarten
Eine taktische hintere Position ist gefährlich, wenn man nicht aufschließen kann oder von anderen Läufern eingeklemmt wird.

Im Feld
Hinter dem Führenden herlaufend, können die Läufer ihren Antritt und ihren Laufrhythmus viel freier wählen.

Führungsposition
Der erste Läufer muss gegen den Wind ankämpfen und kann nicht sehen, was hinter ihm im Feld passiert.

FAKTEN

- Bei den ersten olympischen 800 m der Frauen 1928 waren die Läuferinnen so erschöpft, dass der Wettbewerb bis 1960 aus dem Programm genommen wurde.
- Erst bei den Olympischen Spielen 1972 in München traten Frauen über 1500 m an.
- Seit 1900 sind bei den Männern verschiedene Hürdendistanzen olympisch. Als Frauendisziplin gibt es sie erst seit den Weltmeisterschaften 2005 in Helsinki.

RENNTAKTIK

Zurückhaltung ist sonst eher hinderlich, doch als John Woodruff beim olympischen 800 m-Rennen 1936 eingekeilt war, kam er fast zum Stehen, ließ das Feld passieren und gewann dann. Kelly Holmes siegte 2004 mit einer ganz ähnlichen Taktik.

DIE HAUPTDISZIPLINEN

Bei den 800 m-Rennen laufen die Sportler zwei 400-m-Runden im Oval. Sie starten von versetzten Startlinien und müssen bis zum Ende der ersten Kurve (ca. 100 m) in ihrer eigenen Bahn bleiben. Da Schnelligkeit und Ausdauer gefragt sind, planen die Athleten ihr Rennen sorgfältig und halten sich an eine ausgeklügelte eintrainierte Renntaktik. Bei 400 m Bahnlänge bestehen die 1500 m aus dreidreiviertel Runden. Durch immer bessere Trainingsmethoden verwandelte sich das Rennen gewissermaßen in einen verlängerten Sprint. Es bleibt aber, wie die 800 m, eine große mentale Herausforderung.

WECHSEL AUF DIE INNENBAHN

Der Wettkampf wird direkter und intensiver, sobald die Läufer nach der ersten Kurve ihre Startbahn verlassen und auf die Innenbahn wechseln. Dabei dürfen sie ihre Konkurrenten aber nicht behindern oder anrempeln. Kleine Ellenbogenstöße sind allerdings kaum vermeidbar.

AUSRÜSTUNG

Auch für Mittelstreckenläufer ist die Wahl der richtigen Ausrüstung sehr wichtig. Der Schwerpunkt liegt auf leichten, modernen Materialien, die stark windabweisend und zugleich atmungsaktiv sind. Dabei müssen Trikot und Schuhe eng anliegen und gleichzeitig flexibel und komfortabel sein.

LAUFSCHUHE
Laufschuhe haben eine aerodynamische Form, geringes Gewicht und eine mit Spikes besetzte Sohle.

HINDERNISLAUF

Der 3000-m-Hindernislauf beinhaltet normalerweise 35 Sprünge, davon sieben über den Wassergraben. Vier Hindernisse sind im Oval verteilt. Der Wassergraben als fünftes Hindernis liegt in der Mitte der zweiten Kurve innerhalb oder außerhalb der Bahn. Die Hindernisse, die im Gegensatz zu den Hürden nicht umfallen, stehen 78 m auseinander. Die erste Hürde steht am Ende der ersten halben Runde. Beim Überspringen darf der Läufer auch auf den Balken treten.

WASSERHINDERNIS
Das Wasserhindernis besteht aus einem Hindernis mit Wassergraben. Ziel ist es, so weit wie möglich vom Hindernis entfernt im flachen Wasser zu landen, denn das Wasser verlangsamt die Läufer und das Spritzwasser schränkt Sicht und Bewegungsfreiheit ein.

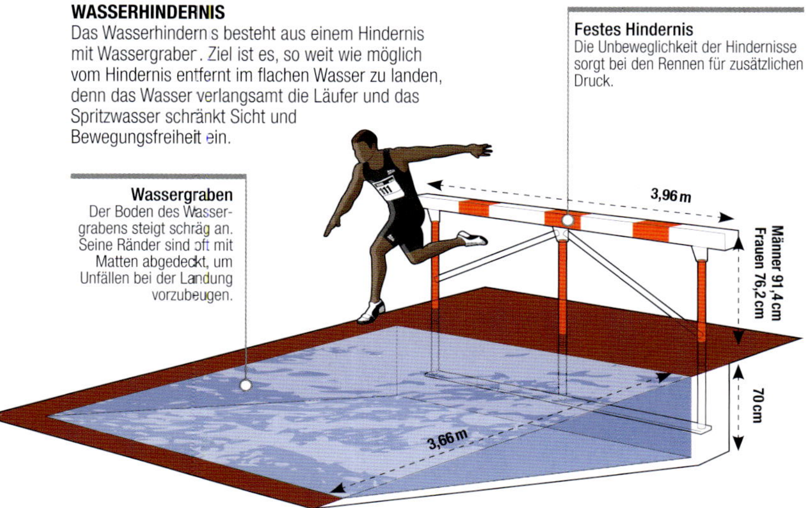

Festes Hindernis
Die Unbeweglichkeit der Hindernisse sorgt bei den Rennen für zusätzlichen Druck.

Wassergraben
Der Boden des Wassergrabens steigt schräg an. Seine Ränder sind oft mit Matten abgedeckt, um Unfällen bei der Landung vorzubeugen.

LAUFSCHUHE
Die Schuhe beim Hindernislauf sind stromlinienförmig, sehr leicht, im Mittelfuß- und Fersenbereich gepolstert und haben 6–8 mm lange, spitze Spikes. Sie sorgen für stärkere Traktion, was die Sprünge und den bahntreuen Lauf erleichtert.

Gummisohle
Eine flexible Laufsohle aus Gummi ist mit Spikes besetzt.

LAUFTECHNIKEN

Körperhaltung und Gleichgewicht sind für Mittelstreckenläufer wichtig. Sie ermöglichen Erreichen und Halten einer hohen Geschwindigkeit. Der Läufer konzentriert sich auf einen entspannten Lauf mit locker nach vorn und hinten schwingenden Armen. Beim 800-m-Lauf sind die Läufer bemüht, beide Runden in etwa derselben Zeit zu laufen. Auch das 1500-m-Rennen wird mit möglichst gleichbleibender Geschwindigkeit gelaufen.

TRAINING

Zur Beschleunigung und zum Halten der Geschwindigkeit brauchen die Läufer schnell wie langsam zuckende Muskeln. Intervalltraining, das Abwechseln von schnellen Läufen und kurzen Erholungsphasen, baut die Muskulatur auf und steigert die aerobe wie anaerobe Fitness. Läufe in Wettkampfgeschwindigkeit und Ausdauerläufe gehören zum Training.

STARTPOSITION
Beim Hochstart stehen die Läufer in Schrittposition, vorne auf dem Ballen, hinten auf den Zehen und haben die Arme entgegengesetzt angewinkelt.

Körperhaltung
Zum Beschleunigen ist der Körper vorgeneigt, wird aber im Lauf schnell wieder aufgerichtet.

Fußstellung
Bei »los« schnellt der hintere Fuß vor und die Arme schwingen zur besseren Beschleunigung.

STATISTIK

WELTBESTZEITEN 800 M MÄNNER

ZEIT	ATHLET (JAHR)
1:40,91	DAVID RUDISHA (2012)
1:41,11	WILSON KIPKETER (1997)
1:41,73	SEBASTIAN COE (1981)
1:41,73	NIJEL AMOS (2012)
1:41,77	JOAQUIM CRUZ (1984)

WELTBESTZEITEN 800 M FRAUEN

ZEIT	ATHLETIN (JAHR)
1:53,28	JARMILA KRATOCHVÍLOVÁ (1983)
1:53,43	NADESCHDA OLISARENKO (1980)
1:54,01	PAMELA JELIMO (2008)
1:54,44	ANA FIDELIA QUIROT (1989)
1:54,81	OLGA MINEJEWA (1980)

WELTBESTZEITEN 1500 M MÄNNER

ZEIT	ATHLET (JAHR)
3:26,00	HICHAM EL GUERROUJ (1998)
3:26,34	BERNARD LAGAT (2001)
3:27,37	NOUREDDINE MORCELI (1995)
3:27,72	ASBEL KIPROP (2013)
3:28,12	NOAH NGENY (2000)
3:28,81	MOHAMED FARAH (2013)

WELTBESTZEITEN 1500 M FRAUEN

ZEIT	ATHLETIN (JAHR)
3:50,46	YUNXIA QU (1993)
3:50,98	BO JIANG (1997)
3:51,34	YINGLAI LANG (1997)
3:51,92	JUNXIA WANG (1993)
3:52,47	TATJANA KASANKINA (1980)
3:53,91	LILI YIN (1997)

GEWUSST?

27 So oft ist der Marokkaner Hicham El Guerrouj die 1500 m unter 3:30 min. gelaufen. Er gewann die meisten Weltmeistertitel. Der Brite Steve Cram lief 1985 als Erster unter 3:30 min.

24 So jung war der Kenianer Moses Kiptanui nach drei gewonnenen Weltmeistertiteln im Hindernislauf (1991, 1993, 1995). Er war auch der Erste, der unter 8 Minuten lief – seine Rekordzeit: 7:59,18 min.

1.000.000 So viele US-Dollar gewann die 800 m-Läuferin Maria Mutola 2003. Sie war die erste Athletin, die den gesamten IAAF Golden League Jackpot gewann.

FAKTEN

- Während die 5000 m und 10 000 m der Männer bereits seit 1912 olympisch sind, wurden bei den Frauen die 10 000 m erst 1988 und die 5000 m erst 1996 aufgenommen.
- Der Marathon erinnert an den Lauf eines Soldaten 490 v. Chr., der von Marathon nach Athen rannte, um den Sieg in einer Schlacht zu verkünden.
- Die Marathons in London, New York, Chicago, Hong Kong und Honolulu locken mehr als 30 000 Läufer an.

LANGSTRECKEN-RENNEN

ÜBERBLICK

Zu den Langstrecken zählen 5000-m- und 10 000-m-Rennen, Cross-Country-Läufe und Marathons. Nur die Distanzen 5000 m, 10 000 m und der Marathon sind olympisch. Die Rennen finden auf der Stadionbahn statt, der Marathon führt die Läufer durch die Straßen der Gastgeberstadt. Bei den Geländeläufen spricht man bei den kürzeren Strecken von 5-km- und 10-km-Rennen.

Leichte Schuhe Die Laufschuhe federn die Belastung bei jedem Schritt ab.

Leichte Laufshorts Die Läufer tragen leichte Shorts aus atmungsaktivem Material.

Kühlung Locker sitzende, leichte, ärmellose Trikots sorgen für eine bestmögliche Kühlung.

AUF DER BAHN

Bei den 5000-m- und 10 000-m-Wettbewerben starten die Läufer aus dem Hochstart entlang der Startlinie aufgereiht. Da aber die Bahnlänge von innen nach außen immer größer wird, wechseln alle Läufer schnell auf die Innenbahn, um auf die Ideallinie zu gelangen. Eine Stadionrunde ist 400 m lang. also müssen die Läufer des 5000-m-Rennens 200 m und dann noch zwölf Runden laufen. Das 10 000-m-Rennen umfasst 25 Runden. Beide Rennen enden an der Ziellinie.

SPORTLERPROFIL

Langstreckenläufer sind leichter, schmaler und sehniger als ihre kraftvollen Sprintkollegen. Ausdauer, Stehvermögen und aerobe Fitness sind absolut wichtig. Das Herz muss den Körper optimal mit Blut versorgen, damit mehr Sauerstoff die müden Muskeln erreicht. Aber der Erfolg hängt nicht allein vom perfekten Trainingszustand, sondern auch von der mentalen Stärke und der Taktik des Läufers ab. Die Athleten gehen an ihre körperlichen und psychischen Grenzen, müssen das Rennen einteilen, Energiereserven bewahren und wissen, wann sie sich zurückfallen lassen können bzw. wann sie überholen müssen.

HÖCHSTLEISTUNG

Oft als »Volk von Rennläufern« bezeichnet, sind die Kalenjin aus dem Great Rift Valley im Westen Kenias berühmt für ihre herausragenden Langstreckenläufer. Das Geheimnis ihres Erfolgs mag die große Höhe sein, in der sie leben. Da die Höhenluft sauerstoffärmer ist, muss der Körper mehr rote Blutkörperchen produzieren, die den Sauerstoff binden. Beim Wettkampf in niedrigeren Höhen bringen die zusätzlichen Zellen den Vorteil, dass das Herz nicht so schnell schlagen muss, um die nötige Sauerstoffmenge zu transportieren.

GEWUSST?

6.255 Die Anzahl der Läufer, die beim ersten London Marathon die Ziellinie überquerten. Der beliebte, alljährlich abgehaltene Lauf fand 1981 zum ersten Mal statt.

21,1 Die Länge eines Halbmarathons in Kilometern. Moses Tanui war der erste Athlet, der diese Distanz unter 60 Minuten lief. Er stellte diesen Rekord 1993 in Mailand auf.

8 So viele Rekorde wurden bei einem 10 000-m-Lauf der Frauen 2002 bei den Asienspielen in Busam gebrochen. Die Chinesin Sun Yingjie gewann das Rennen und die nachfolgenden Läuferinnen liefen die dritt-, viert-, fünft- und sechstbeste Zeit aller Zeiten.

20 So jung war Haile Gebrselassie bei seinem ersten Weltmeisterschaftsgold über 10 000 m. Er konnte noch drei weitere Titel gewinnen und ist bis heute einer der gefeiertsten Langstreckenläufer aller Zeiten.

AUSRÜSTUNG

Ob beim Marathon, auf der Bahn oder im Gelände, der wichtigste Teil der Laufausrüstung sind die Schuhe. Es wurden verschiedene Schuhtypen entwickelt, um den Füßen in den unterschiedlichen Disziplinen optimalen Halt und ideale Kontrolle zu geben. Bahn- und Geländeläufer brauchen Spikes für die Haftung, zudem müssen Geländeschuhe recht fest sein. Für den Marathon ist vor allem die Dämpfung wichtig.

Gepolsterte Ferse
Ein Polster im Fersenbereich dämpft die Stöße beim Aufsetzen auf die Straße ab.

Außensohle
Gummispikes auf der Laufsohle sorgen im Gelände für mehr Traktion.

STRASSENSCHUHE
Der Marathon wird meist in Städten gelaufen und führt über Straßen. Daher tragen Marathonläufer flache Laufschuhe, die speziell gedämpft sind, um die Stöße beim Auftreten auf den Asphalt abzufedern.

GELÄNDESCHUHE
Cross-Country-Läufer können mit allen Arten von natürlichem Gelände konfrontiert werden. Ihre Schuhe haben Gummispikes, um ihnen auf Schlamm oder Gras mehr Halt zu geben, bieten aber meist weniger starke Dämpfung.

CROSS-COUNTRY-LÄUFE

Die Cross-Country-Rennen finden abseits der Straßen statt und können durch alle möglichen Geländeformen, wie über Gras, durch Morast und sogar durch Wasser führen. Es gibt keine festen Distanzen. Die Frauenrennen sind meist 2 km bis 8 km lang, die Männer laufen zwischen 5 km und 15 km. Der Querfeldeinlauf war bis 1924 olympische Disziplin, wurde dann aber aus dem Programm genommen. Die IAAF organisiert alljährlich die World-Cross-Country-Championships, die als wichtigster Wettkampf in dieser Laufdisziplin gelten.

MANNSCHAFTSRENNEN

Cross-Country ist eine außergewöhnliche Disziplin, weil es sowohl Einzel- als auch Mannschaftswertungen gibt. Die Zeiten der fünf schnellsten Läufer einer Mannschaft entscheiden über die Plätze in der Mannschaftswertung.

DAS TEMPO VORGEBEN

Eine der wichtigsten Taktiken bei Langstreckenrennen ist die Fähigkeit, im richtigen Tempo anzugehen. Läufer müssen ihr Rennen genau einteilen und folgen oft einem Tempomacher. Wer relativ langsam läuft, um Energiereserven zu haben, ist später vielleicht nicht mehr in der Lage, den Rückstand aufzuholen. Wer es allerdings zu schnell angeht, um z. B. eine Führung herauszulaufen, kann das hohe Tempo oft nicht über die gesamte Distanz halten – ihm geht vor dem Ziel die Luft aus. Die besten Läufer können ihre Gegner zu taktischen Fehlern verleiten.

MARATHON

Die Marathonstrecke ist 42,2 km lang und wird auf der Straße gelaufen. Bei den Olympischen Spielen endet das Rennen im Stadion. Der Marathon der Männer ist traditionell die letzte Disziplin der Sommerspiele und wird häufig in die Schlussfeier einbezogen. Bei den ersten Olympischen Spielen der Neuzeit in Athen 1896 war der Marathon nur 40 km lang. Die Distanz variierte dann leicht bei den Marathonwettbewerben der folgenden Olympischen Spiele (je nach der gewählten Route). Zu den Spielen 1924 wurde die heutige Distanz endgültig festgelegt.

BELIEBT BEI ALT UND JUNG

Der Marathon gehört inzwischen zu den beliebten Massensportarten, bei denen Topathleten neben Hunderten oder sogar Zehntausenden Amateuren an den Start gehen. Für Letztere bedeutet die Bewältigung der Strecke den persönlichen Sieg. In London, New York, Paris, Tokio und Boston finden die größten Stadtmarathons statt.

STATISTIK

5000 M MÄNNER

JAHR	OLYMPIASIEGER
2012	MOHAMED FARAH (GBR)
2008	KENENISA BEKELE (ETH)
2004	HICHAM EL GUERROUJ (MAR)
2000	MILLION WOLDE (ETH)
1996	VÉNUSTE NIYONGABO (BDI)
1992	DIETER BAUMANN (GER)
1988	JOHN NGUGI (KEN)

5000 M FRAUEN

JAHR	OLYMPIASIEGERIN
2012	MESERET DEFAR (ETH)
2008	TIRUNESH DIBABA (ETH)
2004	MESERET DEFAR (ETH)

10 000 M MÄNNER

JAHR	OLYMPIASIEGER
2012	MOHAMED FARAH (GBR)
2008	KENENISA BEKELE (ETH)
2004	KENENISA BEKELE (ETH)
2000	HAILE GEBRSELASSIE (ETH)
1996	HAILE GEBRSELASSIE (ETH)

10 000 M FRAUEN

JAHR	OLYMPIASIEGERIN
2012	TIRUNESH DIBABA (ETH)
2008	TIRUNESH DIBABA (ETH)
2004	XING HUINA (CHN)
2000	DERARTU TULU (ETH)
1996	FERNANDA RIBEIRO (POR)

MARATHON MÄNNER

JAHR	OLYMPIASIEGER
2012	STEPHEN KIPROTICH (UGA)
2008	SAMUEL WANJIRU (KEN)
2004	STEFANO BALDINI (ITA)
2000	GEZAHEGNE ABERA (ETH)
1996	JOSIA THUGWANE (RSA)
1992	HWANG YOUNG-CHO (KOR)
1988	GELINDO BORDIN (ITA)

MARATHON FRAUEN

JAHR	OLYMPIASIEGERIN
2012	TIKI GELANA (ETH)
2008	CONSTANTINA TOMESCU (ROU)
2004	MIZUKI NOGUCHI (JPN)
2000	NAOKO TAKAHASHI (JPN)
1996	FATUMA ROBA (ETH)
1992	WALENTINA JEGOROWA (RUS)
1988	ROSA MOTA (POR)

WEITSPRUNG

ÜBERBLICK

Der Weitsprung ist eine der ältesten Leichtathletikdisziplinen und wird von Männern wie Frauen ausgetragen. In der technisch sehr anspruchsvollen Sportart geht es darum, nach einem Anlauf im Sprung die größtmögliche Weite zu erzielen. Technisch unterteilt sich der Weitsprung in fünf Hauptphasen: den Anlauf, die Sprungvorbereitung (die letzten Schritte vor dem Absprung), den Absprung, die Flugphase und die Landung. Rekorde sind in der Geschichte des Weitsprungs rar gesät und liegen zeitlich sehr weit auseinander. Der bei den Olympischen Spielen 1968 in Mexiko von Bob Beamon aufgestellte Weltrekord von 8,90 m blieb 23 Jahre lang ungebrochen.

Schwerpunkt
Die Springer bleiben den größten Teil der Flugphase in leichter Rücklage, um Auftrieb zu erhalten. Dann beugen sie sich vor, um bei der Landung nicht rückwärts zu fallen.

Lauftrikot
Das Trikot muss zwar nicht eng anliegen, darf aber nicht so weit sein, dass es sich mit Luft aufbläht.

Laufhose
Die Hose muss absolute Bewegungsfreiheit garantieren.

Weitsprungschuhe
Kräftige Laufschuhe mit Spikes für die Traktion und robust genug für den Druck beim Absprung.

FAKTEN

- Der Weitsprung gehörte schon 1850 mit zum Programm der ersten Leichtathletikveranstaltung am Exeter College der Universität Oxford in England.
- Weitsprung zählt zu den beliebtesten Disziplinen und war Bestandteil aller Olympischen Spiele der Neuzeit.
- Zuvor eine reine Männerveranstaltung, wurde Weitsprung ab 1948 auch für die Frauen zur olympischen Disziplin.

EIN GROSSER SPRUNG FÜR DIE MENSCHHEIT

In den meisten Sportarten entwickeln sich die Rekorde langsam; hier ein Zentimeter mehr, dort 0,01 Sekunden weniger. Bis 1968 hatte noch kein Mensch die 8,50-m-Marke übersprungen, als Bob Beamon bei den Olympischen Spielen in Mexiko City 8,90 m sprang, 55 cm weiter als die bisherige Bestmarke. Erst 23 Jahre später konnte der US-Athlet Mike Powell Beamons Rekord brechen.

SPORTLERPROFIL

Eine der wichtigsten Voraussetzungen beim Weitsprung ist der explosive Anlauf. Daher sind viele Weitspringer auch hervorragende 100-m-Läufer. Körpergröße ist zwar nicht erforderlich, aber ein Vorteil, denn je größer die Reichweite der Springer, desto größer ist auch die Sprungweite, die sie erzielen können. Die meisten Weitspringer sind 1,85 m oder größer, Springerinnen sind meist über 1,72 m groß.

WEITSPRUNGGRUBE

Der Anlauf ist eine Aschen- oder Kunststoffbahn von mindestens 40 m, meist sogar 45 m Länge. Der Landebereich ist eine mit Sand gefüllte Grube und mindestens 9 m lang und 2,75 m breit. Dazwischen befindet sich ein 20 cm breiter Absprungbalken. An seiner Vorderkante platzieren die Wertungsrichter einen Streifen Plastilin, weiche Erde oder Sand, damit Übertretungen eindeutiger ablesbar sind.

Absprungbalken
Der Absprungbalken ist mindestens 1 m vor der Sprunggrube platziert und so konstruiert, dass die Wertungsrichter leicht ablesen können, ob der Springer übertreten hat.

Sprunggrube
Die Sprunggrube ist mit Sand gefüllt, der angefeuchtet wird. Nach jedem Sprung wird er bündig mit der Lauffläche wieder glatt geharkt.

mindestens 10 m

GEWUSST?

2 Die maximale Stärke, die der Rückenwind in Metern pro Sekunde haben darf, damit eine neue Weltrekordweite im Weitsprung auch offiziell als Weltrekord anerkannt wird.

4 Die Anzahl der zwischen 1984 und 1996 durch US-Weitspringer Carl Lewis gewonnenen olympischen Goldmedaillen.

22 Die durchschnittliche Schrittzahl, die männliche Spitzenweitspringer für den Anlauf verwenden.

REGELN UND SPRUNGVERSUCHE

Beim Absprung dürfen die Springer den Absprungbalken betreten, jedoch darf kein Teil des Fußes über die vordere Kante des Balkens hinausreichen, sonst gilt der Sprung als übertreten und ist damit ungültig. Ist ein Sprung gültig, hebt ein Sprungrichter eine weiße Fahne, bei einem ungültigen Sprung hebt er die rote Fahne. Jeder Springer hat drei Versuche. Bei weniger als acht Wettkämpfern sind auch sechs Sprungversuche möglich. Bei Spitzenwettkämpfen durchlaufen die Athleten zwei Vorausscheidungen. Nur die besten acht erreichen das Finale. Sieger ist der Springer mit der größten Sprungweite in der Finalrunde. Bei einem Unentschieden werden nicht nur die besten Weiten jedes Springers gewertet, sondern auch die zweitbesten Weiten.

WEITENMESSUNG

Egal, an welcher Stelle genau der Athlet abspringt, bei der Balkenmessung wird immer von der Vorderkante des Absprungbalkens bis zum hintersten Landepunkt gemessen, der durch Körperkontakt des Springers verursacht wurde, und zwar im 90°-Winkel (deshalb muss der Sand nach jedem Sprung wieder glatt geharkt werden). Die Zentimeterangaben der Sprungweiten werden abgerundet, wenn sie zwischen zwei Zentimetermarken liegen.

FÜNF SCHRITTE ZUM HIMMEL

Fünf Elemente sind beim Weitsprung entscheidend: ein schneller Anlauf, eine gute Sprungvorbereitung, ein explosiver Absprung, eine lange Flugphase und eine ausbalancierte Landung. Da der Anlauf hohe Geschwindigkeit erfordert, überrascht es nicht, dass viele Sprinter auch gute Weitspringer sind. Es gibt drei Sprungtechniken: den Hitch-Kick (Laufsprung), den Schrittsprung und den Schwebehangsprung. Die Athleten können frei wählen, welche Technik ihnen am meisten zusagt.

DER LETZTE SCHRITT
Der Absprungbalken liegt eben in der Laufbahn und kann auch federnd gelagert sein. Das Plastilin, das Übertreten anzeigt, sollte nach jedem Betreten ausgetauscht werden.

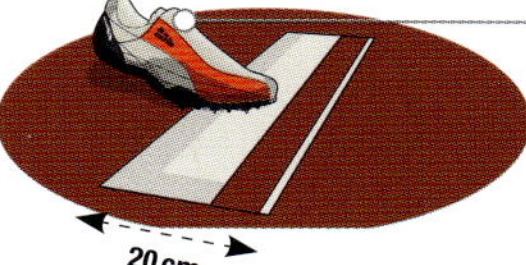

Übertreten des Balkens
Sind Marken im Plastilinstreifen an der Vorderkante des Balkens, ist ein Sprung ungültig.
20 cm

HITCH-KICK (LAUFSPRUNG)
Dies ist die schwierigste, aber auch von Top-Springern am häufigsten verwendete Sprungtechnik. Gerade die Laufbewegung der Beine sorgt bei dieser Technik dafür, dass der Körper aufrecht bleibt. Bei der Laufsprungtechnik landen die Springer mit nach vorne gestreckten Füßen und werfen dann ihren Oberkörper vor, um keine Sprungweite durch das Zurückfallen in die Grube einzubüßen.

Laufbewegung
Beine und Arme vollführen eine schnelle Laufbewegung.
Explosiver Absprung
Ein guter Absprung ist im Weitsprung ausschlaggebend.
Vorgebeugt
Der Oberkörper wird vorgebeugt, um den Schwerpunkt zu verlagern.

SCHRITTSPRUNG
Der Schrittsprung ist die einfachste Sprungtechnik. Dabei wird der Körper in der Luft durch eine Ruderbewegung der Arme vorangetrieben. Sie sollten sich erst abwärts, dann zurück und nach oben und schließlich nach vorne bewegen. Bei der Landung muss der Springer Füße und Arme so weit wie möglich vorstrecken, um den Oberkörper nach vorne zu reißen.

Arme hoch
Die Arme sollten nach dem Absprung hochgestreckt werden.

Beine nach vorne
Am Höhepunkt der Flugbahn gehen die Beine nach vorne.

Oberkörper vor
Der Oberkörper folgt den Beinen und neigt sich bei der Landung nach vorne.

HANG- ODER SCHWEBEHANGSPRUNG
Bei dieser Technik werden Arme und Beine so weit wie möglich nach oben gereckt. Der Springer hält die Gliedmaßen über den Höhepunkt der Flugbahn hinaus ausgestreckt. Dann drückt er die Beine für die Landung nach vorne. Bei dieser Sprungtechnik ist es am einfachsten, eine nach vorne fallende Landung zu erreichen, die verhindert, dass der Springer durch Überkippen nach hinten Weite einbüßt.

Kopf nach vorne
Nach dem Absprung wird der Kopf vor die Arme gebracht.
Arme zurück
Die Arme sind zurückgestreckt.
Verlagerung
Um ein Umkippen nach hinten zu vermeiden, wird der Schwerpunkt vorverlagert.

STATISTIK

WEITSPRUNG-WELTREKORDE (MÄNNER)

ATHLET (LAND)	WEITE	JAHR
MIKE POWELL (USA)	8,95 m	1991
BOB BEAMON (USA)	8,90 m	1968
IGOR TER-OWANESJAN (URS)	8,35 m	1967
RALPH BOSTON (USA)	8,35 m	1965
RALPH BOSTON (USA)	8,34 m	1964

WEITSPRUNG-WELTREKORDE (FRAUEN)

ATHLETIN (LAND)	WEITE	JAHR
GALINA TSCHISTJAKOWA (URS)	7,52 m	1988
JACKIE JOYNER-KERSEE (USA)	7,45 m	1987
HEIKE DRECHSLER (GDR)	7,45 m	1986
HEIKE DRECHSLER (GDR)	7,44 m	1985
ANISOARA CUSMIR (ROM)	7,43 m	1983

Vorne und hinten auf dem Trikot tragen die Athleten Startnummern. Sie werden normalerweise mit Sicherheitsnadeln befestigt.
Sprungspikes
Für bessere Traktion sind die Dreisprungschuhe mit Spikes ausgestattet. Die Sohlen sind gepolstert, um die Stöße bei Lauf und Abstoß abzudämpfen.

DREISPRUNG

ÜBERBLICK

Diese Sportart zählt zu den ältesten Leichtathletikdisziplinen überhaupt. Sie ist technisch sehr anspruchsvoll und besteht aus mehreren Teilsprüngen. Die Athleten nehmen wie beim Weitsprung einen längeren Anlauf (siehe S. 60–61). Sie springen bei hoher Geschwindigkeit ab, landen dann aber erneut auf dem Absprungfuß, machen anschließend einen weiten Schritt auf den anderen Fuß und springen schließlich in die Sprunggrube. Sieger ist der Sportler mit der größten Gesamtweite der Teilsprünge.

HÜPFER, SCHRITT, SPRUNG

Der Dreisprung teilt sich in mehrere Phasen. Der ca. 40 m lange Anlauf sollte sehr schnell und gut abgestimmt sein, damit der Springer zum Absprung nicht auf den Absprungbalken sehen muss, denn dies kostet ihn Weite. Zunächst folgt der Hüpfer, der mit demselben Fuß abgesprungen und gelandet wird. Dann kommt der Schritt auf den anderen Fuß, der so lang wie möglich gezogen wird. Für den abschließenden Sprung verwenden die Athleten wie im Weitsprung Lauf-, Schritt- oder Hangsprungtechnik (siehe S. 61).

FAKTEN

- Der Dreisprung der Männer war schon bei den ersten Spielen der Neuzeit 1896 olympische Disziplin. Der Frauenwettbewerb kam erst 100 Jahre später dazu.
- Jeder Athlet, der nach Vollendung seines Sprungs durch die Sprunggrube zurückläuft, wird mit sofortiger Wirkung vom Wettbewerb ausgeschlossen.
- Proportional gesehen ist der Hüpfer (die erste Phase) mit etwa 37 Prozent der weiteste Teilsprung. Die zweite Phase macht etwa 33 Prozent aus und die dritte Phase bringt gerade noch 30 Prozent der Gesamtweite.
- Die Weiten der besten Dreispringer sind rund doppelt so weit wie die der Weitspringer. Der derzeitige Weitsprung-Weltrekord von Mike Powell liegt bei 8,95 m, der im Dreisprung von Jonathan Edwards bei 18,29 m.

Absprung
Nach dem Sprint zum Absprungbalken stößt sich der Springer mit dem Sprungbein ab und vollführt in der Luft einen Schritt.
Langer Schritt
Nach der Hüpferlandung (auf dem Absprungbein) streckt der Athlet das andere Bein zum Schritt so weit wie möglich vor. Die Beine dürfen sich beim Schritt nicht kreuzen.
HÜPFER

BAHN UND GRUBE

Der Absprungbalken für den Dreisprung liegt wesentlich weiter vor der Sprunggrube als beim Weitsprung, damit die Athleten die beiden ersten »Teilsprünge« Hüpfer und Schritt auf der Aschen- oder Kunststoffbahn durchführen können, bevor sie zum abschließenden Sprung in die Sprunggrube ansetzen. Wie beim Weitsprung wird die Kante des Balkens mit einem Plastilinstreifen oder ähnlichen Materialien versehen, die Abdruckmarken aufweisen, falls der Sprung übertreten wurde. So müssen sich die Sprungrichter nicht auf ihr bloßes Auge verlassen. Die Sprunggrube ist bis auf Bahnniveau mit Sand gefüllt, der nach jedem Sprung zur exakten Messung der Sprungweiten glatt geharkt wird. Zudem wird so auch sichergestellt, dass Eindrücke im Sand jeweils nur von einem Springer kommen können.

EDWARDS: DER UNBESIEGBARE?

Der Brite Jonathan Edwards übersprang als erster die 18-m-Marke und stellte mit 18,29 m einen neuen Weltrekord auf. Diese Weite ist größer als die Länge eines Gelenkbusses. 2003 beendete Edwards seine erfolgreiche Karriere.

BEVORZUGTE LAGE
Die Wettkampfzone für den Dreisprung liegt direkt vor der Haupttribüne und neben dem Abschnitt der Bahn, auf dem die Sprintwettbewerbe stattfinden.

Anlaufbahn
Der Dreispringer beginnt den Anlauf mit einigen langsameren Schritten, um seinen Rhythmus zu finden. Eine zu hohe Geschwindigkeit könnte ihn aus dem Tritt bringen.

Sprunggrube
Manche Springer verfehlen die Sprunggrube. Sie drehen die Hüfte in der Schrittphase so stark, dass sie beim abschließenden Sprung außerhalb der Grube landen.

40–45 m

9 m

Männer: 13 m;
Frauen: 11 m

2,75 m

Gut gewässert
Die Sprunggrube wird vor den Wettkämpfen gewässert, da die Landemarken in feuchtem Sand stabiler sind.

SPRUNGWETTBEWERBE

Bei größeren Wettbewerben müssen die Athleten zunächst Vorrunden durchlaufen, um sich für die Finalrunde zu qualifizieren. Die Springer haben mindestens drei Versuche für einen gültigen Sprung. Jeder Sprung wird von der Vorderkante des Absprungbalkens bis zur hintersten Landemarke im Sand gemessen. Zwischenweiten werden auf den Zentimeter abgerundet. Ist ein Athlet sicher, dass seine Leistung ihn in die nächste Runde bringt oder ihm eine Medaille nicht mehr zu nehmen ist, muss er nicht alle drei Sprungversuche nutzen.

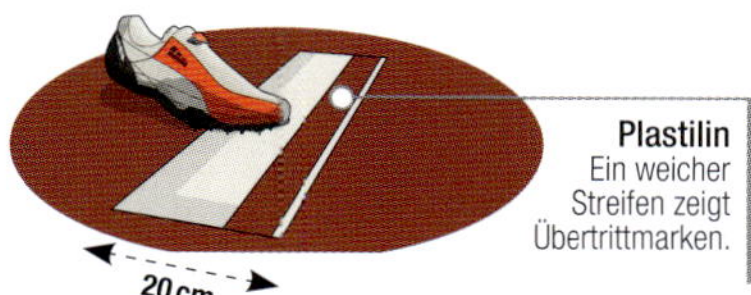

Plastilin
Ein weicher Streifen zeigt Übertrittmarken.

ANLAUF
Eine der wichtigsten Fähigkeiten für den Dreispringer ist die, seinen Anlauf exakt so abzustimmen, dass er den Absprungbalken mit dem Führbein so nah wie möglich an der Kante trifft, ohne dabei zu übertreten, da der Sprung ansonsten ungültig ist.

UNGÜLTIGER SPRUNG

Ungültige Sprünge werden vom Sprungrichter mit einer roten Fahne angezeigt. Die meisten ungültigen Sprünge entstehen durch Übertreten am Absprungbalken und hinterlassen deutliche Abdrücke im Plastilin. Manchmal verfehlen Springer auch die Sprunggrube. Ungültig ist ein Sprung auch, wenn der Athlet mehr als die festgesetzte Zeit benötigt, um seinen Sprung auszuführen (meist anderthalb Minuten), den Hüpfer mit dem falschen Fuß landet oder mit zwei Füßen statt mit einem Fuß abspringt.

Sprung
Der Athlet muss den Sprung mit dem Landefuß des Schritts ausführen, darf also nicht denselben Sprungfuß einsetzen wie beim Hüpfer.

Die letzte Phase
Als Sprungtechniken werden Lauf- (Hitch-Kick), Schritt- oder Hangsprung verwendet.

Dreisprunglandung
Der Springer landet mit den Füßen voran und wirft dann den Oberkörper vor, um keine Weite zu verlieren.

SCHRITT

SPRUNG

STATISTIK

BESTWEITEN (MÄNNER)

WEITE	ATHLET (JAHR)
18,29 m	JONATHAN EDWARDS (1995)
18,16 m	JONATHAN EDWARDS (1995)
18,09 m	KENNY HARRISON (1996)
18,04 m	TEDDY TAMGHO (2013)
18,01 m	JONATHAN EDWARDS (1998)
18,00 m	JONATHAN EDWARDS (1995)
17,99 m	JONATHAN EDWARDS (1998)
17,99 m	KENNY HARRISON (1996)
17,98 m	JONATHAN EDWARDS (1995)
17,97 m	WILLIE BANKS (1985)
17,96 m	CHRISTIAN TAYLOR (2011)
17,93 m	KENNY HARRISON (1990)
17,92 m	CHRISTO MARKOW (1987)

BESTWEITEN (FRAUEN)

WEITE	ATHLETIN (JAHR)
15,50 m	INESSA KRAVETS (1995)
15,39 m	F. MBANGO ETONE (2008)
15,34 m	TATJANA LEBEDEWA (2004)
15,33 m	INESSA KRAVETS (1996)
15,33 m	TATJANA LEBEDEWA (2004)
15,32 m	TATJANA LEBEDEWA (2000)
15,32 m	HRYSOPIYÍ DEVETZÍ (2004)
15,30 m	F. MBANGO ETONE (2004)
15,29 m	YAMILÉ ALDAMA (2003)
15,28 m	YAMILÉ ALDAMA (2004)
15,28 m	YARGELIS SAVIGNE (2007)
15,27 m	YAMILÉ ALDAMA (2003)
15,25 m	TATJANA LEBEDEWA (2001)

HOCHSPRUNG

ÜBERBLICK

Der Hochsprung gehört zu den Standarddisziplinen, die bei jedem Leichtathletiktreffen ausgetragen werden. Dabei müssen die Athleten aus eigener Körperkraft nach einem Anlauf im Sprung eine horizontale Latte überqueren. Hochsprung ist körperlich wie technisch sehr anspruchsvoll. Die Entwicklung des Weltrekords belegt, wie viele Verbesserungen im Training und in der Weiterentwicklung der Sprungtechniken gemacht wurden.

Enge Kleidung
Trikot und Hose oder Anzug liegen eng an, damit die Springer die Latte nicht mit der Kleidung reißen.

Hochsprungschuhe
Sprungschuhe können uneinheitlich sein: der Sprungfuß hat eine profilierte Sohle, der andere kann eine glatte Sohle haben; keine der Sohlen sollte über 13 mm dick sein.

SPORTLERPROFIL

Die Hochspringer beider Geschlechter sind oft überdurchschnittlich groß; bei den Männern mindestens 1,85 m, bei den Frauen gewöhnlich über 1,75 m. Sie sind fast ausnahmslos schmal und schlank gebaut und haben stark ausgeprägte Quadrizeps- und Wadenmuskeln. Schnelligkeit, Beweglichkeit und gute Koordination sind ebenfalls wichtig. Hochspringer trainieren die Flugphase häufig auf dem Trampolin.

FAKTEN

- Hochsprung ist bereits seit den ersten Spielen der Neuzeit in Athen 1896 olympisch.
- Die Disziplin wurde in den 1960er-Jahren durch Einführung weicher Sprungkissen revolutioniert. So konnten Athleten gefahrlos auf dem Rücken landen.
- Heute springen fast alle Springer in der Technik des Fosbury Flop, benannt nach dem Olympiasieger von 1968, Dick Fosbury.

GEWUSST?

1,94 **So groß ist Blanka Vlasic in Metern, die derzeit größte Weltklasse-Hochspringerin. Die kroatische Rekordhalterin gewann Gold bei der Leichtathletik-WM 2007 und 2009.**

400 **So hoch in Metern müsste ein Mensch im Vergleich springen, um den Hochsprungrekord eines Flohs einzustellen.**

SPORTGERÄT

Heute bestehen Hochsprunglatten aus leichtem Material wie verstärktem Kunststoff oder Aluminium, wodurch sie bei Berührung leicht herabfallen. Die Latte ist ca. 4 m lang, hat einen runden, quadratischen oder dreieckigen Querschnitt und ruht auf zwei senkrechten Ständern. Die Latte kann während des Wettbewerbs schnell höher gelegt werden. Hinter der Latte liegt ein dickes Sprungkissen für eine sichere Landung.

GEFEDERTE LANDUNG
Die Landezone besteht normalerweise aus einer mindestens 1 m dicken, mit Kunststoff bezogenen Schaumstoffmatte. Bei Schulwettbewerben sind manchmal noch altmodische Sprunggruben zu finden. Auf solchen Anlagen ist der Fosbury Flop, bei dem man auf dem Rücken landet, unmöglich.

KOMPAKTE ANLAGE
Die Hochsprunganlage ist eine der kompaktesten Anlagen in der Leichtathletik. Die halbkreisförmige Anlaufbahn hat einen Radius von 18 m und erlaubt Anläufe von 20–25 m. Gerade Anläufe auf die Latte kommen nur selten vor, die meisten Athleten springen im spitzen Winkel zur Latte ab.

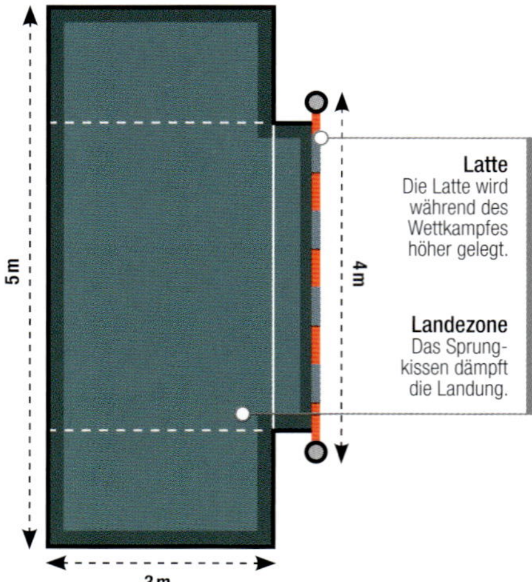

Latte
Die Latte wird während des Wettkampfes höher gelegt.

Landezone
Das Sprungkissen dämpft die Landung.

LATTE HÖHER LEGEN

Im Hochsprung gibt es nur wenige Regeln. Die Springer müssen auf einem Fuß abspringen und dürfen die Latte nicht reißen. Die Latte darf berührt werden, solange sie nicht fällt oder der Springer bzw. die Springerin sie nicht mit einem Körperteil festhält. Bei welcher Höhe sie in den Wettbewerb einsteigen – meist bei einer recht niedrigen – bestimmen Athleten selbst. Im Lauf des Wettkampfs wird die Latte höher gelegt – meist in 3-cm- oder 5-cm-, zum Ende hin in 1-cm-Schritten. Ist eine Höhe übersprungen, wird die Latte nicht mehr niedriger gelegt. Die Athleten können jederzeit auf einen Sprung verzichten, auch wenn sie schon einen Fehlversuch hatten. Bei drei Fehlversuchen hintereinander scheidet der Athlet aus. Der Springer mit dem höchsten gelungenen Sprung gewinnt. Bei einem Unentschieden gewinnt, wer die wenigsten Fehlversuche hatte.

WIRKLICH EIN FLOP?

Traditionalisten waren entsetzt, als der US-Athlet Dick Fosbury bei den Olympischen Spielen 1968 in Mexiko in seiner neuen Technik sprang. Payton Jordan, Trainer der US-Mannschaft, sagte: »Kinder ahmen Spitzensportler nach. Wenn sie Fosbury nachahmen, wird eine ganze Hochspringergeneration sich den Hals brechen.«

STATISTIK

WELTREKORDE (MÄNNER)		WELTREKORDE (FRAUEN)	
HÖHE	**ATHLET (JAHR)**	**HÖHE**	**ATHLETIN (JAHR)**
2,45 m	JAVIER SOTOMAYOR (1993)	2,09 m	STEFKA KOSTADINOWA (1987)
2,42 m	PATRIK SJÖBERG (1987)	2,07 m	LUDMILA ANDONOWA (1984)
2,41 m	IGOR PAKLIN (1985)	2,05 m	TAMARA BYKOWA (1984)
2,40 m	RUDOLF POWARNITSIN (1985)	2,03 m	ULRIKE MEYFARTH (1983)
2,39 m	ZHU JIANHUA (1984)	2,01 m	SARAH SIMEONI (1978)
2,35 m	JACEK WSZOLA (1980)	2,00 m	ROSEMARIE ACKERMANN (1977)
2,34 m	WLADIMIR JASCHTSCHENKO (1978)	1,91 m	JOLANDA BALAS (1961)
2,28 m	VALERIY BRUMEL (1963)	1,77 m	CHENG FENG-JUNG (1957)
2,22 m	JOHN THOMAS (1960)	1,72 m	SHEILA LERWILL (1951)
2,15 m	CHARLES DUMAS (1956)	1,71 m	FANNY BLANKERS-KOEN (1943)
2,11 m	LESTER STEERS (1941)	1,65 m	DOROTHY ODAM (1939)
2,06 m	WALTER MARTY (1934)	1,55 m	PHYLLIS GREEN (1926)
2,00 m	GEORGE HORINE (1912)	1,45 m	NANCY VOORHEES (1922)

TECHNISCHE ENTWICKLUNG

Bis in die 1960er-Jahre waren der Scherensprung und der Straddle (Wälzer) die beliebtesten Techniken. Beim Scherensprung lief der Springer im Winkel an und schleuderte dann in einer Scherenbewegung erst das lattennahe, dann das lattenferne Bein über die Latte und landete auf den Füßen. Beim Straddle lief der Springer ebenfalls diagonal an, sprang dann aber mit dem inneren Bein ab, und riss das äußere als Führbein nach oben, um sich seitlich über die Latte zu »wälzen«. Heute springen fast alle den Fosbury Flop, benannt nach dem US-Springer Dick Fosbury, der damit olympisches Gold gewann. Der letzte Weltrekord in anderer Technik wurde 1978 von Wladimir Jaschtschenko aufgestellt.

HÖHER UND HÖHER

Seit dem Ende des 19. Jahrhunderts haben sich die Hochsprungtechniken schnell entwickelt. Die Springer warfen sich erst seitlich, dann vorwärts und schließlich rückwärts immer höher über die Latte. In weniger als 100 Jahren (1895–1993) stieg die Rekordhöhe der Männer um fast 25 Prozent.

SCHERENSPRUNG
Als erster verwendete der Amerikaner Michael F. Sweeney die Scherensprungtechnik und sprang damit 1895 die Weltrekordhöhe von 1,97 m. Bis in die 1960er-Jahre blieb der Scherensprung eine beliebte Technik.

Jedes Bein einzeln
Zuerst wird das Führbein über die Latte geführt, dann folgt sofort das zweite Bein.

STRADDLE
Am höchsten Punkt der Flugbahn dreht (»wälzt«) der Springer den Oberkörper mit dem Gesicht nach unten über die Latte. 1912 konnte George Horine mit dieser Technik 2 m überspringen.

Bäuchlings
Der Springer muss sich bäuchlings über die Latte »wälzen«.

DER »FOSBURY FLOP«
Der Springer nimmt einen gekrümmten Anlauf, springt mit dem äußeren Fuß ab und überquert, Kopf und Schultern voran, mit überstrecktem Rücken die Latte. Während die Hüfte die Latte noch überquert, fällt der Oberkörper bereits nach unten. Fosbury erklärte, dass man beim korrekt ausgeführten Flop auf den Schultern landet.

Absprung
Explosiver Absprung nach oben mit dem Sprungbein (äußeres Bein).

Aufstieg
Beine, Hüfte und Schultern werden im Aufstieg gedreht.

Runder Rücken
In der horizontalen Lage krümmt der Springer den Rücken stark nach hinten.

Höhepunkt
Über der Latte wird die Hüfte eingeknickt, um die Beine über die Latte zu bringen.

Vor der Landung
Der Springer bereitet sich vor, den Aufprall mit den Schultern abzufangen.

STABHOCH-SPRUNG

FAKTEN

- Das Springen mit Stäben war früher eine Fortbewegungsmethode zur Überquerung von Gräben und Marschen.
- Der erste dokumentierte Hochsprungwettbewerb fand 1812 in England statt.
- Beim eng verwandten Stabspringen, das es nie zur offiziellen Sportart geschafft hat, wird der Stab eher für den Gewinn an Weite eingesetzt als für die Höhe. Es wird in vielen Ländern als Funsportart praktiziert.
- Der Stabhochsprung der Männer war bei den Spielen der Neuzeit von Anfang an olympisch; die ersten Frauenwettbewerbe fanden 2000 in Sydney statt.

ÜBERBLICK

Bei dieser Leichathletikdisziplin für Männer und Frauen läuft der Athlet mit einem langen, flexiblen Stab in den Händen an. Er sticht ihn in den Einstichkasten, schwingt sich am Stab empor und in mehreren Metern Höhe über eine Latte, die zwischen zwei senkrechten Ständern ruht. Die Latte wird während des Wettkampfs immer höher gelegt. Ein Athlet scheidet aus, wenn er drei Fehlversuche nacheinander hat.

Spezialschuhe
Stabhochspringer tragen spezielle Schuhe mit profilierter Sohle für starke Traktion beim Anlauf.

Enger Sitz
Trikot und Hose sollten eng anliegen, damit die Kleidung sich im Anlauf nicht um den Stab wickelt oder der Springer damit bei der Überquerung die Latte reißt.

Keine Grenzen
Der Stab kann jede beliebige Dicke haben, muss aber rund sein. Auch seiner Flexibilität sind keine Grenzen gesetzt.

Glasfaserstäbe
Bis ins frühe 20. Jh. war Holz als Material beliebt. Später verwendete man Bambus. Zwischen 1945 und den frühen 1960ern nutzte man Aluminium, heute wird allgemein Glasfaser verwendet.

SPORTLERPROFIL

Die Topathleten sind meist sehr groß. Sie müssen schnell sein, um Schwungkraft aufzubauen, benötigen Schnellkraft in den Beinen zum Absprung und kräftige Schulter-, Arm- und Bauchmuskulatur, um sich am Stab nach oben in eine senkrechte Position aufrollen zu können. Gutes räumliches Vorstellungsvermögen ist notwendig, um die Latte nicht zu reißen.

SPORTGERÄT

Zum Stabhochsprung gehören eine Anlaufbahn von mindestens 45 m Länge, ein Einstichkasten, zwei senkrechte Ständer, eine Latte, ein Sprungkissen und natürlich ein Athlet mit einem langen, flexiblen Stab. Sprungrichter überwachen die Sprünge und passen die Höhe der Latte an.

ALLES IM KASTEN

Am Ende des Anlaufs liegt der Einstichkasten, in den der Athlet den Stab steckt, um seine Hebelwirkung für den Sprung zu nutzen. Der sich auf 15 cm verjüngende Kasten ist zum Anlauf hin breit, mindestens 1 m lang und an der Stoppwand 20 cm tief.

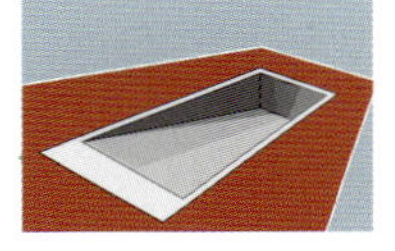

Verstellbare Höhe
Die Sprungständer sind innen mit höhenverstellbaren Auslegern versehen, auf denen die ca. 4,50 m lange Latte auf die entsprechende Höhe gelegt wird.

Sprungkissen
Das Schaumstoffkissen ist mindestens 80 cm dick.

Startpunkt
Die Springer sprinten entlang der Anlaufbahn, um ausreichend Schwung für den Sprung aufzubauen.

Weiße Linien
Die Anlaufbahn ist seitlich mit weißen Linien markiert, es ist aber kein Regelverstoß, sie zu übertreten.

Extra Polsterung
Auch neben dem Einstichkasten liegen Kissen, falls ein Springer schon vor der Latte herunterfällt.

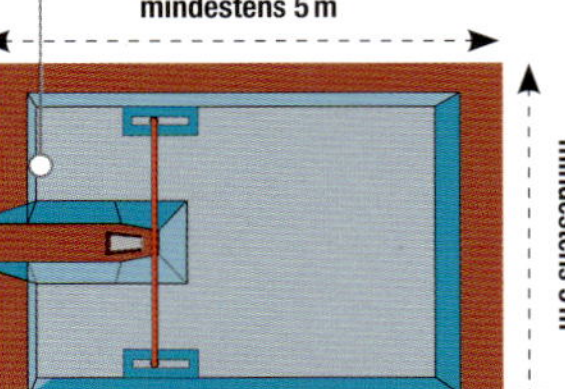

mindestens 45 m

RUND UM DIE LATTE

Die Höhe des Eingangssprungs und die folgenden Sprunghöhen werden von den Sprungrichtern festgelegt. Die Springer wählen frei, bei welcher Höhe sie in den Wettkampf einsteigen. Haben zwei oder mehr Springer eine Höhe übersprungen, wird die Latte um einen festgelegten Abstand erhöht (meist 5 cm oder 15 cm). Springer können einen oder mehrere Sprünge auslassen. Wenn am Ende zwei oder mehrere Sportler die gleiche Höhe übersprungen haben, gewinnt der Springer mit der geringeren Anzahl an Fehlversuchen. Bringt dies auch keine Entscheidung, kann es zu einem Stechen kommen.

FLIEGEN LERNEN

Stabhochsprung besteht aus mehreren Phasen, die – perfekt ausgeführt – Sprünge von über 6 m Höhe ergeben können. Dies gelang aber erst wenigen Stabhochspringern. Ein höherer Griff am Stab verstärkt die Hebelwirkung in der Aufrollphase, während das in die senkrechte I-Position durchschwingende Sprungbein die Energie aus dem Lauf aufrechterhält. Dadurch gewinnt der Springer noch mehr Höhe. Der Springer darf die Latte berühren, sie aber nicht reißen. Alle Phasen der Sprungsequenz (siehe unten) müssen exakt ausgeführt werden, damit der Sprung erfolgreich gelingt.

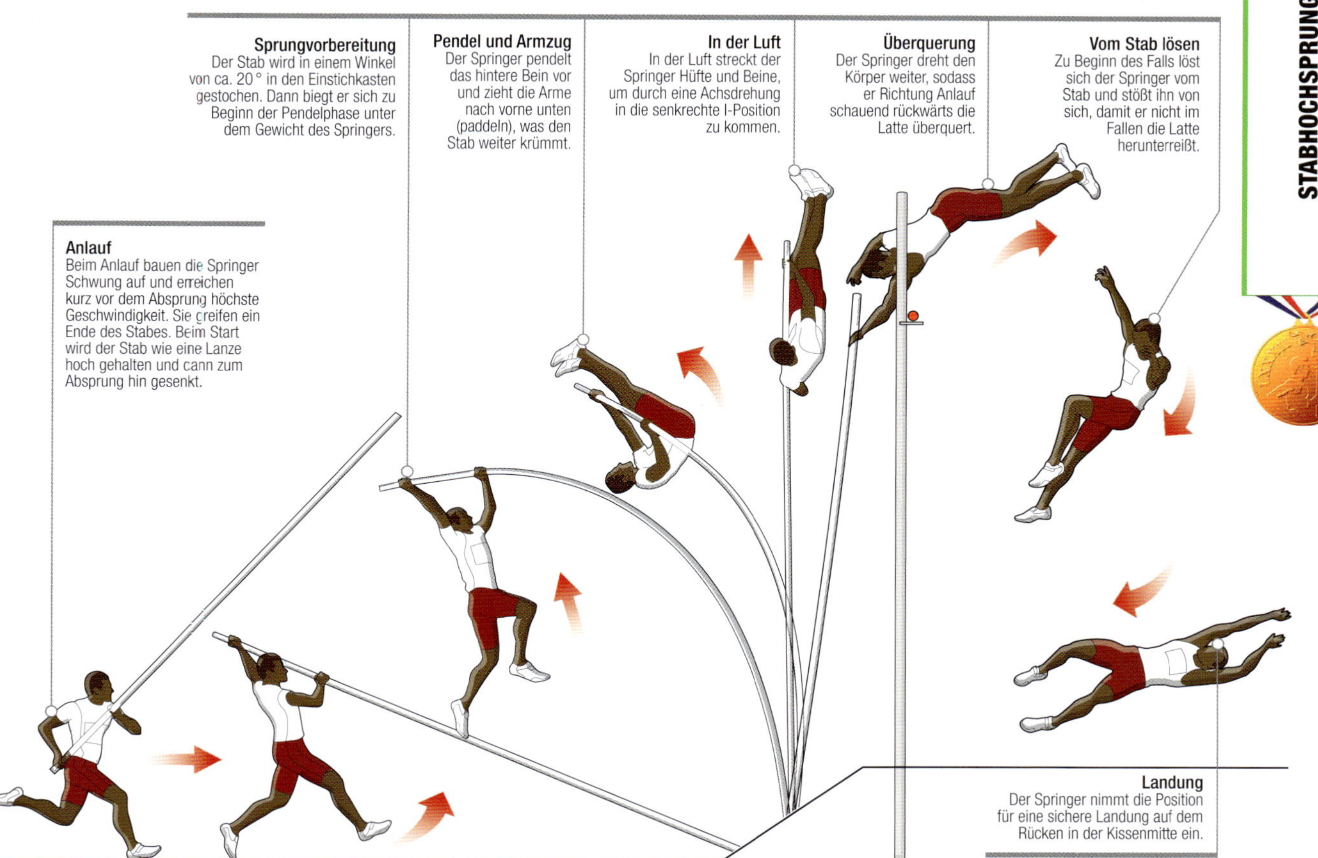

Sprungvorbereitung
Der Stab wird in einem Winkel von ca. 20° in den Einstichkasten gestochen. Dann biegt er sich zu Beginn der Pendelphase unter dem Gewicht des Springers.
Pendel und Armzug
Der Springer pendelt das hintere Bein vor und zieht die Arme nach vorne unten (paddeln), was den Stab weiter krümmt.
In der Luft
In der Luft streckt der Springer Hüfte und Beine, um durch eine Achsdrehung in die senkrechte I-Position zu kommen.
Überquerung
Der Springer dreht den Körper weiter, sodass er Richtung Anlauf schauend rückwärts die Latte überquert.
Vom Stab lösen
Zu Beginn des Falls löst sich der Springer vom Stab und stößt ihn von sich, damit er nicht im Fallen die Latte herunterreißt.
Anlauf
Beim Anlauf bauen die Springer Schwung auf und erreichen kurz vor dem Absprung höchste Geschwindigkeit. Sie greifen ein Ende des Stabes. Beim Start wird der Stab wie eine Lanze hoch gehalten und dann zum Absprung hin gesenkt.
Landung
Der Springer nimmt die Position für eine sichere Landung auf dem Rücken in der Kissenmitte ein.

STATISTIK

WELTREKORDE (MÄNNER)		WELTREKORDE (FRAUEN)	
HÖHE	**ATHLET (JAHR)**	**HÖHE**	**ATHLETIN (JAHR)**
6,16 m	RENAUD LAVILLENIE (2014)	5,06 m	JELENA ISSINBAJEWA (2009)
6,14 m	SERGEI BUBKA (1994)	5,01 m	JELENA ISSINBAJEWA (2005)
5,83 m	THIERRY VIGNERON (1983)	4,88 m	SWETLANA FEOFANOWA (2004)
5,82 m	PIERRE QUINON (1983)	4,87 m	JELENA ISSINBAJEWA (2004)
5,81 m	WLADIMIR POLJAKOW (1981)	4,85 m	SVETLANA FEOFANOVA (2004)
5,80 m	THIERRY VIGNERON (1981)	4,82 m	JELENA ISSINBAJEWA (2003)
5,78 m	WLADYSLAW KOZAKIEWICZ (1980)	4,81 m	STACY DRAGILA (2001)
5,70 m	DAVE ROBERTS (1976)	4,60 m	EMMA GEORGE (1999)
5,67 m	EARL BELL (1976)	4,23 m	SUN CAIYUN (1995)
5,65 m	DAVE ROBERTS (1975)	4,22 m	DANIELA BARTOVA (1995)

DER KÖNIG DES STABHOCHSPRUNGS

Der Ukrainer Sergei Bubka ist unumstritten der größte Stabhochspringer aller Zeiten. Während seiner Karriere brach er 35 Weltrekorde (17 unter freiem Himmel, 18 in der Halle) und konnte zwischen 1983 und 1997 sechs Weltmeisterschaften in Folge gewinnen. Er war der Erste, der die 6 m übersprang, was ihm in insgesamt 44 Wettkämpfen gelang. Eine Goldmedaille bei den Olympischen Spielen gewann er hingegen nur einmal, 1988 in Seoul.

FAKTEN

- Das Diskuswerfen der Frauen wurde bereits bei den Spielen 1928 olympische Disziplin.
- Der erste Mensch, der die 60-m-Marke überwinden konnte, war 1961 der amerikanische Diskuswerfer Jay Silvester.
- Als erste Frau übertraf die Russin Faina Melnik 1975 mit dem Diskus die 70-m-Marke.

DER DISKUS

Der Diskus ist scheibenförmig und besteht meist aus Holz oder Kunststoff. Ein äußerer Metallreif und ein Kern aus Metall sorgen für das nötige Gewicht. Die Stärke des Diskus beträgt 44,5 mm (Männer) bzw. 37 mm (Frauen). Bei den Junioren sind die Sportgeräte entsprechend kleiner und leichter.

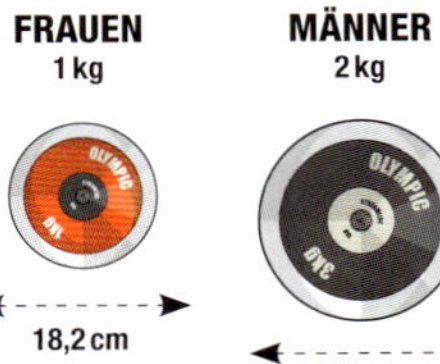

WURFVERSUCHE

Jeder Diskuswerfer hat drei Wurfversuche. Der Diskus muss vom Wurfkreis aus geworfen werden. Der Werfer darf den Kreis erst verlassen, wenn der Diskus gelandet ist. Die Landung muss auf dem Wurffeld erfolgen, sonst ist der Wurf ungültig. Die Weite des Wurfs wird ab der Vorderkante des Wurfkreises bis zur Landemarke gemessen. Hat die Wurfweite keinen vollen Zentimeterwert, wird sie auf den letzten Zentimeterwert unterhalb der Wurfweite abgerundet.

FLIEHKRAFT

Der Werfer geht an der Rückseite des Wurfkreises in Position. Er hält den Diskus mit der Wurfhand und vollführt dann auf den Fußballen eine sehr schnelle Drehung um die eigene Körperachse, um den Diskus auf Schulterhöhe kraftvoll und mit gestrecktem Arm zu schleudern. Durch das Losschleudern mit Zeige- oder Mittelfinger dreht sich der Diskus im Uhrzeigersinn (bei Rechtshändern). Diskuswerfer begrüßen Gegenwind, da er dem Diskus mehr Auftrieb und dadurch größere Weite verleiht.

TESTSCHWÜNGE
Der Werfer macht zunächst ein paar Testschwünge und dreht den Oberkörper, um sich aufzuwärmen und auf den Wurf vorzubereiten.

Drehung
Das Gewicht wird von einem Fuß auf den anderen verlagert.

DREHUNG
Von der Hinterkante des Kreises vollführt der Werfer eine 1 ¾-Drehung und gewinnt dadurch genügend Schwung für den Abwurf an der Vorderkante.

Weit ausgeholt
Der Wurfarm holt hinter dem Körper weit aus.

LÖSEN
Beim Abwurf erfolgt eine explosionsartige Kraftübertragung aus dem Körper auf den Diskus. Beim Lösen aus der Hand beginnt er sich zu drehen.

KÖRPER ABFANGEN
Nach dem Abwurf dreht sich der Werfer noch um fast 360 Grad weiter. Um nicht überzutreten, macht er kleine Hüpfer mit den Beinen.

DISKUS

ÜBERBLICK

Bei den Olympischen Spielen der Antike Teil des Fünfkampfs, gehört das Diskuswerfen heute zu den Standarddisziplinen der Leichtathletik. Das Ziel ist, den Diskus so weit wie möglich zu werfen.

WURFKREIS

Der Wurfkreis hat einen Durchmesser von 2,5 m. Das Wurffeld öffnet sich von der Mitte des Wurfkreises in einem Winkel von 35 Grad (früher40 Grad). Der Kreis ist aus Sicherheitsgründen von einem U-förmigen Wurfkäfig umgeben. Die Öffnung des Wurfkäfigs ist 6 m breit und liegt 7 m vor dem Wurfkreis.

399
Sicherer Griff
Die Fingerspitzen umfassen den Rand des Diskus und die Handfläche ruht auf ihm.
Glatte Sohlen
Glatte Sohlen helfen dem Werfer bei der schnellen Drehbewegung.
Fester Boden
Der Boden des Wurfkreises muss glatt, darf aber nicht rutschig sein.
2,5 m

SPORTLER-PROFIL

Männliche Topathleten im Diskuswerfen sind durchschnittlich 1,93 m groß und wiegen über 115 kg; bei den Frauen sind mindestens 1,75 m Größe und ein Gewicht von 93 kg normal. Starke Schultern und Arme sind zwar erforderlich, die Kraft kommt aber aus Beinen und Rumpf.

KUGEL

ÜBERBLICK

Beim Kugelstoßen geht es darum, eine Kugel aus Metall so weit wie möglich vom Körper wegzustoßen. Die Wettkämpfer haben jeweils drei Versuche. Die Regeln und wichtigen Fähigkeiten im Kugelstoßen sind ähnlich wie beim Diskuswerfen (siehe links).

FAKTEN

- Wahrscheinlich geht der Sport auf eine Kriegstechnik in der Antike zurück.
- Ende des späten 19. Jh. mit einem Regelwerk versehen, war Kugelstoßen Teil der ersten Spiele der Neuzeit 1996. Als Frauendisziplin war das Kugelstoßen 1948 bei den Spielen in London zum ersten Mal dabei.

Kugelstoßer verwenden manchmal Talkum, damit die Kugel am Hals besseren Halt findet.

Ein weißer Abstoßbalken von ca. 10 cm Höhe begrenzt den Stoßring zum Wurffeld hin.

Der Stoßring liegt etwa 2 cm unter Bodenniveau und hat einen rutschfesten Zementboden.

SPORTLER-PROFIL

Kugelstoßer sind oft groß und kräftig. Die Männer sind durchschnittlich 1,87 m groß und wiegen 125 kg. Bei den Frauen sind es im Durchschnitt 1,75 m und 90 kg. Die Athleten benötigen Schnelligkeit, Beweglichkeit, Koordination und natürlich Stoßkraft. Es ist also ein guter Allround-Athlet gefragt.

ANGLEITEN ODER DREHEN?

Es gibt zwei grundlegende Stoßtechniken, die Angleittechnik und die Drehstoßtechnik. Beim Angleiten dreht der Kugelstoßer zunächst den Rücken ein und dann bei einem gleitenden Hüpfer zum Stoß die Hüfte nach vorne. Beim Drehstoß sorgt die stärkere Drehung für mehr Schwung.

ANGLEITEN NACH O'BRIEN

Der Drehstoß entstand in den 1950er-Jahren durch den US-Athleten Parry O'Brien als Abwandlung des Angleitens. Bei der O'Brien-Technik geht der Athlet an der Kreisrückseite in eine Hockhaltung, stößt sich kraftvoll ab, dreht sich und stößt die Kugel aus dieser Drehung heraus.

BARYSCHNIKOW-DREHUNG

Diese Technik (siehe unten; für einen Rechtshänder) wurde in den 1970ern vom russischen Athleten Alexander Baryschnikow eingeführt. Die vollführte Drehung maximiert die Kraftübertragung auf den Stoß. Die zunächst sehr umstrittene Technik ist heute die meistverwendete und zugleich anspruchsvollste Kugelstoßtechnik.

SCHWERMETALL

Die Kugel besteht meist aus Eisen oder Kupfer, muss eine glatte Oberfläche haben und darf in keiner Form manipuliert sein.

DER STOSSKREIS

Von der Mitte des Stoßkreises öffnet sich das Wurffeld (auch Wurfsektor) in einem Winkel von ca. 35 Grad (früher 40 Grad). Die Seiten des Wurffelds sind meist nicht mehr als 30 m lang.

REGELWERK

Bei jedem seiner drei Versuche darf der Kugelstoßer den Abstoßbalken berühren, aber nicht übertreten. Die Länge des Stoßes wird ab der Vorderkante des Stoßrings bis zum ersten Landepunkt der Kugel gemessen. Bei nicht vollen Zentimeterwerten wird die Stoßweite auf den letzten vollen Zentimeter abgerundet.

Ausgangsposition
Der Kugelstoßer beginnt in einer gebückten Position mit gehobenem Bein.

ABSTOSS
Der Sportler steht mit dem Rücken zum Wurffeld und presst die Kugel zwischen Schulter und Hals.

Drehung
Das Gewicht wird von rechts nach links verlagert.

DREHUNG
Dann folgt die Drehung auf dem linken Fußballen. Der linke Arm kommt nach vorn und zeigt in Wurfrichtung.

Energiefluss
Zur Energieübertragung muss die linke Seite Spannung halten.

STOSS
Am Punkt der größtmöglichen Vorwärtsbeschleunigung stößt der Athlet die Kugel etwa im 40 Grad-Winkel.

GEWUSST?

11 So viele Medaillen von den insgesamt zwölf möglichen in den Männerwettbewerben gewannen die amerikanischen Athleten bei den vier Sommerspielen zwischen 1948 und 1960.

51 So viele Wettkämpfe in Folge gewann die Deutsche Astrid Kumbernuss von 1995–1996. Zu ihren Erfolgen zählt ein Olympiasieg 1996 und dreimal Gold bei den Leichtathletik-WMs 1995, 1997 und 1999.

FAKTEN

- Die Finnen sind mit insgesamt 26 olympischen Medaillen, davon neun Mal Gold, im Speerwerfen besonders erfolgreich.
- Trotz seiner langen Tradition war Speerwerfen nicht von Anfang an bei den modernen Olympischen Spielen vertreten. Als Männerdisziplin wurde es zu den Spielen 1908 in London eingeführt, bei den Frauen kam es 1932 in Los Angeles dazu.
- Um die Zuschauer nicht zu gefährden, wurde (1986 bei den Männern, 1999 bei den Frauen) die Konstruktion der Speere geändert, wodurch sie nicht mehr so weit fliegen.

Metallspitze
Die Speerspitze ist 25 cm lang und besteht aus Metall, das absolut glatt sein muss.

Wurfspeergriff
Als Griff hat der Speer in der Mitte eine Wicklung aus Kordel.

Rückengurt
Zur Unterstützung des Rückens kann ein Gurt getragen werden.

Speerlänge
Bei den Männern ist der Speer 2,7 m–2,8 m lang und mindestens 800 g schwer; bei den Frauen ist er 2,2 m–2,3 m lang und hat ein Gewicht von mindestens 600 g.

Schuhwerk
Speerwurfschuhe sind schwerer als Laufschuhe und an Vorderschuh und Ferse mit Spikes ausgestattet.

SPORTLERPROFIL

Starke Hüften, Schultern und Ellenbogen wie auch ein schneller Anlauf sind Voraussetzung für den Erfolg. Erst die Kombination aus Kraft und Schwung verleiht dem Speer Weite.

SPEER

ÜBERBLICK

Speerwerfen ist eine Leichtathletikdisziplin für Männer und Frauen, bei der es darum geht, mit dem Wurfspeer die größtmögliche Weite zu erzielen. Speerwerfen ist sowohl eigenständige Sportart als auch Teil des antiken Fünfkampfs und des Zehnkampfs.

WURFSEKTOR

Die Anlaufbahn ist 4 m breit, über 30 m lang, hat einen Kunststoffbelag und ist am Ende durch einen bogenförmigen Abwurfbalken begrenzt, der nicht berührt werden darf. Der dahinterliegende Wurfsektor öffnet sich in einem 29°-Winkel und ist rund 100 m lang. Die jeweilige Größe hängt vom Veranstaltungsort wie auch von den Wurfrichtern ab. Die Sektorlinien zeigen grob die Weite an.

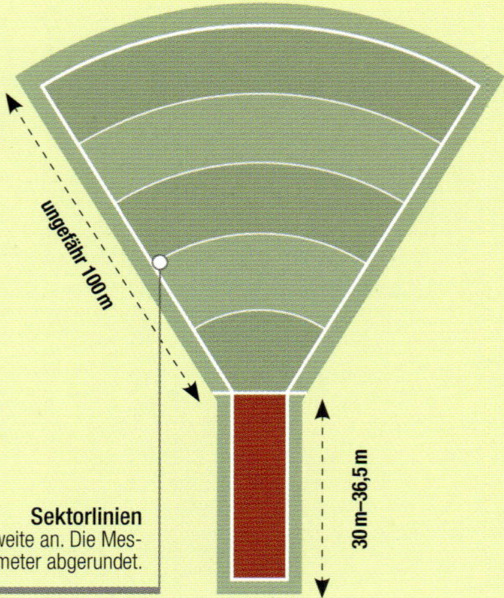

Sektorlinien
Sie zeigen grob die Wurfweite an. Die Messung wird auf den Zentimeter abgerundet.

IM WETTKAMPF

Jeder Athlet hat drei Wurfversuche. Bei weniger als acht Teilnehmern können es auch sechs Würfe pro Athlet sein. Nach der Vorbereitung muss der Athlet seinen Wurf innerhalb von 90 Sekunden ausführen. Damit ein Wurf gültig ist, darf der Athlet den Abwurfbalken nicht berühren, muss bis zur Landung des Speers im Abwurfbereich bleiben und der Speer muss mit der Spitze voran im Wurfsektor landen. Wurfweiten werden bis zur ersten Stelle der Bodenberührung gemessen. Bei einem Unentschieden gewinnt der Werfer mit der besten zweiten Weite.

AUSFÜHRUNG DES WURFS

Der Speer muss an der Umwicklung gegriffen und über der Schulter gehalten werden. Der Athlet beschleunigt im Anlauf und bereitet sich mit den letzten Schritten auf den Wurf vor. Die Abbildungen zeigen die letzte Phase vor dem Abwurf. Der Sportler darf den Abwurfbalken am Ende der Bahn weder berühren noch übertreten.

BEINE KREUZEN
Kurz vor Ende des Anlaufs kreuzt der Athlet die Beine, um dem Speer beim Wurf maximale Beschleunigung geben zu können.

SPEERRÜCKFÜHRUNG
Mit der Streckung des Beins zieht der Werfer den Wurfarm nach hinten, der andere wird zum Zielen vorgestreckt.

WEITE AUSLAGE
Der Werfer hält den Speer so lange wie möglich weit hinter die Schulter gestreckt, bevor er ihn dann wirft.

ABWURF
Der Werfer stemmt das Vorderbein ein und schleudert den Wurfarm mit größtmöglicher Geschwindigkeit nach vorne.

HAMMER

ÜBERBLICK

Das Ziel dieser Leichtathletikdisziplin ist es, den Hammer so weit wie möglich aus dem Wurfkreis in die markierte Wurfzone zu schleudern. Das Sportgerät, das als Hammer bezeichnet wird, besteht aus einem Griff, einem Verbindungsdraht und einer Metallkugel, dem Hammerkopf.

Starke Körpermitte
Der Oberkörper bleibt aufrecht, um während der Rotation Gleichgewicht und Geschwindigkeit zu halten.
Hammer und Draht
Die Kugel besteht aus massivem Eisen, einem ähnlich dichten Metall oder einem ummantelten Bleikern. Der Draht muss mindestens 3 mm dick sein.
Hand im Handschuh
Hammerwerfer tragen häufig einen dicken Lederhandschuh mit Fingerlingen, um den Griff besser halten zu können.
Kleiderordnung
Hammerwerfer tragen Trikot und Shorts oder Leggins, oder einen einteiligen Wurfanzug. Ein Gurt kann zur Stützung des Rückens dienen.
Spezialschuhe
Die Schuhe haben weder Spikes noch Profil, denn um leicht zu drehen, müssen die Sohlen eine größtmögliche Auflagefläche haben.
45
2,135 m

FAKTEN

- Der Hammer in seiner heutigen Form wurde gegen Ende des 19. Jahrhunderts entwickelt. Für Männer wurde die Disziplin bei den Spielen 1900 olympisch, für Frauen erst im Jahr 2000, genau 100 Jahre später.
- Im Mittelalter wurden in England Hammerwurf-Wettbewerbe mit Schmiedehämmern abgehalten. Eine Version des traditionellen Sports mit einer Eisenkugel an einem Holzgriff gibt es heute noch bei den schottischen Highland Games.

SPORTLERPROFIL

Hammerwerfer haben meist eine kräftige Statur und gut trainierte Arm-, Schulter- und Oberkörpermuskeln. Krafttraining ist für die Sportart unerlässlich. Die Spitzensportler bei den Männern wiegen durchschnittlich 110 kg, bei den Frauen sind rund 79 kg Durchschnitt. Eine große Körpergröße ist zwar nicht erforderlich, bringt aber einen natürlichen Vorteil.

WURFHAMMER

Bei Wettbewerben ist für den Hammer bei den Männern ein Durchmesser von 11 cm–13 cm, ein Stahldraht von 1,20 m Länge und ein grob dreieckiger Handgriff von 13 cm Breite und 10 cm Tiefe im jeweils längsten Bereich vorgeschrieben. Das maximale Gesamtgewicht beträgt 7,26 kg.

Der Hammer bei den Frauen ist insgesamt kleiner und leichter. Er hat einen Durchmesser von 9,5 cm–11 cm und wiegt 4 kg. Auch Draht und Handgriff haben entsprechend kleinere Maße als bei den Männern.

DER RICHTIGE DREH

Der klassische Hammerwurf besteht aus drei Phasen. Zuerst nimmt der Athlet eine statische Position mit dem Rücken zum Wurffeld ein. Dann schwingt er den Hammer in einer Pendelbewegung vor und zurück. Ist genügend Schwungkraft aufgebaut, wird der Hammer über Kopfhöhe gebracht und dann um den Körper rotiert. Die Rotation dauert zwei bis drei Drehungen, dann wird der Hammer weggeschleudert.

KREIS IM KÄFIG

Der Wurfkreis hat 2,135 m Durchmesser. An seiner Vorderseite öffnet sich das Wurffeld (auch Wurfsektor) in einem Winkel von 35 Grad (bis 2003: 40 Grad). Die exakte Größe des Wurffeldes kann je nach Veranstaltungsort variieren.

RAN AN DEN HAMMER

Bei den meisten Wettkämpfen haben die Athleten drei Versuche. Bei jedem Versuch müssen die Werfer nach Betreten des Wurfkreises ihren Wurf innerhalb von 90 Sekunden ausführen. Bei größeren Veranstaltungen gibt es Vorrunden, in denen sich die besten acht Werfer für das Finale qualifizieren. Bei einem Unentschieden gewinnt der Werfer mit der besten Zweitweite. Damit ein Wurf gültig gewertet wird, muss der Athlet bis zur Landung des Hammers im Wurfkreis bleiben und der Hammer muss innerhalb des Wurfsektors landen. Spitzen-Hammerwerfer schleudern den Hammer 85 m weit, die Werferinnen kommen auf 75 m.

WURFKÄFIG
Aus Sicherheitsgründen ist der Wurfkreis von einem Wurfkäfig umgeben, der Fehlwürfe abfängt.

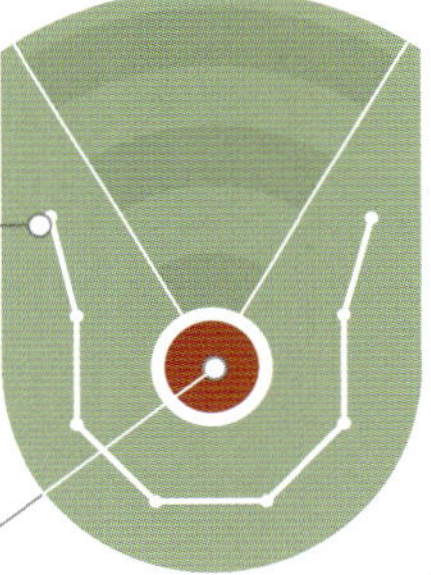

Käfig
Der Käfig umgibt den Wurfkreis auf drei Seiten.

Wurfkreis
Bereich, aus dem der Hammer geworfen wird.

ZEHNKAMPF UND SIEBENKAMPF

ÜBERBLICK

Mehrkämpfer sind herausragende Allroud-Sportler und werden oft als »Könige der Athleten« bezeichnet. Die Mehrkämpfe setzen sich aus zehn (Zehnkampf) bzw. sieben (Siebenkampf) Leichtathletikdisziplinen zusammen, die an zwei aufeinanderfolgenden Tagen ausgetragen werden. Im Zehnkampf treten die Männer an, im Siebenkampf starten die Frauen. Die Wettkämpfe stellen Ausdauer und Konzentration auf eine harte Probe. Aber auch Geschwindigkeit, Kraft und die Beherrschung der Technik der Einzeldisziplinen sind erforderlich. Der Zehnkampf ist seit 1912 olympisch, der Siebenkampf kam 1984 hinzu.

FAKTEN

- Wie der Name sagt, bestehen Zehn- und Siebenkampf aus zehn bzw. sieben Disziplinen. Der Zehnkampf ist der Männer-, der Siebenkampf der Frauenwettbewerb.
- Beide Wettbewerbe haben sich aus dem antiken Fünfkampf entwickelt, einem olympischen Wettbewerb etwa ab 700 v. Chr.
- Die Abfolge der Disziplinen im Zehnkampf ist seit 1914 unverändert geblieben.

GEWUSST?

6.649 **Das ist die Anzahl der Punkte, die die deutsche Siebenkämpferin Lilli Schwarzkopf bei den Olympischen Spielen 2012 in London erzielte. Sie belegte den 2. Platz.**

9.026 **So viele Punkte sammelte der Tscheche Roman Šebrle bei seinem Weltrekord im österreichischen Götzis 2001, bei dem er als erster Zehnkämpfer überhaupt die 9000-Punkte-Marke übertraf. In Athen 2004 brach er mit 8893 Punkten den bis dahin bestehenden olympischen Rekord.**

17 **So jung war der Athlet Bob Mathias, als er 1948 bei den Olympischen Spielen in London den Zehnkampf gewann, obwohl er bis ein Jahr vor den Spielen noch nie an einem Wettkampf teilgenommen hatte. Bis heute bleibt er der jüngste Olympiasieger im Zehnkampf.**

ZEHNKAMPFDISZIPLINEN
100-METER-LAUF
WEITSPRUNG
KUGELSTOSSEN
HOCHSPRUNG
400-METER-LAUF
110 METER HÜRDEN
DISKUSWERFEN
STABHOCHSPRUNG
SPEERWERFEN
1500-METER-LAUF

SIEBENKAMPFDISZIPLINEN
100 METER HÜRDEN
HOCHSPRUNG
KUGELSTOSSEN
200-METER-LAUF
WEITSPRUNG
SPEERWERFEN
800-METER-LAUF

ZEHNKAMPF

Bei dem zweitägigen Wettkampf mit zehn Disziplinen werden 100-m-Lauf, Weitsprung, Kugelstoßen, Hochsprung und die 400 m am ersten Tag, die 110 m Hürden, Diskuswerfen, Stabhochsprung, Speerwerfen und die 1500 m am zweiten Tag ausgetragen. Am ersten Tag werden Schnelligkeit und Kraft der Athleten getestet, am zweiten Tag stehen Ausdauer und technische Fähigkeiten im Zentrum. Für die Endwertung müssen die Athleten an allen Disziplinen teilgenommen haben.

SIEBENKAMPF

Beim Siebenkampf der Frauen werden am ersten Tag die 100 m Hürden, der Hochsprung, das Kugelstoßen und der 200-m-Lauf ausgetragen, am zweiten Tag Weitsprung, Speerwurf und die 800 m. Früher gab es den Frauen-Fünfkampf, aber durch die Hinzunahme von Speerwerfen und 800-m-Rennen bei den Olympischen Spielen in Moskau 1980 entstand der neue Wettbewerb.

SPORTLERPROFIL

Für Zehnkampf und Siebenkampf müssen Athleten gute Allrounder sein, wofür sie Schnelligkeit, Beweglichkeit, Kraft und Schnellkraft benötigen. Ihr Körperbau ist meist schlank und athletisch und zeigt nicht die körperlichen Merkmale der Spezialisten.

DER BESTE ALLER ZEITEN

Allgemein als bester Zehnkämpfer aller Zeiten anerkannt, konnte Daley Thompson als Erster den olympischen Zehnkampf gleich zweimal gewinnen, nämlich 1980 und 1984. Verletzungsbedingt zog er sich 1992 aus der Leichtathletik zurück. Das war aber nicht das Ende seiner Karriere. In den 1990ern spielte er als Profifußballer für Mansfield und wurde dann Fitnesstrainer.

Armschwung
Mit schnellen Armbewegungen kann der Athlet Schwung holen und mehr Geschwindigkeit aufbauen.
Große Schrittweite
Sprinter streben nach einer langen Schrittweite, die allerdings kraftraubend ist.

SPRINTSTRECKEN

Beim Zehnkampf und Siebenkampf gibt es verschiedene Kurzstreckenrennen. Die Männer laufen 100 m und 400 m, die Frauen bestreiten ein 200-m-Rennen.

Bei dieser Technik reckt der Springer sich zunächst nach hinten und wirft dann Arme und Beine nach vorne.

Mit weit nach vorne gestreckten Gliedmaßen versuchen Springer, so viel Sprungweite wie möglich zu gewinnen.

WEITSPRUNG

Zweiter Wettkampf bei den Männern und der fünfte bei den Frauen. Weite Sprünge erfordern einen schnellen Anlauf, eine gute Flugphase und eine vorgestreckte Landung.

Stoßposition
Die Kugel muss vor dem Stoß zwischen Hals und Schulter gehalten werden.
Anlgeittechnik
Der Kugelstoßer gleitet zum Abstoß von der Hinter- an die Vorderkante des Stoßrings.

KUGELSTOSSEN

Die Mehrkämpfer haben je drei Versuche. Die Kugeln entsprechen denen der Einzelwettbewerbe.

Kopf und Schultern
Kopf und Schultern leiten die Überstreckung des Rückens zur Lattenüberquerung ein.
Fußarbeit
Damit die Füße nicht reißen, muss der Athlet sie in der letzten Phase hochschnellen lassen.

HOCHSPRUNG

Der Hochsprung findet sowohl im Zehn- wie auch im Siebenkampf am ersten Tag statt.

Armantrieb
Die Arme geben zusätzlich Schwung beim Überlaufen der Hürde.
Nachziehbein
Das Nachziehbein darf nicht an der Hürde hängen bleiben, da der Läufer sonst aus dem Laufrhythmus kommt.

HÜRDENLAUF

Im Zehnkampf wird am ersten Tag das 110-m-Hürdenrennen gelaufen, im Siebenkampf am zweiten Tag der 100-m-Hürdenlauf.

Weiter Radius
Je weiter der Athlet den Wurfarm nach hinten streckt, desto größer ist die Kraft, mit der er werfen kann.
Schnelle Drehung
Der Athlet rotiert zum Schleudern des Diskus auf Fußballen an die Vorderkante des Wurfkreises.

DISKUSWERFEN

Das Diskuswerfen ist die zweite Wurfdisziplin und wird nur bei den Männern im Zehnkampf ausgetragen.

Absprung
Der Athlet lässt sich vom Glasfaserstab auf die Höhe der Latte hinauf katapultieren.
Kraftakt
Der Stabhochspringer benötigt viel Kraft, um sich am Stab hinauf in die senkrechte I-Position aufzurollen.

STABHOCHSPRUNG

Der Stabhochsprung ist die zweite Disziplin, die nur Zehnkämpfer absolvieren. Sie findet am zweiten Tag statt.

Wurfarm
Die Athletin hält den Wurfarm während des Anlaufs so lange wie möglich nach hinten.
Maximaler Schwung
Vor dem Schleudern des Speers kreuzt die Athletin die Beine. Das erhöht die Wurfgeschwindigkeit beim Abwurf.

SPEERWERFEN

Das Speerwerfen ist bei Männern und Frauen die letzte Wurfdisziplin.

Entspannte Haltung
Auf den Langstrecken halten Läufer die Arme entspannter als auf den Sprintdistanzen, da dies hilft, Energie zu sparen.
Lange Schritte
Auch Langstreckenläufer bemühen sich um lange Schritte, um den Kontakt mit der Laufbahn auf ein Minimum zu reduzieren.

MITTELSTRECKENLAUF

Die Mittelstrecke ist bei Männern wie Frauen mit 1500 m bzw. 800 m jeweils die letzte Disziplin.

SPORTLERPROFIL
Die meisten Geher sind groß und von schmaler Statur. Sie absolvieren spezielles Krafttraining für Rücken-, Bauch- und Oberschenkelmuskulatur, benötigen gesunde Füße und vor allem Ausdauer und Durchhaltevermögen.

Geher-Kleidung
Geher tragen lose sitzende Trikots; je nach Wettbewerb auch in Mannschaftsfarben.

Weite Hosen
Die meisten Geher tragen weite Hosen, um ein Wundreiben an Oberschenkeln und Leiste zu vermeiden.

Mehr Schutz
Socken sind nicht erforderlich, werden aber häufig getragen, um Reibung und Blasen zu verhindern.

Gute Kontrolle
Geherschuhe sind leicht und haben dünne Sohlen. Die Fersen sind gut gepolstert. Die Schuhe tragen sich schnell ab und müssen häufig ausgetauscht werden.

ÜBERBLICK

Gehen, oder Sportgehen, hat wenig mit ganz »normalem« Gehen zu tun. Die Athleten wirken, als wollten sie verhindern, ins Laufen zu verfallen. Die Gehtechnik ist kompliziert und erfordert kurze, schnelle Schritte. Die Rennen stellen Ausdauer und Konzentration des Gehers auf die Probe.

GEHEN

STRECKEN

Die meisten Geherwettbewerbe führen über die Straße. Entlang der Wettkampfstrecke überwachen Kampfrichter, dass die Athleten korrekt gehen. Da die Strecke oft aus mehreren Runden besteht, können die Wertungsrichter die Geher mehrfach beobachten.

REGELN

Ein Fuß muss immer Bodenkontakt haben und das Standbein muss voll gestreckt werden. Nachdem der Fuß auf dem Boden aufgesetzt hat, darf das Knie nicht gebeugt werden, bis das Bein hinter den Körper geführt wird. Haben Geher beide Füße in der Luft, wird ein Fußfehler geahndet. Verstöße werden den drei Hauptgehrichtern gemeldet, die mit einer gelben Fahne verwarnen; nach mehreren gelben folgt die rote Fahne. Drei rote Fahnen führen zur Disqualifizierung.

FAKTEN

- Weltklasse-Geher legen 1,6 km in unter sechs Minuten zurück; das entspricht einer Geschwindigkeit von 16 km/h.
- Bei den wichtigsten Wettbewerben gehen Männer zwei Distanzen, 50 km und 20 km, während Frauen nur 20 km gehen.
- Der Geher-Weltcup wird alle zwei Jahre ausgetragen, und zwar immer in geraden Jahren.

SO NAH UND DOCH …

Bei den Olympischen Spielen 2000 in Sydney wurde die führende Australierin Jane Saville 150 m vor dem Ziel disqualifiziert. In Tränen aufgelöst antwortete sie auf die Frage, ob sie etwas brauche: »Ja, eine Pistole, um mich zu erschießen.«

GEORDNETES GEHEN

Sportgehen ist wesentlich anstrengender als normales Gehen. Es ist sogar anstrengender als Laufen, da die weniger effektive Bewegung den Körper stärker fordert. Die Hüften werden beim Gehen stark gekippt und gedreht, um die Schrittlänge zu verlängern. Das hintere Bein steigt hoch auf die Zehen, bevor das vordere Bein mit der Ferse auf den Boden aufsetzt.

Führfuß
Bei um ca. 45 Grad angehobenen Zehen setzt die Ferse zuerst auf.

Schnell
Das Nachziehbein wird für Geschwindigkeit niedrig gehalten.

Kurz
Kurze, schnelle Schritte für Effektivität.

Gebeugtes Knie
Das Knie wird erst hinter der Körperachse wieder gebeugt.

RUHIGER TORSO
Der Oberkörper ist ruhig und hält aufrecht die Balance. Arme und Beine leisten die Arbeit.

FUSS VOR FUSS
Der Vorderfuß muss aufsetzten, bevor der hintere abhebt. Flugphasen gibt es nur im Laufen.

SCHWERPUNKT
Bei jedem einzelnen Schritt schiebt sich der Oberkörper über das Standbein nach vorne.

ARMSCHWUNG
Die Geher nutzen schnelle kräftige Armschwünge, um sich noch schneller voranzuschieben.

ORIENTIERUNGS-LAUF

ÜBERBLICK

Der Orientierungslauf ist ein Geländelauf, bei dem die Teilnehmer mit Karte und Kompass verschiedene Kontrollpunkte (Posten) auf ihnen unbekannten Routen passieren müssen. Der Läufer, der als Erster das Ziel erreicht, gewinnt. Bei Läufen mit vorgegebener Zeit zählen die meisten passierten Posten.

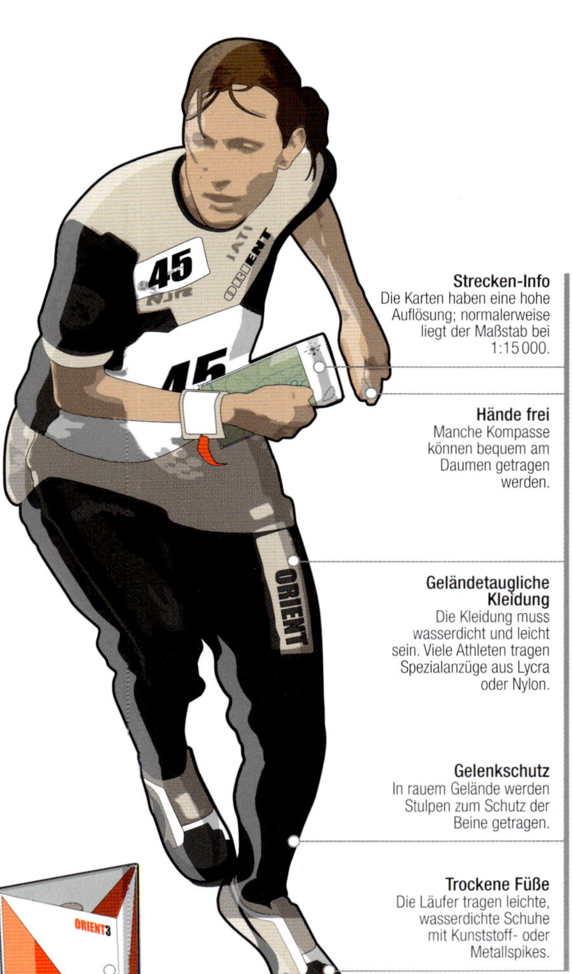

45
ORIENT
Strecken-Info
Die Karten haben eine hohe Auflösung; normalerweise liegt der Maßstab bei 1:15 000.
Hände frei
Manche Kompasse können bequem am Daumen getragen werden.
Geländetaugliche Kleidung
Die Kleidung muss wasserdicht und leicht sein. Viele Athleten tragen Spezialanzüge aus Lycra oder Nylon.
Gelenkschutz
In rauem Gelände werden Stulpen zum Schutz der Beine getragen.
Trockene Füße
Die Läufer tragen leichte, wasserdichte Schuhe mit Kunststoff- oder Metallspikes.
ORIENT3

Kursmarken
Marken in leuchtenden Farben kennzeichnen die Kontrollpunkte.

ÜBERRASCHUNGSMOMENT

Wettkämpfer können ihre Route nicht im Voraus planen. Erst an einem Sammelpunkt kurz vor dem Start wird ihnen die Streckenkarte ausgehändigt. Bei manchen Rennen starten alle Läufer gleichzeitig, bei anderen wird zeitversetzt in Intervallen gestartet.

AUF KURS BLEIBEN

Auf der Orientierungskarte sind markante Punkte ausgewiesen, aber nicht die Strecke dazwischen. Ein Dreieck markiert den Start, ein Doppelkreis das Ziel. Einfache Kreise geben die zu passierenden Kontrollpunkte an. Im Gelände werden sie mit roten oder orangen und weißen Flaggen markiert.

Orientierungs-Sprints können auch in Stadtparks oder anderen städtischen Gebieten durchgeführt werden. Bei Nachtläufen haben die Anlaufpunkte reflektierenden Markierungen und die Läufer tragen Kopfbedeckungen mit Lampen.

AUSRÜSTUNG

Karte und Kompass sind unerlässlich. An Kontrollpunkten zeichnen die Läufer eine Liste ab oder werden per elektronischem Sensor erfasst. Bei Nachtrennen können die Läufer in Notfällen mit einer Pfeife auf sich aufmerksam machen.

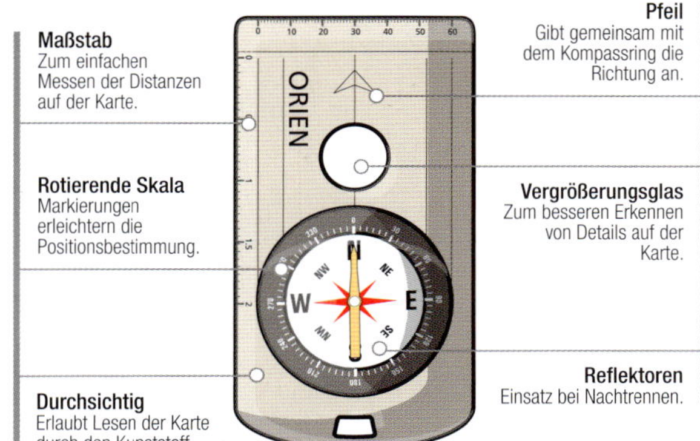

Zum einfachen Messen der Distanzen auf der Karte.
Rotierende Skala
Markierungen erleichtern die Positionsbestimmung.

Erlaubt Lesen der Karte durch den Kunststoff.

Gibt gemeinsam mit dem Kompassring die Richtung an.
Vergrößerungsglas
Zum besseren Erkennen von Details auf der Karte.
Reflektoren

DAS GELÄNDE PRÜFEN

Die Gerade ist zwar die kürzeste Strecke zwischen zwei Punkten, aber nicht unbedingt die schnellste Route. Die Organisatoren sorgen bewusst dafür, dass der direkte Weg zwischen den Posten durch Hindernisse, wie Schluchten und Flüsse, versperrt ist, die es zu umlaufen gilt. Die Läufer nutzen die Karte, um die topografisch günstigste Route zu finden. Kompass und Orientierung an auffälligen Landschaftspunkten helfen bei der Bestimmung der eigenen Position und der einzuschlagenden Richtung.

SPORTLERPROFIL

Gute Orientierungsläufer haben die Ausdauer und Geschwindigkeit eines Langstreckenläufers. Sie brauchen einen guten Orientierungssinn und müssen Karte und Kompass im Laufen lesen können. Darüber hinaus müssen sie mit unterschiedlichsten Geländearten, wie steilem Felsenterrain oder moorigen Pfaden, zurechtkommen.

FAKTEN

- **Bei den Weltmeisterschaften gibt es vier Punkteläufe: Langstrecke (90–100 min. für Männer; 70–80 min. für Frauen; Mittelstrecke (30–35 min.) und Staffel (10–12 min.).**
- **Auch mit Mountainbikes, Skiern u. a. werden Orientierungsrennen absolviert.**

FORMAT

Die meisten professionellen Triathleten treten im olympischen Triathlon oder im Ironman an. Der olympische Wettbewerb besteht aus 1500 m Schwimmen, 40 km Radfahren und 10 km Laufen. Der Ironman ist der ultimative Ausdauertest. Er besteht aus 3,8 km Schwimmen, 180 km Radfahren und einem Vollmarathon (42,2 km).

SCHWIMMEN

Geschwommen wird in See, Fluss oder Meer. Die Schwimmer starten entweder gemeinsam oder in kleinen Gruppen mit einigen Sekunden Abstand. Jeder Stil ist erlaubt, aber meist wird gekrault. In kaltem Wasser sind Neoprenanzüge Pflicht.

LAUFEN

Der Lauf kann über die Straße oder querfeldein führen, über flaches oder hügeliges Gelände. Stationen versorgen die Läufer in regelmäßigen Abständen mit Wasser und isotonischen Getränken.

RADFAHREN

Gefahren wird auf der Straße mit Start und Ziel in der Wechselzone. Bei olympischen Rennen dürfen die Profis in Gruppen fahren und den Windschatten ausnutzen. Beim Ironman müssen die Sportler allein fahren.

WECHSEL

Um einen reibungslosen Ablauf zu gewährleisten, überprüfen die Sportler die Wechselzone im Vorfeld und üben das Ausziehen des Neoprenanzugs im Laufen und das Aufsitzen mit am Rad befestigten Schuhen.

Schwimmkappe
Dient in erster Linie der Identifizierung, aber in kaltem Wasser schützen Neoprenkappe und -anzug vor dem Auskühlen.

Einteiliger Anzug
Die Sportler können einen einteiligen Anzug oder Trikot und Shorts tragen.

Messelektronik
Ein Elektronikchip am Fußgelenk erlaubt die exakte Zeitmessung aller Sportler.

Karbon-Fahrrad
Profis verwenden aerodynamische Zeitfahrräder mit starken und gleichzeitig leichten Kohlefaserrahmen.

SPORTLERPROFIL

Hier zählen Ausdauer, Schnelligkeit, physische und mentale Stärke, technisches Können und die Fähigkeit, locker von einer Disziplin in die nächste zu wechseln. Das Training eines Ironman-Profis erfordert rund 30 Stunden pro Woche. Die Profis erreichen ihre Spitzenform meist zwischen Ende 20 und Anfang 30.

ALOHA HAWAII

Der 1978 erstmals abgehaltene Hawaii Ironman ist für seine Härte berühmt. Die Athleten müssen sich hier schwerem Gelände, starkem Wind und sengender Hitze stellen.

FAKTEN

- **Die International Triathlon Union (ITU) organisiert jedes Jahr eine Reihe von WM-Veranstaltungen.**
- **Der Triathlon wurde 2000 in Sydney olympisch. Es gibt Wettbewerbe für Männer und für Frauen.**
- **Der London Triathlon ist mit mehr als 8000 Sportlern, die in den Docklands im Osten der Stadt schwimmen, Rad fahren und laufen, die größte Veranstaltung.**
- **Die World Triathlon Corporation organisiert die Ironman Triathlon World Championship. Die in aller Welt stattfindenden Ironman-Wettbewerbe ermöglichen die Qualifikation für das große Rennen: den Ironman Hawaii.**

TRIATHLON

ÜBERBLICK

Der Triathlon ist ein Ausdauerwettbewerb aus drei Disziplinen: Schwimmen, gefolgt von Radfahren und Laufen. Die Zeit wird vom Schwimmstart bis zum Ende des Laufs gemessen und die Teilnehmer wechseln ohne Unterbrechung von einem Sport zum nächsten. Ein schneller Wechsel reduziert die Zeit, sodass Triathleten die beiden Wechsel oft als vierte Disziplin ansehen. Die Standarddistanz für internationale Triathleten ist der olympische Triathlon, aber die Formate reichen von kurzen Sprints bis zu ausgedehnten Ironman-Wettbewerben. Der seit 1978 jährlich stattfindende Ironman Hawaii ist der wichtigste Termin im Triathlon-Kalender.

ÜBERBLICK

Der moderne Fünfkampf ist die Kombination von fünf Wettkämpfen an einem Tag: Schießen, Fechten, Schwimmen, Springreiten und Geländelauf. Erfinder ist Pierre de Coubertin, der Begründer der Olympischen Spiele der Neuzeit, der den Fünfkampf als Maßstab für den »kompletten Athleten« sah. Männer und Frauen erhalten Punkte für ihre Leistungen in jedem der ersten vier Wettkämpfe. Diese bestimmen die Startreihenfolge beim Lauf. Der Sieger im Laufen ist der Gesamtsieger.

FAKTEN

- Der moderne Fünfkampf stellt unterschiedliche Anforderungen an den Sportler. Beim Fechten und Schießen sind vor allem Reaktions- und Konzentrationsfähigkeit gefragt. Laufen und Schwimmen erfordern beispielsweise Ausdauer.
- Frauen durften erstmals bei den olympischen Spielen in Sydney im Jahr 2000 antreten.

MODERNER FÜNFKAMPF

REGELN

Grundsätzlich gelten für die fünf Sportarten die gleichen Regeln wie in den jeweiligen Einzelwettbewerben. Allerdings werden die Pferde für das Springreiten ausgelost. Die Reiter haben nur 20 Minuten und bis zu fünf Testsprünge, um das Tier kennenzulernen. Außerdem wird der Geländelauf gestaffelt gestartet.

SCHIESSEN

Geschossen wird über eine Distanz von 10 m. Die Sportler geben 20 Schüsse mit einer 4,5-mm-Luftpistole auf eine 15,5 cm große Zielscheibe mit zehn Ringen ab, wobei das Schwarze in der Mitte den höchsten Wert hat. Punkte werden je nach Nähe der Treffer zur Mitte vergeben.

FECHTEN

Der Fechtwettbewerb wird mit Degen auf der Standard-Planche abgehalten. Die Sportler kämpfen der Reihe nach gegeneinander in einminütigen Gefechten. Der erste Treffer entscheidet. Kann keiner einen Treffer setzen, verlieren beide. Sportler, die 70 % ihrer Kämpfe gewinnen, erhalten 1000 Punkte.

Nur einhändig Die Pistolenhand darf unter keinen Umständen mit der anderen Hand gestützt werden.

Augenschutz Schießbrillen schützen die Augen.

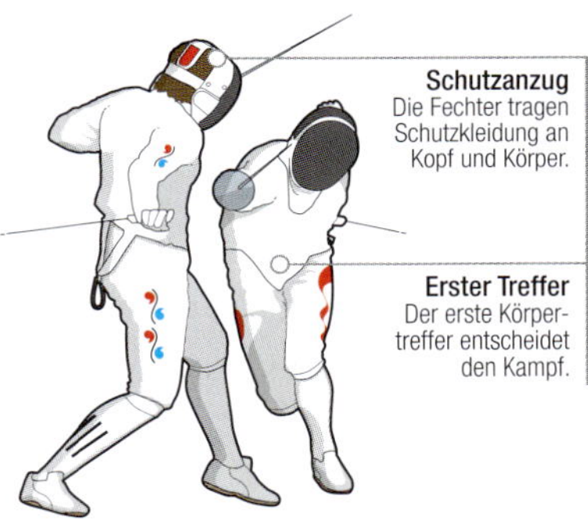

Schutzanzug Die Fechter tragen Schutzkleidung an Kopf und Körper.

Erster Treffer Der erste Körpertreffer entscheidet den Kampf.

SPORTLERPROFIL

Fünfkämpfer müssen sehr vielseitig sein. Ältere Sportler sind erfolgreicher in den technischen Disziplinen Schießen, Fechten und Reiten. Jüngere Athleten gewinnen meist beim Schwimmen und Laufen. Spitzen-Fünfkämpfer sind in der Regel über 28 Jahre alt.

SCHWIMMEN

Geschwommen wird im normalen Olympia-Becken. Die Fünfkämpfer schwimmen über 200 m Freistil gegen die Zeit, nicht gegeneinander. Männer erhalten bei einer Zeit von 2 Minuten und 30 Sekunden 1000 Punkte, für Frauen liegt die entsprechende Zeit bei 2 Minuten, 40 Sekunden.

SPRINGREITEN

Der Reitparcours ist zwischen 350 und 400 m lang, mit bis zu 1,2 m hohen Hindernissen. Die Reiter haben 20 Minuten Zeit, sich an ihr Pferd zu gewöhnen, bevor sie gegen ein Zeitlimit einen Parcours mit zwölf Hindernissen bewältigen müssen. Beginnend bei 1200 Punkten, gibt es Abzüge für Fehler und Verzögerungen.

GELÄNDELAUF

Der Lauf führt über 3000 m, querfeldein oder auf der Straße. Der maximale Anstieg beträgt 50 m. Der Gesamtführende nach dem letzten Wettkampf – dem Reiten – startet als Erster, die anderen folgen entsprechend ihrer Platzierung. Der Sieger des Laufs ist auch der Gesamtsieger.

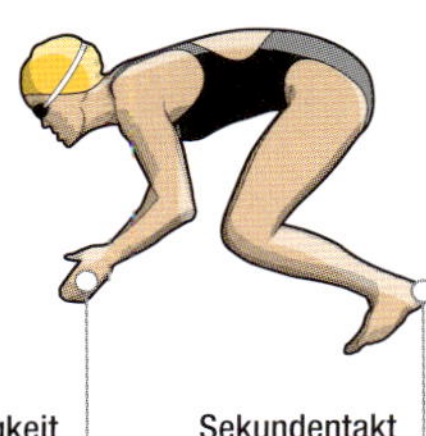

Schnelligkeit Gute Schwimmleistungen gelten oft als Voraussetzung für die Teilnahme am modernen Fünfkampf.

Sekundentakt Für jede Sekunde, die er unter der Richtzeit bleibt, erhält der Schwimmer zehn Punkte.

Risiko Das unbekannte Pferd ist ein unberechenbares Element beim Fünfkampf.

Drüber Reiter verlieren für das Reißen eines Hindernisses 28 Punkte.

Laufender Höhepunkt Ein gestaffelter Start ermöglicht einen spannenden Schlusskampf.

Punktabzüge Startet ein Läufer vor der zugewiesenen Zeit, werden ihm 40 Punkte abgezogen.

TURNEN
UND
KRAFTSPORT

02

GERÄTETURNEN

ÜBERBLICK

Beim Turnen gibt es verschiedene Disziplinen für Frauen und Männer. Die Sportler können an Einzel- und Mannschaftswettkämpfen, in Einzeldisziplinen oder am Gesamtwettkampf teilnehmen. Turnen lässt sich grob in drei Bereiche einteilen: Kunst- oder Geräteturnen, Rhythmische Sportgymnastik und Trampolinturnen. Die Rhythmische Sportgymnastik ist eine reine Frauendisziplin. Kunstturnen besteht für Männer aus den Disziplinen Boden, Pauschenpferd, Ringe, Sprung, Barren und Reck, für Frauen aus Sprung, Stufenbarren, Schwebebalken und Boden.

ÜBER DEM BALKEN SCHWEBEND

Als erste Turnerin mit Salto am Schwebebalken machte die sowjetische Athletin Olga Korbut sich und ihren Sport bei den Spielen 1972 in München berühmt. Sie revolutionierte das Frauenturnen mit ihrem explosiven und technischen Stil.

CODE DE POINTAGE

Das offizielle Wertungssystem wurde 2006 nach Protesten wegen uneinheitlicher Wertung bei den olympischen Spielen 2004 überarbeitet. Kritiker bemängeln, die neue Wertung bevorzuge die Technik auf Kosten des künstlerischen Ausdrucks und die begehrte 10,0 sei praktisch unerreichbar.

Geräte-Anzeigetafel
Diese Anzeigetafel gibt die Wertung des derzeitigen Turners am Gerät an.

Bodenturnen
Die Matte für Bodenturnen ist 12 m x 12 m groß. Der Mattenbereich für die Rhythmische Sportgymnastik ist etwas größer.

Erhöhter Turnboden
Turngeräte und Matten liegen auf dem erhöhten Podium. Normalerweise dürfen nur die gerade im Wettkampf befindlichen Turner das Podium betreten.

Seitpferd (auch Pauschenpferd)
Seitpferd und Pauschen (Griffe) müssen so beschaffen sein, dass der Turner darübergleiten kann ohne abzurutschen.

Reck
Der 2,40 m lange Querholm des Recks spannt sich in 2,80 m Höhe über dem Boden zwischen zwei senkrechten Stützen.

Stufenbarren
Der Stufenbarren wird nur von den Frauen geturnt. Seine Holme liegen 1,60 m auseinander und haben einen Höhenunterschied von 80 cm.

Anlaufbahn für den Sprung
Auf dieser 25 m langen und 1 m breiten Bahn nehmen die Turner Anlauf zum Sprung.

KAMPFRICHTER

Bei hochrangigen Geräteturnwettkämpfen gibt es ein Kampfgericht pro Gerät. Es ist in ein A-Kampfgericht aus zwei Kampfrichtern und ein B-Kampfgericht aus sechs Kampfrichtern unterteilt. Bei einigen Disziplinen sind zusätzliche Spezialrichter erforderlich, wie etwa die Linienrichter beim Bodenturnen. Um einen uneingeschränkten Blick zu haben, sitzen die A-Kampfrichter direkt vor dem Gerät, die B-Kampfrichter sitzen links der Kampfrichter der A-Jury im Uhrzeigersinn um das Gerät verteilt.

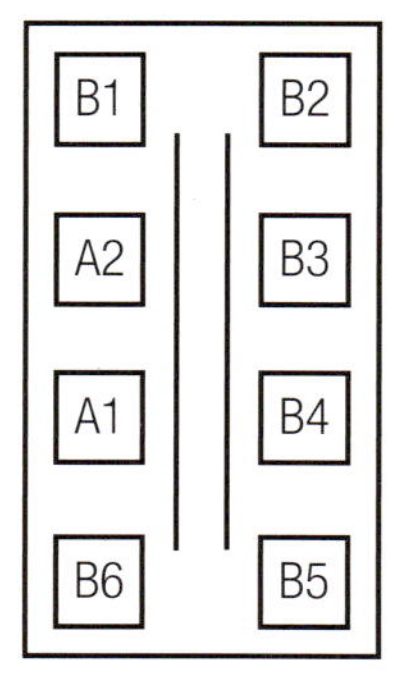

SPORTLERPROFIL

Je nach Spezialdisziplin sind Turner und Turnerinnen höchst unterschiedlich gebaut. Die von den Männern geturnten Ringe erfordern beispielsweise enorme Kraft im Oberkörper, während die Rhythmische Sportgymnastik bei den Frauen Beweglichkeit und Körperbeherrschung verlangt. Allgemein benötigen Turner und Turnerinnen ausgezeichnete Balance und extreme Körperkraft, was besonders bei den zierlichen Figuren vieler Turnerinnen beeindruckend wirkt.

DIE HALLE DER GERÄTETURNER

Die Halle für Geräteturnwettbewerbe ist so aufgebaut, dass mehrere Wettkämpfe gleichzeitig stattfinden können. So können z. B. parallel die Männer am Barren und die Frauen am Schwebebalken turnen, da die Geräte an verschiedenen Enden des Podiums aufgebaut sind. Bei großen Turnieren können die Disziplinen auch auf mehrere Tage verteilt werden, wie bei den Olympischen Spielen 2004 in Athen, wo die Rhythmische Sportgymnastik sogar über eine eigene Halle verfügte.

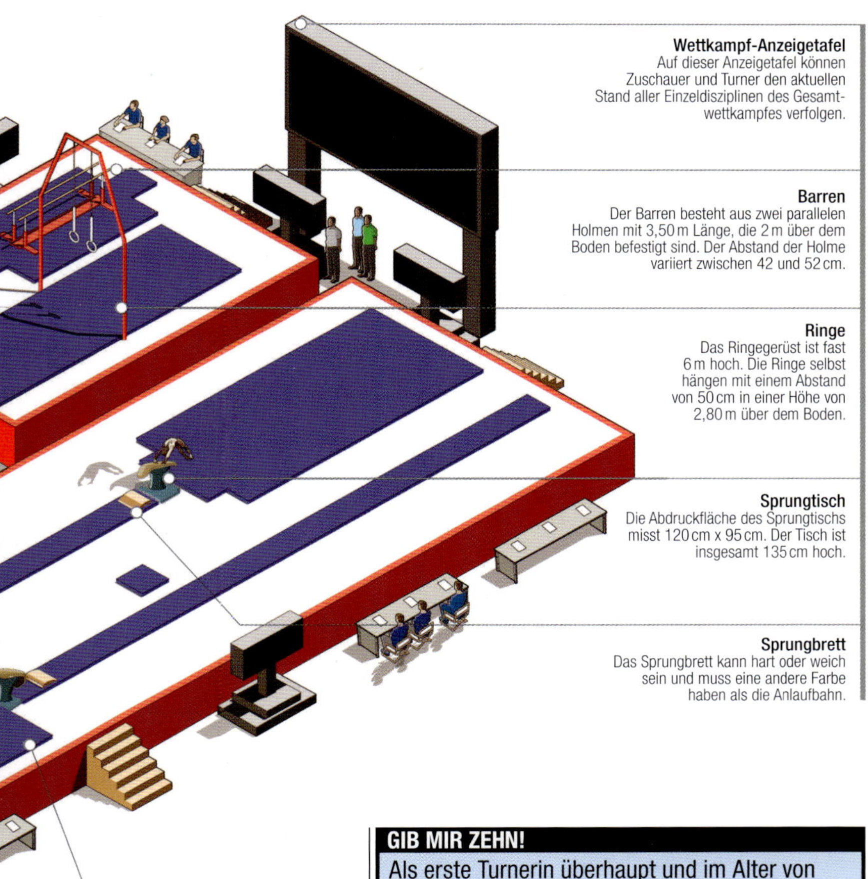

Wettkampf-Anzeigetafel
Auf dieser Anzeigetafel können Zuschauer und Turner den aktuellen Stand aller Einzeldisziplinen des Gesamtwettkampfes verfolgen.

Barren
Der Barren besteht aus zwei parallelen Holmen mit 3,50 m Länge, die 2 m über dem Boden befestigt sind. Der Abstand der Holme variiert zwischen 42 und 52 cm.

Ringe
Das Ringegerüst ist fast 6 m hoch. Die Ringe selbst hängen mit einem Abstand von 50 cm in einer Höhe von 2,80 m über dem Boden.

Sprungtisch
Die Abdruckfläche des Sprungtischs misst 120 cm x 95 cm. Der Tisch ist insgesamt 135 cm hoch.

Sprungbrett
Das Sprungbrett kann hart oder weich sein und muss eine andere Farbe haben als die Anlaufbahn.

Matten
Ein wichtiger Teil der Sicherheitsvorkehrungen sind die 10 cm dicken Bodenmatten. Die Matten um Seitpferd, Stufenbarren, Reck und Ringe bieten mit 20 cm Dicke noch zusätzliche Sicherheit.

GIB MIR ZEHN!

Als erste Turnerin überhaupt und im Alter von nur 14 Jahren erreichte Nadia Comaneci aus Rumänien bei den Olympischen Spielen in Montreal 1976 die begehrte 10,0. Aber mit diesem Rekord gab sie sich nicht zufrieden. In ihrer einzigartigen Karriere sicherte sie sich insgesamt fünf olympische Goldmedaillen.

INSIDER-STORY

Sowohl als Fitnesstraining, als auch als Wettkampfsport hat das Turnen eine lange Tradition. Die Griechen in der Antike vollführten ihre Übungen allerdings nackt. Die Entwicklung von Spezialkleidung und -ausrüstung geht auf das 18. Jh. zurück, als Deutschland das Turnen als Training für die Armee einsetzte. Bald war es auch bei Zivilisten sehr beliebt und wurde von anderen Ländern aufgegriffen.

INTERNATIONALER DACHVERBAND

Die Fédération Eurpéenne de Gymnastique (FEG) wurde 1881 gegründet und 1921 in die Fédération Internationale de Gymnastique (FIG) umgewandelt, nachdem auch nichteuropäische Länder aufgenommen wurden. Turnwettbewerbe waren Teil der ersten Olympischen Spiele der Neuzeit 1896, Frauenwettbewerbe kamen aber erst 1928 hinzu.

STATISTIK

OLYMPISCHER MEDAILLENSPIEGEL

EINZELMEHRKAMPF (MÄNNER)

LAND	ANZAHL
UDSSR	15
JAPAN	14
FRANKREICH	8
SCHWEIZ	6
ITALIEN	5

MANNSCHAFTSTURNEN (MÄNNER)

LAND	ANZAHL
JAPAN	12
UDSSR	9
USA	7
FINNLAND	5
ITALIEN	5

EINZELMEHRKAMPF (FRAUEN)

LAND	ANZAHL
UDSSR	18
RUMÄNIEN	11
USA	6
RUSSLAND	3
TSCHECHOSLOWAKEI	2

MANNSCHAFTSTURNEN (FRAUEN)

LAND	ANZAHL
RUMÄNIEN	12
UDSSR	9
USA	8
TSCHECHOSLOWAKEI	6
UNGARN	5

RHYTHM. SPORTGYM. (TEAM)

LAND	ANZAHL
RUSSLAND	5
WEISSRUSSLAND	3
BULGARIEN	2
ITALIEN	2
CHINA	1

RHYTHM. SPORTGYM. (EINZEL)

LAND	ANZAHL
RUSSLAND	8
UKRAINE	4
WEISSRUSSLAND	3
EUN	2
UDSSR	2

FAKTEN

- Das Bodenturnen gilt allgemein als die Disziplin im Kunstturnen, bei der der Turner seine ganz persönliche künstlerische Note am besten zum Ausdruck bringen kann – das gilt vor allem für das Frauenturnen, bei dem Tanzelemente wichtig sind.
- Schon seit 1896 ist das Turnen olympisch. Bodenturnen kam bei den Männern erstmals 1936 hinzu, als Frauendisziplin ist es seit 1952 bei Olympia vertreten.
- Einige Nationalmannschaften engagieren für das Bodenturnen spezielle Choreographen und Trainer.

DER BODEN

Die Bodenturnübungen werden auf einer quadratischen Bodenmatte ausgeführt. Der Turnbereich ist auf allen vier Seiten durch eine weiße Linie begrenzt. Auf den meisten Podien ist die Matte rundum mindestens einen Meter breiter als das eigentliche Turnfeld, um Verletzungen vorzubeugen. Ein Übertreten der Linie wird mit einem Punktabzug geahndet.

Kampfrichter
Sechs Wertungsrichter beurteilen die Übungen. Zudem gibt es zwei Technik-Richter und einen Oberkampfrichter, der alle Richter überwacht.

Im Zentrum der Aufmerksamkeit
Der Turner oder die Turnerin führt ein zuvor einstudiertes Programm aus Überschlägen, Sprüngen und Drehungen vor.

Weicher, federnder Untergrund
Die Bodenmatte besteht aus Schaumstoff, das Podium darunter ist aus Sperrholz, wodurch der Untergrund federt. Diese Federung nutzt der Turner, um seinen Sprungbahnen Höhe und Schwung zu geben.

BODEN-TURNEN

ÜBERBLICK

Das Bodenturnen ist eine der vier Disziplinen im Kunstturnen der Damen und eine der sechs Disziplinen im Herrenprogramm. Es zählt mit zu den beliebtesten Wettkämpfen, da den Zuschauern höchste Körperbeherrschung und Sprungkraft auf engstem Raum geboten wird. Die Turner führen auf der quadratischen Bodenmatte einstudierte Programme vor und werden sowohl für den technischen Schwierigkeitsgrad wie auch für künstlerischen Ausdruck benotet. Die Turner müssen innerhalb einer Übung die gesamte Matte nutzen, und ihre Sprungbahnen führen häufig über die gesamte Länge der Diagonalen.

MÄNNER UND FRAUEN

Die Übungen für Männer und Frauen sind in weiten Teilen sehr ähnlich, unterscheiden sich aber in einem wichtigen Detail: Die Frauen vollführen Akrobatik-, Sprung-, Dreh- und Tanzelemente, während bei den Männern neben Akrobatik und Sprüngen eher die Kraftelemente gefragt sind. Zur Verdeutlichung der physischen Kraft enthalten die Übungen der Männer meist mehrere Stützfiguren, wie den Spitzwinkelstütz (siehe rechts), bei denen der Körper auf die Hände gestützt und gehalten wird.

PURE KRAFT
Dieser Turner vollführt einen Spitzwinkelstütz, bei dem die Beine geschlossen gestreckt werden und der Körper auf den Händen ruht.

Symmetriepunkte
Bei solchen Positionen müssen die Turner ihre Füße geschlossen und gestreckt halten.

Kopfgesteuert
Bei fast allen Turnübungen ist die Kopfhaltung ausgesprochen wichtig, um die Balance zu halten.

Muskelkraft
Turner müssen gleichzeitig sehr stark und extrem beweglich sein.

Man trägt kurz
Bodenturner tragen kurze Hosen, damit sie sich frei bewegen können und damit die Kampfrichter die Beinarbeit beurteilen können.

Weiße Hände
Die Turner reiben ihre Hände vor der Übung mit Magnesia ein, um einen sicheren Griff am Boden zu haben.

MATTE FREI FÜR BODENTURNER

Die Bodenprogramme der Frauen sind maximal 90 Sekunden lang und werden zu Musik (ausschließlich instrumental) geturnt. Die Übungen der männlichen Bodenturner dauern maximal 70 Sekunden und werden ohne Musikbegleitung gezeigt. Bei den Übungen muss die gesamte Matte genutzt werden, ohne die weiße Randlinie zu übertreten. Jede Übung muss drei oder vier Sprungbahnen enthalten. Die Athleten müssen Akrobatik und Kraft (Männer) bzw. tänzerisches Können (Frauen) beweisen.

DIE BEGEHRTE 10,0

Für Bodenübungen werden maximal bis zu 10 Punkte vergeben, obwohl die Höchstnote 10,0 sehr selten ist. Es gibt zwei Gruppen von Wertungsrichtern: Eine Gruppe bewertet den Schwierigkeitsgrad, die andere die technische Ausführung. Jede Bodenübung muss bestimmte Pflichtelemente enthalten (wie etwa den Salto rückwärts) und erhält einen variablen Grundwert aufgrund ihres allgemeinen Schwierigkeitsgrades. Jedes Einzelelement hat ebenfalls einen festgesetzten Schwierigkeitsgrad zwischen A (einfachster Grad) und G. Turnern, die alle Pflichtelemente erfolgreich zeigen, können Bonuspunkte zugesprochen werden. Allerdings wird auch jedes kleine Wackeln oder eine unsaubere Haltung mit Punktabzug bestraft.

GEWUSST?

3 **Rekordanzahl von Olympiasiegen am Boden. Drei Mal in Folge gewann die sowjetische Turnerin Larissa Latynina: 1956, 1960 und 1964.**

5 **Für so viele Jahre wurde die rumänische Doppel-Olympiasiegerin Lavinia Milosovici 2002 gesperrt, weil sie »oben ohne« für ein japanisches Modemagazin posiert hatte.**

15 **Als erfolgreichster Sportler bei den Olympischen Spielen konnte der russische Turner Nikolai Andrianow insgesamt sieben Mal Gold, fünf Mal Silber und drei Mal Bronze holen. Am Boden gewann er zwei der Goldmedaillen (1972 in München und 1976 in Montreal) sowie eine Bronzemedaille 1980 in Moskau. Erst 2008 brach Michael Phelps seinen Rekord mit insgesamt 22 Goldmedaillen.**

BEEINDRUCKENDE LEISTUNGEN

Bodenübungen mit hohem Schwierigkeitsgrad enthalten beeindruckende Akrobatikelemente. Die Sprungbahnen, die aus einer dynamischen Kombination von Drehungen, Überschlägen, Sprüngen und Salti bestehen, müssen ohne Unterbrechung durchgeturnt werden. Zu den Pflichtelementen gehören eine 560-Grad-Drehung, Überschläge vorwärts wie rückwärts und ein Doppelsalto. Frauen dürfen bei der Landung am Ende einer Sprungbahn einen Ausfallschritt machen, die Männer müssen mit geschlossenen Füßen landen.

KOSMOPOLITISCHER SOWJETSTERN

Die sowjetische Turnerin Nellie Kim gewann 1976 die Goldmedaille am Boden für die UdSSR. Sie ist Halbkoreanerin und Halbtatarin, wurde in Tadschikistan geboren und trainierte in Kasachstan.

Rumpf-Drehkraft Der Schwung beim Flickflack kommt aus der unteren Rückenmuskulatur; aber auch korrekte Kopfhaltung ist wichtig.

HANDSTANDÜBERSCHLAG

Bei diesem Element beginnt der Turner aus dem Stand, springt rückwärts auf die Hände und stößt sich von den Händen wieder ab in die Senkrechte. Dies wird als Flickflack bezeichnet und ist ein häufig in Sprungbahnen vorkommendes Element.

Wie ein Stern Die Arme müssen gleichzeitig gehoben und gesenkt werden.

SPAGATSPRUNG

Ziel ist es, die Beine in der Luft zum Spagat zu grätschen, sodass sie parallel zum Boden sind. Extra-Punkte werden vergeben, wenn die Arme sich parallel bewegen. Die Landung sollte grazil sein und nahtlos in das nächste Element übergehen.

Winkelpose Unterkörper und Beine scheinen abwärts gerichtet, während die Arme nach oben und außen gestreckt sind.

SO BLEIBEN, BITTE!

Hauptziel einer Bodenübung ist zwar eine fließende und ästhetisch ansprechende Bewegungsabfolge, aber dennoch sollen die Turner in bestimmten Posen verharren. Sie werden zwar nur kurz gehalten, ihre künstlerische Ausführung wird aber genau bewertet.

DOPPELSALTO RÜCKWÄRTS

Der Doppelsalto rückwärts ist eines der Pflichtelemente am Boden. Die hier gezeigte Turnerin führt einen gebückten Salto vor, bei dem die Beine geschlossen nah am Körper gehalten werden.

Absprung Zuerst erfolgt das Aufrichten auf die Zehenspitzen mit gestreckten Armen, dann folgt der erste Überschlag.

Rechter Winkel Auf dem Weg zurück in den Stand sind die Beine im 90-Grad-Winkel angewinkelt.

Höheres Ziel Beim Absprung zum ersten Salto strebt die Turnerin nach größtmöglicher Sprunghöhe.

Hände abwärts Beim zweiten Überschlag senkt die Turnerin die Arme parallel nach hinten ab.

Angeklappt Mit den Händen hinter den Knien überschlägt die Turnerin sich noch einmal.

Spitzer Winkel Auf dem höchsten Punkt führt die Turnerin die Beine nah am Oberkörper.

Vorbereitung Zur Vorbereitung der Landung werden die Hände an die Seiten der Oberschenkel geführt.

Sichere Landung Zur Vollendung der Übung muss die Turnerin mit hoch gestreckten Armen vollkommen still stehen (kein Ausfallschritt erlaubt).

FAKTEN

- Nach 50 Jahren osteuropäischer Dominanz kommen Olympiasieger heute auch wieder aus dem Westen. Bei den Spielen 2004 holte die Französin Emilie Lepennec Gold am Stufenbarren und der Italiener Igor Cassina siegte am Reck.
- Die herausragende Nation bei den Turn-Weltmeisterschaften 2011 war China.

HANDSCHUTZ-MANSCHETTEN
Um sich vor Abschürfungen und Blasen zu schützen, tragen die Turner an den Holmen meist Manschetten. Sie werden am Handgelenk befestigt und haben einen verstellbaren oberen Teil, der die Handfläche bedeckt und durch den zwei oder mehr Finger gesteckt werden.

Fingerlöcher Der Handschutz hat normalerweise zwei oder drei Fingerlöcher.
Gelenkbänder Sie werden an den Handgelenken befestigt.
Enger Sitz Die Männer tragen Anzüge und lange Turnhosen mit elastischen Fußbändern. Sie tragen Kunstturnschuhe oder turnen barfuß.
Oberkörper Beim Turnen an den Holmen wird die Schultermuskulatur wesentlich stärker beansprucht, als der übrige Körper.
Fester Griff Viele Turner reiben ihre Hände vor der Übung mit Magnesia ein, um einen festeren und sichereren Griff zu haben.

RECK UND BARREN

ÜBERBLICK

Die drei Geräte mit Holmen – Reck, Barren und Stufenbarren – erfordern ein Höchstmaß an Körperbeherrschung, Kraft und Technik. Reck und Barren (auch Parallel-Barren) werden von den Männern geturnt, während der Stufenbarren (asymmetrischer Barren) ausschließlich ein Frauengerät ist.

TURNGERÄTE

Die Holmengeräte stehen auf dem Podium genannten erhöhten Turnboden. Die Landebereiche sind mit speziellen Landematten ausgelegt. Alle Geräte müssen den vom Internationalen Turnverband festgelegten Spezifikationen entsprechen. Dank moderner Materialien werden die Geräte immer flexibler, was noch schwungvollere Übungen erlaubt.

BARREN
Die Holme des Barrens bestehen aus Holz oder Kunststoff oder einem Verbundstoff aus beiden Materialien. Sie sollten Feuchtigkeit absorbieren, damit sie nicht rutschig werden. Das Gestell besteht meist aus stark belastbaren Materialien, wie Eisen oder Stahl, und muss stabil sein. Höhe und Breite sind je nach Altersklasse anpassbar.

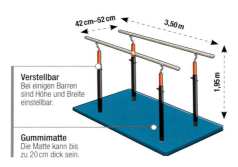

42 cm–52 cm
3,50 m
1,95 m

Verstellbar
Bei einigen Barren sind Höhe und Breite einstellbar.

Gummimatte
Die Matte kann bis zu 20 cm dick sein.

RECK
Das Reck besteht aus im höchsten Maß zugbelastbarem Stahl und hat eine Bodenplatte, um die bei den Übungen auftretenden Kräfte zu verteilen. Einige Recks sind zusätzlich durch vier Zugseile im Boden verankert.

2,40 m
2,78 m

Stützen
Die Stützen können verstellbar sein, um die Höhe des Recks einzustellen.

Schutzmatte
Zum Schutz liegen Matten rund um das Reck.

STUFENBARREN
Die Holme des Stufenbarrens bestehen aus Holz, Kunststoff und verschiedenen Verbundstoffen und müssen Flüssigkeit absorbieren, damit sie nicht rutschig werden. Der Rahmen besteht aus Stahl oder anderem Metall. Die Stützen sind teils noch mit Spanndrähten gesichert.

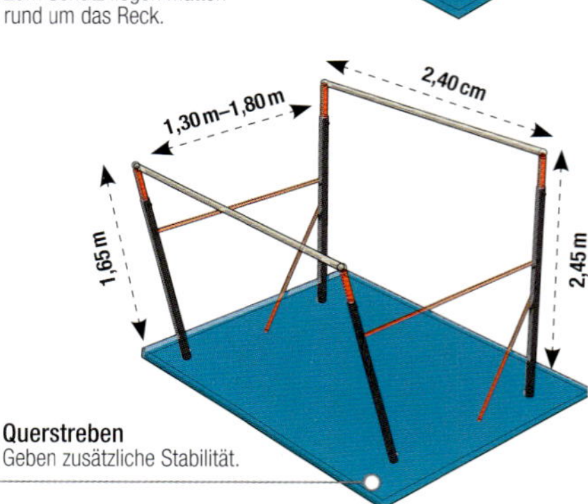

Geben zusätzliche Stabilität.

ALLES MIT SCHWUNG

Am Reck kombinieren Turner verschiedene gehaltene Positionen mit spektakulären Schwüngen und Drehungen. Am Barren sind mindestens elf verschiedene Elemente gefordert, zu denen Schwünge, Drehungen, Kraft- und Flugelemente zählen. Am Stufenbarren müssen die Turnerinnen Übungen aus fünf Gruppen zeigen, zu denen Flugelemente wie auch Holmwechsel gehören. Die Turnerinnen müssen ihre Übung flüssig durchturnen und die Handstandelemente halten.

RECK

Die Turner dürfen den Holm nicht mit dem Körper berühren. Die Übungen sollen Vorwärts- wie Rückwärtsschwünge in gleichmäßiger Bewegung über und unter dem Holm, sowie verschiedene Griffwechsel beinhalten. Darüber hinaus werden zahlreiche Flugelemente verlangt.

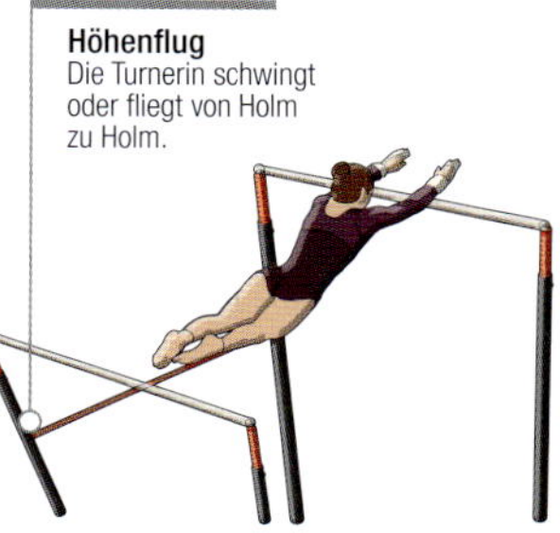

Fester Griff Bei Flugelementen, wichtigen Teilen jeder Reckübung, löst der Turner sich vom Holm und greift dann wieder zu.

STUFENBARREN

Nach ein paar Auftaktschwüngen vollführen die Turnerinnen verschiedene Bewegungsgruppen über und unter den Holmen. Jede Übung sollte Drehungen, Überschläge und Flugelemente mit Griffwechseln enthalten. Die Flugphasen zwischen den Holmen sollten so hoch und so dynamisch wie möglich ausgeführt werden.

Höhenflug Die Turnerin schwingt oder fliegt von Holm zu Holm.

BARREN

Am Barren müssen die Turner eine Kombination aus Schwung- und Kraftelementen vorführen. Sie müssen dabei die Holme in voller Länge nutzen und über wie unter den Holmen turnen. Für Salti und andere besonders schwierige Elemente werden von den Kampfrichtern Zusatzpunkte vergeben.

Und halt! Die Turnübung muss auch Kraftelemente auf einem Holm enthalten.

DIE MACHT DES VOLKES

Als der Russe Alexei Nemow für seine Reckübung bei den Olympischen Spielen 2004 in Athen nur 9,725 Punkte erhielt, protestierte die Halle lautstark und zwang die Jury zur erneuten Beratung. Auch nach Erhöhung der Punktzahl auf 9,762 riss der Protest nicht ab. Erst als Nemow das Publikum um Ruhe bat, konnte der Wettkampf weitergehen.

WETTKAMPFORDNUNG

Die Holmengeräte gehören zum Pflichtprogramm jedes Turnwettbewerbs (siehe S. 80–81) und haben bei internationalen Turnieren eine bestimmte feste Reihenfolge. Nach Boden, Pauschenpferd, Ringen und Sprung müssen die Männer noch am Barren und am Reck turnen. Bei den Frauen ist der Stufenbarren eines von vier Pflichtgeräten, die in der Reihenfolge Sprung, Stufenbarren, Schwebebalken und Boden geturnt werden. Es werden Einzel- und Mannschaftswettbewerbe ausgetragen.

EINDEUTIG ZU GEWAGT

Bei den Olympischen Spielen 1972 in München erschreckte die sowjetische Turnerin Olga Korbut die Jury, als sie rückwärts aus dem Stand vom oberen Holm absprang, um ihn aus dem Flug wieder zu greifen. Der Internationale Dachverband erklärte dieses Element für zu gewagt und verbot es.

PUNKTEWERTUNG

Bei allen Holmdisziplinen vergeben die Kampfrichter laut der Regeln des Internationalen Turnverbandes Punkte in vier Kategorien: Schwierigkeitsgrad, Form, Technik und Zusammenstellung. Technikfehler, Haltungsfehler, Stürze, Pausen und »leere« Schwünge, die Bewegungsabfolgen unterbrechen, werden mit Punktabzug geahndet. Bei hochrangigen Turnieren gibt es mindestens vier Richter pro Gerät.

STRAHLENDER ABGANG

Alle Turner streben nach einem kontrollierten und akrobatischen Abgang, bei dem sie vollkommen sicher und ruhig stehend auf beiden Füßen landen. Ein Ausfallschritt, um die Balance zu halten, wird praktisch immer mit Punktabzug bestraft. Beim Abgang vom Reck führen die Turner meist eine aus spektakulären Drehungen und Spiralen bestehende hohe Flugphase vor, bevor sie auf der Matte landen.

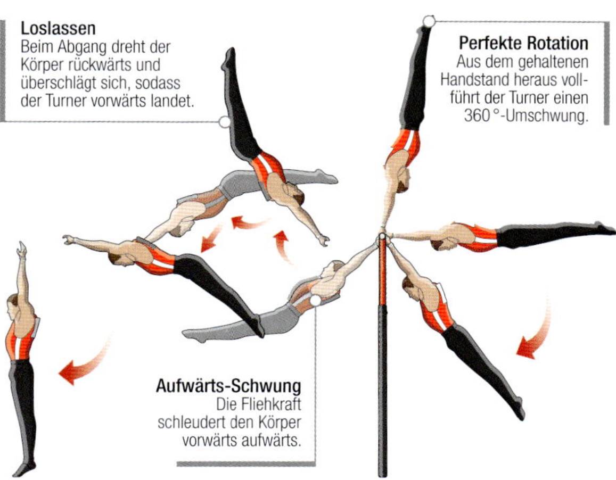

Loslassen Beim Abgang dreht der Körper rückwärts und überschlägt sich, sodass der Turner vorwärts landet.

Perfekte Rotation Aus dem gehaltenen Handstand heraus vollführt der Turner einen 360°-Umschwung.

Aufwärts-Schwung Die Fliehkraft schleudert den Körper vorwärts aufwärts.

GEWUSST?

1,65 So groß ist die Russin Swetlana Chorkina, der man sagte, sie sei zu groß, um als Turnerin erfolgreich sein zu können.

6 Die Anzahl der im offiziellen Code de Pointage nach Swetlana Chorkina, der Olympiasiegerin am Stufenbarren von 1996 und 2000, benannten Elemente – mehr als nach jeder anderen Turnerin je benannt wurden.

4 So viele Medaillen gewann Alfred Flatow im Turnwettbewerb bei den ersten Olympischen Spielen der Neuzeit 1896. Er holte Gold am Barren, Silber am Reck und errang zwei weitere Goldmedaillen mit seinen deutschen Mannschaftskollegen, ebenfalls am Barren und am Reck. Bis heute hat es kein anderer Turner geschafft, an Flatows außerordentliche Leistung heranzureichen.

16,533 Punktwertung der Reckübung des niederländischen Geräteturners Epke Zonderland, mit der er bei den Spielen in London 2012 Gold gewann.

0,100 So viele Punkte trennten Goldmedaillengewinnerin He Kexin aus China und die viertplatzierte Beth Tweddle (GBR) am Stufenbarren in Peking 2008.

PAUSCHENPFERD

ÜBERBLICK

Am Pauschenpferd oder Seitpferd müssen die Turner eine fließende Turnübung aus kreisenden und pendelnden Beinbewegungen ohne Pausen zeigen. Pferd und Pauschen (Griffe) dürfen nur mit den Händen berührt werden, die komplexe Griffwechsel durchlaufen. Das Seitpferd erfordert ein Höchstmaß an technischem Können.

PLASTIKPFERD

Ursprünglich ein Metallrahmen mit einem hölzernen, mit Leder überzogenen Körper, besteht das moderne Seitpferd meist aus Kunststoff und ist mit einem rutschfesten Synthetikstoff bezogen. Auch die Pauschen bestehen gewöhnlich aus Kunststoff. Die Bodenmatte unter dem Seitpferd ist rund 20 cm dick.

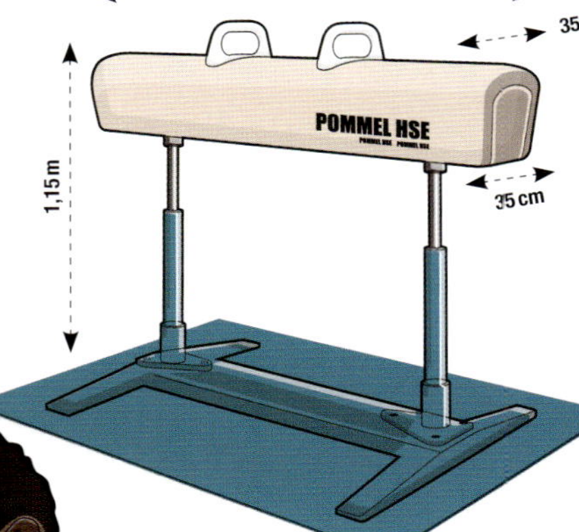

PAUSCHENPFERD-REGELN

Auf die Hände gestützt hin und her wandernd, muss der Turner das Pferd auf voller Länge nutzen, darf es aber nur mit den Händen berühren. Zumindest ein Element muss auf nur einer der Pauschen geturnt werden. Weil nicht festgelegt ist, ob die Übungen im oder gegen den Uhrzeigersinn geturnt werden müssen, zeigen die meisten Turner Elemente in beiden Richtungen. Zu den häufigen Elementen zählen Kreisel, Flanken und Schwünge, bei denen die Beine zu beiden Seiten des Pauschenpferds pendeln.

WERTUNGSKRITERIEN

Die genauen Wertungskriterien für das Pferd werden regelmäßig vom Internationalen Turnverband (FIG) geändert. Grundsätzlich gilt, dass die Wertung sich aus der D-Wertung für den Schwierigkeitsgrad (theoretisch nach oben offen) und der E-Wertung von maximal 10,0 für Ausführung, künstlerische Darbietung und Technik zusammensetzt. Bei deutlicher Bevorzugung oder Auslassung eines Geräteabschnitts gibt es Abzüge in der E-Wertung. Besonders hohe Abzüge werden bei Auslassen der Scherenbewegung gemacht.

Immer cool bleiben
Leichte Baumwolltrikots oder einteilige Turnanzüge sind angenehm und schränken die Bewegungsfreiheit nicht ein.

Trockene Hände
Schweißbänder verhindern, dass Schweiß von den Armen zu den Händen herabläuft und der Griff dadurch unsicher wird.

Präzise Beinführung
Dank der eng anliegenden Hosen können die Kampfrichter die Beinarbeit beurteilen.

12 cm

40 cm–45 cm

POMMEL HSE
POMMEL HSE POMMEL HSE

Gut gesattelt
Die Pauschen sind nach Sattelpolstern benannt und markieren den Sattelbereich des Pauschenpferds.

FAKTEN

- **Das Pauschenpferd ist das schwerste der sechs Geräte beim Turnen der Männer. Es ist das einzige, an dem ohne Bewegungspausen und Halteelemente geturnt wird.**
- **Nur bei großen Turnieren ist das Seitpferd reines Männergerät. Frauen nutzen es inzwischen für Freizeit- wie auch Wettkampfsport.**

RINGE

FAKTEN

- Die Ringe gehören zu den Turngeräten der Männer.
- Die Übungen an den Ringen dauern 90 Sekunden. Sie sind so anstrengend, dass selbst Topathleten nicht länger durchhalten würden.
- Erste Aufzeichnungen zum Ringeturnen finden sich im 19. Jh. in Deutschland, obwohl auch andere Ursprünge vermutet werden.

Ringseile
Für Tragkraft und Flexibilität sorgen mit Kunststoff ummantelte Stahlseile.

Manschetten
Ein lederner Handschutz mit Fingerlöchern und einem Gelenkband schützt die Hände und bietet einen sicheren Griff.

Trikot
Turner tragen leichte Trikots aus Baumwolle.

Enge Hosen
Die Hosen haben fast immer elastische Fußbänder.

Schweißbänder
Unter den Manschetten tragen die Turner Schweißbänder aus Baumwolle oder Schaumstoff, damit kein Schweiß in die Hand läuft.

ÜBERBLICK

Die Ringe sind mit das aufregendste Turngerät, an dem die Turner verschiedene gehaltene Kraftelemente wie auch Schwünge vorführen. Als Abgang folgt eine hohe Flugphase aus Drehungen und Überschlägen. Ziel ist eine abwechslungsreiche Übung mit hohem technischem Schwierigkeitsgrad und sauberer Ausführung.

HÄNGEND GETURNT

Vorgeschrieben sind verschiedene Schwung- und Kraftelemente mit mindestens zwei Handständen. Einer muss vorwärts, einer rückwärts geturnt und vor dem Aufrichten mit angewinkelten Armen gehalten werden. Die Beine werden im Handstand entweder geschlossen gestreckt oder weit gespreizt. Jede Übung muss zumindest einen Winkelstütz mit Beinen im 90-Grad-Winkel enthalten.

PUNKTWERTUNG

Die Kampfrichter ziehen Punkte für technische Fehler ab, aber auch für Dinge, die ihnen »unästhetisch« erscheinen, wie zu starke Bewegung der Ringe oder Seile. Ein ungewollter Abgang wird mit 0,5 Punkten Abzug bestraft, der Turner kann aber wieder ans Gerät gehen.

HÄNGENDE RINGE

Die Feuchtigkeit absorbierenden Ringe haben einen Durchmesser von 18 cm, sind 2,8 cm dick und hängen an Seilen von der Decke oder einem Ringegerüst. Sie werden bei Wettkämpfen vor jeder Übung auf ihre Sicherheit überprüft. Zur Sicherheit der Turner ist das Ringegerüst von einer 20 cm dicken Gummimatte umgeben.

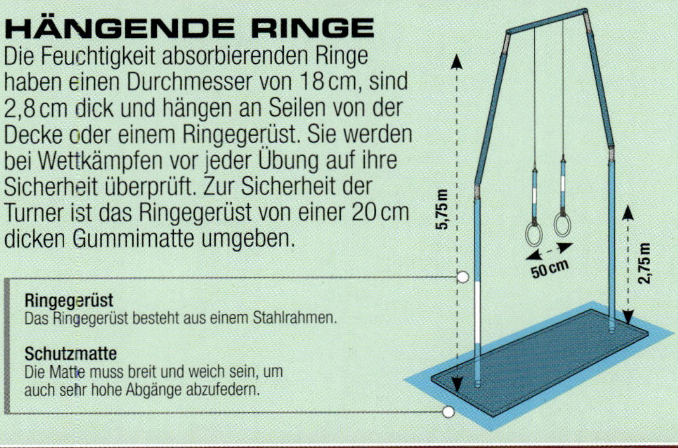

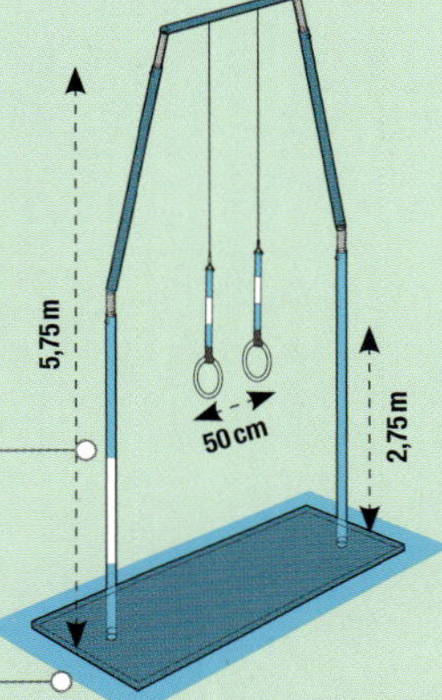

Ringegerüst
Das Ringegerüst besteht aus einem Stahlrahmen.

Schutzmatte
Die Matte muss breit und weich sein, um auch sehr hohe Abgänge abzufedern.

SPANNUNG HALTEN

Für eine erfolgreiche Ringeübung müssen die Seile die gesamte Übung hindurch gespannt sein. Anderenfalls fangen sie an zu schwingen, und bieten dem Turner keinen sicheren Halt mehr. Vorwärts- und Rückwärtsschwünge werden daher schnell geturnt, um die Seile so schnell wie möglich wieder zu spannen.

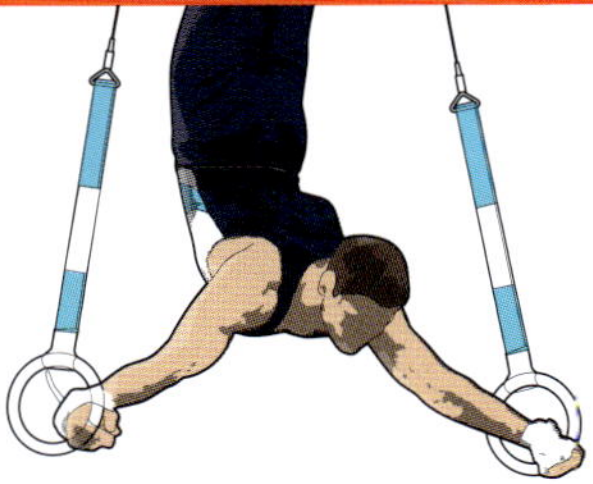

KOPFKREUZ
Beine zusammen, beginnen die Arme geschlossen und gehen langsam auseinander. Das Element erfordert enorme Kraft und Körperspannung.

SCHWALBE
Die Schwalbe soll mindestens zwei Sekunden gehalten werden, ohne den Bewegungsfluss zu stören. Ringe und Seile sollen vollkommen ruhig sein.

STÜTZWAAGE
Nach dem Handstand werden Beine und Körper in die Horizontale abgesenkt. Dabei werden die Arme im 45-Grad-Winkel gehalten.

FAKTEN

- Der Schwebebalken ist ein Frauengerät. Diese Einteilung ist lediglich eine Frage der Tradition.
- Einige der akrobatischen Höchstleistungen auf dem Balken werden umso erstaunlicher, wenn man bedenkt, dass die Lauffläche gerade einmal 10 cm breit ist.

SCHWEBEBALKEN

Trockene Haut
Magnesia an Händen und Füßen mindert die Schweißbildung, die zum Abgleiten vom Balken führen kann.

Haartracht
Kurzes oder fest gebundenes Haar ist Vorschrift; für lose hängende Haare gibt es Punktabzüge.

Farbkombinationen
Die Turnanzüge sind meist bunt und tragen normalerweise die Mannschaftsfarben.

Mit nackten Füßen
Für genaue Kontrolle und das perfekte Gefühl für das Turngerät tragen die Turnerinnen am Balken keine Schuhe, sondern turnen barfuß.

ÜBERBLICK

Am Schwebebalken ist äußerste Balance gefragt. Auf dem extrem schmalen Balken führen die Turnerinnen Sprünge, Drehungen und Überschläge vor, die der Normalmensch nicht einmal am Boden beherrscht. Die Kampfrichter bewerten Technik, künstlerischen Ausdruck, Tanzelemente, Sprünge und Posen.

SPORTGERÄT

Früher bestanden die Schwebebalken aus poliertem Holz. Auch heute haben sie einen Holzkern, sind aber inzwischen mit Leder bezogen und bepolstert. Der Balken ist für eine sichere Landung in weitem Umkreis mit Matten umgeben.

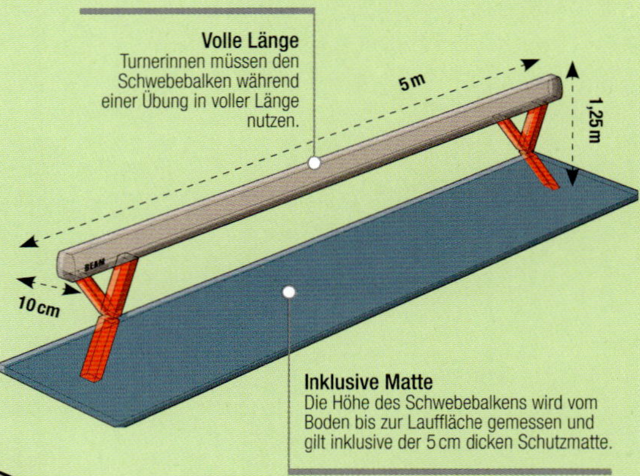

Inklusive Matte
Die Höhe des Schwebebalkens wird vom Boden bis zur Lauffläche gemessen und gilt inklusive der 5 cm dicken Schutzmatte.

WICHTIGE ÜBUNGSELEMENTE

Zu den Pflichtteilen der 90 Sekunden dauernden Übung gehört eine 360-Grad-Wende und ein Spagat- oder Spreizsprung (180 Grad). Darüber hinaus ist eine Akrobatikbahn mit mindestens zwei Flugelementen gefordert, die die Turnerin ohne Wackeln oder sichtbaren Balanceausgleich flüssig durchturnen muss.

Abknicken führt zu Punktabzug.

WINKELSTÜTZ
Bei diesem Kraftelement ist perfekte Balance gefragt. Die Turnerin trägt ihr gesamtes Gewicht auf den Händen und zieht die Knie bis an ihr Gesicht heran.

Nicht ruckhaft
Die Armbewegungen sollen fließend sein.

BALANCEÜBUNGEN
Balance-Elemente müssen flüssig eingebaut und sicher gehalten werden; die Posen selbst sollen formschön und ästhetisch ansprechend sein.

Selbstvertrauen
Ein Salto auf dem Balken erfordert viel Selbstvertrauen.
Abgang
Turnerinnen beenden ihre Balkenübungen häufig mit einem Salto.

ÜBERSCHLÄGE
Turnt die Turnerin einen Schrittüberschlag, muss sie den Kopf genau über dem Balken halten, um die Balance nicht zu verlieren und zu stürzen.

AUSGEWOGENHEIT

Balkenübungen müssen aus Pflicht- und Wahlelementen bestehen. Dazu gehören Akrobatikteile (bei denen der Balken verlassen werden darf), Kraftelemente, wie Stütze, turnerische Elemente (Drehungen, Sprünge, Schritte und Läufe), Balance-Elemente (gehaltene, Sitz-, Stand- oder Liege-Position) sowie Tanzschritte. Benotet werden Eleganz, Beweglichkeit, Rhythmus, Balance, Tempo und Körperbeherrschung. Punktabzüge gibt es für Auslassung eines Pflichtteils, Abstützen an der Balkenseite und mehr als drei Pausen.

SPRUNG

ÜBERBLICK

Die Springer laufen etwa 25 m an und springen über das Sprungbrett mit den Händen voran auf den Sprungtisch. Nach dem Abdrücken vom Sprungtisch vollführen sie in der Luft Drehungen und Schrauben und landen auf beiden Füßen. Ein Sprung dauert gerade einmal 2 Sekunden.

GENAUER FLUGPLAN

Nur durch einen schnellen Anlauf und einen kräftigen Absprung vom Sprungbrett gewinnt der Springer die Höhe und Drehkraft, die er benötigt. Sprungelemente können Salti und Schrauben sein, Vierteldrehungen zwischen Sprungbrett und Tisch sowie Überschläge im Anlauf auf das Sprungbrett. Die Landung ist einer der wichtigsten Teile des Sprungs. Die Füße müssen geschlossen landen, Ausfallschritte nach vorne oder zur Seite sind aber bei Springern häufig zu sehen.

WERTUNG

Die Turner haben zwei Sprungversuche. Das Kampfgericht bewertet jeden Sprung in zwei Kategorien. Die D-Wertung wertet den Schwierigkeitsgrad, die E-Wertung Technik, Ausführung und Landung. Die Richter achten vor allem auf sauberen Absprung und Landung, hohe Flugbahn und exakte Bewegungen.

FAKTEN

- Das Längspferd vom Pferdsprung wurde durch den Sprungtisch ersetzt, um das Unfallrisiko zu senken. Die größere Oberfläche erleichtert komplizierte Sprünge.
- Der Sprung wird von Frauen und Männern geturnt. Der Geräteaufbau ist praktisch identisch, nur ist der Sprungtisch bei den Männern 10 cm höher.

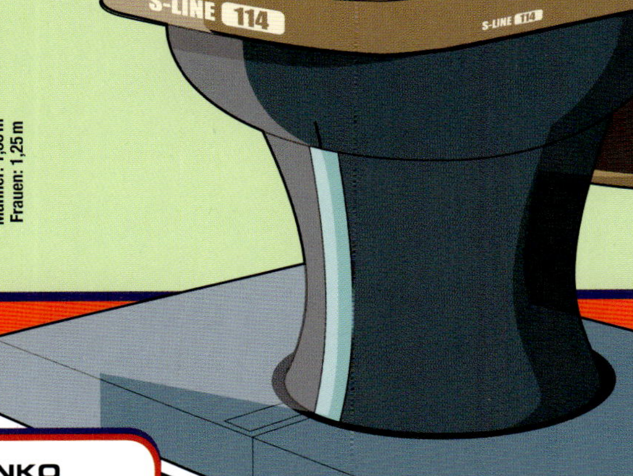

Turnanzug
Beim Sprung tragen Turner langärmlige Stretchanzüge oder -zweiteiler.

Mit beiden Händen
Bei jedem Sprung müssen beide Hände den Sprungtisch berühren.

Für mehr Sicherheit
Die Stützfläche wurde vorne heruntergezogen, um den Springern mehr Sicherheit zu bieten.

Besonders schwer
Aus Sicherheitsgründen ist der Bodenträger gepolstert und für einen sicheren Stand besonders schwer.

DER JURTSCHENKO

Bei diesem Sprung dreht sich der Springer schon beim Absprung, springt einen Flickflack über den Tisch und anschließend eine gehockte oder spektakuläre Doppelschraube. Die Landung muss wie immer mit geschlossenen Füßen gestanden werden.

GEWUSST?

0,031 Mit diesem Punktvorsprung vor dem Zweitplatzierten Jevgeni Sapronenko gewann der Spanier Gervasio Deferr bei den Olympischen Spielen 2004 in Athen die Goldmedaille. Bei seinem Siegsprung erhielt er 9,737 von 10 möglichen Punkten.

4 So viele Springer konnten bei zwei Olympischen Spielen in Folge Gold gewinnen: Nikolai Adrianow (UdSSR; 1976 und 1980), Yun Lou (China; 1984 und 1988), Gervasio Deferr (Spanien; 2000 und 2004) und Vera Caslavska (Tschechoslowakei; 1964 und 1968).

DAS PFERD GING IN RUHESTAND

Früher wurde anstelle des Sprungtischs das Längspferd genutzt. Der Wechsel erfolgte vor allem aus Sicherheitsgründen. Letzten Anstoß dazu gaben die Spiele 2000 in Sydney, bei denen schon 18 Frauen gesprungen waren, bevor man merkte, dass das Gerät 5 cm zu hoch war.

RHYTHMISCHE SPORTGYMNASTIK

Haartracht
Die Haare müssen fest hochgesteckt getragen werden.

Seiltricks
Die Gymnastikgeräte müssen während der Übungen ständig in Bewegung sein.

Alles in einem
Gymnastinnen tragen größtenteils einteilige Gymnastikanzüge, manche mit angestecktem Rock.

Perfekte Balance
Die Gymnastinnen müssen anhand verschiedener Posen Balance und Grazie beweisen.

Gymnastikschuhe
Gymnastinnen tragen weiche Schlüpfschuhe oder turnen barfuß.

ÜBERBLICK

Bei dieser Disziplin, einer Mischung aus Turnen und Ballett, zeigen die Turnerinnen einzeln oder im Team elegant zusammengestellte Übungen zur Musik. Sie arbeiten dabei mit verschiedenen Geräten: Keule, Reifen, Ball, Seil und Band. Die ehemals reine Frauendisziplin wird heute, vor allem in Japan, auch von Männern geturnt.

WETTKAMPFBEREICH

Der ebenfalls auf einem Podium liegende Mattenbereich ähnelt der Matte beim Bodenturnen, ist aber etwas größer (siehe S. 82–83). Die Deckenhöhe der Halle sollte 8 m–10 m betragen, damit die Gymnastinnen ihre Geräte während der Übungen so hoch wie möglich werfen können.

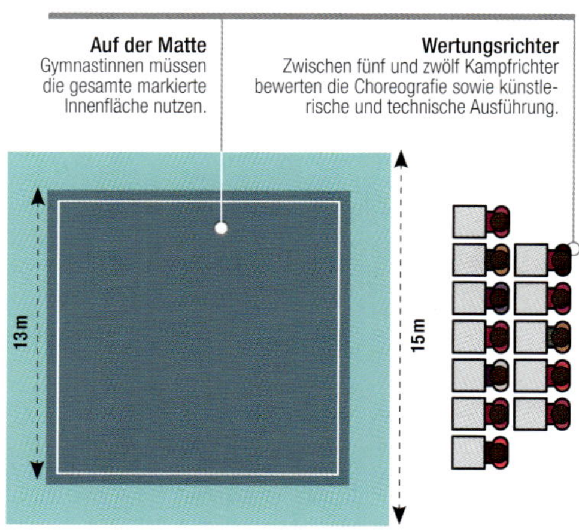

Auf der Matte
Gymnastinnen müssen die gesamte markierte Innenfläche nutzen.
Wertungsrichter
Zwischen fünf und zwölf Kampfrichter bewerten die Choreografie sowie künstlerische und technische Ausführung.
13 m
15 m

SPORTLER-PROFIL

Wie alle Turner müssen auch Gymnastinnen stark und gleichzeitig beweglich sein. Zudem werden in der Rhythmischen Sportgymnastik gute Hand-Augen-Koordination für die Sportgeräte, sowie musisches und rhythmisches Gespür benötigt.

»ANMUT OHNE TANZ«

Die Rhythmische Sportgymnastik geht auf Übungen aus dem 19. Jh. zurück, mit der junge Damen grazilen Ausdruck üben sollten – »Anmut ohne Tanz«. Eine wichtige Rolle bei der Entwicklung des Sports spielte die US-Tänzerin Isadora Duncan, die das klassische Ballett als Einschränkung empfand und freiere Bewegungen kreierte.

FAKTEN

- Wettkämpfe in der Rhythmischen Sportgymnastik finden auf nationaler wie internationaler Ebene statt. Seit 1984 zählt sie auch zu den olympischen Disziplinen.
- Der Internationale Dachverband ist die Fédération Internationale de Gymnastique (FIG), die auch die Wettkampfregeln festlegt und die Kampfrichter ausbildet.
- Akrobatische Elemente, wie Bodenturner oder Sportakrobaten sie vorführen, sind in der Gymnastik nicht gerne gesehen. Einige Elemente, wie etwa Handstandüberschläge, sind verboten.

WETTKAMPFVORGABEN

Jede Übung wird zu einer frei gewählten Musik geturnt und sollte im Einzel 75–90 und im Team 135–150 Sekunden lang sein. Die Gymnastinnen müssen jeweils mit vier der fünf Geräte turnen. Jedes Jahr entscheidet der Dachverband, welches Gerät im kommenden Jahr ausgeschlossen wird.

WERTUNGSRICHTER

Die Anzahl der Kampfrichter variiert, beträgt aber nie weniger als fünf. Ein Teil bewertet den Schwierigkeitsgrad der Übung, ein anderer die Choreografie und den künstlerischen Ausdruck, ein weiterer die technische Ausführung und die Anzahl der technischen Fehler. Zudem hat jedes Kampfgericht einen vorsitzenden Richter, der die anderen überwacht und die Wertungen zusammenführt. Der Hauptkampfrichter überwacht das Turnier und hat in Streitfragen das letzte Wort.

Handgriff
Das Band ist an einem kurzen Stock befestigt.

DAS BAND
Das Band kann mehr als 6 m lang sein und bildet in der Luft verschiedene Formen, wenn die Gymnastin es schwingt.

Keulengröße
Die Keulen haben eine Länge von 40 cm–45 cm.

DIE KEULEN
Schwünge, Würfe und Drehungen der Keulen erfordern Geschicklichkeit und eine gute Hand-Augen-Koordination.

WERTUNGEN

Bei Einzelwettkämpfen liegt die maximal pro Gerät erreichbare Wertung bei 20 Punkten. Sie besteht aus einer Höchstwertung von zehn Punkten für die Ausführung und nochmals maximal zehn Punkten, die sich aus dem Durchschnitt des technischen Schwierigkeitsgrads und der künstlerischen Note ergeben. Bei Mannschaftswettbewerben werden die Einzelwertungen zu einer Mannschaftswertung addiert.

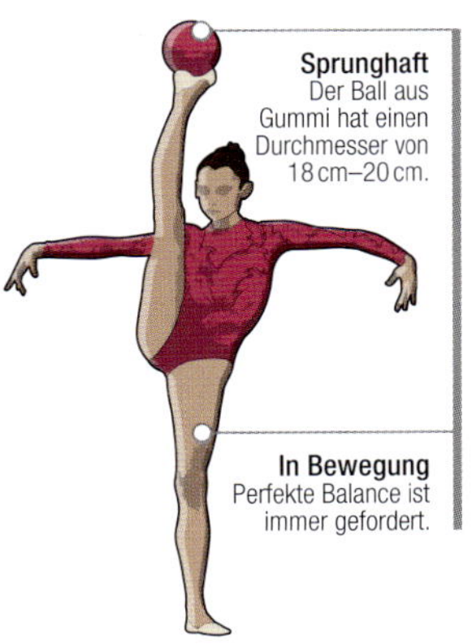

DER BALL
Die Gymnastin darf den Ball nicht greifen, sondern muss ihn in ständiger Bewegung halten. Sie darf ihn prellen, werfen oder auf dem Boden rollen.

Steifer Ring
Der Reifen besteht aus einem unflexiblen Holz oder Kunststoff und kann mit farbigem Band umwickelt sein.
Fußarbeit
Zur Reifenübung gehören Sprünge, Pirouetten und Halteposen.

DER REIFEN
Laut der Wettkampfregeln muss der Reifen um den Körper kreisen, geworfen, gefangen und geschwungen werden. Er gilt als schwierigstes Gerät.

DIE SPORTGERÄTE

Die Vorschriften zur Verwendung der Sportgeräte sind sehr genau. Jedes Gerät stellt bestimmte Anforderungen. Das Seil ist dynamisch und verlangt nach Sprüngen und Hüpfern. Der Ball ist ein weicheres, gefühlvolleres Gerät und in der Handhabung vielleicht das einfachste. Bei den Keulen ist sehr gute Koordination gefragt. Beim Turnen mit dem Band benötigt die Gymnastin Anmut und muss mit geschickten Bewegungen bunte Bilder in die Luft malen. Der Reifen ist das technisch anspruchsvollste Gerät.

Keulen und Reifen wurden früher aus Holz hergestellt, der Ball aus Gummi, die Seile aus Hanf und die Bänder aus Satin. Heute bestehen fast alle gymnastischen Geräte aus synthetischen Materialien.

KLEIDERORDNUNG

Auch die Gymnastikanzüge unterliegen strengen Regeln. Verfehlungen werden mit Punktabzug bestraft. So dürfen weder Anzug noch Gerät golden, silbern oder bronzefarben sein. Auch die Muster der Anzüge und die Form von Hals- und Beinausschnitten sind im Reglement festgelegt. Es gibt Punktabzüge für das Tragen von Schmuck oder unpassendem Haarband. Mannschaften müssen identisch gekleidet sein.

INSIDER-STORY

Zu Beginn des 20. Jh. hatten sich verschiedene Übungsformen zu Musik zur Schwedischen Schule der Rhythmischen Sportgymnastik vereint. Andernorts stieß der Sport zunächst auf wenig Interesse. Zuerst gewann die Rhythmische Sportgymnastik in der Sowjetunion an Popularität, wo ab 1948 regelmäßig Meisterschaften abgehalten wurden. Acht Jahre später fand der erste internationale Wettkampf statt. Seit 1984 ist sie olympische Disziplin (für Mannschaften seit 1996). Seitdem fordern vor allem Athletinnen aus Spanien, Italien und Brasilien die traditionell starken Gymnastinnen aus Osteuropa heraus.

GEWUSST?

16 Ab diesem Alter dürfen Gymnastinnen bei den Senioren teilnehmen. Den Höhepunkt ihrer meist kurzen Sportlerkarriere erreichen sie mit 19–20 Jahren. Nur wenige sind mit über 20 noch dabei.

400 So viele Gramm wiegt der Ball in der Rhythmischen Sportgymnastik.

1.500 Monatsgehalt in US-Dollar für einen russischen oder ukrainischen Trainer, der 2007 bereit war, Rhythmische Sportgymnastik in Vietnam zu unterrichten.

1 Anzahl der Medaillen, die beim Mannschaftswettbewerb der Weltmeisterschaften jeweils überreicht werden. Die Mannschaften aus drei bis vier Teilnehmern müssen wohl teilen.

9 So oft konnte die Mannschaft Bulgariens zwischen 1969 und 1995 die Mannschaftsweltmeisterschaften in der Rhythmischen Sportgymnastik für sich entscheiden.

2.000 Laut der Internationalen Turnervereinigung die Anzahl der derzeitigen Weltklasseathleten in der Rhythmischen Sportgymnastik.

TRAMPOLIN

ÜBERBLICK

Das Trampolinspringen ist sowohl Freizeit- als auch Wettkampfsport, bei dem auf dem elastischen Tuch des Trampolins geturnt wird. Mit seinen akrobatischen Drehungen, Schrauben und Überschlägen ist Trampolinspringen in Europa, den Ländern der früheren Sowjetunion, den USA sowie Japan und China sehr beliebt. Die Springer treten einzeln und als Mannschaften an und es gibt Synchron-Wettbewerbe. Verwandte Sportarten sind Mini-Trampolin und Tempobodenturnen (Tumbling).

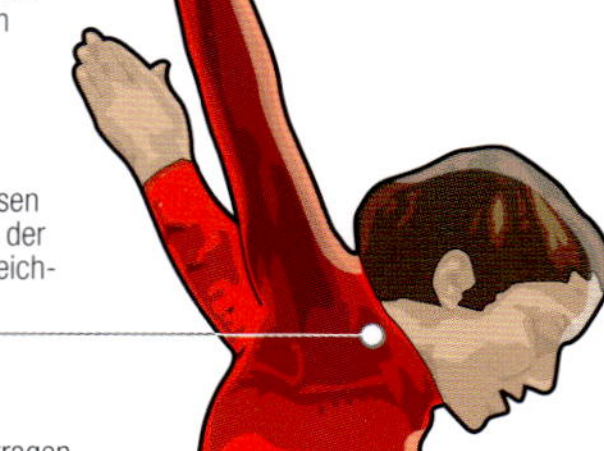

Früh übt sich
Viele Trampolinturner entwickeln ihr Talent und ihre Fähigkeiten sehr früh, oft schon zwischen neun und 14 Jahren.
Körperspannung
Beim Trampolinspringen müssen die Muskeln der Gliedmaßen, der Schultern und des Rumpfs gleichzeitig die Spannung halten.
Sportkleidung
Die meisten Trampolinturner tragen Anzüge und weiche Trampolinschuhe. Männer dürfen auch Zweiteiler mit engen Hosen tragen.

FAKTEN

- Das Trampolin wurde in den 1930er-Jahren von George Nissen in den USA erfunden. Er benannte es nach dem spanischen Wort für das Sprungbrett im Turmspringen.
- Die Deckenhöhe einer Trampolinhalle muss mindestens 8 m betragen, damit die Springer ihre Übungen ohne Gefahr durchführen können.
- Im Zweiten Weltkrieg nutzte die amerikanische Armee das Trampolin zur Schulung ihrer Piloten, um ihnen ein besseres Gefühl für das Fliegen zu verleihen.

SPORTLERPROFIL

Nur durch regelmäßiges und intensives Training kann der Trampolinspringer körperlich und psychisch fit bleiben und zeitliche wie räumliche Koordination und die Rhythmik der Bewegungen entwickeln. Die Fähigkeit, während der Rotationen in der Luft Körperkontrolle und Balance zu halten, steigert auch das Selbstbewusstsein.

DAS TRAMPOLIN

Moderne Trampoline sind sicher und stabil, bieten gute Kontrolle im Sprungbereich und sind sehr elastisch, was enorme Flughöhen ermöglicht. Das Trampolin besteht aus einem Sprungtuch, das von Stahlfedern unter Spannung gehalten wird. Die Federn sind an einem erhöhten Stahlrahmen befestigt und mit Matten abgedeckt.

WICHTIGE TECHNIKEN

Anfänger lernen Grundlegendes, wie gehockte Sprünge und Landungen auf Bauch und Rücken. Danach kommen Vorwärts- und Rückwärtssalti hinzu. Fortgeschrittene müssen doppelte wie dreifache Salti beherrschen und präzise Bewegungsfolgen ausführen können, wie Ein-Dreiviertel-Rückwärtssalti oder Salti mit halber Schraube.

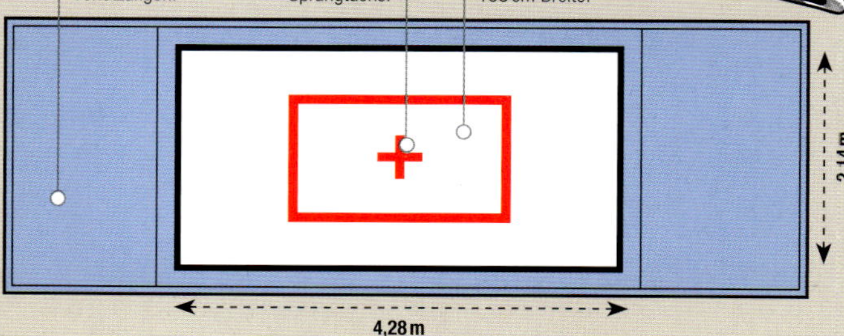

Matten
Matten um das Sprungtuch schützen die Springer vor Verletzungen.
Rotes Kreuz
Ein rotes Kreuz von 70 cm Durchmesser markiert die Mitte des Sprungtuchs.
Sprungzone
Das rote Rechteck markiert die Sprungzone von 215 cm Länge und 108 cm Breite.
2,14 m
4,28 m

»THE DIVING FOOL«

In den frühen Tagen des Trampolinspringens arbeitete Larry Griswold für George Nissen. Später wurde er für seine ausgefallenen akrobatischen Clownerien im Schwimmbad, auf dem Sprungturm und dem Trampolin als »The Diving Fool« (Der Springende Spinner) bekannt.

GEWUSST?

18,80 **Bei einem Welt-cup-Event erreichte der Kanadier Jason Burnett 2010 diesen Schwierigkeitsgrad und stellte damit den Weltrekord für Männer ein.**

3.333 **So viele Salti in Folge sprang Brian Hundson im September 2003 im Jumpers Rebound Centre im britischen Gillingham und übertraf damit den bis dahin gültigen Weltrekord von 3025 Salti am Stück.**

INTERNATIONALE TURNIERE

Seit 1964 treten Männer wie Frauen in Einzel- und Mannschaftswettkämpfen beim Weltcup und den Weltmeisterschaften gegeneinander an. Diese Turniere wechseln im Zweijahresrhythmus mit den Europameisterschaften und den Pan-Pazifik-Meisterschaften ab. Seit den Spielen 2000 in Sydney ist Trampolinturnen auch olympische Disziplin.

PUNKTEWERTUNG

Das Wertungssystem, das bei den einzelnen Veranstaltungen zum Einsatz kommt, kann variieren. Grundsätzlich werden aber Durchführung und Haltung bewertet. Die Kampfrichter achten auf saubere Ausführung der Elemente, gleichmäßige Sprunghöhe und fließende Bewegungen. Zudem werden Punkte für den Schwierigkeitsgrad der Übungen vergeben.

DIE FIGUREN

Trampolinübungen setzten sich aus verschiedenen akrobatischen, in der Luft gezeigten Figuren zusammen, zwischen denen Tuchberührungen liegen. In den Flugphasen gibt es drei Hauptausführungen – gebückt, gestreckt und gehockt – mit verschiedenen Schwierigkeitsgraden. Drehungen um die Längsachse sind Salti, Drehungen um die Querachse Schrauben. Landung und Absprung vom Tuch erfolgen ebenfalls in verschiedenen Positionen wie Rücken, Bauch, Füße, Sitz.

DIE PUCKPOSITION

Die Puckposition ist aus der Kombination der Hockhaltung und der Bückhaltung entstanden. Bei der Ausführung von mehrfachen Salti oder Schrauben ist sie inzwischen auch bei Wettkämpfen erlaubt.

DIE HOCKPOSITION

Die Hockposition ist eine Figur, bei der der Trampolinturner die Knie mit den Händen umfasst und an die Brust heran zieht. Die Hockposition wird häufig am Scheitelpunkt hoher gerader Sprünge geturnt.

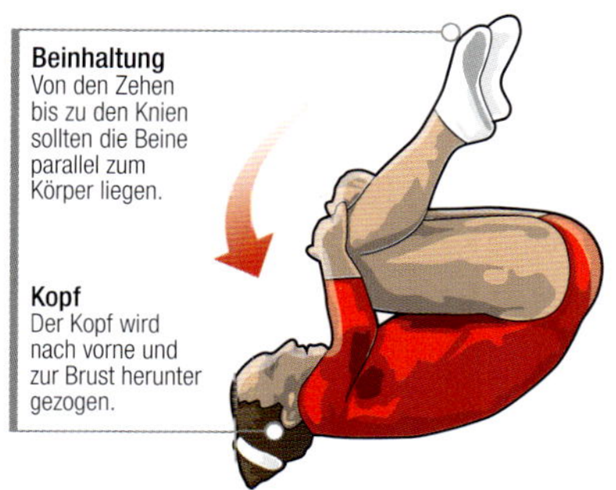

Beinhaltung
Von den Zehen bis zu den Knien sollten die Beine parallel zum Körper liegen.
Kopf
Der Kopf wird nach vorne und zur Brust herunter gezogen.

DIE BÜCKPOSITION

Die Bückposition wird mit gerade gestreckten und geschlossen geführten Beinen geturnt, die an den Körper angeklappt werden, während der Turner die Waden so weit unten wie möglich greift.

Füße und Beine
Füße und Beine des Trampolinturners müssen geschlossen sein.

DIE STRECKPOSITION

Bei der Streckposition oder dem Strecksprung hält der Trampolinturner den Körper vollkommen gerade, die Beine sind geschlossen gestreckt und die Arme sind an beiden Körperseiten angelegt.

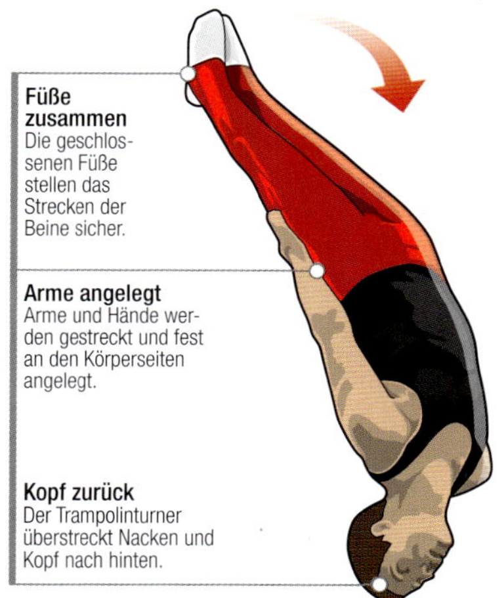

Füße zusammen
Die geschlossenen Füße stellen das Strecken der Beine sicher.
Arme angelegt
Arme und Hände werden gestreckt und fest an den Körperseiten angelegt.
Kopf zurück
Der Trampolinturner überstreckt Nacken und Kopf nach hinten.

DOPPELMINI-TRAMPOLIN

Die Turner nehmen Anlauf, springen auf das Tuch und vollführen zwei Figuren mit bis zu drei Tuchberührungen. Danach erfolgt der Abgang in die Landezone.

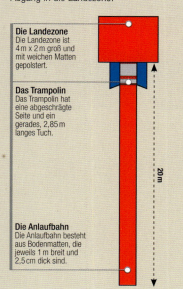

TUMBLING

Auf der 25 m langen Bahn müssen die Turner acht verschiedene Sprungelemente vorführen, die nach Haltung, Technik, Ausführung und Tempo benotet werden. Zum Abschluss folgt der Sprung in die Landezone.

Die Landezone
Die Landezone ist 4 m x 2 m groß und mit weichen Matten gepolstert.
Das Trampolin
Das Trampolin hat eine abgeschrägte Seite und ein gerades, 2,85 m langes Tuch.
20 m
Die Anlaufbahn
Die Anlaufbahn besteht aus Bodenmatten, die jeweils 1 m breit und 2,5 cm dick sind.
25 m
Die Landezone
Die Landezone beim Tumbling ist 6 m x 3 m groß.
Matten
Rund um die Landezone liegen zur Sicherheit weiche Matten.
Die Anlaufbahn
Der Anlauf federt und ist gepolstert.

INSIDER-STORY

Die Junioren-Weltmeisterschaften (WAG/World Age-Group Games) finden immer im selben Jahr und am selben Austragungsort wie die Weltmeisterschaften statt. Maximal 80 Athleten jedes zur FIG (siehe unten) gehörenden Verbandes dürfen teilnehmen. Teilweise sind es bis zu 800 Athleten. Die Junioren starten in den folgenden Altersgruppen: 11–12, 13–14, 15–16 und 17–18. Sie treten im Trampolin-Einzel, Synchronwettkampf, Doppelmini-Trampolin und Tumbling gegeneinander an.

DER DACHVERBAND

Die Fédération Internationale de Gymnastique (FIG) ist der älteste Sportdachverband der Welt. Er betreut die verschiedenen Turndisziplinen, wie auch das Trampolinturnen.

SPORT-AKROBATIK

ÜBERBLICK

Die Sportakrobatik ist eine Mannschaftssportart, die Kraft, Balance und Eleganz des Turnens mit Musik kombiniert. Zwei oder mehr Akrobaten führen eine einstudierte Übung aus Balance-Elementen, Handständen, Überschlägen und Salti vor und werden für Technik und künstlerischen Ausdruck bewertet.

An der Spitze
In der Männer-Gruppe ist der Akrobat an der Spitze der Pyramide leichter und schmaler gebaut als die restlichen Gruppenmitglieder.
Flexible Schuhe
Die Schuhe sollten weich und flexibel sein und dennoch stützen. Meist sind sie weiß.
In der Mitte
Der Mann in der Mitte benötigt sowohl viel Kraft als auch ein hohes Maß an Beweglichkeit.
Stabile Basis
Das größte und stärkste Mitglied der Mannschaft bildet den stabilen Unterbau.
Stretch-Anzüge
Die Akrobaten tragen ein- oder zweiteilige Anzüge aus dehnbarem Material.
Stabilisierer
Er nimmt seine Position ein, nachdem der Mittelmann seine Position auf dem Untermann gefunden hat.

MENSCHLICHE PYRAMIDE
Bei dieser Balance-Übung wird Technik und künstlerische Ausführung benotet.

WETTKAMPFBEREICH

Akrobaten führen ihre Übungen auf einer Bodenmatte oder einem gefederten Boden mit Teppich vor. Die Kampfrichter sitzen nebeneinander, um den gleichen Blickwinkel zu haben.

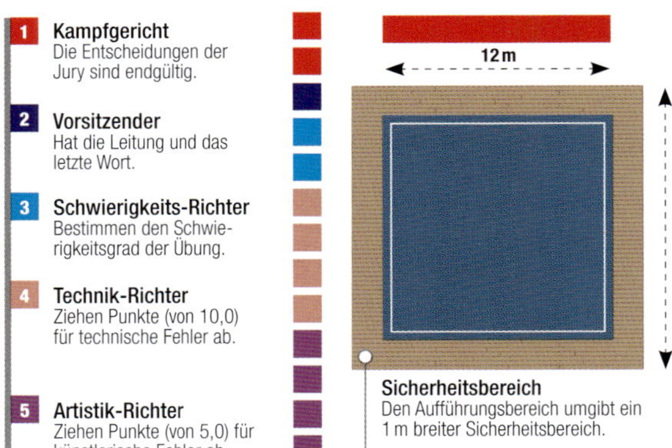

Die Entscheidungen der Jury sind endgültig.

Hat die Leitung und das letzte Wort.

WETTKAMPFBEDINGUNGEN

Die Sportakrobatik ist in fünf Einzeldisziplinen unterteilt: Paar weiblich, Paar männlich, Paar gemischt, Gruppe weiblich und Gruppe männlich. Die Akrobaten führen jeweils drei Übungen vor, jeweils eine aus dem Bereich Balance, Dynamik und eine kombinierte Übung, von denen keine länger als 2:30 Minuten sein darf. Die präzise und ästhetische Ausführung wird vom Kampfgericht genau überwacht (siehe oben).

AKROBATISCHES KÖNNEN

Die Athleten müssen in drei verschiedenen Disziplinen ihr Können und ihre akrobatischen Fähigkeiten unter Beweis stellen, bei denen alle Mitglieder des Paars oder der Gruppe gefordert sind:

BALANCE-ÜBUNG Die Teams zeigen komplexe Posen, wie etwa »die menschliche Pyramide«, die drei Sekunden gehalten werden müssen.

DYNAMIK-ÜBUNG Der auch als Tempo-Übung bekannte Teil ist wesentlich lebhafter als der Balance-Teil und von Schwüngen, Salti und Drehungen sowie anspruchsvollen und mit hoher Geschwindigkeit ausgeführten Kombinationen geprägt.

KOMBINIERTE ÜBUNG Im dritten Teil wird in einer faszinierenden Tour de Force eine Mischung aus Balance und Dynamik gezeigt.

SPORTLERPROFIL

Die Athleten ergänzen sich: Die Untermänner sind meist groß und stark, während die »Flieger«, die obenauf turnen oder springen, häufig klein und beweglich sind. Alle Akrobaten brauchen Rhythmusgefühl und tänzerisches Talent.

FAKTEN

- **Seit den ersten Weltmeisterschaften der Sportakrobatik, die 1974 von der Internationalen Föderation für Sportakrobatik (IFSA) in Moskau abgehalten wurden, findet der Wettkampf jährlich statt. Als Demonstrationssportart war die Sportakrobatik 2000 bei den Olympischen Spielen in Sydney vertreten.**
- **Am beliebtesten ist die Sportart in Russland und China, aber auch in anderen Ländern können sich immer mehr Sportler dafür begeistern.**
- **Die Sportakrobatik ist eng mit anderen Turndisziplinen verwandt. Es besteht ein reger Austausch zwischen den Sportarten und immer häufiger wechseln Sportler aus einer Disziplin in die andere.**

FAKTEN

- Die Sport-Aerobic als Wettkampfsport hat sich aus den Aerobic-Fitnessübungen entwickelt.
- Gruppen und Trios können wahlweise gemischt sein, Paare sind immer gemischt. Gruppen bestehen aus sechs Mitgliedern.
- 2006 errang der Chinese Jinping Ao den Weltmeistertitel der Männer. Die Spanierin Elmira Dassaeva gewann den Titel der Damen.

SPORT-AEROBIC

ÜBERBLICK

Mit der Sport-Aerobic ist das Fitness-Programm zur Sportart geworden. Die Athleten müssen einzeln, als Paare, Trios oder Gruppen dynamische und statische Kraft, Sprungkraft, Beweglichkeit und Balance zeigen.

Kleiderordnung
Frauen tragen einen Trikotanzug, Männer können auch einen engen Zweiteiler tragen.

Gepolsterte Schuhe
Schuhe und Socken müssen weiß sein und sollten die Stöße bei den Landungen gut abfedern.

REGLEMENT

Zur Begleitung einer selbst gewählten Musik führen die Athleten eine choreografierte Übung vor, die genau 1 Minute 45 Sekunden dauern soll. Die Übung muss die gesamte Fläche des Aerobic-Bodens ausnutzen und mindestens acht, aber nicht mehr als zwölf Pflichtelemente, wie Stütze, Waagen, Sprünge, Dehnungen und Drehungen enthalten. Je zwei Elemente aus den Familien Liegestütz-, Freifall- und Beinkreisel-Elementen müssen enthalten sein. Die Übung muss künstlerisch originell wie auch technisch anspruchsvoll sein.

WERTUNG

Die Athleten beginnen mit der Höchstwertung von 10, von der die Kampfrichter bei Fehlern Punkte abziehen. So verlieren die Athleten beispielsweise 0,2 Punkte für jedes Gruppenelement, das sie auslassen, und 1,0 Punkte für verbotene Bewegungen.

WETTKAMPFBEREICH

In der Sport-Aerobic werden Wettkampfübungen auf einem gefederten Holzboden ausgetragen. Im Einzel, für Paare und Trios ist der Boden 7 m x 7 m groß, Gruppen treten auf einer 10 m x 10 m großen Fläche an.

Sicherheitsbereich
Ein 1 m breiter Bereich um den Aerobic-Boden.

Linienrichter
Achten auf Fehler durch Übertreten.

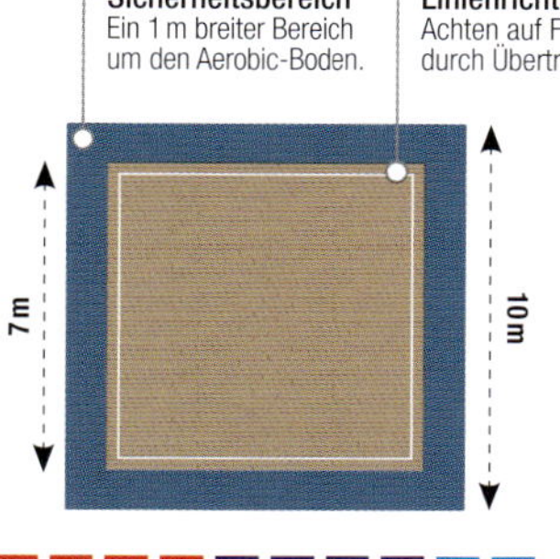

1 **Artistik-Richter** Sie bewerten die Originalität der Übung

2 **Technikrichter** Sie bewerten die korrekte Technik.

3 **Schwierigkeits-Richter** Bewerten die Übung nach strikten Kriterien.

4 **Zeitrichter** Ziehen Punkte ab, wenn eine Übung zu lang oder zu kurz ist.

5 **Vorsitzender** Der vorsitzende Richter überwacht die Arbeit der anderen Richter.

SPORTLERPROFIL

Die Aerobic-Gymnasten benötigen viel Kraft und Ausdauer. Herausragende Athleten sind zudem meist sehr beweglich, verfügen über schnelle, elegante Bewegungen, erstklassige Koordination und Geschmeidigkeit.

ELEMENTE AM BODEN

Eine Übung muss zumindest je ein Element aus den vier Elementgruppen für Beweglichkeit und Gleichgewicht, dynamische Kraft, statische Kraft und Sprungkraft enthalten, sowie die sieben Grundschritte March, Jog, Skip, Knee-Lift, Kick, Jumping-Jack und Lunge beinhalten.

Rechter Fuß
Das rechte Bein ist durchgestreckt, sodass der Fuß die rechte Hand berührt.
Linkes Bein
Das linke Bein steht still, um das Körpergewicht zu tragen.

HIGH-KICK
Die Hüfte des gehobenen Beins ist 180 Grad gekippt, Knie und Zehen sind vollkommen durchgestreckt.

Still gehalten!
Das vorgehaltene Bein zeigt gleichzeitig Stärke und Beweglichkeit.
Starker Arm
Der gesamte Körper wird von einem Arm gestützt.

CAPOEIRA-BEWEGUNGEN
Die Bewegungen der Capoeira-Familie demonstrieren die gewünschte dynamische Kraft.

SPRÜNGE
Zu den vielfältigen Sprüngen zählen auch Scheren-, Grätsch- und Spagatsprünge (siehe oben).

Beine sind horizontal gestreckt.

SCHWEBESTÜTZ
Das Körpergewicht ruht auf den Händen, während die Beine im Spagat in der Luft schweben.

INSIDER-STORY

Die Aerobic setzte sich in den 1960er-Jahren als Fitnessprogramm durch und fand in der US-Schauspielerin Jane Fonda eine ihrer stärksten Befürworterinnen. Als Sportart konnte sie sich hingegen nur langsam etablieren und wurde erst 1994 von der Fédération Internationale de Gymnastics (FIG) anerkannt. Die ersten Weltmeisterschaften fanden 1995 in Paris statt. Inzwischen ist die Sport-Aerobic ein fester Bestandteil im Programm von mehr als 70 der FIG angeschlossenen Verbänden.

GEWICHTHEBEN

FAKTEN

- Gewichtheben war bereits bei den ersten Olympischen Spielen der Neuzeit 1896 vertreten. 1904 tauchte es wieder auf und ist seit 1920 bei den Männern fest im Programm. Die Frauen kamen erst 2000 in Sydney dazu.
- Topathleten können mehr als das Doppelte ihres Körpergewichts heben. 1988 stellte der Weißrusse Leonid Taranenko, der damals für die Sowjetunion antrat, mit 266 kg den derzeitigen Rekord im Stoßen auf.

Die Hantel
Die Hantel wird für Frauen- und Männerwettbewerbe in unterschiedlichen Längen und Gewichten hergestellt.

Gewichtige Argumente
Die Gewichte bestehen aus Blei. Jedes Gewicht hat eine andere Farbe.

Kleiderordnung
Der einteilige Anzug muss den Kampfrichtern freien Blick auf Knie und Ellenbogen gewähren.

Enger Gürtel
Der Gürtel stützt Rücken und Unterleib, darf aber nicht breiter als 12 cm sein.

Schuhwerk
In den Schuhen liegen die Füße flach auf und stützen den Heber ideal.

ÜBERBLICK

Die Athleten heben Hanteln genannte Stangen, die an beiden Enden mit Gewichten beladen werden. Sie haben für jedes Gewicht drei Versuche. Nach jedem erfolgreichen Versuch wird das Gewicht erhöht. Wer das höchste Gewicht hebt, ist Sieger. Es gibt zwei unterschiedliche Techniken: das »Reißen« und das »Stoßen«.

SCHWERE LASTEN

Gewichtheber werden nach Körpergewicht in verschiedene Gewichtsklassen eingeteilt. Derzeit gibt es acht Klassen bei den Männern – von der leichtesten bis 56 kg bis zur schwersten mit über 105 kg – und sieben bei den Frauen – von 48 kg bis über 75 kg. Die Athleten gehen bei den Versuchen in alternierender Reihenfolge an den Start und können ihr Einstiegsgewicht frei wählen. Der Athlet mit dem niedrigsten Gewicht beginnt. Nach einem Fehlversuch kann der Athlet versuchen, dasselbe Gewicht erneut zu heben, oder bei einem höheren Gewicht wieder einsteigen.

VERSCHIEDENE TECHNIKEN

Beim Reißen muss der Athlet das Gewicht in einer einzigen fließenden Bewegung über den Kopf bringen. Beim Stoßen bringt er die Hantel zunächst vom Boden in Schulterhöhe und stößt sie dann in einer zweiten Bewegung hoch, bis sie auf den gestreckten Armen über dem Kopf ruht. In beiden Disziplinen muss die Hantel dann ruhig ohne Arm- oder Beinbewegung gehalten werden, bis der Kampfrichter das Signal zum Absetzen des Gewichts gibt.

REISSEN

1 Fester Griff
Der Gewichtheber setzt die Hände relativ weit auseinander und konzentriert sich auf den Versuch.

2 Umschaltphase
Die Knie werden gestreckt und das Beugen der Ellenbogen vorbereitet.

3 Tauchen
Der Heber darf seine Knie erneut beugen, um sein gesamtes Gewicht unter die Hantel zu bringen.

4 Aufrichten
Die Beine werden gestreckt und das Gewicht über dem Kopf kontrolliert.

STOSSEN

1 Auftakt
Der Gewichtheber greift die Hantel und geht zur Vorbereitung in die Hocke.

2 Zug
Die Kraft für die erste Aufwärtsbewegung kommt hauptsächlich aus dem Rücken, nicht den Beinen.

3 Hochlage
Hat die Hantel Schulterhöhe erreicht, stützt der Gewichtheber sie zum Umsetzten auf.

4 Streckphase
Mit einem Ausfallschritt holt der Heber Schwung für den Ausstoß. Die Arme müssen vollkommen gestreckt sein.

5 Aufrechter Stand
Die Position muss bis zum Signal des Kampfrichters gehalten werden.

SPORTLERPROFIL

Gewichtheber haben stark entwickelte Nacken-, Schulter-, Bauch- und Oberschenkelmuskeln. Heben die Athleten die Gewichte, die oft schwerer sind als sie selbst, schnellt der Puls auf 190 Schläge (normal sind 60–80).

KRAFTDREIKAMPF

FAKTEN

- Die ersten Weltmeisterschaften fanden 1970 unter Federführung der International Powerlifting Federation (IPF) statt.
- Nach bescheidenen Anfängen erfreut sich der Kraftdreikampf weltweit großer Popularität. Inzwischen sind mehr als 100 Staaten Mitglied im Dachverband IPF.

ÜBERBLICK

Der Kraftdreikampf, auch Powerlifting genannt, ist pures Kräftemessen. Bei der noch jungen Sportart treten die Sportler in den drei Disziplinen Kniebeugen, Kreuzheben und Bankdrücken gegeneinander an. Die Weltmeister im Kraftdreikampf werden also zu Recht als stärkster Mann und stärkste Frau der Welt bezeichnet.

WETTKÄMPFE

Es gibt vier Altersgruppen von über 14 bis über 50 Jahre. Bei den Männern gibt es zwischen 52 kg und +125 kg elf Gewichtsklassen, bei den Frauen zwischen 44 kg und +90 kg zehn. Bei jedem Wettkampf werden alle drei Disziplinen bestritten. Die Athleten haben jeweils drei Versuche. Sieger ist der Gewichtheber mit dem größten Gesamtgewicht in allen Disziplinen. Bei einem Unentschieden gewinnt der Athlet mit dem geringeren Körpergewicht.

Hohe Beanspruchung
Seine extrem starke Nackenmuskulatur verleiht dem Gewichtheber beim Halten des Gewichts Stabilität.
Enger Einteiler
Auch der eng anliegende Anzug stützt den Körper beim Heben.
Fester Stand
Für festen Stand und gute Gewichtsverteilung haben die Schuhe weiche Sohlen.
Bandagen
Handgelenksbandagen dürfen nicht breiter als 10 cm sein.
Gewichtsscheiben
Die Gewichtsscheiben bestehen aus Blei und haben zur einfachen Unterscheidung verschiedene Farben.

SPORTLERPROFIL

Wichtigste Muskelpartien beim Powerlifting sind Schultern, Brust, Arme, Rücken, Oberschenkel und Knie. Aber unabhängig vom Muskelaufbau haben kleinere Männer und Frauen einen Vorteil, da sie die Gewichte nicht so weite Strecken heben müssen. Training ist beim Kraftdreikampf das A und O. Vor Wettkämpfen arbeiten die Gewichtheber sogar mit höheren Gewichten, als sie im Wettkampf anstreben.

HILFREICHE HÄNDE

Beim Kraftdreikampf gibt es offizielle Helfer oder Spotter. Sie dürfen dem Athleten beim Abheben der Hantel vom Ständer vor dem Heben und beim Zurücklegen nach dem Versuch behilflich sein. Während des Versuchs selbst dürfen sie nicht eingreifen.

Breiter Stand
Der breite Stand verteilt das Gewicht auf eine möglichst große Fläche.
Immer aufwärts
Die Hantel liegt zunächst auf 1 m und wird dann in 5-cm-Schritten bis 1,70 m erhöht.

KNIEBEUGE
Der Athlet nimmt die Hantel in der tiefen Hocke vom Gestell und hält sie mit der Hüft unter Kniehöhe auf den Schultern. Dann bringt er sie nach oben und hält sie bis zum Zeichen der Kampfrichter.

Starke Arme
Die Kraft für das Kreuzheben kommt aus den Bizeps und Trizeps der Oberarme.

KREUZHEBEN
Der Athlet bringt die Hantel in einer Bewegung vom Boden zur Hochstrecke im aufrechten Stand. Diese Position muss er bis zum Signal der Kampfrichter halten und die Hantel dann kontrolliert wieder ablegen.

Brustarbeit
Beim Bankdrücken wird die meiste Arbeit von der Brustmuskulatur geleistet.

BANKDRÜCKEN
Der Athlet geht auf der Bank in Position. Zwei »Spotter« heben die Hantel vom unteren Gestell und senken sie bis auf seine Brust ab. Dann stößt der Athlet das Gewicht bis zur Streckung der Arme.

TEAMSPORT

03

FUSSBALL

Das Schöne am Fußball – und der Grund für seine Beliebtheit – ist seine Einfachheit: Zwei Teams aus je elf Spielern versuchen den Ball ins Tor der gegnerischen Mannschaft zu bringen. Im Vergleich mit komplizierteren Sportarten, wie Cricket oder Rugby, gibt es weniger Regeln und die Spiele sind häufig unberechenbar und äußerst spannend. Fußball gilt als beliebtester Sport der Welt und wird in fast jedem Land der Erde von Männern und Frauen gespielt.

Kurze Hosen
Die aus stabiler Synthetikfaser hergestellten Shorts bieten viel Bewegungsfreiheit. Während die Trikots oft Streifen, Ringe und andere Muster zeigen, sind die Shorts meist einfarbig, gelegentlich mit einem weißen Seitenstreifen.

Teamfarben
Das Trikot besteht meist aus leichter, atmungsaktiver Synthetikfaser. Alle Spieler des Teams (bis auf den Torwart) tragen die gleichen Farben und Muster.

Strümpfe und Schoner
Die Strümpfe müssen die heute zwingend vorgeschriebenen Schienbeinschoner komplett bedecken.

Trittsicherheit
Fußballschuhe mit Stollen oder Noppen geben auf schlammigem und rutschigem Boden Halt.

Regelgerechter Ball
Die Maße des Balls sind in den Regeln festgelegt. Wird der Ball im Verlauf des Spiels beschädigt und unbrauchbar, unterbricht der Schiedsrichter das Spiel und fordert einen neuen Ball an.

DER KÖNIG DES FUSSBALLS

Der Brasilianer Pelé (bürgerlich Edson Arantes do Nascimento) ist wohl der größte Fußballer aller Zeiten. Er gehörte dem brasilianischen Team an, das die Weltmeisterschaften 1958, 1962 und 1970 gewann, und erzielte in 92 Länderspielen 77 Tore (ein nationaler Rekord). Technik, Schnelligkeit, hohe Kreativität und Treffsicherheit machten Pelé zum perfekten Fußballer.

SPORTLERPROFIL

Fußballer sind meist schlank, sportlich und balltechnisch begabt. Sie sind kräftige und austrainierte Läufer, die schnelle Haken schlagen können. Sie verbinden hohes Sprintvermögen mit gewaltigen Energiereserven, um fast 90 Minuten ununterbrochenes Laufen durchzustehen. Da Fußball ein Kontaktsport ist, müssen die Spieler – allen voran der Torwart – einigen Mut aufbringen, vor allem im direkten Duell mit dem Gegner.

FAKTEN

- Fußball wird im Englischen auch als »Association Football« (Verbands-Fußball) bezeichnet. Aus dem Wort »Association« entwickelte sich auch die englische Bezeichnung »soccer«.
- Ein Fußballspiel wird von zwei Teams zu je elf Spielern auf einem rechteckigen Feld ausgestragen. Es dauert zweimal 45 Minuten mit kurzer Halbzeitpause.
- Weitere populäre Formen des Fußballs sind Beach Soccer und Hallenfußball (auch als Futsal bekannt; es wird von zwei Teams zu je fünf Spielern über zwei 20-minütige Halbzeiten gespielt).
- Der Welt-Dachverband des Fußballs, die Fédération Internationale de Football Association (FIFA), entstand 1904 und hat heute 209 Mitgliedsländer.

WETLWEITES PHÄNOMEN

Einer umfassenden Erhebung der FIFA von 2006 zufolge gibt es weltweit 265 Millionen Spielerinnen und Spieler und fünf Millionen Offizielle. Diese 270 Millionen aktiven Fußballer repräsentieren etwa vier Prozent der Weltbevölkerung.

DAS FELD

Fußball wird auf einem ebenen, rechteckigen Feld mit natürlichem oder Kunstrasen oder auch einem synthetischen Belag gespielt (Maße und Markierungen siehe unten). Die äußere Begrenzung bilden die Seiten- und die Torlinien. Überquert der Ball eine dieser Linien vollständig, ist er im Aus (überquert er die Torlinien zwischen zwei Torpfosten, gilt dies als erzieltes Tor). Solange er die Linien nur teilweise berührt, bleibt er im Spiel. Während in Europa meist auf Rasen gespielt wird, setzt man in Ländern, in denen natürliche Ressourcen wie Wasser knapp sind, zunehmend auf Kunstböden. Fußball kann überall gespielt werden: Man braucht nur zwei Teams, einen Ball, zwei improvisierte Tore und ein ebenes Stück Boden (Wiese, Strand, Straße oder Feld).

DAS TOR

Das weiß gestrichene Tor besteht aus zwei fest verankerten senkrechten Pfosten, die mit einer horizontalen Latte verbunden sind. Das Netz muss sicher befestigt und so angebracht sein, dass es den Torwart nicht behindert.

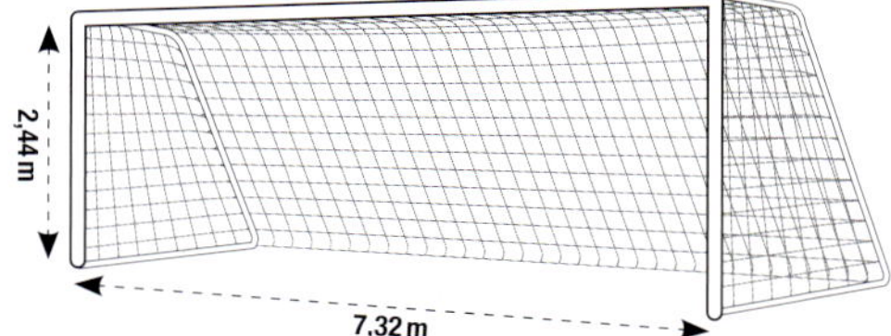

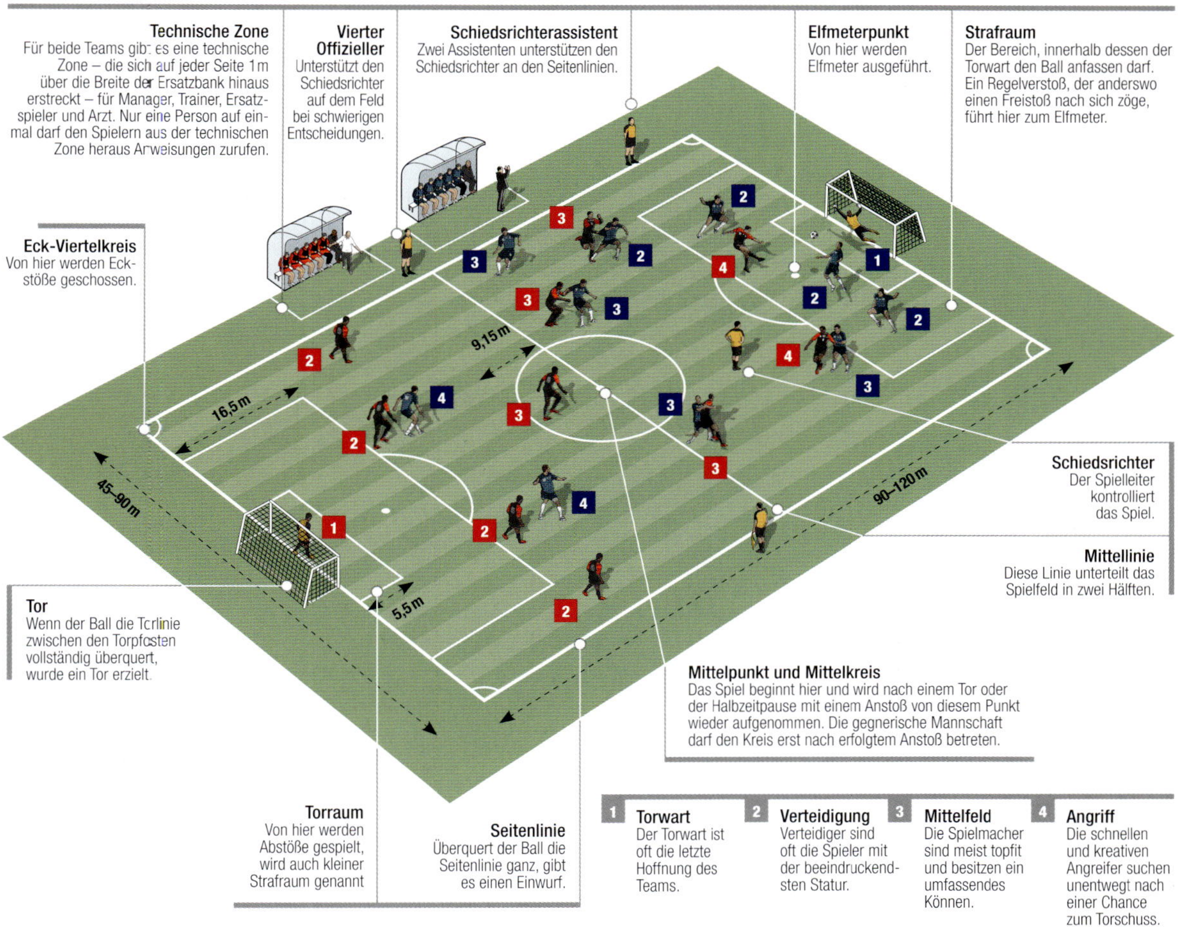

Technische Zone
Für beide Teams gibt es eine technische Zone – die sich auf jeder Seite 1 m über die Breite der Ersatzbank hinaus erstreckt – für Manager, Trainer, Ersatzspieler und Arzt. Nur eine Person auf einmal darf den Spielern aus der technischen Zone heraus Anweisungen zurufen.

Vierter Offizieller
Unterstützt den Schiedsrichter auf dem Feld bei schwierigen Entscheidungen.

Schiedsrichterassistent
Zwei Assistenten unterstützen den Schiedsrichter an den Seitenlinien.

Elfmeterpunkt
Von hier werden Elfmeter ausgeführt.

Strafraum
Der Bereich, innerhalb dessen der Torwart den Ball anfassen darf. Ein Regelverstoß, der anderswo einen Freistoß nach sich zöge, führt hier zum Elfmeter.

Eck-Viertelkreis
Von hier werden Eckstöße geschossen.

9,15 m
16,5 m
45–90 m
90–120 m
5,5 m

Schiedsrichter
Der Spielleiter kontrolliert das Spiel.

Mittellinie
Diese Linie unterteilt das Spielfeld in zwei Hälften.

Tor
Wenn der Ball die Torlinie zwischen den Torpfosten vollständig überquert, wurde ein Tor erzielt.

Mittelpunkt und Mittelkreis
Das Spiel beginnt hier und wird nach einem Tor oder der Halbzeitpause mit einem Anstoß von diesem Punkt wieder aufgenommen. Die gegnerische Mannschaft darf den Kreis erst nach erfolgtem Anstoß betreten.

Torraum
Von hier werden Abstöße gespielt, wird auch kleiner Strafraum genannt

Seitenlinie
Überquert der Ball die Seitenlinie ganz, gibt es einen Einwurf.

1 **Torwart**
Der Torwart ist oft die letzte Hoffnung des Teams.

2 **Verteidigung**
Verteidiger sind oft die Spieler mit der beeindruckendsten Statur.

3 **Mittelfeld**
Die Spielmacher sind meist topfit und besitzen ein umfassendes Können.

4 **Angriff**
Die schnellen und kreativen Angreifer suchen unentwegt nach einer Chance zum Torschuss.

SPIELPOSITIONEN

Eine Fußballmannschaft unterteilt sich in Angreifer oder Stürmer, Mittelfeldspieler, Verteidiger und Torwart. Die Spieler nehmen die Positionen ein, die ihrem Können und Stil entsprechen. Die Hauptaufgabe des Angriffs ist das Schießen von Toren (wobei natürlich jeder Spieler Tore schießen darf). Die Stürmer sind schnell, geschickt und treffsicher. Die Mittelfeldspieler sind das Bindeglied zwischen Verteidigung und Angriff: Sie spielen sowohl defensiv als auch offensiv. Die Verteidiger schützen mit dem Torwart das Tor. Sie sind durchsetzungsstark und ballsicher. Der Torwart darf als Einziger den Ball anfassen (nur innerhalb des Strafraums), ist beweglich, kann sicher fangen und hat schnelle Reflexe. Auswechslungen sind während des Spiels erlaubt, aber ein einmal ausgewechselter Spieler darf nicht wieder ins Spiel gebracht werden.

HINTER DEN KULISSEN

Auch wenn an einem Spieltag nur elf Mann plus Ersatzspieler den Rasen betreten, beschäftigen Profiklubs Dutzende Angestellte, die die Mannschaft für das Spiel vorbereiten. Fitnesstrainer kümmern sich um die Kondition der Spieler. Ganze Teams von Physiotherapeuten und medizinischen Betreuern sorgen für schnelle Erholung nach Verletzungen. Daneben gibt es spezielle Trainer für die verschiedenen Mannschaftsteile und taktische Aufgaben, während an der Spitze der Manager und der Cheftrainer stehen.

DIE AUSSTATTUNG

Ein Vorteil des Spiels ist, dass man keine große Ausstattung benötigt. Damit kann jeder, ungeachtet seiner finanziellen Möglichkeiten, an einem lockeren Spiel unter Freunden teilnehmen. Bei offiziellen Spielen müssen die Spieler ein Trikot mit Ärmeln, Shorts, Socken, Schienbeinschoner und Schuhe tragen. Alles potenziell Gefährliche, wie Schmuck, muss abgelegt werden. Ein regelwidrig gekleideter Spieler kann vom Feld gewiesen werden und darf erst zurückkehren, wenn der Schiedsrichter mit der Kleidung einverstanden ist.

DER MODERNE BALL

Ein offiziell zugelassener Fußball hat einen Umfang von 68–70 cm, wiegt 410–450 g und ist mit einem Druck von 0,6–1,1 bar aufgepumpt. Die meisten Bälle haben einen Mantel aus vernähten Kunstleder- oder Kunststoffsegmenten (echtes Leder saugt sich schnell mit Wasser voll und macht den Ball dann sehr schwer). Im Inneren des Balls befindet sich eine Blase aus Kunststoff. Zwischen Blase und Hülle liegt das Futter aus Polyester oder Baumwolle, das dem Ball Stabilität und Elastizität verleiht.

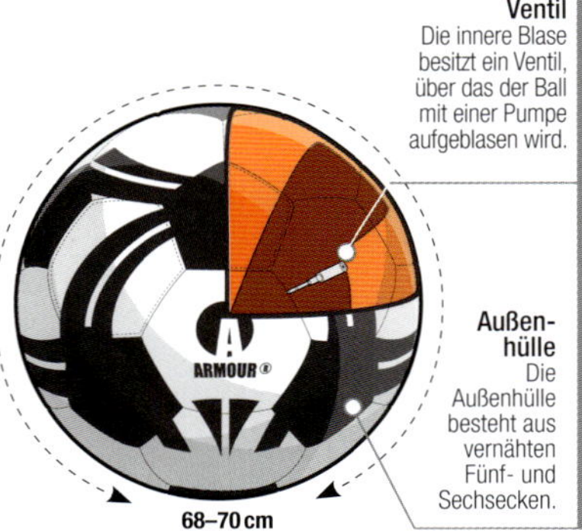

Die innere Blase besitzt ein Ventil, über das der Ball mit einer Pumpe aufgeblasen wird.

Die Außenhülle besteht aus vernähten Fünf- und Sechsecken.

DAS SPIEL

Vor Spielbeginn stellen sich die Mannschaften in ihren Hälften nach einem der vielen Systeme (siehe S. 107) auf. Das Spiel beginnt mit den Anstoß, der vom Mittelpunkt aus zu einem der Angreifer gespielt wird. Von nun an versucht jede Mannschaft den Ball ins Tor des gegnerischen Teams zu befördern. Der Ball darf mit jedem Körperteil mit Ausnahme der Hände und Arme gespielt werden. Sieger ist, wer nach 90 Minuten die meisten Tore erzielt hat. Ist am Ende des Spiels kein Tor gefallen oder haben beide Teams gleich viele Tore geschossen, endet das Spiel unentschieden. Um einen Gewinner festzustellen, sehen einige Wettbewerbe eine Verlängerung vor, auf die bei Bedarf ein Elfmeterschießen folgt.

DER ANGRIFF

Das Team im Ballbesitz greift in einer Vorwärtsbewegung an. Das Ziel jedes Angriffs besteht darin, ein Tor zu erzielen, indem man einen Spieler mit dem Ball nah genug für einen Schuss ans Tor bringt. Die Spieler müssen deshalb mit dem Ball passen oder dribbeln, um den Ball zu behalten und die gegnerischen Verteidiger zu umgehen. Um die Verteidiger auszumanövrieren, suchen die Angreifer ohne Ball nach einem Raum, der frei von Verteidigern ist, um sich dort den Ball mit einem Pass zuspielen zu lassen.

Doppelpass
Mit diesem Angriffsmanöver umspielt der Spieler den Gegner, indem er den Ball einem Mitspieler zupasst und ihn sich in einer besseren Position zurückgeben lässt.

Aus der Bewegung
Bei diesem Manöver kommt es auf Voraussicht, schnelles Passspiel und die Geschwindigkeit der Spieler an.

PASSEN

Ein gut gespielter Pass besteht aus drei Elementen: korrekter Krafteinsatz, genaues Zielen und gutes Timing. Beim Passen kann man drei Teile des Fußes nutzen: die Innenseite für schnelle, kurze Pässe, den Spann für weite, kräftige Pässe und die Außenseite für kurze, verdeckte Pässe aus dem Lauf heraus.

Im Ballbesitz bleiben
Dieser Spieler schirmt beim Dribbling den Ball ab.

DRIBBLING

Unter Dribbling versteht man das Laufen mit dem Ball, den man mit dem Fuß kontrolliert. Der Spieler sollte dabei seine Umgebung im Auge behalten und nach Chancen und Gefahren Ausschau halten.

Bananenflanke
Mit einer gut ausgeführten Flanke umspielt man den Gegner.

FLANKEN

Die Flanke, mit der der Ball schnell vom Spielfeldrand in die Mitte befördert wird, dient dem Anspielen der Angreifer vor dem Tor. Eine gute Flanke ist eine Gefahr für jede Abwehr.

Kopf runter
Den Ball möglichst lange im Auge zu behalten, hilft beim Schuss.
Kraftvoller Schuss
Ein kräftiger Schwung des Spielbeins erlaubt einen starken Schuss.

SCHIESSEN

Da der Ball in verschiedenen Winkeln und Geschwindigkeiten beim Spieler ankommt, gibt es viele Schusstechniken. Meistens führt man aber einen flachen, harten Stoß mit dem Spann des Fußes aus.

Stollen
Einige Schuhe haben fest montierte Stollen, aber meist werden sie eingeschraubt, sodass man die Länge den verschiedenen Bodenbedingungen anpassen kann.

FUSSBALLSCHUHE
Fußballer brauchen bequeme und leichte Schuhe. Auf Gras tragen sie meist Stollenschuhe, auf Kunstboden bieten Schuhe mit Gumminoppen unter der Sohle guten Halt.

Schienbeinschoner
Im Zweikampf schützen die Schoner das Schienbein vor Blessuren.

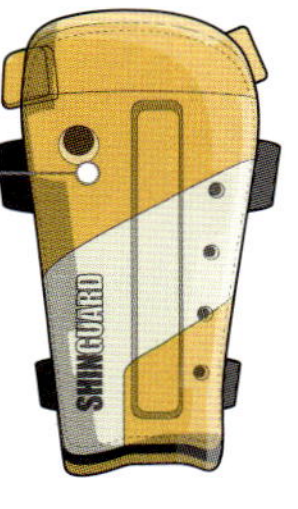

BEINSCHÜTZER
Die Schoner bestehen aus Kunststoff oder Gummi und müssen vollständig von den Strümpfen bedeckt sein.

Handschuhe
Viele moderne Handschuhe sind mit austauschbaren Protektoren für die Finger ausgestattet.

HANDSCHUHE
Die Torwarthandschuhe bieten guten Halt beim Fangen des Balls. Die Oberseite ist atmungsaktiv und der Gelenkriemen stützt das Handgelenk.

DIE VERTEIDIGUNG
Die Aufgabe der verteidigenden Mannschaft besteht darin, die Angreifer am Torschuss zu hindern und den Ball für einen Gegenangriff zu erobern. Dazu fangen die Verteidiger Pässe ab, nehmen den Angreifern die Bewegungsfreiheit und versuchen, ihnen den Ball im Zweikampf abzunehmen. Dabei kommen verschiedene defensive Taktiken zum Einsatz. Ein Beispiel ist die Raumdeckung, bei der die Verteidiger im engen Zusammenspiel einen bestimmten Bereich verteidigen. Ein anderes Beispiel ist die Manndeckung, bei der jedem Verteidiger ein bestimmter Angreifer zur Bewachung zugeteilt ist.

Glanzparade
Torwarte müssen ausgesprochen beweglich und athletisch sein.

Die Hand zum Ball
Quer in der Luft liegend fängt der Torwart den Ball mit ausgestrecktem Arm ab.

DER TORWART
Dieser Spieler verhindert Tore, indem er den Ball fängt, über die Latte oder an den Pfosten vorbei lenkt oder ihn wegschlägt oder -tritt. Den nächsten Angriff leitet er mit einem Abstoß ein.

Kampf um den Ball
Der Verteidiger rutscht zum Ball hin, um ihn an sich zu bringen. Er darf nur den Ball treffen, nicht den Spieler.

ZWEIKAMPF
Um dem Gegner den Ball abzunehmen, geht man in den Zweikampf. Sehr effektiv ist das Hineinrutschen (Grätschen), aber dabei muss das Timing stimmen und man läuft Gefahr, ein Foul zu begehen.

Schnelle Lösung
Verteidiger brauchen im Zweikampf gute Reflexe.

ABFANGEN
Wenn ein Verteidiger einen gegnerischen Pass abfangen kann, ist das oft das Ergebnis der Bemühungen der gesamten Mannschaft, die konsequent deckt und die verfügbaren Räume eng macht.

Defensiver Druck
Der Manndecker bleibt immer eng am gedeckten Gegner.

MANNDECKUNG
Wenn ein Verteidiger einem Angreifer eng auf den Fersen bleibt, spricht man von Manndeckung. Dadurch kann der Verteidiger Pässe abfangen und der Angreifer kann keinen Mitspieler mehr anspielen.

GEWUSST?

11 Die ungefähre Kilometerzahl, die ein Mittelfeldspieler während eines Spiels zurücklegt. Stürmer laufen etwa 8 km, Verteidiger 7 km und der Torwart immer noch rund 4 km.

42 Das Alter des ältesten Spielers – Roger Milla aus Kamerun – der in einem WM-Spiel ein Tor geschossen hat.

184 Die Weltrekordzahl an Länderspielen, gehalten von dem Ägypter Ahmed Hassan.

199.854 Die Anzahl der Zuschauer, die 1950 das Weltmeisterschaftsfinale zwischen Brasilien und Uruguay im Estádio Municipal do Maracaná von Rio de Janeiro sahen. Es war die größte Zuschauermenge aller Zeiten bei einem Fußballspiel.

11 Zeit in Sekunden nach Anpfiff, in der Hakan Sükür bei der WM 2002 im Spiel um den dritten Platz ein Tor für die Türkei gegen Südkorea erzielte. Die Türkei gewann mit 3:2. Es war das schnellste Tor in der WM-Geschichte.

1.281 Die Zahl der Tore, die Pelé in den 1363 Spielen seiner 22-jährigen Karriere für Brasilien, den FC Santos und Cosmos New York erzielte.

STANDARD-SITUATIONEN

Wenn der Schiedsrichter das Spiel wegen einer Regelwidrigkeit oder eines ins Aus gegangenen Balls unterbricht, führt die angreifende Mannschaft eine festgelegte Aktion – z. B. einen Eckstoß oder einen Freistoß – aus. Dies sind sogenannte Standardsituationen mit hoher Torgefährlichkeit. Deshalb nimmt die angreifende Mannschaft eine entsprechend offensive Aufstellung ein, während die verteidigende Mannschaft alles tut, um ein Tor zu verhindern. Wird beispielsweise ein Freistoß in Tornähe gegeben, stellen sich die Verteidiger in einer Reihe (einer »Mauer«) zwischen Ball und Tor auf, um den Schuss abzufangen. Beim Eckstoß suchen die Angreifer nach freien Räumen, während die Verteidiger sie eng decken.

Korrekte Technik
Der einwerfende Spieler muss den Ball mit beiden Händen über Kopf werfen, ohne dass seine Füße den Boden verlassen.

EINWURF

Rollt der Ball vollständig über die Seitenlinie ins Aus, erhält die Mannschaft einen Einwurf, die zuletzt nicht im Ballbesitz war.

Torchance
Viele Tore fallen nach einem Eckstoß, oftmals durch einen Kopfball.

Entscheidung
Der Torwart muss sich entscheiden, ob er auf der Torlinie verteidigt oder ob er rausläuft und den Ball aktiv abwehrt.

ECKSTOSS

Wenn der Ball nach Berührung durch einen Verteidiger ins Toraus geht, wird ein Eckstoß gegeben. Der Ball wird von der Ecke aus getreten, die dem Überquerungspunkt am nächsten liegt, und darf direkt aufs Tor gezielt sein.

Mit Effet
Der Spieler versucht, den Ball um die Mauer zu lenken.

Die Mauer
Der Torwart stellt die Verteidigungsmauer sehr sorgfältig auf, um einen direkten Treffer zu verhindern.

Ballposition
Der Ball liegt an der Stelle, an der der Regelverstoß stattfand.

FREISTOSS

Es gibt zwei Arten von Freistößen. Beim direkten Freistoß – nach einem ernsten Vergehen, wie Beinstellen – darf der Schütze direkt aufs Tor schießen. Beim indirekten Freistoß – z. B. nach einer Behinderung – muss zunächst ein zweiter Spieler den Ball berühren, bevor aufs Tor geschossen werden darf.

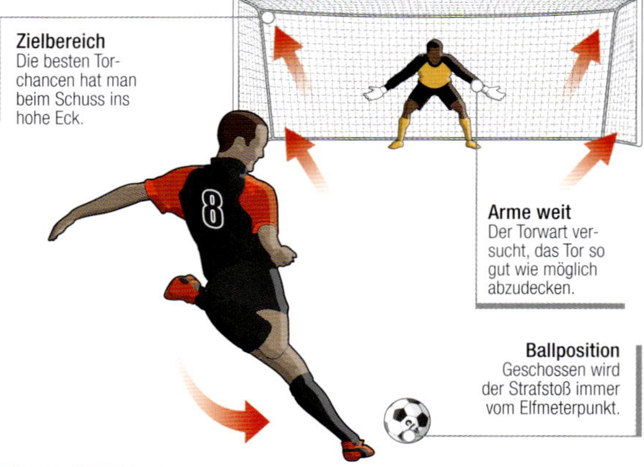

Zielbereich
Die besten Torchancen hat man beim Schuss ins hohe Eck.

Arme weit
Der Torwart versucht, das Tor so gut wie möglich abzudecken.

Ballposition
Geschossen wird der Strafstoß immer vom Elfmeterpunkt.

ELFMETER

Wird im Strafraum ein Regelverstoß begangen, der normalerweise zum direkten Freistoß führt, gibt es einen Elfmeter. Der Torwart muss bis zum Schuss ruhig auf der Torlinie stehen bleiben. Da als Resultat eines Elfmeters allgemein ein Tor erwartet wird, steht der Schütze unter hohem psychischen Druck – vor allem beim Elfmeterschießen nach Verlängerung.

DIE OFFIZIELLEN

Der Schiedsrichter hat im Spiel das letzte Wort. Er muss unter anderem die Spielregeln durchsetzen und die Spielzeit im Auge behalten. Er kann nach einem Regelverstoß »Vorteil« gelten und das Spiel weiterlaufen lassen, wenn eine Unterbrechung seiner Meinung nach das angegriffene Team benachteiligt. Ein guter Schiedsrichter lässt das Spiel möglichst laufen.

FEHLVERHALTEN

Kommt es zu einem ernsten Verstoß gegen die Spielregeln, kann der Schiedsrichter eine Verwarnung aussprechen (die Gelbe Karte zeigen) oder den Spieler vom Feld weisen (die Rote Karte zeigen). Zwei Gelbe Karten in einem Spiel haben automatisch eine Rote Karte zur Folge.

HANDZEICHEN

Der Schiedsrichter signalisiert mit der Trillerpfeife eine Unterbrechung und zeigt mit fünf festgelegten Handzeichen seine Entscheidung an.

DIREKTER FREISTOSS

INDIREKTER FREISTOSS

GELBE KARTE (VERWARNUNG)

ROTE KARTE (PLATZVERWEIS)

VORTEIL

ASSISTENTEN

Die beiden Schiedsrichterassistenten – einer an jeder Seitenlinie – treten in Aktion, wenn der Schiedsrichter eine Entscheidungshilfe benötigt. Dazu zählen Abseitsverstöße und die Entscheidung, welche Mannschaft Einwurf hat.

Fahne
Dient der Kommunikation mit dem Schiedsrichter.

EINWURF

EINWECHSLUNG

ABSEITS

ABSEITS

DIE REGELN

1863 wurde das erste einheitliche Regelwerk für den Fußball entwickelt. Heute gibt es 17 von der FIFA (Fédération Internationale de Football Association) festgelegte Spielregeln. Sie wurden über die Jahre immer wieder angepasst, zuletzt im Jahr 2013. Sie regeln alles – von den Spielfeldabmessungen und der Ausstattung der Spieler bis zur Rolle des Schiedsrichters, von den Fouls bis zu den Standardsituationen.

FOULS

FIFA-Regel 12 behandelt Fouls und Regelverstöße und die entsprechenden Sanktionen. Wenn ein Spieler einen anderen tritt, anspringt, schlägt oder mit übermäßiger Gewalt oder rücksichtslos stößt, gibt es einen direkten Freistoß. Ein direkter Freistoß wird ebenfalls gegeben, wenn ein Spieler (außer dem Torwart) den Ball mit der Hand berührt, den Gegner ohne Ball rempelt oder ihn hält oder anspuckt. Ein indirekter Freistoß erfolgt, wenn der Spieler einen Gegner behindert, den Torwart am Werfen oder Rollen des Balls hindert oder auf gefährliche Art und Weise spielt. Er ist auch die Strafe für diverse Verstöße des Torwarts, z. B. wenn er den Ball länger als sechs Sekunden festhält.

ANGRIFFE AUF DEN SPIELER
Wenn ein Verteidiger eher den Spieler als den Ball angreift, gilt dies als Foul. Da es schwierig ist, den Ball beim Angriff von hinten zu berühren, greift man am besten von vorne oder von der Seite an. Ein schlecht berechneter Angriff (oben) wird leicht zum Foul.

HALTEN
Das Festhalten des Gegners an Kleidung oder Körper gilt als Foul. Oft ist das Zerren am Trikot nur schwer zu erkennen.

GEFÄHRLICHES SPIEL
Hier gibt es verschiedenste Formen, aber meist handelt es sich um einen hohen oder rücksichtslosen Angriff, der für beide Spieler gefährlich ist.

BEHINDERUNG
Stellt sich ein Spieler zwischen einen Gegner und den Ball, ohne den Ball spielen zu wollen, gilt dies als Behinderung des Gegners.

BEIN STELLEN
Gefährliches und unsportliches Bein stellen gilt als Foul. Es ist allerdings manchmal schwer festzustellen, ob wirklich Absicht vorliegt.

DIE ABSEITSREGEL

Regel 11, »Abseits«, ist die wohl umstrittenste und am häufigsten geänderte Regel im Fußball. Den FIFA-Regeln von 2013 zufolge steht ein Spieler im Abseits, wenn er in der gegnerischen Hälfte näher an der gegnerischen Torlinie steht als der Ball, sich höchstens ein gegnerischer Spieler zwischen ihm und der Linie befindet, wenn er ins Spiel eingreift und wenn der Ball von einem Mitspieler gespielt wird. Anders ausgedrückt: Im Moment der Ballabgabe müssen sich mindestens zwei Gegenspieler zwischen dem Angreifer und der Torlinie befinden – sonst steht der Angreifer im Abseits. Auf ein Abseits folgt ein indirekter Freistoß. Die Abseitsregel soll verhindern, dass die Angreifer nur vor dem Tor lauern, was zu einem langweiligen Austausch langer Bälle führen würde. Im modernen Fußball ist die Abseitsregel ein sehr effektives Verteidigungsmittel geworden – Abwehrreihen sind darauf trainiert, einen Angreifer im Moment der Ballabgabe durch geschlossenes Vorrücken ins Abseits zu stellen.

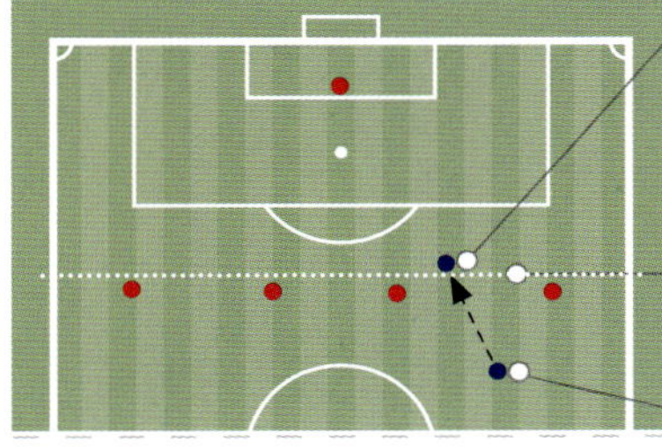

Abseits
Dies ist eine Abseitsstellung.

Keine Frage
Spieler A ist näher an der Torlinie als alle Verteidiger bis auf den Torwart.

Pass nach vorne
Spieler B hat den Ball zu Spieler A im Abseits gepasst.

ABSEITS
In der Situation oben steht Spieler A abseits und es folgt ein indirekter Freistoß, weil Spieler B den Ball (durch die Pfeillinie dargestellt) gepasst hat, als nur noch ein Verteidiger (der Torwart) zwischen Spieler A und der Torlinie stand.

»DIE HAND GOTTES«

Manchmal kommt ein Spieler mit einem Regelverstoß auch durch. Das wohl berühmteste Beispiel trug sich während des WM-Viertelfinales 1986 zwischen Argentinien und England zu. Zu Beginn der zweiten Halbzeit sprang der Argentinier Diego Maradona einem hoch gespielten Ball nach und faustete ihn ins Netz. Das Tor wurde gegeben und Argentinien gewann das Spiel (2:1) und die Weltmeisterschaft. Viele Jahre später gab Maradona das Handspiel zu, schrieb es aber »teils der Hand Gottes und teils dem Kopf Maradonas« zu.

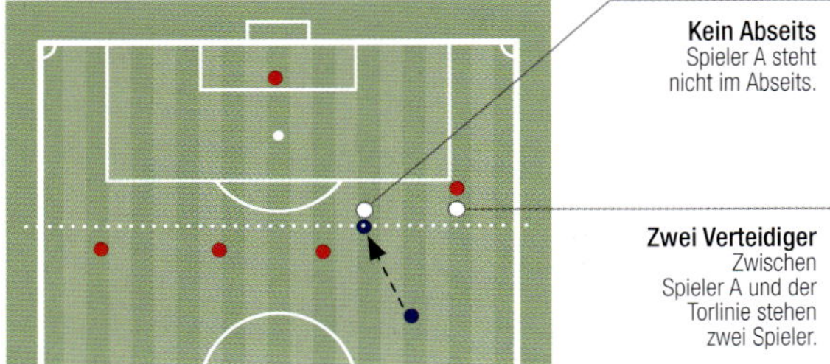
Kein Abseits
Spieler A steht nicht im Abseits.
Zwei Verteidiger
Zwischen Spieler A und der Torlinie stehen zwei Spieler.

KEIN ABSEITS
Im hier gezeigten Szenario steht Spieler A nicht abseits, weil Spieler B den Ball (durch die Pfeillinie dargestellt) gepasst hat, als zwei Spieler zwischen Spieler A und der Torlinie standen. Auf einer Höhe mit dem Verteidiger gilt nicht als Abseits.

FERTIGKEITEN

Ein Fußballer muss den Ball kontrollieren können – vor allem mit den Füßen, aber auch mit jedem anderen Körperteil außer Händen und Armen. Ein Team, das den Ball kontrolliert, behält ihn auch. Schlüsseltechniken sind Passen (siehe S. 102), enge Führung (einschließlich Stoppen des Balls mit Fuß, Kopf, Brust und Oberschenkel), Laufen mit dem Ball (Dribbling, siehe S. 102), Schießen (siehe S. 102), Zweikampf (siehe S. 103) und Köpfen. Ein Spitzenspieler muss all die folgenden Techniken perfekt beherrschen.

TRAINING

Fußballer trainieren oft und hart und üben die wichtigen Techniken im Team oder auch alleine. Auch die Fitness zählt: Ein erschöpfter Spieler nützt der Mannschaft nicht. Zum Fitnesstraining zählen Sprint (um Schnelligkeit zu entwickeln), Zirkeltraining (für die Ausdauer), Gewichtheben (Kraft) und Stretching (Flexibilität).

Landeplatz
Mit ausgebreiteten Armen und vorgestreckter Brust schafft der Spieler den größtmöglichen Platz für die Ballannahme.

FÜHREN MIT DER BRUST
Der Spieler kann seine Brust nutzen, um den Ball zu führen und sogar zu passen. Beim Führen »federt« die Brust den Fall des Balls ab, beim Pass reckt sie sich dem ankommenden Ball entgegen.

Gute Balance
Auf einem Bein stehend, sorgen die Arme für Balance.

FÜHREN MIT DEM OBERSCHENKEL
Der Oberschenkel fängt Bälle ab, die über Kniehöhe, aber zu niedrig für die Brust ankommen. Der Oberschenkel wird leicht abgesenkt, um den Ball abzufedern.

VOLLEY
Wird der Ball aus der Luft getreten, spricht man vom »Volley«. Da der Ball vorher nicht unter Kontrolle gebracht wird, ist das genaue Zielen schwieriger, aber dafür wird der Ball sehr schnell weiter bewegt.

Fester Stoß
Geköpft wird mit der Mitte der Stirn.
Abschirmung
Der Angreifer verteidigt den Ball mit dem Rücken zum Gegner.
Balltechnik
Eine enge Ballführung ist enorm wichtig.

KÖPFEN
Eine wichtige Technik, da der Spieler damit einen Ball erreichen kann, der zu hoch ist, um ihn mit einem anderen Körperteil als dem Kopf zu spielen. Wird vor allem für Pässe und Torschüsse eingesetzt.

ABSCHIRMEN
Wenn sich ein Spieler im Ballbesitz zwischen Ball und Verteidiger positioniert, schirmt er den Ball ab. Das ist regelgerecht, solange er den Ball auch wirklich aktiv führt.

GROSSVERDIENER

Die Spitzenspieler verdienen teilweise astronomische Summen. 2012 lag das Jahreseinkommen des am höchsten bezahlten Spielers Lionel Messi (vom FC Barcelona) bei geschätzten 36 Millionen Euro. Spitzenspieler der Bundesliga verdienen bis zu 13 Millionen Euro pro Jahr. Der reichste Fußballklub der Welt ist zurzeit Real Madrid mit geschätzten Einnahmen von rund 520 Millionen Euro in der Saison 2012/2013. Diese Zahlen spiegeln auch den Status des Fußballs als beliebteste Sportart der Welt wider.

SCHUSS MIT EFFET

Will ein Spieler den Ball mit dem rechten Fuß in einer Linkskurve (vom Spieler aus) fliegen lassen, trifft er ihn mit der Innenseite des Schuhs in der rechten unteren Hälfte. Um mit rechts eine Rechtskurve zu schießen, trifft der Spieler den Ball mit der Außenseite des Schuhs in der linken unteren Hälfte. In beiden Fällen schwingen Fuß und Bein in die der Flugbahn entgegengesetzten Richtung durch, um dem Ball einen entsprechenden Drall zu verleihen. Diese Technik findet bei Flanken, Torschüssen und bei Eck- und Freistößen Anwendung.

Antritt
Der Spieler geht den Ball im spitzen Winkel an.
Schuss
Für harte Torschüsse schießt man volley.
Die Innenseite des Schuhs trifft den Ball unten rechts.
Flugbahn
Der Ball fliegt im Bogen nach links.

SPIELSYSTEME

Die Aufstellung einer Mannschaft lässt sich in Zahlenfolgen aus drei oder vier Ziffern ausdrücken. So beschreibt »4-4-2« vier Verteidiger, vier Mittelfeldspieler und zwei Angreifer. Die Zahlen ergeben in der Summe immer 10, da der Torwart nicht mitgezählt wird. Eine Mannschaft beginnt das Spiel meist mit einem ihrem Stil entsprechenden System (siehe unten), kann dieses aber je nach Spielverlauf anpassen. Wenn die führende Mannschaft z. B. kein Gegentor riskieren will, kann sie eine defensive Aufstellung wählen. Aus den zahlreichen möglichen Kombinationen haben wir hier drei beliebte Beispiele ausgewählt.

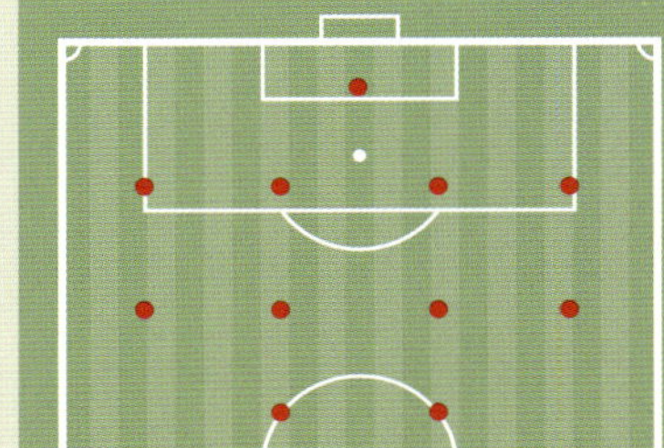

4-4-2
Dies ist die vermutlich am häufigsten eingesetzte Formation im modernen Fußball. Die 4-4-2 ist ein flexibles System, bei dem die Mittelfeldspieler eng mit den Verteidigern und den Angreifern zusammenarbeiten. Als »Arbeitspferde« haben sie in dieser Formation ein hohes Laufpensum.

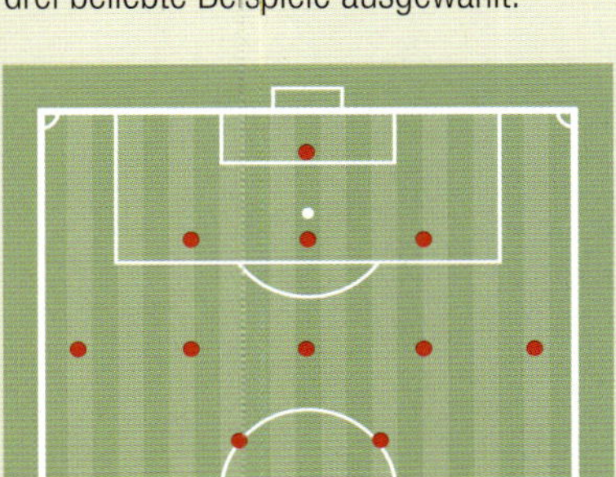

3-5-2
Hier übernehmen die linken und rechten Mittelfeldspieler zusammen mit den Angreifern eine offensivere Rolle. Der zentrale Mittelfeldspieler arbeitet mit der Verteidigung zusammen, um Gegenangriffe abzuwehren, während der Großteil der Mannschaft in der generischen Hälfte steht.

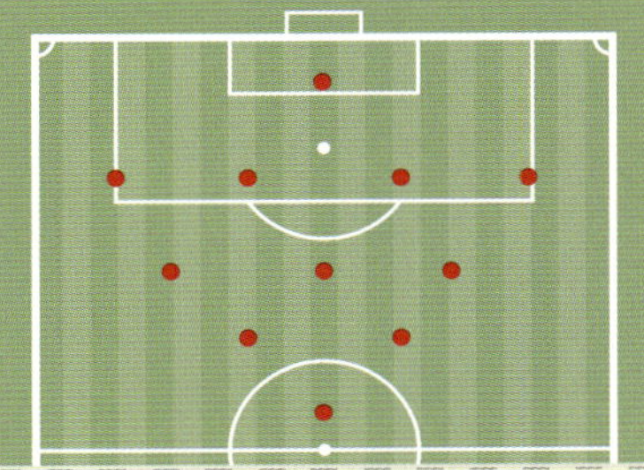

4-3-2-1
Diese Formation ist eine Variante des 4-4-2-Systems (siehe oben), bei der ein Mittelfeldspieler in eine Angriffsposition vorgeschoben wird. Dadurch gibt es praktisch drei Angreifer, wobei der Mittelstürmer vor den beiden anderen spielt.

INSIDER-STORY

Die früheste bekannte Form des Fußballs wurde im 2. und 3. Jahrhundert vor Christus in China gespielt. Ähnliche Spiele gab es auch in Griechenland, Rom und anderen frühen Kulturen. Die eigentliche Entwicklung des Fußballs fand aber in Großbritannien statt. Es gab anfangs die verschiedensten Formen. Ein »Spiel« war häufig nicht mehr als ein chaotischer Kampf zwischen zwei Dörfern. Etwa ab Anfang des 19. Jahrhundert wurde Fußball zu einem beliebten Schulsport. Ohne einheitliche Regeln bevorzugten aber einige Schulen eine etwas rauere Spielart, bei der auch das Aufnehmen und Laufen mit dem Ball erlaubt waren, während andere eher auf das kunstfertige Dribbeln setzten.

FUSSBALLREGELN

1863 wurden die Regeln vereinheitlicht. Dadurch wurde Rugby zum eigenständigen Sport und die Football Association und der »Verbandsfußball«, bei dem das Handspiel verboten war, entstanden. 1872 wurde der erste FA Cup ausgespielt (Sieger: Wanderers FC). Erst 1904 wurde die Fédération Internationale de Football Association (FIFA) gegründet, die heute 209 Mitglieder zählt.

INTERNATIONALE TURNIERE

Das unzweifelhaft wichtigste internationale Turnier ist die alle vier Jahre stattfindende FIFA-Weltmeisterschaft. Mit Milliarden von Zuschauern weltweit zählt sie neben den Olympischen Spielen zu den ganz großen globalen Sportereignissen. Es gibt getrennte Weltmeisterschaften für Männer und für Frauen. Weitere bedeutende Ereignisse sind die Europameisterschaft, die Copa América (Südamerika-Meisterschaft), die Afrika- und die Asien-Meisterschaft.

VEREINSTURNIERE

Die nationalen Wettkämpfe der Klubs untereinander, wie Bundesliga, Premier League (England) oder Serie A (Italien), werden von den Fans begeistert verfolgt. Auch zwischen den Spitzenklubs verschiedener Länder werden Turniere ausgetragen. Beispiele sind die europäische Champions League und die südamerikanische Copa Libertadores.

STATISTIK

FIFA-WELTMEISTER

JAHR	MEISTER	VIZEMEISTER
2014	DEUTSCHLAND	ARGENTINIEN
2010	SPANIEN	NIEDERLANDE
2006	ITALIEN	FRANKREICH
2002	BRASILIEN	DEUTSCHLAND
1998	FRANKREICH	BRASILIEN
1994	BRASILIEN	ITALIEN
1990	DEUTSCHLAND	ARGENTINIEN
1986	ARGENTINIEN	BRD
1982	ITALIEN	BRD
1978	ARGENTINIEN	NIEDERLANDE
1974	BRD	NIEDERLANDE
1970	BRASILIEN	ITALIEN
1966	ENGLAND	BRD
1962	BRASILIEN	TSCHECHOSLOWAKEI
1958	BRASILIEN	SCHWEDEN
1954	BRD	UNGARN
1950	URUGUAY	BRASILIEN
1938	ITALIEN	UNGARN

EUROPAMEISTER

JAHR	MEISTER	VIZEMEISTER
2012	SPANIEN	ITALIEN
2008	SPANIEN	DEUTSCHLAND
2004	GRIECHENLAND	PORTUGAL
2000	FRANKREICH	ITALIEN
1996	DEUTSCHLAND	TSCHECH. REP.
1992	DÄNEMARK	DEUTSCHLAND
1988	NIEDERLANDE	UDSSR
1984	FRANKREICH	SPANIEN
1980	BRD	BELGIEN
1976	TECHECHOSLOWAKEI	BRD
1972	BRD	UDSSR
1968	ITALIEN	JUGOSLAWIEN

COPA AMERICA-MEISTER

JAHR	MEISTER	VIZEMEISTER
2011	URUGUAY	PARAGUAY
2007	BRASILIEN	ARGENTINIEN
2004	BRASILIEN	ARGENTINIEN
2001	KOLUMBIEN	MEXIKO
1999	BRASILIEN	URUGUAY
1997	BRASILIEN	BOLIVIEN
1995	URUGUAY	BRASILIEN
1993	ARGENTINIEN	MEXIKO
1991	ARGENTINIEN	BRASILIEN
1989	BRASILIEN	URUGUAY
1987	URUGUAY	CHILE
1983	URUGUAY	BRASILIEN
1979	PARAGUAY	CHILE
1975	PERU	KOLUMBIEN
1967	URUGUAY	ARGENTINIEN
1963	BOLIVIEN	PARAGUAY

BASKETBALL

ÜBERBLICK

Das im 19. Jh. entwickelte Basketball ist eine schnelle, stark technikorientierte Ballsportart, bei der zwei Mannschaften zu je fünf Spielern versuchen, durch Würfe in den gegnerischen Korb zu punkten. Das Spiel ist vor allem in den USA, wo die National Basketball Association (NBA) den professionellen Rahmen stellt, populär, aber auch in Europa sehr beliebt. Es ist seit 1976 olympische Sportart.

SPORTLERPROFIL

Die durchtrainierten Basketballspieler müssen topfit sein. Da das Spiel schnell ist, müssen sie große Ausdauer mit hoher Beweglichkeit verbinden. Vor allem aber müssen sie groß sein. So sind die Spieler selten kleiner als 1,80 m, oft aber bis zu 2,10 m groß.

Spielkleidung
Die Spieler tragen locker sitzende ärmellose Trikots und weite Shorts, die ihnen eine maximale Bewegungsfreiheit garantieren.

Hohe Belastung
Wegen des dauernden Wechsels von Geschwindigkeit und Richtung sind die Knie besonders verletzungsanfällig.

Luftpolster
Moderne Basketballstiefel haben luftgepolsterte Sohlen, die dem Spieler beim schnellen Spiel hohen Laufkomfort bieten und ihn bei Sprüngen unterstützen.

Sprungkraft
Für die Sprünge und Sprints benötigt ein Basketballspieler starke Beinmuskeln.

JAMES A. NAISMITH

James A. Naismith ist nicht nur der Erfinder des Basketballs, sondern führte auch den Schutzhelm beim American Football ein.

FAKTEN

- Basketball wurde 1891 vom Kanadier James A. Naismith erfunden.
- Einer Studie der National Sports Goods Association zufolge betreiben in den USA mehr Menschen Basketball als irgendeine andere Sportart.
- In den USA ist der College Basketball mindestens genauso populär wie die Spiele der Profiliga; Alaska ist der einzige amerikanische Bundesstaat ohne eine 1. Liga der Männer.
- Die Topspieler der NBA genießen den Status von Superstars und verdienen Unsummen – 13 der 50 Sportler auf der Spitzenverdiener-Liste der »Sports Illustrated« von 2013 sind NBA-Stars.

Begrenzte Zone
Jeder Korbwurf innerhalb der Drei-Punkte-Linie zählt zwei Punkte.

Freiwurfraum
Angreifer dürfen sich bis zu drei Sekunden in diesem Bereich aufhalten.

Drei-Punkte-Linie
Ein Korbwurf von jenseits dieses Kreises zählt drei Punkte.

Aus
Der Bereich außerhalb der Seiten- und Endlinien.

DIE SHOTCLOCK

Die 24-Sekunden-Uhr (Shotclock) wurde 1954 von der NBA eingeführt, um das Spiel zu beschleunigen. Die Mannschaft in Ballbesitz muss innerhalb von 24 Sekunden einen Korbwurf versuchen oder sie verliert den Ball. Ist der Countdown abgelaufen, ertönt ein Summer und eine rote Lampe leuchtet auf.

DAS SPIELFELD

Das Basketballfeld ist eine rechteckige Spielfläche, in der Regel mit einem polierten Holzboden. Es existieren verschiedene Formen und Größen. Nach NBA (National Basketball Association)-Regeln ist das Feld 28,5 m lang und 15,2 m breit. Nach den Regeln der Fédération Internationale de Basketball (FIBA) misst das Feld nur 28 m mal 15 m. Im amerikanischen College Basketball sind die Felder noch etwas kleiner. Weiße Linien markieren unter anderem die Grenzen des Felds, die Drei-Punkte- und die Freiwurflinie. Die Körbe hängen in 3,05 m Höhe an rechteckigen Spielbrettern.

Endlinie
Markiert die Spielfeldgrenze an den Schmalseiten.

Korb
Der Korbring hat einen Durchmesser von 45 cm.

Spielbrett
Das rechteckige Brett aus verstärktem Kunststoff, Glas oder Plexiglas lässt den Ball in den Korb abprallen.

28,5 m
15,2 m
3,05 m

Freiwurflinie
Von hier kann der Spieler nach einem Foul vom Gegner ungehindert auf den Korb werfen.

Seitenlinie
Markiert die Spielfeldgrenze an den Längsseiten.

Sprungball
Der Schiedsrichter wirft den Ball zu Beginn zwischen zwei Spielern hoch, die ihn jeweils ihrem Team zuspielen wollen.

Mittellinie
Die Mittelmarkierung des Spielfelds.

FREIWURFLINIE

Da Freiwürfe im Basketball eine große Rolle spielen, kann die Anzahl erfolgreicher Freiwürfe über Sieg und Niederlage entscheiden. Erfolgreiche Freiwürfe zählen immer einen Punkt. Eine Mannschaft erhält zwischen einem und drei Freiwurfversuche, je nach Schwere des Regelverstoßes des gegnerischen Teams.

DIE SPIELPOSITIONEN

1. **Point Guard**
Der Point Guard ist oft der schnellste Spieler im Team, der den Angriff organisiert, indem er vorher abgesprochene Spielzüge ansagt, den Ball führt und für Korbmöglichkeiten sorgt.

2. **Shooting Guard**
Spieler auf dieser Position sind oft kleiner und schneller als die Forwards. Der Shooting Guard wirft Körbe und sorgt für Korbmöglichkeiten.

3. **Small Forward**
Die Small Forwards sind vor allem für Korbwürfe verantwortlich und folgen beim Rebound den Power Forwards und dem Center. Sie machen die meisten Punkte.

4. **Power Forward**
Nicht ganz so groß wie der Center, geht der Power Forward die Rebounds aggressiv an und erzielt die meisten seiner Punkte aus etwa 2 m Distanz zum Korb.

5. **Center**
Der Center ist meist der größte Spieler im Team. Er ist häufig Spezialist im Blocken gegnerischer Würfe und im Rebound.

GEWUSST?

23 **Die Trikotnummer von Michael Jordan, einem der größten Spieler aller Zeiten. Jordan wählte die Nummer als Reverenz an seinen älteren Bruder Larry, der die 45 trug. Michael hielt sich nur für halb so talentiert wie sein Bruder und nahm deshalb die 23 (aufgerundet von 22,5). Owen Hargreaves, Fußballprofi und Basketball-Fan, trug in seiner Zeit bei Bayern München ebenfalls die 23.**

38.387 **Die Gesamt-Punktzahl von Kareem Abdul-Jabbar. Er zog sich zwar schon 1989 zurück, bleibt aber der erfolgreichste Scorer der NBA.**

100.087.526 **Das Gehaltsetat des NBA-Teams der Los Angeles Lakers für die Saison 2011/2012 in US-Dollar.**

2,31 **Die Größe Manute Bols (in Metern). Der sudanesische Center, der 1985–1995 in der NBA spielte, ist der größte Spieler in der Verbandsgeschichte.**

76 **Umfang des Basketballs für Männer (in Zentimetern). Der Ball ist aus acht Gummi- oder Lederstreifen genäht.**

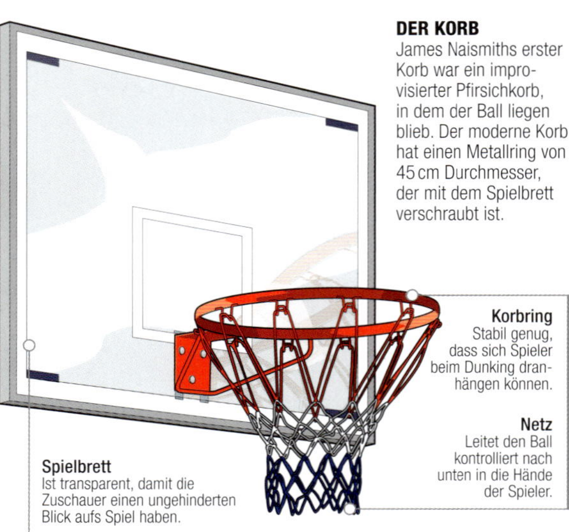

Stabil genug, dass sich Spieler beim Dunking dranhängen können.

Leitet den Ball kontrolliert nach unten in die Hände der Spieler.

Ist transparent, damit die Zuschauer einen ungehinderten Blick aufs Spiel haben.

DER KORB
James Naismiths erster Korb war ein improvisierter Pfirsichkorb, in dem der Ball liegen blieb. Der moderne Korb hat einen Metallring von 45 cm Durchmesser, der mit dem Spielbrett verschraubt ist.

DIE AUSRÜSTUNG

Das Schöne am Basketball ist, dass man es fast überall und mit einem Minimum an Gerät spielen kann. Man braucht nur einen Ball und zwei Körbe – oder auch nur einen, wenn man Streetball spielt. Bei Turnieren und Profispielen tragen die Spieler vorgeschriebene ärmellose Trikots und Shorts mit ihrer Spielernummer. Da die Beine und vor allem die Fuß- und Kniegelenke stark belastet werden, wählt man die Schuhe besonders sorgfältig aus und trainiert gezielt Muskeln und Gelenke. Schweißbänder an Handgelenk und Stirn sind ebenfalls üblich.

BALL
Der Basketball hat sich seit den Anfangstagen im späten 19. Jh. stark verändert. Der alte Ball war schwer, mit dicken Nähten und unberechenbarem Sprung. Die heutigen Bälle bestehen aus acht fein vernähten Lederstreifen und sind luftgefüllt. Der Ball für Männer hat ca. 24 cm Durchmesser, einen Umfang von 76 cm und ein Gewicht von 600–650 g.

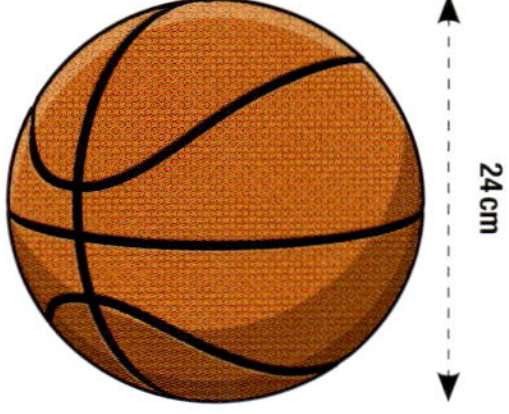

DAS SPIEL

Nach dem ersten Sprungwurf zu Spielbeginn versucht jede Mannschaft mit offensiven und defensiven Mitteln mehr Punkte zu machen als der Gegner. Im Angriff kommen Pässe und Dribblings (meist in der Bewegung mit dem Ball) zum Einsatz, bis sich eine Gelegenheit zum Korbwurf ergibt. Basketball ist ein schneller Sport mit zahlreichen Korbtreffern. Häufig hat die siegreiche Mannschaft am Ende mehr als 100 Punkte gemacht.

KÖRBE, BALLBESITZ UND REBOUNDS

Hat ein Spieler einen Korb geworfen, erhält seine Mannschaft je nach Entfernung zum Korb zwei oder drei Punkte. Das Spiel wird mit dem Ballbesitz für die gegnerische Mannschaft auf der Endlinie unter dem Korb fortgesetzt. Prallt ein Ball vom Brett oder Korbring ab, ringen die Spieler um den »Rebound«. Kann das Angreiferteam den Rebound aufnehmen, kann es erneut auf den Korb werfen. Umgekehrt kann das verteidigende Team versuchen, den Ball vor den gegnerischen Korb zu bringen. Ein Center, der besonders gut im Aufnehmen von Rebounds aus der Defensive ist, ist ein großer Vorteil, da er damit den Angriff zum Erliegen bringt. Wilt Chamberlain, ein NBA-Spieler der 1960er-Jahre, ist der wohl beste Rebounder aller Zeiten.

AUS

Der Ball ist im Aus, wenn er den Boden oder einen Gegenstand auf, über oder außerhalb der Spielfeldgrenzen oder die Korbgestelle berührt. Nun wird die Uhr angehalten. Der Ball wird von der Mannschaft wieder ins Spiel gebracht, die ihn nicht zuletzt berührt hat. Nach dem Zeichen für den Wiederbeginn hat der Spieler fünf Sekunden Zeit für den Einwurf.

SPRUNGWURF
Der Sprungwurf steht am Beginn des Spiels. Die gegnerischen Spieler, meist die Center, stellen sich beiderseits des Schiedsrichters am Mittelkreis auf. Der Schiedsrichter wirft den Ball zwischen den beiden Spielern in die Höhe. Die springen hoch und versuchen, ihn der eigenen Mannschaft zuzuspielen. Hier ist ein besonders großer Center (oder ein besonders guter Springer) von großem Vorteil. Der Ballbesitz direkt nach dem Sprungwurf eröffnet dem angreifenden Team die erste Chance auf einen Korbwurf.

Schiedsrichter
Er tritt nach dem Sprungwurf einen Schritt von den Spielern zurück.
Größe zählt
Körpergröße und Sprungkraft aus dem Stand sind beim Sprungwurf wichtige Faktoren.
Fairplay
Die Spieler dürfen sich beim Sprungwurf nicht gegenseitig behindern.
40
8
1

SPIELREGELN

Basketball wurde 1891 mit 13 Grundregeln eingeführt. Interessanterweise hat die NBA heute nur noch 12 Spielregeln – jede allerdings mit zahlreichen Klauseln und Unterabschnitten. Dabei gibt es feine Unterschiede zwischen den Regelwerken der verschiedenen Dachverbände NBA, FIBA und NCAA. In der NBA laufen die Spiele über vier 12-minütige (FIBA: 10 Minuten) Viertel. Die Teams können bis zu zwölf Spieler aufstellen, von denen aber nur fünf auf einmal spielen dürfen.

PERSÖNLICHE & TECHNISCHE FOULS

Das Team eines gefoulten Spielers darf entweder ungehindert passen oder erhält einen oder mehr Freiwürfe, abhängig davon, ob das Foul während eines Wurfs passierte und ob der Wurf erfolgreich war.

PERSÖNLICHES FOUL Dies ist ein direkt gegen einen anderen Spieler gerichtetes Foul, wie Rempeln, Blockieren, Stoßen, Halten und Behindern.

TECHNISCHES FOUL Dies ist ein technischer Fehler oder ein Vergehen ohne persönlichen Kontakt und gilt als schwerwiegender als ein persönliches Foul. Technische Fouls sind obszöne Sprache eines Spielers oder Trainers, Meckern, Streiten, Zeitspiel und unerlaubte Einwechslungen.

REGELVERSTÖSSE MIT BALL

Hierbei geht es um Regelverletzungen bei der Ballführung. Der Ball muss im Spielfeld bleiben. Das letzte Team, das den Ball vor dem Aus berührt hat, verliert den Ballbesitz. Der Spieler mit Ball darf nicht mehr als zwei Schritte machen, ohne zu dribbeln (Schrittfehler), er darf auch nicht mit beiden Händen dribbeln oder den Ball während des Dribblings festhalten (Doppeldribbling). Seine Hand darf sich beim Dribbling nicht unter dem Ball befinden. Hat eine Mannschaft den Ballbesitz in der gegnerischen Spielfeldhälfte erlangt, darf sie den Ball nicht zurück in die eigene Hälfte spielen.

ZEITGRENZEN

Folgende Regeln sollen das Spiel beschleunigen: 8-Sekunden-Regel (8 Sekunden, bis der Ball in die gegnerische Hälfte gespielt werden muss), 24-Sekunden-Regel (jeder Angriff darf maximal 24 Sekunden dauern), 5-Sekunden-Regel (der Spieler muss binnen 5 Sekunden den Einwurf oder Korbwurf ausführen, zu dribbeln anfangen oder den Ball abgeben, wenn er eng gedeckt wird) und die 3-Sekunden-Regel (die Angreifer dürfen sich nicht länger als drei Sekunden im Freiwurfraum aufhalten).

ANZEIGETAFEL
Die vier Anzeigen der Tafel informieren die Zuschauer laufend über das Spielgeschehen. Um den Hauptbereich herum finden sich Informationen zu Auszeiten, Fouls, Punktestand und Restspielzeit.

Fernseher
Hier kann man den Spielverlauf live und Wiederholungen einzelner Szenen sehen.

Zeit und Punkte
Am unteren Rand werden der aktuelle Punktestand und die Restzeit des Viertels oder der Hälfte angezeigt.

Statistiken
Dieser Bereich zeigt die erzielten Punkte und Fouls jedes Spielers sowie die Team-Fouls und die Auszeiten an.

Werbung
Im professionellen und im College Basketball wird im Randbereich der Anzeigetafel Werbung eingeblendet.

HANDZEICHEN

Angesichts unzähliger Regeldetails – schließlich können nicht nur die Spieler, sondern auch die Trainer Verstöße begehen – müssen die Schiedsrichter blitzschnell entscheiden und ihre Augen überall haben. Die beiden Schiedsrichter werden dabei von dem Anschreiber, dem Zeitnehmer und dem 24-Sekunden-Zeitnehmer unterstützt. Die Schiedsrichter verständigen sich mittels bestimmter Handzeichen über den Spielverlauf und Regelverstöße. Einige davon werden unten erklärt.

BLOCKIEREN
Der Schiedsrichter stützt die Fäuste in die Hüfte, um eine Behinderung durch einen Spieler anzuzeigen.

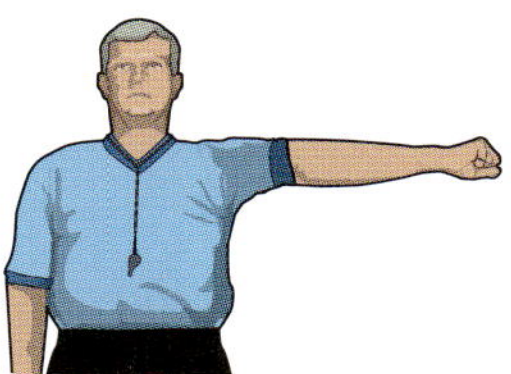

REMPELN
Ein offensives Foul, bei dem ein Angreifer einen Verteidiger auf seiner Position anrempelt.

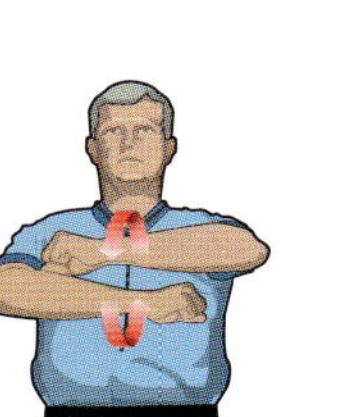

SCHRITTFEHLER
Die rotierende Bewegung zeigt einen Schrittfehler – d. h. Laufen mit dem Ball, ohne ihn aufprallen zu lassen – an.

SPRUNGBALL
Wenn zwei gegnerische Spieler den Ball gleichzeitig halten, hebt der Schiedsrichter die Arme um einen Sprungball anzuzeigen.

ZWEI PUNKTE
Der erhobene linke Arm mit gestrecktem Zeige- und Mittelfinger zeigt dem Anschreiber einen 2-Punkte-Korb an.

DREI PUNKTE
Zwei erhobene Arme mit je drei gestreckten Fingern zeigen einen Treffer von außerhalb der Drei-Punkte-Linie an.

AUSZEIT

Auszeiten sind meist in entscheidenden Spielmomenten durch Trainer und Spieler geforderte Unterbrechungen, in denen die Taktik besprochen und die Moral der Spieler gestärkt wird. In Deutschland stehen einer Mannschaft zwei Auszeiten in der ersten und drei in der zweiten Spielhälfte zu.

STATISTIK

EWIGE BESTENLISTE DER NBA

PUNKTE	SPIELER
38 387	KAREEM ABDUL-JABBAR
36 928	KARL MALONE
32 292	MICHAEL JORDAN
31 700	KOBE BRYANT
31 419	WILT CHAMBERLAIN
28 596	SHAQUILLE O'NEAL
27 409	MOSES MALONE
27 313	ELVIN HAYES
26 946	HAKEEM OLAJUWON
26 786	DIRK NOWITZKI

NBA-BESTENLISTE PLAYOFF-PUNKTE

PUNKTE	SPIELER
5987	MICHAEL JORDAN
5758	KAREEM ABDUL-JABBAR
5640	KOBE BRYANT
5250	SHAQUILLE O'NEAL
4845	TIM DUNCAN
4761	KARL MALONE
4457	JERRY WEST
4188	LEBRON JAMES
3897	LARRY BIRD
3776	JOHN HAVLICEK

NBA-PLAYOFF-PUNKTE PRO SPIEL

PUNKTE	SPIELER
33,4	MICHAEL JORDAN
29,7	ALLEN IVERSON
29,1	JERRY WEST
28,9	KEVIN DURANT
28,1	LEBRON JAMES
27,3	GEORGE GERVIN
27,0	ELGIN BAYLOR
26,7	BILLYRAY BATES
26,0	ALEX GROZA
25,9	HAKEEM OLAJUWON

NBA-BESTENLISTE PLAYOFF-SIEGE

SIEGE	MANNSCHAFT
17	BOSTON CELTICS
11	LOS ANGELES LAKERS
6	CHICAGO BULLS
5	MINNEAPOLIS LAKERS
4	SAN ANTONIO SPURS
3	DETROIT PISTONS
2	PHILADELPHIA 76ERS
2	HOUSTON ROCKETS
2	NEW YORK KNICKS
2	PHILADELPHIA WARRIORS

TECHNIKEN

Neben Größe und Athletik kommt es bei Basketballspielern auch auf die Ballfertigkeiten an. Sie müssen passen, dribbeln, den Ball abschirmen und vor allem perfekt Körbe werfen können, um es in die Liga der Spitzenspieler zu schaffen. Basketballspieler arbeiten immer als Einheit, sei es in der Verteidigung (im Kampf um Ball und Rebound) oder im Angriff (im Abschirmen eines Mitspielers für einen ungestörten Korbwurf). Hier eine Übersicht der gebräuchlichsten Spieltechniken.

BEWEGEN

Spieler dürfen sich frei auf dem Spielfeld bewegen, aber nicht laufen, wenn sie den Ball festhalten. Mit dem Ball kann der Spieler auf dem fest am Platz stehenden Standfuß Sternschritte ausführen und den Rest des Körpers völlig frei bewegen.

Welcher Fuß? Die Stellung des Spielers bei der Ballannahme entscheidet über den Standfuß.

PASSEN

Blockiert ein Gegner den Pass auf Brusthöhe, kann der Spieler den Ball auch mit einem Aufsetzer weitergeben. Dies dauert zwar länger, ist aber für den Gegner viel schwieriger abzufangen, da der Pass ja zunächst zum Boden zielt.

Mit Druck Aufsetzer müssen mit Druck und ohne vorherige Ansage ausgeführt werden.

DRIBBLING

Beim Dribbling lässt man den Ball fortgesetzt auf den Boden prellen, um mit dem Ball laufen zu dürfen. Beim Umdribbeln eines Gegners sollte der Spieler die entfernte Hand zum Dribbeln verwenden, damit der Gegner nicht oder zumindest nur schwer an den Ball kommt. Das ist auch der Grund, warum Spieler mit beiden Händen gleich gut dribbeln können müssen.

KORBWURF

Korbwürfe werden meist im Stehen oder aus dem Sprung heraus gemacht oder auch als Korbleger gespielt. Dabei befindet sich der Spieler in der Bewegung auf den Korb zu und lässt den Ball vom Spielbrett in den Korb »abtropfen«. Spektakulär ist der Slam Dunk (rechts) bei dem der Spieler so hoch springt, dass er den Ball von oben in den Korb »stopfen« kann.

> **LITTLE BIG MAN**
>
> Mit nur 1,60 m Größe ist Muggsy Bogues, einst bei den Charlotte Hornets, der kleinste Spieler, der je in der NBA spielte.

Dunking Der Spieler legt die Hand auf den Ball und drückt ihn durch den Ring.

Abheben Die Spieler laufen so an, dass sie eine maximale Sprunghöhe erreichen.

TAKTIK

Das Ziel beim Basketball – mehr Punkte zu machen als die gegnerische Mannschaft – ist zwar einfach, aber die eingesetzten Taktiken werden mit steigendem Spielniveau immer komplexer. Im Angriffsspiel geht es um Vorstöße in einer Vielfalt an Formationen, um den Ball möglichst schnell zu bewegen. Der Angriff läuft meist über den Point Guard. Die Verteidigung erfordert Disziplin, enge Manndeckung und frühes Stören des Gegners. Während der Auszeiten bespricht der Trainer Änderungen in der Taktik.

ANGRIFF

Die Teams verfügen immer über mehrere geplante offensive Spielzüge, wie den Fast Break (rechts), um unberechenbar zu bleiben. Die Pässe und die Bewegungen der Spieler ohne Ball sind meist geplant. Eine schnelle Bewegung eines Angreifers ohne den Ball in eine vorteilhaftere Position nennt man einen »Cut«. Den legalen Versuch eines Angreifers, den Gegner am Decken eines Mitspielers zu hindern, nennt man »Screen« oder »Pick«. Screens und Cuts sind die Grundelemente des Offensivspiels.

VERTEIDIGUNG

Es gibt zwei Hauptstrategien der Verteidigung: Raumdeckung und Manndeckung. Bei der Raumdeckung bewachen die Defensivspieler alle Gegner in ihrem Freiwurfraum, wie bei der Zone Press (rechts). Bei der Manndeckung deckt jeder Verteidiger einen bestimmten Gegner und versucht, ihn am Dribbling, Passen und Werfen zu hindern. Die Verteidiger konzentrieren sich immer auf die Haltung der Hände (ihrer eigenen und der der Angreifer) und müssen angetäuschte Pässe und versuchte Ballabnahmen rechtzeitig erkennen können.

FAST BREAK (Schneller Durchbruch)

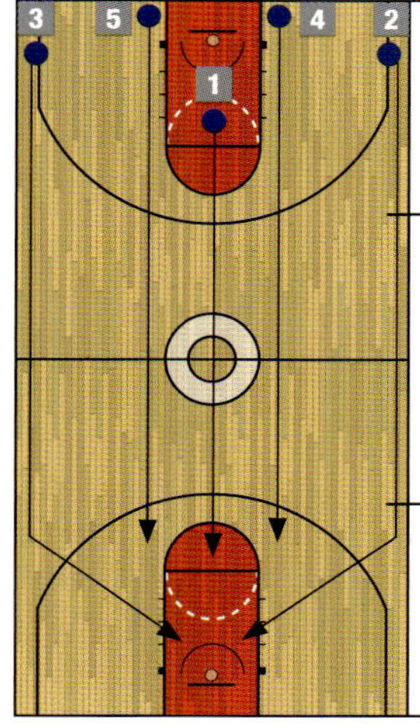

1 Point Guard
Sollte das Mittelfeld beherrschen.

2 Shooting Guard
Deckt die linke Flanke bis zur Seitenlinie ab.

3 Quick Forward
Hat die gleiche Rolle wie der Shooting Guard, nur auf der anderen Spielfeldseite. Nur wenige Spieler leisten dies, sodass das Team meist nicht die für einen Schnellangriff notwendige Raumaufteilung erreicht.

4 Power Forward
Bleibt beim Rebound zurück. Sollte weiter vorrücken, um Wurfversuche der Spieler 1, 2, oder 3 zu verfolgen.

5 Center/Rebounder
Bleibt auf seiner eigenen Bahn und dient als »Sicherheit«, falls der Ballbesitz verloren geht.

ZONE PRESS (Pressdeckung)

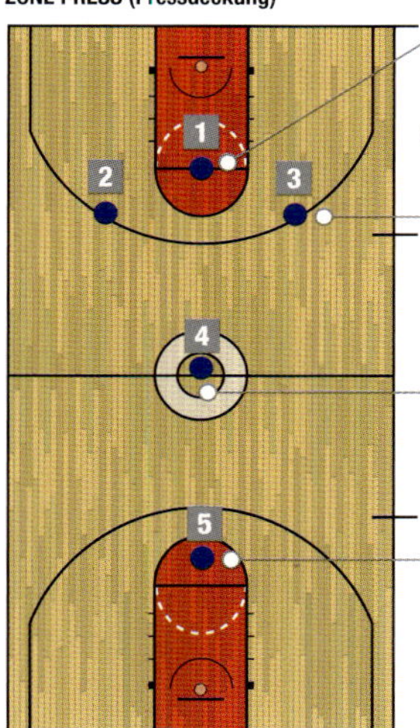

Pressdeckung
Der Shooting Guard steht in der vorderen Hälfte des Freiwurfkreises und zwingt den Gegner zum Ausweichen. Er sollte ein kleinerer, schneller Spieler mit flinken Händen sein. Er bewegt sich nur seitwärts.

Flügelspieler
Die Flügelspieler 2 und 3 sind größere Angreifer. Der kräftigere sollte auf Position 2 spielen, da das verteidigende Team den Angriff in seine Richtung zwingen sollte.

Mittelfeldspieler
Der Mittelfeldspieler sollte der schnellste Spieler der Mannschaft mit guter Spielübersicht und Intuition sein.

Letzte Verteidigungslinie
Der hinterste Mann ist meist der Center, der größte Spieler und beste Rebounder. Er hat die Aufgabe, Gelegenheitswürfe der Gegner zu vereiteln.

DIE NBA-PLAYOFFS

Die NBA-Saison beginnt im November mit der regulären Spielzeit, in der Mannschaften der Eastern und der Western Conference in 82 aufreibenden Spielen gegeneinander antreten. Die acht besten Teams jeder Conference qualifizieren sich für die Playoffs, die Ende April beginnen. Die Platzierung hängt von der Leistung in der regulären Saison ab. Eine Reihe von Ausscheidungsrunden führt schließlich zu einer »Best-of-Seven«-Serie zwischen den Siegern beider Conferences im Juni. Der Sieger der NBA-Finals erhält die Larry O'Brien Championship Trophy. Mit 16 Finalsiegen sind die Boston Celtics das erfolgreichste Team in der Geschichte der NBA.

INSIDER-STORY

Die Fédération Internationale de Basketball, kurz FIBA, ist der Welt-Basketballverband, der weltweit die Basketball-Wettbewerbe organisiert. Der Verband wurde 1932 in Genf unter dem Namen Fédération Internationale de Basketball Amateur gegründet, zwei Jahre, nachdem das Internationale Olympische Komitee die Sportart offiziell anerkannt hatte. Gründungsmitglieder waren acht Nationen: Argentinien, Tschechoslowakei, Griechenland, Italien, Lettland, Portugal, Rumänien und die Schweiz. Während der Olympischen Sommerspiele 1936 in Berlin ernannte die Fédération den Erfinder des Basketball, James Naismith (1861–1939), zum Ehrenpräsidenten. Die FIBA organisiert seit 1950 die FIBA-Weltmeisterschaften der Herren und seit 1953 die Weltmeisterschaften der Damen. Beide Turniere finden heute alle vier Jahre, abwechselnd mit den Olympischen Spielen, statt.

DIE NATIONAL BASKETBALL ASSOCIATION

Die NBA ist mit 30 Mannschaften (29 in den USA, eine in Kanada) die größte Basketball-Liga der Welt. Sie wurde am 6. Juni 1946 in New York als Basketball Association of America (BAA) gegründet. Im Herbst 1949 nahm sie nach der Fusion mit der konkurrierenden National Basketball League den Namen National Basketball Association an. Die verschiedenen Büros der Liga werden vom Hauptquartier im Olympic Tower, 645 Fifth Avenue, New York aus geleitet.

DIE HARLEM GLOBETROTTERS

Die Harlem Globetrotters sind eine Basketball-Showtruppe und eines der erfolgreichsten Sportunternehmen der Welt. Die Mannschaft wurde 1927 von Abe Saperstein in Chicago gegründet. Das »Harlem« im Namen sollte vor allem die afro-amerikanischen Zuschauer ansprechen. Über die Jahre hinweg haben die Globetrotters über 20 000 Showspiele in 118 Ländern absolviert, meist gegen ganz bewusst ausgewählte unterlegene Gegner, und in der Zeit 98 Prozent aller Spiele gewonnen.

Ovaler Ball
Der offizielle NFL-Ball ist 28 cm lang, hat einen maximalen Umfang von 71 cm und ein Gewicht von 425 g.
Kopfschutz
Helm und Gesichtsmaske bewahren Kopf und Gesicht vor Verletzungen.
Schulterpolster
Alle Spieler tragen gepolsterte Schulterpanzer aus Kunststoff.
Teamfarben
Alle Spieler tragen ein Trikot in den Teamfarben. Neben Name und Nummer des Spielers finden sich auch Logos von NFL und Team auf dem Trikot.
Enger Sitz
Dank einer Kombination aus Nylon und Spandex sitzt die Hose straff über der Beinpanzerung.
Gepolsterte Schoner
Die Spieler schieben gepolsterte Schoner unter ihre Leggings, um sich gegen Stürze und Stöße zu schützen.
Leichte Schuhe
Auf Gras tragen die Spieler Schuhe mit eingeschraubten Plastikstollen; auf Kunstrasen kommen Schuhe mit Profilsohle zum Einsatz.
10

FAKTEN

- **American Football ist der beliebteste Zuschauersport der USA. Jedes Jahr verfolgt fast die Hälfte aller Amerikaner die Super Bowl, das NFL-Meisterschaftsendspiel, im Fernsehen.**
- **In Kanada gibt es eine Profiliga, die eine Version des American Football mit eigenen Regelvarianten spielt.**
- **Außerhalb Nordamerikas erfreut sich American Football eher geringer Beliebtheit. Es gibt aber Ligen in Großbritannien, Deutschland, Japan und Mexiko.**
- **Das erste reguläre NFL-Match außerhalb der Vereinigten Staaten fand 2005 in Mexiko-Stadt statt – vor der unglaublichen Anzahl von 103 467 Zuschauern.**

ÜBERBLICK

American Football ist »kein Kontakt-, sondern ein Kollisionssport« und wird in manchen Ländern Gridiron Football und in den USA schlicht Football genannt. Zwei Teams aus je elf Spielern versuchen, in vier Spielabschnitten (den »Quarters« oder Vierteln) Punkte zu machen, indem sie einen ovalen Ball in die gegnerische Endzone tragen oder durch Torpfosten schießen. Die angreifende Offense hat vier Versuche (»Downs«), um den Ball 10 Yards weit nach vorne zu bringen. Bei Erfolg erhält sie weitere Downs. Die verteidigende Defense will sie stoppen und ihr den Ball abnehmen. Während riesige Linemen aufeinander prallen, schaffen Running Backs und flinke Receiver Chancen für den Quarterback. Das hochgradig taktische, explosive und schnelle American Football ist wie Schach mit Rüstung.

SPORTLERPROFIL

Da es viele Positionen mit ganz unterschiedlichen Rollen und körperlichen Anforderungen gibt, existiert der typische Football-Spieler nicht. Die meisten Spieler kombinieren aber große Kraft mit athletischem Können und verfügen über hervorragende Koordination. Je nach Spielposition reicht die Körpergröße von 1,80 bis 2 m und das Gewicht rangiert zwischen 86 und 136 kg.

AMERICAN FOOTBALL

DAS SPIELFELD (GRIDIRON)

Das Football-Feld wird von den langen Seiten- und den kurzen Endlinien begrenzt, die ein 120 x 53 Yards (in Deutschland gilt: 1 Yard = 1 m) großes Rechteck bilden. Die 120 Yards zwischen den Torpfosten werden im Abstand von 5 Yards von Linien unterteilt, die alle 10 Yards nummeriert sind. Vier Reihen von »Hash Marks« ziehen sich über die Länge des Felds – die äußeren zwei markieren 1 Yard Abstand zu den Seitenlinien, die inneren markieren den Bereich, in dem das Spiel nach einem Aus im vorigen Spielzug fortgesetzt wird. Die Endzonen werden von Tor-, End- und Seitenlinie begrenzt. Meist wird auf Rasen, oft aber auch auf Kunstrasen gespielt.

SPIELER UND POSITIONEN

Jedes NFL-Team verfügt über bis zu 53 Spieler. Nur elf von ihnen sind gleichzeitig auf dem Feld, aber viele werden im Spielverlauf eingesetzt – in der Pause zwischen den Spielzügen kann das gesamte Team ausgetauscht werden, wenn genügend Zeit bleibt. Jeder Spieler hat eine spezielle Rolle in einem der drei Mannschaftsteile: Offense, Defense und Special Teams. Zur Offense zählen Quarterback, Offensive Linemen, Receiver und Running Backs. Zur Defense zählen Defensive Linemen, Linebackers, Cornerbacks und Safeties. Positionen in den Special Teams sind Placekicker, Punter, Holder, Long und Short Snapper und Punt Returner.

AUF SAFARI

Der Schiedsrichter und seine Assistenten werden wegen ihrer schwarz-weiß gestreiften Trikots auch liebevoll »Zebras« genannt.

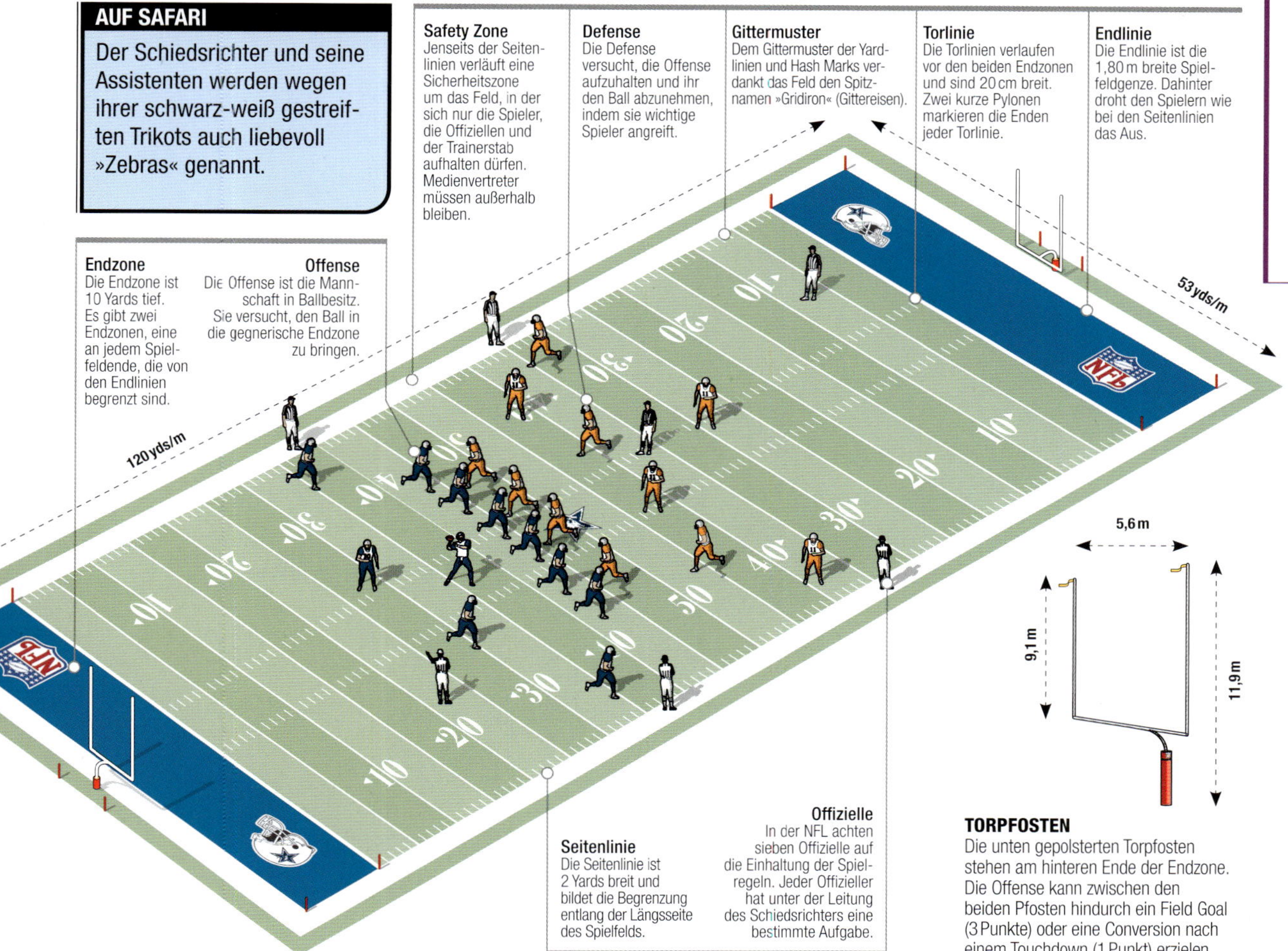

Safety Zone
Jenseits der Seitenlinien verläuft eine Sicherheitszone um das Feld, in der sich nur die Spieler, die Offiziellen und der Trainerstab aufhalten dürfen. Medienvertreter müssen außerhalb bleiben.
Defense
Die Defense versucht, die Offense aufzuhalten und ihr den Ball abzunehmen, indem sie wichtige Spieler angreift.
Gittermuster
Dem Gittermuster der Yardlinien und Hash Marks verdankt das Feld den Spitznamen »Gridiron« (Gittereisen).
Torlinie
Die Torlinien verlaufen vor den beiden Endzonen und sind 20 cm breit. Zwei kurze Pylonen markieren die Enden jeder Torlinie.
Endlinie
Die Endlinie ist die 1,80 m breite Spielfeldgenze. Dahinter droht den Spielern wie bei den Seitenlinien das Aus.
Endzone
Die Endzone ist 10 Yards tief. Es gibt zwei Endzonen, eine an jedem Spielfeldende, die von den Endlinien begrenzt sind.
Offense
Die Offense ist die Mannschaft in Ballbesitz. Sie versucht, den Ball in die gegnerische Endzone zu bringen.
53yds/m
120yds/m
5,6 m
9,1 m
11,9 m
Seitenlinie
Die Seitenlinie ist 2 Yards breit und bildet die Begrenzung entlang der Längsseite des Spielfelds.
Offizielle
In der NFL achten sieben Offizielle auf die Einhaltung der Spielregeln. Jeder Offizieller hat unter der Leitung des Schiedsrichters eine bestimmte Aufgabe.

TORPFOSTEN
Die unten gepolsterten Torpfosten stehen am hinteren Ende der Endzone. Die Offense kann zwischen den beiden Pfosten hindurch ein Field Goal (3 Punkte) oder eine Conversion nach einem Touchdown (1 Punkt) erzielen.

GEWUSST?

4.000.000 **Der ungefähre Preis in US-Dollar für einen 30-sekündigen Fernseh-Werbespot während der Übertragung des Super Bowl 2013.**

200 **Der NFL-Rekord an Quarterback Sacks – ein Defensivmanöver, bei dem der Quarterback mit Ball hinter der Line of Scrimmage getackelt wird. Halter ist Bruce Smith von den Buffalo Bills (1985–1999) und Washington Redskins (2000–2003).**

71.024 **Die Zuschauerzahl beim Super Bowl 2013 im Mercedes-Benz Superdome in New Orleans (Louisianna), wo die Baltimore Ravens die San Francisco 49ers schlugen.**

48 **Der Rekord für die meisten im Super Bowl erzielten Punkte in der Karriere eines Spielers. Halter ist Jerry Rice von den San Francisco 49ers, anerkanntermaßen einer der besten Wide Receiver in der Geschichte der NFL.**

SCHUTZKLEIDUNG

American Football ist ein Kontaktsport. Jeder Teil des Körpers muss vor angreifenden Spielern und Stürzen aus vollem Lauf geschützt werden. Spektakuläre Zusammenstöße passieren häufig, schwere Verletzungen sind aber eher die Ausnahme. Das wichtigste Teil ist der ausgepolsterte Helm mit Kinnriemen und Gesichtsmaske. Die meisten Spieler tragen zudem einen Mundschutz.

Die Körperrüstung lässt die Spieler etwas »toplastig« wirken. Die Schulter- und Brustpanzer sind weich abgepolstert, um harte Stöße abzufangen. Die Panzerung variiert je nach Position des Spielers und Verletzungswahrscheinlichkeit. So tragen die Linemen Handschuhe, für den Fall, dass ihre Hände zwischen Helmen und Schulterpanzern eingeklemmt werden.

POLSTERUNG

Es gibt verschiedene Polster, von denen jedes eine andere Funktion zum Schutz des Körpers hat.

Nackenschutz
Ein gepolsterter Kragen liegt um den Hals und verhindert ein Zurückschnappen des Kopfes.

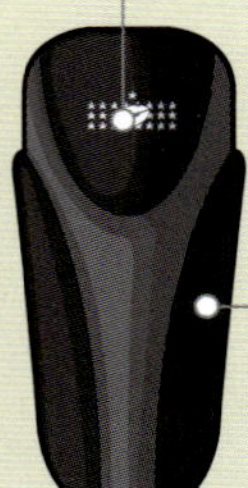

Elastischer Sitz
Schoner mit Stretcheinsatz schützen Unterarm und Handgelenk.

Armschutz
Eng sitzende Schoner polstern die Unterarme und schützen vorhandene Verletzungen.

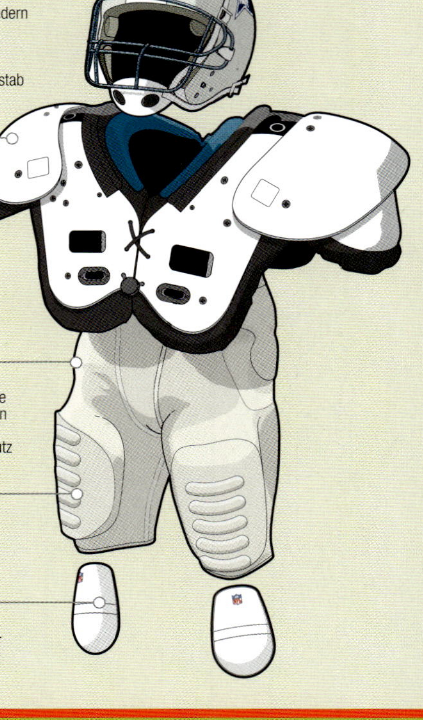

Kopf und Gesicht
Der Helm besteht aus Schale, Gesichtsmaske und Kinnriemen. Eingearbeitete Luftpolster verhindern ein Verrutschen. Der Helm des Quarterbacks ist zusätzlich oft mit Mikrofon und Kopfhörer zur Kommunikation mit dem Trainerstab ausgestattet.

Brust und Schultern
Die mit Riemen und Schnallen befestigten Schulterpanzer schützen Brust und Schultern. Die äußere Schale besteht aus robustem Kunststoff, während die Innenseite mit Schaumstoff für zusätzlichen Schutz ausgepolstert ist.

Hüftschutz
Je nach Spielposition können die Hüftpolster verschiedene Formen haben. Verletzte Spieler können sie zudem als zusätzlichen Schutz tragen.

Schenkelpolster
Die besonders gefährdeten Oberschenkel werden extra geschützt.

Knieschutz
Die Leggings haben Taschen für steife Protektoren, die die Knie schützen.

DAS ZIEL DES SPIELS

Im Prinzip geht es darum, mehr Punkte zu erzielen als die gegnerische Mannschaft. Dies erreicht man vor allem durch Touchdowns, die sechs Punkte bringen, indem man den Ball in die gegnerische Endzone befördert. Nach dem Touchdown kann die Offense einen weiteren Punkt machen, indem sie den Ball zwischen den Torpfosten hindurch schießt, oder zwei Punkte, indem sie den Ball erneut in die Endzone des Gegners trägt oder passt. Ein Field Goal ist ein Schuss zwischen den Torpfosten hindurch, der drei Punkte bringt. Eine Safety (2 Punkte) wird gewährt, wenn ein Gegner in seiner eigenen Endzone niedergeworfen (getackelt) wird oder den Ball fallen und ins Aus rollen lässt.

KICK-OFF

Der Kick-Off startet die Halbzeit und folgt auf jeden Punktgewinn. Der Placekicker tritt den Ball von der 30 Yard-Linie aus. Der gegnerische Kick-Returner fängt den Ball und läuft los. Der Angriff (Drive) beginnt dort, wo er getackelt (gestoppt) wird. Fängt der Returner den Ball in seiner Endzone und kniet sich hin, wird »Touchback« angezeigt (der Drive beginnt an der 20-Yard-Linie der Offense). Touchback gibt es auch, wenn der Kick über die Endzone hinausgeht, oder es einen Turnover (Wechsel des Angriffsrechts) gibt. Wird eine Safety erzielt, kickt das unterlegene Team den Ball dem Gegner von seiner 20 Yard-Linie aus zu.

STRAFEN

Strafen werden für Regelverstöße verhängt und führen meist zum Raumverlust für das foulende Team und einer Wiederholung des Down. Die häufigsten Strafen sind:

BLOCK IN BACK Ein Defensivspieler stößt einen Gegner von hinten.
FACE MASK Ziehen an der Gesichtsmaske des Gegners.
HOLDING Regelwidriges Halten eines anderen als des Ballträgers.
INTERFERENCE Verbotene Behinderung des Empfängers eines Passes.

REGELÜBERWACHUNG

Die Schiedsrichter tragen einen Uniform aus schwarz-weiß gestreiften Hemden, weißen Hosen und einer schwarzen oder weißen Mütze. Der Referee leitet sechs Schiedsrichter mit festen Aufgaben – Umpire, Head Linesman, Line Judge, Side Judge und Back Judge. Ein Regelverstoß wird mit einer Gelben Flagge signalisiert. Der Referee gibt seine Entscheidung durch Handzeichen und Ansage bekannt. Ein Referee hat es mal so beschrieben: »Du versuchst, eine legale Bandenschlägerei mit 80 harten Jungs mit einer kleinen Pfeife, einem Handtuch und einem Sack voll Gebete zu steuern.«

INTERFERENCE
Ein Verstoß, bei dem ein Spieler einen anderen beim Passspiel behindert hat.

FIRST DOWN
Die Offense rückt binnen vier Downs 10 Yards vor, sodass eine neue Serie von Downs beginnt.

FALSE START
Ein Verstoß, bei dem ein Spieler der Offense sich bewegt, bevor der Ball aufgenommen ist.

OFFSIDE
Ein Defensivspieler steht zu Spielbeginn auf der falschen Seite der Line of Scrimmage.

HOLDING
Ein Verstoß, bei dem ein Spieler einen Gegner regelwidrig festhält.

ILLEGAL BALL TOUCH
Ein Verstoß, bei dem der Ball regelwidrig berührt, gekickt oder geschlagen wurde und ins Aus ging.

10 YARDS VORWÄRTS

Raumgewinn und Ballbesitz sind der Schlüssel zum Erfolg. Das Team im Ballbesitz ist die Offense. Sie hat vier Versuche (»Downs«), den Ball 10 Yards näher an die Endzone des Gegners zu bringen. Gelingt ihr dies, erhält sie weitere vier Downs für weitere 10 Yards. Dieser »Drive« hält an, bis das Team punktet, ihm die Zeit ausgeht oder es den Ball verliert. Beispielsweise könnte die Offense die 10 Yards nicht in vier Downs schaffen, ein Pass könnte abgefangen werden oder der Ball würde fallen gelassen. Dann tauschen die Teams die Rollen und das Spiel geht weiter.

MANNSCHAFTSTEILE

Die drei Mannschaftsteile sind Offense, Defense und Special Teams. Offense und Defense bestehen aus Spielern auf unterschiedlichen Spielpositionen, wie bei den Grundaufstellungen rechts zu sehen ist.

Die Special Teams übernehmen alle Aufgaben, die nicht von Offense oder Defense erledigt werden. Sie bestehen aus Kicker, Snapper, Ball Holder und Returner. Der Placekicker tritt den Kick-Off und erzielt Punkte, indem er den Ball zwischen den Torpfosten hindurch schießt. Der Punter schießt den Ball zurück zum Gegner, wenn sein Team die 10 Yards nicht schafft. Die Snapper starten das Spiel neu, indem sie den Ball einem Mitspieler zupassen. Die Ball Holder halten den Ball beim Placekick aufrecht und die Kick Returner sind Fänger und Läufer, die Kick-Offs und Punts fangen und nach vorne tragen.

EINFACHE DEFENSE

Die Defense soll die Offense am Raumgewinn hindern. Die meisten Teams in der NFL spielen die sogenannte 4-3 Defense, bei der vier defensive Linemen (zwei Ends und zwei Backs) vor den drei Linebackern stehen. Zwei Safeties fangen dahinter längere Pässe und Runs ab, während zwei Cornerbacks Pässe zu den Wide Receivern abdecken.

POSITIONEN:
DE Defensive End **DT** Defensive Tackle
LB Linebacker **CB** Cornerback **S** Safety

EINFACHE OFFENSE

Die Standard I Offense ist eine Angriffsformation aus fünf offensiven Linemen (zwei Offensive Tackles, zwei Guards und dem Center). Das »I« bezieht sich auf die von Quarterback, Fullback und Tailback gebildete Linie. An einem Ende steht ein Tight End, am anderen ein Wide Receiver.

POSITIONEN:
WR Wide Receiver **TE** Tight End **OT** Offensive Tackler **G** Guard **C** Center **QB** Quarterback **FB** Fullback **TB** Tailback

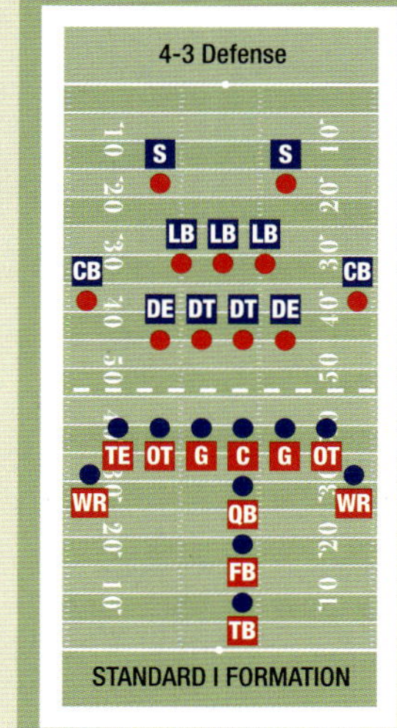

STRENG NACH BUCH

Strategie spielt beim American Football eine entscheidende Rolle. Jedes Team, von den NFL-Profis bis zu den High-School-Teams, hat ein Playbook mit im Training oft geübten Spielzügen. Manchmal beginnt ein Team das Spiel sogar mit fünf oder sechs im Voraus festgelegten Spielzügen, bevor der Trainer die Strategie dem Spielverlauf anpasst.

FERTIGKEITEN

Jeder Spieler muss seiner Position entsprechende Fertigkeiten besitzen. Ein Defensive Linesman muss Blocken und Tackeln können, für einen Quarterback ist ein starker Wurfarm wichtig, und die Wide Receiver müssen blitzschnellen Antritt mit sicherem Fangen kombinieren. Andere Spieler wiederum, wie Kicker oder Punt Returner, spezialisieren sich auf nur einen Teilaspekt des Spiels.

Drehmoment
Der Ball wird beim Wurf mit Effet versehen.

Naht
Der Ball wird an der Naht gefasst und mit der Spitze voran geworfen.

WURFTECHNIK

Eine der wichtigsten Aufgaben des Quarterbacks ist das Passspiel zum Receiver. Dabei kommt es auf Kraft und Zielsicherheit an, da er den Ball über eine weite Distanz punktgenau platzieren muss.

DER SNAP

Jedes Down beginnt damit, dass der Center den Ball zum Quarterback zurückgibt. Der steht dabei meist direkt hinter dem Center. Bei der Shotgun-Formation steht er etwas weiter hinten, um mehr Platz für den Pass zu haben.

Snapping
Der Snapper wirft den Ball durch seine Beine zum Quarterback.

Bereit
Hat er den Ball, spielt der Quarterback den geplanten Spielzug.

DER TACKLE

Der Tackler beugt die Knie und wartet geduckt auf den Ballträger. Kurz vor dem Zusammenprall springt er den Gegner mit aller Kraft an, indem er die Beine streckt und seinen Oberkörper einsetzt, um ihn zu rammen und zu Boden zu werfen.

Konfrontation
Der Tackler bereitet sich darauf vor, den Ballträger abzufangen.

Ende des Spielzugs
Der Spielzug ist vorbei, wenn der getackelte Spieler den Boden mit den Knien oder etwas anderem als Händen und Füßen berührt.

DAS FIELD GOAL

Der Ball Holder steht beim Field Goal 7 Yards hinter dem Center, der ihm den Ball per Snap zuspielt. Er fängt den Ball und stellt ihn in die aufrechte Position für den Kick. Der Kicker läuft an und schießt den Ball zwischen den Torpfosten hindurch.

Festhalten
Der Holder stellt den Ball für den Kick aufrecht auf die Spitze.

Torschuss
Der Placekicker schießt den Ball mit Kraft und Präzision zwischen die Torpfosten.

STATISTIK

SUPER BOWL-GEWINNER	
JAHR	**GEWINNER**
2014	SEATTLE SEAHAWKS
2013	BALTIMORE RAVENS
2012	NEW YORK GIANTS
2011	GREEN BAY PACKERS
2010	NEW ORLEANS SAINTS
2009	PITTSBURGH STEELERS
2008	NEW YORK GIANTS
2007	INDIANAPOLIS COLTS
2006	PITTSBURGH STEELERS
2005	NEW ENGLAND PATRIOTS
2004	NEW ENGLAND PATRIOTS
2003	TAMPA BAY BUCCANEERS
2002	NEW ENGLAND PATRIOTS
2001	BALTIMORE RAVENS
2000	ST. LOUIS RAMS

NFL-BESTENLISTE TOUCHDOWNS	
ANZAHL	**SPIELER**
208	JERRY RICE
175	EMMITT SMITH
162	LADAINIAN TOMLINSON
157	RANDY MOSS
156	TERRELL OWENS
145	MARCUS ALLEN
136	MARSHALL FAULK
131	CRIS CARTER
128	MARVIN HARRISON
126	JIM BROWN
125	WALTER PAYTON
116	JOHN RIGGINS
113	LENNY MOORE
112	SHAUN ALEXANDER
111	TONY GONZALES

NFL-BESTENLISTE TOUCHD.-PÄSSE	
ANZAHL	**SPIELER**
508	BRETT FAVRE
491	PEYTON MANNING
420	DAN MARINO
363	DREW BREES
359	TOM BRADY
342	FRAN TARKENTON
300	JOHN ELWAY
291	WARREN MOON
290	JOHNNY UNITAS
275	VINNY TESTAVERDE
273	JOE MONTANA
261	DAVE KRIEG
255	SONNY JURGENSEN
254	DAN FOUTS
251	DREW BLEDSOE

ZEIT-MANAGEMENT

Beim Offensivspiel ist es immens wichtig, die restliche Spielzeit im Auge zu behalten, um den richtigen Spielzug auswählen zu können. Für die Mannschaften geht es darum, das Beste aus ihren Möglichkeiten zu machen, ohne das gegnerische Team die Oberhand gewinnen zu lassen. Liegt eine Mannschaft beispielsweise spät im Spiel einige Punkte zurück, wird sie versuchen, zeitlich so geschickt in Führung zu gehen, dass dem Gegner möglichst wenig Zeit für eigene Punktgewinne bleibt. Dazu muss der Trainerstab in ständigem Kontakt mit den Spielern bleiben. Die Pausen dienen der Mannschaftsumstellung, während der Coach während des Spiels im Funkkontakt mit dem Quarterback steht.

SPIELZÜGE

Im American Football spielt man während eines Downs eine Reihe festgelegter Spielzüge. Die Offensive versucht dabei, den Ball näher an die gegnerische Endzone zu bringen und schließlich einen Touchdown zu erzielen. Die Defensive soll das verhindern, indem sie Spielfehler erzwingt, die zum Turnover führen. Dazu setzt man in bestimmten Situationen unterschiedliche Formationen ein.

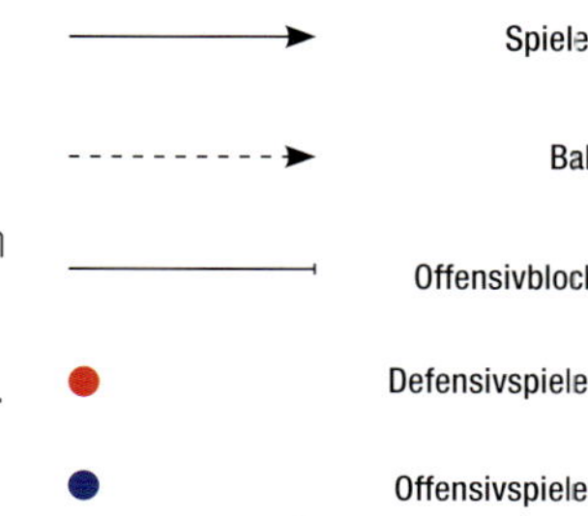

TB OFF TACKLE

Der Tailback Off Tackle ist der häufigste Laufspielzug im Angriff und eine gute Möglichkeit für kleine Raumgewinne. Der Quarterback gibt den Ball an den Tailback, der eine Lücke nutzt, die der Offensive Tackle und der Tight End öffnen. Außerdem kann der Tailback auf der Außenseite des Tight End laufen, wenn der Fullback den gegnerischen Linebacke nicht blockieren kann.

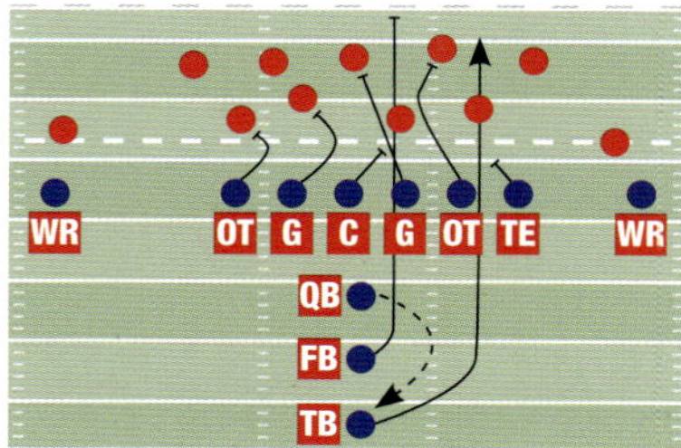

SWEEP

Der Sweep oder Dive ist ein offensiver Laufspielzug, bei dem der Tailback einen Wurf des Quarterbacks annimmt und dann parallel zur Line of Scrimmage läuft. Dadurch können der Fullback und die Defensive Linemen die Verteidiger vor dem Tailback blocken. Sobald sich eine Lücke in der Verteidigung auftut, nimmt der Tailback Kurs auf die gegnerische Endzone.

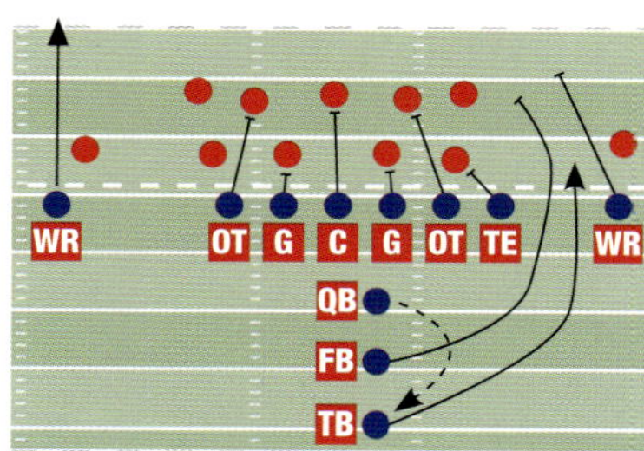

HAIL MARY

Der Hail Mary ist ein Spielzug, bei dem der Quarterback einen langen Pass zu einem der Receiver wirft, die gleichzeitig zur gegnerischen Endzone laufen. Er wird oft als letzte Möglichkeit einer zurückliegenden Mannschaft gegen Ende des Spiels gespielt. Die Erfolgschancen sind relativ gering, aber es kann eine Strafe für Pass Interference der desorganisierten Defense dabei herausspringen.

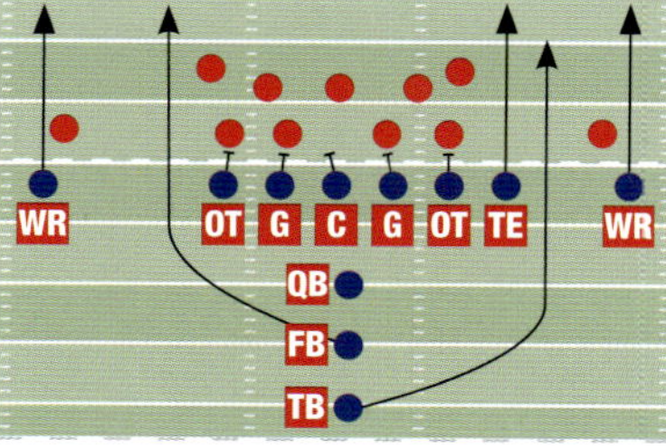

THE BLITZ

Der Blitz ist eine Defensivtaktik gegen Passspiele. Der Quarterback soll unter Druck geraten, indem man die Offense mit Verteidigern überschwemmt. Linebacker und Cornerbacks bestürmen den Quarterback, um sein Spiel zu stören. Damit lassen sich Fehler des Quarterbacks provozieren, es gibt aber den Receivern auch den Raum für Pässe, wenn sie den Trick durchschauen.

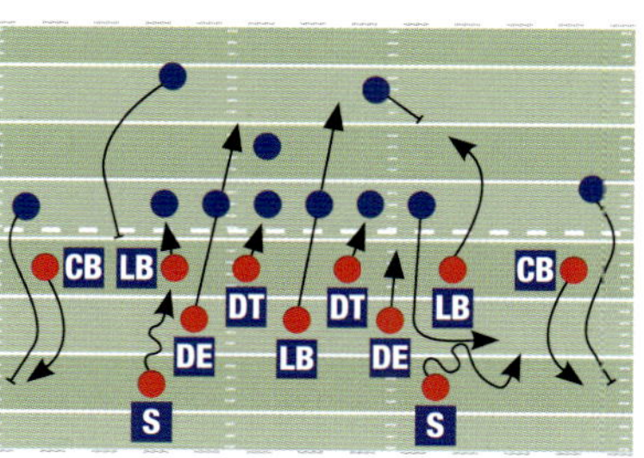

CANADIAN FOOTBALL

Canadian Football ist im Prinzip das gleiche Spiel wie American Football, aber mit einigen bedeutenden und vielen kleineren Regelunterschieden. So ist das Spielfeld beim Candian Football meist länger und breiter. Jedes Team hat zwölf Spieler auf dem Feld; der zusätzliche Spieler der Kanadier nimmt meist eine Position im Hinterfeld ein. Zudem hat man im kanadischen Spiel nur drei Downs, um 10 Yards (9,1 m) voranzukommen – statt der vier Downs im American Football.

SAISONALE EINFLÜSSE

Die kanadische Football-Saison wird von den extremen Witterungsbedingungen, die in den nördlichen Breiten des Landes herrschen, diktiert. Die Stadien sind meist offen, sodass man erst dann spielen kann, wenn Eis und Schnee getaut sind. Die Profi-Saison beginnt im Juni. Die Playoffs und das Finale am Saisonende finden im November statt.

BINATIONAL

Einige Profis spielen sowohl in der amerikanischen als auch in der kanadischen Liga, wie der hochdekorierte Quarterback Warren Moon. Seine Karriereleistungen haben ihm als Einzigem die Aufnahme in die Halls of Fame von NFL und CFL eingebracht.

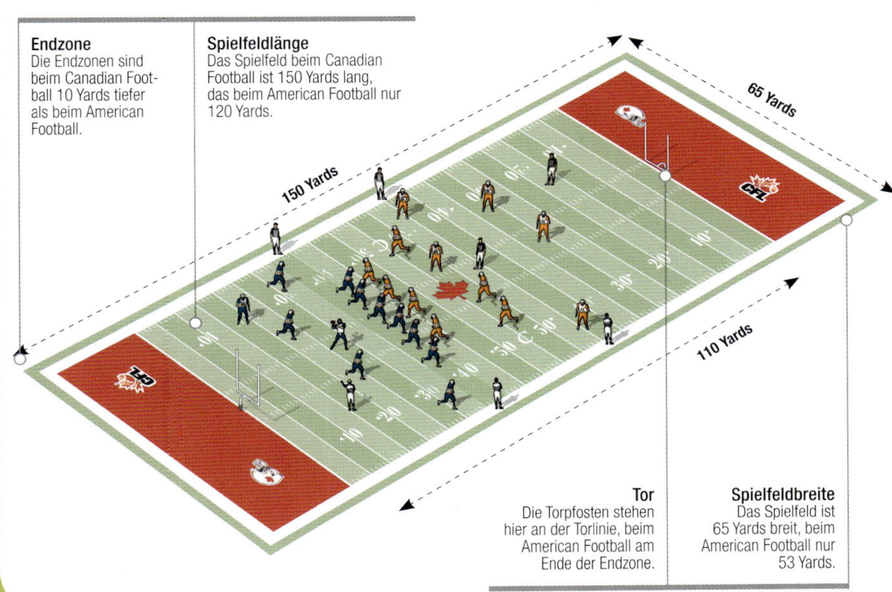

Endzone
Die Endzonen sind beim Canadian Football 10 Yards tiefer als beim American Football.

Spielfeldlänge
Das Spielfeld beim Canadian Football ist 150 Yards lang, das beim American Football nur 120 Yards.

Tor
Die Torpfosten stehen hier an der Torlinie, beim American Football am Ende der Endzone.

Spielfeldbreite
Das Spielfeld ist 65 Yards breit, beim American Football nur 53 Yards.

DIE KLEINEN UNTERSCHIEDE

Die Ausrüstung und das Spielfeld des Canadian Football mögen auf den ersten Blick identisch mit denen des American Football wirken, dennoch gibt es feine Unterschiede. Das Spielfeld ist etwas größer, die Torpfosten stehen an anderer Stelle und der Ball hat Streifen.

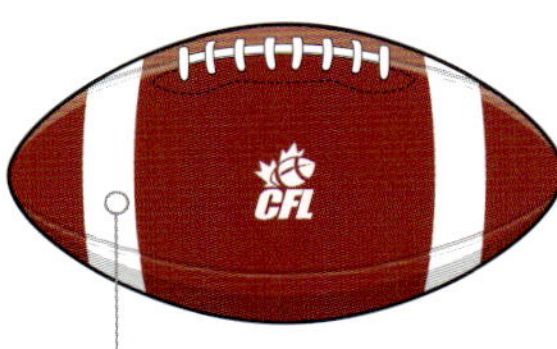

Zierstreifen
Von der CFL zugelassene Bälle sind etwa gleich groß und schwer wie die der NFL, tragen aber 2,5 cm von jedem Ende entfernt weiße Streifen. NFL-Bälle haben keine Zeichnung.

INSIDER-STORY

American Football entstand aus dem englischen Rugby Football des frühen 19. Jh. Um 1880 herum hatten sich beide Sportarten getrennt und jeweils eigene Spielregeln entwickelt. Der ursprünglich an Colleges gespielte American Football wurde Anfang des 20. Jh. zum Profisport. 1920 wurde die National Football League gegründet. Wirklich populär wurde der Sport in den 1950ern, als das Fernsehen die Spiele erstmals landesweit übertrug. Seit den 1990ern hat Football Baseball als beliebtesten Zuschauersport in den USA überholt.

DER SUPER BOWL

Der jährliche Super Bowl ist das Meisterschaftsendspiel der NFL. Nach einer Playoff-Serie mit zwölf Mannschaften der beiden NFL Conferences (sechs aus der American Football Conference und sechs aus der National Football Conference) spielen zwei Mannschaften um die Vince Lombardi Trophy, benannt nach dem Trainer der Green Bay Packers, die die ersten beiden Super Bowls 1967 und 1968 gewannen. Traditionell findet das Spiel am »Super Bowl Sunday« (Anfang Februar) statt und wird weltweit von Millionen von Zuschauern verfolgt.

AMERICAN FOOTBALL IN ALLER WELT

American Football erfreut sich außerhalb der USA und Kanadas nur begrenzter Beliebtheit. Die NFL veranstaltet heute mindestens ein reguläres Spiel außerhalb der Vereinigten Staaten pro Jahr und Saison, sehr häufig im Londoner Wembley-Stadion. Andere europäische Länder unterhalten eigene Ligen mit wechselhaftem Erfolg. Außerhalb Europas ist die japanische Pro X-League erfolgreich. Daneben wird American Football in Australien, Mexiko und Neuseeland gespielt.

DIE NATIONAL FOOTBALL LEAGUE (NFL)

Die NFL ist die führende Profiliga der USA. Sie besteht aus 32 Mannschaften in zwei Conferences – der American Football Conference (AFC) und der National Football Conference (NFC). Jedes Team absolviert in der regulären Spielzeit 16 Spiele. Die sechs Spitzenteams jeder Conference treten dann in Playoffs gegeneinander an, die schließlich in den Super Bowl münden.

DIE CANADIAN FOOTBALL LEAGUE (CFL)

Auch als Ligue Canadienne de Football (LCF) bekannt, wurde die CFL 1958 gegründet und besteht aus acht Mannschaften, die sich in Eastern und Western Division teilen. Die Teams absolvieren eine 19-wöchige Spielzeit, an deren Ende die sechs Spitzenteams in die Playoffs eintreten. Diese münden in das Finale um den Grey Cup, der ältesten Trophäe im Profi-Football.

SPORTLERPROFIL

Rugby Union ist ein harter Kontaktsport, der vom Spieler körperliche Fitness, Kraft und Robustheit erfordert. Besonders hart ist das Spiel für die Stürmer, die nicht selten über 2 m groß und über 110 kg schwer sind. Sie haben viel Kraft in Oberkörper und Beinen, mit denen sie sich nach vorne katapultieren. Die Spieler weiter hinten sind meist kleiner und leichter gebaut und setzen mehr auf Geschick und technisches Können. Ballgefühl und Balance sind besonders wichtig, weil Pässe, Läufe und Tackles bei hoher Geschwindigkeit ausgeführt werden. Außerdem brauchen die Spieler mentale Stärke, um den Ball unter beträchtlichem Druck treten und fangen zu können.

Kopfschutz
Die Stürmer tragen oft Bandagen, weiche Polster oder Scrumcaps, um sich vor dem Kontakt mit anderen Köpfen, Knien und Schuhen zu schützen.

Ovaler Ball
Als Kernstück jedes Rugby-Spiels besteht der ovale Ball aus vier vernähten oder verklebten Leder- oder (neuerdings) Kunststoffsegmenten.

Mode-Evolution
Seit Mitte der 1990er-Jahre haben sich die Rugby-Trikots der Profis von robusten Baumwollhemden zu schlecht zu greifenden, eng sitzenden und leichten Trikots aus modernen Synthetikfasern entwickelt.

Reißfest
Die meist aus strapazierfähiger Baumwolle gefertigten Shorts tragen oft die Spielernummer.

Rugby-Schuhe
Ähnlich den Fußballschuhen bestehen sie aus Leder und flexiblen Kunststoffsohlen mit Stollen.

Beinschutz
Viele Spieler tragen unter den Baumwoll-Kniestrümpfen Schienbeinschoner.

FAKTEN

- Rugby Union ist im Vergleich zu Rugby League (siehe S. 128–131) die deutlich beliebtere Form des Rugbys.
- Rugby wird weltweit in mehr als 100 Ländern gespielt. Besonders populär ist das Spiel in Großbritannien, Irland, Frankreich, Australien, Neuseeland und Südafrika.
- Der ersten Rugby World Cup, abgehalten 1987 in Neuseeland und Australien, wurde vom berühmtesten Rugby-Team gewonnen: den New Zealand All Blacks.
- 1983 wurde in Großbritannien die Women's Rugby Football Union gegründet. Die erste Frauen-Rugby-Weltmeisterschaft fand 1998 statt.

RUGBY UNION

ÜBERBLICK

Rugby Union wurde einmal recht zutreffend als ein »von Gentlemen gespieltes Spiel für Hooligans« bezeichnet. Es ist eine der körperlich härtesten Ballsportarten mit einem rigorosen Regelwerk. Mit nur minimaler Schutzkleidung prallen zwei Teams aus 15 Spielern im Kampf um einen ovalen Ball zusammen, den sie näher an die gegnerische Mallinie bringen wollen. Nach zwei 40-minütigen Halbzeiten hat die Mannschaft gewonnen, die durch Versuche – Platzierung des Balls im Malfeld des Gegners – oder Erhöhungen, Straftritte und Sprungtritte zwischen den Malstangen hindurch die meisten Punkte erzielt hat. Das schnelle Spiel und der harte körperliche Einsatz sorgen für eine hohe Attraktivität für die Zuschauer.

KRIEGSERKLÄRUNGEN

Viele Mannschaften der südlichen Halbkugel führen traditionelle Kriegstänze auf, um sich mental auf das Spiel einzustellen und den Gegner einzuschüchtern. Der berühmteste ist der »Haka« der New Zealand All Blacks. Das Team der Fidschis führt den »Cibi« auf, die Mannschaft Tongas hat den »Kailao« und die Samoaner nennen ihren Kriegstanz »Manu«.

DAS SPIELFELD

Rugby Union wird auf einer rechteckigen Rasenfläche gespielt. Im professionellen Rugby misst das Feld von Mallinie zu Mallinie immer 100 m, aber Breite und Entfernung zwischen Mallinie und Malfeldauslinie sind variabel. Jede Mannschaft verteidigt ein hinter den Torpfosten gelegenes Malfeld, das von Mallinie, Malfeldauslinie und Seitenauslinien begrenzt wird. Zwischen den Mallinien unterteilen durchgezogene und gestrichelte Linien das Feld in gleichmäßige Abschnitte, sogenannte Zonen, und zeigen an, von wo aus wieder angetreten werden darf und wo sich die Spieler in Standardsituationen aufstellen.

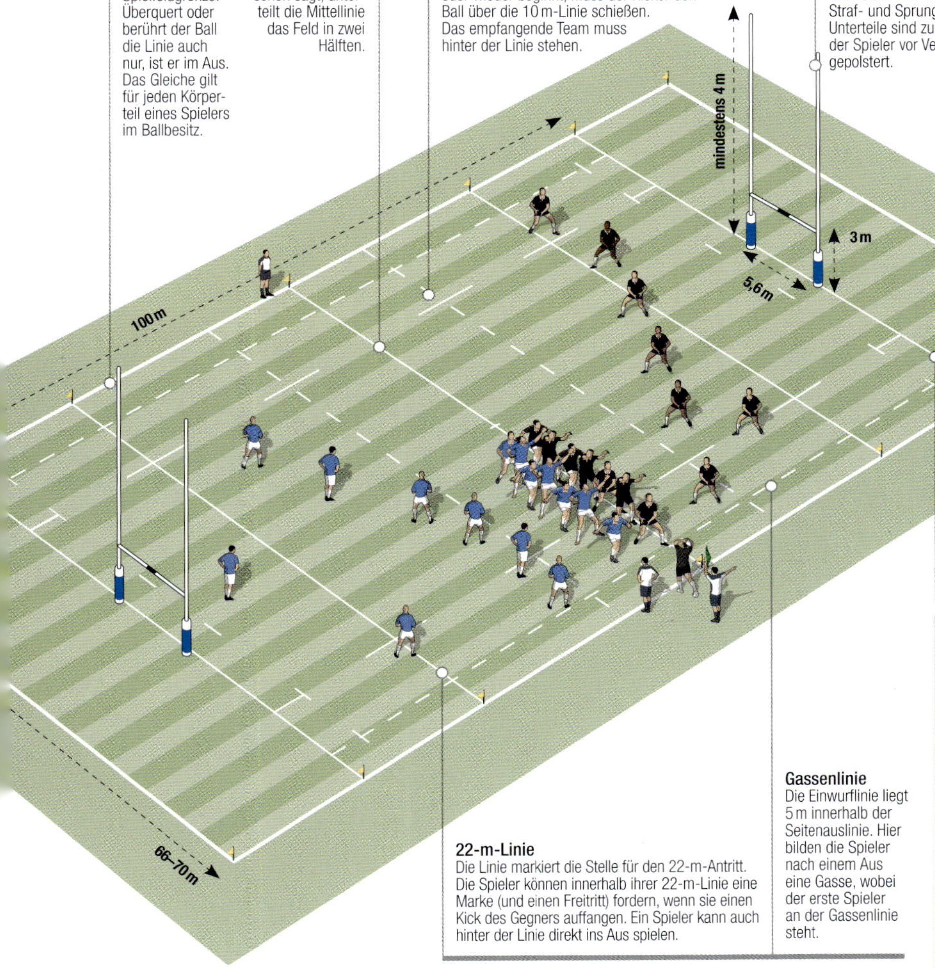

Seitenauslinie
Markiert die Spielfeldgrenze. Überquert oder berührt der Ball die Linie auch nur, ist er im Aus. Das Gleiche gilt für jeden Körperteil eines Spielers im Ballbesitz.

Mittellinie
Wie der Name schon sagt, unterteilt die Mittellinie das Feld in zwei Hälften.

10 m-Linie
Wenn das Spiel mit einem Antritt beginnt oder wieder beginnt, muss der Kicker den Ball über die 10 m-Linie schießen. Das empfangende Team muss hinter der Linie stehen.

Malstangen
Die Torpfosten aus Aluminium oder Stahl sind das Ziel für Straf- und Sprungtritte. Die Unterteile sind zum Schutz der Spieler vor Verletzungen gepolstert.

Malfeld
Ein Spieler legt einen Versuch, indem er den Ball innerhalb des gegnerischen Malfelds ablegt. Die Mallinie ist Teil des Malfelds.

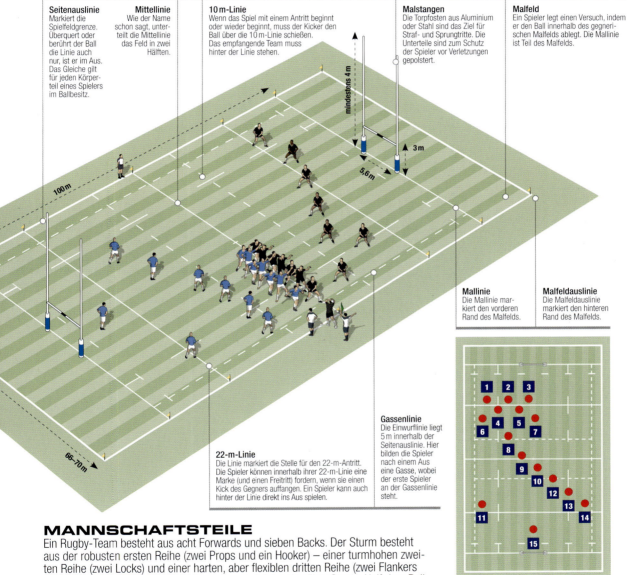

Mallinie
Die Mallinie markiert den vorderen Rand des Malfelds.

Malfeldauslinie
Die Malfeldauslinie markiert den hinteren Rand des Malfelds.

Gassenlinie
Die Einwurflinie liegt 5 m innerhalb der Seitenauslinie. Hier bilden die Spieler nach einem Aus eine Gasse, wobei der erste Spieler an der Gassenlinie steht.

22-m-Linie
Die Linie markiert die Stelle für den 22-m-Antritt. Die Spieler können innerhalb ihrer 22-m-Linie eine Marke (und einen Freitritt) fordern, wenn sie einen Kick des Gegners auffangen. Ein Spieler kann auch hinter der Linie direkt ins Aus spielen.

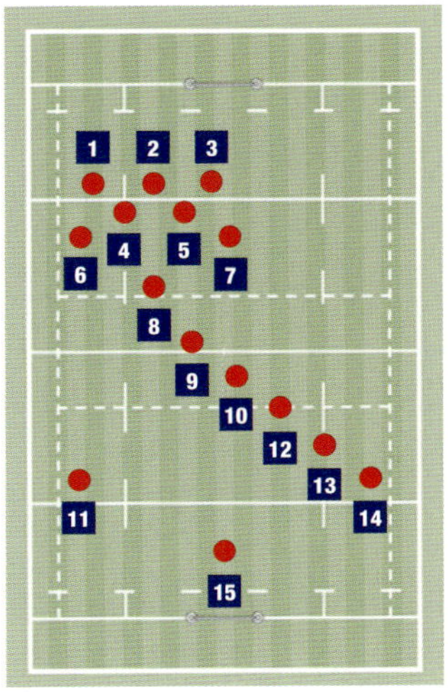

POSITIONEN:
1 Loosehead Prop **2** Hooker **3** Tighthead Prop **4** Left Lock **5** Right Lock **6** Left Flanker **7** Right Flanker **8** Number Eight **9** Scrum-Half **10** Fly-Half **11** Left Wing **12** Left Centre **13** Right Centre **14** Right Wing **15** Full Back

MANNSCHAFTSTEILE

Ein Rugby-Team besteht aus acht Forwards und sieben Backs. Der Sturm besteht aus der robusten ersten Reihe (zwei Props und ein Hooker) – einer turmhohen zweiten Reihe (zwei Locks) und einer harten, aber flexiblen dritten Reihe (zwei Flankers und ein Number Eight). In der Hintermannschaft folgt ein zäher Scrum-Half dem Ball und bewegt ihn zwischen den Mannschaftsteilen. Der Fly-Half ist der unverzichtbare Spielmacher. Er ordnet Spielzüge an und führt die meisten Tritte aus. Die beiden Centres sind der defensive Kern der Hintermannschaft und suchen im Angriff nach Lücken in der gegnerischen Verteidigung. Die Wingers und der Full Back sind echte Sprinter, die häufig Versuche legen – aber auch die letzte Verteidigungslinie.

GOLDMINE

Während Rugby League schon lange ein Profisport war, bewahrte sich Rugby Union seinen Amateurstatus bis 1995. Das bei Live-Zuschauern und im Fernsehen beliebte Spiel hat sich seitdem zu einem lukrativen Geschäft gemausert und einige der besten League-Spieler angelockt.

DIE KLEIDUNG

Die traditionelle Rugby-Kleidung besteht aus Trikot, Shorts, Socken und Schuhen. Auch wenn das Spiel weitgehend unverändert geblieben ist, hat sich im Profi-Sektor einiges an den Materialien getan (siehe S. 116). Um Verletzungen vorzubeugen, wurden vor allem neue Schutzsysteme entwickelt.

Einige Stürmer tragen Scrumcaps, um »Blumenkohlohren« – eine dauerhafte Schwellung durch das Reiben im Gedränge – zu vermeiden und um sich gegen Stöße zu schützen. In jüngster Zeit sind auch Protektoren für den Oberkörper zunehmend in Gebrauch.

KÖRPERSCHUTZ

Im Gegensatz zu anderen Sportarten mit hartem Körperkontakt haben Rugby-Spieler bisher relativ wenig Schutzkleidung getragen. Mittlerweile aber entscheiden sich immer mehr Profis zumindest für Protektoren an Kopf, Schultern und Schlüsselbeinen.

Scrumcap
Wie der Rest der Schutzkleidung, muss auch der Kopfschutz den Anforderungen des International Rugby Board (IRB) genügen. Er muss eng anliegen und einen Kinnriemen haben. Löcher sorgen für gute Belüftung.

Mundschutz
Der Mundschutz für die Zähne wird vom Zahnarzt maßgefertigt. Billigere Versionen werden in heißem Wasser eingeweicht, bevor man zum Anpassen daraufbeißt.

Körperpanzer
Die Polsterung auf den Schultern muss nach Maßgabe des IRB (International Rugby Board) leicht und dünn sein. Die meisten Schulterprotektoren werden aus einem flexiblen Wabenmaterial zugeschnitten und in eng anliegende Nylonwesten eingenäht, die unter dem Trikot getragen werden.

DER BALL
Die Bälle im Senior Rugby müssen 28–30 cm lang sein und einen maximalen Durchmesser von 58–62 cm haben. Im Junior Rugby verwendet man kleinere Bälle.

DIE SCHUHE
Einige Rugby-Schuhe verfügen zwar über hohe Schäfte, die das Gelenk stützen, aber viele Spieler ziehen niedrig geschnittene Fußballschuhe vor, die mehr Bewegungsfreiheit bieten.

PUNKTGEWINN

Man kann im Rugby auf vier Arten punkten: durch Versuch, Erhöhung, Straftritt und Sprungtritt. Ein Spieler erzielt einen Versuch, indem er den Ball im Malfeld des Gegners ablegt. Ein Versuch zählt fünf Punkte und führt zur Möglichkeit einer Erhöhung: ein Torschuss, der zwei weitere Punkte bringt. Ein Straftritt wird gespielt wie eine Erhöhung, bringt aber drei Punkte. Der ebenfalls drei Punkte zählende Sprungtritt kann jederzeit und von überall auf dem Feld gespielt werden, aber der Spieler muss den Ball zuvor einmal aufprallen lassen.

FERNSEHSCHIEDSRICHTER

Die Sportkanäle übertragen regelmäßig Rugby-Spiele. Bei diesen Spielen wird der Schiedsrichter auf dem Feld von einem Fernsehschiedsrichter unterstützt. Der Television Match Official (TMO) ist ein echter Schiedsrichter, der entscheiden muss, ob ein Versuch gelungen ist, wenn der Schiedsrichter unsicher ist. Die meisten Entscheidungen des TMO klären, ob der Spieler den Ball beim Ablegen vollständig unter Kontrolle hatte. Dazu kann er sich die Aufzeichnung der Szene aus verschiedenen Winkeln ansehen.

DAS SPIEL

Die Teams gewinnen Raum, indem sie mit dem Ball im Arm laufen oder ihn weiterpassen. Sie dürfen den Ball nach vorne treten, aber nicht werfen. Treten ist wichtig, wenn man den Ball ins Seitenaus schießt und eine Gasse aufstellt. Die wichtigste Verteidigung ist das Tackling des gegnerischen Ballträgers, der unter Brusthöhe gefasst werden muss. Tackling ohne Ball ist verboten.

STANDARDSITUATIONEN

Ein zentrales Element des Spiels sind die Standardsituationen nach einer Unterbrechung: Antritte zu Beginn einer Hälfte und nach einem Punktgewinn, Gassen nach einem Aus und Gedränge nach einem Regelverstoß, wie ein Pass nach vorne.

Einwurf
Der Hooker wirft den Ball einem Mitspieler in der Gasse zu. Kodierte Anweisungen sagen, welcher Spieler nach dem Ball springen soll, sodass der Gegner nicht weiß, wen er bewachen muss.

Springer
Meist fangen die großen Locks die Bälle in der Gasse. Die Props heben den Springer an. Flankers und Number Eight schaffen Raum und sichern ihn ab.

DIE GASSE
Die Gasse ist ein Sprungwettkampf um den Ball mit Täuschungen, Hochheben und präzisem Timing. Je zwei bis sieben Spieler beider Teams bilden die Gasse. Der Rest des Teams muss zehn Meter Abstand halten.

DEN BALL ABLEGEN

Das Ablegen des Balls im Malfeld des Gegners ist technisch anspruchsvoller, als es scheinen mag. Zunächst muss sich der Spieler im Malfeld befinden und dann muss er den Ball vollständig unter Kontrolle haben, während er ihn ablegt. Die Spieler dürfen ins Malfeld rutschen, um einen Versuch zu legen, aber sie dürfen keine Doppelzüge machen, um den Ball auf oder über die Linie zu bringen.

Unter Kontrolle
Hier legt der angreifende Spieler den Ball mit genügend Druck ab, dass er ihn eindeutig unter Kontrolle hat.

STRAFVERSUCH

Bei absichtlichem oder wiederholtem Foul-Spiel und wenn ein Regelverstoß einen vermutlich erfolgreichen Versuch verhindert hat, gibt es einen Strafversuch. Die Erhöhung wird zwischen den Malstangen hindurch geschossen.

PUNKTE FÜR KICKS

Ein Straftritt wird von der Stelle getreten, wo der Verstoß stattgefunden hat, oder von der Stelle, an der der Ball nach einer Behinderung landet. Während der Tritt ausgeführt wird, muss die gegnerische Mannschaft 10 m Abstand halten.

Eine Erhöhung kann aus beliebiger Distanz auf einer Linie mit dem Ort des Regelverstoßes getreten werden. Die Verteidiger dürfen den Kicker angreifen, sobald er sich auf den Ball zubewegt.

Erfolgreicher Kick
Der Ball muss zwischen den Malstangen hindurch über die Querlatte fliegen.

KOPF AN KOPF
Beim angeordneten Gedränge kommt es auf rohe Kraft und Drängeltechnik an. Die Erste Reihe jeder Mannschaft geht in Stellung und greift die gegnerischen Stürmer auf Befehl des Schiedsrichters Kopf an Kopf an. Auf ein Signal des Hookers hin rollt der Scrum-Half den Ball in den Tunnel zwischen den beiden Teams. Der Hooker versucht den Ball zu sichern, indem er ihn nach hinten durchschiebt.

Bindung
Die hinteren Spieler müssen dabei bleiben, bis der Ball aus dem Gedränge ist.

Innige Beziehung
Der Scrum-Half des verteidigenden Teams darf seinen Gegenüber nicht blockieren oder stören, bis dieser den Ball aus dem Gedränge aufgenommen hat.

Einwurf
Der Scrum-Half muss den Ball genau auf der Mittellinie zwischen den beiden Reihen rollen. Ein verzogener Ball führt zu einem Freitritt für den Gegner.

OFFENE GEDRÄNGE UND PAKETE

Offene Gedränge und Pakete sind Kämpfe um den Ballbesitz im laufenden Spiel. Ein offenes Gedränge entsteht, wenn der Ballträger zu Boden geht. Die ersten Spieler vor Ort können sich über dem Ball binden, ihre Gegner zurückdrängen und den Ball ihrem Team zuspielen. Ein Paket gleicht dem offenen Gedränge, nur dass hier der Spieler mit dem Ball auf den Beinen bleibt, sodass sich das Paket auf dem Feld hin und her bewegen kann.

Zu Boden gegangen
Wenn der Ballträger zu Boden geht, muss er den Ball loslassen oder einen Regelverstoß riskieren.

OHNE HÄNDE
Im Gedränge gebundene Spieler dürfen den Ball nicht anfassen. Wird der Ball unspielbar, gibt es ein angeordnetes Gedränge.

GEWUSST?

5.750 **Die Entfernung in Metern, die ein professioneller Rugby Back im Schnitt während eines Spiels zurücklegt.**

45 **Die höchste Punktzahl eines einzelnen Spielers während eines internationalen Turniers, erzielt während der Rugby-Weltmeisterschaft 1995 von Simon Culhane aus Neuseeland beim 145:17-Sieg über Japan.**

750.000 **Die geschätzte Zahl der Menschen, die sich am 9. 12. 2003 auf dem Trafalgar Square versammelten, um die siegreiche englische WM-Mannschaft zu begrüßen.**

152 **Der höchste Punktvorsprung in einem Länderspiel. Argentinien schlug Paraguay im Mai 2002 mit 152:0. Japan spielte im Juli 2002 mit dem gleichen Punktabstand 155:3 gegen Taiwan.**

RUGBY-REGELN

Die Grundregel beim Rugby lautet, dass der Ball nicht aus den Händen nach vorne geworfen oder getreten werden darf. Die Strafe dafür ist ein angeordnetes Gedränge für den Gegner. Freitritte werden für geringfügigere Verstöße, wie technische Fouls, vergeben, während Spieler, die aus dem Abseits ins Spiel eingreifen oder foulen, mit Straftritten bestraft werden.

ABSEITS

Ein Spieler ist während des offenen Spiels im Abseits, wenn er sich vor dem Mitspieler mit dem Ball befindet. Versucht er, aus der Abseitsposition heraus ins Spiel einzugreifen, riskiert er eine Strafe. Wird ein Spieler, der sich im Abseits befindet, versehentlich ins Spiel involviert, wird ein Gedränge für den Gegner angeordnet. Die Abseitsregel gilt auch während Standardsituationen, Paketen und offenen Gedrängen.

REGELVERSTÖSSE UND FOULS

Viele Strafen werden für Fouls aus der Nähe, etwa im Gedränge oder Paket, verhängt. Spieler foulen oft, um den Gegner im Spiel zu bremsen oder um ihren eigenen Ball zu beschleunigen. Es gibt vier Kategorien von Fouls: Behinderung, unsportliches Verhalten, wiederholte Regelverstöße, gefährliches Spiel und schlechtes Benehmen.

BEHINDERUNG Angreifen oder Schubsen beim Rennen nach dem Ball. Vor dem Ballträger laufen. Den Tackler behindern. Den Ball blockieren. Ein Ballträger rennt während einer Standardsituation gegen einen Mitspieler. Behindern des Scrum-Half während eines Gedränges.

UNSPORTLICHES VERHALTEN Zeitverzögerung. Absichtliches Spiel ins Seitenaus. Regelverstoß und unsportliches Verhalten mit Vorsatz.

WIEDERHOLTE REGELVERSTÖSSE Ein wiederholter absichtlicher oder unabsichtlicher Regelverstoß eines Spielers. Wiederholte Regelverstöße der Mannschaft.

GEFÄHRLICHES SPIEL UND SCHLECHTES BENEHMEN Herumtrampeln auf bzw. Treten eines Gegners. Einem Gegner ein Bein stellen. Zu frühes oder zu spätes Tackeln. Tackeln über der Schulterlinie. Einen Gegner ohne Ball tackeln. Einen Springer in der Luft angreifen. Einen Spieler angehen, der gerade den Ball getreten hat. Gefährliches Spiel in einem Gedränge, offenen Gedränge oder Paket. Revanchefoul.

VERWARNUNGEN UND PLATZVERWEISE

Wie beim Fußball, können auch die Rugby-Schiedsrichter mittels Karten Verwarnungen aussprechen. Jeder Spieler, der einen Regelverstoß begeht, wird zunächst mündlich verwarnt, dann mit Gelber und Roter Karte des Feldes verwiesen. Mit der Gelben Karte verweist der Schiedsrichter den Spieler für zehn Minuten des Feldes, wodurch dessen Team in Unterzahl gerät. Begeht der Spieler einen weiteren Regelverstoß, sobald er wieder auf dem Feld ist, wird er mit der Roten Karte für den restlichen Spielverlauf des Feldes verwiesen.

»ER IST EIN FREAK …!«

Die Rugby-WM 1995 erlebte den Aufstieg eines echten Rugby-Superstars. Nach nur zwei Länderspielen sorgte die Nominierung Jonah Lomus bei den All Blacks für Stirnrunzeln. Aber sehr schnell räumte er alle Konkurrenten im Team aus dem Weg. Im Halbfinale überrannte er mit roher Kraft die englischen Backs, legte vier Versuche und verletzte Körper und Psyche der Verteidiger. Nach dem Spiel sagte der geschlagene englische Captain Will Carling über Lomu: »Er ist ein Freak! Je eher er abhaut, desto besser!«

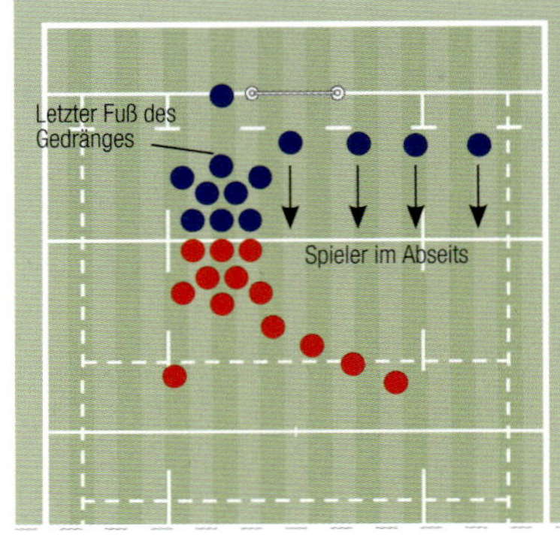

ABSEITS BEIM GEDRÄNGE
Beim angeordneten Gedränge gelten besondere Abseitsregeln. Quer über das Feld verlaufen imaginäre Abseitslinien auf Höhe des letzten Fußes jeder Mannschaft. Im Abseits sind alle Spieler (mit Ausnahme der Scrum-Halves), die diese Linien überqueren.

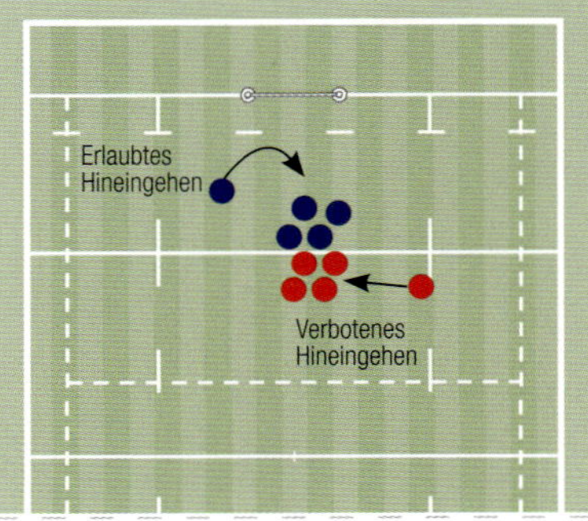

OFFENES GEDRÄNGE
Auch bei offenen Gedrängen und Paketen gibt es die Abseitsregel. Während einer solchen Situation gilt ein Spieler als abseits, wenn er von der Seite aus ins Gedränge oder Paket hineingeht. Die Spieler dürfen nur direkt von hinten ins Gedränge oder Paket gehen.

TAKTISCHE VARIANTEN

Stile und Spielformen des Rugbys haben sich zwar über die Zeit hinweg entwickelt und sogar lokal angepasst, trotzdem gibt es zwei Hauptherangehensweisen an das Spiel.

KICKING GAME

Bei dem nach vorne gerichteten Kicking Game sichert sich das angreifende Team den Ball und behält ihn mithilfe von Gedrängen und Paketen. Außerdem spielt es ins Seitenaus, um Raum zu gewinnen, und verlässt sich auf die Stürmer, um sich den Ball weiter vorne wiederzuholen. In Verbindung mit einer soliden Verteidigung ist dies eine effiziente Spielweise mit vielen Tritten aufs Tor.

15-MAN RUGBY

Die zweite Variante ist ein schnelles Laufspiel, bei dem das Team auf schnelle Bewegung und spielerisches Können setzt, um Raum zu gewinnen. Dieser oft als »15-Man Rugby« bezeichnete Spielstil beruht auf der vollen Einbindung der beweglichen Forwards und flinken Backs und ist im besten Fall ebenso attraktiv wie punktreich.

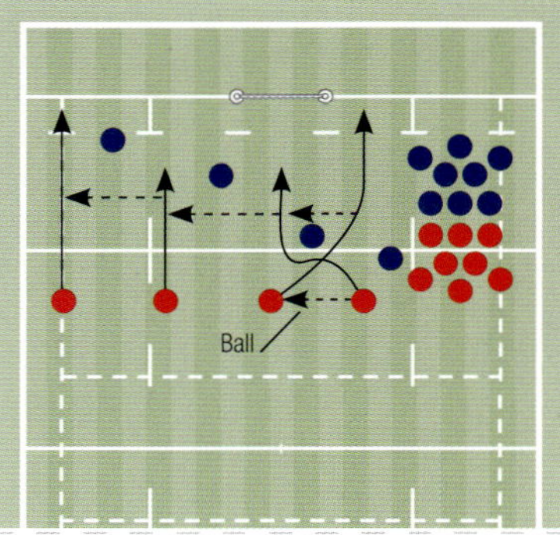

FESTE SPIELZÜGE
Forwards und Backs haben feste Spielzüge, die sie im Training üben. Die links dargestellte »Loop« der Backs zieht die gegnerischen Spieler aus ihrer Position, sodass eine Lücke entsteht, die die schnellen Wide Player ausnutzen können.

SPIELLEITUNG BEIM RUGBY

Rugby-Schiedsrichter kommunizieren mit den Spieler – und damit natürlich auch mit den Zuschauern – durch verschiedene festgelegte Arm- und Handzeichen. Diese Signale lassen sich in zwei Ebenen unterteilen: Primäre Zeichen, die anzeigen dass eine Entscheidung, wie z. B. ein Straftritt, Vorteil oder ein Freitritt, gefällt wurde, und sekundäre Zeichen, die anzeigen, weshalb die Entscheidung gefällt wurde, z. B. wegen Vorwurf, hohem Tackling oder Abseits. Unterstützt wird der Schiedsrichter durch zwei Linienrichter an den beiden Mallinien, deren Hauptaufgabe darin besteht, dem Schiedsrichter auf dem Platz anzuzeigen, ob der Ball oder ein Spieler mit dem Ball ins Aus geraten ist.

INSIDER-STORY

Der Legende nach soll Rugby erfunden worden sein, als William Webb Ellis, ein Schüler der englischen Rugby School in den 1820ern, während eines Fußballspiels den Ball aufnahm und losrannte. Gegen Ende des Jahrhunderts wurden die Rugby Football Union (RFU) und der International Rugby Football Board (IRFB) gegründet, um die Regeln zu vereinheitlichen. Schließlich fusionierten RFU und IRFB. 1995 entstand der International Rugby Board (IRB), als das Spiel zunehmend professionalisiert wurde. Das IRB hat heute mehr als 100 Voll- und assoziierte Mitglieder.

WICHTIGE TURNIERE

Seit 1987 findet mit dem Rugby World Cup alle vier Jahre das wichtigste Turnier mit 20 Nationen statt, die um den Weltmeistertitel kämpfen. Der World Cup besteht aus Gruppen- und Finalspielen. Der Sieger wird mit dem Webb Ellis Cup ausgezeichnet. Weitere internationale Meisterschaften sind die jährlich stattfindenden Tri Nations auf der Südhalbkugel und die Six Nations auf der Nordhalbkugel.

DOWN UNDER

Die Tri Nations Series ist das jährliche Turnier der Rugby-Supermächte der südlichen Hemisphäre: Australien, Neuseeland und Südafrika. Die Meisterschaft ist als Mini-Liga organisiert, bei der jedes Team dreimal gegen die anderen spielt. Der Gesamtsieger aus den Spielen zwischen Australien und Neuseeland gewinnt zudem den Bledisloe Cup.

ALTE RIVALITÄTEN

Das Six Nations (früher Five Nations) ist das wichtigste europäische Turnier. England, Frankreich, Irland, Italien, Schottland und Wales spielen jeweils einmal gegeneinander, wobei der Heimvorteil von Jahr zu Jahr wechselt. Einen Sieg in allen fünf Spielen nennt man Grand Slam. Außerdem gibt es ein Six Nations der Frauen, an dem früher zwar Spanien, aber nicht Italien teilnahm. Heute hat sich die Situation umgekehrt.

STATISTIK

RUGBY WORLD CUP-SIEGER

JAHR	LAND
2011	NEUSEELAND
2007	SÜDAFRIKA
2003	ENGLAND
1999	AUSTRALIEN
1995	SÜDAFRIKA

MEISTE FIVE UND SIX NATIONS-TITEL

SIEGE	(GETEILT)	LAND
25	(11)	WALES
25	(10)	ENGLAND
17	(8)	FRANKREICH
14	(8)	SCHOTTLAND
11	(8)	IRLAND

EUROPAPOKAL-SIEGER

JAHR	TEAM	LAND
2013	TOULON	FRA
2012	LEINSTER	IRL
2011	LEINSTER	IRL
2010	TOULOUSE	FRA
2009	LEINSTER	IRL
2008	MUNSTER	IRL
2007	WASPS	ENG
2006	MUNSTER	IRL
2005	TOULOUSE	FRA
2004	WASPS	ENG

HÖCHSTE PUNKTZAHL IN TESTS

PUNKTE	SPIELER	LAND
1440	DAN CARTER	NZL
1246	JONNY WILKINSON	ENG/LIONS
1090	NEIL JENKINS	WAL/LIONS
1083	RONAN O'GARA	IRL/LIONS
1010	DIEGO DOMINGUEZ	ITA/ARG
970	STEPHEN JONES	WAL/LIONS
967	ANDREW MEHRTENS	NZL
911	MICHAEL LYNAGH	AUS
893	PERCY MONTGOMERY	RSA
878	MATT BURKE	AUS

MEISTE VERSUCHE IN TESTS

VERSUCHE	SPIELER	LAND
69	DAISUKE OHATA	JPN
64	DAVID CAMPESE	AUS
60	SHANE WILLIAMS	WAL/LIONS
55	HIROTOKI ONOZAWA	JPN
53	BRYAN HABANA	RSA
50	RORY UNDERWOOD	ENG/LIONS
49	DOUG HOWLETT	NZL
47	BRIAN O'DRISCOLL	IRL/LIONS

7ER-RUGBY

ÜBERBLICK

7er-Rugby ist eine flüssige und schnelle Variante des Rugby Union (siehe S. 120–125) mit nur sieben Spielern pro Mannschaft statt fünfzehn. Es ist ein sehr zuschauerfreundlicher Sport, da die reduzierte Teamstärke mehr Chancen zum Punkten ermöglicht. Die wichtigsten 7er-Rugby-Turniere finden im Sommer auf der Nordhalbkugel statt und das Spiel gilt historisch als die Gelegenheit für vielversprechende Spieler, sich für die Ligen des Rugby Union zu beweisen.

DAS SPIEL

Trotz der geringeren Anzahl an Spielern finden die Spiele auf einem normal großen Rugby-Union-Feld statt, sodass sich der Fokus weg vom zermürbenden Vorwärtsspiel hin zu schnellen Pässen und explosiven Spurts verlagert. Dieser schnelle Spielfluss stellt andere körperliche Anforderungen an die Spieler, die mehr Schnelligkeit und Ausdauer benötigen als nur reine Kraft. Das Team besteht aus drei Forwards (zwei Props und ein Hooker), drei Backs (Full Back, Centre, Fly-Half) und dem Scrum-Half.

FAKTEN

- 7er-Rugby hat den Rugby-Sport in Asien immens populär gemacht. In Hongkong findet eines der größten und zuschauerstärksten Turniere der World Series statt.
- Manche der besten Rugby-Union-Spieler begannen ihre Karriere im 7er-Rubgy. Der neuseeländische Nationalspieler Jonah Lomu und der frühere australische Teamkapitän George Gregan spielten international 7er-Rugby, bevor sie sich als prominente Spieler der großen Variante des Sports einen Namen machten.

SPIELERPROFIL

7er-Rugby ist ein körperlich anstrengender Kontaktsport und alle Spieler müssen kräftig genug sein, um wirksam angreifen und Tackles des Gegners abwehren zu können. Allerdings gibt es weniger Standardsituationen als beim Rugby Union, deshalb sind die Forwards schneller, leichter und beweglicher. Die Backs müssen nicht nur lange Sprints bewältigen, sondern auch mit kreativem Passspiel und fantasievollen Zügen Räume öffnen. Das macht die Spielintelligenz genauso wichtig wie einen schnellen Antritt und Ausdauer.

Gedränge
Beim 7er-Rugby treten drei Spieler jedes Teams zum Gedränge an, wobei der Hooker zwischen den beiden Props steht

Hooker
Beim 7er-Rugby können sich die Hooker oberhalb oder unterhalb der Arme der Props binden. Bei den größeren Gedrängen der 15-Mann-Variante binden sie sich immer oberhalb.

Props
Die Props setzen die Füße schulterbreit auseinander und ducken sich so tief wie möglich.

WAS ZEICHNET DAS 7ER-RUGBY AUS?

Die 7er-Rugby-Regeln sind die gleichen wie beim Rugby Union, aber neben der reduzierten Spielerzahl gibt es auch noch weitere Unterschiede: Die Spiele haben zwei Halbzeiten von sieben Minuten mit einer Minute Pause, erhöht wird per Sprungtritt statt per Setztritt und Gedränge bestehen aus drei Spielern pro Mannschaft statt acht. Union-Teams dürfen sieben Auswechselspieler nominieren und während des Spiels einsetzen, während 7er-Mannschaften nur fünf Auswechselspieler benennen und nur dreimal einwechseln dürfen.

DIE URSPRÜNGE DES 7ER-RUGBY

Die Ursprünge des 7er-Rugby liegen in der schottischen Stadt Melrose in den 1880ern, als der Metzger Ned Haig ein Wohltätigkeitsspiel organisierte. Das Spiel erwies sich als äußerst populär und wurde bald in alle Welt getragen, wobei das jährliche Melrose-Turnier noch heute einen festen Platz im 7er-Rugby-Kalender hat.

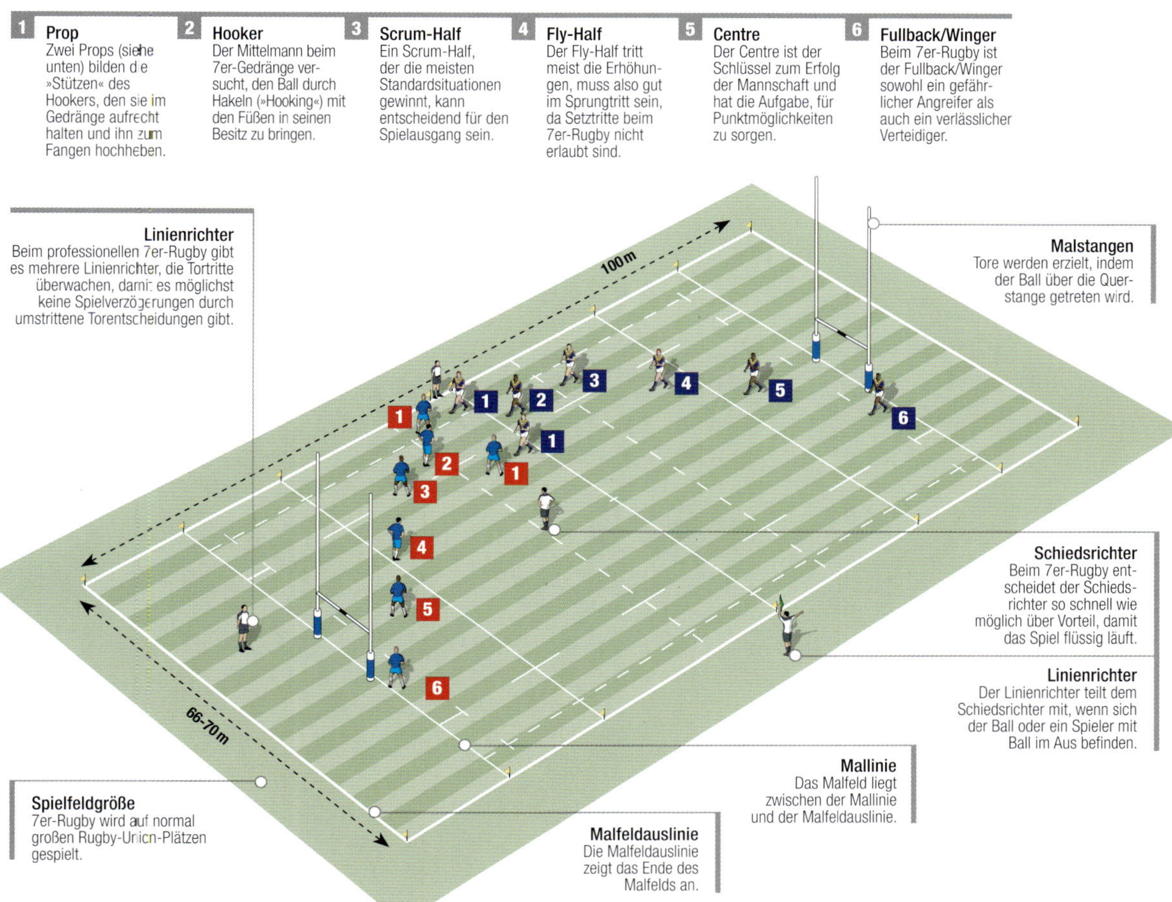

1 Prop
Zwei Props (siehe unten) bilden die »Stützen« des Hookers, den sie im Gedränge aufrecht halten und ihn zum Fangen hochheben.
2 Hooker
Der Mittelmann beim 7er-Gedränge versucht, den Ball durch Hakeln (»Hooking«) mit den Füßen in seinen Besitz zu bringen.
3 Scrum-Half
Ein Scrum-Half, der die meisten Standardsituationen gewinnt, kann entscheidend für den Spielausgang sein.
4 Fly-Half
Der Fly-Half tritt meist die Erhöhungen, muss also gut im Sprungtritt sein, da Setztritte beim 7er-Rugby nicht erlaubt sind.
5 Centre
Der Centre ist der Schlüssel zum Erfolg der Mannschaft und hat die Aufgabe, für Punktmöglichkeiten zu sorgen.
6 Fullback/Winger
Beim 7er-Rugby ist der Fullback/Winger sowohl ein gefährlicher Angreifer als auch ein verlässlicher Verteidiger.
Linienrichter
Beim professionellen 7er-Rugby gibt es mehrere Linienrichter, die Tortritte überwachen, damit es möglichst keine Spielverzögerungen durch umstrittene Torentscheidungen gibt.
100 m
Malstangen
Tore werden erzielt, indem der Ball über die Querstange getreten wird.
Schiedsrichter
Beim 7er-Rugby entscheidet der Schiedsrichter so schnell wie möglich über Vorteil, damit das Spiel flüssig läuft.
Linienrichter
Der Linienrichter teilt dem Schiedsrichter mit, wenn sich der Ball oder ein Spieler mit Ball im Aus befinden.
66–70 m
Mallinie
Das Malfeld liegt zwischen der Mallinie und der Malfeldauslinie.
Spielfeldgröße
7er-Rugby wird auf normal großen Rugby-Union-Plätzen gespielt.
Malfeldauslinie
Die Malfeldauslinie zeigt das Ende des Malfelds an.

DIE TURNIERE

Das wichtigste 7er-Turnier ist die 7er-Rugby-Weltmeisterschaft, die seit 1993 alle vier Jahre in wechselnden Ländern ausgetragen wird. Die Fidschi-Inseln konnten die Trophäe bereits zweimal erringen und sind damit die erfolgreichste Mannschaft in der Turniergeschichte. 2009 gewann Australien die erste 7er-Rugby-Weltmeisterschaft der Frauen.

Mit den Olympischen Sommerspielen 2016 in Rio de Janeiro wird 7er-Rugby olympische Sportart. Weitere wichtige Turniere sind die Commonwealth Games und die IRB Sevens World Series, bei der Mannschaften um Punkte auf Basis ihres Abschneidens bei neun Turnieren spielen. Mit zehn Siegen bei den seit 1999 gespielten 13 World Series ist Neuseeland die erfolgreichste Mannschaft, die zudem noch kein einziges Spiel der Commonwealth Games verloren hat.

GEWUSST?

23 So viele Versuche erzielte der erfolgreichste Scorer der 7er-Rugby-WM, Marika Vunibaka von den Fidschi-Inseln.

28 Nationen nahmen an den Hong Kong Sevens 2013 teil, mehr als je zuvor in der Turniergeschichte.

0 Nationen hatten gleichzeitig den Weltmeistertitel der 7er-Rugby-Weltmeisterschaft und den Titel der Rugby World Series inne.

82 Der Punktabstand, mit dem Taiwan (Chinese Tapei) Katar bei den Asienspielen 2006 schlug – ein Rekord im professionellen 7er-Rugby.

ÜBERBLICK

Rugby League gilt als eine der härtesten Kontaktsportarten der Welt und wird zwischen zwei Mannschaften zu je 13 Spielern ausgetragen. Das Ziel des Spiels besteht darin, in zwei 40-minütigen Halbzeiten mehr Punkte mit dem Ball zu erzielen als der Gegner. Punkte gibt es für das Ablegen des Balls hinter der gegnerischen Mallinie und für Torschüsse über die Querlatte hinweg. Die ursprünglich aus Nordengland stammende schnelle Sportart ist auch in Australien, Neuseeland und im gesamten Pazifikraum beliebt.

GEWUSST?

40 Der Prozentsatz aktiver weiblicher Rugby-League-Fans.

11 Die Anzahl der Versuche von George West von den Hull Kingston Rovers im Spiel gegen die Brookland Rovers 1905.

1.735 Die höchste Punktzahl in allen Spielen einer Saison wurde 1994/1995 von Wigan über 45 Spiele hinweg erzielt.

40.000 Die Anzahl registrierter Rugby League-Spieler in Großbritannien, organisiert in 450 Vereinen.

RUGBY LEAGUE

Kopfschutz
Vor allem die in der ersten Reihe spielenden Forwards tragen Helme aus leichtem, bruchfestem Kunststoff, um sich im Gedränge zu schützen.

Trikot
Das aus leichter und strapazierfähiger Kunstfaser gefertigte Trikot muss dem Zerren der gegnerischen Spieler widerstehen können.

Guter Grip
Fingerlose, fest anliegende Handschuhe ermöglichen dem Spieler einen sicheren Griff zum Ball.

Shorts
Wie die Trikots bestanden auch die Shorts früher aus kräftiger Baumwolle, werden aber heute aus starker Kunstfaser hergestellt.

FAKTEN

- Der neuseeländische Sieg beim Tri Nations Cup 2005 war die erste Niederlage Australiens seit 27 Jahren.
- Das weltweit größte Ausscheidungsturnier der Rugby League ist das Carnegie-Champion-Schools-Turnier in Neuseeland mit über 1000 teilnehmenden Schulen und 16 000 Spielern.
- Die erste Rugby-League-Weltmeisterschaft fand 1954 in Frankreich unter Beteiligung Großbritanniens, Australiens und Neuseelands statt.

Strümpfe
Als Teil der Mannschaftskleidung bieten auch die Strümpfe einen gewissen Schutz.

Schuhe
Schuhe mit hohem Schaft stützen das Fußgelenk.

SPORTLERPROFIL

Für einen derart anstrengenden Sport wie Rugby League muss der Spieler physische Kraft, Ausdauer und Schnelligkeit mitbringen. Dazu muss er den Ball treten, fangen und auch bei hoher Geschwindigkeit beherrschen können. Ein gutes taktisches Verständnis ist unerlässlich, vor allem auf Positionen wie Stand-Off und Scrum-Half.

DAS SPIELFELD

Das Rugby League-Spielfeld ist eine Rasenfläche mit Markierungen und mit Malstangen an beiden Enden. Das innere Feld wird längs von den Seitenauslinien begrenzt und ist in Zonen unterteilt. Die Linie auf Höhe der Torstangen heißt Mallinie. Die Mannschaft muss den Ball über diese Linie bringen und ablegen, um einen Versuch zu erzielen. Weiter hinten liegt die Malfeldauslinie und dahinter das Aus. Außerdem verläuft alle 10 m eine Linie über das Feld.

POSITIONEN:
1 Full Back **2** Right Wing **3** Centre **4** Centre **5** Left Wing **6** Stand-Off **7** Scrum-Half **8** Prop **9** Hooker **10** Prop **11** Second Row **12** Second Row **13** Loose Forward

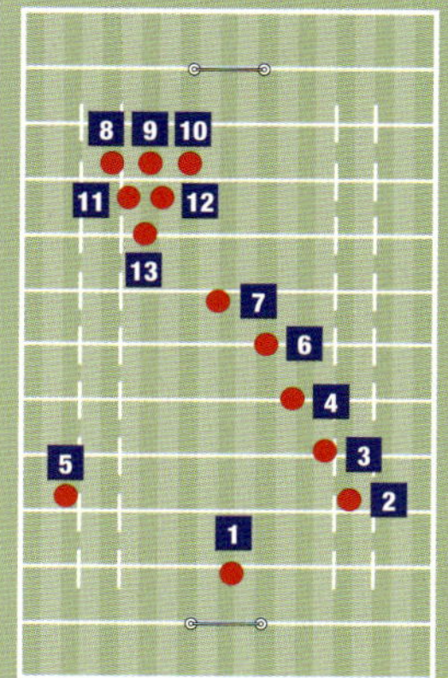

DER RUGBY-BALL

Rugby League wird mit einem ovalen Ball mit einer vorgeschriebenen Länge von 280–300 mm gespielt. Die Bälle sind meist aus Leder gefertigt, manchmal auch aus modernem wasserdichtem Synthetikmaterial.

Seitenauslinie
Die Seitenauslinie markiert den Rand des Spielfelds. Berührt oder überquert der Ball – oder irgendein Körperteil des Spielers im Ballbesitz – die Linie, ist er im Aus.

Mittellinie
Diese Linie teilt das Feld in zwei Hälften. Antritte zu Beginn des Spiels und nach einem Punktgewinn werden von der Mitte der Linie gespielt.

122 m

68 m

Spielfläche
Wie beim Rugby Union besteht die Spielfläche meist aus Rasen, es gibt aber auch künstliche Oberflächen.

Malfeld
Der Bereich, in dem ein Versuch gelegt werden kann.

Malfeldauslinie
Die horizontale Spielfeldgrenze. Überquert ein Ball die Linie, ist er im Aus.

20-m-Linie
Von hier wird das Spiel vom verteidigenden Team neu angetreten, z. B. wenn ein verteidigender Spieler den Kick eines angreifenden Spielers im Malfeld fängt.

Malstangen
Die Stangen stehen 5,50 m auseinander und sind jeweils 16 m hoch. In 3 m Höhe liegt eine Querlatte.

KLEIDUNG

Bei diesem rauen Sport wird Schutzkleidung benötigt. Ein Mundschutz ist die Regel und viele Spieler entscheiden sich für Körperprotektoren und einen Kopfschutz. All dies soll vor unberechenbaren Tritten und Schlägen des Gegners schützen.

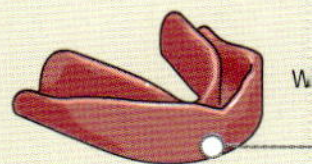

Maßarbeit
Der Mundschutz wird vom Zahnarzt angepasst.

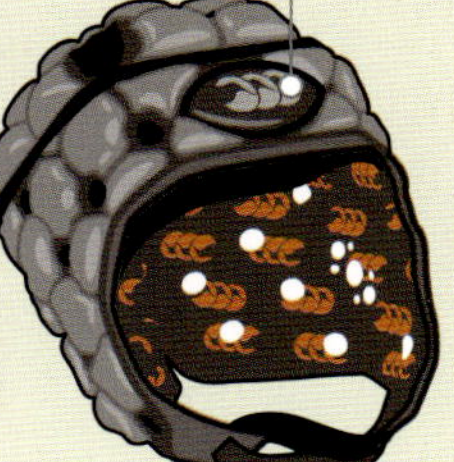

Kopfschutz
Der Helm muss bequem, aber auch fest auf dem Kopf sitzen.

Flexible Polster
Die Schaumstoffprotektoren sind je nach Bedarf auswechselbar.

Schulterpolster
Die Polsterung schützt die am stärksten belasteten Bereiche.

Brustpanzer
Der Protektor schützt das Brustbein.

Flexibles Material
Elastische Einsätze erlauben volle Bewegungsfreiheit.

MUNDSCHUTZ

Er besteht aus ausgeformtem Kunststoff und schützt Zähne und Mundraum.

HELME

Helme und sogenannte Skullcaps schützen Kopf und Ohren. Sie werden vor allem von den Spielern getragen, die am Gedränge teilnehmen.

SCHÜTZENDES UNTERHEMD

Tackles im Rugby League belasten vor allem die Schultern, weshalb viele Spieler den Oberkörper schützen. Die Unterhemden sind aus atmungsaktivem, elastischem Material gefertigt.

DAS SPIEL

Das Spiel beginnt, indem ein Spieler den Ball in die gegnerische Hälfte kickt. Sobald ein Spieler den Ball dort unter Kontrolle gebracht hat, kann sein Team versuchen, ihn nach vorne und über die gegnerische Mallinie zu bringen. Die Spieler dürfen sich den Ball zupassen und nach vorne schießen, während sie Tackles ausweichen. Haben sie nach dem sechsten Tackle keinen Punkt gemacht, wechselt der Ballbesitz auf den Gegner. Scheint ein erfolgreicher Versuch schon nach dem fünften Tackle unwahrscheinlich, wird der Ball meist weit in die gegnerische Hälfte gekickt.

NEUBEGINN

Nach einer Unterbrechung beginnt das Spiel mit Antritt, Play-The-Ball, Dropout Kick, Straftritt oder Gedränge neu. Beim Gedränge binden sich sechs Stürmer jeder Mannschaft Kopf an Kopf, während der Ball in den »Tunnel« zwischen ihnen gerollt wird.

PLAY-THE-BALL

Nachdem ein Spieler getackelt wurde, muss er den Ball mit einem Zug zurück ins Spiel bringen, den man »Play-The-Ball« nennt. Dabei rollt der Spieler den Ball im Aufstehen mit dem Fuß zu einem hinter ihm stehenden Mitspieler, der den Ball wieder ins Spiel bringt, indem er mit ihm losläuft, ihn passt oder kickt. Während dieses Play-The-Ball müssen die Spieler der gegnerischen Mannschaft mindestens 10 m Abstand halten. Andernfalls kann der Schiedsrichter eine »Abseits-Strafe« gegen die Mannschaft verhängen.

Ein Mitspieler bereitet sich auf die Übernahme vor.

Der Spieler steht auf und tritt oder rollt den Ball nach hinten.

Hackenspiel
Der Spieler rollt den Ball mit Hacke oder Sohle.

20-M-DROPOUT

Wenn ein Team einen Straftritt erhält, kann es den Ball ins Aus schießen (im Fall eines Straftritts rückt das Spiel an den Punkt vor, an dem der Ball die Linie überquert). Geht der Tritt über die Malfeldauslinie, beginnt das Spiel mit einem Sprungtritt von der 20-m-Linie.

20-M-NEUSTART

Das Spiel beginnt an der 20-m-Linie neu, wenn ein Spieler der verteidigenden Mannschaft im Malfeld einen von den Angreifern gekickten Ball sauber fängt. Außerdem beginnt es hier neu, wenn ein angreifender Spieler den Ball berührt, bevor er die Malfeldauslinie überquert.

40/20-KICK

Kickt ein Spieler den Ball hinter der eigenen 40-m-Linie ins Spiel und landet dieser vor der gegnerischen 20-m-Linie, erhält sein Team ein angeordnetes Gedränge. Es besteht eine hohe Wahrscheinlichkeit, dass das Team das Gedränge und damit weitere Tackles gewinnt.

SPEZIELLE FERTIGKEITEN

Rugby League nutzt die individuellen Fertigkeiten und Techniken der Spieler, um die benötigten Siegpunkte zu erzielen. Die Spieler müssen den Ball gut passen und fangen können, und gleichzeitig einen soliden Tackle beherrschen. Alle Kicks müssen präzise ausgeführt werden, seien es nun Sprungtritt, Weitschuss oder ein platzierter Kick nach einem Versuch.

UNERLAUBTE TACKLES

Ein Tackling über der Schulterlinie gilt als gefährlich und wird ebenso bestraft wie ein Tackling gegen einen Gegner, der nicht im Ballbesitz ist.

PASSEN

Passen ist eine Grundtechnik, die jeder Spieler beherrschen muss. Mit einem gut ausgeführten Pass kann man den Gegner umspielen und eine Gelegenheit zum Versuch schaffen. Es darf nur nach hinten gepasst werden. Ein Pass nach vorne ist ein Regelverstoß.

VON UNTEN PASSEN

Nach einem Play-The-Ball und einem Straftritt ins Aus wird der Ball vom Boden aufgenommen und gepasst.

Mit Schwung
Der Spieler nimmt den Ball auf und wirft ihn zum Mitspieler.
Augen zum Ball
Der Spieler bewegt sich unter den Ball, während er ihn im Auge behält.

FANGEN

Gefangen wird der Ball etwa nach dem Pass eines Mitspielers über kurze Distanz oder nach einem Weitschuss der gegnerischen Mannschaft. Angesichts der anstürmenden Forwards erfordert das eine gute Koordination.

EINEN HOHEN BALL FANGEN

Der Spieler muss sowohl den Ball als auch die in der Nähe befindlichen Gegner im Auge behalten.

TACKLING

Ein Tackle ist der Punkt, an dem ein Spieler mit dem Ball zu Boden gebracht wird, sodass der Ball oder der ihn haltende Arm den Boden berührt, während der Tackler den Spieler berührt. Hierbei kommt es auf Kraft im Oberkörper und gutes Timing an.

Zugriff
Der Tackler bringt den Gegner aus dem Gleichgewicht.

DER SIDE TACKLE

Der Tackler senkt die Schultern und umschlingt den Gegner mit beiden Armen.

KICKEN

Beim Spiel kommen mehrere Tritttechniken zum Einsatz, von weiten Straftritten bis hin zu geschickten Schüssen durch eine Gruppe hindurch. Der Stand-Off ist der Trittspezialist für die Straftritte.

SPRUNGTRITT

Der Spieler wirft den Ball hoch und wartet, bis er gerade den Boden berührt, bevor er ihn nach vorne tritt.

Perfektes Timing
Der Kicker tritt den Ball mit dem Spann, sobald er den Boden berührt.

PUNKTESYSTEM

Die höchste Punktzahl (vier) gibt es für einen gelegten Versuch, aber ein Team kann auch noch auf verschiedene andere Arten Punkte machen. Direkt nach einem Versuch kann die erfolgreiche Mannschaft weitere zwei Punkte holen, wenn es einem Spieler gelingt, den Ball zwischen den Malstangen hindurch über die Querlatte zu schießen. Dies nennt man eine Erhöhung. Ein Sprungtritt aus dem laufenden Spiel über die Querlatte bringt einen Punkt. Zahlreiche Regelverstöße werden mit Strafen geahndet. Eine Möglichkeit ist ein Torschuss, der zwei Punkte bringt.

VERSUCH

Ein Versuch ist gültig, wenn ein Spieler die Mallinie überquert und den Ball mit Druck auf dem Boden ablegt. Der Versuch ist auch gültig, wenn zwei gegnerische Spieler den Ball beim Ablegen festhalten. Er ist ungültig, wenn ein Körperteil eines der Spieler im Aus liegt.

STRAFTRITT

Eine Mannschaft erhält einen Straftritt, wenn ein gegnerischer Spieler einen Regelverstoß begeht. Der Straftritt wird am Ort des Verstoßes ausgeführt. Lag der Ball während des Verstoßes im Aus, wird der Straftritt 10 m vom Seitenaus entfernt gespielt.

ERHÖHUNG

Eine Erhöhung wird auf einer Linie direkt gegenüber dem Ort des Versuchs ausgeführt. Schiedsrichter entscheiden, ob der Ball über die Querlatte geflogen ist.

SPRUNGTRITT INS TOR

Der zusätzliche Punkt durch einen Sprungtritt ins Tor kann das Spiel entscheiden, wenn kurz vor Spielende Gleichstand herrscht und die Mallinie weit entfernt ist.

GEDRÄNGE

Ein Pass nach vorne, ein Vorstoß (versehentliche Vorwärtsbewegung des Balls) und ein Wiederbeginn nach einem Aus führen zu einem angeordneten Gedränge mit sechs Forwards: einer ersten Reihe mit zwei Props und einem Hooker, einer zweiten mit zwei Forwards und einem Loose Forward ganz hinten.

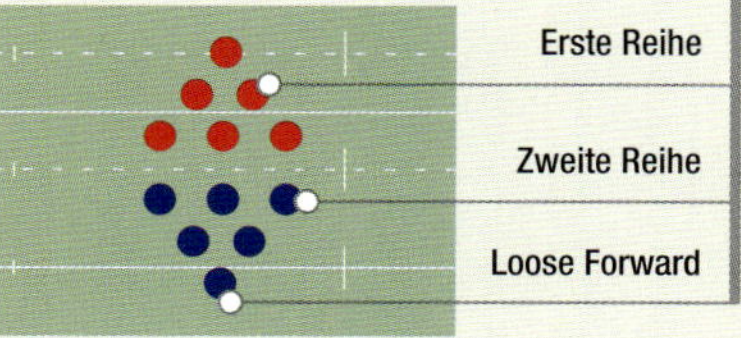

RUGBY-REGELN

Die meisten Regelverstöße werden mit einem Straftritt oder einem Gedränge bestraft, aber bei ernsteren Vergehen wird ein Spieler zeitweise des Feldes verwiesen. Er muss zehn Minuten neben dem Spielfeld aussetzen, wodurch sein Team in Unterzahl gerät.

ABSEITS

Zum Abseits kann es aus mehreren Gründen kommen, z. B. wenn ein Spieler, der sich vor dem Spieler im Ballbesitz befindet, versucht, den Ball zu spielen. Beim Straftritt ist ein Spieler im Abseits, wenn er vor dem Kicker steht.

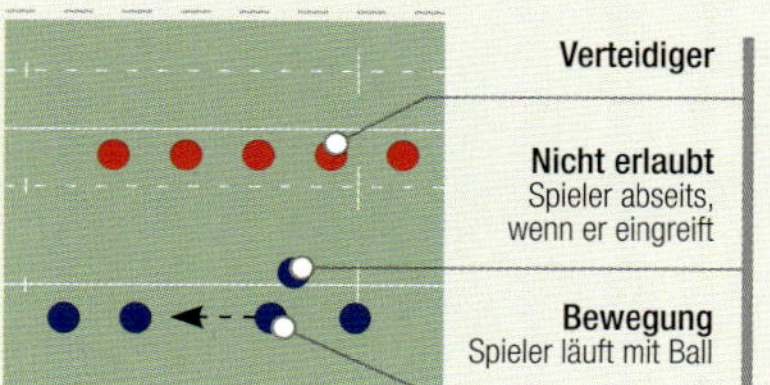

VORTEIL

Statt das Spiel wegen eines Verstoßes zu stoppen, kann der Schiedsrichter es auch laufen und Vorteil gelten lassen, z. B. wenn ein Spieler hoch getackelt wird, aber den Ball noch zu einem erfolgreichen Versuch passen kann.

MANNSCHAFTSTAKTIK

Beim Rugby League geht es darum, mehr Punkte als die gegnerische Mannschaft zu erzielen, indem man seine Angriffe abschließt und sich selbst solide verteidigt. Beides hängt von einer Kombination aus Teamwork und individuellen Fertigkeiten ab, wie dem Werfen eines Dummys (Antäuschen einer Abgabe). Eine weitere Taktik ist der Schuss ins Aus, mit dem die angreifende Mannschaft Raumgewinne erzielen kann oder die Verteidiger den Druck von ihrer Hintermannschaft nehmen können.

EINEN DUMMY WERFEN
Ein Spieler nähert sich einem Gegner und nimmt den Ball in die Hände, als wolle er ihn jeden Moment zu einem in der Nähe stehenden Mitspieler passen.

DRAN VORBEI
Der Gegner lässt sich täuschen und verlagert sein Gewicht in Richtung des vermeintlichen Empfängers, sodass der Angreifer leichter an ihm vorbei kommt.

KICK INS AUS

Will man den Ball im laufenden Spiel ins Aus schießen, muss man darauf achten, dass er wenigstens einmal vor dem Aus den Boden des Spielfelds berührt. Das folgende Gedränge findet 10 m vom Punkt entfernt statt, an dem der Ball ins Aus gegangen ist. Geht der Ball direkt ins Aus, findet das Gedränge am Ort des Kicks statt. In beiden Situationen wirft die gegnerische Mannschaft den Ball ins Gedränge, sodass der Raumgewinn unter Umständen mit einem Ballverlust erkauft wird.

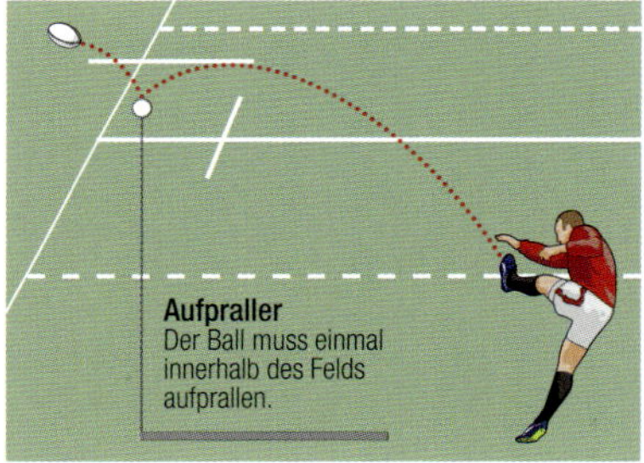

Aufpraller
Der Ball muss einmal innerhalb des Felds aufprallen.

GOLDEN GOAL

Steht es zum Spielende unentschieden, folgen 10 Minuten Nachspielzeit. Hier lauert der »Sudden Death«, denn der erste Punktgewinn bringt den sofortigen Sieg.

INSIDER-STORY

Rugby League hat sich aus dem ursprünglichen Rugby Union (siehe S. 120–125) entwickelt, das seinen Anfang in den 1830ern hatte. Ein Streit zwischen der Rugby Football Union (RFU) und Klubs in Nordengland, die ihre Spieler entgegen dem Amateurgeist des Spiels bezahlten, führte 1895 zur Gründung der abtrünnigen Northern Rugby Football Union. Das Spiel mit 13 Spielern pro Team entstand 1906 und erhielt 1922 die Bezeichnung Rugby League. In Großbritannien ist die Rugby Football League (RFL) der Dachverband der Landesligen, der Super League, des Challenge Cups und der britischen Nationalmannschaft.

INTERNATIONALE REGELUNG
Die Rugby League International Federation (RLIF) ist der weltweite Dachverband des Rugby-Sports. Sie entscheidet über Regelfragen und Weltranglisten.

FAKTEN

- Australian Football wird außer in Australien in weiteren 20 Ländern, wie Großbritannien, Neuseeland, Indonesien, und Japan, gespielt.
- Das alljährliche Australian Football League (AFL) Grand Final zieht 100 000 Zuschauer an und ist damit die bestbesuchte nationale Vereinsmeisterschaft der Welt.
- Auch Australian Football der Frauen hat sich in vielen Ländern etabliert, so z. B. in den USA, Großbritannien, Neuseeland, Kanada und Papua-Neuguinea.

AUSTRALIAN FOOTBALL

ÜBERBLICK

Australian Football – lokal auch »Aussie Rules« oder »Footy« genannt – ist ein unglaublich hartes und schnelles Spiel. Zwei Mannschaften aus 22 Spielern (18 Feldspieler, 4 Mann auf der Ersatzbank) stürzen sich mit grimmiger Entschlossenheit auf Gegner und Ball, der mit großer Genauigkeit über das ovale Spielfeld gespielt wird. Punkte erzielt man, indem man den Ball zwischen zwei der je vier Torpfosten hindurch schießt. Nach vier 20-minütigen Vierteln gewinnt das Team mit den meisten Punkten. »Footy« ist der beliebteste Wintersport in Australien.

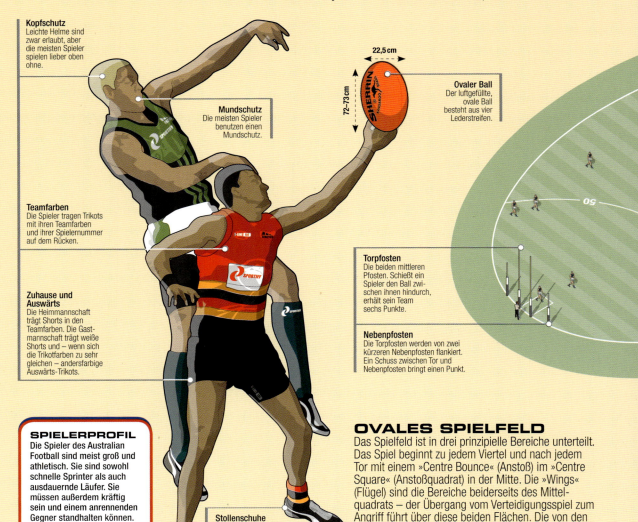

Kopfschutz
Leichte Helme sind zwar erlaubt, aber die meisten Spieler spielen lieber oben ohne.

Mundschutz
Die meisten Spieler benutzen einen Mundschutz.

22,5 cm

72–73 cm

Ovaler Ball
Der luftgefüllte, ovale Ball besteht aus vier Lederstreifen.

Teamfarben
Die Spieler tragen Trikots mit ihren Teamfarben und ihrer Spielernummer auf dem Rücken.

Zuhause und Auswärts
Die Heimmannschaft trägt Shorts in den Teamfarben. Die Gastmannschaft trägt weiße Shorts und – wenn sich die Trikotfarben zu sehr gleichen – andersfarbige Auswärts-Trikots.

Torpfosten
Die beiden mittleren Pfosten. Schießt ein Spieler den Ball zwischen ihnen hindurch, erhält sein Team sechs Punkte.

Nebenpfosten
Die Torpfosten werden von zwei kürzeren Nebenpfosten flankiert. Ein Schuss zwischen Tor und Nebenpfosten bringt einen Punkt.

Stollenschuhe
Die Spieler tragen Fußballschuhe mit Stollen.

SPIELERPROFIL

Die Spieler des Australian Football sind meist groß und athletisch. Sie sind sowohl schnelle Sprinter als auch ausdauernde Läufer. Sie müssen außerdem kräftig sein und einem anrennenden Gegner standhalten können.

OVALES SPIELFELD

Das Spielfeld ist in drei prinzipielle Bereiche unterteilt. Das Spiel beginnt zu jedem Viertel und nach jedem Tor mit einem »Centre Bounce« (Anstoß) im »Centre Square« (Anstoßquadrat) in der Mitte. Die »Wings« (Flügel) sind die Bereiche beiderseits des Mittelquadrats – der Übergang vom Verteidigungsspiel zum Angriff führt über diese beiden Flächen. Die von den gebogenen 50-m-Linien markierten »Goal Arcs« an beiden Spielfeldenden sind die eigentlichen Torzonen.

DIE VOLLE DISTANZ

Im Durchschnitt legt ein Australian-Football-Spieler während der vier 20-minütigen Viertel rund 13 km zurück, den Großteil davon im Laufen oder Rennen. Im Vergleich dazu muss ein Rugby Union-Spieler (siehe S. 120–125) nur etwa 6 km laufen. Auch Frauen spielen Australian Football. Sie haben zwar einige modifizierte Regeln fürs Tackling, müssen aber ansonsten die gleiche Ausdauer und Zähigkeit besitzen.

Linien-Schiedsrichter
Zwei Schiedsrichter überwachen die Seitenlinie. Geht ein Ball ins Aus, werfen sie ihn wieder ein. Außerdem vergeben sie Strafstöße, wenn der Ball über die Linie gekickt wird.

Feld-Schiedsrichter
Drei Schiedsrichter überwachen das Spiel auf dem Centre Square, den Wings und den Goal Arcs.

Tor-Schiedsrichter
An jeder Torlinie entscheidet ein Schiedsrichter, ob der Ball die Linie überquert hat und ob es ein Tor oder ein Behind ist.

Centre Square
In diesem Bereich dürfen sich vor Spielbeginn nur acht Spieler aufhalten – die übrigen 28 müssen sich im Umkreis aufstellen.

50-m-Linie
Diese gebogene Linie umschreibt die Goal Arcs an beiden Enden des Spielfelds.

Auswechsel-spieler
Jede Mannschaft hat vier Ersatzspieler, die unbegrenzt oft ein- und ausgewechselt werden dürfen.

WER SPIELT WO?

Die Grenzen zwischen den Positionen sind fließend: Die Spieler gehen immer dahin, wo sie gerade gebraucht werden. Das Diagramm unten zeigt die Aufstellung zu Spielbeginn. Das Spiel beginnt mit dem Centre Bounce, der von den Ruckmen gespielt wird. Offensivspieler (»Forwards«) lauern im Vorderfeld auf den Ballbesitz, während Defensivspieler (»Defenders«) versuchen, die gegnerischen Forwards auszuschalten und den Ball nach vorne zu bringen. Mittelfeldspieler kämpfen in allen Bereichen des Felds um den Ballbesitz.

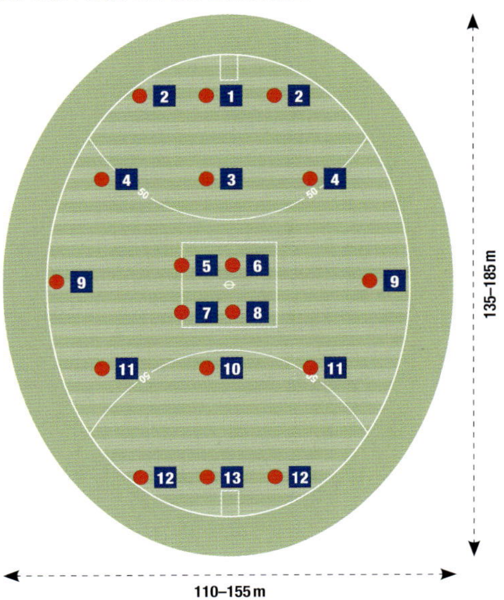

POSITIONEN:
1 Full Forward **2** Forward Pockets **3** Centre-Half Forward **4** Half-Forward Flanks **5** Ruckman **6** Ruck-Rover **7** Rover **8** Centre **9** Wingmen **10** Centre Half-Back **11** Half-Back Flanks **12** Back Pockets **13** Full Back

INTERNATIONALE REGELN

1998 spielten Australien und Irland die erste International Rules-Serie aus. Die Spiele kombinieren Elemente aus dem Australian und Gaelic Football (siehe S. 174–175), sind schnell und für die extrem harten Konfrontationen berüchtigt (die Serie 2007 wurde nach den Erfahrungen von 2006 abgesagt). Bislang hat Australien fünf, Irland sieben Spiele gewonnen, zwei Begegnungen endeten unentschieden.

GEWUSST?

7.146.604 **Die Anzahl Australier, die 2010 die Spitzenspiele der AFL besuchten – das entspricht in etwa einem Drittel der australischen Bevölkerung.**

121.696 **Die höchste Zuschauerzahl bei einem Spitzenspiel. Erzielt beim Grand Final 1970 zwischen Carlton und Collingwood, das Carlton mit zehn Punkten Vorsprung gewann.**

38.423 **Die durchschnittliche Zuschauerzahl bei einem regulären Spiel der Saison 2010 (die englische Premier League hatte 2010/2011 im Schnitt 35 363 Zuschauer).**

SPIELREGELN

Der Ball darf mit den Füßen (ein Kick), der Faust (ein Handpass) oder per Schlag mit der offenen Hand (ein Tap) in jede Richtung gepasst werden. Ein »Mark« wird erzielt, wenn ein Spieler den aus mindestens 15 m Entfernung gekickten Ball fängt. Ein Spieler darf mit dem Ball laufen, muss ihn aber alle 15 m aufprellen oder auf dem Boden ablegen. Der Spieler, der mit dem Ball läuft, darf abgedrängt und getackelt werden und muss den Ball beim Tackling sofort passen oder loslassen, will er eine Strafe vermeiden. Für Verstöße wie Stoßen des Gegners von hinten, regelwidriges Tackling (siehe S.135) und Festhalten eines Spielers ohne Ball werden als Strafe Freistöße gegeben. Ein Spieler kann für Schlagen, Beinstellen, Stoßen oder Treten eines anderen Spielers verwarnt und für zukünftige Spiele gesperrt werden.

PUNKTE

Ein Tor (sechs Punkte) ist nur dann gültig, wenn der Spieler den Ball zwischen den Torpfosten hindurchkickt. Wird der Ball zwischen Tor- und Nebenpfosten hindurch oder gegen einen Torpfosten geschossen, ist dies ein »Behind« (ein Punkt). Auch wenn der Ball von einem Verteidiger abprallt oder von einem anderen Körperteil des Spielers über die Torlinie befördert wird, gilt dies als Behind. Die Gesamtpunktzahl ist die Summe aus Toren und Punkten und wird so notiert: »20.14 (134)« bedeutet 20 Tore und 14 Behinds, eine Summe von 134 Punkte.

Gegen den Pfosten
Trifft der getretene Ball einen Torpfosten, gilt das als Behind.
6,4 m
6,4 m
6,4 m
1 Punkt
6 Punkte
1 Punkt
Im Aus
Trifft der Ball nach einem Kick direkt (ohne Aufpraller) den Nebenpfosten, erhält der Gegner einen Freistoß.
mind. 3 m
mind. 6 m

TORE UND BEHINDS
Tore und Behinds sind gültig, wenn der Ball die Linie zwischen den jeweiligen Pfosten überquert. Er darf dabei fliegen, hüpfen und über den Boden rollen. Auch die Höhe spielt keine Rolle: Die Pfosten reichen theoretisch ins Unendliche.

BALLARTISTIK

Das auf den unvorbereiteten Laien eher chaotisch wirkende Australian Football ist in Wahrheit ein hochgradig technisches Spiel. Die Spieler müssen sich den Ballbesitz sichern und bewahren und den Ball strategisch geschickt mit zielsicheren Kicks und Pässen nach vorne bringen. Sie spielen den Ball mit dem Fuß zu frei stehenden Mitspielern und passen über kurze Distanz mit Handpasses, Taps oder Punches aus der Hand. Vor dem Tor angelangt, versuchen sie, per Mark und Kick oder aus vollem Lauf ein Tor zu schießen.

MAZEDONISCHES WUNDER

Einer der wohl besten Spieler aller Zeiten war Peter Daicos, auch bekannt als »Macedonian Marvel« (mazedonisches Wunder). Daicos war für seine verblüffende Treffsicherheit und die Fähigkeit bekannt, immer wieder auch aus den unmöglichsten Lagen heraus Tore zu schießen. Er spielte in den 1980ern und 1990ern für die Collingwood Magpies.

DER HANDPASS

Der Handpass wird heute fast so häufig eingesetzt wie der Kick. Bei dieser Passtechnik schlägt der Spieler mit Daumen und Zeigefinger der geballten Faust unter das spitze Ende des Balls.

Schulterdrehung
Die Schulter des Schlagarms wird nach hinten gedreht, um den Schwung zu verlängern.

Schlag
Die geschwungene Faust trifft auf die Spitze des Balls und befördert ihn Richtung Mitspieler.

HANDPASSES
Mit dieser Passtechnik kann man den Ball schnell und auch unter Druck zu einem nahe stehenden Mitspieler passen. Sie wird gerne von Mittelfeldspielern eingesetzt, um das Spiel aufzubauen und den Kick nach vorne vorzubereiten.

KICKEN

Es gibt vier Arten zu kicken: Den Drop Punt im offenen Spiel, den Torpedo Kick, ein rotierender Weitschuss im Rugby-Stil, den Snap und den Checkside Kick (»Bananen-Kick«) für Bogenpässe.

Ballführung
Der Ball wird mit der Handfläche zum Fuß geführt.
Fallphase
Der Ball verlässt die Hand mit der Spitze Richtung Fuß.
Rotation
Trifft man den Ball nahe den Enden, rotiert er durch die Luft.

DROP PUNT
Dank seiner beständigen Rotation ist der Drop Punt zielgenau und leicht zu kontrollieren. Die Spieler verwenden ihn für Pässe im offenen Spiel und für die meisten Torschüsse. Er ist weitaus beliebter als der nicht rotierende Punt Kick.

TACKLING UND MARKEN

Marken und Tackles sind das A und O des Australian Football, die das Spiel so aufregend und hart machen. Die Spieler fangen den Ball im vollen Lauf oder indem sie sich furchtlos – und nicht selten einen Gegner als Stütze nutzend – in die Höhe schrauben. Die wichtigste Verteidigungstaktik ist das Tackling. Die Spieler rammen den Gegner mit dem Ball dabei mit voller Geschwindigkeit, damit der den Ball fallen lässt oder zu Boden geht und so gestoppt wird.

MARKE DES JAHRHUNDERTS

Der früher bei Geelong spielende Gary Ablett gilt als einer der mitreißendsten Spieler aller Zeiten. In den drei Spielzeiten von 1993 bis 1995 erzielte er mehr als 100 Goals und wurde mit der Coleman-Medaille für die meisten Tore ausgezeichnet. Der sprungstarke Forward erzielte 1994 im Spiel gegen Collingwood die »Marke des Jahrhunderts«, indem er einem Gegner auf die Schultern hüpfte und den Ball mit der ausgestreckten Hand fing, bevor er zu Boden krachte.

MARKEN

Die Marke ist die wichtigste Methode, im Ballbesitz zu bleiben. Wird ein Ball von einem Spieler gekickt und von einem anderen Spieler in mindestens 15 m Entfernung gefangen, erhält der Fänger eine Marke und einen Freistoß zugesprochen. Er kann den Ball dann von diesem Punkt aus vom Gegner ungehindert kicken oder passen.

Marken verhindern
Die Verteidiger dürfen den Ball vor dem Gegner wegschlagen. Körperkontakt in der Luft ist erlaubt, aber Halten oder Schlagen des Gegners sind verboten.

Nach vorne
Die Spieler dürfen sich beim Fangen nach vorne drängeln, um ungehindert nach dem Ball springen und einen Freistoß erkämpfen zu können.

HOCH HINAUS
Die Spieler dürfen sich beim Fangen auf den Gegner stützen und über ihn springen. Das führt zu spektakulären Sprüngen und atemberaubenden Marken (»Screamer« oder »Spekky« genannt), die als die attraktivsten Manöver im Spiel gelten.

TACKLING

Der Spieler im Ballbesitz kann getackelt werden, indem man ihn festhält oder zu Fall bringt. Der Tackle muss zwischen Schultern und Knien ansetzen und darf von mehr als einem Spieler durchgeführt werden. Lässt der getackelte Spieler den Ball nicht sofort los, erhält der Gegner einen Freistoß.

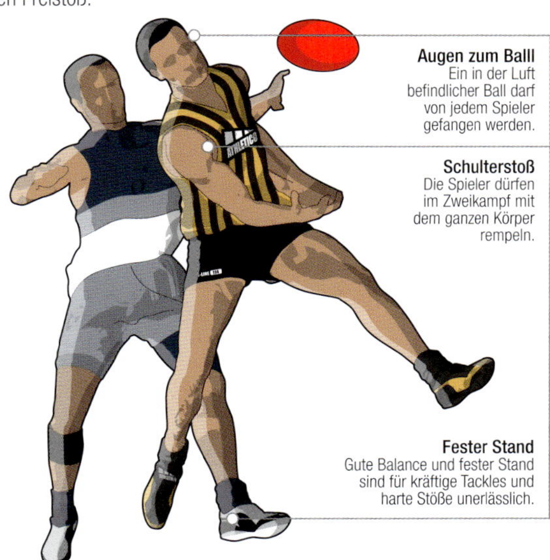

Augen zum Ball!
Ein in der Luft befindlicher Ball darf von jedem Spieler gefangen werden.

Schulterstoß
Die Spieler dürfen im Zweikampf mit dem ganzen Körper rempeln.

Fester Stand
Gute Balance und fester Stand sind für kräftige Tackles und harte Stöße unerlässlich.

HÜFTSCHWUNG
Ein Spieler darf einen Gegner wegstoßen (ein »Hip and Shoulder«), wenn sich der Ball im Umkreis von 5 m befindet und er den Stoß nur mit der Hüfte oder der Schulter ausführt. Ein Angriff gegen den Kopf ist nicht erlaubt.

STATISTIK

AFL GRAND FINALS

JAHR	GEWINNER	ZWEITER
2013	HAWTHORN 11.11 (77)	FREMANTLE 8.14 (62)
2012	SYDNEY SWANS 14.7 (91)	HAWTHORN 11.15 (81)
2011	GEELONG CATS 18.11 (119)	COLLINGWOOD MAGPIES 12.8 (81)
2010	COLLINGWOOD MAGPIES 16.12 (108)	ST. KILDA SAINTS 7.10 (52)
2009	GEELONG CATS 12.8 (80)	ST. KILDA SAINTS 9.14 (68)
2008	HAWTHORN 18.7 (115)	GEELONG CATS 11.23 (89)
2007	GEELONG CATS 24.19 (163)	PORT ADELAIDE POWER 6.8 (44)
2006	WEST COAST EAGLES 12.13 (85)	SYDNEY SWANS 12.12 (84)
2005	SYDNEY SWANS 8.10 (58)	WEST COAST EAGLES 7.12 (54)
2004	PORT ADELAIDE POWER 17.11 (113)	BRISBANE LIONS 10.13 (73)
2003	BRISBANE LIONS 20.14 (134)	COLLINGWOOD MAGPIES 12.12 (84)
2002	BRISBANE LIONS 10.15 (75)	COLLINGWOOD MAGPIES 9.12 (66)
2001	BRISBANE LIONS 15.18 (108)	ESSENDON BOMBERS 12.10 (82)
2000	ESSENDON BOMBERS 19.21 (135)	MELBOURNE DEMONS 11.9 (75)
1999	NORTH MELBOURNE 19.10 (124)	CARLTON BLUES 12.17 (89)

INSIDER-STORY

Australian Football wurde 1857 von Tom Wills als unterhaltsames Wintertraining für Cricketspieler entwickelt. Das erste dokumentierte Spiel fand 1858 zwischen South College und Melbourne Grammar School statt. Die erste Profi-Liga, die Victorian Football League (VFL), wurde 1896 gegründet. Im Jahr darauf fand das erste Ligaspiel statt. 1987 wurde die florierende Liga landesweit anerkannt und 1994 in Australian Football League umbenannt. Zur Verwaltung und Überwachung der Spielregeln wurde ein Regelausschuss eingesetzt.

DIE AUSTRALIAN FOOTBALL LEAGUE
Die AFL Commission ist der Dachverband des Australian Football. Sie übernahm 1993 die landesweite Verwaltung des Sports und ist eine der einflussreichsten Sportorganisationen der Welt. Sie ist für die Durchführung der Wettbewerbe und die regelmäßige Modernisierung des Regelwerks verantwortlich, wobei die meisten Änderungen darauf abzielen, den Sport schneller und für die Zuschauer attraktiver zu machen.

CRICKET

ÜBERBLICK

Auf den Laien wirkt Cricket schnell wie ein unverständliches Spektakel exzentrischer Männer in langen Hosen. Für Millionen von Fans weltweit ist es aber die ultimative Kombination von Können und Strategie. Das Spiel der beiden 11-köpfigen Mannschaften fängt damit an, dass ein Bowler (Werfer) einen Ball zu einem Batsman (Schlagmann) wirft, der versucht, den Ball wegzuschlagen. Aus dieser einfachen Situation ergibt sich eine komplexe Vielfalt an Möglichkeiten. Das einst als Elitesport geltende Cricket ist heute genauso kommerzialisiert wie jede andere Profisportart.

FAKTEN

- **Die beiden internationalen Spielformen sind Test Matches (die fünf Tage dauern) und Eintagesspiele mit (meist auf 50) begrenzten Overs pro Seite (»20/20 Cricket« erlaubt nur 20 Overs pro Innings). Weitere Formen sind First-Class, Club, Indoor und Beach Cricket.**
- **Cricket wird in über 100 Ländern gespielt, aber nur die besten treten international an. Dies sind zur Zeit: Australien, England, Pakistan, Indien, Sri Lanka, Südafrika, Neuseeland, die Westindischen Inseln, Zimbabwe und Bangladesch.**

SPORTLERPROFIL

Es gibt zwar keinen »typischen« Cricketspieler, aber die schnellen Bowlers sind meist groß und athletisch. Die Batsmen benötigen gute Koordination und müssen entscheidungsfreudig sein. Gute Feldspieler sind agil und wurfstark. Alle Cricketspieler brauchen schnelle Reaktionen und ein hohes Konzentrationsvermögen.

Schlagholz
Der mit einem Griff versehene Bat besteht aus Weidenholz und darf nicht länger als 96 cm sein.

Kopfschutz
Vor den 1980ern eher selten, sind die Schutzhelme heute ein vertrauter Anblick.

Handschuhe
Gefütterte Handschuhe schützen die Hände, ohne die Bewegungsfreiheit einzuschränken.

Brustschutz
Nicht alle Batsmen tragen einen Brustschutz, er kommt meist nur gegen sehr schnelle Bolwers zum Einsatz. Er wird unter dem Hemd getragen und schützt vor Prellungen und Rippenbrüchen.

Box
Dieser herzförmige Hartplastikprotektor wird unter der Hose getragen und schützt die Genitalien.

Pads
Die dick gepolsterten Beinschoner (»Pads«) schützen die Beine vom Fußgelenk bis über das Knie. Die modernen Schoner sind kompakt und leicht und hindern den Batsman nicht am Schlagen und Laufen.

DER BALL

Der extrem harte Cricketball besteht aus einem mit Leder überzogenen Kern aus Kork, Gummi und eng gewickelter Kordel. Er ist traditionell rot, wobei bei Eintagesspielen meist weiße Bälle verwendet werden.

Naht
Eine erhabene Naht läuft mittig um den Ball.

DAS WICKET

Das Wicket besteht aus drei senkrechten Holzstäben (Stumps) und zwei kurzen Querstäben (Bails). Die Bails liegen in kleinen Vertiefungen auf den Stumps. An jedem Ende der Spielbahn (Pitch) steht ein Wicket.

Bails
Bei einigen Dismissals fallen die Bails herunter.

Stumps
Die Stumps werden von links nach rechts als Off Stump, Middle Stump und Leg Stump bezeichnet. Die spitzen Enden werden tief in den Boden getrieben.

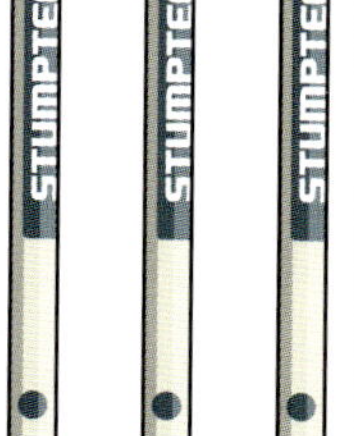

DAS SPIELFELD

Cricket wird auf einer großen, ovalen Fläche mit der Pitch (Spielbahn) in der Mitte gespielt. Auf dem Feld halten sich zwei Schiedsrichter (Umpires), zwei Batsmen und die Feldmannschaft (Bowler, Wicketkeeper und neun weitere Fielders) auf. Die Fielders sind so aufgestellt, dass sie nach Ansicht ihres Captains sowohl Runs verhindern als auch Dismissals (siehe S. 139) bewirken können. Am Ende jedes Overs (siehe S. 138) wirft ein neuer Bowler vom anderen Ende der Pitch aus und Fielders und Umpires stellen sich neu auf.

GLÜHENDE FANS

Cricket-Fans sind äußerst engagiert – allen voran die rund 90 000 Zuschauer, die im indischen Eden Gardens ihren Sport feiern und so viel Lärm machen, dass die Schiedsrichter nichts mehr hören können.

DIE FELDSPIELER-POSITIONEN

Die Illustration zeigt die meisten der üblichen Positionen, die ein Captain wählen kann, wenn ein rechtshändiger Batsman am Schlag ist.

1 Bowler
2 Non-striking batter
3 Striking batter
4 Wicketkeeper
5 Slips
6 Gully
7 Silly point
8 Point
9 Cover point
10 Cover
11 Extra cover
12 Silly mid-off
13 Mid-off
14 Wide mid-off
15 Leg slip
16 Short leg
17 Forward short leg
18 Silly mid-on
19 Mid-on
20 Wide mid-on
21 Mid-wicket
22 Square leg
23 Deep square leg
24 Deep mid-wicket
25 Long-on
26 Straight hit
27 Long-off
28 Deep extra cover
29 Deep cover
30 Sweeper
31 Backward point
32 Third man
33 Fine leg
34 Long leg
35 Deep b/w fine leg
U Umpires

30-Yard-Kreis
Die Grenze zwischen Infield und Outfield. Beim Limited-Overs Cricket muss eine feste Anzahl Fielders für eine feste Zahl von Overs in diesem Kreis bleiben.

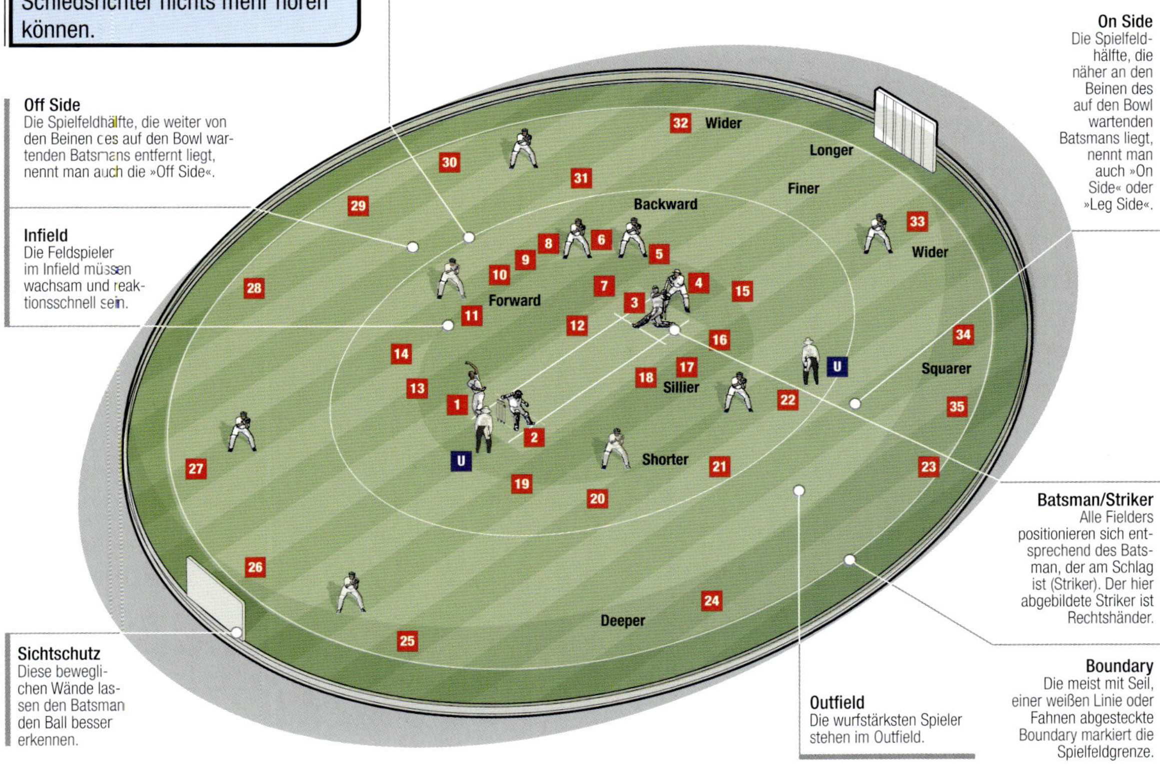
On Side
Die Spielfeldhälfte, die näher an den Beinen des auf den Bowl wartenden Batsmans liegt, nennt man auch »On Side« oder »Leg Side«.
Off Side
Die Spielfeldhälfte, die weiter von den Beinen des auf den Bowl wartenden Batsmans entfernt liegt, nennt man auch die »Off Side«.
Infield
Die Feldspieler im Infield müssen wachsam und reaktionsschnell sein.
Wider
Longer
Finer
Backward
Wider
Forward
Sillier
Squarer
Shorter
Deeper
Batsman/Striker
Alle Fielders positionieren sich entsprechend des Batsman, der am Schlag ist (Striker). Der hier abgebildete Striker ist Rechtshänder.
Sichtschutz
Diese beweglichen Wände lassen den Batsman den Ball besser erkennen.
Outfield
Die wurfstärksten Spieler stehen im Outfield.
Boundary
Die meist mit Seil, einer weißen Linie oder Fahnen abgesteckte Boundary markiert die Spielfeldgrenze.

FELDSPIELER-TERMINOLOGIE

Beim Cricket hört man verwirrende Begriffe, von denen sich viele auf die Feldspieler und ihre Positionen beziehen.

STRAIGHT Näher an einer imaginären Mittellinie durch das Spielfeld und vor dem Batsman.
WIDE Weiter von einer imaginären Mittellinie durch das Spielfeld entfernt und vor dem Batsman.
FINE Näher an einer imaginären Mittellinie durch das Spielfeld und hinter dem Batsman.
SQUARE Weiter von einer imaginären Mittellinie durch das Spielfeld entfernt und hinter dem Batsman.
FORWARD Vor dem Wicket des Batsman.
BACKWARD Hinter dem Wicket des Batsman.
SHORT Näher am Batsman.
SILLY Sehr nah am Batsman.
DEEP Weiter vom Batsman entfernt.

DIE PITCH

Die kurz gemähte, ebene Spielbahn im Zentrum des Spielfelds nennt man die Pitch. Feuchtigkeit, Rasenhöhe, Bodenart und -verdichtung zählen zu den vielen Faktoren, die die Flugbahn des Balles beeinflussen, sobald er auf die Pitch auftrifft.

Popping Crease
Befindet sich nicht mindestens ein Teil des Fußes des Bowlers beim Bowl hinter der Schlaglinie, ruft der Umpire »No Ball«.

Bowling Crease
Die Länge der Pitch (20,12 m) wird zwischen den beiden Wurflinien gemessen. Die Wickets werden in die beiden Bowling Creases gestellt.

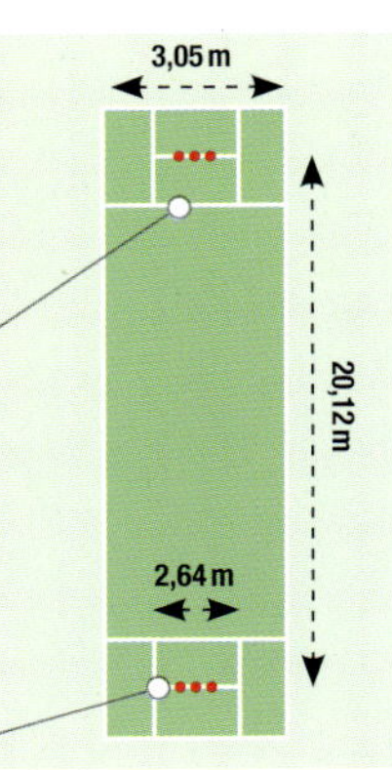
3,05 m
20,12 m
2,64 m

GEWUSST?

99,94 Der Schlagdurchschnitt und Rekord des Australiers Don Bradman in Test Matches. Er begann sein letztes Test-Innings mit einem Schnitt von über 100 und brauchte nur vier Runs für einen dreistelligen Durchschnitt, wurde aber ohne Punkte rausgeworfen.

400.000.000 Geschätzte Zahl der Fernsehzuschauer bei den größten Spielen in Indien. Das sind fast 40 Prozent der indischen Bevölkerung.

501* Die höchste individuelle Punktzahl bei einem First-Class Spiel, 1994 erzielt durch Brian Lara für Warwickshire (*»Not Out«).

DIE »ASCHE«

Als Australien 1882 England schlug, brachte eine Zeitung einen »Nachruf« auf das englische Cricket: »Der Leichnam wird verbrannt und die Asche nach Australien überführt.« Dies ist der Ursprung der »Ashes«-Turnierserie zwischen beiden Ländern.

DAS SPIEL

Vor Spielbeginn werfen die beiden Team Captains eine Münze um das Schlagrecht. Alle Feldspieler nehmen ihre Positionen ein, aber nur zwei Batsmen befinden sich gleichzeitig auf dem Feld. Bei Spielbeginn nimmt der schlagende Batsman (der »Striker«) die Schlaghaltung ein (meist im Profil mit dem Gesicht zum Bowler), um den ersten Wurf abzuwehren. Der andere Batsman (»Non-Striker«) steht am anderen Ende der Pitch. Der Bowler wirft den Ball aufs Wicket des Strikers (»Delivery«). Trifft der Striker daneben, fängt der Wicketkeeper den Ball. Trifft er aber, können die beiden Batsmen losrennen oder auch nicht. Schlägt der Striker den Ball ins Feld und rollt dieser dann ins Aus, zählt das als vier Runs (Punkte). Geht der Ball direkt ins Aus, zählt das als sechs Runs. Nach sechs gültigen Deliveries ruft der Umpire »Over«. Während die Batsmen versuchen, möglichst viele Runs zu machen, versuchen die Fielders, die Batsmen rauszuwerfen (siehe Dismissal, rechte Seite).

Das Wicket verteidigen
Der Striker hat die Aufgabe, zu verhindern, dass der Ball das Wicket trifft.

Wicketkeeper
Der Wicketkeeper steht hinter dem Wicket bereit, um den Ball zu fangen.

DAS ENDE EINES INNINGS

Wird ein Batsman rausgeworfen (»Out«), verlässt dieser Spieler das Feld und der nächste Mitspieler ist »In«. Wenn zehn der elf Spieler der schlagenden Seite rausgeworfen sind, (ein Batsman ist immer »Not Out«, weil es immer zwei Batsmen gibt), wenn die angesetzte Zeit um ist oder wenn die festgelegte Zahl an Overs gespielt wurde, ist das Innings abgeschlossen (siehe Formen des Spiels, unten). Im nächsten Innings tauschen die Mannschaften die Rollen.

EINEN RUN AUSFÜHREN

Ein Run ist komplett, wenn beide Batsmen ans jeweils andere Ende der Pitch gelaufen sind und mit dem Bat oder einem Körperteil den Boden hinter der Popping Crease berühren, bevor sie »Run Out« sind.

Batsman am Schlag
Dieser Striker versucht, den Ball von den Fielders weg und über die Boundary hinaus zu schlagen.

Mitte der Pitch
Batsmen und Bowlers sollten nicht in der Mitte der Pitch laufen, um die Rasenfläche nicht zu beschädigen.

Wurfwinkel
Wirft der Bowler mit dem Arm, der dem Wicket näher ist, spricht man von »bowling over the wicket«. Wirft er mit dem hinteren Arm, wirft er hingegen »round the wicket«.

Non-Striker
Der nicht schlagende Batsman muss bereit sein, loszulaufen, und sollte schon ein Stück zurückgelegt haben, wenn der Ball die Hand des Bowlers verlässt.

Umpire
Der Umpire auf der Seite des Bowlers muss unter anderem darauf achten, wie die Delivery durchgeführt wird, und wo der Ball auf die Pitch trifft.

FORMEN DES SPIELS

Die wichtigste Form ist das über fünf Tage laufende Test Cricket. Jede Seite hat zwei Innings, die Bowlers erhalten unbegrenzte Overs und ein Sieg in einem Test Match ist alles andere als sicher. Wenn z.B. Team X gegen Team Y spielt, muss X Y zweimal schlagen (alle zehn Wickets nehmen), und zwar bevor Team Y mehr als die Gesamtsumme der Runs von Team X schafft. Gelingt dies keinem der beiden Teams in den fünf Spieltagen, ist das Match unentschieden. Beim Limited-Overs Cricket (Eintagescricket) hat jede Seite nur ein Innings – meist begrenzt auf 50 Overs. Jeder Bowler hat eine begrenzte Anzahl Overs (je 10 in einem 50-Over Spiel) und verlorene Wickets beeinflussen das Ergebnis nicht – es zählen schlicht die gelungenen Runs.

TEAMAUFSTELLUNG

Ein Cricket-Team besteht aus einer ausgewogenen Mischung von Spielertypen. Beim Schlagen gibt es eine gewisse Reihenfolge. Es existieren zwar Variationen, aber meistens sind die Nummern eins bis fünf die Spezialisten am Bat, Nummer sechs ist meist ein Allrounder (ein sehr guter Batsman und Bowler), der Wicketkeeper hat regelmäßig die Nummer sieben und die Nummern acht bis elf sind ausgewiesene Spezialisten im Werfen.

SPIELLEITUNG

Es gibt 42 Cricket-Regeln und drei Umpires, die sie durchsetzen. Auf dem Feld steht ein Umpire am Ende des Bowlers und einer am Square Leg. Diese Feld-Schiedsrichter können schwierige Entscheidungen über Runouts, Stumpings und Boundaries an einen dritten Umpire mit Videoausrüstung verweisen.

FERNSEH-REVOLUTION

Moderne Technologie, wie ferngesteuerte Kameras, die dem Ball im Flug folgen, haben die Art revolutioniert, wie wir Cricket sehen und verstehen.

DISMISSALS

Es gibt zehn Methoden, einen Striker rauszuwerfen (»Dismissal«), die aber längst nicht alle in einem Spiel vorkommen. Einige, wie »Timed Out« und »Hit The Ball Twice«, sind sehr selten. Die häufigsten Dismissals sind Caught (meist Fänge des Wicketkeepers oder eines Slips), LBW und Bowled.

BOWLED Der Bowler spielt einen Ball, der das Wicket zerstört (mind. ein Bail fällt herunter).
TIMED OUT Der neue Batsman braucht mehr als drei Minuten, um die Pitch zu betreten.
CAUGHT Ein Fielder fängt den Ball des Strikers, bevor er den Boden berührt.
HANDLED THE BALL Der Striker fasst den Ball ohne Zustimmung der Gegenseite an.
HIT THE BALL TWICE Der Striker trifft den Ball zwei Mal (ohne das Wicket zu verteidigen).
HIT WICKET Der Bat oder ein Körperteil des Strikers zerstört das Wicket.
LBW Ein Körperteil des Strikers stoppt den Ball, der sonst das Wicket getroffen hätte.
OBSTRUCTING THE FIELD Der Striker behindert oder lenkt die Gegenseite bewusst ab.
RUN OUT Das Wicket ist zerstört und Bat und Batsman sind nicht hinter der Popping Crease.
STUMPED Der Wicketkeeper zerstört das Wicket und der Batsman ist vor der Popping Crease.

LEG BEFORE WICKET

Regel 36 – Leg Before Wicket (LBW) – ist die wohl komplizierteste, umstrittenste und am schwierigsten zu beurteilende Regel von allen. Das liegt zum größten Teil an der Subjektivität der Frage: Hätte der Ball das Wicket getroffen?

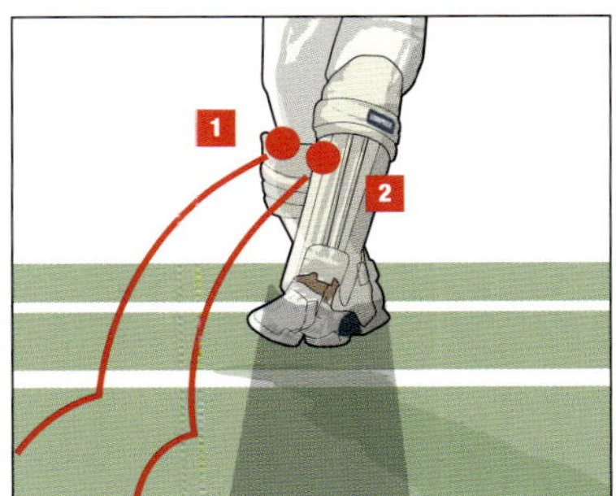

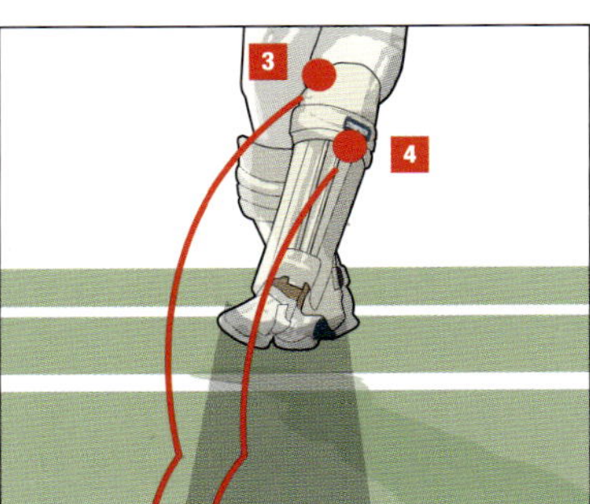

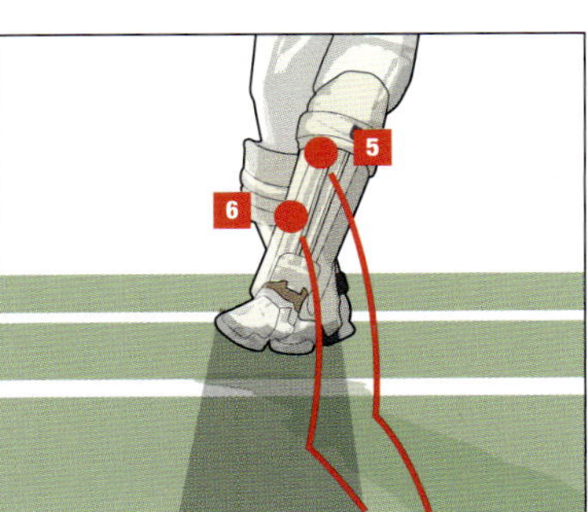

1 Nicht raus oder raus. Der Ball hat das Pad des Strikers auf der Off Side neben der Linie zwischen den Wickets getroffen. Hat er geschlagen, ist der Striker nicht raus. Hat er aber keinen Versuch gemacht und der Umpire ist sicher, dass der Ball das Wicket getroffen hätte, ist er raus. Dieser Teil der Regel soll verhindern, dass der Striker das Wicket nur mit den Pads verteidigt.

2 Raus. Der Ball hat das Pad des Strikers auf einer Linie mit dem Wicket getroffen und hätte das Wicket zerstört. Es spielt keine Rolle, dass der Ball neben Linie oder Off Stump aufgetroffen ist.

3 Nicht raus. Der Ball hat das Pad des Strikers auf einer Linie mit dem Wicket getroffen, wäre aber über das Wicket hinweggeflogen.

4 Nicht raus. Der Ball hat das Pad des Strikers auf einer Linie mit dem Wicket getroffen, wäre aber auf Seite des Leg Stump am Wicket vorbei geflogen.

5 Nicht raus. Obwohl dieser Ball die Stumps getroffen hätte, ist er auf der Leg Side neben der Linie zwischen den Wickets aufgeprallt. Der Striker kann nicht raus sein, wenn der Ball neben der Linie des Leg Stump auftrifft, ob er nun schlägt oder nicht.

6 Raus. Der Ball ist nicht neben der Linie des Leg Stump aufgeprallt, hat das Pad in einer Linie mit dem Wicket getroffen und hätte auch das Wicket getroffen.

PUNKTE ZÄHLEN

Der Scorer protokolliert in einem speziellen Scorebuch mit Hilfe von Zahlen und Symbolen genau die erzielten Runs und führt über die sonstigen Statistiken Buch. Um eine korrekte Protokollführung zu gewährleisten, gibt ein Umpire dem Scorer Zeichen, die bestimmte Situationen beschreiben. Die Anzeigetafel hält Zuschauer und Spieler über den Spielstand auf dem Laufenden.

EXTRAS

Runs, die erzielt wurden, ohne dass der Striker den Ball schlägt, heißen Extras. Die häufigsten Extras sind »No Ball«, »Bye«, »Leg Bye« und »Wide«.

NO BALL Die Delivery ist regelwidrig, meist, weil der Bowler die Popping Crease übertritt.
BYE Die Batsmen vollenden einen Run, aber der Ball hat weder Bat noch Striker berührt. Tritt meist auf, wenn der Wicketkeeper den Ball nicht fängt.
LEG BYE Die Batsmen vollenden einen Run, nachdem der Ball den Striker, aber nicht Handschuh oder Bat getroffen hat.
WIDE Die Delivery ist außerhalb der Reichweite des Strikers.

HANDZEICHEN

Ein Umpire gibt in gewissen Situationen Handzeichen: Wenn die Schlagmannschaft ein Extra erzielt, wenn vier oder sechs Runs erzielt sind, wenn der Striker rausgeworfen wird, wenn der Ball aus dem Spiel ist (»Dead Ball«) und wenn die Batsmen einen Run nicht ordnungsgemäß beenden (»Short Run«).

NO BALL

LEG BYE | SHORT RUN | OUT | BYE

VIER RUNS | SECHS RUNS | DEAD BALL | WIDE

SPIELTECHNIKEN

Cricketspieler müssen diverse Techniken beherrschen. Jeder Spieler muss auf der Pitch schlagen und im Feld fangen können, vier Spieler sollten bowlen können und einer ist ein spezialisierter Wicketkeeper.

BOWLEN

Der Bowler hat vermutlich mehr Einfluss auf den Spielverlauf als jeder andere Spieler. Wenn die Bowlers ihr Handwerk wirklich verstehen, haben die Batsmen alle Hände voll zu tun, um nicht rausgeworfen zu werden. Es gibt prinzipiell zwei Arten von Bowlern: Pace Bowlers (Medium-Pacers und Fast Bowlers), die ihre Bälle auf bis zu 160 km/h beschleunigen, und Spin Bowlers (Leg-Spinners und Off-Spinners), die langsamer bowlen, aber eine größere Vielfalt an Deliveries beherrschen. Bowlers spielen meist eine Serie von Overs (einen »Spell«) von einem Ende der Pitch.

DER PACE BOWLER IN AKTION

Den Ball mit hoher Geschwindigkeit bowlen zu können, erfordert viel Können und Athletik: Beim Pace Bowling geht es nicht um Kraft, sondern um Rhythmus und Technik. Die Illustrationen unten zeigen die Bewegungsabschnitte in der Sekunde, bevor der Ball losgelassen wird.

Der Coil
Der Bowler ist angelaufen, schaut den Striker über die linke Schulter an und hält den Ball neben dem Kopf.

Der Delivery Stride
Hier ist der linke Arm erhoben und der Körper aufrecht. Das hintere Bein stützt den Bolwer, während sich das vordere Bein Richtung Striker streckt.

Die Delivery
Beim Bowl wird das Gewicht auf das vordere Bein verlagert.

WICKETKEEPING

Die Hauptaufgabe des Wicketkeepers besteht zwar darin, den Ball zu stoppen, aber er muss auch Run Outs und Stumpings ermöglichen. Bei einem Spin Bowler steht der Wicketkeeper direkt hinter den Stumps, bei einem Pace Bowler kann er mehr als 20 m dahinter stehen.

Handschuhe
Die dick gepolsterten Handschuhe haben Stoff zwischen Daumen und Zeigefinger.

Kurze Pads
Die Pads des Wicketkeepers sind etwas kürzer als die der Batsmen, bieten aber trotzdem guten Schutz.

Stumped
Steht der Fuß des Strikers nicht hinter der Popping Crease, wenn der Wicketkeeper das Wicket zerstört, ist der Striker raus.

KÖNIG DES SPIN

Als Shane Warne sich im Januar 2007 zurückzog, hatte er 708 Wickets in 145 internationalen Test Matches erzielt. Er ist vermutlich der bedeutendste Spieler der vergangenen Jahre und gilt als der beste LEG Spin Bowler aller Zeiten. Abseits des Spiels nicht unumstritten, sind seine spielerischen Qualitäten über jeden Zweifel erhaben.

DIE ROLLE DES BOWLERS

Der Bowler versucht, den Ball so zu spielen, dass der Striker keine einfachen Runs erzielen kann und zudem Gefahr läuft, rausgeworfen zu werden. Der Bowler kann entweder angreifen, um die Wickets schnell zu zerstören, und Runs des Gegners riskieren, oder defensiv bowlen und dem Striker das Leben schwer machen. Zudem stehen ihm verschiedene taktische Variationen von Richtung, Länge, Geschwindigkeit oder Winkel der Delivery zur Verfügung.

FLUGBAHN

Gute Bowler können den Ball von der erwarteten, »normalen« Flugbahn abweichen lassen. Pace Bowlers erreichen dies durch den Schwung des Wurfarms und den Drall des Balles. Der Ball eines Spin Bowlers rotiert und dreht sich nach dem Aufprallen vom Striker weg oder zu ihm hin.

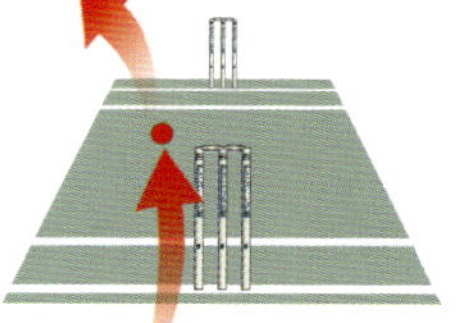

OUT-SWINGER
Kurvt der Ball im Flug vom Striker weg und hin zu den Slips, ist das ein Out-Swinger – eine sehr aggressive Delivery.

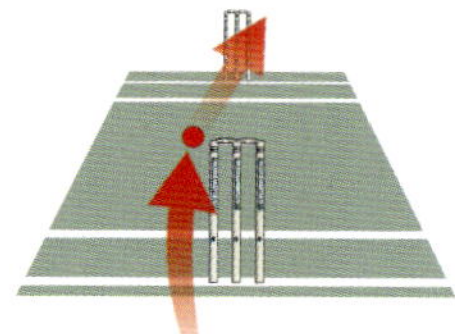

IN-SWINGER
Kurvt der Ball im Flug auf den Striker zu, ist das ein In-Swinger (der nur sehr selten Punkte bringt).

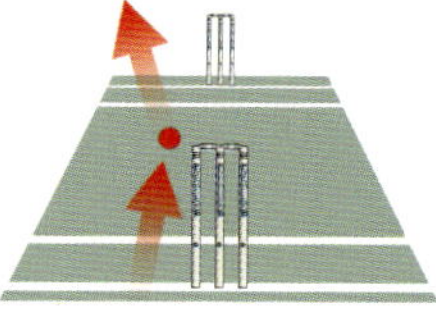

LEG-CUTTER
Trifft der Ball mit der Naht so auf dem Boden auf, dass er vom Striker weg springt, nennt man das einen Leg-Cutter.

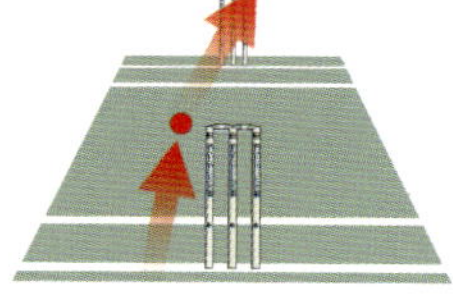

OFF-CUTTER
Der Off-Cutter springt auf der Naht ab und auf den Striker zu, was zu einem Dismissal wegen Leg Before Wicket führen kann.

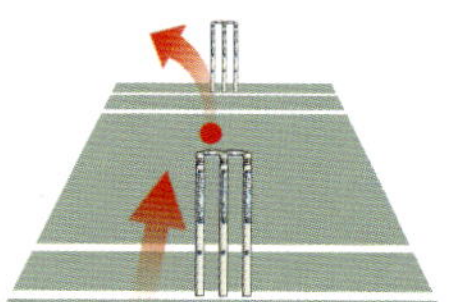

LEG-SPINNER
Dem Leg-Cutter ähnlich, ist der Leg-Spinner langsamer und beruht auf der Wurfdrehung des Bowlers.

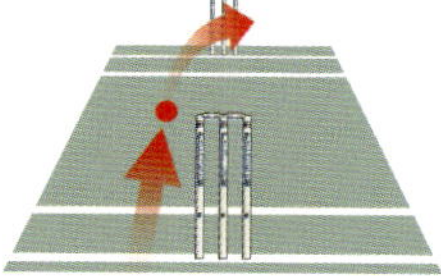

OFF-SPINNER
Der Off-Spinner resultiert aus dem Drall durch die Finger des Bowlers und fliegt auf den rechtshändigen Striker zu.

SCHLAGTECHNIK

Beim Batting muss man den Ball mit Technik, Timing und Zielgenauigkeit treffen, um Runs zu machen (ohne rausgeworfen zu werden). Dazu stehen dem Batsman verschiedene Schläge (vier sind unten zu sehen) als Antwort auf die verschiedensten Deliveries zur Verfügung. Prinzipiell kann man gut gezielte Bälle nur abwehren, schlechte Deliveries kann man gezielt in Runs verwandeln. Bälle, die nahe am Striker aufprallen, werden mit dem Gewicht auf dem Vorderbein geschlagen, während weiter entfernte Aufpraller auf dem Hinterbein gespielt werden. Die meisten Striker versuchen, ein Innings »aufzubauen«, indem sie anfangs vorsichtiger spielen und dann aggressiver werden und schneller Punkte machen, je mehr Selbstvertrauen sie gewinnen.

Augen zum Ball
Die Augen des Strikers sind direkt über dem Ball, damit dieser das Bat auch wirklich mittig trifft.
Schritt vor
Der Striker macht einen Ausfallschritt auf den Auftreffpunkt des Balls zu.

VORWÄRTSVERTEIDIGUNG
Die Schlag beantwortet eine gut gesetzte Delivery, die dem Striker zu riskant für Runs erscheint. Er darf keine Lücke zwischen dem Bat und dem Pad des vorderen Beins lassen, damit der Ball nicht durchflutscht. Das Bat bleibt fest neben dem Pad stehen.

Ellenbogen hoch
Durch den hohen vorderen Ellenbogen bleibt das Bat senkrecht und kann den Ball sauber treffen.

Gewicht hinten
Da dieser Schlag meist gegen aufsteigende Deliveries zielt, liegt das Gewicht auf dem hinteren Fuß, um den Ball nach unten zu lenken.

DEFENSIVE ABWEHR
Dieser Schlag wird oft gegen schnelle, dicht platzierte Deliveries gegen den Körper des Strikers genutzt und eignet sich nicht für einen Angriff. Wie bei der Vorwärtsverteidigung gibt es keinen Durchschwung – der Ball wird sicher vor dem Striker gestoppt.

Führhand
Die obere Hand kontrolliert den Schlag, damit der Ball parallel zum Boden fliegt.
Fußstellung
Beide Füße zeigen in Zielrichtung (zu den Covers).

COVER DRIVE
Dieser Angriffsschlag wird gegen eine Delivery eingesetzt, die außerhalb der Off-Stump-Linie aufsetzt. Er kann viele Runs bringen, aber der Ball kann auch hinter dem Wicket gefangen werden.

Drehung
Beim Aufprall drehen sich die Handgelenke nach vorne, um den Ball niedrig zu halten.
Schritt zurück
Der Striker macht einen großen Schritt zurück Richtung Off Side.

SQUARE CUT
Dieser Schlag mit horizontalem Schläger ist einer der riskantesten Schläge und wird gegen eine kurz gesetzte Delivery auf der Off Side eingesetzt. Der Ball sollte in die Off Side Richtung Wicket gehen.

INSIDER-STORY

Das erste dokumentierte »kreckett«-Spiel fand im 16. Jahrhundert in England statt. Die ersten Spiele unterschieden sich mit Schlaghölzern, die eher an Hockeyschläger erinnern, und Unterhandwürfen deutlich vom heutigen Cricket. Erst im 19. Jahrhundert wurden Oberarmwurf und Ausrüstungsgegenstände wie die Pads eingeführt. Heute wird Cricket in über 100 Ländern gespielt. Es gibt Weltmeisterschaften für Frauen und Männer.

DER ICC
Der International Cricket Council (ICC) ist der internationale Dachverband, zu dessen Aufgaben auch die Organisation der Weltmeisterschaften zählt.

DER MCC
Der Marylebone Cricket Club (MCC) ist auf dem Lord's Cricket Ground (der »Heimat des Cricket«) in London beheimatet und wacht über die Spielregeln.

»HOWZAT?«
Der unverwechselbare Ruf »Howzat?« (engl. »How's that?« - Was ist das?) ist auf allen Cricketfeldern der Welt zu hören. Nach Regel 27 muss das Feldteam nämlich an den Umpire appellieren, bevor der den Striker für »Out« (raus) erklären kann.

STATISTIK

DIE MEISTEN RUNS IN TESTS

SPIELER	MATCHES	RUNS
SACHIN TENDULKAR	200	15 921
RICKY PONTING	168	13 378
JACQUES KALLIS	166	13 289
RAHUKL DRAVID	164	13 288
BRIAN LARA	131	11 953
MAHELA JAYAWARDENE	143	11 319
SHIVNARINE CHANDERPAUL	153	11 219
ALLAN BORDER	156	11 174
STEVE WAUGH	168	10 927
KUMAR SANGAKKARA	122	11 151

DIE MEISTEN WICKETS IN TESTS

SPIELER	MATCHES	WICKETS
MUTTIAH MURALITHARAN	133	800
SHANE WARNE	145	708
ANIL KUMBLE	132	619
GLENN MCGRATH	124	563
COURTNEY WALSH	132	519
KAPIL DEV	131	434
RICHARD HADLEE	86	431
SHAUN POLLOCK	108	421
WASIM AKRAM	104	414
HARBHAJAN SINGH	101	413

WORLD CUP-SIEGER

JAHR	SIEGER
2013 (FRAUEN)	AUSTRALIEN
2011 (MÄNNER)	INDIEN
2009 (FRAUEN)	ENGLAND
2007 (MÄNNER)	AUSTRALIEN
2005 (FRAUEN)	AUSTRALIEN
2003 (MÄNNER)	AUSTRALIEN
2000 (FRAUEN)	NEUSEELAND
1999 (MÄNNER)	AUSTRALIEN
1997 (FRAUEN)	AUSTRALIEN
1996 (MÄNNER)	SRI LANKA
1993 (FRAUEN)	ENGLAND
1992 (MÄNNER)	PAKISTAN
1988 (FRAUEN)	AUSTRALIEN
1987 (MÄNNER)	AUSTRALIEN
1983 (MÄNNER)	INDIEN
1982 (FRAUEN)	AUSTRALIEN
1979 (MÄNNER)	WEST-I. INSELN

BASEBALL

ÜBERBLICK

Das weithin als typisch amerikanisch angesehene Baseball ist ein Schlagspiel zwischen zwei 9er-Mannschaften. Ein Spiel läuft meist über neun Innings, in denen die Teams abwechselnd versuchen, Runs (Punkte) zu machen und auf den Bases (Malen) vorzurücken. Hat die Feldmannschaft drei Spieler »Out« gespielt, erhält sie das Schlagrecht. Das Team mit den meisten Runs siegt.

FELD DER TRÄUME

Das Spielfeld ist in Infield und Outfield unterteilt. Das Infield besteht aus dem »Diamond« (Raute), in dessen Ecken die vier Bases (Male) liegen, und dem Pitcher's Mound (Werferhügel). Begrenzt wird es durch den Warning Track (Warnstreifen) und die Foul Lines (Seitenauslinien), zwischen die der Schlag gehen muss. Das Outfield ist das »Fair Territory« zwischen der Infield-Grenze und dem Begrenzungszaun.

FAKTEN

- Baseball ist die amerikanische Adaption des britischen Spiels Rounders (siehe S. 149). Es gibt zwar kein offizielles Geburtsdatum, aber die erste umfassende Dokumentation des Spiels stammt von 1838.
- Profi-Baseball wird vor allem in den USA gespielt, findet sich aber auch in anderen Ländern, wie China, Japan, Südkorea, Taiwan, Kuba und Venezuela, die allesamt Profiligen unterhalten.

Schlagfertig
Der Baseball-Schläger (Bat) darf zwischen 63,5 cm und 101,6 cm lang sein und verjüngt sich zum Griff hin. Profi-Spieler müssen einen Holzschläger verwenden, während im Amateur-Baseball auch Aluminiumschläger erlaubt sind.

Handschuhe
Spezielle Handschuhe geben sicheren Halt am Schläger.

Kopfschutz
Einige Pitchers können den Ball mit über 160 km/h werfen, deswegen ist der Helm für die Sicherheit des Batters unerlässlich.

Spielername
Bis auf die New York Yankees tragen die Spieler aller Major League-Teams ihren Namen auf dem Rücken ihres Trikots, sowie eine Nummer auf der Vorderseite.

Teamfarben
Die Hosen tragen einen Streifen in den jeweiligen Teamfarben.

Bunte Strümpfe
Zwei Major League-Teams sind nach den Farben ihrer Socken benannt: die Boston Red Sox und die Chicago White Sox.

Guter Halt
Baseballschuhe haben Metall- oder Kunststoffstollen, die auf losem Boden sicheren Tritt bieten.

BASEBALL LITERARISCH

Die englische Schriftstellerin Jane Austen spricht 1798 in ihrem Buch *Die Abtei von Northanger* von einem Spiel namens »Base-Ball«. Dies ist eine der frühesten Erwähnungen des Spiels.

SPORTLERPROFIL

Beim Baseball geht es um Können, Strategie und Athletik. Fangen, Schlagen und Werfen erfordert eine hervorragende Hand-Augen-Koordination. Außerdem braucht der Batter schnelle Reaktionen, hat er doch nur einen Sekundenbruchteil Zeit, zu entscheiden, ob er schlägt oder nicht. Die Fitness ist ein wichtiger Faktor für die Sprints zwischen den Bases und das Jagen von Bällen quer übers Feld. Schließlich braucht ein US-Profi auch große Ausdauer, will er die 162 Spiele der regulären Spielzeit überstehen.

AUF DEM SPIELFELD

Es gibt neun Defensivpositionen. Der Pitcher steht zum Wurf bereit auf dem Hügel und der Catcher hockt hinter der Home Plate, um den Ball zu fangen. First, Second und Third Baseman sowie der Shortstop decken das Infield ab, während die Left, Right und Centre Fielders das Outfield bewachen.

PITCHER'S MOUND

Der Hügel des Werfers ist ein um 25,4 cm erhöhter 5,5 m großer Erdkreis. Direkt hinter der Mitte liegt eine kleine Platte namens Pitcher's Rubber. Der Pitcher muss beim Wurf mit einem Fuß auf der Platte stehen, sodass er nur einen Schritt vor und zurück machen kann.

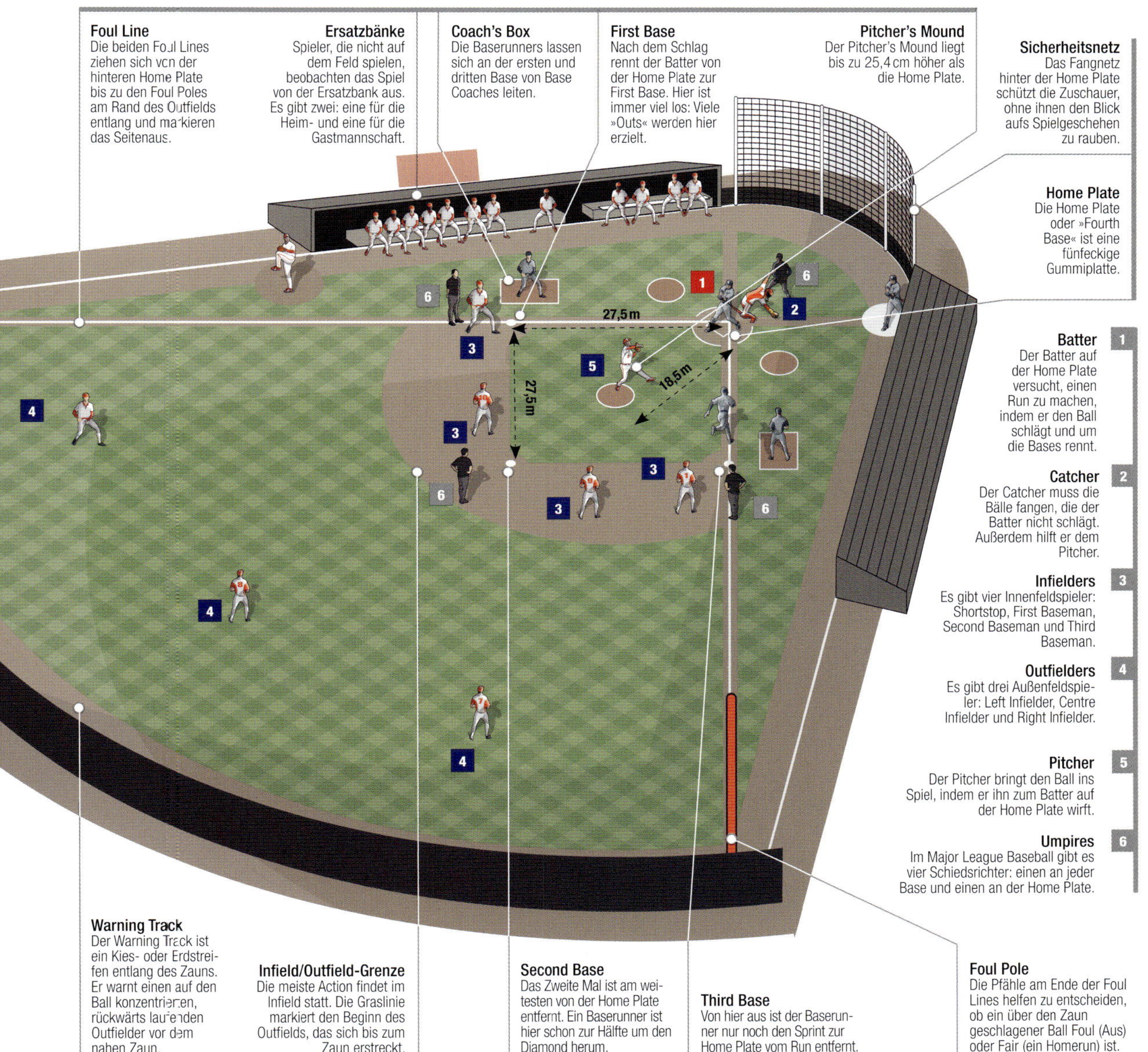
Foul Line
Die beiden Foul Lines ziehen sich von der hinteren Home Plate bis zu den Foul Poles am Rand des Outfields entlang und markieren das Seitenaus.
Ersatzbänke
Spieler, die nicht auf dem Feld spielen, beobachten das Spiel von der Ersatzbank aus. Es gibt zwei: eine für die Heim- und eine für die Gastmannschaft.
Coach's Box
Die Baserunners lassen sich an der ersten und dritten Base von Base Coaches leiten.
First Base
Nach dem Schlag rennt der Batter von der Home Plate zur First Base. Hier ist immer viel los: Viele »Outs« werden hier erzielt.
Pitcher's Mound
Der Pitcher's Mound liegt bis zu 25,4 cm höher als die Home Plate.
Sicherheitsnetz
Das Fangnetz hinter der Home Plate schützt die Zuschauer, ohne ihnen den Blick aufs Spielgeschehen zu rauben.
Home Plate
Die Home Plate oder »Fourth Base« ist eine fünfeckige Gummiplatte.
27,5 m
27,5 m
18,5 m
1 Batter
Der Batter auf der Home Plate versucht, einen Run zu machen, indem er den Ball schlägt und um die Bases rennt.
2 Catcher
Der Catcher muss die Bälle fangen, die der Batter nicht schlägt. Außerdem hilft er dem Pitcher.
3 Infielders
Es gibt vier Innenfeldspieler: Shortstop, First Baseman, Second Baseman und Third Baseman.
4 Outfielders
Es gibt drei Außenfeldspieler: Left Infielder, Centre Infielder und Right Infielder.
5 Pitcher
Der Pitcher bringt den Ball ins Spiel, indem er ihn zum Batter auf der Home Plate wirft.
6 Umpires
Im Major League Baseball gibt es vier Schiedsrichter: einen an jeder Base und einen an der Home Plate.
Warning Track
Der Warning Track ist ein Kies- oder Erdstreifen entlang des Zauns. Er warnt einen auf den Ball konzentrierten, rückwärts laufenden Outfielder vor dem nahen Zaun.
Infield/Outfield-Grenze
Die meiste Action findet im Infield statt. Die Graslinie markiert den Beginn des Outfields, das sich bis zum Zaun erstreckt.
Second Base
Das Zweite Mal ist am weitesten von der Home Plate entfernt. Ein Baserunner ist hier schon zur Hälfte um den Diamond herum.
Third Base
Von hier aus ist der Baserunner nur noch den Sprint zur Home Plate vom Run entfernt.
Foul Pole
Die Pfähle am Ende der Foul Lines helfen zu entscheiden, ob ein über den Zaun geschlagener Ball Foul (Aus) oder Fair (ein Homerun) ist.

GEWUSST?

92.706 **Der Zuschauerrekord bei einem Baseballspiel in den USA. Aufgestellt am 6.10.1959 beim Spiel LA Dodgers gegen Chicago White Sox. Die meisten Zuschauer während einer kompletten Saison (1993): 4 483 350.**

3.562 **Die Rekordzahl an Spielen in einer Laufbahn. Rekordhalter ist Pete Rose, der 24 Jahre lang aktiv war.**

59 **Das Alter des ältesten Profis aller Zeiten, Satchel Paige, der sein letztes Spiel am 25.9.1969 für die Kansas City Athletics spielte.**

2.700.000 **Der Preis in US-Dollar für den bisher teuersten Baseball-Fanartikel: den Ball, den Mark McGwire von den St Louis Cardinals 1998 zum Rekord-Homerun Nr. 70 schlug. Der kanadische Comic-Zeichner und glühende Baseball-Fan Todd McFarlane ersteigerte den Ball 1999 bei einer Auktion in Frankreich.**

DER FÄNGER IM PANZER

Auf der Position rechts hinter dem Batter ist der Catcher Bällen mit bis zu 160 km/h Geschwindigkeit ausgesetzt. Er schützt sich mit Maske, Knie- und Schienbeinschonern aus Hartplastik. Der Brustpanzer ist zum Schutz wichtiger Organe gepolstert.

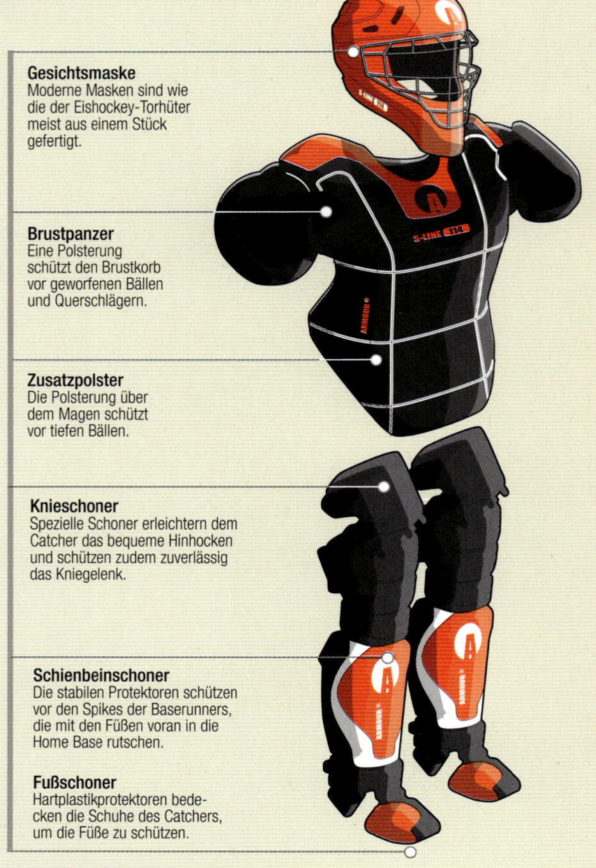

Gesichtsmaske
Moderne Masken sind wie die der Eishockey-Torhüter meist aus einem Stück gefertigt.
Brustpanzer
Eine Polsterung schützt den Brustkorb vor geworfenen Bällen und Querschlägern.
Zusatzpolster
Die Polsterung über dem Magen schützt vor tiefen Bällen.
Knieschoner
Spezielle Schoner erleichtern dem Catcher das bequeme Hinhocken und schützen zudem zuverlässig das Kniegelenk.
Schienbeinschoner
Die stabilen Protektoren schützen vor den Spikes der Baserunners, die mit den Füßen voran in die Home Base rutschen.
Fußschoner
Hartplastikprotektoren bedecken die Schuhe des Catchers, um die Füße zu schützen.
S-LINE

INNINGS

Die Spielabschnitte des Baseballs nennt man Innings. Während eines Innings steht jede Mannschaft einmal im Feld und einmal am Schlag. Das Gastteam schlägt immer in der ersten Hälfte, der Top Half. Das Heimteam schlägt in der zweiten Hälfte, der Bottom Half. In den meisten Ligen gewinnt das Team mit den meisten Runs nach neun Innings. Bei einem Unentschieden werden so lange weitere Innings gespielt, bis ein Team am Ende eines Innings führt. Das längste Spiel der Major League ging über 25 Innings und dauerte 8 Stunden und 6 Minuten.

RAUS!

Baseball ist eine der wenigen Teamsportarten, bei denen die Verteidiger (Defense) den Ball haben. Das Ziel besteht darin, drei Batter aus dem Spiel zu nehmen (Out). Dies erreicht man unter anderem so: Der Umpire zählt drei Strikes gegen den Batter, der Batter schlägt einen Ball in die Luft (Fly Ball), der von einem Fielder gefangen wird, ein Runner, der nicht auf einer Base steht, wird von einem Fielder im Ballbesitz getagged (berührt), oder ein Fielder im Ballbesitz berührt die Base vor dem Runner, der dorthin unterwegs ist.

EIN VERHÄNGNISVOLLER FANG

Chicago-Cubs-Fan Steve Bartman musste 2003 nach einem National-League-Meisterschaftsspiel gegen die Florida Marlins untertauchen. Er hatte sich über den Zaun gelehnt, um einen Ball zu fangen – und fischte ihn einem Outfielder der Cubs aus der Hand. Damit trug er zur Niederlage der Cubs bei. Als die Marlins in die World Series einzogen, wurde Bartman zum Ziel einer regelrechten Hasskampagne im Internet.

AUSRÜSTUNG

Natürlich sind Schläger und Ball die wichtigsten Ausrüstungsgegenstände. Daneben sind aber auch die Handschuhe der Fielders wichtig, die ihnen beim Fangen helfen.

ZUSAMMENGENÄHT

Der Ball hat einen Kern aus Gummi und Kork. Dieser Kern wird mit rotem Baumwollfaden umwickelt und dann mit zwei Streifen Leder überzogen. Das Leder wird mit weiterem rotem Baumwollfaden fest zusammengenäht.

7,3 cm

FANGHANDSCHUHE

Handschuhe erleichtern den Fielders das Fangen des Balls. Die Größe des Fanghandschuhs hängt von der Feldposition ab. Infielder-Handschuhe dürfen höchstens 21,3 cm messen. Kleine Taschen machen es leichter, den Ball herauszunehmen und schnell zu werfen.

Schutzpolster
Die Fanghandschuhe der Fielders sind zum Schutz der Finger gepolstert.

Catcherhandschuh
Der fingerlose Handschuh des Catchers schützt die Hand und erleichtert das Fangen der Pitches.

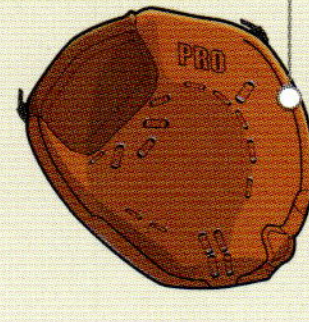

WERKZEUG

Der glatte Schläger aus Holz oder Metall verjüngt sich vom dicksten Teil, dem so genannten Barrel, zum Griff hin. Die Schläger wiegen in der Regel nicht mehr als 1,8 kg.

Barrel
Der dickste Teil des Schlägers, mit dem man den Ball trifft, heißt Barrel.

Mittelpunkt
Der Bereich zwischen Barrel und Griff ist der dünnste Teil des Schlägers.

Umwickelter Griff
Der Barrel verjüngt sich zum Griff hin, der mit Gummi- oder Gewebeband griffig gemacht wird.

Rutschsicherung
Der breite »Knauf« am Ende des Griffs verhindert, dass der Schläger dem Batter aus der Hand gleitet.

bis zu 7 cm

bis zu 106,7 cm

DREI STRIKES UND DU BIST RAUS!

Ein Batter hat drei Versuche, einen in die Strike Zone über der Home Plate geworfenen Ball zu schlagen. Schwingt er den Schläger und verfehlt den Ball, sagt der Umpire einen »Strike« (Fehlschlag) an, ob der Ball in der Zone war oder nicht. Als Strike gilt auch, wenn der Batter einen in die Strike Zone geworfenen Ball nicht oder ins Foul Territory schlägt. Hat der Batter zwei Strikes gemacht, zählt ein Foul nicht als dritter Strike – mit einer Ausnahme. Versucht der Batter, den Ball nur vom Bat abtropfen zu lassen und der Ball geht mehr als zwei Mal ins Foul, ist der Batter »Out«. Schlägt er den Ball ins Fair Territory, muss er zur First Base loslaufen.

EIN MANN – VIELE NAMEN

George Herman »Babe« Ruth Jr., der legendäre Outfielder der New York Yankees, wurde auch als »The Great Bambino«, »The Sultan of Swat« und »The Colossus of Clout« bezeichnet.

DER GROUND-OUT

Landet der Ball vor einem Infielder auf dem Boden, muss dieser ihn zur First Base werfen, bevor der Batter dort ankommt. Schafft der Fielder das, ist der Batter raus. Erreicht der Batter die Base vor dem Wurf, ist er Safe (sicher). Bei einem Unentschieden ist er ebenfalls Safe.

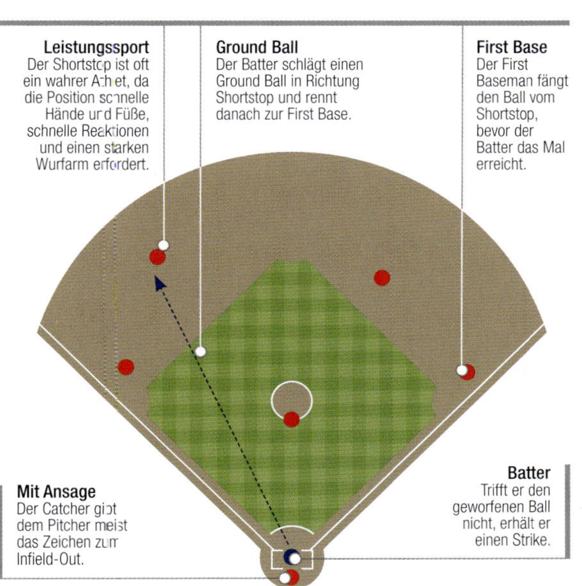

Leistungssport
Der Shortstop ist oft ein wahrer Athlet, da die Position schnelle Hände und Füße, schnelle Reaktionen und einen starken Wurfarm erfordert.
Ground Ball
Der Batter schlägt einen Ground Ball in Richtung Shortstop und rennt danach zur First Base.
First Base
Der First Baseman fängt den Ball vom Shortstop, bevor der Batter das Mal erreicht.
Mit Ansage
Der Catcher gibt dem Pitcher meist das Zeichen zum Infield-Out.
Batter
Trifft er den geworfenen Ball nicht, erhält er einen Strike.

DIE STRIKE ZONE

Die Strike Zone ist ein imaginäres Fenster über der Home Plate, durch die ein Ball fliegen muss, um als Strike zu gelten, wenn der Batter den Ball nicht schlägt. Die Obergrenze der Strike Zone liegt in der Mitte zwischen der Schulter- und der Gürtellinie des Batters. Die Untergrenze verläuft auf Höhe der Grübchen unter seinen Kniescheiben. Die rechte und die linke Grenze werden durch imaginäre Linien über den Rändern der Home Plate beschrieben.

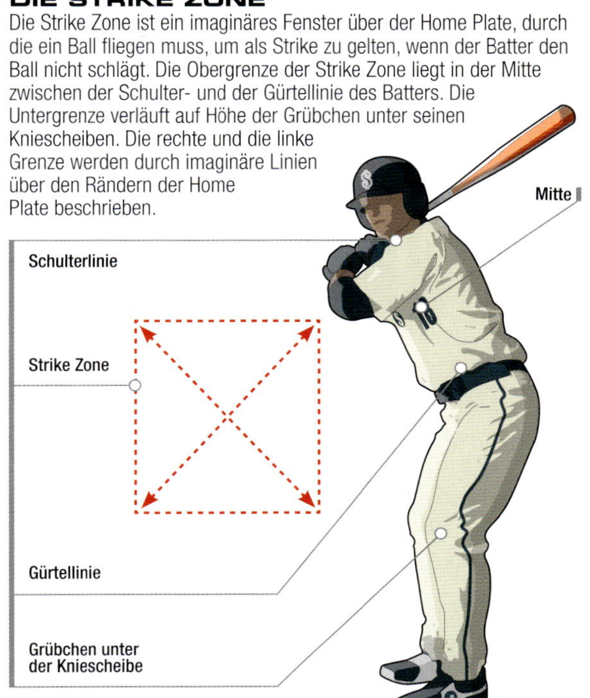

DIE ON-DECK CIRCLES

Beiderseits der Home Plate sind Kreise markiert. Diese so genannten On-Deck Circles sind dem nächsten Batter vorbehaltene Bereiche, in denen er sich mit Übungsschwüngen aufwärmen kann.

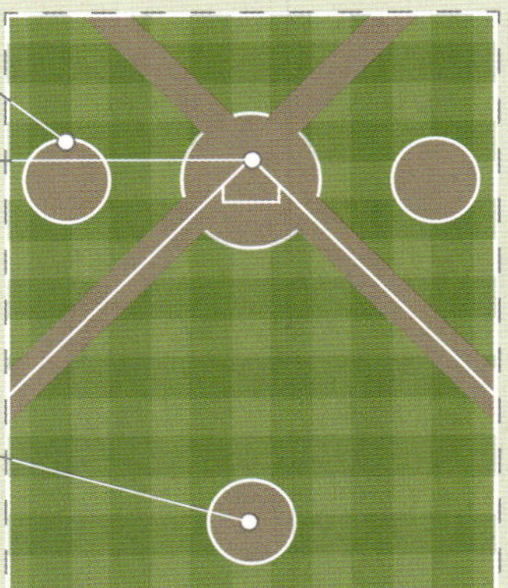

Warteraum
Die Aufwärmkreise bieten dem nächsten Batter eine letzte Chance, sich aufzulockern und den Pitcher zu beobachten.
Home Plate
Das Zentrum eines Großteils der Action auf dem Feld.
Pitcher's Mound
Der Pitcher's Mound liegt im Zentrum der Infield-Raute.

FÜNF SEITEN
Die Home Plate ist eine fünfseitige, weiße Platte. Sie hat eine Längsseite von 42,5 cm, zwei kurze, parallele Seiten von 21,3 cm und eine Spitze mit zwei 30 cm langen Seiten, die rechtwinkelig aufeinandertreffen.

DER DESIGNATED HITTER

Früher mussten alle Mitglieder einer Baseball-Mannschaft im Feld spielen können. Ab 1973 führte die American League den Designated Hitter (DH) ein, einen Batter, der anstelle des Pitchers schlägt und läuft, aber keine Defensivposition spielt. Durch den DH können Teams einen spezialisierten Pitcher einsetzen, der nicht gut am Schlag ist, oder einen spezialisierten Batter, der im Feld nutzlos ist, was unter den alten Regeln beides zum Problem geworden wäre. Auch die meisten Minor Leagues und Amateur-Ligen erlauben den DH. Die National League untersagt seinen Einsatz.

DER WHITE-SOX-SKANDAL VON 1919

1919 wurden acht Spieler der Chicago White Sox lebenslang gesperrt, weil sie Spiele absichtlich verloren gehen ließen, um von der Wettmafia Bestechungsgelder einzustreichen. Die Sox gewannen erst 2005 wieder die World Series.

WÜRFE UND SCHLÄGE

Beim Baseball geht es um Strategie und um athletisches Können. Ein kräftiger Wurfarm ist wichtig, um die Batters rauszuwerfen. Der Idealfall für den Pitcher ist ein »Shutout«, bei dem die schlagende Seite keinen einzigen Punkt macht. Die Batters dreschen nicht einfach drauflos, sie studieren beständig Wurfstile und versuchen, einen Pitch anhand der Arm- und Fußhaltung des Pitchers zu »lesen«.

PITCHING

Die Art des Wurfes hängt sehr davon ab, wie der Pitcher den Ball greift und loslässt. In der Major League beherrschen die Pitchers mindestens zwei oder drei Wurftechniken, die der Catcher per Handzeichen ansagt.

Ausholen
Der Pitcher steht mit dem hinteren Fuß auf dem Pitching Rubber und hebt das andere Bein bis zur Brust.

Schritt
Der Pitcher setzt den vorderen Fuß fest auf und schwingt die Hand mit dem Ball über den Kopf. Einige Pitcher, darunter die besten, schwingen den Arm seitlich oder sogar von unten.

Pitch
Der Pitcher lässt den Ball Richtung Batter fliegen, sobald der Arm komplett gestreckt ist. Er verlagert dabei sein Körpergewicht vollständig auf den vorderen Fuß.

WURFTECHNIKEN

Ein Pitcher beherrscht verschiedene Wurftechniken für unterschiedliche Geschwindigkeiten und Flugbahnen. Diese überraschenden Variationen sollen den Batter immer wieder aufs Neue verwirren und der Defense helfen, den Batter oder die Baserunner rauszuwerfen.

CURVEBALL

Der Curveball hat reichlich Topspin, sodass der Ball unerwartet nach unten abbiegt. Ein gut platzierter Curveball knickt erst unmittelbar vor der Home Plate ab und lässt den Batter damit zu hoch schlagen.

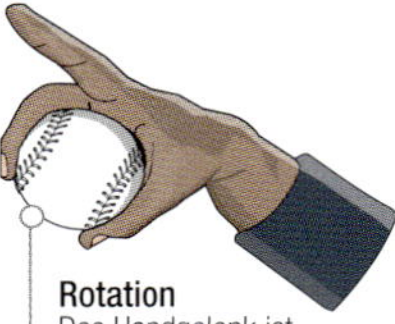

Rotation
Das Handgelenk ist für zusätzlichen Drall eingedreht.

SLIDER

Als Mittelding zwischen Curveball und Fastball bremst der Slider nicht so stark ab wie der Curveball, sondern fliegt schneller, sodass der Batter ihn irrtümlich für einen Fastball hält.

Slider-Griff
Der Ball wird leicht seitlich gehalten.

FASTBALL

Der Fastball ist der am häufigsten zu sehende Pitch. Einige Fastballs ändern im Flug die Richtung oder verzögern in der Luft, andere nicht – aber sie alle sind äußerst schnell.

Schnelle Finger
Zwei Finger liegen auf der Balloberseite.

SCHLAGTECHNIK

Nach dem Aufwärmen im On-Deck Circle tritt der Batter auf die Plate. Er greift den Schläger fest, die Hände liegen dicht beieinander mit den Knöcheln in einer Reihe. Dann beginnt ein Schachspiel, bei dem Batter und Pitcher versuchen, sich gegenseitig zu überlisten. Der Schlag wird häufig als eine der schwierigsten Aufgaben des Sports beschrieben. Kann ein Batter bei zehn Pitches einen Schlag in drei Versuchen erzielen, hat er einen Durchschnitt von .300 – sprich: dreihundert – und gilt als guter Batter. Im Major League Baseball hat seit Ted Williams 1941 kein Batter mehr als .400 in der Saison geschafft und kein Batter hat in seiner Karriere mehr als .367 erreicht.

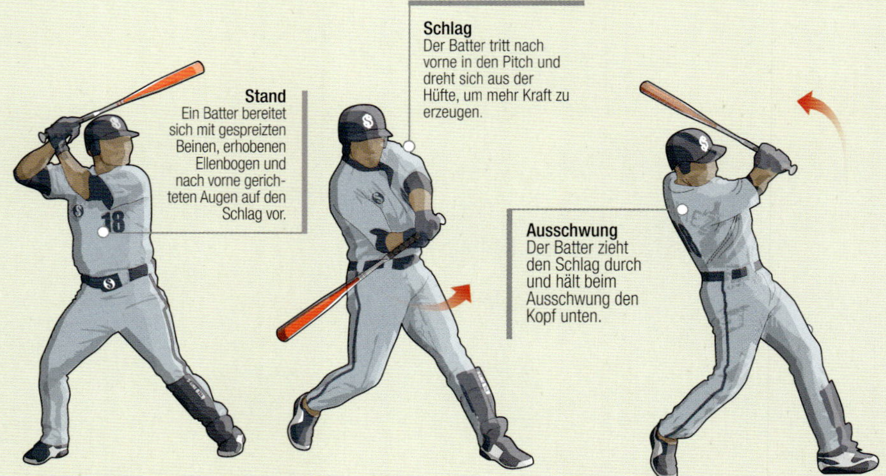

Stand
Ein Batter bereitet sich mit gespreizten Beinen, erhobenen Ellenbogen und nach vorne gerichteten Augen auf den Schlag vor.

Schlag
Der Batter tritt nach vorne in den Pitch und dreht sich aus der Hüfte, um mehr Kraft zu erzeugen.

Ausschwung
Der Batter zieht den Schlag durch und hält beim Ausschwung den Kopf unten.

GEWUSST?

114.000 **Die Anzahl der Zuschauer bei einem Baseball-Match – ein Freundschaftsspiel zwischen Australien und einer amerikanischen Militärmannschaft 1956.**

162 **Die Anzahl der von jedem Major-League-Team absolvierten Spiele in der Spielzeit zwischen April und September.**

73 **Der Homerun-Rekord eines Spielers während einer Major-League-Spielzeit. Rekordhalter ist Barry Bonds.**

PUNKT-STATISTIKEN

Die Baseball-Fans stürzen sich auf Schlag-, Wurf- und Fielding-Werte zur Bewertung ihrer Idole, und Statistiker führen alle möglichen Tabellen. So werden Batters z. B. für das sichere Erreichen einer Base mit Base Hits ausgezeichnet: ein Single für die Erste, ein Double für die Zweite und ein Triple für die Dritte Base.

BASEBALL-JARGON

Für den Uneingeweihten scheint Baseball seine ganz eigene Sprache zu haben – es werden sogar Bücher zu diesem Thema geschrieben. Die folgende Auswahl soll helfen, die am häufigsten vorkommenden Begriffe zu verstehen.

BASES LOADED Es stehen Baserunners auf der Ersten, Zweiten und Dritten Base.

BEANBALL Ein absichtlich Richtung Kopf des Batters geworfener Ball, dem dieser ausweichen muss.

DOUBLE Ein Schlag, bei dem der Batter sicher zur Zweiten Base kommt.

DOUBLE PLAY Zwei Spieler der Schlagmannschaft werden im gleichen Spiel rausgeworfen.

HOMER Ein »Homerun« oder »Homer« ist ein Schlag über den Outfield-Zaun hinaus, der dem Batter einen Lauf über alle Bases erlaubt.

LEFT ON BASE Der Begriff bezieht sich auf die Gesamtzahl an Baserunners, die auf einer Base warten, wenn das dritte Out angezeigt wird.

PINCH HITTER Ein Ersatz-Batter, der einen schwachen Batter in einer schwierigen Lage ersetzt.

SHUTOUT Ein Team hindert das andere am Punkten.

STOLEN BASE Ein Runner rückt erfolgreich zur nächsten Base vor.

VON MAL ZU MAL

Sobald der Ball im Spiel ist, kommt es zum Duell zwischen Batter und Feldspielern. Die Baserunner können getagged oder ausgespielt werden, wenn sie keine Base berühren. Deshalb wagen sie oft spektakuläre und verzweifelte Rutscher, um noch unter der Hand des Gegners eine Base zu erreichen, was auch Auge und Urteilsvermögen des Umpires fordert.

DER TAG OUT
Zu einem Tag Out (oder kurz »Tag«) kommt es, wenn ein Feldspieler im Ballbesitz den Baserunner berührt, während dieser selbst keine Base berührt.

Freiwild
Ein Fielder kann beim Tag Out jeden Körperteil des Baserunners berühren.

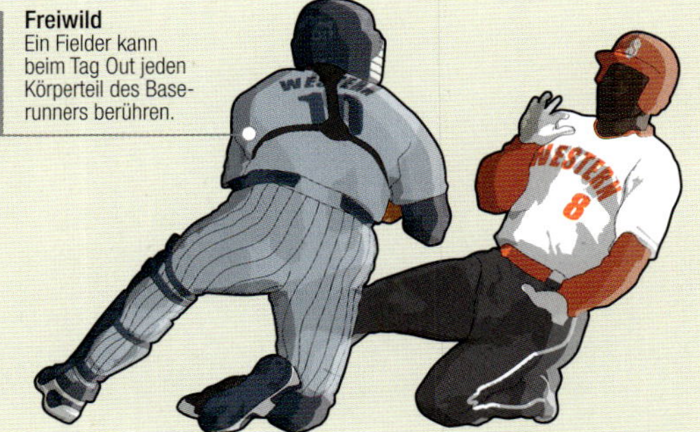

RUTSCHER
Ein Runner rutscht auf die Base, um nicht getagged zu werden oder zu übertreten. Er darf dabei sogar einen Infielder von den Beinen holen, der einen Tag Out versucht.

Der Pete Rose
Rutscht ein Runner Kopf voran in die Base, nennt man das nach dem Erfinder einen »Pete Rose«.

INSIDER-STORY

Die amerikanische Major League besteht aus der National League (gegründet 1876) und der American League (gegründet 1901). Das professionelle Baseball ist auch in anderen Teilen der Welt beliebt, vor allem in Asien und Lateinamerika. Amateur-Baseball ist seit 1992 olympisch, wurde aber für die Spiele 2012 in London aus dem Programm genommen.

DIE INTERNATIONAL BASEBALL FEDERATION (IBAF)
Die IBAF ist der weltweite Baseball-Dachverband. Der 1938 gegründete Verband organisiert Turniere wie den World Cup of Baseball und den World Baseball Classic. Trotz ihrer internationalen Bedeutung hat die IBAF nur begrenzten Einfluss auf das Profi-Spiel in Nordamerika.

MAJOR LEAGUE BASEBALL (MLB)
Major League Baseball ist die treibende Kraft hinter dem professionellen Baseball in Nordamerika. Es gibt 30 Teams in zwei Ligen: 16 in der älteren National League und 14 in der American League. Jede der Ligen hat drei Divisionen, die nach der geographischen Lage gruppiert sind. Am Ende der Spielzeit treten die Spitzenmannschaften beider Ligen in der World Series gegeneinander an, um einen gemeinsamen Meister zu küren.

ABGESCHOSSEN

Runners riskieren einen Tag Out, wenn sie versuchen, die nächste Base zu erreichen, bevor der Pitcher wirft. Die Zweite Base liegt hinter dem Pitcher's Mound. Erste und Dritte Base liegen im Blickfeld des Pitchers, der einen plötzlich startenden Runner sofort bemerkt. Er darf den Ball einem Baseman zuwerfen, statt zu pitchen, sodass der Runner schleunigst umkehren muss, um nicht getagged zu werden.

STATISTIK

MEISTE SIEGE IN DER WORLD SERIES

MANNSCHAFT	SIEGE
NEW YORK YANKEES	27
ST. LOUIS CARDINALS	11
OAKLAND ATHLETICS	9
BOSTON RED SOX	8
SAN FRANCISCO GIANTS	7
LOS ANGELES DODGERS	6
CINCINNATI REDS	5
PITTSBURGH PIRATES	5
DETROIT TIGERS	4
ATLANTA BRAVES	3
BALTIMORE ORIOLES	3
CHICAGO WHITE SOX	3
MINNESOTA TWINS	3
CHICAGO CUBS	2
CLEVELAND INDIANS	2
NEW YORK METS	2
FLORIDA MARLINS	2
TORONTO BLUE JAYS	2

WORLD CUP OF BASEBALL

LAND	SIEGE
KUBA	25
USA	4
VENEZUZELA	3
KOLUMBIEN	2
DOMINIKANISCHE REPUBLIK	2
SÜDKOREA	1
PUERTO RICO	1
GROSSBRITANNIEN	1

MEISTE HOMERUNS (HRS) IM MLB

NAME	HRS
BARRY BONDS	762
HANK AARON	755
BABE RUTH	714
WILLIE MAYS	660
ALEX RODRIGUEZ	654
KEN GRIFFEY JR	630
JIM THOME	612
SAMMY SOSA	609

SOFTBALL

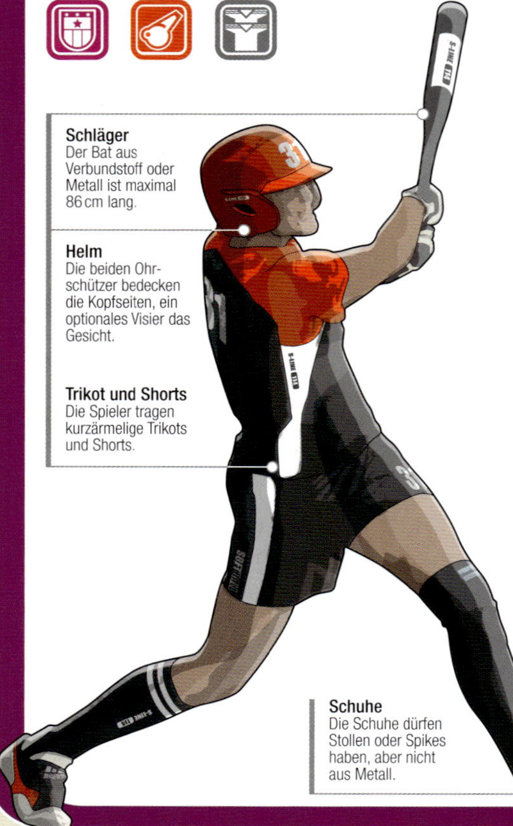

Schläger
Der Bat aus Verbundstoff oder Metall ist maximal 86 cm lang.
Helm
Die beiden Ohrschützer bedecken die Kopfseiten, ein optionales Visier das Gesicht.
Trikot und Shorts
Die Spieler tragen kurzärmelige Trikots und Shorts.
Schuhe
Die Schuhe dürfen Stollen oder Spikes haben, aber nicht aus Metall.

FAKTEN

- Das Spiel, das wir heute »Softball« nennen, soll zum Erntedankfest 1887 in Chicago als Hallensport erfunden worden sein.
- Ein oder mehrere Umpires (Schiedsrichter) überwachen die Einhaltung der Spielregeln.
- Der Dachverband ist die International Softball Federation (ISF) mit mehr als 120 Mitgliedsländern.

ÜBERBLICK

Beim Softball wechseln sich zwei Teams aus je neun Spielern im Schlagrecht ab und versuchen, durch Runs (Läufe) um vier Bases (Male) auf dem Spielfeld Punkte zu machen. Ein Spiel besteht meist aus sieben Innings (Durchgängen). Softball erinnert an Baseball, das auch Hardball genannt wird.

SPORTLER-PROFIL

Die Spieler benötigen ganz unterschiedliche Fertigkeiten. Am Schlag ist eine gute Hand-Augen-Koordination wichtig, während beim Pitching eher geschickte Wurftechniken zählen. Alle Außenfeldspieler müssen Bälle fangen, aufnehmen und präzise von Base zu Base werfen können.

AUSRÜSTUNG

Der hinter dem Batter stehende Catcher trägt einen Helm mit Visier und Kehlschutz. Die Feldspieler tragen einen Lederhandschuh mit einem Ledereinsatz zwischen Daumen und Zeigefinger, um Bälle besser fangen zu können. Sie können auch feste Shorts tragen, die beim Rutschen Richtung Base die Schenkel schützen. Der genähte weiße oder gelbe Lederball hat einen Umfang von entweder 28 oder 30 cm.

DAS SPIELFELD

Das Softballfeld besteht aus einem Diamond (Raute) mit drei Bases und der Home Plate, auf der der Batter steht und den Ball schlägt. Um einen Run zu erzielen, muss der Batter um den Diamond laufen und dabei die Bases und die Home Plate berühren. Das Outfield kann beliebig groß sein. Die Begrenzungszäune liegen beim Slowpitch-Softball am weitesten entfernt, da die Batter hier weiter schlagen.

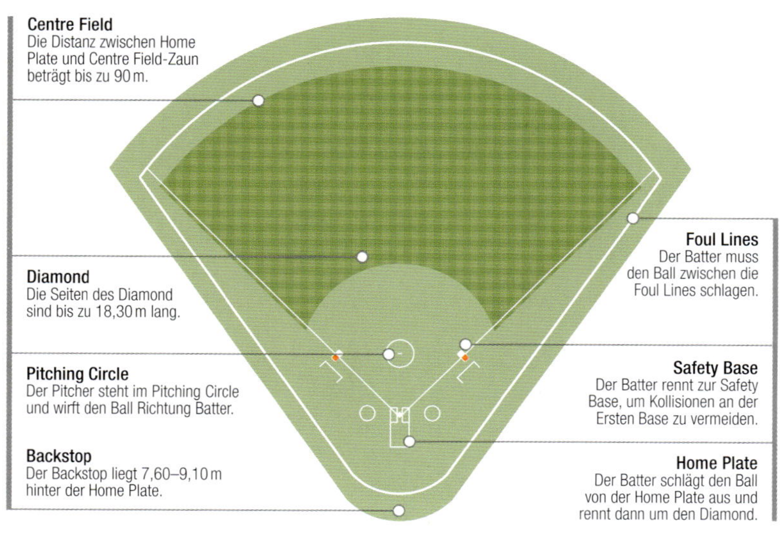

Centre Field
Die Distanz zwischen Home Plate und Centre Field-Zaun beträgt bis zu 90 m.
Diamond
Die Seiten des Diamond sind bis zu 18,30 m lang.
Pitching Circle
Der Pitcher steht im Pitching Circle und wirft den Ball Richtung Batter.
Backstop
Der Backstop liegt 7,60–9,10 m hinter der Home Plate.
Foul Lines
Der Batter muss den Ball zwischen die Foul Lines schlagen.
Safety Base
Der Batter rennt zur Safety Base, um Kollisionen an der Ersten Base zu vermeiden.
Home Plate
Der Batter schlägt den Ball von der Home Plate aus und rennt dann um den Diamond.

RAUSWURF

In jedem Half-Inning muss die defensive (Feld-)Mannschaft drei Spieler der offensiven (Schlag-)Mannschaft rauswerfen. Dazu gibt es mehrere Möglichkeiten: Strikeout durch drei Strikes (Fehlschläge), der Ball wird ohne Aufsetzer gefangen (Flyout), der Batter wird zwischen zwei Bases durch den Ball oder den Handschuh eines Spielers im Ballbesitz berührt (tagged), oder ein Fielder im Ballbesitz berührt eine Base, bevor der Batter dort eintrifft (Force Out oder Force Play).

VARIANTEN DES SOFTBALL

Softball wird als Fastpitch, Slowpitch oder Modified Pitch gespielt. Fastpitch begünstigt den Pitcher, der den Ball im Unterhandwurf schnell und präzise wirft, weswegen er schwer zu schlagen ist. Slowpitch-Softball kommt dem Batter entgegen, da der Ball hoch hereinkommt und damit leichter zu treffen ist. Modified Pitch-Softball ist eine verlangsamte Version des Fastpitch-Spiels.

PESÄPALLO

ÜBERBLICK

Pesäpallo ist in Finnland sehr beliebt und leitet sich vom amerikanischen Baseball ab. Die Bases werden als »Pesä« (Nest) bezeichnet. Zwei Teams mit je neun Spielern wechseln sich wie beim Baseball ab: Während eine Mannschaft schlägt und läuft, muss die andere den Ball fangen und zum Nest bringen.

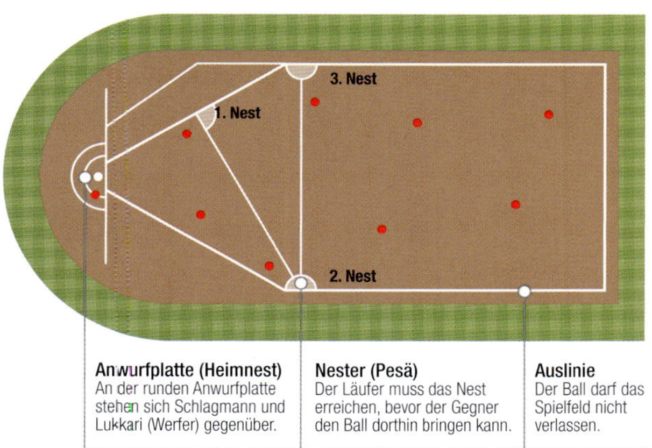

Anwurfplatte (Heimnest) An der runden Anwurfplatte stehen sich Schlagmann und Lukkari (Werfer) gegenüber.

Nester (Pesä) Der Läufer muss das Nest erreichen, bevor der Gegner den Ball dorthin bringen kann.

Auslinie Der Ball darf das Spielfeld nicht verlassen.

PUNKTE

Ein Spiel geht über zwei Durchgänge mit je vier Wechseln sowie einem Zusatzdurchgang, falls es Unentschieden stehen sollte. Der Ball muss während des Spiels innerhalb der Spielfeldbegrenzung bleiben. Der Schlagmann schlägt den Ball und läuft dann los, um die drei Nester in der richtigen Reihenfolge zu erreichen. Schlägt er den Ball über das Spielfeld hinaus oder befördert der Gegner den Ball zum nächsten Nest, bevor er es erreicht, gilt er als »verbrannt«. Ein dreimal verbrannter Schlagmann ist aus. Sind drei Spieler verbrannt, werden die Seiten gewechselt und die andere Mannschaft schlägt und läuft.

SPIELFELD

Das Spielfeld ist meist eine Asphaltfläche oder ein fester Untergrund, der sich fürs Laufen eignet. Das Feld ist für Männer 93,5 m auf 62 m groß und von einem 10 m breiten Rasenstreifen umgeben. Die Nester sind in aufsteigender Reihenfolge weiter voneinander entfernt, die volle Distanz beträgt 126 m. Das Feld der Frauen ist 10 % kleiner.

FAKTEN

- **Pesäpallo wurde in den 1920er-Jahren erfunden. Es enthält Elemente traditioneller Sportarten Finnlands.**
- **Der Ball ist leichter zu treffen als im Baseball. Der Lukkari (Werfer) wirft ihn senkrecht hoch, mindestens einen Meter über die Kopfhöhe des Schlagmanns.**

ROUNDERS

ÜBERBLICK

Rounders wird von zwei Mannschaften aus sechs bis 15 Spielern gespielt, die sich am Schlag und im Feld abwechseln. Gewonnen hat das Team, das nach einer bestimmten Anzahl Innings mehr Rounders erzielt hat. Das Spiel wird vor allem in Großbritannien, Irland und Kanada gespielt. Die britische National Rounders Association (NRA) und die irische Gaelic Athletic Association (GAA) haben zwei Regelwerke entwickelt, die sich teilweise decken und gemeinsame Spiele erlauben.

PUNKTE

Schlägt der Batter den Ball und rennt ohne Halt um alle vier Pfosten, bevor der Ball zum Bowler zurückkehrt, erzielt er einen Rounder. Nach NRA-Regeln zählt es einen halben Rounder, wenn der Batter schlägt und den zweiten oder dritten Post erreicht oder wenn er ganz herum rennt, ohne den Ball getroffen zu haben. Liefert der Bowler zwei No-Balls in Folge, gibt dies einen Penalty Half-Rounder für den Batter.

SPIELFELD

Rounders kann man auf Gras, Asphalt und jeder glatten Oberfläche spielen, nicht aber auf Mischflächen. Schlagmal und die ersten drei Posts (Pfosten) bilden ein Quadrat mit 12 m Seitenlänge. Der vierte Pfosten ist 8,50 m vom dritten entfernt.

FAKTEN

- **Rounders ist vermutlich im 16. Jh. in Großbritannien und Irland entstanden. Es war wahrscheinlich später die Vorlage für Baseball und Softball.**
- **Es ist ein Spiel für Männer, Frauen und Kinder. In gemischten Teams spielen höchstens fünf Männer.**

Pfosten Die vier jeweils 1,20 m hohen Pfosten stehen auf runden Gummipodesten.

Bowling Area Geworfen wird vom Wurfmal, das 2,50 m im Quadrat misst und 7,50 m vom Schlagmal entfernt ist.

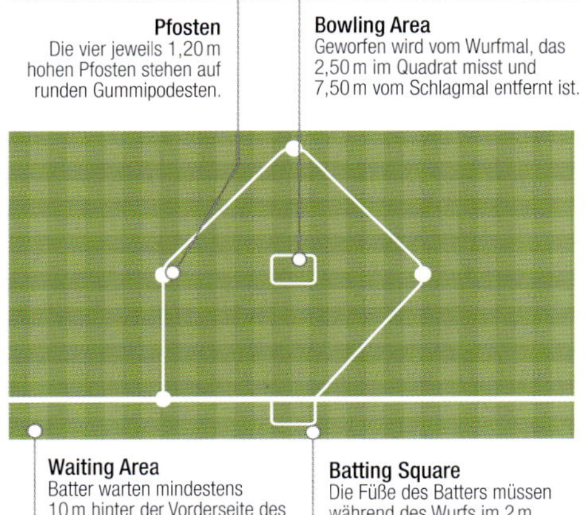

Waiting Area Batter warten mindestens 10 m hinter der Vorderseite des Schlagmals auf ihren Einsatz.

Batting Square Die Füße des Batters müssen während des Wurfs im 2 m breiten Schlagmal stehen.

EISHOCKEY

FAKTEN

- Eishockey entstand ursprünglich in Kanada und wird heute in rund 30 Ländern, vor allem in Nordamerika und Europa, gespielt.
- Eishockey ist eine der vier großen nordamerikanischen Profi-Sportarten.
- Die nordamerikanische North America's National Hockey League, kurz NHL, ist die wichtigste Liga des Sports.
- Nur sechs der 30 NHL-Mannschaften stammen aus Kanada, aber das Verhältnis Kanadier zu Amerikanern beträgt bei den Spielern 3:1.

SPORTLERPROFIL

Eishockeyspieler müssen schnell und strategisch denken und handeln. Um Geschwindigkeiten von bis zu 40 km/h zu erreichen, müssen sie topfit sein, zudem verlangen die Manöver eine perfekte Körperbeherrschung. Der Puck wird sehr schnell, sodass die Spieler zum Führen, Passen und Schießen über entsprechende Reflexe verfügen müssen.

ÜBERBLICK

Eishockey (in den USA und Kanada schlicht »Hockey« genannt) ist ein schnelles, abwechslungsreiches Spiel auf Schlittschuhen. In 60 Minuten Gesamtspielzeit, die in drei 20-minütige Drittel unterteilt sind, versuchen zwei Mannschaften aus je sechs Spielern, einen Hartgummi-Puck mit ihren Stöcken oder den Kufen ihrer Schlittschuhe ins gegnerische Tor zu befördern. Eishockey ist ein dynamisches und spannendes Spiel, das viele Zuschauer an die Fernseher und in die Stadien lockt.

DIE EISFLÄCHE

Die Eisfläche wird speziell für das Spiel vorbereitet. Sie ist rechteckig mit abgerundeten Ecken und einer umlaufenden, etwa 1 m hohen Bande, auf der Plexiglasscheiben zum Schutz der Zuschauer montiert sind. Es gibt zwei Standardgrößen für Eisflächen: die vorwiegend in Nordamerika verwendete Fläche ist schmaler als die bei Olympischen Spielen und international gebräuchlichen. An jedem Ende der Eisfläche steht ein Tor mit Metallpfosten und -latte und einem Stoffnetz. Das Eis ist etwa 2 cm dick und besteht aus acht bis zehn dünnen Schichten.

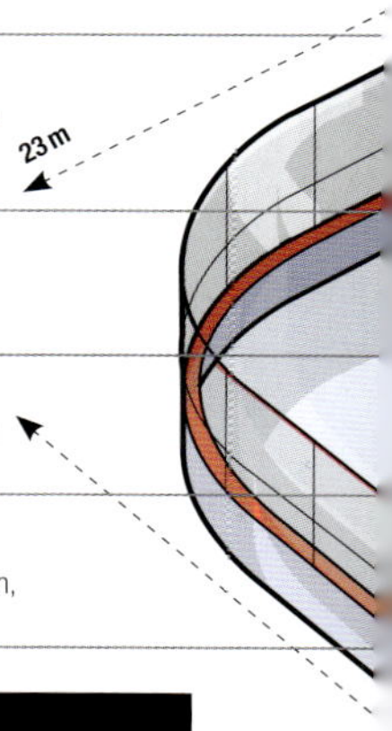

Mittellinie
Unterteilt die Eisfläche in zwei Hälften.

Neutrale Zone
Beide Mannschaften dürfen nur in dieser Zone wechseln. Hier werden die Angriffs- und Abwehrstrategien vorbereitet.

23 m

Anspielpunkte und -kreise
Die fünf Kreise und neun Punkte zeigen die Orte für Bullys an.

Positionslinien
Die Linien in und an den Anspielkreisen zeigen die Positionen der Spieler beim Bully an.

Torlinie
Der Puck muss diese Linie komplett überqueren, damit ein Tor erzielt wird.

Schutzkleidung
Die Handschuhe, wie auch der Rest der Ausrüstung, dienen der Sicherheit. Dicke Polster sollen bei Kollisionen mit anderen Spielern, der Bande und dem Puck vor Verletzungen schützen.

Handwerkszeug
Das wichtigste Teil der Eishockey-Ausrüstung, der Stock, dient zur Führung und zum Schießen des Pucks.

Schlittschuhe
Eishockey-Stiefel sind High-Tech-Konstruktionen mit rasiermesserscharfen Kufen, die durchs Eis schneiden . Die Maßanfertigungen der Profis kosten bis zu 5000 Euro.

GORDIE HOWE HATTRICK

Der dem legendären Eishockey-Star gewidmete Begriff beschreibt das Kunststück, in einem Spiel ein Tor, eine Vorlage und einen Zweikampf, der mit mindestens 5 Minuten Zeitstrafe belegt wird, zu verbuchen.

DAS BULLY

Jedes Spieldrittel beginnt mit einem Bully im Mittelkreis und auch nach jedem Tor erfolgt ein Bully. Ein Bully ist nichts für Ängstliche. Zwei Spieler, einer aus jeder Mannschaft, bauen sich mit bereitgehaltenem Stock Schuhspitze an Schuhspitze voreinander auf. Nun lässt der Oberschiedsrichter oder ein Linienschiedsrichter den Puck zwischen den beiden aufs Eis fallen und geht schleunigst aus dem Weg. Daraufhin kämpfen die Spieler mit ihren Stöcken um den Puckbesitz, um direkt danach das gegnerische Tor anzugreifen.

WER SPIELT WO?

Eine Mannschaft besteht aus maximal 22 Spielern, einschließlich mindestens zweier Torhüter. Sechs Spieler sind gleichzeitig auf dem Eis. Der Torhüter postiert sich in dicker Schutzkleidung vor dem Tor. Er darf den Puck mit den Händen, dem Körper und dem Stock stoppen. Seine fünf Mitspieler unterteilen sich in drei Stürmer und zwei Abwehrspieler. Die Stürmerpositionen, die »Stars« auf dem Eis, sind linker und rechter Außenstürmer sowie Mittelstürmer. In der Abwehr stehen der linke und der rechte Verteidiger.

Coach
Der Chefstratege und Motivator entscheidet, welche Spieler in welcher Formation aufs Eis gehen.
Co-Trainer
Unterstützen den Coach.
Spielerbank
Hier sitzen bis zu 22 Spieler einer Mannschaft.
1 Torhüter
Vereitelt Torschüsse des Gegners.
2 Linker und rechter Verteidiger
Versuchen, den Gegner vom eigenen Tor fernzuhalten.
3 Außenstürmer
Haben die Aufgabe, Tore zu schießen und ihre jeweiligen Gegenspieler beim Bully zu decken.
4 Mittelstürmer
Steht am Bully und soll ebenfalls Tore schießen.
15 m
23 m
Stadionsprecher
Sagt Tore, Torschützen, Strafzeiten und verbleibende Spielzeit an.
Zeitnehmer
Es gibt zwei Zeitnehmer: einen für die Zeitnahme bei Unterbrechungen und einen für die Strafzeiten.
Strafbankbetreuer
Sorgt für Ordnung auf der Strafbank.
Blaue Linien
Unterteilen die Eisfläche in drei Zonen: Verteidigungs-, Neutrale und Angriffszone.
Punktrichter
Führt die Spielstatistik über Tore, Strafzeiten und Torschüsse.
Olympia: 30,5 m
NHL: 27 m
61 m
1,83 m
1,80 m
1,22 m
3,60 m

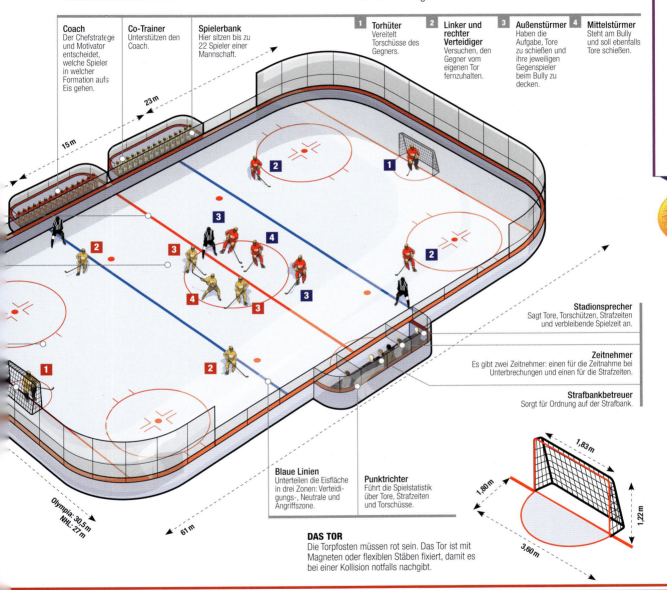

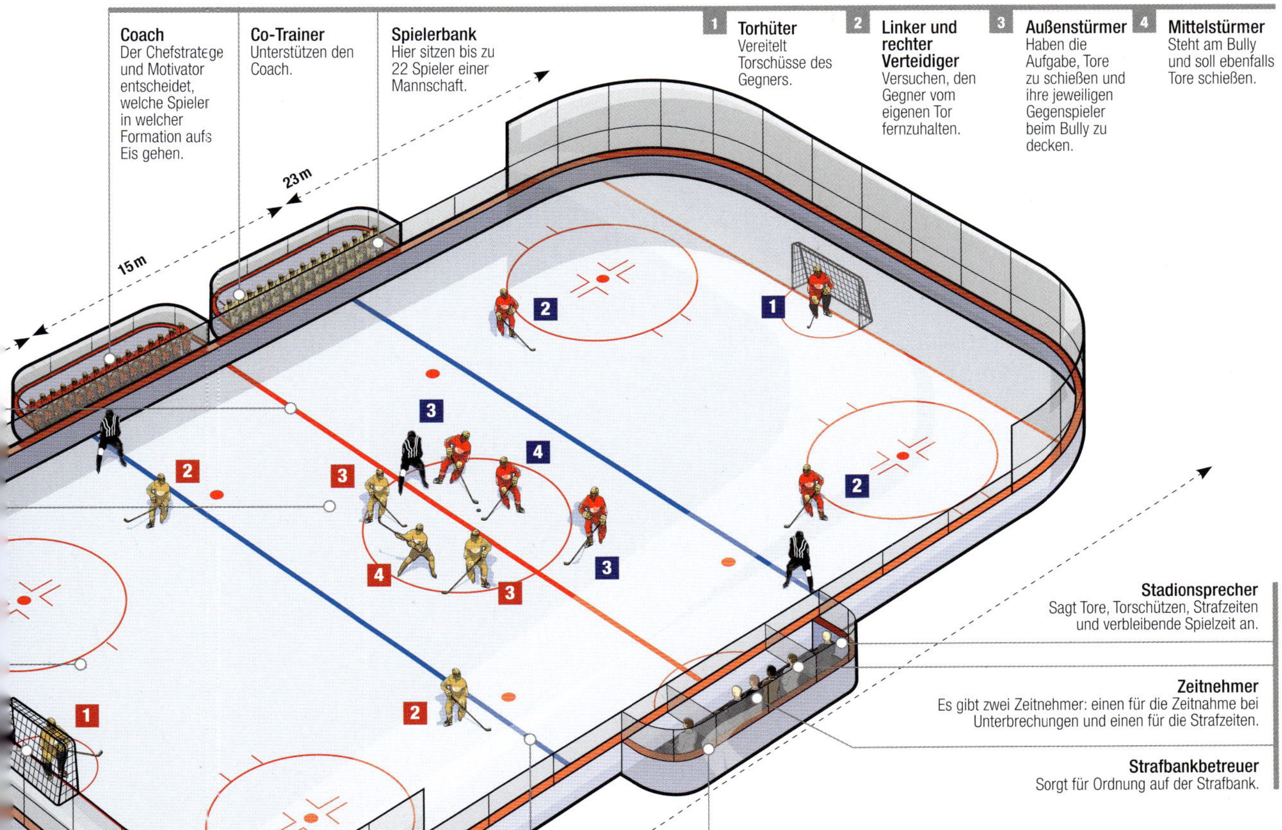

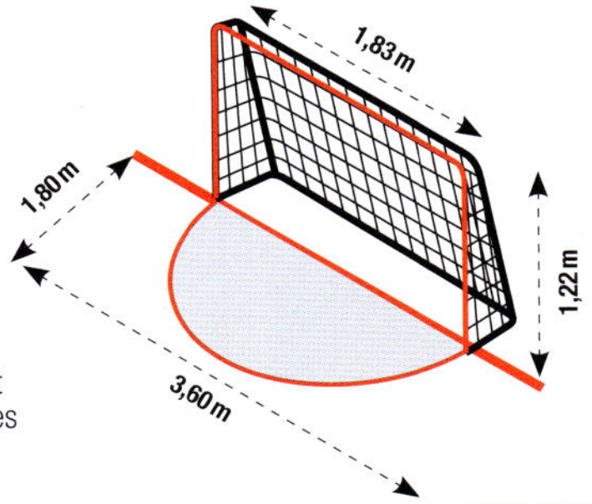

DAS TOR

Die Torpfosten müssen rot sein. Das Tor ist mit Magneten oder flexiblen Stäben fixiert, damit es bei einer Kollision notfalls nachgibt.

GEWUSST?

104.173 Der Zuschauerrekord im Michigan Stadium beim Spiel der Michigan State University gegen den Erzrivalen University of Michigan.

502 Die Rekordzahl in ununterbrochener Folge absolvierter Spiele des NHL-Torhüters Glenn Hall.

35 Die Rekordzahl an Profi-Spielen ohne Niederlage. Rekordhalter sind die Philadelphia Flyers (1980).

5 »Fünf Tore auf fünf verschiedene Arten« ist nach Marc Lemieux benannt, dem einzigen Spieler der NHL, dem dieses Kunststück jemals gelang.

1 Die Anzahl amerikanischer Torhüter unter den 35 in die Hockey Hall of Fame aufgenommenen Spielern.

KLEIDUNG

Die harten Oberflächen von Eis und Bande und die bis zu 190 km/h schnellen Pucks – von den aggressiven Gegenspielern ganz zu schweigen – sorgen für ein hohes Verletzungsrisiko. Neben Schlittschuhen und Stock tragen die Spieler deshalb Schutzkleidung. Dazu gehören Helm, Brustschutz, Ellenbogenschutz, Mundschutz, Handschuhe, Hose mit Beinschutz, Tiefschutz – auch Suspensorium genannt –, Schienbeinschoner und manchmal eine Halskrause. Die Torhüter tragen zudem Gesichtsmasken und noch stärker gepolsterte Zusatzausrüstung, die sie vor direkten Treffern mit dem Puck schützen.

»THE GREAT ONE«

Wayne Gretzky gilt als der beste Spieler seiner Ära und wird von Sportjournalisten, Spielern, Trainern und Fans als der größte Eishockeyspieler aller Zeiten verehrt. Abgesehen von seinen vielen Auszeichnungen, Rekorden und Leistungen ist er der einzige Spieler, dessen Rückennummer (99) offiziell für alle zukünftigen NHL-Spieler gesperrt ist.

KÖRPERSCHUTZ

Eishockeyspieler zählen zu den am besten geschützten Sportlern, und das nicht von ungefähr. Hier eine Auswahl der Protektoren, wie sie die meisten NHL-Spieler tragen.

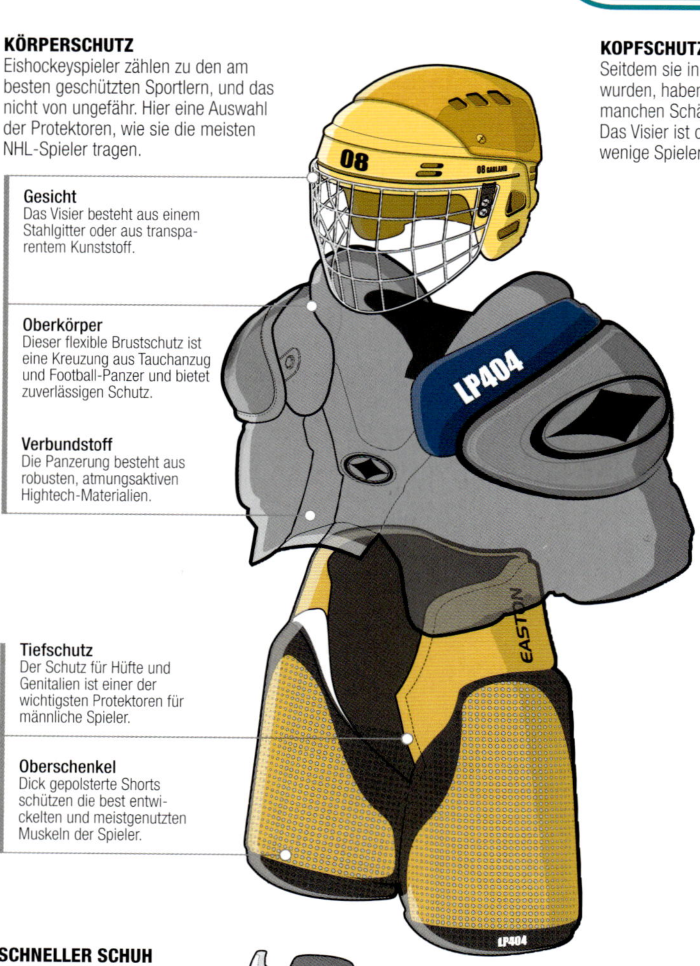

Gesicht
Das Visier besteht aus einem Stahlgitter oder aus transparentem Kunststoff.

Oberkörper
Dieser flexible Brustschutz ist eine Kreuzung aus Tauchanzug und Football-Panzer und bietet zuverlässigen Schutz.

Verbundstoff
Die Panzerung besteht aus robusten, atmungsaktiven Hightech-Materialien.

Tiefschutz
Der Schutz für Hüfte und Genitalien ist einer der wichtigsten Protektoren für männliche Spieler.

Oberschenkel
Dick gepolsterte Shorts schützen die best entwickelten und meistgenutzten Muskeln der Spieler.

KOPFSCHUTZ

Seitdem sie in den 1980ern Pflicht wurden, haben Helme schon so manchen Schädelbruch verhindert. Das Visier ist optional, aber nur wenige Spieler verzichten darauf.

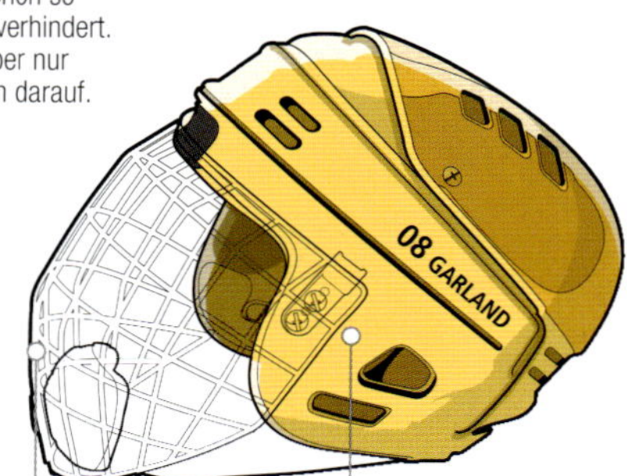

Torhütervisier
Torhüter haben größere Visiere, die sie vor Verletzungen durch Pucks bewahren.

Helm
Leichter, aber bruchsicherer Kunststoff widersteht Stöcken und Pucks.

TORHÜTER-RÜSTUNG

Der Torhüter hat den gefährlichsten Job auf dem Eis. Das Bombardement mit schnellen Pucks erfordert einiges an zusätzlicher Schutzausrüstung.

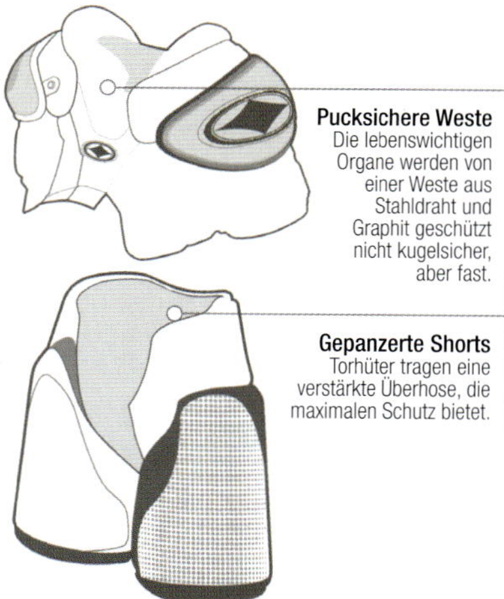

Pucksichere Weste
Die lebenswichtigen Organe werden von einer Weste aus Stahldraht und Graphit geschützt nicht kugelsicher, aber fast.

Gepanzerte Shorts
Torhüter tragen eine verstärkte Überhose, die maximalen Schutz bietet.

SCHNELLER SCHUH

Eishockey-Stiefel bestehen aus verstärktem Nylon mit Leder an Knöchel und Ferse. Eine harte Kappe schützt die Zehen und der Schnürsenkel sorgt für Halt.

Tragekomfort
Die Spieler stehen bis zu zwölf Stunden täglich in ihren Schuhen und schätzen daher einen gewissen Komfort. Die Schuhe sind mit atmungsaktiven Naturstoffen, wie Baumwolle und Seide, gefüttert.

Stahlklinge
Die Kufen sind aus gehärtetem Stahl.

WAHL DER WAFFEN

Eishockeyspieler wählen ihre Stöcke sorgfältig aus und pflegen sie gut. Die aus Holz mit Glasfaserverstärkung gefertigten Schläger sind 2 m lang und verleihen hohe Hebelkraft gegen Puck und Gegner.

SPIEL NACH REGELN

Das Ziel des Spiels ist der Schuss mit dem Puck ins gegnerische Tor. Der Weg dorthin ist kaum durch Regeln und Bestimmungen erschwert – der Kampf ist Teil des Spiels – aber es gibt zumindest Abseitsregeln.

ABSEITSREGEL

Die Abseitsregel soll verhindern, dass die angreifende Mannschaft nur vor dem Tor herumsteht. Die wichtigste Regel besagt daher, dass die Angreifer dem Puck in die Angriffszone folgen müssen. Ein Spieler ist abseits, wenn seine beiden Kufen vor dem Puck in der Zone sind. Die anderen wichtigen Regeln finden sich weiter unten.

DAS POWERPLAY

Das Ziel des Powerplays (Überzahlspiels) besteht darin, Tore zu schießen, solange der Gegner wegen einer Zeitstrafe in Unterzahl ist. Bis zu zwei Spieler eines Teams können gleichzeitig bestraft werden, sodass eine 5:3-Überzahl möglich ist. Der Trainer setzt in Überzahl meist seine besten Stürmer ein, um den größtmöglichen Vorteil aus der Situation zu ziehen. Die Spieler versuchen, den Puck zu sichern und kontrolliert in Richtung gegnerisches Tor zu spielen. Sie passen ihn hin und her, bis sich eine Lücke auftut und ein Spieler aufs Tor schießen kann. Das Powerplay dauert so lange wie die Zeitstrafe – zwei, vier oder fünf Minuten.

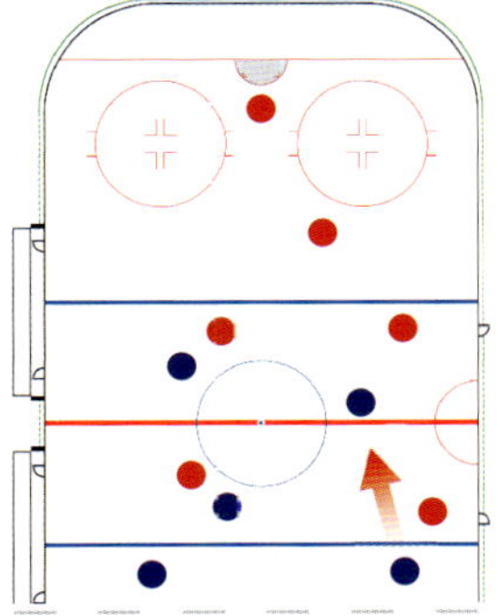

VORWÄRTSPASS
Ein Spieler darf nicht über zwei Linien zu einem Mitspieler passen. Dabei zählt, ob beide Kufen hinter einer Linie sind.

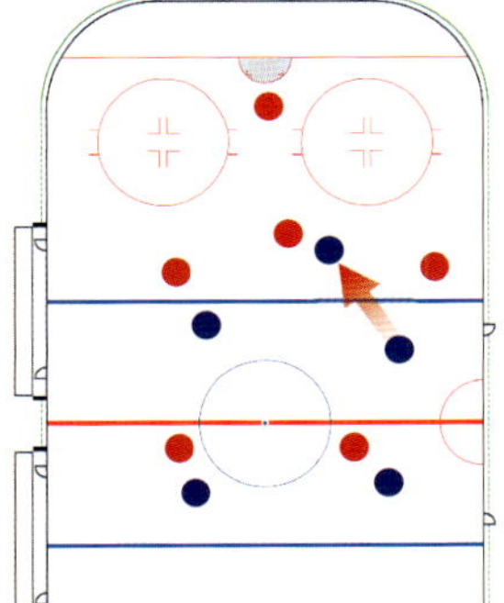

VOR DEM PUCK HER
Er darf nicht vor dem Puck in die Angriffszone fahren und ihn dann spielen. Berührt er den Puck nicht, ist er auch nicht im Abseits.

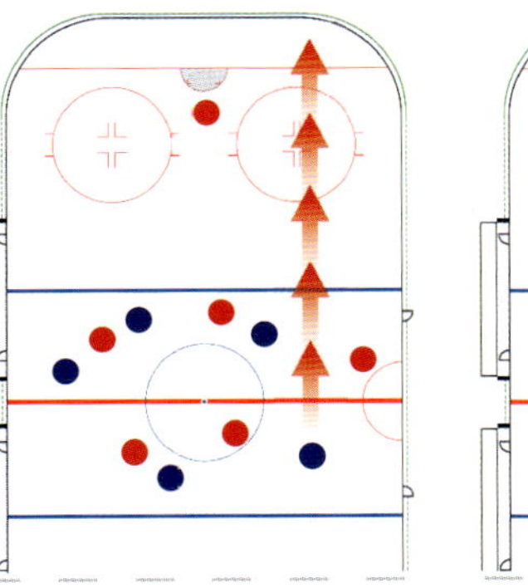

UNERLAUBTER WEITSCHUSS
Schießt ein Spieler den Puck aus seiner Hälfte über die gegnerische Torlinie, ohne ein Tor zu schießen, ist das ein unerlaubter Weitschuss (gilt nicht in Unterzahl).

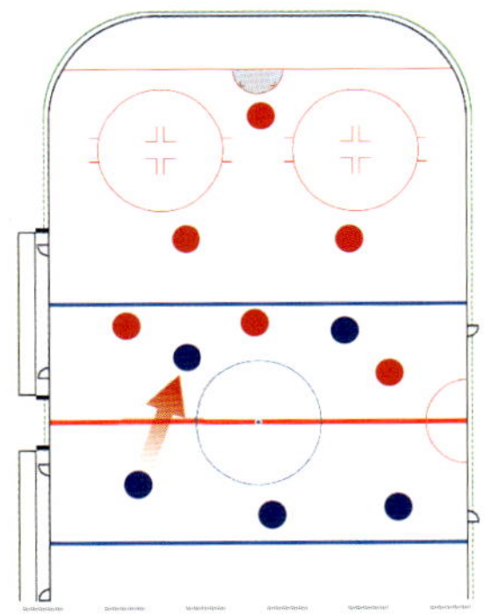

ZWEI-LINIEN-PASS
Spielt ein Spieler den Puck aus seiner Verteidigungszone über zwei Linien (die blaue und die rote) zu einem Mitspieler, ist das ein verbotener Zwei-Linien-Pass.

SCHLÄGEREIEN

Die schlagkräftigen Auseinandersetzungen sind ein umstrittener Teil des Sports. Schlägereien werden zwar hart bestraft, ziehen aber keine Spielzeitstrafe nach sich. Eishockey ist damit der einzige Profisport in Nordamerika, bei dem man für Gewalt nicht ausgeschlossen wird. Meist sind die Tätlichkeiten die Reaktion auf einen Zwischenfall in einer entscheidenden Spielphase.

CHECKS UND FOULS

Beim Eishockey der Männer setzen die Spieler Hüfte und Schultern gegen den Gegenspieler mit dem Puck ein. Diese sogenannten Bodychecks sind erlaubt. Es gibt allerdings auch einige ausdrücklich verbotene Handlungen:

- **BANDENCHECK** Den Gegner gegen die Bande rammen.
- **STOCKENDSTOSS** Den Gegner mit dem Stockende angreifen.
- **UNERLAUBTER KÖRPERANGRIFF** Den Gegner mit mehr als zwei Schritt Anlauf rammen.
- **ANGRIFF AUFS KNIE** Den Gegner unterhalb der Knie angreifen.
- **CROSSCHECK** Den Gegner mit quer gehaltenem Stock angreifen.
- **ELLENBOGEN-CHECK** Den Gegner mit dem Ellenbogen angreifen.
- **SPIELVERZÖGERUNG** Den Puck blockieren.
- **HOHER STOCK** Den Gegner mit dem Stock oberhalb der Schulterlinie treffen.
- **HALTEN** Den Gegner mit Händen oder Armen festhalten.
- **HAKEN** Den Gegner mit dem Stock behindern.
- **BEHINDERUNG** Einen Gegner checken, der den Puck nicht hat und ihn auch nicht gerade gepasst hat.
- **KNIE-CHECK** Den Gegner mit den Knien checken.
- **SCHLAGEN** Mit dem Stock nach dem Gegner schlagen.
- **STOCKSTICH** Mit der Stockschaufel nach dem Gegner stechen.
- **BEINSTELLEN** Den Gegner mit dem Stock zu Fall bringen.

HANDZEICHEN

Es gibt zwei Arten von Offiziellen: die Spiel-Offiziellen sind der Hauptschiedsrichter und die Linienrichter, die die Regeleinhaltung überwachen. Die Offiziellen neben dem Eis haben eine eher administrative Rolle. Der Hauptschiedsrichter unterbricht das Spiel mit einem Pfiff, gefolgt von einem Handzeichen an der Stelle eines Regelverstoßes. Es gibt mehr als ein Dutzend beim Eishockey verwendete Zeichen, von denen unten einige der gebräuchlicheren zu sehen sind.

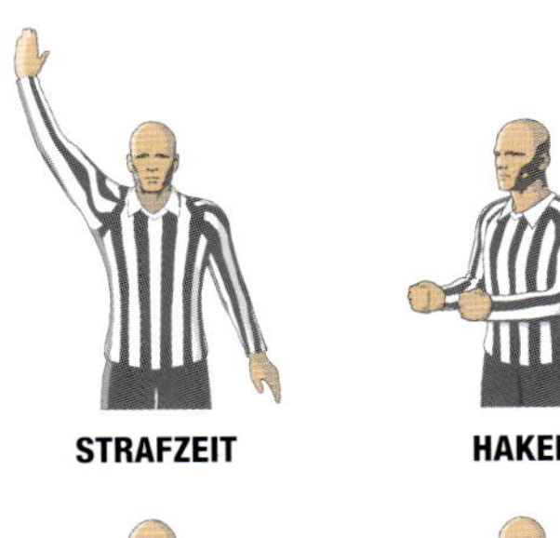

STRAFZEIT **HAKEN**

SCHLAGEN

KEIN TOR

CROSSCHECK

TOR

STATISTIK

TOP-SCORER DER NHL

PUNKTE	SPIELER
2857	WAYNE GRETZKY
1887	MARK MESSIER
1850	GORDIE HOWE
1798	RON FRANCIS
1771	MARCEL DIONNE
1755	JAROMIR JAGR
1755	STEVE YZERMAN
1723	MARIO LEMIEUX
1641	JOE SAKIC
1590	PHIL ESPOSITO
1579	RAY BOURQUE
1533	MARK RECCHI
1531	PAUL COFFEY
1467	STAN MIKITA
1457	TEEMU SELANNE

NHL-TITELGEWINNER

TITEL	TEAM
24	MONTREAL CANADIENS
13	TORONTO MAPLE LEAFS
11	DETROIT RED WINGS
6	BOSTON BRUINS
5	EDMONTON OILERS
5	CHICAGO BLACKHAWKS
4	OTTAWA SENATORS
4	NEW YORK RANGERS
4	NEW YORK ISLANDERS
3	PITTSBURGH PENGUINS
3	NEW JERSEY DEVILS
2	MONTREAL MAROONS
2	PHILADELPHIA FLYERS
2	COLORADO AVALANCHE
1	CALGARY FLAMES
1	VICTORIA COUGARS

OLYMPISCHE MEDAILLEN (MÄNNER)

JAHR	GOLD	SILBER	BRONZE
2014	CAN	SWE	FIN
2010	CAN	USA	FIN
2006	SWE	FIN	CZE
2002	CAN	USA	RUS
1998	CZE	UDSSR	FIN
1996	SWE	CAN	FIN
1992	UDSSR	CAN	CZE
1988	UDSSR	FIN	SWE
1984	UDSSR	CZE	SWE
1980	USA	UDSSR	SWE
1976	UDSSR	CZE	GER
1972	UDSSR	USA	CZE
1968	UDSSR	CZE	CAN
1964	UDSSR	SWE	CZE
1960	USA	CAN	UDSSR

DAS SPIEL

Eishockey ist ein attraktives, geradliniges Spiel aus Angriff und Verteidigung. Die Spieler im Puckbesitz stürmen vorwärts, um sich für einen Torschuss in Position zu bringen. Die verteidigenden Spieler versuchen, den Puck abzufangen und ihn in ihren Besitz zu bringen, indem sie den Gegner stören und am Fortkommen hindern. Dieses temporeiche Spiel lebt von der schnellen Bewegung der Spieler auf dem Eis, präzisen Pässen und Schüssen sowie ausgefuchsten Spielstrategien.

TORSCHÜSSE

Es ist das Ziel jedes Spielers, den Puck ins Netz zu schießen, und genau das will das Publikum auch sehen. Die Schusstechniken sind aggressivere Versionen der Passschläge. Die Spieler haben vier Grundschläge zur Verfügung.

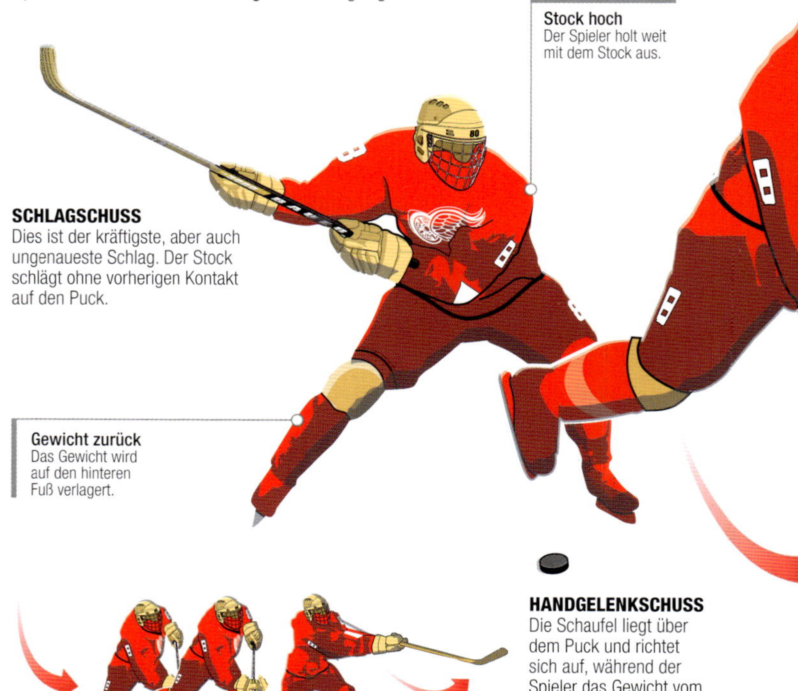
Stock hoch
Der Spieler holt weit mit dem Stock aus.
Gewicht zurück
Das Gewicht wird auf den hinteren Fuß verlagert.

SCHLAGSCHUSS
Dies ist der kräftigste, aber auch ungenaueste Schlag. Der Stock schlägt ohne vorherigen Kontakt auf den Puck.

HANDGELENKSCHUSS
Die Schaufel liegt über dem Puck und richtet sich auf, während der Spieler das Gewicht vom hinteren auf den vorderen Fuß verlagert, bevor eine schnelle Handgelenksdrehung den Puck in die Luft befördert.

DRUCKSCHLAG-SCHUSS
Der Puck wird gegen den Stock gedrückt, bis im richtigen Moment der Druck erhöht und der Puck weggeschossen wird.

RÜCKHANDSCHUSS
Dieser Schlag ist wegen der äußeren Rundung der Schaufel sehr schwierig präzise zu spielen. Allerdings ist er durch genau diese Unberechenbarkeit auch sehr schwer abzuwehren.

REMPELN ERLAUBT

Eishockey ist ein harter Sport, bei dem sich die Spieler unter bestimmten Bedingungen anrempeln dürfen. Wenn ein Spieler mit dem Puck stürmt, dürfen ihn seine Gegenspieler aufhalten, indem sie ihn im Lauf rammen. Dies nennt man Checken. Sie dürfen auch einen Spieler checken, der gerade einen Pass geschlagen hat.

GEGNER WÄHLEN
Beim Checken geht es um Voraussicht und Timing: den Gegner auswählen, seine Bewegung verfolgen und ihn im richtigen Augenblick angreifen.

GEGNER AUSSCHALTEN
Gewicht und Schwung des angreifenden Spielers bringen seinen Gegenspieler aus der Bahn und trennen ihn vom Puck.

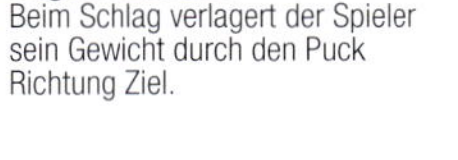

Obere Hand
Sorgt ganz am oberen Stockende für einen Ankerpunkt und den nötigen Gegendruck.

Untere Hand
Zieht den Stock vom Puck zurück und zieht dann schlagartig Richtung Ziel durch.

Angriff aufs Ziel
Beim Schlag verlagert der Spieler sein Gewicht durch den Puck Richtung Ziel.

Schlagkraft
Unter der Kraft der Schlagbewegung biegt sich der Stock durch und beschleunigt den Puck in die Luft.

TORHÜTER RAUS

Eine Mannschaft, die in den letzten Spielminuten ein oder zwei Tore zurückliegt, hat die Möglichkeit, den Torhüter aus dem Spiel zu nehmen und ihn in der Hoffnung auf ein schnelles Tor durch einen zusätzlichen Stürmer zu ersetzen. Diese Taktik ist allerdings ausgesprochen riskant, weil sie sehr häufig dem Gegner die Gelegenheit gibt, auf das unbewachte Tor zu schießen.

»DER HAMMER«

Dave »The Hammer« Schultz erzielte zwar viele Tore für die Philadelphia Flyers, aber die meisten seiner Erfolge sind heute längst vergessen. Nicht vergessen sind hingegen seine in der NHL konkurrenzlosen Strafminuten: 259 in seinem Anfängerjahr, 348 in der folgenden Saison und 405 in der nächsten.

GEWUSST?

2.856 **Die Strecke in Metern, die ein Eishockeyspieler im Schnitt während eines NHL-Spiels zurücklegt.**

108 **Der Lärmpegel in Dezibel bei einem Spiel der Edmonton Oilers, als die Mannschaft aufs Eis ging.**

168 **Die Höhe des Stanley Cup, einer der größten Trophäen im Profi-Sport, in Zentimetern.**

574.125 **Registrierte kanadische Eishockeyspieler. Das heißt: 1 von 50 Kanadiern spielt Eishockey.**

INSIDER-STORY

Eishockey entstand im 19. Jh. in Kanada und gewann sehr bald auch in den USA und später in Europa an Popularität. 1917 wurde die nordamerikanische National Hockey League (NHL) gegründet. 1920 wurde Eishockey olympisch – seit 1924 im Rahmen der Winterspiele.

Das Spiel hat sich seitdem zu einem der größten sportlichen Zuschauermagneten entwickelt und wird weltweit im Fernsehen übertragen. Eishockey wird in mehr als 30 Ländern gespielt, von denen die meisten auch über natürliche Eisflächen verfügen. Es ist der offizielle Wintersport Kanadas, wo es sich enormer Beliebtheit erfreut, und es ist der beliebteste Sport Finnlands. Die prominentesten und erfolgreichsten Eishockeynationen sind Kanada, Russland, die Tschechische Republik, Finnland, Slowakei, Schweden und die USA.

DACHVERBAND
Die 1908 gegründete International Ice Hockey Federation (IIHF) ist der internationale Eishockey-Dachverband. Sie ist für die Organisation und Durchführung internationaler Turniere verantwortlich und führt die IIHF-Weltrangliste der Nationen. Trotz ihrer weltweiten Autorität hat sie allerdings nur wenig Einfluss auf das Eishockey in Nordamerika.

TOP-SPIELER, TOP-LIGA
Die National Hockey League (NHL) ist die weltweite Spitzen-Liga mit den besten Spielern der Welt. Die Mannschaften der Liga sind in zwei Conferences mit jeweils drei Divisions organisiert.

FAKTEN

- Bandy ist der Vorläufer des Eishockeys und erinnert sowohl an Feldhockey als auch an Fußball. Andere Bezeichnungen sind »Hockey auf Eis« und »Winterfußball«.
- Die führenden Bandy-Nationen sind Schweden, Norwegen, Finnland und die baltischen Staaten (Estland, Lettland und Litauen). Daneben ist das Spiel auch in Kanada, Russland und den USA beliebt.

SPORTLERPROFIL

Bandy-Spieler müssen gute Schlittschuhläufer sein und dazu über das Ballgefühl eines Fußballers verfügen, da sie ja auch mit den Füßen dribbeln dürfen. Ausdauer ist ebenfalls wichtig: Der runde Ball läuft schneller als ein Puck und macht das Spiel noch schneller als Eishockey. Dazu kommt die längere Spielzeit (45 Minuten pro Halbzeit gegenüber 20-minütigen Dritteln). Zu guter Letzt erfordert die strategische Komponente des Spiels ein gutes Raumverständnis von den Spielern.

BANDY

ÜBERBLICK

Bandy oder »Banty« ist ein Wintersport, der normalerweise im Freien auf Natureis, aber auch auf überdachten Eisflächen gespielt wird. Zwei Mannschaften aus elf Spielern versuchen, in zwei 45-minütigen Halbzeiten einen kleinen Ball ins gegnerische Tor zu befördern. Die Spieler tragen Schlittschuhe und gebogene Stöcke, die »Bandies«. Sie dürfen den Ball mit den Füßen und dem Körper führen, nicht aber mit den Händen. Das Spiel ist schnell und mit durchschnittlich sieben oder acht Toren pro Match recht torreich. Um das Tempo hoch zu halten, kann jede Seite drei (international: vier) Ersatzspieler einsetzen, die der Kapitän oder Trainer ganz nach Belieben austauschen kann. Eine der Besonderheiten – und Teil der Attraktivität – ist der Mangel an Regeln: es gibt nur 18!

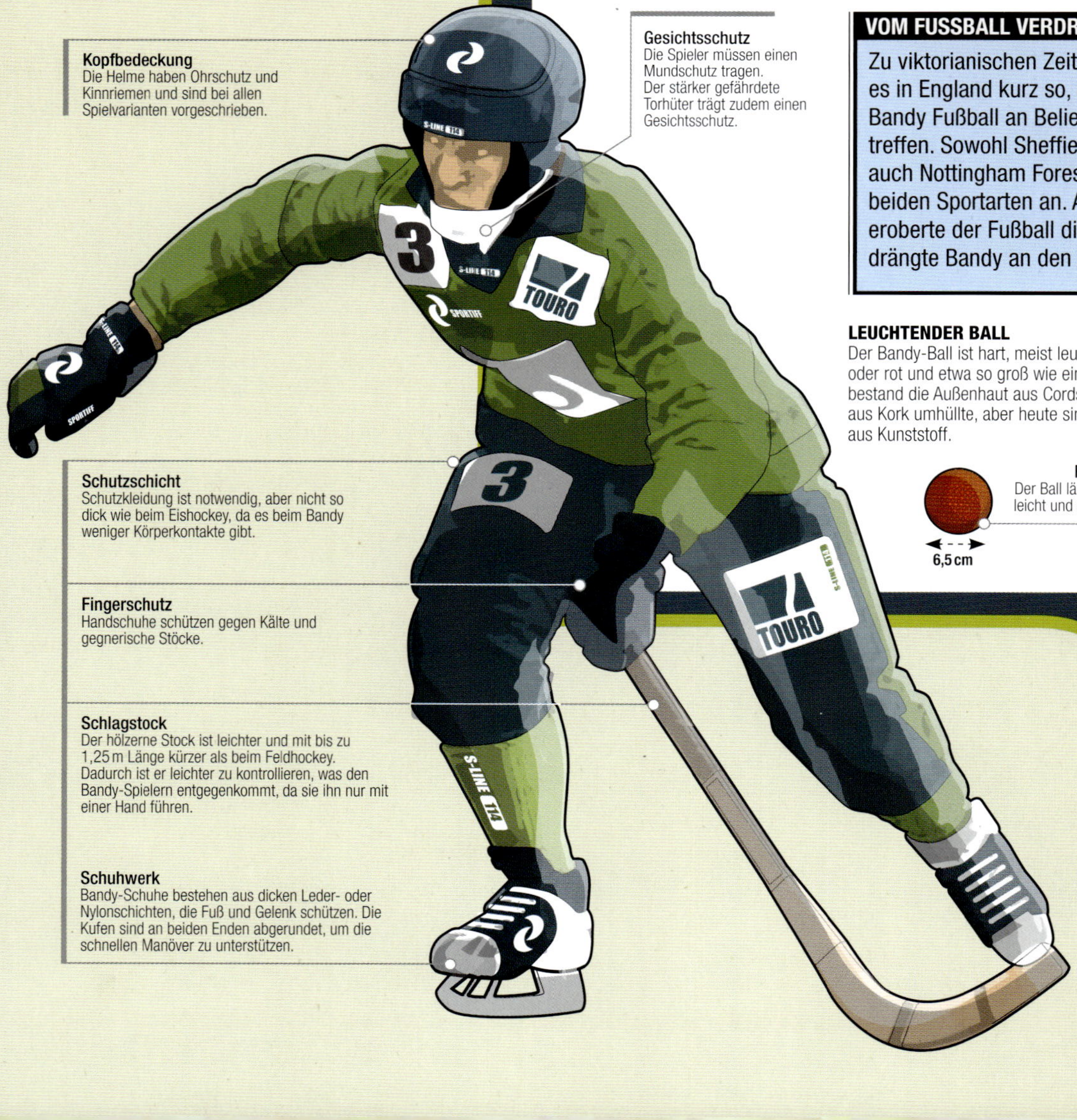

Kopfbedeckung
Die Helme haben Ohrschutz und Kinnriemen und sind bei allen Spielvarianten vorgeschrieben.

Gesichtsschutz
Die Spieler müssen einen Mundschutz tragen. Der stärker gefährdete Torhüter trägt zudem einen Gesichtsschutz.

VOM FUSSBALL VERDRÄNGT

Zu viktorianischen Zeiten schien es in England kurz so, als könnte Bandy Fußball an Beliebtheit übertreffen. Sowohl Sheffield United als auch Nottingham Forest traten in beiden Sportarten an. Aber dann eroberte der Fußball die Welt und drängte Bandy an den Rand.

LEUCHTENDER BALL
Der Bandy-Ball ist hart, meist leuchtend orange oder rot und etwa so groß wie ein Tennisball. Früher bestand die Außenhaut aus Cordstoff, der einen Kern aus Kork umhüllte, aber heute sind viele Bandy-Bälle aus Kunststoff.

Rasant
Der Ball läuft sehr leicht und schnell.

6,5 cm

Schutzschicht
Schutzkleidung ist notwendig, aber nicht so dick wie beim Eishockey, da es beim Bandy weniger Körperkontakte gibt.

Fingerschutz
Handschuhe schützen gegen Kälte und gegnerische Stöcke.

Schlagstock
Der hölzerne Stock ist leichter und mit bis zu 1,25 m Länge kürzer als beim Feldhockey. Dadurch ist er leichter zu kontrollieren, was den Bandy-Spielern entgegenkommt, da sie ihn nur mit einer Hand führen.

Schuhwerk
Bandy-Schuhe bestehen aus dicken Leder- oder Nylonschichten, die Fuß und Gelenk schützen. Die Kufen sind an beiden Enden abgerundet, um die schnellen Manöver zu unterstützen.

DIE EISFLÄCHE

Bandy wurde ursprünglich auf gefrorenen Feldern gespielt, aber heute greift man auf ganzjährig bespielbare, fußballfeldgroße Eisflächen zurück. Niedrige Holzbanden an den Seitenlinien halten den Ball im Spiel. Zwischen den Spielen wird das Eis mit einer speziellen motorisierten Eismaschine repariert, geglättet und erneuert.

1 Torhüter Darf den Ball mit Händen und Armen spielen, aber nur innerhalb des eigenen Strafraums.

2 Fullbacks Verteidigen die Flanken gegen Angriffe der Außenstürmer.

3 Middle Fullback Organisiert die Verteidigung.

4 Halfbacks Die erste Verteidigungslinie und der Schlüssel zum Wechsel des Ballbesitzes, um zum Angriff überzugehen.

5 Quarterbacks Die Spielmacher, denen die Aufgabe zufällt, die Forwards mit Torchancen zu versorgen.

6 Forwards Zwei Außen- und ein Mittelstürmer sind beständig in Bewegung, um die Pässe ihrer Mitspieler anzunehmen.

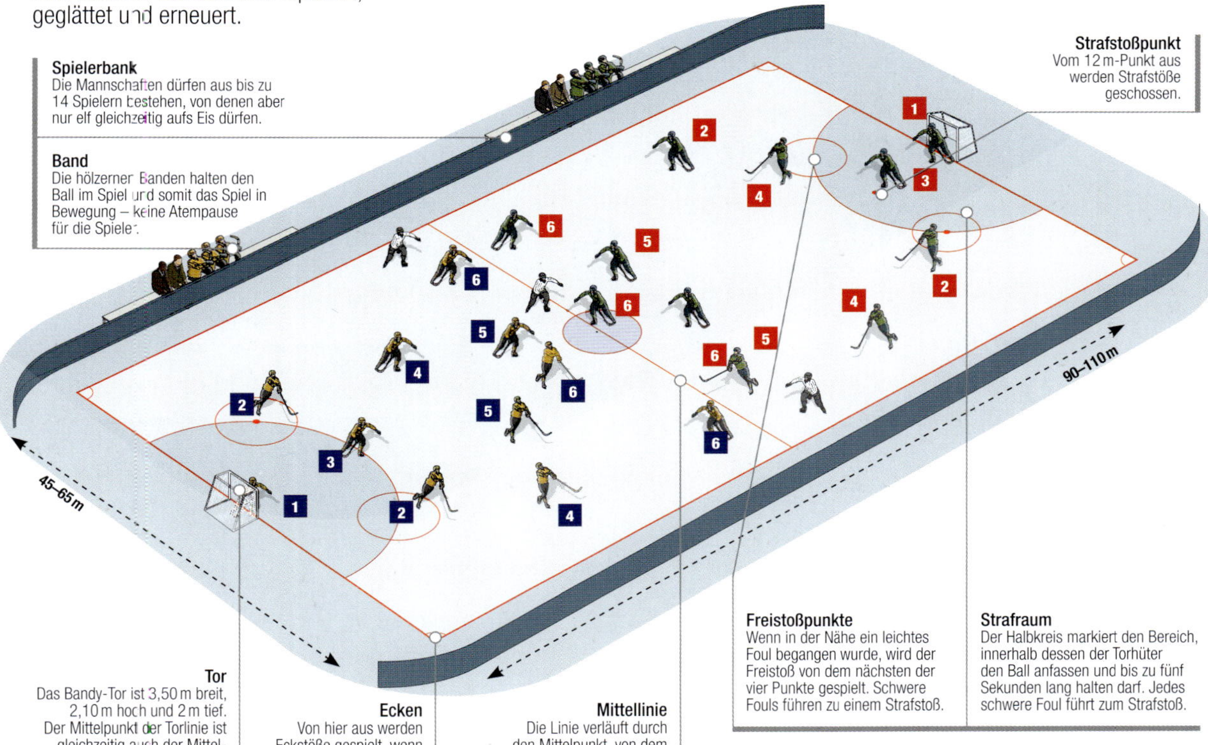

Spielerbank
Die Mannschaften dürfen aus bis zu 14 Spielern bestehen, von denen aber nur elf gleichzeitig aufs Eis dürfen.
Band
Die hölzernen Banden halten den Ball im Spiel und somit das Spiel in Bewegung – keine Atempause für die Spieler.
Strafstoßpunkt
Vom 12 m-Punkt aus werden Strafstöße geschossen.
45–65 m
90–110 m
Tor
Das Bandy-Tor ist 3,50 m breit, 2,10 m hoch und 2 m tief. Der Mittelpunkt der Torlinie ist gleichzeitig auch der Mittelpunkt des Halbkreises, der den Strafraum markiert.
Ecken
Von hier aus werden Eckstöße gespielt, wenn die Verteidiger den Ball ins Toraus geschossen haben.
Mittellinie
Die Linie verläuft durch den Mittelpunkt, von dem aus der Anstoß für die Halbzeiten gespielt wird.
Freistoßpunkte
Wenn in der Nähe ein leichtes Foul begangen wurde, wird der Freistoß von dem nächsten der vier Punkte gespielt. Schwere Fouls führen zu einem Strafstoß.
Strafraum
Der Halbkreis markiert den Bereich, innerhalb dessen der Torhüter den Ball anfassen und bis zu fünf Sekunden lang halten darf. Jedes schwere Foul führt zum Strafstoß.

STANDARDS

Viele Elemente des Bandy, wie Eck- und Freistöße, sind eng mit dem Fußball verwandt (siehe S. 100–107). Geht der Ball über die Bande, erhält die Gegenmannschaft einen Einwurf. Spielt ein Verteidiger den Ball über die Torlinie, erhalten die Angreifer einen Eckstoß Richtung Tor. Die Angreifer müssen sich dabei außerhalb des Strafraums aufhalten, während die Verteidiger auf der Torlinie stehen.

REGELVERSTÖSSE

Die Spieler dürfen den Ball weder köpfen noch mit Händen oder Armen spielen, noch dürfen sie den Schläger über Kopfhöhe heben, um den Ball zu spielen. Körperkontakt ist zwar erlaubt, aber Treten, Beinstellen, Stoßen, Halten und Schlagen werden mit Freistoß oder Zeitstrafe geahndet. Ernsthafte oder wiederholte Fouls führen für fünf oder zehn Minuten auf die Strafbank. Fouls ziehen Freistöße nach sich, die binnen fünf Sekunden ausgeführt werden müssen.

LAUFSTARKER STURM

Die besten Spieler kombinieren das leichtfüßige Dribbling eines Fußballers mit den spektakulären Schlägen, die man aus dem Feld- und Eishockey kennt, oder mit feinfühligen Lobs, die die gegnerischen Verteidiger ausschalten. Die Stürmer legen viele Kilometer zurück, um frei für einen Pass zu stehen.

UNBEWAFFNETE HELDEN

Der Torhüter spielt ohne Stock. Stattdessen fängt und wehrt er den Ball mit Händen und Körper ab. Zusätzlich zur Kleidung der Feldspieler trägt er Beinschoner. Nachdem er den Ball gefangen hat, darf er ihn maximal fünf Sekunden halten, bevor er ihn zu einem Feldspieler tritt oder wirft. Spielt ein Angreifer den Ball ins Toraus, stößt der Torhüter das Spiel mit dem Ball in der Hand neu an, während alle anderen Spieler außerhalb des Strafraums warten.

INSIDER-STORY

Seit 1957 werden in jedem ungeraden Jahr Bandy-Weltmeisterschaften für Männer und Frauen abgehalten. In den ersten zwanzig Jahren dominierte die Sowjetunion, die die ersten elf Titel gewann. Seit dem Zusammenbruch Ende der 1980er geht jetzt die ehemalige Teilnation Russland in den meisten Turnieren als Favorit an den Start, dicht gefolgt von Herausforderer Schweden.

DACHORGANISATION

Die Federation of International Bandy (FIB) wurde 1955 in Stockholm gegründet und residiert auch heute in Schweden. Sie hat 32 Mitgliedsnationen, darunter Indien, das man üblicherweise nicht direkt mit Wintersport in Verbindung bringen würde.

FAKTEN

- Hockey wird in mehr als 120 Ländern gespielt. In Indien und Pakistan ist es wie Cricket Nationalsport.
- Die Spielregeln haben sich in den letzten 20 Jahren umfassend verändert: So wurde das umkämpfte Bully durch ein kampfloses Anspiel ersetzt, es gibt kein Abseits mehr und fliegende Wechsel sind erlaubt.
- Hockey ist größtenteils ein Amateursport geblieben, weil es in den reicheren Ländern nie viele Zuschauer angezogen hat.

FELD-HOCKEY

ÜBERBLICK

Feldhockey – in Ländern, in denen Eishockey keine dominierende Rolle spielt, auch schlicht »Hockey« genannt – ist ein schnelles, spannendes und manchmal hartes Spiel, bei dem zwei elfköpfige Mannschaften versuchen, mit J-förmigen Schlägern einen kleinen, harten Ball ins gegnerische Tor zu bringen. Wer nach zwei 35-minütigen Halbzeiten die meisten Tore erzielt hat, hat gewonnen. Das Spiel erinnert an Fußball mit Stöcken, wobei Hockey in manchen Ländern das populärere Spiel ist.

SPIELERPROFIL

Hockeyspieler müssen viel laufen, sollten also fit und ausdauernd sein, aber auch jederzeit sprinten können. Deshalb beinhaltet das Training auch anstrengende Beinübungen. Außerdem arbeiten sie beständig am Ballgefühl – der Fähigkeit, den Ball mit dem Schläger zu führen.

ORIENTALISCHE VARIANTE

In der Türkei spielt man die Hockey-Variante Holari. Tore und Spielfeld gleichen denen im Feldhockey, allerdings ist der »Ball« ein hölzerner Zylinder. Es gibt keine festen Regeln oder Spielzeiten. So kann ein Spiel morgens beginnen und erst bei Sonnenuntergang enden.

Kleidung
Die Spieler tragen Kleidung in den Teamfarben aus atmungsaktiven Stoffen, die Feuchtigkeit schnell vom Körper ableiten. Männer tragen Trikot und Shorts, Frauen Trikot und Rock.

Schläger
Der gebogene Kopf des Schlägers (die »Keule«) ist auf der Spielseite flach und auf der Rückseite abgerundet. Die meisten Schläger sind etwa 95 cm lang.

Schienbeinschoner
Der Schutz gegen andere Schläger und den Ball ist in Deutschland vorgeschrieben.

Schuhe
Manche Schuhe haben Stollen, die meisten haben Profil.

Ball
Der Ball besteht aus Plastik und Kork und hat oft Vertiefungen für einen geringeren Rollwiderstand.

Lange Ecke
Spielt ein Verteidiger den Ball über die Grundlinie, bekommt das angreifende Team einen Freischlag von der 5-m-Markierung zuerkannt.

Schiedsrichter
Es gibt zwei Schiedsrichter, einen für jede durch eine imaginäre Diagonale getrennte Feldhälfte. Das Spiel ist derart schnell, dass sie über das gesamte Spielfeld hinweg eng zusammenarbeiten müssen.

Grundlinie
Dies ist die Spielfeldbegrenzung an den Schmalseiten. Der Teil zwischen den Torpfosten ist die Torlinie.

GEWUSST?

4 Der Rekord an World Cup-Siegen Pakistans, seit der ersten Austragung 1971. Pakistan dominierte das Spiel in den 1970ern gemeinsam mit Indien.

60 Der Torrekord in internationalen Turnieren innerhalb eines Kalenderjahres, erzielt 1999 von Sohail Abbas aus Pakistan.

247 Die Anzahl der Länderspiele des deutschen Verteidigers Florian Kunz. Der fünfmalige Europameister wurde 2001 zum Welthockeyspieler des Jahres gewählt.

166 Der Rekord an Länderspieltoren der offensiven Mittelfeldspielerin Alyson Annan, erzielt in 228 Spielen für Australien.

AUF DEM TEPPICH

Wie der Name schon andeutet, wurde Feldhockey früher auf Rasen gespielt. Heute werden die meisten Spitzenspiele auf gewässertem Kunstrasen ausgetragen, der pflegeleichter ist. Dank der glatteren Oberfläche läuft der Ball schneller und präziser. Zudem haben die Kunstrasenfelder dafür gesorgt, dass weniger Spiele wegen schlechten Wetters abgesagt werden müssen. Manchmal wird auch noch auf Sand gespielt, der aber bei Stürzen zu Abschürfungen führt.

HALLENHOCKEY

Hallenhockey ist eine Variante des Sports, die auf einem kleineren Spielfeld in der Halle gespielt wird. Das Spielfeld ist 18–22 m breit und 36–44 m lang. Die Mannschaften bestehen aus je fünf Feldspielern plus Torwart. Die Regeln ähneln dem Feldhockey, doch darf der Ball – mit Ausnahme von direkten Torschüssen – nur flach gespielt werden. Banden an den Seitenlinien helfen, den Ball im Spiel zu halten. Das Spiel ist dadurch schneller als beim Feldhockey.

1 Torhüter
Innerhalb des Kreises darf der Torhüter den Ball mit dem ganzen Körper stoppen und kicken, aber nicht fangen.

2 Verteidiger
Ihre Aufgabe besteht darin, die gegnerischen Flügelspieler an Flanken und Pässen vors Tor zu hindern.

3 Mittelfeldspieler
Versuchen, das Mittelfeld zu kontrollieren und Angriffe zu stoppen.

4 Mittelläufer
Das Zentrum der Verteidigung; deckt den gegnerischen Mittelstürmer.

5 Innenfeldspieler
Verwandeln Verteidigung in Angriff, indem sie den Stürmern den Ball zuspielen.

6 Flügelspieler
Stehen nahe den Seitenlinien in der Angriffshälfte des Felds.

7 Mittelstürmer
Bleibt nahe vor dem Tor. Er soll Tore schießen und die Verteidiger irritieren.

Offizielle
Sie überprüfen die Ausrüstung der Spieler, überwachen Auswechselungen und protokollieren Zeit und Punkte

Auswechselspieler
Jede Mannschaft darf bis zu fünf Wechselspieler haben und jederzeit auswechseln.

7-m-Punkt
Der Punkt für Siebenmeter liegt 6,4 m vor der Mitte der Torlinie.

Schusskreis
Ein Halbkreis mit einem Radius von 16,63 m und dem Mittelpunkt auf der Torlinie.

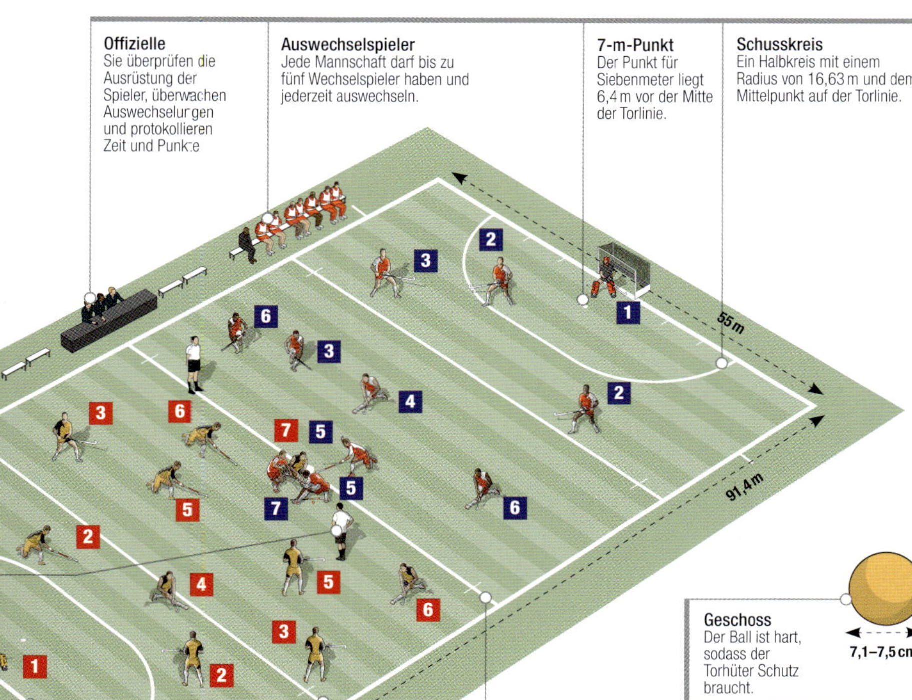

Netz
Hängt hinter den Torbrettern.

TOR
An den Seiten und auf der Rückseite des Tors sind von innen dunkle, 46 cm hohe Holzbretter montiert. Sie erleichtern es dem Schiedsrichter, zu sehen und zu hören, ob eine Strafecke zu hoch gespielt wurde. Das Netz hängt locker, damit der Ball nicht wieder herausspringt.

Eckfahnen
In jeder Ecke steht eine 1,20–1,50 m hohe Fahne, die aus Sicherheitsgründen biegsam ist.

Viertellinie
Jeweils 22,9 m von den Grundlinien entfernt (das Feld wurde früher in Yards und Fuß vermessen).

Mittellinie
Vom Mittelpunkt dieser Linie aus wird das Spiel begonnen.

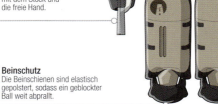

TORHÜTER-AUSRÜSTUNG

Laut Regelwerk muss der Torhüter neben Schienen und verstärkten Schuhen einen Helm tragen, vorzugsweise mit Visier und Kehlschutz. Nur für einen Siebenmeter darf er den Kopf- und Handschutz ablegen. Die meisten Torhüter tragen zusätzliche Schutzkleidung gegen die harten Bälle, wie Brust-, Oberarm-, Ellenbogen-, Unterarm- und Oberschenkelschutz.

Geschoss
Der Ball ist hart, sodass der Torhüter Schutz braucht.

7,1–7,5 cm

Helm
Helm und Visier sind für den Torhüter obligatorisch.

Körperpanzer
Die Schutzkleidung bedeckt Arme und Oberkörper. Schultern und Ellenbogen sind besonders gut gepolstert.

Handschutz
Schützt die Hand mit dem Stock und die freie Hand.

Beinschutz
Die Beinschienen sind elastisch gepolstert, sodass ein geblockter Ball weit abprallt.

TECHNIKEN

Das Stoppen und Führen des kleinen Balles mit einem dünnen Stock erfordert viel Gefühl und Geschick. Die wichtigen Grundtechniken reichen von perfekt abgepassten Tacklings, die den Ball stoppen, ohne den Spieler zu berühren, übers Dribbeln mit Vor- und Rückhand bis zu Schlägen aus vollem Lauf. Im laufenden Spiel darf der Ball nicht in die Luft geschlagen werden. Er kann aber mit einer löffelnden Stockbewegung angehoben werden. Ist der Ball in der Luft, darf er erst gespielt werden, wenn er unter Schulterhöhe ist.

SAFETY FIRST

Hockey hat viele Regeln, die oft geändert werden. Die meisten zielen darauf ab, das Spiel sicherer zu machen. So darf der Ball nicht in die Luft geschlagen werden – außer bei einem Torschuss oder mit einem Hebeschlag, der keinen anderen Spieler gefährdet. Ist der Ball dann einmal in der Luft, darf der Spieler den Schläger nicht über die Schulterlinie heben, um ihn zu stoppen – außer bei einem Torschuss. Bringt ein Spieler einen hohen Ball unter Kontrolle, müssen die Gegner 5 m Abstand halten, bis der Ball am Boden liegt.

SCHIEBEN

Der Schiebeschlag ist nicht so kraftvoll wie der Treibschlag (rechts), aber über kurze Distanzen sehr genau. Er wird hauptsächlich mit den Handgelenken gesteuert und ist vor allem im beengten Raum des Schusskreises nützlich, wenn der Angreifer den Ball zwischen den Verteidigern hindurchspielen muss.

Sanfter Schub
Die untere Hand schiebt den Schläger durch den Ball.

TREIBEN

Ein kraftvoller Schlag dicht am Boden für einen Pass oder Torschuss. Der Spieler holt mit dem Schläger so weit wie möglich nach hinten aus und hält die Knie beim Schlag gebeugt, damit der Ball am Boden oder dicht darüber bleibt.

Griff
Der beidhändige Griff am oberen Stockende gibt dem Schlag mehr Weite.

SCHLENZEN

Der Schlenzer oder Hebeschlag wird meist gegen den ruhenden Ball geführt und hebt ihn mit einer Drehung der Handgelenke in die Luft. Damit kann man Verteidiger ausspielen, riskiert aber eine Strafe, wenn andere Spieler gefährdet werden.

Hebung
Die Handgelenksdrehung treibt den Ball eher hoch als weit.

DRIBBELN

Um den Ball mit dem Stockende eng führen zu können, muss man ihn sowohl mit der Vorhand als auch mit umgedrehtem oder darüber gelegtem Schläger spielen können, damit der Gegner nicht an den Ball herankommt.

Schutzhaltung
Die Keule des Schlägers schirmt den Ball beim Dribbling über das Feld vor Angriffen ab.

Schnelle Drehung
Der Schlägerkopf wendet sich blitzschnell hin und her, um den Ball eng zu führen.

FOULS

Je nachdem, wo ein Foul begangen wird, wird es entweder mit einem Freischlag oder einem Siebenmeter für den Gegner geahndet. Da die meisten Tore bei Strafschlägen fallen, ist dies ein wirksames Instrument, um Fouls vorzubeugen. Die wichtigsten Fouls:

HOHER STOCK Über Schulterhöhe erhobener Schläger.
RÜCKHAND Spielen des Balls mit der abgerundeten Rückseite des Schlägers.
BEHINDERUNG Beinstellen, Stoßen, Rempeln oder Schlagen.
FUSSSPIEL Absichtliche Berührung des Balles mit dem Fuß.

KARTEN

Der Schiedsrichter zeigt farbige Karten für gefährliches Spiel oder absichtliche Fouls. Die Grüne Karte gilt als Verwarnung. Gelb bedeutet eine Strafpause von 5 Minuten für den Spieler. Rot bedeutet dauerhaften Platzverweis wegen mehrfachen schwerwiegenden Verstößen.

STRAFECKE

Strafecken werden verhängt, wenn ein Verteidiger den Ball absichtlich über die Grundlinie spielt, wenn zwischen Viertellinie und Schusskreis oder im Schusskreis gefoult wird. Der Schlag wird mindestens 9 m vom Torpfosten auf der Grundlinie ausgeführt.

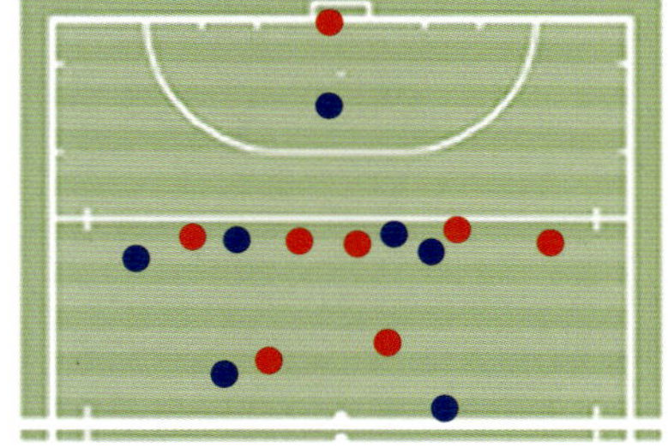

EINE STRAFECKE SCHLAGEN
Die Spieler trainieren das möglichst schnelle Zuspiel von der Grundlinie zu einem Mitspieler am Schusskreis, der den Ball entweder selber ins Tor schlägt oder ihn an einen Mitspieler weitergibt, bevor die Verteidiger ihn abblocken können.

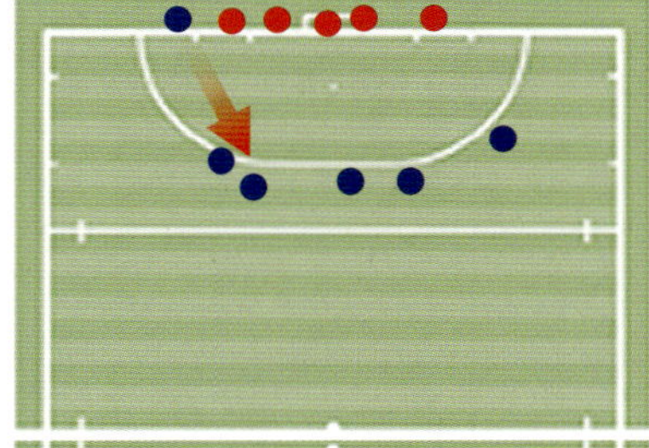

EINE STRAFECKE ABWEHREN
Es dürfen sich nicht mehr als fünf Verteidiger auf der Grundlinie aufhalten, die anderen müssen hinter der Viertellinie warten. Die Verteidiger dürfen erst ins Viertel, wenn der Ball über den Kreis gespielt wurde – wo ein schlagbereiter Angreifer auf ihn wartet.

INSIDER-STORY

Spiele, die dem Hockey ähneln, wurden schon vor etwa 4000 Jahren von den Ägyptern, Römern und Griechen und den Azteken gespielt. Das heutige Spiel entstand Mitte des 18. Jh. in britischen Schulen und wurde 1908 olympische Sportart (für Frauen allerdings erst 1980). Seit 1971 (Frauen 1974) hat sich die Weltmeisterschaft als bedeutendes internationales Turnier etabliert und wird heute alle vier Jahre, zeitlich zwischen den Sommerspielen, ausgetragen.

DACHVERBAND

Die International Hockey Federation wurde 1924 gegründet, um die Entwicklung des Spiels voranzutreiben. Sie hat heute 128 Mitgliedsländer auf fünf Kontinenten. Von ihrem Sitz im schweizerischen Lausanne aus organisiert sie die Hockey-Weltmeisterschaften der Damen und der Herren und beschäftigt sich mit Regelfragen.

ZWEIKAMPF

Feldhockey ist ein körperloses Spiel: Die Spieler müssen beim Angriff Körperkontakt vermeiden und dürfen den Ball nicht mit dem Körper abschirmen. Der ballbesitzende Spieler darf den Gegner nicht wegschieben.

BLOCK VON VORNE

Dies ist eine der häufigsten Angriffstechniken. Der Verteidiger hält den Schläger tief und hindert den Stürmer so am Fortkommen. Dabei darf er den Schläger erst im allerletzten Moment absenken.

Kein Schwung
Der Schläger darf nicht geschwungen, sondern nur tief gehalten werden.

Gekreuzte Schläger
Der Verteidiger riskiert eine Berührung des Schlägers oder Körpers des Gegners.

Verteidiger
Langt am Stürmer vorbei nach dem Ball.

ANGRIFF VON LINKS

Der Verteidiger kommt mit umgedrehtem Schläger von rechts. Er riskiert dabei ein Foul, weil er den Schläger quer vor den Körper des Stürmers legen muss.

STATISTIK

HOCKEY-WELTMEISTER

JAHR	WELTMEISTER	VIZE-WELTMEISTER	ERGEBNIS
2010	AUSTRALIEN	DEUTSCHLAND	2:1
2006	DEUTSCHLAND	AUSTRALIEN	4:3
2002	DEUTSCHLAND	AUSTRALIEN	2:1
1998	NIEDERLANDE	SPANIEN	3:2
1994	PAKISTAN	NIEDERLANDE	(4:3 NACH 7-M) 1:1
1990	NIEDERLANDE	PAKISTAN	3:1
1986	AUSTRALIEN	ENGLAND	2:1

ANGRIFF VON RECHTS

Beim Angriff von rechts hat es der Verteidiger möglicherweise etwas einfacher – er kann hier seinen Schläger »richtig herum« einsetzen.

Offene Seite
Der Angreifer hat bessere Erfolgsaussichten, den Ball zu erobern.

Ballverlust
Der Angreifer hat sich den Ball erkämpft.

UNIHOCKEY

ÜBERBLICK

Unihockey, auch Floorball genannt, ist ein schnelles Spiel, das in Sporthallen mit zwei Teams zu je sechs Spielern gespielt wird. Statt eines schweren Pucks kommt ein leichter Plastikball zum Einsatz. Das Spiel ist körperlos und damit im Gegensatz zum Eishockey eher auf Geschicklichkeit als auf körperliche Kraft ausgelegt.

FAKTEN

- Unihockey wurde in Skandinavien erfunden. Finnland, Schweden und die Schweiz gehören zu den besten Nationalteams.
- Der Sport ist seit 2008 vom IOC anerkannt. Die Verbände bemühen sich, Unihockey zur olympischen Disziplin zu machen.

REGELN

Das Spiel geht über dreimal 20 Minuten, bei Unentschieden wird ein Verlängerung und bei Bedarf ein Penaltyschießen gespielt. Feldspieler und Torwart können im laufenden Spiel jederzeit beliebig oft ausgewechselt werden. Der Torwart hat als einziger Spieler keinen Schläger.

LEICHT UND SCHNELL

Gespielt wird mit einem leichten Schläger mit geschwungener Kelle. Der Ball wiegt nur 23 g und hat einen Durchmesser von 7,2 cm. Er erreicht bei Schlägen von Profis bis zu 200 km/h.

Leichter Schläger
Der Stock besteht aus Kunststoff und wiegt maximal 350g.

Aerodynamischer Ball
Der Kunststoffball hat 26 Löcher. Seine mit Grübchen versehene Oberfläche soll ihn schneller machen.

LACROSSE

ÜBERBLICK

Lacrosse ist ein schnelles Spiel, bei dem zwei Teams aus zehn Männern oder zwölf Frauen versuchen, einen harten Ball mit einem Schläger mit Netztasche (Crosse) ins gegnerische Tor zu befördern. Dabei kombinieren sie Fang- und Wurftechniken mit körperlicher Kraft: Der Crosse wird auch gegen gegnerische Schläger und Spieler eingesetzt.

SPORTLERPROFIL

Die Spieler sind zähe Allrounder: Sie haben die Hand-Augen-Koordination, um einen kleinen, schnellen Ball zu fangen, die Ausdauer eines Mittelstreckenläufers und die körperliche Durchsetzungsfähigkeit von Rugby-Spielern.

Helm
Männer tragen Helme mit Visier und Kinnschutz. Alle Spieler tragen Mundschutz.

Schulterschutz
Bis auf den Torwart müssen alle Spieler Schulterschützer tragen.

Handschuhe
Schutzhandschuhe sind Pflicht.

Armschutz
Männer tragen Ellenbogenschoner gegen Bodychecks.

Körperpanzer
Viele Spieler tragen Rippenschoner; Torhüter tragen zudem Kehlschutz und Brustpanzer.

Sicherer Tritt
Die Spieler tragen meist Fußball- oder Rugbyschuhe mit Stollen oder Profil.

DAS SPIELFELD

Lacrosse wird auf Rasen oder Kunstboden gespielt. Das Damenfeld ist größer, da Damenmannschaften zwei Spielerinnen mehr haben.

1 Torhüter
Der Torhüter bleibt im oder nahe am Torkreis (Goal Crease) und hindert den Gegner am Toreschießen.

2 Verteidiger
Drei Spieler bilden die letzte Verteidigungslinie vor dem Tor.

3 Mittelfeldspieler
Drei Spieler verbinden die Abwehr mit dem Angriff. Sie können bei Bedarf beiden Abteilungen zur Hilfe kommen.

4 Angreifer
Ihre Aufgabe ist es, Tore zu schießen. Sie selbst dürfen die Torlinie nicht überqueren, ihre Schläger aber schon.

FAKTEN

- **Lacrosse wird vor allem in Nordamerika gespielt, wo es auch herkommt. Es ist offizieller Sommersport in Kanada und die am schnellsten wachsende Sportart in den USA.**
- **Das in den 1980ern erfundene Intercrosse ist eine beliebte körperlose Variante des Spiels, die von gemischten Teams gespielt wird.**

SPIELZEIT
Die Spiellänge hängt von Alter und Geschlecht der Spieler ab. Einstündige Spiele haben meist vier Viertel mit zwei erlaubten Auszeiten pro Halbzeit.

Endlinie
End- und Seitenlinien sollten von einem 5,50 m breiten Grasstreifen umgeben sein.

Offizielle
Ein Zeitnehmer, zwei Strafzeitnehmer, ein Bankschiedsrichter und zwei Anschreiber.

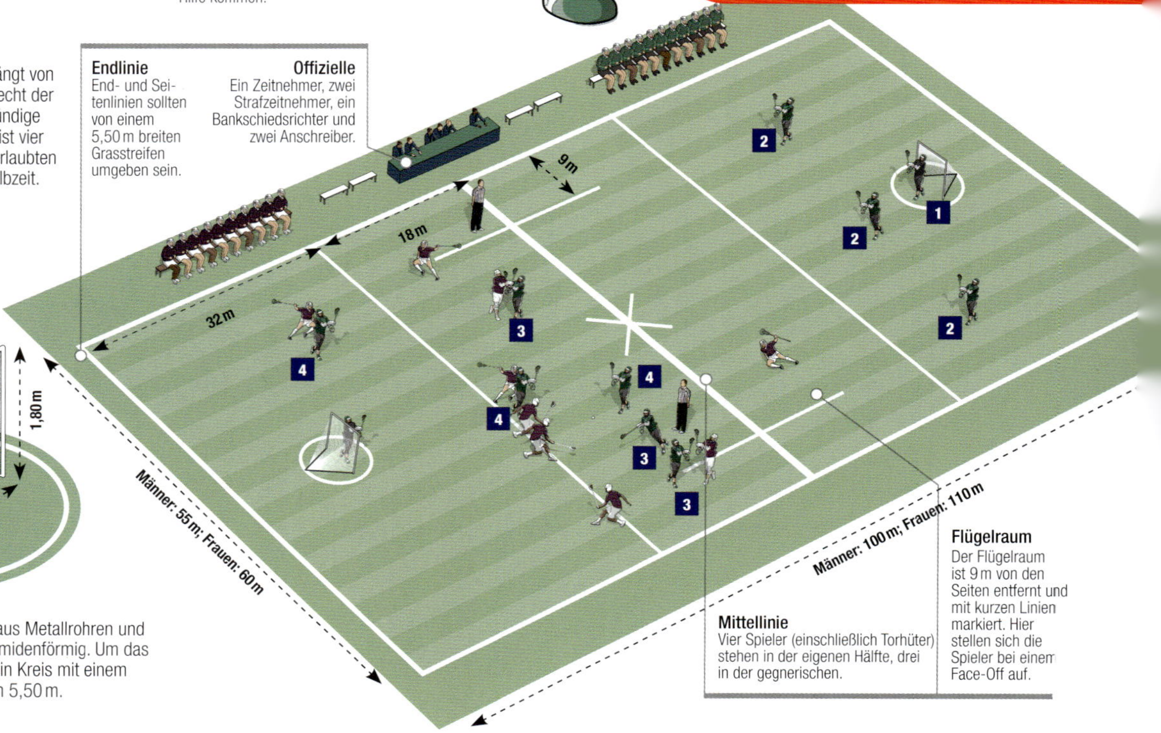

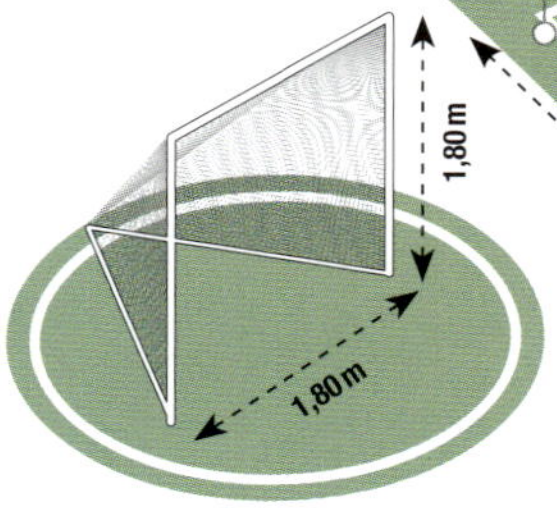

9 m

18 m

32 m

1,80 m

1,80 m

Männer: 55 m; Frauen: 60 m

Männer: 100 m; Frauen: 110 m

TORKREIS
Das Tor besteht aus Metallrohren und das Netz ist pyramidenförmig. Um das Tor herum liegt ein Kreis mit einem Durchmesser von 5,50 m.

Mittellinie
Vier Spieler (einschließlich Torhüter) stehen in der eigenen Hälfte, drei in der gegnerischen.

Flügelraum
Der Flügelraum ist 9 m von den Seiten entfernt und mit kurzen Linien markiert. Hier stellen sich die Spieler bei einem Face-Off auf.

RÜCKGANG

Die Beliebtheit des Spiels hat sich umgekehrt proportional zur Spielfeldgröße und Anzahl der Spieler entwickelt. In seiner ursprünglichen Form wurde es als Baggataway genanntes Kriegstraining für Indianer mit 200 Spielern pro Team auf einem 457 m langen Feld gespielt.

LANG ODER KURZ

Es gibt zwei Schlägergrößen. Mindestens die Hälfte des Teams (meist Mittelfeldspieler und Stürmer) müssen kurze, leichter zu handhabende Crosses verwenden. Nur fünf Spieler (meist Verteidiger und immer der Torwart) dürfen lange Schläger tragen.

Tasche
Das Netz besteht aus Leinen, Nylon oder Leder und darf nicht tiefer als der Balldurchmesser sein. Die Tasche des Torhüters darf bis zu 30,5 cm Durchmesser haben.
Gut sichtbar
Der glatte Gummiball ist meist gelb, kann aber auch weiß oder orange gefärbt sein und wiegt 130 g.
6,3–6,5 cm
25,4 cm
LACROSSE-X1000
LACROSSE-X1000
LACROSSE-X1000
Schläger
Der Crosse kann aus Holz, Aluminium oder Kunststoff gefertigt sein.
102–107 cm oder 133–183 cm

ORGANISIERTES CHAOS

Lacrosse ist eine der schnellsten Ballsportarten, bei der das Spiel alle paar Schläge die Richtung wechselt und die Spieler einander den Ball entreißen. Das Spiel wirkt manchmal wie ein wildes Handgemenge, weshalb es auch drei Schiedsrichter erfordert: einen Hauptschiedsrichter und zwei weitere Schiedsrichter, die alle die gleichen Aufgaben haben – wobei der Hauptschiedsrichter das letzte Wort hat.

DAS FACE-OFF

Das Spiel beginnt mit einem Face-Off: Zwei gegnerische Spieler stellen sich am Mittelpunkt beiderseits des Balls auf. Der Schiedsrichter ruft: »Bereit? Spielt!«, und pfeift an. Beide Spieler versuchen, den Ball mit dem Schläger aufzunehmen und zu einem Mitspieler zu passen. Danach gibt es Unterbrechungen nur noch bei Regelverstößen und wenn der Ball ins Aus geht.

AUSGESPIELT

Passiert der Ball die End- oder Seitenlinien, erhält der Gegner den Ballbesitz. Der Spieler, der den Ball ins Spiel bringt, erhält 1 m Freiraum. Geht der Ball nach einem Torschuss ins Aus, erhält der am nächsten stehende Spieler (meist der Torhüter) den Ball. Wenn er wieder abspielt, müssen die anderen Spieler mindestens 2,75 m Abstand halten.

AUSGESCHALTET

Lacrosse kennt viele Regelverstöße. So sind Bodychecks (Takeouts) zwar erlaubt, aber in engen Grenzen. Nur der Spieler in Ballbesitz oder in einem Umkreis von 2,75 m vom laufenden Ball darf gecheckt werden. Der Check muss von vorne oder von der Seite erfolgen und zwischen Hals und Hüfte liegen.

GESCHICK

Den Ball vom Boden aufzunehmen, braucht viel Übung, ist aber längst nicht so schwierig, wie den fliegenden Ball mit der Schlägertasche einzufangen. Eine andere wichtige Technik ist das Weitergeben des Balls an einen entfernten Mitspieler, der sich in Fangposition bringt.

Passen
Der Spieler holt mit dem Schlägerkopf aus und schleudert den Ball mit einer Hebelbewegung nach vorne.

Fangen
Die Tasche des Fängers weist zum Werfer. Ein leichtes Nachgeben hindert den Ball am Herausspringen.

RÜDE METHODEN

Um dem Gegner den Ball aus dem Netz zu »stehlen«, setzt man den eigenen Schläger ein. Dazu schlägt man unter den Crosse des Gegners, was nicht immer gelingen muss, wenn dieser geschickt mit dem Ball umgeht oder ihn mit dem Körper deckt.

GEWUSST?

9 **Die Anzahl der National Lacrosse League-Teams (Halle): sechs in den USA und drei in Kanada.**

8 **Die Teilnehmerzahl an der World Indoor Lacrosse Championship 2011 im tschechischen Prag: Australien, Kanada, England, Irland, Slowakei, Tschechische Republik, USA und die in Kanada heimische Volksgruppe der Irokesen.**

DAMEN-LACROSSE

Das Spiel der Frauen unterscheidet sich von dem der Männer. Das Spielfeld ist größer und es gibt mehr Spielerinnen. Alle verwenden den kurzen Schläger mit einer flacheren Tasche als bei den Männern. Die Spielerinnen tragen weniger Schutzkleidung, weil sie weder checken noch den Ball kicken dürfen. Für einen Torwurf müssen sie freie Sicht aufs Tor haben, während die Männer auch durch eine Gruppe hindurchwerfen dürfen.

INSIDER-STORY

Die erste Lacrosse-Weltmeisterschaft der Männer 1957 hatte nur vier Teilnehmer: Australien, England, Kanada und die USA. Seitdem hat sich das Spiel auch in Japan, Korea, Italien, Finnland, Dänemark, Argentinien, Hongkong und Deutschland etabliert. 2006 nahmen 21 Nationen am Turnier teil. Kanada schlug im Finale die USA. Die populärste Variante in Kanada ist Box Lacrosse oder Boxla. Das Hallenspiel wurde in den 1930er-Jahren von den Betreibern von Eisbahnen erfunden, um die Bahnen auch im Sommer betreiben zu können. Das Spiel ähnelt dem Feldspiel, es gibt aber nur sechs Spieler pro Team. Das Hallenspiel ist schneller, da der Ball binnen 30 Sekunden gepasst werden muss.

FAKTEN

- Weltweit spielen mehr als 800 Millionen Menschen mindestens einmal pro Woche Volleyball, was es zum globalen Lieblingssport macht.
- Das Spiel ist vor allem in Ost- und Südeuropa, Asien und Nordamerika sehr beliebt.
- Die 1895 erfundene Sportart ist seit 1964 im olympischen Programm.

GEWUSST?

8 Die für einen Aufschlag erlaubte Zeit in Sekunden. Danach geht das Aufschlagsrecht an den Gegner.

3 So viele olympische Goldmedaillen gewann das kubanische Herren-Volleyballteam in Folge: Sie triumphierten 1992 in Barcelona, 1996 in Atlanta und 2000 in Sydney.

0,3 Die Zeit in Sekunden, die ein Volleyball in der Regel von einer Grundlinie zur anderen braucht, wenn er von einem Spitzenspieler mit rund 194 km/h aufgeschlagen wird.

1.100.000.000 Der Fédération Internationale de Volleyball (FIVB) zufolge die Anzahl von Menschen, die 2006 das Spiel mindestens ein Mal gesehen oder gespielt haben – das ist weltweit gesehen einer von sechs.

VOLLEYBALL

ÜBERBLICK

Volleyball ist ein energiegeladenes Spiel zwischen zwei Mannschaften zu je sechs Spielern, die versuchen, einen Ball so über ein Netz schlagen, dass der Gegner ihn nicht zurückspielen kann, bevor er auf dem Boden aufprallt. Die verteidigenden Spieler versuchen, den Ball in der Luft zu halten und ihren Mitspielern am Netz zuzuspielen, damit diese ihn in die gegnerische Hälfte schmettern können. Im Profisport sind die Mannschaften nach Geschlechtern getrennt, aber im Freizeitsport sind gemischte Teams aller Altersstufen üblich.

Kopfputz
Haarbänder und Kappen, die das Haar und den Schweiß zurückhalten, sind erlaubt, Hüte und Schmuck nicht.

Spielkleidung
Die Spieler tragen leichte Baumwolltrikots in den Mannschaftsfarben mit Nummern auf Brust und Rücken sowie Shorts oder Röcke.

SPORTLERPROFIL

In den ersten 100 Jahren seiner Geschichte entwickelte Volleyball sich von einem Freizeitspiel zu einem Hochleistungssport. Das Training dreht sich um Herz-Kreislauf-Übungen: Sprints, Langstreckenläufe und Seilspringen. Aber auch Sprungkraft und eine gut entwickelte Armmuskulatur sind wichtig.

Knieschützer
Werden getragen, um Abschürfungen beim Hechtbagger (Hechtsprung nach dem Ball) zu verhindern.

Schuhe
Die Spieler tragen Turnschuhe für die Halle.

ROTATIONSPRINZIP

Die Spieler rotieren nach dem Aufschlagswechsel im Uhrzeigersinn, sodass nach und nach jeder einmal auf jeder Position spielt. Einige Mannschaften haben aber einen Abwehrspezialisten, »Libero« genannt, der immer im Hinterfeld bleibt und nicht aufschlagen darf.

DAS SPIELFELD

Der Boden des Spielfelds besteht meist aus Holz oder Kunststoff, aber man kann auf jedem Boden spielen, auf dem sich die Spieler bei Hechtsprüngen nicht verletzten können. Hallenböden müssen eben sein, Außenfelder dürfen zur besseren Drainage auch leicht geneigt sein.

Die Linien auf dem Boden zeigen die Spielpositionen an: drei Spieler im Hinterfeld (einschließlich des aufgebenden Spielers, der von jenseits der Grundlinie aufschlägt) und drei in der Angriffszone am Netz. Die Netzpfosten stehen in 1 m Abstand von den Seitenlinien und sind manchmal zum Schutz der Spieler gepolstert.

HOCHHALTEN

Nach der Aufgabe muss der Ball von der annehmenden Mannschaft mit maximal drei Berührungen zurück übers Netz gespielt werden. Solange sie den Ball nicht fangen, dürfen die Spieler ihn mit jedem Körperteil spielen, nutzen aber meist Handfläche, Fingerspitzen und Unterarme. Die Mannschaft, die den Ballwechsel gewinnt, erhält einen Punkt und das Aufschlagsrecht. Gespielt wird über fünf Sätze. In den ersten vier Sätzen gewinnt die Mannschaft, die als erste 25 Punkte erreicht, im fünften Satz genügen 15 Punkte zum Sieg. Bei einem Stand von 24:24 bzw. 14:14 benötigt der Gewinner einen Vorsprung von zwei Punkten.

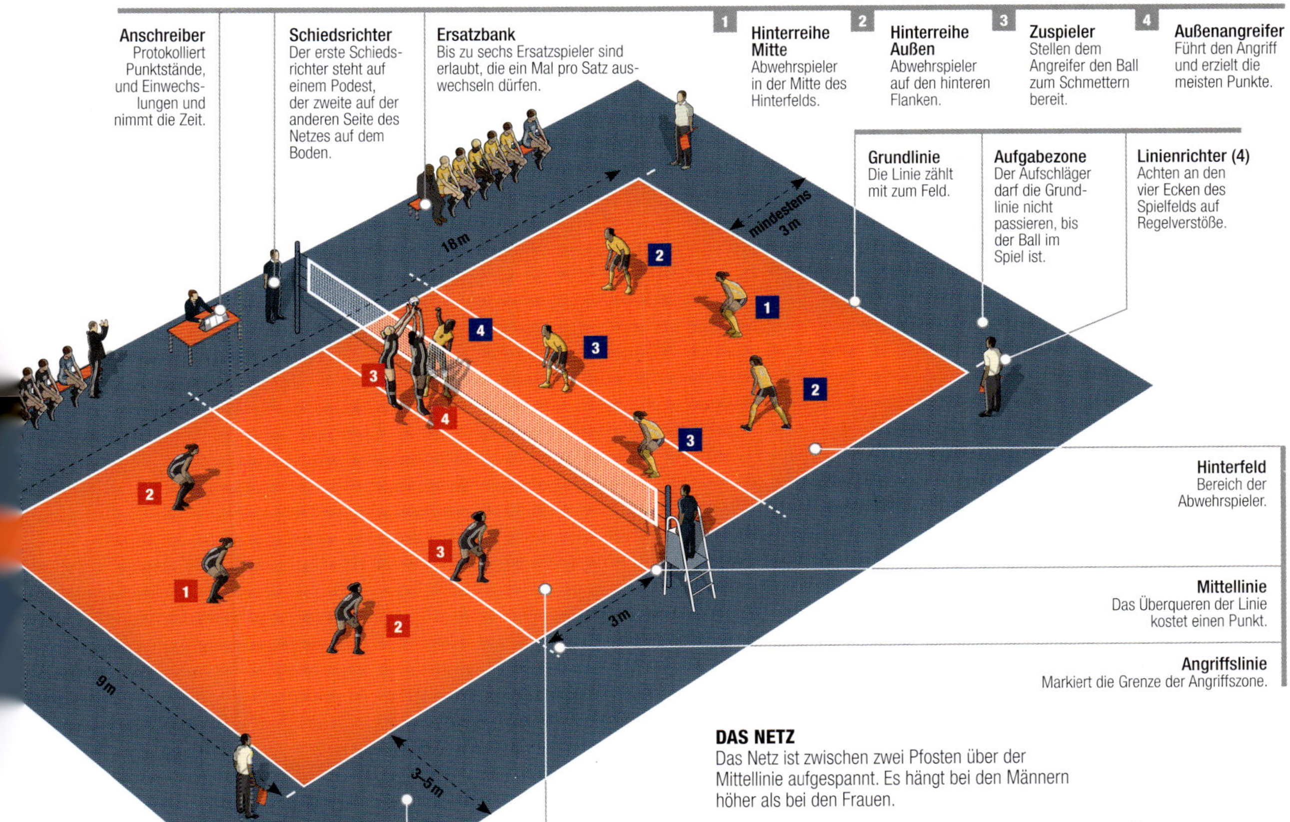

Anschreiber Protokolliert Punktstände, und Einwechslungen und nimmt die Zeit.

Schiedsrichter Der erste Schiedsrichter steht auf einem Podest, der zweite auf der anderen Seite des Netzes auf dem Boden.

Ersatzbank Bis zu sechs Ersatzspieler sind erlaubt, die ein Mal pro Satz auswechseln dürfen.

1 Hinterreihe Mitte Abwehrspieler in der Mitte des Hinterfelds.

2 Hinterreihe Außen Abwehrspieler auf den hinteren Flanken.

3 Zuspieler Stellen dem Angreifer den Ball zum Schmettern bereit.

4 Außenangreifer Führt den Angriff und erzielt die meisten Punkte.

Grundlinie Die Linie zählt mit zum Feld.

Aufgabezone Der Aufschläger darf die Grundlinie nicht passieren, bis der Ball im Spiel ist.

Linienrichter (4) Achten an den vier Ecken des Spielfelds auf Regelverstöße.

18 m
mindestens 3 m
3 m
9 m
3–5 m

Hinterfeld Bereich der Abwehrspieler.

Mittellinie Das Überqueren der Linie kostet einen Punkt.

Angriffslinie Markiert die Grenze der Angriffszone.

Freizone Bei internationalen Turnieren 5 m breit.

Angriffszone Hier spielen die Vorderspieler.

DAS NETZ
Das Netz ist zwischen zwei Pfosten über der Mittellinie aufgespannt. Es hängt bei den Männern höher als bei den Frauen.

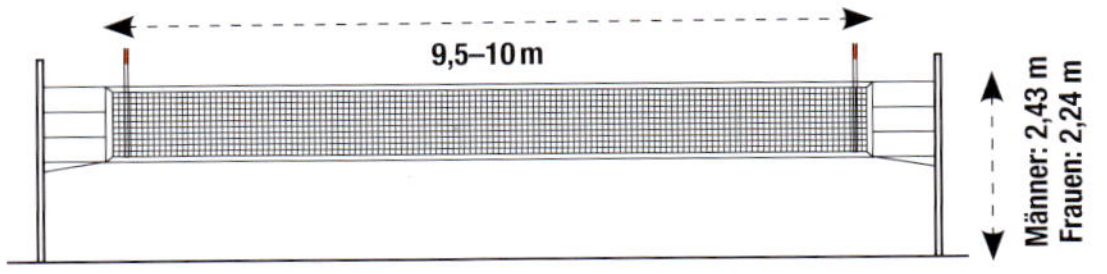

9,5–10 m
Männer: 2,43 m
Frauen: 2,24 m

DER BALL

Der Volleyball wird in der Regel nicht ganz prall aufgepumpt, sodass er noch ein wenig nachgibt und dadurch angenehmer mit den Händen zu spielen ist.

SPIELBEREITES GEWICHT
Der aufgepumpte Ball sollte zwischen 260 und 280 g wiegen.

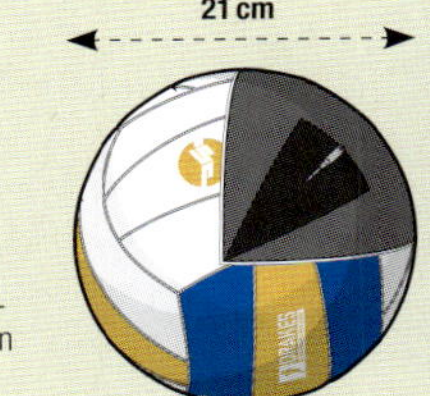

Luftnummer Normalerweise wird der Volleyball mit einer Fahrradpumpe auf den notwendigen Druck aufgepumpt.

KÜHL UND SCHATTIG

Volleyball ist die einzige Sportart in diesem Buch, deren Regeln Raumtemperatur und Beleuchtung vorschreiben. Bei Temperaturen unter 10 °C darf nicht gespielt werden. Bei Weltmeisterschaften darf die Temperatur nicht unter 16 °C und nicht über 25 °C liegen. Damit die Spieler nicht geblendet werden, muss das Licht auf dem Spielfeld zwischen 1000 und 1500 Lux haben – etwa ein Fünftel der Helligkeit eines bedeckten Tages.

GRUNDTECHNIKEN

Volleyballspieler müssen sechs Techniken beherrschen: Aufschlag, Pass, Stellen, Angreifen (Schmettern oder Heben), Blocken und Baggern.

Aus der Hüfte
Der Körper wird nach hinten gedreht, um Platz zum Durchziehen zu bekommen.

AUFSCHLAG
Der Aufschlag wird von unten oder (meist) von oben gespielt. Sprünge sind erlaubt. Jeder Treffer in der gegnerischen Hälfte ist gültig, auch bei Netzberührung.

Ausholen
Der Angreifer trifft den Ball auf dem Höhepunkt seiner Flugbahn und schwingt den Arm dann durch.

ANGRIFF (SCHMETTERN)
Bei diesem kraftvollen Schlag springt der Spieler am Netz hoch und schlägt den Ball mit Schwung ins gegnerische Feld.

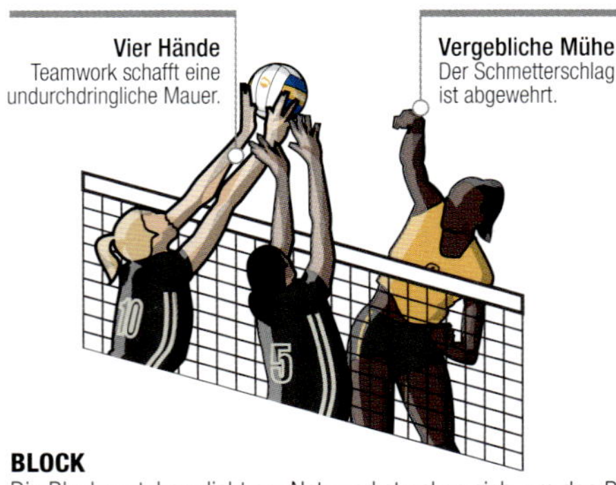

Vier Hände
Teamwork schafft eine undurchdringliche Mauer.
Vergebliche Mühe
Der Schmetterschlag ist abgewehrt.

BLOCK
Die Blocker stehen dicht am Netz und strecken sich, um den Ball abzuwehren, sobald er die Mittellinie passiert hat, damit er nicht in der eigenen Hälfte landet.

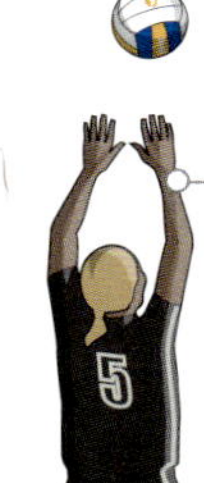

Offene Hände
Aus dieser Position kann der Angreifer die Handgelenke abwinkeln und den Schlag steuern.

HEBER
Eine leichte Berührung des Angriffsspielers, ausgeführt mit Technik statt Kraft, schickt den Ball sanft übers Netz in einen unbewachten Bereich des Gegners.

Weit gestreckt
Der Spieler kann sich mit nach unten gerichteten Handflächen länger strecken.

BAGGER
Der Spieler hechtet oder hockt tief, um den Ball noch über dem Boden abzufangen und ihn den Mitspielern wieder hoch zuzuspielen.

INSIDER-STORY

Volleyball wurde 1895 erfunden und hieß ursprünglich Mintonette. Das erste dokumentierte Spiel fand 1896 im amerikanischen Springfield College in Massachusetts statt. Der Sport verbreitete sich im frühen 20. Jahrhundert auch international. 1949 wurde die erste Weltmeisterschaft in Prag abgehalten. Volleyball war zwar bereits bei den Pariser Spielen 1924 als Demonstrationssportart dabei, wurde aber erst 1964 olympische Sportart.

DACHVERBAND
Die Fédération Internationale de Volleyball (FIVB) wurde 1947 als Dachverband gegründet. Sie hat 220 nationale Mitgliedsverbände und ist damit der größte internationale Sportverband der Welt.

ÜBERBLICK

Das mit dem Volleyball eng verwandte Beachvolleyball wird von nur zwei Spielern pro Mannschaft auf einem etwas kleineren Feld im Sand gespielt. Das Spiel wird seit den späten 1960ern professionell betrieben und ist seit 1996 olympische Sportart.

FAKTEN

- Das Spiel war ursprünglich eine lockere Variante des Volleyballs, die am Strand von Santa Monica gespielt wurde.
- Die USA, Brasilien und Australien dominieren den Sport auf höchstem Niveau.
- Die Spieler tragen Shorts oder Badekleidung und spielen barfuß.

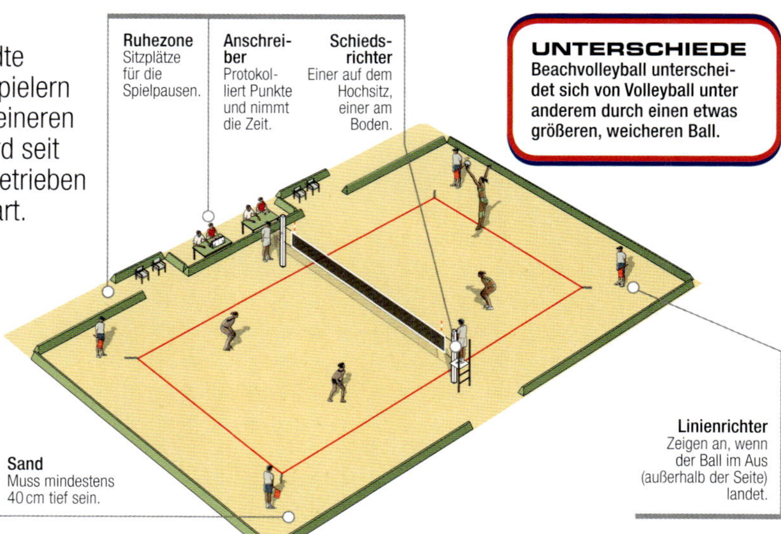

Ruhezone
Sitzplätze für die Spielpausen.

Einer auf dem Hochsitz, einer am Boden.

Zeigen an, wenn der Ball im Aus (außerhalb der Seite) landet.

Muss mindestens 40 cm tief sein.

UNTERSCHIEDE
Beachvolleyball unterscheidet sich von Volleyball unter anderem durch einen etwas größeren, weicheren Ball.

BEACH-VOLLEYBALL

FOOTVOLLEY

ÜBERBLICK

Footvolley wurde lange Zeit an den Stränden Brasiliens gespielt und gewinnt inzwischen auch international an Beliebtheit. Das Spiel kombiniert die Spieltechnik des Fußballs mit den Regeln des Beachvolleyball-Spiels. Die beiden Spieler eines Teams dürfen den Ball im Wechsel höchstens dreimal berühren, dann muss er über das Netz.

Fußball
Das Sportgerät ist ein handelsüblicher Fußball.

Fallrückzieher
Waren beim Schuss beide Beine in der Luft, zählt der Punkt doppelt.

Weiche Landung
Das Spielfeld ist mit tiefem Sand bedeckt.

FAKTEN

- **Das Netz ist mit 2,1 m Höhe niedriger als beim Beachvolleyball.**
- **Spitzenfußballer wie Ronaldo und Ronaldinho beteiligen sich regelmäßig an Footvolley-Wettkämpfen.**

ARTISTIK

Beim Aufschlag kickt ein Spieler den Ball in die gegnerische Hälfte. Oft stoppt der gegnerische Spieler den Ball mit der Brust und spielt dann seinen Mitspieler an, der versucht, per Kopfball einen Punkt zu erzielen. Ein Punkt zählt doppelt, wenn er per Fallrückzieher erzielt wurde, wobei beim Schuss beide Beine in der Luft gewesen sein müssen.

INTERNATIONALER ERFOLG

Footvolley ist ein spektakulärer Zuschauersport. Populär sind Schaukämpfe wie die Pro Footvolley Tour, die 2008 ins Leben gerufen wurde. Im ersten Jahr gewann der brasilianische Fußballstar Romário den Titel.

SEPAK TAKRAW

ÜBERBLICK

Beim Sepak Takraw spielen zwei dreiköpfige Mannschaften einen Ball auf meist spektakuläre Weise mit Fuß, Knie, Schulter oder Kopf (aber nie mit der Hand) über ein hohes Netz. Berührt der Ball den Boden, erhalten die Angreifer einen Punkt. Das Spiel ist eine atemberaubende Mischung aus Fußball und Akrobatik und daher ein beliebter Zuschauersport.

DAS SPIELFELD

Gespielt wird meist auf einem erweiterten Badmintonfeld mit je zwei Kreisen und Halbkreisen, die die Spielerpositionen bei der Angabe bestimmen. Die Netzoberkante hängt bei Männern in 1,54 m und bei Frauen in 1,45 m Höhe.

FAKTEN

- **Das Spiel stammt aus Malaysia und Thailand, wo es schon seit dem 15. Jh. gespielt wird.**
- **Zum Sieg muss eine Mannschaft zwei von drei Sätzen über jeweils 15 Punkte gewinnen.**

DER SPIELABLAUF

Zu Spielbeginn steht der aufschlagende Spieler mit einem Fuß im Anspielkreis, seine Mitspieler in den Viertelkreisen. Die andere Mannschaft verteilt sich beliebig in ihrer Hälfte. Ein Spieler im Viertelkreis wirft dem Aufschlagenden den Ball zu, der ihn übers Netz spielt. Wie beim Volleyball darf die Mannschaft den Ball dreimal berühren, bevor er übers Netz gespielt werden muss.

Kniebandagen
Verhindern Abschürfungen beim unvermeidlichen Bodenkontakt.

Schuhwerk
Sportschuhe mit glatten Sohlen

Bequeme Kleidung
Locker sitzende Shorts und T-Shirts oder Trikots aus Baumwolle. Teamfarben sind erlaubt.

WIE EIN STEINHARTES WOLLKNÄUEL
Der traditionell zu einer steifen Kugel handgeflochtene Korbball besteht aus Rattan oder sehr hartem Plastik und wiegt rund 250 g.

ÜBERBLICK

Das ursprünglich als Basketball für Frauen entwickelte Netball hat sich schnell zu einem eigenständigen Sport entwickelt und wird heute von Millionen begeisterter Sportler gespielt. Es ist ein spannendes, schnelles Spiel für zwei Teams aus je sieben Spielern auf einem rechteckigen Feld. Sie versuchen, den Ball aus dem Torkreis heraus in einen Korb zu werfen. Die Spieler dürfen weder mit dem Ball laufen noch dribbeln, und dürfen zudem (je nach Position) einen bestimmten Bereich nicht verlassen. Das erfordert schnelles, genaues Passspiel und eine disziplinierte Mannschaftsleistung.

GEWUSST?

20.000.000 Die geschätzte Anzahl an Spielern in aller Welt. In den Commonwealth-Staaten hat Netball mehr Aktive als jede andere Sportart.

1 So viele Tore Vorsprung hatte Australien bei den Weltmeisterschafts-Finalspielen 1963 und 1999 der Frauen. In beiden Spielen hieß der Gegner Neuseeland.

NETBALL

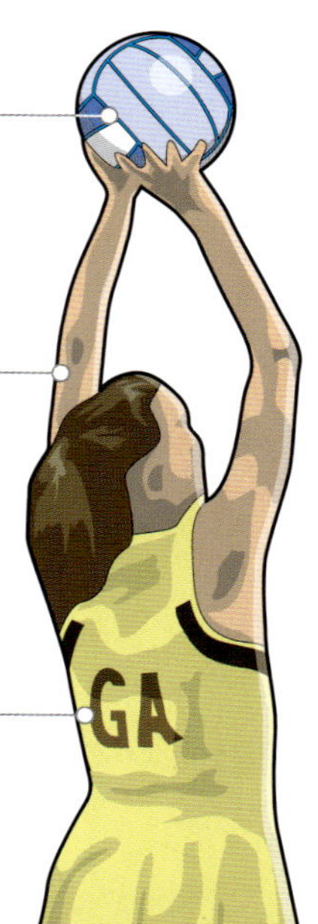

Standardball
Ein Netball wiegt 400–450 g und hat einen Umfang von 69–71 cm. Er besteht aus Leder, Gummi oder ähnlichem Material.

Werfen
Nur zwei Spielerinnen jeder Mannschaft – Hauptangreiferin und Angreiferin – dürfen auf den Korb werfen. Sie müssen über eine gute Technik verfügen.

Kennzeichnung
Die Spielerinnen müssen die Bezeichnung ihrer Spielposition auf ihren Trikots tragen, z. B. »GA« (Goal Attack) für Angreiferin. Das erleichtert es der Schiedsrichterin, die Einhaltung der Position zu überwachen.

Starke Abwehr
Die Spielerinnen müssen zwar rund 90 cm Abstand von der Spielerin in Ballbesitz halten, aber eine Verteidigerin mit großer Reichweite kann der Angreiferin das Leben trotzdem schwer machen.

Spielkleidung
Die Kleidung besteht aus leichtem, atmungsaktivem Material.

Kräftige Beine
Netball-Spielerinnen müssen vor allem in der Verteidigung sehr sprungstark sein. Außerdem müssen sie schnell hochspringen können. Deshalb haben sie eine gut entwickelte Beinmuskulatur.

Verletzungsgefahr
Es kommt häufig zu Verletzungen an Knien und Fußgelenken, da das Spiel schnelle Stopps und Richtungswechsel verlangt. Gründliches Aufwärmen mindert das Verletzungsrisiko.

FAKTEN

- Netball hat sich direkt aus dem Basketball entwickelt und hieß zunächst »Frauen-Basketball«.
- Nur sieben Spieler jeder Mannschaft sind auf dem Spielfeld. Beide Mannschaften dürfen zusätzlich fünf Auswechselspieler aufstellen.
- Die Netball-Weltmeisterschaften der Frauen finden alle vier Jahre statt. 2011 nahmen 16 Mannschaften am Turnier teil.
- Netball ist zwar traditionell ein Frauensport, es gibt aber auch gemischte und reine Männer-Ligen.

SPORTLERPROFIL

Netball-Spielerinnen sind beweglich und haben viel Ausdauer. Sie können sicher fangen und haben den Überblick, schnell und genau zu passen. Nicht alle Spieler sind groß, aber Größe ist ein Vorteil, vor allem bei Duellen unter dem Korb. Daneben zählen Treffsicherheit, gute Reflexe, Balance und Teamfähigkeit.

1 Hauptangreiferin
Die erste Korbjägerin des Teams ist eine treffsichere Werferin. Die Hauptangreiferin des roten Teams (unten) ist auf die Zonen A und B beschränkt.

2 Angreiferin
Die zweite Korbjägerin wirft nicht nur Körbe, sondern arbeitet auch der Hauptangreiferin zu. Sie spielt für Rot in Zone A, B und C.

3 Außenangreiferin
Diese Spielerinnen liefern den Angreiferinnen mit präzisen Pässen die Bälle. Die rote Außenangreiferin ist auf die Zonen B und C beschränkt.

4 Center
Das Arbeitspferd der Mannschaft ist das Bindeglied zwischen Angriff und Verteidigung. Die rote Center-Spielerin darf alle Zonen außer A und E betreten.

5 Außenverteidigerin
Diese Spielerin deckt die gegnerische Außenangreiferin und fängt Pässe in den Torkreis ab. Die rote Außenverteidigerin ist auf die Zonen C und D beschränkt.

6 Torverteidigerin
Diese Spielerin deckt die Angreiferin und unterbindet Korbwürfe der Gegenmannschaft. Die rote Torverteidigerin spielt in den Zonen C, D und E.

7 Torfrau
Als letzte Verteidigungslinie deckt die Torfrau die gegnerische Hauptangreiferin und verteidigt den Korb. Die rote Torfrau spielt in den Zonen D und E.

DAS SPIELFELD

Das Netball-Spielfeld ist in drei Drittel und fünf Zonen aufgeteilt, die die Spielpositionen und die Bewegungsfreiheit der Spieler bestimmen. An den Schmalseiten befinden sich Torkreis und Korbpfosten. In der Mitte liegt der Mittelkreis, an dem das Spiel beginnt. Ideal ist ein federnder Holzboden, aber auch Gras und Asphalt sind häufig zu finden.

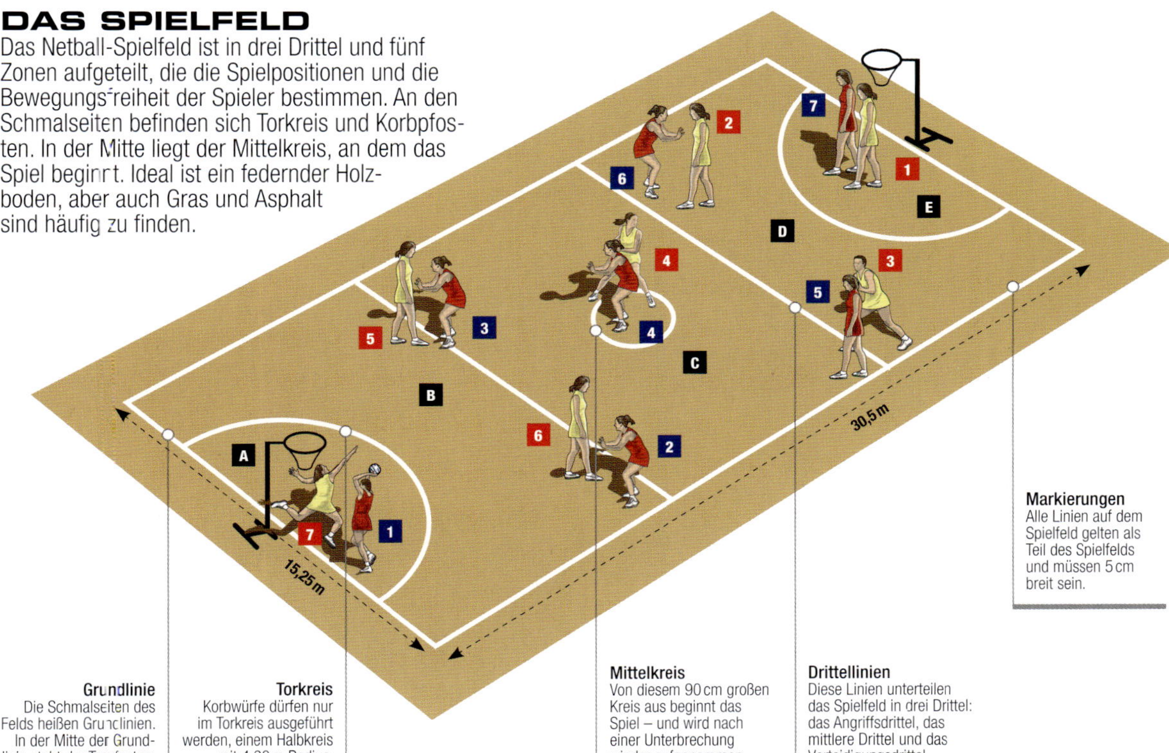

Markierungen
Alle Linien auf dem Spielfeld gelten als Teil des Spielfelds und müssen 5 cm breit sein.

Grundlinie
Die Schmalseiten des Felds heißen Grundlinien. In der Mitte der Grundlinie steht der Torpfosten.

Torkreis
Korbwürfe dürfen nur im Torkreis ausgeführt werden, einem Halbkreis mit 4,90 m Radius.

Mittelkreis
Von diesem 90 cm großen Kreis aus beginnt das Spiel – und wird nach einer Unterbrechung wieder aufgenommen.

Drittellinien
Diese Linien unterteilen das Spielfeld in drei Drittel: das Angriffsdrittel, das mittlere Drittel und das Verteidigungsdrittel.

DAS SPIEL

Das Spiel beginnt mit einem Pass vom Mittelkreis. Die Mannschaft in Ballbesitz versucht, den Ball in den Torkreis zu passen, damit Hauptangreiferin und Angreiferin auf den Korb werfen können. Nach jedem Punktgewinn beginnt das Spiel erneut mit einem Pass von der Mitte. Gespielt wird über vier 15-minütige Viertel. Ein Team hat zwölf Spielerinnen, von denen sieben gleichzeitig aufs Feld dürfen. Zwischen den Vierteln und bei Verletzungspausen darf nach Belieben ausgewechselt werden.

DIE SPIELLEITUNG

Zwei Schiedsrichterinnen wachen über die Regeleinhaltung. Schwere Verstöße sind unter anderem Berührung (eine Spielerin darf die andere nicht berühren, wenn dies das Spiel beeinträchtigt) und Behinderung (eine Spielerin darf der Ballführenden nicht näher als 90 cm kommen). Zu den leichteren Verstößen zählt unter anderem: den Ball halten (die Spielerin in Ballbesitz muss binnen drei Sekunden werfen oder passen), Abseits (die Spielerin in Ballbesitz darf ihre Zone bzw. Zonen nicht verlassen) und Fußfehler (die Spielerin in Ballbesitz darf nach dem ersten Schritt mit Ball keinen zweiten machen). Leichte Regelverstöße werden mit einem Freipass geahndet, der aber kein Korbwurf sein darf. Schwere Verstöße ziehen einen ungehinderten Strafpass oder -wurf für die gegnerische Mannschaft nach sich. Findet der Strafwurf im Torraum statt, darf die Angreiferin auch auf den Korb werfen.

Still stehen
Die Spielerinnen müssen ruhig mit den Armen am Körper stehen, während die Schiedsrichterin die Pfeife bläst und den Ball einwirft.

Schiedsrichterin
Die Schiedsrichterin wirft den Ball knapp unter Schulterhöhe der kleineren Spielerin ein.

Duell
Die Spielerinnen müssen sich mit mindestens 90 cm Abstand gegenüber stehen.

EINWURF
Wenn zwei Verstöße gleichzeitig vorkommen oder die Schiedsrichterin sich unsicher ist, welches Team den Ball zuletzt berührt hat, gibt es Einwurf: Zwei Spielerinnen stellen sich einander gegenüber auf. Die Schiedsrichterin wirft den Ball zwischen ihnen in die Luft, sodass jede ihn fangen kann.

NETBALL-TECHNIKEN

Netball ist ein schnelles Spiel, bei dem die Spielerinnen in sehr kurzer Zeit Entscheidungen treffen und verschiedenste Techniken ausführen müssen. Alle Spielerinnen müssen gut fangen und passen können. Die beiden Angreiferinnen müssen zudem den Korbwurf beherrschen. Bei allen Spielerinnen ist eine schnelle Beinarbeit sehr wichtig.

HERAUSRAGENDE OZEANIER

Als erfolgreichste Nationalmannschaft in der Geschichte des Sports gewann Australien 1963 die erste Netball-WM. Die Australierinnen halten zwar sämtliche Titel, aber ihre neuseeländischen Rivalinnen sind ihnen dicht auf den Fersen.

VERTEIDIGEN

Der Erfolg beruht auf einer soliden Abwehr. Es ist die Aufgabe der Verteidigung, den Ballbesitz zu erringen, was ihr hauptsächlich durch provozierte Fehler der Gegnerinnen gelingt. Gute Verteidigerinnen sind entschlossen und hartnäckig und können Pässe gut einschätzen und abfangen.

Gute Balance
Auf einem Fuß balancierend, setzt diese Spielerin die Angreiferin wirksam unter Druck, ohne sich dabei der Behinderung schuldig zu machen.
90 cm

KEIN KONTAKT
Netball ist ein körperloses Spiel. Die Regeln verlangen, dass die Verteidigerin mindestens 90 cm Abstand von der Spielerin in Ballbesitz halten muss. Das macht die Abwehr zu einer schwierigen, aber unverzichtbaren Aufgabe, die Agilität, Intuition und Timing verlangt.

KORBWURF

Die Angreiferinnen müssen ihre Korbwurftechnik sorgsam üben. Früher ließ man den Ball früh los, aber heute wird er meist sehr hoch geführt, was die Abwehr erschwert. Der Wurf erfolgt meist aus einer Standposition heraus. Das Spiel »friert ein«, während die Spielerin wirft und alle Aufmerksamkeit auf sie gerichtet ist. Dabei braucht sie gute Nerven.

Den Ball sichern
Der Ball wird hochgehalten, um ihn vor den Verteidigerinnen zu sichern. Dadurch kann sich die Angreiferin ganz auf ihren Wurf konzentrieren.
Anspannen
Die Knie sind kurz vor dem Wurf gebeugt.

Kontrollierter Wurf
Der Zeigefinger führt den Ball beim Wurf und verleiht ihm einen leichten Backspin.
Abheben
Beim Wurf werden die Beine gestreckt, um Höhe zu gewinnen.

VORBEREITUNG
Vor dem Wurf auf den Korb steht die Spielerin mit leicht gebeugten Knien. Ihre Augen sind auf das Ziel gerichtet und der Ball ruht auf den Fingern der Wurfhand.

WURF
Der Ball wird mit einer Drehung der Finger und des Handgelenks geworfen, sodass er in einem hohen Bogen in den Korbring segelt. Die Knie geben zusätzlich Schwung.

BEINARBEIT

Bei einem so schnellen Spiel wie Netball, bei dem die Spielerinnen sehr schnell stoppen, loslaufen und die Richtung wechseln müssen, braucht es gute Beinarbeit, ohne die eine Spielerin schnell das Gleichgewicht und die Körperbeherrschung verliert, stürzt und das Spiel behindert. Vor allem die »Ein-Schritt«-Regel verlangt eine besondere Schritttechnik.

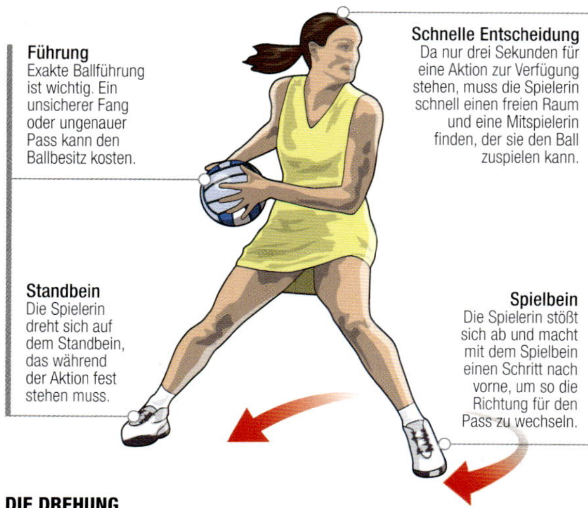

Führung
Exakte Ballführung ist wichtig. Ein unsicherer Fang oder ungenauer Pass kann den Ballbesitz kosten.
Schnelle Entscheidung
Da nur drei Sekunden für eine Aktion zur Verfügung stehen, muss die Spielerin schnell einen freien Raum und eine Mitspielerin finden, der sie den Ball zuspielen kann.
Standbein
Die Spielerin dreht sich auf dem Standbein, das während der Aktion fest stehen muss.
Spielbein
Die Spielerin stößt sich ab und macht mit dem Spielbein einen Schritt nach vorne, um so die Richtung für den Pass zu wechseln.

DIE DREHUNG
Nachdem sie den Ball gefangen hat, darf die Spielerin den Fuß, den sie beim Fangen zuerst aufgesetzt hat, bis nach dem Pass nicht mehr versetzen. Sie darf aber mit dem anderen Fuß Sternschritte machen. Das ist vor allem praktisch, wenn der Ball in eine andere Richtung weiter gepasst werden soll. Die Spielerin rotiert auf dem Standbein und stellt sich mit dem Spielbein in Wurfrichtung.

PASSSPIEL

Da die Spielerinnen mit dem Ball nicht laufen oder dribbeln dürfen, müssen sie passen. Profi-Mannschaften können den Ball mit beeindruckender Geschwindigkeit von einem Ende des Spielfelds zum anderen passen. Es gibt zwei Arten von Pässen: zweihändige (die mehr Kontrolle erlauben und leichter sind) und einhändige (die mehr Kraft haben).

BRUSTPASS
Dieser leicht zu kontrollierende zweihändige Pass eignet sich gut für eine schnelle, genaue Weitergabe. Mit ihm spielt man den Ball meist einer vor einer Verteidigerin stehenden Spielerin zu. Der Brustpass ist für kurze und weite Distanzen geeignet.

Kontrolierte Abgabe
Vor dem Pass wird der Ball mit dahinter gelegten Daumen und eingezogenen Ellenbogen dicht vor der Brust gehalten.
Kraftvolle Abgabe
Der Ball wird mit den Fingerspitzen dicht vor der Schulter gehalten. Die vordere Hand schützt ihn vor Zugriffen.

SCHULTERPASS
Der am häufigsten verwendete einhändige Pass ist eine gute Möglichkeit, wenn das Spiel nach einem weiten, direkten Zuspiel verlangt. Er wird oft eingesetzt, wenn die Abwehr den Ball aus ihrem Drittel spielen will.

Augen nach vorne
Die Spielerin steht gespannt mit gebeugten Knien und fixiert ihr Ziel.

INDIREKTER PASS
Dieser Pass ist ideal, wenn die Spielerin bedrängt wird und die sie umstehenden Verteidigerinnen ausspielen muss. Der zweihändige Pass kann verdeckt gespielt werden, während der einhändige Pass das Umspielen der Gegnerin erlaubt.

STRATEGIEN

Da die Spielerinnen auf bestimmte Zonen beschränkt sind, kommt es auf das Teamwork an: Um den Ball auch nur weiterzubewegen, muss die Mannschaft effizient zusammenarbeiten. Auf dem kleinen Feld ist auch die Nutzung der Räume wichtig. Deshalb müssen die Mannschaften ihre Strategie und deren Umsetzung im Spiel sorgfältig planen.

DREI-OPTIONEN-ANGRIFF
Diese Strategie lässt der Verteidigerin (V) drei Optionen. Die erste Option ist ein Pass zu einer Spielerin, die in den Raum vor den Außenverteidigerinnen (AV) läuft, was riskant ist. Die zweite Option ist ein Pass zur Center-Spielerin, die sich anbietet (C). Die letzte und sichere Option ist ein Rückpass zur Torfrau (T), der Zeit für eine Neuaufstellung bringt.

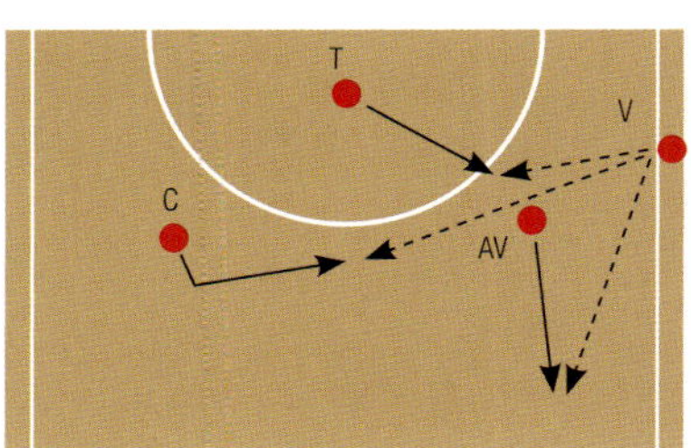

DREIFACHES UNENTSCHIEDEN

Die Weltmeisterschaften in Trinidad und Tobago 1979 gingen ohne Finale zu Ende. Als direkte Folge teilten sich drei Mannschaften – Neuseeland, Trinidad und Tobago sowie Australien – den Titel.

DEFENSIVER DRUCK
Die Verteidigerinnen müssen Druck ausüben, die Aktionen der Angreiferinnen voraussehen und die Räume dichtmachen. Eine Strategie, die all dies ermöglicht, ist die hier gezeigte, bei der eine Gruppe von Verteidigerinnen in einen bestimmten Bereich drängt und einen Fehler und damit einen Wechsel im Ballbesitz provoziert.

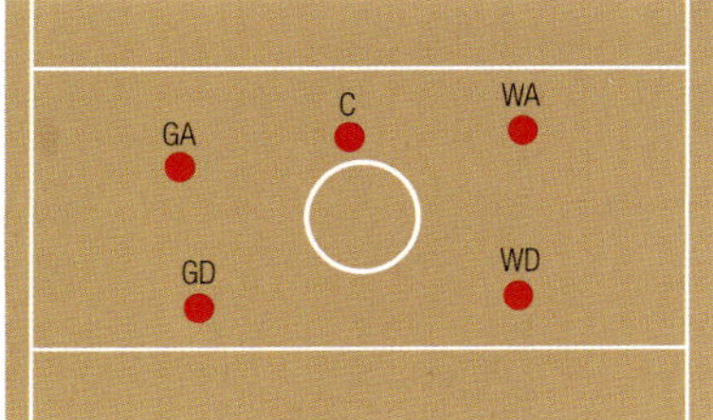

INSIDER-STORY

Das »Frauen-Basketball« wurde 1895 in England eingeführt und weiterentwickelt. Es gab damals noch keine Spielfeldmarkierungen und die Spielerinnen trugen lange Röcke und Blusen. 1901 wurden die ersten schriftlichen Netball-Regeln veröffentlicht. Reisende Lehrerinnen und Spielerinnen machten den Sport im ganzen Empire bekannt. Er fand besonders in Neuseeland und Australien Freunde. 1960 wurde die International Federation of Women's Basketball and Netball gegründet. Seit 1963 werden alle vier Jahre Weltmeisterschaften abgehalten.

DACHVERBAND
Die im englischen Manchester ansässige International Federation of Netball Associations (IFNA) ist der weltweite Dachverband mit mehr als 70 Mitgliedsnationen. Diese Länder sind in fünf Gruppen mit jeweils einer eigenen regionalen Föderation unterteilt, die die Politik der IFNA durchsetzt.

KORFBALL

ÜBERBLICK

Korfball nennt sich selbst den einzig wirklichen Teamsport für gemischte Mannschaften. Es spielen zwei Teams aus jeweils vier Männern und Frauen, die den Ball mit der Hand passen und versuchen, ihn in den gegnerischen Korb, den »Korf«, zu werfen. Korfball wird in mehr als 50 Ländern gespielt und ist besonders in Belgien und seinem Herkunftsland Niederlande beliebt.

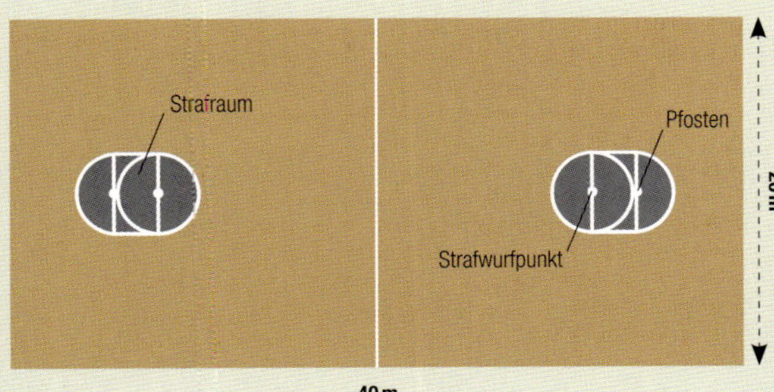

DAS SPIELFELD
Das Spiel wird auf einem rechteckigen Feld gespielt, das in zwei Hälften unterteilt ist. In jeder Hälfte steht ein Pfosten mit einem Korb und einem Strafraum.

FAKTEN

- **Korfball entstand in den Niederlanden und bezieht seinen Namen vom holländischen Wort für Korb: »Korf«.**
- **Männer und Frauen spielen zusammen, wobei Verteidiger sich nur Spielern ihres Geschlechts entgegenstellen dürfen.**

SPIEL IN ZWEI HÄLFTEN

Ein Korfball-Spiel geht über zwei 30-minütige Halbzeiten. In jeder Spielfeldhälfte stehen zwei Männer und Frauen und nehmen die Rollen von Angreifern oder Verteidigern wahr, je nach dem, ob sie sich in der eigenen oder der gegnerischen Hälfte befinden. Sobald zwei Körbe geworfen wurden, wechseln die Rollen der Spieler – aus Verteidiger wird Angreifer und umgekehrt – und die Teams wechseln die Seiten.

Verteidiger dürfen nur Angreifer ihres eigenen Geschlechts stellen. Sie wehren den Angreifer ab, indem sie sich mit zum Block erhobenem Arm zwischen ihn und den Korb stellen. Da ein Korb nur von einem Angreifer erzielt werden kann, wenn er nicht geblockt wird, muss er werfen, bevor der Verteidiger in Position ist. Ein Wurf bei verteidigtem Korb führt zu einem Freipass für den Gegner, während das Verteidigen gegen das andere Geschlecht einen Strafwurf nach sich zieht.

DER KORF
Der meist aus Rattan oder Kunststoff gefertigte Korb ist mit der Oberkante in 3,50 m Höhe an einem Pfosten befestigt.

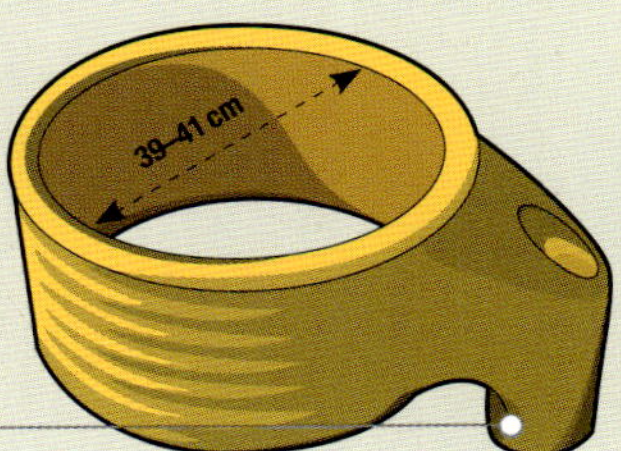

Synthetik-Korf
Dieser Kunststoff-Korb wird oben auf den Pfosten gesteckt.

HANDBALL

ÜBERBLICK

Handball entwickelte sich im 19. Jh. in Deutschland und Skandinavien. Es ist ein schneller und manchmal verbissener Kontaktsport für Männer und Frauen, bei dem zwei Mannschaften aus je sieben Spielern (und sieben Ersatzspielern) versuchen, einen Ball ins gegnerische Tor zu werfen. Dabei kommt es regelmäßig zu beabsichtigten wie versehentlichen Zusammenstößen. Das ist allerdings nur mit dem Oberkörper erlaubt – jedes Festhalten oder Beinstellen gilt als Foul.

UNVERDIENTE ÄCHTUNG

Handball hatte sein olympisches Debüt bei den Spielen von 1936 in Berlin, weil Adolf Hitler das Spiel sehr liebte. Dank dieser unglücklichen Verbindung wurde es nach dem Zweiten Weltkrieg geächtet und erst 1972 in München wieder olympisch.

Kleiner, weicher Ball
Der Ball besteht aus Leder oder Kunststoff und hat einen Durchmesser von 18,5–19 cm (Männer) bzw. 17–18 cm (Frauen).
Fingerschutz
Die Spieler tapen sich oft Daumen und Zeigefinger mit Klebeband, um sich beim Fangen schneller Bälle nicht zu verletzen.
Schweißbänder
Sind nicht vorgeschrieben, aber in der heißen Halle sehr nützlich.
Mannschaftsfarben
Die Spieler tragen leichte Trikots und Shorts aus Baumwolle oder Viskose.
Leichte Schuhe
Die Sportschuhe dürfen nicht auf dem Boden abfärben.
4

SPORTLER-PROFIL

Handballspieler müssen sprinten und blitzschnell Haken schlagen können, um gegnerische Spieler auszumanövrieren. Diesen Techniken wird im Training großes Gewicht beigemessen. Natürlich müssen sie auch sicher fangen und schnell und zielgenau werfen können.

FAKTEN

- **Handball ist in Europa mit rund 18 Millionen aktiven Spielern eine der beliebtesten Sportarten.**
- **In Dänemark ist das Spiel bei Spielern und Zuschauern genauso beliebt wie Fußball.**
- **Die Mannschaften erzielen oft über 30 Tore in einem Spiel.**

WER SPIELT WO

Neben dem Torwart besteht eine Mannschaft aus zwei Außenspielern, zwei Kreisläufern und zwei Rückraumspielern, wovon einer der Spielmacher ist. Die Rollenverteilung ist fließend und verändert sich je nach Spielsituation: Bezeichnungen wie 6-0, 5-1 und 4-2 (die Angreifer stehen immer als erste) beziehen sich auf die momentanen Positionen. Die klassische Formation ist die 4-2: vier Angreifer und zwei Rückraumspieler.

1. **Torwart** Darf den Ball mit jedem Körperteil berühren, solange er mit einem Fuß im Kreis steht.
2. **Außenspieler** Operieren an den Seitenlinien, gehen bei Bedarf aber auch nach innen.
3. **Rückraumspieler** Einer spielt links, einer rechts, sie können die Positionen tauschen.
4. **Kreisläufer** Sie spielen vor allem aufs Tor, sind aber nicht die einzigen Torschützen.

ALTERNATIVEN

Da die Nachfrage nach Handballplätzen in vielen Teilen der Welt das Angebot bei weitem übersteigt, wird oft auch auf den verbreiteteren Basketballfeldern gespielt. Beide Spiele sind sich ähnlich, geht es doch darum, mehr Tore bzw. Punkte zu erzielen als der Gegner. Allerdings ist das Basketballfeld mit 420 m² nur etwa halb so groß wie das Handballfeld mit seinen 800 m². Während also offizielle Wettkampf-Turniere auf regelgerechten Feldern in der Halle ausgetragen werden, finden viele informelle Spiele auf ebenen Gras-, Asphalt- oder Sandflächen mit improvisierten Toren statt.

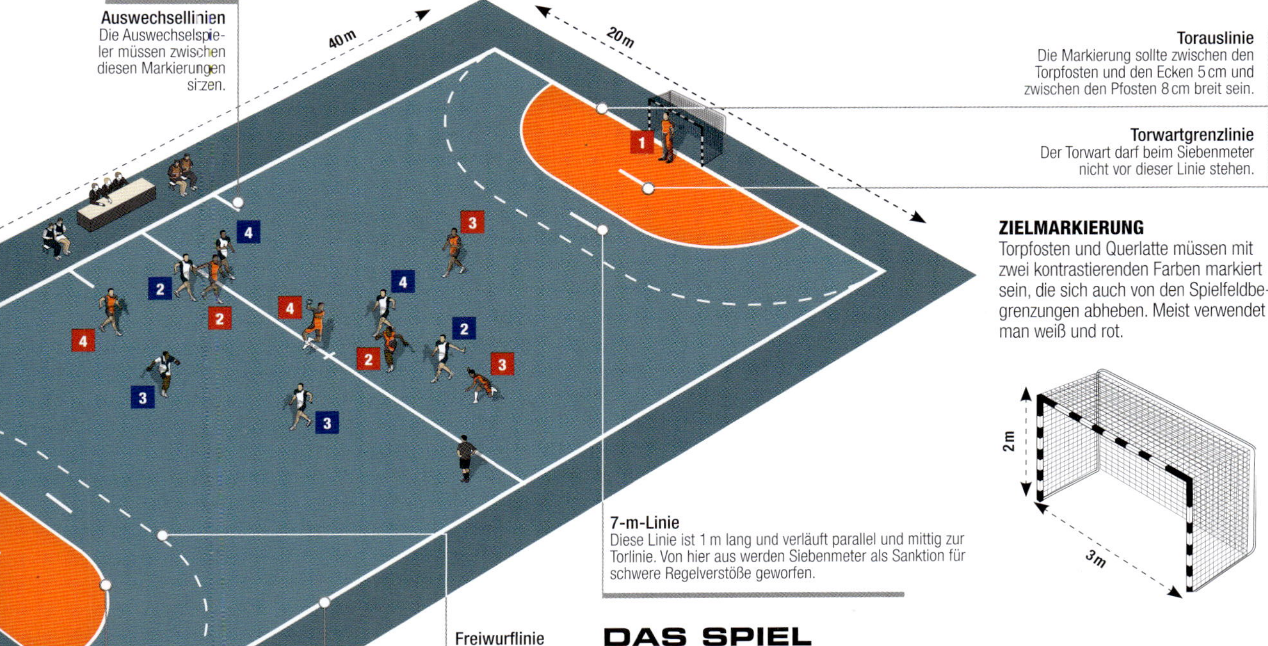

Auswechsellinien
Die Auswechselspieler müssen zwischen diesen Markierungen sitzen.
40 m
20 m
Torauslinie
Die Markierung sollte zwischen den Torpfosten und den Ecken 5 cm und zwischen den Pfosten 8 cm breit sein.
Torwartgrenzlinie
Der Torwart darf beim Siebenmeter nicht vor dieser Linie stehen.
7-m-Linie
Diese Linie ist 1 m lang und verläuft parallel und mittig zur Torlinie. Von hier aus werden Siebenmeter als Sanktion für schwere Regelverstöße geworfen.
Torraumlinie
Die Linie begrenzt den Torraum. Ihre Rundungen sind mit denen der Freiwurflinie parallel.
Seitenlinien
Die Linien selber zählen als Teil des Spielfelds – Ball und Spieler müssen sie vollständig überqueren, um im Aus zu sein.
Freiwurflinie
Diese Linie liegt 9 m vor der Torlinie und verläuft auf 3 m parallel zu ihr, bevor sie in zwei Kurven mit einem Radius von 3 m übergeht, deren Zentren die Torpfosten bilden. Regelverstöße innerhalb der Linie führen zum Freiwurf.

ZIELMARKIERUNG

Torpfosten und Querlatte müssen mit zwei kontrastierenden Farben markiert sein, die sich auch von den Spielfeldbegrenzungen abheben. Meist verwendet man weiß und rot.

DAS SPIEL

Das Spiel läuft über 2 x 30 Minuten. Bei Entscheidungsspielen folgen zehn Minuten Nachspielzeit und ein Siebenmeterwerfen, wenn es vorher keinen Sieger gibt. Das Spiel beginnt mit einem Anwurf: Ein Spieler steht am Mittelpunkt und passt den Ball zu einem Mitspieler in der eigenen Hälfte. Im laufenden Spiel dürfen die Spieler den Ball nur drei Sekunden halten und nur drei Schritte mit ihm machen, wobei es lokale Abweichungen von der Regel gibt. Geht der Ball ins Aus, wird er mit einem Einwurf an der Stelle, an der er die Linie passiert hat, wieder ins Spiel gebracht. Als Sanktion für schwere Regelverstöße wird ein Siebenmeter geworfen, den nur der Torwart abwehren darf.

TECHNIKEN

Vor allem zählen Schnelligkeit und genaues Passspiel, aber auch andere Techniken spielen eine große Rolle. Eine ist das Antäuschen, bei dem man den Gegner glauben macht, man plane einen bestimmten Spielzug, um dann einen ganz anderen auszuführen.

Sieben Uhr
Dieser Winkel ermöglicht eine enge Führung.

Bis der Ball wieder die Hand berührt, hat der Spieler zwei Schritte gemacht.

DRIBBLING

Der Spieler prellt den Ball beim Laufen auf und steuert ihn auf dem Höhepunkt seiner Flugbahn mit der nach unten weisenden Handfläche. Unterbricht er das Dribbeln und hält den Ball fest, gilt das als Fehler und das gegnerische Team erhält einen Freiwurf.

PASS

Hier wird der Ball mit der rechten Hand nach vorn gepasst. Das Bein auf der Seite des ballführenden Arms geht dabei nach vorn, um Platz für den Wurf zu machen.

PASSTÄUSCHUNG

Der Spieler tut so, als wolle er den Ball behalten oder zu einer Seite passen, passt ihn dann aber mit einer Handgelenksdrehung von unten in die entgegengesetzte Richtung.

SCHLAGWURF

Bei dieser im Laufen ausgeführten Bewegung muss der passive Arm vorgestreckt werden, um die Balance zu halten und zu zielen. Der linke Fuß setzt im Moment des Wurfs mit der rechten Hand auf.

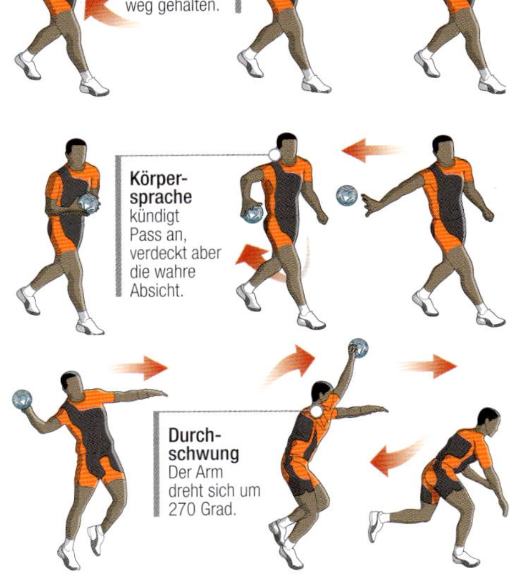

Ganz locker
Beide Arme werden vom Körper weg gehalten.
Körpersprache
kündigt Pass an, verdeckt aber die wahre Absicht.

Der Arm dreht sich um 270 Grad.

FAKTEN

- Gaelic Football ist ein reines Amateurspiel, das vorwiegend in Irland heimisch ist. Daneben ist es auch in Kanada, den USA und anderen Ländern mit irischstämmiger Bevölkerung beliebt.
- Das Spiel geht auf Vereinsebene und bei den Frauen über zwei 30-minütige Halbzeiten, auf Verbandsebene über 2 x 35 Minuten.

GEWUSST?

34 Der Rekord gewonnener Spiele beim seit 1887 ausgetragenen jährlichen All-Ireland-Gaelic-Football-Turnier. Rekordhalter ist die County Kerry.

19 Die Anzahl von Counties (von 32), die das All-Ireland-Turnier gewonnen haben. Zwei – Armagh und Derry – haben nur einmal gesiegt. 13 warten noch immer auf einen Triumph.

BEWEGTE GESCHICHTE

Während der irischen Unruhen galt Gaelic Football als Synonym für Nationalismus. Am 21.11.1920 wurden 14 Fans getötet, als britische Soldaten in Dublin in die Zuschauermenge schossen.

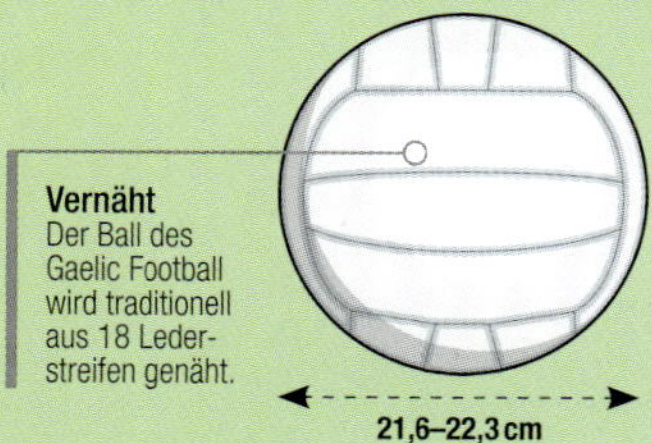

Der Ball des Gaelic Football wird traditionell aus 18 Lederstreifen genäht.
21,6–22,3 cm

OBJEKT DER BEGIERDE

Das Ball ist etwas kleiner als ein Fußball und dadurch leichter zu spielen. Das erlaubte Gewicht liegt bei 450–485 g.

SPORTLERPROFIL

Die Spieler müssen fit, beweglich, muskulös und robust sein. Sie benötigen große Schnelligkeit und Ausdauer und müssen sprinten und präzise kicken und werfen können. Das Training beinhaltet Gewichtheben, Sprints und Langstreckenläufe. Zur Spielvorbereitung werden zudem mit den Mitspielern die wichtigsten Taktiken geübt.

GAELIC FOOTBALL

ÜBERBLICK

Das von Männern und Frauen gespielte Gaelic Football ist eine schnelle, harte Kombination aus Fußball und Rugby. Zwei Mannschaften aus je 15 Spielern und bis zu 15 Ersatzspielern, von denen fünf eingesetzt werden dürfen, versuchen, den Ball über oder unter der Querlatte des gegnerischen Tors hindurch zu spielen. Sie dürfen den Ball treten und mit der Hand passen, aber nicht mehr als vier Schritte laufen, bevor sie den Ball aufprellen oder ihn sich mit einem »Soloing« genannten Manöver in die eigenen Hände spielen.

DAS SPIELFELD

Das Spielfeld und die Tore sind die gleichen wie beim Hurling (siehe S. 176), aber einige der Hurling-Markierungen werden beim Gaelic Football abgedeckt oder schlichtweg ignoriert. Traditionell wird auf Gras gespielt.

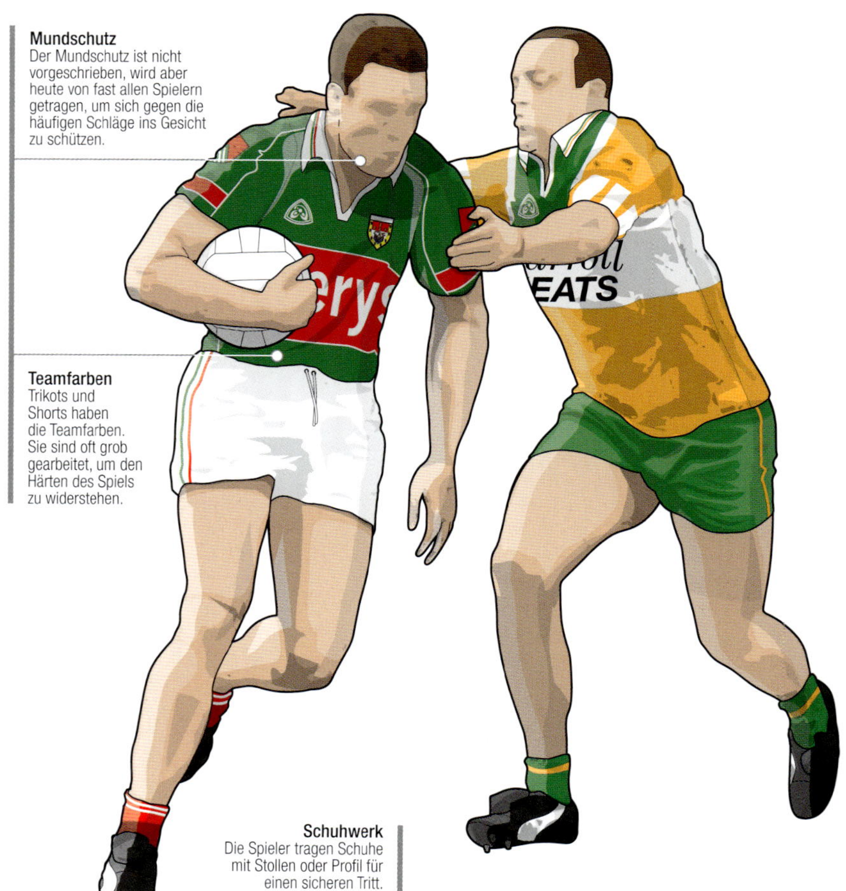

Mundschutz
Der Mundschutz ist nicht vorgeschrieben, wird aber heute von fast allen Spielern getragen, um sich gegen die häufigen Schläge ins Gesicht zu schützen.
Teamfarben
Trikots und Shorts haben die Teamfarben. Sie sind oft grob gearbeitet, um den Härten des Spiels zu widerstehen.
Schuhwerk
Die Spieler tragen Schuhe mit Stollen oder Profil für einen sicheren Tritt.
EATS

PUNKTZÄHLUNG

Wird der Ball über die Querlatte hinweg zwischen den Torpfosten hindurch gespielt, zählt das einen Punkt. Ein Treffer ins Netz zählt als Tor und bringt drei Punkte. Der Punktstand wird in Tore und Punkte geteilt angegeben. So endete das All-Ireland Senior Final 2008 mit Tyrone 1–15, Kerry 0–14.

1 Torhüter Der einzige Spieler, der den Ball mit den Händen aufnehmen darf.

2 Verteidiger Drei Full-Backs und drei Half-Backs. Sie decken die Stürmer, erkämpfen den Ball und leiten Gegenangriffe ein.

3 Mittelfeldspieler Zwei Midfielders unterstützen die Backs und Forwards und sorgen für Angriffsmöglichkeiten.

4 Stürmer Drei Half-Forwards und drei Forwards. Sie müssen schnell und robust sein, um auch unter Druck zu punkten.

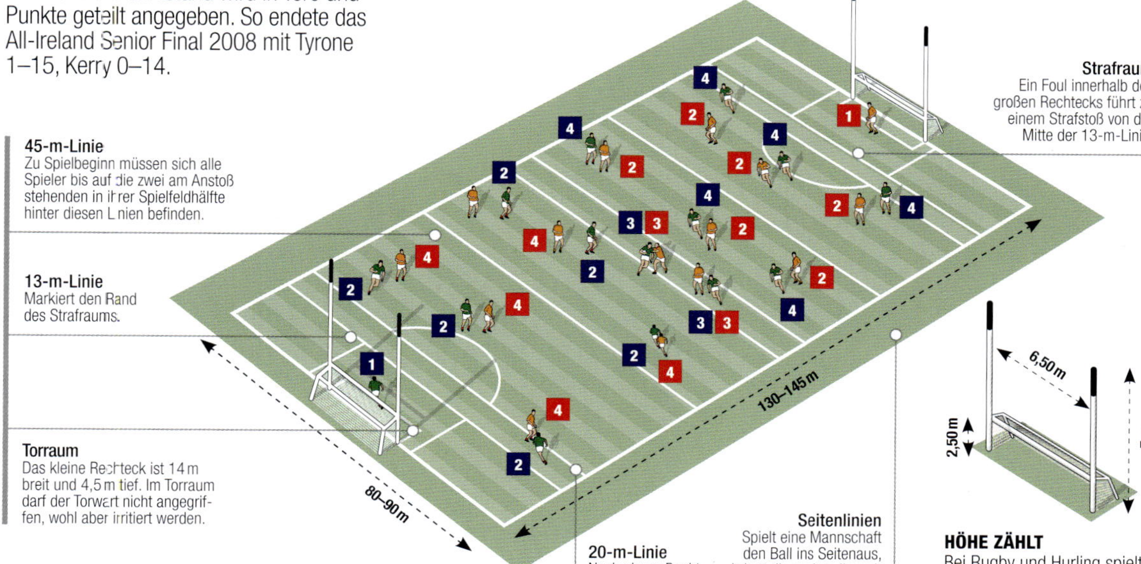

Zu Spielbeginn müssen sich alle Spieler bis auf die zwei am Anstoß stehenden in ihrer Spielfeldhälfte hinter diesen Linien befinden.
13-m-Linie

Das kleine Rechteck ist 14 m breit und 4,5 m tief. Im Torraum darf der Torwart nicht angegriffen, wohl aber irritiert werden.

Nach einem Punkt wird von hier aus neu angespielt.

HÖHE ZÄHLT
Bei Rugby und Hurling spielt die Höhe der Torpfosten keine Rolle, aber beim Gaelic Football ist sie in den Regeln festgelegt.

DER BALL IM SPIEL

Das Spiel beginnt mit einem Einwurf des Schiedsrichters in der Spielfeldmitte zwischen zwei gegnerischen Spielern. Nach einem Tor bringt der Torwart den Ball mit einem Kick aus dem Torraum wieder ins Spiel. Spielt ein Verteidiger ins Toraus, erhält ein Angreifer einen Kick vom nächsten Punkt auf der 45-m-Linie.

HÄNDE UND FÜSSE

Viele Spieltechniken gleichen denen aus Fußball und Rugby, aber es gibt im Gaelic Football drei, die bei den anderen Spiele nicht vorkommen: Crouch Lift, Hand Pass und Solo.

BALLABNAHME

Der Ball kann durch Tackling oder einen Block mit den Händen gewonnen werden.

Hand-Reaktion … aber der Gegner fängt den Ball mit beiden Händen ab.

Fuß-Aktion Der Spieler im Ballbesitz kickt den Ball …

CROUCH LIFT

Abgesehen vom Torwart darf keiner den Ball mit den Händen vom Boden aufnehmen. Beim »Crouch Lift« bückt sich der Spieler und spielt sich den Ball mit dem Fuß in die Hände. Dann kann er ihn eng an den Körper heranziehen.

Tief runter
Der eine Fuß sichert den Ball.
Schneller Zugriff
Der andere Fuß hebt den Ball an.
Hat ihn
Die Hände ziehen den Ball an den Körper.

SOLO

Mit dieser einzigartigen Technik kann man den Ball dribbeln, ohne ein Foul zu begehen. Die Spieler prellen den Ball auf den Boden und »solo-en« bis zu vier Mal, indem sie sich den Ball auf den Fuß fallen lassen und ihn sich wieder in die Hände kicken.

HAND PASS

Einer der häufigsten Pässe wird mit dem Daumenknöchel der geballten Faust gespielt. Ein Boxschlag mit den Fingerknöcheln oder Fingerrücken ist im Gegensatz dazu verboten.

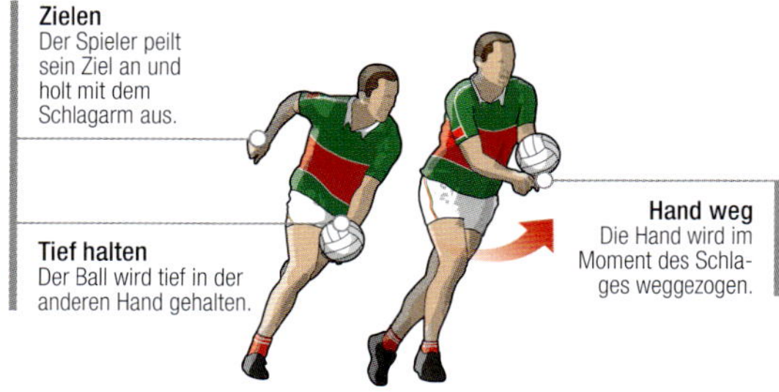

Zielen
Der Spieler peilt sein Ziel an und holt mit dem Schlagarm aus.
Tief halten
Der Ball wird tief in der anderen Hand gehalten.
Hand weg
Die Hand wird im Moment des Schlages weggezogen.

INSIDER-STORY

Gaelic Football ist alt, wurde aber erst 1885 mit schriftlichen Regeln versehen. Es hat sich zum Teil aus der irischen Ablehnung der »englischen« Spiele Fußball und Rugby entwickelt. Heute wird das County-Finale der Männer im Fernsehen übertragen und zieht bis zu 80 000 Zuschauer an.

DACHVERBAND

Die Gaelic Athletic Association (GAA) wurde 1884 gegründet und pflegt die Regelwerke für Gaelic Football und Hurling.

ÜBERBLICK

Der irische Nationalsport Hurling ist eine der schnellsten Teamsportarten. An Beliebtheit bei Spielern und Zuschauern wird es nur durch Fußball übertroffen – mehr als die Hälfte der Iren verfolgt das alljährliche County-Turnier. Die 15-köpfigen Teams versuchen, den Ball (Sliotar) mit dem Camán oder Hurley genannten Schläger ins gegnerische Tor oder über die Querlatte zu spielen. Das auf Irisch lománaíocht oder lomáint genannte Hurling ist nicht ganz so zügellos, wie es scheint: Bodychecks und vorsätzliche Behinderung sind verboten.

FAKTEN

- Der Sliotar kann bis zu 150 km/h schnell sein und bis zu 100 m weit geschlagen werden.
- Hurling wird auch in anderen Ländern, wie den Vereinigten Staaten, gespielt.
- Ein irisches Hurling-Team tritt regelmäßig nach modifizierten Regeln gegen ein schottisches Shinty-Team an.
- Die Frauen-Variante mit zwölf Spielerinnen pro Team nennt sich Camogie.

HURLING

Kopfschutz
Bei den meisten Spielen ist ein Kunststoffhelm Pflicht.

Gebogener Schläger
Der 70–100 cm lange Hurley besteht aus Eschenholz.

Sliotar
Der lederüberzogene Ball mit einem Durchmesser von 6,5 cm besteht aus Kork oder Verbundstoff.

Schienbeinschoner
Die Spieler schützen sich gegen Schläge gegen die Beine.

Fußballschuhe
Schuhe mit Stollen sorgen für sicheren Tritt auf dem Spielfeld.

SPORTLER-PROFIL

Die Hurling-Spieler benötigen eine enorme Ausdauer, große körperliche Kraft und eine große Bandbreite an verschiedensten Balltechniken. Die besten Spieler sind auch in anderen Ballspielen, wie Fußball oder Golf, versiert.

DAS SPIEL

Ein Spiel geht über 2 x 30 Minuten. Wenn Ausscheidungsspiele unentschieden enden, gibt es eine Verlängerung von 2 x 10 Minuten. Die Spieler dürfen mit dem Hurley passen und schlagen oder dribbeln, indem sie den Ball mit dem Hurley aufnehmen und fangen. Sie dürfen den Ball kicken, aber ihn nicht aufheben, werfen, weiter als fünf Schritte tragen, dreimal nacheinander fangen, ohne dass er den Boden berührt, oder von Hand zu Hand weiterreichen.

DAS SPIELFELD

Das Hurling-Feld ist das gleiche wie beim Gaelic Football (siehe S. 174–175). Die beiden 15-köpfigen Mannschaften nehmen feste Positionen ein, die aber vom Trainer geändert werden können. Im Spiel sind bis zu fünf Einwechslungen erlaubt.

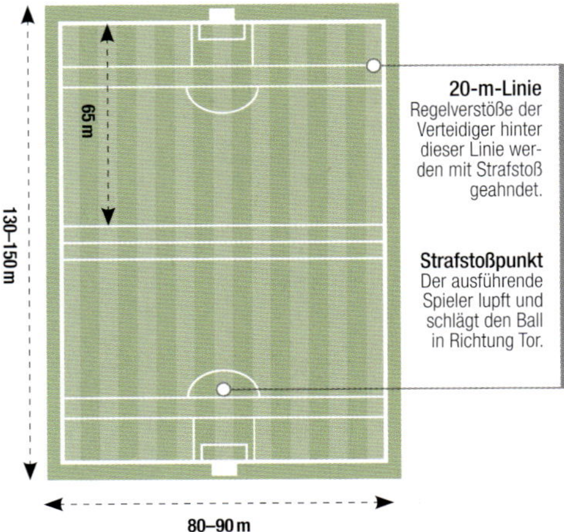

20-m-Linie
Regelverstöße der Verteidiger hinter dieser Linie werden mit Strafstoß geahndet.

Strafstoßpunkt
Der ausführende Spieler lupft und schlägt den Ball in Richtung Tor.

PUNKTE

Das Team erhält einen Punkt für einen Schlag über die Querlatte und drei Punkte für ein Tor (Ball im Netz). Angegeben werden die Tore, gefolgt von den Punkten. »3-4« entspricht also 13 Punkten.

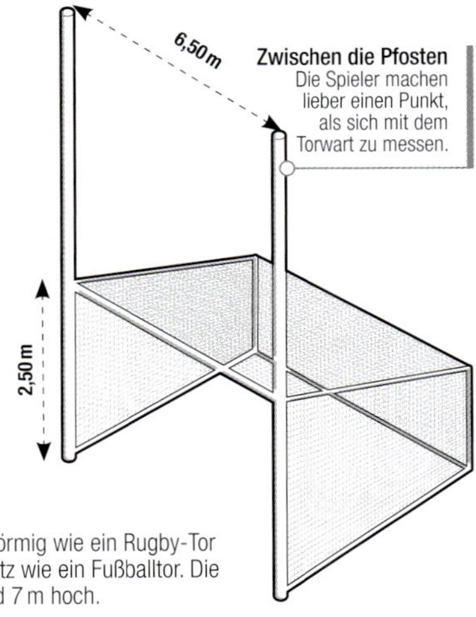

Zwischen die Pfosten
Die Spieler machen lieber einen Punkt, als sich mit dem Torwart zu messen.

TOR

Das Tor ist H-förmig wie ein Rugby-Tor und hat ein Netz wie ein Fußballtor. Die Torpfosten sind 7 m hoch.

OFFIZIELLE

Es gibt mehrere Offizielle: einen Feldschiedsrichter, zwei Linienrichter, die anzeigen, wenn der Sliotar das Spielfeld verlässt, und vier Umpires, die den anderen dreien assistieren und Punkte anzeigen.

FOULS

Technische Fouls und gefährliche Angriffe werden mit einem »Free-Puck« geahndet. Dabei lupft ein Spieler den Ball an der Stelle des Regelverstoßes in die Luft und schlägt ihn. Ist der Referee hinsichtlich des Schuldigen unsicher, unterbricht er das Spiel und wirft den Ball an der Mittellinie neu ein. Ein Foul im großen Rechteck vor dem Tor wird mit einem Strafschlag von der 20-m-Linie bestraft.

Korkball
Der lederüberzogene Ball ist mit einem Durchmesser von 6,3 cm etwas kleiner als ein Baseball und hat einen Korkkern.
Kopfschutz
Der Kunststoffhelm mit oder ohne Kinnriemen ist heute bei allen Spielen Pflicht.
Caman
Der Schläger ist rund 1 m lang und aus beschichtetem Hickory- oder Eschenholz. Der Kopf muss durch einen Ring mit einem Durchmesser von 6,4 cm passen.
Kleidung
Trikot und Shorts bestehen aus Baumwolle oder Synthetikfaser. Die Torwartkleidung unterscheidet sich farblich von der der Mannschaft.
Beinschoner
Schoner sind nicht vorgeschrieben, schützen aber vor Schlägen gegen die Beine.
Sicherer Tritt
Die Spieler tragen Schuhe mit Stollen oder Profil. Manchmal sind Zehen und Spann für Kicks zusätzlich gepolstert.

SPORTLER-PROFIL

Neben Stärke, Geschick und Ausdauer brauchen die Spieler auch scharfe Augen und schnelle Reaktionen, um den Ball zu spielen, ohne von den Schlägern der anderen getroffen zu werden.

DAS SPIELFELD

Die Längsseiten des Spielfelds heißen Sidelines, die Schmalseiten Bylines. Die wichtigsten Markierungen sind der Mittelkreis, zwei Halbkreise und zwei D-förmige Bereiche vor den Toren.

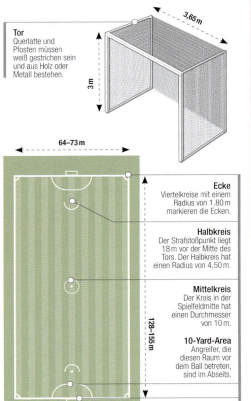

Tor
Querlatte und Pfosten müssen weiß gestrichen sein und aus Holz oder Metall bestehen.

3,65 m

3 m

64–73 m

128–155 m

Ecke
Viertelkreise mit einem Radius von 1,80 m markieren die Ecken.

Halbkreis
Der Strafstoßpunkt liegt 18 m vor der Mitte des Tors. Der Halbkreis hat einen Radius von 4,50 m.

Mittelkreis
Der Kreis in der Spielfeldmitte hat einen Durchmesser von 10 m.

10-Yard-Area
Angreifer, die diesen Raum vor dem Ball betreten, sind im Abseits.

Torlinie

SHINTY

ÜBERBLICK

Shinty stammt aus den schottischen Highlands, wo es auch Camanachd oder Iomain genannt wird. Zwei Teams aus zwölf Spielern (Männern oder Frauen) verwenden gebogene Schläger, die Caman, um den Ball ins gegnerische Tor (das Hail) zu befördern. Shinty ist ein raues und schnelles Spiel, das an Feldhockey und Lacrosse erinnert (siehe S. 158–163). Ein Spiel hat zwei Halbzeiten: Bei zwölf Spielern pro Mannschaft dauert es insgesamt 90 Minuten, bei jeweils sechs nur 30.

GEREGELTES CHAOS

Shinty kennt nur wenige Regeln. Zu Spielbeginn kreuzen zwei Spieler die Schläger über den Köpfen und der Schiedsrichter wirft den Ball über ihnen in die Luft. Da die Spieler meist auf ihren Positionen bleiben, wechselt die Spielrichtung schnell. Der Ball darf mit beiden Schlägerseiten in der Luft geschlagen und der Schläger zum Blockieren eines Gegners eingesetzt werden. Nur der Torwart darf den Ball mit der flachen Hand berühren.

INSIDER-STORY

Das wichtigste Turnier, der Camanachd Cup, ist ein jährliches Ausscheidungsturnier, das mit Ausnahme der Jahre der beiden Weltkriege seit 1896 kontinuierlich stattfindet. Die schottische Liga ist in eine Nord- und eine Süddivision unterteilt: Die jeweiligen Sieger spielen im großen Finale um die Landesmeisterschaft.

DIE CAMANACHD ASSOCIATION

Die Camanachd Association wurde 1893 als Shinty-Dachverband gegründet. Sie organisiert das Spiel in Schottland und im Ausland, pflegt die keltischen Traditionen und fördert den Schulsport, um Kinder frühzeitig an Sport und Tradition heranzuführen.

FAKTEN

- **Shinty wird fast nur in Schottland gespielt. Es gibt noch einen Klub in England und eine Handvoll in den USA.**
- **Shinty ist traditionell ein Winterspiel, aber 2003 führten die schottischen Klubs eine Sommersaison von März bis Oktober ein.**
- **Trotz aller Bemühungen des Dachverbands Camanachd Association, die Spielregeln zu vereinheitlichen, gibt es immer noch viele lokale Regelvarianten.**

Der Ball
Der Ball ist eine weich aufgepumpte Blase mit Polyesterüberzug. Darunter sorgt Schaumstoff für Stabilität und Haltbarkeit. Der Durchmesser beträgt 25 cm.
Turnschuhe
Leichte Sportschuhe, die nicht auf den Bodenbelag abfärben.

ÜBERBLICK

Dodgeball ist ein spannendes Spiel sechs gegen sechs für Männer, Frauen und gemischte Mannschaften, bei dem man versucht, den Gegner »rauszuspielen«, indem man ihn mit dem Ball trifft oder indem man den Ball fängt, bevor der den Boden berührt. Würfe gegen den Kopf sind verboten. Das Spiel ist vorbei, wenn alle Spieler eines Teams »raus« sind, oder wenn die Spielzeit um ist. Ein Spiel geht über 5–10 Runden. Bei Gleichstand gibt es so lange einminütige Verlängerungen, bis ein Gewinner feststeht.

DODGEBALL

DAS SPIEL

Der Schiedsrichter legt zu Beginn drei Bälle in die Mitte. Nur drei Spieler dürfen sie aufnehmen. Dann versuchen die Spieler, die Gegner mit dem Ball am Körper zu treffen. Das Spiel läuft ohne Unterbrechung weiter, wenn ein Spieler abgeworfen wird, aber er kann wieder ins Spiel kommen, wenn ein Mitspieler einen geworfenen Ball fängt. Die Mannschaft darf den Ball dreimal passen, muss dann aber binnen fünf Sekunden auf den Gegner werfen. Gewonnen hat das Team mit den meisten Treffern.

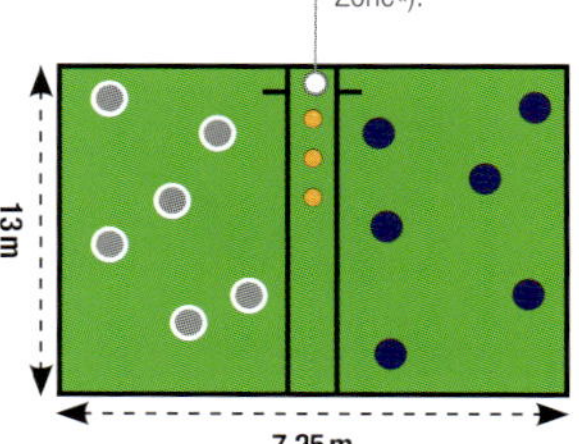

KONZERTIERTE AKTION

Dodgeball-Spieler sind so geschickt im Ausweichen, dass sie nur mit Teamwork abzuwerfen sind. Dazu zählt auch, einen Gegner mit mehreren Mitspielern gleichzeitig aufs Korn zu nehmen und ihn auszuschalten.

FAKTEN

- Wenn nach fünf Minuten Gleichstand herrscht, folgen einminütige Verlängerungen, in denen der erste Treffer entscheidet.
- Der Film »Voll auf die Nüsse« mit Ben Stiller (2004) verhalf dem Spiel zu größerer Bekanntheit.

TAUZIEHEN

ÜBERBLICK

Bei diesem Kräftemessen ziehen zwei Teams aus je acht Männern oder Frauen (oder gemischte Teams) an zwei Enden eines Taus. Gewonnen hat schließlich das Team, das das andere 4 m nach vorne über eine Markierung auf dem Boden gezogen hat. Gewonnen werden müssen zwei von drei Zügen.

ALLE ZUSAMMEN

Der Schiedsrichter gibt die Kommandos zum Aufnehmen und Straffen des Seils. Dann gibt er den Befehl zum Ziehen. Die Teams ziehen unter Einsatz aller Kraft und ihres gesamten Gewichts am Seil. Hinsetzen oder zu langsames Einnehmen der normalen Ziehposition führt zu einer Verwarnung. Vor einer Disqualifizierung gibt es meist zwei Verwarnungen, allerdings kann ein Team für jede Regelverletzung auch ohne vorherige Verwarnung disqualifiziert werden.

MARKIERUNGEN

Das Tau ist mindestens 35 m lang und hat eine rote Mittenmarkierung. Beiderseits der Mitte finden sich in 4 m Entfernung zwei weiße Markierungen: Sobald die weiße Markierung eines Teams über die Mittellinie auf dem Boden geht, hat es den Zug verloren. Einen weiteren Meter in Richtung Tauende befindet sich auf beiden Seiten eine gelbe Markierung, hinter der die ersten Tauzieher das Tau anfassen dürfen.

GEWICHTSKONTROLLE

Um beim Tauziehen einen fairen Wettkampf zu gewährleisten, gibt es feste Gewichtsklassen. Bei den Männern sind das insgesamt sieben: bis 520 kg, bis 560 kg, bis 600 kg, bis 640 kg, bis 680 kg, bis 720 kg sowie über 720 kg. Die Mitglieder der einzelnen Tauziehmannschaften werden vor jedem Wettkampf gewogen. Ihr Gewicht wird an gut sichtbarer Stelle auf den Körper gemalt, um regelwidrige Auswechselaktionen während des Wettkampfes zu verhindern.

FAKTEN

- Die Wurfscheiben werden von diversen Herstellern produziert, aber meist mit dem Markennamen Frisbee® bezeichnet – ähnlich wie der Name »Tempo« zum Synonym für Papiertaschentücher geworden ist.
- Der Dachverband ist die World Flying Disc Federation (WFDF). In Deutschland kümmert sich der Deutsche Frisbeesport-Verband e.V. um Sport und Spieler.
- Ultimate ist vor allem in den USA populär, wird aber in über 60 weiteren Ländern gespielt.

ÜBERBLICK

Ultimate ist ein Mannschaftssport, bei dem zwei siebenköpfige Teams mit einer Plastikwurfscheibe, dem Frisbee, gegeneinander spielen. Ein Team erzielt einen Punkt, wenn ein Mitspieler das Frisbee in der Endzone des Gegners fängt – 15 Punkte bedeuten den Sieg. Ein Werfer darf das Frisbee in jede Richtung werfen. Die Spieler achten selbst auf die Regeleinhaltung und orientieren sich dabei am international gültigen Leitfaden Spirit of the Game™.

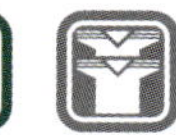

ULTIMATE

DAS SPIEL

Ein Mannschaftsmitglied wirft beim Anwurf das Frisbee der gegnerischen Mannschaft zu (der »Pull«). Um einen Punkt zu machen, muss das Frisbee in der gegnerischen Endzone gefangen werden. Der Spieler in Scheibenbesitz muss stehen bleiben und darf nur Sternschritte machen, um das Frisbee zu passen. Wirft er nicht binnen zehn Sekunden oder wird die Scheibe abgefangen, wechselt das Angriffsrecht zum Gegner.

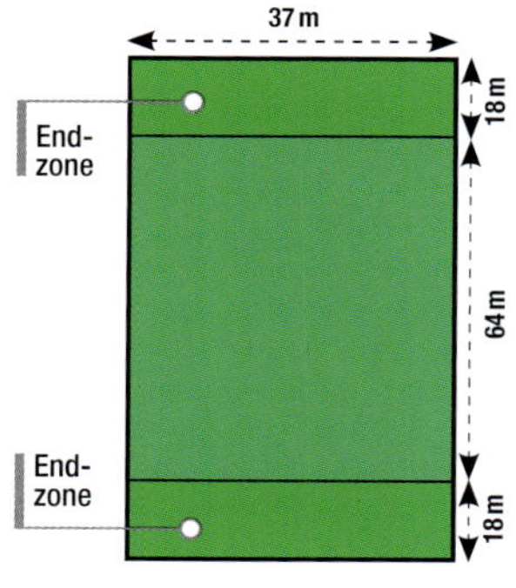

HABEN ODER NICHT HABEN

Da Ultimate ein körperloses Spiel ist, ist das Team in Scheibenbesitz weit im Vorteil. Die Gegner können nur versuchen, einen Fehler zu provozieren. Dazu decken sie die wurfstärkere Seite des Werfers, damit er nur auf seiner schwachen Seite werfen kann. Unten sind drei Grifftechniken beschrieben. Die meisten Rückhandwürfe erfolgen spiegelbildlich von der gegenüberliegenden Brustseite aus.

EINFACHE RÜCKHAND
Der Grundgriff eines Rechtshänders für Rückhandpässe von der linken Körperseite aus.

GEZIELTE VORHAND
Zeige- und Mittelfinger machen das Victory-Zeichen, der Daumen weist nach oben.

POWER-VORHAND
Ein Griff für Würfe, die eher auf hohe Geschwindigkeit und/oder Weite setzen als auf Genauigkeit.

TAUZIEHEN IM TARNANZUG

Tauziehen ist besonders bei der britischen Armee beliebt, die erstmals im 19. Jh. in Indien Regimentsturniere abhielt und seitdem regelmäßig ihre Kräfte mit Teams der Royal Navy und der Royal Air Force misst. Nun könnte man ja durchaus annehmen, dass die besten Army-Teams aus knallharten Fallschirmjägern bestehen, aber in Wirklichkeit stellt dieser Truppenteil nur die zweitbeste Mannschaft. Das stärkste Team stellt überraschenderweise die Sanitätstruppe.

Ankermann
Der Ankermann, und nur er, führt das Seil am Körper vorbei, diagonal über seinen Rücken und über die gegenüberliegende Schulter nach vorne.
Bloße Hände
Die Tauzieher dürfen keine Handschuhe tragen und müssen das Seil unter dem Oberarm durchführen.
Guter Halt
Das Seil muss zwischen 10 und 12,5 cm Umfang haben.
Standbein
Der Tauzieher verankert sich vor dem Start mit einem Fuß.
Glatte Sohlen
Die Tauzieher tragen Schuhe mit flachen Sohlen. Zehenkappen und -platten sind verboten, aber eine bündig abschließende Metallplatte unter dem Absatz ist erlaubt.
Eingestemmt
Die Tauzieher setzen beim Ziehen einen Fuß hinter den anderen.

RÜCKSCHLAG-SPIELE

04

TENNIS

ÜBERBLICK

Das heutige Tennis geht auf das Jahr 1874 zurück, als Major Walter Clopton Wingfield die Regeln festschrieb. Seine Wurzeln liegen aber im französischen »Jeu de Paume« (Spiel der Handflächen), das bereits im 12. und 13. Jh. dokumentiert ist. Zur besseren Unterscheidung vom »Real« oder »Royal Tennis« wird es auch als »Rasentennis« bezeichnet. Da es aber nicht nur auf Rasen, sondern auf verschiedenen Bodenbelägen gespielt wird, ist »Tennis« die heute übliche Bezeichnung. Bei den Herren wie den Damen gibt es eine Vielzahl von Turnieren. Die Herrentour setzt sich aus dem Grand Slam, der ATP-Tour, der Challenger Serie und den Futures Tournaments zusammen.

FAKTEN

- 1968 begannen die meisten großen Turnierveranstalter damit, ihre Veranstaltungen für professionelle Tennisspieler zu »öffnen« – der Beginn der »Open Era«.
- Die vier Tourniere des Grand Slam sind Australian Open, French Open, US-Open und Wimbledon. Sie werden auf drei verschiedenen Böden gespielt: Hartplatz, Sand und Rasen.
- Jimmy Connors ist der einzige Spieler, der die US-Open auf allen drei Böden gewann: Rasen, Sand und Hartplatz.

DA IST »LOVE« IM SPIEL

Null Punkte in einem Spiel oder Null Spiele in einem Satz bezeichnet man im Tennis mit »Love«. Dies geht wohl auf das französische Wort »oeuf« für »Ei« zurück, da das Ei die Form einer Null hat.

Sonnenschutz
Tennispartien werden häufig tagsüber im Sommer ausgetragen, daher ist das Tragen von Schirmmützen oder Sonnenbrillen zum Schutz der Augen gestattet.

Schlägergriff
Die Griffe sind meist achteckig, um den Spielern einen idealen Halt zu bieten.

Bespannung
Die besten Spieler spielen mit Naturdarmsaiten aus Tierdarm. Kunstsaiten bieten eine Kombination aus guter Ballkontrolle und Haltbarkeit.

Schuhe
Tennisschuhe sind im Zehenbereich und an den Seiten verstärkt, um die Füße bei den im Tennis typischen Schleifbewegungen zu schützen. Die Sohlen sind je nach Bodenbelag unterschiedlich gestaltet.

Tennishose
Die Männer tragen fast immer Shorts, wobei die Länge nicht vorgeschrieben ist. Frauen können zwischen Shorts und Rock wählen.

Kleidungs-Sponsoren
Maximal zwei Logos sind auf der Vorderseite des Oberteils erlaubt. Bei zwei Logos darf jedes maximal 12,9 cm² groß sein, ein einzelnes maximal 25,8 cm².

SPORTLERPROFIL

Tennisspieler benötigen Energie und Ausdauer. Nur in Ausnahmefällen dürfen zwischen zwei Spielen mehr als 90 Sekunden Pause liegen. Partien können bis zu vier Stunden und länger dauern. Um den Ball exakt zu treffen, benötigen Spieler erstklassige Hand-Augen-Koordination, gute Konzentrationsfähigkeit, schnelle Anpassungsfähigkeit an verschiedene Beläge und mentale Stärke.

DER PLATZ

Die Dimensionen des Tennisplatzes (Court) sind immer gleich, auch wenn der Belag vom schnellen Hartplatz über langsamerem Sand bis zu weicherem Rasen variieren kann. Die meisten Plätze sind für Einzel- wie Doppelpartien ausgelegt (siehe rechts). Vor dem Spiel müssen sich Offizielle oder Spieler davon überzeugen, dass das Netz die richtige Höhe und eine annehmbare Spannung hat. Viele Turnierplätze sind inzwischen mit elektronischen Sensoren an Netz und Linien ausgestattet, um Fehler einfacher zu identifizieren, und mit großen Videowänden, um dem Publikum mehr zu bieten.

GEWUSST?

17 Als ungesetzter Außenseiter gewann Boris Becker mit 17 Jahren und sieben Monaten als jüngster Spieler in Wimbledon. Becker war der erste Deutsche und der erste ungesetzte Spieler, der das Turnier gewinnen konnte.

59 Die Zahl der Grand-Slam-Titel von Martina Navrátilová. Die Titel setzen sich aus 18 Einzelsiegen, 31 Doppelsiegen und 10 Mixed-Siegen zusammen.

1.337 So viele Partien gewann der US-Amerikaner Jimmy Connors zwischen 1972 und 1993, mehr als jeder andere Spieler bislang. 109 dieser Siege waren Finalpartien, die zum Turniersieg führten.

251 So schnell in Stundenkilometern war der schnellste von der ATP anerkannte Aufschlag. Er gelang Ivo Karlovic bei einem Davis Cup Match gegen Deutschland im März 2011.

665 So viele Minuten dauerte das längste Spitzenspiel aller Zeiten. Der Amerikaner John Isner schlug seinen Gegner Nicolas Mahut aus Frankreich 2010 in Wimbledon mit 6:4, 3:6, 6:7, 7:6 und 70:68.

81 So viele Partien gewann Rafael Nadal zwischen April 2005 und Mai 2007 auf Sand. Mit seinem 81. Sieg stellte er einen neuen Rekord für alle Beläge auf.

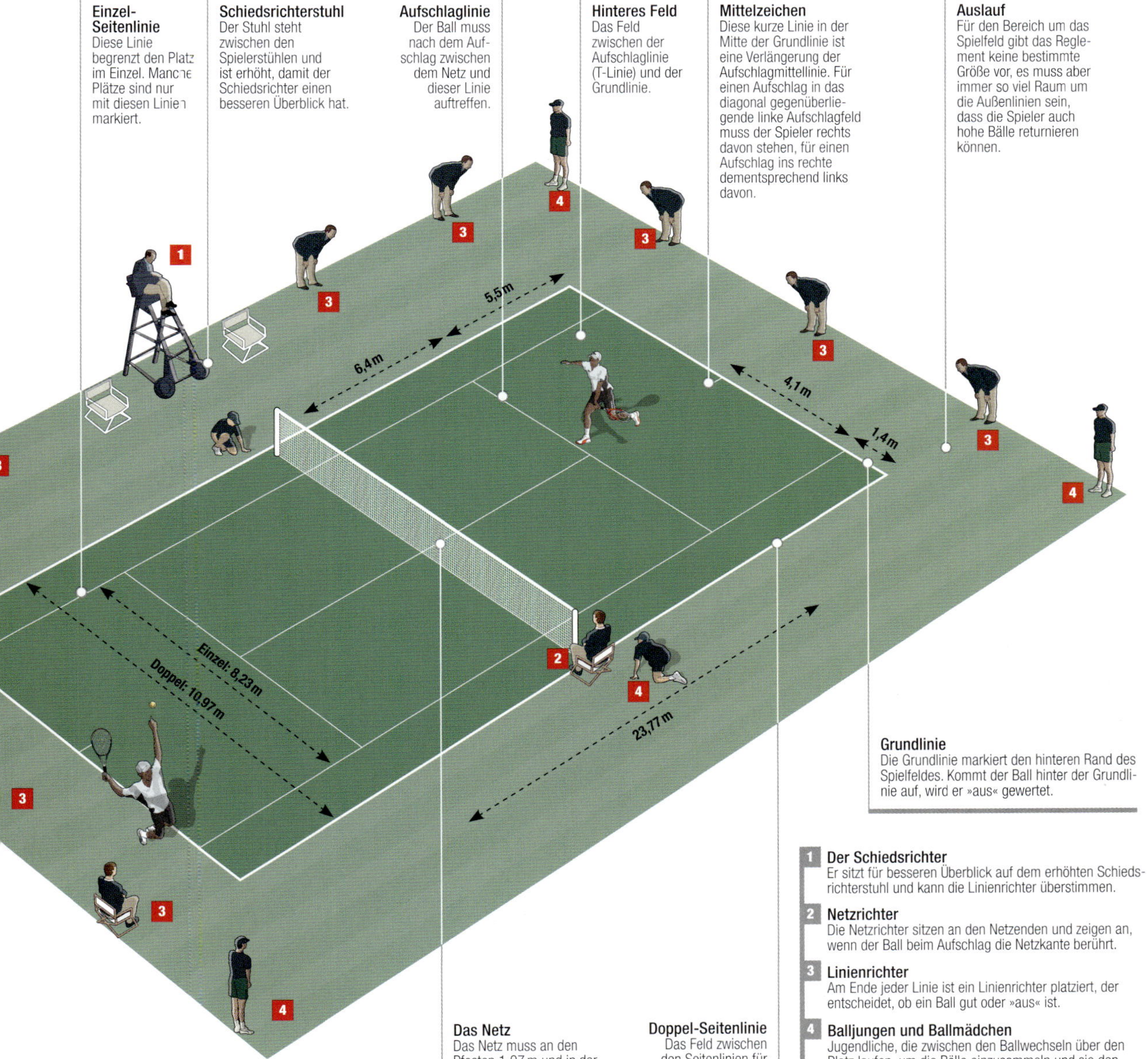

Einzel-Seitenlinie
Diese Linie begrenzt den Platz im Einzel. Manche Plätze sind nur mit diesen Linien markiert.
Schiedsrichterstuhl
Der Stuhl steht zwischen den Spielerstühlen und ist erhöht, damit der Schiedsrichter einen besseren Überblick hat.
Aufschlaglinie
Der Ball muss nach dem Aufschlag zwischen dem Netz und dieser Linie auftreffen.
Hinteres Feld
Das Feld zwischen der Aufschlaglinie (T-Linie) und der Grundlinie.
Mittelzeichen
Diese kurze Linie in der Mitte der Grundlinie ist eine Verlängerung der Aufschlagmittellinie. Für einen Aufschlag in das diagonal gegenüberliegende linke Aufschlagfeld muss der Spieler rechts davon stehen, für einen Aufschlag ins rechte dementsprechend links davon.
Auslauf
Für den Bereich um das Spielfeld gibt das Reglement keine bestimmte Größe vor, es muss aber immer so viel Raum um die Außenlinien sein, dass die Spieler auch hohe Bälle returnieren können.
5,5 m
6,4 m
4,1 m
1,4 m
Einzel: 8,23 m
Doppel: 10,97 m
23,77 m
1
2
3
4
Grundlinie
Die Grundlinie markiert den hinteren Rand des Spielfeldes. Kommt der Ball hinter der Grundlinie auf, wird er »aus« gewertet.
Das Netz
Das Netz muss an den Pfosten 1,07 m und in der Mitte des Spielfeldes 91,4 cm hoch sein. Vor dem Spiel wird es durch den Schiedsrichter kontrolliert.
Doppel-Seitenlinie
Das Feld zwischen den Seitenlinien für das Einzel und den äußeren Seitenlinien ist die Platzerweiterung für das Doppel.

1 Der Schiedsrichter
Er sitzt für besseren Überblick auf dem erhöhten Schiedsrichterstuhl und kann die Linienrichter überstimmen.

2 Netzrichter
Die Netzrichter sitzen an den Netzenden und zeigen an, wenn der Ball beim Aufschlag die Netzkante berührt.

3 Linienrichter
Am Ende jeder Linie ist ein Linienrichter platziert, der entscheidet, ob ein Ball gut oder »aus« ist.

4 Balljungen und Ballmädchen
Jugendliche, die zwischen den Ballwechseln über den Platz laufen, um die Bälle einzusammeln und sie den Spielern wieder zuzuwerfen.

5 Schiedsrichter für Fußfehler
Die Linienrichter an den Grundlinien geben auch an, wenn der Aufschläger einen Fußfehler macht.

STRIKT FESTGELEGT

Der Tennisweltverband International Tennis Federation (ITF) legt fest, welche Bälle und welche Platzbeläge für Turniere zugelassen sind. Es gibt drei Ballarten: Ballart 1 ist ein schneller Ball, der auf langsamen Belägen gespielt wird, Ballart 2 ein mittelschneller Ball für mittelschnelle Beläge und Typ 3 ein langsamer Ball für schnelle Beläge. Weiterhin regelt die ITF die Bestimmungen für die Tennisschläger. So müssen die Hersteller auf eine bestimmte maximale Länge, Breite und Dicke achten. Darüber hinaus dürfen keine Vorrichtungen angebracht sein, mit denen Form oder physische Eigenschaften des Schlägers während des Spiels verändert werden könnten.

DER TENNISBALL

Auch der Tennisball muss von der ITC festgelegten Anforderungen entsprechen. Er muss eine äußere Schicht aus Filz haben, die gleichförmig, nahtlos und gelb oder weiß gefärbt ist. Größe und Gewicht sind durch die ITC festgelegt. Während einer Partie werden die Bälle nach einer festgelegten ungeraden Anzahl von Spielen ausgetauscht, normalerweise nach fünf und dann nach sieben Spielen.

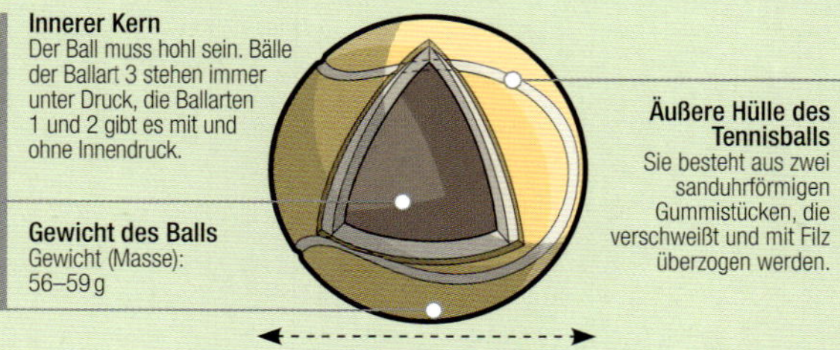

Innerer Kern
Der Ball muss hohl sein. Bälle der Ballart 3 stehen immer unter Druck, die Ballarten 1 und 2 gibt es mit und ohne Innendruck.
Gewicht des Balls
Gewicht (Masse): 56–59 g
Äußere Hülle des Tennisballs
Sie besteht aus zwei sanduhrförmigen Gummistücken, die verschweißt und mit Filz überzogen werden.
Durchmesser: 6,5–7,5 cm

DER TENNISSCHLÄGER

Die ITF kann zwar die generelle Größe der Schläger festlegen, nicht aber ihre genaue Konstruktion. Die Rahmen haben sich in den letzten Jahren stark verändert: Das steifere Karbon hat Holz als Material abgelöst. Durch diese Steifigkeit verleihen Karbonschläger dem Ball mehr Energie, weshalb für die Ballkontrolle die Wahl der Saiten und des Bespannungsdrucks ausschlaggebend sind.

SPIELVERLAUF

Vor dem Match wird durch Münzwurf entschieden, welcher Spieler wählen darf, ob er als erster aufschlägt und auf welcher Seite er beginnt. Die Spieler stehen auf gegenüberliegenden Netzseiten. Der Ballwechsel beginnt, indem der Aufschläger den Ball hinter der Grundlinie stehend über das Netz in das schräg gegenüberliegende Aufschlagfeld spielt. Auf der rechten Seite des Mittelzeichens beginnend, wechselt der Aufschläger nach jedem Aufschlag auf die jeweils andere Seite des Mittelzeichens. Der Gegenspieler darf den Aufschlag erst returnieren, nachdem der Ball aufgekommen ist. Nach dem Aufschlag läuft das Spiel, bis ein Spieler den Ball verschlägt oder nicht mehr erreicht.

PUNKTWERTUNG

Beide Spieler beginnen bei »Null« (engl. »love«); der erste Punkt heißt »15«, der zweite »30« und der dritte »40«. »40-beide« wird auch als »Einstand« bezeichnet. Der Spieler, der nach »Einstand« den nächsten Punkt macht, hat »Vorteil«. Gewinnt er einen weiteren Punkt, gewinnt er das Spiel. Verliert er, ist wieder »Einstand«. Danach kann nur gewinnen, wer zwei Punkte in Folge macht, den »Vorteils«-Punkt und den »Spiel«-Punkt. Nach jedem ungeraden Spiel wechseln die Spieler die Seiten.

MATCHGEWINN

Das Match wird mit zwei oder drei Gewinnsätzen entschieden (Frauen bestreiten ausschließlich zwei Gewinnsätze). Der Spieler, der als erster sechs Spiele für sich verbucht hat, gewinnt den Satz. Bei »5-beide« muss mit 7:5 ein Zweispiel-Vorsprung herausgespielt werden. Ab »6-beide« wird der Satzgewinn normalerweise durch Tie-Break entschieden.

DER TIE-BREAK

Im Tie-Break wird von »0« bis »7« gezählt. Der erste Spieler, der mit zwei Punkten Vorsprung »7« erreicht, gewinnt den Tie-Break und damit Spiel und Satz. Der erste Aufschläger schlägt einmal auf, danach wechselt der Aufschlag nach jeweils zwei Punkten.

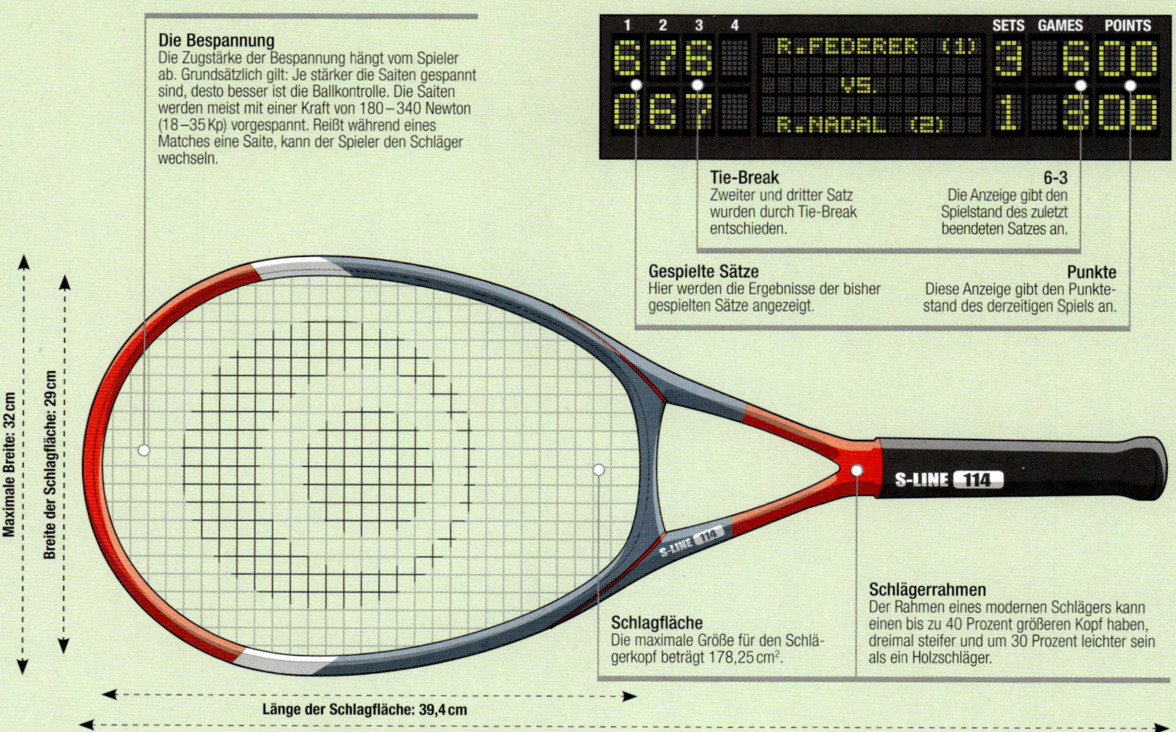

1 2 3 4
SETS GAMES POINTS
6 7 6
R.FEDERER (1)
3 6 00
VS.
0 6 7
R.NADAL (2)
1 3 00
Tie-Break
Zweiter und dritter Satz wurden durch Tie-Break entschieden.
6-3
Die Anzeige gibt den Spielstand des zuletzt beendeten Satzes an.
Gespielte Sätze
Hier werden die Ergebnisse der bisher gespielten Sätze angezeigt.
Punkte
Diese Anzeige gibt den Punktestand des derzeitigen Spiels an.
Die Bespannung
Die Zugstärke der Bespannung hängt vom Spieler ab. Grundsätzlich gilt: Je stärker die Saiten gespannt sind, desto besser ist die Ballkontrolle. Die Saiten werden meist mit einer Kraft von 180–340 Newton (18–35 Kp) vorgespannt. Reißt während eines Matches eine Saite, kann der Spieler den Schläger wechseln.
Maximale Breite: 32 cm
Breite der Schlagfläche: 29 cm
S-LINE 114
Schlagfläche
Die maximale Größe für den Schlägerkopf beträgt 178,25 cm².
Schlägerrahmen
Der Rahmen eines modernen Schlägers kann einen bis zu 40 Prozent größeren Kopf haben, dreimal steifer und um 30 Prozent leichter sein als ein Holzschläger.
Länge der Schlagfläche: 39,4 cm
Maximale Schlägerlänge: 73,7 cm

SCHLAGTECHNIKEN

Die wichtigsten Schlagarten im modernen Tennis sind der Aufschlag (engl. »service«) und Vor- und Rückhand, die auch als Grundschläge bezeichnet werden. Wer diese Schläge nicht beherrscht, wird kaum Punkte machen oder ein Match durchhalten. Der Aufschlag legt die Grundlage zu jedem Punkt. Ein guter Aufschläger ist im Vorteil, da er zwei Versuche hat, den Ball ins Spiel zu bringen, und der Gegenspieler nie genau weiß, wo der Ball aufkommen wird. Die Grundschläge sind die wichtigsten Schläge während des Spiels und werden nach Aufschlagen des Balles normalerweise etwa von der Grundlinie aus geschlagen. Sie können auf verschiedene Art, als »Spin«, »Topspin« oder »Slice«, gespielt werden.

RÜCKHAND-SLICE

Die Rückhand kann entweder überschnitten (»Topspin«) oder unterschnitten (»Slice«) gespielt werden. Der Rückhand-Slice ist auf schnellen Plätzen am effektivsten, da der Ball mit Effet wegspringt. Er wird auch als Defensivschlag aus dem Lauf oder bei Bällen über Schulterhöhe verwendet.

Ballkontakt
Der Spieler führt den Schläger seitlich in einem hohen oder niedrigen Schwung, bleibt aber vorwärts zum Netz gerichtet.

Durchschwung
Nach einem U-förmigen Schwung beim Schlag zeigt die Schlagfläche schräg nach oben.

Vorbereitung zum Schlag
Der Spieler dreht sich mit leicht gebeugtem Schlagarm seitlich nach vorne, indem er bei der Rückhand die Schulter eindreht. Die zweite Hand als Führhand am Schläger erleichtert die Bewegung. Der Schläger sollte über Ballhöhe gehalten werden

DER AUFSCHLAG

Ein guter Aufschläger hat es leichter, sein Aufschlagspiel zu gewinnen. Für eine beständige Aufschlagsicherheit sollte er konstant trainiert werden. Je größer die Wucht hinter dem Aufschlag, desto besser.

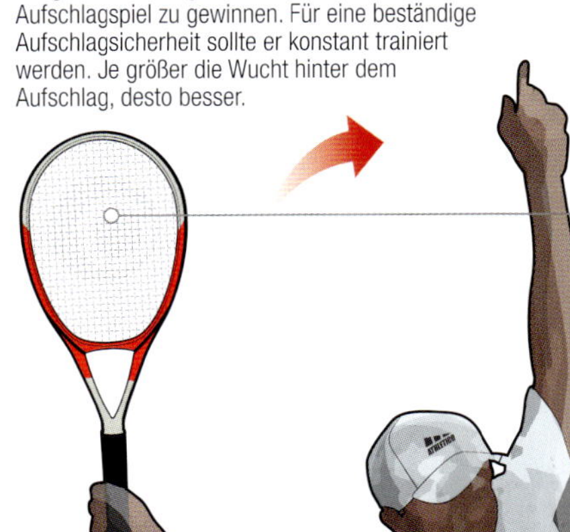

Werfen des Balls
Beim Hochwerfen des Balls ist der Arm des Aufschlägers so stark wie möglich gestreckt. Bevor der Spieler zum Schlag ausholt, stehen die Schultern parallel.

Der Schlag
Der Spieler holt zum Schlag aus. Dabei beugt er die Knie und führt den Schläger hinter den Rücken. Dann streckt er die Beine durch und rollt die Schulter des Schlagarms zum Aufschlag nach vorne.

Handgelenk
Über das Handgelenk gibt der Spieler dem Ball mehr Schwung.

Ausgangsposition
Der Spieler steht seitlich hinter der Grundlinie, Füße schulterbreit auseinander.

Endposition
Beim Landen auf dem Innenbein sollte der Spieler die Balance wahren.

In Bewegung
Der Spieler geht zum Schlagen einer niedrigen Vorhand nach vorne und macht beim Ausholen eine halbe Seitdrehung. Der runde Schwung des Schlägers wird aus der Schulter heraus geführt.

Schlägergeschwindigkeit
Der Spieler hält den Schläger unterhalb der Ballhöhe und schwingt aus einer niedrigen Haltung nach oben durch, um den Ball zu beschleunigen. Für bessere Ballkontrolle wird der Schläger nach dem Ballkontakt weiter hoch gezogen.

DIE VORHAND

Die Vorhand ist der am häufigsten verwendete Grundschlag. Mit ihr kann man das Spiel von der Grundlinie aus kontrollieren. Die Vorhand wird normalerweise mit Topspin geschlagen, Rückwärts- oder Seitwärtsdrall sind aber ebenso möglich.

Gewicht nach vorne verlagern
Der Spieler geht in die Knie, um den Ball am höchsten Punkt zu spielen. Für einen kräftigeren Schlag wird das Gewicht im Treffmoment auf das Vorderbein verlagert.

DER LOB

Der Lob ist ein hoch geschlagener Ball, der sowohl zur Verteidigung als auch zum Angriff dient. Ein offensiver Lob wird mit Topspin etwa von der Grundlinie aus geschlagen. Je stärker der Topspin, den der Ball bekommt, desto schneller wird er auf dem Spielfeld landen. Nach ihrem ersten Aufschlag rücken viele Spieler schnell ans Netz vor. Das ist ein idealer Zeitpunkt für einen Lob des Gegenspielers. Defensive Lobs werden meist mit wenig oder ohne Spin geschlagen, da sie oft auf sehr schnelle oder weite Bälle folgen und kein Topspin mehr möglich ist.

NUR EIN SPIEL

Am 30. April 1993 stach ein psychisch kranker Attentäter während eines Seitenwechsels der sitzenden Monica Seles mit einem Küchenmesser in den Rücken. Er wollte sein grosses Idol Steffi Graf wieder an der Spitze der Weltrangliste sehen.

LOB-SPIELSITUATION

Spieler A ist ans Netz vorgerückt, hat den Ball aber zu kurz gespielt. Spieler B kann entweder einen Passierschlag oder einen Lob spielen. Wenn möglich, ist es am besten, den Lob über die Rückhandseite des Gegners zu spielen, da der Rückschlag dann weicher wird. Um den Ballwechsel zu kontrollieren, sollte man die Absicht, einen Lob zu schlagen, so lange wie möglich verbergen, um den Gegner auf dem falschen Fuß zu erwischen.

A

B

Lob schlagen
Spieler B spielt den Lob defensiv mit Topspin für bessere Ballkontrolle und um nicht ins Aus zu spielen.

NIEDERSCHMETTERND

Der Schmetterball ist ein aggressiver Volley, der über Kopf gespielt wird. Er wird oft nach einem fehlgeschlagenen Lob gespielt. Für den Schmetterball ist gute Fußarbeit nötig, damit der Ball auch wirklich im gegnerischen Feld landet. Fehleinschätzungen führen schnell zu einem verfehlten Ball oder zu einem Schlag ins Aus.

Kraft aufbauen
Der Spieler hält den Schläger wie für den Aufschlag, um die beste Kontrolle über den Schlag zu haben.
Schmettern
Der Spieler beschleunigt den Schläger und lässt zum Schluss das Handgelenk zuschnappen, um dem Ball maximale Energie zu verleihen.
Ausholbewegung
Die freie Hand geht nach vorne, während die Schlaghand den Schläger hinter den Rücken führt.
Schlagvorbereitung
Der Spieler dreht sich seitwärts und hält die Augen fest auf den Ball gerichtet.
Gute Grundposition
Der Spieler bringt sich unter dem Ball in Position und den ausholenden Arm nach vorne.
Zum Ball
Kurz vor dem Ballkontakt reckt sich der Spieler hoch zum Ball. Offensives Spiel bringt fast immer Vorteile.

GEWUSST?

14 **Serena und Venus Williams gewannen beide die US-Open ohne Satzverlust. Um dies zu erreichen, mussten sie von der ersten Runde bis zum Finale jeweils 14 Sätze in Folge gewinnen. Dies gab es in der Geschichte der US-Open erst 26 Mal.**

9 **So viele Linkshänder konnten das Einzel in Wimbledon in der Geschichte der Open gewinnen – zuletzt 2011 Petra Kvitová.**

210 **Der schnellste Aufschlag einer Frau gelang Sabine Lisicki, als sie den Ball 2009 mit 210 km/h über den Platz jagte.**

SCHAUKAMPF

Am 2. Mai 2007 traten auf Mallorca Rafael Nadal, der König des Sandplatzes, und Rasen-Champion Roger Federer auf einem Platz halb aus Sand und halb aus Rasen gegeneinander an. Mit 7:5, 4:6, 7:6 (12:10) konnte sich der Spanier Nadal den Sieg auf dem Platz sichern, dessen Bau 1,2 Millionen Euro gekostet hatte. Noch wenige Tage vor dem Schaukampf hatten die Organisatoren einen neuen Rasen legen müssen, da der alte von Würmern befallen war. Die Seitenwechsel während des Matches wurden auf zwei Minuten ausgedehnt, damit die Spieler die Schuhe wechseln konnten.

BODENBELÄGE

Der internationale Dachverband ITF (International Tennis Federation) hat drei verschiedene Bodenbelag-Kategorien festgelegt. Die Kategorien richten sich nach der Geschwindigkeit, dem Spin und der Sprunghöhe des Balls nach dem Aufkommen auf dem Feld und der Bodenhaftung der Spieler. Platzbeläge der Kategorie 1 sind langsame Beläge, Beläge der Kategorie 2 sind mittlere bzw. mittelschnelle Hartplätze und Beläge der Kategorie 3 sind schnelle Platzbeläge.

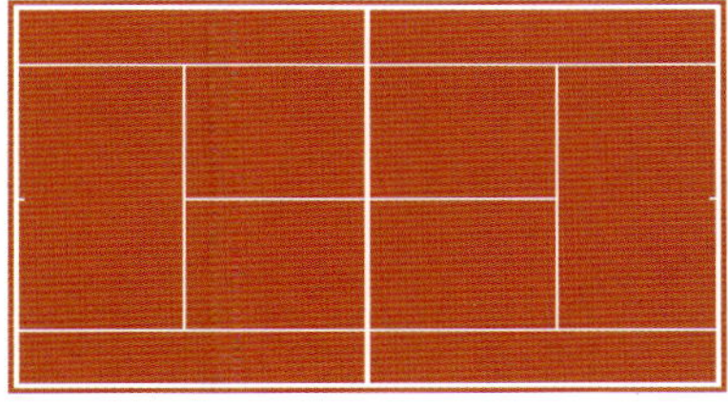

SANDPLATZ: KATEGORIE 1
Hierzu zählen fast alle Sandplätze. Die Ballwechsel sind auf diesen Belägen lang, da der Ball nach Bodenkontakt langsam ist. Zudem können die Spieler in die Schläge rutschen, was ihre Reichweite erhöht.

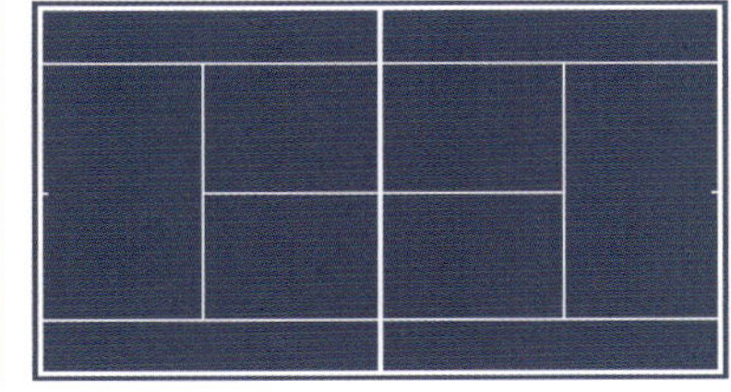

HARTPLATZ (DECOTURF): KATEGORIE 2
Dieser Belag hat ähnliche Eigenschaften wie ein Rebound Ace-Belag. In der Deckschicht wird jedoch anderer Sand verwendet. Auf Belägen der Kategorie 2 ist offensives Grundlinienspiel vorherrschend.

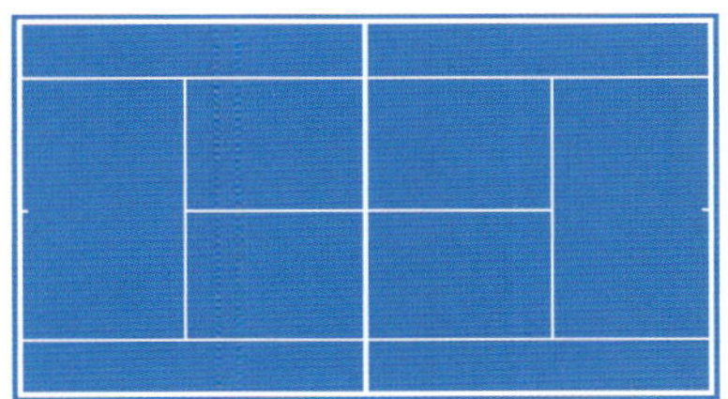

HARTPLATZ (REBOUND ACE): KATEGORIE 2
Dies sind Hartplätze mit einem Belag aus Beton oder Asphalt mit Kunstkautschuk. Die Deckschicht ist mit Acryllack-Sand-Gemisch verstärkt. Der Ball springt wie auf Naturboden und auf mittlere Höhe.

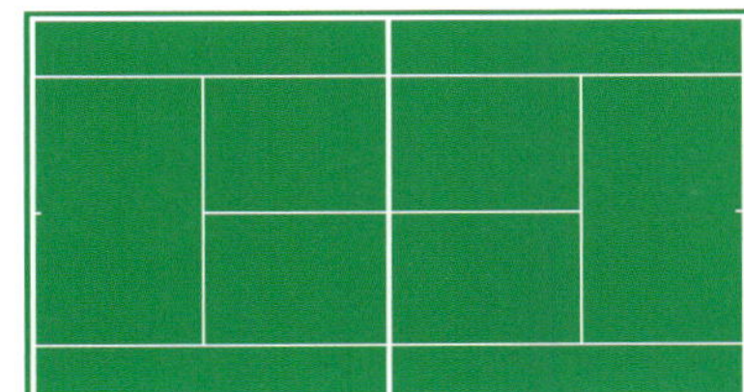

RASENPLATZ: KATEGORIE 3
Hierzu zählen Rasen- und Kunstrasenbeläge, die sich durch ihre geringe Gleitfähigkeit und häufig unberechenbaren Ballsprung auszeichnen. Die Spieler streben nach möglichst schnellem Punktgewinn.

TECHNOLOGIE

Ein computergestütztes Video-Überwachungssystem aus mehreren Hochgeschwindigkeitskameras zur Ballverfolgung wurde im Grand Slam zum ersten mal bei den US-Open 2006 in Flushing Meadows eingesetzt. Aufgrund des erfolgreichen Einsatzes wurde es 2007 auch bei den Australian Open und in Wimbledon verwendet. Bei den US-Open und den Australian Open darf jeder Spieler pro Satz zwei und pro Tie-Break einen Kamerabeweis einfordern. Behält er recht, behält er sein volles Kontingent an Veto-Möglichkeiten.

SCHARFER BLICK
Im Zweifelsfall wird eine 3D-Simulation per »Hawk-Eye«-System (Falkenauge) auf Großleinwand abgespielt, sodass Spieler und Zuschauer sehen können, ob ein Ball zurecht »aus« gewertet wurde.

INSIDER-STORY

Nach derzeitigem Forschungsstand geht Tennis auf ein Spiel zurück, das französische Mönche im 11. oder 12. Jh. erfanden. Der Name Tennis stammt vom französischen Wort »tenez«, »halten« zurück, da die Mönche »haltet die anderen Bälle zurück« gerufen haben sollen, bevor sie mit der Hand aufschlugen.

DACHVERBAND
Die International Tennis Federation (ITF) ist der regelgebende Dachverband in der Welt des Tennis. Sie zählt mehr als 200 nationale Verbände zu ihren Mitgliedern.

SPIELERVEREINIGUNGEN
Die Association of Tennis Professionals (ATP) wurde 1972 gegründet, um die Interessen der männlichen Tennisprofis zu schützen. Die Women's Tennis Association gründete sich 1973.

STATISTIK

GRAND SLAM EINZELSIEGE – HERREN

SPIELER (LAND)	SIEGE/NIEDERL.
ROGER FEDERER (SUI)	17/7
PETE SAMPRAS (USA)	14/4
RAFAEL NADAL (ESP)	13/6
ROY EMERSON (AUS)	12/3
ROD LAVER (AUS)	11/6
BJÖRN BORG (SWE)	11/5
BILL TILDEN (USA)	10/5
IVAN LENDL (CZE/USA)	8/11
KEN ROSEWALL (AUS)	8/8

GRAND SLAM EINZELSIEGE – DAMEN

SPIELERIN (LAND)	SIEGE/NIEDERL.
MARGARET SMITH COURT (AUS)	24/5
STEFFI GRAF (GER)	22/9
HELEN WILLS MOODY (USA)	19/3
CHRIS EVERT (USA)	18/16
MARTINA NAVRATILOVA (CZE/USA)	18/14
SERENA WILLIAMS (USA)	17/4
BILLIE JEAN KING (USA)	12/6
MONICA SELES (YUG/USA)	8/4
MAUREEN CONNOLLY BRINKER (USA)	9/0

GRAND SLAM SIEGE – HERREN

SPIELER (LAND)	JAHR
ROD LAVER (AUS)	1962, 1969
DON BUDGE (USA)	1938

GRAND SLAM SIEGE – DAMEN

SPIELERIN (LAND)	JAHR
STEFFI GRAF (GER)	1988
MARGARET SMITH COURT (AUS)	1970
MAUREEN CONNOLLY BRINKER (USA)	1953

RANGLISTE ATP-PREISGELDER (US-$)

SPIELER (LAND)	GEWINN
ROGER FEDERER (SUI)	81 245 913
RAFAEL NADAL (ESP)	68 840 345
NOVAK DJOKOVIC (SRB)	61 215 267
PETE SAMPRAS (USA)	43 280 489
ANDRE AGASSI (USA)	31 152 975
ANDY MURRAY (GBR)	30 968 220
BORIS BECKER (GER)	25 080 956
JEWGENI KAFELNIKOW (RUS)	23 883 797
DAVID FERRER (SPA)	22 975 724
IVAN LENDL (USA)	21 262 417
ANDY RODDICK (USA)	20 637 390
STEFAN EDBERG (SWE)	20 630 941
LLEYTON HEWITT (AUS)	20 133 139
GORAN IVANISEVIC (CRO)	19 878 007
MICHAEL CHANG (USA)	19 145 632

REAL TENNIS

ÜBERBLICK

Real Tennis ist der Vorläufer des modernen Rasentennis (siehe S. 182–187) und ein reines Hallenspiel für zwei (Einzel) oder vier (Doppel) Spieler. Ziel ist es, den Ball so über das Netz in der Mitte zu spielen, dass er nicht returniert werden kann. Das viele Jahrhunderte alte Spiel erreichte im 16. und 17. Jh. höchste Popularität. Auch wenn es heute als Elitesport gilt, sind Gäste, die es einmal ausprobieren möchten, in jedem Tennisclub mit Real-Tennisplatz willkommen. Viele der führenden Profis im Real Tennis sind ehemalige Spieler aus dem Rasentennis.

DER PLATZ

Die Plätze sind nicht einheitlich, haben aber gemeinsame Merkmale. Das Spielfeld ist von vier Wänden umgeben und überdacht. An drei Wänden gibt es schräge Vordächer, die »Penthouse« heißen. Es gibt eine Aufschlagseite (»Service-End«) und eine Annahmeseite (»Receiving-« oder »Hazard-End«). In der Wand links des Aufschlägers gibt es Fenster, die als Zuschauergalerie dienen und in die der Ball gespielt werden darf. Das Fenster in der Wand hinter dem Aufschläger heißt »dedans« (fr. »hinein«) und muss vom Gegenspieler getroffen werden, damit er das Aufschlagrecht erhält. Auf der Gegenseite liegen ein Vorsprung namens »Tambour« und der »Grille«.

Spielball
Der Ball hat einen mit Stoffband umwickelten Korkkern und ist mit einem handgenähten Filzmantel überzogen. Er hat einen Durchmesser von 6,4 cm und ist schwerer und weniger flexibel als ein Ball im Rasentennis.

Der Schläger
Der Schläger besteht aus Holz und ist sehr dicht bespannt. Der Schlägerkopf ist leicht zu einer Seite geneigt, um Schläge aus Bodenhöhe und aus den Ecken zu erleichtern. Seine Gesamtlänge beträgt rund 70 cm.

»Winning Gallery«
Von der Aufschlagseite ist jeder Schlag in diese Fenster ein Punkt.

»Service-Penthouse«
Der Aufschläger muss den Ball über dieses Dach zum »Hazard-End« schlagen.

»Service-End«
Die Zuschauer in den »dedans« hinter dem Aufschläger sind durch ein Netz geschützt.

»Floor Chase Line«
Während einer »chase« (Jagd), wenn die Spieler um den Gewinn der Aufschlagseite kämpfen, helfen die Bodenlinien zu erkennen, wo der Ball aufgekommen ist.

SPORTLERPROFIL

Beim Real Tennis sind ähnliche Spielerqualitäten wie beim »Rasentennis« gefragt. Beim Aufschlag kommt es jedoch mehr auf genaue Platzierung und Effet an als auf Kraft. Da die Spieler auf den harten Plätzen oft nach niedrigen Bällen tauchen müssen, werden Beine und vor allem Knie stark belastet.

Sportbekleidung
Ein Polohemd aus Baumwolle und kurze Hosen oder Rock; teilweise ist weiße Kleidung vorgeschrieben.

FAKTEN

- Es gibt nur rund 50 Plätze auf der Welt; Real Tennis ist damit eine der seltensten Sportarten überhaupt.
- Dennoch treten die Profis jährlich bei den Real Tennis Grand Slam-Turnieren Australian Open, British Open, French Open und US-Open sowie alle zwei Jahre zu Weltmeisterschaften an.
- Eine absolute Ausnahmeerscheinung in diesem Sport ist der Australier Robert Fahey, der 2014 seinen 12. Weltmeistertitel erringen konnte – vier mehr als der Franzose Pierre Etchebaster, der zwischen 1928 und 1952 acht Mal den Weltmeistertitel gewann.

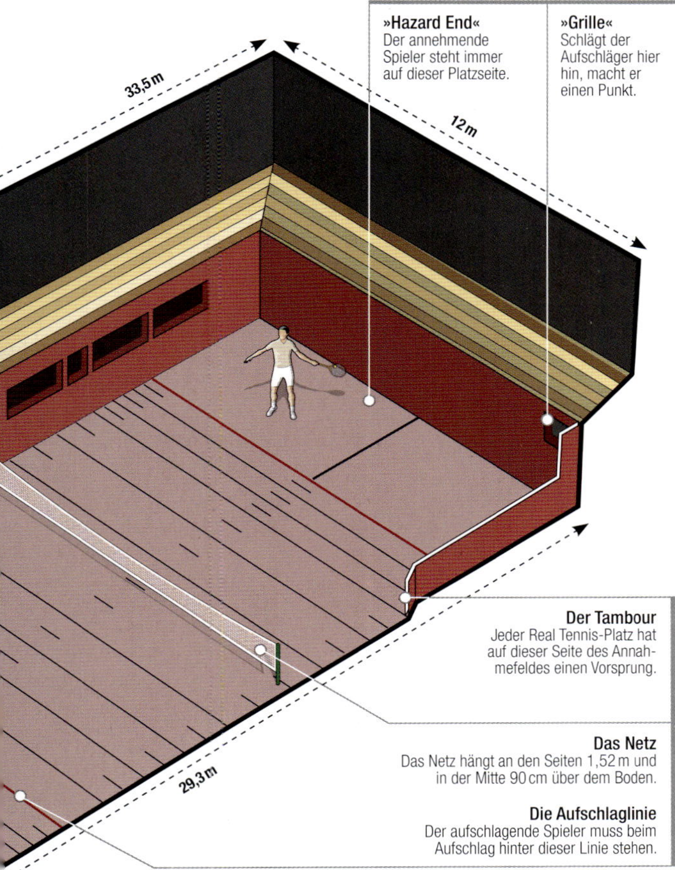
33,5 m
12 m
29,3 m
»Hazard End«
Der annehmende Spieler steht immer auf dieser Platzseite.
»Grille«
Schlägt der Aufschläger hier hin, macht er einen Punkt.
Der Tambour
Jeder Real Tennis-Platz hat auf dieser Seite des Annahmefeldes einen Vorsprung.
Das Netz
Das Netz hängt an den Seiten 1,52 m und in der Mitte 90 cm über dem Boden.
Die Aufschlaglinie
Der aufschlagende Spieler muss beim Aufschlag hinter dieser Linie stehen.

AUF WILDER JAGD

Der Aufschläger (normalerweise durch Schlägerdrehen bestimmt) spielt nur von einem Ende des Spielfeldes. Beim Aufschlag muss der Ball auf der Annahmeseite mindestens ein Mal auf dem Penthouse links des Aufschlägers auftreffen.

Es gibt keine Aufschlagwechsel wie beim Rasentennis. Der Spieler muss sein Aufschlagrecht verdienen. Man braucht vier Punkte, um ein Spiel zu gewinnen, sechs Spiele für einen Satz (selbst bei einem Stand von »fünf beide« gibt es keinen Tie-Break) und drei oder fünf Sätze für den Sieg.

Es gibt zwei Bereiche, in denen der Aufschläger Punkte machen kann, die »Winning Gallery« und den »Grille«. Der annehmende Spieler kann durch Treffen eines großen Fensters (»Dedans«) hinter dem Aufschläger Punkte machen.

Ein Spieler, in dessen Hälfte der Ball zweimal aufkommt, bevor er schlagen kann, verliert den Ballwechsel nicht automatisch. Er wird stattdessen nach einem Seitenwechsel nachgespielt. Der Spieler, der den Ball beim ersten Wechsel verpasst hat, muss nun versuchen, einen Ball zu schlagen, der weiter vom Netz entfernt zwei Mal aufkommt. Dieser Teil des Spiels heißt »chase« (Jagd), wenn der Aufschläger den Ball verpasst hat, und »hazard chase«, wenn der Annehmer ihn nicht bekommen hat.

Ob der Ball weiter hinten aufkommt, lässt sich durch die 90 cm voneinander entfernten Bodenlinien leichter erkennen.

MIT ECKEN UND WINKELN

Effet ist im Real Tennis sehr wichtig und sorgt dafür, dass gerade die langsamen Bälle nicht mehr spielbar sind. Wichtigstes Ziel des Spiels ist aber dennoch, Bälle kraftvoll in die verschiedenen Wandeinbauten zu spielen. Ein vom Tambour abprallender Ball ist unberechenbar und daher oft unerreichbar. Auch Schläge in den »Nick« (Ecke zwischen Wand und Boden) und harte Schläge auf »Dedans«, »Winning Gallery« und »Grille« sind nicht returnierbar.

SOFT TENNIS

ÜBERBLICK

Dies ist eine Variante des Rasentennis, die drinnen wie draußen gespielt wird. Den wichtigsten Unterschied bildet der Ball, der sehr weich ist. Daher ist das Spiel durch lange Ballwechsel und nicht durch kurzes, hartes Serve-and-Volley-Spiel geprägt.

Jeder beliebige Schläger
Die Spielfläche muss auf beiden Seiten identisch sein, ansonsten ist alles erlaubt. Der Schläger kann jegliche Form und Größe haben, aus jeglichem Metall gefertigt und beliebig schwer oder leicht sein. Auch für die Saiten gibt es nur wenige Vorschriften, solange der Ball nicht völlig unberechenbar von ihnen abspringt.

FAKTEN

- Am beliebtesten ist Soft Tennis in Japan und Taiwan, aber es findet weltweit immer mehr Anhänger unter Sportlern, denen Tennis zu schnell ist.
- Aufgrund seiner großen Beliebtheit in Asien ist Soft Tennis seit 1994 offiziell bei den Asien-Spielen vertreten.

KURZ-REGELN

Der Aufschlag kann tief oder hoch gespielt werden. Spiele werden wie im Tennis gezählt. Im Einzel gibt es »Bester aus sieben«-, und im Doppel »Bester aus neun«-Sätze. Der Tie-Break setzt dann beim Stand 3:3 bzw. 4:4 ein.

Anforderungen an den Ball
Der Ball ist hohl und aus Gummi und hat einen Durchmesser von 6,6 cm. Die International Soft Tennis Federation gibt vor, dass der Ball »grundsätzlich weiß« sein sollte, es wird aber häufig mit gelben und manchmal mit roten Bällen gespielt.

TISCH-TENNIS

FAKTEN

- Tischtennis wurde 1988 olympische Sportart. Der Medaillenspiegel wird von China angeführt.
- Bei harten Schlägen kann der Ball im Tischtennis über 160 km/h erreichen.
- Mit 300 Millionen Spielern ist Tischtennis wohl das beliebteste Rückschlagspiel der Welt. Besonders populär ist es in asiatischen Ländern wie China und Korea.
- Tischtennis ist schnell: Bei einem Damenmatch 1973 wurden in 60 Sekunden 173 Ballberührungen gezählt.

ÜBERBLICK

Das auch Ping-Pong genannte Spiel ist sehr schnell und anstrengend. Männer und Frauen bestreiten Einzel- wie Doppelwettbewerbe. Die Spieler machen Punkte, indem sie den leichten Ball so über das Netz spielen, dass der Gegner ihn nicht returnieren kann oder einen Fehler macht. Die meisten Partien sind kurz und energiegeladen. Die Regeln bieten Möglichkeiten, zu lang andauernde Spiele abzukürzen.

SPORTLERPROFIL

Tischtennisspieler benötigen ein schnelles Reaktionsvermögen, eine hervorragende Hand-Augen-Koordination und eine starke, dehnbare Beinmuskulatur. Sie müssen sich auf kurzen Distanzen extrem schnell und wendig bewegen können. Auf Schultern, untere Rückenpartie und Knie müssen sie besonders achten, da es in diesen Bereichen häufig zu Verletzungen kommt. Zum Training gehören Sprung- und Gewichttraining, Sprints und regelmäßige Ausdauerläufe.

Streifenfrei
Die Sohlen der Tischtennisschuhe dürfen auf dem Hallenboden keine Streifen hinterlassen.

DIE PLATTE

Tischtennistische bestehen aus Hartfaserplatten und sind mit einer reibungsarmen Beschichtung versehen. Sie sind normalerweise dunkelgrün, können aber auch blau oder schwarz sein. Das Netz ragt an beiden Seiten 15,25 cm hoch über den Tisch. Die Mittellinie gibt an, in welchem Feld der Aufschlag beim Doppel landen muss: im jeweils rechen Feld auf der Aufschlag- wie Annahmeseite (beim Einzel darf er überall aufkommen).

SPIELVERLAUF

Partien werden mit drei oder vier Gewinnsätzen gespielt. Ein Satz endet bei 11 Gewinnpunkten oder, ab 10:10, bei zwei Gewinnpunkten Vorsprung. Das Spiel beginnt mit dem Aufschlag eines Spielers. Der Ball muss dabei aus der offenen Hand und mindestens netzhoch geworfen und dann geschlagen werden. Er muss vor dem Return auf der Aufschlag- wie der Annahmeseite je einmal aufkommen. Er darf aber nicht häufiger aufkommen, bevor der annehmende Spieler ihn zurückschlägt.

Berührt der Ball beim Aufschlag das Netz, landet aber auf der gegenüberliegenden Netzseite, wird der Aufschlag wiederholt. Das Aufschlagrecht wechselt jeweils nach zwei Punkten. Nach jedem Satz werden die Seiten gewechselt.

MARATHON-FINALE

Das Finale des Swaythling-Cups 1936 (der Tischtennis-Mannschaftsweltmeisterschaften) zwischen Ungarn und Österreich entwickelte sich zu einem regelrechten Marathon und dauerte insgesamt drei Tage. Um eine derart verfahrene Patt-Situation in Zukunft zu vermeiden und Tischtennis als Zuschauersport attraktiv zu halten, wurde das Zeitspiel eingeführt. Dauert ein Satz länger als 10 Minuten, verliert der Aufschlagende den Punkt an seinen Gegenspieler, wenn dieser es schafft, den Ball 13 Mal zurückzuschlagen.

REGELN

Es ist erlaubt, den Ball um das Netz herum auf die andere Tischseite zu spielen. Volleyschläge sind nicht erlaubt, der Ball muss erst aufspringen. Ein Spieler, der den Tisch während des Spiels mit seiner freien Hand berührt, verliert den Punkt.

Bei Doppelspielen müssen die Partner abwechselnd spielen, sie dürfen nicht zweimal schlagen. Daher ist beim Doppel ein schneller Platzwechsel wichtig, damit der Mitspieler vor der Mittellinie in Position gehen kann. Hier hat er die größten Chancen, den Ball auf beiden Tischhälften gut erreichen zu können.

Leichte Kleidung
Beim Tischtennis werden Polohemden und kurze Hosen oder Röcke getragen.

Sehr leichter Ball
Der Tischtennisball ist eine mit Gas gefüllte Kugel aus Zelluloid. Er hat einen Durchmesser von 4 cm und wiegt gerade einmal 2,7 g.

Gerades Netz
Das Netz ist straff gespannt, sodass es über die gesamte Breite dieselbe Höhe hat.

Auf der Kante
Solange der Ball die Oberseite des Tischs inklusive der weißen Oberkante berührt, ist er nicht »aus«.

NICHT SO SCHNELL

Das »Hartschlägerspiel« zielt auf ein langsameres Spiel ab und wird als Rückkehr zum traditionellen Tischtennis gesehen. Schlägerbeläge sind nicht erlaubt, was Anschneiden erschwert. Die Spieler zielen darauf ab, den Gegner in eine ungünstige Position zu drängen, damit er nicht mehr returnieren kann.

INSIDER-STORY

Das Spiel soll im 19. Jh. vom Tennis inspiriert worden sein, als die Spieler bei schlechtem Wetter im Haus trainierten. Sie nutzten Zigarrenkisten als Schläger, runde Korken als Bälle und Bücher als Netz. Diese frühe Form des Tischtennis hatte viele Namen, wie z. B. »Whiff-Whaff«.

INTERNATIONAL TABLE TENNIS FEDERATION
Der internationale Dachverband ITTF wurde 1926 von Österreich, England, Deutschland und Ungarn gegründet und zählt heute 218 nationale Tischtennisverbände zu seinen Mitgliedern.

ALLES FEST IM GRIFF

Es gibt viele mögliche Schlägerhaltungen, sie lassen sich aber grob in zwei Kategorien einteilen: den »konventionellen« (orthodoxen) und den »Penholder«-Griff. Zudem gibt es einen V-Griff, bei dem das Schlägerholz zwischen Zeige- und Mittelfinger liegt.

SCHLÄGERHOLZ
Der Schläger besteht aus Griff und Schlägerholz. Es ist aus Schichtholz gefertigt und darf beliebig groß und schwer sein. Seine Form kann quadratisch, oval oder rund sein. Der Belag darf pro Seite eine Dicke von 4 mm nicht überschreiten.

Gummibelag
Vorder- und Rückseite dürfen unterschiedlich dick sein und dürfen Noppen haben oder glatt sein. Sie müssen unterschiedliche Farben haben.

VORDERSEITE

RÜCKSEITE

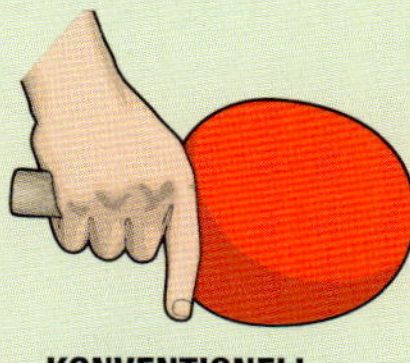

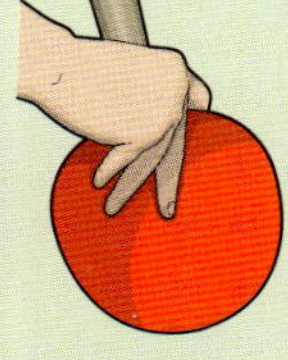

»KONVENTIONELL«
Die konventionelle Griffart ist die natürlichste und daher am weitesten verbreitet.

»PENHOLDER«
Der Schlägergriff wird wie ein Stift zwischen Daumen und Zeigefinger gehalten.

SCHLÄGE UND ANGESCHNITTENE BÄLLE

Starkes Schlagspiel (Schmettern) ist beim Tischtennis wichtig, aber der Schlüssel des modernen Spiels sind angeschnittene Bälle. Der Ball ist so leicht, dass er sich einfach in Rotation versetzen lässt, wodurch er auf der gegnerischen Seite unberechenbar abspringt. Der Trick besteht darin, Art und Stärke des Spins zu verbergen.

UNTERSCHNITT
Für den unterschnittenen Ball (Backspin) wird der Ball mit der unteren Hälfte des nach hinten gekippten Schlägers gespielt. Das verlangsamt ihn, sodass er so wenig wie möglich von der gegnerischen Tischseite abspringt.

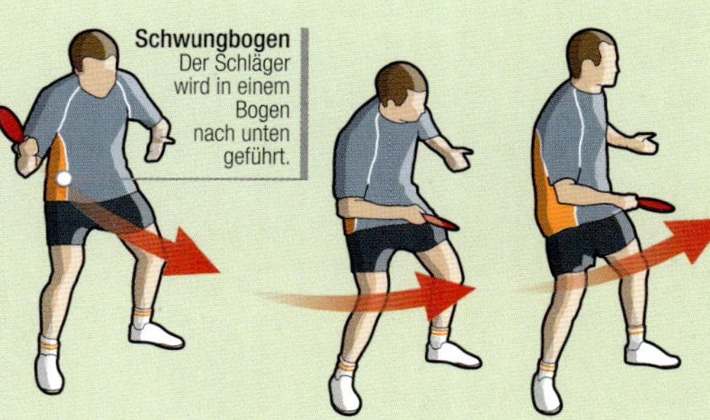

Schwungbogen
Der Schläger wird in einem Bogen nach unten geführt.

VORHAND
Dies ist der offensivste Schlag im Repertoire jedes Spielers, bei dem der Ball mit höchster Geschwindigkeit geschlagen wird. Der Spieler kann ihm Topspin verleihen und durch Drehung der Handgelenks eine unerwartete Flugrichtung geben.

Aufwärts
Die Schlägerkante zeigt schräg nach oben.

RÜCKHAND-TOPSPIN
Diese Schlagtechnik ist das Gegenstück zum unterschnittenen Ball. Der Ball wird mit nach vorne gekipptem Schläger gespielt. Der Topspin verursacht eine flache Flugbahn, wodurch der Ball kurz hinter dem Netz herabfällt, nur niedrig abspringt und so schwer zu returnieren ist.

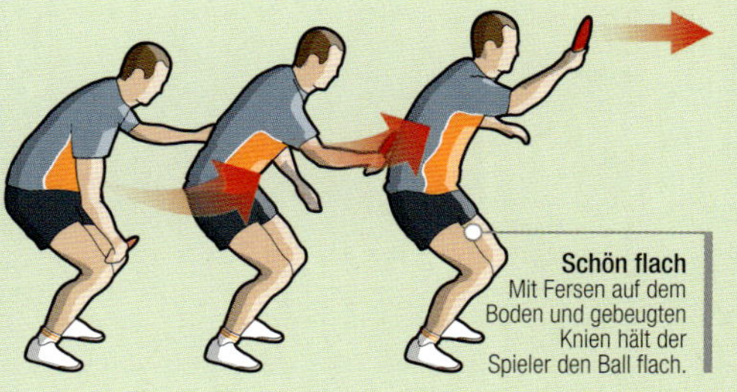

Schön flach
Mit Fersen auf dem Boden und gebeugten Knien hält der Spieler den Ball flach.

BADMINTON

ÜBERBLICK

Badminton wird als Einzel und im Doppel gespielt. Die Spieler versuchen dabei, den konischen Federball so über das Netz zu schlagen, dass der Gegenspieler ihn nicht zurückschlagen kann. Der sehr leichte, aerodynamisch geformte Federball ermöglicht ein sehr elegantes Spiel, aber auch plötzliche Schnelligkeit und einzigartige Schmetterbälle.

Der Schläger
Profischläger bestehen aus einem Karbon-Verbundstoff, der steif, strapazierfähig und mit nur 75 g sehr leicht ist. Die Saiten sind meist aus Synthetik.

DAS SPIELFELD

Der Bodenbelag des Spielfelds besteht aus federnd gelagertem Holz mit Kunststoffbelag oder Hartholzparkett. Die Spielfeldgrenzen für Einzel und Doppel sind mit weißen Linien markiert. Der Federball fliegt sehr schnell, aber nicht weit, sodass das Spielfeld relativ klein ist. Daher sind auch kleine Hallen gut für Badminton geeignet.

SPORTLERPROFIL

Top-Spieler legen während eines Matches 1,6 km zurück. Das Spiel erfordert also eine gute Beinmuskulatur. Neben dem Sprinttraining ist die Fußarbeit das Wichtigste: Die Athleten trainieren schnelle Richtungswechsel und starke Beschleunigung auf kurzen Strecken. Der Federball hat eine ganz andere Flugbahn als ein Ball, sodass sich die Schlagtechniken stark von denen der anderen Rückschlagspiele unterscheiden.

Leichte Kleidung
Beim Badminton werden leichte Baumwollhemden und kurze Hosen oder Röcke getragen.

Kräftige Beinarbeit
Schnelle Sprints über den Platz und Sprünge nach hohen Bällen erfordern eine kräftige Beinmuskulatur.

Tragende Rolle
Viele Spieler bandagieren ihre Knie, um sie bei schnellen Bewegungen auf dem Hallenboden zu schützen.

Keine Streifen
Badmintonschuhe haben Sohlen, die keine Streifen auf dem Boden hinterlassen. Die Spieler tragen fast immer Socken, um Blasen vorzubeugen.

FAKTEN

- Nach Fußball als beliebtester Sportart liegt Badminton auf Platz zwei. Vor allem in Malaysia und Indonesien erfreut es sich enormer Popularität.
- Badminton ist das schnellste Rückschlagspiel der Welt: Den Weltrekord für den schnellsten Aufschlag hält Tan Boon Heong mit 493 km/h.

GEWUSST?

16 Aus so vielen Gänsefedern besteht der olympische Federball.

332 Die höchste je in einem Turnier-Match gemessene Geschwindigkeit eines Federballs.

13,5 So viele Schläge hat ein durchschnittlicher Ballwechsel im Badminton. Im Tennis sind die Ballwechsel mit durchschnittlich 3,4 Schlägen um einiges kürzer.

42 So hoch ist der Anteil (in Prozent) der von China gewonnenen Goldmedaillen – bei Männern und Frauen, im Einzel, Doppel und Mixed –, seit Badminton 1992 olympische Sportart wurde.

AUFSCHLAGREGELN

Der Federball muss beim Aufschlag in das diagonal gegenüberliegende, durch die Mittellinie begrenzte Spielfeld gespielt werden. Der Aufschläger muss dabei mit beiden Füßen auf dem Boden stehen und den Aufschlag unterhand (unterhalb der Taille) schlagen. Rechtes und linkes Aufschlagfeld werden abwechselnd genutzt. Das Aufschlagrecht wechselt nach jedem der ersten beiden Sätze und in der Mitte des dritten Satzes.

WOHER STAMMT DER NAME?

1873 brachte der Duke of Beauford das indische Spiel »Poona« mit nach England und spielte es auf seinem Landsitz im Ort Badminton in Gloucestershire.

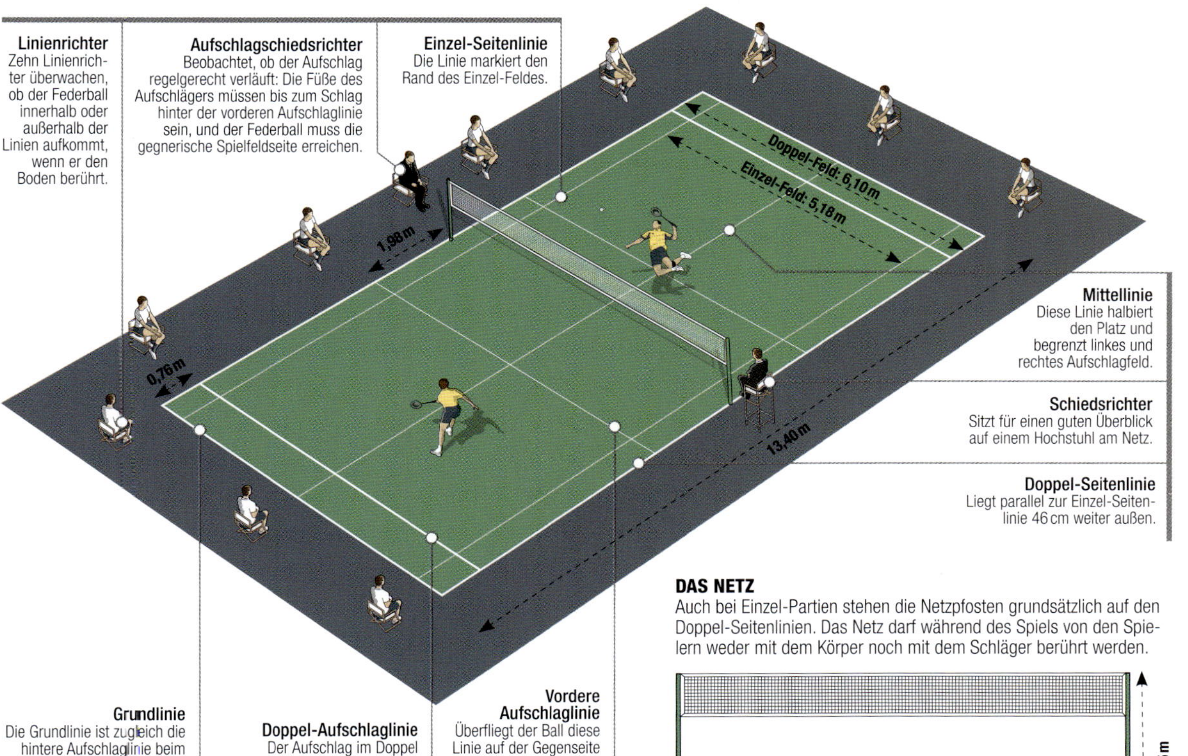
Linienrichter
Zehn Linienrichter überwachen, ob der Federball innerhalb oder außerhalb der Linien aufkommt, wenn er den Boden berührt.
Aufschlagschiedsrichter
Beobachtet, ob der Aufschlag regelgerecht verläuft: Die Füße des Aufschlägers müssen bis zum Schlag hinter der vorderen Aufschlaglinie sein, und der Federball muss die gegnerische Spielfeldseite erreichen.
Einzel-Seitenlinie
Die Linie markiert den Rand des Einzel-Feldes.
Doppel-Feld: 6,10 m
Einzel-Feld: 5,18 m
1,98 m
0,76 m
13,40 m
Mittellinie
Diese Linie halbiert den Platz und begrenzt linkes und rechtes Aufschlagfeld.
Schiedsrichter
Sitzt für einen guten Überblick auf einem Hochstuhl am Netz.
Doppel-Seitenlinie
Liegt parallel zur Einzel-Seitenlinie 46 cm weiter außen.
Grundlinie
Die Grundlinie ist zugleich die hintere Aufschlaglinie beim Einzel. Fällt der Ball auf die Linie, ist er nicht »aus«.
Doppel-Aufschlaglinie
Der Aufschlag im Doppel muss vor dieser Linie aufkommen.
Vordere Aufschlaglinie
Überfliegt der Ball diese Linie auf der Gegenseite nicht, geht der Punkt an die Gegenpartei.

DAS NETZ

Auch bei Einzel-Partien stehen die Netzpfosten grundsätzlich auf den Doppel-Seitenlinien. Das Netz darf während des Spiels von den Spielern weder mit dem Körper noch mit dem Schläger berührt werden.

1,55 m
6,10 m

DAS SPIEL

Die Partien werden über zwei Gewinnsätze gespielt. Gewinnt der Aufschläger den Ballwechsel, macht er einen Punkt und schlägt aus dem anderen Aufschlagfeld erneut auf. Gewinnt die Gegenseite den Ballwechsel, macht sie den Punkt (im Gegensatz zur alten Zählweise vor 2006, nach der nur die aufschlagende Seite punkten konnte). Nach Punktverlust bei eigenem Aufschlag geht das Aufschlagrecht an den nächsten Spieler über – im Einzel also an den Gegenspieler, im Doppel aber je nach Reihenfolge auch an den Aufschlagpartner. Zum Satzgewinn benötigt man 21 Punkte mit zwei Punkten Vorsprung. Ab 20:20 gewinnt der erste Spieler oder das Team, das zuerst zwei Punkte in Folge gewinnt. Bei 29:29 gewinnt die Seite, die den 30. Punkt macht.

PUNKTE ERZIELEN

Man holt einen Punkt, indem man den Federball so über das Netz schlägt, dass er den Boden berührt, bevor die Gegenseite ihn zurückschlagen kann oder dabei einen Fehler macht.

Man verliert einen Punkt, wenn der Ball ins oder unter das Netz geht, außerhalb des Spielfelds landet, der Spieler mit Körper oder Kleidung den Ball berührt oder den Ball schlägt, bevor er das Netz überquert hat.

BALL UND SCHLÄGER

Gute Federbälle (Shuttlecocks) wiegen ca. 5 g, bestehen aus 16 Gänsefedern in einem Kork-Kopf und sind sehr empfindlich. Spitzensportler verbrauchen bei einem Match bis zu zehn Bälle. Die Schläger sind sehr stabil und so konstruiert, dass sie die maximale Energie an den Federball weitergeben, um ihn so schnell und weit wie möglich schlagen zu können.

BALLKONTAKT

Der Badminton-Schläger ist mit über Kreuz verwebten Saiten bespannt. Man schlägt mit der Bespannung gegen den runden Kopf des Spielballs.

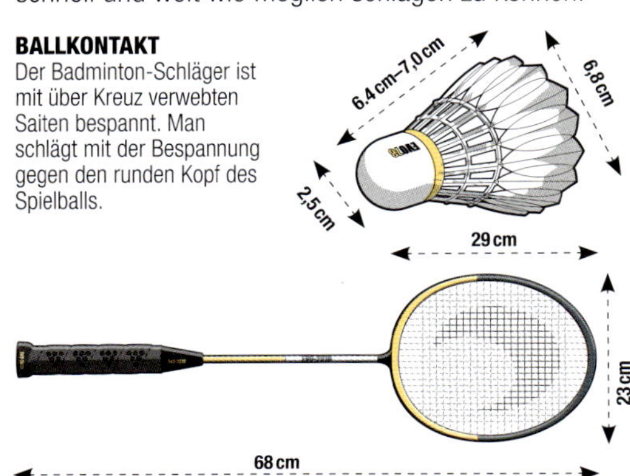
6,4 cm–7,0 cm
6,8 cm
2,5 cm
29 cm
23 cm
68 cm

TAKTIK UND STÄRKE

Die Schlagarten reichen von Drops über hohe Lobs bis hin zu unerreichbaren Schmetterschlägen. Mit Taktik oder Kraft versuchen Spieler, den Gegenspieler zu einem Fehler zu verleiten. Beim Aufschlag steht der Spieler hinter der vorderen Aufschlaglinie. Danach darf der Ball von überall gespielt werden.

ZENTRALE POSITION

Die taktisch beste Position, um praktisch alle Bälle zu erreichen, ist an der Mittellinie etwa in der Mitte des Feldes. Die Spieler versuchen, diese Position nach jedem Schlag wieder zu erreichen und setzen oft Lobs ein, um Zeit für die Rückkehr an diese Stelle zu gewinnen.

Hüfthöhe
Der Federball muss unter Hüfthöhe gespielt werden.

AUFSCHLAG
Beim Aufschlag müssen der Arm unter Schulterhöhe und die Füße am Boden bleiben. Überkopf-Aufschläge wie im Tennis sind nicht erlaubt; der Schläger muss unterhalb des Handgelenks bleiben.

Offener Schlag
Der Ball wird mit der Vorhand auf eine hohe Flugbahn geschickt.

UNTERHAND-CLEAR
Ein hoher, kräftig mit der Vorhand geschlagener Lob, der zum Punktgewinn hinter dem Gegenspieler ins Feld fallen soll. Solche »Befreiungsschläge« können auch mit der Rückhand gespielt werden.

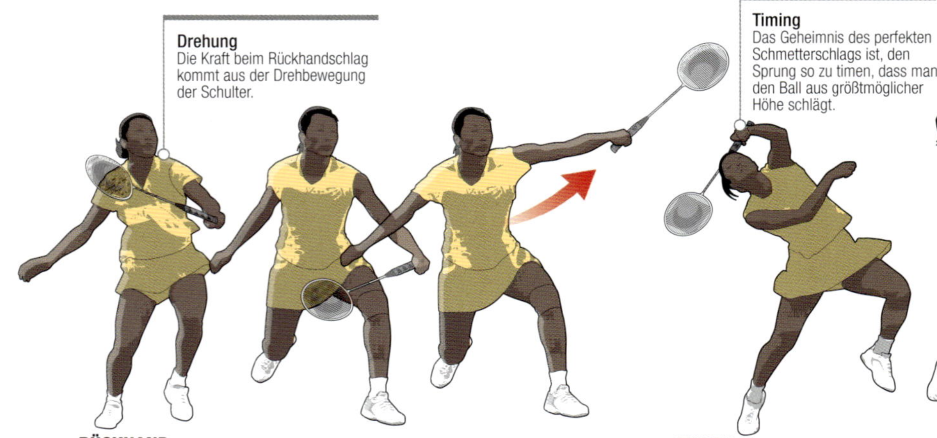

Drehung
Die Kraft beim Rückhandschlag kommt aus der Drehbewegung der Schulter.

RÜCKHAND
Rückhandschläge sind meist nicht so kraftvoll, wie Vorhandschläge und werden daher defensiv eingesetzt, um den Gegner aus der Position zu locken. Diagonal gespielte Drives oder Drops sind gute Punktschläge, wenn der Gegner nicht damit rechnet.

Timing
Das Geheimnis des perfekten Schmetterschlags ist, den Sprung so zu timen, dass man den Ball aus größtmöglicher Höhe schlägt.

SMASH
Der offensivste Schlag im Badminton, bei dem der Ball mit hoher Geschwindigkeit direkt auf den Boden des gegnerischen Felds geschlagen wird. Er wird häufig aus dem Sprung gespielt, um einen höheren Winkel zum Netz zu erreichen.

INSIDER-STORY

Die erstmals 1977 ausgetragenen Badminton-Weltmeisterschaften werden seit 2006 jährlich ausgespielt. Die angesehenen All-England Championships, die als inoffizielle Weltmeisterschaften gelten, gibt es bereits seit 1899.

DACHVERBAND
Der 1934 als International Badminton Federation gegründete Verband hat heute als Badminton World Federation mehr als 175 Mitglieder und organisiert sechs Großturniere in aller Welt. Nach über 70 Jahren hat er seinen Hauptsitz 2005 von England nach Malaysia verlegt.

BESTENLISTE ALL-ENGLAND-EINZELTITEL

SPIELER (LAND)	M/W	JAHR	SIEGE
JUDY HASHMAN (GEB. DEVLIN) (USA)	W	1954–1967	10
RUDY HARTONO (INA)	M	1968–1976	8
ERLAND KOPS (DEN)	M	1958–1967	7
FRANK DEVLIN (IRE)	M	1925–1931	6
ETHEL B. THOMSON (GBR)	W	1900–1910	5
F. G. BARRETT (GBR)	W	1926–1931	5
RALPH NICHOLLS (GBR)	M	1932–1938	5
SUSI SUSANTI (INA)	W	1990–1994	4
MORTEN FROST (DEN)	M	1982–1987	4

JIAN ZI

ÜBERBLICK

Jian Zi (auch Federfußball, Shuttlecock) wird in der Halle und draußen, als Einzel, Doppel oder Mannschaftssport, von Frauen und Männern gespielt. Der Chapteh (Federfußball) darf mit allen Körperteilen außer Armen und Händen gespielt werden und bringt einen Punktgewinn, wenn der Gegner ihn nicht erreicht.

ALLSEITS BELIEBT

Häufig wird Federfußball auf Badmintonfeldern gespielt. Der Chapteh muss nach jeder Berührung das Netz passieren. Eine andere Spielvariante hat eine Linie anstelle des Netzes. Teils wird sogar ohne Feld gespielt. Als entspannter Freizeitsport erinnert es an Fußball-Jonglieren, bei dem der Fußball den Boden nicht berühren darf. Es wird in Asien viel in Parks gespielt und ist bei Jung und Alt beliebt.

MANNSCHAFTSSPORT

Bei Einzel-Partien dürfen die Spieler den Ball zweimal hintereinander berühren. Bei Mannschaften hat jedes Team vier Ballberührungen. Es gibt unterschiedliche Mannschaftsstärken, doch meist bestehen sie aus sechs Spielern, von denen immer drei auf dem Feld und drei Ersatzspieler sind. Wer 21 Punkte hat, gewinnt das Spiel.

GUTE FUSSARBEIT

Die Spieler dürfen den Federfußball mit allen Körperteilen außer Händen und Armen berühren, nutzen aber hauptsächlich die Füße. Mit der ersten Berührung bringen sie ihn meist unter Kontrolle und spielen ihn mit der zweiten an einen Mitspieler oder über das Netz. Meist wird der Ball mit der Innenkante des Fußes gespielt, teils aber auch mit den Zehenspitzen oder (z.B. beim »Snake Kick«) mit der Sohle. Am Netz wird der Federfußball durch den Gegner gerne mit der Brust geblockt. Fällt er dann über das Netz zurück und berührt den Boden, führt das zu einem Punktgewinn.

Kleidung
Beim Federfußball werden leichte Baumwollhemden und kurze Hosen oder Röcke getragen. Bei Turnieren tragen die Mannschaften einheitliche Farben.

Schuhe für gutes Ballgefühl
Die Schuhe haben flache Sohlen und sind zur besseren Kontrolle des Balls recht dünn.

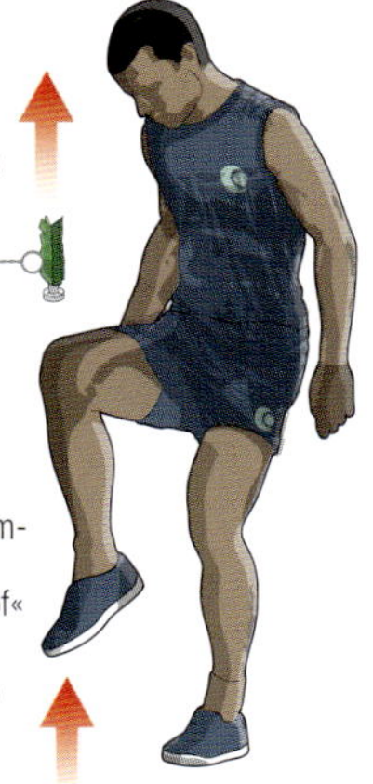

Federball
Statt des Chapteh wird in Europa oft der Badminton-Federball benutzt.

»LEOPARD HEAD«
Die Ballannahme ist wichtig, um den Ball unter Kontrolle zu bekommen. Bei der Technik namens »Leopardenkopf« stoppt der Spieler den Federball mit dem Knie, um ihn dann zum Kick hochzuschleudern.

Bewegliche Gelenke
Jian Zi wird auch als Fitness- und Beweglichkeitstraining eingesetzt.

»SITTING TIGER«
Beim Spiel mit der Fußinnenkante sind Gelenkigkeit und gute Balance gefragt. Die Spieler trainieren diese wichtige Grundtechnik, die »Sitting Tiger« (sitzender Tiger) heißt, indem sie den Chapteh abwechselnd auf den Füßen jonglieren.

FAKTEN

- Jian Zi heißt auch Federfußball, Shuttlecock, Chinese Hacky Sack, Chapteh und Kinja.
- Die erste bekannte Version des Jian Zi findet sich im 5. Jh. v. Chr. in China. Es soll sich aus einer militärischen Trainingsmethode entwickelt haben.

Gefiederter Ball
Der Federfußball oder Chapteh besteht aus Federn, die auf einem runden Gummifuß befestigt werden.

SPORTLERPROFIL

Ein guter Federfußballspieler muss gut mit seinen Füßen jonglieren können. Koordination, trainierte Muskeln und Fitness sind ebenfalls wichtig, wie auch eine gute Beweglichkeit. Spitzenspieler trainieren regelmäßig mit Gewichten, im Zirkeltraining und mit Dehnübungen. Um das Zusammenspiel einer Mannschaft zu optimieren, braucht es zudem viel Spielerfahrung, denn der Federball hat durch seine spezifische Form ganz eigene Flugeigenschaften, die man berechnen lernen muss.

INSIDER-STORY

Das ursprünglich aus China stammende Spiel ist inzwischen weltweit verbreitet. Führende Nationen sind China und Vietnam. In Europa verzeichnet der Sport besonders in Finnland, Frankreich, Deutschland, Griechenland, Ungarn, den Niederlanden, Rumänien und Serbien Zuwächse.

DACHVERBÄNDE

Die International Shuttlecock Federation (ISF; nach dem engl. Namen des Spiels) wurde 1999 in Vietnam gegründet und zählt heute 26 Mitglieder. Sie richtete 2000 in Ungarn die ersten Weltmeisterschaften aus, bei denen Vietnam die meisten Medaillen holte. Die 2003 gegründete Shuttlecock Federation of Europe (SFE) richtete im gleichen Jahr in Deutschland die erste Europameisterschaft aus.

SPORTLERPROFIL

Squash-Spieler benötigen gute Hand-Augen-Koordination und müssen sehr fit sein. Für die vielen plötzlichen Stopps und Richtungsänderungen brauchen sie zudem belastbare Knie. Squash ist gutes Herz-Kreislauf-Training, aber keine Sportart für Spieler mit Herzproblemen.

Farbkodierte Bälle
Squashbälle sind mit kleinen farbigen Punkten markiert, die angeben, wie schnell sie sind.

Lose sitzende Hemden
Die Spieler tragen meist lose sitzende Baumwollhemden in Farben ihrer Wahl.

Baumwollhosen
Beim Squash werden wie im Tennis meist Baumwoll-Shorts oder -röcke getragen.

Socken
Um Blasen zu vermeiden, tragen die meisten Spieler eng anliegende Socken aus Naturmaterialien.

Squash-Schuhe
Squash-Schuhe haben Absätze und Sohlen, die den Spieler unterstützen, gegen Verletzungen schützen sollen und keine Streifen auf dem Boden hinterlassen.

Augenschutz
Um Verletzungen der Augen vorzubeugen, werden leichte Sportbrillen empfohlen.

Weiter offener Kragen
Hemden mit weitem offenem Kragen geben dem Spieler mehr Bewegungsfreiheit auf dem Platz.

Leichter Schläger
Gute Spieler bevorzugen leichte Schläger, die ihnen ein besseres »Ballgefühl« geben.

SQUASH

FAKTEN

- Squash – früher auch Squash Rackets genannt – wurde in der englischen Eliteschule Harrow im frühen 19. Jh. aus dem älteren Rackets-Spiel entwickelt.
- Squash wird in über 150 Ländern gespielt. Es gibt weltweit schätzungsweise 125 000 Plätze. Seit Beginn des 21. Jh. kommen jährlich rund 2000 neue Plätze hinzu.
- Die meisten Spitzensportler kommen jedoch weiterhin aus nur wenigen Ländern, wie Ägypten, Pakistan, Großbritannien, Australien, Neuseeland, Frankreich und Malaysia.

ÜBERBLICK

Squash ist normalerweise ein Spiel für zwei Spieler, es gibt aber auch größere Doppel-Courts. Partien werden mit zwei Gewinnsätzen bzw. auf internationaler Ebene mit drei Gewinnsätzen entschieden. Je nach Zählart benötigt ein Spieler neun oder elf Punkte für den Satzgewinn. Die Spieler schlagen abwechselnd den Ball, der den Boden zwischen zwei Schlägen nur einmal berühren darf. Der Ball darf Seitenwände und Rückwand unterhalb der oberen Markierungen treffen und muss die Stirnwand über der unteren Quermarkierung treffen, die »Tin« genannt wird. Aufgrund der kleinen Court-Größe kommt es häufig zu Zusammenstößen und dementsprechend häufig zu einem »Let« (Wiederholung eines Ballwechsels).

GEWUSST?

17 So oft konnte Jahangir Khan aus Pakistan im Finale großer internationaler Squashturniere immer denselben Gegner, nämlich den Australier Chris Dittmar schlagen. Diese Erfolgsserie begann 1987. Khan, der sich 2001 zurückzog, gilt als einer der besten Squashspieler aller Zeiten.

281 km/h - so schnell war der schnellste je gemessene Squashball. Er wurde 2011 von dem Australier Cameron Pilley geschlagen.

700–1.000 So viele Kalorien kann ein Spieler während einer Squash-Partie verbrauchen – eine der gesündesten Sportarten.

2.666 Die höchste, je gezählte Schlagzahl in einem einzigen Ballwechsel. Der fand aber nicht während eines Spiels statt, sondern bei einem Rekordversuch 2004 auf der britischen Kanalinsel Jersey. Es gab also weder Gewinner noch Verlierer. Die beiden Spieler hörten nach den vereinbarten 60 Minuten auf, sie hätten aber auch noch weiter spielen können.

DER SQUASH-COURT

Die Abbildung unten zeigt die Abmessungen eines normalen Einzel-Squash-Courts. Bei hochrangigen Turnieren sind alle Wände aus Sicherheitsglas, um Fernsehübertragungen zu ermöglichen. Der Ball darf unterhalb der Auslinie alle Wände berühren, auch die Rückwand. Die Tin-Leiste ist eine Metallverkleidung. Schlägt der Ball darauf auf, sagt das Geräusch Spielern wie Offiziellen eindeutig, dass der Ball zu »tief« war.

SPIELVORBEREITUNG

Vor jedem Match spielen die Spieler sich und den Ball in einer fünfminütigen Einspielphase warm. Nach der Hälfte der Einspielzeit werden die Seiten gewechselt. Ist ein Schiedsrichter anwesend, gibt er dies mit dem Ruf »Halbzeit« und das Ende der Einspielzeit mit dem Ruf »Zeit« bekannt. Der Schiedsrichter kann das Einspielen jederzeit unterbrechen, wenn er das Gefühl hat, dass ein Spieler den anderen beim Aufwärmen behindert und den Platz zu sehr für sich beansprucht.

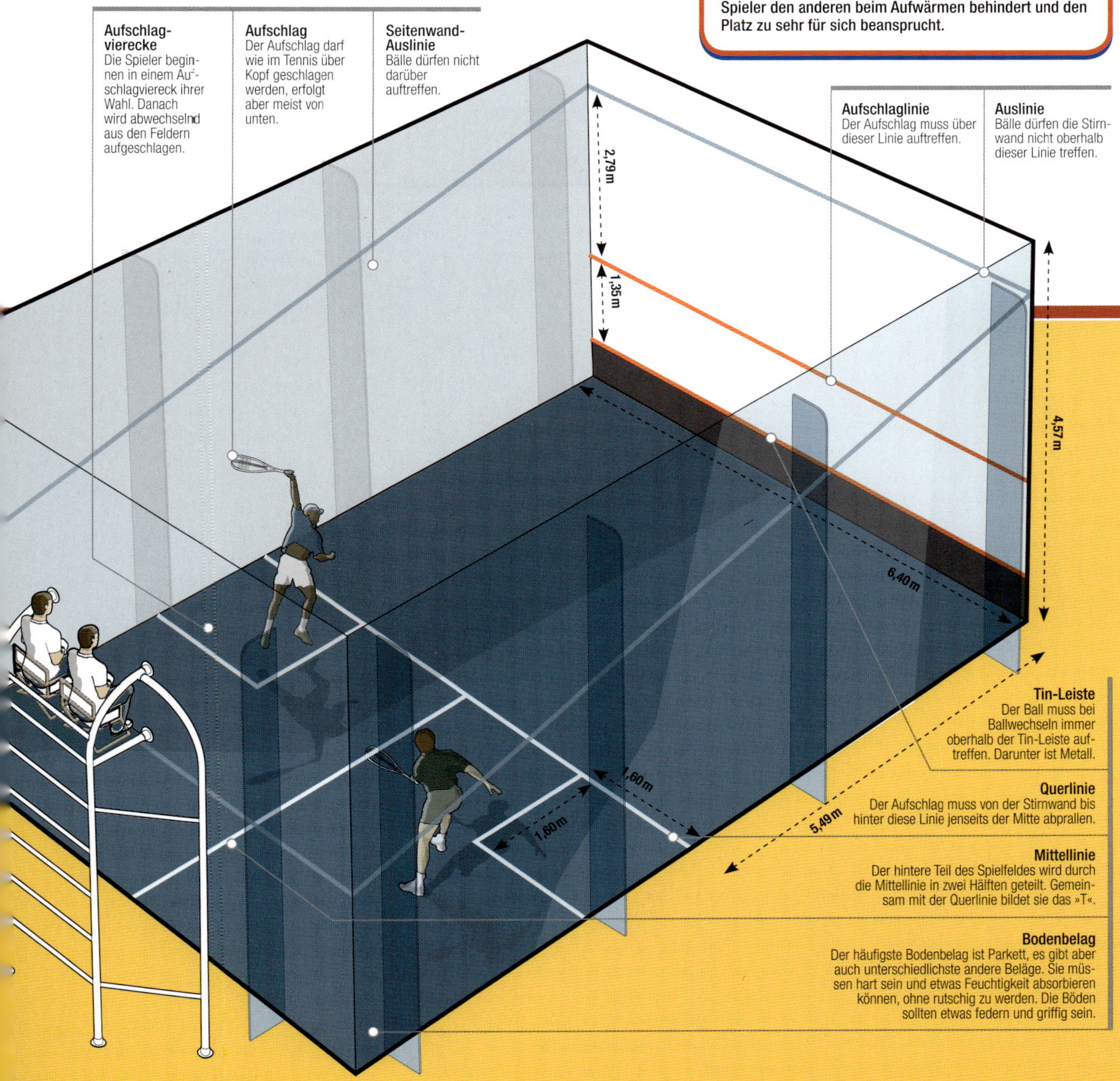

Aufschlag-vierecke
Die Spieler beginnen in einem Aufschlagviereck ihrer Wahl. Danach wird abwechselnd aus den Feldern aufgeschlagen.

Aufschlag
Der Aufschlag darf wie im Tennis über Kopf geschlagen werden, erfolgt aber meist von unten.

Seitenwand-Auslinie
Bälle dürfen nicht darüber auftreffen.

Aufschlaglinie
Der Aufschlag muss über dieser Linie auftreffen.

Auslinie
Bälle dürfen die Stirnwand nicht oberhalb dieser Linie treffen.

2,79 m
1,35 m
4,57 m
6,40 m
5,49 m
1,60 m
1,60 m

Tin-Leiste
Der Ball muss bei Ballwechseln immer oberhalb der Tin-Leiste auftreffen. Darunter ist Metall.

Querlinie
Der Aufschlag muss von der Stirnwand bis hinter diese Linie jenseits der Mitte abprallen.

Mittellinie
Der hintere Teil des Spielfeldes wird durch die Mittellinie in zwei Hälften geteilt. Gemeinsam mit der Querlinie bildet sie das »T«.

Bodenbelag
Der häufigste Bodenbelag ist Parkett, es gibt aber auch unterschiedlichste andere Beläge. Sie müssen hart sein und etwas Feuchtigkeit absorbieren können, ohne rutschig zu werden. Die Böden sollten etwas federn und griffig sein.

GRUNDAUSSTATTUNG

Moderne Schläger werden zumeist aus einem Gemisch aus Kohlefasern und Kevlar oder Titan hergestellt, um sie steifer, leichter, strapazierfähiger und schlagkräftiger zu machen. Die Bespannungshärte ist ein wichtiger Faktor für die Ballkontrolle. Generell gilt, dass Spieler mit hartem Schlag auch mit einer härteren Bespannung spielen. Für die Dicke der Bespannung gilt, dass dünne Saiten für einen kräftigeren Schlag sorgen, da sie sich weiter dehnen, wodurch der Ball weiter fliegt. Anfänger sollten mit einem schnellen, sprungkräftigen Ball spielen. Die Profis spielen mit langsameren Bällen.

SCHUTZ DER AUGEN

Beim Spiel kommt es häufig zu Verletzungen, wenn die Spieler vom Ball oder vom Schläger des Gegenspielers getroffen werden. Daher rät der Squash-Weltverband zum Tragen geeigneter Sportbrillen. Leider tragen bislang nur sehr wenige Profis Brillen, obwohl diese inzwischen für Doppel-Matches und bei den Junioren vorgeschrieben sind.

21,5 cm
68,6 cm
Rahmentiefe
Der Rahmen kann zwischen 7 mm und 26 mm dick sein.
Schlagfläche
Die Schlagfläche darf maximal 500 cm² groß sein.
Schlägergriff
Der Griff kann aus Frottee, Leder oder synthetischen Materialien bestehen.
Hohler Ball
Beim Aufwärmen dehnt sich die Luft im Inneren aus, wodurch er besser springt.
4 cm

SCHLÄGER
Früher bestanden die Schläger aus Schichtholz. Heute werden sie meist aus Kohlefaser gefertigt und haben eine gleichmäßige Bespannung aus Synthetiksaiten. Die Saiten können auch aus Naturdarm sein (für mehr Spin), bestehen aber meist aus Nylon. Ein Squashschläger darf nicht mehr als 225 g wiegen.

SCHNELLIGKEIT

Farbige Punkte auf den normalerweise schwarzen Bällen geben Auskunft über Sprungkraft und Geschwindigkeit.

- **Dunkelgelb – besonders langsam**
- **Gelb – sehr langsam**
- **Grün oder weiß – langsam**
- **Rot – mittel**
- **Blau – schnell**

GUMMIBALL
Der Ball ist hohl und besteht aus zwei verklebten Hälften aus Gummi.

AUFSCHLAG

Das Aufschlagrecht wird zunächst durch Drehen des Schlägers entschieden. Der Spieler mit Aufschlagrecht behält es so lange, bis er einen Ballwechsel verliert. Dann geht das Aufschlagrecht an den Gegenspieler. Der Aufschläger muss beim Aufschlag zumindest mit einem Teil des Fußes innerhalb des Aufschlagvierecks stehen, ohne die Begrenzungslinie zu berühren. Der Ball muss die Stirnwand zwischen Aufschlaglinie und Auslinie treffen und in der anderen Feldhälfte hinter der Querlinie aufkommen. Ansonsten wechselt das Aufschlagrecht sofort.

Am Anfang jedes Satzes oder nach Wechsel des Aufschlagrechts kann der Spieler wählen, aus welchem Aufschlagviereck er aufschlägt. Danach werden sie abwechselnd genutzt. Ausnahme ist ein »Let«: Bei Aufschlagwiederholung muss aus demselben Viereck aufgeschlagen werden. Sind sich die Spieler unsicher, welches Viereck an der Reihe ist, gibt der Punktrichter (Schiedsrichterassistent) das richtige Feld an.

BALLWECHSEL

Die Spieler müssen den Ball abwechselnd gegen die Stirnwand schlagen und diese zwischen der Auslinie und der Tin-Leiste (Brett) treffen. Unterhalb der Auslinie darf der Ball alle Wände berühren, den Boden aber nur einmal pro Schlag. Die Hallendecke gilt als »Aus«.

DAS »T« BEHERRSCHEN

Im Squashspiel dreht sich alles um das »T«, den Punkt, an dem Mittellinie und Querlinie sich treffen. Der Spieler, der das »T« beherrscht, beherrscht auch das Spiel. Denn das »T« ist die ideale Position, um an alle Schläge des Gegners heranzukommen und selbst einen guten Schlag zum Punktgewinn zu platzieren.

DIE WÄNDE NUTZEN

Spieler dürfen eine oder mehrere Wände anspielen, um den Gegner durch schnelle Richtungswechsel zu verwirren oder ins Vorfeld zu locken. Hat er den Gegner in eine schwache Position gebracht, kann der Angreifer mit einem harten Schlag in den freien hinteren Raum zu punkten versuchen. Auch Bälle, die von der Wand abtropfen, sind schwer zu spielen.

GERADER »DRIVE«
Der gerade »Drive« oder »Rail« ist einer der effektivsten Schläge. Der Ball prallt zunächst an der Stirnwand über der Aufschlaglinie ab und trifft dann die Rückwand in Bodennähe. Wird er nicht abgefangen, tropft der Ball die Wand herunter in die Ecke zwischen Wand und Boden und ist praktisch unerreichbar. Ein guter »Drive« hat genügend Länge (bis zur Rückwand) und tropft direkt an der Wand ab.

VORFELDSCHLAG
Squashspieler versuchen, den Gegner von der Idealposition am »T« in der Feldmitte zu verdrängen. Ein Drive, der hoch und kurz vor die Ecke der Seitenwand gespielt wird, verliert beim Aufprall auf die Stirnwand fast all seine Energie und fällt ins Vorfeld. Der als nächstes schlagende Spieler muss vorlaufen, um den Ball zu erwischen, wenn er den Ballwechsel nicht verlieren will.

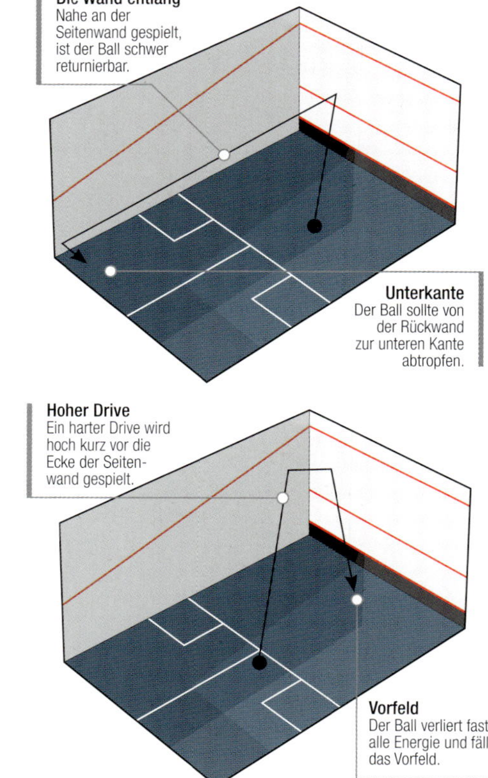

Die Wand entlang
Nahe an der Seitenwand gespielt, ist der Ball schwer returnierbar.
Unterkante
Der Ball sollte von der Rückwand zur unteren Kante abtropfen.
Hoher Drive
Ein harter Drive wird hoch kurz vor die Ecke der Seitenwand gespielt.
Vorfeld
Der Ball verliert fast alle Energie und fällt in das Vorfeld.

PUNKTE ERZIELEN

Man kann im Squash Punkte machen, indem der Gegenspieler den Ball entweder nicht erreicht oder einen »ungültigen« Ball spielt. Ein Ball ist »gültig«, wenn er die Stirnwand zwischen Auslinie und Brett trifft und dann auf den Boden abprallt. Der Ball ist »ungültig«, wenn er z. B. zweimal aufkommt, das Brett trifft oder oberhalb der Auslinie aufkommt.

POINT-A-RALLY-SYSTEM (PARS)

Bei diesem Wertungssystem kann nicht nur der Aufschläger beim Gewinn des Ballwechsels punkten, sondern auch der Gegenspieler. Wer als Erster elf Punkte hat, gewinnt den Satz. Beim Stand von 10:10 gewinnt, wer zuerst zwei Punkte Vorsprung erzielt. Dieses Wertungssystem wird bei internationalen Doppeln verwendet, sowie bei der Herren-Einzel-Tour.

PUNKTEWERTUNG

Nur der Aufschläger kann punkten, indem er seinen Aufschlag gewinnt. Der Satz geht an den Spieler, der als erster 9 Punkte hat. Steht es allerdings 8:8, muss der Rückschläger entscheiden, ob der Satz bis neun Punkte (»keine Verlängerung«) oder bis zehn (»mit Verlängerung«) gespielt wird. Der Punktrichter kündigt die Entscheidung an.

DER LETBALL

Ein Letball wird gespielt, wenn ein Spieler den anderen behindert. Trifft der Schläger seinen Gegenspieler mit dem Ball, bevor er die Stirnwand erreicht, oder trifft er ihn mit dem Schläger, wird das Spiel unterbrochen. Entscheidet der Schiedsrichter auf »gültigen« Ball bzw. dass der Gegner den Ball bewusst abgefangen hat, wird der Ball wiederholt. Entscheidet er auf »ungültig«, wird der Ballwechsel dem Spieler zugesprochen, der bei dem Schlag getroffen oder behindert wurde.

OFFENSIVE SCHLÄGE

Der Volley (direkt aus der Luft angenommener Ball) ist einer der wichtigsten Angriffsschläge, da er den Spielrhythmus durchbricht. Ein Lob, der hoch über den Gegner gespielt wird und dann in einer Ecke herabfällt, ist praktisch genauso effektiv.

DEFENSIVE SCHLÄGE

Der Drop (Stopp-Ball) kann aus jeder Position gespielt werden und zwingt den Gegner, die dominante Position am »T« zu verlassen. Mit einem »Boast« (ein schneller Schlag gegen die Seitenwand) kann man den Ball aus einer der hinteren Ecken retten.

GRUNDSCHLAGTECHNIK VORHAND

Die Vorhand ist ein vielseitiger Schlag und wichtig für Angriff wie Verteidigung. Mit dieser Technik kann der Spieler sowohl harte gerade, als auch präzise Stopp-Bälle schlagen.

Ausholen Schläger und Arm werden nach hinten und nach oben geführt, um Schwung zu holen.

Schlag Der Schläger schwingt im Bogen nach vorne, was die Ballkontrolle erhöht.

Durchschwung Ein Schlag mit gut ausgeführtem Durchschwung bringt dem Spieler volle Ballkontrolle.

STATISTIK

WORLD OPEN SIEGER

JAHR	SPIELER (LAND)
2013	NICK MATTHEW (ENG)
2012	RAMY ASHOUR (EGY)
2011	NICK MATTHEW (ENG)
2010	NICK MATTHEW (ENG)
2009	AMR SHABANA (EGY)
2008	RAMY ASHOUR (EGY)
2007	AMR SHABANA (EGY)
2006	DAVID PALMER (AUS)

WORLD OPEN SIEGERINNEN

JAHR	SPIELERIN (LAND)
2013	LAURA MASSARO (ENG)
2012	NICOL DAVID (MYS)
2011	NICOL DAVID (MYS)
2010	NICOL DAVID (MYS)
2009	NICOL DAVID (MYS)
2008	NICOL DAVID (MYS)
2007	RACHAEL GRINHAM (AUS)

BRITISH OPEN SIEGER

JAHR	SPIELER (LAND)
2014	GREGORY GAULTIER (FRA)
2013	RAMY ASHOUR (EGY)
2012	NICK MATTHEW (GBR)
2011	KEINE AUSTRAGUNG
2010	KEINE AUSTRAGUNG
2009	NICK MATTHEW (GBR)
2008	DAVID PALMER (AUS)

BRITISH OPEN SIEGERINNEN

JAHR	SPIELERIN (LAND)
2014	NICOL DAVID (MYS)
2013	LAURA MASSARO (ENG)
2012	NICOL DAVID (MYS)
2011	KEINE AUSTRAGUNG
2010	KEINE AUSTRAGUNG
2009	RACHAEL GRINHAM (AUS)
2008	NICOL DAVID (MYS)
2007	RACHAEL GRINHAM (AUS)

INSIDER-STORY

Squash stammt aus England. Die British Open Championships waren eines der ersten großen Squash-Turniere. Vor der Gründung der World Open hatten sie den Status inoffizieller Weltmeisterschaften. Das erste Frauenturnier wurde 1922 abgehalten, das erste Männerturnier 1930. Trotz des geringeren Preisgeldes ist es weiterhin sehr prestigeträchtig. Seit 1970 entscheiden die World Open Championships jährlich über die besten Squashspieler und -spielerinnen der Welt.

DACHVERBAND

Die World Squash Federation (WSF) zählt mehr als 100 Mitgliedsnationen. Sie organisiert die World Championships für Männer, Frauen, Jungen, Mädchen und Masters (über 35-Jährige). Einzelspieler und Mannschaften treten im Einzel und Doppel an. Die Professional Squash Association (PSA) ist die Vereinigung der Herren-Profis, die Women's International Squash Players Association (WISPA) die der Frauen.

UND KHAN GEWINNT …

Zwischen 1951 und 1997 gewannen Azam, Hashim, Jahangir, Jansher, Mohibullah und Roshan Khan, die aus dem gleichen Dorf in Pakistan kamen, insgesamt 30-mal die Weltmeisterschaften, waren aber nicht alle miteinander verwandt.

FAKTEN

- Racquetball entwickelte sich nicht, sondern wurde 1950 von dem amerikanischen Handballer Joe Sobek erfunden, der mit dem Angebot an Hallensport nicht zufrieden war.
- Racquetball verbreitete sich schnell, da es in den an fast allen Schulen und Colleges vorhandenen Turnhallen gespielt werden konnte.
- Verwirrend: Das ähnlich klingende »Racketball« ist ein vollkommen anderer Sport und wird mit weniger springfreudigen Bällen auf Squash Courts gespielt.

RACQUETBALL

ÜBERBLICK

Racquetball ist ein schnelles Spiel, das auf Außen- wie Innenplätzen von zwei, drei oder vier Spielern gespielt wird. Es ist eine Kombination aus Handball und Squash (siehe S. 196–199), hat aber auch seine Besonderheiten. Zu Beginn des 21. Jahrhunderts betrieben rund 8,5 Millionen Spieler diesen Sport.

Verlängerung des Arms
Klein und mit Band am Handgelenk befestigt, fühlt sich der Schläger fast wie eine Verlängerung des Arms an.

Gummiball
Racquetball-Bälle bestehen aus Gummi, haben einen Durchmesser von 5,7 cm und wiegen gerade einmal 40 g.

Leicht und saugfähig
Da es in den Hallen häufig sehr heiß und das Spiel anstrengend ist, tragen die Spieler leichte, saugfähige und atmungsaktive Kleidung wie Polo- oder T-Shirts und kurze Hosen oder Röcke.

Gepolsterte Bandagen
Zur Unterstützung der Kniegelenke, die während des Spiels stark belastet werden, werden häufig Bandagen getragen.

Streifenfrei
Wie bei vielen anderen Rückschlagspielen dürfen die Schuhe auf dem Hallenboden keine Streifen hinterlassen.

SPORTLER-PROFIL

Für genügend Ausdauer und Schnelligkeit auf dem Platz sind ein gesundes Herz-Kreislaufsystem und gute körperliche Fitness notwendig. Die Beliebtheit des Sports erklärt sich auch dadurch, dass fast jeder ihn ausüben kann und er eine ideale Methode darstellt, sich körperlich fit zu halten.

SPIELVERLAUF

Die Spieler schlagen den Ball abwechselnd gegen die Wand. Der Aufschläger kann mit Ass oder Gewinn des Ballwechsels punkten. Ein Ball ist ungültig, wenn er vor dem Schlag zweimal aufkommt oder nicht zuerst an die Stirnwand trifft. Gewinnt der Rückschläger den Ballwechsel, wechselt das Aufschlagrecht. Der Aufschlag erfolgt aus der Aufschlagzone. Der Ball wird aufgeprellt und dann so gegen die Stirnwand geschlagen, dass er hinter die kurze Linie abprallt, ohne dabei die Wände zu berühren. Im Spiel dürfen Wände und auch Decke genutzt werden, wenn der Ball erst die Stirnwand, aber nie zweimal hintereinander den Boden berührt.

AUSRÜSTUNG

Ball und Schläger ähneln den im Squash verwendeten, sind aber größer. Das Spiel ist sehr schnell und die Spieler tragen Sportbrillen zum Schutz der Augen.

LEICHTER RAHMEN

Die Rahmen moderner Schläger werden normalerweise aus einer leichten Kohlefaser-Titan-Mischung gefertigt und wiegen nur etwa 184 g.

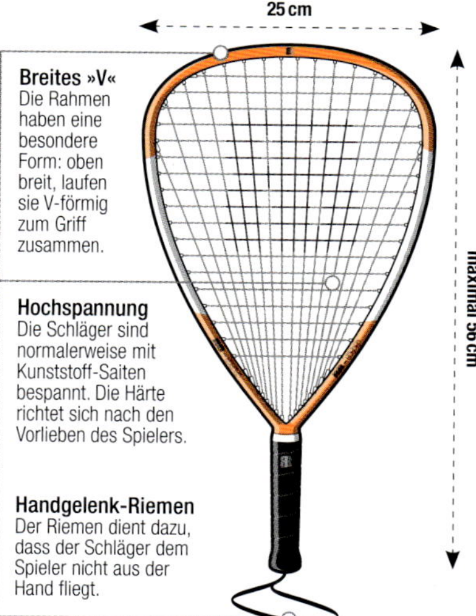

Breites »V«
Die Rahmen haben eine besondere Form: oben breit, laufen sie V-förmig zum Griff zusammen.

Hochspannung
Die Schläger sind normalerweise mit Kunststoff-Saiten bespannt. Die Härte richtet sich nach den Vorlieben des Spielers.

Handgelenk-Riemen
Der Riemen dient dazu, dass der Schläger dem Spieler nicht aus der Hand fliegt.

DAS SPIELFELD

Außer dem oberen Teil der Rückwand dürfen alle Oberflächen inklusive Decke angespielt werden. Der Bodenbelag besteht normalerweise aus Parkett, poliertem Holz oder Ähnlichem. Die Rückwand (und manchmal die Seitenwände) besteht aus Sicherheitsglas. In der Halle wird es schnell heiß, und die Spieler benötigen viel Flüssigkeit.

PUNKT FÜR PUNKT

Im Profi-Racquetball wird über drei Gewinnsätze mit jeweils elf Punkten (und zwei Punkten Vorsprung) gespielt. Amateure spielen zwei Gewinnsätze mit je 15 Punkten. Haben beide Spieler je einen Satz gewonnen, wird ein Tie-Break gespielt. Im Amateur-Racquetball wird kein Zweipunkt-Vorsprung benötigt, um einen Satz zu gewinnen. Es gibt auch Spielvarianten für drei Spieler: Beim »Ironman« spielen zwei Spieler gegen einen, beim »Cutthroat« wird beim 2-gegen-1-Spiel abgewechselt.

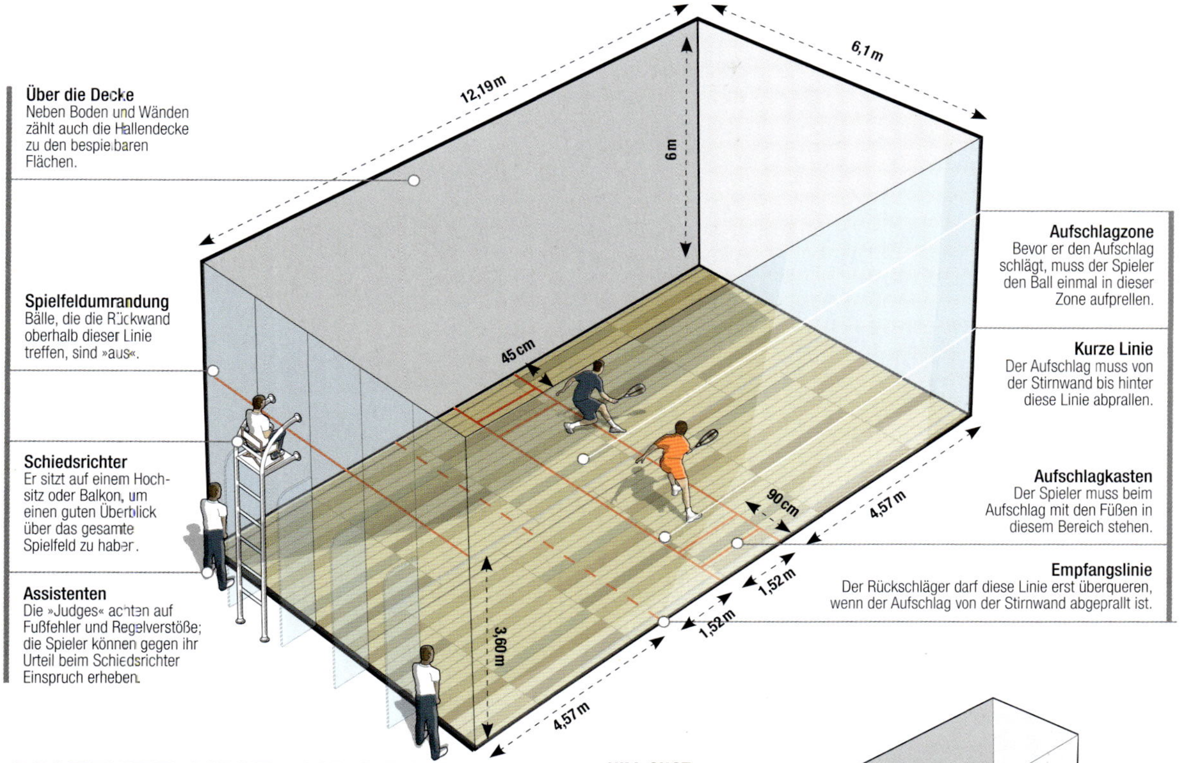

12,19 m
6,1 m
6 m
45 cm
90 cm
4,57 m
1,52 m
1,52 m
3,60 m
4,57 m

Über die Decke
Neben Boden und Wänden zählt auch die Hallendecke zu den bespielbaren Flächen.

Spielfeldumrandung
Bälle, die die Rückwand oberhalb dieser Linie treffen, sind »aus«.

Schiedsrichter
Er sitzt auf einem Hochsitz oder Balkon, um einen guten Überblick über das gesamte Spielfeld zu haben.

Assistenten
Die »Judges« achten auf Fußfehler und Regelverstöße; die Spieler können gegen ihr Urteil beim Schiedsrichter Einspruch erheben.

Aufschlagzone
Bevor er den Aufschlag schlägt, muss der Spieler den Ball einmal in dieser Zone aufprellen.

Kurze Linie
Der Aufschlag muss von der Stirnwand bis hinter diese Linie abprallen.

Aufschlagkasten
Der Spieler muss beim Aufschlag mit den Füßen in diesem Bereich stehen.

Empfangslinie
Der Rückschläger darf diese Linie erst überqueren, wenn der Aufschlag von der Stirnwand abgeprallt ist.

ANGRIFF UND ABWEHR

Läuft ein Ballwechsel für den Aufschläger schlecht, versucht er den Gegner mit einem defensiven Schlag von der Mittelposition zu locken, um anschließend mit einem offensiven Schlag zu punkten. Hier einige der wichtigsten Schläge im Racquetball:

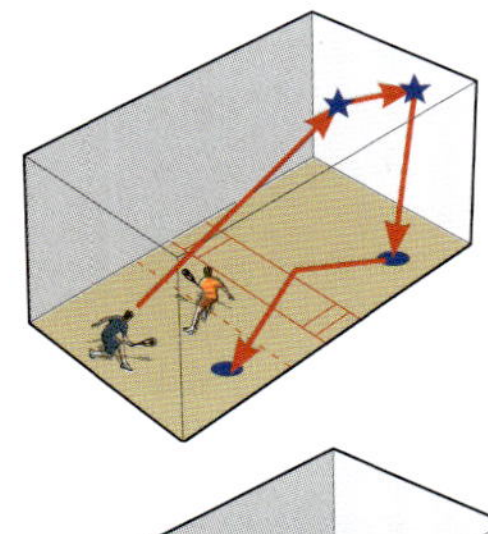

SCHUSS ZUR DECKE
Da die Decke zum Spielfeld gehört, nutzen die Spieler sie gerne zu ihrem Vorteil. Dieser Schlag zielt darauf ab, dass der Ball im hinteren Feld möglichst zweimal aufspringt.

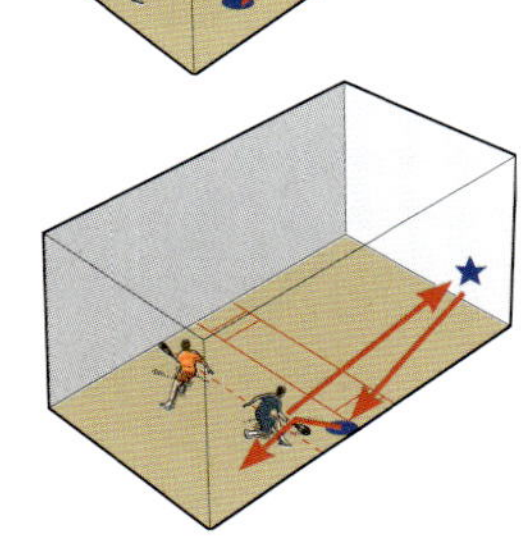

PASS ENTLANG DER LINIE
Der Spieler steht nahe an der Wand und spielt den Ball hart parallel zu ihr, sodass er noch näher zur Wand zurückprallt. Dadurch wird er fast unerreichbar. Der Gegenspieler darf dabei nicht behindert werden.

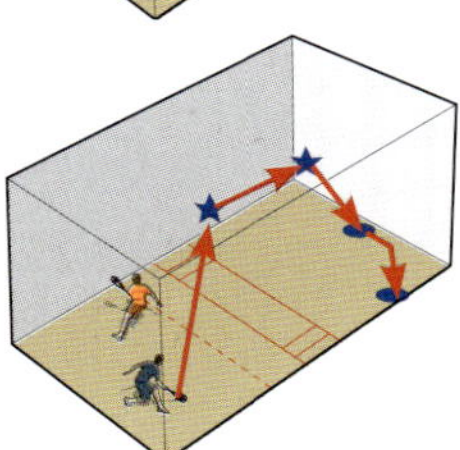

»KILL SHOT«
Dieser Schlag wird normalerweise bei einem bereits tiefen Ball gespielt. Der Spieler schlägt ihn aus der Hocke, um den Ball flach zu halten und die Stirnwand so tief wie möglich zu treffen.

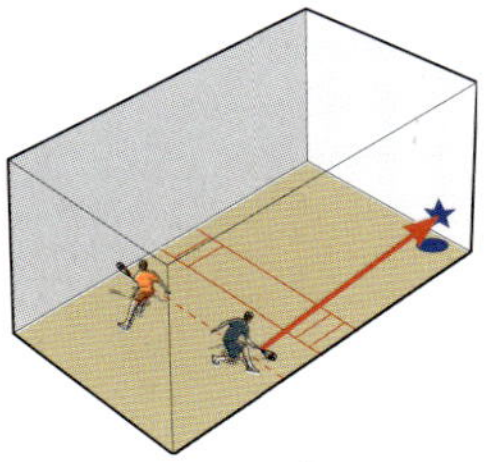

»PINCH SHOT«
Bezeichnung für alle Schläge, die über die Seitenwand auf die Stirnwand geschlagen werden, um dann nahe der gegenüberliegenden Seitenwand abzutropfen. Der Ball soll vor Erreichen der Flanken zweimal prellen, damit er »stoppt«.

INSIDER-STORY

Der internationale Dachverband International Racquetball Federation richtet alle zwei Jahre Weltmeisterschaften aus, an der Spieler aus über 40 Nationen teilnehmen. Die IRF veröffentlicht zudem regelmäßig die aktuellen Weltranglisten.

SPIELERVERBÄNDE
Die professionellen Racquetballspieler sind in zwei verschiedenen Organisationen für Männer und Frauen organisiert: International Racquetball Tournament (IRT) und Women's Professional Racquetball Association (WPRA).

ETON FIVES

ÜBERBLICK

Dieses wenig bekannte Spiel wird von zwei Mannschaften à zwei Spielern auf einem ungewöhnlichen Platz mit drei Wänden gespielt. Die Seiten sind vorne rund 15 cm höher als hinten. Es darf nur mit den Händen oder Handgelenken geschlagen werden und der Ball muss »up« (gegen die Stirnwand) fliegen. Zwischen zwei Schlägen darf er nur einmal den Boden berühren.

FAKTEN

- Fives stammt vom Eton College in England und wurde von anderen Schulen übernommen, wird aber nur von wenigen Sportlern betrieben.
- Das Spiel ist hauptsächlich in Großbritannien verbreitet. In Europa gibt es nur wenige Plätze. In Nigeria, wo eine Version des Spiels sehr beliebt ist, finden sich hingegen mindestens 30 Fives-Plätze.

Aufschläger
Der Aufschläger wirft den Ball so an die Stirnwand, das er gegen die rechte Seitenwand prallt und dann etwa in der Mitte des unteren Felds landet.

»Up«
Der Bereich über dem oberen Sims an der Stirnwand wird »Up« genannt.

Blackguard Line
Die senkrechte schwarze Linie verläuft ca. 75 cm links der rechten Wand. Der Return des Cutters (Rückschlägers) muss rechts von ihr auftreffen.

Column
Ein Schlag, der eine der Columns (Säulen) trifft, ist nur sehr schwer returnierbar.

Buttress
Auf der Vorderseite des Buttress (Strebpfeilers) ist eine Nische namens »Hole« (Loch). Landet der Ball hier, ist er absolut unspielbar.

Spielpartner des Cutters
Dieser Spieler übernimmt, wenn der Cutter den Ball nicht erreichen kann.

Spielpartner des Servers
Dieser Spieler versucht die Bälle zu spielen, die der Server (Aufschläger) nicht erreicht.

Key Step
Quer verlaufende und rund 12 cm hohe Stufe.

Der Cutter
Dieser Spieler kann wählen, ob er den Aufschlag returniert oder nicht, und beliebig viele Aufschläge durchlassen. Schlägt er, muss der Ball hart gegen die rechte Wand und dann oberhalb des Simses und zwischen Blackguard Line und Wand aufkommen, bevor er den Boden berührt.

PUNKTWERTUNG

Matches werden mit drei Gewinnsätzen (»best of five«) ausgetragen. Jeder Satz hat zwölf Punkte. Nur die aufschlagende Mannschaft kann punkten. Sie macht einen Punkt, wenn der Gegner den Ball zweimal aufkommen lässt, die Wand unter dem Sims trifft oder den Platz verlässt.

SELTSAME WANDLUNG

Der Orgelraum des Opernhauses in Glyndebourne in der Grafschaft East Sussex ist heute wohl einer der prächtigsten Räume ganz Englands. Ursprünglich diente der Raum aber wohl als Eton-Fives-Court.

DER COURT

Der Eton-Fives-Court geht auf eine Nische an der Kapelle des Eton Colleges zurück, wo das Spiel zuerst gespielt wurde. Alle Courts variieren leicht, haben aber einige Merkmale gemeinsam. Vordere und hintere Feldhälfte sind durch eine Stufe getrennt. Der Court ist an drei Seiten von Wänden umgeben. An der linken Wand steht auf Höhe der Feldstufe der Buttress, am offenen Ende stehen zwei gemauerte Säulen und um die Wände verläuft ein Sims. Durch diese baulichen Eigenheiten ist die Flugbahn eines Balls kaum zu berechnen. Die Heimmannschaft hat gewöhnlich einen Vorteil, da sie mit ihrem Heim-Court besser vertraut ist.

Harter Ball
Der Ball ist etwas größer als ein Golfball und besteht aus Gummi oder Kork. Bei Wand- und Bodenberührungen verliert der Ball nur wenig Geschwindigkeit.

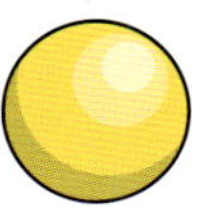

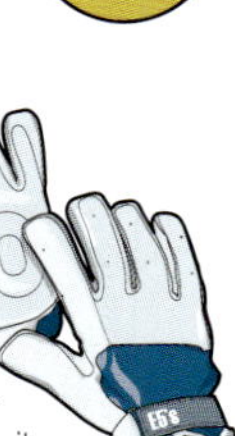

Weiche Handschuhe
Wattierte Lederhandschuhe schützen die Hände. Rauhleder in der Handfläche sorgt für Griffigkeit. Das Innenfutter saugt den Schweiß auf und bietet zusätzlichen Schutz.

RACKETS

FAKTEN

- Zuerst wurde Rackets auf Gefängnishöfen gespielt. Es gewann an Prestige, als es im 19. Jh. in England Schulsport wurde.
- Seit rund 200 Jahren dominieren englische Rackets-Spieler die Weltmeisterschaften.

ÜBERBLICK

Rackets ist ein schnelles, kraftvolles Hallenspiel. Es ähnelt dem Squash (siehe S. 196–199), der Ball ist aber härter und die Rackets aus Holz. Es wird als Einzel und Doppel gespielt.

Schwerer Ball
Für seine Größe ist der Ball schwer. Bei nur 2,5 cm Durchmesser (etwa die Größe eines Golfballs) wiegt er 28 g.

Hölzerner Schläger
Der Schläger ist durchschnittlich 76 cm lang und wiegt 225 g. Er ist mit Saiten bespannt.

Shorts und Hemd
Locker sitzende Kleidung bietet die nötige Bewegungsfreiheit.

PUNKTWERTUNG

Nur der Aufschläger kann punkten. Der Ball wird aus dem Aufschlagviereck oberhalb der Aufschlaglinie gegen die Stirnwand geschlagen und muss ins Aufschlagfeld abprallen. Bevor er zweimal aufkommt, muss der Rückschläger den Ball über die Spiellinie an der Stirnwand schlagen. Bei einem ungültigen Schlag gewinnt der Aufschläger einen Punkt, oder er verliert den Aufschlag. Wer als erster 15 Punkte hat, gewinnt.

DER COURT

Der Court ist mit 9 m hohen Wänden umbaut, die Rückwand ist halb so hoch. Boden und Wände haben eine glatte Oberfläche. An der Stirnwand ist (in 68 cm Höhe) ein Brett befestigt, dessen Oberkante die Spiellinie markiert. Eine zweite Linie in 3 m Höhe ist die Aufschlaglinie.

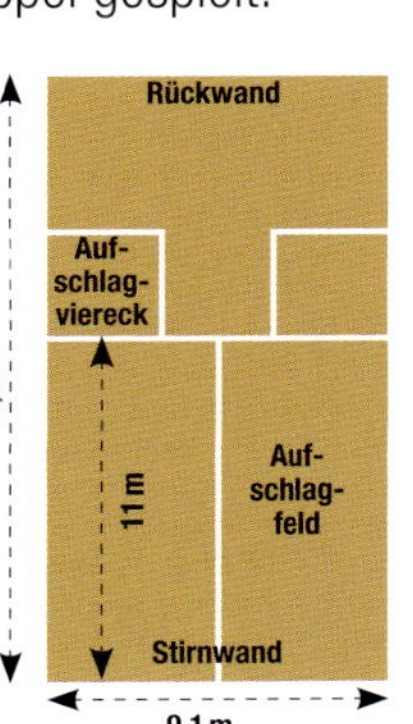

FAKTEN

- Paddleball stammt aus den USA, wo es auch am weitesten verbreitet ist.
- Dachverband des One-Wall Paddleball ist die United States Paddleball Association.

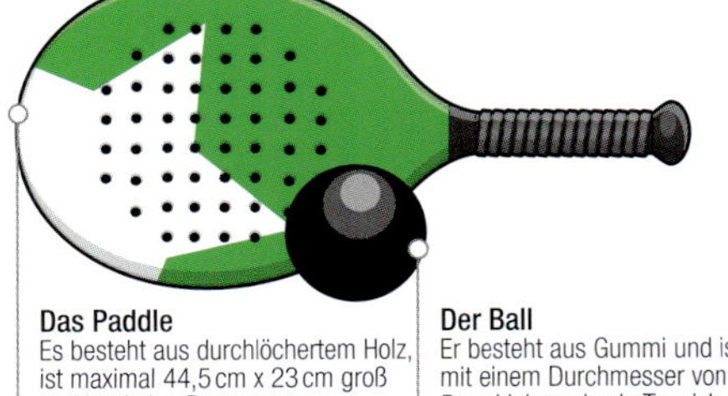

Das Paddle
Es besteht aus durchlöchertem Holz, ist maximal 44,5 cm x 23 cm groß und hat keine Bespannung.

Der Ball
Er besteht aus Gummi und ist mit einem Durchmesser von 5 cm kleiner als ein Tennisball.

PUNKTWERTUNG

Bei einem 15-Punkt-Spiel sind zwei einminütige Time-Outs erlaubt; bei 21-Punkt- und 25-Punkt-Spielen gibt es drei einminütige Verschnaufpausen. Bei einigen Turnieren darf ausgewechselt werden. Das Paddle darf während des Spiels von einer Hand in die andere gewechselt werden.

PADDLEBALL

ÜBERBLICK

Die Spieler schlagen den Ball mit dem Paddle an die Wand oder die Wände, während der Gegner versucht, zu returnieren. Es gibt One-, Three-, oder Four-Wall-Games und Einzel sowie Doppel. One- und Three-Wall-Games gehen bis 11, 15, 21 oder 25 Punkte, Four-Wall-Games stets bis 21 Punkte.

AUFSCHLAG-REGELN

Der Spieler muss in der Aufschlagzone zwischen kurzer und Aufschlaglinie bleiben. Der Aufschlag ist ungültig, wenn der Ball vor der kurzen Linie den Boden berührt, oder nach Abprallen von der Stirnwand mehr als zwei Wände trifft, bevor er den Boden berührt. Nach zwei ungültigen Aufschlägen in Folge verliert der Spieler das Aufschlagrecht.

DER COURT

Die beliebteste Version wird auf einem 6,1 m x 10,3 m großen Court gespielt, der nur eine 4,9 m hohe Wand mit Fangzaun hat. Die kurze Linie 4,9 m hinter der Stirnwand begrenzt das Vorfeld. Die lange Linie 5,4 m hinter der kurzen begrenzt das hintere Feld. Bei einem Three-Wall-Game hat das Vorfeld 3,7 m–4,9 m hohe Seitenwände. Beim Four-Wall-Game gibt es eine Decke, Stirn- und Seitenwände sind 6,1 m und die Rückwand mindestens 3,7 m hoch.

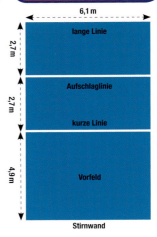

6,1 m
lange Linie
2,7 m
Aufschlaglinie
2,7 m
kurze Linie
4,9 m
Vorfeld
Stirnwand

DER ONE-WALL-COURT
Der Aufschläger darf Aufschlag- und kurze Linie nicht überqueren. Der Aufschlag muss die Wand treffen und im Feld zwischen kurzer und langer Linie landen.

FAKTEN

- Das als typisch baskisches oder katalanisches Spiel geltende Pelota wird auch in anderen Teilen Frankreichs und Spaniens gespielt, aber auch in Argentinien, Irland, Italien und Mexiko.
- In Spanien und Frankreich wird es »Jai alai« genannt, was auf Baskisch »Fröhliches Fest« bedeutet.
- Ein von einem erfahrenen Spieler gespielter Ball kann bis zu 300 km/h erreichen.

PELOTA

ÜBERBLICK

Pelota ist das schnellste Ballspiel der Welt. Das Standardspiel Pelota, oder »cesta punta«, wird als Einzel oder Doppel gespielt. Ziel ist es, den Ball mit einem bogenförmigen, am Handgelenk befestigten Fangarm so gegen eine Wand zu schleudern, dass der Gegner ihn nicht returnieren kann, bevor er zwei Mal den Boden berührt. Zu den unzähligen Varianten gehört auch das mit bloßer Hand gespielte »pelota a mano«, das als Einzel oder zwei gegen einen gespielt wird. »Frontenis« wird mit einer Art Tennisschläger mit verstärkten Saiten gespielt, »xare« verwendet Schläger mit weich gespannten Saiten, »pelota cuero« und »pala corta« sind Varianten, die mit Holzschlägern gespielt werden.

Die Chistera
Der bogenförmige Schläger besteht aus einem Korbgeflecht mit einem Gestell aus Eschen-oder Kastanienholz.

An der Hand
Die Chistera hat einen Handschuh, den der Spieler an seinem Handgelenk befestigt.

Die Pelota
Die Pelota ist ein harter Ball mit einem mit Wolle umwickelten Latex-Kern und einer Außenhülle aus zwei vernähten Lederstreifen.

Kopfschutz
Der Helm ist beim Pelota unerlässlich, da der schnelle harte Ball einen Menschen töten kann.

SPORTLERPROFIL

Arme, Beine und Rücken müssen gut trainiert sein. Der extremsten Belastung sind aber die Hüften ausgesetzt, weshalb viele ältere Spieler an Rheuma in den Hüftgelenken leiden. Für die teuren Schlagarme benötigen die meisten Spieler die Hilfe von Sponsoren, da das Korbgeflecht handgefertigt wird und häufig nicht einmal ein Match übersteht.

Band am Bund
Die Spieler tragen farbige Bänder am Bund, die ihren Rang oder ihr Team angeben.

Kleidung
Die Spieler tragen Polohemden und lange Hosen.

DYNAMISCHES SPIEL
Der Pelota-Spieler (Pelotari) fängt den schnellen Ball (Pelota) mit der Chistera. Ist der Ball sicher eingefangen, holt der Spieler mit dem Wurfarm weit aus, bringt ihn in einer Schleuderbewegung nach vorne und schnellt den Ball in Höchstgeschwindigkeit gegen die Stirnwand.

Streifenfrei
Laufschuhe mit Sohlen, die keine Markierungen hinterlassen, erlauben schnelle Richtungswechsel und schonen den Platz.

SPIELVERLAUF

Zwischen 25 und 50 Punkte können zum Gewinn einer Partie notwendig sein. Bei Doppeln punkten beide Teams unabhängig vom Aufschlagrecht. Zum Aufschlag muss der Spieler hinter der Aufschlaglinie den Ball in die Luft werfen und ihn dann mit der Chistera gegen die Stirnwand servieren und diese oberhalb eines niedrigen Metallstreifens treffen, sodass er zwischen den Linien 4 und 7 auf den Boden prallt. Die Wände dürfen erst nach dem Aufschlag angespielt werden. Geht der Ball ins »Aus« oder berührt zwei Mal den Boden, ist der Ballwechsel zu Ende. Behindert ein Spieler den anderen, kann der Ballwechsel wiederholt werden.

STRENG ÜBERWACHT

Eine der wichtigsten Regeln im Pelota lautet: Der Ball muss während der Ballwechsel ständig in Bewegung bleiben. Dies wird von den Schiedsrichtern streng überwacht. Lässt einer der Spieler den Ball in seiner Chistera auch nur einen Moment zur Ruhe kommen, um ihn besser zu kontrollieren, verliert er den Punkt.

RASEND SCHNELLES SPIEL

Beim »Pelota de goma« ist der Ball hohl und mit Gas gefüllt, was ihn noch schneller macht. Das Spiel ist so schnell, dass man den Ball mit bloßem Auge kaum sehen kann, sondern eine Kamerawiederholung braucht. Dennoch ist das Spiel in Spanien ein Publikumsmagnet und der beliebteste Wettsport im Land.

AUF DEM PLATZ

Die meisten Pelota-Varianten werden in Hallen (Frontons) gespielt, deren Länge variiert, die aber immer in Proportion zur Hallengröße in Zonen unterteilt sind. Stirn-, Rück- und linke Seitenwand sind Teil des Spielfelds. Der Boden (cancha) besteht aus poliertem Beton, neben dem Seitenaus wechselt er aber zu Holz, wodurch ein Ball ins »Aus« beim Aufprall ein deutlich anderes Geräusch macht. Die rechte Wand besteht in modernen Hallen aus Sicherheitsglas, hinter dem sich die Zuschauerränge befinden.

SPIELTAKTIK

Die meisten Spieler verlassen sich nicht auf pure Schlagkraft, sondern auf gute Wurftechnik. Zu den erfolgreichsten Würfen zählen der Chula, bei dem der Ball in der Ecke zwischen Rückwand und Boden landet, der Carom, bei dem der Ball über Seiten- und Stirnwand gespielt wird und dann Richtung rechtem Seiten-Aus zu Boden fällt, der Dejada, der als Stoppball kurz oberhalb der Foul-Linie die Stirnwand trifft, und der Arrimada, der schwungvoll parallel zur Seitenwand gespielt praktisch unerreichbar ist.

Die Pasa
Die Pasa ist die an der Wand mit »7« markierte Linie. Jeder Aufschlag muss von der Stirnwand (Frontis) abprallen und vor dieser Linie aufkommen.

Die Falta
Diese Linie trägt an der Wand die Nummer 4. Der Aufschlag muss hinter ihr aufkommen.

Vorfeld-Spieler
Sie versuchen die Pelota bereits im vorderen Feld abzufangen.

10 m

Aufschlaglinie
Der Aufschläger (links) muss beim Service hinter dieser Linie stehen.

Spieler im hinteren Feld
Beim Doppel sichert der nicht aufschlagende Spieler die rechte Spielfeldhälfte und der Aufschläger die linke.

9–11,5 m

3,5 m

30–54 m

Metall-Leiste
Eine 60 cm–100 cm hohe Leiste aus Metall erstreckt sich über die gesamte Breite der Stirnwand.

Die Frontis
Die Stirnwand des Spielfeldes besteht häufig aus Granit.

DIE FRONTONS
Es gibt drei Standard-Platzformen. Frontenis und Pelota de goma werden auf 30 m langen Plätzen gespielt, Pelota a mano und Pelota cuir auf einem 36 m langen Fronton und bei der Variante Cesta punta ist das Spielfeld sogar 54 m lang.

DAS TRINQUET-FELD

Die ungewöhnlichste Pelota-Halle heißt Trinquet und gibt der Bezeichnung »Zuschauersport« eine ganz neue Bedeutung. Die Vordächer an den Wänden sind Teil des Spielfelds, dürfen aber von Zuschauern auf eigene Gefahr genutzt werden. Es gibt aber auch erhöht liegende Zuschauergalerien. Die Spieler setzen die Einbauten gerne taktisch ein. Ein auf das Vordach gespielter Ball prallt von der schrägen Fläche fast unberechenbar ab und wird damit nur sehr schwer returnierbar.

VIELE VARIANTEN

Bei der traditionellen Trinquet-Variante, die in Valencia gespielt wird und »Pelota vasca« heißt, stehen sich die Spieler auf zwei Seiten des Felds gegenüber und sind durch ein in der Mitte hängendes Netz getrennt. Zu den weiteren Varianten, die auf dem Trinquet-Feld über die Stirnwand gespielt werden und Chistera oder Handschuhe verwenden, zählen Paleta cuero, Pelota goma, Pelota a mano und Xare. Der Ball namens »Pelota de vaqueta« (kleiner Lederball) hat einen Durchmesser von 4,2 cm.

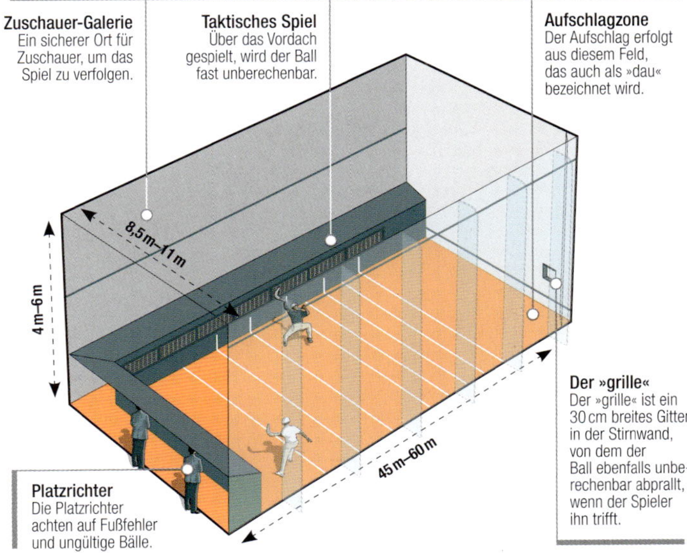

Zuschauer-Galerie
Ein sicherer Ort für Zuschauer, um das Spiel zu verfolgen.
Taktisches Spiel
Über das Vordach gespielt, wird der Ball fast unberechenbar.
Aufschlagzone
Der Aufschlag erfolgt aus diesem Feld, das auch als »dau« bezeichnet wird.
8,5 m–11 m
4 m–6 m
45 m–60 m
Der »grille«
Der »grille« ist ein 30 cm breites Gitter in der Stirnwand, von dem der Ball ebenfalls unberechenbar abprallt, wenn der Spieler ihn trifft.
Platzrichter
Die Platzrichter achten auf Fußfehler und ungültige Bälle.

KAMPFSPORT

05

BOXEN

ÜBERBLICK

Beim Boxen kommt es auf technisches Können und physische Härte an: Zwei Boxer kämpfen darum, durch gezielte Schläge gegen den Gegner Punkte von den Kampfrichtern zu sammeln, ohne dabei selbst getroffen zu werden. Trefferzone ist der gesamte Körper oberhalb der Gürtellinie. Siege sind nach Punkten oder durch Knockout möglich. Beim Boxen gibt es große Unterschiede zwischen Amateur- und Profilager. Die professionellen Top-Stars zählen zu den Spitzenverdienern im Sport.

SPORTLERPROFIL

Boxer brauchen viel Kraft im Oberkörper – vor allem Schlagkraft – und körperliche Härte. Boxen ist ein äußerst harter aerober Sport und verlangt den Kämpfern eine geradezu besessene Trainingsmoral ab. Auch Schnelligkeit, Beweglichkeit und gute Reflexe sind wichtig – vor allem in den unteren Gewichtsklassen.

Ducken und pendeln
Die Bewegung des Kopfes ist ein wichtiges Element. Es ist viel schwerer, ein bewegliches Ziel zu treffen.

Hosen
Boxershorts haben gepolsterte Hosenbünde, um etwas Schutz vor tiefen Schlägen zu bieten.

Faustschutz
Die Hände werden fest mit Bandagen umwickelt, bevor die Handschuhe angezogen werden.

Fester Stand
Boxschuhe sind bequem, stützen das Fußgelenk und geben Halt auf dem Ringboden.

GEWUSST?

120 Die Summe in Millionen US-Dollar, die das Pay-TV beim Schwergewichts-WM-Kampf zwischen Oscar de la Hoya und Floyd Mayweather Jr. im Mai 2007 erwirtschaftete.

135.132 Die größte Zuschauerzahl bei einem Boxkampf in der Halle: Tony Zale gegen Billy Pryor im August 1941.

45 So alt war George Foreman, als er im November 1994 gegen Michael Moorer beim Kampf um die IBF- und WBA-Titel durch K.o. erneut Schwergewichts-Weltmeister wurde. Seinen ersten Titel hatte Foreman 1973 gewonnen.

242 So viele Kämpfe hat das amerikanische Federgewicht Willie Pep in seiner 26-jährigen Karriere (1940–1966) bestritten.

FAKTEN

- 1857 legte John Graham Chambers erstmals zwölf Regeln des modernen Boxsports fest, die vom 9. Marquis of Queensberry bestätigt wurden.
- Das Amateurboxen unterscheidet sich in mehrfacher Hinsicht vom Profiboxen.

DER RING

Der Begriff »Boxring« ist ein Überbleibsel aus der Zeit, als die Kämpfe in einem grob auf den Boden gezeichneten Kreis ausgetragen wurden. Der heutige Ring ist ein erhöhtes, rechteckiges Podest mit Pfosten in jeder Ecke, zwischen denen mithilfe von Spannschrauben vier parallele Seile gespannt sind. Der Ring hat eine Seitenlänge von 4,88–7,32 m und einen 60 cm breiten Rand, die sogenannte Ringschürze. Das Podest ist 90–120 cm hoch. Die Pfosten erheben sich 1,50 m über den Boden.

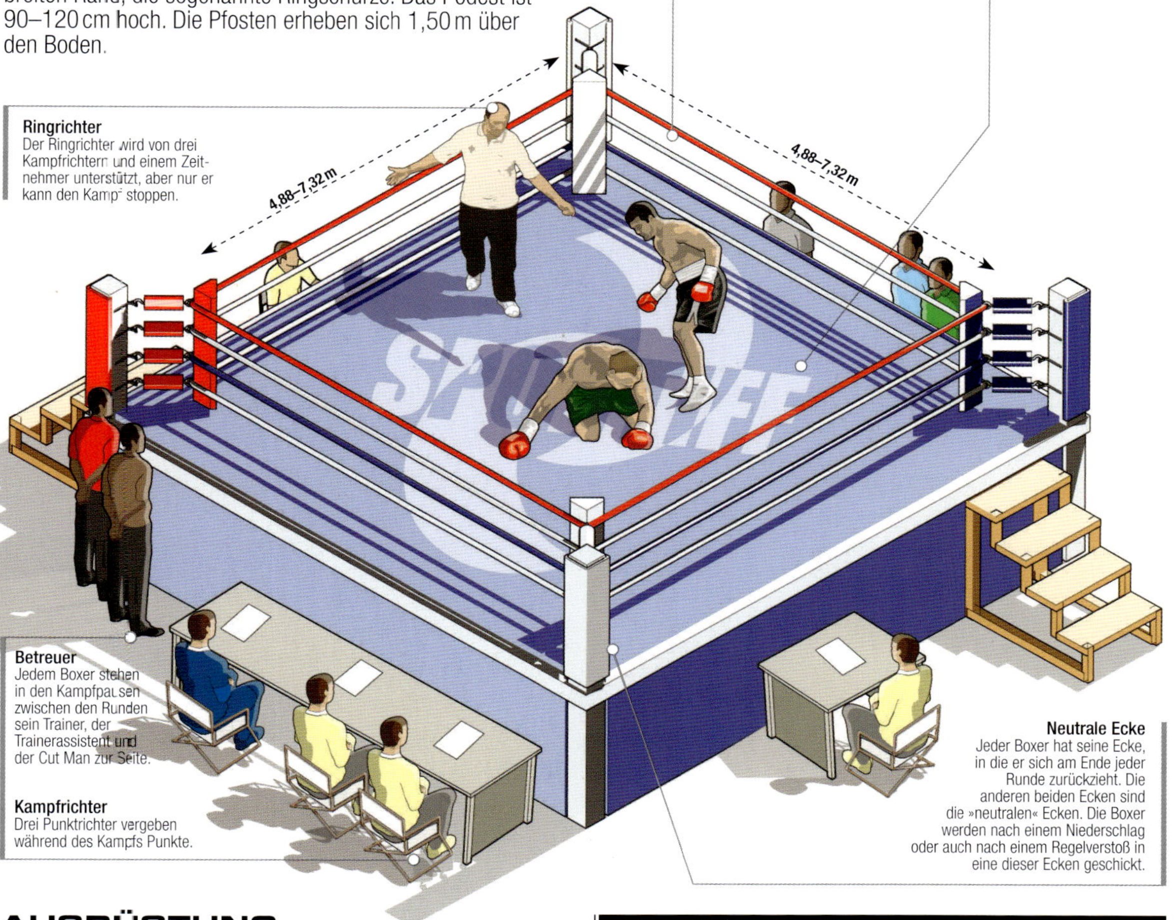

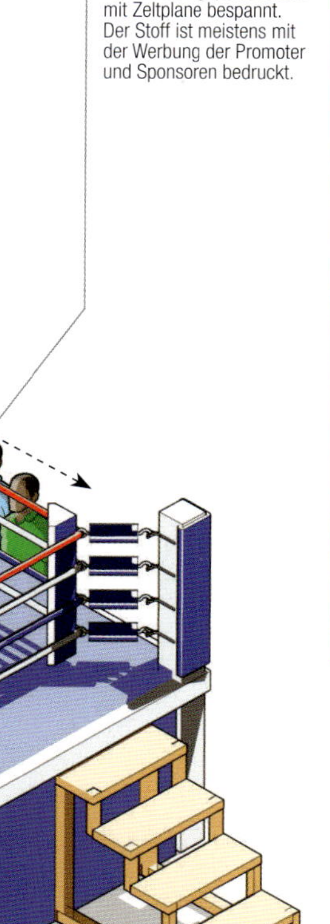

Gespannt
Die Seile sind etwa 2,5 cm dick und jeweils in 45 cm, 75 cm, 110 cm und 140 cm Höhe über dem Ringboden aufgehängt.

Gepolstert
Der Ringboden ist rund 2,5 cm dick gepolstert und mit Zeltplane bespannt. Der Stoff ist meistens mit der Werbung der Promoter und Sponsoren bedruckt.

Ringrichter
Der Ringrichter wird von drei Kampfrichtern und einem Zeitnehmer unterstützt, aber nur er kann den Kampf stoppen.

Betreuer
Jedem Boxer stehen in den Kampfpausen zwischen den Runden sein Trainer, der Trainerassistent und der Cut Man zur Seite.

Kampfrichter
Drei Punktrichter vergeben während des Kampfs Punkte.

Neutrale Ecke
Jeder Boxer hat seine Ecke, in die er sich am Ende jeder Runde zurückzieht. Die anderen beiden Ecken sind die »neutralen« Ecken. Die Boxer werden nach einem Niederschlag oder auch nach einem Regelverstoß in eine dieser Ecken geschickt.

AUSRÜSTUNG

Boxer tragen leichte Shorts, Boxschuhe und gepolsterte Handschuhe in einer von zwei Größen: 8 Unzen (227 g) oder 10 Unzen (283 g), je nach Gewichtsklasse. Im Profisport ist der Mundschutz vorgeschrieben, ein Tiefschutz wird empfohlen. Im Amateurboxen müssen die Kämpfer zusätzlich Helm und Trikot tragen und verwenden größere und weichere Handschuhe. Im Training benötigen sie darüber hinaus Hanteln, Sandsäcke, Springseile, Boxbirnen und andere Übungsgeräte, um sich in Form zu bringen.

DER »WANDELNDE BERG«

Der italienische Schwergewichts-Weltmeister von 1933, Primo Carnera (»The Ambling Alp«), war mit 1,97 m Größe und 125 kg Gewicht ein wahrer Riese mit einem legendären Appetit. So nahm er angeblich bereits zum Frühstück 19 Scheiben Toast, 14 Eier, einen Laib Brot, ein halbes Pfund Schinken, einen Liter Orangensaft und zwei Liter Milch zu sich.

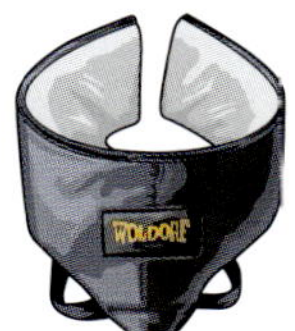

TIEFSCHUTZ
Schützt die Genitalien vor Verletzungen durch regelwidrige Tiefschläge.

MUNDSCHUTZ
Die Kunststoffschiene schützt die oberen Zähne vor Schlägen.

HANDSCHUHE
Die Handschuhe sind so gepolstert, dass sie nur den Träger schützen.

Dämpft Treffer
Meist aus Leder mit Schaumstoffpolster.

Seitliche Öffnungen
Der Kopfschutz lässt die Ohren frei, damit der Boxer den Ringrichter hören kann.

KOPFSCHUTZ
Der nur beim Amateurboxen und im Sparring der Profis getragene Helm schützt, schränkt aber das Sichtfeld ein.

DIE BOXREGELN

Die Grundregeln besagen, dass zwei Kämpfer vergleichbaren Gewichts unter der Aufsicht eines Ringrichters versuchen, den jeweils anderen mit geballter Faust oberhalb der Gürtellinie zu treffen, um mehr Punkte zu erzielen als der Gegner oder um ihn für zehn Sekunden zu Boden zu schlagen. Schläge gegen Hinterkopf oder Nieren sind ebenso verboten wie Schläge mit der Schnürseite des Handschuhs. Darüber hinaus unterscheiden sich die Regeln des Amateur- und des Profiboxens.

AMATEURE

Amateurboxer tragen Shorts, ärmellose T-Shirts und Schuhe. Dazu kommen Mundschutz, Tiefschutz und Kopfschutz. Die Kämpfe gehen über drei zweiminütige Runden. Punkte gibt es für jeden erlaubten Treffer mit dem (weiß markierten) Knöchelteil des Handschuhs. Die Punkte werden über den gesamten Kampf summiert.

PROFIS

Die Profi-Boxer kämpfen im Gegensatz dazu mit nacktem Oberkörper und ohne Kopfschutz. Auch sind die Kämpfe länger. Weltmeisterschaftskämpfe gehen über zehn dreiminütige Runden mit einminütigen Pausen. Die drei Kampfrichter bewerten einzelne Runden. Der Gewinner einer Runde erhält zehn Punkte, der Verlierer neun. Bei einer deutlich einseitigen Runde – z. B. einem Niederschlag – werden die Punkte in der Form »10/8« gezählt. Der Ringrichter kann Punkte für Verstöße abziehen.

ANGEZÄHLT

Nach einem Niederschlag führt der Ringrichter einen noch Stehenden in eine neutrale Ecke und beginnt, bis zehn zu zählen. Ein Liegender hat zehn Sekunden Zeit, wieder auf die Füße zu kommen und sich kampfbereit zu präsentieren, oder der Kampf ist vorbei.

STATISTIK

OBERE KLASSEN (10 UNZEN)

KLASSE	GEWICHT
SCHWERGEWICHT	ÜBER 91 KG
CRUISERGEWICHT	80–90,5 KG
LEICHTSCHWERGEWICHT	76,5–79 KG
SUPERMITTELGEWICHT	73–76 KG
MITTELGEWICHT	70–72,5 KG
HALBMITTELGEWICHT	67–70 KG

UNTERE KLASSEN (8 UNZEN)

KLASSE	GEWICHT
WELTERGEWICHT	64–66,5 KG
HALBWELTERGEWICHT	61,5–63,5 KG
SUPERFEDERGEWICHT	57,5–59 KG
FEDERGEWICHT	56–57 KG
SUPERBANTAMGEWICHT	54–55 KG
BANTAMGEWICHT	52,5–53,5 KG
SUPERFLIEGENGEWICHT	51–52 KG
FLIEGENGEWICHT	49–51 KG

KAMPFKUNST

Das Boxtraining dreht sich um körperliche Fitness, Schnelligkeit, Schlagkraft und Fußarbeit. Für kräftige Schläge braucht man zunächst eine solide Basis. Die verschiedenen Schlagtechniken folgen erst später. Spitzenboxer arbeiten im Vorfeld von Titelkämpfen wochenlang mit ihren Trainern an ihrer Kondition und an einem auf den Gegner zugeschnittenen Kampfstil. Sie üben wichtige Schläge und kämpfen im Sparring gegen Boxer mit ähnlicher Statur und ähnlichem Kampfstil wie ihr Gegner, um sich einen Vorteil zu erarbeiten.

IM ANGRIFF

Boxer müssen aggressiv sein, um den Kampf zu gewinnen. Deshalb sind Attacken – sei es als Einzelschlag oder in den noch häufigeren Kombinationen – von entscheidender Bedeutung. Um den Gegner mit Schlägen einzudecken, muss der Boxer ihn erst einmal stellen. Dazu benötigt er eine flinke Fußarbeit, um den Widersacher nach Möglichkeit in eine Ringecke zu drängen.

RECHTSAUSLEGER

Den Kampfstil eines Boxers bezeichnet man entweder als Normal- (linke Hand und linkes Bein nach vorne) oder als Rechtsausleger (rechte Hand und rechtes Bein nach vorne). Rechtsausleger sind meist Linkshänder, die mit Rechts Jabs und mit Links Punches und Haken schlagen. Einige besonders wendige Boxer können zwischen den beiden Stellungen wechseln. Da die meisten Boxer Normalausleger sind, ist ein Rechtsausleger schwierig zu boxen.

Perfekter Schlag Der ausgestreckte Arm sorgt für einen gelungenen Jab.

JAB
Der Grundschlag jedes Boxers hält den Gegner auf Distanz und bereitet den Angriff vor. Der Jab ist meist der erste Schlag einer Kombination.

Wirkungstreffer Haken zum Körper rauben dem Gegner Luft und Kraft.

HAKEN
Haken werden gegen die Seiten von Kopf oder Körper geschlagen. Wegen des Angriffswinkels sieht der Gegner den Schlag oft nicht kommen.

Block Diese Gerade ist an einer soliden Deckung gescheitert.

GERADE
Die mit dem »zweiten« Arm geschlagene Gerade legt einen weiten Weg zurück und lässt die Deckung offen.

K.o. Die Deckung ist einem Uppercut manchmal nicht gewachsen.

UPPERCUT
Der Aufwärtshaken ist der wirkungsvollste Boxschlag und wird aus einer tiefen Stellung heraus mit großer Kraft gegen das Kinn des Gegners geführt.

IN DER VERTEIDIGUNG

Die Fähigkeit, Treffern auszuweichen, wie sie der große Muhammad Ali meisterlich beherrschte, ist vielleicht noch wichtiger, als selber zu treffen. Alleine durch die Schnelligkeit ihrer Bewegungen sind manche Boxer sehr schwer zu treffen. Die beste Deckung für Kopf und Körper bieten aber immer noch die mit an den Körper gezogenen Ellenbogen hoch gehaltenen Arme und Fäuste.

KOMBINATIONEN

Eine schnelle Folge mit beiden Händen und aus verschiedenen Winkeln geführter Schläge bringt viel eher einen Treffer als Einzelschläge, egal, wie hart sie sind. Mit einem solchen Angriff kann man den Gegner dazu bringen, seine Deckung zu senken, um ihn dann an den ungeschützten Stellen zu treffen. Ein Angriff könnte z. B. mit einer 1-2-Kombination zum Kopf beginnen. Sobald der Gegner die Hände zur Deckung hebt, kann man den Körper mit Haken eindecken.

Seitlicher Angriff Der Cross trifft den Gegner von der Seite.

CROSS
Der mit der »zweiten« Hand geführte Cross wird von links nach rechts oder von rechts nach links gegen Körper oder Kopf geschlagen.

BOXER-TYPEN

Der Kampfstil eines Boxers ist meist auf seine Statur und auf seine individuellen Stärken und Schwächen zugeschnitten. So hatte der frühere Schwergewichts-Champion Mike Tyson einen aggressiven, nach vorne drängenden Stil und einen fürchterlichen Punch. Floyd Mayweather Jr. setzt dagegen auf Eleganz und Haltung. Er überwindet seine Gegner oft mit List statt mit brutaler Kraft.

DISTANZ-BOXER

Boxer, die aus der Distanz kämpfen, sind oft groß und haben eine große Reichweite. Sie müssen dem Gegner nicht nahe kommen und lassen sich nicht auf einen Infight ein. Spitzenboxer, wie der frühere Schwergewichts-Champion Lennox Lewis, haben meist auch einen kräftigen Jab.

INFIGHTER

Infighter sind im Gegensatz dazu oft kleiner mit einer geringeren Reichweite. Da sie aus der Entfernung nicht treffen können, nutzen sie ihren tieferen Schwerpunkt, um in die Nahdistanz zu gehen, den Gegner zu behindern und ihre eigenen Wirkungstreffer anzubringen. Kämpfe zwischen Infightern sind immer spannend, da keiner zurückweicht.

PUNCHER

Der auch als »Brawler« oder »One-Puncher« bezeichnete Typ steht oft für die brutale Seite des Boxsports. Schlägern fehlt oft die Finesse im Ring, was sie durch rohe Kraft ausgleichen. Damit können sie fast jeden Gegner mit einem Schlag fällen, was die Kämpfe meist sehr spannend macht.

ROPE-A-DOPE

Ein von Muhammad Ali geprägter Begriff für eine Taktik, bei der man sich defensiv in den Seilen hängen lässt, während der Gegner sich an einem müde boxt. Dies wird in Boxkreisen nicht gerne gesehen, aber Ali konnte es bei mehreren Gelegenheiten zu seinem Vorteil einsetzen, vor allem 1974 beim »Rumble in the Jungle« in Zaire. Der amtierende Champion George Foreman deckte seinen scheinbar hilflosen Gegner mit Hunderten von Schlägen ein, bis Ali sich in der achten Runde von den Seilen löste und den sichtbar erschöpften Foreman ausknockte.

INSIDER-STORY

Seit 1946 regelt die Association Internationale de Boxe Amateur (AIBA) den Amateur-Boxsport. Sie kümmert sich ums Regelwerk, leitet die Boxwettkämpfe bei den Olympischen Spielen und organisiert seit 1974 eine Weltmeisterschaft. Der Profisport leidet dagegen unter fortgesetzten Streitereien zwischen diversen Verbänden und unter Korruption. So erkennen mehrere Verbände nur ihre eigenen Weltmeister in voneinander abweichenden Gewichtsklassen an. Ein unumstrittener Weltmeister ist im modernen Profi-Boxsport eine absolute Ausnahme.

PROFI-DACHVERBÄNDE

In der komplizierten Welt des Profi-Boxsports gibt es zurzeit mehr als zehn Organisationen, die sich als weltweite Dachverbände gerieren. Dies sind die vier glaubwürdigsten: Die World Boxing Association (WBA) existiert seit 1921 und ist der älteste Profi-Boxverband, aber nicht weltweit vertreten. 1963 wurde der World Boxing Council (WBC) gegründet, um den ersten wirklich internationalen Verband zur Kontrolle des Sports ins Leben zu rufen. 1983 spaltete sich die International Boxing Federation (IBF) – ehemals die United States Boxing Association – mit Sitz in New Jersey von der WBA ab. Schließlich gründeten weitere ehemalige Mitglieder der WBA 1988 in Puerto Rico die World Boxing Organization (WBO).

STATISTIK

MEISTE TITELVERTEIDIGUNGEN IN FOLGE

NAME	VERTEIDIGUNGEN/KLASSE
JOE LOUIS	25/SCHWERGEWICHT
RICARDO LOPEZ	21/PAPIERGEWICHT
HERNY ARMSTRONG	19/WELTERGEWICHT
EUSEBIO PEDROZA	19/FEDERGEWICHT
KHAOSAI GALAXY	19/SUPERFLIEGENGEWICHT
WILFREDO GOMEZ	17/SUPERFEDERGEWICHT
MYUNG WOO YUH	17/LEICHTFLIEGENGEWICHT
ORLANDO CANIZALES	16/BANTAMGEWICHT
BOB FOSTER	14/HALBSCHWERGEWICHT
CARLOS MONZON	14/MITTELGEWICHT

OLYMP. GOLD – SCHWERGEWICHT

JAHR	NAME	LAND
2012	OLEKSANDR USSYK	UKR
2008	RACHIM TSCHACHKIEW	RUS
2004	ODLANIER SOLIS FONTE	CUB
2000	FELIX SAVON	CUB
1996	FELIX SAVON	CUB
1992	FELIX SAVON	CUB
1988	RAY MERCER	USA
1984	HENRY TILLMAN	USA
1980	TEOFILO STEVENSON	CUB
1976	TEOFILO STEVENSON	CUB

MEISTE BESTRITTENE KÄMPFE

NAME	GEWICHT	KÄMPFE
LEN WICKWAR	LEICHTSCHWER	463
JACK BRITTON	WELTER	350
JOHNNY DUNDEE	FEDER	333
BILLY BIRD	WELTER	318
GEORGE MARSDEN	K.A.	311
MAXIE ROSENBLOOM	LEICHTSCHWER	299
HARRY GREB	MITTEL	298
YOUNG STRIBLING	LEICHTSCHWER	286
BATTLING LEVINSKY	LEICHTSCHWER	282
TED (KID) LEWIS	WELTER	279

BÜRGERLICHE VS. KAMPFNAMEN

BÜRGERL. NAME	KAMPFNAME
WALKER SMITH	SUGAR RAY ROBINSON
ANTHONY ZESKI	TONY ZALE
ROCCO BARBELLA	ROCKY GRAZIANO
ARNOLD CREAM	JERSEY JOE WALCOTT
JOSEPH BARROW	JOE LOUIS
ROCCO MARCHEGIANO	ROCKY MARCIANO
GERARDO GONZALEZ	KID GAVILAN
JUDAH BERGMAN	JACKIE (KID) BERG
WILLIAM GUIGLERMO PAPALEO	WILLIE PEP
ELIGIO SARDINIAS MONTALBO	KID CHOCOLATE
ARCHIBALD LEEWRIGHT	ARCHIE MOORE
RICHARD IHETU	DICK TIGER

Fechtmaske
Die Fechter tragen eine Maske, die Kopf, Gesicht und Kehle bedeckt. Das Gesicht wird durch ein feinmaschiges Metallnetz geschützt.
Sicherheitsjacke
Als zusätzlicher Schutz dienen eine gepolsterte Jacke und eine Unterziehweste (Plastron) aus Kevlar.
Handschutz
Eine Stahlglocke am Griff schützt die Finger des Fechters vor Verletzungen.
Biegsame Klinge
Form und Steifigkeit der Klinge sind je nach Waffe verschieden.
Weiße Hosen
Fechter tragen traditionell weiße Kniebundhosen. Die Beine sind nicht gepolstert.
Strümpfe
Die Fechter tragen schwarze oder weiße Kniestrümpfe.
Schuhe
Schnelle Fußarbeit ist ein wichtiges Element. Deshalb tragen die Fechter leichte, flache Schuhe mit gutem Halt.

SPORTLERPROFIL
Beim Fechten kommt es auf schnelle Reaktionen, Beweglichkeit und Leichtfüßigkeit ebenso wie auf gutes Gleichgewicht und Hand-Auge-Koordination an. Die besten Sportler sind von eher leichter Statur. Auch die mentale Stärke ist für den Erfolg unverzichtbar: Konzentration, schnelles Denken und taktisches Verständnis.

FAKTEN

- Der Begriff »Fechten« kommt vom altgermanischen »vechtan« oder »fehtan«, was allgemein kämpfen bedeutet.
- Es gibt drei Waffengattungen, die sich in den verwendeten Klingen unterscheiden: Florett, Degen und Säbel.
- Fechten hat eine rein europäische Tradition. Seine Ursprünge liegen vor allem in Frankreich und Italien, was auch die vielen französischen Fachbegriffe erklärt.

GEWUSST?

25 So viele Fechter traten bei den Olympischen Spielen 1896 an. Fechten ist eine der vier Sportarten, die bei allen Spielen der Neuzeit vertreten waren.

5 Fechten ist neben Schießen, Schwimmen, Springreiten und Geländelauf eine der fünf Disziplinen des Modernen Fünfkampfs.

13 So viele olympische Medaillen (davon sechs goldene) gewann der Italiener Edoardo Mangiarotti. Er hält den Rekord für die meisten Fechtmedaillen.

7 So viele Stunden dauerte ein Masters Championship-Kampf in den 1930ern in New York – danach wurde die Kampfzeit auf 30 Minuten begrenzt. Heute dauert ein Kampf gerade einmal drei Minuten.

FECHTEN

ÜBERBLICK

Fechten ist ein Kampfsport, bei dem zwei Gegner mit leichten, stumpfen Klingen gegeneinander antreten. Punkte erzielt man durch Treffer mit der Spitze der Klinge in bestimmten Trefferzonen. Diese Trefferzonen werden durch die Art der Waffe bestimmt. Der moderne Fechtsport hat sich aus der Jahrhunderte alten Tradition des kriegerischen Schwertkampfs entwickelt. Die sportliche Form hat ihren Ursprung im 16. Jahrhundert. Fechten war bereits bei den ersten Spielen der Neuzeit 1896 olympische Sportart – und ist es seitdem geblieben.

SCHÄNDLICHER BETRUG

1976 wurden die Olympischen Spiele von einem Fechtskandal erschüttert. Beim Kampf zwischen Boris Onyschtschenko aus der UdSSR und dem Briten Jim Fox vermutete Fox Betrug. Es stellte sich heraus, dass Onyschtschenkos Degen so manipuliert war, dass er die Trefferanzeige täuschen konnte. Er wurde zusammen mit der gesamten sowjetischen Fünfkampf-Equipe disqualifiziert.

AUF DER PLANCHE

Die Gefechte finden auf einer Planche genannten schmalen, erhöhten Bahn statt. An beiden Enden der Planche befinden sich Auslaufzonen. Die Erhöhung variiert und soll den Zuschauern einen besseren Blick auf das Gefecht ermöglichen. Der Boden ist mit einem leitenden, rutschsicheren Gewebe bespannt, das die Anzeige von Bodentreffern verhindert.

Obmann und Seitenrichter
Die Gefechte werden von einem Obmann geleitet, dem Seitenrichter assistieren, indem sie darauf achten, dass die Fechter die Seitenlinien nicht übertreten.

Elektronische Trefferanzeige
Die Fechter tragen leitende Kleidung, die mit einem Kabel verbunden ist. Damit wird ein Treffer durch den Gegner registriert und an eine Elektronik weitergemeldet, die automatisch die Punkte jedes Fechters anzeigt.

Zeitnehmer und Sekretär
Sie achten auf die Kampfzeit und protokollieren die Punktzahlen.

1,50–2 m

14 m

Mittellinie
Diese Linie markiert die Mitte der Planche.

Startlinien
Die Fechter stellen sich zu Beginn jedes Gangs hinter diesen Linien etwa 2 m beiderseits der Mittellinie auf und kehren nach jedem Treffer hierhin zurück.

Warnlinie
Diese Linie warnt den Fechter, dass er nur noch 2 m vom Ende der Planche entfernt ist.

Endlinie
Das Übertreten der Endlinie wird mit einem Straftreffer geahndet.

ELEKTRONISCHE WERTUNG

Erstmals kam ein elektronisches Zählsystem bei den Olympischen Spielen 1936 in Berlin beim Degenfechten zum Einsatz. Bei einem Treffer wird ein Schalter in der Degenspitze zusammengedrückt, der eine Lampe aufleuchten lässt. Da beim Degen der ganze Körper als Trefferzone gilt, war das System relativ einfach zu installieren. Für das Florett kam die Elektronik erst bei den Spielen 1956 in Melbourne. Dazu brauchte man eine elektrisch leitende Jacke, damit die Elektronik zwischen »Treffer« und »Nicht-Treffer« unterscheiden kann.

WAHL DER WAFFEN

Beim Fechten kommen drei unterschiedliche Waffen zum Einsatz: das Florett (die Klinge, mit der die meisten Anfänger lernen), der Degen und der Säbel. Jede Waffengattung hat eine eigene Trefferzone am Körper des Gegners und eigene Regeln. Spitzenfechter spezialisieren sich meist auf eine Waffengattung.

FLORETT
Eine leichte, flexible Klinge mit einem Schalter in der Spitze, der einen Druck von mindestens 500 g benötigt, um einen Treffer zu melden.

DEGEN
Der Degen ist schwerer und steifer als das Florett und braucht einen Druck von 750 g, um einen Treffer zu melden. Ziel ist der gesamte Körper.

SÄBEL
Mit dem Säbel kann man Punkte sowohl mit der Schneide als auch mit der Spitze erzielen. Es gibt keinen Schalter: Zur Sicherheit ist die Spitze stumpf.

GRIFFE

Der Griff dient zum Führen der Waffe. Es gibt vier Hauptformen französisch, italienisch, spanisch und Pistolenform. Der französische Griff (hier gezeigt) ist bei Anfängern und Fortgeschrittenen beliebt.

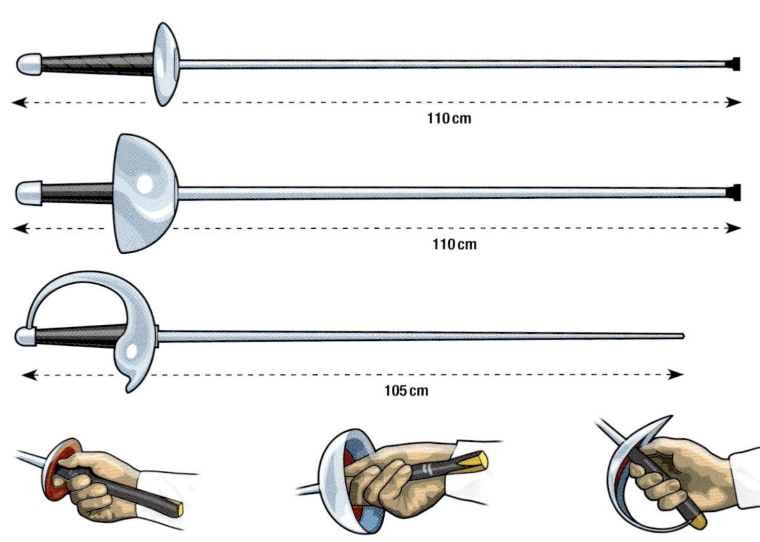

KAMPFREGELN

Ein Fechtkampf besteht aus drei dreiminütigen Gefechten mit jeweils einer Minute Pause dazwischen. Sieger ist der Fechter, der als erster 15 Punkte erzielt oder der am Ende der Kampfzeit die meisten Punkte hat. Punkte werden für einen regelkonformen Treffer in der Trefferfläche des Gegners vergeben. Jede der drei Waffengattungen hat dabei ihre eigene Trefferfläche. Tritt ein Fechter über die Endlinie an seinem Ende der Planche, bekommt der Gegner einen Punkt zugesprochen. Bei olympischen Wettkämpfen gibt es keine Vor-, sondern nur Ausscheidungsrunden.

TERMINOLOGIE

Das Fechten wurde vor allem in Frankreich, Italien und Spanien kultiviert. Viele der Fachbegriffe sind französischen Ursprungs.

ATTACK AU FER Ein Angriff auf die Klinge des Gegners.
CORPS À CORPS Wörtlich: »Körper an Körper«, ein (regelwidriger) Körperkontakt.
COUP SEC Eine kurze, feste Berührung der Klingen (wörtlich: ein »trockener Schlag«).
DÉROBEMENT Ein Abgleiten von der gegnerischen Klinge.
DESSOUS Die untere Blöße.
DESSUS Die obere Blöße.
FINALÉ Der letzte Teil einer offensiven Aktion.
JOUR Eine Öffnung in der Deckung, durch die ein Angriff möglich ist.
REPARTÉE Wiederholte Stoßbewegungen mit dem Fechtarm.
TOUCHÉ Eine Berührung mit der Waffe.

FLORETT

Beim Florettfechten ist die Trefferfläche auf den Rumpf des Gegners beschränkt. Die elektronische Trefferanzeige registriert nur Treffer in diesem Bereich.

DEGEN

Beim Degenfechten gilt der gesamte Körper als Trefferfläche, allerdings zielen die meisten Angriffe auf gut erreichbare Bereiche des Gegners, wie Hand, Arm oder vorderer Fuß.

SÄBEL

Beim Säbelfechten ist der gesamte Oberkörper Trefferfläche, einschließlich der Arme und des Kopfs. Die Aktionen laufen blitzschnell ab und bestehen meist aus Attacken und Finten.

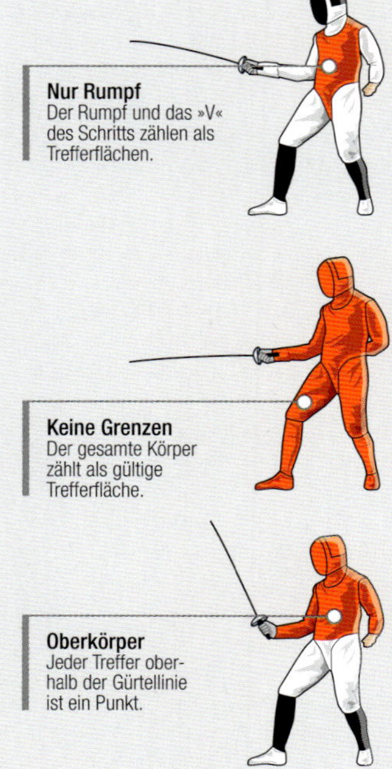

Nur Rumpf
Der Rumpf und das »V« des Schritts zählen als Trefferflächen.
Keine Grenzen
Der gesamte Körper zählt als gültige Trefferfläche.
Oberkörper
Jeder Treffer oberhalb der Gürtellinie ist ein Punkt.

TREFFERFLÄCHEN

Der Rumpf ist die Haupt-Trefferfläche (beim Florett auch die einzige). Zur genaueren Definition ist der Torso in vier Quadranten unterteilt: die oberen beiden nennt man auch die obere Blöße, die unteren die untere Blöße.

INNERE UND ÄUSSERE BLÖSSE

Die vier Quadranten des Rumpfes bezeichnet man auch als innere und äußere Blöße. Die beiden Quadranten auf der Innseite der Schwerthand nennt man die innere Blöße, die auf der Außenseite der Schwerthand werden als die äußere Blöße bezeichnet.

DIE OBERE BLÖSSE

Die beiden Quadranten der oberen Blöße sind jeweils in zwei kleinere Flächen unterteilt. Quart- und Sixt-Treffer werden mit der Fechthand in Supination (Handfläche nach oben) und Terz- und Quint-Treffer mit der Hand in Pronation (Fläche nach unten) erzielt.

GANZ IN WEISS

Die Kleidung der Fechter ist traditionell von Kopf bis Fuß weiß (wobei der Internationale Fechtverband mittlerweile auch andere helle Farben zulässt). Man nimmt an, dass die Farbwahl auf die Zeit vor der elektronischen Treffererfassung zurückgeht, als die Klingen oft mit Ruß oder Tinte überzogen wurden, damit sich ein Treffer deutlich auf der Jacke des Gegners abzeichnete.

DIE ACHT TREFFERFLÄCHEN

Die vier Quadranten des Rumpfes sind jeweils in zwei Bereiche unterteilt: Prim, Sekond, Terz, Quart, Quint, Sixt, Septim und Oktav (sie sind also schlicht von eins bis acht durchnummeriert).

1 **Prim** Die 1. Trefferfläche in der unteren Blöße.
2 **Sekond** Die 2. Trefferfläche in der unteren Blöße.
3 **Terz** Die 3. Trefferfläche in der oberen Blöße.
4 **Quart** Die 4. Trefferfläche in der oberen Blöße.
5 **Quint** Die 5. Trefferfläche in der oberen Blöße.
6 **Sixt** Die 6. Trefferfläche in der oberen Blöße.
7 **Septim** Die 7. Trefferfläche in der unteren Blöße.
8 **Oktav** Die 8. Trefferfläche in der unteren Blöße.

EN GARDE

Das Gefecht beginnt damit, dass die Fechter die Fechtstellung hinter ihren jeweiligen Startlinien einnehmen. Der Obmann gibt das Kommando zum Beginn. Die Aktionen sind schnell (und machen die elektrische Trefferanzeige notwendig) und bestehen aus Angriffen, Paraden und Riposten (Gegenangriffen). Beim Florett- und Säbelfechten entscheidet das Treffervorrecht, wer den Punkt bei einem Doppeltreffer macht. Das führt meist dazu, dass der Angreifer den Punkt erhält. Beim Degenfechten bekommen beide Fechter einen Punkt.

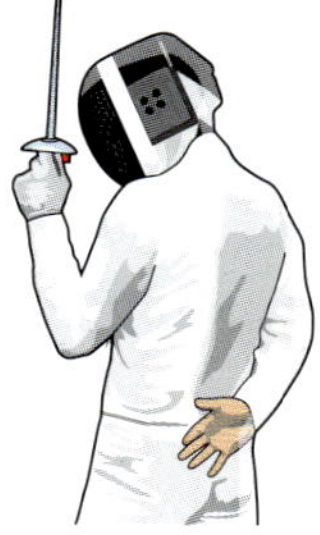

DER GRUSS

Beim Fechten nimmt man die Tradition ernst: Die Fechter halten sich strikt an den Kodex von Höflichkeit und Etikette. Ein wichtiger Teil davon ist das Ritual des Grußes. Die Gegner salutieren einander vor dem Gefecht, indem sie die Waffe senkrecht vor das Gesicht heben. Danach grüßen sie auch Obmann, Seitenrichter und Zuschauer. Nach dem Gefecht salutieren die Fechter einander erneut und geben sich die Hand.

ANGRIFF UND PARADE

Die Fechttechniken zielen darauf ab, einen Treffer in einer der Trefferflächen am Körper des Gegners zu setzen. Dabei kommt Angriff und Verteidigung die gleiche Bedeutung zu. Ein guter Fechter ist in der Lage, einen Angriff zu parieren und in einen Gegenangriff zu verwandeln. Anders als bei den theatralischen Gesten und kühnen Attacken, die man aus Mantel-und-Degen-Filmen kennt, kommt es in der Realität auf kleine, präzise Bewegungen und Subtilität an, um einen Treffer zu landen (oder abzuwehren).

ANGRIFF

Beim Angriff streckt man den Fechtarm dem Gegner entgegen. Der Arm ist auf Schulterhöhe vollständig gerade. Der Angriff erfolgt in einer einzigen fließenden Bewegung. Ein Sprung nach vorne verleiht der Attacke Wucht.

In Stellung
Die Fechtstellung ist der Ausgangspunkt für offensive und defensive Manöver.
Sprung nach vorn
Der erste Angriff wird oft von einem Sprung nach vorne begleitet.

PARADE

Die Parade ist eine Abwehrtechnik, mit der die Waffe des Gegners abgelenkt oder blockiert werden soll. Die einzelnen Paraden werden nach der vom Gegner anvisierten Trefferfläche benannt, wie z. B. die »Quartparade«.

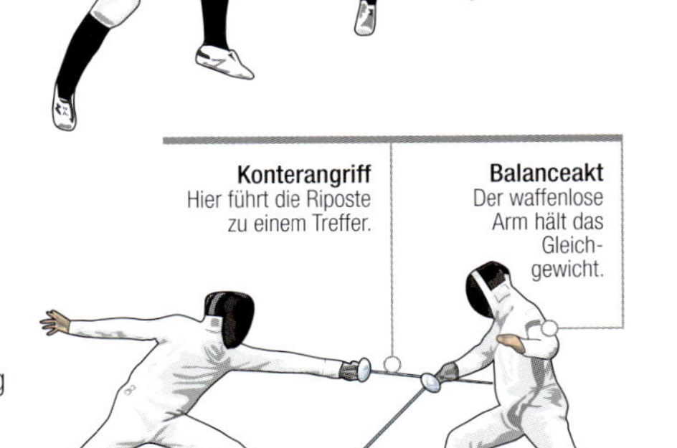

Die Parade lenkt die gegnerische Klinge ab.
Offene Deckung

RIPOSTE

Die Riposte ist der Gegenangriff, der auf eine Parade folgt. Sobald die Klinge des Angreifers abgefälscht wurde, nutzt der Verteidiger die offene Stellung des Gegners für einen eigenen Angriff. Die Riposte kann direkt oder verzögert erfolgen.

Konterangriff
Hier führt die Riposte zu einem Treffer.

Balanceakt
Der waffenlose Arm hält das Gleichgewicht.

INSIDER-STORY

Der Fechtsport entwickelte sich aus der Fechtkunst der Ägypter und der Römer, auch wenn die heutigen Regeln und Bestimmungen auf den im Europa des 18. und 19. Jh. entwickelten Konventionen beruhen. Der sportliche Dachverband ist die Fédération Internationale d'Escrime (FIE), die 1913 in Paris gegründet wurde, um das Regelwerk für internationale Fechtturniere zu vereinheitlichen. Die FIE organisiert die Weltmeisterschaften, die außer in olympischen Jahren jedes Jahr stattfinden. Fechten ist seit den ersten Spielen der Neuzeit 1896 olympische Disziplin, seit 1924 auch bei den Frauen.

FIE
Die 1913 in Paris gegründete Fédération Internationale d'Escrime (Internationaler Fechtverband) mit Sitz im schweizerischen Lausanne ist für die Festlegung der Regeln verantwortlich. Zur Zeit hat der Verband 149 assoziierte nationale Fechtverbände.

OLYMPISCHE DUELLANTEN

Bei den Spielen 1924 wuchsen die Spannungen derart, dass es beim Training zu einem echten Duell zwischen zwei Fechtern kam. Nach zwei Minuten floss Blut.

STATISTIK

OLYMPIASIEGER FLORETT (MÄNNER)

JAHR	NAME	LAND
2012	LEI SHENG	(CHN)
2008	BENJAMIN KLEIBRINK	(GER)
2004	BRICE GUYART	(FRA)
2000	KIM YOUNG-HO	(KOR)
1996	ALESSANDRO PUCCINI	(ITA)

OLYMPIASIEGER FLORETT (FRAUEN)

JAHR	NAME	LAND
2012	ELISA DI FRANCISCA	(ITA)
2008	VALENTINA VEZZALI	(ITA)
2004	VALENTINA VEZZALI	(ITA)
2000	VALENTINA VEZZALI	(ITA)
1996	LAURA BADEA	(ROM)

OLYMPIASIEGER DEGEN (MÄNNER)

JAHR	NAME	LAND
2012	RUBEN LIMARDO	(VEN)
2008	MATTEO TAGLIAROL	(SUI)
2004	MARCEL FISCHER	(SUI)
2000	PAWEL KOLOBKOW	(RUS)
1996	ALEXANDER BEKETOW	(RUS)

OLYMPIASIEGER DEGEN (FRAUEN)

JAHR	NAME	LAND
2012	JANA SCHEMJAKINA	(UKR)
2008	BRITTA HEIDEMANN	(GER)
2004	TIMEA NAGY	(HUN)
2000	TIMEA NAGY	(HUN)
1996	LAURA FLESSEL	(FRA)

OLYMPIASIEGER SÄBEL (MÄNNER)

JAHR	NAME	LAND
2012	ARON SZILAGYI	(HUN)
2008	ZHONG MAN	(CHI)
2004	ALDO MONTANO	(ITA)
2000	MIHAI CLAUDIU COVALIU	(ROM)
1996	STANISLAW POSDNJAKOW	(RUS)

OLYMPIASIEGER SÄBEL (FRAUEN)

JAHR	NAME	LAND
2012	KIM JI-YEON	(KOR)
2008	MARIEL ZAGUNIS	(USA)
2004	MARIEL ZAGUNIS	(USA)
2000	NICHT IM PROGRAMM	
1996	NICHT IM PROGRAMM	

FAKTEN

- Der Freikampf oder Randori ist die beste Methode zum Erlernen der Techniken und Taktiken. Bei dieser Art des Trainings trainieren die Judoka körperliche Kraft und Herz-Kreislaufsystem, verbessern ihre Reaktionszeiten und feilen daran, dem Angriff eines Gegners zu begegnen.
- Würge- und Strangulationsgriffe zählen zu den wirksamsten Judotechniken. Die Strangulation unterbindet die Blutzufuhr zum Gehirn über die Halsschlagadern, während die Würgegriffe dem Gegner die Atemluftzufuhr abschneiden. Beide Techniken können binnen weniger Sekunden zur Bewusstlosigkeit führen.
- Die spirituelle Heimat des Judo ist das Kodokan Judo Institut in Japan. Es wurde 1882 vom Erfinder des Judo, Jigoro Kano (1860–1938), gegründet.

JUDO

ÜBERBLICK

Judo wurde im 19. Jh. nach den Lehren des Japaners Jigoro Kano entwickelt. Bei der waffenlosen Kampfkunst, die auf der alten Kampfkunst Jiu-Jitsu beruht, ist jegliche Schlag- und Tritttechnik strikt verboten. Stattdessen versucht man einen Ippon (einen Punkt) zu erzielen, indem man den Gegner zu Boden wirft, ihn am Boden festhält oder ihn mittels eines Armhebels oder Würgegriffs zur Aufgabe zwingt.

DIE KAMPFFLÄCHE

Die Größe der Kampffläche ist in den Regeln der International Judo Federation (IJF) festgelegt. Der Boden ist mit Tatami-Matten ausgelegt, die in der Regel 2 x 1 m groß sind und den Aufprall abdämpfen sollen. Traditionelle Tatami bestehen aus gepresstem Reisstroh, aber heute verwendet man in der Regel gepressten Schaumstoff. Meist ist die Wettkampffläche 8 x 8 m groß, wobei Flächen bis 10 x 10 m erlaubt sind. Die Regeln der IJF fordern zudem eine Sicherheitsfläche von 3 m Breite. Gekämpft wird auf der gesamten Wettkampf- und Sicherheitsfläche.

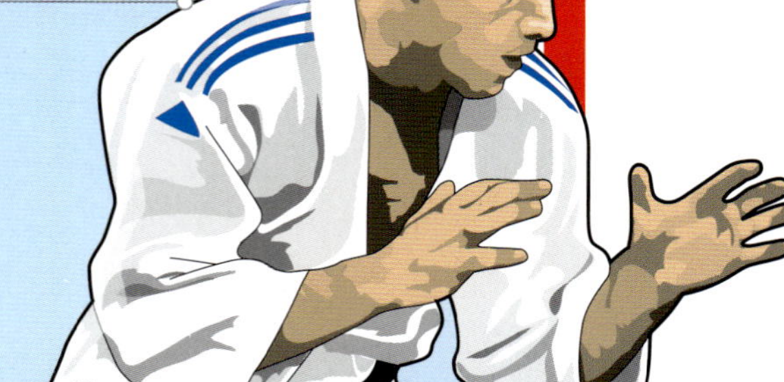

Jacke
Bei internationalen Wettkämpfen tragen die Judoka blaue oder weiße Jacken (Uwagi) aus schwerem Baumwollstoff. Größe und Sitz müssen den Regeln entsprechen.

Gürtel
Der Gürtel ist 3 m lang und zeigt mit seiner Farbe den Rang des Judoka an.

Hose
Die Hose, Zubon genannt, besteht aus leichtem Leinenstoff mit doppelten Nähten und Knieverstärkung.

Kampfrichter
Der Kampfrichter steht in der Wettkampffläche und beginnt den Kampf mit dem Kommando »Hajime!«. Er leitet den Kampf und signalisiert Punktgewinne an den Protokollführer. Im Streitfall stehen ihm die beiden Außenrichter zur Seite.

Farbkodierung
Bei Wettkämpfen muss sich die Farbe der Tatami der Wettkampffläche von der Farbe der Matten der Sicherheitszone unterscheiden. Dabei ist jede Kombination erlaubt.

Sicherheitsfläche
Die Sicherheitsfläche ist ein 3 m breiter Rand, der die Wettkampffläche umschließt. Das Betreten der Sicherheitsfläche ist nicht grundsätzlich verboten; ein Judoka kann den Gegner in diese Zone werfen und Punkte erzielen, wenn er nach einem Wurf in die Zone tritt. Er wird aber automatisch verwarnt, wenn er die Wettkampffläche absichtlich verlässt.

SPORTLERPROFIL

Jeder kann Judo betreiben. Es gibt verschiedene Gewichtsklassen und der Kampfsport steht beiden Geschlechtern offen. Kraft ist dabei ebenso wichtig wie Beweglichkeit.

GEWUSST?

67 Die offizielle Zahl der Wurftechniken im Kodokan Judo.

3 Judoka weltweit hatten im Jahr 2013 den 10. Dan inne.

200 So viele assoziierte nationale Verbände hat der internationale Dachverband, die International Judo Federation.

77 Das Alter Jigoro Kanos bei seinem Tod 1938.

7 Die Anzahl der Judo-Gewichtsklassen bei Olympischen Spielen.

10 So viele Sekunden dauert es im Schnitt, bis ein Mensch in einem Würgegriff das Bewusstsein verliert.

GÜRTEL UND FARBEN

Die Farbe des Gürtels (Obi) eines Judoka zeigt seinen Rang im Kyu-Dan-Rangsystem an. Traditionell gibt es sechs Schülerränge oder Kyu. Im westlichen Judo haben sie folgende Gürtelfarben: 6. Kyu (weiß), 5. Kyu (gelb), 4. Kyu (orange), 3. Kyu (grün), 2. Kyu (blau) und 1. Kyu (braun). In einigen Ländern gibt es weitere Kyu und Gürtelfarben. In Japan tragen die Judoka bis zum 1. Kyu meist einen weißen Gürtel. Die Farben der zwölf Meisterränge sind einheitlicher. Der Gürtel der ersten fünf Dan ist schwarz. Judoka vom 6. bis zum 8. Dan tragen rot-weiß oder schwarz-weiß gestreifte Gürtel. Rote (oder schwarze) Gürtel stehen den Judoka bis zum 11. Dan zu. Der 12. Dan trägt eine etwas breitere Version des weißen Anfänger-Gürtels.

PUNKTANZEIGE

Die Anzeigetafel zeigt die Stoppuhr und die Verwarnungen, die die Judoka angesammelt haben. Es gibt vier Wertungen (siehe S. 218), die in der oberen Hälfte der Tafel angezeigt werden (unten, von links nach rechts): »I« steht für Ippon, »W« steht für Waza-Ari, »Y« steht für Yuko und »K« steht für Koka. Daneben gibt es zwei Strafen für Regelverstöße, die mit einer roten Lampe neben dem jeweiligen Buchstaben in der Mitte der Tafel angezeigt werden. »H« steht für Hansokumake (sofortige Disqualifizierung) und »S« steht für Shido (Belehrung). Erhält ein Judoka vier Shidos, folgt automatisch ein Hansokumake und damit die Disqualifizierung.

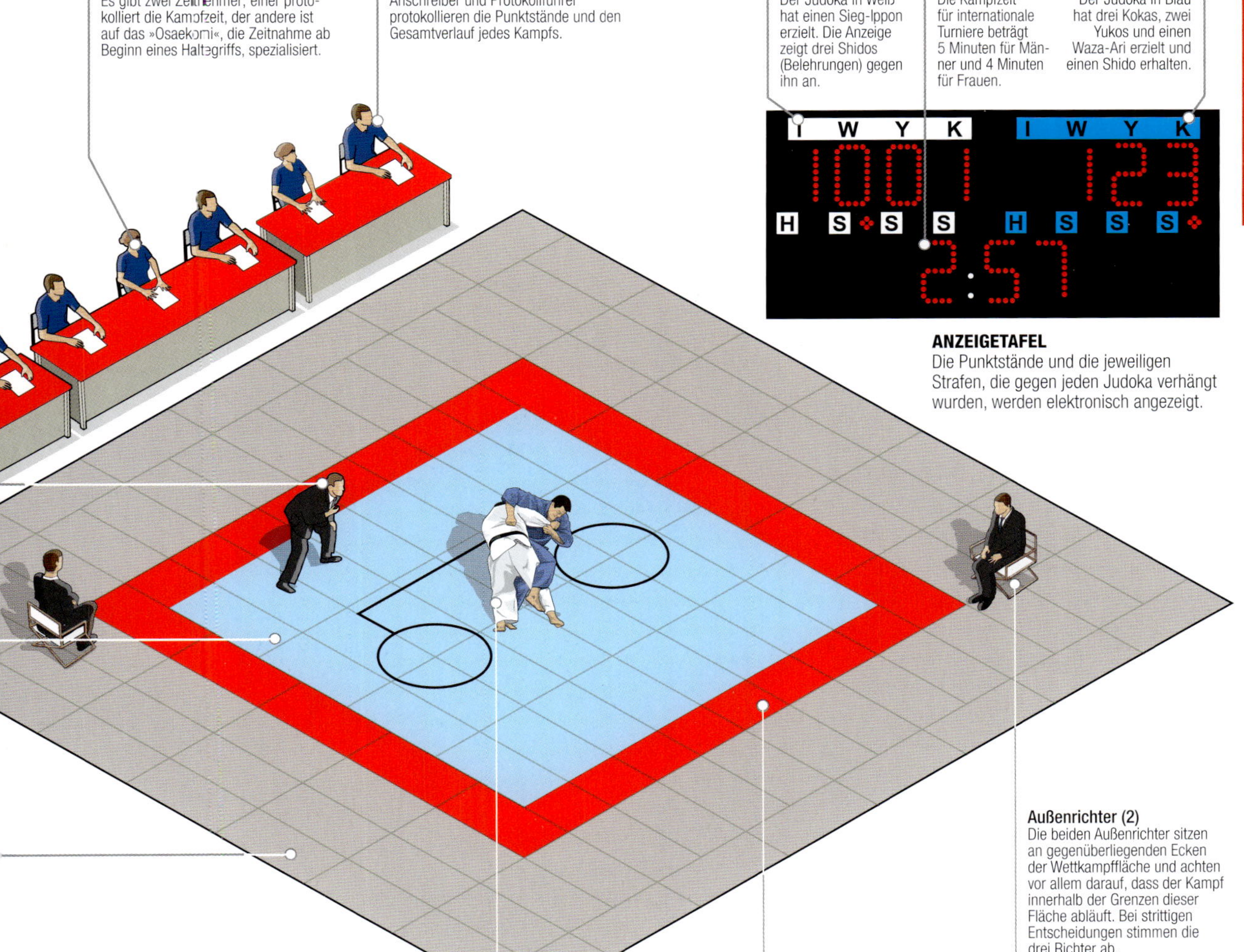

Zeitnehmer
Es gibt zwei Zeitnehmer; einer protokolliert die Kampfzeit, der andere ist auf das »Osaekomi«, die Zeitnahme ab Beginn eines Haltegriffs, spezialisiert.

Anschreiber
Anschreiber und Protokollführer protokollieren die Punktstände und den Gesamtverlauf jedes Kampfs.

Weiß
Der Judoka in Weiß hat einen Sieg-Ippon erzielt. Die Anzeige zeigt drei Shidos (Belehrungen) gegen ihn an.

Stoppuhr
Die Kampfzeit für internationale Turniere beträgt 5 Minuten für Männer und 4 Minuten für Frauen.

Blau
Der Judoka in Blau hat drei Kokas, zwei Yukos und einen Waza-Ari erzielt und einen Shido erhalten.

ANZEIGETAFEL
Die Punktstände und die jeweiligen Strafen, die gegen jeden Judoka verhängt wurden, werden elektronisch angezeigt.

Außenrichter (2)
Die beiden Außenrichter sitzen an gegenüberliegenden Ecken der Wettkampffläche und achten vor allem darauf, dass der Kampf innerhalb der Grenzen dieser Fläche abläuft. Bei strittigen Entscheidungen stimmen die drei Richter ab.

Judoka
Im Wettkampf trägt der zuerst aufgerufene Judoka einen blauen Judogi, sein Gegner einen weißen. Zu Beginn und Ende jedes Kampfs stehen die Gegner auf der Markierung, die der Farbe ihrer Kleidung entspricht und verbeugen sich voreinander. Ruft der Kampfrichter im Kampfverlauf »Matte!«, kehren beide auf ihre Markierungen zurück.

Warnfläche
Die Warnfläche ist eine 1 m breite Umrandung der Wettkampffläche. Sie gehört zur Wettkampffläche, allerdings wird ein zu langer Aufenthalt in diesem Bereich bestraft. 2006 wurde die Warnfläche zunächst versuchsweise abgeschafft, 2007 machte die IJF diese Regeländerung dann endgültig.

DER SANFTE WEG

Judo bedeutet auf Japanisch »der sanfte Weg« und meint die Nutzung der Stärke des Gegners zum eigenen Vorteil. Der Judoka setzt Schwung und Gewicht des Gegners gegen diesen ein, um ihn mit minimalem Krafteinsatz zu besiegen.

AUSGANGSSTELLUNG

In der Ausgangsstellung fasst der Judoka mit der rechten Hand den Revers des Uwagi und mit der linken Hand den rechten Ärmel des Gegners dicht unter dem Ellenbogen. Der Griff ist eine hervorragende Grundposition für Würfe.

KAMPFREGELN

Judo-Kämpfe unterliegen den Regeln der International Judo Federation (IJF). Die aktuellen Regelbücher zeigen einen Trend hin zu einem dynamischeren Stil – defensives Verhalten wird streng bestraft.

IPPON, WAZA-ARI, YOKO, KOKA

Beim Judo-Zweikampf gibt es vier abgestufte Punktwertungen. Ein Judoka kann einen Kampf direkt mit einem Ippon oder mit zwei Waza-Aris gewinnen, die zusammen als ein Ippon zählen. Niedrigere Wertungen sind Yoko und Koka. Läuft die Kampfzeit ab, bevor ein Ippon erzielt werden konnte, entscheidet die Summe der niedrigeren Wertungen.

STRAFEN

Von einem Judoka erwartet man Fairness im Kampf und die Achtung des Sportsgeistes. Regelverstöße werden hart bestraft. Die vier Stufen der Bestrafung sind: 1. Shido (oder schlicht Shido), 2. Shido (Chui), 3. Shido (Keikoku) und Hansokumake (Disqualifizierung). Die Strafen bauen aufeinander auf und führen zur jeweils nächsthöheren.

ANGRIFF

Beim Judo gibt es zwei Haupttechniken. Bei den Standtechniken (Tachi-Waza) versucht man, den Gegner mit Technik, Kraft und Schnelligkeit auf den Rücken zu werfen. Bei den Bodentechniken (Ne-Waza) versucht man, den Gegner am Boden zu halten oder zur Aufgabe zu zwingen.

WURFTECHNIKEN

Dem Judoka stehen verschiedene Wurftechniken (Nage-Waza) zur Verfügung. Mit einem einzigen kontrollierten Wurf, der den Gegner auf den Rücken schleudert, kann er einen Ippon machen und den Kampf für sich entscheiden. Im Wettkampf sind die Gegner allerdings gleich stark, sodass es meist eher auf einen Koka, Yuko oder Waza-Ari hinausläuft.

O-GOSHI

Der O-Goshi geht als einer der traditionellen Würfe auf den Begründer des Judo, Jigoro Kano, zurück. Er wird als Hüftwurf oder Koshi-Waza eingestuft. Dabei dient die Hüfte als Drehpunkt, über den der Gegner zu Boden gehebelt wird. Es gibt verschiedene Arten von Hüftwürfen. Der O-Goshi ist einer der ersten, die ein Judoka lernt.

Drehpunkt
Die Hüfte ist der Drehpunkt.
Bodenkontakt
Der Gegner verliert zusammen mit dem Bodenkontakt auch das Gleichgewicht.

IPPON-SEOI-NAGE

Der Ippon-Seoi-Nage ist bei Turnieren einer der am häufigsten zu sehenden Würfe. Er zählt zur Kategorie der Handwurftechniken (Te-Waza). Bei diesem Wurf wird der Gegner über die Schulter zu Boden geworfen.

Wie ein Reissack
Der Gegner wird am Ärmel gepackt und über die Schulter zu Boden geworfen.
Kniebeuge
Die Knie des Werfers sind federnd gebeugt und geben dem Wurf Schwung.

TOMOE-NAGE

Die sogenannten Opferwürfe (Ma-Sutemi-Waza) sind gefährlich, da der Werfende dabei unter den Gegner gehen muss. Eine dieser Techniken ist der Tomoe-Nage oder Kreiswurf, bei dem man einen Fuß in die Leiste des Gegners setzt und ihn über den Kopf oder die Schultern wirft.

Hohe Flugbahn
Der Gegner wird über den am Boden liegenden Werfer hinweggehoben.
Fuß im Bauch
Der Werfer setzt seinen Fuß als Hebel in die Leiste oder den Bauch des Gegners.

O-SOTO-GARI

Der O-Soto-Gari ist ein weiterer noch von Jigoro Kano selbst entwickelter Wurf. Er ist als Fußwurftechnik (Ashi-Waza) klassifiziert. Bei dieser Technik wird eines der Beine des Gegners mit dem eigenen Fuß weggesichelt. Ein gut ausgeführter O-Soto-Gari fixiert zuvor das Standbein des Gegners, sodass er fallen muss.

Fester Griff
Der Werfer fasst nach Ärmel und Jacke des Gegners.
Fußsichel
Das Bein des Gegners wird weggefegt, sodass er die Balance verliert.

GEWUSST?

7 So viele Punkte erhält man, wenn man einen Gegner kontrolliert und kraftvoll auf den Rücken wirft.

2 Die Anzahl an Haupt-Kampftechniken: Standtechniken (Tachi-Waza) und Bodentechniken (Ne-Waza).

4 Die Anzahl der Phasen einer Wurftechnik: Ausheben, Positionieren, Ausführen und Abschließen.

25 So viele Sekunden muss der Gegner am Boden gehalten werden, um den Kampf zu gewinnen.

HALTEGRIFFE

Eine Haltetechnik (Osae-Komi-Waza) ist ein Griff, der den Gegner am Boden halten soll. Ein Haltegriff, bei dem beide Schultern des Gegners den Boden länger als 25 Sekunden berühren, gibt einen Ippon. Bei kürzerer Haltedauer kann der Judoka einen Waza-Ari (20–24 Sekunden), Yoko (15–19 Sekunden) oder Koka (10–14 Sekunden) erzielen.

SAMURAI-SPORT

Judo beruht in Teilen auf Jiu Jitsu, der waffenlosen Kampfkunst der Samurai. Es ist die einzige olympische Sportart, bei der es einem Sportler erlaubt ist, seinen Gegner mit einem Aufgabegriff zu würgen.

Am Genick

Hüfte zur Brust

KESA-GATAME
Viele Würfe münden beim Judo in einen Kesa-Gatame am Boden, da der Grundgriff ja bereits eine Hand am Revers und eine nahe dem Ellenbogen des Gegners platziert.

Sicherer Halt
Eine Hand hält den Nacken.
Gürtelgriff
Die andere Hand greift durch die Beine zum Gürtel.

YOKO-SHIHO-GATAME
Dieser Osaekomi fixiert Nacken und Bein des Gegners, während man auf seiner Brust liegt. Eine Hand greift um den Nacken ans Revers, die andere greift zwischen den Beinen hindurch zum Gürtel.

AUFGABEGRIFFE

Eine Aufgabe erzielt man mit einer Hebeltechnik (Kansetsu-Waza) oder einem Würgegriff (Shime-Waza). Aus Sicherheitsgründen sind im Turnier nur Armhebel erlaubt. Würgegriffe sind ebenfalls sehr gefährlich, weshalb die Anwendung von Shime-Waza in Turnieren den oberen Rängen vorbehalten ist.

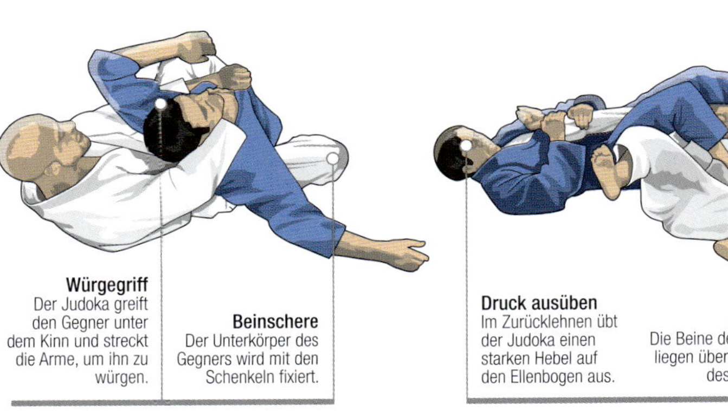

Würgegriff
Der Judoka greift den Gegner unter dem Kinn und streckt die Arme, um ihn zu würgen.
Beinschere
Der Unterkörper des Gegners wird mit den Schenkeln fixiert.
Druck ausüben
Im Zurücklehnen übt der Judoka einen starken Hebel auf den Ellenbogen aus.
Fixieren
Die Beine des Judoka liegen über der Brust des Gegners.

OKURI-ERI-JIME
Der Judoka greift mit einer Hand unter der Achsel des Gegners hindurch nach dem Revers. Gleichzeitig legt er den anderen Arm um den Hals des Gegner und greift hoch ans andere Revers.

JUJI-GATAME
Bei diesem kraftvollen Hebelgriff liegen die Beine mit dazwischengeklemmtem Arm über der Brust des Gegners. Das Handgelenk wird herangezogen, um einen starken Hebel auf den Ellenbogen auszuüben.

STATISTIK

OLYMPISCHE GEWICHTSKLASSEN

FRAUEN	MÄNNER
über 78 kg	über 100 kg
78 kg	100 kg
70 kg	90 kg
63 kg	81 kg
57 kg	73 kg
52 kg	66 kg
48 kg	60 kg

OLYMPIASIEGER SCHWERGEWICHT (MÄNNER)

JAHR	SIEGER (LAND)
2012	TEDDY RINER (FRA)
2008	SATOSHI ISHII (JAP)
2004	KEIJI SUZUKI (JAP)
2000	DAVID DOUILLET (FRA)
1996	DAVID DOUILLET (FRA)
1992	D. CHACHALEISCHWILI (GUS)
1988	HITOSHI SAITO (JAP)
1984	HITOSHI SAITO (JAP)
1980	ANGELO PARISI (FRA)
1976	SERGEI NOWIKOW (UDSSR)
1972	WILLEM RUSKA (NED)

OLYMPIASIEGER SCHWERGEWICHT (FRAUEN)

JAHR	SIEGERIN (LAND)
2012	IDALYS ORTIZ (CUB)
2008	TONG WEN (CHN)
2004	MAKI TSUKADA (JAP)
2000	YUAN HUA (CHI)

INSIDER-STORY

Judo war erstmals bei den Olympischen Spielen 1964 in Tokio Demonstrationssportart. 1968 in Mexiko war es noch nicht im Programm, aber seit den Münchener Spielen von 1972 ist es reguläre olympische Sportart. Frauen-Judo war 1988 in Seoul Demonstrationssportart und wurde 1992 in Barcelona olympischer Wettkampfsport. Alle zwei Jahre finden darüber hinaus Weltmeisterschaften für Männer, Frauen und Junioren statt.

DACHVERBAND
Die International Judo Federation (IJF) ist der weltweite Judo-Dachverband. Die 1951 gegründete Föderation umfasst fünf Verbände, die ihrerseits Afrika, Asien, Nord- und Südamerika, Europa und Ozeanien vertreten.

FAKTEN

- Die Kämpfer nennt man formell Sumotori, informell Rikishi.
- Vom ersten Kampf in Japan im Jahr 453 bis in die 1990er war Sumo ein reiner Männersport, aber die International Sumo Federation (IFS) fördert heute aktiv das Frauen-Sumo.
- Die ausführlichen Zeremonien im Umfeld der Kämpfe gehen auf Shinto-Riten zurück: So soll das im dohyo verstreute Salz beispielsweise böse Geister fernhalten.

SUMO

ÜBERBLICK

Sumo-Kämpfer versuchen, ihren Gegner aus dem Ring zu werfen oder ihn zu zwingen, den Boden mit einem anderen Körperteil als den Füßen zu berühren. Die Kämpfe dauern oft nur einige Sekunden, aber die Techniken, Taktiken und Rituale fesseln Millionen von Zuschauern. Sumo entstand wahrscheinlich im China des 3. Jh. v. Chr., wurde aber bis zum 20. Jh. ausschließlich in Japan praktiziert, von wo es einen weltweiten Siegeszug antrat.

Vier Ecken Die vier Ecken sind mit Symbolen für die vier Jahreszeiten verziert.
Giebeldach Die Form erinnert an einen Shinto-Schrein.
Schwebe Das tsuriyane hängt an Seilen, Drähten oder Stangen unter dem Dach.

TSURIYANE
Das Dach über dem Ring wird als »tsuriyane« (Baldachin) bezeichnet. Es erinnert traditionell an das Dach eines Shinto-Schreins. In einigen modernen Arenen besteht es aber lediglich aus einem Stück Plexiglas.

Chon-mage Der japanische Name des eingeölten Haarknotens. Der Knoten zeigt den Rang an: je höher der Rang, desto komplexer der Knoten.

Mawashi Der dicke Lendenschurz aus Seide ist 10 m lang und wird mehrfach um die Taille des Kämpfers gewickelt und zwischen den Beinen durchgeschlungen.

Erhobenes Bein Das rituelle Stampfen ist eine Kraftdemonstration.

Sagari Dekorative Seidenschnüre schmücken die Unterkante des mawashi.

KAMPFZONE

Die Kämpfe finden in einem dohyo statt, einer erhöhten, quadratischen Plattform mit einem markierten Ring. Der Bereich ist den Geistern des Shintoismus geweiht. Für jedes große Turnier wird ein neues dohyo gebaut. Die Ränder des Rings werden mit Sand bestreut, damit der Kampfrichter sieht, wenn ein Kämpfer den Kreis berührt.

Kampfrichter Vier Kampfrichter umstehen das dohyo. Sie unterstützen den gyoji, wenn der den Kampf nicht entscheiden kann.

Kampfzone Eine runde Lehmfläche auf einem 34–60 cm hohen Podest wird mit Sand ausgestreut.

Gyoji Der japanische Begriff für Kampfrichter. Er trägt einen Samurai-Kimono, einen Hut, ähnlich dem der mittelalterlichen Shinto-Priester und den Kampffächer eines japanischen Generals.

5,70 m

Stufen Über die Stufen gelangen Kämpfer und Kampfrichter auf das dohyo.

Linien Die Kämpfer stellen sich vor dem Kampf hinter diesen Linien auf.

Wasser Zur Erfrischung vor dem Kampf und in Kampfpausen.

SPORTLER-PROFIL

Sumotori müssen über 69 kg wiegen und größer als 1,70 m sein. Auch wenn viele der berühmtesten Kämpfer Riesen mit einem niedrigen Schwerpunkt sind, können kleine und geschickte Sumotori oft wesentlich größere Gegner überwinden.

SIEG

Zu Beginn jedes Kampfes klatschen die Sumotori in die Hände, um zu zeigen, dass die Hände leer sind. Es verliert der Kämpfer, der als erster zu Boden geht. Fallen beide, entscheiden die Kampfrichter zugunsten eines Kämpfers, wenn der andere ihrer Meinung nach keine Chance hatte. Schlagen, Treten, Würgen, Angriffe auf Augen oder Magen, Haareziehen und Tiefschläge führen zur Disqualifizierung.

SUMO-STILE

Es gibt im Sumo zwei Haupt-Stile: oshi-zumo und yotsu-zumo. Beim ersten, dem »getrennt kämpfen«, geht es darum, den Gegner aus dem Ring zu stoßen, indem man sein Gewicht gegen ihn einsetzt. Beim yotsu-zumo greift man nach dem Gürtel des Gegners, um ihn rauszuwerfen oder niederzuringen. Einige Techniken sind unten zu sehen.

RANGORDNUNG

Sumotori haben eine strikte Hierarchie: Sie steigen durch Siege und Niederlagen auf bzw. ab. Eine Ausnahme bildet der höchste Rang der Yokuzuna, die eher zurücktreten als abzusteigen. Juryo und Höherrangige dürfen kesho mawashi (zeremonielle Seidenschürzen) tragen.

YOKOZUNA Der höchste Rang, den ein Sumotori erringen kann. Es gibt meist nicht mehr als zwei gleichzeitig. In der Geschichte des Sports gab es weniger als 70.
OZEKI Titel für den Sieger in 33 Kämpfen bei drei Turnieren in Folge.
SEKIWAKE Titel für drei bis fünf siegreiche Kämpfe pro Turnier.
KOMUSUBI Ebenfalls für drei bis fünf siegreiche Kämpfe pro Turnier.
MAEGASHIRA Der niedrigste Elite-Rang, meist um die 120 Kämpfer.
JURYO Eine Gruppe von etwa 28 Kämpfern vergleichbarer Stärke.
MAKUSHITA Anfänger, die von einem höheren Rang unterrichtet werden. Es gibt rund 120 von ihnen.

Fester Griff
Den mawashi fassen und angreifen.

YORIKI
Hierbei greift man den Gürtel des Gegners und versucht, ihn aus dem Ring zu schieben.

Tiefer Griff
Angreifer fasst die Unterseite des Gürtels.

UWATENAGE
Der Sumotori greift den Gegner und zieht ihn durch eine Drehung des Oberkörpers nach unten.

Gegenwehr mit Druck brechen.

YORITAOSHI
Der Frontalangriff: Der Gegner wird zurückgetrieben und bricht unter der Wucht des Angriffs zusammen.

Ein kräftiger Stoß gegen den Rumpf.

OKURIDASHI
Der Rauswurf von hinten: Kämpfer fallen der Technik oft nach einem misslungenen Angriff zum Opfer.

Umkehr
Der Arm verwandelt Abwehr in Angriff.

HATAKIKOMI
Der Verteidiger weicht dem Angreifer aus und gibt ihm einen Stoß gegen Rücken oder Arm.

Drehung
Der Gegner soll im Ring zu Boden gehen.

OKURITAOSHI
Der Stoß von hinten: Der Angreifer kommt von hinten und zwingt den Gegner zu Boden.

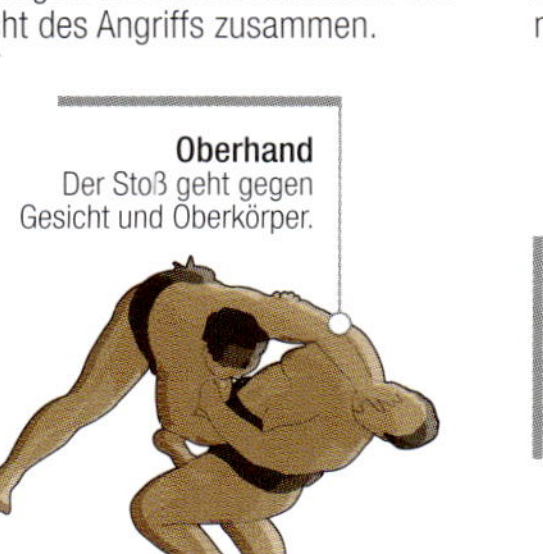

Oberhand
Der Stoß geht gegen Gesicht und Oberkörper.

OSHIDASHI
Frontalstoß: Der Angreifer schiebt den Gegner ohne Griff zum mawashi aus dem Ring.

TSUKIDASHI
Der Angreifer treibt den Gegner mit rhythmischen Stößen aus dem Ring.

GEWUSST?

284 **Das Gewicht Konishikis, des bislang schwersten Sumotori aller Zeiten (in Kilogramm). 1963 auf Hawaii geboren, wurde er 1987 Ozeki. Er erlangte unter dem Namen »Kipplader« Weltruhm.**

700 **Die ungefähre Zahl professioneller Sumotori in den sechs Divisionen. Die meisten sind Japaner, aber es sind auch andere Nationalitäten vertreten.**

34.000.000 **Die jährliche Kampfbörse in Yen, die die führenden Sumotori verdienen (rund 203 000 Euro). Einige Sumo-Stars stocken ihr Einkommen mit Werbung und Show-Auftritten auf.**

INSIDER-STORY

Die wichtigsten Veranstaltungen des modernen Sumo sind die Hon-Basho-Turniere, die sechsmal im Jahr stattfinden: drei davon in Tokio und je eines in Osaka, Nagoya und Fukuoka. Jedes Turnier dauert 15 Tage und zieht Millionen Fernsehzuschauer an. Die Kämpfe entscheiden über Auf- oder Abstieg der Kämpfer. Von seinen historischen Wurzeln in Japan ausgehend hat sich Sumo in der zweiten Hälfte des 20. Jh. bis in alle Welt verbreitet und ist heute in 76 Ländern fest etabliert, darunter die USA und 24 europäische Nationen.

INTERNATIONAL SUMO FEDERATION
Der weltweite Dachverband sitzt in Tokio. Die meisten Funktionäre sind nach wie vor Japaner.

RINGEN

FAKTEN

- Das Ringen hat Fans in der ganzen Welt, ist aber in erster Linie in den USA, Südosteuropa sowie in West- und Zentralasien populär.
- Neben dem griechisch-römischen und dem Freistil gibt es zahlreiche lokale Varianten wie Glima in Island, Kushti im Iran, Schwingen in der Schweiz, Yagli in der Türkei und Sambo in Russland (siehe S. 238).
- Seit 1987 gibt es eine Freistil-Weltmeisterschaft der Frauen.

ÜBERBLICK

Ringen ist ein Kampfsport, bei dem zwei Kämpfer versuchen, den jeweils andern durch verschiedene Techniken mit beiden Schultern am Boden zu fixieren. Das erfordert neben Kraft auch Konzentration und Strategie. Es gibt zwei Stile: das populärere Freistil- und das griechisch-römische Ringen. In einigen Ländern, wie den USA, ist auch das Frauen-Ringen sehr beliebt.

SPORTLERPROFIL

Ringer müssen stark und wendig sein. Dafür trainieren sie mit Gewichten und Langstreckenläufen, um Kraft und Ausdauer aufzubauen. Außerdem üben sie mit einem Sparringpartner intensiv die Techniken für den Zweikampf.

Farbcode
Die Ringer tragen einteilige Trikots: einer in Rot und der andere in Blau.

Gelenkstütze
Halbstiefel mit Gummisohlen schützen das Fußgelenk vor Verletzungen.

Kappe
Ein Kopfschutz ist zwar nicht vorgeschrieben, aber viele Ringer tragen ihn, um ihre Ohren im Nahkampf zu schützen.

Kniebandagen
Kniebandagen stützen die stark belasteten Kniegelenke und verhindern Abschürfungen.

DIE MATTE

Die Kampfzone muss wie rechts zu sehen markiert sein. Die gepolsterte Oberfläche sollte um nicht mehr als 1,10 m erhöht sein. Die roten bzw. weißen Dreiecke in den gegenüberliegenden Ecken markieren die Ausgangspositionen der Ringer. Ein Kampfrichter steht dicht bei den Kämpfern, um jedes Manöver genau sehen zu können. Am Rand sitzen ein Punktrichter und ein sogenannter Mattenpräsident. Sie dürfen den Kampf unterbrechen, wenn sie einen Verstoß bemerken, der dem Kampfrichter entgangen ist.

ZEITNAHME

Beim Freistilringen beendet ein Schultersieg, der mindestens eine Sekunde gehalten werden muss – bis der Kampfrichter »vingt-et-un, vingt-deux« (französisch: »21, 22«) gezählt hat. Ein Ringer mit sechs Punkten Vorsprung wird vorzeitig zum Sieger einer Runde erklärt.

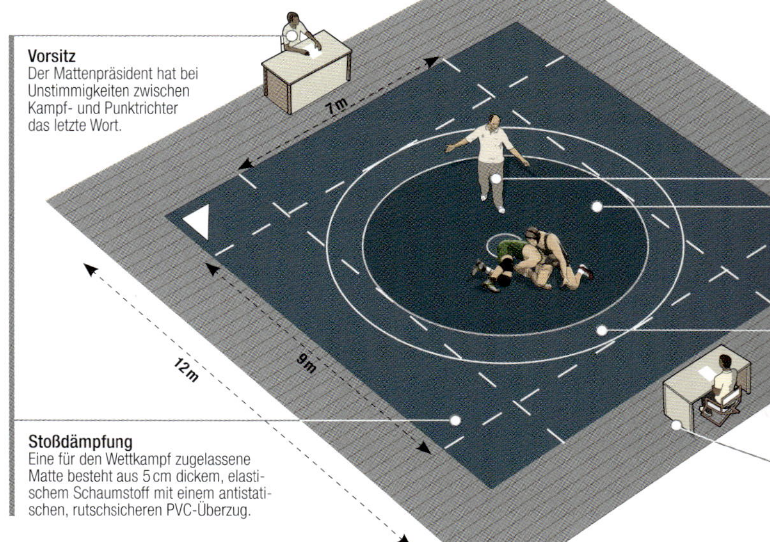

Vorsitz
Der Mattenpräsident hat bei Unstimmigkeiten zwischen Kampf- und Punktrichter das letzte Wort.
7 m
9 m
12 m
Stoßdämpfung
Eine für den Wettkampf zugelassene Matte besteht aus 5 cm dickem, elastischem Schaumstoff mit einem antistatischen, rutschsicheren PVC-Überzug.

DIE KAMPFREGELN

Die Kämpfe sind in maximal drei Runden von je zwei Minuten Dauer unterteilt. Wer zwei Runden für sich entscheiden kann, ist Sieger des Kampfes. Bringt ein Ringer den anderen mit beiden Schultern auf den Boden, hat er sofort gewonnen. In den meisten Fällen aber gewinnt der Ringer mit dem höheren Punktestand. Die Schiedsrichter vergeben je nach Aktion 1–5 Punkte für die Griffe und Würfe, mit denen der Gegner zu Boden gebracht wird.

TECHNIKEN

Beim griechisch-römischen Stil wird nur der Oberkörper angegriffen, die Beine dürfen nicht eingesetzt werden. Im Freistil hat der Ringer mehr Möglichkeiten – auch Griffe im Schritt sind erlaubt.

AUSGANGSPOSITIONEN

Der Kampfrichter ruft die Kämpfer aus ihren Ecken auf die Matte und überprüft ihre Kleidung auf gefährliche Stellen und die Fingernägel auf ihre Länge. Dann grüßen sich die Ringer und reichen sich vor dem Kampf die Hände.

FREISTIL-WURF

Die Arme spielen im Freistil zwar eine wichtige Rolle, aber vor allem in der Anfangsphase überwiegen die Beintechniken. Der größte Teil des Kampfes findet am Boden statt. Hier ist eine der gebräuchlichsten Wurftechniken zu sehen.

Enger Kontakt
Die Brust muss engen Kontakt zum Gegner halten.

ANGRIFF
Der Ringer beginnt den Angriff gegen den Gegner, indem er sich zunächst auf ein Knie fallen lässt.

ZUGRIFF
Dann geht er auf beide Knie und greift beide Beine des Gegners, um einen guten Hebel zu bekommen.

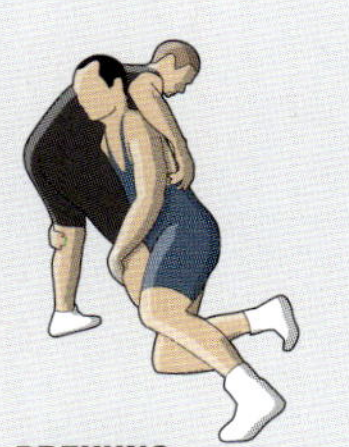

DREHUNG
Jetzt dreht der Angreifer seinen Körper, während er den Griff hält, und hakt seine Beine hinter die seines Gegners.

Gefesselt
Der Angreifer darf die Beine des Gegners auch mit den Armen fixieren.

WURF
Der Angreifer hält den Gegner nach dem Wurf am Boden und sollte in der besseren Position sein.

GRIECHISCH-RÖMISCH

Im griechisch-römischen Stil gibt es zwei Phasen: den Stand- und den Bodenkampf. Eine der spektakulärsten Techniken ist der hier gezeigte Schulterwurf, bei dem man Kraft, Timing und Geschick aufbringen muss, um beim Fallen nicht unter den geworfenen Gegner zu geraten.

BEGINN
Der von der Seite kommende Angreifer fasst den Gegner um die Brust.

Fester Griff
Lockert der Angreifer den Griff, kann der Gegner leicht kontern.

AUSHEBEN
Der Angreifer hebelt den Gegner aus den Oberschenkeln und dem Rücken heraus aus.

ÜBERWURF
Beide Füße am Boden, wirft sich der Angreifer zurück und zieht den Gegner über sich.

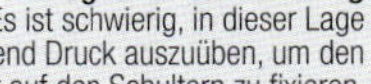

Möglicher Schultersieg
Es ist schwierig, in dieser Lage genügend Druck auszuüben, um den Gegner auf den Schultern zu fixieren, aber der Angreifer ist auf jeden Fall in der besseren Position.

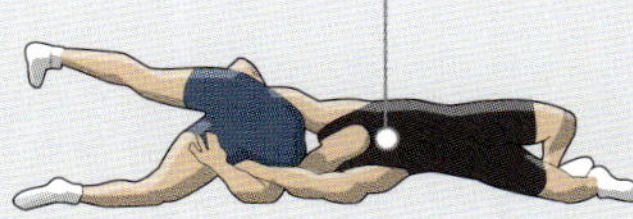

LANDUNG
Der Angreifer hält seinen Brustgriff so lange, bis der Gegner sicher auf der Matte liegt.

Schutzzone
Der Kampf wird unterbrochen, wenn ein Ringer diese Zone berührt.

Kampfrichter
Der Kampfrichter trägt am linken Arm eine rote und am rechten eine blaue Manschette, mit denen er die an die Ringer vergebenen Punkte anzeigt.

Kampffläche
Zu Beginn des Kampfes stehen die Ringer auf zwei gegenüberliegenden Seiten der Matte.

Passivitätszone
Eine 1 m breite Linie warnt die Ringer, dass sie sich dem Rand der Kampffläche nähern. Sie dürfen hier weiterkämpfen, aber keine neuen Aktionen beginnen.

Punktrichter
Der Punktrichter protokolliert die von ihm und dem Kampfrichter vergebenen Punkte.

INSIDER-STORY

Ringen ist schon seit Beginn der Spiele der Neuzeit 1896 olympische Sportart. Frauen nahmen erstmals 2004 an den Olympischen Spielen teil. Das professionelle Wrestling hat sich Anfang des 20. Jh. in den USA entwickelt. Aus den Anfängen entstand 1963 die World Wrestling Federation (WWF, heute in World Wrestling Entertainment, WWE, umbenannt). Die WWF organisierte in der Hochzeit der 1980er und 1990er Großveranstaltungen wie die Wrestlemania, Shows mit Starbesetzung, die eher Unterhaltung als Sport waren.

DACHVERBAND

Die Fédération Internationale des Luttes Associées (FILA) wurde kurz nach Eröffnung der Olympischen Spiele 1912 in Stockholm gegründet und zog 1946 nach Frankreich um. 1965 zog sie an ihren heutigen Standort im schweizerischen Lausanne. Der Verband hat heute 168 nationale Mitgliedsverbände.

STATISTIK

GEWICHTSKLASSEN (MÄNNER)

KLASSE	MAX. GEWICHT
SUPERSCHWERGEWICHT	96–120 kg
SCHWERGEWICHT	96 kg
MITTELGEWICHT	84 kg
WELTERGEWICHT	74 kg
LEICHTGEWICHT	66 kg
BANTAMGEWICHT	60 kg
FLIEGENGEWICHT	50–55 kg

»KRAN VON SCHIFFERSTADT«

Wilfried Dietrich, der »Kran von Schifferstadt«, war der populärste deutsche Ringer.

FAKTEN

- Karate ist die am häufigsten praktizierte asiatische Kampfsportart mit mehr als 70 verschiedenen Stilen.
- Karate und Kickboxen sind eng miteinander verwandt und wurden über viele Jahre von denselben Dachverbänden betreut.
- Karate entstand im 17. Jh. auf Okinawa. Funakoshi Gichin, der im 20. Jh. den Shotokan-Stil entwickelte, gilt gemeinhin als der Vater des modernen Karate.

ÜBERBLICK

Karate (»leere Hand«) ist eine japanische Kampfsportart. Die aus der chinesischen Kampfkunst entwickelten Techniken setzen Arme, Hände, Ellenbogen, Knie, Füße und den Kopf ein. Die Philosophie betont Selbstverteidigung, körperliche Fitness und spirituelle Bewusstheit, die dem Karateka zur persönlichen Weiterentwicklung verhelfen. Als Schüler lernt er die Grundtechniken des Atmens, Tretens, Schlagens und Abwehrens sowie die verschiedenen Stellungen, die ihm Stabilität oder Beweglichkeit verleihen. Die drei Hauptelemente des Karate sind Kata (Übungen), Kumite (Partnerkampf) und Kobudo (Waffenformen). Karate entwickelte sich in den 1970ern und 1980ern zum Wettkampfsport mit eigenen Weltmeisterschaften.

KARATE

Fußtechniken
Tritte sollten den Gegner mit dem Ballen oder dem Spann treffen. Indem der Unterschenkel aus dem erhobenen Knie vorschnappt, gewinnt der Tritt zusätzlich an Wucht.

Bewegungsfreiheit
Die Kampfanzug muss leicht sein und locker sitzen, damit der Karateka ungehindert hohe Tritte und flache Feger ausführen kann.

Augenkontakt
Als Zeichen des Respekts lassen die Karateka ihren Gegner nie aus den Augen, auch nicht, wenn sie sich vor dem Kampf verbeugen.

Farbiger Gürtel
Die Farbe des Gürtels zeigt an, welche Stufe des Könnens der Karateka erreicht hat.

Balanceakt
Ein stabiles Gleichgewicht ist bei allen Kampfkünsten wichtig. Ein Karateka, der nicht stabil steht, wird schnell umgestoßen oder zu Boden geworfen.

SPORTLERPROFIL

Karateka sind austrainierte Sportler mit kräftigen Muskeln in Oberkörper und Beinen. Für das Kumite benötigen sie eine relativ hohe Schmerzschwelle. Alle Spitzenkämpfer müssen ein hohes Maß an Selbstdisziplin aufbringen und nach dem Karate-Kodex (Dojo Kun) leben.

GEWUSST?

178 Die Anzahl der Teilnehmer bei den ersten Weltmeisterschaften 1970 in Tokio. Bei den Weltmeisterschaften 2012 in Paris traten etwa 1000 Karateka gegeneinander an.

15 So viele Zementplatten durchschlug der Schwarzgürtel des 8. Dan und Meister des Tamashiwari Bruce Haynes. Bei dieser Karatekunst der »Bruchtests« geht es darum, Gegenstände mit einem einzigen Schlag, z. B. mit der bloßen Hand, zu zerstören.

50.000.000 So viele Mitglieder sind schätzungsweise in den Klubs, Verbänden und Gruppierungen des internationalen Dachverbands World Karate Federation (WKF) aktiv.

SUPERFOOT

Bill »Superfoot« Wallace war in den 1970ern einer der führenden Vertreter des Karate und Kickboxens und gewann zwischen 1974 und 1980 23 Kämpfe in Folge. Wallace konzentrierte sich nach einer Judo-Verletzung des rechten Knies auf den Muskelaufbau im linken Bein. Seinen Spitznamen verdankte er der Kraft seiner Tritte und der Geschwindigkeit, mit der er zutrat: Bei Testreihen wurden bis zu 90 km/h gemessen.

DIE KAMPFFLÄCHE

Das Kumite (der Zweikampf) findet auf einer quadratischen Matte vor mehreren Offiziellen statt, die darauf achten, dass die Regeln eingehalten werden, und die Punkte für korrekt ausgeführte Techniken vergeben. Man achtet streng auf Einhaltung der Etikette und des Respekts. So verbeugen sich die Gegner vor dem Kampf voreinander, ohne jedoch in der Wachsamkeit nachzulassen oder den Gegner aus den Augen zu verlieren.

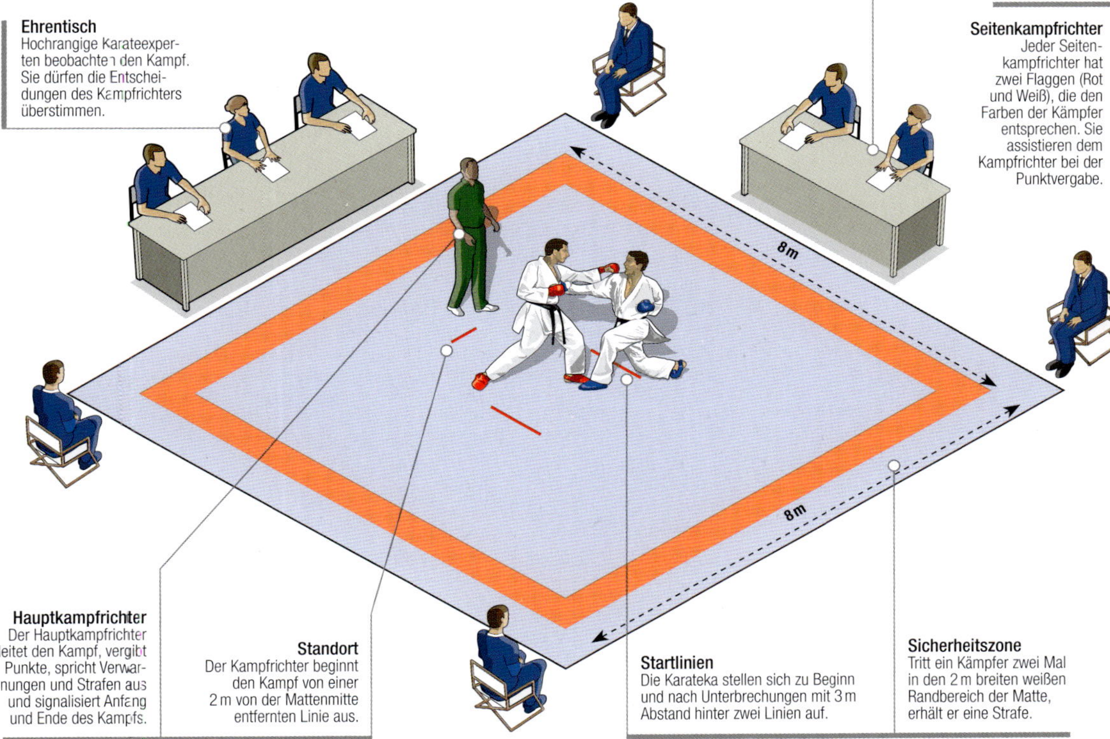

Punktrichter und Zeitnehmer
Der Punktrichter protokolliert die Punktvergabe des Kampfrichters. Der Zeitnehmer startet und stoppt auf Zeichen des Kampfrichters die Uhr.

Ehrentisch
Hochrangige Karateexperten beobachten den Kampf. Sie dürfen die Entscheidungen des Kampfrichters überstimmen.

Seitenkampfrichter
Jeder Seitenkampfrichter hat zwei Flaggen (Rot und Weiß), die den Farben der Kämpfer entsprechen. Sie assistieren dem Kampfrichter bei der Punktvergabe.

Hauptkampfrichter
Der Hauptkampfrichter leitet den Kampf, vergibt Punkte, spricht Verwarnungen und Strafen aus und signalisiert Anfang und Ende des Kampfs.

Standort
Der Kampfrichter beginnt den Kampf von einer 2 m von der Mattenmitte entfernten Linie aus.

Startlinien
Die Karateka stellen sich zu Beginn und nach Unterbrechungen mit 3 m Abstand hinter zwei Linien auf.

Sicherheitszone
Tritt ein Kämpfer zwei Mal in den 2 m breiten weißen Randbereich der Matte, erhält er eine Strafe.

AUSRÜSTUNG

Der Karateka trägt einen weißen Anzug (»Gi«) aus Jacke, Hose und Gürtel (siehe S. 218). Wie auch der Judo-Anzug besteht der Karate-Gi aus festem Leinenstoff, der sehr strapazierfähig ist und die Bewegungsfreiheit des Kämpfers nicht einschränkt. Es gibt ihn in leichter, mittelschwerer und schwerer Qualität. Daneben tragen die meisten Karateka Schutzausrüstung, wie ein Suspensorium für Männer oder einen Brustschutz für Frauen. Außerdem sind gepolsterte Handschuhe, Schienbeinschoner, Spannschützer, Schuhe und Mundschutz erlaubt.

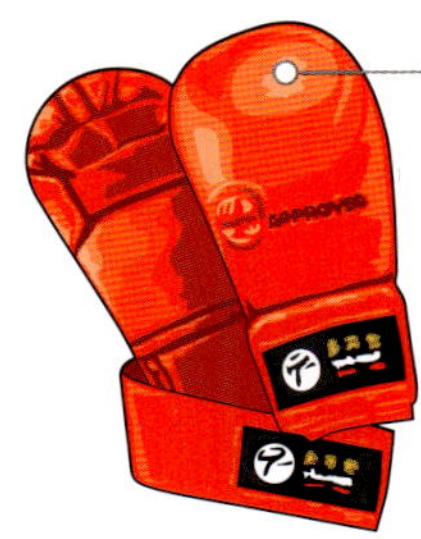

Handschuhe
Bei einigen Kumite-Turnieren sind Fausthandschuhe für den Halbkontakt-Freikampf zugelassen.

Karateschuhe
Anfänger und Fortgeschrittene können von weichen Schuhen mit guter Griffigkeit auf dem Boden profitieren.

DER KARATE-KODEX

Im Karate gibt es die Dojokun, eine Reihe von Verhaltensregeln, denen sich der Karateka im Leben und im Dojo, dem Übungsraum, unterwerfen muss. Die Dojokun lassen sich in fünf Geboten zusammenfassen: Strebe nach Perfektion des Charakters, sei wahrhaftig, kultiviere den Geist, respektiere andere, vermeide Gewalt.

GÜRTELFARBEN

Das Können eines Karateka lässt sich an der Farbe seines Obi (Gürtels) ablesen. Beim Aufstieg von einer Stufe zur nächsten werden verschiedene Elemente, wie Kenntnis und Beherrschung der Techniken, Kata und Kumite, geprüft. Je höher der Rang, desto größer sind die Anforderungen an den Prüfling. Die verschiedenen Stilrichtungen des Karate haben unterschiedliche Rangstufen, aber Weiß zeigt fast immer den Anfänger und Braun meist den höchsten Kyu (Schülerrang) an. Der schwarze Gürtel ist der höchste Rang. Mit dem schwarzen Gürtel wird der Schüler zum Dan (Meister), wobei es zehn Dan-Stufen gibt.

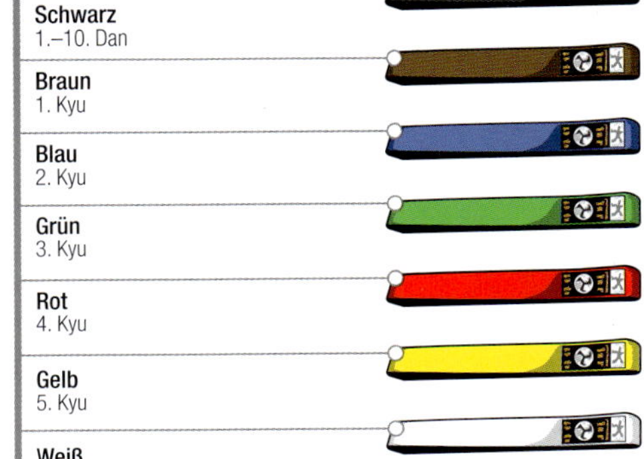

KARATE-STILE

Die Federation of All Japan Karate-do Organizations erkennt vier Haupt-Stile des Karate an: Goju-ryu, Shito-ryu, Shotokan und Wado-ryu, wobei es mehr als 70 Stile, wie z. B. Shorin-ryu, Uechi-ryu und Kyokushinkai, gibt. Stile, die keiner dieser Schulen angehören, gelten aber nicht als illegitim. Die meisten Schulen sind allerdings stark von einer oder mehreren dieser traditionellen Stilrichtungen beeinflusst.

SHOTOKAN

Shotokan ist eine Karate-Schule, die von Meister Gichin Funakoshi (1868–1957) aus diversen Kampfkünsten entwickelt wurde. Die Techniken der Kata zeichnen sich durch weite, tiefe Stellungen aus, die kraftvolle Aktionen erlauben und die Beine stärken. Es geht eher um Kraftdemonstration als um fließende Bewegungen.

WADO-RYU

Nach Lehrjahren bei Funakoshi und anderen okinawanischen Meistern machte sich Hironori Ohtsuka daran, Shindo Yoshinryu Jiu-Jitsu mit Okinawa-Karate zu Wado-ryu zu verschmelzen. Der Name bedeutet wörtlich übersetzt »Harmonie«.

SHITO-RYU

Shito-ryu wurde 1931 von Kenwa Mabuni als Kombination aus den verschiedensten Wurzeln des Karate entwickelt.

GOJU-RYU

Die Spezialität dieses Stils mit seiner Mischung aus harten und weichen Techniken ist der Nahkampf. Wichtig sind die richtige Atmung und die Schulung des Körpers.

BEGRENZTER KONTAKT

Das Maß an Körperkontakt hängt im Kumite vom Stil und dem Rang der Karateka ab. Alle Techniken – vor allem die gegen Kopf und Hals gerichteten – müssen kontrolliert und mit exakt dosierter Kraft ausgeführt werden. Angriffe gegen Kehle, Schritt, Schläfen, Rückgrat, Spann und Hinterkopf sind verboten. Jedes Foul kann vom Kampfrichter bestraft werden.

KUMITE

Freikampf-Turniere sind meist nach Alter, Geschlecht, Gewicht und Erfahrung organisiert. Bei den Männern dauert jeder Kampf drei, bei den Frauen und Junioren zwei Minuten. Zwei Karateka treten sich auf der Matte gegenüber, verbeugen sich und beginnen auf Kommando des Kampfrichters den Kampf. Dabei zeigen sie Schläge, Tritte, Knie- und Ellenbogenstöße, Würfe und Griffe (siehe rechts). Beim Angriff stoßen die Karateka einen lauten Kiai (Kampfschrei) aus. Eine perfekt ausgeführte Technik wird mit einem Ippon (Punkt) belohnt. Bei einer nicht ganz korrekten Ausführung vergibt der Kampfrichter einen Waza-Ari (halben Punkt).

NIEMALS ANGREIFEN

Für Gichin Funakoshi, den Begründer des Shotokan, diente Karate ausschließlich der Selbstverteidigung. Ihm zufolge gibt es »im Karate keinen ersten Angriff«, da es eine Verteidigungskunst ist, bei der der Angreifer immer verliert.

PUNKTVERGABE

Die Punktvergabe im Freikampf liegt ganz im Ermessen des Kampfrichters, der entscheiden muss, ob eine bestimmte Aktion aus der richtigen Entfernung und in perfekter Form, Timing und Haltung ausgeführt wurde. Außerdem entscheidet er, ob sie im echten Kampf wirkungsvoll gewesen wäre.

HANDZEICHEN

Im Kumite kommuniziert der Kampfrichter über Handzeichen mit den Karateka und seinen Kollegen. Dazu zählen Signale für Beginn, Unterbrechung und Wiederaufnahme des Kampfs, sowie für Punkte, gleichzeitig ausgeführte Techniken, begangene Fouls und Verwarnungen für unerlaubte Körperkontakte.

PUNKTVERGABE
Indem er eine Hand auf die gegenüberliegende Schulter legt und dann den Arm auf der Seite des Punktgewinners im 45-Grad-Winkel nach unten streckt, zeigt der Kampfrichter einen Ippon (Punkt) an.

KATA

Bei der Kata (Form) führt ein Kämpfer eine Reihe festgelegter Kampftechniken, wie Tritte, Blocks, Faustschläge und Stöße gegen einen imaginären Gegner vor. Die Offiziellen bewerten sein Können nach diversen Kriterien – Präzision, Atmung, Kraft, Koordination, Rhythmus, Balance, Konzentration und Bewegungsverständnis. Neben Einzelvorführungen gibt es auch von zwei Karateka ausgeführte Synchron-Katas.

Zehen hoch
Die Zehen werden hochgezogen, damit der Tritt mit den Ballen trifft.

VORWÄRTSTRITT
Beim Mae-geri hebt sich das rechte Bein und der Fuß schnellt nach vorne. Die rechte Hand bleibt an der Hüfte.

Knöchel vor
Die Knöchel der rechten Faust weisen nach vorne, die linke Faust liegt unter dem rechten Ellenbogen.

FAUSTRÜCKENBLOCK
Beim Uraken gamae in der Vorwärtsstellung liegt die rechte Faust am Ende der Bewegung vor der Brust.

Aus der Hüfte
Die rechte Faust stößt aus der Hüftdrehung vor und endet mit nach vorne weisenden Knöcheln auf Brusthöhe.

SEITENVERKEHRTER STOSS
Beim Gyakutsuki in der Vorwärtsstellung stößt eine Faust vor, während die andere zur Hüfte zurückgenommen wird.

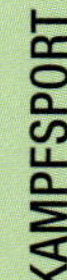

SCHLAG ZUR MITTE
Ein Charakteristikum der Karateschläge ist die Kunst, das Handgelenk so zu drehen, dass die Handfläche anfangs nach oben und beim Treffer zum Boden weist.

Maximale Wirkung
Handschuhe nehmen dem Schlag, der meist mit den Knöcheln von Zeige- und Mittelfinger auftrifft, etwas von seiner Wucht.

SEITENTRITT
Der Yoko-geri ist einer der kraftvollsten Karatetritte, vor allem, wenn er gegen Rippen oder Solarplexus gerichtet ist. Treffer können mit der Ferse oder mit der Fußkante gesetzt werden.

Gegenschlag
Ein geschickt abgewehrter Tritt zur Körpermitte kann vom Gegner leicht zu einem Konterschlag genutzt werden.

RÜCKWÄRTSTRITT
Der Ushiro-geri dient der Verteidigung gegen einen Angriff von hinten. Bei einer Variante dreht man sich, um einen vor einem stehenden Gegner anzugreifen.

Ferse voran
Der Treffer sollte beim Rückwärtstritt mit der Ferse erfolgen, während die Zehen nach unten weisen.

TRITT ZUM KOPF
Das Knie wird gehoben und seitlich gedreht. Der Fuß schnellt nach vorne. Gleichzeitig wird der Körper auf dem Standbein gedreht.

Beingriff
Ein zu langsam ausgeführter hoher Tritt führt, wie hier zu sehen, schnell zu einem Kontergriff ans Bein.

Fäuste vor
Die Fäuste werden parallel mit nach außen weisenden Knöcheln und oben liegenden Daumen vorgestreckt.

PARALLELSCHLAG
Beim Parallelschlag (Heiko tate tsuki) werden beide Fäuste mit auf Brusthöhe durchgestreckten Armen nach vorne gestoßen.

Offene Hand
Die rechte Hand ist offen, die linke Faust liegt an der linken Hüfte und der Atem wird langsam und kraftvoll ausgestoßen.

HANDKANTENBLOCK
Der Tate shuko uke wird aus sicherem Stand heraus ausgeführt, indem die offene rechte Hand langsam auf Schulterhöhe nach vorne gedrückt wird.

Streckung
Der linke Arm wird beim Schlag schnell gestreckt.

KOMBINATION
In der Rückwärtsstellung geht der rechte Aufwärtshaken (Ura tsuki) in den seitlichen Fausthieb mit der Linken (Mawashi tettsui uchi) über.

Fäuste hoch
Die rechte Faust liegt auf Augenhöhe, die linke vor der Stirn. Die Knöchel beider Hände weisen nach hinten.

DOPPELBLOCK
Der Jodan haiwan uke in der Rückwärtsstellung beginnt mit beiden Fäusten neben der linken Hüfte und endet mit erhobenen Armen, die ein Rechteck bilden.

INSIDER-STORY

Die World Karate Federation (WKF) organisiert die alle zwei Jahre stattfindenden Weltmeisterschaften. Bei den Männern und Frauen werden jeweils Einzelwettkämpfe in Kumite in mehreren Gewichtsklassen (Männer: 60 kg, 65 kg, 70 kg, 75 kg, 80 kg und über 80 kg; Frauen: 53 kg, 60 kg und über 60 kg) und Kata abgehalten. Außerdem finden Mannschaftsturniere in Freikampf und Kata statt. Daneben richtet die World Union of Karate-do Organizations (WUKO) noch die Weltmeisterschaften für Senioren A (18–35 Jahre) und Senioren B (36 Jahre und älter) sowie die Weltmeisterschaften für Kinder, Jugendliche und Junioren aus.

DIE WKF
Die World Karate Federation wurde 1990 gegründet und ist heute mit über 180 Mitgliedsnationen der größte internationale Karate-Dachverband. Die WKF ist der einzige vom Internationalen Olympischen Komitee anerkannte Verband.

WUSHU: TAOLU

FAKTEN

- In China nennt man den fälschlicherweise oft als Kung Fu bezeichneten Nationalsport »Wushu«, was wörtlich übersetzt »Kampfkunst« bedeutet.
- Die International Wushu Federation (IWUF) ist der Dachverband sowohl für Taolu als auch für den Vollkontaktsport Sanshou (siehe S. 230–231).
- Die im Wettkampf gezeigten Arten des Taolu werden als »äußerliche« Formen bezeichnet. Die »innerlichen« Formen, wie das bekannte Tai Chi, sind meditativ und reflektiv.

Schwertkunst
Nur weit fortgeschrittene Taolu-Sportler können Waffen wie das Jian führen.

Weiche Schuhe
Die Sportler tragen leichte, weiche Lederschuhe.

SPORTLERPROFIL

Taolu-Sportler müssen gute Turner mit Sinn für ästhetische Bewegungen sein. Viele Stellungen werden in sehr tiefer Position ausgeführt, was beträchtliche Ausdauer und Kraft in den Beinen erfordert. Unverzichtbar sind Schnelligkeit, Eleganz, Flexibilität und Gleichgewichtssinn. Da die Taolu-Sportler sich selbst choreografieren, ist auch eine künstlerische Ader gefragt.

ÜBERBLICK

Die chinesische Kampfkunst des Taolu (Form) entstand 1958 mit der Gründung der All-China Wushu Federation. Bei diesem Stil des Wushu oder Kung Fu führen die Sportler auf einer gepolsterten Matte choreografierte Abfolgen von Kampftechniken (Stellungen, Tritte, Schläge, Balanceakte, Sprünge und Würfe) vor. Die Vorführung wird wie beim Eiskunstlauf oder der Rhythmischen Sportgymnastik nach künstlerischen Gesichtspunkten bewertet. Einige Kategorien des Taolu werden ohne Waffen ausgeübt, andere mit Waffen. Die meisten Formen sind Einzelvorführungen, es gibt aber auch Varianten für Paare und Gruppen.

TAOLU IM FILM

Der Schauspieler Jet Li (»Romeo Must Die«) ist der wohl berühmteste Taolusportler der Welt. Er wurde fünfmal in Folge chinesischer Meister im Wushu.

DIE KAMPFMATTE

Die Taolu-Vorführungen finden auf einer gepolsterten Matte statt, die der beim Bodenturnen verwendeten gleicht. Die Matte für Einzelvorführungen ist 8 x 14 m groß. Der Mattenrand ist mit einer 5 cm breiten Linie markiert. Daran schließt sich eine 2 m breite Sicherheitszone an. Paare oder Gruppen führen ihre Formen auf einer 14 x 16 m großen Matte mit einer 1 m breiten Sicherheitszone vor. Die Matte liegt oft auf einer um 50–60 cm erhöhten Plattform.

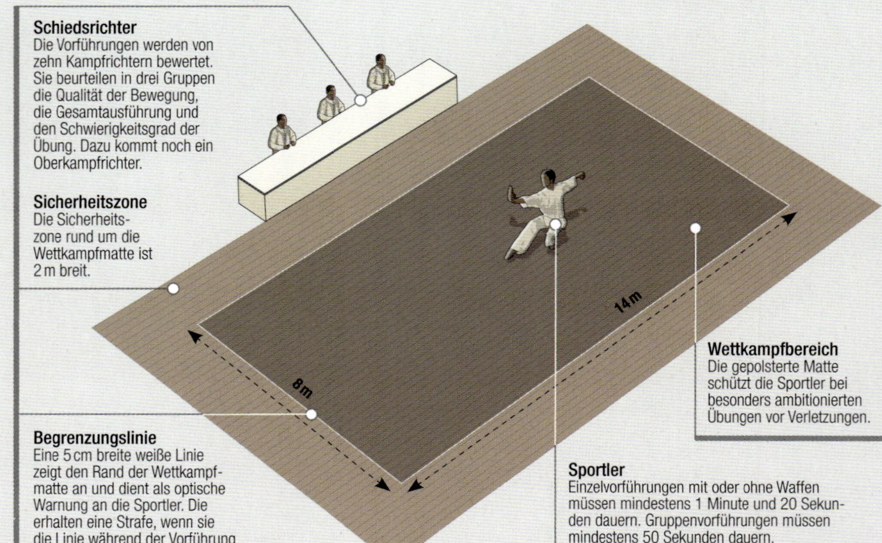

Schiedsrichter
Die Vorführungen werden von zehn Kampfrichtern bewertet. Sie beurteilen in drei Gruppen die Qualität der Bewegung, die Gesamtausführung und den Schwierigkeitsgrad der Übung. Dazu kommt noch ein Oberkampfrichter.

Sicherheitszone
Die Sicherheitszone rund um die Wettkampfmatte ist 2 m breit.

Begrenzungslinie
Eine 5 cm breite weiße Linie zeigt den Rand der Wettkampfmatte an und dient als optische Warnung an die Sportler. Die erhalten eine Strafe, wenn sie die Linie während der Vorführung überqueren.

Wettkampfbereich
Die gepolsterte Matte schützt die Sportler bei besonders ambitionierten Übungen vor Verletzungen.

Sportler
Einzelvorführungen mit oder ohne Waffen müssen mindestens 1 Minute und 20 Sekunden dauern. Gruppenvorführungen müssen mindestens 50 Sekunden dauern.

DIE WAFFEN

Bei vielen Formen des Taolu muss der Kämpfer zeigen, dass er geschickt mit einer Reihe traditioneller Waffen umgehen kann. Daneben gibt es auch choreografierte Gefechte zwischen zwei Kämpfern.

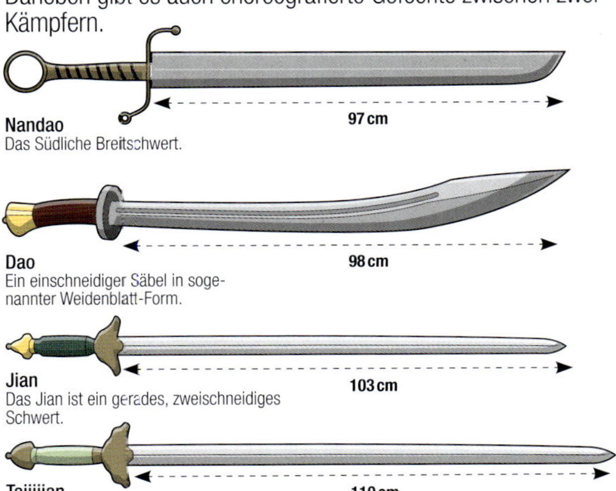

Nandao
Das Südliche Breitschwert.

Dao
Ein einschneidiger Säbel in sogenannter Weidenblatt-Form.

Jian
Das Jian ist ein gerades, zweischneidiges Schwert.

Taijijian
Das Schwert wird im traditionellen Tai Chi verwendet.

Quiang
Der Quiang ist ein Speer aus dem Holz des Glanz-Ligusters. Die Waffe wird oft zusammen mit dem Jian verwendet.

Gun
Der Gun ist ein Stab oder Knüppel aus dem Holz des Glanz-Ligusters. Er wird oft zusammen mit dem Nandao verwendet.

180 cm

210 cm

TAOLU-FORMEN

Im Folgenden werden die wichtigsten Taolu-Formen für Einzelkämpfer und Gruppen mit und ohne Waffen vorgestellt:

CHANGQUAN Lange Faust. Eine waffenlose Solo-Form, die aus dem nördlichen Shaolin-Boxstil entwickelt wurde.
NANQUAN Südliche Faust. Aus dem südlichen Boxstil entwickelte Solo-Form.
TAIJIQUAN Schattenboxen (Tai Chi Chuan); waffenlose Solo-Form.
DAOSHU Waffenform mit dem Breitschwert.
JIANSHU Waffenform mit dem zweischneidigen Schwert.
NANDAOSHU Breitschwert-Form im südlichen Stil.
TAIJIJIANSHU Tai-Chi-Chuan-Schwertform.
QIANGSHU Waffenform mit dem Speer.
GUNSHU Waffenform mit dem Stab oder Knüppel.
NANGUNSHU 1992 entstandener südlicher Stil der Stab-Waffenform.
DUILIAN Choreografierter Zweikampf mit oder ohne Waffen.
JITI Choreografierte Gruppen-Form, oft zu Musikbegleitung vorgeführt.

WEITERE WAFFEN

Taolu-Formen werden zum Teil auch mit wesentlich exotischeren Waffen als den hier vorgestellten geübt. Dazu zählen der dreiteilige Stock, die Pfeilspitze am Seil und die Neun-Teile-Peitsche.

PUNKTWERTUNGEN

Jeder Taolu-Kämpfer hat zu Beginn der Übung zehn Punkte. Fünf davon sind der Ästhetik der Bewegungen zugeordnet, drei der Gesamtausführung und zwei dem Schwierigkeitsgrad der Übung. Jeder Fehler – sei es eine Abweichung im Ablauf, ein Stolpern oder eine fehlerhafte Technik – führt zum Abzug eines Punkts. Auch die Gruppenformen werden mit zehn Punkten bewertet, die zu gleichen Teilen der Ästhetik der Bewegungen und der Gesamtausführung zugeordnet sind.

TAOLU-TECHNIKEN

Die Taolu-Kämpfer erhalten nach einem festgelegten System Punkte für die Ausführung von Bewegungen und Techniken, wie Salti, Tritte, Sprünge und Balancefiguren. Im Wettkampf müssen entweder alle Teilnehmer die gleiche Form oder aber individuell choreografierte Abläufe vorführen. Als Grundlage des Taolu gilt Changquan, das deshalb auch oft die erste Form ist, die Anfänger lernen. Unten sind einige Grundstellungen des Changquan zu sehen.

INSIDER-STORY

Dachverband des Taolu ist die 1990 in China gegründete International Wushu Federation (IWUF). Die IWUF unternimmt zur Zeit Anstrengungen, Wushu (sowohl Sanshou als auch Taolu) zur offiziellen olympischen Sportart zu machen.

DIE CHINESE WUSHU ASSOCIATION

Die Chinese Wushu Association wurde 1958 gegründet. Sie ist einer der 106 nationalen Verbände unter der Ägide der IWUF und dank des chinesischen Ursprungs des Sports sehr einflussreich.

Haltung
Kopf und Oberkörper bleiben die ganze Zeit über absolut senkrecht.

SITZSTELLUNG

Diese Stellung wird auch Chi Bu genannt. Die Beine sind gekreuzt. Der vordere Fuß steht flach auf dem Boden, während der andere Fuß nur auf dem Ballen ruht.

Balance
Der über den Kopf erhobene Arm hilft, das Gleichgewicht zu halten.

HOCKSTELLUNG

Im Chinesischen Pu Bu genannt, heißt diese Stellung auch Pfeilstellung. Eine sehr niedrige Hocke, bei der sich Ober- und Unterschenkel des hinteren Beins berühren.

Finger gerade
Die Hand zeigt nach vorne.

Ausdauer
Die Stellung kräftigt die Muskulatur des Rückens und der Beine.

REITERSTELLUNG

Wird im Chinesischen Ma Bu genannt. Die Oberseiten der Oberschenkel liegen parallel zum Boden und die Knie sind bei nach vorne weisenden Füßen weit ausgestellt.

SPORTLER-PROFIL
Sanshou-Kämpfer brauchen Kraft, um ihren Gegner wirkungsvoll zu treffen, Schnelligkeit und Agilität, um sich rasch zu bewegen und Angriffen auszuweichen, und Körperbeherrschung, um Tritte und Feger auszuführen.

WUSHU: SANSHOU

Kopfschutz
Da Schläge zum Kopf erlaubt sind, tragen die Kämpfer einen Kopfschutz.

Brustschild
Der Oberkörper wird durch eine gepolsterte Weste geschützt.

ÜBERBLICK

Sanshou ist eine chinesische Kampfkunst, die an Kickboxen (siehe S. 236–237) erinnert. Zwei Kämpfer versuchen, durch Schläge gegen den Gegner Punkte zu machen, oder ihn k.o. zu schlagen. Anders als beim Taolu (siehe S. 228–229) gibt es im Sanshou keine Waffenform.

DIE KAMPFFLÄCHE

Sanshou-Kämpfe finden auf einer Lei Tai genannten Plattform statt, die von weichen Matten umgeben ist. Die Lei Tai lag traditionell 1,50 m über dem Boden, ist aber heute meist niedriger. Es ist völlig legitim, den Gegner von der Plattform zu stoßen. Die Kämpfer erhalten eine Strafe, wenn sie mit einem Körperteil die Linie der Mattengrenze überqueren, die 1 m vom Rand entfernt um die Matte verläuft.

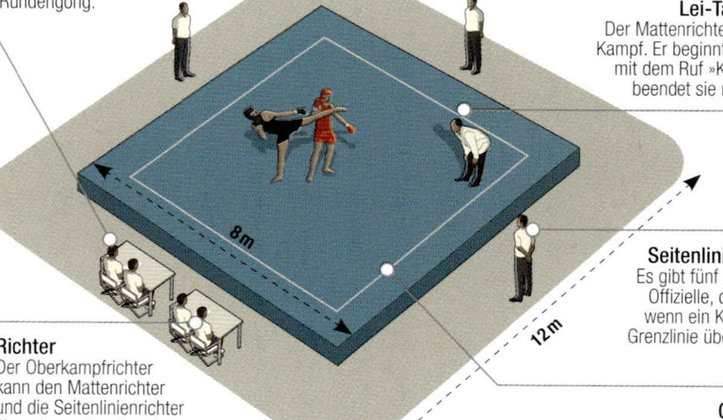

Zeitnehmer und Protokollant
Der Protokollant notiert alle vergebenen Punkte und verhängten Strafen. Der Zeitnehmer bedient die Stoppuhr und schlägt den Rundengong.

Lei-Tai-Richter
Der Mattenrichter leitet den Kampf. Er beginnt die Runde mit dem Ruf »Kaishi!« und beendet sie mit »Ting!«.

Seitenlinienrichter
Es gibt fünf oder sechs Offizielle, die melden, wenn ein Kämpfer die Grenzlinie überschreitet.

Richter
Der Oberkampfrichter kann den Mattenrichter und die Seitenlinienrichter überstimmen und verkündet die Rundenergebnisse.

Grenzlinie
Die Kämpfer werden bestraft, wenn sie diese Linie mit einem Körperteil überqueren.

FAKTEN

- Sanshou (»lockere Hände«) wurde nach dem Koreakrieg (1950–1953) von der chinesischen Armee zur Verbesserung der Nahkampffähigkeiten ihrer Soldaten entwickelt.
- Sanshou ist weniger ein Sport als eine Lebensweise, die unbedingte Selbstdisziplin verlangt.

GEWUSST?

12 So viele Kämpfer wurden 1928 vom nationalen Lei Tai-Turnier in Nanking ausgeschlossen, weil man befürchtete, sie könnten andere Kämpfer töten. Der Lei-Tai-Kampf war der Vorläufer des modernen Sanshou.

92 So viele chinesische Provinzen entsandten Kampfkunstmeister zur Diskussion über den neuen Kampfstil, der zum Sanshou werden sollte.

50 Die Teilnehmerzahl bei der Sanshou-Weltmeisterschaft 2012 im chinesischen Wuyishan. Das Turnier war in 18 unterschiedliche Kategorien unterteilt: elf Kategorien der Männer und sieben Kategorien der Frauen.

10.000 Das Preisgeld in Yuan für den Sieger der Weltmeisterschaft 2006 in Xi'an. Das entspricht rund 1000 Euro: Sanshou mag eine Lebensphilosophie sein, es verhilft aber kaum zu einem geregelten Lebensunterhalt.

DIE REGELN

Die Kämpfer treten in einer von zehn Gewichtsklassen an. Die Kämpfe gehen über maximal drei Runden à zwei Minuten, mit einer Minute Pause dazwischen. Gewinnt ein Kämpfer die ersten beiden Runden, gewinnt er den Kampf und die dritte Runde wird nicht mehr ausgetragen. Punkte werden für Treffer mit Fäusten und Füßen gegen Oberkörper und Kopf des Gegners, Tritte gegen die Oberschenkel, K.o. oder Sturz des Gegners erzielt. Doppelte Punkte gibt es, wenn der Gegner stürzt und der Angreifer stehen bleibt. Beinfeger, Sprungtritte und Griffe sind erlaubt. Fällt der Gegner vom Lei Tai, erhält der Angreifer drei Punkte.

VERBOTENE AKTIONEN

Schläge und Stöße dürfen nicht mit Knien, Ellenbogen oder Kopf ausgeführt werden. Die Kämpfer dürfen nicht gegen den Hinterkopf, Hals oder Schritt des Gegners schlagen. Abgesehen von Tritten gegen die Oberschenkel sind Tiefschläge verboten. Ein Bodenkampf ist nicht erlaubt.

EINORDNUNG

Im Sanshou finden sich viele Taktiken und Techniken, die man aus anderen Kickbox-Kampfkünsten kennt, wie etwa Schläge und Tritte. Hinzu kommen aber noch Würfe und Fegetechniken.

BEINARBEIT

Man kann den Gegner mit mehreren akrobatischen Techniken zu Boden bringen. Dazu zählt die gesprungene Beinschere, bei der man die Taille des Gegners im Sprung mit den Beinen umfasst und ihn zu Boden wirft. Auch der rechts zu sehende Beinfeger ist ein wirksames Mittel, den Gegner zu fällen, zumal der Kämpfer dabei auch noch den eigenen Kopf und Oberkörper außer Reichweite halten kann.

Ebenso wichtig sind Ausweichtechniken. Die Kämpfer müssen sich ständig ausweichbereit auf den Ballen bewegen – es sei denn beim Tritt. Ein Sanshou-Kämpfer ist zu keinem Zeitpunkt verletzlicher, als wenn er gerade zum Tritt ansetzt.

FARBCODE

Im Zweikampf tragen die Sanshou-Kämpfer Brustpanzer und Shorts. Boxhandschuhe dämpfen die Faustschläge. Die Kämpfer tragen keine Schuhe, sodass Tritte mit voller Härte treffen. Ein Kämpfer trägt Schwarz und der andere Rot, damit die Schiedsrichter sie eindeutig unterscheiden können. Außerdem tragen beide Mundschutz.

SCHLAGDÄMPFER

Die Kämpfer schützen ihre Fäuste mit gewöhnlichen Boxhandschuhen, die am Handgelenk verschnürt sind.

Robustes Leder
Die Handschuhe bestehen aus einer äußeren Lederschicht, die mit Nylonfäden vernäht und mit Schaumstoff gepolstert ist.

RÜSTUNG

Sanshou ist ein harter, oftmals ausgesprochen gewalttätiger Sport, sodass die Kämpfer Brust, Kopf, Hände, Genitalien und Zähne schützen müssen.

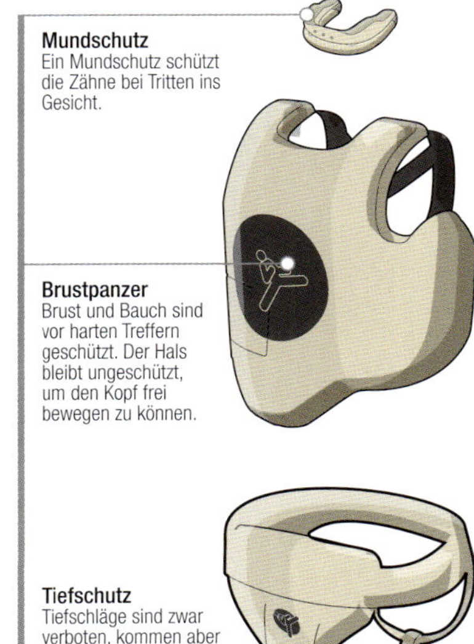

Mundschutz
Ein Mundschutz schützt die Zähne bei Tritten ins Gesicht.

Brustpanzer
Brust und Bauch sind vor harten Treffern geschützt. Der Hals bleibt ungeschützt, um den Kopf frei bewegen zu können.

Tiefschutz
Tiefschläge sind zwar verboten, kommen aber immer wieder vor.

Kopf zurück
Der Kämpfer versucht vergeblich, seinen Kopf aus dem Weg zu nehmen, da seine Füße flach auf der Matte stehen.

Drehung
In der Drehung schwingt das Bein im Uhrzeigersinn.

RÜCKWÄRTSTRITT

Der Kämpfer dreht sich auf dem vorderen Fuß mit dem Rücken zum Gegner. Sein hinteres Bein schwingt auf Brusthöhe nach hinten, um mit der Rückseite zu treffen. Kann er den Gegner überraschen, wird der aus dem Gleichgewicht gebracht.

Treffer
Dieser Beinfeger trifft den Gegner unterhalb des Knies.

Aufrechte Haltung
Standbein und -knie sind durchgestreckt, um dem Schwung Stabilität zu geben.

BEINFEGER

Bei dieser Angriffstechnik steht der Kämpfer auf dem linken Fuß, streckt das rechte Bein nach hinten und fegt es mit einer Kreisbewegung nach vorne, um dem Gegner die Beine wegzutreten und ihm das Gleichgewicht zu nehmen.

VIER ELEMENTE

Während des Koreakriegs unterteilten die Chinesen die Grundfertigkeiten, die ein Kämpfer beherrschen sollte, in vier Gruppen: Da (Schläge, d. h. alle Stöße mit Faust, offenen Händen, Ellenbogen, Fingern und Kopf), Ti (Tritte, d. h. Feger, Kniestöße und Stampfer), Shuai (Ringtechniken und Würfe) und Na (Halte-, Würge- und andere Aufgabegriffe). Nach dem Krieg wurden einige der brutaleren Elemente herausgenommen, um dem Umstand Rechnung zu tragen, dass Sanshou jetzt ein Sport war. Die Grundprinzipien haben sich aber bis heute erhalten.

INSIDER-STORY

Der Sanshou-Dachverband, die International Wushu Federation (IWUF), wurde 1990 gegründet. Sie organisiert alle zwei Jahre die Wushu-Weltmeisterschaften (sowohl für Sanshou als auch für Taolu). Die erstmals 1991 in Peking abgehaltenen Meisterschaften reisten um den Globus (mit Stationen in Baltimore, Hanoi, Rom und Eriwan), bevor sie 2007 in die chinesische Hauptstadt zurückkehrten. Der Sanshou World Cup wurde erstmals 2002 in Shanghai abgehalten und wechselt sich jetzt alle zwei Jahre mit der Weltmeisterschaft ab.

DER DACHVERBAND

Die International Wushu Federation (IWUF) wurde 2002 vom Internationalen Olympischen Komitee (IOC) anerkannt, allerdings ist der Sport keine olympische Sportart. Das Hauptquartier der IWUF mit ihren weltweit 147 Mitgliedsnationen liegt in Peking.

JIU-JITSU

ÜBERBLICK

Jiu-Jitsu ist eine alte japanische Kampfkunst, die sich in ihren verschiedenen Formen weltweiter Beliebtheit erfreut. Die beiden vom Weltverband JJIF anerkannten Varianten sind das Kampf- und das Duo-System. Beim ersten erzielt man Punkte, indem man den Gegner angreift und – nachdem man ihn auf die Matte geworfen hat – zur Aufgabe zwingt. Beim Duo-System kämpfen zwei Kämpfer mit einer Reihe vorgegebener Angriffsaktionen und frei wählbarer Abwehrtechniken gegeneinander.

Hand- und Fußschutz
Die Kämpfer müssen Hände und Füße mit fingerlosen Handschuhen und zehenlosen Socken schützen.
Leinenanzug
Der Gi genannte Anzug besteht aus einer locker sitzenden Jacke und Hose. Frauen tragen ein weißes T-Shirt oder Trikot unter dem Gi, Männer tragen kein Unterhemd, damit der Gegner hier keinen Griff ansetzen kann.
Farbiger Gürtel
Ein Jiu-Jitsuka trägt einen roten Gürtel, der andere einen blauen. Die Gürtel werden zwei Mal um den Körper gewickelt und stehen beidseitig etwa 15 cm weit aus dem Knoten vor.
Lange Hosen
Die Hosen müssen zumindest das halbe Schienbein bedecken.

SPORTLERPROFIL

Die Kämpfer (Jutsuka) müssen schnell sein und über einen guten Gleichgewichtssinn sowie viel Kraft verfügen. Die Gelenke sollten möglichst flexibel sein, um Angriffe, die meist gegen Schultern, Ellenbogen und Knie gerichtet sind, vorzutragen bzw. abzuwehren. Bei der Ausführung ist exakte Technik gefragt.

DIE MATTE

Die gesamte Matte, einschließlich des Warnbereichs, dient als Kampffläche. Sie misst normalerweise 10 m im Quadrat, wobei einige nationale und internationale Turniere auch auf 6 x 6 m großen Flächen ausgetragen werden. Bei bedeutenden Turnieren besteht die Fläche aus Tatamis – traditionellen, geflochtenen Strohmatten.

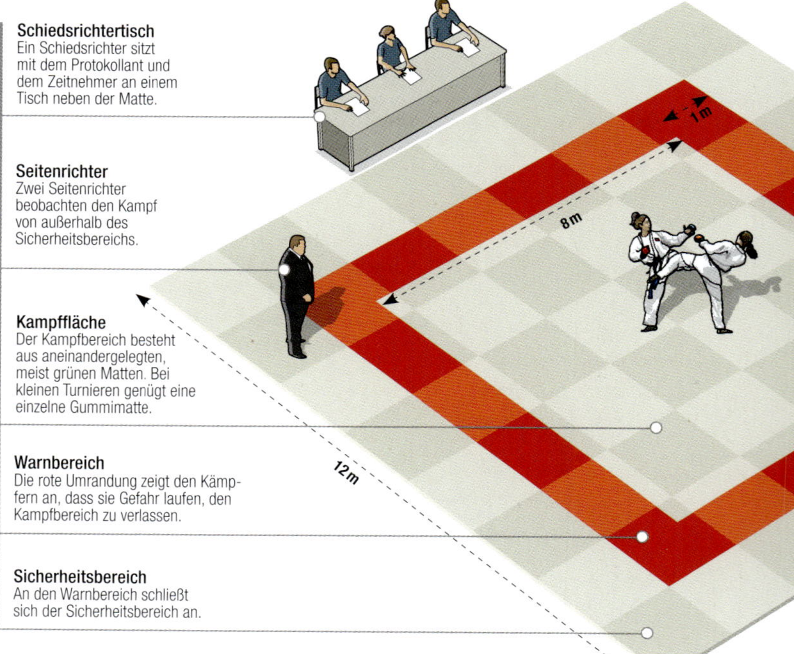

Schiedsrichtertisch
Ein Schiedsrichter sitzt mit dem Protokollant und dem Zeitnehmer an einem Tisch neben der Matte.
Seitenrichter
Zwei Seitenrichter beobachten den Kampf von außerhalb des Sicherheitsbereichs.
Kampffläche
Der Kampfbereich besteht aus aneinandergelegten, meist grünen Matten. Bei kleinen Turnieren genügt eine einzelne Gummimatte.
Warnbereich
Die rote Umrandung zeigt den Kämpfern an, dass sie Gefahr laufen, den Kampfbereich zu verlassen.
Sicherheitsbereich
An den Warnbereich schließt sich der Sicherheitsbereich an.
1 m
8 m
12 m

FAKTEN

- **Jiu-Jitsu setzt sich aus den japanischen Worten »Jiu«, Sanftheit, und »Jitsu«, Kunst, zusammen.**
- **Während sich der Sport in alle Welt verbreitete, entwickelten die Lehrer ihre eigenen, »Ryu« genannten Schulen.**
- **Jiu-Jitsu beruht auf einer Reihe von indischen und chinesischen Kampfkünsten, die teilweise über 2000 Jahre alt sind. Es ist der Vorläufer sowohl des Judo als auch des Aikido.**

GEWUSST?

3 **Die Zahl der für das Jiu-Jitsu bedeutsamen mentalen Zustände. Zanshin, »balancierter Geist«, ist umfassende Bewusstheit; Fudoshin, »unerschütterlicher Geist«, ist höchste Konzentration; Mushin, »leerer Geist«, ist Handeln ohne bewussten Gedanken.**

33 **So viele nationale Verbände gehören der Jiu-Jitsu International Federation an.**

1.134 **Jahre sind vergangen, seit Prinz Teijun die erste Jiu-Jitsu-Schule in Japan eröffnete.**

DIE KAMPFREGELN

Die Kampfregeln im Jiu-Jitsu hängen stark von der Schule ab, der man folgt. Bei IJJF-Turnieren gibt es zwei Regelwerke: eines für das Kampf-System und eines für das Duo-System.

DAS KAMPF-SYSTEM

Sieger ist der Jiu-Jitsuka, der als Erster in jeder der drei Phasen des Kampfs einen Ippon (Punkt) erzielt: einen sauberen Schlag oder Tritt in der Schlagphase, einen sauberen Wurf in der Wurfphase und eine Aufgabe in der Bodenphase.

DAS DUO-SYSTEM

Bevor die Jiu-Jitsuka zu kämpfen beginnen, ruft der Schiedsrichter eine Zahl, die einer der 20 zugelassenen Techniken entspricht. Ein Jiu-Jitsuka greift an, der andere verteidigt sich. Beispielsweise kann der Angreifer aufgefordert werden, einen Würgegriff anzubringen, den der Verteidiger mit einem Wurf kontern muss (es reicht nicht, dem Angriff nur auszuweichen). Bewertet werden Technik und Schnelligkeit.

PUNKTZÄHLER

Jiu-Jitsu war ursprünglich eine Philosophie bzw. ein Lebensstil und ist erst vor relativ kurzer Zeit zum Sport geworden. Daher wurden viele der punktrelevanten Techniken entwickelt, um ein vergleichbares Wertungssystem zu erhalten.

KAMPFPHASEN

Im Kampfsystem kann man in jeder der drei Kampfphasen auf verschiedene Arten zum Ippon kommen. Auch wenn Jiu-Jitsu als Kampfkunst eingestuft wird, darf man den Gegner nicht verletzen. Jiu-Jitsuka, die einen Vorteil errungen haben, müssen ihn nicht in letzter Konsequenz ausnutzen.

SCHLAGPHASE
Der Kämpfer links versucht, den Gegner mit Hand oder Fuß am Körper zu treffen, während dieser ausweicht und nach einer Möglichkeit zum Gegenangriff sucht.

Tritt
Das Standbein muss angespannt sein und der Fuß muss fest auf der Matte aufstehen, um den Tritt auszubalancieren.

WURFPHASE
Der Angreifer versucht, einen Arm über die Schulter des Gegners und den anderen um seinen Rumpf zu legen, und dreht sich ein, um ihn über die Hüfte auf die Matte zu werfen.

Rollentausch
Der obere Jiu-Jitsuka mag im Vorteil scheinen, dabei wird er gerade auf die Matte geworfen.

BODENPHASE
Ein Kämpfer setzt einen Armhebel an. Wenn der andere den Schmerz nicht mehr aushält, klopft er zum Zeichen der Aufgabe mit der freien Hand auf die Matte.

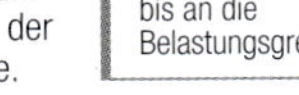

Zwangslage
Der Angreifer verdreht den Arm des Gegners mit beiden Händen bis an die Belastungsgrenze.

DUO-WURF
Ruft der Schiedsrichter im Duo-System eine Technik auf, die einen Schulterwurf beinhaltet, stellt sich der Angreifer hinter den Verteidiger und legt ihm den Arm um den Hals. Dass der Verteidiger zum Gegenangriff übergeht, steht außer Frage. Was zählt, ist die Art, wie er es tut.

Angriff
Die Kämpfer gehen einvernehmlich in die Ausgangsposition.

Zug und Druck
Der Verteidiger links beugt die Knie; sobald er sie wieder streckt, hebt er den Angreifer von den Füßen.

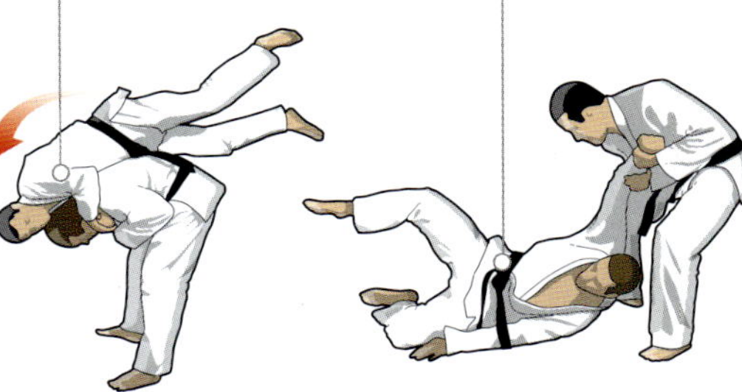

Schwungkraft
Nachdem er den Gegner von der Matte gehoben hat, beugt sich der Verteidiger vor, um den Wurf auszuführen; dabei hält er den Arm des anderen die ganze Zeit fest.

Saubere Landung
Die Fähigkeit, geschickt zu fallen, ohne sich zu verletzten, ist im Jiu-Jitsu ebenso wichtig wie die Kunst des Werfens.

Mattenrichter
Der Mattenrichter beobachtet aus der Nähe und vergibt Punkte.

1 m

SELBSTVERTEIDIGUNG

In der Kurzgeschichte »Das leere Haus« von Sir Arthur Conan Doyle (1903) erzählt Sherlock Holmes, er habe seinen Erzfeind Moriarty mit Baritsu, einer von Jiu-Jitsu beeinflussten Kampfkunst, besiegt. Baritsu wurde Ende des 19. Jahrhunderts vom Engländer Edward William Barton-Wright entwickelt.

INSIDER-STORY

Zu Beginn des 21. Jahrhunderts erfährt Jiu-Jitsu sein größtes Wachstum in Brasilien, wo es drei Arten von Wettkampf gibt: Sport-Jiu-Jitsu, bei dem Schläge verboten sind, Aufgabe-Ringen, das der Sportvariante gleicht, nur dass die Kämpfer hier Shorts statt des konventionellen Gi tragen, und die äußerst beliebten Vale-Tudo-Kämpfe mit sehr wenigen Regeln.

DIE INTERNATIONAL JU-JITSU FEDERATION
Die 1987 gegründete JJIF hat sich aus der European Ju-Jitsu Federation entwickelt, die ihrerseits 1977 gegründet worden war. Die JJIF kontrolliert heute jeden Aspekt der verschiedenen Varianten des Sports und unterteilt sie in zwei grobe Kategorien: Koryu (klassisch) und Goshin (modern).

TAEKWONDO

FAKTEN

- Das Wort »Taekwondo« wird entweder als »der Weg von Hand und Fuß« oder »der Weg von Tritt und Schlag« übersetzt.
- Taekwondo stammt aus Korea, wo es die nationale Kampfkunst ist. In anderen Teilen der Welt ist es eine beliebte Sportart.

ÜBERBLICK

Taekwondo ist ein spektakulärer Kampfsport für Männer und Frauen, bei dem die Kontrahenten versuchen, Punkte zu erzielen, indem sie den Gegner mit oft rasend schnellen Kombinationen aus Tritten und Schlägen treffen. Der Kämpfer mit der höheren Punktzahl am Ende der Kampfzeit gewinnt, es sei denn, einer der beiden wird nach einem Niederschlag ausgezählt.

SPORTLERPROFIL

Taekwondo-Kämpfer sind leichtfüßig und stark. Weiterhin müssen sie agil und flexibel sein. Hohe Tritte sind eine Schlüsseltechnik: Sie zählen mehr als Schläge zum Körper. Zur wirksamen Verteidigung braucht man zudem schnelle Reaktionen.

Arzt in Bereitschaft
Ein Arzt behandelt die Kämpfer und erklärt sie für kampftauglich oder nicht.

Protokollant
Der Protokollant notiert die Punkte und Strafen, die die Schiedsrichter vergeben, und nimmt die Zeit.

Kampfrichter
Der Kampfrichter beginnt und beendet jede Runde, leitet den Kampf und zeigt Fouls an.

Rangabzeichen
Ein farbiger Gürtel zeigt den Rang des Kämpfers an.

Dobok
Der Anzug besteht aus einer leichten, weißen Jacke samt Hose.

11 m

Trainerstuhl
Die Trainer der Kämpfer beobachten den Kampf von gegenüberliegenden Seiten der Matte aus.

Schiedsrichter
Vier Richter vergeben an den Seitenlinien Punkte für Treffer und ziehen Punkte für Strafen ab. Mindestens zwei Richter müssen einen Punkt anzeigen, damit er für einen Kämpfer protokolliert wird.

Warnlinie
Eine Linie warnt die Kämpfer, dass sie sich dem Mattenrand nähern.

GEWUSST?

4 So viele Gewichtsklassen gibt es bei den Olympischen Spielen für Männer und Frauen: Fliegengewicht, Leichtgewicht, Mittelgewicht und Schwergewicht.

8 Die Anzahl an Medaillen – von 16 möglichen – die Südkorea bei den Olympischen Spielen in Sydney (2000) und Athen (2004) errang: fünfmal Gold, einmal Silber und zweimal Bronze. Seit 2000 ist Taekwondo olympische Sportart.

10 Die Anzahl an Schülerrängen (sogenannte Dan) vom 10. (Anfänger) bis zum ersten.

206 Die Anzahl an Mitgliedsnationen in der World Taekwondo Federation.

DIE KAMPFFLÄCHE

Die Kämpfe finden auf einer mindestens 2 cm dicken, quadratischen Matte statt. Die Matte kann um 50–60 cm erhöht sein und eine flache, umlaufende Rampe (rd. 30 Grad) zum Boden haben. Die Offiziellen nehmen ihre Positionen rund um die Kampffläche ein.

KLEIDERREGELN

Die Kämpfer tragen auf der Matte Schutzkleidung. Um sie eindeutig voneinander zu unterscheiden, trägt der eine blaue und der andere rote Markierungen an Brustpanzer oder Helm. Dazu kommen Hand- und Fußprotektoren, wobei nur der Brustpanzer über dem Anzug getragen wird.

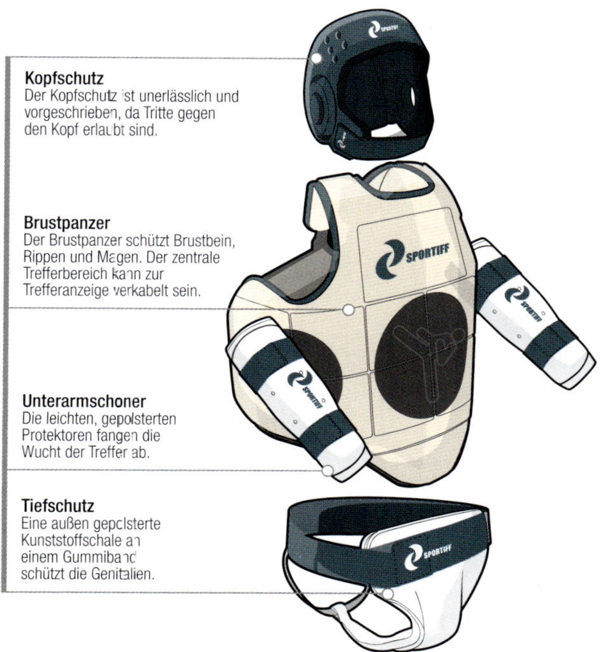

Kopfschutz
Der Kopfschutz ist unerlässlich und vorgeschrieben, da Tritte gegen den Kopf erlaubt sind.
Brustpanzer
Der Brustpanzer schützt Brustbein, Rippen und Magen. Der zentrale Trefferbereich kann zur Trefferanzeige verkabelt sein.
Unterarmschoner
Die leichten, gepolsterten Protektoren fangen die Wucht der Treffer ab.
Tiefschutz
Eine außen gepolsterte Kunststoffschale an einem Gummiband schützt die Genitalien.
SPORTIFF

BEINTECHNIK

Beim Taekwondo legt man mehr Wert auf Tritte als bei anderen Kampfkünsten und bedient sich der größeren Wucht und Reichweite der Beintechniken gegenüber den Faustschlägen. Zwei der wichtigsten Techniken sind der Schnapptritt und der Tritt zur Seite (unten).

Parallelen
Vorderer Arm und vorderes Bein sind parallel erhoben.

Felsenfest
Beide Füße stehen in stabiler Stellung auf der Matte.

AUSGANGSSTELLUNG
Der Kämpfer steht mit zur Abwehr erhobenen Händen in der Abwehrstellung.

IN BEWEGUNG
Der Kämpfer hebt das Knie auf Hüfthöhe an und hält die Hände oben.

Erster Schritt
Der Standfuß dreht den ganzen Körper nach vorne.
Fußstoß
Der Angreifer dreht das Bein nach außen.

ANSATZ
Der Kämpfer dreht sich nach vorne in eine günstige Angriffsposition.

TRITT ZUR SEITE
Das Bein ist zur Seite ausgestreckt und die Hüfte für mehr Wucht eingedreht.

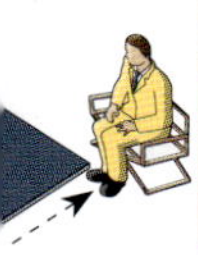

TERMINOLOGIE

Die koreanischen Wurzeln des Taekwondo zeigen sich vor allem in der verwendeten Sprache. Der Kampfrichter beginnt die Runde mit dem Ruf »Shi-jak!« (»Start«) und beendet sie mit dem Kommando »Keu-man« (»Stop«). Die Kämpfer schreien oft »Kiai!« (was »arbeiten mit dem Ki« bedeutet), wenn sie einen Schlag gegen den Gegner ausführen. Der Schrei setzt Energi (Ki) frei und hilft, mit größerer Wucht zuzuschlagen. Wie beim Boxen zählt der Kampfrichter bei einem K.o. bis zehn – und verkündet am Ende »Yeol« (»Zehn«).

GESTOCHENE GERADE

Bei der Wechselschlag-Kombination bleibt die nichtschlagende Faust mit nach unten gekehrtem Handrücken tief, während die Schlaghand mit nach oben zeigendem Rücken gerade nach vorne sticht.

Rechte Führung
Der Kämpfer führt mit der rechten Hand.
Schneller Wechsel
Die linke Faust stößt nach vorne, während die rechte an den Körper zurückgezogen wird.

DIE PUNKTVERGABE

Punkte werden für Treffer am Gegner bzw. im Übungskampf für das Abstoppen der Schläge 2 cm vor dem Gegner vergeben. Ein Treffer am Oberkörper mit Hand oder Fuß bringt einen Punkt, ein Tritt an den Hals oder Kopf zwei und ein K.o. drei Punkte. Nach den Regeln der World Taekwondo Federation gewinnt der Kämpfer, der zwölf Punkte insgesamt oder sieben Punkte Vorsprung erreicht, den Kampf. Außerdem kann er durch K.o. siegen. Punktabzüge gibt es für Fouls wie Tiefschläge, Treffer am Rücken und am Hinterkopf. Bei Gleichstand entscheidet der nächste Punkt.

HAARIGE WURZELN

Taekwondo entwickelte sich vor rund 2000 Jahren aus anderen koreanischen Kampfkünsten. Damals galt es bei Männern als schick, einen langen Zopf zu tragen. Eine Kampftechnik bestand darin, sich eine Klinge ans Zopfende zu binden und es dem Gegner in die Augen zu schleudern.

INSIDER-STORY

Taekwondo wurde von amerikanischen Soldaten, die Anfang der 1950er aus dem Korea-Krieg heimkehrten, verbreitet. 1973 wurde auf Betreiben Koreas der Dachverband World Taekwondo Federation (WTF) gegründet. Im gleichen Jahr wurde die erste Weltmeisterschaft abgehalten. Taekwondo ist seit 2000 olympisch.

DACHVERBAND
Die World Taekwondo Federation (WTF) wurde 1980 vom Internationalen Olympischen Komitee anerkannt und hat heute über 200 Mitgliedsländer in aller Welt.

KICKBOXEN

FAKTEN

- Kickboxen ist ein Profisport für Männer und Frauen. Spitzenkämpfe ziehen in Südostasien und Japan riesige Zuschauermengen an und die Boxer genießen das Ansehen von Superstars.
- Im Westen ist Kickboxen dank der Anforderungen an Fitness und Technik zu einem beliebten Freizeitsport geworden.
- Das Regelwerk wird dadurch kompliziert, dass es nicht nur einen Dachverband, sondern mehrere rivalisierende Organisationen gibt.

ÜBERBLICK

Kickboxen ist ein schneller Kampfsport, der Boxtechniken mit Beintechniken vor allem aus dem Karate kombiniert. Es erinnert zwar an das traditionelle Thaiboxen und Full Contact (siehe rechts), wurde aber in den 1970ern von Kampfsportlern in den USA entwickelt. Profikämpfe gehen über zwölf Runden von jeweils zwei Minuten Länge. Ein Kampf wird durch Knockout oder – wie in den meisten Fällen – durch angebrachte Treffer nach Punkten entschieden.

SPORTLERPROFIL

Kickboxer brauchen die Kraft, Schnelligkeit, Widerstandsfähigkeit und Ausdauer von Boxern sowie zusätzlich Agilität und Beweglichkeit für hohe Tritte. Auch eine geringe Schmerzempfindlichkeit ist von Vorteil, vor allem, weil die Regeln Tritte gegen die Beine erlauben.

Handschutz
Kickboxer kämpfen mit gewöhnlichen Boxhandschuhen.

Ungeschütztes Ziel
Der Oberkörper als Hauptziel der Schläge ist nicht geschützt.

Shorts
Weite Boxershorts erlauben den Beinen viel Bewegungsfreiheit.

Fußschoner
Beim Full Contact Kickboxing sind gepolsterte Protektoren an Füßen und Schienbeinen erlaubt.

Kraft
Im Training arbeiten die Kämpfer hart am Aufbau der Beinmuskulatur.

Ringrichter
Der Ringrichter steht bei den Kämpfern im Ring, beginnt und beendet jede Runde und leitet den Kampf.

Ausgangsposition
Die Kämpfer stellen sich hinter zwei gegenüberliegenden weißen Linien in jeweils 1 m Abstand zur Ringmitte auf.

Betreuer
Jeder Kämpfer hat einen Trainer für die Taktik, und zwei Sekundanten, die sich um Verletzungen kümmern.

Sekundanten
Zwei Sekundanaten gehören zum Betreuerstab jedes Kämpfers.

Zeitnehmer
Nimmt die Zeit und zeigt Anfang und Ende einer jeden Runde mit dem Gong an.

DER RING

Während früher auf Matten gekämpft wurde, werden Kickbox-Turniere heute im Standard-Boxring (siehe S. 208–211) mit gepolstertem Segeltuchboden und vier Seilen ausgefochten. Das untere Seil muss sich mindestens 33 cm über dem Ringboden befinden, das oberste Seil darf nicht höher als 1,32 m über dem Boden gespannt sein.

SCHLAGKRÄFTIGE SCHÖNHEIT

Der frühere Mönch Nong Toom war einer der berühmtesten Kickboxer Thailands. Der Make-up tragende Transsexuelle kämpfte, um Geld für eine Geschlechtsumwandlung zu verdienen, was ihm 1999 gelang. Seine Geschichte wird im Film »Beautiful Boxer« (2003) erzählt.

KICKBOXEN, FULL CONTACT KICKBOXING UND MUAY THAI

Die reine Form des Kickboxens wird häufig mit dem Thaiboxen (Muay Thai) und dem europäischen Full Contact Kickboxing verwechselt. Die Sportarten sind zwar alle eng miteinander verwandt, aber es gibt wichtige Unterschiede. Bei allen drei Sportarten tragen die Kämpfer Mundschutz, Handschuhe und Tiefschutz.

- Beim Kickboxen dürfen die Boxer nach den Profi-Boxregeln schlagen – d. h. keine Tiefschläge – und gegen alle Bereiche des Körpers treten.
- Beim Full Contact Kickboxing tragen die Kämpfer lange Hosen und T-Shirts, Fußschoner und manchmal Schienbeinschoner und Kopfschutz. Es gelten normale Boxregeln, aber Tritte unterhalb die Gürtellinie sind verboten.
- Muay Thai ist die älteste und brutalste Form des Kickboxens. Die Regeln bezüglich der Schläge und Tritte sind eher locker gefasst, und die Kämpfer dürfen mit Händen, Schienbeinen, Ellenbogen und Knien kämpfen.

Ringarzt

Sitzt neben den Punktrichtern und protokolliert alle Punkte und Strafen.

Jedem Kämpfer ist ein Richter zugeordnet, der seine Treffer protokolliert.

SCHUTZAUSRÜSTUNG

Die meisten Protektoren sind beim Full Contact Kickboxing vorgeschrieben. Bei Oriental, Muay Thai und Sanshou sind Schienbein- und Fußschoner verboten, aber bei allen anderen Varianten werden sie empfohlen – vor allem bei Amateurkämpfen.

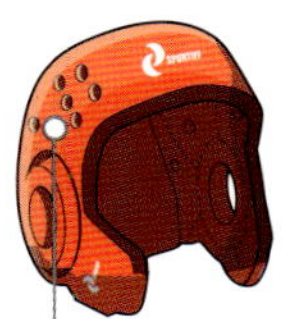

Helm
Schützt die verletzlichen Schläfen und den Kopf vor harten Treffern.

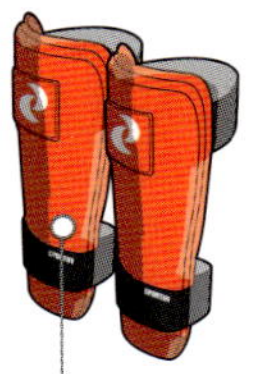

Schienbeinschoner
Schützen beim Full Contact vor regelwidrigen Tritten.

Fußschoner
Federn die Wucht von Tritten ab.

DIE PUNKTVERGABE

Kämpfe werden entweder durch K.o. oder durch das Ansammeln von Punkten gewonnen. Manchmal zählen die gewonnenen Runden und nicht die Punktsumme. Trefferzonen sind der ganze Kopf, Vorder- und Rückseite des Körpers und die Beine. Punkte werden wie folgt vergeben: Einen Punkt gibt es für jeden erfolgreich angebrachten Schlag. Auch Fußfeger und erfolgreiche Tritte gegen den Körper bringen einen Punkt. Zwei Punkte gibt es für einen Tritt gegen den Kopf. Ein Sprungtritt, der den Körper trifft, bringt zwei Punkte; trifft er den Kopf, ist das drei Punkte wert.

KAMPFSTILE

Kickboxer können den Oberkörper des Gegners mit Schlägen wie Jabs, Haken, Crosses und Aufwärtshaken treffen. Dazu kommt eine Vielzahl von Beintechniken nach vorne, zur Seite und im Kreis. Bei einem Rundtritt schwingt der Kämpfer sein Bein in einer kreisförmigen Bewegung, um Schwung für einen Tritt gegen Bein, Rumpf oder Kopf des Gegners zu holen. Es gibt kaum Unterschiede zwischen den Schlägen beim Kickboxen und dem traditionellen Boxen, viele Kämpfer sind sogar in beiden Disziplinen zu Hause. Ein gut vorgetragener Punch ist allerdings wegen der Handschuhe oft weniger effektiv als ein Tritt.

TRITT GEGEN DAS KNIE
Flache Tritte gegen das Bein sind oft am wirksamsten, weil sie den Gegner verlangsamen und ihn an einem Kontertritt hindern. Beim Full Contact Kickboxing sind tiefe Tritte (außer Fegern) nicht erlaubt.

TRITT GEGEN DEN RUMPF
Ein Tritt auf mittlerer Höhe zielt auf den Rumpf des Gegners. Mit Schnelligkeit und Kraft ausgeführte Tritte können die Rippen des Kontrahenten prellen oder sogar brechen.

HOCH GEZIELT
Hohe Tritte gegen den Kopf sind riskant, weil sie den Angreifer verletzlich für einen Gegenangriff machen, aber spektakulär – und sie können einen Kampf mit einem Schlag beenden.

Stopper
Ein Tritt gegen das Knie stoppt jede Vorwärtsbewegung des Gegners.
Keine Deckung
Der Angreifer zielt auf die ungedeckten Rippen des Gegners.
Knockout
Der Angreifer zielt den Tritt hoch gegen den Kopf des Gegners.

INSIDER-STORY

Der erste Dachverband war in den Anfangstagen des Sports in den 1970ern die Professional Karate Association (PKA). Heute existieren zahlreiche, untereinander zerstrittene Organisationen, die alle ihre eigenen Turniere und Weltmeisterschaften ausrichten. Die in den späten 1970ern gegründete World Kickboxing Association (WKA) ist mit ihren mehr als 80 Mitgliedsnationen der bekannteste der rivalisierenden Verbände.

SAMBO

SPORTLER-PROFIL
Kraft und Belastbarkeit sind im Sambo unerlässlich. Die Kämpfer müssen Ausdauer mit Kampfgeist und taktischem Verständnis kombinieren, um ihre Gegner zu besiegen. Schnelligkeit und Beweglichkeit sind ebenfalls wichtig, um den Gegner auszumanövrieren.

ÜBERBLICK

Sambo ist eine russische Kampftechnik mit vielen Elementen aus dem Ringen, wie Würfe, Halte- und Hebelgriffe. Es gibt zwei Arten von Sambo: das Sport-Sambo und das Combat-Sambo. Sport-Sambo beinhaltet viele Techniken, wie z. B. Beinhebel, die im Judo verboten sind. Im Combat-Sambo gibt es auch Schläge und Tritte.

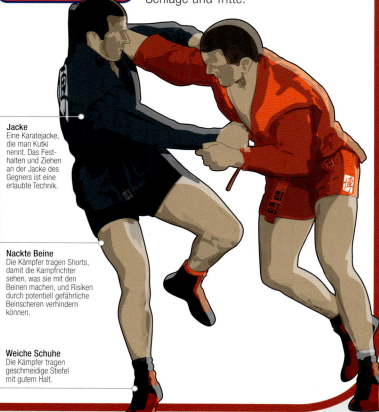

Jacke
Eine Karatejacke, die man Kutki nennt. Das Festhalten und Ziehen an der Jacke des Gegners ist eine erlaubte Technik.

Nackte Beine
Die Kämpfer tragen Shorts, damit die Kampfrichter sehen, was sie mit den Beinen machen, und Risiken durch potentiell gefährliche Beinscheren verhindern können.

Weiche Schuhe
Die Kämpfer tragen geschmeidige Stiefel mit gutem Halt.

FAKTEN

- **Sambo entstand in den 1920ern in der Sowjetunion, weil Josef Stalin eine Nahkampftechnik für die Rote Armee wollte. Die Erfinder kombinierten Kampfkünste wie Karate und Judo mit traditionellen Ringtechniken aus Armenien, Georgien, Moldawien, der Mongolei und Russland.**
- **Internationaler Dachverband ist die Federation International Amateur Sambo (FIAS). Das russische Akronym Sambo steht für »Selbstverteidigung ohne Waffen«.**

PUNKTVERGABE

Sambo-Kämpfe dauern fünf Minuten und werden von einem Punktrichter, einem Mattenrichter und einem Mattenpräsidenten geleitet. Punkte werden für Haltegriffe vergeben: Hält ein Kämpfer seinen Gegner zehn Sekunden mit dem Rücken auf der Matte, erhält er zwei Punkte, hält er ihn 20 Sekunden, zählt das vier Punkte. Sieger ist der Kämpfer, der als erster zwölf Punkte Vorsprung hat.

SCHNELLER SIEG

Ein Kämpfer kann auch ohne Punktvorsprung gewinnen, indem er seinen Gegner auf den Rücken wirft und dabei selbst stehen bleibt. Außerdem kann er durch Aufgabe des Gegners in einem Aufgabegriff gewinnen. Dazu muss er ihn auf dem Boden in einen Arm- oder Beinhebel nehmen. Würgegriffe und Haltegriffe an Händen und Füßen sind verboten. Wird der Hebel zu stark und der Gegner hält den Schmerz nicht mehr aus, gibt er durch Ruf oder Klopfen auf der Matte auf.

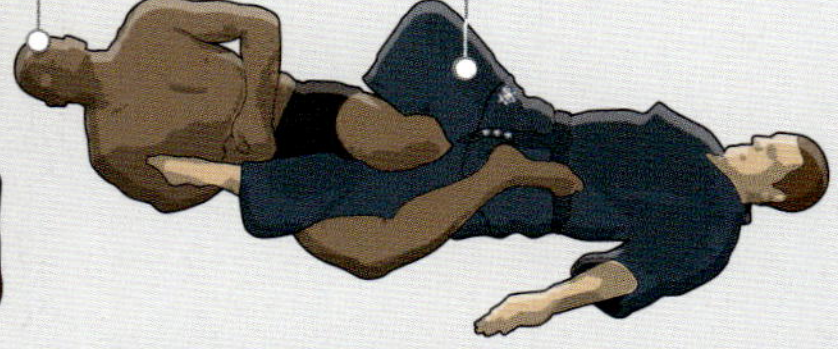

Beinhebel
Dieser Kämpfer wendet einen Hebelgriff an, indem er die Achillessehne des Gegners überdehnt.

Machtlos
Das Opfer kann sein rechtes Bein wegen des Drucks auf den linken Schenkel nicht einsetzen.

DIE MATTE

Sambo-Kämpfe finden auf einer runden Fläche in der Mitte einer sechseckigen oder quadratischen Matte statt. Der Kampf beginnt im Inneren, mit einer weißen Linie markierten Kreis. Um die Matte herum liegt die Schutzzone, die hellblau markiert ist. Sie ist zudem gepolstert, um Verletzungen zu verhindern, wenn ein Kämpfer aus der Kampffläche geworfen wird.

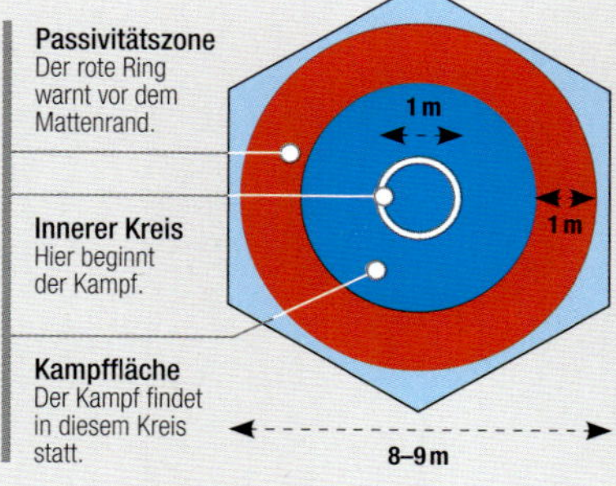

Passivitätszone
Der rote Ring warnt vor dem Mattenrand.

Innerer Kreis
Hier beginnt der Kampf.

Kampffläche
Der Kampf findet in diesem Kreis statt.

GEFÄHRLICHE EHRLICHKEIT

Wassili Oschtschepkows Erklärung, er habe sich bei der Entwicklung des Sambo von Jigaro Kano, dem japanischen Erfinder des Judo, inspirieren lassen, erzürnte den fanatischen Nationalisten Stalin. Oschtschepkow bezahlte seine Ehrlichkeit mit dem Leben.

Men
Der Helm, der Gesicht, Kehle und Kopf des Kämpfers schützt.

KENDO

Shinai
Das Schwert des Kendoka besteht aus Bambusstreben.

Do
Der Brustpanzer schützt Rippen und Flanken.

ÜBERBLICK

Kendo ist ein japanischer Kampfsport, bei dem es ebenso sehr auf Ritual, Philosophie und Etikette ankommt wie auf Kampftechnik. Es basiert auf der alten japanischen Fechtkunst des Kenjutsu. Moderne Kendo-Kämpfer (Kendoka) verwenden statt eines echten Schwerts ein Shinai genanntes Bambusschwert. Im Zweikampf versuchen die schwarz gekleideten Kämpfer, sich gegenseitig mit dem Shinai zu treffen.

DIE REGELN

Kendo-Gefechte dauern fünf Minuten. Der erste Kämpfer, der zwei Punkte erzielt, ist Sieger. Gibt es nach fünf Minuten keinen Sieger, wird drei Minuten weitergekämpft, wobei der erste Punkt den Sieg bringt. Einen Punkt macht man durch einen Schlag mit dem oberen Drittel des Shinai auf eine der sieben Trefferzonen (siehe unten) oder durch einen Kehlstoß mit der Schwertspitze. Meist leiten ein Oberkampfrichter und zwei Kampfrichter das Gefecht – für einen Punkt müssen zwei von ihnen einen Treffer anzeigen.

Men
Ein Schlag in die Mitte des Kopfes.
Migi-Men
Ein Schlag auf die linke Kopfseite.
Hidari-Men
Ein Schlag auf die rechte Kopfseite.
Chudan-Tsuki
Ein Stoß mit der Spitze des Shinai gegen die Kehle.
Migi-Do
Ein Schlag auf die linke Körperseite.
Hidari-Do
Ein Schlag auf die rechte Körperseite.
Kote
Ein Schlag auf das linke Handgelenk.
Hidari-Kote
Ein Schlag auf das rechte Handgelenk.

TREFFERZONEN

Es gibt acht Trefferzonen am Körper des Gegners, die der Kendoka mit seinem Shinai treffen darf: drei am Kopf, eine an der Kehle, zwei an den Handgelenken und zwei an den Seiten des Körpers.

FAKTEN

- Kenjutsu, der Ursprung des modernen Kendo, geht bis ins 11. Jh. zurück. Es war die Fechtkunst der Samurai. Die heutige Kendo-Rüstung erinnert an die Rüstung der alten Samurai-Krieger.
- Kendo bedeutet »Der Weg des Schwerts«, während Kenjutsu »Die Kunst der Schwertführung« ist.
- Es gibt zahlreiche Verbände, die das Kendo als modernen Sport fördern, wie die Internationale Kendoföderation (FIK), die die alle drei Jahre stattfindenden Weltmeisterschaften ausrichtet.

SPORTLER-PROFIL

Kendoka trainieren sowohl die Psyche als auch den Körper: Geistige Disziplin ist ebenso wichtig wie körperliche Fitness. Ruhe und Konzentration sind unverzichtbar. Die Schläge und Stöße erfordern Präzision und Technik. Die Kämpfer brauchen schnelle Reaktionen, um sich zu verteidigen.

IM ZWEIKAMPF

Die Gefechte (Shiai) werden in einem Shiajo genannten Raum mit Holzboden ausgetragen, in dessen Mitte ein Kreuz markiert ist. Die Kämpfer dürfen den Raum während eines Turniers nicht verlassen. Die Etikette ist wichtig: Zu Beginn und am Ende des Kampfes verbeugen sich die Kendoka.

DURCH DIE DECKUNG

Eine wichtige Angriffstaktik besteht darin, den Gegner mit einer Finte zu täuschen und dann auf eine ungedeckte Stelle zu schlagen. Beim Treffer ruft der Kendoka den Namen der getroffenen Stelle, also z. B. »Do!«, wenn er die Bauchseite trifft. Außerdem versuchen die Kämpfer, den Gegner mit Kampfschreien einzuschüchtern.

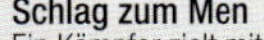

Schlag zum Men
Ein Kämpfer zielt mit dem Shinai auf den Kopf des Gegners.

Treffer am Do
Der Gegner trifft den Brustpanzer an der Körperseite und macht einen Punkt.

WASSERSPORT

06

Kleiderordnung
Die Schwimmbekleidung darf in trockenem und nassem Zustand nicht durchscheinend sein.

Badekappe
Badekappen sind nicht Vorschrift, bei langen Haaren aber gern genommen.

Rasierte Körper
Einige Schwimmer enthaaren sich vollständig, um den Wasserwiderstand so niedrig wie möglich zu halten. Das Regelwerk des Schwimmsports sagt aber nichts über Körperbehaarung.

Schwimmbrille
Fast alle Schwimmer tragen Schwimmbrillen, um die Augen vor dem Chlor im Wasser zu schützen. Die Brillen müssen stramm sitzen, damit kein Wasser eindringt.

Schwimmanzüge
Heute tragen viele Schwimmer Ganzkörper-Schwimmanzüge, um so wenig Wasserwiderstand wie möglich zu haben.

Ohrstöpsel
Viele Schwimmer finden Wasser in den Ohren unangenehm und tragen daher Ohrstöpsel.

SPORTLERPROFIL

Schwimmer brauchen auf Kurz- wie Langstrecken gute Ausdauer und starke Beine und Arme. Sie lassen sich meist an der prägnanten V-Form ihres Oberkörpers erkennen, da sie durch das Training breite Schultern und schmale Hüften entwickeln.

FAKTEN

- Im Wettkampfsport gibt es vier unterschiedliche Schwimmstile: Rücken, Brust, Schmetterling und Kraul.
- Derzeit gibt es 34 olympische Schwimmwettbewerbe, je 17 für Frauen und für Männer.
- Vor 1908 gab es bei den Olympischen Spielen einige heute ausgefallen anmutende Wettbewerbe wie Unterwasserschwimmen, 200 m Hindernisschwimmen und Kopfweitsprung.

GEWUSST?

20,91 So wenige Sekunden benötigte der brasilianische Ausnahmeschwimmer César Cielo Filho für eine 50-m-Bahn, als er im Dezember 2009 einen neuen Freistil-Weltrekord aufstellte.

8 So viele Goldmedaillen gewann der amerikanische Schwimmer Michael Phelps bei den Olympischen Spielen 2008 in Peking.

15 Alter von Ian Thorpe, genannt »Thorpedo«, in dem er Weltmeister wurde.

24,51 Mit dieser Zeit gelang es der Chinesin Jingye Le als erster Frau, die 50 m in unter 25 Sekunden zu schwimmen.

SCHWIMMEN

ÜBERBLICK

Bei Schwimmwettbewerben geht es über alle Distanzen – von 50 m bis 1500 m – grundsätzlich darum, die Strecke so schnell wie möglich zu absolvieren. Die Rennen werden jeweils in einem der vier Schwimmstile Brust, Rücken, Schmetterling oder Freistil geschwommen oder in Lagen, d. h., in allen vier Schwimmstilen hintereinander. Es gibt Einzel- und Mannschaftswettbewerbe. Die Staffeln zu je vier Schwimmern treten meist am Ende der Wettkämpfe gegeneinander an.

DAS SCHWIMMBECKEN

Bei hochrangigen Wettkämpfen muss das Becken exakt 50 m lang und 25 m breit sein. Das Becken wird in acht Bahnen mit jeweils 2,75 m Breite unterteilt. Bahn eins und acht sind je 40 cm breiter. Es muss auf der gesamten Länge eine Wassertiefe von 1,80 m haben. Zur Bahnunterteilung werden Leinen mit bunten Schwimmkörpern verwendet: zwei grüne Leinen für die Bahnen eins und acht, vier blaue Leinen für die Bahnen zwei, drei, sechs und sieben und drei gelbe Leinen für die Bahnen vier und fünf. Fünf Meter vor Ende der Schwimmbahnen haben alle Leinen rote Schwimmkörper und 15 m vom Rand entfernt dienen andersfarbige Schwimmkörper zur Warnung.

Bei anderen Wettkämpfen, wie etwa dem Streckentauchen, dürfen die Becken einen schrägen Boden haben. Sie müssen aber am Start mindestens eine Tiefe von 1,20 m und am anderen Ende eine Mindesttiefe von 1 m haben. Die Becken können in bis zu zehn Bahnen mit 2 m Breite unterteilt werden.

ALLES GEREGELT

Es gibt unterschiedliche Schwimmstile und die Regeln der Disziplinen sind genau auf die Unterschiede abgestimmt. Die Beckenabmessungen, die Vorschriften für Start und Ziel, die Zeitnahme und die Schiedsrichter sind aber allen Schwimmdisziplinen gemein. Das Reglement für internationale Schwimmveranstaltungen wird vom internationalen Dachverband, der Fédération Internationale de Natation (FINA) festgelegt.

DER STARTBLOCK

Bei Wettbewerben starten die Schwimmer der meisten Disziplinen von den Startblöcken, kleinen erhöhten Podesten am Ende jeder Schwimmbahn. Nach Ertönen des Startsignals springen die Schwimmer vom Startblock in ihre Bahn und beginnen das Rennen.

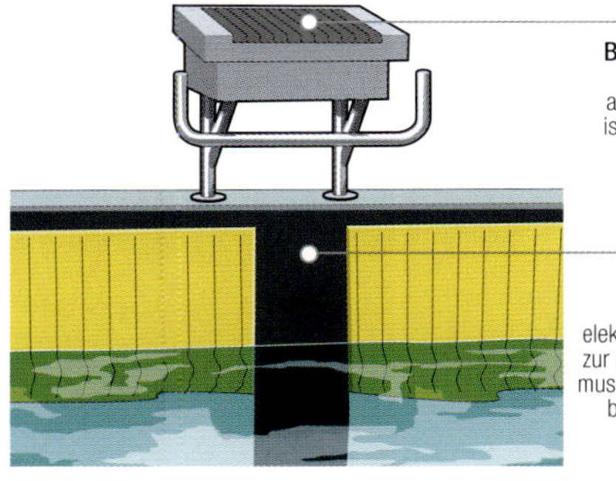

Bauweise des Blocks
Der Startblock besteht aus rostfreiem Stahl und ist mit einer rutschfesten Gummimatte bezogen.

Anschlagplatte
Diese Platte ist Teil der elektronischen Messanlage zur exakten Zeitnahme und muss von den Schwimmern bei jeder Wende und am Ende des Rennens berührt werden.

SCHWIMMKLEIDUNG

Traditionelle Schwimmbekleidung ist heute bei Frauen wie Männern fast vollständig eng anliegenden Ganzkörper-Anzügen gewichen, die den Wasserwiderstand verringern und somit schnellere Schwimmzeiten erlauben.

EINTEILIGER SCHWIMMANZUG

Die meisten Top-Schwimmer bevorzugen einen dünnen, eng anliegenden Schwimmanzug. Laut Reglement darf er nicht weiter reichen als bis zu Hand- und Fußgelenken.

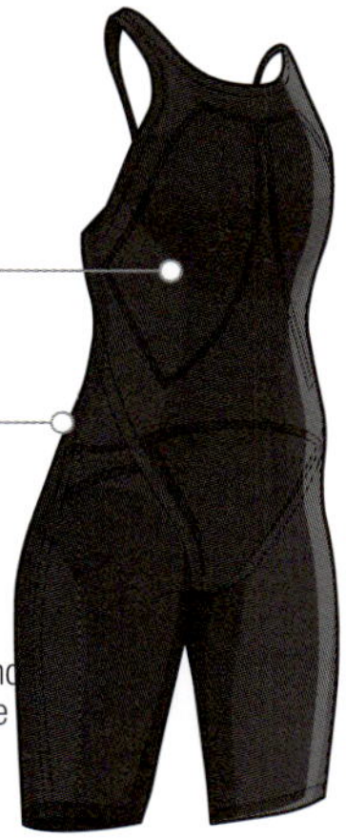

Hitech-Material
Die Anzüge bestehen aus einer Mischung moderner Materialien wie Nylon, Elastan und Lycra®.

Enge Passform
Der elastische Anzug passt sich den Körperkonturen des Schwimmers exakt an und schmiegt sich eng um Hals, Fuß- und Handgelenke.

SCHWIMMBRILLEN

Beschlagfreie, kratzsichere Kunststoffgläser und flexible Rahmen sind wichtig, wenn es um gute Unterwassersicht bei Wettkämpfen geht.

Dichte Ränder
Einige Brillen haben Silikonränder, um absolut dicht abzuschließen.

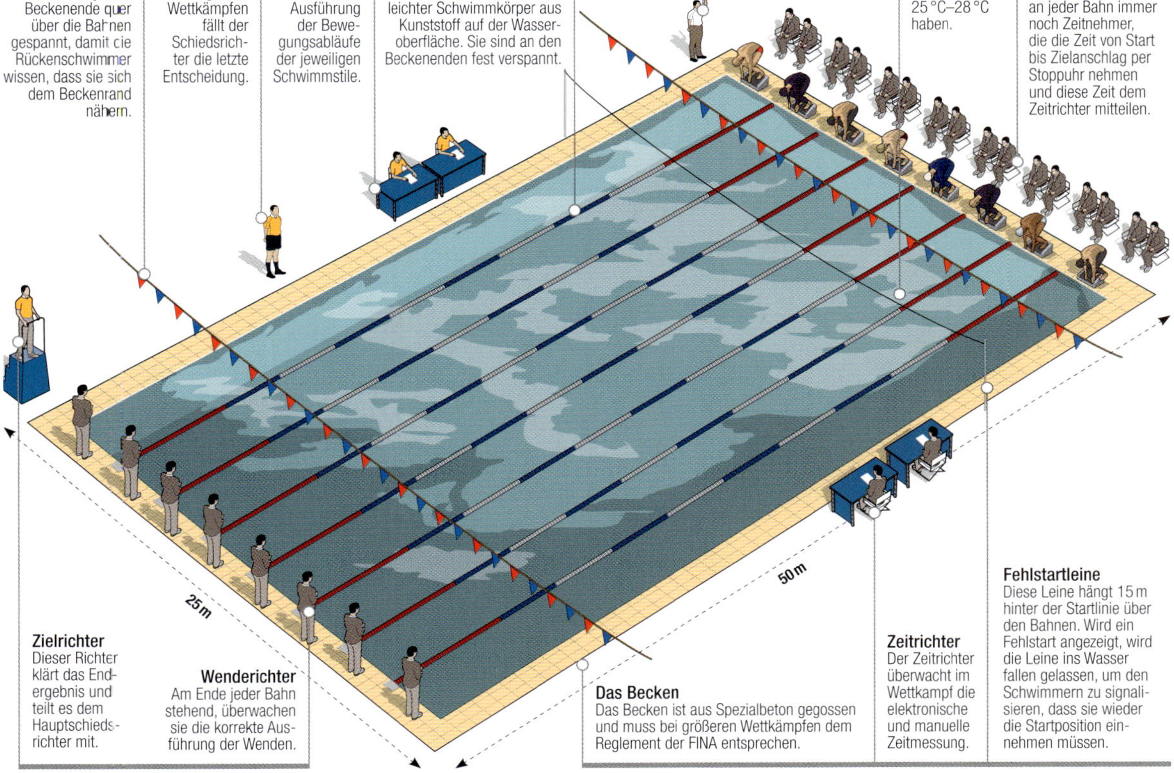

Bunte Fahnen
Eine Leine mit bunten Fahnen wird 15 m vor jedem Beckenende quer über die Bahnen gespannt, damit die Rückenschwimmer wissen, dass sie sich dem Beckenrand nähern.

Schiedsrichter
Bei allen großen Wettkämpfen fällt der Schiedsrichter die letzte Entscheidung.

Schwimmrichter
Sie achten auf die korrekte Ausführung der Bewegungsabläufe der jeweiligen Schwimmstile.

Bahnleinen
Die Leinen markieren bei Wettkämpfen die Bahnen und schwimmen mithilfe leichter Schwimmkörper aus Kunststoff auf der Wasseroberfläche. Sie sind an den Beckenenden fest verspannt.

Starter
Der Starter gibt das Startzeichen für jedes Rennen.

Das Wasser
Das Wasser muss eine Temperatur von 25 °C–28 °C haben.

Zeitnehmer
Zur Ergänzung der elektronischen Zeitnahme gibt es an jeder Bahn immer noch Zeitnehmer, die die Zeit von Start bis Zielanschlag per Stoppuhr nehmen und diese Zeit dem Zeitrichter mitteilen.

25 m

50 m

Zielrichter
Dieser Richter klärt das Endergebnis und teilt es dem Hauptschiedsrichter mit.

Wenderichter
Am Ende jeder Bahn stehend, überwachen sie die korrekte Ausführung der Wenden.

Das Becken
Das Becken ist aus Spezialbeton gegossen und muss bei größeren Wettkämpfen dem Reglement der FINA entsprechen.

Zeitrichter
Der Zeitrichter überwacht im Wettkampf die elektronische und manuelle Zeitmessung.

Fehlstartleine
Diese Leine hängt 15 m hinter der Startlinie über den Bahnen. Wird ein Fehlstart angezeigt, wird die Leine ins Wasser fallen gelassen, um den Schwimmern zu signalisieren, dass sie wieder die Startposition einnehmen müssen.

STATISTIK

LANGBAHN-WELTREKORDE (MÄNNER)	
DISZIPLIN **SCHWIMMER**	**ZEIT**
50 M FREISTIL CESAR CIELO	20,91
100 M FREISTIL CESAR CIELO	46,91
200 M FREISTIL PAUL BIEDERMANN	1:42,00
400 M FREISTIL PAUL BIEDERMANN	3:40,07
800 M FREISTIL ZHANG LIN	7:32,12
1500 M FREISTIL SUN YANG	14:31,02
100 M RÜCKEN AARON PEIRSOL	51,94
200 M RÜCKEN AARON PEIRSOL	1:51,92
100 M BRUST CAMERON VAN DER BURGH	58,46
200 M BRUST AKIHIRO YAMAGUCHI	2:07,01
100 M SCHMETTERLING MICHAEL PHELPS	59,82
200 M SCHMETTERLING MICHAEL PHELPS	1:51,51

LANGBAHN-WELTREKORDE (FRAUEN)	
DISZIPLIN **SCHWIMMERIN**	**ZEIT**
50 M FREISTIL BRITTA STEFFEN	23,73
100 M FREISTIL BRITTA STEFFEN	52,07
200 M FREISTIL FEDERICA PELLEGRINI	1:52,98
400 M FREISTIL FEDERICA PELLEGRINI	3:59,15
800 M FREISTIL KATIE LEDECKY	8:13,86
1500 M FREISTIL KATE LEDECKY	15:36,53
100 M RÜCKEN GEMMA SPOFFORTH	58,12
200 M RÜCKEN MISSY FRANKLIN	2:04,06
100 M BRUST RUTA MEILUTYTE	1:04,35
200 M BRUST RIKKE MØLLER PEDERSEN	2:19,11
100 M SCHMETTERLING DANA VOLLMER	55,98
200 M SCHMETTERLING LIU ZIGE	2:01,81

DER START

Der Start der Schwimmwettkämpfe wird vom Starter überwacht, der dem Hauptschiedsrichter Bericht erstatten muss. Der Starter kann das Rennen erst starten, wenn der Hauptschiedsrichter die Starterlaubnis gegeben hat. Beim ersten Signal nehmen die Schwimmer die Startposition ein. Bei Rückenstrecken erfolgt der Start aus dem Wasser, bei allen anderen Rennen starten die Schwimmer von den Startblöcken.

ZEITNAHME

Bei großen Wettkämpfen, wie den Weltmeisterschaften oder den Olympischen Spielen, wird die Zeit mithilfe eines elektronischen Systems auf die Hundertstelsekunde genau gemessen. Dazu sind am Ende jeder Bahn elektronische Anschlagplatten angebracht, deren Oberkante mindestens 30 cm über den Wasserspiegel herausragen muss. Die Platten sind mit dem elektronischen System zur Zeitmessung verbunden und reagieren am Ende des Rennens auf die kleinste Berührung durch den Schwimmer. Zur Sicherheit gibt es auf jeder Bahn aber auch einen Zeitnehmer, der die Zeit manuell nimmt, notiert und dem Zeitrichter am Ende des Rennens mitteilt.

FEHLSTARTS

Springt oder schwimmt ein Schwimmer vor dem offiziellen Startzeichen los, ist dies ein Fehlstart. Laut Reglement der Fédération Internationale de Natation (FINA) wird jeder, der einen Fehlstart provoziert, disqualifiziert. Kommt es zu einem Fehlstart, gibt der Starter erneut ein Signal (wie das Startsignal) und als deutliches Zeichen für die Schwimmer fällt die Fehlstartleine ins Wasser.

Startsprung
Für den sicheren Start hat der Block einen rutschfesten Belag.

START VOM STARTBLOCK
Außer bei den Rückenstrecken starten alle Schwimmwettbewerbe vom Startblock. Beim Startsignal springen die Schwimmer vom Block ins Wasser. Die Blöcke sind normalerweise 50 cm x 50 cm groß und erheben sich 50–75 cm über die Wasserkante. Die Podeste haben nach vorne einen maximalen Neigungswinkel von 10 Grad.

START IM WASSER
Bei den Rücken- und Lagenwettbewerben starten die Schwimmer im Wasser. Mit den Füßen gegen die Beckenwand gestemmt, halten sie sich am Startblock fest. Beim Startsignal stoßen sie sich so fest wie möglich ab und werfen sich weit nach hinten.

SCHNELLE WENDE

Wenn die Schwimmer das Ende einer Bahn erreichen, müssen sie so schnell wie möglich wenden, um wieder zurückschwimmen zu können. Eine technisch perfekt ausgeführte Wende kann also über Sieg oder Niederlage entscheiden, da man sich mit ihr einen Zeitvorteil gegenüber dem Gegner verschaffen kann. Bei Brust- und Schmetterlingswettkämpfen müssen die Schwimmer bei der Wende mit beiden Händen anschlagen, bei Freistil und Rücken können sie wenden, ohne die Wand mit den Händen berührt zu haben, wenn sie sich anschließend mit den Füßen abstoßen.

DIE ROLLWENDE
Die schnelle Rollwende (rechts) wird bei Freistil und Rücken verwendet. Rückenschwimmer dürfen sich kurz vor dem Beckenende auf den Bauch drehen (nur im Gleiten), um die Wende zu vollführen. Wie beim Start dürfen die Schwimmer nach der Wende maximal 15 m unter Wasser bleiben, bevor sie wieder auftauchen und mit dem Schwimmstil einsetzen.

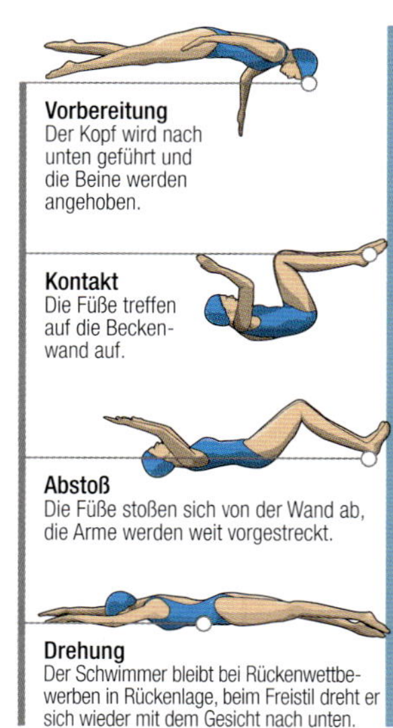

Vorbereitung
Der Kopf wird nach unten geführt und die Beine werden angehoben.

Kontakt
Die Füße treffen auf die Beckenwand auf.

Abstoß
Die Füße stoßen sich von der Wand ab, die Arme werden weit vorgestreckt.

Drehung
Der Schwimmer bleibt bei Rückenwettbewerben in Rückenlage, beim Freistil dreht er sich wieder mit dem Gesicht nach unten.

DIE SCHWIMMSTILE

Die unterschiedlichen Schwimmstile haben sich alle nach denselben Prinzipien entwickelt: Für größtmögliche Geschwindigkeit und möglichst geringen Wasserwiderstand sollte der Körper parallel zur Wasseroberfläche liegen. Arme und Hände werden so weit wie möglich nach vorne geführt. Ein langer Schwimmzug sorgt für mehr Vorschub, da der Arm eine längere Strecke durchs Wasser gezogen wird.

SIEBEN AUF EINEN STREICH

Bei den Weltmeisterschaften auf der Langbahn in Melbourne 2007 gewann der Amerikaner Michael Phelps (s. Seite 36) sieben Goldmedaillen – vier davon sogar in neuer Weltrekordzeit.

BRUST
Für das Brustschwimmen benötigt man eine gute Koordination. Die Arm- und Beinbewegungen müssen jeweils absolut synchron ausgeführt werden. Zuerst wird der Armzug durchgeführt, dann folgen die Beine mit dem Stoß und dann eine kurze Gleitphase. Bei Wettkämpfen starten die Schwimmer von den Startblöcken.

Ausgangsposition
Nach dem Sprung vom Startblock zieht der Schwimmer die Schultern mit angewinkelten Ellenbogen nach oben. Die Handflächen sind dabei etwa 30–45 Grad nach außen gedreht.

Erster Armzug
Der Schwimmer zieht die Hände mit den Handflächen voran halbkreisförmig nach unten und hinten und hebt dabei den Kopf zum Atmen aus dem Wasser.

Erster Beinschlag
Den Kopf im Wasser, streckt der Schwimmer die Arme nach vorne. Dann werden die Knie angezogen, die Füße nach außen gedreht und es folgt der kreisförmige Beinschlag.

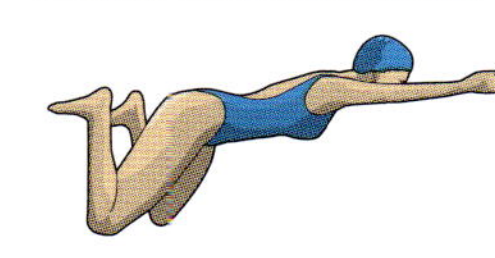
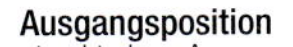

RÜCKEN
Beim Rückenschwimmen (auch Rückenkraul genannt) zählt der Schwimmer seine Züge, um das Bahnende erahnen zu können. Der Schwimmer liegt auf dem Rücken nah an der Wasseroberfläche. Bei Wettkämpfen starten die Schwimmer aus dem Wasser, nicht vom Startblock (siehe links).

Ausgangsposition
Der Schwimmer streckt einen Arm so weit wie möglich in gerader Linie mit der Schulter über den Kopf. Außerhalb des Wassers bleibt der Arm stets gestreckt.

Erster Schwimmzug
Ist der Arm eingetaucht, wird er mit leicht angewinkeltem Ellenbogen in Richtung der Füße durchgezogen. Die Beine machen einen abwechselnden Auf- und Abwärtsschlag.

Beenden des ersten Zugs
Der Arm wird durch das Wasser gezogen, bis der Ellenbogen wieder gestreckt ist. Dann wird er aus dem Wasser gehoben und wieder in die Ausgangsposition geführt.

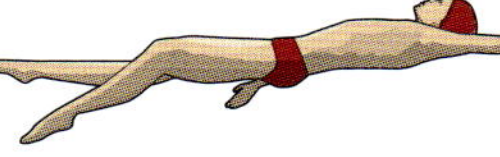
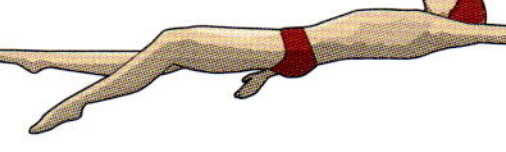
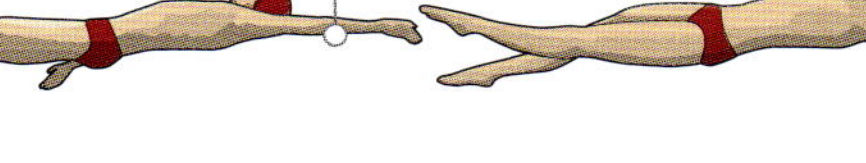

KRAUL
Der Kraulstil (auch Freistil genannt) ist die schnellste Art zu schwimmen. Der Schwimmer bewegt sich mit dem Gesicht nach unten durchs Wasser und atmet nach jedem zweiten oder dritten Zug, indem er den Kopf zur Seite dreht. Die Bewegungen sollen möglichst gleichmäßig sein und der Beinschlag durchgängig.

Ausgangsposition
Der Schwimmer streckt den Arm so weit wie möglich über den Kopf und taucht ihn dann mit gestreckter Hand ins Wasser.

Erster Zug
Mit leicht angewinkeltem Ellenbogen wird der Arm in Richtung Füße durchs Wasser gezogen, aber nicht weiter als zu den Hüften.

Weitere Züge
Die Beine führen unter Wasser einen gleichmäßigen Auf- und Abschlag durch, während die Arme abwechselnd durch das Wasser gezogen werden.

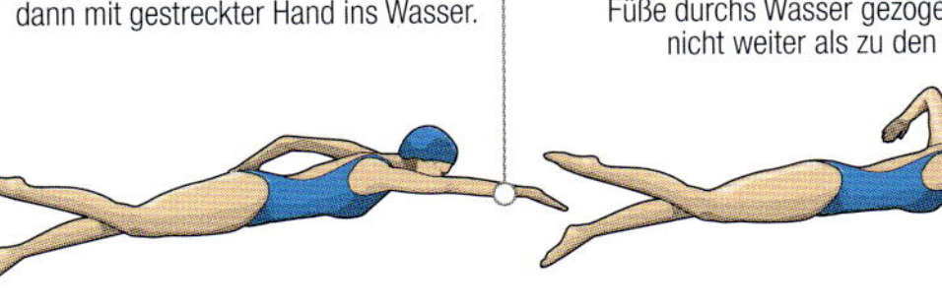
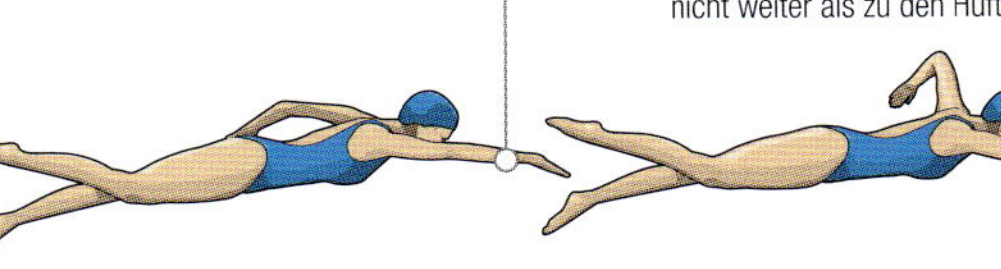
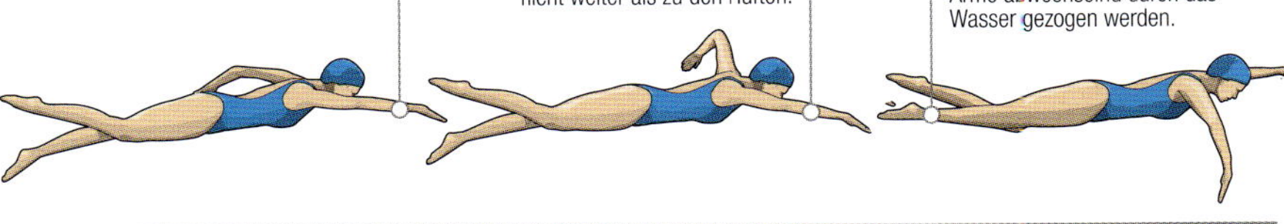

SCHMETTERLING
Dieser Stil erfordert Ausdauer und besonders im Oberkörper viel Kraft. Arme und Beine werden dabei jeweils parallel geführt. Die Beine schlagen, wenn die Arme hinter dem Körper gleichzeitig aus dem Wasser gehoben werden und erneut, wenn sie vor dem Körper wieder eingetaucht werden. Kurz vor Ende des Armzugs hebt sich der Kopf zum Atmen aus dem Wasser.

Ausgangsposition
Nach dem Startsprung beginnt der Schwimmer unter Wasser bei vollständig gestrecktem Körper mit den Delphin-Beinschlägen.

Einsatz der Arme
Unter Wasser werden die Arme so weit wie möglich vorgestreckt und dann in Richtung der Füße mit gleichmäßigem Zug durchgezogen.

Weitere Züge
Erreichen die Arme die Hüften, werden sie seitlich aus dem Wasser gehoben und schnellen nach vorne. Die Beine schlagen beim Auf- und Eintauchen der Arme.

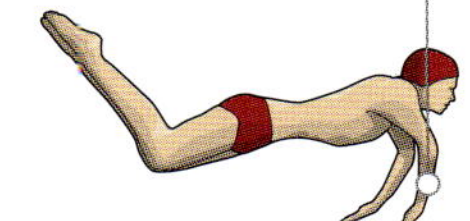

LAGENSTAFFEL
Eine Lagenstaffel wird von vier Schwimmern bestritten, von denen jeder mindestens 50 m zurücklegt, bevor das nächste Mannschaftsmitglied übernimmt. Jede der Teilstrecken wird in einem der Schwimmstile zurückgelegt – in einer festgelegten Reihenfolge.

Rücken
Die Lagenstaffel beginnt im Wasser mit der Rückenbahn.

Brust
Der zweite Teil des Rennens wird vom Brustschwimmer bestritten.

Schmetterling
Die dritte Teilstrecke wird im Schmetterlingsstil geschwommen.

Freistil
Die letzte Teilstrecke kann »frei wählbar« in einem der anerkannten Stile geschwommen werden. Fast immer wird Kraul geschwommen, da dies der schnellste Schwimmstil ist.

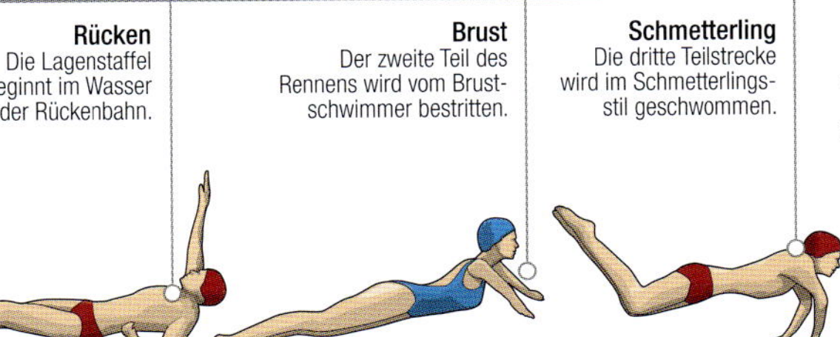
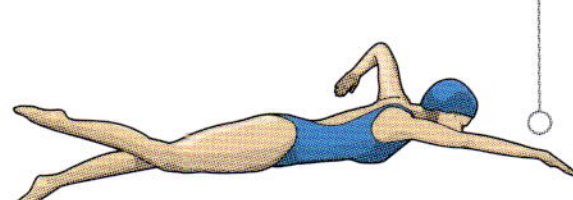

INSIDER-STORY

Darstellungen von Schwimmern gab es schon in der Steinzeit. Als Wettkampfsport wurde das Schwimmen in Europa seit ca. 1800 betrieben, und seitdem entwickelten sich auch die verschiedenen Schwimmstile. Schon bei den ersten Spielen 1896 in Athen war das Schwimmen der Männer olympische Sportart, Schwimmerinnen durften zum ersten Mal 1912 bei den Spielen in Stockholm antreten.

INTERNATIONALER DACHVERBAND
Der internationale Schwimmverband, die Fédération Internationale de Natation (FINA), wurde 1908 gegründet. Sie ist Ausrichterin aller Weltmeisterschaften und betreut die olympischen Schwimmwettbewerbe sowie die Wettkämpfe im Turmspringen, Wasserball, Ausdauer- und Synchronschwimmen.

FAKTEN

- Die Haupt-Sprungwettbewerbe sind bei Männern und Frauen der Sprung vom 3 m-Brett und vom 10-m-Turm. Bei der WM wird auch vom 1-m-Brett gesprungen.
- Die Fédération Internationale de Natation (FINA) bestimmt das Reglement im Wasserspringen bei den Olympischen Spielen, den Weltmeisterschaften, der Junioren-WM und beim Weltcup.

SPORTLER-PROFIL

Springer müssen in Armen, Beinen und allen Gelenken sehr beweglich und gleichzeitig kräftig sein, um die akrobatischen Sprünge ausführen zu können. Oftmals erreichen sie bereits mit 14–16 Jahren ihre Topform.

Springerkleidung
Die Springer tragen einteilige Badeanzüge bzw. -hosen, die nicht transparent sein dürfen.

Elegante Form
Die Wertungsrichter bewerten auch die Eleganz der Körperhaltung beim Eintauchen. Je wohlgeformter also die Silhouette, desto höher die Wertung.

Armhaltung
Die Arme sollen in einer weiten, gleichmäßigen und symmetrischen Bewegung über den Kopf geführt werden. Jegliche Abweichung ergibt einen Punktabzug.

DAS SPRUNGBECKEN

Bei Wassersprungwettbewerben springen die Sportler von Sprungbrettern (Kunstspringen) und festen Turmplattformen (Turmspringen) in ein Sprungbecken. Länge und Breite des Beckens können variieren. Plattformen und Bretter müssen rutschfeste Beläge haben und werden über Leitern oder Treppen erreicht. Die minimale Wassertiefe bei einem Sprung von der 10-m-Plattform beträgt 3,50 m, bei den anderen Plattformen und Sprungbrettern darf sie 1,80 m nicht unterschreiten.

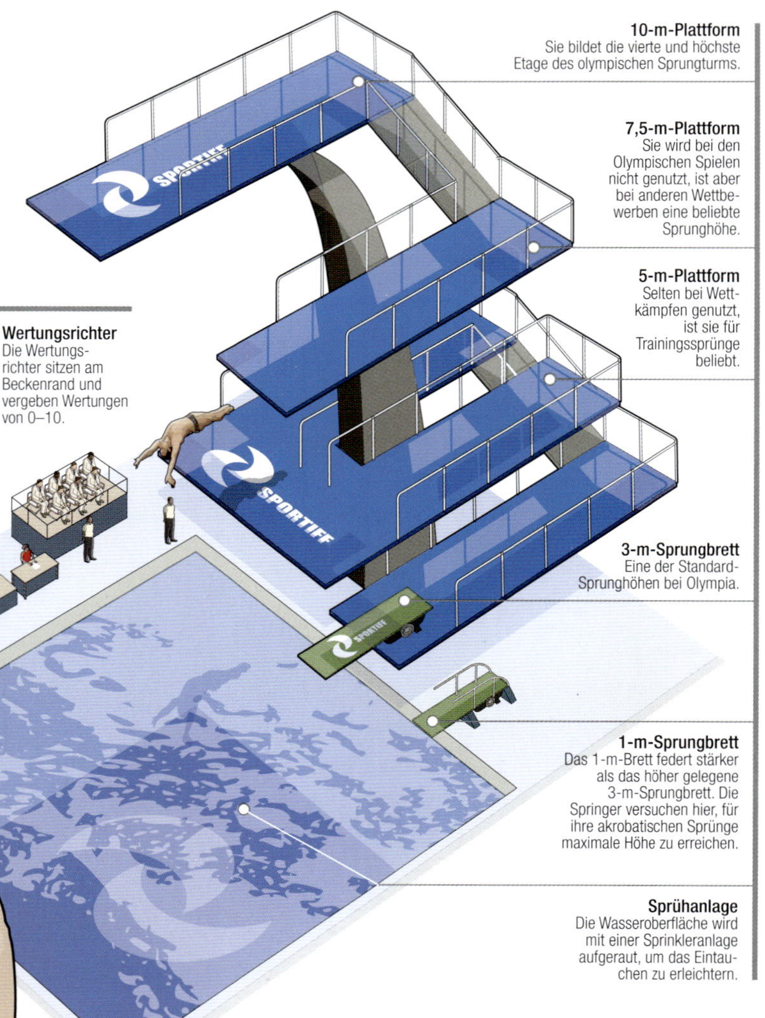

10-m-Plattform
Sie bildet die vierte und höchste Etage des olympischen Sprungturms.

7,5-m-Plattform
Sie wird bei den Olympischen Spielen nicht genutzt, ist aber bei anderen Wettbewerben eine beliebte Sprunghöhe.

5-m-Plattform
Selten bei Wettkämpfen genutzt, ist sie für Trainingssprünge beliebt.

Wertungsrichter
Die Wertungsrichter sitzen am Beckenrand und vergeben Wertungen von 0–10.

3-m-Sprungbrett
Eine der Standard-Sprunghöhen bei Olympia.

1-m-Sprungbrett
Das 1-m-Brett federt stärker als das höher gelegene 3-m-Sprungbrett. Die Springer versuchen hier, für ihre akrobatischen Sprünge maximale Höhe zu erreichen.

Sprühanlage
Die Wasseroberfläche wird mit einer Sprinkleranlage aufgeraut, um das Eintauchen zu erleichtern.

WASSER-SPRINGEN

ÜBERBLICK

Beim Kunst-, Turm- und Synchronspringen wird von einem Sprungturm oder Sprungbrett ins Wasser gesprungen.

GEWUSST?

3 Mit so vielen olympischen Goldmedaillen in Folge hält der in Österreich geborene Italiener Klaus Dibiasi den Rekord. Er konnte den Wettbewerb vom 10-m-Turm 1968 in Mexiko, 1972 in München und 1976 in Montreal für sich entscheiden.

13 So jung war die Chinesin Fu Ningxia, als sie bei der Olympiade 1992 die jüngste Olympiasiegerin vom 10-m-Turm wurde. Vier Jahre später konnte sie Gold vom 10-m-Turm wie auch vom 3-m-Brett holen.

5 So viele Weltmeisterschaftstitel konnte sich der amerikanische Springer Greg Louganis sichern. Zudem gewann er bei den Olympischen Spielen 1984 und 1988 Gold vom 3-m-Brett und dem 10-m-Turm.

70 Die von amerikanischen Springern zwischen 1904 und 2012 gewonnene Anzahl an olympischen Medaillen: 13 x Gold vom 10-m-Turm sowie 15 x Gold vom 3-m-Brett. Die USA waren die erfolgreichste Springernation, bis sie sich bei den Sommerspielen 2012 den Chinesen mit nur einer Goldmedaille gegenüber sechs geschlagen geben mussten.

SPRUNGGRUPPEN

Die 91 anerkannten Sprünge vom Turm und 70 vom Sprungbrett werden in sechs Gruppen unterteilt: Vorwärts-, Rückwärts-, Auerbach-, Delphin-, Schrauben- und Handstandsprünge. Handstandsprünge sind nur vom 10-m-Turm erlaubt, ansonsten wird mit den Füßen abgesprungen.

SYNCHRONITÄT

Beim Synchronspringen müssen zwei Partner gleichzeitig und synchron von der Plattform oder dem Brett springen und zwei identische oder spiegelverkehrte Sprünge zeigen. Eine Besonderheit bei diesem Wettbewerb ist, dass auch schlechte Sprünge eine gute Note bekommen können, wenn beide Springer den Fehler exakt identisch machen. Synchronspringen ist seit den Spielen 2000 olympische Disziplin.

GEHOCKT
Beim perfekt gehockten Sprung sind Hüfte und Knie angewinkelt. Der Körper wird mit geschlossenen Beinen kompakt gehalten. Der Springer schlingt die Arme um die Schienbeine und presst die Unterschenkel an die Rückseite der Oberschenkel. Die Füße sind geschlossen und den gesamten Sprung hindurch gestreckt. Bei einem gehockten Sprung mit Schraube muss die Hocke deutlich erkennbar sein.

Gekauert Springer kauern sich eng zusammen, da ein gerader Rücken Punktabzug bedeutet.

GEBÜCKT
Beim gebückten Sprung sind die Füße und Beine gestreckt, der Körper aber an der Hüfte zusammengeklappt. Die Haltung der Arme bleibt dem Springer überlassen; er kann, wie im Bild gezeigt, Knie und Unterschenkel umfassen, oder die Arme an den Seiten halten. Bei einem gebückten Sprung mit Schraube muss die Position deutlich erkennbar sein, sonst gibt es einen Punktabzug.

Eng gehalten Hände an den Schenkeln, Ellenbogen berühren die die Knie.

GESTRECKT
Beim gestreckten Sprung muss der Körper absolut gerade sein, was vollkommene Körperspannung erfordert. Beine, Füße und Zehen sind gestreckt, die Arme können gerade über den Kopf gestreckt sein oder eng am Körper anliegen. Bei einem gestreckten Sprung mit Schraube darf diese nicht direkt beim Absprung vom Turm oder Brett eingeleitet werden.

Stocksteif Der Körper ist ganz gestreckt und steif wie ein Brett.

KOPFWEITSPRUNG

Diese Disziplin war nur einmal bei den Olympischen Spielen 1904 in St. Louis vertreten. Die Teilnehmer sprangen aus dem Stand ins Wasser und mussten anschließend so weit wie möglich tauchen, ohne eine Schwimmbewegung zu machen. Die Goldmedaille ging an den Amerikaner William Dickey, der bis heute mit 19,05 m den olympischen Rekord hält.

IM WETTBEWERB

Die Springer haben mehrere Sprungversuche pro Runde; die Männer normalerweise sechs, die Frauen fünf. Jeder Sprung muss bestimmte, vom Veranstalter vor dem Wettkampf eindeutig festgelegte Elemente wie Salti und Schrauben enthalten. Die Springer werden nicht nur für die technische Ausführung der Pflichtsprünge benotet, sondern auch für ein spritzerloses Eintauchen, das durch die sogenannte Ripp-Technik erreicht wird.

PUNKTWERTUNG

Bei internationalen und olympischen Wettkämpfen gibt es sieben Wettkampfrichter. Sie bewerten jeden Sprung mit 0–10 Punkten; 3 für den Absprung, 3 für die Flugphase und 3 für das Eintauchen (der 10. Punkt wird nach eigenem Ermessen vergeben). Für die Endnote werden das höchste und das niedrigste Ergebnis gestrichen und der Rest mit dem vorher festgelegten Schwierigkeitsgrad multipliziert.

ZWEIEINHALBFACHER SALTO VORWÄRTS, GEHOCKT
Dieser Sprung zählt mit zu den beliebtesten und spektakulärsten Sprüngen und stellt in weniger als zwei Sekunden Flugphase höchste athletische Anforderungen an den Springer.

Absprung Er muss hoch nach oben gehen, damit genügend Zeit und Raum für die ganze Bewegungsfolge ist.

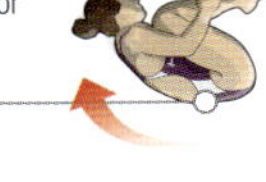

Anhocken Die Hockposition muss erreicht sein, bevor der Kopf senkrecht nach unten zeigt.

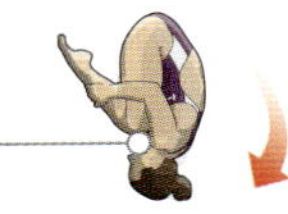

Zählen der Umdrehungen Sobald der Kopf wieder in aufrechter Position ankommt, hat der Springer die erste 180-Grad-Drehung vollendet.

Erste volle Saltodrehung Zeigt der Kopf wieder direkt nach unten, hat der Springer den ersten Salto vollendet.

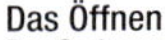

Der zweite Salto Nach dem zweiten bereitet sich der Springer auf den letzten halben Salto vor.

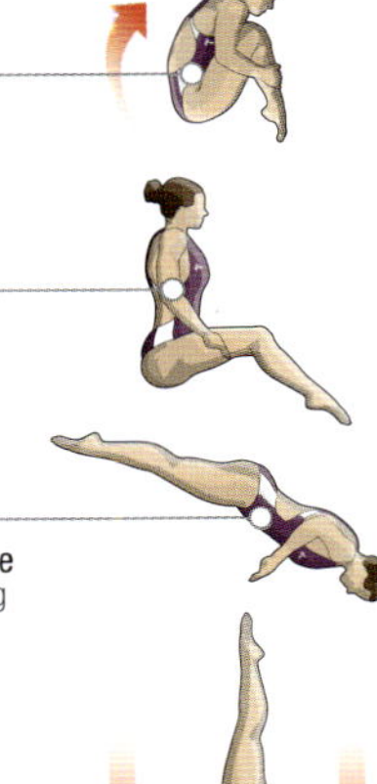

Das Öffnen Der Springer öffnet die Hockposition und bereitet sich darauf vor, die Eintauchposition einzunehmen.

Vorbereitung der Eintauchphase Während der letzten halben Drehung streckt sich der Körper bis in die Zehen.

Senkrechte Eintauchphase Die Springer versuchen, exakt in einem 90-Grad-Winkel ins Wasser einzutauchen. Für Abweichungen gibt es Punktabzug.

WASSER-BALL

FAKTEN

- Frühe Formen des Wasserballs wurden im 19. Jh. in England und Schottland gespielt. Die früheste Variante basierte auf Rugby, hatte keine Regeln und war äußerst brutal.
- Bei den Olympischen Spielen war Wasserball 1900 zum ersten Mal vertreten und ist bei den Männern seit 1908 ständig dabei. Frauen-Wasserball wurde 2000 eingeführt.
- Wasserball ist in den USA und in Europa beliebt. Besonders populär ist es in Ungarn, Italien und Spanien.

GEWUSST?

20 So viele Tore fielen beim Worldcup-Finale der Männer 2010 im rumänischen Oradea zwischen Kroatien und Serbien. Das serbische Team gewann das Match mit 13:7.

6 So viele Goldmedaillen hat das Frauen-Team der USA bisher bei Weltmeisterschaften gewonnen.

ÜBERBLICK

Wasserball wirkt wie eine Kombination aus Schwimmen, Volleyball, Rugby und Ringen. Das Ziel des Spiels, bei dem zwei Mannschaften à sieben Spieler (je sechs Feldspieler und ein Torhüter) gegeneinander antreten, ist es, den Ball so oft wie möglich ins gegnerische Tor zu werfen. Die Mannschaft, die die meisten Tore erzielt, gewinnt. Ein Spiel besteht aus vier Spielvierteln zu je acht Minuten. Bei einem Unentschieden kann eine Verlängerung von zweimal drei Minuten gespielt werden. Wasserball ist ein anstrengender und vor allem harter Sport. Die Spielzüge sind sehr schnell und es kommt häufig zu Fouls. Die Schiedsrichter sind angehalten, besonders auf Unterwasserfouls zu achten.

DAS WASSERBALL-BECKEN

Je nach Wettkampfniveau kann die Beckengröße variieren. Üblich sind Becken zwischen 20 m und 30 m Länge und 10 m und 20 m Breite. Für internationale Wettbewerbe muss das Wasser mindestens 1,80 m tief sein. Normale Schwimmbecken mit flachem Ende sind ungeeignet, da die Feldspieler den Boden nicht berühren dürfen. Das Spielfeld wird mit Leinen, Bojen oder farbigen Linien am Beckenboden markiert (oder mit beidem). Es besteht zu beiden Seiten der weißen Mittellinie aus einer weißen Torlinie, einer roten 2-m-Linie und einer gelben 5-m-Linie.

Ohrenschützer
Die speziellen Ohrenschützer an den Wasserballkappen halten Wasser vom Ohr ab, der Spieler kann seine Mitspieler und die Schiedsrichter aber noch hören.

Wasserballkappe
Die Mannschaften tragen Kappen in einer einheitlichen Farbe, mit Nummern, die die Spielposition angeben. Normalerweise trägt die Heimmannschaft dunkle, die Gastmannschaft helle Kappen. Die Torhüter müssen rote Kappen tragen.

DER TORRAUM
Die Tore sind entweder an den Becken-Stirnseiten befestigt oder werden durch Spannkabel in Position gehalten. Sie bestehen aus zwei Pfosten und einer Querlatte, die starr und rechtwinklig miteinander verbunden sind. Der Torhüter bewacht den Torraum und versucht, Torwürfe abzuwehren oder zu fangen.

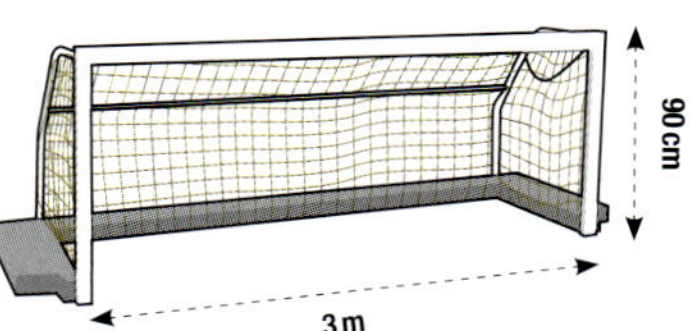

SPORTLERPROFIL

Wasserballspieler müssen gute und schnelle Schwimmer sein. Eine sichere Ballführung ist wichtig und schwierig, da der Spieler sich für gezielte Würfe durch Wassertreten aus dem Wasser heben muss. Kraft ist erforderlich, um anzugreifen oder Angriffe des Gegners abfangen zu können. Teamfähigkeit und strategisches Denken sind ebenfalls gefragt.

WER SPIELT WO?

Der Torhüter darf während des Spiels die Mittellinie nicht überqueren. Die Feldspieler können sich überall im Becken bewegen und sowohl angreifen als auch verteidigen – je nachdem, in welche Richtung gerade gespielt wird. Der Center führt den Angriff an und nimmt eine Position direkt vor dem gegnerischen Tor ein. Die restlichen fünf Feldspieler werden auch Flügelspieler genannt. Im Profisport sind die Spieler aber selten an eine bestimmte Position gebunden. Sie wechseln die Positionen abhängig vom Spielverlauf.

SPIELVERLAUF

Wasserballspiele bestehen aus vier Vierteln. Am Anfang jedes Viertels reihen sich die Mannschaften auf der Torauslinie ihrer Hälfte auf. Der Schiedsrichter signalisiert den Spielbeginn durch Pfiff auf der Schiedsrichterpfeife und wirft den Ball auf die Mittellinie. Die Spieler beider Mannschaften versuchen, als erste in Ballbesitz zu kommen. Die Mannschaft, die den Ball als erste erkämpft hat, geht in Angriffsposition und hat 30 Sekunden Zeit, um aufs Tor zu werfen, oder sie verliert den Ballbesitz. Dies wird von der Zeitanzeige überwacht.

1 Linker Flügel Die beiden Flügelspieler sind Angreifer, die sich an der 2-Meter-Linie platzieren.

2 Rechter Flügel Der rechte Flügel wird parallel zum linken von einem zweiten Angreifer eingenommen.

3 Linker Stürmer Der Stürmer ist ein Flügel-Angreifer, der versucht, einen Torwurf vorzubereiten. Die beiden Stürmer platzieren sich rechts und links des Centers.

4 Rechter Stürmer Der rechte Stürmer hilft dem linken dabei, Torwürfe herauszuspielen.

5 Centerverteidiger Er deckt den Center der gegnerischen Mannschaft. Geht seine Mannschaft in Angriff, koordiniert er diesen von hinten.

6 Center Der Center (Mittelstürmer) hat die mittlere Angriffsposition vor dem Tor zwischen der 2- und der 5-Meter-Linie.

7 Torhüter Verteidigt den Torraum und wehrt gegnerische Würfe auf das Tor ab.

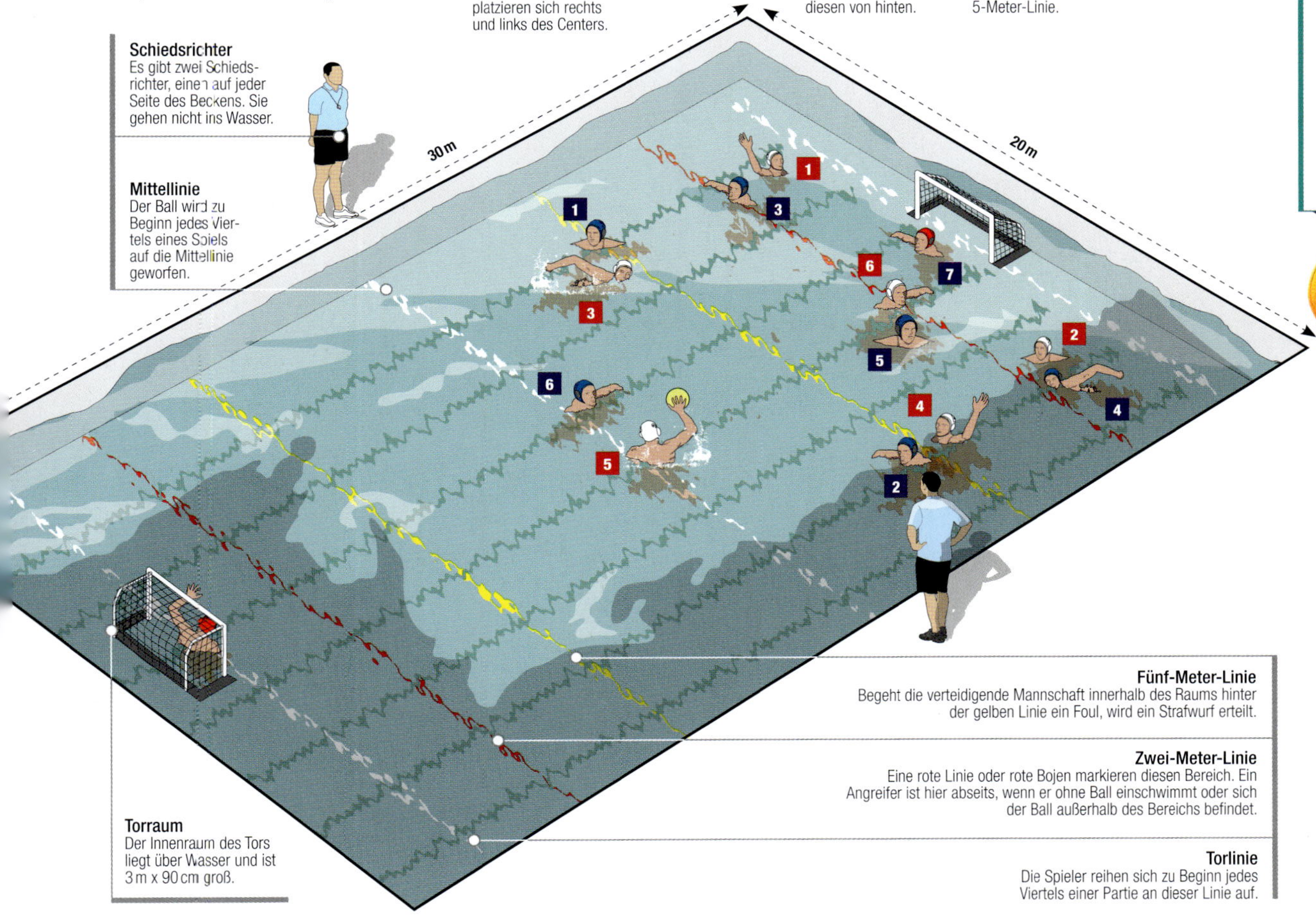

Schiedsrichter Es gibt zwei Schiedsrichter, einen auf jeder Seite des Beckens. Sie gehen nicht ins Wasser.

Mittellinie Der Ball wird zu Beginn jedes Viertels eines Spiels auf die Mittellinie geworfen.

30 m

20 m

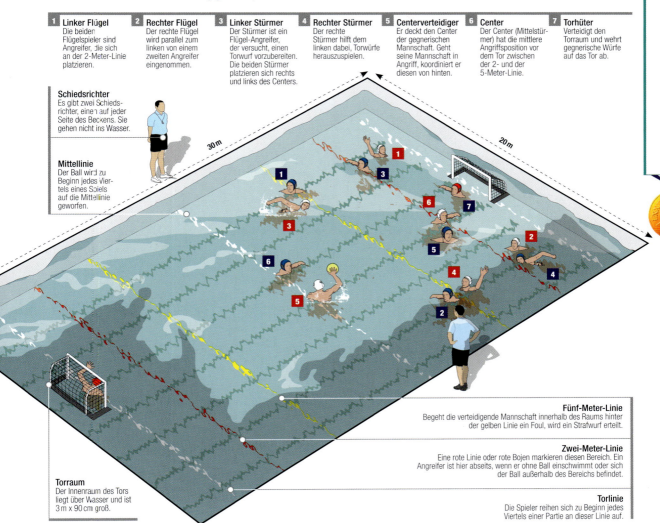

Fünf-Meter-Linie Begeht die verteidigende Mannschaft innerhalb des Raums hinter der gelben Linie ein Foul, wird ein Strafwurf erteilt.

Zwei-Meter-Linie Eine rote Linie oder rote Bojen markieren diesen Bereich. Ein Angreifer ist hier abseits, wenn er ohne Ball einschwimmt oder sich der Ball außerhalb des Bereichs befindet.

Torraum Der Innenraum des Tors liegt über Wasser und ist 3 m x 90 cm groß.

Torlinie Die Spieler reihen sich zu Beginn jedes Viertels einer Partie an dieser Linie auf.

WASSERPOLO?

Die englische Bezeichnung »water polo« geht entweder auf eine frühe Variante zurück, bei der man wie auf Pferden auf leeren Fässern im Wasser ritt, oder auf das Balti-Wort (Pakistan) für Gummiball.

KLEIDUNG

Die Sportler müssen Badehosen oder -anzüge tragen, sowie nummerierte, farbige Kappen, damit einzelne Spieler identifiziert werden können. Kein Bereich des Körpers darf mit Fett oder Öl eingerieben werden.

DER WASSERBALL

Der Ball muss rund sein und hat eine wasserdichte Außenhaut aus Gummi, eine Luftkammer und ein selbstverschließendes Ventil. Wettkampfbälle wiegen 400–450 g und sind meist gelb. Die Bälle bei den Männern sind größer als bei den Frauen.

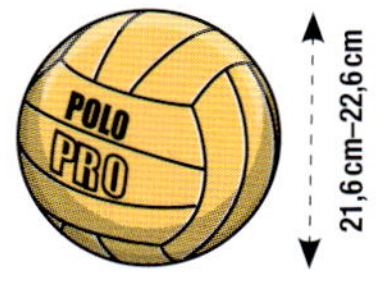

LEICHT UND ENG

Die Kleidung muss eng anliegen und Bewegungsfreiheit lassen. Gegenstände, die verletzen können (z. B. Schmuck), sind nicht erlaubt.

Blickdicht Die Badehosen und -anzüge der Sportler dürfen nicht durchsichtig sein.

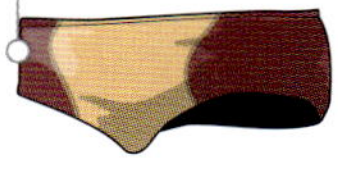

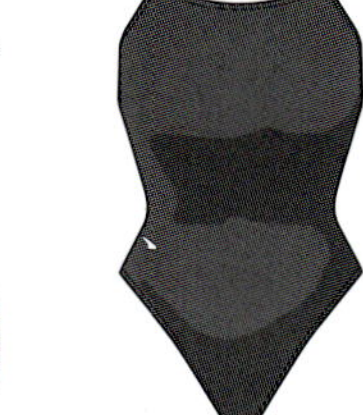

REGELN

Ein Spiel besteht aus vier Vierteln mit zweiminütigen Pausen dazwischen. Jedes Team kann pro Spiel zwei zweiminütige Auszeiten nehmen. Bei einem Unentschieden gibt es zweimal drei Minuten Verlängerung. Bringt dies keine Entscheidung, geht es in eine weitere Verlängerung mit Golden Goal.

Feldspieler dürfen den Ball nur in einer Hand halten und ihn nicht mit der Faust schlagen. Sie dürfen den Beckenboden und die Ränder nicht berühren.

Der Torhüter darf den Ball mit beiden Händen halten, ihn mit der Faust schlagen und sich am Beckenboden abdrücken. Er darf aber die Mittellinie nicht überqueren. Spieler dürfen in Bedrängnis den Ball nicht unter Wasser drücken oder einen Gegenspieler halten, der nicht im Ballbesitz ist. Geht der Ball über die Torauslinie ins Aus, erhält die verteidigende Mannschaft den Ball. Berührt ein Verteidiger den Ball zuletzt, erhält die Gegenmannschaft einen Freiwurf von der Zwei-Meter-Linie.

WERTUNG

Ein Tor wird gewertet, wenn der Ball die Torlinie zwischen den Pfosten vollständig überquert. Meist werden die Tore durch Würfe erzielt, sie dürfen aber im Prinzip mit allen Körperteilen außer der Faust erzielt werden.

VON DEFENSIV ZU OFFENSIV

Neben seiner Schlüsselrolle als wichtigster Verteidiger hat der Torhüter die offensive Aufgabe, den angreifenden Spielern seines Teams den Ball zuzuspielen. Dazu ist präzises Passspiel erforderlich.

Mit beiden Händen
Der Torhüter ist der einzige Spieler, der den Ball mit beiden Händen fangen darf.

Rotkäppchen
Damit man sie eindeutig erkennt, müssen die Torhüter eine rote Kappe tragen.

Und los!
Die Verteidigerin hat, als sie losschwimmt, ihre Torhüterin und den Ball im Blick, um sich in eine gute Position für einen Pass zu bringen.

SPIELTECHNISCHE FÄHIGKEITEN

Wasserballspieler müssen hervorragende und ausdauernde Schwimmer sein, denn während eines Spiels legen sie 3–5 km zurück. Zudem kommt es beim Kampf um den Ball zu Körperkontakt mit dem Gegner, sodass die Spieler robust und kräftig sein müssen. Sie benötigen eine schnelle Auffassungsgabe, um die ständig wechselnden Spielsituationen zu erfassen und Chancen und Gefahren zu erkennen. Da die Schwimmer hierzu immer den Kopf über Wasser halten, unterscheidet sich ihr Schwimmstil leicht von denen der Wettkampfschwimmer. Häufig verwenden Wasserballer eine Art Rückenstil, bei dem sie fast senkrecht im Wasser stehen, um den Überblick nicht zu verlieren. Neben diesen Fähigkeiten müssen sie für Pass-Spiel und Torwürfe den Umgang mit dem Ball beherrschen.

WASSERTRETEN

Da die Feldspieler Boden und Wand des Beckens nicht berühren dürfen, müssen sie ihren Körper durch Wassertreten aus dem Wasser heben, um präzise werfen und passen zu können. Manche schaffen dies sogar bis auf Hüfthöhe. Dazu verwenden sie eine entgegengesetzte Rotationsbewegung der Unterschenkel, statt sie nur im Scherenschlag aneinander vorbei zu führen.

TORWURF

Es gibt verschiedene Torwurftechniken. Der Lob ist ein hoher, gebogener Wurf, der oft von einer Seite des Tors aus im Winkel geworfen wird. Bei einem Aufsetzer wird der Ball so fest auf das Wasser geworfen, dass er ins Tor abprallt. Der Schlagwurf ist ein sehr harter Wurf. Um die erforderliche Wucht zu haben, hebt sich der Spieler hoch aus dem Wasser. Das Diagramm zeigt einen Angreifer direkt vor dem Tor, der durch Antäuschen den Torhüter zu einer Abwehrbewegung in eine Richtung verleitet, um dann in die freie Ecke zu werfen.

DRIBBELN

Bei dieser Art des Kraulstils wird der Ball beim Schwimmen zwischen den Armen geführt. Er darf dabei nicht festgehalten oder unter Wasser gedrückt werden. Ein Spieler, der den Ball so im Kraulstil vor sich führt, wird auf jeden Fall vom Gegner attackiert werden und muss diese Angriffe abwehren können. Das Diagramm zeigt einen Angreifer, der sich an der hinteren Verteidigungsreihe vorbei in eine gute Wurfposition kurz vor dem Tor gebracht hat. Würde er hier im Zwei-Meter-Raum mit Pass angespielt, wäre er in Abseitsposition.

PASSEN

Das Passspiel erfordert viel Geschicklichkeit und Können, da der Ball präzise und mit nur einer Hand geworfen und gefangen werden darf. Ein trockener Pass ist ein schneller Pass von einem Spieler zum nächsten, der das Wasser nicht berührt. Ein nasser Pass wird mit Aufprall auf der Wasseroberfläche gespielt. Das Diagramm zeigt einen Angreifer mit mehreren Passmöglichkeiten: ein kurzer Pass zu seinem Mitspieler rechts von ihm oder ein langer Pass auf eine Spielposition, die ein anderer Mitspieler schnell anschwimmt.

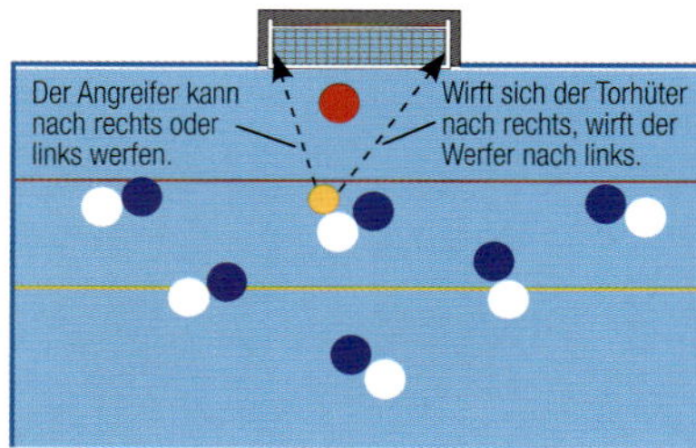

Der Angreifer kann nach rechts oder links werfen.
Wirft sich der Torhüter nach rechts, wirft der Werfer nach links.

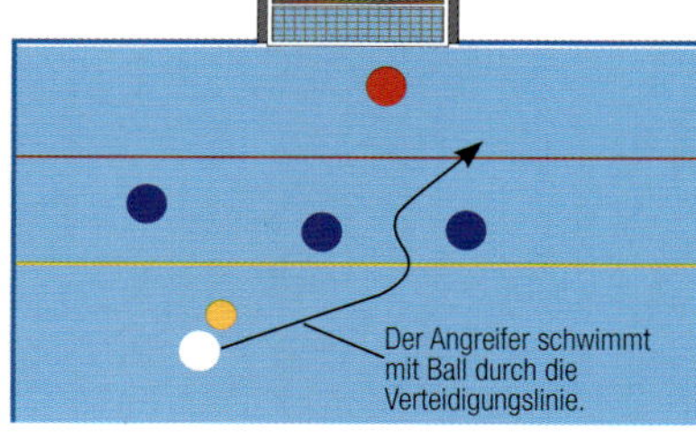

Der Angreifer schwimmt mit Ball durch die Verteidigungslinie.

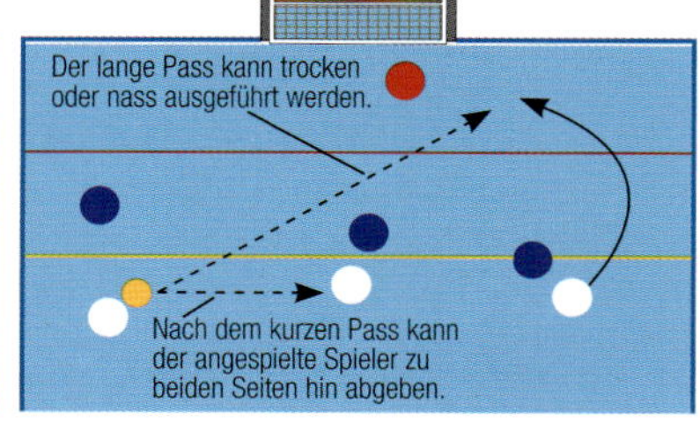

Der lange Pass kann trocken oder nass ausgeführt werden.
Nach dem kurzen Pass kann der angespielte Spieler zu beiden Seiten hin abgeben.

AUSSCHLUSS

Nach harten Fouls werden Spieler vom Spiel ausgeschlossen und für maximal 20 Sekunden in den speziell markierten Wiedereintrittsraum geschickt. Zu den harten Fouls zählen das Unterwasserdrücken eines Gegners, Behindern des Spielflusses, Zurückziehen eines Gegners und Festhalten eines Verteidigers. Wird ein Spieler einer Mannschaft ausgeschlossen, kann er für diese Zeit durch einen Auswechselspieler ersetzt werden.

BLUT FÄRBTE DAS WASSER ROT

Kurz nachdem die Rote Armee den Ungarischen Volksaufstand niedergeschlagen hatte, gewann Ungarn 1956 bei den Olympischen Spielen gegen die Mannschaft der UdSSR. Verbale Attacken führten während des Spiels zu körperlicher Gewalt. Nach einem brutalen Foul musste der Ungar Ervin Zádor mit einer klaffenden Wunde das Wasser verlassen.

FACHSIMPELEI

Folgende Begriffe beziehen sich auf spezielle Positionen, Taktiken oder Techniken aus dem Bereich des Wasserballs:

STÜRMER Ein Angriffsspieler, normalerweise ein schneller Schwimmer, der den Ball in eine günstige Torwurfposition bringt.

CENTERVERTEIDIGER Verteidiger, der vor dem Tor in Position geht und den Center der Gegenmannschaft deckt.

CENTER Mittlerer Stürmer oder Angreifer, der vor dem Tor Position bezieht.

PRESS DEFENCE Die »Druckverteidigung« ist eine Art Manndeckung, bei der die Verteidiger eng an die Angreifer gehen, um sie in ihren Spielaktionen zu stören.

ANTÄUSCHEN Wenn ein Spieler so tut, als wolle er den Ball in eine bestimmte Ecke des Tors werfen, und den Torwart zu einer Abwehrbewegung verleitet, wodurch die andere Torecke vollkommen offen ist.

ZEITFEHLER Wenn die angreifende Mannschaft nicht innerhalb von 30 Sekunden Ballbesitz einen Wurf aufs gegnerische Tor ausführt.

ANSCHWIMMEN Der Sprint um den Ballbesitz zu Beginn jedes Viertels nach Einwurf durch den Schiedsrichter.

STATISTIK

OLYMPIASIEGER

JAHR	LAND (MANNSCHAFT)
2012	KROATIEN (MÄNNER)
2012	USA (FRAUEN)
2008	UNGARN (MÄNNER)
2008	NIEDERLANDE (FRAUEN)
2004	UNGARN (MÄNNER)
2004	ITALIEN (FRAUEN)
2000	UNGARN (MÄNNER)
2000	AUSTRALIEN (FRAUEN)
1996	SPANIEN
1992	ITALIEN
1988	JUGOSLAWIEN
1984	JUGOSLAWIEN
1980	SOWJETUNION
1976	UNGARN
1972	SOWJETUNION
1968	JUGOSLAWIEN
1964	UNGARN
1960	ITALIEN
1956	UNGARN

MANNSCHAFTSAUFSTELLUNGEN

Die Abwehrpositionen im Wasserball basieren entweder auf der Manndeckung oder der Raumdeckung. Am häufigsten kommt das 3-3-System mit zwei Reihen à drei Spielern zum Einsatz. Das 4-2-System ist eine gute Angriffsaufstellung, wenn die gegnerische Mannschaft in Unterzahl spielt (ein Spieler wurde für 20 Sekunden herausgestellt), während das 1-4-System als Verteidigung von Mannschaften in Unterzahl genutzt wird.

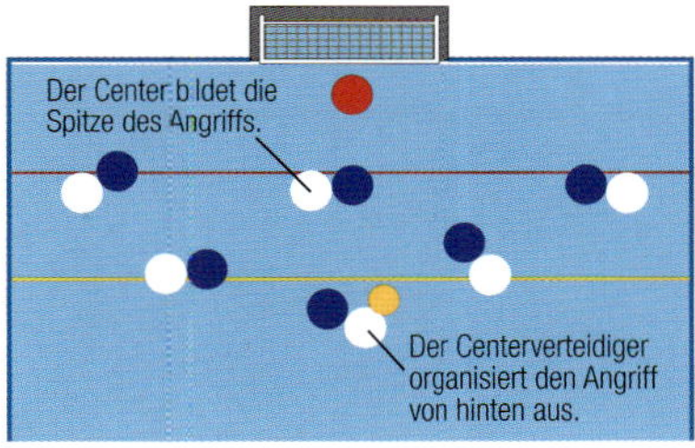

STANDARD-ANGRIFF IM HALBKREIS
Der Halbkreis ist eine offensive Angriffsformation, die auch auf höchstem Niveau gespielt wird. Der Centerverteidiger bezieht hinten in der Mitte Position, während der Center vor dem Tor in Stellung geht.

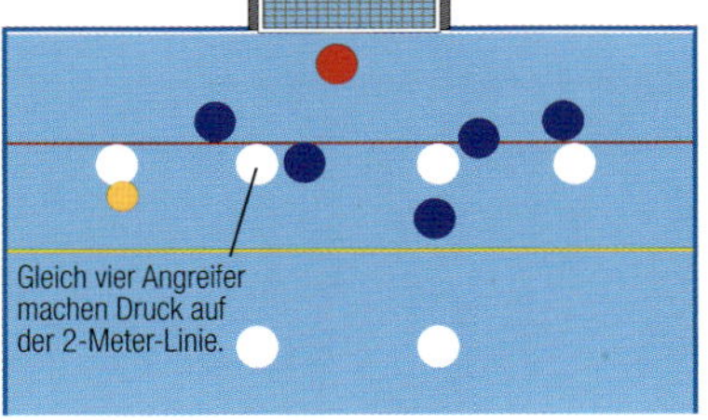

4-2-ANGRIFF (BEI 6-5-ÜBERZAHL)
Wird ein Verteidiger hinausgestellt, nutzt die Gegenmannschaft dies für einen Angriff im 4-2-System. Dabei werden vier Spieler auf der 2-Meter-Linie und zwei auf der 5-Meter-Linie platziert.

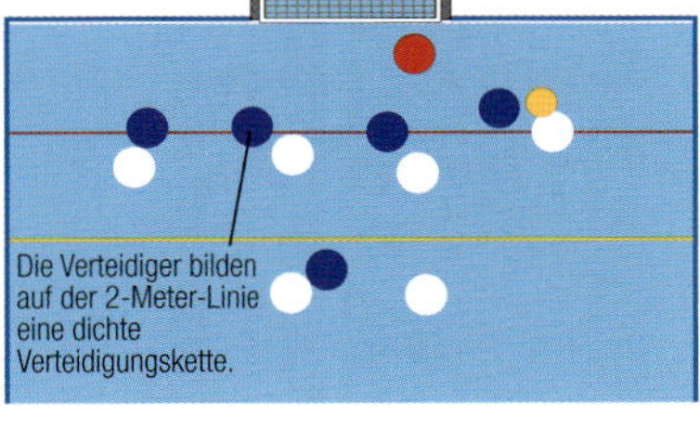

1-4-VERTEIDIGUNG
Spielt die verteidigende Mannschaft in Unterzahl, nimmt sie gerne die 1-4-Verteidigungsposition ein. Dabei gehen vier Spieler auf der 2-Meter-Linie und einer auf der 5-Meter-Linie in Stellung.

GEWUSST?

9 **So viele olympische Goldmedaillen gingen bislang an Ungarn, dem erfolgreichsten Wasserball-Team der modernen olympischen Geschichte. Zweiterfolgreichste Nation mit Goldmedaillen bei den Spielen 1900, 1908, 1912 und 1920 ist Großbritannien. Ungarn konnte bei Weltmeisterschaften insgesamt fünf Goldmedaillen erringen und ist damit das erfolgreichste WM-Team seit der ersten Austragung des Turniers 1973.**

8/12 **So viele Nationen nahmen jeweils an den Wettkämpfen der Frauen und Männer der Olympischen Spiele 2012 teil.**

13 **So viele Tore warf Debby Handley beim Weltmeisterschafts-Spiel Australien gegen Kanada 1982 für Australien, das 16:10 gewann. Damit gelang ihr die höchste Torzahl, die je ein Spieler in einem Spiel erzielen konnte.**

INSIDER-STORY

Neben den Olympischen Spielen sind die Wasserball-Weltliga (World Water Polo League), die seit 2002 jährlich stattfindet, und die Weltmeisterschaften, die seit 2001 alle zwei Jahre stattfinden, die wichtigsten internationalen Wettkämpfe. Beide werden vom internationalen Schwimmverband, der Fédération Internationale de Natation (FINA), ausgerichtet.

FAKTEN

- Der früher Wasserballett genannte Sport kam in den 1920ern in Kanada und in den frühen 1930ern in den USA auf. Dort wurde er auf der Weltausstellung in Chicago zum Publikumsmagneten.
- Synchronschwimmen ist seit 1984 olympische Sportart bei den Frauen, jedoch in wechselnden Disziplinen. In den letzten Jahren waren Duette und Achtergruppen vertreten.

HALTUNG

Wichtigste Grundanforderung bei allen Figuren und Bewegungen des Synchronschwimmens ist die Ausführung in einer eleganten Körperhaltung. Für sichtbare Unsicherheiten gibt es Punktabzug. Gruppen müssen alle Bewegungen entweder synchron oder entgegengesetzt ausführen und in perfekter Harmonie zur gewählten Begleitmusik vorführen.

BARRACUDA (GEHECHTET)
Mit senkrecht aus dem Wasser zeigenden Füßen wird der Körper angehechtet, dann wird der Oberkörper in einer schnellen Bewegung gestreckt und die Beine werden senkrecht aus dem Wasser gehoben.

PLATTFORM-POSITION
Dabei wird eine Person von der gesamten Gruppe an oder über die Wasserfläche gehoben. Die Schwimmerinnen müssen gemeinsam auf- und abtauchen.

SYNCHRON-SCHWIMMEN

ÜBERBLICK

Dies ist eine Kombination aus Tanz, Schwimmen und Gymnastik. Im tiefen Wasser führen die Sportlerinnen zu Musik akrobatische Übungen vor. Wertungsrichter vergeben je eine Note von 0 – 10 für die technische und für die künstlerische Ausführung. Bei Mannschaften aus zwei und mehr Schwimmerinnen müssen die Bewegungen synchron sein, es gibt aber auch Einzelwettbewerbe.

TECHNISCHE FEINHEITEN

Einzel- wie Gruppenwettbewerbe bestehen aus einer technischen und einer freien Kür, die in einer vorgegebenen Zeit zu Musik vorgeführt werden. Bei der technischen Kür müssen die Schwimmerinnen vorher festgelegte Figuren wie Boosts, Hochstöße, Heber und Wirbel in einer bestimmten Reihenfolge zeigen. Choreografie und Musik der Freien Kür sind nicht reglementiert. Die Wertungsrichter achten auf Schwierigkeitsgrad, fehlerlose Ausführung, innovative Choreografie, Beckenausnutzung, Form, Synchronität untereinander und zur Musik sowie eine scheinbar mühelose Ausführung.

SPORTLER-PROFIL

Kraft, Ausdauer, Beweglichkeit, Eleganz und künstlerischer Ausdruck sind für die mehrere Minuten dauernden Küren ebenso notwendig wie eine hervorragende Atemkontrolle und exzellentes Rhythmusgefühl und Musikalität.

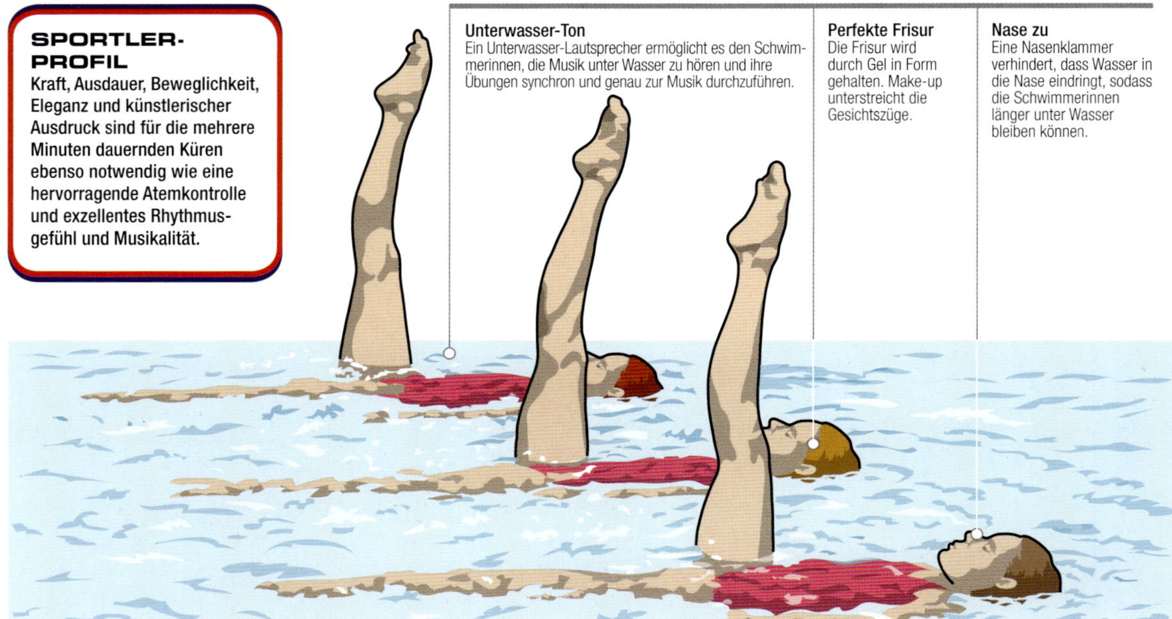

Unterwasser-Ton
Ein Unterwasser-Lautsprecher ermöglicht es den Schwimmerinnen, die Musik unter Wasser zu hören und ihre Übungen synchron und genau zur Musik durchzuführen.

Perfekte Frisur
Die Frisur wird durch Gel in Form gehalten. Make-up unterstreicht die Gesichtszüge.

Nase zu
Eine Nasenklammer verhindert, dass Wasser in die Nase eindringt, sodass die Schwimmerinnen länger unter Wasser bleiben können.

UNTERWASSER-SPORT

ÜBERBLICK

Die drei beliebtesten Unterwasser-Teamsportarten sind Hockey, Rugby und Fußball. Für Publikum sind sie nicht gerade ideal, da praktisch alles Wichtige unter der Wasseroberfläche passiert. Die Mannschaften der Unterwasser-Varianten bestehen aus weniger Spielern als die jeweiligen an Land. Die Zahl der begeisterten Aktiven wächst in Australien, Europa und Nordamerika beständig. Viele Taucher nutzen die Sportarten als abwechslungsreiche Trainingsmethode.

FAKTEN

- Man trägt Badeanzug oder -hose, Tauchmaske, Schnorchel und Flossen; Tauchanzüge und Gewichtgürtel sind nicht erlaubt.
- Die erste Unterwasser-Rugby-WM fand 1980 in Mülheim an der Ruhr, dem Geburtsort des Unterwasser-Rugbys, statt.

HOCKEY IM WASSER

Ein schnelles Spiel, das sowohl als harter Wettkampf- wie auch als Freizeitsport sowie als Abwechslung zum üblichen Tauchtraining praktiziert wird. Es ist kein Kontaktsport, daher sind Größe und Kraft nicht ausschlaggebend – es wird auch in gemischten Teams gespielt.

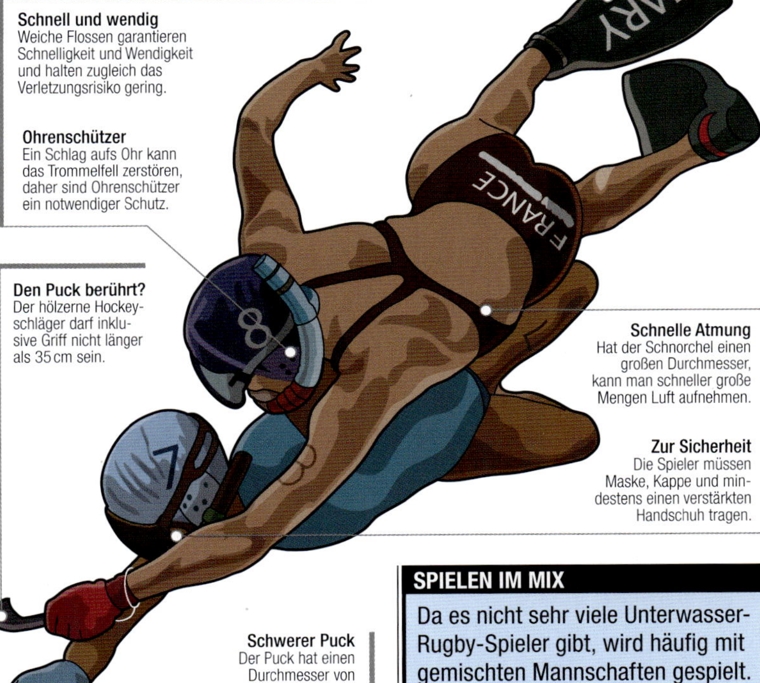

Schnell und wendig
Weiche Flossen garantieren Schnelligkeit und Wendigkeit und halten zugleich das Verletzungsrisiko gering.

Ohrenschützer
Ein Schlag aufs Ohr kann das Trommelfell zerstören, daher sind Ohrenschützer ein notwendiger Schutz.

Den Puck berührt?
Der hölzerne Hockeyschläger darf inklusive Griff nicht länger als 35 cm sein.

Schnelle Atmung
Hat der Schnorchel einen großen Durchmesser, kann man schneller große Mengen Luft aufnehmen.

Zur Sicherheit
Die Spieler müssen Maske, Kappe und mindestens einen verstärkten Handschuh tragen.

Schwerer Puck
Der Puck hat einen Durchmesser von 80 mm, ist 30 mm dick und wiegt 1,3 kg.

UNTERWASSER-HOCKEY

Die Spiele werden zwischen zwei Mannschaften zu je sechs Spielern ausgetragen, die aus einem Kader von zwölf Spielern ausgewählt werden. Die 33 Minuten langen Spiele setzen sich aus zwei 15 Minuten langen Halbzeiten und einer dreiminütigen Pause zusammen. Ziel ist es, einen Puck mit einem Holzschläger in das 3 m x 25 cm große Tor zu befördern. Die Spieler wechseln sich unter Wasser ab. Gibt es nach der regulären Spielzeit keinen Sieger, wird eine Verlängerung von 2 x 5 Minuten gespielt. Steht es dann noch unentschieden, muss ein Golden Goal die Entscheidung bringen.

SPIELEN IM MIX

Da es nicht sehr viele Unterwasser-Rugby-Spieler gibt, wird häufig mit gemischten Mannschaften gespielt.

UNTERWASSER-RUGBY

Unterwasserrugby wird von zwei Teams à sechs Spielern gespielt. Der Ball ist nicht oval, sondern rund und hat einen Durchmesser von 25 cm. Es heißt Rugby, weil ein Gegner in Ballbesitz angegriffen und gehalten werden darf. Bei einem Tackle muss der angegriffene Spieler den mit Salzwasser gefüllten Ball abgeben. Schwere Metallkörbe mit 40 cm Durchmesser an den beiden Enden des Beckenbodens bilden die Tore. Verlässt der Ball das Wasser, ist dies ein Foul.

UNTERWASSER-FUSSBALL

Der Name ist bei diesem Spiel für zwei Teams von fünf Spielern etwas irreführend, denn man darf auch die Hände benutzen, um den sandgefüllten Ball ins gegnerische Tor zu bringen. Um ein Tor zu erzielen, muss ein Spieler den Ball kurze Zeit in die Ablaufrinne am Beckenrand halten. Ein Spiel besteht aus zwei Halbzeiten à zehn Minuten und drei Minuten Halbzeitpause. Bei Unentschieden wird der Gewinner in einer zehnminütigen Verlängerung bestimmt.

INSIDER-STORY

Unterwasser-Rugby kam in den 1950er-Jahren auf, 20 Jahre später folgten Fußball und Hockey. An den Unterwasser-Hockey-Weltmeisterschaften 2006 nahmen 17 Nationen teil. Die ersten Weltmeisterschaften im Unterwasser-Rugby wurden 1980 in Deutschland ausgetragen.

INTERNATIONALER DACHVERBAND

Die internationalen Turniere werden von der 1959 gegründeten Confédération Mondiale des Activités Subaquatiques (CMAS) ausgerichtet.

FAKTEN

- Es gab 2008 elf Bootsklassen, die an den Olympischen Spielen teilnahmen.
- Bei den Olympischen Spielen 2012 waren sechs Bootsklassen bei den Männern (RS:X, Laser, 470er, Starboot, Finn Dinghy, 49er) und vier bei den Frauen (RS:X, Laser-Radial, 470er und Elliott 6 m) zugelassen.
- Über die Zulassung von Bootsklassen wird alle vier Jahre neu entschieden (s. S. 256)

SPORTLERPROFIL

Für Rennsegler sind körperliche Fitness und Kraft genauso notwendige Voraussetzungen wie mentale Stärke. Zum Setzen und Trimmen der Segel ist Kraft im Oberkörper gefragt, zur schnellen Bewegung an Deck starke Beine, und zum Ausreiten ein starker Rumpf. Da es bei Rennen um Taktik und die maximale Nutzung der Elemente geht, sind schnelles Denken und Reaktionsvermögen erforderlich. Segeln ist allerdings ein Sport für das ganze Leben. Viele Rennsegler beginnen schon als Kind in Dinghies (Jollen), die Olympiateilnehmer sind meist Mitte Zwanzig, und viele Weltumsegler sind um einiges älter als Topathleten anderer Sportarten.

FÜR SCHNELLIGKEIT GEBAUT
Boote der olympischen Bootsklassen sind mit ein bis drei Mann Besatzung eher klein. Ein typisches Olympiaboot hat eine verhältnismäßig große Segelfläche und einen Rumpf, der den Wasserwiderstand verringert und leicht gleitet.

Körperlich fit
Mit Hilfe eines Trapezes lehnt sich die Crew so weit wie möglich hinaus, um das Boot zu stabilisieren. Um bei Windwechsel nicht einzutauchen, sind schnelle Reaktionen notwendig.

Vorliek am Großsegel
Flattert das Vorliek (Vorderkante) des Großsegels, muss die Segeltrimm korrigiert werden.

Luftspalt
Ein Spalt zwischen Großsegel und Vorsegel garantiert gleichmäßigen Windstrom über beide Segel, wenn sie parallel gestellt sind.

Flattern vermeiden
Flattert das Achterliek (Hinterkante) des Vorsegels, muss das Vorsegel besser getrimmt werden.

Steuern
Der Steuermann fährt einen möglichst gleichmäßigen Kurs und passt die Trimmung des Großsegels dem Wind an.

Vorsegel
Der Vorschoter bedient das Vorsegel und passt es dem Großsegel an.

Gleichmäßige Fahrt
Liegt der Rumpf gerade im Wasser, hat er ideale hydrodynamische Eigenschaften und ermöglicht schnelles Segeln.

GEWUSST?

1851 In diesem Jahr forderte die amerikanische Jacht America englische Boote zum ersten Mal zu einem Rennen um die Isle of Wight heraus; aus diesem Rennen entwickelte sich der America's Cup.

67 Das Alter Sir Robin Knox-Johnsons, des bisher ältesten Teilnehmers des Velux 5 Oceans-Einhandrennens.

16 International der Seefunk-Kanal für Ruf- und Notruf, über den z. B. die Hilfe der Küstenwache angefordert werden kann.

1.852 Die Länge einer Seemeile in Metern – die festgelegte Strecke, die einer Meridianminute entspricht.

5.000 So viele Segler aus aller Welt nehmen alljährlich auf rund 2000 Booten an den Rennen der Kieler Woche teil.

SEGELN

ÜBERBLICK

Hartnäckig hält sich bis heute das Vorurteil, Segeln sei teuer, exklusiv und elitär – zu Unrecht. Denn Segeln ist ein körperlich wie geistig anregender und anstrengender Sport. Es gibt viele verschiedene Rennarten, die nach internationalen wie lokalen Regeln ausgetragen werden. Sie werden auf Seen, in Meeresbuchten und Flussmündungen gefahren und führen über abgesteckte Rundkurse, in Küstengewässern über festgelegte Routen und bei Hochseeregatten sogar über ganze Ozeane. Es gibt Einhandrennen sowie Rennen für kleine und große Crews von bis zu 20 Athleten und mehr.

WO WIRD GESEGELT?

Seerennen folgen meist einer Route entlang fester Navigationsbojen. Für kürzere Rennen in Küstennähe und auf Binnengewässern wird zeitlich begrenzt ein Kurs festgelegt, der die seglerischen Fähigkeiten testet.

OLYMPISCHE KURSE

Olympische Regatten dauern etwa 30–75 Minuten. Beim alten olympischen Dreieckskurs lagen die Tonnen 1,6 km auseinander, was das Segeln verschiedener Kurse am Wind erforderte (siehe S. 260). Am Wind kreuzen (im Zickzack gegen den Wind fahren) ist der härteste Test der seglerischen Fähigkeiten, und die Amwind-Strecke ist die wichtigste eines Rennens. Beim früheren olympischen Dreieck wurde zweimal gegen den Wind gekreuzt und es gab mindestens eine Strecke direkt vor dem Wind (mit dem Wind gerade von hinten). Zudem beinhaltet der Kurs zwei Raumschotsstrecken, eine in jede Richtung. Der Raumschotskurs bietet die schnellste Art zu segeln (mit 45 bzw. 135 Grad zum Wind gestellt). Idealerweise liegt die Startlinie quer, also im rechten Winkel zum Wind, damit alle Boote gleiche Startbedingungen haben (siehe S. 258).

LUV- UND LEEKURS
Er besteht vor allem aus Amwind- und Vorwindsegeln und führt auf mehreren Runden am Vorwindende des Kurses um verschiedene Tonnen.

Raumschotstonne
Das Umfahren der Tonne führt die Boote vor dem Wind von den gegen den Wind kreuzenden Booten weg.

Luvtonne
Bis zu dieser Tonne, die auch Backbordende der Ziellinie ist, kreuzen die Boote gegen den Wind.

Startlinie
Die Linie zwischen dieser Tonne und dem Boot des Rennkomitees sollte im rechten Winkel zum Wind liegen.

Leetonne
Diese Tonne liegt direkt in Windrichtung vor der Raumschotstonne.

Komiteeboot
Eine kleine Tonne nahe dem Komiteeboot bildet das Steuerbordende der Startlinie.

Begleitboot
Es kann eingesetzt werden, um auf der Luvseite des Kurses eine Ziellinie zu markieren.

DREIECKSKURS
Vom Start aus kreuzen die Boote gegen den Wind zur Luvtonne. Dann folgen zwei Teilstrecken raumschots (siehe S. 260), einmal zur Flügeltonne und zurück zur Starttonne, sodass der Kurs ein Dreieck bildet. Dann folgt erneut das Kreuzen zur Luvtonne, danach geht es vor dem Wind zurück.

Raumschotskurs
Nach Runden der ersten Tonne segeln die Crews raumschots mit Windeinfall von Steuerbord zur Flügeltonne.

Flügeltonne
Diese Tonne sollte mit der Luvtonne und der Leetonne ein gleichseitiges Dreieck bilden.

Luvtonne
Diese Tonne liegt direkt in Gegenwindrichtung von der Startlinie. Die Crews kreuzen in mehreren Schlägen (im Zickzack) darauf zu, da Boote nicht direkt gegen den Wind segeln können.

Leetonne
Diese Tonne heißt auch Starttonne, da sie ein Ende der Startlinie begrenzt. Sie liegt von der Luvtonne aus genau in Windrichtung.

Komiteeboot
Eine Tonne nahe am Komiteeboot bildet das Steuerbordende der Startlinie, die zugleich auch als Ziellinie fungiert.

HOCHSEEREGATTEN

Hochseerennen sind die Krone des Segelsports und der härteste Test für Mensch und Material. Die oft mehrere Monate dauernden Rennen sind zermürbend und führen die Segler weit ab von den vertrauten Heimatgewässern.

Alle Rennen werden nach dem Reglement der International Sailing Federation (ISAF) abgehalten. Einhandrennen sind ein Härtetest für je einen Segler pro Boot. Sie müssen mit extremer Einsamkeit und härtesten Bedingungen fertig werden. Die, die durchhalten, werden für ihre Segelkunst und Ausdauer bewundert. Andere Rennen werden mit großer Crew gesegelt. Die Fähigkeit des Skippers liegt hier vor allem darin, eine Crew, die auf engstem Raum zusammenarbeitet, souverän zu führen. Interessanterweise sind Flauten anscheinend schwerer zu ertragen als Stürme. Vollkommen bewegungslos und weit ab vom eigentlichen Kurs auf dem Ozean zu liegen, erzeugt eine Frustration, mit der viele Segler nur schwer umgehen können.

Hochseesegler müssen erfinderisch sein. Sie müssen die größtmögliche Geschwindigkeit aus ihrem Boot herausholen und sicher durch die Weiten der Ozeane navigieren können. Und sie müssen bei Pannen improvisieren und Defekte an hochtechnischer Ausrüstung mit einfachsten Materialien reparieren können.

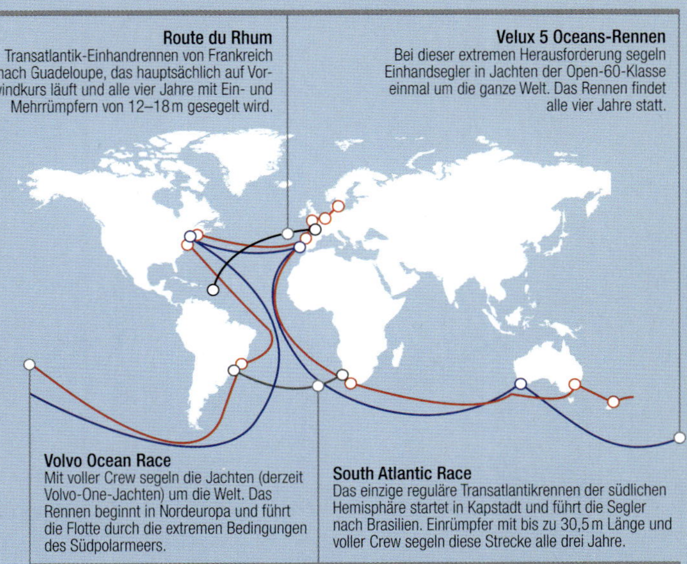

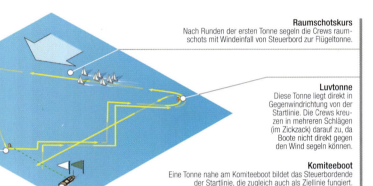

Route du Rhum
Transatlantik-Einhandrennen von Frankreich nach Guadeloupe, das hauptsächlich auf Vorwindkurs läuft und alle vier Jahre mit Ein- und Mehrrümpfern von 12–18 m gesegelt wird.

Velux 5 Oceans-Rennen
Bei dieser extremen Herausforderung segeln Einhandsegler in Jachten der Open-60-Klasse einmal um die ganze Welt. Das Rennen findet alle vier Jahre statt.

Volvo Ocean Race
Mit voller Crew segeln die Jachten (derzeit Volvo-One-Jachten) um die Welt. Das Rennen beginnt in Nordeuropa und führt die Flotte durch die extremen Bedingungen des Südpolarmeers.

South Atlantic Race
Das einzige reguläre Transatlantikrennen der südlichen Hemisphäre startet in Kapstadt und führt die Segler nach Brasilien. Einrümpfer mit bis zu 30,5 m Länge und voller Crew segeln diese Strecke alle drei Jahre.

RENNBOOTE

Boote mit einem Rumpf (Einrümpfer) und zwei oder drei parallelen Rümpfen (Mehrrümpfer) gibt es in allen Größen. Zweirümpfer heißen Katamarane, Dreirümpfer Trimarane. Rennboote haben eine große Segelfläche, die unter Wasser durch Finnen und Ruder ausgeglichen wird, um die Abdrift (seitlicher Winddruck auf die Segel) zu minimieren. Die Konstrukteure versuchen stetig, leichtere Materialien zu finden und dadurch Geschwindigkeit zu gewinnen, ohne Sicherheit einzubüßen.

OLYMPISCHE KLASSEN

Die Boote der Bootsklassen müssen sich an präzise Vorgaben halten und praktisch identisch gebaut sein, damit sichergestellt ist, dass bei den Rennen die Segler ihre Fähigkeiten messen und nicht die Bootskonstrukteure. Die International Sailing Federation (ISAF) wählt die Klassen aus. Änderungen der Liste spiegeln Entwicklungen im Bootsdesign, den steigenden Frauenanteil und die größere Athletik der Segler wider. Die Klassen Laser, Laser Radial und 470er-Dinghy sind sehr beliebt und werden weltweit auch bei Vereinsregatten auf Inlands- wie Küstengewässern gesegelt. Tornado-Katamaran, Hochleistungs-49er-Jolle sowie Yngling- und Star-Kielboote sind eher bei Profi-Rennen zu sehen. Tornados sind 2012 keine olympische Klasse mehr.

ES LIEGT AM DETAIL

Die Rennsegler arbeiten hart daran, ihre Boote zu »tunen«, um sich einen technischen Vorsprung zu verschaffen. Da aber die Bauvorgaben sehr strikt sind, segeln praktisch alle mit identischer Ausrüstung. Doch schon kleinste Anpassungen an Takelung oder Segeln können der entscheidende Vorsprung zur Medaille sein.

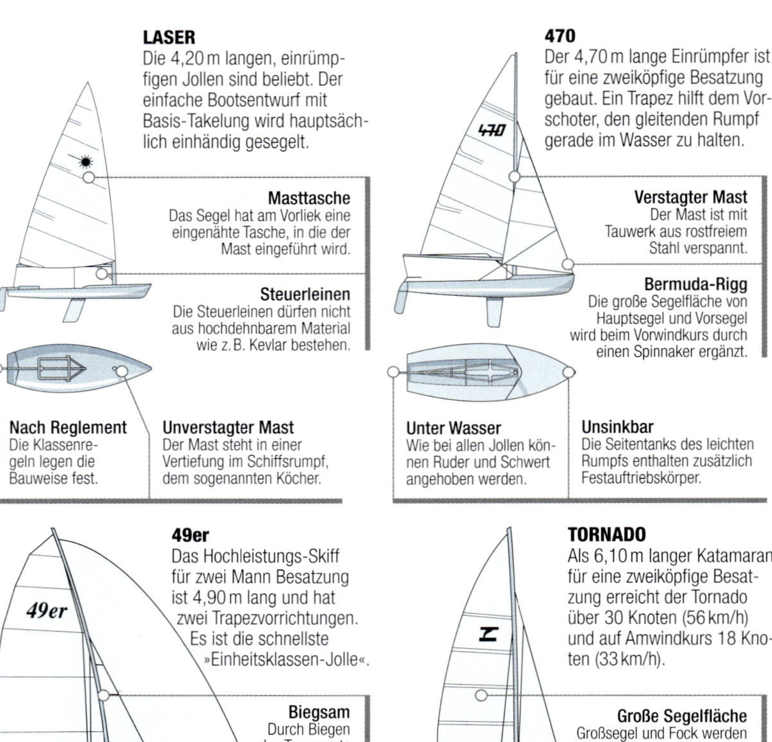

Die 4,20 m langen, einrümpfigen Jollen sind beliebt. Der einfache Bootsentwurf mit Basis-Takelung wird hauptsächlich einhändig gesegelt.

Das Segel hat am Vorliek eine eingenähte Tasche, in die der Mast eingeführt wird.

Die Steuerleinen dürfen nicht aus hochdehnbarem Material wie z. B. Kevlar bestehen.

Die Klassenregeln legen die Bauweise fest.
Unverstagter Mast
Der Mast steht in einer Vertiefung im Schiffsrumpf, dem sogenannten Köcher.

Der 4,70 m lange Einrümpfer ist für eine zweiköpfige Besatzung gebaut. Ein Trapez hilft dem Vorschoter, den gleitenden Rumpf gerade im Wasser zu halten.
Verstagter Mast
Der Mast ist mit Tauwerk aus rostfreiem Stahl verspannt.
Bermuda-Rigg

Wie bei allen Jollen können Ruder und Schwert angehoben werden.
Unsinkbar
Die Seitentanks des leichten Rumpfs enthalten zusätzlich Festauftriebskörper.

Durch Biegen des Toppmasts strafft sich das Segel bei starkem Wind.

Das große Vorwindsegel öffnet sich schnell und einfach direkt aus dem Bug.
Breite Flügel
Hierauf steht die Crew im Trapez hängend.

Als 6,10 m langer Katamaran für eine zweiköpfige Besatzung erreicht der Tornado über 30 Knoten (56 km/h) und auf Amwindkurs 18 Knoten (33 km/h).

Großsegel und Fock werden für Vorwindkurs durch einen Gennaker ergänzt.

Drehbarer Mast

Wie im Flug
Typisch ist »fliegende« Fahrt (mit einem Rumpf aus dem Wasser).

HOCHSEEREGATTEN

Es gibt Regatten für alle Bootstypen. Sie werden meist nach Größe in Klassen eingeteilt und nach Kriterien wie Gewicht und Segelfläche mit Handikap versehen. Andere Regatten sind nur für Einheitsklassen.

Bootskonstrukteure suchen beständig neue Möglichkeiten, leichte Materialien mit der nötigen Steifigkeit für die rauen Bedingungen auf See – wie Kohlenstoff-Fasern – zu verarbeiten. Die für Weltumsegelungen gebauten Boote sind extrem robust, aber schnell und hydrodynamisch. Sie haben Vorrichtungen zur Bedienung der Segel und modernste Elektronik für Navigation und Kommunikation, denn Sicherheit hat bei diesem gefährlichen Sport Vorrang. Zudem muss Raum vorhanden sein, damit die Crew an Bord schlafen und essen kann, um ihre körperlichen Kräfte unter den harten Bedingungen zu erhalten. Da aber Gewicht und Platz ideal genutzt werden müssen, sind die Unterkünfte spartanisch und die Crew muss sich beim Schlafen abwechseln.

VOLVO70
Der Mast
Der Mast erhebt sich 31,50 m über die Wasserlinie.
Segelkraft
Das Großsegel hat 186 m² und der Spinnaker 500 m² Segelfläche.
Leicht und schnell
Die Jachten wiegen 12 500–14 000 kg und können sehr hohe Geschwindigkeiten segeln.
Kippkiel
Die 7 t schwere Kielbombe wird für mehr Stabilität und Geschwindigkeit geschwenkt.

DER OCEAN RACER (VOLVO 70)

Der 21,30 m lange Einrümpfer wurde für das Volvo Ocean Race 2005/2006 entwickelt, wird von einer Kern-Crew von 9 (reine Frauen-Crew 11) gesegelt und hat 11 verschiedene Segel (neben Sturmsegeln).

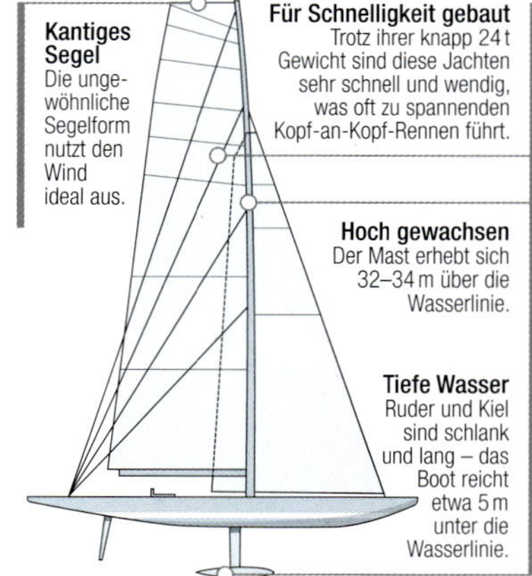

Kantiges Segel
Die ungewöhnliche Segelform nutzt den Wind ideal aus.
Für Schnelligkeit gebaut
Trotz ihrer knapp 24 t Gewicht sind diese Jachten sehr schnell und wendig, was oft zu spannenden Kopf-an-Kopf-Rennen führt.
Hoch gewachsen
Der Mast erhebt sich 32–34 m über die Wasserlinie.
Tiefe Wasser
Ruder und Kiel sind schlank und lang – das Boot reicht etwa 5 m unter die Wasserlinie.

DIE AMERICA'S CUP-KLASSE

Die America's Cup-Klasse ist eine Konstruktionsklasse, deren Jachten für jeden Cup neu entwickelt werden. Sie sind 24 m lang, nur 4,10 m breit und segeln mit einer 17-köpfigen Crew plus optional einem Gast.

TEILE EINES BOOTS

Alle Segelboote haben einen Rumpf, ein Rigg mit Mast und Baum, Segel und Bauteile unter der Wasserlinie, die steuern und der Querdrift entgegenwirken. Takelung und Kontrollsysteme können von einfach bis sehr komplex reichen und sind ein Erkennungsmerkmal der Bootstypen. Die meisten Boote verfügen zumindest über ein Teildeck.

DAS KIELBOOT

Kielboote liegen größenmäßig zwischen einer Jolle und einer Jacht. Sie sind größer als die meisten Jollen, haben aber einen Ballastkiel oder eine Kielflosse, und kein Klappschwert wie Jollen. Kielboote liegen stabiler im Wasser als Jollen und kentern nicht so leicht. Es gibt sie mit Wohneinrichtungen unter Deck, die meist sehr beengt sind, und mit offenem Cockpit mit genügend Raum für eine mehrköpfige Crew.

Großsegel
Die meisten Rennboote haben ein dreieckiges Großsegel, das bis zur Mastspitze hinauf reicht.

Großschot
Ein Flaschenzugsystem aus Tauen und Blöcken am Großbaum, mit dem die Stellung des Großsegels reguliert wird.

Fockschoten/Vorschoten
Die Leinen, mit denen die Segelstellung der Fock bzw. des Vorsegels kontrolliert wird, nennt man Fockschoten/Vorschoten.

Auf Kurs bleiben
Bei kleineren Kielbooten und Jollen wird das Ruder über eine Stockpinne mit Ausleger gesteuert, bei größeren Booten über ein Steuerrad.

Ruder
Durch Schwenken des Ruders von einer Seite auf die andere ändert das Boot seine Richtung.

Spinnaker
Das bauchige Vorwindsegel wird an einem Spinnakerbaum gesetzt. Moderne asymmetrische Spinnaker werden an einem Bugspriet gesetzt.

Vorsegel
Das gebräuchlichste Vorsegel ist die Fock, die vom Bug (Vorderende) bis zum Mast reicht. Ein größeres Vorsegel, das das Großsegel überlappt und über Deck reicht, wird als Genua bezeichnet.

Starke Säulen
Mast und Baum werden heute häufig aus Aluminium, glasfaserverstärkten Kunststoffen und anderen leichten Verbundstoffen, die mit Kohlenstofffasern verstärkt werden, hergestellt.

Baum
Während der Mast die vertikale Stütze der Segel ist, stabilisiert der Baum das Großsegel horizontal.

Fallen
Leinen zum Hissen und Niederholen der Segel werden als Fallen bezeichnet und sind normalerweise nahe am Mast befestigt.

Kiel
Der Kiel dient als Gegengewicht zum Druck des Windes auf die Segel und setzt diese seitlich wirkende Kraft in eine Vorwärtsbewegung um. Ein Ballastkiel ist ein guter Schutz vor dem Kentern.

KLEIDUNG AN BORD

Den Körper warm, trocken und beweglich zu halten, ist Teil der Sicherheit an Bord. Moderne Funktionskleidung aus Spezialstoffen ist ein wichtiger Teil des erfolgreichen Rennsegelns.

AUF DER JOLLE

Schwimmwesten (Auftriebhilfen) sind für alle Rennteilnehmer Vorschrift. Die meisten tragen zudem einen Neoprenanzug, den es als Langversion bis zu den Knöcheln oder als Kurzversion mit kurzen Ärmeln und Hosenbeinen gibt.

Schwimmweste
Eine Auftriebhilfe, die einen über Wasser hält, ohne beim Schwimmen zu behindern.

Neoprenanzug
Die dünne Wasserschicht im eng anliegenden Neoprenanzug erwärmt sich am Körper schnell.

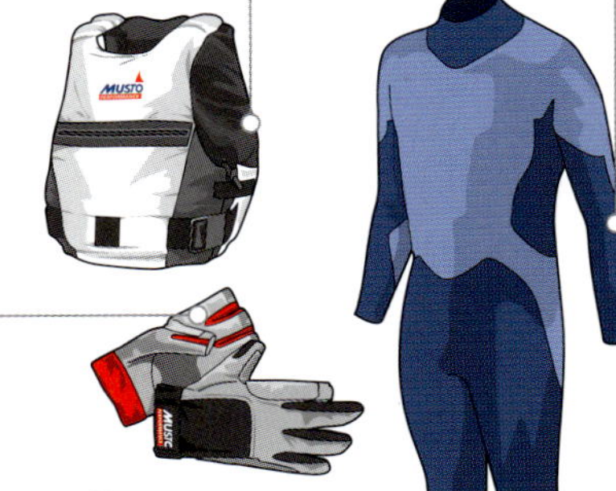

Segelhandschuhe
Handschuhe mit verstärkter Handfläche schützen die Hände vor Verbrennungen am Tauwerk und geben einen festen und sicheren Griff.

Jollenschuhe
Neoprenschuhe halten die Füße warm und geben an Deck sicheren Halt.

Rettungsweste
Aufblasbare Rettungswesten werden luftleer getragen und aufgeblasen, wenn der Träger ins Wasser fällt. Sie sind so konstruiert, dass sie den Träger mit dem Gesicht nach oben drehen.

Latzhose
Brusthohe wasserdichte Hosen, die über einem warmen Fleece-Anzug getragen werden können, sind an Knien und Gesäß verstärkt.

Jacke
Eine wind- und wasserdichte Jacke mit eng anliegenden Manschetten ist Grundausstattung. Ein hoher Kragen mit Halsmanschette hält Wind und Wasser ab.

AUF OFFENER SEE

Bei schönem Wetter kann die Jachtcrew schon mal in Shorts und T-Shirt segeln, wichtig ist aber Schlechtwetterkleidung. Meist werden für mehr Wärme mehrere Schichten übereinander getragen, wobei die oberste wind- und wasserdicht ist.

Feste Handschuhe
Wasserdichte Handschuhe schützen vor Kälte und Verletzungen durch die Taue und geben festen Griff.

Segelstiefel
Die kniehohen Stiefel mit weichen, rutschfesten Gummisohlen werden unter der wetterfesten Hose getragen.

REGATTAREGELN

Alle Jacht- und Jollen-Regatten werden nach den Regeln der International Sailing Federation (ISAF) ausgetragen. Wo nötig, gibt es auch lokale Abweichungen. Um taktisch geschickt und erfolgreich segeln zu können, müssen die Rennteilnehmer die komplexen Regeln genau beherrschen.

RENNSTRATEGIE

Erfolg bei einer Segelregatta ist oftmals eine Frage der Taktik. Dem Laien mögen manche Manöver im Rennen als sehr ausgeklügelt erscheinen, aber wenn beide Steuermänner die Regeln beherrschen, sollte jeder sie zu seinem größten Nutzen anwenden können. Das ist für Zuschauer am besten bei Zweikampfrennen (Match Races) wie dem America's Cup erkennbar, wenn zwei ähnliche Jachten über eine kurze Strecke Boot gegen Boot segeln.

Das Rennkomitee ist nicht dafür verantwortlich, die Einhaltung der Regeln zu überprüfen. Manchmal gibt es Schiedsrichterboote auf dem Wasser, die die Teilnehmer besonders bei der Rundung der Bahnmarken beobachten. Ansonsten kann ein Teilnehmer Protest gegen einen Regelverstoß durch Setzen der roten Protestflagge einlegen. Dies wird vom Protestkomitee geprüft, das nach Beweislage entscheidet.

GEWINNEN IST NICHT ALLES

Die Regattaregeln besagen: »Ein Boot oder Teilnehmer muss jedem Menschen oder Wasserfahrzeug in Not Hilfe leisten.« Die Teilnehmer des (einhändigen) Velux 5 Oceans Race gerieten 2006 in einen heftigen Sturm. Alex Thomsons Jacht *Hugo Boss* verlor ihren Kiel und er musste ins Rettungsfloß. Mike Golding lag mit *Ecover* einige Stunden voraus auf Platz zwei, drehte aber um und rettete seinen Freund. Kurz darauf brach der Mast der *Ecover* und sie musste das Rennen aufgeben.

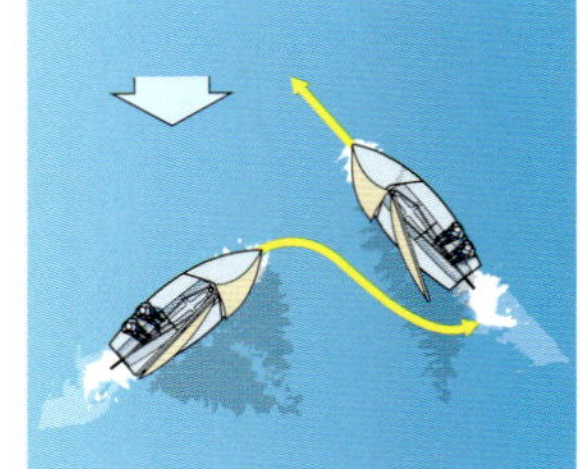

BACKBORDBUG HAT VORFAHRT
Begegnen sich zwei Segelboote auf Kreuzkurs, muss das Boot auf Steuerbordbug (mit Wind von der linken, der Backbordseite) sich immer von einem Boot auf Backbordbug (mit Wind von der rechten, der Steuerbordseite) frei halten, muss ihm also ausweichen.

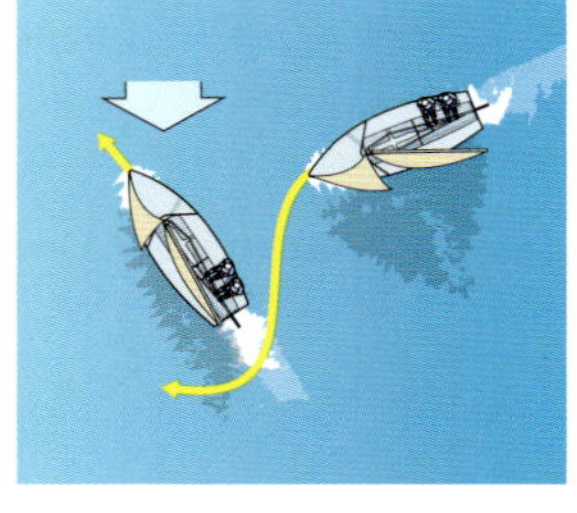

BOOT IN LUV MUSS AUSWEICHEN
Haben zwei Boote den Wind von der gleichen Seite (fahren also auf dem gleichen Bug), muss das Boot im Luv (das Boot, das näher am Wind fährt) sich vom Boot im Lee freihalten (dem kreuzenden Boot ausweichen).

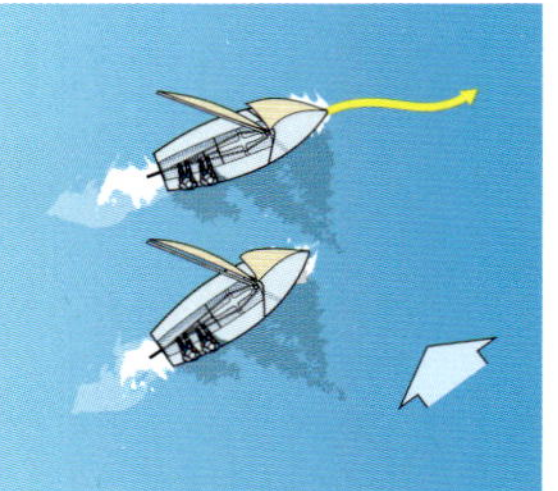

ÜBERHOLER MUSS AUSWEICHEN
Überholt ein Boot ein anderes auf gleichem Bug, muss es sich freihalten, bis die Masten auf gleicher Höhe sind. Bis zur parallelen Maststellung kann das zu überholende Boot auch in Luvstellung gehen (näher zum Wind fahren), um das andere abzudrängen.

ÜBERLAPPUNG AN DER MARKE
Nähern sich zwei Boote auf gleichem Bug einer Bahnmarke, muss das äußere Boot dem es überlappenden Boot in Innenposition genügend Raum zum berührungsfreien Runden der Bahnmarke geben, darf es also nicht von der Bahnmarke wegdrängen.

TAKTIK UND KURSE

Der olympische Standardkurs umfasst alle Kurse zum Wind (siehe S. 260). Segelrennen erfordern neben technischem Können auch taktisches Vermögen, um jede Situation zum eigenen Vorteil und Nachteil des Gegners ausnutzen zu können.

ZUM SIEG KREUZEN

In einem Zickzackkurs gegen den Wind segeln nennt man »kreuzen«. Wechselt der Wind bei der Richtungsänderung über den Bug, spricht man von einer »Wende« (siehe S. 260). Kommt der Wind von der Seite, sind die Segel nicht so dicht geholt und das Boot fährt auf »Halbwindkurs«. Bei Wind von hinten fährt das Boot auf »Vorwindkurs«. Wechselt der Wind beim Richtungswechsel über das Heck, nennt man das »halsen« (siehe S. 260).

STRATEGIEN BEIM START

Beim Annähern an die Startlinie ist die rechte Luvposition mit Wind von Steuerbord am günstigsten, da man Vorfahrt hat. Ein geschickter Steuermann findet vielleicht genug Raum, um die Linie auf Steuerbordbug zu überqueren, bevor er ein Boot auf Backbordbug kreuzt. Liegt er mit seiner Einschätzung falsch, kann ein schnell auf Backbordbug nahendes Boot ihn frühzeitig über die Startlinie drängen. Wer die Startlinie zu früh überquert, muss sie seitlich umrunden und dann erneut überqueren.

Startlinie
Wenige Minuten vor dem Start entscheiden die Crews, wo sie die Linie überqueren wollen und gehen hinter der Linie in Position. Dann versuchen sie beim Überqueren direkt nach dem Startsignal so viel Fahrt wie möglich aufzunehmen.

Leetonne
Alle Crews werden beim Ansteuern der Leetonne versuchen, die Innenposition am nächsten an der Bahnmarke zu erreichen, um Vorfahrt zu haben und auf dem Amwindkurs nicht in Windabdeckung zu geraten. Die anderen Boote müssen weiter außen runden und kommen daher schnell in die Windabdeckung.

Ziellinie
Die Ziellinie sollte rechtwinklig am Lee-Ende der Vorwindstrecke liegen. Bei schräg einfallendem Wind versuchen die Boote das am nächsten am Wind gelegene Ende der Linie zu überqueren.

Komitee-Boot
Von diesem Boot aus gibt die Rennleitung den Start und das Ende des Rennens mit Hilfe eines akustischen und eines Flaggensignals an.

Erster Schlag
Die Boote werden versuchen, so schnell wie möglich zu segeln, um keine Windabdeckung zu bekommen und einen Kurs einzuschlagen, der sie möglichst nahe an die Luvtonne heran führt.

BEIM START

Segelrennen beginnen normalerweise mit einer Amwindstrecke. Das Boot des Rennkomitees ankert am rechten Rand der Startlinie. Zwei Tonnen markieren die beiden Enden der Startlinie, wovon die rechte nah am Komiteeboot liegt. Idealerweise sollte sie quer zum Wind verlaufen. Bei wechselnden Winden muss sie unter Umständen mehrfach angepasst werden. Die erste Bahnmarke liegt dann direkt gegen den Wind (im rechten Winkel hinter der Startbahn). Treten mehrere Bootsklassen zeitlich versetzt an, kann der Wind drehen, sodass die Startlinie versetzt zum Wind liegt. Dies kann an einem Ende der Linie einen Vorteil bringen – was ein Steuermann natürlich in seine taktischen Überlegungen miteinbeziehen muss.

DER COUNTDOWN

Für jede Bootsklasse gibt es eine eigene Klassenflagge. Beim Setzen oder Einholen einer Signalflagge ertönt ein akustisches Signal. Die Klassenflagge wird fünf Minuten vor Start gehisst und bei vier Minuten die »P«-Flagge. Eine Minute vor Start wird sie wieder geborgen, die Klassenflagge beim Start selbst. Ist ein Boot beim Start bereits über der Startlinie, wird das Komiteeboot dies anzeigen. Das Boot muss die äußere Zieltonne umrunden und die Startlinie erneut überqueren. Befolgt ein Segler dies nicht, wird er disqualifiziert.

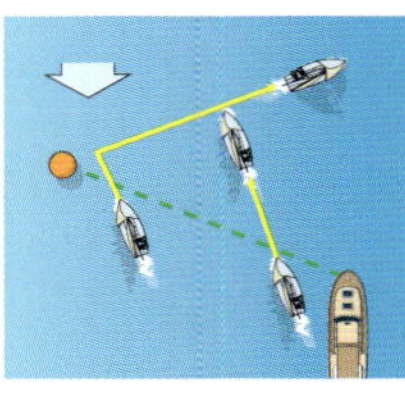

BACKBORD IM VORTEIL
Dreht der Wind so, dass die äußere Startlinienmarke zum Wind in einem größeren Winkel als 90 Grad liegt, ist die Distanz vom linken Ende (vom Backbordende) zur ersten Bahnmarke kürzer. Daher werden sich die Boote hier drängen und um die beste Position kämpfen.

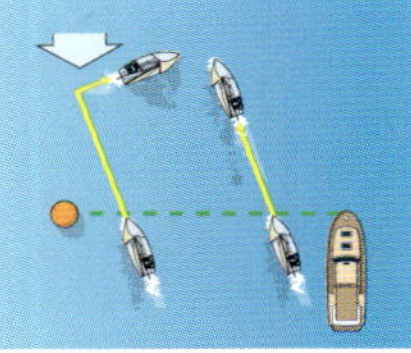

AUSGEGLICHENER START
Liegt die Startlinie genau im rechten Winkel zum Wind, sollten sich die Boote gleichmäßig auf der Startlinie verteilen, da die Entfernung zur ersten Bahnmarke von überall aus gleich ist.

STEUERBORD IM VORTEIL
Dreht der Wind so, dass die äußere Startlinienmarke zum Wind in einem geringeren Winkel als 90 Grad liegt, ist die Distanz vom rechten Ende der Linie (vom Steuerbordende) zur ersten Bahnmarke kürzer. Mit dem Komiteeboot als zusätzlichem Hindernis kann es beim Start hier schon mal eng werden.

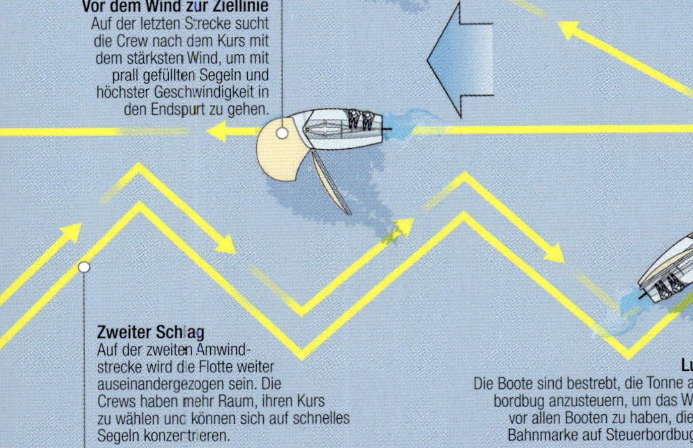

Flügelmarke
Die Boote werden versuchen, die Marke auf Ideallinie zu umrunden, um nicht von einem der gegnerischen Boote, die sie überholen wollen, abgedeckt zu werden.
Auf Raumschotskurs
Besonders unter Spinnaker ist es auf den Raumstrecken wichtig, nicht in Abdeckung eines Gegners zu geraten.
Vor dem Wind zur Ziellinie
Auf der letzten Strecke sucht die Crew nach dem Kurs mit dem stärksten Wind, um mit prall gefüllten Segeln und höchster Geschwindigkeit in den Endspurt zu gehen.
Zweiter Schlag
Auf der zweiten Amwindstrecke wird die Flotte weiter auseinandergezogen sein. Die Crews haben mehr Raum, ihren Kurs zu wählen und können sich auf schnelles Segeln konzentrieren.
Luvtonne
Die Boote sind bestrebt, die Tonne auf Backbordbug anzusteuern, um das Wegerecht vor allen Booten zu haben, die sich der Bahnmarke auf Steuerbordbug nähern.

FLAGGEN

Die visuellen Signale, mit denen die Rennleitung die Rennen steuert, werden mit akustischen Signalen unterstützt. Man verwendet Flaggen aus dem Internationalen Signalbuch und als akustische Signalgeber Startpistole, Signalpfeife oder -sirene. Für die Zeitnahme gilt das optische Signal.

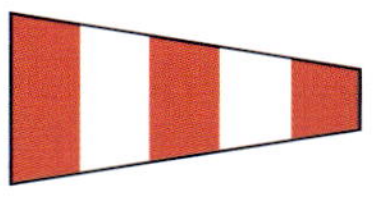

SIGNALBUCH- UND ANTWORTWIMPEL
Der Start wird verschoben (Zahlenwimpel gibt an, wie lang der Start verschoben wird).

ANTWORTWIMPEL ÜBER »A«-FLAGGE
Am heutigen Tag werden keine Segelrennen mehr abgehalten.

»N«-FLAGGE
Sie verkündet den Abbruch eines Rennens.

»P«-FLAGGE
Sie ist das Vorbereitungssignal (vier Minuten vor Start). Ab jetzt gelten die Wettfahrtregeln.

»X«-FLAGGE
Signalisiert, dass beim Startschuss Boote über der Startlinie waren und ruft diese zurück.

1. HILFSSTANDER
Allgemeiner Rückruf, bei Frühstart zu vieler Jachten oder bei Fehler im Startverfahren.

»S«-FLAGGE
Sie kündigt an, dass die Bahn verkürzt wurde.

»C«-FLAGGE
Sie signalisiert, dass sich die Position der nächsten Bahnmarke geändert hat.

»L«-FLAGGE
Sie signalisiert den Booten, dass sie in Rufweite kommen sollen.

»M«-FLAGGE
Ein Objekt im Wasser, das mit dieser Flagge markiert ist, ersetzt eine fehlende Bahnmarke.

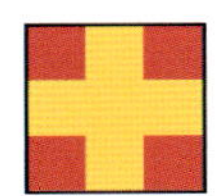

»R«-FLAGGE
Der Kurs wird in entgegengesetzter Richtung gesegelt als angegeben.

BLAUE FLAGGE
Sie wird immer zur Kennzeichnung auf dem Zielschiff gesetzt.

SEGELTECHNIKEN

Beim Segeln geht es darum, den Wind ideal zu nutzen, um in gewünschter Geschwindigkeit ein bestimmtes Ziel zu erreichen. Wichtige Faktoren sind die Konstruktion des Bootes, das Rigg und die Hydrodynamik des Rumpfes. Hinzu kommen die Techniken, die ein Segler erlernen muss. Dazu gehören der Umgang mit den Segeln und die Stabilisierung des Bootes.

KURSE ZUM WIND

Jedes Mal, wenn ein Boot seinen Winkel zum Wind ändert, müssen die Segel neu eingestellt werden. Bei einer Jolle muss die Crew die Gewichtsverteilung anpassen, um das Boot in Balance zu halten. Jeder Kurs zum Wind hat eine eigene Bezeichnung.

GEWUSST?

15 **Die Anzahl der teilnehmenden Nationen bei den olympischen Segelwettbewerben in London 2012, bei denen 30 Medaillen vergeben wurden.**

1,5 **So viele Milliarden Menschen dürften das Volvo Ocean Race 2011/2012 am Fernseher verfolgt haben.**

181.000 **So viele Einhand-Laser-Jollen werden in 120 Ländern von Erwachsenen gesegelt.**

22.500 **So viele Seemeilen (41 670 km) legen die Jachten beim längsten Non-Stop-Rennen der Welt, der Vendée Global Challenge, zurück.**

BACKBORD- ODER STEUERBORDBUG?
Kommt der Wind von der Steuerbordseite (rechts), läuft das Boot auf Backbordbug. Kommt der Wind von der Backbordseite (links), läuft es auf Steuerbordbug.

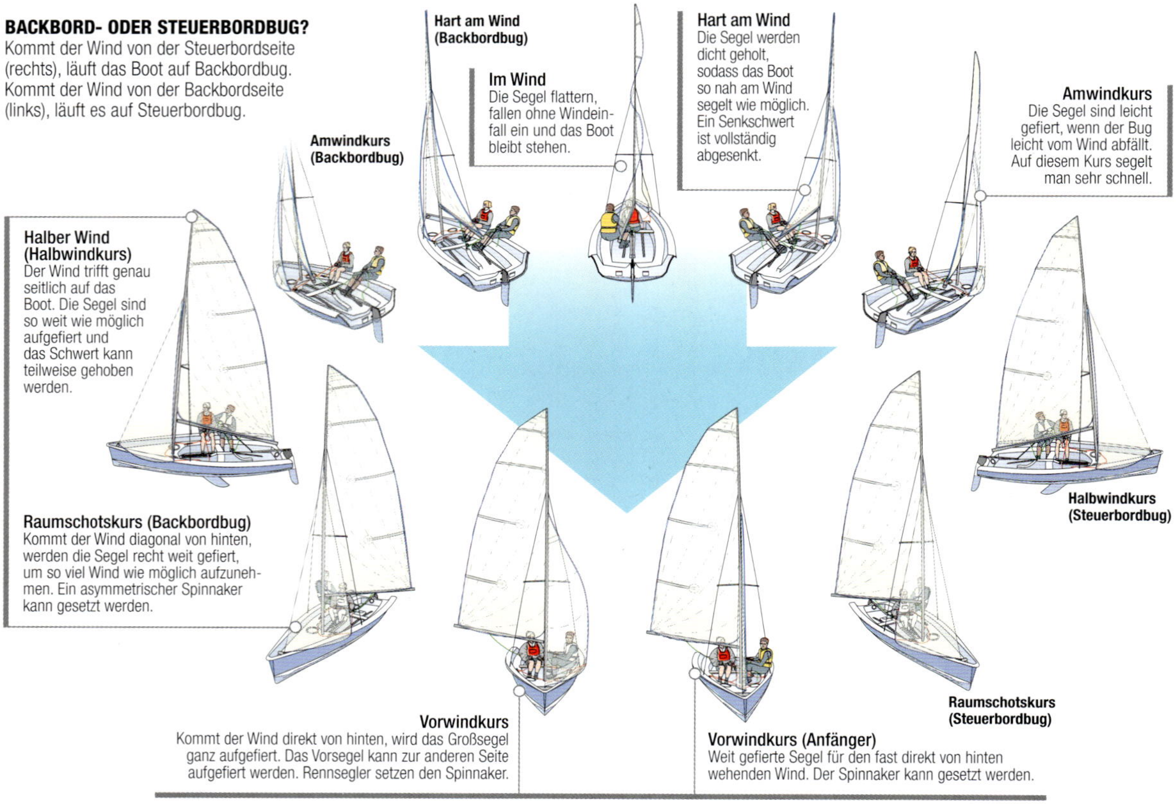

Hart am Wind (Backbordbug)

Im Wind
Die Segel flattern, fallen ohne Windeinfall ein und das Boot bleibt stehen.

Hart am Wind
Die Segel werden dicht geholt, sodass das Boot so nah am Wind segelt wie möglich. Ein Senkschwert ist vollständig abgesenkt.

Amwindkurs (Backbordbug)

Amwindkurs
Die Segel sind leicht gefiert, wenn der Bug leicht vom Wind abfällt. Auf diesem Kurs segelt man sehr schnell.

Halber Wind (Halbwindkurs)
Der Wind trifft genau seitlich auf das Boot. Die Segel sind so weit wie möglich aufgefiert und das Schwert kann teilweise gehoben werden.

Halbwindkurs (Steuerbordbug)

Raumschotskurs (Backbordbug)
Kommt der Wind diagonal von hinten, werden die Segel recht weit gefiert, um so viel Wind wie möglich aufzunehmen. Ein asymmetrischer Spinnaker kann gesetzt werden.

Raumschotskurs (Steuerbordbug)

Vorwindkurs
Kommt der Wind direkt von hinten, wird das Großsegel ganz aufgefiert. Das Vorsegel kann zur anderen Seite aufgefiert werden. Rennsegler setzen den Spinnaker.

Vorwindkurs (Anfänger)
Weit gefierte Segel für den fast direkt von hinten wehenden Wind. Der Spinnaker kann gesetzt werden.

EIN BOOT STEUERN

Will ein Boot die Richtung ändern, müssen Segel- und Ruderstellung verändert werden. Die Segel liefern dabei die Kraft: durch Dichtholen des Großsegels dreht sich das Boot zum Wind (anluven), durch Fieren der Segel dreht es vom Wind weg (abfallen). Gleichzeitig wird das Ruder entsprechend gelegt und das Vorsegel auf die neue Großsegelposition angepasst. Bei Regatten sind Wenden und Halsen wichtige Manöver und erfordern perfekte Zusammenarbeit der Crew. Kleinste Ungenauigkeiten können wichtige Sekunden kosten. Besatzungen üben die Manöver ständig, damit es beim Rennen so schnell wie möglich klappt.

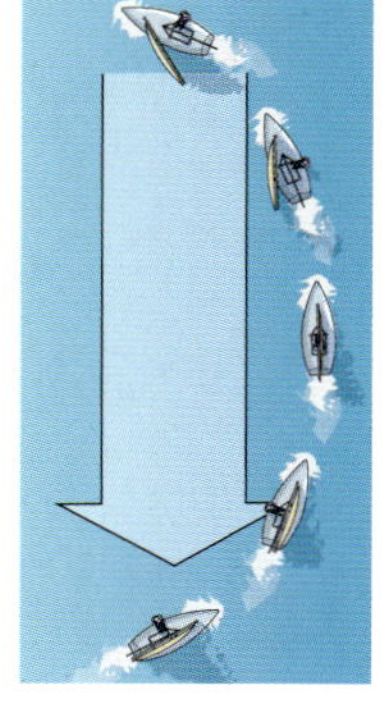

WENDEN
Dreht sich der Bug des Boots durch den Wind, ändert sich der Bug von Steuerbord auf Backbord oder umgekehrt. Dazu werden die Segel dichtgeholt und das Ruder gelegt. Sobald sich das Boot durch den entgegenkommenden Wind auf neuen Kurs dreht, wechselt das Segel auf die andere Seite des Bootes. Durch schnelles Wenden soll so wenig Fahrt wie möglich eingebüßt werden.

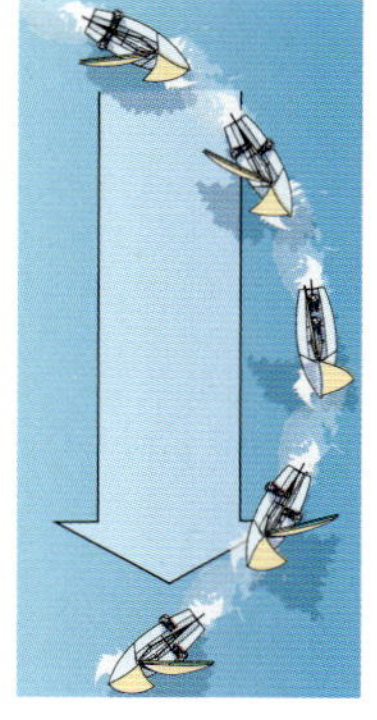

HALSEN
Eine Drehung des Hecks durch den Wind ist schwerer zu kontrollieren. Auf Raumschots- oder Vorwindkurs sind die Segel weit aufgefiert. Um sie überzuholen (zu schiften), wird das Großsegel auf Vorwindkurs zunächst ohne Kursänderung dichtgeholt. Beim harten Einschlagen des Ruders schiften Baum und Großsegel dann auf die andere Seite, wo die Segel schnell wieder aufgefiert werden.

KRÄNGUNG UND AUSREITEN

Durch den Druck des Windes auf die Segel gerät ein Boot in Schieflage (Krängung). Aufrecht segelt es aber am schnellsten. Bei Jollen und kleinen Kielbooten gleicht die Mannschaft dies aus, indem sie ihr Gewicht nach außen verlagert. Bei normalen Jollen sitzt sie auf dem Seitendeck (oder hängt außenbords). Der Körper wird mit den Füßen im Ausreitgurt gehalten und man lehnt sich aus dem Boot hinaus. Der Effekt kann verstärkt werden, wenn die Crew sich ins Trapez hängt – sich an dem am Topmast befestigten Trapezdraht auf der Scheuerleiste stehend weit über den Bootsrand hinauslehnt. Einige der modernen Hochleistungsjollen, wie die 49er, haben große Flügel, die ein noch viel weiteres Ausreiten erlauben.

AUSREITEN

Durch das eigene Körpergewicht kann die Crew das Krängungsdrehmoment, das durch den Winddruck auf den Segeln entsteht, so beeinflussen, dass das Boot aufrechter fährt und so mehr Vortrieb erhält, also schneller wird.

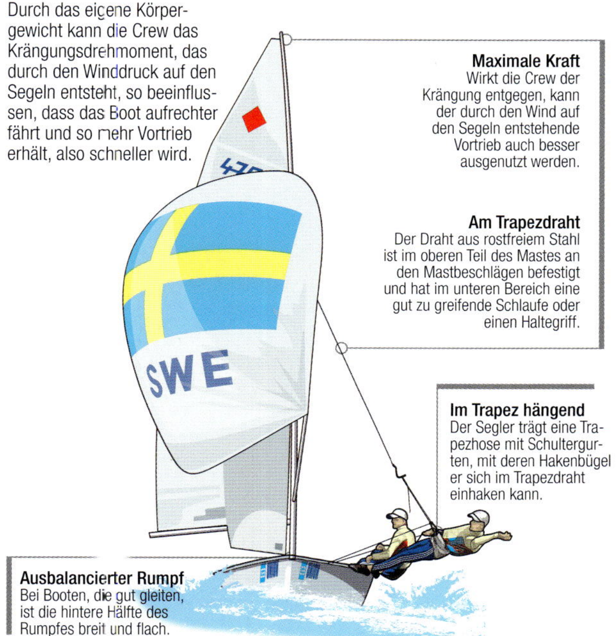

Maximale Kraft
Wirkt die Crew der Krängung entgegen, kann der durch den Wind auf den Segeln entstehende Vortrieb auch besser ausgenutzt werden.

Am Trapezdraht
Der Draht aus rostfreiem Stahl ist im oberen Teil des Mastes an den Mastbeschlägen befestigt und hat im unteren Bereich eine gut zu greifende Schlaufe oder einen Haltegriff.

Im Trapez hängend
Der Segler trägt eine Trapezhose mit Schultergurten, mit deren Hakenbügel er sich im Trapezdraht einhaken kann.

Ausbalancierter Rumpf
Bei Booten, die gut gleiten, ist die hintere Hälfte des Rumpfes breit und flach.

AN DER RELING

Moderne Jachten haben riesige Segel. Auch wenn sie heute sehr gut mit Ballast ausbalanciert und selbstaufrichtend sind, ist die Gewichtsverteilung weiterhin wichtig. Die Crews reiten oft auf dem Seitendeck der Luvseite sitzend aus. So wird der Krängungswinkel verringert. Der Rudergänger kann den gewünschten Kurs einfacher halten, ohne die Segelfläche zu verringern, und so eine höhere Geschwindigkeit erreichen.

STATISTIK

WELTUMSEGELUNG (EINHANDSEGLER/VELUX 5 OCEANS)

JAHR	*BOOT*/SEGLER	LAND
2010/2011	*LE PINGOUIN* BRAD VAN LIEW	USA
2006/2007	*CHEMINEES POUJOULAT* BERNARD STAMM	SUI
2002/2003	*BOBST GROUP ARMOR LUX* BERNARD STAMM	SUI
1998/1999	*FILA* GIOVANNI SOLDINI	ITA

WELTUMSEGELUNG (VOLLE CREW/VOLVO OCEAN RACE*)

JAHR	*BOOT*/SKIPPER	LAND
2011/2012	*GROUPAMA SAILING TEAM* FRANCK CAMMAS (FRA)	FRA
2008/2009	*ERICSSON 4* TORBEN GRAEL (BRZ)	SWE
2005/2006	*ABN AMRO ONE* MIKE SANDERSON (NZL)	NED
2001/2002	*ILLBRUCK CHALLENGE* JOHN KOSTECKI (USA)	GER
1997/1998	*EF LANGUAGE* PAUL CAYARD (USA)	SWE

*FRÜHER WHITBREAD ROUND THE WORLD RACE

OLYMPISCHE SPIELE LONDON 2012

LAND	GOLD	SILBER	BRONZE	GESAMT
GBR	1	4	0	5
AUS	3	1	0	4
NED	1	1	1	3
ESP	2	0	0	2
NZL	1	1	0	2

INSIDER-STORY

Die International Sailing Federation (ISAF) ging aus der 1907 in Paris gegründeten International Yacht Racing Union (IYRU) hervor. Dem Dachverband traten die Verbände Frankreichs, Österreich-Ungarns, der Niederlande, Belgiens, Finnlands, Dänemarks, Deutschlands, Großbritanniens, Italiens, Norwegens, Schwedens, der Schweiz sowie Spaniens bei. Sie beschlossen Regeln zur Vermessung von Segeljachten und legten Regattaregeln für Europa fest. 1929 passte die North American Yacht Racing Union sich den europäischen Regeln an; 1960 wurden sie weltweit eingeführt. Die IYRU wurde 1996 zur ISAF. Einige der 1907 festgelegten Regeln haben heute noch Gültigkeit.

FAKTEN

- Der internationale Dachverband ist die 1892 gegründete Fédération Internationale des Sociétés d'Aviron (FISA) – der älteste Verband bei den Olympischen Spielen.
- Rudern mit beiden Händen an einem Ruder wird Riemenrudern genannt, während das Rudern mit einem Ruder pro Hand Skullen heißt.
- Die Schlagzahl gibt an, wie viele Ruderschläge ein Ruderer innerhalb einer Minute macht.

GEWUSST?

6.000 So viele Kalorien muss ein olympischer Ruderer jeden Tag zu sich nehmen, damit er genügend Energie hat, um sein tägliches Trainingsprogramm zu absolvieren.

5:19 Derzeitiger olympischer Rekord in Minuten und Sekunden, aufgestellt vom Schwergewichts-Achter der USA bei den Spielen in Athen 2004.

68 Die Anzahl der teilnehmenden Nationen bei den Ruder-Weltmeisterschaften 2011.

137 Die Anzahl nationaler Verbände, die dem internationalen Dachverband Fédération Internationale des Sociétés d'Aviron (FISA) angehören.

10.000 Die durchschnittliche Zahl an Trainingskilometern, die ein bei den olympischen Spielen teilnehmender Ruderer pro Jahr zurücklegt.

RUDERN

ÜBERBLICK

Rudern ist eine der wenigen Sportarten, bei denen alle wichtigen Muskelgruppen benötigt und eingesetzt werden. Es verlangt einen hohen Grad an Fitness, Kraft und Balancegefühl. Die Ruderer treten über verschiedene Distanzen und in unterschiedlichen Disziplinen gegeneinander an. Die Bootsklassen reichen vom Einer bis zum Achter. Bei Ruder-Wettkämpfen gibt es außerdem Einteilungen nach Alter und Gewicht.

AUSDAUER

Die deutsche Kathrin Boron ist eine der erfolgreichsten Rudersportlerinnen aller Zeiten. Sie errang acht Weltmeisterschaftstitel und wurde fünfmal Vizeweltmeisterin – über einen Zeitraum von insgesamt 18 Jahren. Boron nahm von 1992 bis 2008 an fünf olympischen Sommerspielen teil und reiste viermal davon mit einer Goldmedaille ab. Im Alter von 38 Jahren beendete sie 2008 in Peking ihre Laufbahn mit Bronze im Doppelvierer.

SPORTLERPROFIL

Rudern verlangt von einem Sportler ein hohes Maß an Kraft, Ausdauer, technischem Können und Disziplin sowie einen guten Gleichgewichtssinn. Ruderer haben einen der höchsten Energieumsätze im Sport. Bei einem 2000-Meter-Rennen werden ihre Muskeln wie bei einem Sprintlauf beansprucht. Sie müssen aber ausdauernd genug sein, selbst mit übersäuerten Muskeln durchzuhalten, im Gleichgewicht zu bleiben und nicht aus dem Rhythmus zu kommen. Groß gewachsene Ruderer sind im Vorteil, da lange Arme und Beide für eine lange Schlaglänge sorgen. Viele männliche Spitzenruderer sind knapp 2 m groß, viele der Frauen rund 1,80 m.

Steuerborder Einen Ruderer, dessen Riemen in Fahrtrichtung rechts (Steuerbord) hinausragt, nennt man Steuerborder.

Backborder Ragt der Riemen in Fahrtrichtung links (Backbord) ins Wasser, wird der Ruderer Backborder genannt.

Der Riemen Ein moderner Riemen hat normalerweise einen hohlen Holm aus kohlenfaserverstärktem Kunststoff, an einem Ende einen Griff und am anderen ein flaches Blatt.

Drehdolle Der Holm des Riemens liegt in der Drehdolle und wird mit dem Dollenbügel so festgehalten, dass er sich beim Schlag drehen lässt.

Ausleger Der Ausleger ist ein fest mit dem Boot verbundener Rahmen aus Aluminium oder Stahl, an dessen Ende die Drehdolle sitzt.

Eng anliegend Ruderer tragen eng anliegende einteilige Ruderanzüge aus Stretchmaterial in den Farben ihres Klubs oder ihrer Nationalmannschaft.

Harte Schale Der Rumpf eines Ruderbootes ist schlank und wird meist aus leichtem kohlenstofffaserverstärktem Kunststoff hergestellt.

RUDERREGATTEN

In den vielen verschiedenen Arten von Ruderrennen spiegelt sich die lange Geschichte des Sports. Neben der olympischen Standardmittelstrecke 2000 m gibt es Zeitrennen (sogenannte Head Races), Langstrecken wie die Tour du Léman und Regatten über nicht olympische Distanzen. In Großbritannien gibt es zudem »Bumps Races«, bei denen das Vorderboot angestupst wird, und in Amerika »Stake-Racing«, bei dem zu einer Bahnmarke hin- und wieder zurückgerudert wird.

OLYMPISCHE RUDERRENNEN

Die olympischen Ruderrennen werden auf einer geraden Ruderstrecke abgehalten. Die Mannschaften rudern auf sechs Bahnen und qualifizieren sich über Ausscheidungsläufe und Hoffnungsläufe (eine »zweite Chance« für Crews kurz vor dem Ausscheiden) für das Finale. Die ersten drei Boote jedes Halbfinallaufs rudern im »A«-Finale um die Plätze 1–6, die letzten drei im »B«-Finale um die Plätze 7–12.

RUDERN AUF DEM MEER

Obwohl nicht Teil des olympischen Programms, gibt es viele Rennen auf dem Meer. Die FISA organisiert die World Rowing Coastal Challenge als eine Meisterschaft für internationale Crews. Das Angebot an Meeresregatten reicht von Wettkämpfen in Küstennähe bis zu Regatten, bei denen ganze Meere überquert werden.

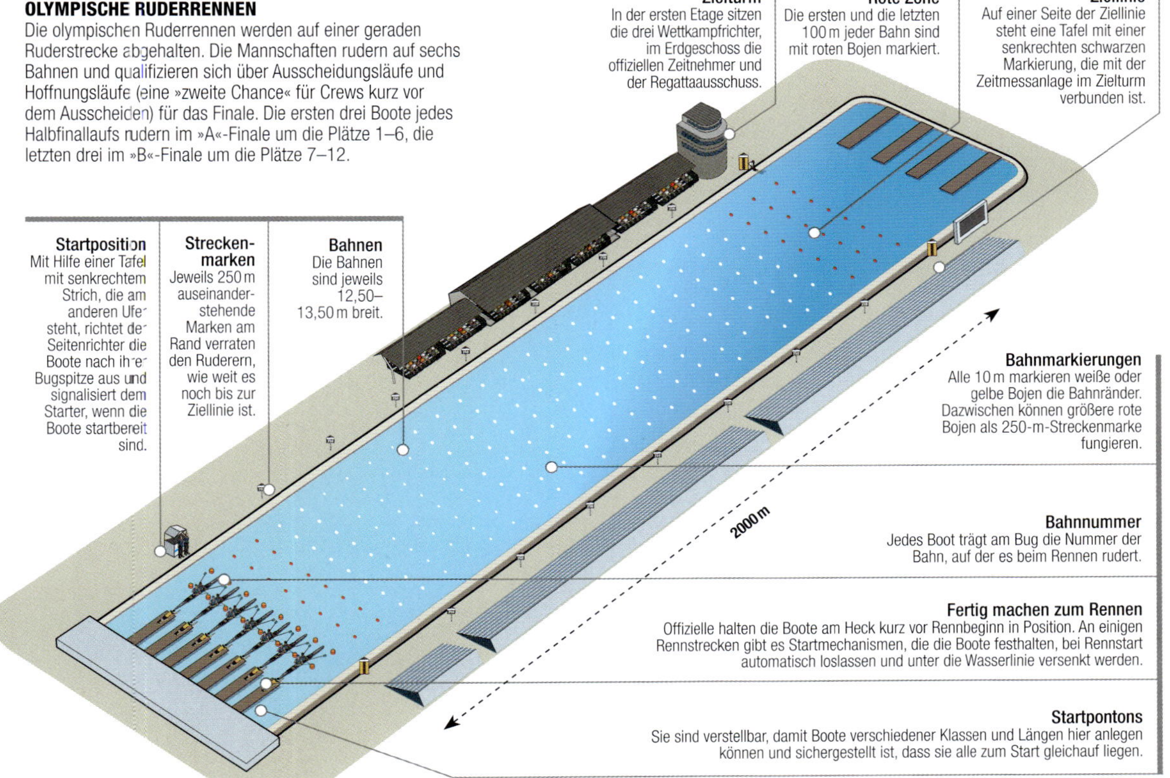

Zielturm
In der ersten Etage sitzen die drei Wettkampfrichter, im Erdgeschoss die offiziellen Zeitnehmer und der Regattaausschuss.
Rote Zone
Die ersten und die letzten 100 m jeder Bahn sind mit roten Bojen markiert.
Ziellinie
Auf einer Seite der Ziellinie steht eine Tafel mit einer senkrechten schwarzen Markierung, die mit der Zeitmessanlage im Zielturm verbunden ist.
Startposition
Mit Hilfe einer Tafel mit senkrechtem Strich, die am anderen Ufer steht, richtet der Seitenrichter die Boote nach ihrer Bugspitze aus und signalisiert dem Starter, wenn die Boote startbereit sind.
Streckenmarken
Jeweils 250 m auseinanderstehende Marken am Rand verraten den Ruderern, wie weit es noch bis zur Ziellinie ist.
Bahnen
Die Bahnen sind jeweils 12,50–13,50 m breit.
Bahnmarkierungen
Alle 10 m markieren weiße oder gelbe Bojen die Bahnränder. Dazwischen können größere rote Bojen als 250-m-Streckenmarke fungieren.
2000 m
Bahnnummer
Jedes Boot trägt am Bug die Nummer der Bahn, auf der es beim Rennen rudert.
Fertig machen zum Rennen
Offizielle halten die Boote am Heck kurz vor Rennbeginn in Position. An einigen Rennstrecken gibt es Startmechanismen, die die Boote festhalten, bei Rennstart automatisch loslassen und unter die Wasserlinie versenkt werden.
Startpontons
Sie sind verstellbar, damit Boote verschiedener Klassen und Längen hier anlegen können und sichergestellt ist, dass sie alle zum Start gleichauf liegen.

2000-METER-RENNEN

Bei den Olympischen Spielen, dem Weltcup und den Weltmeisterschaften wird jeweils über 2000 Meter gerudert. Bei Olympia und im Weltcup gibt es 14 verschiedene Ruderwettkämpfe, acht für Männer und (seit 1976) sechs für Frauen. Der Weltcup wird jedes Jahr ausgetragen. Die Weltmeisterschaften finden jedes Jahr statt, es sei denn es finden Olympische Spiele statt, und bestehen aus 22 Wettkämpfen, 13 für Männer und neun für Frauen. Seit 2002 werden bei den Weltmeisterschaften auch Handicap-Rennen für Sportler mit körperlichen Behinderungen ausgetragen. Seit 2008 in Peking ist das auch bei den Paralympischen Spielen der Fall.

LEICHTGEWICHTSRUDERN

Rudern ist eine der wenigen Sportarten neben den Kampfsportarten, bei der nach Gewichtsklassen unterschieden wird. So sollen Vorteile durch Körpergröße und Körperbau ausgeglichen werden. Bei den Männern muss die Crew ein Durchschnittsgewicht von 70 kg haben, das keines der Crewmitglieder um mehr als 2,5 kg überschreiten darf. Bei den Frauen beträgt der Durchschnitt 57 kg und die maximale Abweichung 2 kg. Die Leichtgewichtsrennen wurden bei den Weltmeisterschaften 1974 für die Männer und 1985 für die Frauen eingeführt, im olympischen Programm gibt es sie seit 1996.

ZEITRENNEN

Zeitrennen, die sogenannten Head Races, sind eine Alternative zu Bahnrennen. Teilweise nehmen Hunderte von Booten an ihnen teil, starten in kurzen Intervallen hintereinander und jagen sich die Rennstrecke entlang. Das älteste Head Race ist das 1926 ins Leben gerufene Head on the River Race in London. Das inzwischen größte Ruderrennen der Welt ist das Head of the Charles in Boston.

WEITERE RENNEN

Im Ruderkalender haben sich mit der Zeit einige Rennen fest etabliert. Das berühmteste ist das 1829 begründete Boat Race zwischen den Universitäten Oxford und Cambridge, das jährlich über eine Strecke von 6779 m (4 Meilen 374 Yards) auf der Themse in London ausgetragen wird. Seit 1852 tragen die Universitäten Yale und Harvard alljährlich in New London im US-Staat Connecticut ein ähnliches Rennen aus. Weltweit gibt es eine große Zahl von Universitätsrennen und Regatten über unterschiedliche Distanzen. Bei der 1839 begründeten Henley Royal Regatta, einem ebenfalls sehr prestigeträchtigen Wettbewerb, treten jeweils zwei Boote im Zweikampf gegeneinander über eine Strecke von 2112 m (1 Meile 550 Yards) an. 1988 fand die erste Henley-Frauenregatta statt und 1993 traten Frauen zum ersten Mal im Einer an. Inzwischen sind Achter und Doppelvierer hinzugekommen.

EIN ODER ZWEI RUDER?

Der Unterschied zwischen Skullen und Riemenrudern besteht in der Anzahl der Ruder pro Athlet. Die Boote sind grundsätzlich gleich, aber anderes ausgestattet, um die jeweiligen Ruder aufzunehmen.

RIEMENRUDERN

Riemenruderer rudern in Mannschaften von zwei bis acht Personen und greifen jeweils einen Riemen (Ruder) mit beiden Händen. Viele Riemenruderer haben eine bevorzugte Seite.

SKULLEN

Skuller rudern mit jeweils zwei Skulls. Obwohl es auch Doppelachter gibt (Skulls mit acht Ruderern), werden die meisten Wettbewerbe zwischen Einern, Doppelzweiern und Doppelviern ausgetragen.

WETTKÄMPFE

Abkürzungen des internationalen Klassifizierungssystems für Ruderwettbewerbe:

L ODER LT Wettkämpfe für Leichtgewichte.
J Junioren; Wettkämpfe für Jugendliche bis 19 Jahre.
B Senioren B; Wettkämpfe für Erwachsene unter 23 Jahre.
M Wettkämpfe der Männer.
W Wettkämpfe für Frauen (Women); deutsch auch F.
1 Die Anzahl der rudernden Athleten im Boot; also jeweils 1, 2, 4 oder 8.
X Wettbewerbe der Skuller (Einer, Doppelzweier, Doppelvierer).
+ ODER – Gibt an, ob mit (+) oder ohne (–) Steuermann gerudert wird.

LM4x bezeichnet also einen Männer-Vierer (Leichtgewicht), während W8+ ein Frauen-Achter (Schwergewicht) mit Steuerfrau ist. Es gibt weitere Angaben zu Rennerfahrung oder Handicap, die von Land zu Land variieren und international nicht verwendet werden. Eine weitere Altersklasse sind die Masters für ältere Teilnehmer.

GRUNDAUSSTATTUNG

Ruderausrüstung ist teuer und ist normalerweise im Besitz der Ruderklubs, wenngleich viele Leistungsruderer ihr eigenes Einer-Skiff besitzen. Bei Rennen tragen Ruderer meist einen einteiligen Anzug in Klub- oder Nationalfarben. Die Anzüge liegen eng an, damit sie sich nicht an Rudern oder Bootsteilen verfangen können. Je nach Wetterbedingungen tragen die Sportler weitere atmungsaktive Kleidungsstücke.

BOOTE

Die traditionellen Holzboote wurden größtenteils von Booten aus modernen Materialien wie Kohlenstoff- oder Glasfaser abgelöst. Der Rumpf hat eine lange, schmale Form für geringstmöglichen Wasserwiderstand. Die Länge wird je Bootsklasse in den Regeln der FISA festgelegt (Minimalanforderungen siehe unten). Die Breite liegt zwischen 59,7 cm und 62,2 cm. Für eine stabile Wasserlage sorgt ein kleines Schwert. Außer Einern und Doppelzweiern sind alle Boote mit einem Ruder ausgestattet.

STEUERUNG

Die meisten Rennruderboote haben Steuerruder, die nicht viel größer sind als eine Scheckkarte. Das Steuer wird über Drähte bewegt. Hat das Boot einen Steuermann (bzw. eine Steuerfrau), bedient er das Steuer (siehe unten). Wird ohne Steuermann gefahren, wird das Steuer vom Bugmann (vorne im Boot) über das bewegliche Steuerbrett, an dem die Drähte befestigt sind, bedient. Je nachdem, wie gerade die Rennstrecke ist, muss der Bugmann (die Bugfrau) sich regelmäßig umsehen und den Kurs korrigieren.

DER KLEINE UNTERSCHIED

Der Steuermann ist ein wichtiges Mitglied der Mannschaft. Er steuert nicht nur das Boot, sondern gibt taktische Anweisungen, motiviert und fungiert als Trainer auf dem Wasser, der die Mannschaft im Rennen korrigiert und ihr mitteilt, wie das Rennen verläuft. Früher wurden dazu Megafone eingesetzt, heute sind die Boote mit einem Lautsprechersystem und der Steuermann mit einem Mikrofon ausgestattet. Damit die Ruderer kein zusätzliches Gewicht bewegen müssen, sind die Steuermänner sehr leicht – die FISA hat ein Minimum von 55 kg bei Männern und 50 kg bei Frauen festgelegt.

BOOTSKLASSEN

Hier sind die sieben wichtigsten Bootsklassen aufgeführt, inklusive Zahl der Ruderer, minimaler Bootslänge und Gewicht nach FISA-Reglement. Die achte Bootsklasse, der Doppelachter mit Steuermann, kommt bei Wettkämpfen seltener vor.

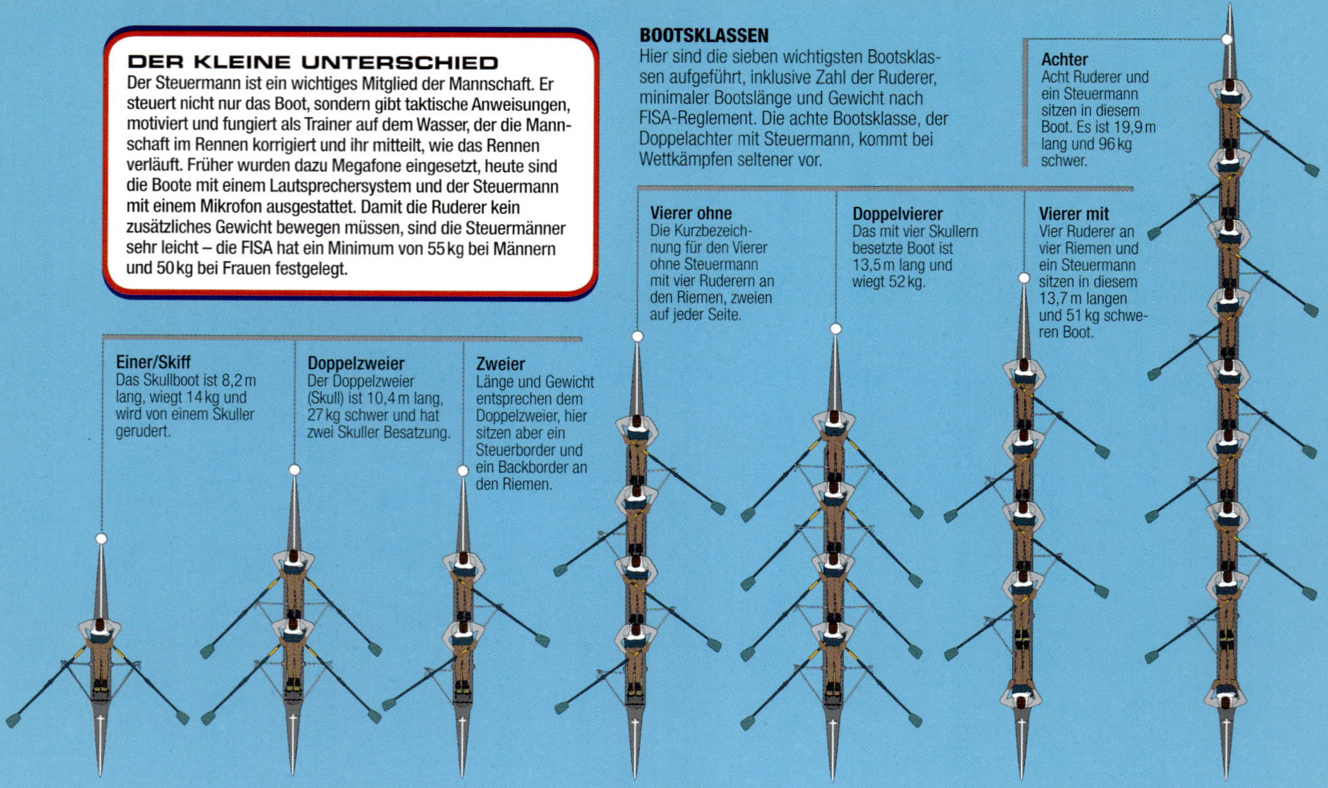

Einer/Skiff
Das Skullboot ist 8,2 m lang, wiegt 14 kg und wird von einem Skuller gerudert.

Doppelzweier
Der Doppelzweier (Skull) ist 10,4 m lang, 27 kg schwer und hat zwei Skuller Besatzung.

Zweier
Länge und Gewicht entsprechen dem Doppelzweier, hier sitzen aber ein Steuerborder und ein Backborder an den Riemen.

Vierer ohne
Die Kurzbezeichnung für den Vierer ohne Steuermann mit vier Ruderern an den Riemen, zweien auf jeder Seite.

Doppelvierer
Das mit vier Skullern besetzte Boot ist 13,5 m lang und wiegt 52 kg.

Vierer mit
Vier Ruderer an vier Riemen und ein Steuermann sitzen in diesem 13,7 m langen und 51 kg schweren Boot.

Achter
Acht Ruderer und ein Steuermann sitzen in diesem Boot. Es ist 19,9 m lang und 96 kg schwer.

IM BOOT

Die Ausrüstung von Skull- und Riemenruderbooten ist fast identisch, nur Ausleger und Ruder sind beim Skullen kleiner. Form und Größe der Ruderblätter sind nicht vorgeschrieben. Ausleger und Ruder sind normalerweise aus leichten und sehr stabilen Materialien gefertigt. Die Mechanismen im Innern der Boote wie Rollsitze, Stemmbretter etc. sind identisch.

»RUDER«

Skulls und Riemen sind heute hohl und aus Kohlenstofffasern. Die angegebenen Längen sind Durchschnittswerte, da die Schäfte oft ausziehbar sind.

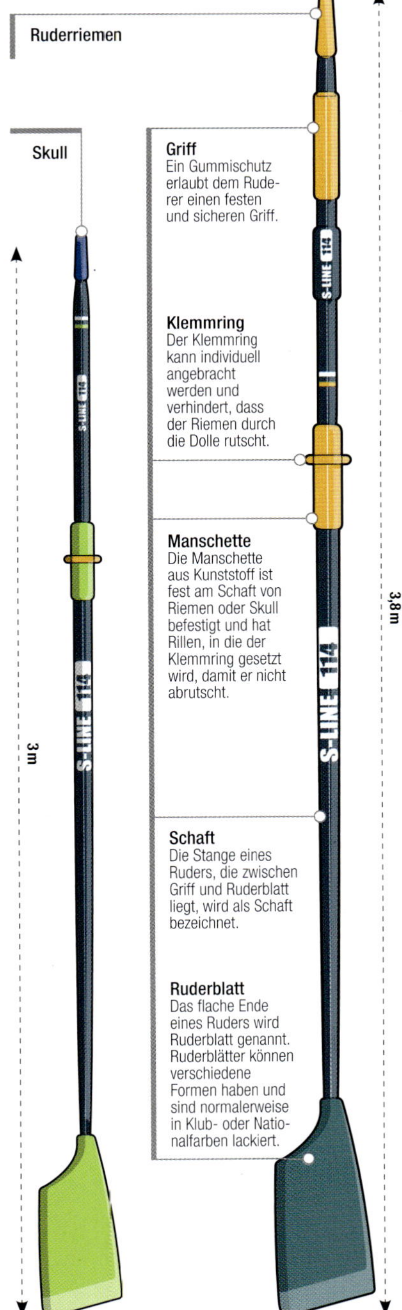

Griff
Ein Gummischutz erlaubt dem Ruderer einen festen und sicheren Griff.

Klemmring
Der Klemmring kann individuell angebracht werden und verhindert, dass der Riemen durch die Dolle rutscht.

Manschette
Die Manschette aus Kunststoff ist fest am Schaft von Riemen oder Skull befestigt und hat Rillen, in die der Klemmring gesetzt wird, damit er nicht abrutscht.

Schaft
Die Stange eines Ruders, die zwischen Griff und Ruderblatt liegt, wird als Schaft bezeichnet.

Ruderblatt
Das flache Ende eines Ruders wird Ruderblatt genannt. Ruderblätter können verschiedene Formen haben und sind normalerweise in Klub- oder Nationalfarben lackiert.

BOOTSTEILE

Der Rumpf wird aus leichtem, aber nicht sehr robustem Material und für verschiedene Crews in verschiedenen Stärken hergestellt. Ohne Ruder ist das Boot recht instabil.

Bugball
Am Bugende jedes Bootes ist ein Gummiball befestigt, da der Bugspriet sehr spitz ist. Im Fall einer Kollision kann ein Bugball helfen, Verletzungen zu verhindern.

Luftkasten
Das schmale Vorder- und Hinterschiff eines Ruderboots sind luftdicht verschließbar und nach den Lufttanks bezeichnet, die Boote schwimmfähig halten, wenn sie beim Kentern voll Wasser laufen. Bei Booten, die knapp gewinnen, spricht man von einem Sieg »um Luftkastenlänge«.

Rollsitz
Der Rollsitz wird auf Rollen durch die fest mit dem Boot verbundenen Rollbahnen (Schienen) geführt. Mit seiner Hilfe kann der Ruderer die Beine anziehen und strecken, wodurch der Schlag länger und kraftvoller wird.

Stemmbrett
Ein fest verbolztes Stemmbrett mit Schuhen dient zum Fixieren der Füße. So kann der Ruderer sich beim Strecken der Beine kräftig abstoßen, um das Ruder kraftvoll durchs Wasser zu führen. Die Schuhe werden mit Klettband verschlossen, um sie bei eventuellem Kentern schnell öffnen zu können.

Leicht und schnell
Ein modernes Rennruderboot besteht aus leichtesten Materialien, wie Kunststoffen aus Kohlenstofffasern, und durchschneidet dank seiner Form das Wasser förmlich. Es soll so leicht wie möglich, aber stabil genug sein, um die Mannschaft sicher zu tragen.

8,2 m

RUDERREGELN

Jedes Land hat einen nationalen Ruderverband, der die Regeln für die einzelnen Ruderwettbewerbe festlegt. Sie können leicht variieren, regeln aber vor allem den sicheren und fairen Ablauf der Rennen. Die nationalen Ruderverbände sind im internationalen Dachverband Fédération Internationale des Sociétés d'Aviron (FISA) zusammengeschlossen, der internationale Wettkämpfe regelt.

RENNEN & REGATTEN

Regatten finden unter Aufsicht des Rennkomitees statt, das vom Vorsitzenden geleitet wird. Bevor eine Mannschaft aufs Wasser darf, wird überprüft, ob sie und das Boot den Vorschriften entsprechen. Vor dem Start werden die Boote auf eine Linie gebracht und von einem elektronischen Startmechanismus oder einem Offiziellen festgehalten, während der Seitenrichter die exakte Ausrichtung der Boote überprüft. Ein lauter Ton oder Startschuss, ein Ruf des Startrichters oder eine »Ampel« signalisieren den Start: Die Boote werden losgelassen. Bei einem Fehlstart wird eine Glocke geläutet und der Startrichter ruft die Boote mit einer roten Flagge zurück. Bei einem zweiten Fehlstart wird das verursachende Boot disqualifiziert.

Ein Schiedsrichterboot folgt den Ruderbooten auf der Strecke und kontrolliert, ob die Boote vom Kurs abweichen. Das wird mit Disqualifizierung geahndet. Ein Horn ertönt bei jedem Boot, das die Ziellinie überquert. Der Zielrichter bestätigt nach Ende jedes Rennens dessen korrekten Ablauf durch Heben einer weißen Flagge. Sieger ist das Boot, das die Ziellinie zuerst berührt. Drei Fotofinish-Richter entscheiden, ob es einen eindeutigen Sieger gibt. Eine zuvor bestimmte Jury aus mindestens drei Schiedsrichtern fällt bei formellen Protesten eine Entscheidung.

»EINEN KREBS FANGEN«

»Einen Krebs zu fangen« ist der Albtraum jedes Ruderers. Gemeint ist ein Fehler beim Rudern: Taucht das Ruderblatt im falschen Winkel ins Wasser, wird es tief abgelenkt; der Schaft schlägt schnell und schwungvoll nach hinten, das Ruder bleibt hängen. Dadurch kann das Boot zum Kentern gebracht oder der Ruderer aus dem Sitz geschleudert werden. Wenn er Pech hat, schlägt ihm der Schaft gegen die Rippen.

DER RUDERSCHLAG

Obwohl Rudern wie eine oberkörperbetonte Sportart aussieht, kommt die Kraft für den Ruderschlag aus den Beinen. Ruderer sitzen rückwärts (mit Blick zum Heck) und bewegen das oder die Ruder und somit das Boot durch Streckung der Beine durchs Wasser. Die Technik ist grundsätzlich für beide Ruderarten gleich und setzt sich aus vier Hauptphasen (siehe unten) zusammen. Das Geheimnis liegt im gleitenden Übergang von einer Phase in die nächste. Bei perfekter Technik wirkt Rudern elegant und mühelos, ist aber enorm anstrengend und kräftezehrend. Es erfordert langes und intensives Training, das Gleichgewicht zu halten und mit der Crew im Takt kräftig durchzuziehen, ohne das Boot dabei auszubremsen.

ERGOMETERRUDERN

Ruderer verbringen viele Trainingseinheiten auf dem Ruderergometer (auch kurz »Ergo«), einem Trainingsgerät, das die Bewegungsabläufe beim Rudern simuliert und die körperliche Arbeit, die der Ruderer verrichtet, messbar und damit für den Trainer kontrollierbar macht. Entscheidungen über die Mannschaftsaufstellung werden manchmal auf diese Weise gefällt, obwohl die Leistung am Ergometer nicht immer mit der auf dem Wasser gleichzusetzen ist, wo Balance und harmonisches Zusammenspiel eine wichtige Rolle spielen. Ergometerrudern hat sich inzwischen zu einer eigenen Wettkampfsportart entwickelt. In vielen Ländern haben sich unzählige Wettkämpfe auf dem Ruderergometer etabliert. In Boston werden alljährlich die Weltmeisterschaften CRASH-B Sprints abgehalten.

IN AUSLAGE GEHEN/WASSER FASSEN

Der Ruderer lehnt sich vor, sodass die Knie eng angezogen und die Unterschenkel senkrecht sind. Mit ausgestreckten Armen für eine möglichst weite Auslage senkt der Ruderer die Blätter senkrecht ins Wasser und beginnt den Zug durch Einstemmen der Beine am Stemmbrett.

DURCHZUGPHASE

Beim Einstemmen und Strecken der Beine wird Druck aufgebaut und auf die Ruder übertragen, die durchs Wasser gezogen werden. Der Sitz gleitet nach hinten. Für eine optimale Länge des Schlags zieht der Ruderer die Griffe zu sich heran und geht in leichte Rücklage.

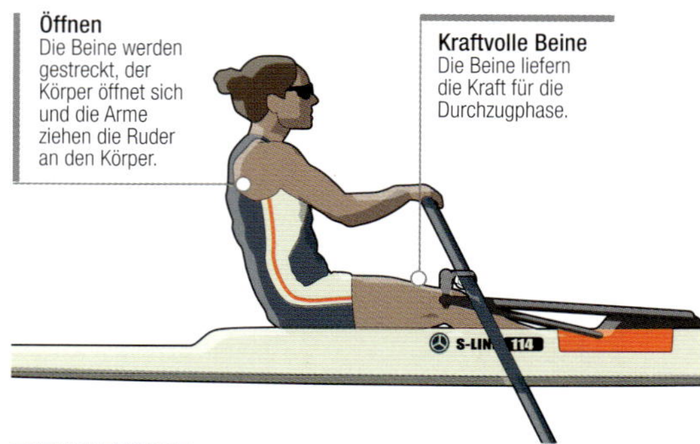

Öffnen
Die Beine werden gestreckt, der Körper öffnet sich und die Arme ziehen die Ruder an den Körper.
Kraftvolle Beine
Die Beine liefern die Kraft für die Durchzugphase.

AUSHEBEN

Das Ausheben bildet den Abschluss des Endzugs und ist die Phase, in der der Ruderer die Griffe nach unten drückt und die Blätter dadurch aus dem Wasser hebt. Sobald sie vollständig ausgehoben sind, kippt der Ruderer die Handgelenke, wodurch die Blätter abgedreht (flach gestellt) werden, was ihren Luftwiderstand verringert.

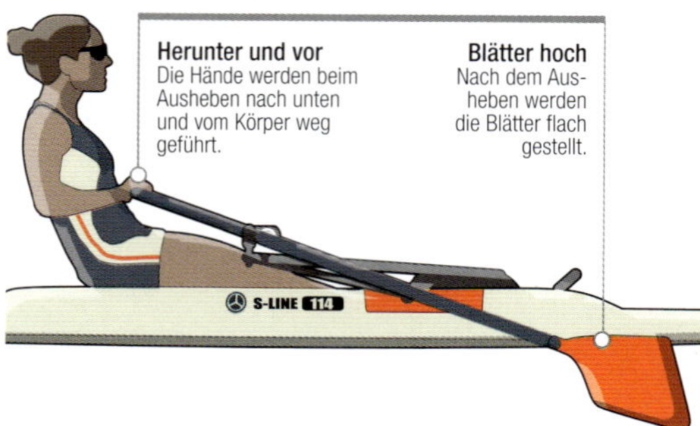

Herunter und vor
Die Hände werden beim Ausheben nach unten und vom Körper weg geführt.
Blätter hoch
Nach dem Ausheben werden die Blätter flach gestellt.
Bereit zum Absenken
Das Ruderblatt steht senkrecht zum Wasser, bereit zum Eintauchen.
Starkes Kreuz
Der Körper geht leicht in Vorlage, die Schultern sind vorgestreckt.
Die Arme sind für einen möglichst langen Schlag vollständig gestreckt.
S-LINE 114

FREILAUFPHASE

Während die Hände gleichmäßig nach vorne über die Knie hinweg geführt werden, bewegen sich die Ruderblätter waagerecht über das Wasser. Dann beugt sich der Körper vor und rollt nach vorne, um die nächste Auslage vorzubereiten. Die Blätter werden wieder voll aufgedreht und die Beine werden wieder dicht angezogen, bevor die Blätter erneut Wasser fassen.

Vorrollen
Der Körper rollt vor, die Ruder werden nach vorne geführt und die Blätter zum Wasserfassen voll aufgedreht.

GEWUSST?

250.000 So viele Zuschauer säumen jedes Jahr beim berühmten Boat Race zwischen den Universitätsteams von Oxford und Cambridge die Ufer der Themse.

9.000 So viele Teilnehmer bestreiten alljährlich das Head of the Charles Race in Boston.

11,68 Die Lungenkapazität des britischen Ruderers Peter Reed in Litern (mehr als 12 Maßkrüge voll – über das Doppelte des Durchschnitts).

0,08 So klein in Sekunden war der Vorsprung des britischen Ruderes Matthew Pinsent vor dem kanadischen Boot, als er mit dem Vierer ohne Steuermann bei den Spielen in Athen 2004 sein viertes olympisches Gold in Folge gewann. Mit von der Partie waren James Cracknell, Ed Coode und Steve Williams.

AUF DEM WEG ZUM SIEG

Wenn Ruderer von der Schlagzahl sprechen, meinen sie die Anzahl der Ruderschläge, die sie pro Minute durchführen. Beim Start eines Rennens liegt sie normalerweise hoch – beim Herren-Achter zeitweise über 50. Sobald das Boot Fahrt aufgenommen hat, fällt die Mannschaft auf Renngeschwindigkeit zurück – beim Herren-Achter 38–40 Schläge. Aus taktischen Gründen, beispielsweise um den Überholversuch eines anderen Boots abzuwehren, können die Kommandos »zehn Dicke« oder »zwei mehr« ergehen, was zehn sehr kräftige Schläge oder die Erhöhung der Schlagzahl um zwei bedeutet. Bei Annäherung an die Ziellinie wird die Mannschaft in den Sprint übergehen und die Schlagzahl erneut erhöhen – normalerweise auf 46 oder mehr. Eine hohe Schlagzahl ist aber keine Garantie für Geschwindigkeit. Eine technisch perfekte Crew kann schneller rudern als eine Crew mit hoher Schlagzahl.

TEAMWORK

Außer im Einer ist Rudern immer eine Mannschaftsleistung, die Teamarbeit erfordert. Ein Ruderer alleine kann den Sieg nicht errudern, dazu bedarf es der gemeinsamen Anstrengung aller im Boot. Die Arbeit am Ruderblatt, Timing, Körperhaltung und Bewegungen – das alles muss synchron und genau aufeinander abgestimmt sein. Die Positionen der Ruderer werden ab dem Bug gezählt, mit dem Bugmann auf der Eins, dann kommen Zwei, Drei etc. bis zur Sieben und vorne der Schlagmann.

8 Schlagmann
Technisch guter Ruderer, der der Mannschaft Schlagzahl und Rhythmus vorgibt.
7 Sieben
Unterstützt den Schlagmann und gibt Rhythmus und Schlagzahl an die Hintermänner weiter.
6 Sechs
Er ist praktisch der Vorarbeiter der vier mittleren Ruderer; hilft den Rhythmus und die Länge zu halten.
5 Fünf
Unterstützt die Sechs beim Halten der Schlagzahl und leitet den Rhythmus weiter.
4 Vier
Angelpunkt der vier Kraftgeber in der Mitte und Verbindungsmann zwischen Heck- und Bugpaar.
3 Drei
Gibt Schub und gibt den Schlagrhythmus an das Paar im Bug weiter.
2 Zwei
Technisch versierter Vordermann des Bugpaars mit schneller Ruderarbeit, der Schläge gut vorausahnt.
1 Bugmann
Quert als Erster die Ziellinie; technisch guter Ruderer, der mit der Zwei das Boot in Balance hält.
Steuermann
Er steuert und gibt die Taktik vor (siehe S. 264).
8
7
6
5
4
3
2
1
S-LINE 114
S-LINE 114

STATISTIK

WELTBESTZEITEN (MÄNNER)

KLASSE	LAND	ZEIT	JAHR
M1X	NEUSEELAND *(M. Drysdale)*	6:33,35	2009
M2–	NEUSEELAND *(H. Bond, E. Murray*	6:08,50	2012
M2X	FRANKREICH *(J.-B. Macquet, A. Hardy)*	6:03,25	2006
M4–	GROSSBRITANNIEN *(A. Triggs-Hodge, T. James, P. Reed, A. Gregory)*	5:37,86	2012
M4+	DEUTSCHLAND *(J. Dederding, A. Weyrauch, B. Rabe, M. Ungemach, A. Eichholz)*	5:58,96	1991
M4X	RUSSLAND *(W. Rjabzew, A. Swirin, N. Morgatschow, S. Fedorowzew)*	5:33,15	2012
M8+	KANADA *(G. Bergen, D. Csima, R. Gibson, C. McCabe, M. Howard, A. Byrnes, J. Brown, W. Crothers, B. Price)*	5:19,35	2012

WELTBESTZEITEN (FRAUEN)

KLASSE	LAND	ZEIT	JAHR
W1X	BULGARIEN *(R. Nejkowa)*	7:07,71	2002
W2–	RUMÄNIEN *(G. Andrunache, V. Susanu)*	6:53,80	2002
W2X	NEUSEELAND *(G. Evers-Swindell, C. Evers-Swindell)*	6:38,78	2002
W4–	AUSTRALIEN *(R. Selby Smith, J. Lutz, A. Bradley, K. Hornsey)*	6:25,35	2006
W4X	DEUTSCHLAND *(J. Richter, C. Bär, T. Manker, S. Schiller)*	6:09,38	2012
W8+	USA *(A. Polk, K. Simmonds, E. Reagan, L. Schmetterling, G. Luczak, C. Lind, V. Opitz, H. Robbins, K. Snyder)*	5:54,16	2013

INSIDER-STORY

Der »moderne« Rudersport geht möglicherweise auf Wettrennen der Londoner Fährruderer auf der Themse zurück. Im 18. Jahrhundert breitete sich Rudern in ganz Europa und Nordamerika aus. Das Boat Race zwischen den Universitäten Oxford und Cambridge fand 1829 zum ersten Mal statt, gefolgt von der ersten Regatta in Henley 1839. In den USA begründeten Yale und Harvard ihren Universitäts-Zweikampf 1852. Bis 1892 war Rudern so beliebt, dass es ins Programm der Olympischen Spiele 1896 in Athen aufgenommen wurde. Die Rennen mussten allerdings wegen schlechten Wetters abgesagt werden, und so fand das olympische Debüt erst 1900 in Paris statt. Die Frauen nehmen seit den Spielen 1976 in Montreal teil. Leichtgewichtsrudern ist seit den Spielen 1996 in Atlanta olympisch.

INTERNATIONALER RUDERVERBAND

Die Fédération Internationale des Sociétés d'Aviron (FISA) ist der internationale Dachverband der nationalen Ruderverbände. Sie richtet internationale Regatten, die Ruderwettbewerbe der Olympischen Spiele sowie die Weltmeisterschaften und den Ruder-Weltcup aus. Mit ihrem Gründungsjahr 1892 ist sie einer der ältesten Sportverbände der olympischen Bewegung.

KAJAK

ÜBERBLICK

Der Kanusport im Kajak, ob im Wildwasserkanal oder bei Zweikämpfen auf der Flachwasserstrecke, verlangt vom Sportler Ausdauer, Kraft und technische Perfektion. Olympische Disziplinen im Kajak sind verschiedene Sprintstrecken für Einer-, Zweier und Viererkajak sowie der Kanuslalom. Beim Slalom fahren die Teilnehmer auf Zeit und müssen verschiedene Tore in vorgeschriebener Richtung durchfahren, ohne die Torstangen zu berühren. Neben den Olympischen Spielen werden auf internationaler Ebene Marathon- und Wildwasserrennen ausgetragen. Zudem gibt es Kanupolo, eine Ballsportart, bei der zwei Mannschaften in Kajaks gegeneinander antreten.

SPORTLERPROFIL

Auf den Sprintstrecken benötigen Kanuten ein hohes Maß an aerober Fitness und Ausdauerkraft. Sie müssen technisch einwandfrei mit ständigem Druck auf den Paddeln rudern. Beim Slalom spielt die Technik die wichtigste Rolle, Kraft und Ausdauer sind aber auch hier Voraussetzung.

FAKTEN

- **Im Kanusport unterscheidet man Kajaks und Canadier, wobei das Kanu sitzend und mit Doppelblattpaddel gefahren wird.**
- **Der in Europa und Nordamerika sehr beliebte Sport wird vom Dachverband International Canoe Federation (ICF) betreut.**
- **Die international angesehensten Wettbewerbe sind die Olympischen Spiele und die von der ICF ausgerichteten Weltmeisterschaften.**
- **Sprint- und Slalomrennen erfordern verschiedene Techniken wie auch unterschiedliche Spezialausrüstung.**

RENNSTRECKEN

Die Rennen auf der olympischen Regattastrecke führen durch glattes Wasser und gehen über 200 m, 500 m und 1000 m. Die Strecke ist in neun parallele Bahnen (siehe rechts) von je 9 m Breite eingeteilt. Die Slalomwettbewerbe finden auf natürlichen Flussläufen oder in speziell angelegten Kanälen statt. Ihre Länge variiert, sie enthalten aber immer 18–25 Tore (bestehend aus jeweils zwei Torstangen), die über dem Wasser aufgehängt werden. Die Tore sind nach der Durchfahrtrichtung durchnummeriert, mindestens sechs von ihnen müssen stromaufwärts durchfahren werden.

SICHERHEIT HAT VORRANG

Die Ausrüstung der Kanuten ist auf höchste Sicherheit ausgelegt. Wichtigster Gegenstand ist die Schwimmweste, die den Sportler beim Kentern über Wasser hält. Essenziell sind aber auch Neopren- und Trockenanzüge, die vor Auskühlen im kalten Wasser schützen.

Schubkraft
Das im Leistungssport verwendete Doppelblattpaddel besteht aus leichten Faserverbundstoffen mit Anteilen an Glas-, Kohlenstoff und Aramidfasern.

Paddelgriffe
Viele Sportler verwenden Paddelgriffe, um einen sichereren Griff zu haben und gleichmäßiger Druck auf das Paddel geben zu können.

Kopfschutz
Der aus faserverstärktem Kunststoff bestehende Helm muss bei Slalomrennen als Schutz vor Verletzungen an Felsen, künstlichen Hindernissen und Toren getragen werden.

Über Wasser bleiben
Eine Schwimmweste ist unverzichtbarer Bestandteil der Ausrüstung. Die leichte, Bewegungsfreiheit gewährende, gut sitzende und mit Auftriebsschaum gefüllte Weste hält den Sportler beim Kentern über Wasser.

Bekleidung
Funktionskleidung aus modernen Synthetikmaterialien ist wind- und wasserdicht, aber dennoch atmungsaktiv, sodass der Schweiß abtransportiert wird.

Kraftvolles Paddeln
Kanuten benötigen für stetigen Druck auf den Paddeln viel Kraft im Oberkörper – je schneller sie paddeln, desto mehr Fahrt können sie aufnehmen.

Spritzdecke
Eine Spritzdecke aus Neopren um die Hüfte des Kanuten wird über die Einstiegsöffnung gespannt und schließt das Kajak wasserdicht ab.

REGATTASTRECKE
Je nach Austragungsort können auf der Regattastrecke alle Distanzrennen im Kajak und Canadier sowie die Ruderwettbewerbe ausgetragen werden. Die Strecke liegt normalerweise windgeschützt und ist strömungsfrei. Die Seiten des Beckens sind so gebaut, dass Wellen sich nicht aufschaukeln.

Auf gleicher Höhe
Auf jeder Seite der Startstege sorgt ein Seitenrichter dafür, dass die Kajaks auf gleicher Höhe starten.

90 m

1000 m

Anzeigetafel
Die Tafel zeigt Sportlernamen, Nationalität, Bahnnummer, Rennzeit und Platzierung für jedes Boot an.

Ziellinie
Zusätzlich zur elektronischen Zeitnahme stoppt ein Zielrichter pro Boot manuell die Zeit beim Queren der Ziellinie.

Schiedsrichterboot
Zwei Schiedsrichter folgen im Motorboot und zeigen dem Hauptschiedsrichter mit roten Flaggen Verstöße an.

Bahnmarkierungen
Fast über die gesamte Strecke markieren weiße (auf den letzen 200 m rote) Bojen die Bahnen.

Startlinie
Der Startrichter gibt das Startsignal und entscheidet gemeinsam mit dem Seitenrichter über einen Fehlstart.

Zielturm
Im Zielturm ist neben dem Hauptschiedsrichter auch der Ansager untergebracht, der über Lautsprecheranlage die Renninformationen verkündet.

Tribünen
Die Zuschauer verfolgen die Rennen von den Tribünen zu beiden Seiten der Regattastrecke.

ERFOLGSGESCHICHTE SHUNYI

Der Shunyi Ruder- und Kanupark wurde als erste Austragungsstätte für die Olympischen Spiele 2008 in Peking fertiggestellt. Hier wurden Flach- und Wildwasserwettbewerbe ausgetragen.

KAJAKRENNEN

Auf der olympischen Regattastrecke treten drei verschiedene Kajakklassen an: K1, K2 und K4. Der Buchstabe »K« steht dabei für Kajak und die Zahl für die Anzahl der Crewmitglieder pro Boot. In den Klassen K1 und K2 treten die Männer über 200 m und 1000 m an, in der Klasse K4 über 1000 m. Frauen treten in der Klasse WK1 über 200 m (W steht für Women/ Frauen) und in allen drei Klassen über 500 m an. Die Kajakklassen werden nach verschiedenen Spezifikationen unterteilt, wie hier in der Tabelle aufgeführt:

	K1 EINER	K2 DOPPEL	K4 VIERER
LÄNGE	5,2 m	6,5 m	1,1 m
BREITE	30 cm	35 cm	40 cm
GEWICHT	12 kg	18 kg	30 kg

JOHN MACGREGOR UND ROB ROY

Die Popularität des Kanusports als Freizeitsport führen viele auf den Schotten John MacGregor zurück. Im 19. Jahrhundert ging dieser mit einem Kajak aus Zedernholz und Eiche auf Tour und fuhr quer durch Europa und den Nahen Osten. Er hatte das Kajak nach einem berühmten Vorfahren, dem schottischen Freiheitskämpfer Rob Roy benannt. Sein Buch »Tausend Meilen im Rob Roy Canoe« wurde ein internationaler Bestseller.

KANUSLALOM

Der Kanuslalom ist ein technisch anspruchsvolles, auf natürlichen oder angelegten Wildwasserstrecken ausgetragenes Rennen, bei dem die Kanuten eine Reihe von Toren durchfahren müssen (siehe S. 266). Die olympische Slalomstrecke wird von Männern und Frauen im Einerkajak gefahren. Sieger ist der Kanut, der nach zwei Läufen und Einrechnung der Strafsekunden die schnellste Gesamtzeit gefahren ist.

TORFEHLER
Der olympische Slalomkurs hat normalerweise 18–25 Tore. Torfehler wie Berührung oder Auslassung eines Tores oder Durchfahren in falscher Richtung werden von den Torrichtern mit Strafsekunden geahndet.

Fehler mit dem Paddel
Um die Tore nicht mit dem Paddel zu berühren, halten die Kanuten es bei der Tordurchfahrt senkrecht.

Farbmarkierungen der Tore
Tore mit grünen und weißen Streifen müssen stromabwärts durchfahren werden, rote und weiße Streifen markieren Stromaufwärts-Tore.

WETTKAMPF-BEKLEIDUNG

Die Wettkampfbekleidung der Kanuten wird aus modernsten Materialien gefertigt. Sie hält den Körper warm und trocken und bietet gleichzeitig Bewegungsfreiheit. Darüber hinaus dient sie der Sicherheit, wie etwa die einteilige Kombination aus Trockenjacke und Spritzdecke, die das Kajak abdeckt.

MIKROFASER
Die Unterbekleidung besteht aus modernen atmungsaktiven Mikrofasern, die den Schweiß abtransportieren und den Körper so trotz Anstrengung warm und trocken halten.

Wasserdicht
Die Kombination aus wasserdichter Trockenjacke und Spritzdecke verhindert, dass Wasser ins Kajak gelangt.

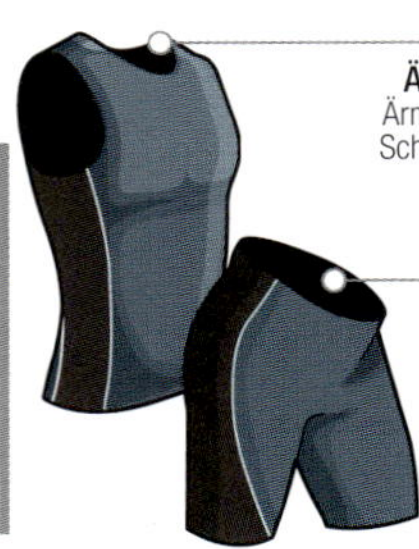

Ärmellose Oberteile
Ärmellose Westen helfen Scheuerstellen unter den Armen vermeiden.

Enge Hosen
Gepolsterten Sitzflächen und verdeckte Nähte verhindern Druck- und Scheuerstellen.

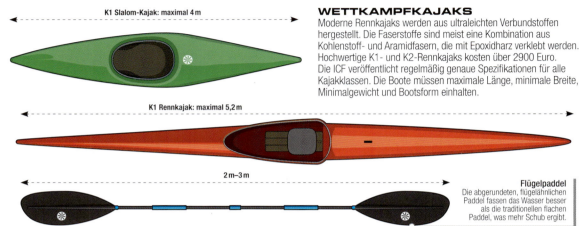

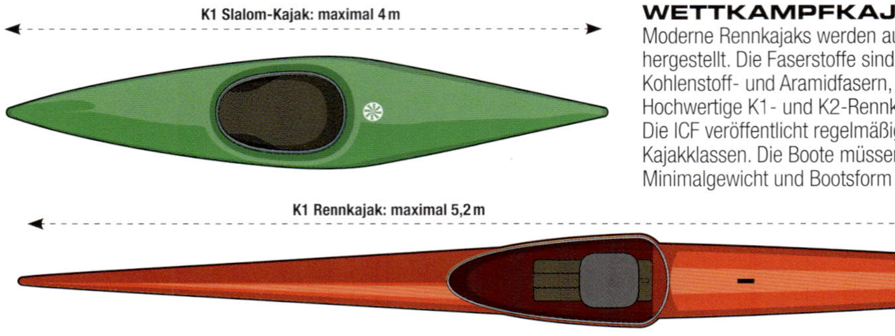

WETTKAMPFKAJAKS

Moderne Rennkajaks werden aus ultraleichten Verbundstoffen hergestellt. Die Faserstoffe sind meist eine Kombination aus Kohlenstoff- und Aramidfasern, die mit Epoxidharz verklebt werden. Hochwertige K1- und K2-Rennkajaks kosten über 2900 Euro. Die ICF veröffentlicht regelmäßig genaue Spezifikationen für alle Kajakklassen. Die Boote müssen maximale Länge, minimale Breite, Minimalgewicht und Bootsform einhalten.

2 m–3 m

Flügelpaddel
Die abgerundeten, flügelähnlichen Paddel fassen das Wasser besser als die traditionellen flachen Paddel, was mehr Schub ergibt.

PADDELTECHNIK

Der Körper ist die antreibende Kraft bei allen Paddelzügen. Anfänger holen die Kraft oft allein aus den Armen, wodurch sie schnell ermüden und ihre Technik leidet. Erfahrene Kanuten setzen den gesamten Körper ein und übertragen die Kraft mit den Armen auf die Paddelblätter. Ein weiterer Anfängerfehler ist das feste Umfassen des Schafts mit beiden Händen. Kanuten greifen aber nur mit der jeweiligen Aktionshand fest zu. In der anderen Hand sollte der Schaft frei rotieren können.

GRUNDSCHLAG

Bei jedem Paddelschlag zieht der Aktionsarm das Paddel durch das Wasser, während die andere Hand locker lässt und durch Druck auf den Schaft schiebt. Beim Zug werden beide Arme vor dem Körper gehalten. Ein linker Schlag beginnt mit Abknicken des linken Handgelenks, um das Schlagpaddel in Position zu bringen. Nach dem Schlag entspannt die linke Hand und dreht den Schaft in die richtige Position für den rechten Zug.

BOGENSCHLAG

Der Bogenschlag ist ein Kontroll- oder Lenkschlag, der dazu dient, das Kajak auf der Stelle oder in der Vorwärtsbewegung zu drehen. Er ist ein Schlag, der gleichzeitig dreht und vorwärts gerichtet ist und so eine Drehung bewirkt, ohne Geschwindigkeit einzubüßen. Dazu versenkt man das Paddel im Wasser und schwingt es dann gemeinsam mit dem Oberkörper herum.

ANSETZEN DES BOGENSCHLAGS
Der Bogenschlag beginnt in derselben Position wie der einfache Grundschlag. Das Paddelblatt wird eingesetzt und der Oberkörper dann in Richtung Heck gedreht. Dann drücken die Beine in Richtung der gewünschten neuen Fahrtrichtung.

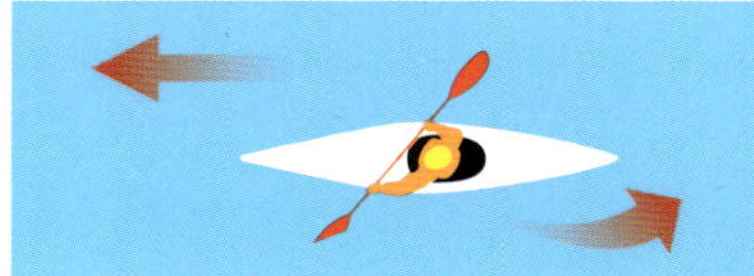

DURCHZUG ZUM HECK
Das Paddelblatt wird mit gestrecktem Aktionsarm im Bogen etwa 1 m vom Kajak durchs Wasser geführt. Der Oberkörper dreht mit, während das Blatt sich zum Heck bewegt. Die größte Kraft erzeugt der Schlag zwischen Hüfthöhe und Heck.

AUSGEWOGENE KÖRPERHALTUNG
Der Oberkörper ist seitlich gedreht, das Paddelblatt wird aus dem Wasser gehoben und der Schaft parallel zum Kajak gehalten. Um den nächsten Schlag ansetzen zu können, muss der Kajakfahrer seinen Oberkörper wieder in Mittelposition zurückdrehen.

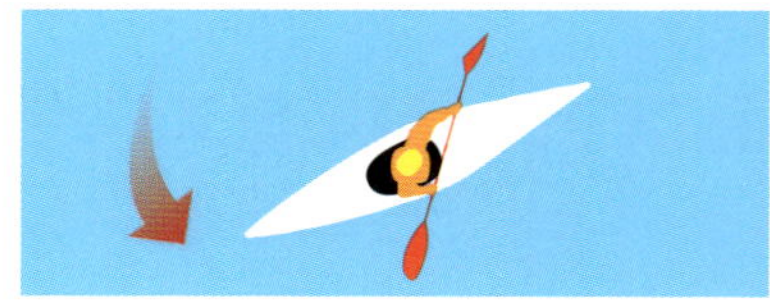

EINTAUCHPHASE
Der Grundschlag beginnt mit dem Wasserfassen, wenn das Paddelblatt ins Wasser taucht.

Eintauchen
Das Blatt wird kraftvoll ins Wasser gesetzt.

KOMPRESSION
Die Kompression stabilisiert das Kajak und bereitet die Hauptdruckphase des Schlags vor.

Körperdrehung
Der Oberkörper dreht sich mit der Bewegung des Paddelblattes mit.

ANDERE KANUSPORTARTEN

Kanurennen und Kanuslalom sind die einzigen olympischen Disziplinen für Kanuten in Kajaks, aber auf internationaler Ebene werden viele weitere Wettbewerbe ausgetragen. Bei Wildwasserrennen fahren Kajaks eine Art Abfahrt gegen die Zeit. Der Kanumarathon ist eine Langstrecke, die auf natürlichen Wasserwegen ausgetragen wird. Kanupolo ist eine Ballsportart, bei der zwei Mannschaften mit je fünf Kajaks gegeneinander antreten.

WILDWASSERRENNEN

Im Gegensatz zum Slalom gibt es hier keine Tore, sondern es geht nur darum, den Kurs mit natürlichen Hindernissen so schnell wie möglich zu vollenden. Es gibt zwei Wettkampfarten: Bei den Sprints paddeln die Kanuten über 500–700 m, bei den Klassikrennen geht es über längere Strecken, normalerweise zwischen 6 km und 10 km. Die Kajaks für Wildwasserrennen sind kürzer und breiter als Rennkajaks bei Flachwasser-Regatten.

KANUMARATHON

Laut ICF-Regeln ist die kürzeste Marathonstrecke bei den Männern 20 km lang, bei den Frauen 15 km. Die Marathonrennen beim Weltcup und den Weltmeisterschaften gehen normalerweise über eine Distanz von 40 km mit Hindernissen wie Felsen und Stromschnellen. Es gibt aber auch extreme Ausdauertests über 100 Kilometer und länger, für deren Bewältigung die Teilnehmer viele Stunden benötigen.

KANUPOLO

Beim Kanupolo, einer Kreuzung zwischen Wasserball und Kanusport, geht es darum, in zwei zehnminütigen Halbzeiten mehr Tore als die Gegenmannschaft zu erzielen. Es wird normalerweise in Schwimmhallen gespielt und ist inzwischen in vielen Ländern beliebt. Höhepunkt sind die Weltmeisterschaften, die alle zwei Jahre abgehalten werden.

GEWUSST?

6,5 **So viele Millionen US-Dollar verschlang allein der Bau des Penrith Whitewater Stadium, der Wildwasseranlage für die Kanuslalom-Wettbewerbe der Olympischen Spiele in Sydney 2000.**

42:49 **Rekordzeit in Stunden und Minuten im Einerkajak über die 740 km des Yukon River Quest, aufgestellt vom Amerikaner Carter Johnson.**

77 **So viele Medaillen gewann Ungarn bei olympischen Kanuwettbewerben und ist damit die erfolgreichste Nation in diesem Sport.**

RETTUNGSBRETT-RENNEN

Rettungsbretter (engl. Surfski) ähneln Sit-on-Top-Kajaks und werden vor allem von der Küstenwache in den Surfgebieten Australiens, Neuseelands, Südafrikas und in den USA eingesetzt. Viele Küstenwachen veranstalten Rettungsbrett-Rennen. Die International Lifesaving Federation (ILF) organisiert Meisterschaften mit Disziplinen von kurzen bis langen Strecken (»Ironman«-Wettbewerb).

ESKIMOROLLE

Bei der Eskimorolle wird das Kajak nach dem Kentern durch Hüftschwung und mit Hilfe des Paddels wieder aufgerichtet. Der Hüftschwung ist der wichtigste Teil der Bewegung, da hierbei mit dem Unterkörper das Kajak wieder in eine aufrechte Position gebracht wird. Die Rolle ist recht einfach zu erlernen. Es gibt verschiedene Rolltechniken für die unterschiedlichen Kajaktypen, wie z. B. die Handrolle, die ohne Paddel auskommt.

INSIDER-STORY

Kanusport als Rennsport kam im 19. Jahrhundert in Mode; damals wies man die ersten Regattastrecken aus. Seit den Spielen 1936 in Berlin sind die Kanurennen olympisch. Kanuslalom wurde später aufgenommen und gehört erst seit den Spielen 1992 in Barcelona zum regulären Programm.

INTERNATIONALER KANUVERBAND

Die International Canoe Federation (ICF) legt die Regeln für alle internationalen Wettbewerbe inklusive der Olympischen Regatta- und Slalomrennen fest. Sie ist zudem auch für Drachenbootrennen und Seekajakrennen verantwortlich. Die ICF wurde 1946 in Stockholm als Nachfolger der Internationalen Repräsentantschaft für Kanusport (IRK) gegründet und hat heute ihren Sitz in Lausanne in der Schweiz.

AUFRICHTEN IN VORLAGE
Um eine Eskimorolle nach links zu machen, wird der Oberkörper in Vorlage gebracht und die Hände mit dem Paddel parallel zum Boot aus dem Wasser gehoben, sodass die Unterarme gegen die Kajakseite drücken.

HÜFTSCHWUNG
Mit dem Kopf nahe der Wasseroberfläche drückt man mit Hüftschwung und Hilfe des Paddels das Kajak nach unten. Hüftschwung und Paddelschlag setzen gleichzeitig an.

Schwungvoll
Der Hüftschwung dreht das Kajak wieder aufrecht.

WIEDER AUFRICHTEN
Der Hüftschwung wird fortgesetzt, bis das Kajak sich wieder vollständig aufgerichtet hat. Dann wird der Rücken aufgerichtet und man kann weiterpaddeln.

DRUCKPHASE
Mit Druck auf dem Paddelblatt erzeugt der Kanute den nötigen Vortrieb.

Ende des Schlags
Kurz vor Ende des Schlags steht das Paddel fast senkrecht.

ÜBERGANGSPHASE
Der Übergang von der einen Schlagseite zur anderen sollte gleitend sein.

Seitenwechsel
Sobald man das Blatt links hebt, beginnt rechts die Eintauchphase.

ÜBERBLICK

Kanusport mit dem Canadier ist ein anstrengender Sport, der von Frauen und Männern im Einer- oder Zweier-Canadier ausgeübt wird. Man bewegt sich dabei – anders als beim Kajak – kniend mithilfe des Einstechpaddels mit nur einem Blatt fort. Es gibt sowohl Rennen auf der geraden Regattastrecke als auch Slalomrennen im Wildwasser. Beim Slalom müssen neben der Bewältigung der Stromschnellen Tore durchfahren werden, während die Boote auf der flachen und strömungsfreien Regattastrecke auf Bahnen nebeneinander antreten.

FAKTEN

- Auch der Canadier zählt zum Kanusport und ist in der International Canoe Federation (ICF) mit Sitz in der Schweiz organisiert.
- Die von nordamerikanischen Eingeborenen entwickelten offenen Boote werden Canadier genannt (im Amerikanischen »Canoe«).
- Bei der 39. Kanurennsport-Weltmeisterschaft 2011 in Ungarn traten 94 Nationen in 37 Wettbewerben gegeneinander an.

CANADIER

Kopfschutz
Der Helm ist ein wichtiger Bestandteil der Ausrüstung, um Kopfverletzungen durch Hindernisse, Tore und das Boot selbst zu verhindern.
T-förmiger Griff
Die typischen Stechpaddel der Canadier haben einen T-förmigen Knauf, der einen besseren Griff zum Paddeln und Steuern erlaubt.
Zweier-Canadier
Bei Wildwasserrennen kniet der Hintermann, während der Vordermann sitzt. Sie stechen mit ihren Paddeln auf unterschiedlichen Seiten ins Wasser.

SPORTLERPROFIL

Rennkanuten haben einen durchtrainierten und gleichzeitig beweglichen Oberkörper. Sie verfügen über viel Kraft und Ausdauer. Die sich wiederholende Paddelbewegung trainiert nicht nur die aerobe Fitness, sondern auch alle Muskelgruppen im Oberkörper – Bauch-, Arm-, Schulter-, Rücken- und Brustmuskulatur – und in den Beinen.

DER SLALOMPARCOURS

Der Slalomparcours kann auf einer natürlichen Wildwasserstrecke abgesteckt werden oder wird als Wildwasseranlage speziell gebaut. Auf beiden Parcours ist die Strecke rund 400 m lang. An über das Wasser gespannten Drähten hängen Tore (aus zwei Torstangen) zum Wasser herab. Grüne und weiße Streifen markieren Stromabwärtstore. Jeder Kurs enthält mindestens sechs rot und weiß gestreifte Tore, die stromaufwärts durchfahren werden müssen. Die Parcours werden mit Canadiern und mit Kajaks (siehe S. 268–271) befahren.

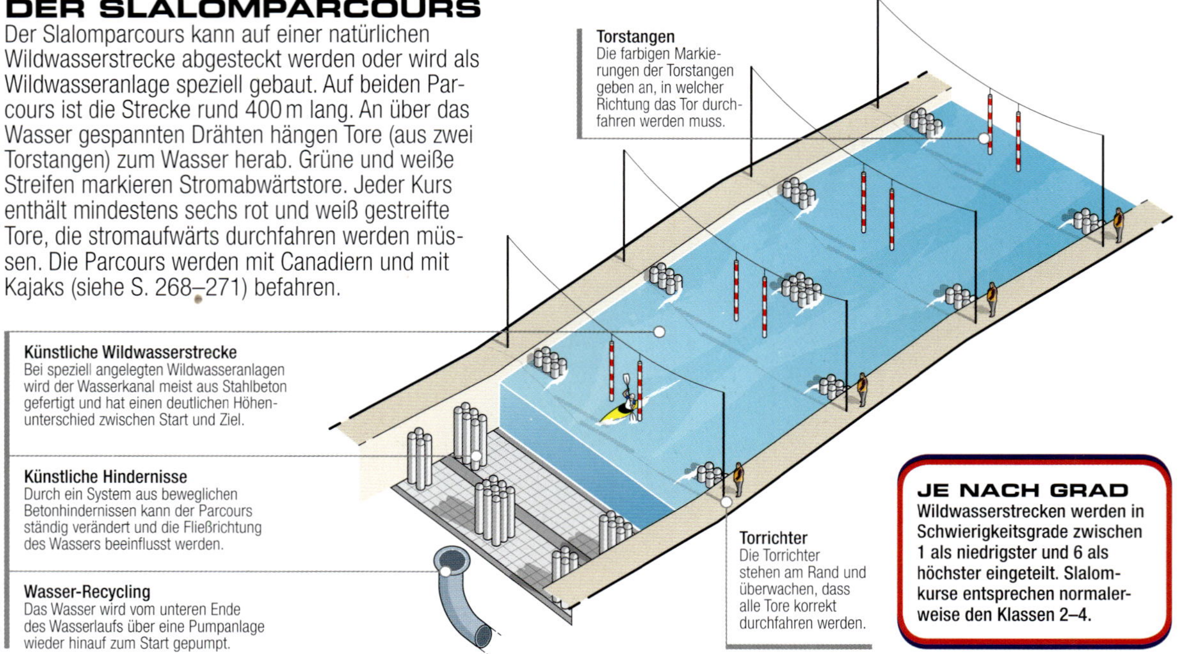

Torstangen
Die farbigen Markierungen der Torstangen geben an, in welcher Richtung das Tor durchfahren werden muss.
Künstliche Wildwasserstrecke
Bei speziell angelegten Wildwasseranlagen wird der Wasserkanal meist aus Stahlbeton gefertigt und hat einen deutlichen Höhenunterschied zwischen Start und Ziel.
Künstliche Hindernisse
Durch ein System aus beweglichen Betonhindernissen kann der Parcours ständig verändert und die Fließrichtung des Wassers beeinflusst werden.
Wasser-Recycling
Das Wasser wird vom unteren Ende des Wasserlaufs über eine Pumpanlage wieder hinauf zum Start gepumpt.
Torrichter
Die Torrichter stehen am Rand und überwachen, dass alle Tore korrekt durchfahren werden.

JE NACH GRAD

Wildwasserstrecken werden in Schwierigkeitsgrade zwischen 1 als niedrigster und 6 als höchster eingeteilt. Slalomkurse entsprechen normalerweise den Klassen 2–4.

SCHNELLIGKEIT UND SICHERHEIT

Renncanadier sind lang und schmal gebaut, um hohe Geschwindigkeiten zu ermöglichen. Wildwassercanadier sind kürzer und werden mit Spritzdecke gefahren, einer wasserdichten Schürze um die Hüfte des Kanuten, die über die Kanuöffnung gespannt wird und verhindert, dass Wasser ins Boot läuft.

Kopfschutz
Der leichte, aber robuste Helm hat innen ein Schaumstoffpolster für komfortablen Sitz und schützt den Kopf vor Verletzungen durch die Hindernisse.

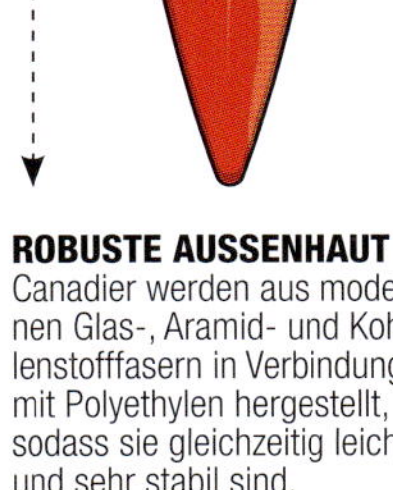

Schwimmweste
Für den Fall, dass das Boot kentert, sollten Kanuten immer eine mit Auftriebschaum gefüllte Schwimmweste tragen. Sie ist besonders im schnell fließenden Wildwasser ein essenzieller Bestandteil der Sicherheitsausrüstung.

Oberteil
Die wasserdichte Rennjacke, die dem Kanuten ideale Bewegungsfreiheit lässt, besteht aus einem modernen, leichten, gummiartigen Spezialmaterial.

Dehnbare Spritzdecke
Das Oberteil ist mit einer Spritzdecke kombiniert, die über die Öffnung des Kanus gespannt wird und es so wasserdicht abschließt.

Leichtes Stechpaddel
Moderne Canadier-Stechpaddel bestehen aus einem robusten Paddelblatt aus Polypropylen und einem Schaft aus Aluminium.

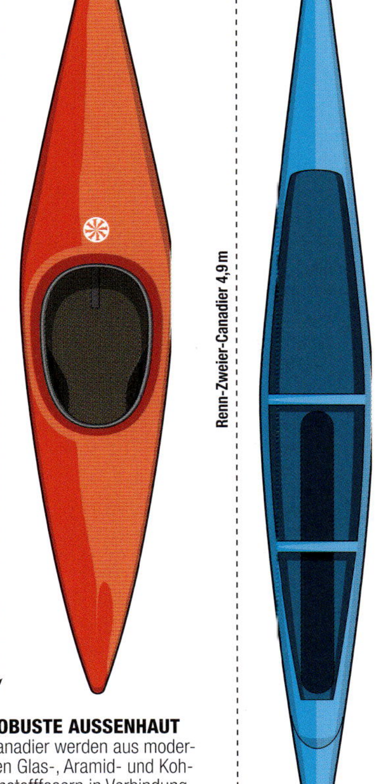

ROBUSTE AUSSENHAUT
Canadier werden aus modernen Glas-, Aramid- und Kohlenstofffasern in Verbindung mit Polyethylen hergestellt, sodass sie gleichzeitig leicht und sehr stabil sind.

SLALOMRENNEN

Beim Slalomrennen für Canadier müssen die Kanuten eine natürliche oder künstlich angelegte Wildwasserstrecke von 400 m Länge so schnell wie möglich überwinden. Dabei müssen sie 18–25 über die Strecke verteilte Tore durchfahren, ohne einen Fehler zu machen. Die Zeit jedes Laufs wird gemessen und mit Strafsekunden wie z. B. 2 Sekunden für jede Torberührung zusammengerechnet. Bei internationalen Rennen absolviert jeder Kanut zwei Läufe. Die schnellste Gesamtzeit gewinnt.

CANADIER-REGATTA

Von der ICF anerkannte Regattarennen finden auf deutlich markierten und hindernisfreien Strecken statt. Die Kanuten treten meist in parallelen Bahnen über Rennstrecken von 200 m bis 1000 m gegeneinander an. Am Rennen müssen mindestens drei Boote teilnehmen. Sieger ist, wer als erster die Ziellinie vollständig überquert. Männer und Frauen treten wie beim Slalom in separaten Wettbewerben gegeneinander an.

KANU EXTREM

Neben dem Kanuslalom und den Regattarennen gibt es weitere Disziplinen. Beim Wildwasserrodeo (Kanufreestyle) kämpfen die Kanuten mit akrobatischen Figuren um Punkte, während es bei extremen Wildwasserrennen über Rennstrecken verschiedener Schwierigkeitsgrade geht.

VOLLE KRAFT VORAUS
Um bei jedem Paddelschlag größtmöglichen Vortrieb zu erlangen, kniet der Kanut im Canadier auf einem Bein, während er das andere vor dem Körper aufstellt. In dieser Haltung wird das Paddelblatt schnell durchs Wasser geführt, wobei der Kanut den gesamten Körper einsetzt, um das Paddel am Knauf zu ziehen.

Ausgangsposition
Zum Einstechen wird das Paddel mit gestreckten Armen vom Körper abgewinkelt.

Einstechen
Das Paddel wird ins Wasser gesenkt und senkrecht gezogen.

Kompression
Das Paddel wird kraftvoll durchs Wasser und nach hinten oben gezogen.

Nächster Schlag
Das Paddel wird für den nächsten Schlag wieder in die Ausgangsposition gebracht.

DRACHENBOOT-RENNEN

FAKTEN

- Die meisten Drachenboote können 20 Mann Besatzung fassen, sind aber häufig mit nur 18 Paddlern besetzt.
- Die größten Boote, die Schwanenboote, tragen 50 Menschen. Sie dienen eher zeremoniellen Zwecken. Die kleineren Phönixboote werden mit zehn Paddlern gefahren.
- Die Wettrennen werden über verschiedene Distanzen, von 200-m-Sprints bis zu 50-km-Marathons, ausgetragen.

ÜBERBLICK

Die aus China stammenden Drachenbootrennen finden bereits seit mehr als 2000 Jahren statt und werden heute von Profimannschaften in aller Welt gefahren. Mit bis zu sieben prachtvoll dekorierten Booten sind die Rennen ein beeindruckendes Spektakel.

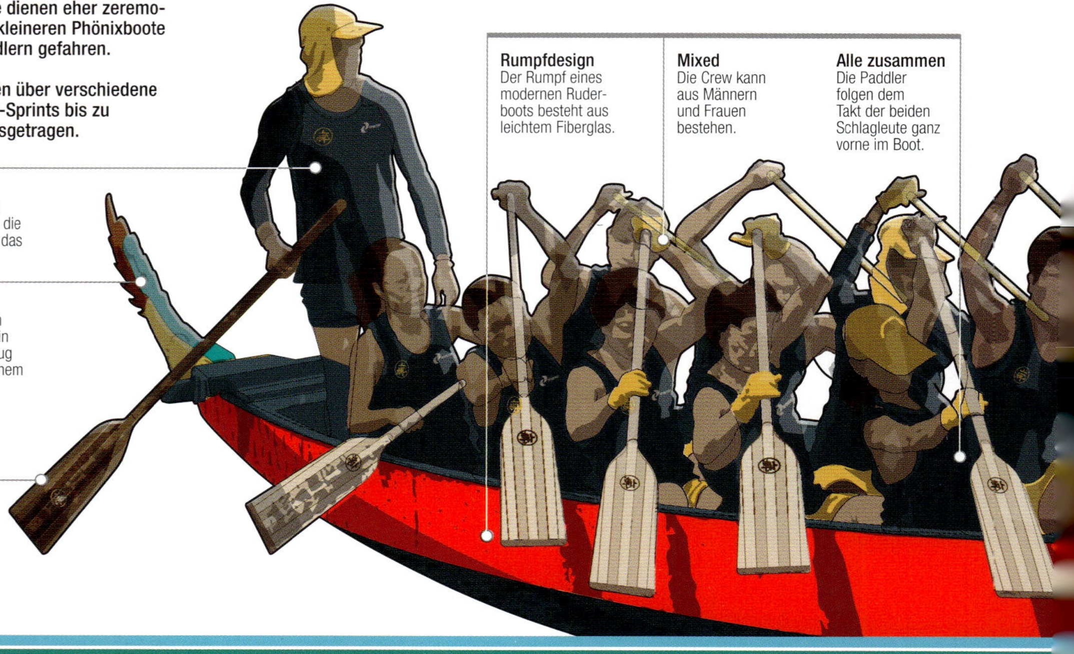

Mit Überblick
Der Steuermann steht im Heck mit dem besten Überblick über die vorausliegende Strecke. Er hat das Kommando an Bord.

Drachenschwanz
Das Heck ist traditionell wie ein Drachenschwanz geformt und in den gleichen Farben wie der Bug gestrichen, sodass das Boot einem Drachen gleicht.

Ruder
Der Steuermann steuert mit einem Langruder: Zieht er das Ruder zu sich, fährt das Boot nach rechts, drückt er es weg, lenkt er nach links.

Rumpfdesign
Der Rumpf eines modernen Ruderboots besteht aus leichtem Fiberglas.

Mixed
Die Crew kann aus Männern und Frauen bestehen.

Alle zusammen
Die Paddler folgen dem Takt der beiden Schlagleute ganz vorne im Boot.

KOPFARBEIT

Rennen, vor allem Sprints, können sehr eng ausgehen. Vor Erfindung des Fotofinish hatten die Mannschaften eine elegante Lösung, um den Sieger zu ermitteln, die auch heute noch verwendet wird. Nähert sich das Boot der Ziellinie, klettert der »Flag Catcher« auf den Drachenkopf und greift nach vorne. Die Ziellinie ist auf jeder Bahn mit einer Flagge markiert. Das Boot, dessen Flag Catcher als erster eine Flagge zieht, siegt. Boote mit extragroßen Köpfen für die Catcher stammen aus Taiwan.

Zielflagge
Das erste Boot, das eine Flagge erringt, gewinnt das Rennen. Danebengreifen wird bestraft.

Drachenreiter
Der Flag Catcher sitzt bis kurz vor dem Ziel hinter dem Trommler.

HISTORISCHER URSPRUNG

Einer chinesischen Legende nach erinnern die Drachenbootrennen an den Tod des berühmten Dichters und königlichen Ministers im 3. Jh. v. Chr., Qu Yuan. Er wollte sich in einem Fluss ertränken, um gegen die korrupten Herrscher zu protestieren. Dorfbewohner ruderten hinaus, um ihn zu retten, kamen aber zu spät. Sie schlugen Trommeln und spritzten mit Wasser, um Fische und böse Geister von dem Toten fernzuhalten.

AUSRÜSTUNG

Boote und Ausrüstung werden heute mit modernster Technologie und Hightech-Materialien hergestellt, müssen aber den traditionellen Regeln entsprechen.

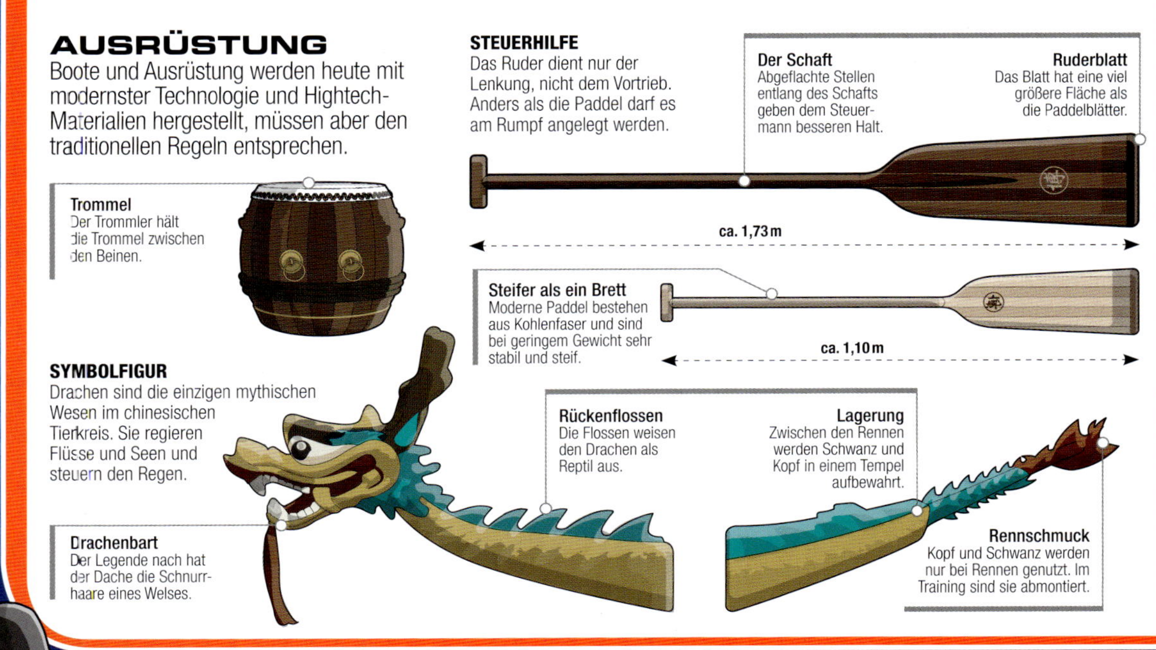

Trommel
Der Trommler hält die Trommel zwischen den Beinen.
STEUERHILFE
Das Ruder dient nur der Lenkung, nicht dem Vortrieb. Anders als die Paddel darf es am Rumpf angelegt werden.
Der Schaft
Abgeflachte Stellen entlang des Schafts geben dem Steuermann besseren Halt.
Ruderblatt
Das Blatt hat eine viel größere Fläche als die Paddelblätter.
ca. 1,73 m
Steifer als ein Brett
Moderne Paddel bestehen aus Kohlenfaser und sind bei geringem Gewicht sehr stabil und steif.
ca. 1,10 m
SYMBOLFIGUR
Drachen sind die einzigen mythischen Wesen im chinesischen Tierkreis. Sie regieren Flüsse und Seen und steuern den Regen.
Rückenflossen
Die Flossen weisen den Drachen als Reptil aus.
Lagerung
Zwischen den Rennen werden Schwanz und Kopf in einem Tempel aufbewahrt.
Drachenbart
Der Legende nach hat der Dache die Schnurrhaare eines Welses.
Rennschmuck
Kopf und Schwanz werden nur bei Rennen genutzt. Im Training sind sie abmontiert.

Taktgeber
Der Trommler sitzt zur Crew gewandt und schlägt den Takt der Schlagleute.
Drachenkopf
Die Bugfigur wird traditionell aus dem gleichen Stamm geschnitzt wie der Rumpf, besteht heute aber meist aus Glasfaserkunststoff.
8
Glatter Rumpfboden
Die traditionellen Boote hatten dank dreier verzurrter Streben einen W-förmigen Querschnitt unter der Wasserlinie. Die heutigen Rümpfe sind meist flach.

SYMBOLKRAFT

In China werden Drachenbootrennen am 5. Mai, dem fünften Tag des fünften Monats, abgehalten. Die Rennen markieren den Beginn der Reispflanzsaison. Indem sie den Geist des Drachen – des Herrschers des Wassers – feiern, hoffen die Ruderer, dass der Regen ihre Felder fluten wird. Ehe ein Boot startet, muss sein Drachenkopf von einem Priester »erweckt« werden. Er malt rote Punkte auf die vorstehenden Augen.

Heute nimmt man die Sicherheit der Crew ernst, aber früher galten Paddler, die ins Wasser fielen und ertranken, als Opfergabe an den Drachengeist und als Vorzeichen für eine gute Ernte.

TAKTSCHLAG

Die Crew muss synchron paddeln, um Höchstgeschwindigkeit zu erreichen. Selbst kleinste Abweichungen bremsen das Boot. Da die Paddler die Schlagleute im Bug schlecht sehen können, ist der Trommler wichtig. Paddel, die Sekundenbruchteile später ins Wasser tauchen als die der Vordermänner, lassen das Boot wie eine riesige Raupe übers Wasser kriechen. Der Trommler muss den von den Schlagleuten vorgegebenen Schlag halten, nicht umgekehrt.

Die größten Paddler sitzen in der Mitte, um das Boot auszubalancieren und maximalen Schub zu erzeugen. Die Paddel haben eine Länge von 104 cm bis 129 cm. Größere Paddler verwenden längere Paddel.

PADDELTECHNIK

Im Moment des Eintauchens des Paddels ins Wasser sollten das Paddel und der Oberkörper des Paddlers ein »A« bilden. Es sollte keine Spritzer geben, da der Paddler damit keine Wirkung erzielt und nur Energie verschwendet.

Tief eintauchen
Die obere Hand stabilisiert das Paddel, die untere zieht es nach hinten durch.
Durchziehen
Die meiste Kraft kommt aus den Rückenmuskeln.

INSIDER-STORY

Der Sport fand in den späten 1980ern auch außerhalb Chinas Freunde, zunächst in Kanada, dann an der Westküste der USA. Seitdem hat er sich nach Australien und Europa verbreitet. Die Hong Kong Races finden seit Mitte der 1970er jährlich statt. Seit 1995 werden alle zwei Jahre die World Dragon Boat Racing Championships veranstaltet. In geraden Jahren finden darüber hinaus die Welttitelkämpfe der Vereinsmannschaften statt.

DIE INTERNATIONAL DRAGON BOAT FEDERATION (IDBF)

Die IDBF hat zur Zeit mehr als 70 Mitgliedsnationen, darunter Großbritannien, Dänemark, Deutschland, Italien, Südafrika und die Schweiz.

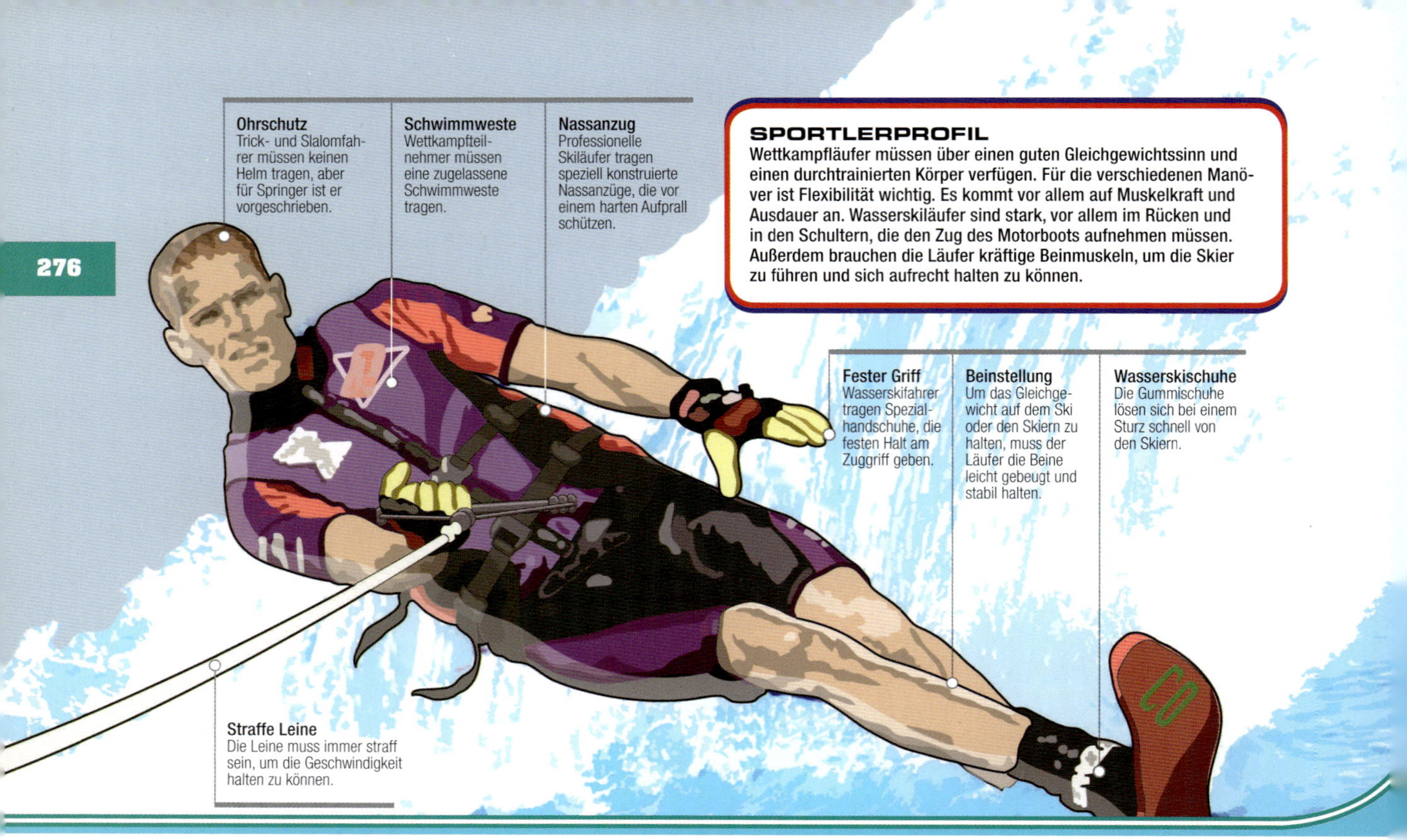

Ohrschutz
Trick- und Slalomfahrer müssen keinen Helm tragen, aber für Springer ist er vorgeschrieben.

Schwimmweste
Wettkampfteilnehmer müssen eine zugelassene Schwimmweste tragen.

Nassanzug
Professionelle Skiläufer tragen speziell konstruierte Nassanzüge, die vor einem harten Aufprall schützen.

SPORTLERPROFIL
Wettkampfläufer müssen über einen guten Gleichgewichtssinn und einen durchtrainierten Körper verfügen. Für die verschiedenen Manöver ist Flexibilität wichtig. Es kommt vor allem auf Muskelkraft und Ausdauer an. Wasserskiläufer sind stark, vor allem im Rücken und in den Schultern, die den Zug des Motorboots aufnehmen müssen. Außerdem brauchen die Läufer kräftige Beinmuskeln, um die Skier zu führen und sich aufrecht halten zu können.

Fester Griff
Wasserskifahrer tragen Spezialhandschuhe, die festen Halt am Zuggriff geben.

Beinstellung
Um das Gleichgewicht auf dem Ski oder den Skiern zu halten, muss der Läufer die Beine leicht gebeugt und stabil halten.

Wasserskischuhe
Die Gummischuhe lösen sich bei einem Sturz schnell von den Skiern.

Straffe Leine
Die Leine muss immer straff sein, um die Geschwindigkeit halten zu können.

WASSERSKI

ÜBERBLICK

Wasserskifahren ist ein schneller, aufregender Wassersport. Die Fahrer zeigen verblüffende Beweglichkeit und Körperbeherrschung, indem sie, von einem Sportboot gezogen, Sprünge, Wenden und akrobatische Manöver ausführen. Der Wettkampf besteht aus drei Elementen: Slalom, Sprung und Trickski. Es gibt Sieger in allen Wettkämpfen sowie Turnier-Gesamtsieger und -siegerinnen. Daneben gibt es noch professionelle Wettkämpfe für andere Wasserski-Sportarten, wie Wakeboarding, Barfußwasserski, Wasserskirennen und Figurenlaufen.

FAKTEN

- **Wasserski-Wettkämpfe sind in aller Welt beliebt, vor allem aber in Australien, Frankreich, Irland, Kanada, Neuseeland und den USA.**
- **Wasserski ist keine olympische Sportart und war es auch nie. Es war bei den Olympischen Spielen 1972 in München Demonstrationssportart. Bis heute gibt es keine Pläne, den Sport ins olympische Programm aufzunehmen.**

KURSE

Für Wettkämpfe eignet sich fast jede ruhige Wasserfläche. Sie finden meist auf Seen und Flüssen statt. Wenn sich Kurse überschneiden, müssen ungenutzte Bojen entfernt werden.

SLALOM

Der Slalomkurs ist 259 m lang und besteht aus sechs kleinen Gummibojen, die der Wasserskiläufer umfahren muss. Start- und Zieltor sind durch Bojen in einer anderen Farbe als die Kursbojen markiert. Der Abstand vom Starttor zur ersten Boje und von der sechsten Boje zum Zieltor beträgt jeweils 29 m. Die einzelnen Bojen liegen 47 m auseinander. Das Zugboot muss auf seinem mit sechs Bojen markierten, 2,50 m breiten Kurs gerade vom Start bis zum Ziel durchfahren.140–180 m hinter den Start- und Zieltoren liegt eine Wendeboje, die Boot und Skiläufer umfahren müssen, um den Lauf fortzusetzen.

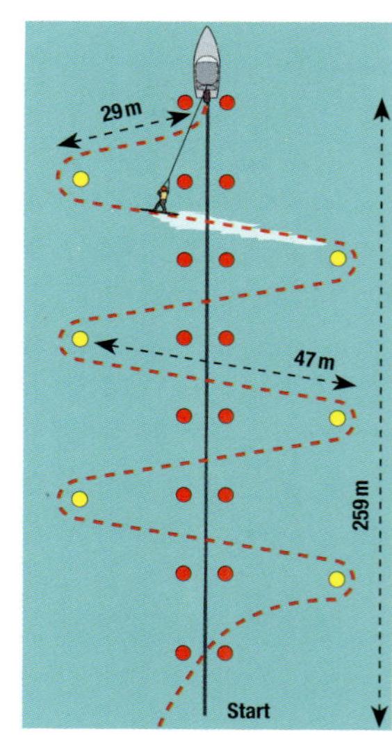

DIE AUSRÜSTUNG

Wasserskier bestanden früher aus Holz, werden aber heute aus modernen Materialien auf Glas- oder Kohlenstofffaserbasis gefertigt. Sie haben eine Finne fürs leichtere Manövrieren und eine Bindung für den Schuh des Wasserskiläufers.

SPRUNGSKI
Die langen und am Ende breiter werdenden Skier haben hochgezogene Spitzen für das Auffahren auf die Schanze.

TRICKSKI
Die breiten, flachen Trickskier haben einen glatten Boden ohne Finne, um das Gleiten zu erleichtern.

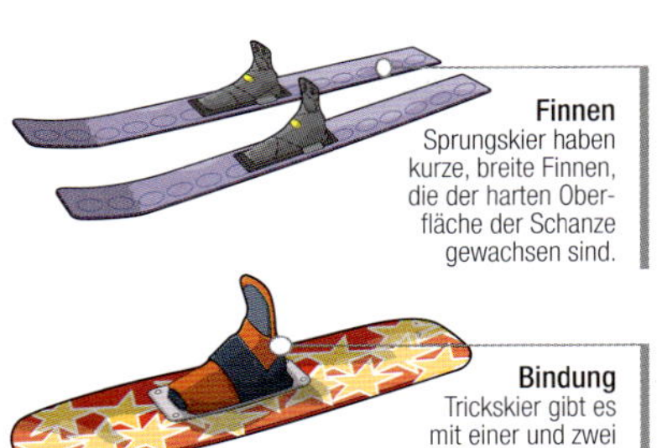

Finnen
Sprungskier haben kurze, breite Finnen, die der harten Oberfläche der Schanze gewachsen sind.
Bindung
Trickskier gibt es mit einer und zwei Bindungen.

SLALOMSKI
Monoskier dieses Typs haben scharfe Führungskanten.
Sich verjüngende Kanten und Rillen im Boden stabilisieren das Brett.
Die für hohe Kurvengeschwindigkeiten gemachten Skier haben ein schmales Ende und einen konkaven Boden.

WAKEBOARD
Ein breites Brett mit konkavem Boden, der im Kielwasser des Boots zu höheren Sprüngen verhilft.

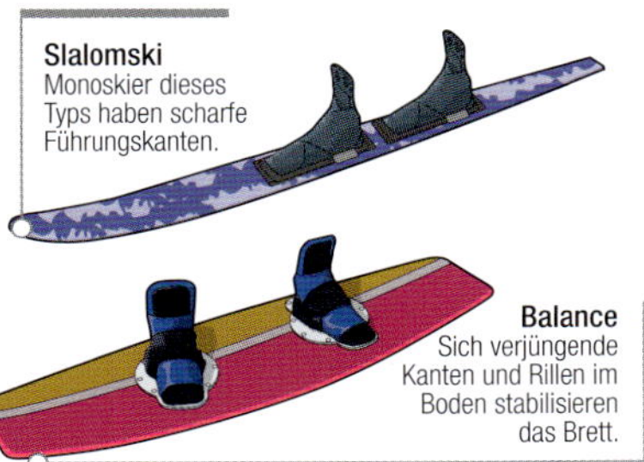

ZUGLEINEN
Im Wettkampf kommen zwei Zugleinen mit 23 m bzw. 18,50 m Länge zum Einsatz. Die längere Leine wird beim Springen verwendet, die kürzere beim Slalom. Zwischen Leine und Griff darf es während der Fahrt kein Spiel geben.

Tauwerk
Die Zugleinen bestehen aus einem geflochtenen Synthetikmaterial, das dem Reglement entsprechen muss.
Handgriff
Der Handgriff muss mit einem rutschfesten Überzug versehen sein.

SICHERHEIT
Im Wettkampf ist Schutzausrüstung wichtig. Die Läufer gehen mit ihren hohen Geschwindigkeiten, gewagten Sprunghöhen und aberwitzigen Manövern ein hohes Verletzungsrisiko ein.

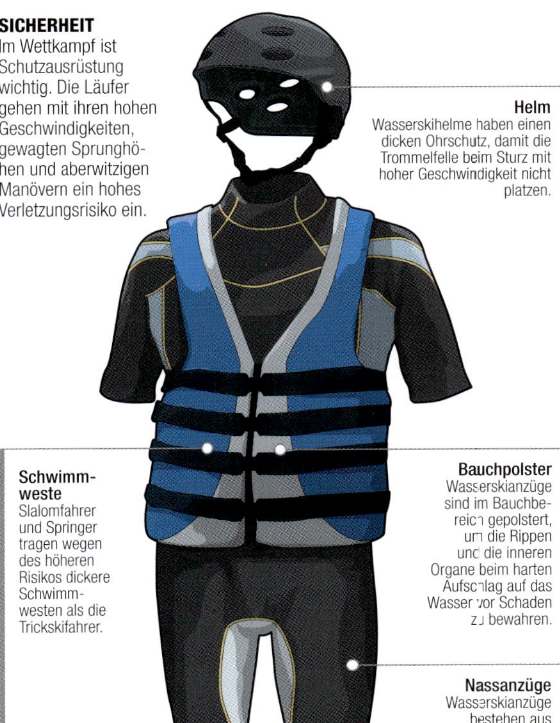

Helm
Wasserskihelme haben einen dicken Ohrschutz, damit die Trommelfelle beim Sturz mit hoher Geschwindigkeit nicht platzen.
Schwimmweste
Slalomfahrer und Springer tragen wegen des höheren Risikos dickere Schwimmwesten als die Trickskifahrer.
Bauchpolster
Wasserskianzüge sind im Bauchbereich gepolstert, um die Rippen und die inneren Organe beim harten Aufschlag auf das Wasser vor Schaden zu bewahren.
Nassanzüge
Wasserskianzüge bestehen aus Neopren, einem synthetischen Gummimaterial, das flexibel ist und viel Bewegungsfreiheit lässt.

Stiefelbindungen
Gurtbindungen sorgen für eine bessere Lenkbarkeit der Skier.
Stiefel
Wasserskistiefel bestehen aus wasserdichtem Gummi und stützen das Fußgelenk.

SPRUNG

Der Sprungkurs misst vom Start bis zur Vorderkante der Schanze 180 m. Die Schanze besteht aus Holz oder Fiberglas und hat entweder eine gewachste Oberfläche oder ein Bewässerungssystem, das die Oberfläche nass hält. Der Schanzentisch muss absolut glatt sein. Er ist 6,40–6,80 m lang und 3,70–4,30 m breit. Im Wettkampf haben die Skispringer die Wahl zwischen zwei Schanzenhöhen: 1,65 m oder 1,80 m für Männer und 1,50 m oder 1,65 m für Frauen. Hinter der Schanze schwimmen Entfernungsbojen im Wasser, mit deren Hilfe die Richter die Sprungweite messen.

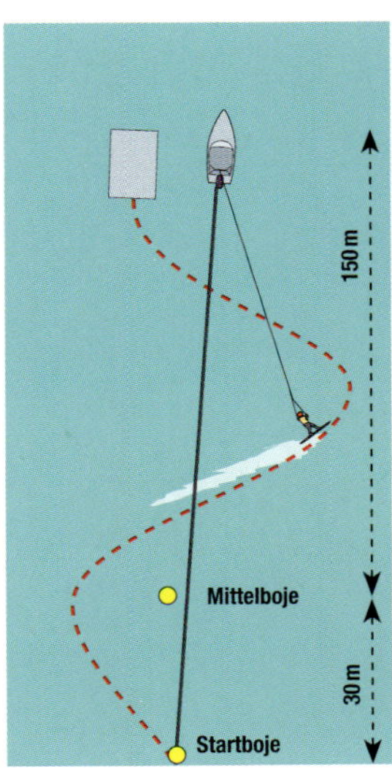

Mittelboje

Startboje

EINZUG INS GUINNESS-BUCH
Ralph Hildebrand und Dave Phillips liefen nonstop 2152 km um den Indian Arm, eine Bucht an der kanadischen Pazifikküste, herum Wasserski. Die beiden Kanadier benötigten dafür 56 Stunden, 35 Minuten und 3 Sekunden und stellten damit den Weltrekord für den längsten Wasserski-Marathon auf.

SCHANZENFARBE
Die Seiten der Schanze sind in einer anderen Farbe gestrichen als der Schanzentisch, damit der Läufer sich bei der rasanten Anfahrt leichter orientieren kann.

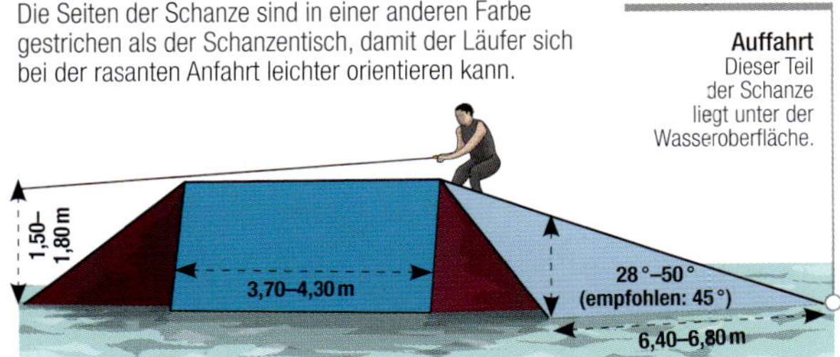

28°–50° (empfohlen: 45°)

WETTKÄMPFE

Wasserski-Turniere setzen sich aus drei Disziplinen zusammen: Slalom, Sprung und Trickski. In jeder Disziplin wird eine Ausscheidungsrunde und eine Finalrunde ausgetragen. Beim Slalom gewinnt derjenige, der mit der kürzesten Zugleine die meisten Bojen umfährt. Den Sprungwettbewerb gewinnt der Springer, der in der Finalrunde am weitesten springt. Beim Trickski gewinnt der Läufer, der in einem von zwei 20-Sekunden-Läufen in der Finalrunde die meisten Punkte erzielt. Der Turniersieg geht an den Teilnehmer, der über alle drei Disziplinen das beste Gesamtergebnis erzielt. Dieses Gesamtergebnis berechnet sich aus den Punkten für die beste Leistung in jeder Disziplin, die nach einer festen Formel ermittelt werden.

GEWUSST?

75,2 Der Sprung-Weltrekord der Männer in Metern, gehalten seit November 2008 vom Amerikaner Freddy Krueger.

12.400 Die höchste Punktzahl eines Läufers in einem Trickski-Turnier, erzielt im September 2005 vom Franzosen Nicolas Forestier.

SLALOM

Der Läufer wird über den Slalomkurs gezogen und muss außen um alle sechs Bojen herumfahren, dann das Zieltor durchlaufen, wenden und den Kurs erneut absolvieren, bis er eine Tonne oder ein Tor verfehlt. Er erhält in der Vorrunde drei Versuche und dann drei weitere Versuche, wenn er an der Finalrunde teilnimmt. Bei jedem Lauf wird die Zugleine verkürzt, sodass das Umrunden der Bojen zunehmend erschwert wird. Um eine Boje korrekt zu passieren, muss der Läufer außen an ihr vorbeifahren. Überfährt er sie ganz oder teilweise, wird sie nicht gezählt. Ein Lauf ist beendet, sobald der Läufer eine Boje oder ein Tor verfehlt hat.

BOOTSGESCHWINDIGKEITEN

Beim Slalom und beim Sprung gibt es festgelegte Geschwindigkeiten. Beim Slalom der Männer sind das 58 km/h, beim Slalom der Frauen 55 km/h. Beim Sprung beträgt die Maximalgeschwindigkeit für Männer 57 km/h, für Frauen 54 km/h. Beim Trickski gibt es keine vorgeschriebene Geschwindigkeit.

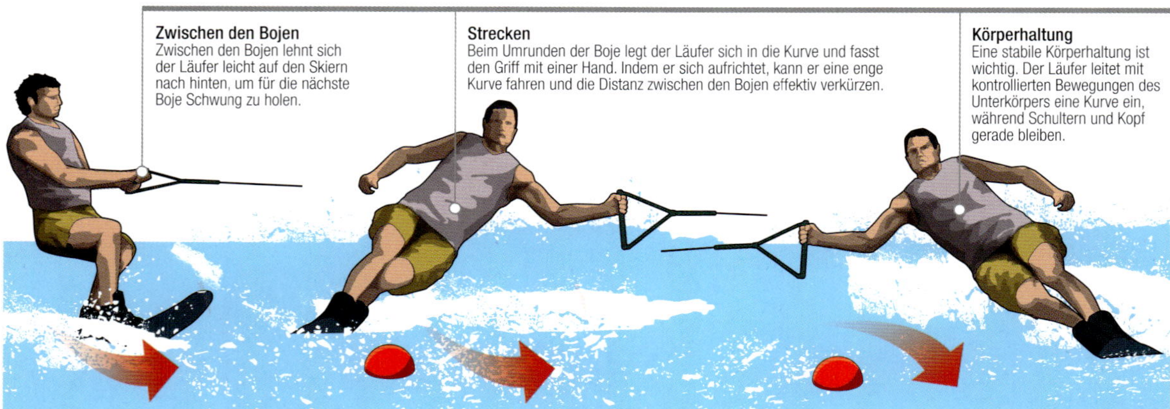

Zwischen den Bojen
Zwischen den Bojen lehnt sich der Läufer leicht auf den Skiern nach hinten, um für die nächste Boje Schwung zu holen.

Strecken
Beim Umrunden der Boje legt der Läufer sich in die Kurve und fasst den Griff mit einer Hand. Indem er sich aufrichtet, kann er eine enge Kurve fahren und die Distanz zwischen den Bojen effektiv verkürzen.

Körperhaltung
Eine stabile Körperhaltung ist wichtig. Der Läufer leitet mit kontrollierten Bewegungen des Unterkörpers eine Kurve ein, während Schultern und Kopf gerade bleiben.

SPRUNG

Der Läufer wird mit einer festen Geschwindigkeit hinter dem Boot hergezogen und steuert einen sorgfältig geplanten, S-förmigen Kurs (siehe S. 277), um auf der Schanze maximale Geschwindigkeit zu erreichen. Dabei lässt er sich durch Schleudern über das Kielwasser des Boots beschleunigen (der so genannte »double-wake cut«). Auf diese Weise erreicht er bis zu 100 km/h. Nach dem Absprung von der Schanze macht er den Körper steif, um den Luftwiderstand zu verringern. Um eine Wertung zu erhalten, muss er sicher und ohne Sturz landen und weiterfahren.

PEITSCHENSCHLAG

Alfredo Mendoza entwickelte 1951 die moderne Sprungtechnik. Der Double-Wake Cut, damals noch »Peitschenschlag« genannt, verhalf Mendoza in den 1950ern zu zahlreichen Titeln.

Aggressiver Anlauf
Bei der Anfahrt geht der Läufer in die Hocke und schneidet aggressiv durch das Kielwasser, um Fahrt aufzunehmen.

Sprunghaltung
Der Läufer muss in der Hocke bleiben und sich im richtigen Augenblick vom Schanzentisch abstoßen, um eine maximale Weite zu erzielen.

Flughaltung
Der Läufer richtet die Skier V-förmig aus, weil das aerodynamisch am günstigsten ist und die Sprungweite erhöht.

Spitzen hoch
Dicht vor der Schanze hebt der Läufer die Skispitzen an.

Flugbahn
Der Läufer stößt sich ab, um einen steileren Winkel zu bekommen.

TRICKSKI

Der Trickski-Kurs ist 175 m lang. Der Läufer wird mit einer frei wählbaren, konstanten Geschwindigkeit (meist 29 km/h) hinter einem Motorboot hergezogen. Er hat zwei 20-sekündige Läufe, um so viele Tricks wie möglich vorzuführen, die den Schiedsrichtern vorher bekannt gegeben werden müssen. Der Läufer kann auf einem oder zwei Skiern laufen, wobei jede Möglichkeit andere Tricks erlaubt. Als Trick gilt jede vom Läufer abgeschlossene Aktion, die in den Wettkampfregeln beschrieben ist. Punkte gibt es bei jedem erfolgreichen Trick für Schwierigkeitsgrad und Genauigkeit der Ausführung. Der Schwierigkeitsgrad errechnet sich aus den Punktzahlen für die verschiedenen Elemente eines Tricks.

TRICKTECHNIKEN

Bei seinem Lauf zeigt der Trickski-Läufer verschiedene Kombinationen von Flips, Turns, Spins und Holds. Die Tricks mit den höchsten Punktzahlen kombinieren meist Spins und Flips. Ein Spin wird auch »Wake-Turn« (wenn er in der Luft über der Kielwelle ausgeführt wird) oder »Water-Turn« (wenn er auf dem Wasser ausgeführt wird) genannt. Der Läufer dreht sich während eines Spins um 180 bis hin zu 900 Grad. Beim »Step-Over« springt der Läufer – oft mit einem Spin – über die Zugleine. Es gibt Variationen von Vorwärts- und Rückwärts-Flips, bei denen das Ende des Skis über den Kopf des Läufers drehen muss.

TOEHOLD

Zu den komplizierteren Tricks zählt der »Toehold«, für den am Griff ein spezieller Gurt für den Fuß angebracht wird. Der Läufer führt dann mit einem Fuß am Griff Kombinationen aus Flips, Jumps und Twists aus. Dieser Trick ist zwar nicht so atemberaubend wie ein Überschlag, aber er ist schwierig und erfordert einen sehr guten Gleichgewichtssinn.

Let's Twist
Für einen Spin muss der Läufer Schwung holen, indem er den Oberkörper dreht.

Keine Berührung
Einmal im Gurt, kann der Läufer den Ski mit dem Haltefuß nicht berühren.

WAKE FLIP

Der »Wake Flip« ist einer der spektakulärsten Tricks. Der Läufer nutzt dazu die Bugwelle des Bootes als Sprungschanze. In der Luft überschlägt er sich wahlweise vor- oder rückwärts und landet anschließend wieder aufrecht auf den Füßen. Während des Überschlags kann er Drehungen einbauen und um bis zu 270 Grad rotieren.

Kopf über Wasser
Berührt der Kopf des Läufers beim Flip das Wasser, gibt es keine Punkte für diesen Trick.

Kurzer Ski
Die meisten Läufer nutzen beim Flip einen kurzen Ski, der leichter zu kontrollieren ist.

Spannung
Um den Schwung zu halten, muss die Leine beim Flip straff gespannt bleiben.

WEITERE WASSERSKI-VARIANTEN

Ein großer Vorteil des Wasserski-Sports ist die Vielfalt. Es ist eine der wenigen Sportarten, bei denen Show-Veranstaltungen genauso spannend sind wie Wettkämpfe. In einer Reihe neuer Varianten werden mittlerweile eigene Turniere ausgetragen; diese Varianten genießen zunehmend ebenso viel Popularität wie die traditionellen Formen.

BARFUSS-WASSERSKI

Die drei Hauptelemente des Barfuß-Wasserski gleichen denen des konventionellen Wettkampfsports. Beim Tricklaufen haben die Teilnehmer zwei Läufe à 15 Sekunden, in denen sie möglichst viele Elemente zeigen müssen. Beim Barfuß-Slalom muss der Läufer das Kielwasser des Boots binnen 15 Sekunden so oft wie möglich überqueren. Beim Sprung-Wettbewerb gilt es, die größte Weite zu erzielen. Spitzenläufer schaffen dabei Weiten von bis zu 27 m.

WASSERSKIRENNEN

Dies ist die schnellste Variante des Wasserskilaufens. Die Rennen finden auf festen Kursen statt: Die längste Distanz beträgt 140 km. Die Läufer treten bei hohen Geschwindigkeiten von bis zu 190 km/h gegeneinander an. Profis verwenden einen langen Monoski, der leichter zu kontrollieren ist. Der Läufer ist am Griff der Zugleine eingeklinkt, um die Arme zu entlasten.

WAKEBOARDING

Das Wakeboarding gleicht dem Trickski, nur dass der Läufer hier ein langes, breites Board verwendet. Im Wettkampf absolvieren die Läufer zweimal einen festgelegten Kurs, der zwischen 305 m und 427 m lang ist.

Wakeboard
Das Wakeboard ist kurz und breit und hat vorne und hinten Finnen.

Gemächlich
Mit Spitzengeschwindigkeiten von 25–37 km/h gleiten die Wakeboarder langsamer über das Wasser als die konventionellen Wasserskiläufer.

FIGURENLAUFEN

Die Mannschaften müssen selbst entworfene Choreografien, oft mit einem verbindenden Thema, vorführen. Das können Aktionen wie eine »Balletttreihe«, ein Gruppensprung oder auch eine menschliche Pyramide sein, die sich während des Laufs aufbaut. Oftmals benötigt man mehrere Boote und auch die Musik und das Können der Bootsführer fließen in die Wertung der fünf Wettkampfrichter mit ein.

INSIDER-STORY

Die Erfindung des Wasserski wird allgemein Ralph Samuelson zugeschrieben, der 1922 versuchte, auf zwei Dauben eines Holzfasses auf dem Mississippi zu fahren. Er befestigte die Dauben mit zwei Lederstreifen an seinen Füßen und sein Bruder Ben zog ihn mit dem Boot an einem Fensterrahmen hinter sich her. Später fertigte Samuelson sich Wasserskier aus Holzplanken.

DACHVERBAND

Die 1946 als World Water Ski Union gegründete International Water Ski Federation ist der Dachverband, der die offiziellen Wettkampfregeln festlegt. Sie organisierte 1949 erstmals Weltmeisterschaften, die seitdem alle zwei Jahre stattfinden.

WINDSURFEN

ÜBERBLICK

Windsurfen ist eine ebenso schnelle wie akrobatische Sportart. Die Sportler bewegen sich auf einem Surfbrett mit einem Segel über Binnengewässer oder das offene Meer. Profis können mit bis zu 80 km/h dahinrasen und waghalsige Sprünge, Drehungen und Loopings vollführen. Es gibt eine Reihe professioneller Disziplinen, von denen sich einige auf Geschwindigkeit und Technik, andere auf Tricks und Stil konzentrieren.

FAKTEN

- Die Popularität des Windsurfens erlebte einen Höhepunkt, als es 1984 ins olympische Programm aufgenommen wurde.
- Indoor-Windsurfen ist sehr beliebt. Das erste Hallenrennen fand 1991 in Paris statt. Die Surfer fahren auf einem 75-m-Becken mit 25 Windmaschinen.
- Die erste Windsurfing World Cup Tour mit mehreren Wettkämpfen in verschiedenen Ländern fand 1983 statt.

SPORTLERPROFIL

Windsurfen erfordert viel Kraft. Studien haben gezeigt, dass olympische Surfer genauso fit wie Ruderer oder Skilangläufer sind. Die Sportler benötigen eine kräftige Brust- und Schultermuskulatur, um das Segel bei starkem Wind zu führen, und kräftige Beinmuskeln, um auch in rauer See noch manövrieren zu können. Darüber hinaus verlangen längere Rennetappen unter oftmals schwierigen Bedingungen eine große Ausdauer.

Verstärkung
Das Segel ist mit »Latten« verstärkt, um es bei starkem Wind steifer und stabiler zu machen.

BRETTDESIGN
Die Grundform des Windsurfbretts hat sich seit der Patentierung durch die Amerikaner Jim Drake und Hoyle Schweitzer im Jahr 1970 kaum verändert.

Masttasche
In der Vorderkante (Vorliek) des Segels befindet sich die Masttasche, die den Mast aufnimmt.

Segelfläche
Kleine Segel fangen weniger Wind ein und sind leichter zu manövrieren. Große Segel hingegen eignen sich eher für Rennen.

Achterliek
Die Hinterkante des Segels. Ein loses Achterliek macht das Segel bei starkem Wind leichter beherrschbar, ein dichtes Achterliek fängt mehr Wind ein.

Segelstoff
Das Segel besteht aus leichtem Polyester-Verbundstoff und ist mit einem festen Kevlargewebe verstärkt.

Segelformen
Es gibt zwei Segeltypen: Camber-Segel und RAF-Segel. Camber-Segel sorgen für mehr Geschwindigkeit und Stabilität. RAF-Segel sind leichter zu handhaben und erleichtern das Manövrieren.

Gabelbaum
Der Baum ist der Steuermechanismus des Windsurfers. Er ist am Mast befestigt.

Trapez
Der Surfer ist über ein Trapez mit dem Baum verbunden. Es entlastet die Arme und stützt den unteren Rücken.

Brettgewicht
Top-Bretter für Rennen und Tricks wiegen nur noch 5–7 kg.

GLEITEN
Der Begriff »Gleiten« beschreibt eine besonders reibungsarme Bewegung des Surfbretts über die Wasseroberfläche. Normalerweise gleiten die Bretter mit 30 bis 45 km/h über das Wasser. Spitzengeschwindigkeiten von über 80 km/h werden nur bei Sturmstärken und mit speziellen, sehr schmalen Brettern erreicht.

WETTKAMPF

Die wichtigsten Wettkampfdisziplinen konzentrieren sich auf unterschiedliche Elemente wie Geschwindigkeit, technisches Können, Tricks und Stil.

WAVE UND FREESTYLE

Wave- und Freestyle-Wettbewerbe sind spektakuläre, akrobatische Disziplinen des Windsurfens. Bei Wave-Vorführungen zeigen die Teilnehmer Sprünge und Tricks in einem festgelegten Brandungsbereich und werden nach der Ausführung bewertet. Bei Freestyle-Wettbewerben führen die Surfer in offenem Wasser und unter Zeitvorgabe Sprünge und Tricks vor.

SLALOM

Slalomkurse folgen einer Achterfigur. Die Rennen beginnen im Massenstart im Wasser oder an Land. Der Kurs liegt auf dem offenen Wasser und wird durch Bojen beschrieben, um die herum die Surfer »wenden« und »halsen« müssen (siehe S. 281). Ein Wettbewerb besteht aus mehreren Runden (maximal 15), entweder nach dem Ausscheidungsprinzip oder nach einem Punktsystem.

SPEED

Es gibt zwei Arten von Wettbewerben. Bei der ersten fahren die Surfer einzeln über einen 500 m langen Kurs. Die zwei höchsten Geschwindigkeiten, die der Surfer während der zweistündigen Zeitspanne erreicht, werden gemittelt und der Surfer mit der höchsten Durchschnittsgeschwindigkeit siegt. Beim zweiten Wettbewerb warten die Surfer auf günstigen Wind und versuchen sich am derzeitigen Geschwindigkeitsrekord von 90 km/h.

OLYMPISCHE UND FORMULA-KLASSE

Bei den olympischen und den Formula-Wettbewerben segeln alle Teilnehmer (bis zu 120) gemeinsam über einen mit Bojen abgesteckten Kurs. Ein Wettkampf besteht aus zwei bis drei Rennen pro Tag, die jeweils 60 Minuten dauern. Die Rennen werden auf einem »Luv-/Leekurs« (mit Strecken vor dem und gegen den Wind) oder auf einem trapezförmigen Kurs (siehe unten) gefahren. Bei olympischen Rennen müssen alle Windsurfer den gleichen Bretttyp fahren. Bei Formula-Rennen dürfen sich Bretter und Segel geringfügig unterscheiden, müssen aber den Klassenspezifikationen genügen.

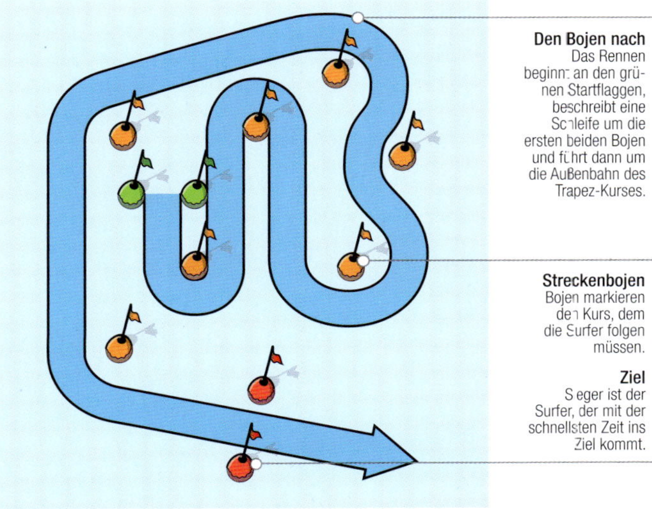

Den Bojen nach Das Rennen beginnt an den grünen Startflaggen, beschreibt eine Schleife um die ersten beiden Bojen und führt dann um die Außenbahn des Trapez-Kurses.

Streckenbojen Bojen markieren den Kurs, dem die Surfer folgen müssen.

Ziel Sieger ist der Surfer, der mit der schnellsten Zeit ins Ziel kommt.

AUSRÜSTUNG

Surfbretter gibt es in verschiedenen Formen und Größen. Dabei bestimmt der Verwendungszweck über den Bretttyp. Einige Surfer tragen vor allem bei kaltem Wetter Nassanzüge. Rennteilnehmer müssen für den Rennsport geeignete Schwimmwesten tragen. Ein Kopfschutz ist empfohlen, aber nicht zwingend vorgeschrieben.

BRETTER

Die Brettgrößen werden nach Volumen in Litern gemessen. Ein Anfängerbrett hat meist 150–250 Liter. Profibretter sind wesentlich leichter. So hat ein Freestyle-Brett nur 80–110 Liter, wodurch es zwar schwerer zu kontrollieren, aber auch schneller zu fahren und viel leichter zu manövrieren ist. Profibretter sind empfindlich und bestehen aus einem Styroporkern mit einer Verbundhülle aus Kohlefaser, Kevlar und Glasfaser.

SEGEL

Form und Größe eines Segels bestimmen über den Verwendungszweck. Größere Segel fangen mehr Wind und sind bei schwachem Wind besser, während sich kleinere Segel besser für starken Wind eignen.

OLYMPISCH

Alle Teilnehmer müssen den gleichen Bretttyp verwenden. Das Brett darf nicht weniger als 15,45 kg wiegen. Die Bretter der Formula-Klasse sind von vergleichbarer Größe.

Einheitssegel Die Männer verwenden 9,5 m² große Segel. Die Segel der Frauen sind 8,5 m² groß.

2,90 m

Einheitsklasse Alle Teilnehmer fahren ein NeilPryde RS:X-Brett.

Schlaufen Fußschlaufen auf beiden Seiten des Bretts sorgen für sicheren Stand.

SLALOM

Brett und Segel für Slalomrennen sind auf maximale Geschwindigkeit und Gleitfähigkeit ausgelegt. Ein Slalomsegel ist meist kürzer als ein Olympiasegel, hat aber mehr Latten und ist dadurch fester und schneller.

Steifes Segel Standard-Slalomsegel sind steif und zwischen 4,5 m² und 10 m² groß.

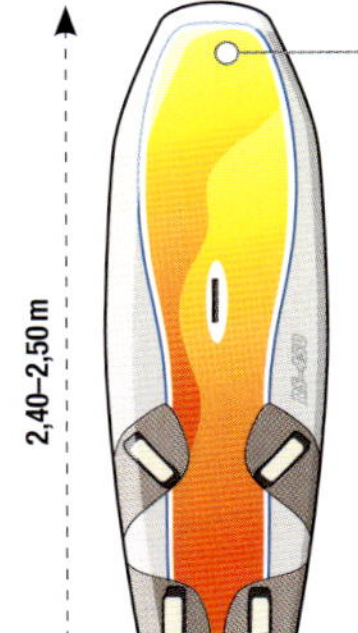

2,40–2,50 m

Breites Brett Das Brett ist 63,5 cm breit.

Breites Heck Das breitere Heck sorgt für frühes Angleiten auf dem Wasser.

FREESTYLE

Beim Freestyle-Windsurfen kommt es aufs Manövrieren und Springen an. Deshalb sind die Bretter kurz und wiegen nur 5–7 kg. Wave-Bretter haben vergleichbare Abmessungen.

Sportlich leicht Freestyle-Segel sind mit 4,5 m² bis 6,5 m² Fläche relativ klein.

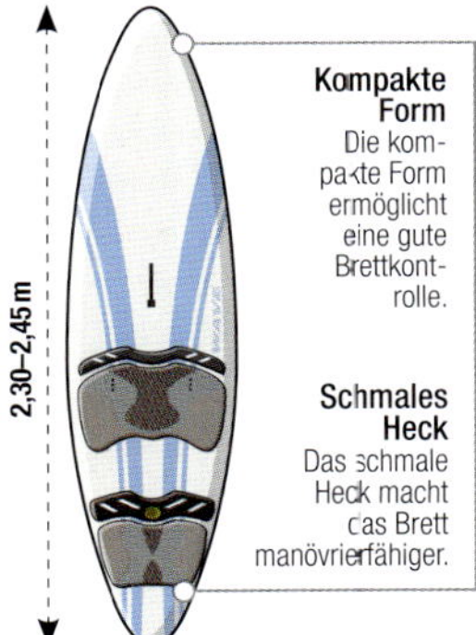

2,30–2,45 m

Kompakte Form Die kompakte Form ermöglicht eine gute Brettkontrolle.

Schmales Heck Das schmale Heck macht das Brett manövrierfähiger.

STATISTIK

OLYMPISCHE MEDAILLENSIEGER (M)	
2012	**LONDON**
GOLD	DORIAN VAN RIJSSELBERGHE (NED)
SILBER	NICK DEMPSEY (GBR)
BRONZE	PRZEMYSLAW MIARCZYNSKI (POL)
2008	**PEKING**
GOLD	TOM ASHLEY (NZL)
SILBER	JULIEN BONTEMPS (FRA)
BRONZE	SHAHAR ZUBARI (ISR)
2004	**ATHEN**
GOLD	GAL FRIDMAN (ISR)
SILBER	NIKOLAOS KAKLAMANAKIS (GRE)
BRONZE	NICK DEMPSEY (GBR)

OLYMPISCHE MEDAILLENSIEGER (F)	
2012	**LONDON**
GOLD	MARINA ALABAU NEIRA (SPA)
SILBER	TUULI PETAJA (FIN)
BRONZE	ZOFIA NOCETI-KLEPACKA (POL)
2008	**PEKING**
GOLD	YIN JIAN (CHN)
SILBER	ALESSANDRA SENSINI (ITA)
BRONZE	BRYONY SHAW (GBR)
2004	**ATHEN**
GOLD	FAUSTINE MERRET (FRA)
SILBER	YIN JIAN (CHN)
BRONZE	ALESSANDRA SENSINI (ITA)

GEWUSST?

8.120 Die längste auf einem Surfbrett zurückgelegte Strecke in Kilometern. Die Brasilianer Flavio Jardim und Diogo Guerreiro surften von Mai 2004 bis Juli 2005 von Chui nach Oiapaque.

4 So viele Weltmeistertitel in Folge gewann Finian Maynard im Speed-Windsurfen. Er war von 1998 bis 2001 Weltmeister.

13 In diesem Alter gewann der Amerikaner Robby Naish seine erste Weltmeisterschaft. Er holte in den nächsten 16 Jahren noch 22 weitere WM-Titel in verschiedenen Klassen.

45,83 Die Geschwindigkeit in Knoten (83 km/h) der Geschwindigkeits-Weltmeisterin im Windsurfen über 500 m, aufgestellt 2012 von der Britin Zara Davis in Walvis Bay (Namibia).

WETTKAMPFREGELN

Die Wettkämpfe in allen Disziplinen unterliegen strikten Regeln, vor allem dem Wegerecht. Wenn sich Surfer in der gleichen »Halse« (Wende) befinden, hat der Surfer in Leeposition Vorfahrt gegenüber einem Surfer in Luv. Bei entgegengesetzten Wenden muss der Surfer auf »Steuerbordburg« (der Wind weht von links) dem Surfer auf »Backbordbug« (Wind kommt von rechts) Vorfahrt gewähren. Allgemein gesprochen, müssen wendende Surfer Abstand zu nicht wendenden Surfern halten. Bei Rennen hat der Surfer auf der Innenbahn beim Umfahren einer Boje Vorfahrt gegenüber dem Surfer auf der Außenbahn. Bei Trick-Wettbewerben müssen die landeinwärts fahrenden Surfer den auslaufenden Surfern ausweichen. Teilen sich zwei Surfer bei einem Wave-Wettbewerb dieselbe Welle, hat das erste Brett, das vollständig auf der in Richtung Ufer laufenden Welle liegt, Vorfahrt.

PUNKTVERGABE

Beim Slalom und bei Rennen werden Punkte entsprechend der Platzierung nach einer vorgegebenen Anzahl von Runden vergeben. Bei Trick-Wettbewerben vergeben die Punktrichter in jeder Runde Punkte für den Stil und die erfolgreiche Ausführung der einzelnen Tricks. Der Sieger einer Runde erhält 0,7 Punkte, der Surfer auf dem zweiten Platz zwei Punkte usw. Die Punkte werden am Ende addiert, und der Surfer mit der geringsten Punktzahl ist der Sieger. Bei Rennen bestimmt die Durchschnittsgeschwindigkeit des besten von zwei Läufen über die Platzierung.

WINDVERHÄLTNISSE

Eine Windgeschwindigkeit bis 65 km/h ist ideal für Rennen und Trick-Wettbewerbe, wobei die meisten Disziplinen eine Mindestwindgeschwindigkeit von 11 km/h benötigen. Für Zuschauer ideale Windverhältnisse erlauben das Surfen parallel zur Küste oder darauf zu.

LUFTAKROBATIK

Freestyle- und Wave-Veranstaltungen sind absolute Publikumsmagneten. Könner auf dem Brett zeigen faszinierende Stunts und Tricks, die sie mit großer Eleganz und scheinbarer Leichtigkeit ausführen. Beim Ausfahren gegen die Brandung führen die Surfer verschiedene Loopings und Sprünge vor, während sie auf dem Rückweg wilde Drehungen zeigen. Drei Punktrichter bewerten Stil, Vielfalt und Ausführung.

LOOPING RÜCKWÄRTS

Es gibt drei klassische Loops – vorwärts, rückwärts und geschoben. Der Looping rückwärts ist das schwierigste Manöver: Während der Start noch relativ einfach ist, ist eine saubere Landung mit der Nase voran sehr diffizil. Hier zählen Geschwindigkeit, Timing und die richtige Stellung von Brett und Körper. Ein gut ausgeführter Looping sieht mühelos aus und bringt hohe Punktwertungen.

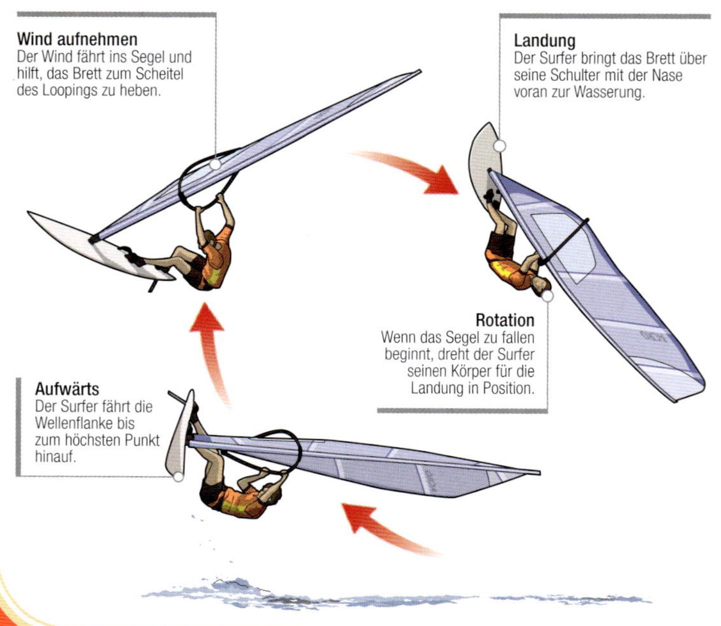

Wind aufnehmen
Der Wind fährt ins Segel und hilft, das Brett zum Scheitel des Loopings zu heben.
Landung
Der Surfer bringt das Brett über seine Schulter mit der Nase voran zur Wasserung.
Rotation
Wenn das Segel zu fallen beginnt, dreht der Surfer seinen Körper für die Landung in Position.
Aufwärts
Der Surfer fährt die Wellenflanke bis zum höchsten Punkt hinauf.

TECHNIKEN

Beim Windsurfen sorgt der Wind im Segel für Auftrieb, sodass sich das Brett hebt und auf der Wasseroberfläche gleitet. Je stärker der Wind, desto schneller fährt das Brett. Eine wichtige Technik besteht darin, den Winkel des Segels zum Brett zu verändern, um den Winddruck zu kontrollieren und so die Geschwindigkeit zu variieren. Zieht man das Segel näher zum Körper, steigt der Winddruck, und das Brett wird schneller. Drückt man das Segel vom Körper weg, sinkt der Winddruck, und das Brett verlangsamt. Nur bei bestimmten Disziplinen erlaubt ist die Technik des »Pumpens« bei schwachem Wind, bei der der Surfer das Segel wiederholt zu sich heranzieht, um Geschwindigkeit aufzunehmen und ins Gleiten zu kommen.

FORTGESCHRITTENE MANÖVER

Dem Windsurfer stehen eine ganze Reihe von Manövern zur Verfügung, wobei das volle Repertoire vor allem beim Freestyle und Wave zum Einsatz kommt. Viele haben ungewöhnliche Namen, wie »Vulcan«, »Flaka« oder »Spock«. Der Vulcan, auch »Luftwende« genannt, ist einer der schnellsten Richtungswechsel. Dazu wird das Brett über eine kleine Welle katapultiert und im Flug mit den Füßen in die entgegengesetzte Richtung gewendet. Der Flaka ist eine Flugdrehung um 360 Grad, für die man über eine Welle in den Wind startet. Auch beim Spock verlässt man das Wasser und landet auf der Nase, während man das Segel dreht. Dadurch dreht sich das Brett auf aufsehenerregende Weise. Profis zeigen zudem auch Variationen dieser Manöver, die noch schwerer zu fahren sind.

TEMPO-REKORDE

Die 50-Knoten-Barriere (93 km/h) galt lange Zeit als eine Art Heiliger Gral der Windsurfer. In den vergangenen Jahren wurden höhere Geschwindigkeiten eher auf speziell eingerichteten 500-m-Strecken erzielt als über die klassische Seemeile (1,852 km). 2012 erreichte der Franzose Antoine Albeau im Lüderitz-Kanal in Namibia 52,05 Knoten (96 km/h). Dank ihrer kleineren und leichteren Boards können Kitesurfer höhere Geschwindigkeiten erreichen, deshalb liegt bei ihnen der Rekord auch bei 55,56 Knoten (103 km/h).

INSIDER-STORY

Das erste Windsurfer-Patent wurde 1970 in den USA von Jim Drake und Hoyle Schweitzer eingereicht, die allgemein als die Begründer des modernen Windsurfens gelten. Allerdings gab es schon in den 1940ern einen Windsurfer: Ein junger Australier namens Richard Eastaugh baute damals primitive Bretter aus Blechkanus, die er mit Segeln und Bambusmasten versah und mit denen er auf dem Swan River nahe seiner Heimatstadt Perth surfte. Er gilt als erster Windsurfer der Geschichte.

DACHVERBÄNDE

Die International Windsurfing Association (IWA) und die Professional Windsurfers Association (PWA) sind die wichtigsten Windsurfing-Verbände, da sie zahlreiche professionelle Veranstaltungen organisieren. Außerdem sind sie für die Aufstellung neuer Regeln und für die Betreuung von Windsurfern in aller Welt verantwortlich.

KITESURFEN

ÜBERBLICK

Das Kitesurfen verbindet Elemente des Surfens und des Drachenfliegens zu einem Extremsport, bei dem sich die Sportler von großen Lenkdrachen übers Wasser ziehen lassen und dabei Tricks und Sprünge ausführen. Der Sport wird seit den späten 1990er-Jahren immer beliebter und 2012 konnte eine Kampagne das Olympische Komitee davon überzeugen, ihn als Ersatz für das Windsurfen ins offizielle Programm der Spiele 2016 aufzunehmen, nur um die Entscheidung kurz darauf zu revidieren.

STILE

Es gibt diverse Kitesurf-Stile, aber die beliebtesten Wettkampfdisziplinen sind Freestyle, Wave Riding, Course Racing und Slalom. Beim Freestyle führen die Sportler Tricks, wie Spins und Sprünge, vor und werden dabei von mehreren Punktrichtern bewertet. Das Wave Riding ist eine Mischung aus Kitesurfen und Wettkampf-Surfen, bei der die Sportler versuchen, möglichst komplizierte Manöver in der Brandung auszuführen. Beim Course Racing legen die Sportler eine Regattastrecke in möglichst kurzer Zeit zurück, während sie beim Slalom über einen mit Stangen abgesteckten Parcours fahren.

FAKTEN

- Die International Kiteboarding Association organisiert die wichtigsten Wettkämpfe und treibt die Entwicklung des Regelwerks voran.
- Die optimale Windgeschwindigkeit fürs Kitesurfen liegt bei 20–50 km/h.
- 2012 gab es weltweit schätzungsweise 1,5 Millionen Kitesurfer.

FAKTEN

- Die in den mittleren Breitengraden der Erde vorherrschenden Winde sind Westwinde, sodass viele der besten Surfreviere an Westküsten liegen.
- Die von der Association of Surfing Professionals organisierten Weltmeisterschaften finden reihum in Spitzenrevieren in Australien, Südafrika, Hawaii, Tahiti und Fidschi statt.
- Bei Wettkämpfen gibt es auf allen Ebenen eigene Wettbewerbe für Männer und Frauen.

SURFEN

ÜBERBLICK

Beim für die Sportler wie für das Publikum gleichermaßen aufregenden Wettkampf-Wellenreiten geht es darum, möglichst lange auf brechenden Wellen Tricks und Manöver auszuführen, um die Punktrichter zu beeindrucken. Die bekannteste Variante wird aufrecht stehend auf einem kurzen oder langen Brett gefahren. Varianten sind Bodyboarding, Bodysurfing, Kneeboarding, Surf-Skiing, Kitesurfen und Windsurfen (siehe S. 280–283). Die spektakulärste Form ist das Tow-In-Surfen, bei dem der Surfer mit einem Boot auf so hohe und starke Wellen, wie er sie aus eigener Kraft nie bezwingen könnte, geschleppt wird.

SPORTLERPROFIL

Stürze vom Brett können bei hohen Wellen sehr gefährlich sein, deshalb sind die meisten Surfer gute Schwimmer. Profis sind durchtrainierte Athleten mit einem hervorragenden Gleichgewichtssinn. Die Fähigkeit, die besten Wellen für das Surfen auszuwählen, beruht teilweise auf Ortskenntnis und teilweise auf Erfahrung. Das Training an Land beinhaltet auch Krafttraining für Beine und Bauch.

Surfkleidung
Surfanzüge haben eine durchlässige Mittelmembran, die Wasser einlässt, das dann vom Körper erwärmt wird und den Surfer vor der Umgebungskälte isoliert.

Die »Leash«
Eine Fangleine sichert das Brett am Fußgelenk des Surfers.

Konstruktion
Die früher aus Holz, heute aber meist aus Glasfaser und Styropor gefertigten Bretter wiegen weniger als 1 kg.

Stabilisatoren
Finnen unter dem Heck des Bretts stabilisieren den Geradeauslauf.

STATISTIK

ASP WELTMEISTER: MÄNNER

JAHR	NAME (LAND)
2013	MICK FANNING (USA)
2012	JOEL PARKINSON (AUS)
2011	KELLY SLATER (USA)
2010	KELLY SLATER (USA)
2009	MICK FANNING (AUS)

ASP WELTMEISTER: FRAUEN

JAHR	NAME (LAND)
2013	CLARISSA MOORE (USA)
2012	STEPHANIE GILMORE (AUS)
2011	CARISSA MOORE (USA)
2010	STEPHANIE GILMORE (AUS)
2009	STEPHANIE GILMORE (AUS)

DAS BRETT

Es gibt zwei Hauptformen für Surfbretter: Longboard und Shortboard. Profis fahren bei internationalen Turnieren Shortboards, aber es gibt bei der Weltmeisterschaft der International Surfing Association (ISA) auch eine Longboard-Kategorie.

LONGBOARD
Das schwere Longboard läuft stabiler als das Shortboard, ist aber schwerer zu lenken. Es wird hauptsächlich von Anfängern verwendet.

SHORTBOARD
Das Shortboard ist leicht und stromlinienförmig und erlaubt enge Kurven. Eine Wachsschicht oder Rutschmatten bieten dem Surfer besseren Halt.

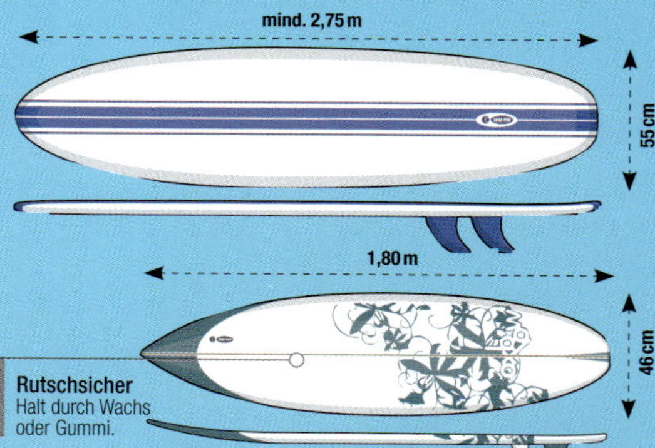

Rutschsicher
Halt durch Wachs oder Gummi.

REGELN

Surfer fahren zu zweit oder zu viert hinaus und surfen mehrere Runden von jeweils 20 Minuten Dauer. Das Reglement variiert von Wettbewerb zu Wettbewerb, aber meist werden die besten zwei, drei oder fünf Surfer von einem Komitee aus fünf oder sechs Richtern nach den folgenden Kriterien bewertet: Wahl der Welle (je schwerer, desto besser), Position auf der Welle (am besten auf dem Kamm), Zeit auf der Welle und Ausführung des Manövers.

TECHNIKEN

Es gibt zwei Grundtechniken zum Anfahren einer Welle: vorwärts mit dem Gesicht zur Welle oder rückwärts mit dem Rücken zur Welle. Die richtige Brettstellung ist zwar wichtig, aber bei Punkten und Preisen entscheiden vor allem die Aktionen auf der Welle. Zwei der der grundlegenden Surftechniken werden unten beschrieben.

DIE MASSE MACHT'S

2003 surfte eine Gruppe aus zwölf Männern und zwei Frauen vor Cornwall ins Guinness-Buch der Rekorde, indem sie auf dem größten Brett der Welt, einem 11-m-Monster von 180 kg Gewicht, ritten.

CUT-BACK

Der Cut-Back ist eine Wende auf einer brechenden Welle von oben nach unten und zurück. Der Surfer fährt auf den Wellenkamm, verlagert sein Gewicht auf die Fersen, lehnt sich zurück und dreht den Oberkörper in die Welle. An deren Fuß schwingt er sich wieder hinauf.

GEWICHT ZURÜCK Der Surfer fährt auf den Kamm eines Brechers und lehnt sich auf die Fersen zurück.

UMDREHEN Indem er den Oberkörper dreht, wendet der Surfer in die Welle, sobald er den Schaum erreicht.

BESCHLEUNIGEN Der Surfer verlässt sich auf die Kraft seiner Wende, um für den Wiederaufstieg Schwung zu holen.

DER WIEDERAUFSTIEG Der Surfer drückt auf das Heck des Bretts, um den Kamm wieder zu erreichen

FLOATER

Der Floater ist ein schwieriges Manöver, mit dem der Surfer auf der Lippe eines Brechers fährt und dann mit dem Schaum auf der sauberen Flanke nach unten »schwebt«. Die größte Herausforderung ist, das Brett sauber auf der Flanke aufzusetzen.

ABBRUCH Der Surfer fährt die Vorderseite der Welle bis zur Abbruchkante hinauf.

ÜBER DIE KANTE Statt zu wenden, fährt der Surfer weiter hinauf auf die brechende Lippe der Welle.

SCHWEBEN Der Surfer gleitet mit ausgebreiteten Armen auf dem Schaum, während die Welle unter dem Brett bricht.

ABSTIEG Während das Brett auf die Front der Welle kippt, federt der Surfer den Stoß mit den Knien ab.

SURFERSLANG

Surfer haben eine eigene Sprache, die größtenteils aus den USA kommt. Hier sind einige Begriffe:

BARREL (ODER TUBE) Die absolute Surf-Erfahrung: eine Welle, die sich beim Brechen überschlägt und einen Tunnel für den Surfer schafft.

CRUNCHER Jede große, harte Welle, die fast nicht zu surfen ist.

GLASSHOUSE Der Raum im Inneren einer Tube.

GOOFY FOOTER Jemand, der mit dem rechten Fuß nach vorne auf dem Brett steht. Normalerweise ist der linke Fuß vorne.

HANG FIVE (ODER TEN) Beim Reiten einer Welle die Zehen eines (oder beider) Füße über die Vorderkante des Bretts hängen lassen.

NATURAL FOOTER Jemand, der mit dem linken Fuß nach vorne auf dem Brett steht. Manchmal auch Regular Footer genannt.

SOUP Schaum oder Weißwasser von einer gebrochenen Welle.

GEWUSST?

30 **Die höchste je gerittene Welle in Metern. Diese Leistung gelang Garrett McNamara 2011 in Nazaré (Portugal), wo ein tiefer Unterwasser-Canyon für außergewöhnlich hohe Wellen sorgt.**

64 **So viele Minuten dauerte der längste Ritt auf einer einzigen Welle. Rekordhalter ist Steve King, der im Februar 2013 über 20,6 km auf dem Fluss Kampar auf Sumatra (Indonesien) surfte.**

INSIDER-STORY

Die Bewohner der Pazifikinseln surften schon Tausende von Jahren, bevor Captain James Cook 1778 den Sport bei einem Besuch auf Hawaii entdeckte und den Europäern davon berichtete. Die großen Surfzentren finden sich zwar immer noch im Pazifik, aber der Sport ist heute auch in anderen Teilen der Welt, wie Brasilien, Costa Rica, Südafrika, Australien, Frankreich, Irland, Jamaika und Spanien, populär.

DIE ASSOCIATION OF SURFING PROFESSIONALS

Die Association of Surfing Professionals organisiert heute den weltweit hochkarätigsten Wettbewerb: die ASP World Tour.

WINTERSPORT

07

FAKTEN

- **Die frühe Form des Skilaufens wird nach der norwegischen Region, wo der Sport 1870 entstand, Telemark genannt. Telemarkstiefel sind nur an den Zehen mit dem Ski verbunden, was eine spezielle Kurventechnik ermöglicht.**
- **Das erste Abfahrtsrennen mit alpinen Skiern und Stiefeln fand 1921 in der Schweiz statt. 1930 wurden Abfahrtslauf und Slalom als offizielle Sportdisziplinen anerkannt. Sie sind seit 1936 auch olympisch.**
- **Das Wort »Slalom« stammt vom norwegischen Wort für »sanfter Hang«.**

DIE PISTEN

Es gibt keine vorgeschriebenen Längen für alpine Skipisten. Die klassischen Strecken werden seit Jahrzehnten weitgehend unverändert genutzt. Rennkurse sind so angelegt, dass sie die Läufer mit einer Mischung aus steilen Gefällen, scharfen Kurven und flachen Abschnitten prüfen. Slalomrennen finden auf kürzeren Hängen statt und verlaufen wesentlich geradliniger. Alle Pisten sind deutlich mit farbigen Toren markiert, die durchfahren werden müssen. Rennen der Herren gehen über längere Distanzen und haben mehr Tore als die Damen-Wettbewerbe.

Handschuhe
Handschuhe halten die Hände warm und dürfen nicht über die Ellenbogen gehen. Sie sind nicht vorgeschrieben, aber kaum ein Läufer fährt ohne sie.

Startnummer
Alle Läufer müssen ein normiertes Polyestertrikot mit der jeweiligen Startnummer tragen.

Zweite Haut
Die Läufer tragen hautenge, manchmal an den Schienbeinen und den Schultern gepolsterte Anzüge, um den Luftwiderstand zu verringern.

Spitzer Stock
Die Skistöcke helfen, in engen Kurven das Gleichgewicht zu halten, wenn der Läufer sein Gewicht von einer Seite zur anderen verlagert.

ÜBERBLICK

Ski alpin ist eine abwechslungsreiche Kombination aus Geschwindigkeit und Technik. Jeden Winter erleben Millionen Amateure den Spaß am Skisport, aber nur wenige nehmen an Wettbewerben teil. Es gibt fünf offizielle Disziplinen im alpinen Skisport. Zwei davon – Abfahrt und Super-G – setzen auf Geschwindigkeit. Slalom und Riesenslalom sind eher technikorientiert und fordern das feine Können des Läufers. Die alpine Kombination fordert sowohl Schnelligkeit als auch Technik.

SPORTLERPROFIL

Der Antrieb kommt zwar größtenteils von der Schwerkraft, aber der alpine Skiläufer braucht auch ein hohes Maß an Fitness. Die meiste Arbeit leisten die Beine; Oberkörper und Arme sind eher für das Gleichgewicht verantwortlich. Besonders wichtig sind die Muskeln im Oberschenkel, da sie den nach vorne gelehnten Läufer aufrecht halten.

SKI ALPIN

GEFÄHRLICHER HANG

Das schnellste und gefährlichste Abfahrtsrennen der Welt findet seit 1931 am Hahnenkamm nahe dem österreichischen Ort Kitzbühel statt. Die Abfahrer erreichen bis zu 140 km/h auf der »Streif« genannten Piste. Die »Mausefalle« ist ein 50-m-Sprung, der sich schon häufiger als sehr verhängnisvoll erwiesen hat.

OFFEN UND GESCHLOSSEN

Alpine Skiläufe finden auf künstlich angelegten Pisten mit Tore genannten Paaren farbiger Flaggen statt. Die Tore stehen bei Abfahrtsrennen am weitesten auseinander und beim Slalom am dichtesten zusammen. Ein Tor aus zwei nebeneinander stehenden Flaggen ist »offen«. Bei einem »geschlossenen« Tor stehen die Flaggen hintereinander. Offene Tore zeigen in die Richtung, die der Läufer bergab nehmen muss, während geschlossene Tore ihn dazu zwingen, quer zur Falllinie – dem natürlichen Weg bergab – zu fahren.

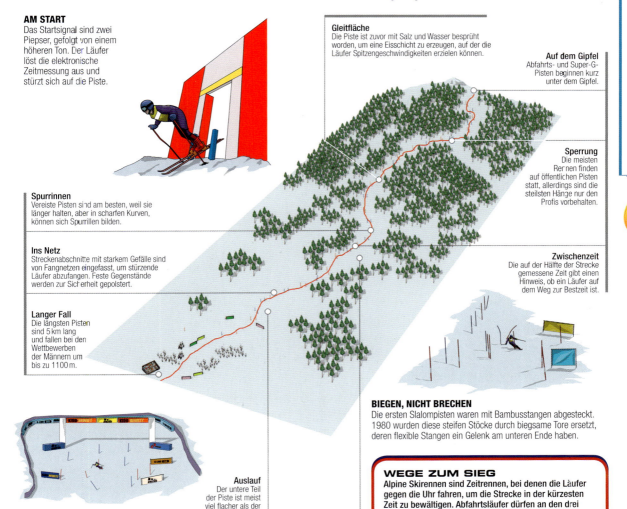

AM START
Das Startsignal sind zwei Piepser, gefolgt von einem höheren Ton. Der Läufer löst die elektronische Zeitmessung aus und stürzt sich auf die Piste.

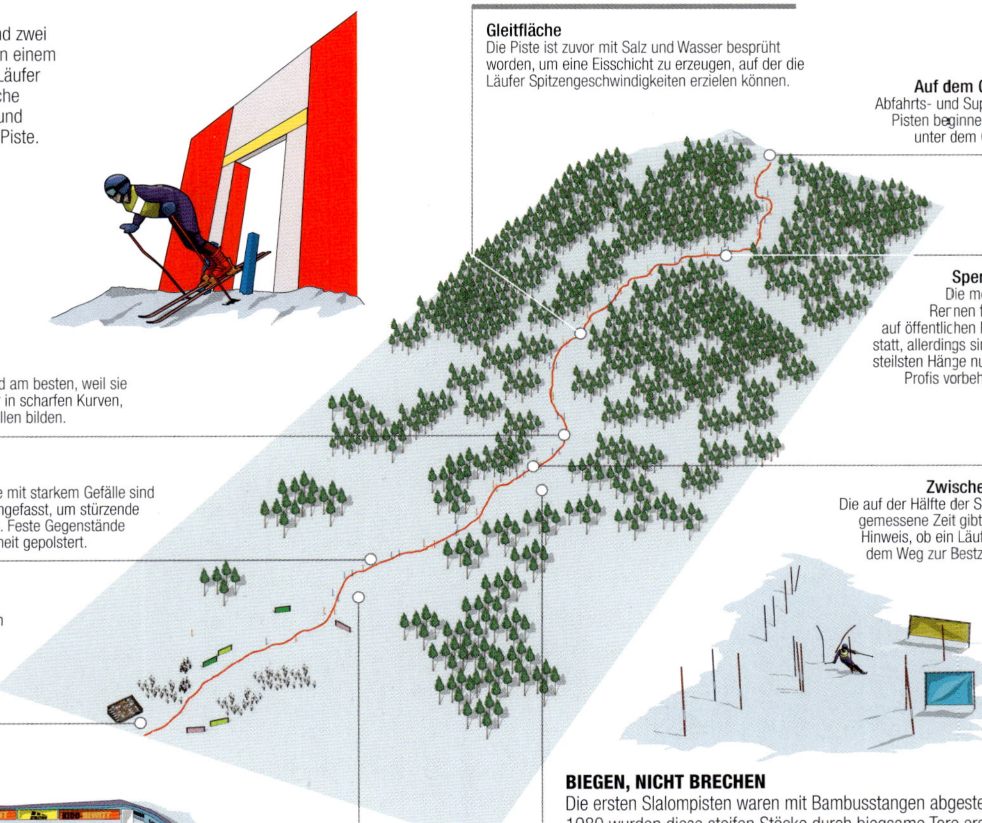

Gleitfläche
Die Piste ist zuvor mit Salz und Wasser besprüht worden, um eine Eisschicht zu erzeugen, auf der die Läufer Spitzengeschwindigkeiten erzielen können.

Auf dem Gipfel
Abfahrts- und Super-G-Pisten beginnen kurz unter dem Gipfel.

Sperrung
Die meisten Rennen finden auf öffentlichen Pisten statt, allerdings sind die steilsten Hänge nur den Profis vorbehalten.

Spurrinnen
Vereiste Pisten sind am besten, weil sie länger halten, aber in scharfen Kurven, können sich Spurrillen bilden.

Ins Netz
Streckenabschnitte mit starkem Gefälle sind von Fangnetzen eingefasst, um stürzende Läufer abzufangen. Feste Gegenstände werden zur Sicherheit gepolstert.

Zwischenzeit
Die auf der Hälfte der Strecke gemessene Zeit gibt einen Hinweis, ob ein Läufer auf dem Weg zur Bestzeit ist.

Langer Fall
Die längsten Pisten sind 5 km lang und fallen bei den Wettbewerben der Männern um bis zu 1100 m.

BIEGEN, NICHT BRECHEN
Die ersten Slalompisten waren mit Bambusstangen abgesteckt. 1980 wurden diese steifen Stöcke durch biegsame Tore ersetzt, deren flexible Stangen ein Gelenk am unteren Ende haben.

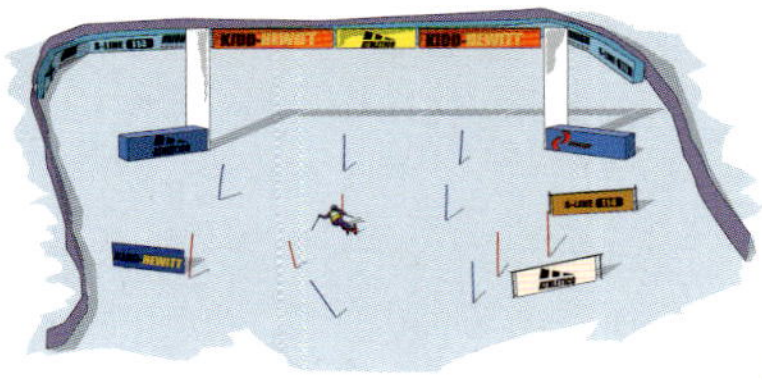

Auslauf
Der untere Teil der Piste ist meist viel flacher als der obere, deshalb müssen die Läufer Höchstgeschwindigkeit fahren, um den Schwung nicht zu verlieren.

Beobachter
Die Zuschauer beiderseits der Piste feuern die Läufer an.

DAS ZIEL
Die Ziellinie wird durch ein riesiges Tor gekennzeichnet. Die Zeiten werden den Läufern auf einer großen Tafel angezeigt.

WEGE ZUM SIEG

Alpine Skirennen sind Zeitrennen, bei denen die Läufer gegen die Uhr fahren, um die Strecke in der kürzesten Zeit zu bewältigen. Abfahrtsläufer dürfen an den drei Tagen vor dem Rennen auf der Piste üben, um die Ideallinie zu finden. Slalomläufer allerdings würden die Piste zu stark beschädigen, sodass ihnen vor dem Lauf nur eine einstündige Inspektion der Strecke erlaubt ist.

GEWUSST?

70 **Die maximale Anzahl an Toren beim Riesenslalom der Herren. 56 sind das Minimum. Bei Damen-Wettbewerben liegt die Zahl zwischen 46 und 58 Toren.**

1 **Die Mindestanzahl an Minuten, die ein Abfahrtslauf dauern muss. Ist er kürzer, muss die Strecke entsprechend verlängert werden.**

0,01 **Der Sekundenbruchteil, auf den genau gemessen wird.**

120 **Die Durchschnittsgeschwindigkeit eines Abfahrtsläufers in Stundenkilometern.**

800 **Der maximale Höhenunterschied zwischen Start und Ziel beim Abfahrtslauf der Damen in Metern.**

RENNKLEIDUNG

Alpine Skiläufer tragen so wenig Kleidung wie möglich, um windschlüpfrig zu bleiben. Lockere Kleidung bremst den Läufer durch den Luftwiderstand ab. Allerdings muss ein Rennanzug ein Mindestmaß an Luftdurchlässigkeit haben, d.h., er darf nicht luftdicht imprägniert sein, um weniger Luftwiderstand zu leisten.

Die Läufer dürfen Protektoren zum Schutz einzelner Körperteile tragen, die aber die Gestalt des Läufers nicht so verändern dürfen, dass er windschnittiger wird. So ist z.B. ein Rückenprotektor erlaubt. Die Protektoren werden gründlich auf ihre aerodynamischen Eigenschaften geprüft.

SKISTIEFEL

Skischuhe bestehen aus einem steifen Kunststoff, sitzen eng und umschließen den Fuß sicher, um eine stabile Verbindung zwischen Bein und Ski herzustellen. Dabei bleibt der Unterschenkel aber nach vorne beweglich.

Weicher Schaft
Der Unterschenkel ist dick abgepolstert.

Schnappschloss
Die Schnallen sollten nicht so fest schließen, dass die Durchblutung beeinträchtigt wird.

Steife Oberklasse
Die Spitzenläufer haben die steifsten Schuhe. Anfänger tragen flexiblere Modelle.

Plattform
Die dicke Sohle wird am Ski befestigt.

Schnallen
Sie sichern den Schuh am Fuß.

HELM

Jeder Läufer muss einen Sturzhelm tragen, der Kopf und Ohren bedeckt. Spoiler oder Finnen sind verboten.

Schlagfest
Die Helmschale ist stabil genug, um mehrere Schläge auszuhalten, bevor sie ausgetauscht werden muss.

Sicherung
Der Helm wird von einem gepolsterten Kinnriemen gehalten.

Schlaufe
Die Hand fährt von unten durch die Schlaufe, die dann zwischen Hand und Griff gehalten wird.

Kurven
Abfahrtsstöcke sind geschwungen und schmiegen sich aerodynamisch eng an den Körper.

Leichtgewicht
Die Stöcke bestehen aus Aluminium.

Teller
Eine Plastikscheibe verhindert ein Einsinken im Schnee.

SCHUTZBRILLE

Eine gut sitzende Schutzbrille ist wichtig, um die Augen zu schützen. Spezialgläser verbessern die Sicht bei schwachem Licht.

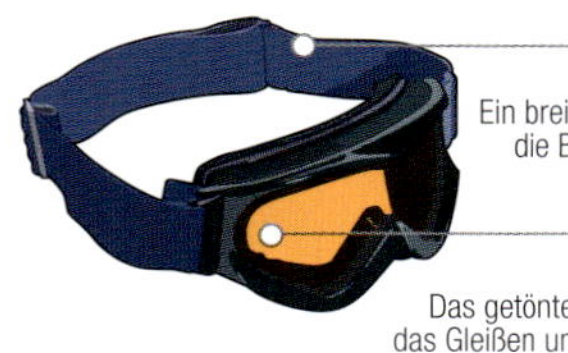

Fester Sitz
Ein breites Band hält die Brille sicher in Position.

Tönung
Das getönte Glas dämpft das Gleißen und schützt die Augen vor Schnee.

SKISTÖCKE

Die Skistöcke helfen, die Balance zu halten und das Gewicht zu verlagern. Die Länge der Stöcke hängt von der Größe des Läufers ab: Bei leicht gebeugten Knien sollten sie knapp über die Ellenbogen reichen.

> **LANGE GESCHICHTE**
>
> Der älteste Ski der Welt ist 4500 Jahre alt. Überreste des hölzernen Relikts wurden in einem schwedischen Moor gefunden. Wahrscheinlich wurde das Skilaufen von den Saami in Lappland erfunden.

SKIER UND BINDUNGEN

Für jede alpine Disziplin benötigt man einen eigenen Ski. Der alpine Ski hat eine bestimmte Form: Von der Seite betrachtet, hat er in der Mitte eine leichte Wölbung. Durch diese Form wird das Gewicht des Läufers in Richtung der Skispitze gelenkt. Außerdem sind moderne Skier tailliert – die Kanten verjüngen sich zur Mitte hin, die damit die schmalste Stelle des Skis ist. Die taillierte Kante schneidet in den Schnee und erleichtert das Kurvenfahren.

SLALOM

Die kürzesten Skier findet man beim Slalom, bei dem die Läufer die Manövrierfähigkeit der Geschwindigkeit vorziehen. Die Kanten sind stärker tailliert als bei anderen Skiern und erlauben engere Kurven.

1,65 m

Gleitschicht
Die Unterseite des Ski ist gewachst, damit sie besser gleitet.

RIESENSLALOM

Die beim Riesenslalom und Super-G verwendeten Skier sind Kreuzungen aus Slalom- und Abfahrtsskiern. Sie sind länger, um schnell zu laufen, aber auch für Kurvenfahrten tailliert.

ABFAHRT

Lange und breite Skier erlauben Höchstgeschwindigkeiten, da sie besser über den Schnee gleiten. Sie sind aber schwerer zu lenken, weil sie, anders als Slalomskier, nur leicht tailliert sind.

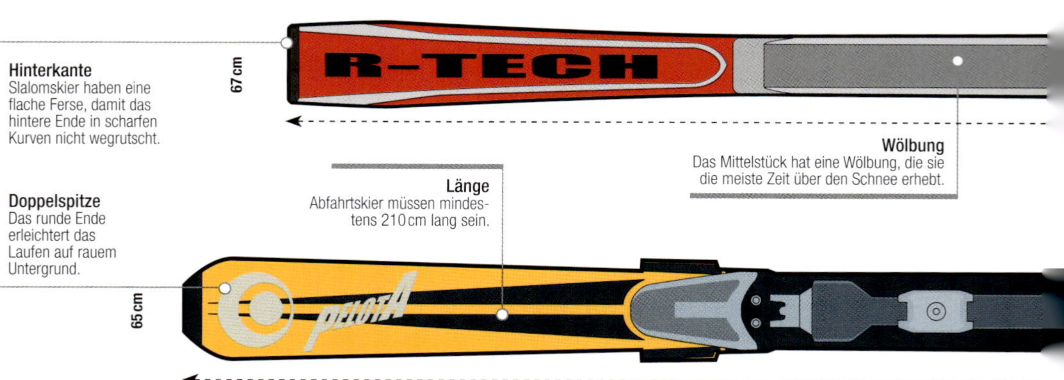

Hinterkante
Slalomskier haben eine flache Ferse, damit das hintere Ende in scharfen Kurven nicht wegrutscht.

Doppelspitze
Das runde Ende erleichtert das Laufen auf rauem Untergrund.

Wölbung
Das Mittelstück hat eine Wölbung, die sie die meiste Zeit über den Schnee erhebt.

Länge
Abfahrtskier müssen mindestens 210 cm lang sein.

AUF DER PISTE

Jede alpine Disziplin verlangt andere Fertigkeiten. Die Speed-Wettbewerbe werden in einem Lauf entschieden. Durch Fehler der Favoriten und gute Tage der Namenlosen wird die Rangliste oft auf den Kopf gestellt. In den Technik-Disziplinen finden zwei Läufe statt. Die kombinierten Zeiten entscheiden über die Platzierung. Die Fahrer in der Kombination werden nach ihrer zusammengerechneten Zeit bei Abfahrt und Slalom bewertet. Der Super-G erfordert besondere Fertigkeiten. Wie bei der Abfahrt müssen die Fahrer in nur einem Lauf zeigen, was sie können. Allerdings ist das Üben auf der Piste wie bei den anderen Slalom-Disziplinen verboten.

STARTORDNUNG

Die Startposition beeinflusst auch den Lauf. Schneit es bei der Abfahrt, werden die ersten Läufer durch den Neuschnee gebremst und können von den Nachfolgenden geschlagen werden. Als Erster im Slalom zu starten, ist ein Vorteil, weil die Piste dann noch nicht so zerfurcht ist.

Die 15 Höchstplatzierten fahren zuerst. Ihre Startpositionen werden ausgelost. Alle weiteren Läufer starten entsprechend ihrer Weltranglistenposition. Beim zweiten Slalomlauf starten die 15 schnellsten des ersten Laufs in umgekehrter Reihenfolge.

ABFAHRT
Die Strecken sind 2,5–6 km lang. Eine Abfahrt muss mindestens eine Minute dauern – die meisten sind etwa zwei Minuten lang. Die Gefälle sind begrenzt: Bei den Männern darf der Höhenunterschied nicht mehr als 1000 m betragen, bei den Frauen nicht mehr als 700 m.

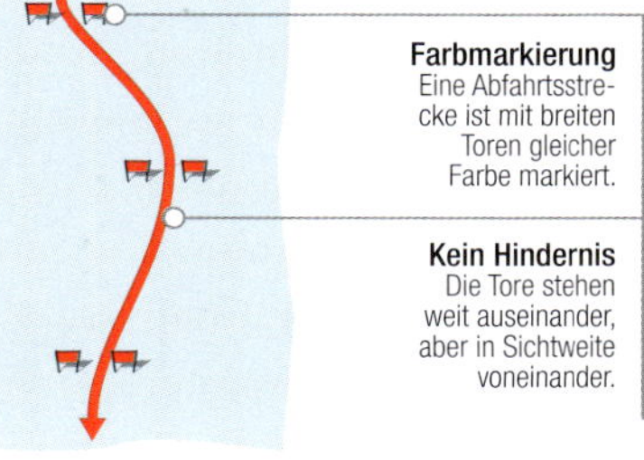

Farbmarkierung
Eine Abfahrtsstrecke ist mit breiten Toren gleicher Farbe markiert.
Kein Hindernis
Die Tore stehen weit auseinander, aber in Sichtweite voneinander.

RIESENSLALOM
Die Strecke beim längsten Technik-Wettbewerb ist voller Wendungen und Kurven, aber anders als beim Slalom verlangt nicht jedes Riesenslalom-Tor einen Richtungswechsel. Die Anzahl an Kehren beträgt etwa 13 Prozent des Höhenunterschieds der Piste in Metern.

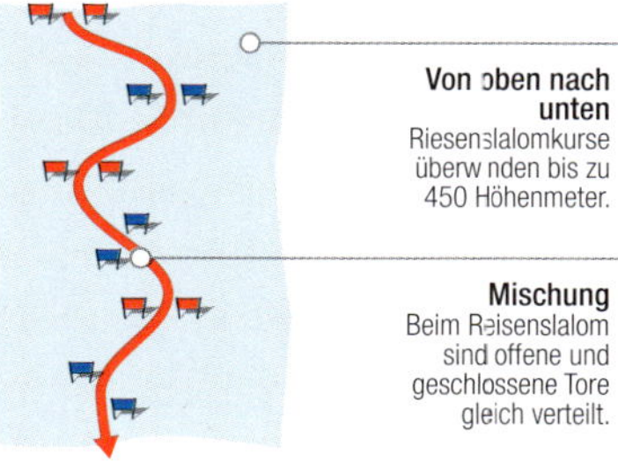

Von oben nach unten
Riesenslalomkurse überwinden bis zu 450 Höhenmeter.
Mischung
Beim Riesenslalom sind offene und geschlossene Tore gleich verteilt.

SUPER-G
Dies ist die jüngste alpine Disziplin – sie wurde erst 1982 eingeführt. Der Super-G verbindet das Abfahrtsrennen mit dem Reisenslalom: Ein Abfahrtskurs wird mit Riesenslalom-Toren abgesteckt, die aber weiter auseinander stehen, um die Geschwindigkeit zu steigern.

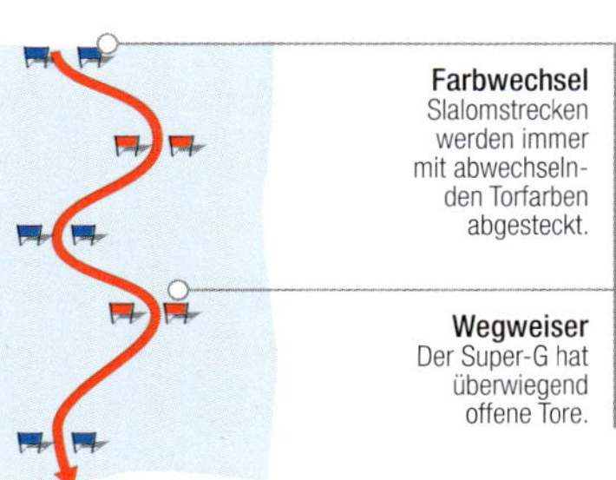

Farbwechsel
Slalomstrecken werden immer mit abwechselnden Torfarben abgesteckt.
Wegweiser
Der Super-G hat überwiegend offene Tore.

SLALOM
Slalom ist die sicherste, aber gleichzeitig technisch anspruchsvollste alpine Disziplin. Jede Strecke hat Kombinationen aus Toren, die das Können der Läufer prüfen, einschließlich Verzögerungstoren, die den Läufer quer zum Hang leiten, statt abwärts Richtung Ziel.

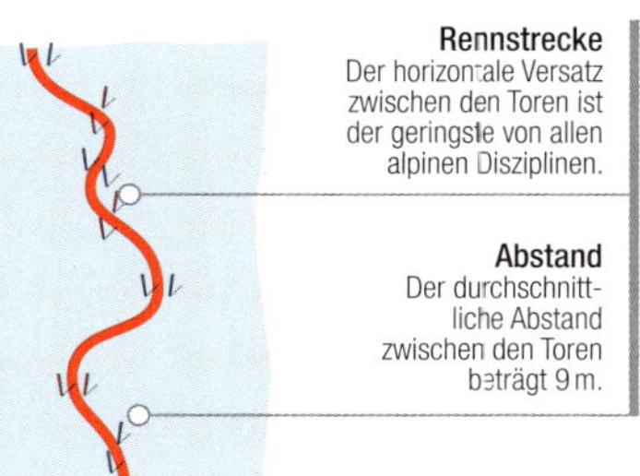

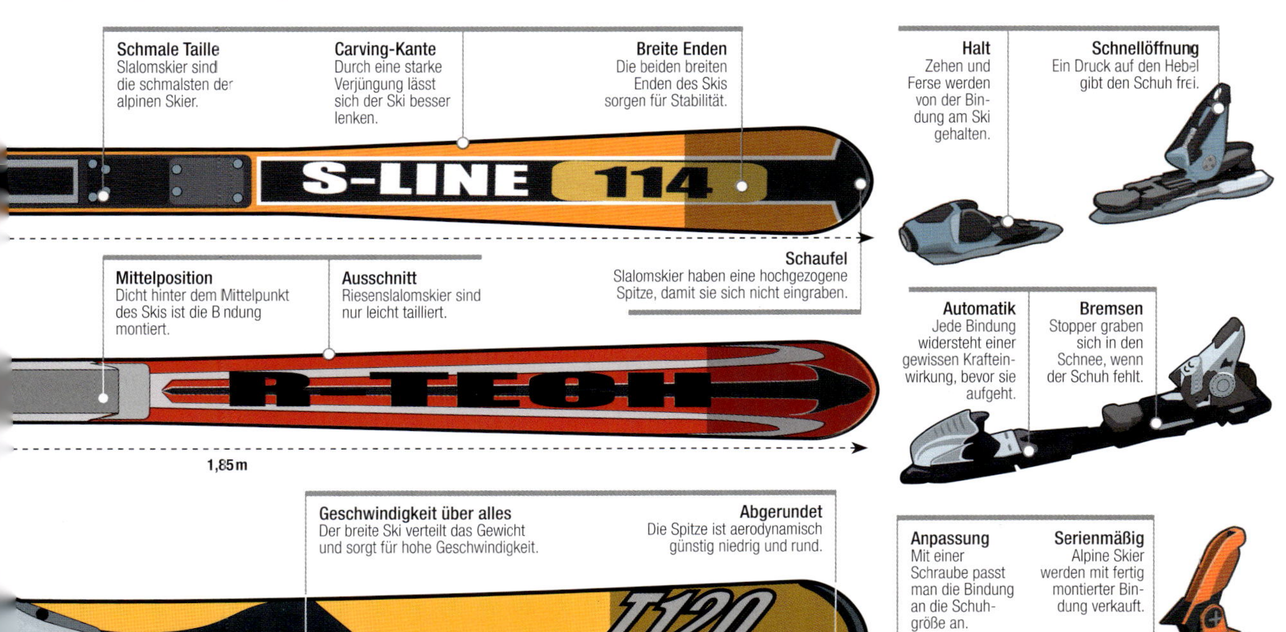

Rennstrecke
Der horizontale Versatz zwischen den Toren ist der geringste von allen alpinen Disziplinen.
Abstand
Der durchschnittliche Abstand zwischen den Toren beträgt 9 m.

Schmale Taille
Slalomskier sind die schmalsten der alpinen Skier.
Carving-Kante
Durch eine starke Verjüngung lässt sich der Ski besser lenken.
Breite Enden
Die beiden breiten Enden des Skis sorgen für Stabilität.
S-LINE 114
Schaufel
Slalomskier haben eine hochgezogene Spitze, damit sie sich nicht eingraben.
Mittelposition
Dicht hinter dem Mittelpunkt des Skis ist die Bindung montiert.
Ausschnitt
Riesenslalomskier sind nur leicht tailliert.
R-TECH
1,85 m
Geschwindigkeit über alles
Der breite Ski verteilt das Gewicht und sorgt für hohe Geschwindigkeit.
Abgerundet
Die Spitze ist aerodynamisch günstig niedrig und rund.
T120
SKI
Halt
Zehen und Ferse werden von der Bindung am Ski gehalten.
Schnellöffnung
Ein Druck auf den Hebel gibt den Schuh frei.
Automatik
Jede Bindung widersteht einer gewissen Krafteinwirkung, bevor sie aufgeht.
Bremsen
Stopper graben sich in den Schnee, wenn der Schuh fehlt.
Anpassung
Mit einer Schraube passt man die Bindung an die Schuhgröße an.
Serienmäßig
Alpine Skier werden mit fertig montierter Bindung verkauft.

STATISTIK

OLYMPISCHE MEDAILLEN (INSGESAMT)	
MEDAILLEN	**LAND**
114	ÖSTERREICH
59	SCHWEIZ
45	FRANKREICH
44	USA
40	DEUTSCHLAND
30	ITALIEN
29	NORWEGEN
16	SCHWEDEN
11	KANADA
10	KROATIEN
9	LIECHTENSTEIN
7	SLOWENIEN
2	SPANIEN
2	LUXEMBURG
1	FINNLAND

OLYMPISCHE GOLDMEDAILLEN (F)			
JAHR	**ABFAHRT**	**R.-SLALOM**	**SLALOM**
2014	SUI/SLO	SLO	USA
2010	USA	GER	GER
2006	AUT	USA	SWE
2002	FRA	CRO	CRO
1998	GER	ITA	GER
1994	GER	ITA	SUI
1992	CAN	SWE	AUT
1988	GER	SUI	SUI
1984	ITA	USA	ITA
1980	AUT	LIE	LIE
1976	GER	CAN	GER
1972	SUI	SUI	USA
1968	AUT	CAN	FRA
1964	AUT	FRA	FRA
1960	GER	SUI	CAN

OLYMPISCHE GOLDMEDAILLEN (M)			
JAHR	**ABFAHRT**	**R.-SLALOM**	**SLALOM**
2014	AUT	USA	AUT
2010	SUI	SUI	ITA
2006	FRA	AUT	AUT
2002	AUT	AUT	FRA
1998	FRA	AUT	NOR
1994	USA	GER	AUT
1992	AUT	ITA	NOR
1988	SUI	ITA	ITA
1984	USA	SUI	USA
1980	AUT	SWE	SWE
1976	AUT	SUI	ITA
1972	SUI	ITA	ESP
1968	FRA	FRA	FRA
1964	AUT	FRA	AUT
1960	FRA	SUI	AUT

RENNTECHNIKEN

Es braucht mehrere Jahre, um das Skifahren auf hohem Niveau zu erlernen. Die meisten Spitzenläufer fahren schon von Kindesbeinen an. Einige wenige haben in mehreren Disziplinen gesiegt, so z.B. der Schweizer Pirmin Zurbriggen, der in den 1980ern Medaillen in der Abfahrt, dem Super-G, dem Riesenslalom und in der Kombination holte. Die meisten Skiläufer konzentrieren sich allerdings entweder auf Speed- oder Technik-Disziplinen.

KURVENFAHREN

Auf Uneingeweihte wirkt das Kurvenfahren auf Skiern kompliziert. Es braucht zwar Übung, um es auch bei Renngeschwindigkeit zu meistern, aber dank moderner Skiformen war es noch nie einfacher. Die neueste Technik ist das sogenannte Carving: Verlagert der Läufer sein Gewicht auf den linken Ski, schneidet die Kante des Skis ins Eis. Der Ski passt sich flexibel der Hangform an und läuft nach links.

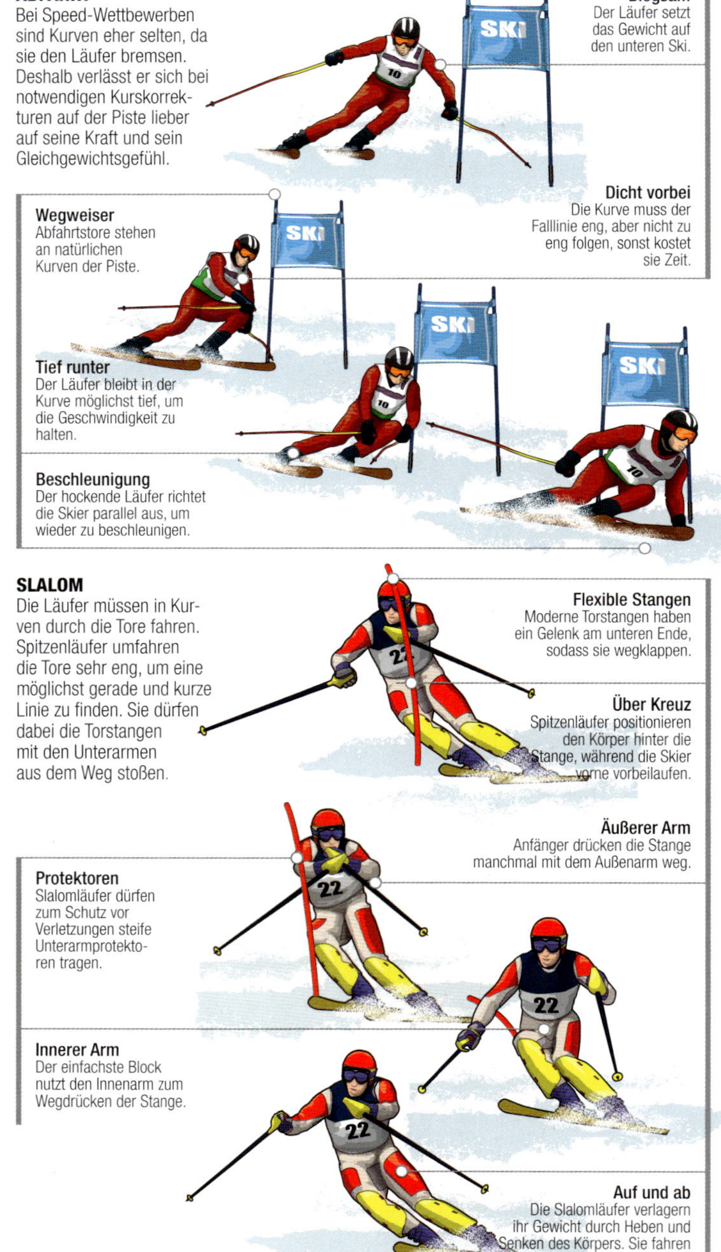

ABFAHRT
Bei Speed-Wettbewerben sind Kurven eher selten, da sie den Läufer bremsen. Deshalb verlässt er sich bei notwendigen Kurskorrekturen auf der Piste lieber auf seine Kraft und sein Gleichgewichtsgefühl.
Biegsam
Der Läufer setzt das Gewicht auf den unteren Ski.
SKI
Wegweiser
Abfahrtstore stehen an natürlichen Kurven der Piste.
Dicht vorbei
Die Kurve muss der Falllinie eng, aber nicht zu eng folgen, sonst kostet sie Zeit.
Tief runter
Der Läufer bleibt in der Kurve möglichst tief, um die Geschwindigkeit zu halten.
Beschleunigung
Der hockende Läufer richtet die Skier parallel aus, um wieder zu beschleunigen.
SLALOM
Die Läufer müssen in Kurven durch die Tore fahren. Spitzenläufer umfahren die Tore sehr eng, um eine möglichst gerade und kurze Linie zu finden. Sie dürfen dabei die Torstangen mit den Unterarmen aus dem Weg stoßen.
Flexible Stangen
Moderne Torstangen haben ein Gelenk am unteren Ende, sodass sie wegklappen.
Über Kreuz
Spitzenläufer positionieren den Körper hinter die Stange, während die Skier vorne vorbeilaufen.
Äußerer Arm
Anfänger drücken die Stange manchmal mit dem Außenarm weg.
Protektoren
Slalomläufer dürfen zum Schutz vor Verletzungen steife Unterarmprotektoren tragen.
Innerer Arm
Der einfachste Block nutzt den Innenarm zum Wegdrücken der Stange.
Auf und ab
Die Slalomläufer verlagern ihr Gewicht durch Heben und Senken des Körpers. Sie fahren bis zu 60 Kurven pro Rennen.

SPRÜNGE

Slalomläufer verlassen den Boden eher selten. Bei schnelleren Rennen müssen die Läufer aber oft springen. Abfahrtsläufer, die schneller als der Straßenverkehr unterwegs sind, springen bis zu 80 m weit, was bei diesen Geschwindigkeiten großes Können erfordert. Die Läufer verlassen sich bei Stürzen auch auf ihre Ausrüstung: Die Bindungen lösen die Skier und der glatte Rennanzug lässt sie langsam und sicher ausgleiten.

Hoch hinaus
Zu Sprüngen kommt es bei der Abfahrt meist an steilen Gefällen.

Abfedern
Das hintere Ende der Skier landet zuerst. Der Läufer federt die Landung mit den Knien ab, während er wieder in die Rennhaltung geht.

Kopfschutz
Die Springer fliegen zwar nie höher als ein paar Meter, aber die Geschwindigkeit macht einen Helm notwendig.

Nicht durchhängen
Zunächst sacken die Skier und richten sich dann nach oben.

Glatter Start
Der Läufer stößt sich beim Abheben nicht ab, schließlich will er weit, aber nicht hoch springen.

Vorlehnen
Im Sprung muss der Läufer das Gewicht nach vorne verlagern, um sich auf die Landung vorzubereiten.

Ausrichten
Der Läufer muss die Skier gerade und nach unten halten, um möglichst schnell in einer geraden Linie zu fliegen.

ÜBERFLIEGERIN

Die vielleicht größte Skiläuferin aller Zeiten ist die kroatische Allrounderin Janica Kostelić mit vier olympischen Goldmedaillen. 2006 siegte Kostelić (geb. 1982) in allen fünf alpinen Disziplinen. 2003 und 2005 war sie Weltmeisterin im Slalom und in der Kombination, 2005 fügte sie noch den Abfahrtstitel hinzu.

RENNHOCKE

Die Reibung zwischen Ski und Schnee ist nur gering, und die größten Bremsen sind Kurven und der Luftwiderstand. Deshalb verkleinern die Läufer ihre Silhouette, die dem bremsenden Fahrtwind ausgesetzt ist, so weit wie möglich, indem sie sich tief über die Skier hocken.

Kopf runter
Der Kopf ist tief zwischen die Schultern gezogen, aber der Fahrer muss noch sehen können!

Angeschmiegt
Die Stöcke schmiegen sich eng an den Körper, sodass die Teller im Windschatten liegen.

Gefaltet
Der Oberkörper liegt dicht über den Schenkeln.

Hände vor
Die Hände liegen mit den Handflächen nach innen vor dem Gesicht.

Gewicht vor
Das Gewicht ruht vorne auf den Schienbeinen.

Pflug
Zusammen mit Händen und Armen bilden die Knie einen Pflug, der durch die Luft schneidet.

Flach halten
Die Fußgelenke halten die Skier flach, damit die Kanten nicht in den Schnee schneiden und bremsen.

SCHNELLER ALS FALLEN

Abfahrtsläufer sind nicht die schnellsten Skiläufer der Welt – diese Ehre gebührt den Speedskiern. Dieser Sport zählt nicht zu den alpinen Disziplinen. Die Skier sind länger und breiter als Rennskier und die Läufer tragen leichte Finnen an Gliedern und Helm, um stromlinienförmiger zu werden. Speedskier fahren über 1 km auf der direkten Falllinie. Auf halbem Weg wird ihre Geschwindigkeit gemessen, sodass sie im zweiten Teil sicher verlangsamen können. Der aktuelle Weltrekord des Italieners Simon Origone vom März 2014 liegt bei 252,5 km/h. Das ist schneller als die Endgeschwindigkeit eines Fallschirmspringers (193 km/h).

INSIDER-STORY

Das erste dokumentierte Skirennen fand 1843 im norwegischen Tromsø statt. Gegen Ende des 19. Jh. gab es Wettbewerbe in ganz Europa und Nordamerika. Die ersten Sportler verwendeten noch die Telemark-Ausrüstung. Abfahrtsrennen mit Alpinskiern und nach modernem Reglement gibt es seit 1921, der erste Slalom-Wettbewerb wurde 1922 abgehalten. 1936 war Ski alpin erstmalig olympische Sportart. 1950 kam der Riesenslalom dazu und 1982 wurde der Super-G eingeführt.

DACHVERBAND
Die 1924 gegründete Fédération Internationale de Ski (FIS) ist der internationale Dachverband für alle Ski-Wettbewerbe, wie Speedskiing, Ski nordisch (mit Skispringen und Langlauf), Snowboard und Freestsyle (Akrobatik) sowie Ski alpin. Die FIS residiert in der Schweiz und hat 118 Mitgliedsnationen.

GEWUSST?

328 So viele Läufer haben (meist auf sehr hoch gelegenen Pisten) Geschwindigkeiten von 200 km/h und mehr erreicht.

3,65 So viele Menschen pro 1000 Skiläufer werden jeden Tag beim Skilaufen verletzt.

40 So viele Sekunden vergehen mindestens zwischen den Starts zweier Läufer bei Abfahrtsrennen.

FREESTYLE-SKIING

ÜBERBLICK

Die beiden wichtigsten Disziplinen des Freestyle sind Moguls und Aerials. Daneben gibt es auch noch das Acro (Ballett). Bei den Moguls fahren die Läufer über eine steile Buckelpiste und springen am Ende über eine Rampe, während sie bei den Aerials von einer Rampe springen und Sprungfiguren in der Luft zeigen. Acro ist eine Kombination aus Gymnastik und Tanz auf einem nicht so steilen Hang.

AUSRÜSTUNG

Die Teilnehmer verwenden in allen drei Disziplinen die gleiche Ausrüstung. Acro- und Moguls-Fahrer tragen wasserdichte und wärmende Kleidung, Stöcke für das Gleichgewicht, Twintip-Skier, Helm und Schutzbrille. Aerial-Springer tragen dieselbe Kleidung, verzichten aber auf die Stöcke.

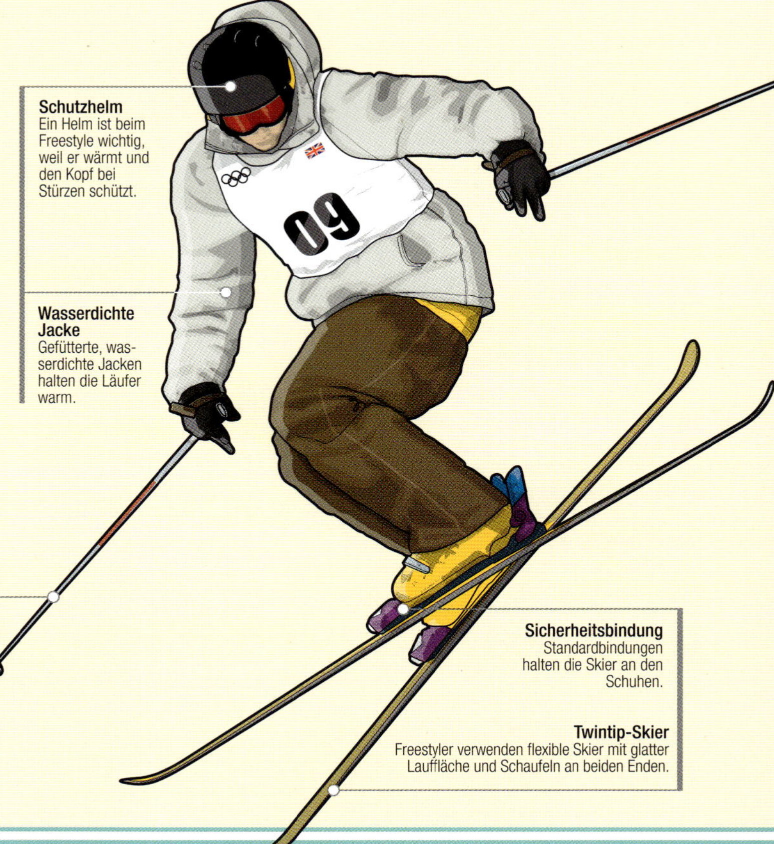

09
Schutzhelm
Ein Helm ist beim Freestyle wichtig, weil er wärmt und den Kopf bei Stürzen schützt.
Wasserdichte Jacke
Gefütterte, wasserdichte Jacken halten die Läufer warm.
Skistöcke
Die Läufer nutzen die Stöcke, um sich abzustoßen. Acro-Stöcke dürfen nicht höher als der Läufer sein. Moguls-Stöcke sind 60 cm kürzer als der Sportler.
Sicherheitsbindung
Standardbindungen halten die Skier an den Schuhen.
Twintip-Skier
Freestyler verwenden flexible Skier mit glatter Lauffläche und Schaufeln an beiden Enden.

DREI PISTEN

Die Disziplinen unterscheiden sich so stark, dass man drei Pisten benötigt. Die Buckelpiste ist die steilste mit einem konstanten Gefälle über die gesamte Länge. Die Aerial-Piste hat vier Abschnitte mit unterschiedlichen Gefällen: Anlauf, Tisch, Aufsprung und Auslauf. Die Acro-Piste ist ein sanfter Hang mit einem gleichmäßigen Gefälle.

»HOT DOGGING«

Ein Trend namens »Hot Dogging« brachte dem Freestyle-Skiing in den späten 1960ern ein neues Publikum. Inspiriert von den Aktionen der Skateboarder, experimentierten amerikanische Skiläufer mit Sprüngen und Tricks auf der Piste und gaben ihrem show-orientierten Stil einen griffigen Namen.

RIESIGE MAULWURFSHÜGEL

Die Buckelpiste hat ein konstantes Gefälle von 24–32 Grad. Die Fahrer umfahren die Moguls mit hoher Geschwindigkeit, bevor sie über die Schanzen fahren und Sprünge zeigen.

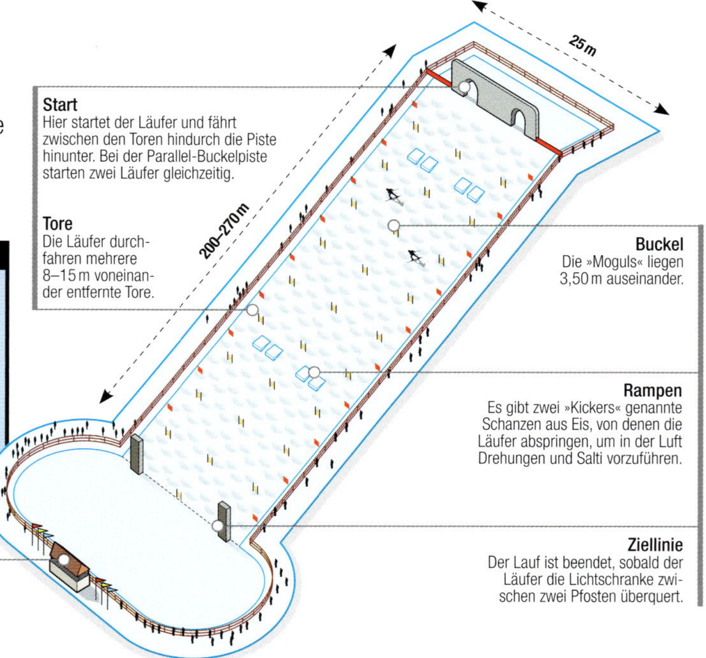

25 m
200–270 m
Start
Hier startet der Läufer und fährt zwischen den Toren hindurch die Piste hinunter. Bei der Parallel-Buckelpiste starten zwei Läufer gleichzeitig.
Tore
Die Läufer durchfahren mehrere 8–15 m voneinander entfernte Tore.
Buckel
Die »Moguls« liegen 3,50 m auseinander.
Rampen
Es gibt zwei »Kickers« genannte Schanzen aus Eis, von denen die Läufer abspringen, um in der Luft Drehungen und Salti vorzuführen.
Ziellinie
Der Lauf ist beendet, sobald der Läufer die Lichtschranke zwischen zwei Pfosten überquert.
Punktrichter
Jeder Lauf wird von sieben Punktrichtern bewertet, die am Auslauf sitzen.

FAKTEN

- Erstmals war Freestyle in den 1930ern in Norwegen zu sehen, als Skiläufer akrobatische Übungen in ihr Alpin- und Langlauftraining einbauten.
- Freestyle-Skiing ist eine der dynamischsten Skilauf-Varianten mit starker Betonung von Kreativität und Ausdruck. Es hat viele Gemeinsamkeiten mit dem Snowboarden, vor allem bei Kleidung und Technik.
- Moguls und Aerials sind olympische Sportarten. Acro war 1988 und 1992 Demonstrationssportart, wurde aber nicht aufgenommen.

GEWUSST?

3 Die Maximalzahl an erlaubten Backflips bei den Aerials. Bis zu fünf Twists dürfen hinzukommen, um so viel Punkte wie möglich für die »Form« zu bekommen.

18 Die Sprunghöhe in Metern, die Top-Freestyler bei den Aerials beim Sprung von der Schanze erreichen. Bei den Moguls wird nicht so hoch gesprungen.

98 Das Gefälle der Buckelpiste bei den Turiner Winterspielen in Sauze d'Oulx in Metern. Der frische Schnee für die Moguls-Läufe wurde künstlich aus Regenwasser hergestellt.

4 So viele Medaillen gewannen die USA im Freestyle Skiing bei den Olympischen Winterspielen 2010. Das ist zwar die höchste Gesamtzahl an Medaillen in diesem Wettbewerb, aber Kanada gewann zwei Goldmedaillen, die USA nur eine.

SPORTLERPROFIL

Jede Freestyle-Disziplin stellt ihre eigenen Anforderungen, aber alle erfordern körperliche Ausdauer und technisches Können. Einige Freestyler üben in der schneefreien Saison mit ihren Skiern auf dem Trampolin, während manche Aerial-Spezialisten ihre Luftakrobatik auf Schanzen üben, die an Swimmingpools oder Seen aufgestellt sind.

SCHICKES OUTFIT

Helm und Kleidung sind bei allen drei Disziplinen gleich. Acro-Skier sind kürzer und flexibler als die Bretter für Buckelpiste und Aerials.

SKILÄNGEN
Moguls- und Aerials-Skier haben Maximallängen. Acro-Skier dürfen höchstens 80 Prozent der Größe des Läufers messen.

Männer: bis zu 1,90 m; Frauen: bis zu 1,80 m

Skibindungen
Die Bindungen halten den Ski sicher am Stiefel.

Flexibler Ski
Der Ski sollte leicht tailliert und damit biegsam sein.

PLASTIKHELM
Die Helme werden fast durchgängig getragen und sind bei den Aerials vorgeschrieben. Sie werden mit einem Kinnriemen gesichert.

Polsterung
Die Helme haben ein Innenpolster für zusätzliche Sicherheit.

SKIBRILLE
Die Skibrille schützt die Augen vor dem gleißenden Sonnenlicht und dem aufgewirbelten Schnee.

Gummiband
Die Brille wird von einem elastischen Band gehalten.

SKISTIEFEL
Die Kunststoffstiefel sind äußerst steif und stützen die Fußgelenke, um einen möglichst sicheren Kontakt zum Ski zu bieten.

Schnallen
Die Stiefel werden mit Schnallen geschlossen und gesichert.

AERIALS-PISTE

Auf der Aerials-Piste hat der Anlaufhang (Kurz: Anlauf) eine Neigung von 20–25 Grad und wird dann zum Startbereich (dem »Tisch«) hin flacher. Die Landezone (»Aufsprung«) hat eine Neigung von 37 Grad, während die Auslaufzone absolut flach ist.

Tisch
Der Tisch ist absolut eben, damit die Springer den Winkel der Schanzen richtig einschätzen können.

Punktrichter
Die Punktrichter sitzen auf einer Plattform mit guter Sicht auf die Sprünge.

Kuppe
Der Übergang vom Tisch zum Aufsprung wird »Knoll« (Kuppe) genannt und ist mit einer Linie markiert.

Landezone
Der Hang des Aufsprungs ist mit Holzspänen bestreut, um den Boden für die Springer besser erkennbar zu machen.

Auslauf
Es gibt keine Regeln zur Größe des Auslaufs, er wird meist so groß wie möglich angelegt.

Anlauf
Die Länge des Anlaufs hängt von der Neigung des Hangs ab.

Markierungen
Flaggen zeigen den Springern ihre Position auf dem Anlauf an.

Startrampen
Die Schanzen (»Kickers«) werden individuell und ohne Gerüst aus Schnee geformt. Einmal fertiggestellt, müssen sie während des Wettkampfs immer die gleiche Temperatur haben.

Grenzzaun
Um den Auslauf zieht sich ein Zaun, der die Zuschauer zurückhält.

MOGULS-ZAUBER

Bei den Moguls besteht das Ziel darin, die Piste möglichst schnell zu überwinden und dabei von den sieben Punktrichtern Punkte für Stil und Technik der Abfahrt sowie für vorgegebene Elemente, wie Sprünge, zu erhalten. Es gibt drei Kriterien: Technik beim Umfahren der Buckel, Ausführung der Sprünge und Gesamt-Fahrzeit.

RAUE FAHRT

Die Läufer können die Buckel gerade überfahren, aber das dauert länger, als sie zu umfahren. Die Stöße werden mit den Knien abgefedert.

Stockeinsatz
Will der Läufer nach rechts fahren, verlagert er sein Gewicht nach rechts und dreht auf dem rechten Skistock.

BACKSCRATCHER

Der Backscratcher ist eine Sprungfigur kurz nach dem Abheben, die mit ein oder zwei anderen Figuren kombiniert wird. Die Skier müssen dabei parallel bleiben.

Überstreckung
Die Skispitzen zeigen zu Boden und die Enden »kratzen den Rücken«.

Hoch hinaus
Die Stöcke müssen hoch und breit gestreckt sein, um nicht die Skier zu berühren.

GESPREIZT

Der Spread Eagle ist eine beliebte Sprungfigur. Der Läufer startet von der Schanze und spreizt Arme und Beine möglichst weit ab.

DEUTLICHER HINWEIS

1994 trug der Kanadier Jean-Luc Brassard knallbunte Knieschützer, damit die Punktrichter bloß keinen seiner Tricks übersahen. Er gewann Gold – heute tragen alle diese Kniepolster.

ACRO-SKI

Acro-Fahrer zeigen eine 90-sekündige Choreografie aus tänzerisch-akrobatischen Figuren zu einer selbst ausgesuchten Begleitmusik. Die Manöver fallen in eine der drei Kategorien Drehung, Schrittkombination oder Sprung.

ÜBERSCHLAG VORWÄRTS

Der Überschlag vorwärts ist eine wichtige Figur, die durch ein Innehalten in der senkrechten Schwebe auf den Stöcken ergänzt werden kann.

Parallelschwung
In der vorletzten Phase des Überschlags bringt der Läufer den hinteren Ski so nahe wie möglich an den vorderen heran.

Dreibein
Beim Überschlag stützt sich der Läufer auf beiden Stöcken und dem hinteren, aufrecht gestellten Ski ab.

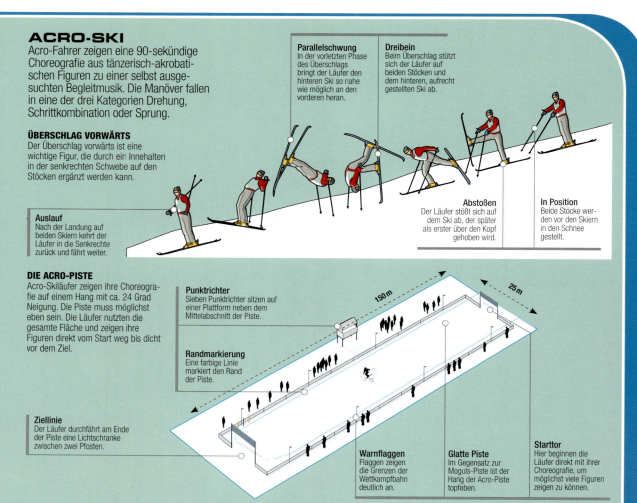

Auslauf
Nach der Landung auf beiden Skiern kehrt der Läufer in die Senkrechte zurück und fährt weiter.

Abstoßen
Der Läufer stößt sich auf dem Ski ab, der später als erster über den Kopf gehoben wird.

In Position
Beide Stöcke werden vor den Skiern in den Schnee gestellt.

DIE ACRO-PISTE

Acro-Skiläufer zeigen ihre Choreografie auf einem Hang mit ca. 24 Grad Neigung. Die Piste muss möglichst eben sein. Die Läufer nutzten die gesamte Fläche und zeigen ihre Figuren direkt vom Start weg bis dicht vor dem Ziel.

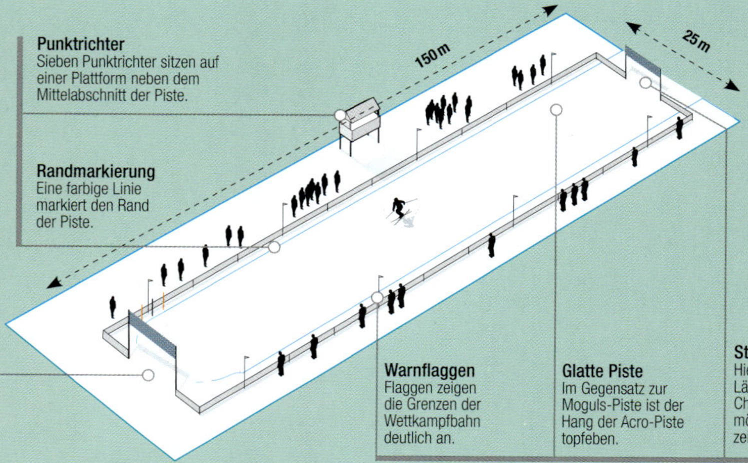

150 m

25 m

Punktrichter
Sieben Punktrichter sitzen auf einer Plattform neben dem Mittelabschnitt der Piste.

Randmarkierung
Eine farbige Linie markiert den Rand der Piste.

Ziellinie
Der Läufer durchfährt am Ende der Piste eine Lichtschranke zwischen zwei Pfosten.

Warnflaggen
Flaggen zeigen die Grenzen der Wettkampfbahn deutlich an.

Glatte Piste
Im Gegensatz zur Moguls-Piste ist der Hang der Acro-Piste topfeben.

Starttor
Hier beginnen die Läufer direkt mit ihrer Choreografie, um möglichst viele Figuren zeigen zu können.

MOGULS-TECHNIK

Highlight jedes Moguls-Lauf sind die Sprünge und Figuren auf den beiden Schanzen. Die Läufer holen so viel Schwung wie möglich, bevor sie an die Schanzen gelangen. Die meisten versuchen, entweder eine Sequenz aus bis zu drei Einzelfiguren, wie dem Backscratcher und dem Spread Eagle, oder einen einzigen Sprung mit Mehrfachdrehungen.

540-GRAD-AERIAL-TURN
Dieses beeindruckende Manöver besteht aus eineinhalb horizontalen Rotationen im Flug.

Landung
Die Knie sind gebeugt, um die Landung abzufedern. Bei der Landung stößt sich der Läufer nach vorne ab.

Drehung
Nach zwei Dritteln der Aktion dreht sich der Läufer erneut für die letzte halbe Rotation.

Nicht wackeln
Die Skier müssen die ganze Zeit geschlossen bleiben. Abweichungen in jede Richtung werden mit Punktabzug bestraft.

Start
An der Schanzenkante leitet der Läufer die Drehung ein, indem er Kopf und Schultern nach rechts dreht. Der Rest des Körpers folgt nach.

AERIAL-TECHNIK

Bei Aerial-Bewerben hat jeder Läufer zwei Sprünge, die von sieben Richtern bewertet werden. Fünf Richter werten Absprung, Länge, Höhe und Ausführung, zwei werten die Landung. Die Punkte werden mit dem Schwierigkeitsgrad zur Sprungwertung multipliziert.

DOUBLE FULL-FULL-FULL
Dieser Sprung enthält drei »volle« Salti, mit zwei Schrauben im ersten und jeweils einer in den beiden anderen Salti. Im Reglement für den Aerials-Wettkampf sind maximal drei Salti erlaubt.

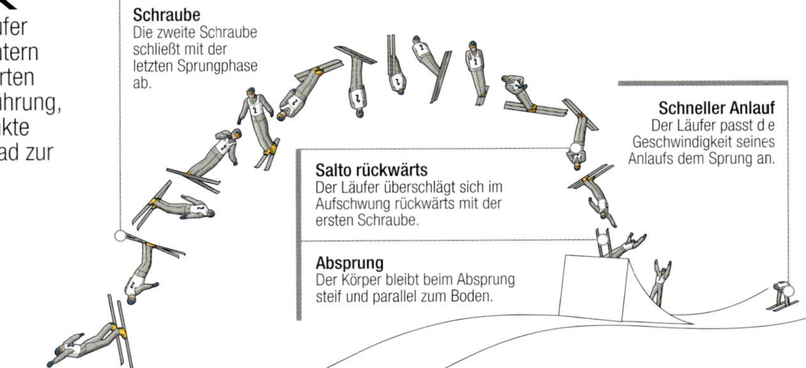

Schraube
Die zweite Schraube schließt mit der letzten Sprungphase ab.

Schneller Anlauf
Der Läufer passt die Geschwindigkeit seines Anlaufs dem Sprung an.

Salto rückwärts
Der Läufer überschlägt sich im Aufschwung rückwärts mit der ersten Schraube.

Absprung
Der Körper bleibt beim Absprung steif und parallel zum Boden.

Parallelen
Die Skier müssen bei der Landung parallel stehen. Die gebeugten Knie federn den Stoß ab.

STATISTIK

OLYMPIASIEGER: MOGULS (MÄNNER)

JAHR	NAME	LAND
2014	ALEXANDRE BILODEAU	(CAN)
2010	ALEXANDRE BILODEAU	(CAN)
2006	DALE BEGG-SMITH	(AUS)
2002	JANNE LAHTELA	(FIN)
1998	JONNY MOSELEY	(USA)

OLYMPIASIEGER: MOGULS (FRAUEN)

JAHR	NAME	LAND
2014	JUSTINE DUFOUR-LAPOINTE	(CAN)
2010	HANNAH KEARNEY	(USA)
2006	JENNIFER HEIL	(CAN)
2002	KARI TRAA	(NOR)
1998	TAE SATOYA	(JPN)

OLYMPIASIEGER: AERIALS (MÄNNER)

JAHR	NAME	LAND
2014	ANTON KUSHNIR	(BLR)
2010	ALEKSEI GRISHIN	(BLR)
2006	XIAOPENG HAN	(CHN)
2002	ALES VALENTA	(CZE)
1998	ERIC BERGOUST	(USA)

OLYMPIASIEGER: AERIALS (FRAUEN)

JAHR	NAME	LAND
2014	ALLA TSUPER	(BLR)
2010	LYDIA LASSILA	(AUS)
2006	EVELYNE LEU	(SUI)
2002	ALISA CAMPLIN	(AUS)
1998	NIKKI STONE	(USA)

INSIDER-STORY

Der erste Weltcup im Freestyle-Skiing fand 1981 statt, vier Jahre später folgten die ersten Weltmeisterschaften. Moguls ist seit 1992 olympische Wintersportart. Aerials wurde 1994 olympisch. Acro-Ski ist vom Internationalen Olympischen Komitee (IOC) nicht anerkannt worden, obwohl es 1988 und 1992 Demonstrationssportart war.

DACHVERBAND
Die Fédération Internationale de Ski (FIS) hat zur Zeit 118 Mitgliedsnationen.

FAKTEN

- Das Snowboardcross, bei dem vier Fahrer auf einer Abfahrt mit mehreren Hindernissen gegeneinander antreten, wurde 2006 bei den Turiner Winterspielen eingeführt.
- Beim »Big Air« starten die Fahrer über eine 18-m-Schanze und fliegen 30 m weit.
- Craig Kelly, der »Godfather of Freeriding«, gewann drei Weltmeisterschaften und drei US-Meisterschaften. Er starb im Januar 2003 bei einem Lawinenunglück.

ÜBERBLICK

Das in den 1960ern in den USA entstandene Snowboarden verbindet die Fähigkeiten, die man beim Skifahren, Skateboarden und Surfen benötigt. Snowboarder fahren auf einem Ski-ähnlichen Brett mit Bindungen den Hang hinunter und führen Tricks vor. Snowboarden ist seit 1998 olympische Wintersportart.

RENNEN UND TRICKS

Beim Snowboarden gibt es zahlreiche Varianten, wie Abfahrtsläufe und Rennen, Buckelpistentechniken, Tricks in der Half- und der Quarterpipe und Powder Riding, bei dem die Fahrer eine Surftechnik verwenden, um im tiefen Neuschnee zu fahren. Beim Rennen und anderen alpinen Disziplinen kommen ähnliche Techniken zum Einsatz wie beim Skifahren. Es gibt auch Zeitrennen auf der Riesenslalompiste. Beim Parallel-Riesenslalom treten zwei Snowboarder im direkten Vergleich gegeneinander an.

EXTREME SNOWBOARDING

Das auf sehr steilen Hängen (über 45 Grad) mit Abhängen, Tiefschnee, Rinnen und Bäumen praktizierte Extreme Snowboarding ist nichts für Furchtsame. Bei Wettkämpfen finden Rennen und Freestyle-Bewerbe auf extremen Strecken mit vielen natürlichen Hindernissen statt. Richter werten Faktoren wie Fahrzeit und Stil.

SPORTLERPROFIL

Ein Snowboarder sollte mutig, selbstbewusst und abenteuerlustig sein. Wettkampf-Fahrer benötigen Fitness, Beweglichkeit und gut trainierte Muskeln. Das Training gleicht dem der Skifahrer. Wie bei allen Schneesportarten kommt es auf Gleichgewicht, Koordination und schnelle Reaktionen an. Freestyler sollten außerdem ein gewisses Showtalent haben.

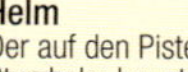

Helm
Der auf den Pisten unverzichtbare Sturzhelm beugt Kopfverletzungen vor.

Sweatshirt
Ein leichtes, warmes und atmungsaktives Sweatshirt gibt eine bequeme äußere oder innere Schicht ab.

Handschuhe
Die Fäustlinge oder Fingerhandschuhe sind an den Fingern verstärkt und wasserdicht. Im Inneren sorgt Fleece oder Synthetikstoff für Wärme.

Schutzbrille
Die Brille schützt den Fahrer vor Schneeblindheit. Außerdem verhindert sie, dass dem Fahrer Schnee in die Augen fliegt, was bei hohem Tempo gefährlich ist.

Oberkörper
Protektoren aus hochdichtem Schaumstoff und Neopren schützen Schultern, Ellenbogen und Rückgrat vor Sturzverletzungen.

Unterkörper
Gepolsterte Hosen und Knieschoner mindern das Verletzungsrisiko. Funktionsstoffe transportieren Schweiß ab und halten den Träger warm.

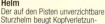

Handgelenk
Bei einem Sturz verhindern Handgelenkschoner Zerrungen und Brüche.

»Regular« oder »Goofy«?
Einige Fahrer stellen auf dem Board den linken Fuß vor (regular), andere fahren mit rechts voran (goofy).

Schuhwerk
Schuhe und Bindungen sorgen für Kontrolle.

Stand
Die Füße stehen meist etwas weiter als schulterbreit auseinander. Ein engerer Stand erleichtert präzise Kurvenfahrten, ein weiterer gibt beim Freestyle eine stabilere Position.

SIMON DUMONT

Der 21-jährige US-Amerikaner Dumont stellte am 11. April 2008 einen neuen Rekord in der Halfpipe auf: er sprang 10,8 Meter hoch – einen Meter höher als der zuvor gültige Rekordwert.

SNOWBOARD

HALFPIPE

Eine Halfpipe ist eine U-förmige, geneigte Bahn mit gewölbten Wänden und einem flachen Boden, in der die Snowboarder akrobatische Tricks vorführen können. Die Halfpipes stammen ursprünglich aus den Skateboard-Parks.

WIE GEHT DAS?

Die Snowboarder fahren eine Wand hinunter, um Schwung zu holen. Dadurch erreichen sie die Kante der gegenüberliegenden Wand, von wo aus sie sich in die Luft katapultieren und Figuren und Tricks vorführen. Je weiter oben sie in die Röhre starten, desto mehr Sprünge können sie vollführen. Die Fahrer müssen ihre Bretter perfekt unter Kontrolle haben und auch rückwärts fahren können (ein sogenannter Fakie).

WETTKÄMPFE

Die meisten Halfpipe-Wettbewerbe werden von fünf Punktrichtern mit unterschiedlichen Aufgabengebieten bewertet. Noten gibt es für Tricks, technische Ausführung, Landung und die Höhe der gezeigten Sprünge.

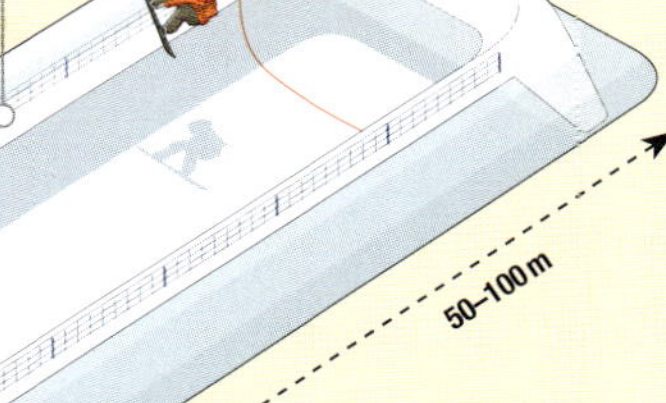

Sprünge
Ein erfahrener Snowboarder kann bis zu 8 m hoch über den flachen Boden der Pipe springen. Das gibt ihm reichlich Raum für eine Reihe beeindruckender Tricks.

Plattform oder Deck
Ein flacher Rand zieht sich entlang der Halfpipe und schafft die Lippe, über die die Snowboarder einfahren.

Einstieg
Die Snowboarder gelangen über eine Rampe in die Halfpipe, die sie Geschwindigkeit aufnehmen lässt.

Über die volle Länge
Snowboarder müssen die Pipe in voller Länge durchfahren, vom Einstieg bis zum Ausstieg.

Senkrechte (Vert)
Der obere Teil der Wand ist senkrecht. Die rechtwinkelige Lippe verbindet die Verts mit der Plattform.

Transition
Der Übergang zwischen dem Boden und der senkrechten Wand (Vert).

TECHNIKEN

In der Halfpipe nutzt der Snowboarder eine Vielzahl von Techniken, wie die »Rolling Edge« (Auffahrt auf einer Brettkante und Abfahrt auf der anderen) und »Slide Turns« (auf Schnee oder Eis) oder »Jump Turns« (in der Luft) am oberen Ende der Verts.

ALLEY OOP

Dieser Halfpipe-Trick beinhaltet eine 180-Grad-Drehung in der Luft. Der Fahrer muss schnell genug sein, um genügend Höhe zu bekommen, und das Board muss beim Abheben flach liegen.

Greifen
In der Luft greift der Fahrer nach der Zehenkante des Boards.

Gebückt
Der Fahrer beugt sich zur Spitze des Boards vor und zieht dabei die Knie eng an den Körper.

Loslassen
Wenn er sich der Kante nähert, lässt er das Board los, landet flach und fährt weiter.

INDY GRAB

Für den »Incy Grab« braucht der Fahrer reichlich Luft über der Kante. Er zieht die Knie an, greift das Board mit dem hinteren Arm zwischen den Bindungen und streckt den führenden Arm aus.

Kopfüber
Talentierte Freestyle-Snowboarder verbringen viel Zeit mit dem Kopf nach unten. Ein »Grab« (Griff) stabilisiert die Fluglage.

Gerades Bein
Sobald der Fahrer das Board gegriffen hat, streckt er das führende Bein möglichst gerade.

Arm vor
Der führende Arm sorgt für das Gleichgewicht.

BOARDS, STIEFEL UND BINDUNGEN

Das Freestyle Board ist relativ kurz und flexibel mit symmetrischen Enden. Die Stiefel sind weich. Die Boards für alpine Disziplinen sind länger, schmal und starr mit definiertem vorderem und hinterem Ende. Die Stiefel sind fest.

SNOWBOARD

Snowboards haben einen leichten und flexiblen Holzkern mit Glasfaser-Laminierung. Die Unterseite besteht aus offenporigem Kunststoff mit einem gleitenden Wachsüberzug und ist profiliert.

Fester Sitz
Die Stiefel sollten das Fußgelenk umschließen. Die Ferse darf sich nicht heben können.

STIEFEL

Freestyler tragen weiche Stiefel aus Kunstleder, während Alpinfahrer Stiefel mit harter Schale bevorzugen.

Highback-Stütze
Die Stütze reicht bis zur Wade hinauf und sichert das Fußgelenk.

BINDUNGEN

Die Bindungen halten die Füße am Brett und lösen nicht automatisch aus. Sie lassen sich dem Stiefel anpassen.

Taille
Die Kanten sind tailliert, um Kurvenfahrten zu erleichtern. Je tiefer die Taille, desto enger die Kurve.

Kanten
Eine Stahlkante gibt dem Board in Kurven mehr »Biss«.

INSIDER-STORY

Die ersten primitiven Snowboards wurden in den 1950ern von Surfern und Skatern auf der Suche nach einem neuen Sport gebaut. 1965 schraubte Sherman Poppen zwei Skier zu einem »Snurfer« zusammen, einer Kreuzung aus Skateboard und Schlitten. Ab 1979 fertigte Jake Burton Carpenter Fiberglasbretter, die er mit Bindungen versah. In den 1980ern kamen Stahlkanten und Flow-Bindungen mit Highback hinzu. Snowboard ist seit 1998 olympische Sportart.

SKILANGLAUF

FAKTEN

- Der Skilanglauf ist vor allem in Europa und Kanada ein beliebter Wintersport, gewinnt aber auch in den USA und anderen Ländern mit winterlicher Schneedecke zunehmend Freunde.
- Wettkämpfe finden bei den Olympischen Winterspielen, im FIS-Weltcup und bei den Nordischen Skiweltmeisterschaften statt.
- Bei den Winterspielen gibt es zwölf Langlauf-Wettbewerbe: sechs für Herren und sechs für Damen.

ÜBERBLICK

Skilanglauf ist vermutlich eine der anstrengendsten Wintersportarten. Der Wettkampf-Langlauf ist in klassischen Stil und freien Stil unterteilt. Die Rennen finden als Zeitläufe über Distanzen von 400-m-Sprints bis zu Marathons über 50 km oder mehr statt. Bei klassischen Wettbewerben verwenden die Sportler den Diagonalschritt und laufen auf gespurten Loipen. Im schnelleren freien Stil laufen sie auf glatten Loipen und setzen einen Schlittschuhschritt ein.

SPORTLERPROFIL

Ein Langläufer braucht aerobe Fitness, Muskelkraft, Gleichgewichtssinn und sowohl körperliche als auch mentale Ausdauer. Die Sportler trainieren ihre Technik im Winter auf Schnee und unterwerfen sich im Sommer einem rigorosen Training aus Radfahren, Laufen und Rollerskaten.

Kopfwärmer
Eine Skimütze hält den Kopf warm. Eine beschlagfreie Brille schützt die Augen vor gleißendem Sonnenlicht.

Skistöcke
Die Läufer tragen zwei Skistöcke aus leichtem Material, wie Graphit oder Aluminium. Klassik-Stöcke sind etwas kürzer als die Freistilstöcke.

Wettkampfleibchen
Die Läufer tragen ihre Startnummer auf Brust und Rücken und manchmal auch auf dem der Zielkamera zugewandten Bein.

Handschuhe
Langlaufhandschuhe sind leicht, warm und winddicht.

Skianzug
Ein hautenger Lycra-Anzug gewährt uneingeschränkte Bewegungsfreiheit.

Gelenkstütze
Die im Freistil-Langlauf getragenen Schuhe sind relativ steif und stützen das Gelenk besser als klassische Langlauf-Schuhe.

Zehenhalterung
Die Bindung hält nur die Fußspitze am Ski, Die Ferse bleibt frei beweglich.

Gleitschicht
Die Lauffläche wird je nach Bedarf mit verschiedenen Wachsen behandelt, die Grip oder Geschwindigkeit verbessern.

Dünne Skier
Langlaufskier sind schmaler als Alpin-Skier. Die Länge hängt von der Körpergröße des jeweiligen Läufers ab.

RAUF, RUNTER UND DRUMHERUM

Jede Langlaufloipe ist anders, aber das internationale Reglement empfiehlt einen Kurs, der zu etwa gleichen Anteilen Steigungen, Gefälle und welliges Gelände aufweist. Die Steigungen sollten 9–18 Prozent betragen. Bei Sprints sollte die Differenz zwischen höchstem und tiefstem Punkt 30 m nicht überschreiten. Bei Rennen über 15 km und mehr sollte der Höhenunterschied nicht mehr als 200 m betragen. Die norwegische Birkebeiner-Strecke hat allerdings mehr Steigungen als Gefälle.

DER »NANNESTAD EXPRESS«

Der Norweger Ole Einar Björndalen hat mehr olympische Medaillen gewonnen als jeder andere Winter-Olympionike. Björndalen holte seine acht Gold-, vier Silbermedaillen und eine Bronzemedaille zwischen 1998 und 2014.

DAS RICHTIGE GERÄT

Jeder Langlaufstil hat seine eigenen Anforderungen an die Ausrüstung. Dank der Unterschiede zwischen den Techniken und Geschwindigkeiten und durch die verschiedenen Arten von Loipen können die Läufer nicht die gleiche Ausrüstung im klassischen wie im Freistil verwenden.

STÖCKE
Freistilstöcke sollten bis zum Kinn oder Mund reichen. Die Stöcke für den klassischen Langlauf sollten dem Läufer bis in die Achselhöhlen reichen.

FREISTILSKIER
Diese Skier sind 1,70–2 m lang und 4,5–5 cm breit. Die Aufwärtsbiegung der Spitze ist nicht so ausgeprägt wie bei einem klassischen Langlaufski.

High-Tech
Profiskier bestehen aus Kohlefaser und anderen modernen Materialien.

maximal 2 m

KLASSISCHE SKIER
Klassische Skier sind länger als Freistilskier und verteilen das Gewicht des Läufers gleichmäßiger. Die Skier für klassischen Langlauf haben eine Länge von 1,95–2,30 m.

Wachs für den Sieg
Gleitwachs auf der Lauffläche reduziert den Reibungswiderstand.

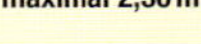

maximal 2,30 m

Bewegungsfreiheit
Flexible Schuhe ermöglichen freies Schreiten.

KLASSISCHER SCHUH
Der klassische Schuh ist relativ flexibel und gibt dem Fußgelenk ähnlich einem Laufschuh viel Bewegungsfreiheit.

Harte Schale
Stiefel stützen die Gelenke, die die meiste Arbeit leisten.

FREISTILSTIEFEL
Der Freistilstiefel ist steifer und stützt das Fußgelenk stärker als der klassische Skischuh.

Leicht und stabil
Der Schaft aus Graphit und Kevlar läuft spitz zu.

Halt und Stütze
Eine Teller genannte Plastikscheibe gibt mehr Halt und hindert den Stock am zu tiefen Einsinken im Schnee.

DAS REGLEMENT

In jedem Wettbewerb werden Läufer bestraft, wenn sie andere Läufer behindern, einen Fehlstart provozieren oder ihre Skier während des Rennens wachsen oder abziehen.

Läufer im sprintlosen klassischen Bewerb werden bestraft, wenn sie schnellere Läufer nicht sofort überholen lassen, es sei denn, sie befinden sich in der markierten Zone am Ende des Laufs. Außerdem werden sie für nicht-klassische Lauftechniken disqualifiziert.

Es gibt allerdings einen Wettkampf, bei dem sowohl klassische als auch Freistil-Techniken erlaubt sind: Bei der Doppelverfolgung laufen die Sportler zuerst im klassischen, dann im Freistil. Zwischen den beiden Strecken müssen sie Skier und Stöcke wechseln. Dabei läuft die Zeit weiter – der Erste, der die Ziellinie überquert, gewinnt.

VORANKOMMEN

Klassische Langläufer nutzen Techniken, wie Diagonalschritt, Doppelstockschub und Grätenschritt (am Hang). Freistilläufer nutzen in erster Linie den Schlittschuhschritt im »Skating-Stil«.

DIAGONALSCHRITT
Dies ist die Grundtechnik des klassischen Skilanglaufs. Außer in speziell markierten Bereichen müssen die Skier parallel in der Spur laufen.

Gleiten
Der Läufer gleitet mit einem Bein vorwärts. Er lehnt sich vor und setzt den Stock neben dem führenden Ski in den Schnee.

Vorschieben
Der Läufer schiebt sich mit dem Stock vorwärts.

Seitenwechsel
Der Läufer zieht den Stock aus dem Schnee und schiebt sich mit dem anderen Bein vor.

Fahrt aufnehmen
Rhythmisch zwischen linker und rechter Seite wechselnd, beschleunigt der Läufer.

DOPPELSTOCKSCHUB
Der Läufer setzt beide Stöcke nebeneinander in den Schnee und stößt sich mit beiden Skiern kraftvoll vorwärts.

Kräftiger Stoß
Der Läufer beugt sich zu Beginn vor und bleibt bis zum Ende des Schubs in Vorlage.

SCHLITTSCHUHSCHRITT
Bei dieser Freistiltechnik gleitet der Läufer nach vorne außen, indem er die Innenkante des Skis einsetzt. Der Schritt kann nur auf festem Schnee eingesetzt werden, ist aber schneller als der Diagonalschritt.

INSIDER-STORY

Der Skilanglauf wurde wahrscheinlich schon vor Tausenden von Jahren von den nordischen Stämmen praktiziert, um im Winter in Jagdgruppen über weite Strecken Elchherden nachzustellen. Als Sport wurde der Langlauf in Norwegen im 18. Jahrhundert anerkannt. Olympisch wurde der Skilanglauf der Männer bei den Winterspielen 1924, während der Langlauf der Frauen bis 1952 auf olympische Weihen warten musste.

DACHVERBAND: FIS
Die Fédération Internationale de Ski (FIS) wurde am 2. Februar 1924 im Rahmen der Olympischen Winterspiele im französischen Chamonix mit 14 Mitgliedsnationen gegründet. Heute zählt die FIS 118 nationale Skiverbände zu ihren Mitgliedern.

SLOPESTYLE

ÜBERBLICK

Das von Snowboardern erfundene Slopestyle ist ein ausdrucksstarker und spektakulärer Wintersport, bei dem die Sportler einen Parcours mit Hindernissen, wie Rails (Geländer) und Rampen, hinabfahren und dabei eine Reihe von Tricks zeigen. Bewertet werden die sturzfreie Abfahrt und die erfolgreiche Ausführung möglichst komplizierter und waghalsiger Tricks in der Luft. Sowohl Snowboard- als auch Ski-Slopestyle sind seit den Winterspielen in Sotschi 2014 (siehe S. 38) olympisch. Damit hoffen die Organisatoren, jüngere Zuschauer für die Spiele zu begeistern.

FAKTEN

- Mit fünf Goldmedaillen bei den Winter X Games ist der Amerikaner Shaun White vermutlich der beste Snowboarder in der Geschichte des Slopestyle.
- Die Kanadierin Kaya Turski ist eine der erfolgreichsten Sportlerinnen des Ski Slopestyle – sie gewann bei den Winter X Games vier Goldmedaillen.
- Der Aufbau des Parcours ist beim Slopestyle nicht vorgeschrieben, sondern wird für jeden Wettkampf neu angelegt.

Helm
Slopestyle ist ein sehr riskanter Sport, deshalb ist ein robuster Kopfschutz unverzichtbar.

Oberkörper
Körperprotektoren aus Hartschaum schützen Arme, Rückgrat und Brust vor Sturzverletzungen.

Handgelenke
Snowboarder schützen ihre Handgelenke mit Schienen vor Brüchen.

Beine
Harte Landungen und Stöße belasten die Kniegelenke der Skifahrer und Snowboarder.

SPORTLERPROFIL

Für Slopestyle benötigt man die gleichen Grundfertigkeiten wie für Ski und Snowboard: eine starke Rumpf- und Beinmuskulatur, einen guten Gleichgewichtssinn, gute Koordination und schnelle Reaktionen. Für ambitionierte Tricks gibt es Punkte, für Stürze und schlechte Ausführung gibt es Abzüge.

AUSRÜSTUNG

Abgesehen von leicht angepassten Bindungen brauchen Snowboarder für Slopestyle-Abfahrten keine Spezialausrüstung. Skifahrer benötigen hingegen Freestyle-Skier (auch Twintips genannt), um den Parcours erfolgreich zu bewältigen.

FREESTYLE-SKI

Die Spitzen der Freestyle-Skier sind vorne und hinten aufgebogen, damit der Fahrer vorwärts und rückwärts fahren, abspringen und landen kann. Sie sind auch flexibler als Alpinskier.

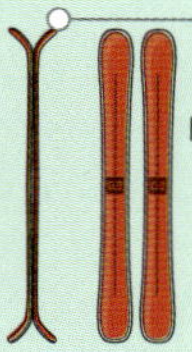

Spitzen
Vorderes und hinteres Ende des Skis sind leicht aufgebogen.

STIEFEL

Slopestyle-Skifahrer verwenden Freestyle-Stiefel, die sie in der Mitte des Skis aufsetzen, statt zum Ende hin. Das erleichtert Flugmanöver und -tricks

Komfort
Das Futter der Freestyle-Stiefel bietet Fuß und Fußgelenk Halt und Komfort.

BINDUNGEN

Skifahrer und Snowboarder nutzen beim Slopestyle meist eine weichere Bindung, die mehr Flexibilität bei der Landung nach einem Sprung bietet.

Highback
Snowboarder verwenden eine fast plane Bindung mit weichem Highback.

DER PARCOURS

Die Grundelemente des Slopestyle-Parcours sind dieselben für Skifahrer und Snowboarder und bestehen aus einer Abfahrtpiste mit einer Reihe von Hindernissen und Aufgaben, wie Sprüngen und Rails.

DIE WETTKÄMPFE

Zurzeit findet der prestigeträchtigste Slopestyle-Wettkampf der Welt im Rahmen der Winter X Games statt, dem seit 1997 jedes Jahr vom amerikanischen Sportsender ESPN organisierten Extrem-Wintersportturnier. Seit 2002 finden die Winter X Games in Aspen (Colorado) statt.

WIE GEHT ES?

Die Sportler fahren eine steile Piste hinab und versuchen, die Hindernisse möglichst kreativ zu nutzen. Bewertet werden Können und Schwierigkeitsgrad der Tricks, wie flüssig die Übergänge zwischen den Tricks sind, und der Gesamteindruck des Laufs.

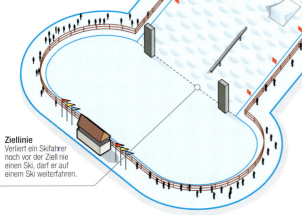

Rail
Schmale Geländer, die gerade oder als zusätzliche Schwierigkeit gestuft sein können.

Kicker
Aus Schnee gebaute oder mit Schnee bedeckte Sprungrampen.

Wall
Fast senkrechte Wände zwingen die Sportler zu waghalsigen Manövern.

Table
Tische können die unterschiedlichsten Formen haben, bis hin zu konvexen »Rainbows«.

Ziellinie
Verliert ein Skifahrer noch vor der Ziellinie einen Ski, darf er auf einem Ski weiterfahren.

PUNKTWERTUNGEN

Ski- und Snowboard-Slopestyle werden nach den gleichen Kriterien bewertet. Ein Wettkampf geht normalerweise über zwei Runden, wobei die Punktrichter jede Runde einzeln bewerten. Bei manchen Wettkämpfen sind einzelne Richter für spezielle Aspekte des Laufs, wie Tricks oder Gesamteindruck, zuständig. Die Einzelwertungen werden dann kombiniert. Die Wertung für den Gesamteindruck spiegelt das Geschick wieder, mit dem der Sportler sich von Trick zu Trick bewegt und seinen Lauf gestaltet. Die beste Punktwertung aus den zwei Runden dient dann als Maßstab für die Platzierung.

TECHNIKEN

Beim Slopestyle braucht es eine kreative Kombination aus Sprüngen, Stunts und Tricks, um die Punktrichter zu beeindrucken. Jedes Hindernis auf dem Parcours erfordert eigene Tricks: Ramps eignen sich für Spins (360°-Drehungen in der Luft), Flips (Salti vorwärts oder rückwärts) und Grabs (das Anfassen der Skier oder des Snowboards im Flug). Rails dienen zum Grinding, wobei der Sportler auf die Reling aufspringt und mit dem Board oder den Skiern darüberrutscht. Zu den einfachsten Tricks gibt es meist mehrere komplizierte Variationen.

50-50

Der 50-50 stammt aus dem Skateboarding. Der Snowboarder rutscht dabei längs über ein gerades oder gestuftes Rail. Vorher braucht er ausreichend Geschwindigkeit, um auf das Rail zu springen.

Aufsprung
Beim Anlauf auf das Rail geht der Sportler in die Knie und springt dann mit dem Board auf das Rail.

Balance
Der Sportler gleitet so über das Rail, dass seine Schultern über der Mittellinie des Boards stehen.

Absprung
Am Ende des Rail beugt der Sportler die Knie, um die Landung abzufedern.

MUTE GRAB

Beim Mute Grab springt der Sportler über eine Rampe, kreuzt dann die Skier in der Luft und greift einen Ski mit der Hand. Eine Variante besteht darin, dass der Sportler den Ski hinter der Bindung greift statt davor.

Über Kreuz
Der Sportler überkreuzt die Skier in der Luft zu einem »X«.

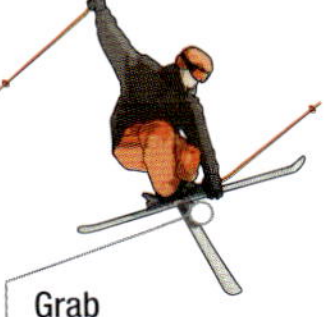

Grab
Der Sportler greift auf der Innenseite vor der Bindung an den oberen Ski.

Landung
Der Sportler richtet die Skier parallel aus und beugt die Knie für die Landung.

SKISPRINGEN

ÜBERBLICK

Das Skispringen ist ein spektakulärer Sport, bei dem Athleten eine Schanze hinunterfahren, abspringen und nach einer möglichst langen Flugphase sicher landen müssen. In der Luft liegt der Körper in Vorlage fast horizontal. Die Skier sollen in V-Haltung nach vorne und seitlich ausgestellt sein, bevor der Springer sie in letzter Sekunde für die Landung nach unten drückt. Bei der beliebten Sportart wird nicht nur die erreichte Weite, sondern auch die Haltung im Flug und bei der Landung bewertet.

FAKTEN

- Ein Sprung dauert durchschnittlich zwölf Sekunden, von denen der Springer aber nur rund zwei bis drei in der Luft verbringt.
- Die besten Springer kamen bisher aus Mitteleuropa, Skandinavien und Japan.
- Der Vorschlag, Frauen sollten bei den Winterspielen 2010 im Skispringen antreten, wurde abgelehnt, da zu wenige Frauen aus zu wenigen Ländern den Sport überhaupt betreiben.
- Das Skispringen war lange die bei den Zuschauern beliebteste Skisportart, bis nach dem Zweiten Weltkrieg die Abfahrtsrennen auf Platz eins rückten.

SPORTLERPROFIL

Skispringer müssen Nerven aus Stahl besitzen und dürfen keine Höhenangst haben. Topathleten haben oft schon mit fünf Jahren zu springen begonnen und steigern sich langsam bis zu den großen Schanzen. Sobald sie die Grundtechnik beherrschen, verbessern die Springer alle Sprungphasen im Training auf kleineren Schanzen. Skispringer absolvieren auch Ausdauertraining.

DER ADLER IST GELANDET

Eddie »The Eagle« (der Adler) Edwards wurde bei den Olympischen Winterspielen 1988 in Calgary berühmt, weil er so schlecht sprang. Obwohl der Brite Letzter wurde, liebte das Publikum ihn für seinen Mut – Edwards wurde zum Medienstar.

GEWUSST?

246,5 Die Sprungweite in Metern des Skisprung-Weltrekords, aufgestellt 2011 von dem Norweger Johan Remen Evensen.

5 Der erfolgreichste Olympia-teilnehmer im Skispringen, der Finne Matti Nykänen, gewann fünf Medaillen: 4 x Gold und 1 x Silber.

50.000 Durchschnittliche Zuschauerzahl, die alljährlich zum großen Skisprungturnier am Holmenkollen in Oslo kommt.

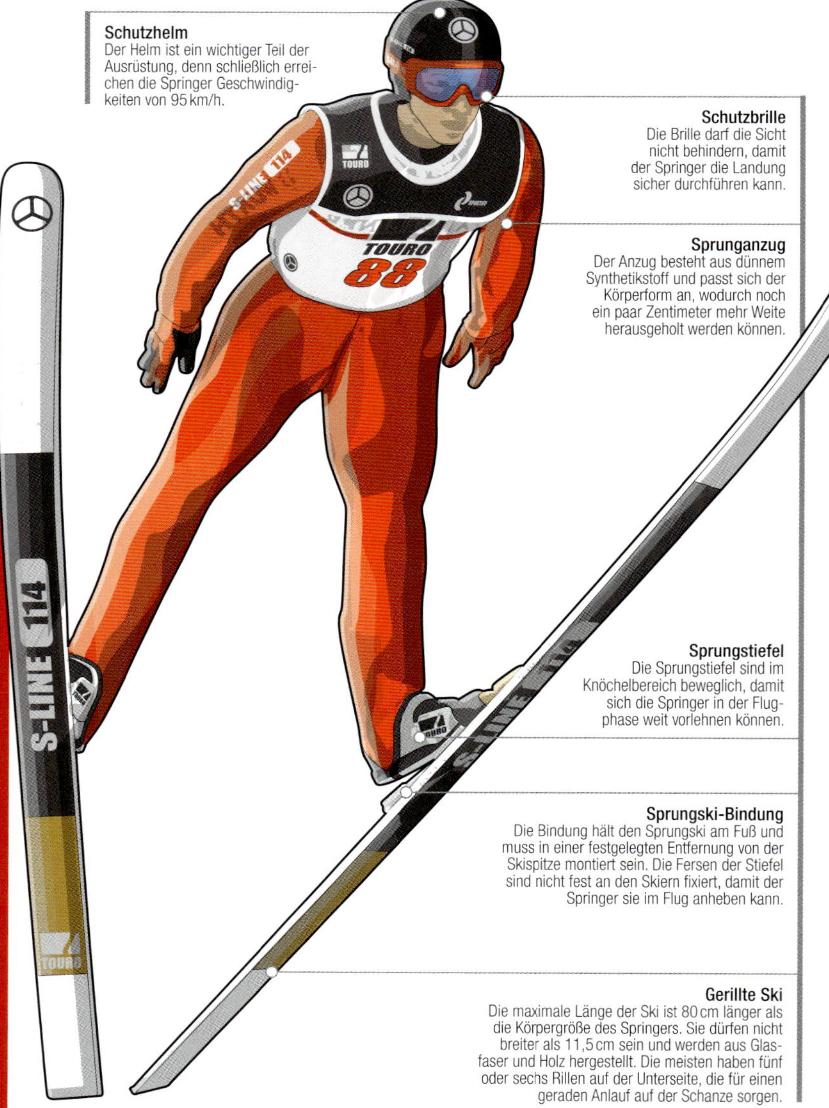

Schutzhelm
Der Helm ist ein wichtiger Teil der Ausrüstung, denn schließlich erreichen die Springer Geschwindigkeiten von 95 km/h.

Schutzbrille
Die Brille darf die Sicht nicht behindern, damit der Springer die Landung sicher durchführen kann.

Sprunganzug
Der Anzug besteht aus dünnem Synthetikstoff und passt sich der Körperform an, wodurch noch ein paar Zentimeter mehr Weite herausgeholt werden können.

Sprungstiefel
Die Sprungstiefel sind im Knöchelbereich beweglich, damit sich die Springer in der Flugphase weit vorlehnen können.

Sprungski-Bindung
Die Bindung hält den Sprungski am Fuß und muss in einer festgelegten Entfernung von der Skispitze montiert sein. Die Fersen der Stiefel sind nicht fest an den Skiern fixiert, damit der Springer sie im Flug anheben kann.

Gerillte Ski
Die maximale Länge der Ski ist 80 cm länger als die Körpergröße des Springers. Sie dürfen nicht breiter als 11,5 cm sein und werden aus Glasfaser und Holz hergestellt. Die meisten haben fünf oder sechs Rillen auf der Unterseite, die für einen geraden Anlauf auf der Schanze sorgen.

VON DER SCHANZE

Es gibt verschieden große Schanzen. Bei einer K90-Schanze ist die Distanz vom Schanzentisch zum empfohlenen Landepunkt (K-Punkt) 90 m, bei einer K120-Schanze 120 m. Wettkämpfe bestehen meist aus drei Disziplinen mit je zwei Durchgängen: einem Einzelwettbewerb von der K90- und der K120-Schanze sowie einem Teamspringen von der K120-Schanze.

IMMER WEITER UND WEITER

Die Weiterentwicklung der Sprungtechnik hat immer größere Weiten ermöglicht. Am Anfang lagen die Sprünge etwa bei 45 m. In den 1920er-Jahren wurde von immer mehr Springern der Kongsberger-Stil angenommen, bei dem sie mit abgeknickter Hüfte in der Vorlage, rudernden Armen und parallelen Skiern 100 m erreichten. In den 1950ern konnte der Schweizer Andreas Däscher durch Anlegen der Arme an den Körper weitere Meter gewinnen. 1985 begründete der Schwede Jan Boklöv dann den V-Stil (siehe unten). Der Springer öffnet die Skier im Flug V-förmig, wodurch er mehr Auftrieb und Stabilität gewinnt.

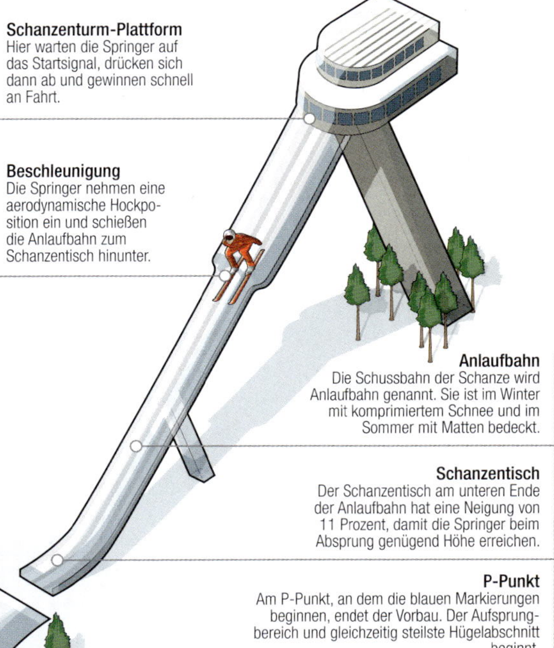

Schanzenturm-Plattform
Hier warten die Springer auf das Startsignal, drücken sich dann ab und gewinnen schnell an Fahrt.

Beschleunigung
Die Springer nehmen eine aerodynamische Hockposition ein und schießen die Anlaufbahn zum Schanzentisch hinunter.

Anlaufbahn
Die Schussbahn der Schanze wird Anlaufbahn genannt. Sie ist im Winter mit komprimiertem Schnee und im Sommer mit Matten bedeckt.

Schanzentisch
Der Schanzentisch am unteren Ende der Anlaufbahn hat eine Neigung von 11 Prozent, damit die Springer beim Absprung genügend Höhe erreichen.

P-Punkt
Am P-Punkt, an dem die blauen Markierungen beginnen, endet der Vorbau. Der Aufsprungbereich und gleichzeitig steilste Hügelabschnitt beginnt.

Absprung
Beim Absprung streckt der Springer den Körper und bringt ihn für die Flugphase in eine weite Vorlage.

Sprungrichterturm
Im Turm neben dem Aufsprunghügel sitzen fünf Sprungrichter, die Haltungsnoten vergeben.

Flugphase
In der Flugphase werden die Skier V-förmig aufgeschert, um mehr Auftrieb und damit eine größere Sprungweite zu erreichen.

Aufsprungbereich
Die Springer fliegen so weit wie möglich den Hügel hinunter, in den Aufsprungbereich hinein. Bei den meisten Sprunganlagen hat der Hügel eine Neigung von 35 Grad oder mehr.

Landung
Die Springer landen heute praktisch alle mit der »Telemark«-Landung in einer Art Ausfallschritt. So kann der Stoß der Landung besser abgefangen werden.

Auslauf
Der Auslauf ist ein leicht ansteigender Bereich, in dem die Springer sicher auslaufen und zum Stand kommen können.

K-Punkt
Der K-Punkt ist der untere Kontrollpunkt oder Konstruktionspunkt. Bis zu diesem Punkt können Springer problemlos landen. Springer, die erst hinter dem K-Punkt aufsetzen, erhalten von den Sprungrichtern eine höhere Punktwertung.

VIERSCHANZENTOURNEE

Die prestigereiche Vierschanzentournee ist Teil des alljährlichen Skisprung-Weltcups und findet auf je zwei Schanzen in Österreich und Deutschland statt. Der Finne Janne Ahonen ist der einzige Skispringer, der die Tournee fünfmal gewinnen konnte.

WERTUNG

Die Sprungrichter bewerten Weite und Haltung. Eine Landung am K-Punkt ergibt 60 Punkte, jeder Meter weniger 2 Punkte Abzug (K90-Schanze), jeder mehr 2 Punkte mehr. Bei K120-Schanzen sind es 1,8 Punkte. Für die Haltung bei Absprung, Flug und Landung vergeben die fünf Richter jeweils bis zu 20 Punkte. Der beste und schlechteste Wert werden gestrichen und aus den mittleren ergibt sich die Gesamtwertung. Der Springer mit der besten Gesamtwertung aus zwei Sprüngen gewinnt.

REKORDE IN HÜLLE UND FÜLLE

Beim Weltcup-Finale 2005 im slowenischen Planica brachen gleich mehrere Springer den bis dahin vom Finnen Matti Hautamäki gehaltenen Skisprung-Weltrekord von 231 m. Der Norweger Bjørn Einar Romøren stellte mit 239 m einen neuen Weltrekord auf, Hautamäki selbst sprang mit 235,5 m auf Platz zwei und Romøren erreichte bei einem zweiten Sprung noch einmal 234,5 m.

INSIDER-STORY

Einst Teil der norwegischen Winterfeiern, breitete sich Skispringen in Europa und Nordamerika aus und wurde zu einer beliebten Wintersportart. Es wurde bereits 1892 offiziell als Sportart anerkannt. 1922 trat sogar der norwegische König selbst an. Der Holmenkollen ist die älteste Skisprungschanze mit dem prestigeträchtigsten Springen.

OLYMPISCHE SPORTART
Skispringen ist seit den ersten Olympischen Winterspielen im französischen Chamonix 1924 olympisch. Obwohl Finnland den Medaillenspiegel mit zehn Goldmedaillen anführt, hat Norwegen mit 29 insgesamt mehr Medaillen gewonnen als die Finnen (22).

NORDISCHE KOMBINATION

    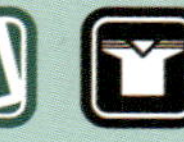  

ÜBERBLICK

Die Nordische Kombination ist ein zweitägiger Wettkampf, der Skispringen und Langlauf kombiniert. Das Springen wird traditionell zuerst ausgetragen. Die Athleten treten bei den Olympischen Spielen, dem Weltcup und den Weltmeisterschaften in den Disziplinen Einzel, Sprint und Mannschaft an. Es ist weiterhin ein reiner Männersport.

KOMBINATIONS-LANGLAUF

Die Startposition beim Langlauf hängt vom Ergebnis des Sprungwettbewerbs ab, wobei die Wertungspunkte in Zeitrückstände umgerechnet werden. Die meisten Kombinierer laufen heute im »Skating-Stil« (dem Schlittschuhschritt), bei dem die Skier schräg gleiten und die Athleten sich auf der Skiinnenkante abdrücken. Das Gewicht wird dabei bei jedem Schritt vollständig von einem Bein zum anderen verlagert. So können Geschwindigkeiten von bis zu 30 km/h erreichet werden. Wer als Erster im Ziel ist, gewinnt den Gesamtwettbewerb.

FAKTEN

- Die Nordische Kombination gehört bereits seit den ersten Winterspielen in Chamonix 1924 fest zum olympischen Programm.
- Der Einzelwettbewerb besteht aus zwei Sprüngen von einer K90-Schanze und einem 15-km-Langlauf. Sprintteilnehmer bestreiten einen Sprung von der K120-Schanze und einen 7,5 km langen Lauf.
- Bei den Teamwettbewerben muss jedes der vier Teammitglieder zwei Sprünge von K90 und 5 km der 20-km-Staffel absolvieren.

SPORTLERPROFIL

Nordische Kombinierer benötigen Mut für den Sprung und Stärke und Ausdauer für den Langlauf. Beide Disziplinen sind technisch äußerst anspruchsvoll. Die Athleten müssen neben Kraft und Kondition intensiv die Technik beider Disziplinen trainieren.

Langlaufanzug
Die Langläufer tragen dünne, eng anliegende Skianzüge aus synthetischen Materialien.

Langlaufstöcke
Der Langläufer setzt die langen geraden Stöcke dazu ein, sich fest im Schnee abzudrücken, um Schwung zu gewinnen.

Freie Fersen
Die Bindung des Langlaufskis hält den Skistiefel an den Zehen und lässt die Ferse frei, um die Laufbewegung des Skatens zu ermöglichen.

Langlaufskier
Die Langlaufskier sind bis zu 2 m lang und haben gebogene Spitzen. Sie werden mit Spezialwachsen behandelt, um bei jedem Wetter optimal zu gleiten.

SKISPRINGEN

Ein Skisprung besteht aus vier Hauptphasen: Anlauf, Absprung, Flug und Landung (siehe S. 304–305). Der Springer gleitet den Anlauf zum Schanzentisch in gehockter Position mit nach hinten gestreckten Armen hinunter. Beim Absprung streckt er den Körper, lehnt sich vor und öffnet die Ski V-förmig, um mehr Auftrieb zu gewinnen. Die Landung erfolgt im »Telemark-Stil« in einer Art Ausfallschritt.

Start und Anlaufbahn
Die Springer drücken sich vom Startbalken ab und beschleunigen auf rund 96 km/h.

Schanzentisch
Am Ende des Schanzentischs drücken sich die Springer ab.

DIE SPRUNGANLAGE
Bei der Nordischen Kombination gibt es zwei verschiedene Schanzengrößen: eine K90 (Normalschanze), bei der die Entfernung vom Schanzentisch bis zum K-Punkt, dem empfohlenen Landepunkt, 90 m beträgt, und einer K120-Großschanze, bei der die Entfernung zum K-Punkt 120 m beträgt.

Schanzenhöhe
Die Höhe der Schanzen kann variieren, sie ist aber in jedem Fall beeindruckend.

K-Punkt
Springer streben eine Landung hinter dem K-Punkt an, da jeder Meter hinter der Marke zusätzliche Punkte bedeutet.

Sprungrichterturm
Im Turm neben dem Aufsprunghügel sitzt die Jury aus fünf Sprungrichtern und bewertet jeden Sprung.

Auslauf
Im Auslauf ist ein ansteigender Bereich, in dem die Springer sicher zum Stehen kommen können.

SPRUNGWERTUNG

Jeder Springer erhält Punkte für Weite und Haltung. Sprünge bis zum K-Punkt sind 60 Punkte wert. Für weitere Sprünge werden Punkte addiert, für kürzere Punkte abgezogen. Die fünf Richter geben je eine Wertung zwischen 0 und 20 Punkten, wobei die höchste und die niedrigste gestrichen werden; die drei mittleren ergeben die Sprungwertung.

BIATHLON

ÜBERBLICK

Biathlon ist eine Kombination aus Skilanglauf und Schießen. Seine Ursprünge hat der Sport in Skandinavien, wo Militärpatrouillen auf Skiern und mit Gewehren bewaffnet die lange Grenze zwischen Norwegen und Schweden kontrollierten. Es gibt Einzel-, Sprint-, Staffel-, Verfolger- und Massenstartrennen. Alle sind eine Kombination aus verschiedenen Runden über einen Laufparcours, unterbrochen von Schießübungen.

WETTKAMPFABLAUF

Die Teilnehmer starten meist zeitlich versetzt, laufen im »Skating-Stil« gegen die Uhr und halten zwischendurch für Schießübungen an. Geschossen wird abwechselnd im Stehen und im Liegen. Für Fehltreffer gibt es Strafen (siehe unten). Die Länge der Laufstrecke und Anzahl der Schießen hängt vom jeweiligen Wettkampf ab.

WETTKAMPFARTEN

Hauptveranstaltungen sind das Einzelrennen der Männer über 20 km und das der Frauen über 15 km mit je vier Schießen. Die Sprintstrecke ist bei den Männern 10 km, bei den Frauen 7,5 km lang und hat zwei Schießphasen. Bei der Viererstaffel geht es mit zwei Schießübungen über 6 km oder 7,5 km. Das Verfolgerrennen ist 10 km oder 12,5 km lang und beinhaltet vier Schießphasen.

FAKTEN

- Biathlon wurde bei den Männern 1960 olympisch, bei den Frauen 1992. Zudem gibt es den Weltcup und die erstmals 1958 in Österreich abgehaltene WM.
- Die Skier müssen mindestens 4 cm kürzer als die Körpergröße des Läufers sein, die Stöcke dürfen seine Körpergröße nicht überschreiten.
- Beim Sommerbiathlon werden die Strecken statt auf Skiern zu Fuß gelaufen.

ZIELSCHEIBEN

Die schwarzen elektronischen oder mechanischen Zielscheiben klappen bei einem Treffer um. Mit 11,5 cm Durchmesser für das Stehendschießen und 4,5 cm für das Liegendschießen sind sie recht klein.

ZIELSCHEIBE STEHEND

ZIELSCHEIBE LIEGEND

SCHIESSSTAND

Der Schießstand liegt nahe der Start- und Ziellinie. Üblicherweise besteht er aus 30 Bahnen mit aufsteigenden Nummern von links nach rechts. Manchmal gibt es zwei separate Bereiche: links für Stehend- und rechts für Liegendschießen.

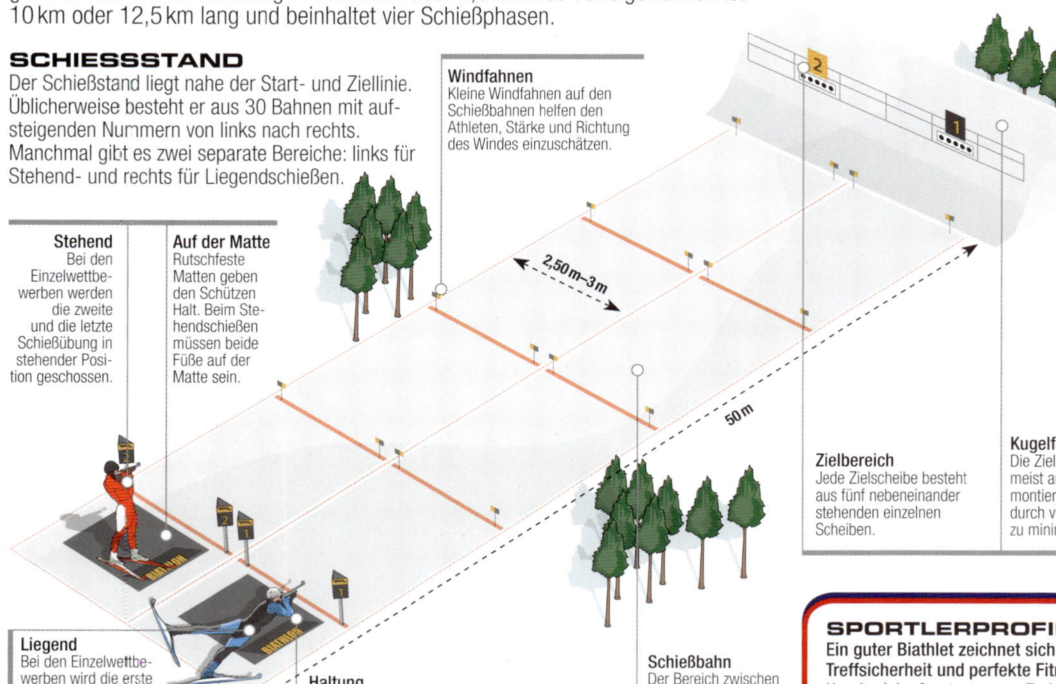

Windfahnen Kleine Windfahnen auf den Schießbahnen helfen den Athleten, Stärke und Richtung des Windes einzuschätzen.

Stehend Bei den Einzelwettbewerben werden die zweite und die letzte Schießübung in stehender Position geschossen.

Auf der Matte Rutschfeste Matten geben den Schützen Halt. Beim Stehendschießen müssen beide Füße auf der Matte sein.

Zielbereich Jede Zielscheibe besteht aus fünf nebeneinander stehenden einzelnen Scheiben.

Kugelfang Die Zielscheiben sind meist an einem Hang montiert, um Gefahren durch verirrte Geschosse zu minimieren.

Liegend Bei den Einzelwettbewerben wird die erste und dritte Schießübung in liegender Position geschossen.

Haltung Im Liegen dürfen die Ellenbogen aufgestützt werden, die Handgelenke aber nicht.

Schießbahn Der Bereich zwischen Schütze und Zielscheibe.

SPORTLERPROFIL

Ein guter Biathlet zeichnet sich durch Treffsicherheit und perfekte Fitness des Herzkreislaufsystems aus. Zudem benötigt er Konzentrationsfähigkeit und muss seinen Puls schnellstmöglich kontrollieren können, um sicher zu zielen und zu schießen.

SCHÜSSE UND FEHLSCHÜSSE

Bevor sie schießen dürfen, müssen die Wettkämpfer vollständig zum Stehen kommen und beide Stöcke ablegen. Sie dürfen kurz vor dem Schießstand verlangsamen, um den Puls zu senken, was das Zielen erleichtert. Für jeden Fehlschuss wird bei den Einzelwettbewerben eine Strafminute an die Laufzeit angehängt, bei den anderen Wettbewerben müssen die Läufer eine 150 m lange Strafrunde absolvieren. Topathleten benötigen hierfür etwa 30 Sekunden, die zur normalen Laufzeit hinzukommen.

GEWEHR

Das 3,5 kg schwere Kleinkalibergewehr wird auf dem Rücken getragen. Geschossen wird mit Kaliber .22 (5,6 mm). Das Gewehr ist nur manuell zu repetieren.

FAKTEN

- Der Name Bob kommt vom Hüpfen (engl. bobbing) der Köpfe der frühen Besatzungen beim Anschieben.
- Ein Viererbob kann bis zu 150 km/h schnell werden.

SPORTLERPROFIL

Alle Bobfahrer brauchen ein gutes Gleichgewichtsgefühl und starke Nerven. Der Pilot muss zudem ein Auge für die Ideallinie haben. Viele Anschieber kommen aus der Leichtathletik und verfügen daher über die nötige Schnellkraft, den Bob zu beschleunigen. Sie trainieren mit Sprints und Gewichten, um ihre Bein- und Schultermuskulatur für den Anschub zu stärken.

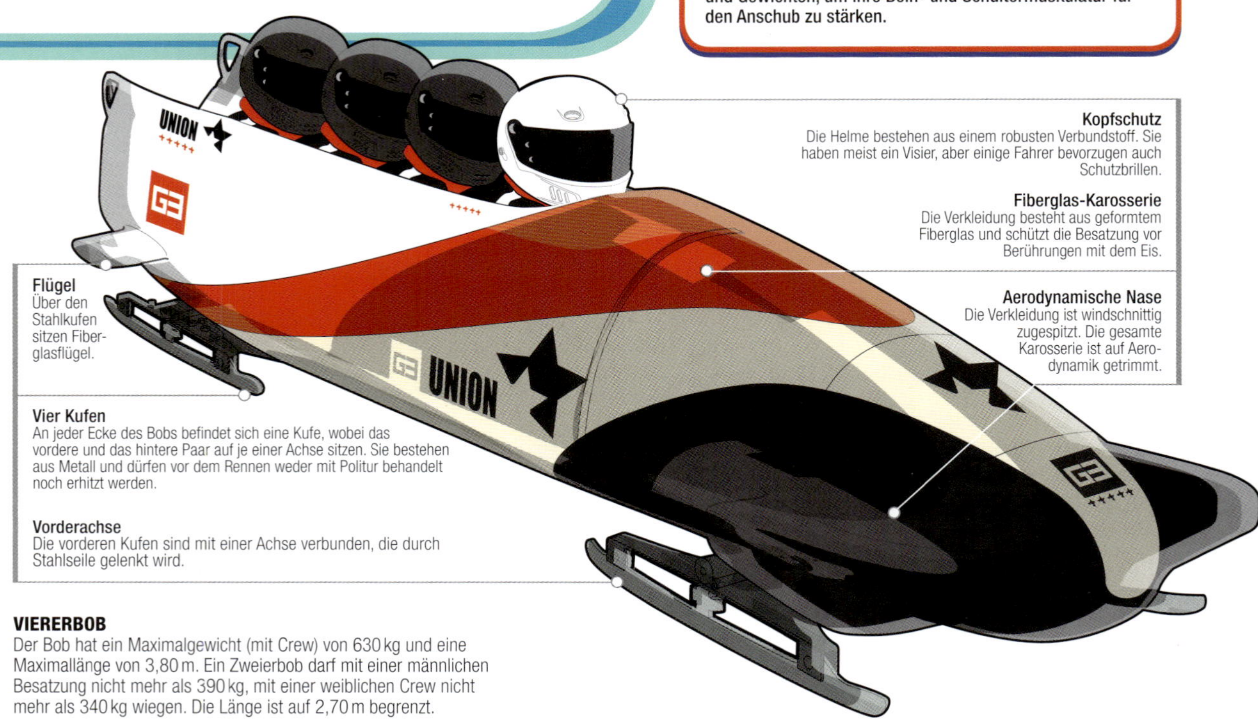

UNION
G3
Kopfschutz
Die Helme bestehen aus einem robusten Verbundstoff. Sie haben meist ein Visier, aber einige Fahrer bevorzugen auch Schutzbrillen.
Fiberglas-Karosserie
Die Verkleidung besteht aus geformtem Fiberglas und schützt die Besatzung vor Berührungen mit dem Eis.
Aerodynamische Nase
Die Verkleidung ist windschnittig zugespitzt. Die gesamte Karosserie ist auf Aerodynamik getrimmt.
Flügel
Über den Stahlkufen sitzen Fiberglasflügel.
Vier Kufen
An jeder Ecke des Bobs befindet sich eine Kufe, wobei das vordere und das hintere Paar auf je einer Achse sitzen. Sie bestehen aus Metall und dürfen vor dem Rennen weder mit Politur behandelt noch erhitzt werden.
Vorderachse
Die vorderen Kufen sind mit einer Achse verbunden, die durch Stahlseile gelenkt wird.

VIERERBOB
Der Bob hat ein Maximalgewicht (mit Crew) von 630 kg und eine Maximallänge von 3,80 m. Ein Zweierbob darf mit einer männlichen Besatzung nicht mehr als 390 kg, mit einer weiblichen Crew nicht mehr als 340 kg wiegen. Die Länge ist auf 2,70 m begrenzt.

BOBSPORT

ÜBERBLICK

Der Bobsport ist eine der ältesten Wintersportarten überhaupt. Mannschaften aus zwei oder vier Männern oder Frauen durchfahren in einem lenkbaren Schlitten eine steile, kurvige Eisbahn. Nach dem Anschieben versucht der Fahrer, in mehreren Läufen die Ideallinie zu finden, um die Bahn in möglichst kurzer Zeit zu durchfahren.

Der Sport ist nichts für Ängstliche: Die Besatzung ist in den Steilkurven regelmäßig dem Fünffachen der Erdanziehungskraft ausgesetzt, und Unfälle sind spektakulär und meist gefährlich. Die Karosserie des Bobs schützt die Crew, die vorgeschriebene Helme und einteilige Anzüge trägt.

GEWUSST?

6 An so vielen Winterspielen nahm der schwedische Bobfahrer Carl-Erik Eriksson zwischen 1964 und 1984 teil – als erster Athlet überhaupt. Gerda Weissensteiner aus Italien nahm ebenfalls an sechs Spielen teil: zweimal im Bob und viermal auf dem Rennrodel.

48 So alt war Jay O'Brian, als er bei den Olympischen Winterspielen 1932 in Lake Placid der älteste Sieger im Viererbob wurde und Gold für die USA gewann.

30.000 Der geschätzte Mindestpreis in US-Dollar für einen olympiatauglichen Viererbob.

28 So viele olympische Bob-Medaillen gewann die Schweiz zwischen 1932 und 2006 (neunmal Gold, neunmal Silber, elfmal Bronze) – mehr als jedes andere Land.

5 Die Beschleunigungskraft in G, der Bob-Besatzungen in schnell gefahrenen Steilkurven für etwa zwei Sekunden ausgesetzt sind.

DIE BAHN

Bobs fahren in einer U-förmigen Betonbahn auf einer Kunsteisschicht. Die Bahn ist zwischen 1200–1330 m lang und sollte mindestens 15 Kurven haben. Bei Olympischen Winterspielen teilen sich die Bobs die Eisbahn mit Rennrodel und Skeleton. Das Gefälle der Bahn beträgt 8–15 Prozent.

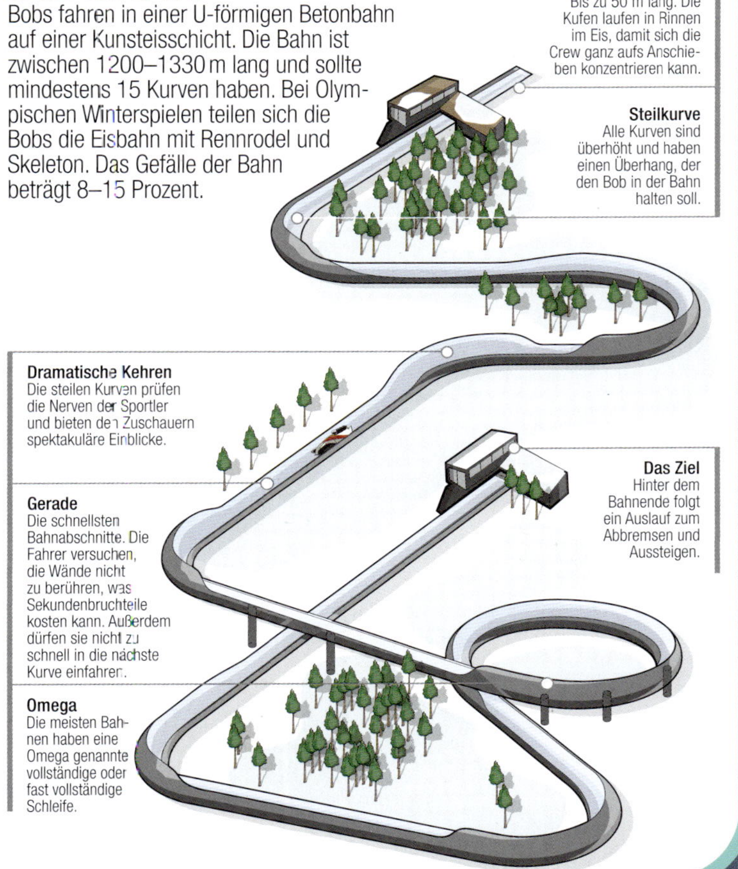

Fliegender Start
Bis zu 50 m lang. Die Kufen laufen in Rinnen im Eis, damit sich die Crew ganz aufs Anschieben konzentrieren kann.

Steilkurve
Alle Kurven sind überhöht und haben einen Überhang, der den Bob in der Bahn halten soll.

Dramatische Kehren
Die steilen Kurven prüfen die Nerven der Sportler und bieten den Zuschauern spektakuläre Einblicke.

Das Ziel
Hinter dem Bahnende folgt ein Auslauf zum Abbremsen und Aussteigen.

Gerade
Die schnellsten Bahnabschnitte. Die Fahrer versuchen, die Wände nicht zu berühren, was Sekundenbruchteile kosten kann. Außerdem dürfen sie nicht zu schnell in die nächste Kurve einfahren.

Omega
Die meisten Bahnen haben eine Omega genannte vollständige oder fast vollständige Schleife.

STARTFOLGE

Die erste Startfolge wird ausgelost. Mannschaften, die in den ersten Rennen vorne lagen, dürfen als erste starten, bevor die Bahn von den Kufen der anderen Bobs verfurcht ist. In der zweiten Runde wird die Startfolge umgekehrt: Das Team mit der besten Zeit im ersten Lauf fährt als letztes. Die Fahrzeit wird ab der Startlinie gemessen, bis die Nase des Bobs eine Lichtschranke im Ziel durchfährt. Der Bob darf mit Gewichten auf das erlaubte Gewicht gebracht werden. Daneben gibt es ein Mindestgewicht für Bob und Crew.

MEHRERE LÄUFE

Bei olympischen Zweier- und Vierer-Wettbewerben sowie bei Weltmeisterschaften fährt jede Mannschaft ungeachtet des Geschlechts über zwei Tage hinweg vier Läufe. Bei anderen großen Wettkämpfen absolvieren die Mannschaften nur zwei Läufe.

COOLE TEILNEHMER

Es galt lange Zeit als selbstverständlich, dass nur Länder mit Schnee und Bergen Bobsportler hervorbringen. Das änderte sich bei den Olympischen Winterspielen 1988 in Calgary, als Teams aus Ländern wie Australien, Mexiko und vor allem Jamaika teilnahmen. Die Geschichte des jamaikanischen Teams wurde 1993 in dem Film *Cool Runnings – dabei sein ist alles* erzählt.

ANSCHIEBEN

Ein schneller Start ist wichtig, deshalb tragen alle Bobfahrer spezielle Schuhe mit Spikes. Jedes Crewmitglied schiebt an einem einziehbaren Bügel. Der Steuermann springt als erster in den Bob, gefolgt von den beiden Mittelleuten und zuletzt dem Bremser. Spitzenteams streben eine Startzeit von fünf Sekunden an.

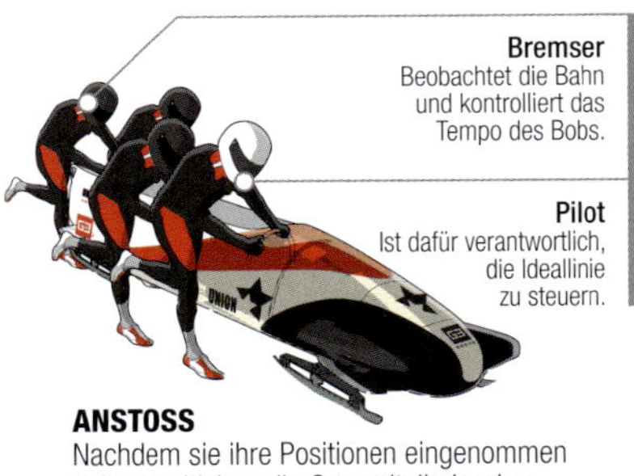

Bremser
Beobachtet die Bahn und kontrolliert das Tempo des Bobs.

Pilot
Ist dafür verantwortlich, die Ideallinie zu steuern.

ANSTOSS
Nachdem sie ihre Positionen eingenommen haben, schieben die Crewmitglieder den Bob über die Startbahn.

Einstieg
Kommt ein Crewmitglied nicht in den Bob, wird das Team disqualifiziert.

LETZTER SCHUBS
Der Bremser springt auf, nachdem der Pilot und die anderen ihre Plätze eingenommen haben. Er muss innerhalb von 50 m an Bord sein.

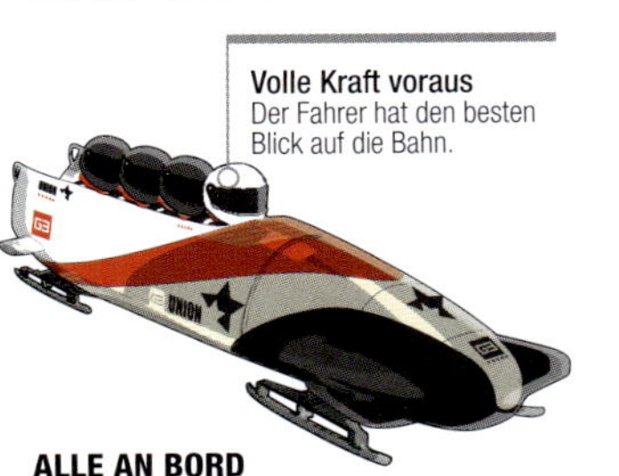

Volle Kraft voraus
Der Fahrer hat den besten Blick auf die Bahn.

ALLE AN BORD
Der Pilot steuert den Bob. Der Bremser bremst ihn nach der Ziellinie ab, indem er an einem Griff zieht, der eine Platte mit Metallzähnen ins Eis drückt.

INSIDER-STORY

Der Bobsport wurde im späten 19. Jh. erfunden, als Schweizer Schlittenfahrer einen Rennrodel mit einer Lenkung versahen. Der erste Bobsportklub wurde 1897 in der Schweiz gegründet. In den ersten Jahrzehnten war der Sport hauptsächlich der reichen Oberschicht vorbehalten, die Bobs zum Spaß in den mondänen Wintersportorten Europas fuhren. Zum Wettkampfsport wurde er in den 1950ern und 1960ern. Bis zur Mitte der 1980er waren Olympische Spiele und Weltmeisterschaften die wichtigsten Wettbewerbe, dann kam der Weltcup hinzu, ein sehr anspruchsvoller Wettbewerb, bei dem die Teams über die Saison eine Reihe von Rennen in verschiedenen Ländern fahren.

DACHVERBAND
Die Fédération Internationale de Bobsleigh et de Tobogganing (FIBT) wurde 1923 gegründet, ein Jahr, bevor der Viererbob olympische Sportart wurde. Die ersten Zweier-Medaillenwettbewerbe fanden 1932 statt. Der Bobsport für Frauen hatte 2002 sein Debüt bei den Winterspielen in Salt Lake City.

FAKTEN

- Der in Deutschland ansässige Internationale Rennrodelverband (FIL) organisiert den Sport weltweit.
- Das erste Rennen fand 1883 zwischen Klosters und Davos in der Schweiz statt und endete unentschieden.
- Deutschland stellt mehr Rennrodel-Champions als jedes andere Land. Allein Georg Hackl gewann Gold bei drei Spielen in Folge: 1992, 1994 und 1998. Außerdem wurde er 1989, 1990 und 1997 Weltmeister.

SPORTLERPROFIL

Rennrodler müssen körperlich stark sein und Beschleunigung und große Belastungen, vor allem an Nacken, Bauch, Brust und Füßen, aushalten. Sie sind mental sehr stark und haben schnelle Reflexe, die ihnen beim Lenken ihres Rodels helfen.

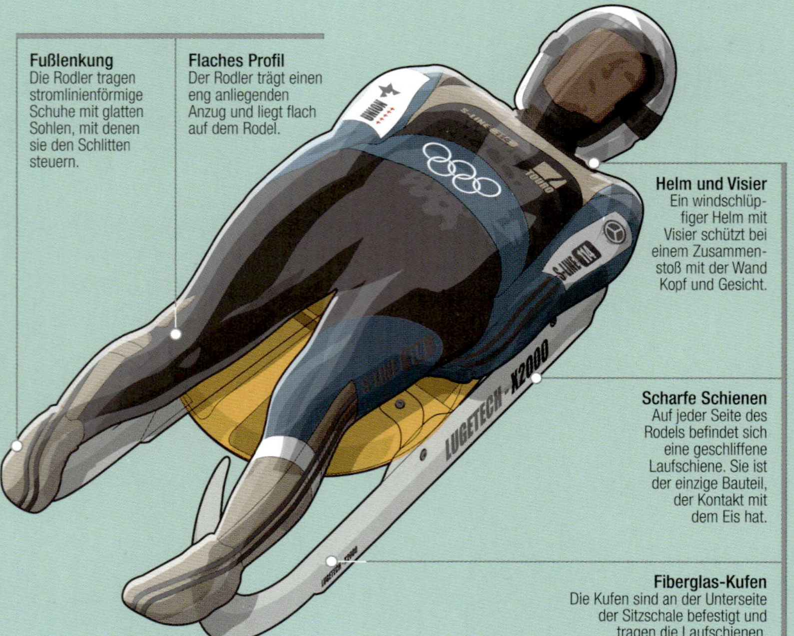

Fußlenkung
Die Rodler tragen stromlinienförmige Schuhe mit glatten Sohlen, mit denen sie den Schlitten steuern.

Der Rodler trägt einen eng anliegenden Anzug und liegt flach auf dem Rodel.

Ein windschlüpfiger Helm mit Visier schützt bei einem Zusammenstoß mit der Wand Kopf und Gesicht.
Scharfe Schienen
Auf jeder Seite des Rodels befindet sich eine geschliffene Laufschiene. Sie ist der einzige Bauteil, der Kontakt mit dem Eis hat.

Die Kufen sind an der Unterseite der Sitzschale befestigt und tragen die Laufschienen.

EIN MEGA-RUTSCH

Rennrodelbahnen sind meist künstlich mit einer 2,5 cm dicken Eisschicht angelegt. Sie sind bei den Männern zwischen 1000 und 1300 m und bei den Frauen und Doppelsitzern zwischen 800 und 1050 m lang. Die Bahnen haben Links- und Rechtskurven, Schikanen, 180-Grad-Kehren und Haarnadelkurven. Das Gefälle liegt bei rund acht Prozent. Die ebenfalls mit Eis bedeckten Wände halten die Rodel auf Kurs, wenn sie mit halsbrecherischer Geschwindigkeit durch die Kurven schießen. Die in einigen mitteleuropäischen Ländern und Nordamerika beliebten Naturbahnen werden im Winter auf vereisten kurvenreichen Straßen angelegt. Sie haben keine Seitenwände oder künstlichen Böschungen.

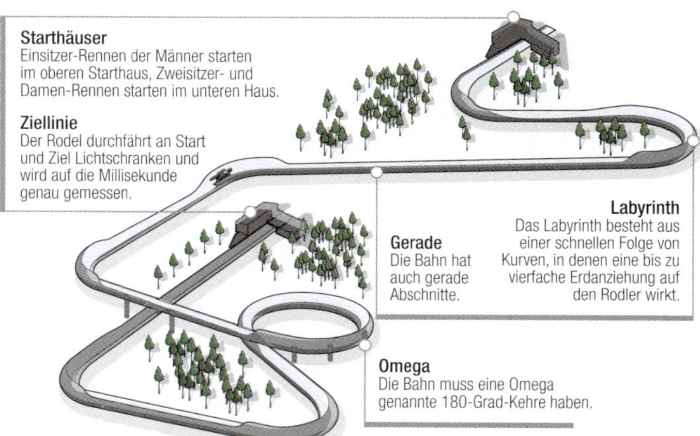

Starthäuser
Einsitzer-Rennen der Männer starten im oberen Starthaus, Zweisitzer- und Damen-Rennen starten im unteren Haus.
Ziellinie
Der Rodel durchfährt an Start und Ziel Lichtschranken und wird auf die Millisekunde genau gemessen.
Labyrinth
Das Labyrinth besteht aus einer schnellen Folge von Kurven, in denen eine bis zu vierfache Erdanziehung auf den Rodler wirkt.
Gerade
Die Bahn hat auch gerade Abschnitte.
Omega
Die Bahn muss eine Omega genannte 180-Grad-Kehre haben.

RODELN

ÜBERBLICK

Rennrodler üben die schnellste Disziplin auf dem Eis aus, wenn sie, die Füße voran auf dem Rücken liegend, auf einem Fiberglasschlitten mit über 135 km/h durch eine Eisbahn schießen. In Rennen gegen die Zeit treten die Männer im Einzel und im Doppelsitzer und die Frauen im Einzel an. Die Rennen finden u. a. bei Weltmeisterschaften und bei Olympischen Spielen statt.

FIBERGLAS-SITZ

Der Rennrodel besteht aus einer Fiberglas-Schale variabler Länge, montiert auf zwei Kufen mit stählernen Laufschienen. Ein Einsitzer wiegt nicht mehr als 23 kg, der Zweisitzer ist länger und darf nicht über 27 kg wiegen.

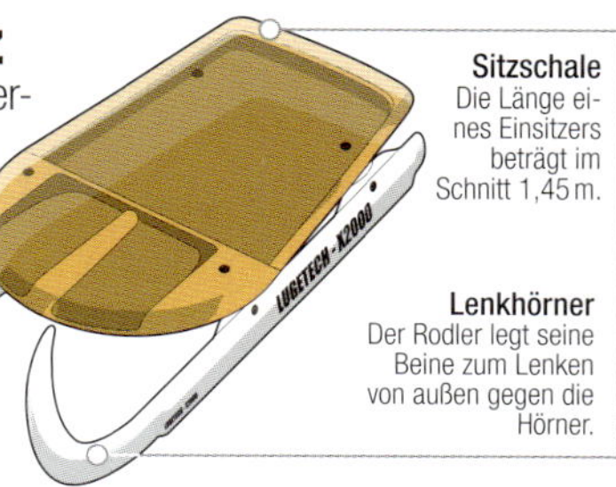

Sitzschale
Die Länge eines Einsitzers beträgt im Schnitt 1,45 m.
Lenkhörner
Der Rodler legt seine Beine zum Lenken von außen gegen die Hörner.

STARTEN UND LENKEN

Am Start sitzt der Fahrer auf dem Rodel und gleitet vor und zurück, während er sich an zwei Griffen beiderseits der Bahn festhält. Nach einem kraftvollen Zug paddelt er mit Spike-Handschuhen über das Eis, legt sich dann zurück und lenkt, indem er gegen die Kufen drückt oder sein Gewicht mit Bewegungen des Kopfes oder der Schultern verlagert. Sieger ist der schnellste über vier (Einsitzer) oder zwei (Zweisitzer) Läufe.

ÜBERBLICK

Die Spitzengeschwindigkeiten der Skeletonfahrer liegen zwar etwas unter denen der Rennrodler, aber in mancher Hinsicht erfordert ihr Sport sogar noch mehr Mut, fahren sie doch mit dem Kopf voran. Skeleton-Wettbewerbe werden bei Weltmeisterschaften und den Olympischen Winterspielen ausgetragen.

SKELETON

SPORTLERPROFIL

Der Skeletonfahrer ist auf blitzschnelle Reflexe angewiesen. Da der Anschub so wichtig ist, braucht er starke Beinmuskeln und muss sprintstark sein. Außerdem muss er sein Körpergewicht feinfühlig verlagern und so den Skeleton lenken können.

Gewichtsbeschränkung
Das gemeinsame Gewicht von Skeleton und Fahrer darf bei den Männern 115 kg und bei den Frauen 92 kg nicht überschreiten, sonst muss das Gewicht des Schlittens reduziert werden.

Kopfschutz
Helm und Visier sind vorgeschrieben.

Schuhe
Die Sohlen der Skeletonschuhe sind mit kleinen Spikes besetzt, die dem Fahrer beim Start Halt auf dem Eis geben.

Rennanzug
Der Anzug liegt windschnittig eng an.

FAKTEN

- **Das erste Skeletonrennen fand 1884 zwischen den Schweizer Orten St. Moritz und Celerina statt. Der Sieger erhielt eine Flasche Champagner.**
- **Olympische Skeletonrennen werden auf Millisekunden genau gemessen. Es werden vier Läufe in zwei Tagen gefahren – die schnellste Gesamtzeit siegt.**
- **Die Fédération Internationale de Bobsleigh et de Tobogganing (FIBT) ist der Dachverband des Skeletonsports und organisiert die Skeleton-Weltmeisterschaften.**

SCHNELL UND STEIL

Skeletonrennen finden auf Bobbahnen statt. Männer und Frauen fahren auf der gleichen Bahn und über die gleiche Distanz. Die Eisbahn ist schnell und steil: Sie muss mindestens 1200 m lang sein und einen Gesamt-Höhenunterschied von rund 116 m aufweisen.

SCHNELLE WANNE

Der Fahrer liegt auf einem Stahlrahmen mit einer Wanne. Der Schlitten läuft auf Kufen. Die Grundplatte besteht aus Fiberglas oder Stahl, die Kufen sind aus Stahl. Der Skeleton wiegt maximal 43 kg (Männer) bzw. 35 kg (Frauen).

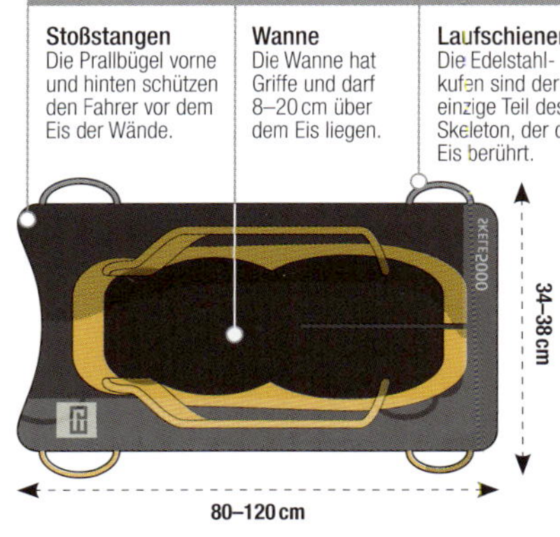

Stoßstangen
Die Prallbügel vorne und hinten schützen den Fahrer vor dem Eis der Wände.
Wanne
Die Wanne hat Griffe und darf 8–20 cm über dem Eis liegen.
Laufschienen
Die Edelstahlkufen sind der einzige Teil des Skeleton, der das Eis berührt.
34–38 cm
80–120 cm

VOM START WEG

Um eine möglichst gute Zeit fahren zu können, braucht der Fahrer einen schnellen Start. Diese Anschubphase ist in der Regel 25–40 m lang.

DIE RENNREGELN

Es gibt zwei Grundregeln. Erstens dürfen die Fahrer die Kufen ihrer Schlitten nicht erwärmen, um sie schneller zu machen. Am Start muss die Temperatur innerhalb von 4 °C zur Messkufe liegen, die zuvor eine Stunde lang der Luft ausgesetzt war. Zweitens muss der Fahrer die Ziellinie auf dem Skeleton überqueren.

Bücken und los
Der Fahrer bückt sich und bereitet sich auf den Lauf vor.

RENNEN!
Beim Start rennt der Fahrer so schnell er kann und schiebt dabei seinen Skeleton an den Griffen vor sich her übers Eis.

Körperbeherrschung
Für den Übergang vom Anschieben zum Liegen auf dem Skeleton braucht es große Kraft in den Armen.

SPRINGEN!
Der Fahrer springt von der Startbahn bäuchlings auf den Skeleton. Wenn er hier patzt, kann er sehr schnell die Kontrolle über den Schlitten verlieren.

Stromlinienform
Die Arme liegen eng am Körper, um den Luftwiderstand zu verringern.

LANDEN!
Der Fahrer landet mit Kopf voran, bäuchlings und mit eng an den Körper gelegten Armen auf dem Skeleton, um möglichst windschlüpfig zu sein.

FAKTEN

- Eisschnellläufer erreichen auf der Langstrecke bis zu 50 km/h. Auf der Kurzstrecke liegt das Spitzentempo bei rund 65 km/h.
- Der Eisschnelllauf ist vor allem in Skandinavien, Deutschland, den Niederlanden, den USA, Kanada und Japan populär.
- Shorttrack ist ein recht junger Sport, der vor allem Sportler aus Ländern ohne Eislauftradition, wie Südkorea und Australien, anzieht.

ÜBERBLICK

Eisschnelllauf ist ein spektakulärer Sport, bei dem Männer oder Frauen auf Schlittschuhen um eine ovale Eisbahn laufen und dabei zwischen kräftigen, rhythmischen Gleitschritten auf den Geraden und schwierigen Kurventechniken abwechseln. Auf der Standardbahn treten je zwei Läufer in Zeitläufen über Distanzen zwischen 500 m und 10 km gegeneinander an. Auf dem Shorttrack laufen sechs Läufer auf einer Kreisbahn ohne Bahnmarkierung. Es gibt auch eine Shorttrack-Staffel mit vier Läufern.

Rennanzug
Die Läufer tragen einen windschnittigen hautengen einteiligen Anzug mit einer Kapuze und Daumenschlaufen.

Starke Beine
Die Läufer trainieren ihre Beine, vor allem die Oberschenkel, mit Laufen, Krafttraining und endlosen Übungsrunden auf dem Eis.

Schlittschuhe
Die Kufen sind an knöchelhohen Schuhen befestigt.

SPORTLERPROFIL

Eisschnellläufer sind kräftig und flink, mit explosiver Schnellkraft am Start. Shorttrack-Rennen sind technisch anspruchsvoll und erfordern Mut, wenn die Läufer mit hohem Tempo um die engen Kurven fahren. Auf der Standardbahn kommt es dagegen mehr auf Ausdauer an.

WEM GOTT ZULÄCHELT

Stephen Bradbury wurde im 1000-m-Shorttrack bei den Spielen 2002 in Salt Lake City erster australischer Winter-Olympiasieger. Am Ende des Finallaufs hinten liegend, beobachtete er den Sturz der vier anderen Läufer vor sich und gewann die Goldmedaille. Sein Kommentar: »An manchen Tagen lächelt Gott dir zu.«

DIE BAHNEN

Die Standardbahn ist ein 400 m langes Oval. Shorttrack-Bahnen sind 111,12 m lang. Standardbahnen haben Markierungen aus Farbe oder losen Gummi- oder Holzklötzchen. Die Klötzchen liegen auf den ersten und letzten 15 m 50 cm und auf dem Rest der Strecke 1 m voneinander entfernt.

STANDARDBAHN

Die Standardbahn hat zwei Laufbahnen. Die Läufer wechseln jede Runde die Laufbahn. Je nach Wettkampf starten sie von unterschiedlichen Stellen auf dem Oval.

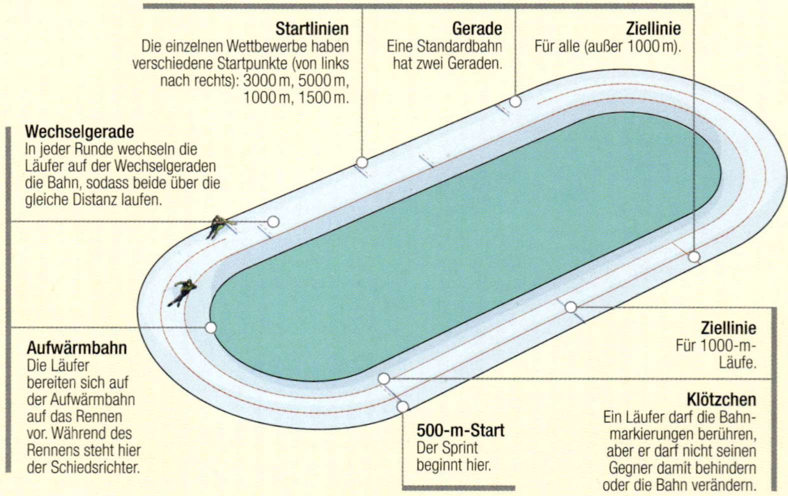

Startlinien
Die einzelnen Wettbewerbe haben verschiedene Startpunkte (von links nach rechts): 3000 m, 5000 m, 1000 m, 1500 m.

Gerade
Eine Standardbahn hat zwei Geraden.

Ziellinie
Für alle (außer 1000 m).

Wechselgerade
In jeder Runde wechseln die Läufer auf der Wechselgeraden die Bahn, sodass beide über die gleiche Distanz laufen.

Ziellinie
Für 1000-m-Läufe.

Aufwärmbahn
Die Läufer bereiten sich auf der Aufwärmbahn auf das Rennen vor. Während des Rennens steht hier der Schiedsrichter.

500-m-Start
Der Sprint beginnt hier.

Klötzchen
Ein Läufer darf die Bahnmarkierungen berühren, aber er darf nicht seinen Gegner damit behindern oder die Bahn verändern.

MEHRKAMPF

Der Vierkampf (»Allround«) ist als Mehrkampf eine Kombination aus Rennen über 500, 1500, 3000 und 10 000-m. Die Zeiten für jedes Rennen werden nach einem festen Schlüssel in Punkte umgerechnet. Der Läufer mit den wenigsten Punkten gewinnt den Mehrkampf. Der Vierkampf ist zwar populär, wurde aber nur einmal (1924) ins olympische Programm aufgenommen, weil sich die Läufer meist auf eine Distanz spezialisieren.

AUF TEMPO GETRIMMT

Beim Shorttrack sind die hautengen Rennanzüge mit Kevlar verstärkt, wie man es von kugelsicheren Westen kennt, um die Läufer vor den scharfen Kufen zu schützen. Die Läufer tragen zudem Helm und Protektoren an Hals, Schienbeinen und Knien. Handschuhe mit verstärkten Fingerkuppen sind wichtig, da die Läufer sich in den schnellen Kurven auf dem Eis abstützen. Im Gegensatz zu den konkaven Schienen der Kunstläufer sind die Schnelllaufkufen plan.

UNTERSCHIEDE

Die Schneide der Shorttrack-Kufe ist lang und dünn. Sie sitzt diagonal unter dem Schuh und ist gebogen, um Halt in den Kurven zu geben. Auf der Standardbahn verwenden die Läufer Klappkufen, die mittig sitzen und an der Schuhspitze befestigt sind.

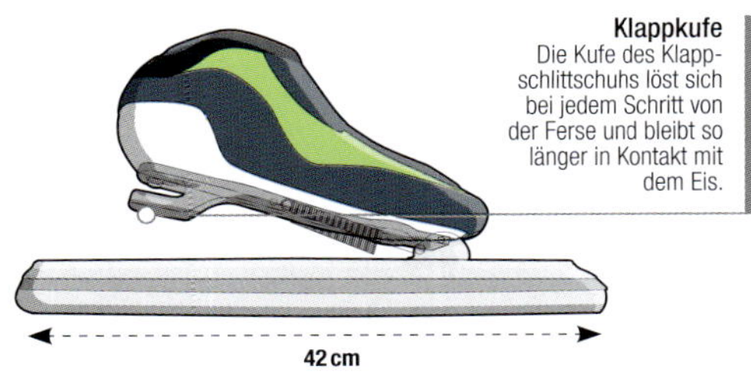

Klappkufe
Die Kufe des Klappschlittschuhs löst sich bei jedem Schritt von der Ferse und bleibt so länger in Kontakt mit dem Eis.

DIE BAHNREGELN

Die Läufer dürfen die Bahnmarkierungen berühren, aber nicht zwischen ihnen fahren. Beim Shorttrack ist Körperkontakt Teil des Rennens, aber auf der Standardbahn führen eine Berührung oder das Verlassen der Bahn zur Disqualifizierung.

LAUFTECHNIKEN

Shorttrack-Läufer verwenden am Start kleine Laufschritte zum Beschleunigen. In der Grundhaltung auf der Geraden lehnen sie sich vor, beugen die Knie und setzen die Arme ein, um Schwung zu holen. Im Anlauf auf die Kurve gehen sie tief in die Hocke, lehnen sich in die Kurve und berühren sogar häufig mit der Innenhand das Eis.

Auf der Standardbahn machen die Läufer auf der Geraden lange Gleitschritte mit einem Arm hinter dem Körper, um den Luftwiderstand zu verringern.

BALANCEAKT

Diese Sequenz zeigt, wie ein Eisläufer in der Kurve den vom Eis genommenen Fuß ausgleicht, indem er die Arme zur gleichen Körperseite schwingt.

Geradeaus
Beim Verlassen der Kurve lässt der Läufer beide Arme sacken.

IN VOLLER FAHRT

Beim Beschleunigen auf der Geraden der Standardbahn geht der Läufer in die Hocke, um seinen Schwerpunkt zu senken und den Luftwiderstand zu verringern.

Stromlinienform
Je kleiner die Silhouette, desto höher das Tempo.

KURZER KONTAKT

Die Kurven des Shorttrack sind so eng, dass die Hand auf der Innenseite gelegentlich das Eis berührt; das bleibt aber straffrei, da es nur einen kurzen Moment dauert.

Schräglage
Der Läufer legt sich tief in jede Kurve.

SHORTTRACK

Der 111,12 m lange Shorttrack wird meist auf einer Eisbahn eingerichtet. Er hat keine Laufbahnen und fordert Rempeleien heraus.

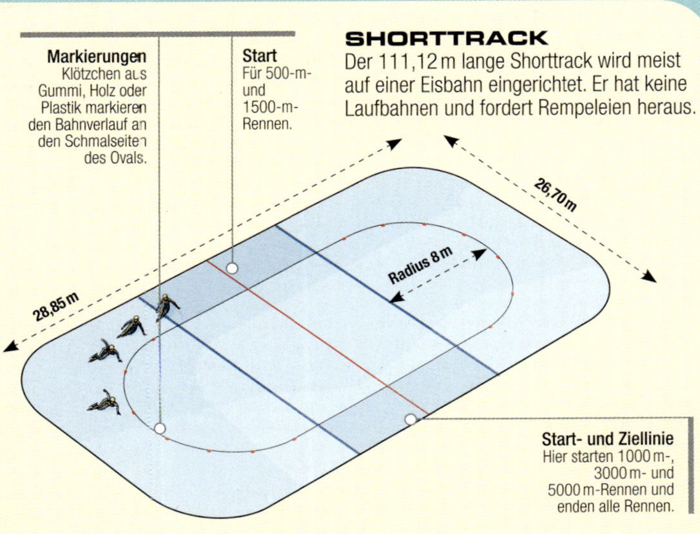

Markierungen
Klötzchen aus Gummi, Holz oder Plastik markieren den Bahnverlauf an den Schmalseiten des Ovals.

Start
Für 500-m- und 1500-m-Rennen.

Start- und Ziellinie
Hier starten 1000 m-, 3000 m- und 5000 m-Rennen und enden alle Rennen.

RUNDEN ZÄHLEN

So viele Runden laufen die Shorttracker:
500 M – 4½ Rd. **1000 M** – 9 Rd.
1500 M – 13½ Rd. **3000 M** – 27 Rd.
5000 M – 45 Rd.

INSIDER-STORY

Der Eisschnelllauf fand zunächst im Europa des 19. Jh. auf vereisten Flüssen und Seen statt. 1892 schrieb die Internationale Eislaufunion (ISU) die Regeln fest. Shorttrack-Rennen kamen Anfang des 20. Jh. in Nordamerika auf.

DIE INTERNATIONAL SKATING UNION

Die ISU wurde 1892 in den Niederlanden gegründet und ist der älteste Wintersportverband. Zunächst war sie ein Zusammenschluss von 15 europäischen Verbänden, bis 1894 Kanada hinzustieß.

FAKTEN

- Eiskunstlauf ist weltweit beliebt, besonders aber in Europa, Nordamerika und den Staaten der früheren Sowjetunion.
- Im Eiskunstlauf gibt es Damen- und Herren-Einzelwettbewerbe und das Paarlaufen. Darüber hinaus gibt es Wettkämpfe im Synchroneiskunstlaufen und im Eistanz.
- Viele der spektakulären Elemente im Eiskunstlauf sind nach ihren Erfindern benannt, So ist der »Axel«-Sprung beispielsweise nach dem norwegischen Läufer Axel Paulsen benannt, der ihn 1882 als Erster sprang.

SPORTLER-PROFIL

Eiskunstläufer müssen die Gelenkigkeit eines Turners, die Eleganz eines Tänzers und die Schnellkraft eines Eisschnellläufers haben, um die spektakulären Pirouetten, Sprünge, Hebungen und Spiralen vortragen zu können. Die Übungen werden in stundenlangem Training wieder und wieder geübt. Balance, Körperspannung und Körpergefühl sind wichtig, damit die Läufer die Orientierung auf dem Eis und in der Luft nicht verlieren.

Kostüm-Accessoires
Fest angebrachte Accessoires sind erlaubt. Die Kostüme sind auf Musik und Darbietung abgestimmt.
Wettkampfkostüm
Die Kostüme lassen den Sportlern Bewegungsfreiheit, dürfen aber nicht allzu freizügig sein.
Knöchelschutz
Eiskunstlaufschuhe für Profis sind Sonderanfertigungen. Sie sind aus festem Leder und besonders versteift, um den Gelenken Halt zu geben.
Technik-Spezialist
Der Technische Spezialist gibt, unterstützt von seinem Assistenten, an, welches Element ein Läufer erfolgreich oder nicht erfolgreich vorgeführt hat.
Jury
Eine Jury aus zwölf Preisrichtern bewertet die Darbietung der Eiskunstläufer.
Referee
Hauptrichter und Verantwortlicher für den regulären Ablauf des Wettkampfs.
Schnell gedreht
Die Geschwindigkeit von Pirouetten kann der Läufer durch Heranführen (schneller) oder Öffnen (langsamer) des Spielbeins kontrollieren.
Breite Zunge
Die breite, gepolsterte Zunge gibt dem Läufer Halt und erhält seine Beweglichkeit.

EISKUNSTLAUFSCHUHE

Die Schuhe sind so konstruiert, dass sie dem Eiskunstläufer maximalen Halt bei optimaler Beweglichkeit bieten. Die Laufschiene (Kufe) ist 4 mm breit und hat eine Innen- und eine Außenkante sowie eine gezahnte Spitze (Schlittschuhbezahnung).

EIS-KUNST-LAUF

ÜBERBLICK

Die technisch ebenso anspruchsvolle wie elegante Sportart bietet ein Feuerwerk aus Sprüngen, Pirouetten und Spiralen. Einzelläufer oder Paare führen unter den Augen einer Jury vorgegebene Bewegungsabläufe vor und werden für technische und künstlerische Ausführung benotet. Eiskunstlaufwettbewerbe gliedern sich in Kurzprogramm, das die technischen Fähigkeiten prüft, und eine frei wählbare Kür, bei der die Läufer ihr künstlerisches Talent unter Beweis stellen. Seit den Winterspielen 1924 ist der Eiskunstlauf olympische Sportart.

BARBARA ANN SCOTT

Als erste Frau der Welt sprang die Kanadierin Barbara Ann Scott 1942 mit 13 Jahren einen doppelten Lutz bei einem Wettbewerb.

DIE KUNSTEISBAHN

Die Eistemperatur ist sehr wichtig. Sie wird konstant bei -5,5 °C gehalten, etwa 3,5 °C wärmer als beim Eishockey. Kälteres Eis ist härter und langsamer, wärmeres schneller, bietet bessere Gleiteigenschaften und sorgt für sanftere Landungen. Bei großen Wettkämpfen, wie den Olympischen Winterspielen oder den Weltmeisterschaften, sitzen die Richter außerhalb der Eisbahn, bei kleineren sitzen sie auf dem Eis.

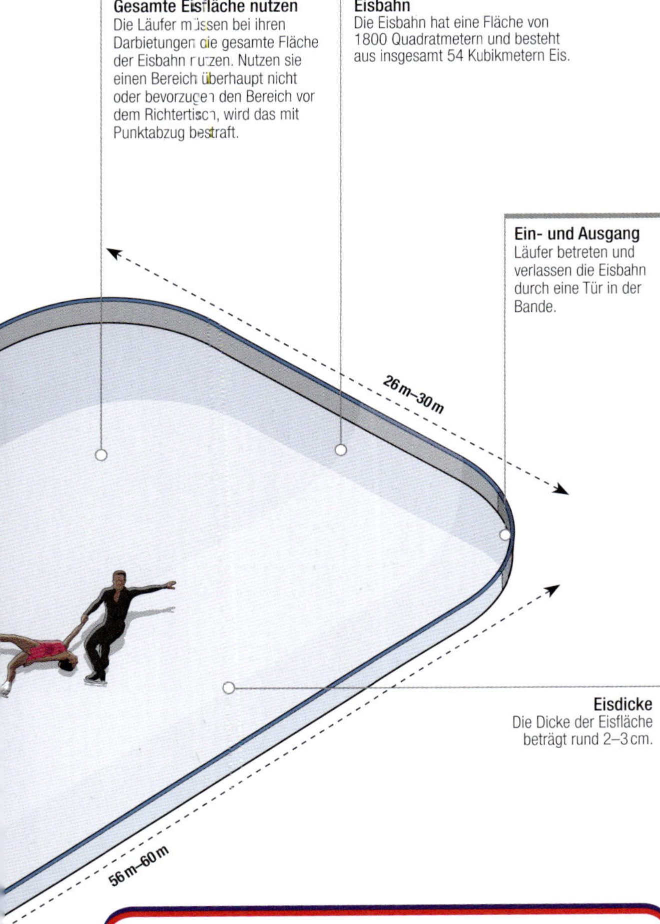

Gesamte Eisfläche nutzen
Die Läufer müssen bei ihren Darbietungen die gesamte Fläche der Eisbahn nutzen. Nutzen sie einen Bereich überhaupt nicht oder bevorzugen den Bereich vor dem Richtertisch, wird das mit Punktabzug bestraft.

Eisbahn
Die Eisbahn hat eine Fläche von 1800 Quadratmetern und besteht aus insgesamt 54 Kubikmetern Eis.

Ein- und Ausgang
Läufer betreten und verlassen die Eisbahn durch eine Tür in der Bande.

Eisdicke
Die Dicke der Eisfläche beträgt rund 2–3 cm.

GENAUE ZEITVORGABEN

Die Läufer müssen sich an genaue Zeiten halten. Die Kurzprogramme dürfen nicht länger als 2 Minuten 50 Sekunden dauern. Das Kürprogramm im Paarlauf und im Herren-Einzel dauert viereinhalb Minuten, bei den Damen ist die Kür auf vier Minuten begrenzt.

»KISS AND CRY«-BEREICH

Sie haben alles gegeben und nun sitzen sie auf einer Bank und warten wie vor Gericht auf ihr Urteil. Die Amerikaner nennen diesen Wartebereich der Eislaufarena für Trainer und Läufer »Kiss and Cry«-Bereich, da die Läufer nach dem Urteil Küsschen verteilen – oder aber weinen.

AUF DÜNNEM EIS

Eiskunstläufer müssen einen Pflichtteil, das Kurzprogramm, und einen freien Teil, die Kür, absolvieren und dabei bestimmte Elemente vorführen. Für das Kurzprogramm sind acht verschiedene technische Elemente vorgeschrieben, wie etwa ein doppelter Axel, eine eingesprungene Sitzpirouette, Sprungkombinationen aus zweifachen und dreifachen Sprüngen und bei Paaren Spiralen und Würfe. Die Kür sollte die gesamte Eisfläche nutzen und eine ausgewogene Mischung von Sprüngen, Pirouetten, Spiralen und Schrittkombinationen enthalten. Paare müssen Elemente synchron vorführen, entweder parallel oder spiegelverkehrt. Für Bestnoten müssen die Elemente mit Verbindungsschritten in verschiedenen Posen verbunden werden.

WERTUNGSSYSTEM

Nach einem Skandal bei den Winterspielen 2002 in Salt Lake City, bei denen einem Richter Parteinahme vorgeworfen wurde, wurde 2004 ein neues ISU-Wertungssystem eingeführt. Bei dem neuen System werden die Wertungen der einzelnen Richter nicht mehr bekannt gegeben.

DAS NEUE ISU-WERTUNGSSYSTEM

Beim neuen Wertungssystem hat jedes Element einen festen Grundwert, der in der Werteskala festgelegt ist. Jeder Richter bewertet dann den Grad der Durchführung mit –3 bis +3. Die Durchführungswerte entsprechen bestimmten Punktwerten. Bei großen Wettkämpfen bestimmen nur sieben Wertungen die Endwertung eines Läufers. Aus den Wertungen der zwölf Jurymitglieder wählt der Computer zufällig neun aus, dann werden die höchste und die niedrigste gestrichen und aus den restlichen Wertungen ein Mittelwert errechnet, der dann mit dem Grundwert die Endwertung ergibt.

FACHSIMPELEI

Wenn man den Fachjargon der Kommentatoren versteht, kann man die technischen Feinheiten, die Präzision und die immense Leistung der Eisläufer viel eher würdigen:

GETIPPTER ABSPRUNG, z. B. bei Lutz, Flip oder Toeloop. Das Spielbein tippt mit der Schlittschuhbezahnung zum Absprung kurz aufs Eis.
KANTEN-ABSPRUNG Der Läufer setzt von der Innen- oder Außenkante zum Sprung an, wie bei Axel, Rittberger oder Salchow.
PIROUETTE Bei der Pirouette dreht sich der Läufer schnell auf einer Stelle auf dem Eis. Bei Pirouettenkombinationen wechseln Fuß und Haltung, während die Drehgeschwindigkeit gleich bleibt.
HEBUNG Beim Paarlauf hebt der Mann seine Partnerin vom Eis, oftmals über Kopfhöhe und oft gefolgt von einem Wurf.
SCHRITTKOMBINATIONEN Mit diesen Kombinationen verbinden Läufer die verschiedenen Elemente und beweisen ihr technisches Können.

GEWUSST?

60 Die Temperatur des Wassers in °C, das die Eismaschine auf die Lauffläche sprüht, um die Bahn zu erneuern. Das heiße Wasser lässt die oberste Eisschicht schmilzen – die Bahn friert glatt wieder an.

13 So viele olympische Goldmedaillen haben sowjetische bzw. russische Paare seit 1908 gewonnen.

160.000 So viele US-Dollar Strafe musste die amerikanische Eiskunstläuferin Tonya Harding im März 1994 zahlen, da sie an einem Anschlag auf ihre Konkurrentin Nancy Karrigan bei einem Training für die US-Meisterschaften beteiligt war. Karrigan musste den Wettkampf verletzt absagen. Harding gewann, bekam den Titel später aber aberkannt.

2 Zwei Goldmedaillen wurden bei den Winterspielen 2002 im Paarlauf vergeben. Aufgrund eines Preisrichterskandals gewannen das russische und das kanadische Paar Gold.

PERFEKTER VORTRAG

Die Elemente in Kurzprogramm und Kür müssen technisch einwandfrei vorgetragen werden, um eine hohe Punktzahl zu erreichen. Zudem sollten sie mit hoher Geschwindigkeit, in komplexen Kombinationen und bei der Kür mit einem persönlichen künstlerischen Ausdruck gezeigt werden.

SYNCHRON-EISKUNSTLAUFEN

Bei dieser Eislaufdisziplin führen Mannschaften aus 16 Läufern (meist reine Frauengruppen, gemischte Teams sind aber erlaubt) synchron Figuren auf dem Eis vor. Die Läufer müssen technisch perfekt und schnell sein und müssen Sprünge, Pirouetten und Hebungen beherrschen. Bei Wettbewerben müssen die Gruppen ein Kurzprogramm mit Pflichtelementen wie Reihen, Kreisen und komplexen Formationen vorführen, sowie eine frei zusammengestellte Kür.

SPRÜNGE

Für die Zuschauer zeichnet sich ein guter Eiskunstläufer durch spektakuläre Sprünge aus. Die männlichen Weltklasseläufer springen drei- und vierfache Sprünge, die Frauen dreifache. Die Sprünge werden mit der Spitze oder von der Kante abgesprungen und einzeln oder in Kombination gezeigt.

Der Axel
Der Läufer springt mit dem linken Fuß vorwärts über die Kantenspitze der Außenkante ab.

Landung rückwärts
Der Läufer landet rückwärts auf seinem rechten Fuß, nachdem er sich in der Luft mehrfach gedreht hat.

PIROUETTEN

Schnelligkeit und Körperbeherrschung sind die Schlüssel zu einer perfekten Pirouette. Von der Drehgeschwindigkeit hängt die Anzahl der Drehungen ab (je mehr, desto besser). Eine scheinbar mühelos auf einem Punkt ausgeführte Pirouette beweist technische Perfektion und Körperbeherrschung.

Schnelle Drehung
Beim Drehen hebt er das Bein weit über den Kopf.

Bielmann-Pirouette
Der Läufer geht in Rücklage und greift den Schuh des Spielbeins an der Kufe.

SPIRALEN

Spiralen sind atemberaubende und teils gefährlich wirkende Elemente des Paarlaufs, die mit zumindest einer vollen Umdrehung gezeigt werden müssen.

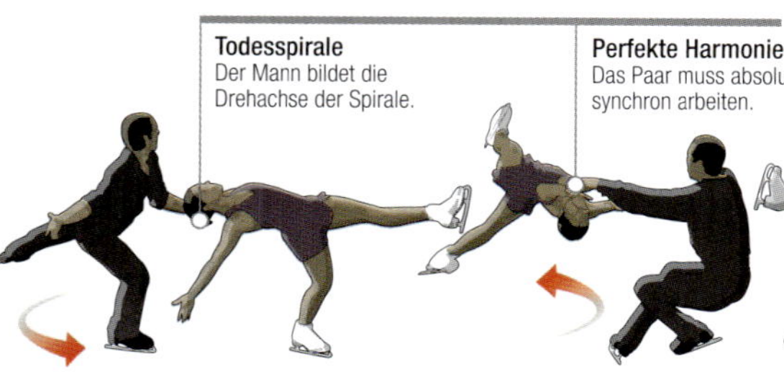

Todesspirale
Der Mann bildet die Drehachse der Spirale.

Perfekte Harmonie
Das Paar muss absolut synchron arbeiten.

Einwärts, auswärts
Die Todesspirale kann rückwärts auswärts oder rückwärts einwärts ausgeführt werden, also rückwärts auf der Innenkante oder der Außenkante der Kufe.

Ganz gestreckt
Der Mann hält seine Partnerin mit dem Arm der Körperseite, um die er dreht. Sie lehnt sich nach hinten und er führt sie fast parallel und mit tief abgesenktem Kopf so nah über das Eis wie möglich.

INSIDER-STORY

Eiskunstlaufwettbewerbe werden bereits seit den 1880er-Jahren abgehalten. Die ersten Weltmeisterschaften der Männer fanden 1896 statt. Frauen nahmen 1906 zum ersten Mal an Weltmeisterschaften teil. Der Wettbewerb war 1908 Teil der Olympischen Sommerspiele und wurde dann zu einem der ältesten Wettkämpfe der Winterspiele.

DIE INTERNATIONALE EISLAUFUNION

Die International Skating Union (ISU) wurde 1892 in den Niederlanden gegründet und ist die älteste Wintersportvereinigung. Zunächst war sie der Zusammenschluss von 15 europäischen Verbänden, bis Kanada 1894 hinzustieß. Heute umfasst sie 60 Mitgliedsländer. Nach und nach wurden alle von der ISU betreuten Sportarten olympische Disziplinen.

EISTANZ

FAKTEN

- Den Pflichttanz und den Originaltanz müssen die Paare in einer traditionellen, engen Tanzhaltung wie Kilianhaltung, Walzerhaltung oder Foxtrotthaltung vorführen. Beim Kürtanz kann die Haltung wesentlich offener sein, was den Paaren mehr künstlerische Freiheit lässt.
- Eistanz ist in ganz Europa sehr beliebt, besonders in Großbritannien. Erst in den letzten Jahren sind Tänzer der früheren Ostblockstaaten führend.
- Die Russen Ljudmila Pachomowa und Alexander Gorschkow waren 1976 das erste olympische Siegerpaar.

Eistanzschuhe
Eistanzschuhe haben kürzere Kufen und höhere Absätze als Eiskunstlaufschuhe und ermöglichen so schnellere Schrittkombinationen.

Damenbekleidung
Für die Frauen ist ein Rock vorgeschrieben. Ihre Kleidung darf nicht allzu freizügig sein, muss aber gleichzeitig optimale Bewegungsfreiheit bieten. Extravagante oder zu freizügige Kleidung wird mit Punktabzug bestraft.

Herrenbekleidung
Die Männer müssen lange Hosen tragen, enge Trikothosen sind nicht erlaubt. Die Kleidung sollte auf die der Dame abgestimmt sein und kann den Charakter der gewählten Musik unterstreichen.

ÜBERBLICK

Eistanz ist ein Paarwettbewerb, der aus drei Wettbewerbsteilen besteht: dem Pflichttanz, dem Originaltanz und dem Kürtanz. Es wird oft als Standardtanzen auf dem Eis bezeichnet. Beim Kürtanz können die Paare ihrer Kreativität freien Lauf lassen. Manchmal wird das Eistanzen als Gruppenwettbewerb ausgetragen, bei dem jeweils zwei Paare gleichzeitig auf dem Eis sind. Die ersten Weltmeisterschaften fanden 1952 statt, olympisch wurde Eistanzen aber erst bei den Winterspielen 1976 in Innsbruck.

TORVILL UND DEAN

Die Briten Jayne Torvill und Christopher Dean boten bei den Olympischen Winterspielen 1984 Eistanz in Perfektion und erhielten zwölf Mal die Bestnote 6,0. Inzwischen gibt es jedoch ein neues Wertungssystem.

REGELN BEIM EISTANZ

Bei den Tänzen führt der Herr die Dame. Die Tänzer dürfen sich nur für kurze Zeit voneinander lösen und müssen ansonsten engen Kontakt miteinander halten. Bewertet werden der gemeinsame Vortrag vorgeschriebener Elemente sowie die Interpretation der Musik. Für den Schwierigkeitsgrad der einzelnen Elemente und die Qualität der Ausführung erhalten die Tänzer Punkte, während für nicht erlaubte Elemente oder bei fehlerhafter Interpretation und Rhythmusfehlern Punkte abgezogen werden.

EISTANZWETTBEWERBE

Wettbewerbe bestehen aus drei Teilen. Der Pflichttanz wird von der ISU ausgewählt. Die Paare müssen nach vorgeschriebenen Spurenbildern, Rhythmen und Tempi tanzen. Beim Originaltanz tanzen die Paare nach eigener Choreografie, der Tanzrhythmus ist aber von der ISU vorgegeben und es muss auf die starke Betonung (nicht die Nebenbetonung) getanzt werden. Beim Kürtanz können die Paare Musik und Choreografie selbst wählen und beweisen durch elegante Kombination der erforderlichen Elemente ihr künstlerisches Talent, die Musik perfekt auf dem Eis umzusetzen. Der Kürtanz darf die Vierminutengrenze um zehn Sekunden über- oder unterschreiten.

EINE FRAGE DER BALANCE

Das Gleichgewicht ist beim Eistanz essenziell und vor allem bei den Hebungen wichtig. Schon eine kurze Hebung erfordert viel Ausdauer und Kraft, da die Tänzer mit ähnlichen Geschwindigkeiten laufen wie Eisschnellläufer. Zudem ist für eine technisch perfekte Fußarbeit bei komplizierten Schrittfolgen ein hohes Maß an Koordination nötig.

TANZEN NACH ZAHLEN

Die Eistänzer verwenden Spurenbilder und Schrittkarten, um Tänze zu erlernen und zu perfektionieren. Die Abbildung zeigt das Spurenbild des Westminsterwalzers mit Zahlen für unterschiedliche Schrittkombinationen. Die Eisbahn wird durch Längsachse und Kurzachse in vier Viertel unterteilt. Die gestrichelte Linie ist das Spurbild und bildet eine Endlosschleife.

Der Westminsterwalzer zeichnet sich durch Vornehmheit, Eleganz und Würde aus – die Paare müssen versuchen, dies auf dem Eis angemessen auszudrücken.

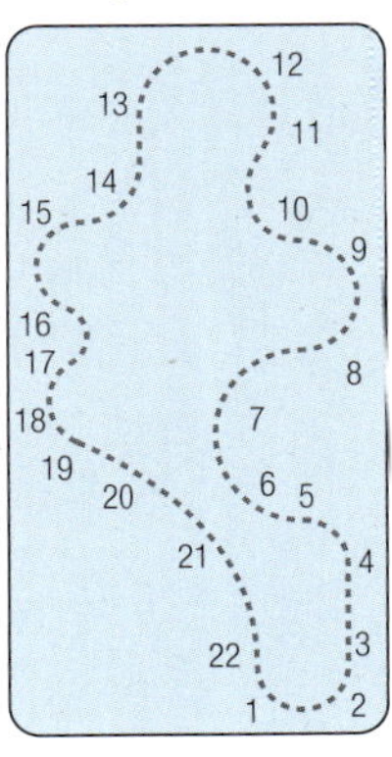

PRÄZISIONS-SPORT

08

FAKTEN

- Der Golfkurs St. Andrews in Schottland, wo man schon seit 1574 spielt, gilt allgemein als Heimat des Golfsports.
- Die unumstrittene Nummer Eins des Sports ist Eldrick »Tiger« Woods, der diesen Status seit Juni 2005 genießt.
- Das Golfspiel, bei dem Winzigkeiten zwischen einem guten und einem mißlungenen Schlag liegen, gilt als gleichzeitig teuflisch schwer und hochgradig süchtigmachend.

GOLF

ÜBERBLICK

Golf ist ein Individualsport, bei dem die Spieler versuchen, einen Ball mit möglichst wenig Schlägen mit Metallschlägern über einen Kurs mit gelegentlich neun, meist aber 18 Löchern zu schlagen. Jedes Loch beginnt mit einem Abschlag und endet auf einem Grün, wo der Ball in einem kleinen Loch versenkt werden muss. Die Golfer führen bis zu 14 Schläger mit sich, mit denen sie den Ball je nach Spielsituation über verschiedene Weiten und mit unterschiedlichen Flugbahnen schlagen können.

DER KURS

Die Länge der verschiedenen Golfkurse variiert ganz erheblich von 1190 m für einen Par-3-Neun-Loch-Platz bis zu mehr als 6400 m für einige der schwierigeren 18-Loch-Plätze, vor allem in den USA. Bei diesen Längenangaben sind aber die Wege zwischen dem Grün des einen und dem Abschlag des nächsten Lochs noch nicht berücksichtigt. Die können die zurückgelegte Distanz der Spieler auf mehr als 11 km strecken. Eine Golfrunde kann je nach Anzahl der Spieler, ihrem Können und ihrem Spieltempo zwischen drei und fünf Stunden dauern.

Ein Handschuh
Gibt einen besseren Griff am Schläger. Rechtshänder tragen ihn links, Linkshänder tragen ihn rechts.

Stabiler Schaft
Der Schlägerschaft muss stabil und leicht sein und besteht meist aus Graphit oder Stahl.

Schlägerkopf
Die Köpfe aller Schläger bestehen aus Metall, selbst bei den traditionell »Hölzer« genannten.

Kleiderordnung
Hemden oder Poloshirts und Hosen in jeder Farbe oder Kombination von Farben. Das Outfit ist gepflegt-leger; Jeans sind nicht erlaubt.

Schickes Schuhwerk
Golfschuhe haben Stollen, die Trittsicherheit geben, ohne den Rasen zu beschädigen. Der Oberschuh ist aus Leder.

SPORTLERPROFIL

Konzentration und Hand-Augen-Koordination sind wichtig. Kraft im Oberkörper und gute Beweglichkeit sind ebenso von Vorteil wie Selbstvertrauen: Golf ist ein psychologisches Spiel. Zuversicht zählt genauso viel wie Talent.

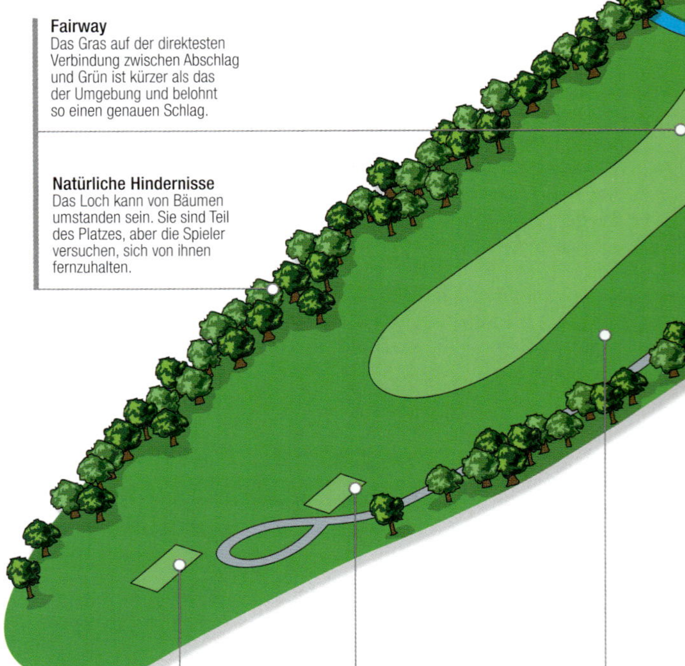

Fairway
Das Gras auf der direktesten Verbindung zwischen Abschlag und Grün ist kürzer als das der Umgebung und belohnt so einen genauen Schlag.

Natürliche Hindernisse
Das Loch kann von Bäumen umstanden sein. Sie sind Teil des Platzes, aber die Spieler versuchen, sich von ihnen fernzuhalten.

Herren-Abschlag
Der erste Schlag muss aus diesem markierten Bereich erfolgen.

Damen-Abschlag
Damen starten ein Stück vor den Herren. Ihr Abschlag liegt entweder in einer Linie mit dem der Herren oder wie hier etwas versetzt.

Rough
Ein Schlag, der vom Kurs abkommt, kann im hohen Gras am Rand des Fairways landen, das man Rough nennt. Das kurze Rough geht am äußersten Rand einiger Löcher ins tiefe Rough über. Meist ist ein Schlag aus dem Rough schwerer als vom Fairway.

Das Ziel
Das Loch ist 10,8 cm groß und mindestens 10 cm tief. Meist steckt eine Fahne mit der Nummer des Lochs locker darin.
Grün
Die direkte Umgebung des Lochs hat sehr kurz geschnittenes Gras, das einen glatten Putt ermöglicht.
Aus
Die Grenze des Golfplatzes ist mit weißen Pfosten gekennzeichnet, hinter denen das Aus liegt. Geht ein Ball ins Aus, erhält der Spieler einen Strafschlag.
Sandbunker
Bunker sind strategisch positionierte Hindernisse, die die Spieler vor Herausforderungen stellen sollen. Dieser bewacht die Vorderseite des Grüns.
Wasserhindernis
Wenn der Ball hier landet und unspielbar wird, verliert der Spieler einen Schlag

DIE LÖCHER

Jedes Loch muss aus Abschlag, Fairway, Grün und einem Loch mit einer losen Fahne darin bestehen. Die Anzahl der Hindernisse ist nicht begrenzt: Dazu zählen künstliche Bunker (große Senken voller Sand) und natürliche Hemmnisse, wie Bäume, Seen und Wasserläufe. Der ökonomischste Weg über den Platz führt über die Fairways, was aber einfacher gesagt als getan ist. Ein Golfplatz besteht aus einer Reihe von Par-3-, Par-4- und Par-5-Löchern in beliebiger Mischung. Das Par wird durch die Länge des Lochs bestimmt. Ein Par-3 kann bis zu 220 m, ein Par-4 220–433 m und ein Par-5 über 434 m lang sein. Bei der Berechnung des Pars geht man davon aus, dass der Spieler zwei Schläge auf dem Grün braucht. So sollte auf einem Par-3 ein Schlag aufs Grün reichen, auf einem Par-4 zwei und drei auf einem Par-5. Die tatsächliche Schlagzahl hängt allerdings von Taktik und Können des Spielers ab.

HANDICAP

Jedes Loch hat ein seiner Länge entsprechendes Par – die angenommene benötigte Schlagzahl, um es abzuschließen. Das Handicap eines Spielers errechnet sich aus der durchschnittlichen Schlagzahl, die er nach einigen Platzrunden über Par liegt.

GOLFPLÄTZE

Die Popularität des Golfspiels zeigt sich auch in der riesigen Vielfalt an Landschaften, in denen es gespielt wird. Die Platzarten reichen von den offenen, windzerzausten Dünen-»Links« Schottlands, wo das Spiel entstand, bis zu den perfekt manikürten Plätzen des Mittleren Ostens mitten in der Wüste. Golfplätze finden sich in fast jeder Umgebung, die genügend Platz bietet. Die angenehmsten und beliebtesten Plätze sind wohl die baumbestandenen Park-Kurse, die sich in zahlreichen Vorstädten finden.

Hintere Neun
Die Löcher 10–18 decken eine Gesamtlänge von 3392 m ab.
Vordere Neun
Die Löcher 1–9 decken eine Gesamtlänge von 3415 m ab.

Vier Löcher: 2 (526 m), 8 (521 m), 13 (466 m) und 15 (485 m).

KLASSISCHER KURS
Der Augusta National Golf Club ist einer der exklusivsten und landschaftlich schönsten Kurse der Welt und Austragungsort des Masters-Turniers, eines der vier Major-Turniere. Am Rand einer ehemaligen Baumschule gelegen, ist Augusta ein perfektes Beispiel für einen Park-Kurs mit üppig grünen Fairways, eingerahmt von Bäumen und Sträuchern, denen die Löcher ihre Namen verdanken.

Vier Löcher: 4, 6, 12 und 16. Das kürzeste ist 142 m lang, das längste 219 m.

Zehn Löcher: 1, 3, 5, 7, 9, 10, 11, 14, 17 und 18. Die Länge variiert von 320–462 m.

AUSRÜSTUNG

Für eine Runde Golf braucht man eine Auswahl an Schlägern und einen Vorrat an Bällen. Der gut sortierte Spieler hat zusätzlich reichlich Tees (siehe rechts), Ballmarkierungen und eine Pitchgabel dabei. Da er sich eine ganze Weile auf dem Platz aufhält, sollte der Golfer auch Getränke, Schirm und Regencape, Handtuch, Handschuhe und andere nützliche Dinge einpacken. Um die Ausrüstung zu transportieren, nimmt man eine Tragetasche oder einen Trolley mit. Im Zweifel übernimmt ein Elektrokarren die Aufgabe des traditionellen Caddies.

Golfklubs haben meist eine Kleiderordnung, die auf dem Platz gepflegt-legere Kleidung vorschreibt. Unverzichtbar sind spezielle Golfschuhe mit Spikes oder Gummisohle, die Halt beim Schlag geben.

ZU VIELE SCHLÄGER

2001 begann der letzte Tag der British Open für den Waliser Ian Woosnam mit einer guten Chance auf den Sieg. Er startete mit einem Birdie am ersten Loch, aber am zweiten bemerkte sein Caddie einen zusätzlichen Schläger in der Tasche. Die daraus resultierende Zwei-Schlag-Strafe kostete Woosnam vermutlich den Sieg.

SCHLÄGERWAHL

Ein Golfer darf bis zu 14 Schläger in beliebiger Zusammenstellung für die verschiedensten Anforderungen mitführen. Die meisten Spieler haben zwei oder drei »Hölzer«, einschließlich eines »Drivers« für lange Schläge, sechs oder sieben »Eisen« für das Spiel auf Fairway und Rough, zwei »Wedges« genannte Eisen für kurze Schläge und einen Putter zum Einlochen. Alle Schläger sind nummeriert, um dem Spieler die Auswahl zu erleichtern. Generell gesprochen, schlagen Schläger mit niedrigen Nummern den Ball am weitesten (siehe rechts). Moderne Formen und Materialien ermöglichen heute ein wesentlich kontrollierteres Spiel als früher. Die Schlägerauswahl hängt stark vom Können und Schlagstil des Spielers ab.

SCHLÄGERKOPF

Die früher aus Holz und später aus Stahl gefertigten Schlägerköpfe bestehen heute meist aus Titan. Mit diesem leichten Material können die Köpfe größer und effizienter geformt werden.

Hosel Die Fassung des Schlägerkopfs, in der der Schaft sitzt.

Zehe Die am weitesten vom Schaft entfernte Stelle des Kopfs heißt Zehe.

Schlagfläche Die Schlägerseite, die den Ball trifft.

DRIVER Der Driver ist der größte Schläger und wird für lange Schläge verwendet. Die Form der Schlagfläche soll den Ball beim Auftreffen anlupfen.

EISEN Die meist für mittellange Schläge genutzten Eisen sind die vielseitigsten Schläger. Sie reichen vom Eisen 1 (16° Neigung) bis zum Eisen 9 (44° Neigung).

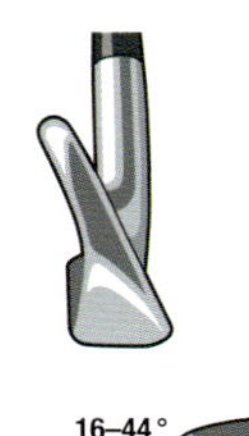

WEDGE Zu den Pitching Wedges für kurze Schläge aus Gras und den Sand Wedges für Bunkerschläge kommen stark geneigte Lob Wedges für hohe Schläge.

PUTTER Als geradester Schläger dient der Putter zum Spiel auf dem Grün und manchmal auf dem kurzen Gras des Vorgrüns.

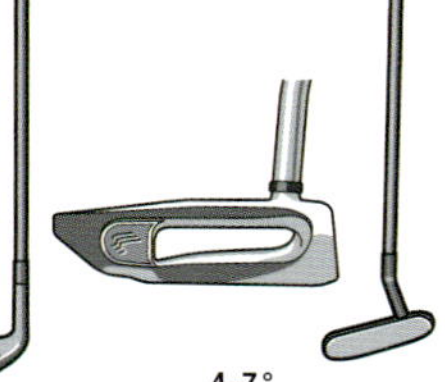

MEHR REGELN ALS DIE ANDEREN

Golf hat viel mehr Regeln als die meisten anderen Sportarten – 34 plus Unterregeln – was aber in der Natur des Spiels liegt. Auf einer Spielfläche mit Bäumen und Flüssen ergeben sich mehr strittige Situationen als auf einem Tennisplatz. Die Regeln werden in allen Golf spielenden Ländern vom Royal and Ancient Golf Club of St. Andrews (R&A) überwacht, mit Ausnahme der USA und Mexikos, wo die United States Golf Association (USGA) zuständig ist.

DEN BALL SPIELEN

Ein Schlag ist definiert als Vorwärtsbewegung des Schlägers in der Absicht, den Ball zu schlagen. Verfehlt der Spieler den Ball, zählt dies trotzdem als ein Schlag.

AUF DEM GRÜN

Nur auf dem Grün darf man die Lage des Balls markieren, ihn aufnehmen und reinigen. Man darf lose Blätter oder Sand aus der »Spiellinie« entfernen. Das Einlochen ohne vorher die Fahne zu entfernen wird mit zwei Strafschlägen bestraft.

HINDERNISSE

Den Ball in den Bunker zu spielen wird nicht bestraft, aber der Schläger darf den Boden nicht berühren, bevor er auf den Ball trifft. Man darf auch aus einem Wasserhindernis schlagen (praktischer ist es aber, den Schlag zu wiederholen oder den Ball in gleicher Entfernung zum Loch fallen zu lassen – beides kostet einen Strafschlag). Liegt der Ball unspielbar, z. B. in einem Strauch, darf man den Ball in zwei Schlägerlängen Entfernung, aber nicht näher am Loch, fallen lassen. Auch dies zieht einen Strafschlag nach sich.

HEMMNISSE

Lose Naturstoffe, wie Steine und Blätter, gelten als beweglicher Hindernis und dürfen straflos aus dem Weg geräumt werden. Künstliche Hemmnisse, wie Rechen, dürfen ebenfalls entfernt werden. Bewegt sich der Ball dabei, gilt das als Schlag. Als feste Hemmnisse gelten z. B. Sprinklerköpfe. Hier kann eine Erleichterung von bis zu einer Schlägerlänge, nicht näher ans Loch, in Anspruch genommen werden, wenn sie Stand oder Schlag des Spielers behindern.

BÄLLE

Die Abmessungen der Bälle sind zwar streng reglementiert, trotzdem gibt es viele verschiedene Modelle, die sich alle in Bezug auf Effet, Geschwindigkeit und Flugbahn anders verhalten. Einige Bälle bestehen aus mehreren Schichten um einen kleinen Kern, während andere nur einen großen Kern haben.

Weißes Geschoss
Die Außenhaut eines Golfballs ist aus aerodynamischen Gründen mit kleinen Dellen überzogen. Für den erfahrenen Spieler fühlt sich jedes Dellenmuster anders an.

Aufgelegt
Am Abschlag dürfen die Spieler den Ball auf einen kleinen Plastik- oder Holzstift – das Tee – auflegen, der den Schlag vereinfacht.

LAGE DER DINGE

Unterschiedliche Lagen erfordern unterschiedliche Schläger. Ein Ball auf dem kurzen Gras des Fairways bietet die meisten Optionen. Schlechte Lagen im Rough verlangen oft nach einem kurzen Eisen oder Holz mit genügend Neigung der Schlagfläche, um unter den Ball zu kommen. Beim kurzen Schlag über einen Bunker aufs Grün greift man zum stark geneigten Eisen für Höhe und weiche Landung. Gibt es kein Hindernis, reicht eine flache Neigung, um das Grün mit etwas Auslauf zu treffen.

SCHLAGWEITEN

SCHLÄGER	WEITE	NEIGUNG
D	210–265 M	7–11 °
3-H	192–220 M	13–16 °
5-H	183–201 M	19–21 °
3	165–188 M	18 °
4	156–183 M	22 °
5	146–178 M	26 °
6	137–165 M	30 °
7	128–156 M	34 °
8	119–142 M	38 °
9	110–133 M	42 °
PW	101–119 M	46 °
SW	82–91 M	56 °

FLUGBAHN

Die Flugbahn des Balls wird durch die Neigung des Schlägerkopfs bestimmt. Der Driver mit der schwächsten Neigung treibt den Ball flach und weit. Wedges, die die stärkste Neigung haben, heben den Ball auf eine hohe, aber kurze Flugbahn. Das Diagramm unten zeigt die Reichweite einiger Eisen.

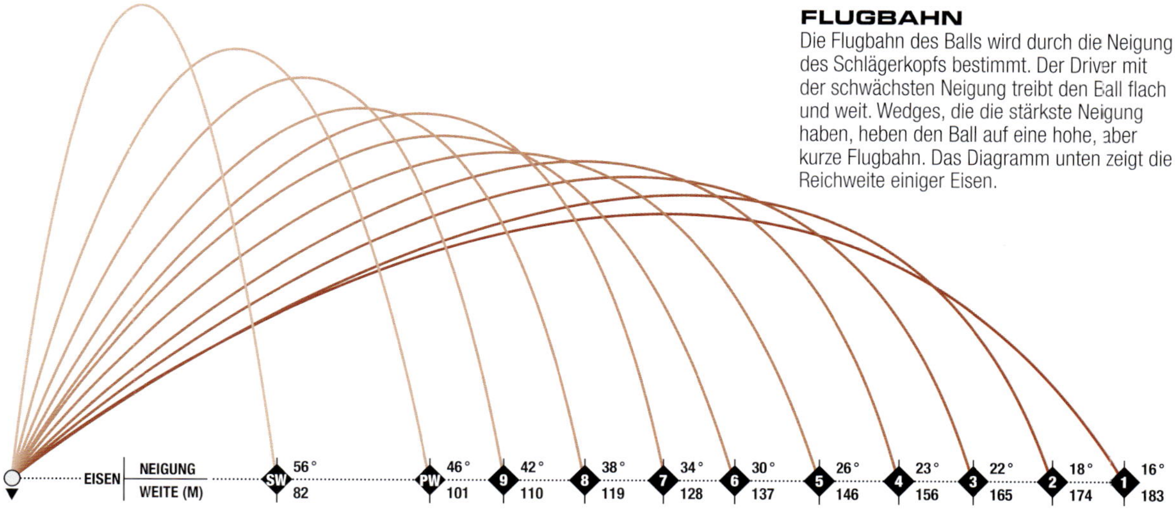

SPIELARTEN

Es gibt mehr als eine Art, Golf zu spielen. Beim Zählspiel schreiben die Spieler ihre Ergebnisse an jedem Loch auf und addieren sie am Ende. Beim Stableford gibt es Punkte für die Schlagzahlen an jedem Loch. Beim Lochspiel spielen zwei Spieler Loch für Loch gegeneinander. Beim Fourball spielen vier Spieler in Zweierteams gegeneinander um Punkte.

ERGEBNISSE

Die Spieler füllen die Zählkarte des jeweils anderen aus, niemals ihre eigene. Bestimmte Ergebnisse haben Namen:

PAR Ein Ergebnis entsprechend dem Par des Lochs.
BIRDIE Ein Schlag unter Par (z. B. drei Schläge auf einem Par-4-Loch).
EAGLE Zwei unter Par. Ein Hole in One (vom Abschlag direkt ins Loch) auf einem Par-3 ist ein Eagle.
ALBATROSS Drei unter Par, ein selbst für Profis äußerst seltenes Vorkommnis.
BOGEY Einer über Par, z. B. sechs Schläge auf einem Par-5-Loch.
DOUBLE BOGEY Zwei über Par. Zu viele Double Bogeys führen zu einem sehr schlechten Ergebnis.

ETIKETTE

Die Etikette auf dem Golfplatz stellt sicher, dass jeder das Spiel genießen und sicher spielen kann. Einige Beispiele: Ruhig sein, wenn ein Mitspieler schlägt, Bunker nach einem Schlag glatt harken, Schlagmarken reparieren und andere Spieler nicht aufhalten. Auf dem Grün sollten die Spieler ihre Schlagmarken reparieren und anderen nicht in der Spiellinie stehen.

STATISTIK

MAJOR-TURNIERSIEGER

SPIELER	TITEL
JACK NICKLAUS	18
TIGER WOODS	14
WALTER HAGEN	11
BEN HOGAN	9
GARY PLAYER	9
TOM WATSON	8
HARRY VARDON	7
GENE SARAZEN	7
BOBBY JONES	7
SAM SNEAD	7
ARNOLD PALMER	7
NICK FALDO	6
LEE TREVINO	6

DER GOLFSCHWUNG

Jeder gute Golfschwung beginnt mit der richtigen Aufstellung. Man kann die Bedeutung von Griff, Ausrichtung, Stand und Haltung für Anfänger gar nicht genug betonen. Es ist möglich, mit einer guten Aufstellung und einem mittelmäßigen Schwung einen guten Schlag zu spielen, aber mit einer schlechten Aufstellung kann man den besten Schlag der Welt führen und den Ball trotzdem nicht gut spielen. Ein guter Golfschwung ist eine Frage der Übung.

STAND

Die Füße stehen schulterbreit auseinander, die Knie sind leicht gebeugt und der Ball liegt etwa in der Mitte zwischen den Füßen. Der Spieler beugt sich aus der Hüfte zum Ball.

Kopf runter
Der Blick bleibt selbst nach dem Schlag auf den Ball gerichtet.

Schulterlinie
Die Schultern sind parallel zur Hüfte und den Füßen ausgerichtet.

Locker
Die Arme hängen ohne Spannung gerade herab.

Griff
Der Spieler sollte den Schläger locker halten.

Gebeugte Knie
Die Knie sind bei der Ansprache leicht gebeugt.

Ausrichtung
Die Füße stehen schulterbreit in einer Linie mit dem Ziel.

GRIFF

Ein guter Griff ist die einzige Möglichkeit, den Schlägerkopf zu kontrollieren und ihn gerade auf den Ball treffen zu lassen. Es gibt zwei gleichermaßen beliebte Griffe (unten) und einen dritten, den Baseballgriff, der für Junioren und Spieler mit Rheuma in den Händen geeignet ist.

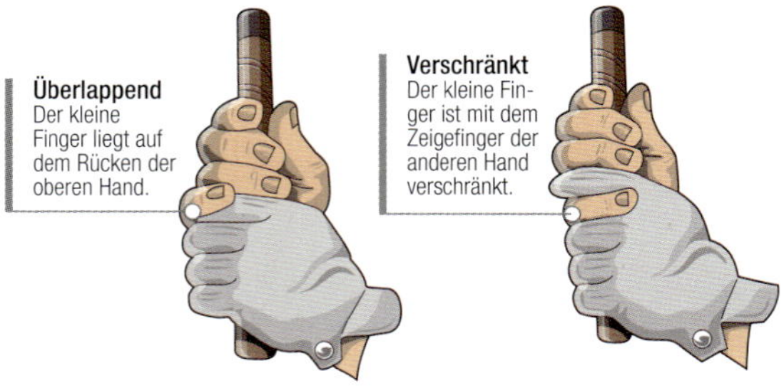

Überlappend
Der kleine Finger liegt auf dem Rücken der oberen Hand.

Verschränkt
Der kleine Finger ist mit dem Zeigefinger der anderen Hand verschränkt.

DER TAKEAWAY

Der Beginn des Schwungs sollte fließend erfolgen, wobei Hände, Arme und Schläger eine Einheit bilden und gerade bleiben. Die Handgelenke dürfen in dieser frühen Phase nicht abknicken, noch darf sich außer einer kleinen Drehung der Schultern ein anderer Körperteil bewegen.

Einheit
Hände und Arme sind eine Einheit.

Spannung
Die Schultern sind voll nach hinten gedreht, sodass die vordere unter dem Kinn zu liegen kommt.

Gewicht
Das Gewicht geht beim Rückschwung leicht auf den hinteren Fuß.

PITCH UND CHIP

Für Schläge von 80 m und weniger braucht man keinen vollen Schwung. Eine verkürzte Form mit offenem Stand ist besser geeignet. Pitch Shots (in hohem Bogen mit Rückdrall) sind eine Sache des »Gefühls« für die Entfernung, das man nur durch Spielerfahrung und Experimentieren erwerben kann. Chip Shots (kurze Annäherungsschläge) werden flach und kurz aufs Grün gespielt und laufen über dem Boden auf das Loch zu (ein »Chip and Run«) oder man schlägt hoch mit weicher Landung und wenig Auslauf (ein »Lob«). Bei einer guten Ausführung dieser Schläge kann man viele kurze Putts erzielen und viele Schläge einsparen.

PUTTEN

Das oft als »Spiel im Spiel« bezeichnete Putten (Einlochen) ist eine Kunst für sich. Der Spieler steht aufrechter als beim regulären Schlag, hält den Kopf ruhig und schwingt nur mit Händen und Armen als solide Einheit. Allerdings reichen eine gute Put-Technik und ein gutes Gespür für Distanzen nicht aus. Der Spieler muss auch die Geländekonturen und das Laufverhalten des Balls, seine Geschwindigkeit und Laufrichtung nach dem Schlag einschätzen können. Gelingt ihm das, dann kann er das Grün »lesen«, wofür es viel Erfahrung braucht.

Ruhig stehen
Der Kopf bleibt ruhig und die Augen sind auf den Ball gerichtet.

Geschmeidig zurück ...
Der Putter wird mit geraden Armen und Händen in einer fließenden Bewegung zurückgenommen.

... und durch
Der Spieler führt die gleiche fließende Bewegung durch den Ball, ohne aufzublicken.

HOLE IN ONE

Das Hole in One (Loch mit einem Schlag) ist für viele Spieler so etwas wie der Heilige Gral und funktioniert meist nur auf Par-3-Löchern, kommt aber auch gelegentlich und per Zufall auf Par-4ern vor. Dank ihrer Fähigkeit, den Ball konstant nahe an die Fahne zu spielen, erleben Profis ein Hole in One wesentlich häufiger als Amateure – manche sogar im zweistelligen Bereich.

RÜCKSCHWUNG

Wenn der Schläger etwa im 45-Grad-Winkel zur Ausgangsstellung steht, knickt der Spieler die Handgelenke ab und beginnt, den Oberkörper in der Hüfte zu drehen. Dabei muss der Kopf ruhig und gerade bleiben, während sich die Schultern drehen.

ABSCHWUNG UND TREFFER

Beim Abschwung geht es grundsätzlich darum, den Bewegungsablauf des Rückschwungs so genau wie möglich zu spiegeln. Schultern und Oberkörper drehen sich zurück, während das nach hinten verlagerte Gewicht wieder nach vorne pendelt. Die Arme folgen (führen nicht!) dieser Bewegung, damit die Schlägerfläche den Ball gerade trifft.

SCHWIERIGE SCHLÄGE

Natürlich findet man nicht immer eine glatte Lage auf kurzem Gras vor und wenn man in einer Baumgruppe landet, bleibt nur ein Chip Shot zur Seite. Allerdings lassen sich die meisten Probleme mit einer kleinen Anpassung der Aufstellung lösen. So kann der Spieler z.B. bei einer Hanglage sein Gewicht verlagern und die Position des Balls in seinem Stand verändern. In Hanglage in Linie mit dem Ziel kompensiert man die Lage, indem man leicht links oder rechts neben das Ziel hält. Das häufigste Problem ist ein Schlag aus einem Bunker heraus. Hier ist es wichtig daran zu denken, die Schlägerfläche zu öffnen, einen normalen Schwung zu spielen und zuerst den Sand und dann den Ball zu treffen.

Schweben
Der Schläger berührt den Sand nicht – das gäbe einen Strafschlag.
Einen Punkt fixieren
Der Schläger trifft etwa 5 cm vor dem Ball in den Sand.
Explosion
Der Ball wird mit Wucht und Sand aus dem Bunker getrieben.

Spiegelbild
Die Hände liegen genau wie beim Rückschwung.
Neutrale Hände
Beim Treffer erhöhen neutrale Hände (durch einen guten Griff) die Chance einer geraden Stellung zum Ball.
Blick runter
Die Augen bleiben auf den Punkt gerichtet, wo der Ball gelegen hat.
Lehrbuchabschluss
Aus einem guten Finish heraus kann der Spieler die Flugbahn des Balls bewundern.

GEWUSST?

4 **Die höchste Anzahl an Major-Turnieren, die ein Spieler in Folge gewonnen hat. Tiger Woods gelang diese Leistung bei den British Open, den US Open und der USPGA 2000, gefolgt von den US Masters 2001. Seit Einführung des Profitums hat kein Spieler alle vier Turniere im gleichen Kalenderjahr gewonnen – was ein Grand Slam des Golf wäre.**

881 **Länge in Metern des längsten Golflochs der Welt, des Par-7-Siebten im Satsuki Golf Club in Japan. Eine Zeitlang besaß Chocolay Downs in Michigan/USA ein Loch mit 921 m.**

59 **Eine Runde unter 60 zu spielen (in der Regel zehn unter Par des Platzes) ist eine der seltensten Leistungen im Golfsport. Sie gelang bisher nur sechs Spielern auf der US Tour – zuletzt Jim Furyk beim Turnier in Lake Forest 2013.**

INSIDER-STORY

Der Royal & Ancient (R&A) und die US Golf Association organisieren den Golfsport. Sie sorgen für die Einhaltung der Regeln, testen Ausrüstungsgegenstände auf Regelkonformität, beaufsichtigen ein Handicap-System und organisieren Landesmeisterschaften der Herren, Damen und Junioren. Der professionelle Sport wird organisiert von der Professional Golf Association European Tour (auch einige Turniere in Afrika, Asien und Australasien) und der US Tour, die sich um die Turniere in Nordamerika kümmert. Seit 1999 hat die International Federation of PGA Tours drei Golf-Weltmeisterschaften ausgerichtet.

DIE MAJORS

Für die Herren sind die Major Championships die prestigeträchtigsten Turniere der Saison und das Maß der Dinge, an dem sie sich messen lassen müssen. Die vier Turniere finden in folgender Reihenfolge statt: Die Masters sind ein reines Einladungsturnier des Augusta National Golf Club im April, die US Open, das Flaggschiff der USGA, finden im Juni statt, die Open Championship des R&A folgt im Juli und schließlich rundet die USPGA Championship den Zyklus im August ab.

KROCKET

ÜBERBLICK

Beim Krocket müssen Bälle mit einem Schläger durch kleine Tore auf dem Gras gespielt werden. Sieger ist, wer als Erstes den Stab in der Mitte des Rasens erreicht. Die hier beschriebene Spielart »Association Croquet« wird auf den meisten internationalen Turnieren gespielt. Das Spiel bietet viele Möglichkeiten, die Fehler des Gegners auszunutzen und wird auch als »offensiver Freizeitsport« beschrieben, was bei dem ruhigen und bedachten Ablauf kaum vorstellbar ist.

Ganz in Weiß
Beim Krocket ist Sportbekleidung in Weiß vorgeschrieben. Die Spieler tragen Hemd oder Poloshirt, kurze oder lange Hosen oder Rock.

Krocket-Schläger
Der Schläger darf im gesamten Bereich des Stiels gegriffen werden, nur der Schlägerkopf darf während des Schlags nicht berührt werden.

Tor
Die Krocket-Bälle müssen durch Tore aus Metall geschlagen werden, die in den Rasen gesteckt werden.

9,5 cm

30 cm

Krocket-Bälle
Da die Bälle nur 3 mm schmaler sind als die Tore, muss ein Krocket-Spieler sehr genau zielen können.

Weiche Sohlen
Die Spieler tragen Schuhe mit weichen Sohlen, um den Rasen beim Spielen so wenig wie möglich zu beschädigen.

SPORTLERPROFIL

Die Fähigkeiten eines guten Krocketspielers sind mit denen vergleichbar, die man zum Putten beim Golfen benötigt. Beide Spiele erfordern eine gute Einschätzung der Geländeform und genaue Gewichtung des Schlags. Da das Krocketfeld kleiner ist als die meisten Golf-Grüns und die Bälle nur kurze Distanzen zurücklegen, ist Körperkraft kein wichtiger Faktor. Ebenso spielt das Alter der Spieler kaum eine Rolle. Erfahrene ältere Krocketspieler können jüngeren oftmals gut Paroli bieten.

NEUE BÄLLE, BITTE

1868 wurde der Wimbledon All England Croquet Club als nationaler Krocketverband Großbritanniens gegründet. Nur neun Jahre später wurde er in Wimbledon All England Croquet and Lawn Tennis Club umbenannt und veranstaltete die ersten Rasentennis-Meisterschaften. Mit der steigenden Beliebtheit des Tennis geriet Krocket ins Abseits. Einige Jahre wurde es sogar aus dem Namen des Clubs gestrichen und es wurden keine Krocket-Turniere mehr abgehalten.

FAKTEN

- Beim Krocket spielen zwei Einzelspieler oder zwei Mannschaften à zwei Spieler gegeneinander. Jede Seite hat zwei Bälle: blau und schwarz gegen rot und gelb.
- Einer der wichtigsten Herrenwettbewerbe ist die »Croquet World Series for the MacRobertson Shield«. Das zweiwöchige Turnier wird alle drei oder vier Jahre zwischen Australien, Großbritannien, Neuseeland und den USA ausgetragen.
- Neben den Varianten Association Croquet und Golf Croquet finden sich ausgefallene Spielarten wie Mondo Croquet, das mit Vorschlaghämmern und Bowlingkugeln gespielt wird, und Fahrrad-Krocket.

GEWUSST?

1 **Die Gesamtzahl der zahlenden Zuschauer beim olympischen Krocket-Finale 1900, dem ersten und einzigen Mal, dass Krocket olympische Disziplin war. Die Spiele fanden in Paris statt und neun der zehn Olympiateilnehmer im Krocket waren Franzosen. Es überrascht daher wenig, dass Frankreich sowohl im Einzel als auch im Doppel alle Medaillen holte.**

80 **So viele Spieler nahmen an den Association Croquet World Championships 2012 teil. Jeder, der Krocket für etwas zutiefst Britisches hält, wird hier einige Überraschungen erleben: Unter den Teilnehmern befanden sich neben den vier großen MacRobertson-Nationen auch Länder, die man nicht direkt mit Krocket in Verbindung bringen würde, wie Japan und Schweden.**

9 **So oft hat Großbritannien den MacRobertson Shield gewonnen – häufiger als jede andere Nation in diesem Wettbewerb. Zwei der Siege errangen die Briten mit einem gemeinsamen Team mit Irland. Neuseeland konnte den MacRobertson Shield viermal erringen, Australien dreimal.**

GEKLAMMERT

Der Krocket-Platz besteht aus einer ebenen, sauber geschnittenen Grasfläche, die etwa so groß ist wie zwei Tennisplätze. Zu Beginn jeder Partie werden die Bälle an einem Ende des Platzes über die Startlinie geschlagen. Das erste Tor hat eine blaue Querstange. Das letzte mit roter Querstange wird »Rover« genannt. Farbige Klammern in den Farben der Bälle zeigen an, welcher Ball in welche Richtung durch welches Tor als nächstes geschlagen werden muss. Auf der Hinrunde sind die Klammern an den Querbalken, auf der Rückrunde an den Seitenbalken befestigt.

MIT DEM SCHLÄGER

Jeder Spieler spielt mit zwei farbigen Bällen, die zweimal in richtiger Richtung und Reihenfolge durch sechs Tore und dann zum Stab geschlagen werden. Die Strategie des Spiels erfordert, die Nachteile des Gegners zum eigenen Vorteil zu nutzen.

FORTSETZUNGSSCHLÄGE

Zum Sieg braucht man 26 Punkte (12 Torpunkte und einen Stabpunkt pro Ball). Normalerweise hat jeder Spieler pro Spielzug nur einen Schlag. Wer mit seinem Schlag den Ball durch das richtige Tor schickt, erhält einen zweiten, den Fortsetzungsschlag. Trifft er den Ball eines Gegners (Rocket, rocketieren), erhält er zwei weitere Schläge. Zuerst wird der Ball dann per Hand neben den Ball des Gegners gelegt und dann der eigene Ball gespielt. Auf diese Weise kann man den Ball des Gegners ins Aus schicken, weshalb das Spiel auch als offensiv gilt.

PEELEN UND INS AUS SCHLAGEN

Spielt der Spielball den Ball eines Gegners durch ein Tor, spricht man von einem »gepeelten« Ball. Die Gegenseite erhält den Torpunkt, nicht aber den Fortsetzungsschlag. Rollt der Ball ins Aus, wird er dort wieder auf die Auslinie gelegt, wo er vom Platz gerollt ist.

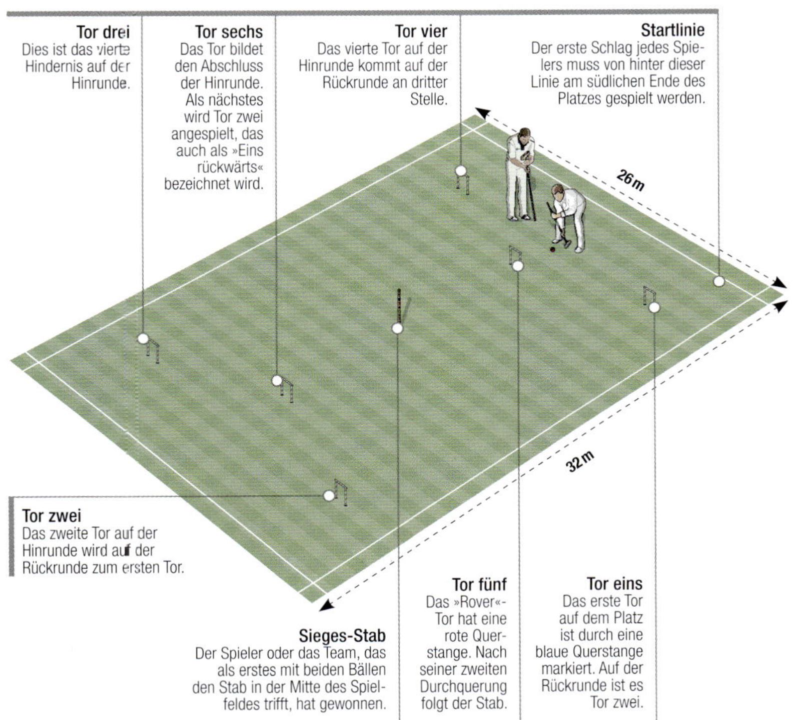

Tor drei Dies ist das vierte Hindernis auf der Hinrunde.

Tor sechs Das Tor bildet den Abschluss der Hinrunde. Als nächstes wird Tor zwei angespielt, das auch als »Eins rückwärts« bezeichnet wird.

Tor vier Das vierte Tor auf der Hinrunde kommt auf der Rückrunde an dritter Stelle.

Startlinie Der erste Schlag jedes Spielers muss von hinter dieser Linie am südlichen Ende des Platzes gespielt werden.

Tor zwei Das zweite Tor auf der Hinrunde wird auf der Rückrunde zum ersten Tor.

Sieges-Stab Der Spieler oder das Team, das als erstes mit beiden Bällen den Stab in der Mitte des Spielfeldes trifft, hat gewonnen.

Tor fünf Das »Rover«-Tor hat eine rote Querstange. Nach seiner zweiten Durchquerung folgt der Stab.

Tor eins Das erste Tor auf dem Platz ist durch eine blaue Querstange markiert. Auf der Rückrunde ist es Tor zwei.

AUSRÜSTUNG

Wenn nicht in Gebrauch, werden Schläger, Bälle, Tore und Stab in einer Holzkiste mit Deckel und Griffen aus Tauen verstaut, die wie eine Kreuzung aus Transportkiste und Sarg wirkt.

Krocket-Schläger Der hölzerne Schläger darf beliebig lang sein; die Stirnseiten des Schlägerkopfs müssen aber parallel und identisch sein.

Krocket-Stab Der Stab muss 46 cm hoch sein und 4 cm Durchmesser haben. Meist ist er mit farbigen Streifen in den Ballfarben markiert.

Krocket-Tore Es gibt sechs Tore. Die Querstangen können gewölbt oder rechtwinklig sein.

Farbige Bälle Die vier Bälle aus Holz oder Kunststoff, je einer blau, schwarz, rot und gelb, wiegen mit 9,2 cm Durchmesser je 453 g.

IRRITIEREN DURCH ROCKETIEREN

Im Gegensatz zu den meisten anderen Präzisionssportarten darf man beim Krocket seinen Gegner aktiv behindern. Zunächst wird dazu rocketiert (ein Rocket gespielt), also mit dem eigenen Ball ein gegnerischer angespielt, dann wird der eigene Ball direkt an den rocketierten Ball gelegt und ein Krocket-Schlag ausgeführt.

KROCKET-SCHLAG

Ziel des Krocket-Schlags, von dem sich der Name des Spiels ableitet, ist es, den gegnerischen Ball vom Kurs abzubringen. Strategisch gute Spieler nutzen dies aber auch zum Vorteil für sich selbst. Der perfekte Krocket-Schlag schickt nicht nur den gegnerischen Ball weit vom nächsten Tor weg, sondern lässt den eigenen auch das Tor passieren (wie rechts in der Abbildung gezeigt). Durch einen Krocket-Schlag gewinnt man einen weiteren Fortsetzungsschlag.

Schwarzer Ball Nach Rocketieren des gelben Balls wird der schwarze von Hand in Kontakt daneben gelegt und ein Krocket-Schlag ausgeführt.

Gelber Ball Der gelbe Ball wird weit vom Kurs abgebracht, während der schwarze Ball durch das Tor rollt.

INSIDER-STORY

Krocket wurde in den 1830er-Jahren in Irland beliebt und breitete sich dann schnell in ganz Großbritannien aus. Es war der erste Freiluftsport, bei dem Männer und Frauen gegeneinander antreten konnten. Der Siegeszug der Sportart war nicht mehr zu stoppen, als ein Londoner Sportgerätehersteller Krocket-Ausrüstungen in sein Programm aufnahm. In der Folge verbreitete sich Krocket in den britischen Kolonien und fand vor allem in Australien und Neuseeland viele Anhänger.

VERBÄNDE

Früher dem Deutschen Boule-Verband angeschlossen, gibt es seit 1998 den Deutschen Krocket Bund, der Mitglied der Fédération Européenne de Croquet und der World Croquet Federation ist.

CURLING

ÜBERBLICK

Curling ist eine Präzisions- und Strategiesportart. Es hat seine Wurzeln in Schottland, von wo aus es sich als Wintersport in der ganzen Welt ausbreitete. Mittlerweile ist es Bestandteil der Olympischen Winterspiele. Beim Curling spielen zwei Mannschaften à vier Spieler auf einer Eisbahn (Rink) gegeneinander. Das Ziel ist es, am Ende einer Runde einen eigenen Stein näher am Tee, dem Zentrum des Zielkreises (House), platziert zu haben als die gegnerische Mannschaft. Eine Partie besteht aus zehn Runden (Ends). Jeder Spieler hat zwei Steine, sodass am Ende 16 Steine im Spiel sind. Unter Anleitung des »Skips« wischt das Team bei jedem Wurf das Eis direkt vor dem Stein, um dessen Richtung und Geschwindigkeit zu beeinflussen.

DAS »SHEET« ODER DER »RINK«

Das Curling-Spielfeld wird »Sheet« oder »Rink« genannt. Es hat eine kreisförmige Zielfläche, das so genannte Haus (House), das aus vier konzentrischen Kreisen besteht, durch deren Mitte die Tee-Linie verläuft. Der äußere Kreis hat einen Durchmesser von 3,60 m; der innere Kreis, das so genannte Tee, 30 cm. Die »Hog Line« ist die Linie, vor der der Stein beim Wurf losgelassen werden muss. Ein Stein ist im Aus, wenn er die »Back Line« hinter dem Haus passiert.

EIN STEIN MIT EFFET

Bei der Abgabe kann der Spieler dem Stein einen Drall verleihen. Die Drehrichtung des Steins bestimmt die Bahn, die er über das Eis beschreibt: Erhält der Stein beim Loslassen einen Rechtsdrall, gleitet er in einer parabolischen Rechtskurve (Curl) das Eis entlang, dreht der Spieler ihn links an, beschreibt er eine Linkskurve. Je stärker der Drall, desto flacher ist die beschriebene Kurve. Bei nicht ganz geraden Rinks dreht der Stein manchmal sogar entgegen der Kurve.

IMMER COOL BLEIBEN

Die Eisoberfläche muss konstant eine Temperatur von –5 °C haben. Vor jeder Runde wird sie mit Wasser besprüht. Die feinen Tropfen gefrieren sofort zu winzigen Erhebungen, »Pebble« genannt. Die Kurvenbahn entsteht durch die Reibung zwischen Stein und »Pebbles«.

Das Haus
Der Bereich, in dem gepunktet wird. Nur Steine, die am Ende einer Runde im Haus liegen, erhalten Punkte.

Die Back Line
Ein Stein, der die Back Line hinter dem Haus überquert, ist im Aus und wird aus dem Spiel genommen.

FAKTEN

- **Curling ist traditionell in vielen Ländern der nördlichen Hemisphäre, wie Kanada und Schottland, beliebt, wo die kalten Winter Sport im Freien ermöglichen. Inzwischen ist es aber auch beispielsweise in Spanien, China und Japan verbreitet.**
- **Ein Team besteht in Wurfreihenfolge aus Lead (Erster), Second (Zweiter) und Third (Dritter, auch »Vice Skip«) bezeichnet. Der Kapitän, Skip genannt, bestimmt die Strategie und wirft gewöhnlich zuletzt.**
- **Die besten Steine sind aus Granit von der Insel Ailsa Craig vor Schottland. In Olympia-Qualität kosten sie rund 1000 Euro.**

Im Gleiten
Der Stein wird nicht aus der Hand geschleudert, sondern seine Geschwindigkeit hängt davon ab, wie stark der Spieler sich mit dem hinteren Bein abstößt. Nach dem Loslassen gleitet der Spieler hinter dem Stein her.

Griff-Sensor
Im Profisport sind die Griffe mit Sensoren ausgestattet, die angeben, ob der Stein vor der Hog Line abgespielt wurde. Ist der Wurf gültig, blinkt ein grünes Licht, wurde zu spät losgelassen, blinkt ein rotes Licht am Griffende.

Führschuh
Ein »Slider« (Gleiter) ist ein Schuh mit glatter Sohle, der beim Wurf am Führfuß (meist dem linken) getragen wird. Ansonsten tragen die Spieler »Gripper« (griffige Schuhe) mit Gummisohle, die ihnen auf dem Eis Halt geben.

Stein
Die Granit-Spielsteine dürfen maximal 20 kg wiegen. Die Unterseite ist konkav geschliffen, sodass die Steine auf einer kreisförmigen Lauffläche von 6–12 mm Breite gleiten.

Besen
Der Besen (Broom) ist sehr vielseitig und kann z.B. zum Schmelzen des Eises, als Zielhilfe oder beim Wurf als Balancierstange verwendet werden.

SPORTLERPROFIL

Gleichgewichtssinn, Gelenkigkeit, Hand-Augen-Koordination und sicherer Stand auf dem Eis sind wichtig beim Curling. Skip und Vice Skip müssen zudem taktieren und ihre Mannschaft beim Wischen leiten können, um die Steine gut zu platzieren.

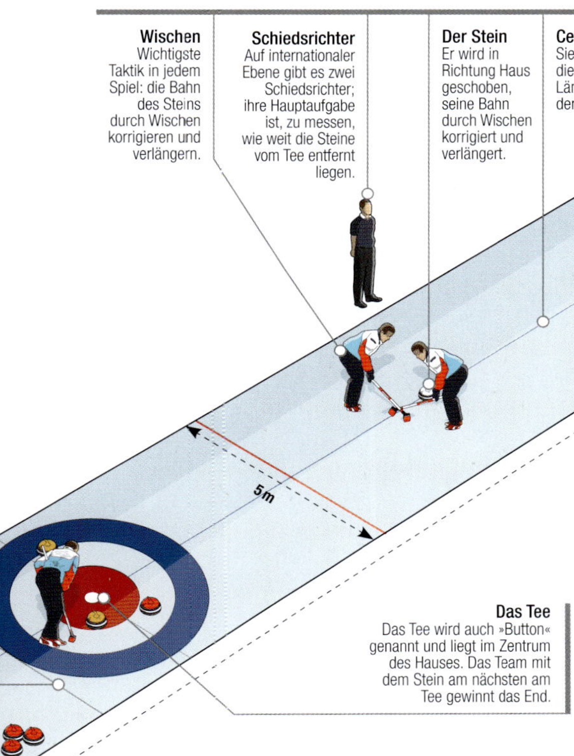

Wischen
Wichtigste Taktik in jedem Spiel: die Bahn des Steins durch Wischen korrigieren und verlängern.
Schiedsrichter
Auf internationaler Ebene gibt es zwei Schiedsrichter; ihre Hauptaufgabe ist, zu messen, wie weit die Steine vom Tee entfernt liegen.
Der Stein
Er wird in Richtung Haus geschoben, seine Bahn durch Wischen korrigiert und verlängert.
Centre Line
Sie markiert über die gesamte Länge die Mitte der Bahn.
6,40 m
Das Hack
Halterung aus Gummi an jedem Ende des Rinks, vor dem sich die Spieler bei der Abgabe des Steins abstoßen.
Hog Line
Der Stein muss abgegeben werden, bevor er die erste dieser Linien überquert, und die zweite Hog Line überqueren, um im Spiel zu bleiben.
45,72 m
5 m
Das Tee
Das Tee wird auch »Button« genannt und liegt im Zentrum des Hauses. Das Team mit dem Stein am nächsten am Tee gewinnt das End.

PRÄZISION UND TEAMARBEIT

Die Teams versuchen ihre Steine so präzise wie möglich zu legen und so viele wie möglich näher am Tee zu platzieren als der beste Stein des Gegners. Zu den verschiedenen taktischen Möglichkeiten zählt, die Steine entweder direkt ans Tee zu legen, Guards (Wächter) vor einem eigenen Stein im Haus zu platzieren oder mit Takeouts gegnerische Steine aus dem Haus zu entfernen. Der Skip entscheidet über die Strategie und gibt seinen Mannschaftskollegen entsprechende Anweisungen. Durch kräftiges Wischen vor einem Stein taut das Eis leicht an. Auf dem dünnen Wasserfilm gleitet der Stein besser und dadurch weiter und gerader, aber nicht schneller.

ABGABE

Der Spieler geht auf dem Slider-Schuh in die Hocke und stößt sich mit dem anderen Fuß vom Hack ab. Er gleitet mit dem Stein in der Hand und bestimmt Geschwindigkeit, Richtung und Drehung, bevor er ihn kurz vor der Hog Line abgibt. Danach darf der Stein nicht mehr berührt werden.

Gezielte Abgabe
Der Spieler verwendet den Besen bei der Abgabe als Zielhilfe.

AUF DEM EIS

Die Steine können in einer bis zu 2 m breiten Kurve (Curl) gleiten, die durch die Reibung zwischen dem Stein und der Eisoberfläche entsteht. Durch Schmelzen der winzigen Unebenheiten (Pebbles) des Eises beim Wischen wird das »Curlen« verringert und die Eisoberfläche ständig verändert.

Schnell gewischt
Je nach Richtung, die sie dem Stein geben wollen, ändern die Wischer den Druck auf den Besen.

IM HAUS

Im Haus wischt auch der Skip, um den Stein an den gewünschten Platz zu legen – entweder nahe ans Tee oder als Guard, der das Tee blockiert, damit der Gegner es nicht erreichen kann. Der letzte Stein wird »Hammer« genannt. Das Team mit dem Recht des letzten Steins hat höhere Siegchancen.

Auf den Punkt
Der Skip darf auch vor Steinen des Gegners wischen, wenn diese aus dem Haus geschossen werden.

AUF STEIN GEBAUT

Die Mitglieder beider Mannschaften werfen abwechselnd, bis jeder Spieler beide Steine auf dem Eis hat. Das Team mit dem Stein am nächsten am Tee erwirbt Punkte für alle Steine, die näher am Tee liegen als der beste gegnerische Stein.

DRAW

Ein Draw ist ein Wurf, der den Stein im Haus platziert. Ein Guard sitzt vor dem Haus und blockiert die Würfe des Gegners. Mit einem Raise Shot schiebt man einen außen liegenden Stein ins Haus oder einen im Haus näher ans Tee.

Raise Shot
Der Stein eines Teamkollegen schiebt den ersten Stein näher an die zentrale Position auf dem Tee heran.

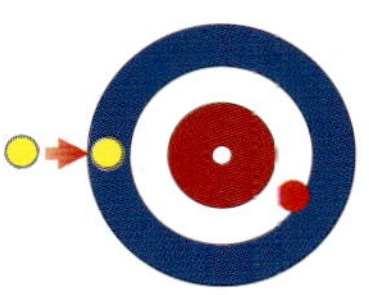

TAKEOUT

Ein Takeout ist ein Wurf, der einen anderen Stein, idealerweise den eines Gegners, aus dem Haus schießt. Bei einem Raise Takeout schiebt der Spielstein einen zweiten ins Haus, der den Zielstein dann aus dem Haus schießt.

Direct Hit
Der Spielstein trifft den gegnerischen Stein direkt und schießt ihn aus dem Haus.

INSIDER-STORY

Curling stammt ursprünglich aus Schottland, wo es schon zwischen dem 16. und 19. Jh. ein beliebter Wintersport war. Der 1843 gegründete Royal Caledonian Curling Club ist der älteste Curling-Verein der Welt. Die ersten Weltmeisterschaften wurden 1959 abgehalten (für Frauen 1979). Seit 1998 ist Curling für beide Geschlechter olympische Disziplin.

VERBÄNDE

Genau wie der älteste Curling-Verband, der Royal Caledonian Curling Club, hat auch die World Curling Federation (WFC) bis heute ihren Sitz in Schottland. Die WCF richtet die Weltmeisterschaften der Damen und der Herren sowie die Jugendweltmeisterschaften aus und zählt mehr als 50 Nationen zu ihren Mitgliedern. Der Deutsche Curling Verband sitzt in Füssen.

LAWN BOWLING

FAKTEN

- Lawn Bowling ist in England eine der beliebtesten Sportarten bei den über 60-Jährigen, im Wettkampfbereich dominieren allerdings jüngere Spieler.
- Das auch einfach Bowls genannte Spiel ist neben Großbritannien vor allem in Australien, Kanada und Neuseeland beliebt.
- Die Meisterschaften der Hallen-Version haben bisher bis auf eine Ausnahme (ein Australier 1992) nur Engländer, Iren, Schotten und Waliser gewonnen.

SPORTLERPROFIL

Lawn Bowling ist einfach zu erlernen und eignet sich für Frauen und Männer aller Altersstufen. Die besten Bowler haben eine sehr gute Hand-Augen-Koordination und können sehr gut strategisch planen.

Stilvolles Auftreten
Auch wenn die Kleidung nicht strikt vorgeschrieben ist, treten die Herren zu Wettkämpfen meist mit weißer Kleidung und Krawatte an.

Gummimatte
Beim Wurf stehen die Bowler mit zumindest einem Fuß in der Mitte des Spielfelds auf einer Gummimatte.

ÜBERBLICK

Lawn Bowling, auch nur kurz Bowls genannt, ist eine Präzisionssportart, bei der die Spieler asymmetrisch geformte Kugeln über eine Rasenfläche rollen.

Sieger ist der Spieler, dessen Kugeln (Bowls) am Ende am nächsten am »Kitty« oder »Jack« genannten Ziel liegen geblieben sind.

DIE BOWLS

Traditionell wurden die Bowls aus Holz, Gummi oder einer Kombination aus beidem gefertigt. Heute bestehen sie meist aus Kunstharz. Durch ihre asymmetrische Form haben sie eine gebogene Laufbahn, die »Bias« genannt wird. Der »Jack« ist hingegen vollkommen rund und normalerweise weiß.

KUGELN MIT UNWUCHT
Die Bowls sind schwarz oder braun, wiegen etwa 1,5 kg und haben einen Durchmesser von 12–14,5 cm. Da sie nicht rund, sondern asymmetrisch geformt sind, laufen sie nicht ganz gerade.

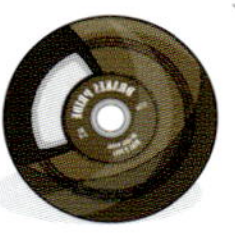

DAS GRÜN

Lawn Bowling wird auf kurz geschorenem Rasen oder Kunstrasen (»Green«) gespielt. Das Green ist in parallele Bahnen unterteilt, die »Rink« heißen. In Hallen wird auf Kunstrasen oder Teppichboden gespielt. Freiluft-Greens haben immer dieselbe Länge, können aber je nach Anzahl der Bahnen unterschiedlich breit sein. Hallen-Greens sind häufig etwas kleiner.

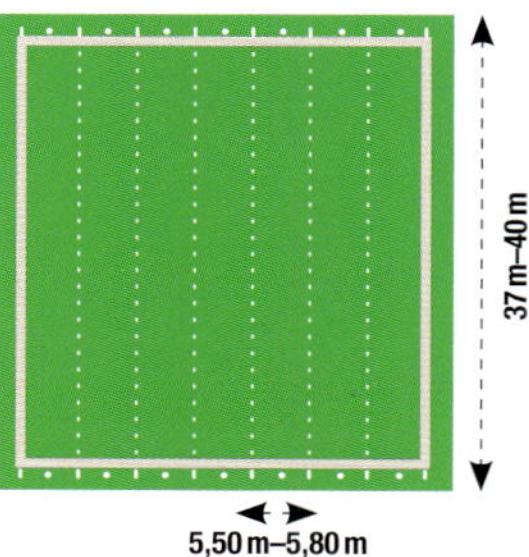

LAWN BOWLING-REGELN

In der einfachsten Spielversion entscheiden die Spieler per Münzwurf, wer beginnt und seinen Jack ans andere Ende des Rink rollt. Der Jack wird dann auf gleicher Höhe seitlich auf die Mitte des Grüns versetzt. Dann rollen die Bowler abwechselnd ihre Bowls. Ein Bowl darf im Lauf die Seitenlinie überqueren, muss aber innerhalb der Bahn zu liegen kommen.

Die Spieler wechseln sich ab. Wenn alle ihre vier Kugeln geworfen haben, wird am Ende der Runde (End) die dem Jack am nächsten liegende Kugel ermittelt. Der Spieler, dessen Bowl am nächsten liegt, erhält für jede seiner Kugeln, die näher liegt als die nächste gegnerische Kugel, einen Punkt.

WURFARTEN

Es gibt verschiedene Wurfarten. Bei Rechtshändern zielt der »Forehand draw« in geschwungener Bahn auf die rechte Seite des Jack. Für einen »Backhand draw« wendet der Spieler die Kugel und verleiht ihr einen entgegengesetzten Bogen. Der »Drive« ist eine kraftvoll geworfene Kugel, die entweder den Jack oder eine gegnerische Kugel aus dem Spiel stoßen soll.

WERTUNG

Es gibt verschiedene Punktsysteme. Entweder wird bis zu einer bestimmten Punktzahl oder eine festgesetzte Zahl von Runden (Ends) gespielt. Bei einigen Turnieren wird der Sieger durch Dreisatzsieg in Sätzen zu sieben Punkten ermittelt.

ERST DAS SPIEL, DANN DIE SPANIER

Die beliebteste Anekdote des Lawn Bowling rankt sich um Sir Francis Drake. Am 18. Juli 1588 spielte der berühmte Admiral angeblich eine Runde Bowls in Plymouth Hoe, als man ihm vom Herannahen der Spanischen Armada berichtete. Seine Antwort soll gelautet haben: »Uns bleibt genügend Zeit, das Spiel zu beenden und dann die Spanier zu besiegen.« Er beendete das Spiel – das er verlor – und zog anschließend in die berühmte Seeschlacht – die er gewann.

PÉTANQUE

FAKTEN

- Pétanque ist ein aus der südfranzösischen Provence stammender Präzisionssport und die am häufigsten betriebene Sportart in Marseille.
- Als Freizeitsport wird Pétanque in Frankreich von rund 17 Millionen Menschen betrieben, die ihn zumeist in den Sommerferien ausüben.
- Die Féderation Internationale de Pétanque et Jeu Provonçal wurde 1958 in Marseille gegründet, hat heute 600 000 Mitglieder in 94 Landesverbänden und ist damit der viertgrößte Sportverband Frankreichs.

DIE BOULES

Die Boules (Kugeln) werden traditionell aus Stahl gefertigt und haben eine äußere Schicht aus Chrom. Sie wiegen 650–800 g und haben einen Durchmesser von 7,1–8 cm. Auf einer Seite tragen die Pétanque-Kugeln normalerweise eine Beschriftung, die ihr exaktes Gewicht angibt. Die Zielkugel besteht aus Holz oder Kunststoff und hat einen Durchmesser von 2,5–3,5 cm.

DIE SPIELFLÄCHE

Das Spiel wird meist auf Sand oder Kies gespielt, kann aber auch auf Rasen oder anderen Böden gespielt werden. Die angegebenen Maße sind ein empfohlenes Minimum.

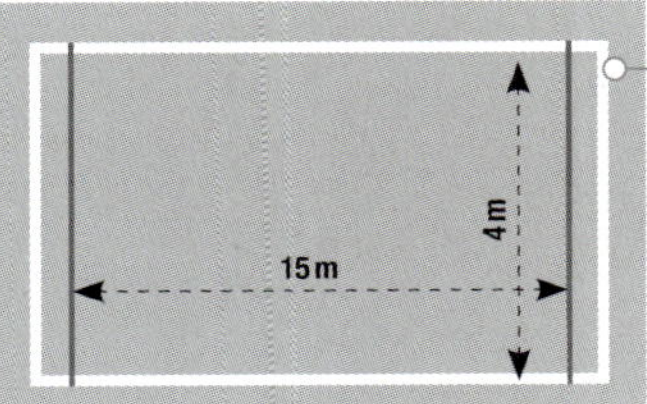

Ebene Fläche Das Spiel kann praktisch überall gespielt werden, wo der Boden eben ist.

PÉTANQUE-REGELN

Das Spiel wird im Einzel und von Mannschaften zu zwei oder drei Spielern gespielt. Die nach Losentscheid beginnende Mannschaft zeichnet zunächst einen Kreis von 35–50 cm Durchmesser auf das Spielfeld. Beim Wurf müssen beide Füße innerhalb des Kreises den Boden berühren.

Dann wirft sie die Zielkugel etwa 6–10 m aus dem Wurfkreis. Sie muss sichtbar (nicht im Kies begraben) und mindestens 1 m vom Spielfeldrand liegen, sonst muss sie erneut geworfen werden.

Ein Spieler derselben Mannschaft versucht dann, seine erste Kugel so nah wie möglich an die Zielkugel heranzuspielen. Anschließend darf die zweite Mannschaft so lange spielen, bis sie eine Kugel näher als der Gegner an der Zielkugel platzieren kann. Sobald dies gelingt, ist die erste Mannschaft wieder an der Reihe. Es wird gespielt, bis alle Kugeln geworfen sind.

ÜBERBLICK

Pétanque ist eine Boules-Variante, bei der Metallkugeln so nah wie möglich an eine kleine Zielkugel aus Holz, den »Cochonnet« (»Sau«,»Schweinchen«), heran geworfen werden. Es wird normalerweise auf hartem Naturboden gespielt.

SPORTLERPROFIL

Für Pétanque sind keine besonderen Fertigkeiten notwendig. Es ist eine Sportart, bei der Menschen jeder Altersstufe ungeachtet des Geschlechts gegeneinander antreten können. Es ist ein entspannender Freizeitsport mit hohem Spaßfaktor. Häufig wird in geselliger Runde gespielt. Wettkampfsportler sind meist hervorragende Strategen mit ausgezeichneter Hand-Augen-Koordination.

LEGEN UND WEGSCHIESSEN

Die Spieler können versuchen, ihre Kugel zu legen (pointer) und dadurch zu punkten, oder eine gegnerische Kugel wegzuschießen (tirer), um näher am Ziel zu liegen. Ein erfolgreiches Péntanque-Team hat gute Schützen (Tireur) und gute Leger (Pointeur).

Jede Mannschaft wird zunächst versuchen, ihre Kugeln gut zu legen und die Schützen so lange im Hintergrund halten, bis der Gegner seine Kugeln platziert hat. Beim Legen ist eine Kugel vor dem Cochonnet wertvoller als eine Kugel im selben Abstand dahinter, da eine Berührung die Lage der vorderen Kugel meist noch verbessert. Bei jedem Spielzug muss sich ein Team entscheiden, ob es günstiger ist, zu schießen oder zu legen.

ROULER (ROLLEN)
Eine der Hauptwurfarten beim Legen. Die Kugel wird fast die gesamte Strecke zum Zielball gerollt.

RAFLE (FLACHSCHUSS)
Ein flach geworfener halber Schuss, der die Kugel des Gegners trifft und vor der Zielkugel wegrollen lässt.

DEMI-PORTÉE (HALBER WURF)
Die Kugel wird flach und einen Teil der Strecke geworfen und rollt dann über den Boden weiter.

PORTÉE (WURF)
Bei welligem Gelände hat ein hoher weiter Wurf die beste Chance. Die Kugel landet ungefähr da, wo sie liegen soll.

TIRER DEVANT (SCHUSS DAVOR)
Der Schuss wird relativ flach und hart gespielt, um eine gegnerische Kugel aus ihrer Position zu entfernen.

CARREAU
Der härteste Schuss wird ideal so gespielt, dass die eigene Kugel am Platz der anderen liegen bleibt.

BOWLING

In Alltagskleidung
Die einzige Vorgabe ist, dass Arme und Beine Bewegungsfreiheit haben müssen.

Sicherer Stand
Der Bowler unterscheidet zwischen Gleitfuß und Bremsfuß. Der Schuh des Gleitfußes hat eine Ledersohle, der des Bremsfußes eine Gummisohle.

ÜBERBLICK

Als beliebter Breitensport kommt Bowling (10-Pin-Bowling) wahrscheinlich direkt hinter Fußball. Es wird weltweit von Millionen von Menschen als Hobby ausgeübt, ist aber auch ein harter Wettkampfsport. Eine schwere Kugel wird dabei eine glatte Holzbahn entlanggerollt, mit dem Ziel, möglichst viele der dort stehenden 10 Pins (Kegel) umzuwerfen. Jeder umgeworfene Pin ergibt einen Punkt. Für einen »Strike«, bei dem alle Kegel fallen, gibt es Zusatzpunkte.

SPORTLERPROFIL

Das Wichtigste beim Bowling ist eine gute Kugelkontrolle, die nur durch viel Training erreicht werden kann. Es gibt keine Altersbeschränkung – der Amerikaner Dick Weber war 72, als er 2002 den Seniorentitel der Professional Bowlers' Association gewann.

Bowlingkugel
Traditionell sind die Kugeln rein schwarz, moderne Kugeln hingegen haben oft schillernde Farben und Muster.

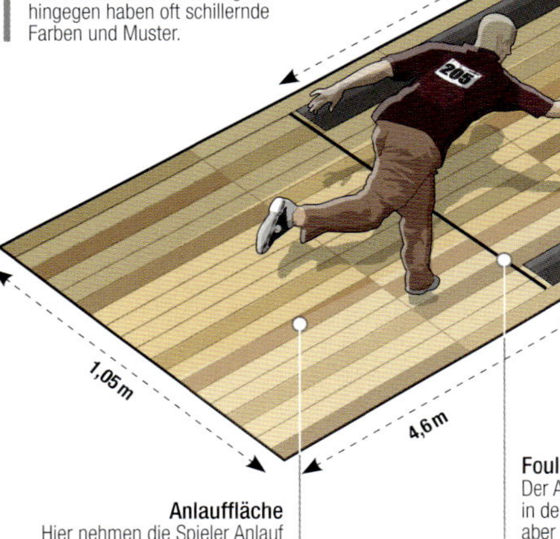

Anlauffläche
Hier nehmen die Spieler Anlauf und holen Schwung für den Wurf, bevor sie die Kugel loslassen.

Foul-Linie
Der Arm darf die Linie in der Luft passieren, aber wenn der Spieler die Linie berührt, ist der Wurf ungültig.

FAKTEN

- **Bowling entstand im 19. Jahrhundert in den USA. In England eröffneten die ersten Bahnen 1960 in London.**
- **Einer der jährlichen Wettbewerbe ist der Weber Cup, bei dem – ähnlich dem Ryder Cup beim Golf – ein Team Europa gegen ein Team USA antritt.**

KEGEL UND KUGELN

Kegel und Kugeln bestanden früher nur aus Holz, heute haben die Pins eine Kunststoffbeschichtung, und die Kugeln bestehen vollständig aus Kunststoff oder modernen Verbundstoffen. Auf öffentlichen Bowlingbahnen gibt es Kugeln in unterschiedlichen Größen und Gewichten, damit jeder Spieler eine passende Kugel findet.

DIE BOWLINGKUGEL
Eine Wettkampfkugel wiegt 7,25 kg. Ihre Oberfläche ist vollkommen glatt und sie besitzt Grifflöcher für Daumen, Mittelfinger und Ringfinger.

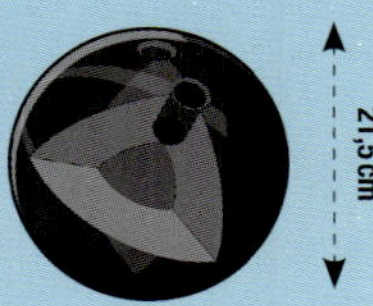

21,5 cm

DIE PINS (KEGEL)
Die Pins sind alle einheitlich hoch und messen an der breitesten Stelle (dem Bauch) 11,4 cm. Sie wiegen jeweils 1,47 kg–1,64 kg.

38 cm

DIE BOWLINGBAHNEN

Die Bowlingbahn (Lande) besteht aus 39 Parkett- oder Kunststoffbohlen. Auf beiden Seiten hat sie halbkreisförmige Mulden, die Gutter (Rinnen). Bei öffentlichen Bowlingbahnen gibt es zum Teil metallene Leitplanken, die auf der Innenseite der Rinnen aufgestellt werden können, wenn Anfänger spielen, die die Kugel noch nicht richtig kontrollieren können. Die Bowlingkugel muss vor der Foul-Linie losgelassen werden. Die Linie darf nicht berührt oder überschritten werden.

Nach jedem Wurf werden die Kugeln von einer unter oder zwischen den Bahnen laufenden mechanischen Kugeltrasse automatisch wieder nach vorne transportiert.

BOWLING-REGELN

Beim Wettkampf-Bowling (10-Pin-Bowling) hat jeder Spieler zehn Frames (Spiele) mit jeweils zwei Würfen, bei denen er versucht, so viele Pins wie möglich umzuwerfen. Jeder umgeworfene Pin ergibt einen Punkt. Wirft der Spieler alle zehn Pins mit einem Wurf um, ist dies ein »Strike«, und er erhält zehn Punkte plus die Gesamtpunktzahl aus zwei weiteren Würfen. Kann er alle zehn Pins mit beiden Würfen abräumen, ist es ein »Spare«, und er erhält ebenfalls zehn Punkte plus die Punktzahl aus einem weiteren Wurf. Steht nach dem zweiten Wurf eines Frames noch ein Pin oder stehen noch mehrere, wird der Frame als »Open Frame« bezeichnet.

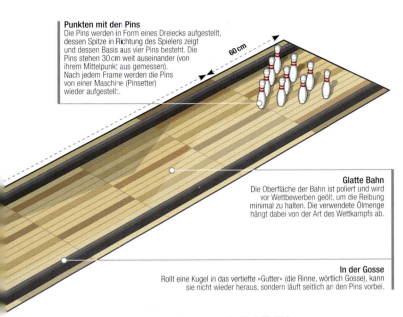

Punkten mit den Pins
Die Pins werden in Form eines Dreiecks aufgestellt, dessen Spitze in Richtung des Spielers zeigt und dessen Basis aus vier Pins besteht. Die Pins stehen 30 cm weit auseinander (von ihrem Mittelpunkt aus gemessen). Nach jedem Frame werden die Pins von einer Maschine (Pinsetter) wieder aufgestellt.

60 cm

Glatte Bahn
Die Oberfläche der Bahn ist poliert und wird vor Wettbewerben geölt, um die Reibung minimal zu halten. Die verwendete Ölmenge hängt dabei von der Art des Wettkampfs ab.

In der Gosse
Rollt eine Kugel in das vertiefte »Gutter« (die Rinne, wörtlich Gosse), kann sie nicht wieder heraus, sondern läuft seitlich an den Pins vorbei.

KONTROLLE DER KUGEL

Da es physikalisch unmöglich ist, dass die Kugel alle Pins trifft, muss der Spieler eine Kettenreaktion erzeugen, bei der die Pins sich gegenseitig umwerfen. Erfahrene Bowler geben der Kugel einen Drall, sodass sie im Bogen rollt (»roll a hook«). So nähert sich die Kugel der Spitze der Pins leicht seitlich. Trifft die erste Kugel nicht ganz genau auf, bleiben ein oder mehrere Pins stehen. Wenn etwa Pin 7 und 10 stehen bleiben, sind diese mit einer einzigen Kugel fast unmöglich zu fällen, da sie sich mit weitem Zwischenraum auf einer Höhe befinden. Der Spieler versucht dann, im zweiten Wurf zumindest einen Pin abzuräumen und begnügt sich mit einem »Open Frame«.

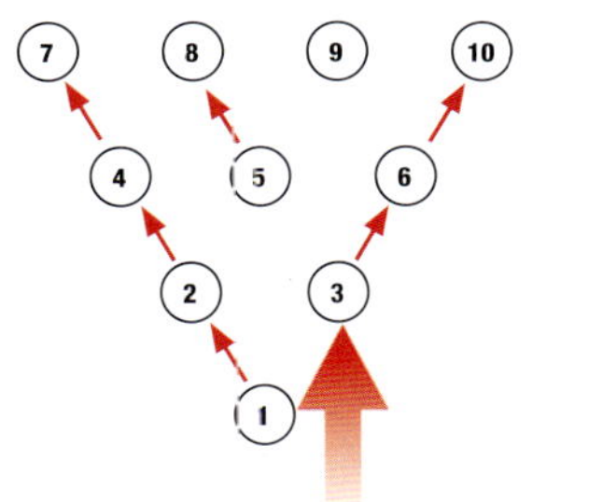

EIN PERFEKTER STRIKE
Beim idealen Wurf trifft die Kugel nur die Pins 1, 3, 5, 9 (bei Rechtshändern). Diese Pins werfen beim Umfallen die restlichen um. Ein Linkshänder fällt hingegen die Pins 1, 2, 5 und 8. Für einen Strike sollte man es vermeiden, die 1 direkt von vorne zu treffen.

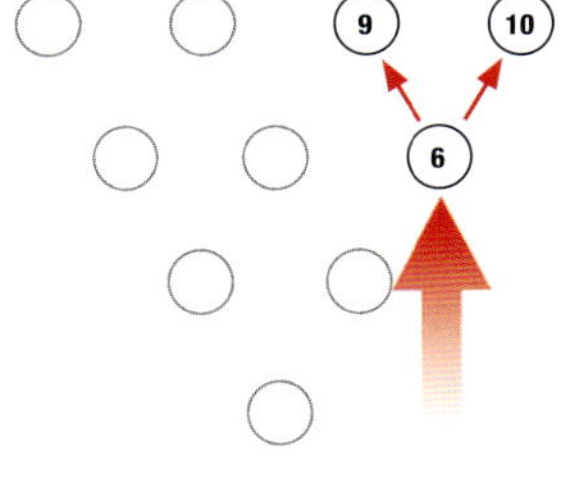

AUFRÄUMAKTION
In diesem Beispiel sind beim ersten Wurf die Pins 6, 9 und 10 stehen geblieben. Der Spieler wirft nun eine gerade Kugel und spielt die 6 von rechts vorne an, die dann die 9 mitreißt. Die Kugel läuft geradeaus weiter und fällt die 10.

BOWLING AUF DER KINOLEINWAND

Bowling kommt in einigen großen Kinoerfolgen vor, wie etwa in *The Big Lebowski* (1998) der Brüder Coen, in dem Jeff Bridges einen Bowlenden Späthippie spielt. In der lauten und derben Komödie *Kingpin – zwei Trottel auf der Bowlingbahn* (1996) stellt Woody Harrelson einen heruntergekommenen Bowlingprofi dar.

STROKER ODER CRANKER

Bowler werden immer diskutieren, welche Wurfart die bessere ist. In Wahrheit gibt es meisterliche Werfer bei beiden Methoden. Viele Spitzenspieler sind elegante, stilvolle Stroker, andere sind kraftvolle Cranker. Viele Asiaten geben der Kugel gerne sehr viel Effet und spielen einen »Helicopter«.

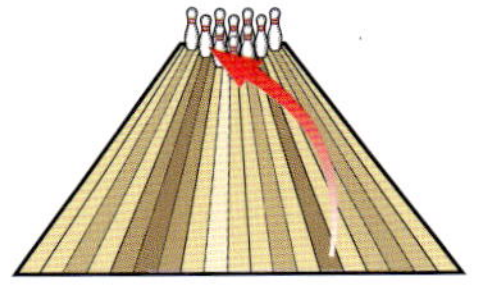

DER STROKER
Der Stroker spielt ein klassisches Bowling mit »Hook«. Er gleitet an die Foul-Line, stoppt kurz vor dem tiefsten Punkt des Armschwungs und hält seine Schultern gerade.

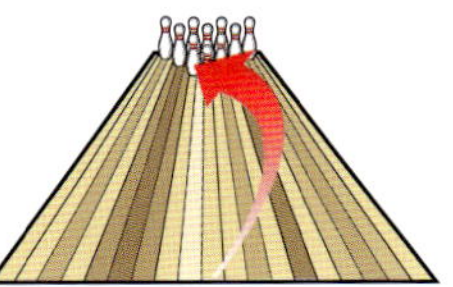

DER CRANKER
Der Cranker gibt der Kugel viel Effet. Bei der Kugelabgabe schwingt er den Arm schnell durch und winkelt den Ellenbogen an, um die Hand hinter und unter der Kugel zu halten.

DAS PERFEKTE SPIEL

Wirft ein Spieler bei jedem Wurf einen Strike, kann er pro Frame 30 Punkte holen. Räumt er auch im letzten Frame mit einem Strike ab, erhält er zwei zusätzliche Kugeln. Erzielt er auch mit ihnen wieder Strikes, erreicht er die höchstmögliche Wertung von 300 Punkten und hat ein »Perfect Game« (perfektes Spiel). Solche Spiele gelingen auch Top-Spielern nicht häufig. 1997 gelang es einem Studenten aus Nebraska als erstem Spieler, drei »Perfect Games« in Folge zu spielen.

INSIDER-STORY

Es gibt viele historische Belege für Bowling, aber die erste Bowlinghalle war das »Knickerbockers«, das 1840 in New York eröffnete. Heute wird Bowling in über 100 Ländern gespielt. Besonders in der zweiten Hälfte des 20. Jahrhunderts nahm seine Beliebtheit weltweit zu. Heute ist es neben beliebtem Freizeitsport auch hart umkämpfte Wettkampfsportart, in der Profis antreten. Deren Platz auf der offiziellen Weltrangliste hängt davon ab, wie gut sie jedes Jahr bei den Tour-Turnieren in Amerika, Asien und Europa abschneiden.

VERBÄNDE UND DACHVERBAND
Internationaler Dachverband aller Bowlingverbände ist die World Tenpin Bowling Association (WTBA), die die internationalen Regeln festlegt. Deutsches Mitglied der WTBA ist die Deutsche Bowling Union (DBU) mit Sitz in Unterhaching.

5-PIN-BOWLING

ÜBERBLICK

Einzelspieler oder Mannschaften rollen »Balls« (Kugeln) auf fünf »Skittles« (Kegel) zu. Wer nach einer festgelegten Wurfzahl die meisten Kegel umgeworfen hat, gewinnt. Das Spiel als Variante des Bowling mit 10 Pins (siehe S. 332–333) stammt aus Kanada, fand aber bald eigene Anhänger.

V-Formation
Zu Beginn jedes Frames werden die Skittles V-förmig aufgestellt.

1,07 m

18,30 m

FAKTEN

- Die Kegel sind rund 25 Prozent kleiner als beim 10-Pin-Bowling und die Kugel darf mit der Handfläche gehalten werden.
- Die meisten Spieler und spezielle 5-Pin-Bowlingbahnen sowie gemischte Hallen gibt es im Ursprungsland des 5-Pin-Bowling, Kanada.
- In Kanada gibt es auch drei jährliche Großturniere: ein offenes Turnier, ein Jugendturnier und ein Doppelturnier. Zudem gibt es eine kanadische 5-Pin-Liga.

AUSRÜSTUNG

Früher wurden die Kegel aus Ahorn geschnitzt, stammen heute aber meist aus Massenproduktion und werden aus Kunststoff gefertigt. Die Kugeln (»Balls«) bestehen aus Vollgummi. Früher hatten sie eine einheitliche Form und Farbe, erst seit 1990 dürfen die Spieler ihren Kugeln mit Farben und Monogrammen eine persönliche Note verleihen.

DIE BOWLINGKUGEL
Die Kugel aus Gummi hat im Gegensatz zum 10-Pin-Bowling keine Fingerlöcher, sodass ein sicherer Griff notwendig ist.

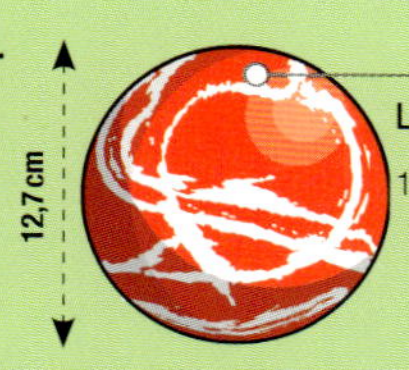

Leichte Kugel
Sie wiegt nur 1,6 kg, was den sicheren Griff erleichtert.

WACKELIGER PIN
Die Kegel (Skittles) beim 5-Pin sind kleiner und schmaler als beim 10-Pin. Durch den Ring um die bauchigste Stelle der Kegel wird der Schwerpunkt nach unten verlagert, wodurch sie standfester werden.

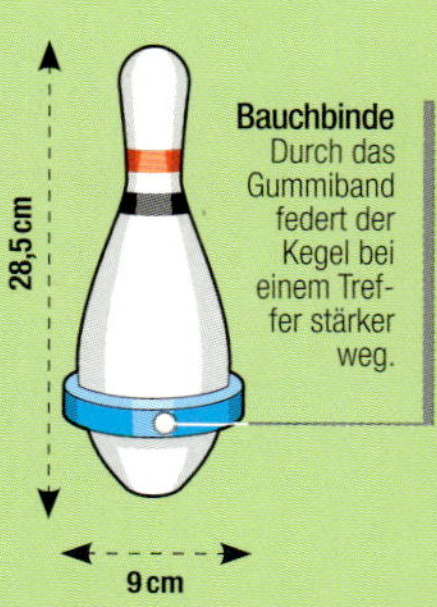

Bauchbinde
Durch das Gummiband federt der Kegel bei einem Treffer stärker weg.

ATLATL

ATLATL

Atlatl ist eine Schleuder, mit der ein Speer auf eine Zielscheibe geschleudert wird. Es verbindet die körperlichen Anforderungen des Speerwerfens (siehe S. 70) mit der Präzision des Darts (siehe S. 342–343).

FAKTEN

- Speerschleudern wurden in vielen Teilen der Welt genutzt, dann aber von Pfeil und Bogen abgelöst. Atlatl ist die aztekische Bezeichnung. Die Azteken verwendeten es noch bis ins 16. Jh. als Jagdwaffe.
- Die Internationale Standard Accuracy Competition (ISAC) ist ein 1996 ins Leben gerufener Wettbewerb für Atlatl-Sportler aus aller Welt.
- Die Sportler treffen Ziele in 100 m Entfernung.

DAS SCHLEUDERN

Der Atlatl-Sportler umfast den Griff des Atlatl und fixiert den Speer mit Daumen und Zeigefinger darüber. Dann holt er mit dem Schleuderarm nach hinten aus, schnellt ihn nach vorne und schleudert den Speer mit dem Schleuderhaken des Atlatl aus dem Handgelenk in Richtung Zielscheibe.

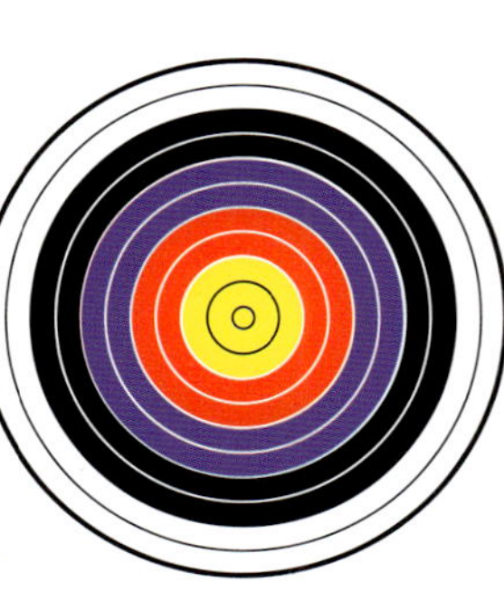

WETTKÄMPFE

Wettkämpfe werden vor allem in den USA und Europa veranstaltet. Hierzu werden häufig die Schießstände von Bogenschützen genutzt. Die Zielscheiben werden in unterschiedlichen Weiten von der Wurflinie aufgestellt. Jeder Schütze muss auf alle Zielscheiben werfen. Sieger des Turniers ist der Schütze mit den meisten Punkten.

DIE ZIELSCHEIBEN
Zielscheiben können verschiedene Formen und Größen haben. Meist werden aber Scheiben des Bogenschießens verwendet. Sie sind in Ringe unterteilt, deren Punktwerte von außen nach innen steigen.

DAS ATLATL
Das Atlatl ist eine Schleuder mit einem Holzschaft aus beliebigem Holz. An einem Ende hat sie einen Griff und am anderen einen »Schleuderhaken«, in dem der Speer sitzt.

Der Griff
Der Sportler umfasst den Griff der Schleuder mit einer Hand.

Der Speer
Der Speer ähnelt einem großen Pfeil und hat eine Länge von mindestens 1,25 m.

Schleuderhaken
Das Speerende sitz an diesem Haken.

Die Foul Linie
Die Spieler müssen die Kugel vor der Foul Linie abgeben.

Höhenbegrenzung
Um sicherzustellen, dass die Kugeln gerollt und nicht geworfen werden, wird eine Höhenbegrenzung mit 15 cm Höhe quer über die Bahn gestellt.

WERTUNG

Es werden zehn Frames von maximal drei Würfen pro Spiel gespielt. Ein Strike und die zwei darauffolgenden Würfe zählen doppelt. Die höchstmögliche Punktzahl innerhalb eines Spiels beträgt 450 Punkte.

ABFALLENDER WERT
Der vorderste Kegel in der V-Formation zählt fünf Punkte, die beiden dahinter jeweils drei und die hinteren sind jeweils nur zwei Punkte wert.

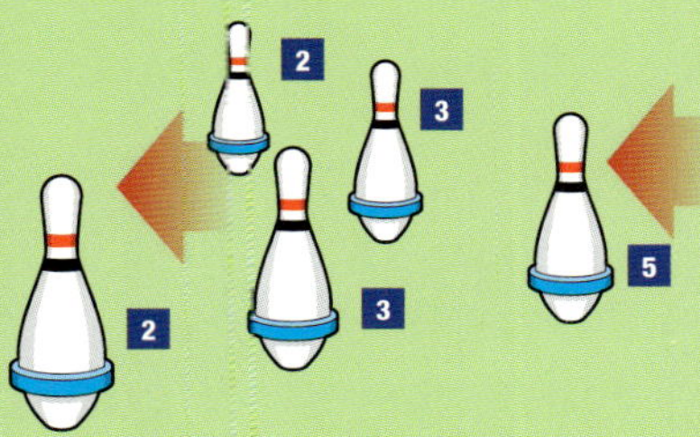

STRENGE REGELN

Die Spieler dürfen die Foul Linie beim Abgeben der Kugel nicht überschreiten. Am Ende des Spiels werden für jedes Übertreten 15 Punkte abgezogen.

KEGELN

ÜBERBLICK

Beim Kegeln werden neun Kegel rautenförmig am Ende einer Bahn aufgestellt. Die Spieler oder Teams rollen abwechselnd mit einer Kugel darauf. Wer die meisten Punkte erzielt, gewinnt. Das Kegeln kennt viele Varianten. Bei manchen müssen die Kegel in bestimmter Reihenfolge fallen.
Es ist vor allem in Deutschland, Österreich und den Niederlanden weit verbreitet.

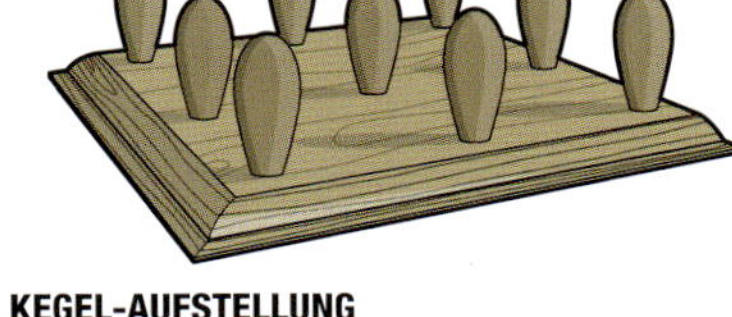

KEGEL-AUFSTELLUNG
Zu Beginn jedes Spiels werden die neun Kegel in drei Reihen aufgestellt. Der Abstand zwischen den Kegeln darf dabei nicht größer sein als die Kegelhöhe.

VARIATIONEN

Kegelbahnen haben immer eine glatte Oberfläche (meist aus Holz) und messen von der Wurfmarkierung bis zum vordersten Kegel 6,40–11 m. Die Kegel können zwischen 15 und 40 cm hoch sein, wiegen bis zu 3 kg und manchmal gibt es einen Königs-Kegel. Auch die Kugeln können variieren (in den Niederlanden gibt es sogar eine Spielart, in der ein Käselaib gerollt wird), bestehen aber meist aus Hartholz oder Gummi. Sie haben in der Regel einen Durchmesser von 10–15 cm.

Je nach Regelwerk wird die Kugel oberhand oder unterhand gerollt, mit leichtem Aufsetzer oder ohne, oder sie wird (wie beim seltenen Platzbahnkegeln) geworfen. Bei einer Spielart werden zwölf Durchgänge mit je drei Würfen gespielt. Jeder umgeworfene Kegel zählt einen Punkt, wodurch eine Punktzahl von 27 erreicht werden kann.

HUFEISENWERFEN

ÜBERBLICK

Zwei Spieler oder Teams aus je einem Spielerpaar werfen abwechselnd mit Hufeisen an bzw. um einen Metallstab. Sieger ist, wer die höchste Punktwertung oder Beinahe-Treffer hat. Die Sportart ist in den ländlichen Regionen der USA sehr beliebt.

REGELN UND WERTUNG

Die Spieler werfen mit Wurfeisen von gegenüberliegenden Enden der Wurfbahn auf den Metallstab neben der Wurfplattform des Gegners. Nach jeder Runde aus zwei Würfen werden die Plätze getauscht. Ein »Ringer« (ein Hufeisen, das am Stab landet) zählt drei Punkte. Werfen beide Werfer gleichzeitig einen »Ringer« gibt es keine Wertung. Bei jeder Runde ergibt das Hufeisen, das am nächsten am Stab liegt (Near Miss oder Beinahe-Treffer), einen Punkt. Wer als erster 21 Punkte erreicht, ist Sieger. Manchmal wird auch nach Sätzen gespielt.

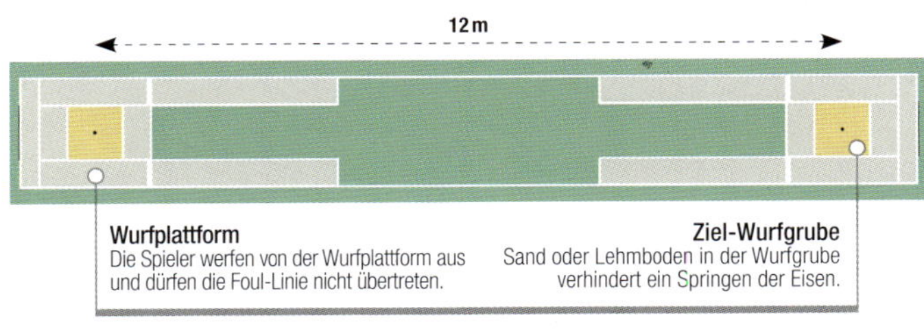

Wurfplattform
Die Spieler werfen von der Wurfplattform aus und dürfen die Foul-Linie nicht übertreten.

Ziel-Wurfgrube
Sand oder Lehmboden in der Wurfgrube verhindert ein Springen der Eisen.

DIE WURFBAHN
An jedem Ende liegt eine Wurfgrube mit einem Stab in der Mitte. Auf beiden Seiten der Wurfgruben liegen die Wurfplattformen der Gegenseite.

Hohes Ziel
Die Stäbe haben normalerweise einen Durchmesser von 2,5 cm und sind 37,5 cm hoch.

In Schieflage
Der Stab sollte um 7,5 cm in Richtung des Werfers geneigt sein.

Fliegende Eisen
Die Wurfeisen dürfen nicht schwerer als 1,2 kg sein.

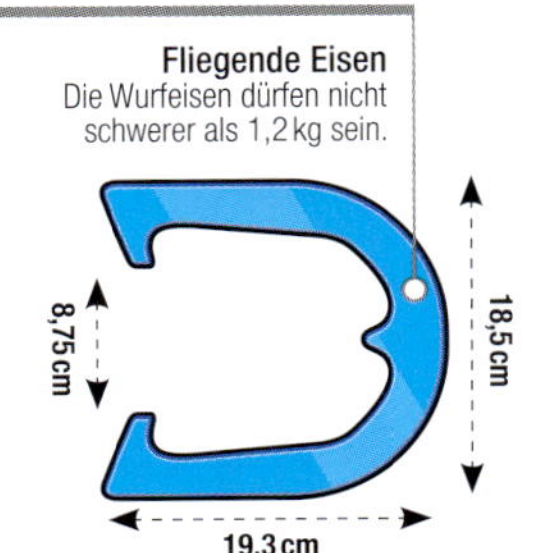

UND SO WIRD GEWORFEN
Die Wurfeisen, die heutzutage beim Hufeisenwerfen verwendet werden, sind ungefähr doppelt so groß wie normale Hufeisen. Ein Spieler steht auf einer der Wurfplattformen neben der gegnerischen Grube und wirft an den Stab der gegenüberliegenden Grube. Für die volle Wertung muss der Stab innerhalb des Eisens (innerhalb der offenen Enden) liegen.

ÜBERBLICK

Das aus dem Billard (siehe S. 339) entstandene Snooker ist ein Sport, bei dem zwei Spieler versuchen, mittels Queue und Spielball so viele farbige Kugeln wie möglich auf einem Tisch mit sechs Taschen einzulochen Jede Kugel hat einen Punktwert und muss in einer bestimmten Reihenfolge eingelocht werden. Der Spieler mit der höchsten Punktzahl gewinnt den Frame (Satz). Jedes Match besteht aus mehreren Frames; Sieger ist der Spieler mit den meisten gewonnenen Frames.

SNOOKER

FAKTEN

- Snookerkugeln bestanden früher aus Elfenbein, wobei afrikanisches Elfenbein wegen seiner Dichte als dem asiatischen überlegen galt. Allerdings neigen Kugeln aus Elfenbein dazu, sich zu verformen.
- Der erste Spieler, dem bei einer Live-Übertragung ein Maximum Break von 147 gelang, war 1982 Steve Davis.
- Die erste Snooker-Weltmeisterschaft fand 1927 statt, Sieger wurde der Organisator Joe Davis.

DER TISCH

Ein Snooker-Tisch besteht aus einem Holzrahmen, in dem eine mit Kammgarn-Tuch bespannte Schieferplatte liegt. Der Tisch hat sechs Taschen mit sich verjüngenden Einläufen: zwei in den Ecken am Kopfende (»Spot End«), zwei in den Ecken am Fußende (»Baulk End«) und zwei in der Mitte der beiden Seitenbanden.

BAULK UND D

Der Bereich zwischen der Fußbande und der 74 cm davon entfernten »Baulk Line« wird als »Baulk« bezeichnet. In der Mitte der Baulk Line liegt ein Halbkreis mit 29 cm Radius, den man das D nennt.

Baulk Line Die Spots der grünen, braunen und gelben Kugel liegen auf dieser Linie.

Spielball Der weiße Spielball wird beim Anstoß innerhalb des D platziert.

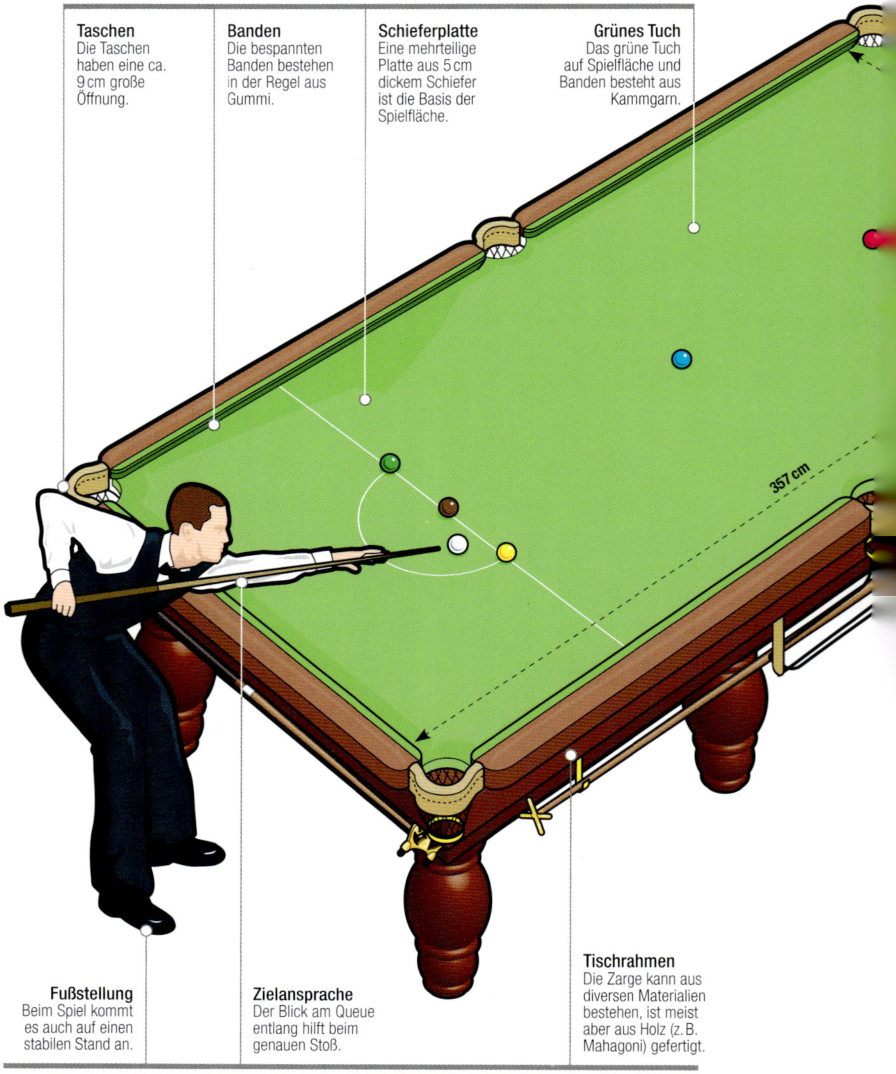

Taschen Die Taschen haben eine ca. 9 cm große Öffnung.

Banden Die bespannten Banden bestehen in der Regel aus Gummi.

Schieferplatte Eine mehrteilige Platte aus 5 cm dickem Schiefer ist die Basis der Spielfläche.

Grünes Tuch Das grüne Tuch auf Spielfläche und Banden besteht aus Kammgarn.

357 cm

Fußstellung Beim Spiel kommt es auch auf einen stabilen Stand an.

Zielansprache Der Blick am Queue entlang hilft beim genauen Stoß.

Tischrahmen Die Zarge kann aus diversen Materialien bestehen, ist meist aber aus Holz (z. B. Mahagoni) gefertigt.

SPORTLERPROFIL

Neben einer guten Hand-Augen-Koordination muss ein Snooker-Spieler eine ruhige Hand und ein festes Handgelenk haben, um den Queue zu kontrollieren und präzise zu stoßen. Weitere nützliche Eigenschaften sind mentale Flexibilität, taktisches Denken und technisches Können.

AUSRÜSTUNG

Tisch, Kugeln und Queues sind die Mindestausstattung für ein Snooker-Spiel. Brücken, Spinnen und Verlängerungen helfen als Zubehör bei schwierigen Stößen, und Kreide auf der Pomeranze erlaubt eine feinfühligere Kontrolle. Aus praktischen Gründen sollte der Tisch von oben gut ausgeleuchtet sein.

QUEUES
Diese verjüngten Holzstäbe werden ein- oder zweiteilig hergestellt und haben eine traditionelle Standardlänge von 147 cm, wobei es aber auch kürzere Exemplare gibt.

Queuelänge
Dem Reglement zufolge muss ein Snooker-Queue mindestens 91,5 cm lang sein.

BRÜCKEN UND SPINNEN
Brücken und Spinnen bestehen meist aus einem Holzschaft mit einem Kopf aus Messing oder Plastik in einer Vielzahl von Formen, die bei schwer zu erreichenden Kugeln helfen.

Stab und Stütze
Die Spinne bildet eine Brücke über im Weg liegende Kugeln nahe des Spielballs.

Roter Pulk
Die 15 roten Kugeln werden am Kopfende im Dreieck aufgebaut.

178 cm

Laufrinne
Bietet Zugriff auf farbige Kugeln, die wieder aufgelegt werden sollen.

Tischhöhe
Der Abstand zwischen der Oberseite der Banden und dem Boden muss zwischen 85 cm und 87,5 cm liegen.

DIE KUGELN
Moderne Snooker-Kugeln bestehen aus Kunstharz. Neben dem weißen Spielball liegen 21 weitere Kugeln auf dem Tisch: 15 rote (Wert 1 Punkt pro Kugel) und je eine gelbe (2 Punkte), grüne (3 Punkte), braune (4 Punkte), blaue (5 Punkte), pinke (6 Punkte) und schwarze (7 Punkte). Eine normal große Kugel hat einen Durchmesser von 52 mm, aber es gibt auch kleinere Kugeln für kleinere Tische.

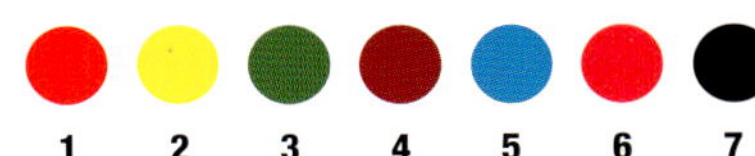

DREIECK
Mithilfe des Dreiecks aus Holz oder Plastik werden die 15 roten Kugeln zu Beginn des Frames korrekt aufgebaut. Ein Turnier-Dreieck läuft zur leichteren Positionierung auf Rollen.

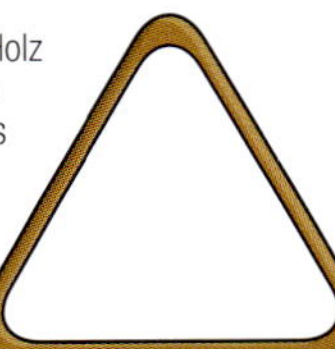

KREIDE
Die Kreide wird auf die Spitze des Queues gestrichen, um die Kugel besser kontrollieren zu können.

DER REFEREE

Der Schiedsrichter hat mehrere Aufgaben während des Spiels, wie z. B. die Kugeln zu Beginn eines Frames an die richtigen Spots zu legen und farbige Kugeln (im Gegensatz zu den roten) wieder auf ihre Spots zu legen, nachdem sie eingelocht wurden. Außerdem richtet der Referee über Fouls, reicht Brücken, Spinnen und Verlängerungen an und putzt den Spielball.

MEISTER SEINES FACHS

Ronnie »The Rocket« O'Sullivan ist der begabteste Spieler, den der Sport seit Jahrzehnten gesehen hat. Seit er 1993 Profispieler wurde, hat er jedes Major-Turnier mindestens einmal gewonnen. Mit rechts und links gleichermaßen geschickt, hat der charismatische Spieler neue Standards im Snooker-Sport gesetzt.

DIE REGELN

Kernelement des Spiels ist die Reihenfolge, in der die Kugeln eingelocht werden müssen. Eine rote Kugel muss immer abwechselnd mit einer farbigen eingelocht werden, bis alle roten vom Tisch sind. Danach müssen die Kugeln nach ihrem Wert eingelocht werden: Gelb, Grün, Braun, Blau, Pink und Schwarz.

FOULS

Ein Foul zieht generell eine Strafe von vier Punkten nach sich, die dem Gegenspieler gutgeschriebenen werden. Als Foul gilt z. B. wenn der Spieler beim Stoß beide Füße in der Luft hat (ein Fuß muss immer den Boden berühren), eine Kugel spielt, die nicht »on« ist (nicht an der Reihe ist, sei es nun rot oder eine andere Farbe) oder eine Kugel komplett verfehlt. Ein Foul mit einer hochwertigen Kugel zieht eine Strafe in Höhe des Werts der Kugel nach sich, sodass ein Foul mit Schwarz sieben Punkte kostet.

KUGELSPIEL

Es gibt eine ganze Reihe von Regeln darüber, was zu einem bestimmten Zeitpunkt mit einer Kugel geschehen darf, und was nicht. Ein Beispiel ist eine Berührung, bei der ein Spieler einen Stoß ausführt und der Spielball am Ende eine der anderen Kugeln berührt. In diesem Fall muss der Spieler die weiße Kugel von der anderen wegspielen, ohne dass diese sich bewegt, was ein Foul wäre.

GEWUSST?

147 **Die maximale Punktzahl, die man auf einem Snooker-Tisch erzielen kann, indem man Rot und Schwarz immer abwechselnd einlocht.**

15 **So oft gewann Joe Davis die Weltmeisterschaft (1927–1940 und 1946).**

4 **So viele Century Breaks in Folge erzielte John Higgins in seinem Match gegen Ronnie O'Sullivan beim Grand Prix 2005 – das erste Mal, dass dies jemandem bei einem Major-Turnier gelang. Shaun Murphy wiederholte diese Leistung gegen Jamie Cope bei den Welsh Open 2007.**

105.000.000
So viele chinesische Fernsehzuschauer waren live dabei, als ihr Landsmann Ding Junhui bei den China Open 2005 Stephen Hendry schlug.

EINLOCHEN

Ein sicherer Stand ist wichtig für die Balance, die man braucht, um Stöße treffsicher zu spielen. Dies erreicht man, indem man das vordere Bein beugt und das hintere gestreckt lässt. Der Spieler hält das Queue fest genug, um es kontrollieren zu können, aber nicht zu fest. Dann ist er in der richtigen Position, das Queue auf die »Brücke« der Hand auf dem Tisch zu legen und zu zielen. Wenn er sich für eine Kugel (den »Objektball«) und den Drall entschieden hat, mit dem er sie spielen will, zieht er das Queue zurück und stößt es in einer fließenden Bewegung gegen den Spielball.

DER STOSS

Ein guter Stoß führt zu konstant genauen Treffern, die zum Sieg verhelfen. Indem man den Arm beim Ausholen über dem Queue hält, stellt man sicher, dass der Ellenbogen des Stoßarms mit dem Queue in einer Linie bleibt. Kann man diese Stellung während des gesamten Stoßes beibehalten, gelingt ein kontrollierter Ball.

OFFENE BRÜCKE
Hierbei legt der Spieler die Hand flach auf den Tisch und legt das Queue zwischen die erhobenen Daumen und Zeigefinger. Er hebt die Handfläche für einen geraden Schuss an oder lässt sie für einen Effetstoß flach.

GESCHLOSSENE BRÜCKE
Auch hier legt der Spieler die Hand flach auf den Tisch, schiebt aber das Queue unter dem Zeigefinger durch und schließt es mit dem Daumen von unten ein. Das Queue sollte sich in diesem Kreis ungehindert vor- und zurückbewegen lassen.

MIT EFFET

Die wichtigste Technik beim Snooker besteht darin, den Spin (Drall) und damit die Richtung und Endlage der Kugel zu kontrollieren. Indem man die Kugel an verschiedenen Punkten trifft, verleiht man ihr einen Rückwärts- (Back Spin), Seitwärts- (Side Spin) oder Vorwärtsdrall (Top Spin), mit dem man sie präzise steuern kann.

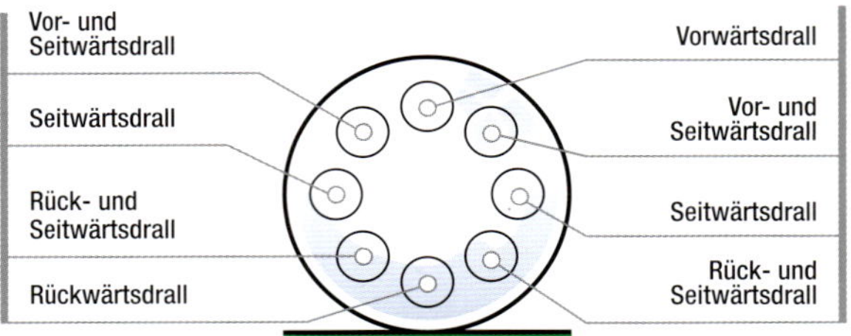

SWERVE

Der Swerve ist eine Technik, die einem aus einer schwierigen Situation helfen kann. Dazu hebt man das Ende des Queues an und stößt von oben knapp links oder rechts neben der Mitte gegen den Spielball. Zusammen mit dem Spin ist dies eine starke Waffe im Arsenal des Spielers.

Handhaltung
Die aufgestellte Hand bildet eine hohe Brücke.

Stoß von oben
Der Spieler spielt den Spielball beim Swerve wie hier, etwas rechts von der Mitte für einen Bogen nach rechts.

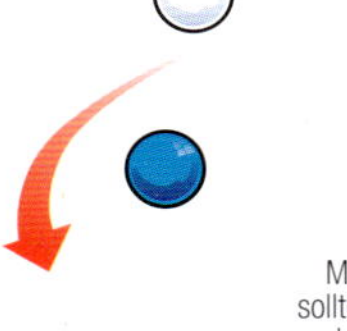

Objektball
Mit etwas Glück und sehr viel Übung sollte der Spieler den Objektball treffen und sich aus seiner Lage befreien oder sogar die Kugel einlochen können.

DER ANSTOSS

Der Anstoß steht am Anfang jedes Frames und folgt der Grundregel, dass der anstoßende Spieler eine der roten Kugeln treffen muss. Ein guter Anstoß trifft eine rote Kugel ohne den Pulk wirklich aufzulösen. Wenn der Spielball anschließend nahe an der Bande zur Ruhe kommt, setzt dies den Gegenspieler unter erheblichen Druck.

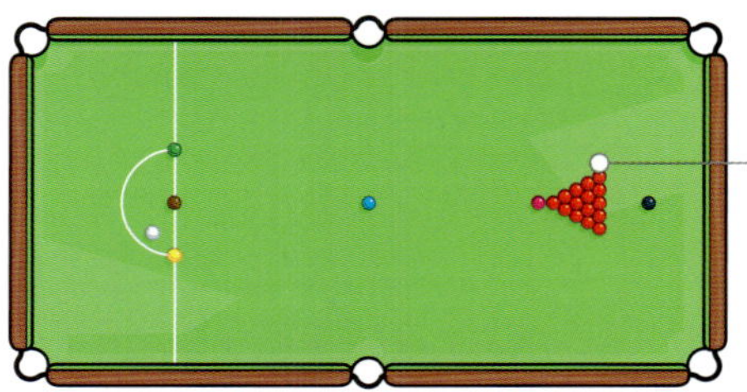

Eckball
Der Spielball sollte die Basis des Pulks berühren und in sicherer Lage zur Ruhe zu kommen.

BREAK BUILDING

Will man möglichst viele Punkte auf einmal sammeln, muss man zum nächsten Stoß vorausdenken und sich den Spielball schon mit dem aktuellen Stoß bereitlegen. Mancher Spieler verzichtet auf einen einfachen Ball, um sich für einen höherwertigen in Position zu bringen. Ein geschickter Spieler legt sich auch die roten Kugeln frühzeitig zurecht.

SAFETY SHOTS

Beim erfolgreichen Snooker-Spiel geht es nicht alleine ums Einlochen. In bestimmten Situationen bringt es einen wesentlich weiter, den Spielball so zu legen, dass der Gegner in Schwierigkeiten kommt und zu einem Foul provoziert wird. Der perfekte Safety Shot ist ein »Snooker«, bei dem der Gegner die nächste rote oder farbige Kugel, die er spielen muss, nicht mehr in gerader Linie erreichen kann. Mit einem guten Safety Play kann man leicht einen Frame gewinnen.

INSIDER-STORY

Snooker hat sich aus einer Variante des Billards entwickelt, die die Offiziere der britischen Armee in den 1870ern in Indien mit farbigen Bällen statt mit den üblichen 15 roten und schwarzen spielten. Das Wort Snooker selbst wurde angeblich erstmals 1875 von einem Colonel Neville Chamberlain als Bezeichnung für die (unerfahrenen) Spieler dieses neuen Spiels verwendet.

INTERNATIONALER VERBAND
Dachverband des Snooker-Sports ist die World Professional Billiards and Snooker Association (WPBSA). Sie hat einen kommerziell ausgerichteten Ableger namens World Snooker, der die Profi-Turniere ausrichtet und weltweit die Fernsehrechte vermarktet. Der Verband ist mittlerweile auch auf dem fernöstlichen Markt tätig, wo der Sport schnell an Popularität gewonnen hat. Dies ist wohl nicht zuletzt einer Reihe von asiatischen Spitzenspielern, wie Ding Jinhui aus China und James Wattana aus Thailand, zu verdanken.

KARAMBOLAGE

FAKTEN

- Karambolage-Tische werden beheizt, um das Tuch zu erwärmen, damit die Kugeln schneller über die Spielfläche rollen.
- Andere Bezeichnungen für Karambolagebillard sind Carambol und Carambolage.
- Frühe Varianten des Billards wurden schon im 15 Jh. gespielt.

PUNKTE

Beim Karambolagebillard macht ein Spieler einen Punkt, indem er den Objektball und den Spielball des Gegners mit einem Stoß trifft. Beim English Billiards heißt das »Cannon« und bringt zwei Punkte. Weitere Punkte gibt es hier z.B. für das Einlochen des Spielballs nach Berührung des roten (3 Punkte) oder des gegnerischen Spielballs (2 Punkte). Ein Stoß kann ganz verschiedene Arten von Punkten bringen.

DIE KUGELN

Karambolage und English Billiards spielt man mit drei Kugeln: zwei Spielbällen (weiß und weiß mit Punkt oder gelb) und einem Objektball (rot). Jeder Spieler hat seinen eigenen Spielball, den er das ganze Spiel über behält.

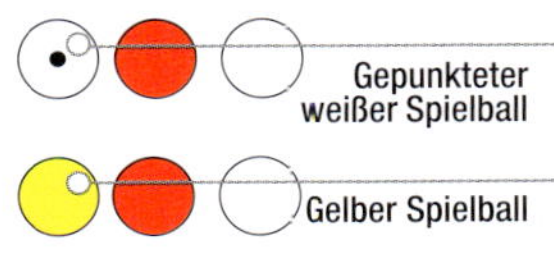

ÜBERBLICK

Es gibt viele verschiedene Billardvarianten, unter denen Karambolage und English Billiards mit die beliebtesten sind. Ein Karambolagetisch hat keine Taschen – allein Berührungen zählen. Ein English-Billiards-Tisch hat Taschen und man punktet entweder durch Karambolagen oder durch Einlochen der Kugeln.

DER TISCH

Ein Billardtisch besteht aus einer Schieferplatte, die mit feinem Kammgarntuch bezogen ist. Die Spielfläche ist mit Gummibanden eingefasst, die bei Karambolage glatt sind und bei English Billiards sechs Tascheneinläufe aufweisen.

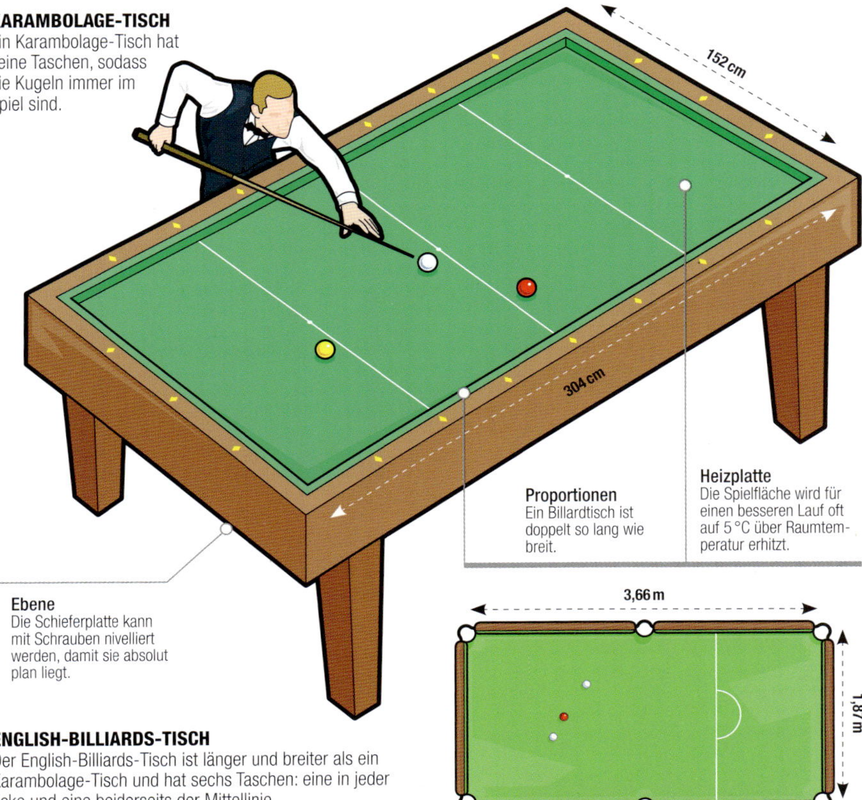

KARAMBOLAGE-TISCH
Ein Karambolage-Tisch hat keine Taschen, sodass die Kugeln immer im Spiel sind.

Proportionen
Ein Billardtisch ist doppelt so lang wie breit.

Heizplatte
Die Spielfläche wird für einen besseren Lauf oft auf 5 °C über Raumtemperatur erhitzt.

Ebene
Die Schieferplatte kann mit Schrauben nivelliert werden, damit sie absolut plan liegt.

ENGLISH-BILLIARDS-TISCH
Der English-Billiards-Tisch ist länger und breiter als ein Karambolage-Tisch und hat sechs Taschen: eine in jeder Ecke und eine beiderseits der Mittellinie.

DIE REGELN

Zu Beginn eines Karambolage-Spiels werden die Kugeln auf drei Punkte gelegt: die rote Kugel auf die obere Aufsetzmarke, die Kugel des Gegners auf die untere Aufsetzmarke und die eigene Kugel nicht weiter als 15 cm von der unteren Marke entfernt. Die einzige Regel lautet, dass der Anstoßende die rote Kugel zuerst treffen muss. Ein Anspiel der falschen Kugel oder zwei Safeties in Folge gelten als Foul und führen zum Verlust einer Aufnahme und aller Punkte, die aus dem Foul resultieren.

Beim English Billiards wird die rote Kugel auf einen Punkt am Kopfende und die eigene Kugel ins D gesetzt (die Kugel des Gegners bleibt vorläufig draußen). Strafpunkte gibt es für das Verfehlen einer Kugel (1 Punkt) und das Einlochen ohne vorherige Berührung (3 Punkte).

STRINGING

Dies ist eine Methode, die Spielreihenfolge auszulosen. Vor dem Spiel nimmt jeder Spieler einen bisher noch nicht zugeordneten Spielball und stößt ihn von der Baulk Line ab, sodass er am Kopfende abprallt und zurückrollt. Der Spieler, dessen Kugel am nächsten an der Fußbande liegen bleibt, darf sich seinen Spielball aussuchen und als Erster anstoßen.

POOLBILLARD

FAKTEN

- Die am häufigsten gespielte Variante ist 8er-Ball. In den USA genießt 9 Ball Pool höchste Popularität. Die Turniere werden im Fernsehen übertragen und von vielen Unternehmen gesponsert.
- Poolbillard hat seinen Namen von den Poolrooms, den amerikanischen Wettstuben im 19. Jahrhundert, wo sich die Wetter die Zeit zwischen zwei Pferderennen beim Billard vertrieben.
- Pool-Matches können über beliebig viele Sätze gehen. Im World Pool Association 8-Ball-Finale braucht man 17 Gewinnspiele.

OBJEKTKUGELN

Bei allen Pool-Varianten ist der Spielball weiß und die Objektkugeln sind farbig und nummeriert. Beim 8er-Ball und Blackball gibt es 15 Objektkugeln: Die Nummern 1–17 sind durchgefärbt, während Nummer 9–15 weiß mit farbigen Streifen sind und die 8 schwarz ist (die 6 und die 9 sind unterstrichen, um Verwechselungen vorzubeugen). Eine in Großbritannien populäre Variante des 8er-Ball verwendet sieben rote und sieben gelbe Kugeln ohne Zahl und eine nummerierte schwarze.

9er-Ball-Spieler verwenden neun nummerierte Kugeln: 1–8 sind durchgefärbt und die 9 ist gestreift. Beim Spiel 14/1-Endlos sind alle 15 Objektkugeln nummeriert.

ÜBERBLICK

Das in Kneipen und Bars in aller Welt beliebte Poolbillard ist ein Präzisionssport mit einer bestimmten Anzahl Kugeln auf einem Tisch mit sechs Taschen. Varianten sind 8er-Ball, 9er-Ball, Blackball und 14/1-Endlos. Die Regeln variieren von Ort zu Ort. Es gibt zahlreiche lokale, nationale und Weltmeisterschaften für Einzelspieler, Mannschaften, Männer, Frauen und Junioren.

SPORTLER-PROFIL

Poolspieler müssen an einem gleichförmigen Stoß und einer guten Hand-Augen-Koordination arbeiten, um die weiße Kugel mit genau der richtigen Kraft und Richtung zu spielen. Außerdem müssen sie zum Einlochen Winkel richtig einschätzen und der weißen Kugel den richtigen Drall verleihen, um sie gut platzieren zu können.

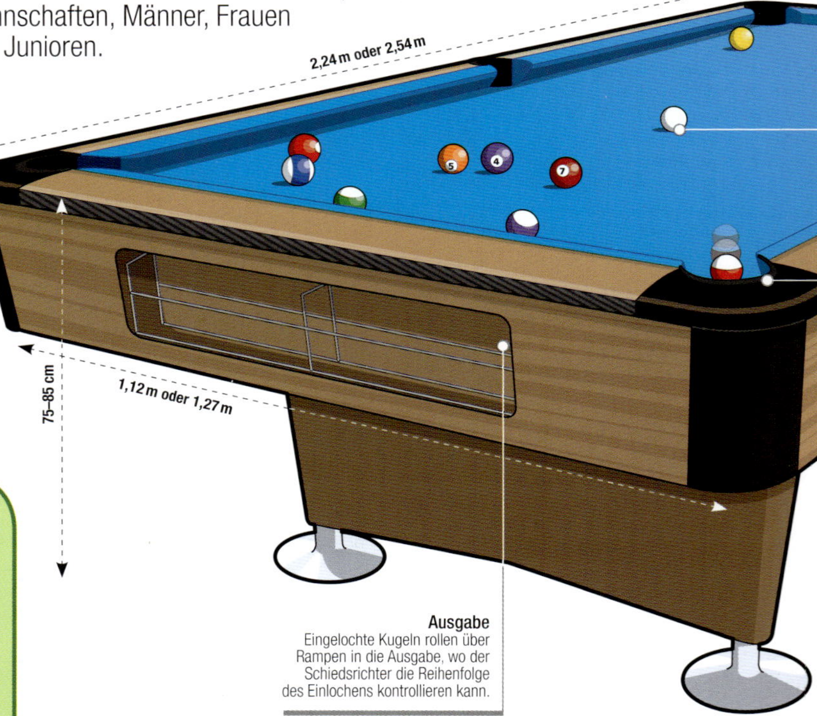

Ausgabe
Eingelochte Kugeln rollen über Rampen in die Ausgabe, wo der Schiedsrichter die Reihenfolge des Einlochens kontrollieren kann.

Ferrule
Die Spitze des Queues darf nicht dicker als 14 mm sein.

Schaft
Der Holzschaft muss mindestens 1 m lang sein und darf eine hintere Ferrule für Gewicht und Balance haben.

Queuekreide
Die Spieler streichen Kreide auf die Queuespitze, um besseren Kontakt zum Objektball zu haben.

Brücke
Zum Spielen weit entfernter Kugeln kann der Spieler ein Hilfsqueue mit einer Brücke (oder je nach Form Spinne) an der Spitze verwenden.

Aufbau
Beim 8er-Ball baut man die Objektkugeln zu Beginn mit einem Dreieck auf.

STATISTIK

WPA-WELTMEISTER 9ER-BALL		
JAHR	**NAME**	**LAND**
2013	T. HOHMANN	(GER)
2012	D. APPLETON	(GBR)
2011	Y. AKAGARIYAMA	(JPN)

WEPF-WELTMEISTER 8ER-BALL		
JAHR	**NAME**	**LAND**
2013	TOM COUSINS	(WAL)
2012	JOHN ROE	(ENG)
2011	ADAM DAVIS	(ENG)
2010	MICK HILL	(ENG)
2009	PHIL HARRISON	(ENG)
2008	GARETH POTTS	(ENG)
2007	GARETH POTTS	(ENG)
2006	MARK SELBY	(ENG)
2005	GARETH POTTS	(ENG)
2004	MICK HILL	(ENG)
2003	CHRIS MELLING	(ENG)

FAIR UND FOUL

Beim 8er-Ball spielt der Spieler, der die erste Kugel einlocht, mit diesem Typ (ganz oder halb) weiter. Hat ein Spieler seine sieben Kugeln eingelocht, kann er die schwarze versenken. Wer die schwarze 8 in eine angesagte Tasche einlocht, hat gewonnen. Beim 9er-Ball muss der Spieler die niedrigste Kugel auf dem Tisch spielen, aber nicht in Reihenfolge einlochen. Die 9 muss zuletzt eingelocht werden. Beim 14/1-Endlos benennt der Spieler eine Kugel und eine Tasche und erhält einen Punkt, wenn der Stoß gelingt.

Er spielt weiter, bis er eine Objektkugel nicht einlochen kann oder ein Foul begeht – z. B. die weiße Kugel oder eine Kugel des Gegners einlocht. Jeder Spieler, der die 8 beim 8er-Ball oder die 9 beim 9er-Ball vorzeitig versenkt, verliert sofort das Spiel.

ABZOCKER

So genannte »Hustler« warten in amerikanischen Pool Halls auf Spieler, die sich selbst überschätzen. Sie laden zum Spiel ein, das sie verlieren, und spielen dann um Geld. Jetzt beginnen sie, richtig zu spielen, schlagen ihren Gegner und nehmen ihm sein Geld ab. Dieser »Kunst« wurde im Film *Haie der Großstadt* durch Paul Newman ein Denkmal gesetzt.

Gummibanden Die Höhe der dreieckigen Banden entspricht etwa 63 Prozent des Kugeldurchmessers.

Spielball Der Spielball ist etwas kleiner als die anderen, sodass er beim Einlochen an der Rampe vorbeiläuft und wieder ins Spiel gebracht werden kann.

Trichter Der Tascheneinlauf einer Ecktasche ist etwa 11,6 m breit. Der Einlauf einer Seitentasche misst etwa 13 cm.

SPIN UND KURVEN

Wie Snookerspieler können auch Poolspieler der Kugel Drall verleihen. Beim Einlochen können sie dem Spielball Topspin, Backspin oder Sidespin geben, um ihn für den nächsten Stoß günstig zu legen. Manchmal ist der direkte Weg zu einer Objektkugel durch eine gegnerische oder die schwarze Kugel verstellt. Erfahrene Spieler stoßen die Kugel dann so seitlich zur Mitte versetzt, dass sie eine Kurve läuft: je stärker der Versatz, desto größer die Kurve. Um eine Kugel zu umspielen, die sehr nahe am Spielball liegt, nutzen die Spieler einen sogenannten Massé-Stoß (franz.: »reiben«), der die weiße Kugel von oben seitlich zur Mitte versetzt trifft.

TOPSPIN

Ein Topspin lässt die weiße Kugel weiterlaufen, nachdem sie die Objektkugel getroffen hat. Das Queue trifft sie über dem »Äquator«, sodass sie schneller als normal vorwärts rotiert.

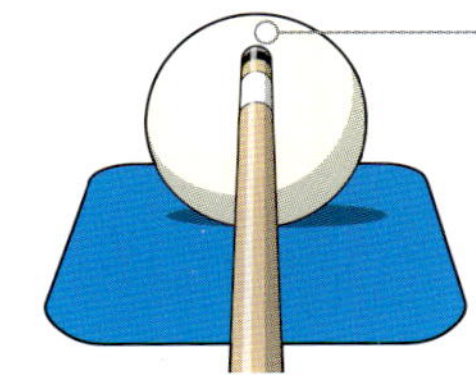

Vorwärts Für Topspin trifft das Queue die obere Hälfte.

BACKSPIN

Ein Backspin lässt die weiße Kugel zurücklaufen, nachdem sie die Objektkugel getroffen hat. Das Queue trifft sie unter dem »Äquator«, sodass sie zum Spieler zurückrollt.

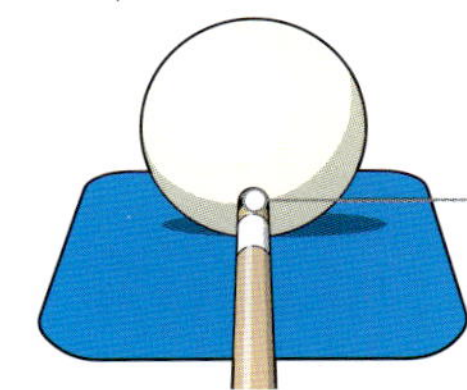

Zurück Für Backspin trifft das Queue die untere Hälfte.

Eckbälle Die beiden Eckbälle am Fuß des Dreiecks müssen unterschiedlichen Typs sein.

Fußpunkt Der Spitzenball des Dreiecks liegt beim 8er-Ball auf dem Fußpunkt.

Spielfläche Das Tuch besteht aus 85 Prozent Kammgarn und maximal 15 Prozent Nylon.

Kopflinie Der Anstoß muss von der Mitte der Kopflinie aus erfolgen.

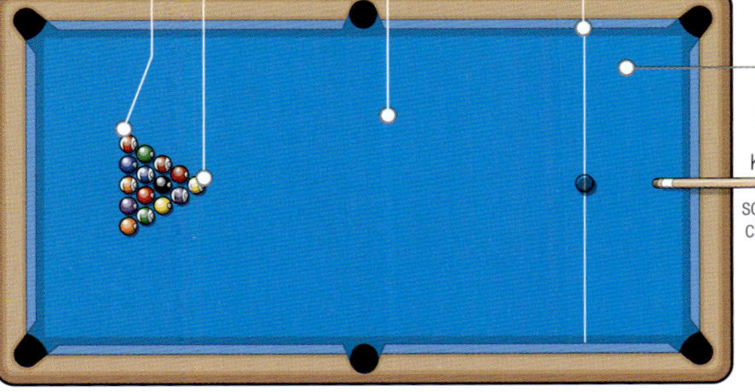

Kopffeld Das Kopffeld hinter der Kopflinie wird im Englischen als »kitchen« (Küche) bezeichnet.

GEWUSST?

526 **Die Anzahl an Kugeln, die ein Spieler während eines Spiels in Folge einlochte. Erzielt wurde dieser Rekord 1954 vom US-Champion Willie Mosconi (alias »Mr. Pocket Billiards«) bei einem Demonstrationsmatch 14/1-Endlos.**

128 **So viele Finalisten (aus über 40 Ländern) hatte die Pool-WM der Männer 2011 in Katar. Das Preisgeld betrug 36 000 US-Dollar. Darüber hinaus findet jährlich auch eine WM der Damen statt, zumeist an einem anderen Ort.**

INSIDER-STORY

8er-Ball ist die beliebteste Variante in Europa und Großbritannien, wo es in Kneipen und Billardsalons gespielt wird. Bei Regelvarianten des 8er-Balls, vor allem in Großbritannien, positioniert man die schwarze Kugel beim Aufbau zu Beginn des Spiels auf dem Fußpunkt und gewährt dem Gegner nach einem Foul zwei Stöße. Die World Eightball Pool Federation (WEPF) wurde 1992 gegründet, um die verschiedenen Billard-Organisationen zu vereinigen, einheitliche Regeln aufzustellen und eine jährliche WM zu organisieren.

DIE WORLD POOL-BILLIARD ASSOCIATION (WPA)

Die WPA wurde 1990 von Mitgliedern der World Confederation of Billiard Sports (WCBS) gegründet. Sie organisiert eine 9er-Ball-Weltmeisterschaft und eine jährlich stattfindende 8er-Ball-Weltmeisterschaft als Gegenveranstaltung zur WM der WEPF.

DARTS

Wurf
Nach dem Wurf ist der Arm durchgestreckt.

Nicht werfende Hand
Der Spieler hält die verbleibenden Darts an den Spitzen.

Individuelle Shirts
Die locker sitzenden Hemden dürfen auf der Vorder- und Rückseite den Namen des Spielers oder die Landesfarben tragen.

Hinter der Linie
Ein Wurf zählt nicht, wenn der Spieler die Oche übertritt.

FAKTEN

- Man beginnt zwar meist mit 501, aber auch 301, 601, 801 und sogar 1001 sind möglich.
- Die Wurflinie heißt Oche (sprich: okkeh) vom Französischen »ocher«, eine Furche ziehen.
- Mehr als 6 Millionen Menschen spielen regelmäßig Darts.
- Der schnellste Weg von 501 auf Null führt über neun Würfe.
- Darts ist ein beliebter TV-Sport, der z. B. in Großbritannien und den Niederlanden bis zu 5 Millionen Zuschauer findet.

ÜBERBLICK

Bei diesem spannenden und beliebten Sport werfen zwei Spieler abwechselnd mit drei Wurfpfeilen auf eine runde Scheibe. Das Zielgebiet ist in 62 Felder unterteilt, die verschiedene Punktwerte haben und mit den Pfeilen getroffen werden müssen. Das Ziel besteht darin, mit weniger Würfen als der Gegner von 501 Punkten auf Null zu kommen, wobei der letzte Dart eines der doppelt zählenden Felder oder, seltener, das Bullseye treffen muss. Bei diesem Sport geht es vor allem um genaues Werfen und stählerne Nerven, aber auch um Mathematik: Die Spieler müssen den besten Weg zum Zielpunktstand berechnen können.

NERVENFLATTERN

Alle Spieler fürchten die »Dartitis«, ein Nervenleiden, das sie am geschmeidigen Werfen hindert. Niemand kennt die Ursache, und niemand kann es kurieren. Ein prominentes Opfer ist der ehemalige Weltmeister Eric Bristow, der schließlich 2000 gezwungen war, sich zurückzuziehen.

SPORTLERPROFIL

Darts gilt immer noch als Kneipensport, auch wenn es mittlerweile zahlreiche Profispieler gibt. Heute finden immer mehr junge Menschen zum Sport. Wichtig sind Konzentration und Hand-Augen-Koordination sowie die Fähigkeit, immer wieder die gleiche Bewegung mit nur winzigen Veränderungen auszuführen.

STATISTIK

TOP-CHECKOUTS

PUNKTE	LETZTE RUNDE
170	TRIPLE-20, TRIPLE-20, BULL
167	TRIPLE-20, TRIPLE-19, BULL
164	TRIPLE-20, TRIPLE-18, BULL
161	TRIPLE-20, TRIPLE-17, BULL
160	TRIPLE-20, TRIPLE-20, DOPPEL-20
158	TRIPLE-20, TRIPLE-20, DOPPEL-19
157	TRIPLE-20, TRIPLE-19, DOPPEL-20
156	TRIPLE-20, TRIPLE-20, DOPPEL-18
155	TRIPLE-20, TRIPLE-19, DOPPEL-19
154	TRIPLE-20, TRIPLE-18, DOPPEL-20
153	TRIPLE-20, TRIPLE-19, DOPPEL-18
152	TRIPLE-20, TRIPLE-20, DOPPEL-16
151	TRIPLE-20, TRIPLE-17, DOPPEL-20
150	TRIPLE-20, TRIPLE-18, DOPPEL-18
149	TRIPLE-20, TRIPLE-19, DOPPEL-16
148	TRIPLE-20, TRIPLE-16, DOPPEL-20

Scorer oder Referee
Manchmal zwei Offizielle, manchmal auch beide Rollen in Personalunion.
Ansager
Sagt nach jeweils drei Würfen den Punktestand und zu Beginn der potenziell letzten drei Würfe die benötigte Restpunktzahl an.
Oche
Die Füße müssen hinter der Wurflinie stehen, aber der Spieler darf sich vorlehnen.
Werfer
Wirft aus möglichst kurzer Distanz auf Augenhöhe.
Gegner
Darf nicht stören oder im Weg stehen.
1,73 m
2,37 m

DIE DARTSCHEIBE

Die Dartscheibe besteht aus Kork, Sisal und Synthetikmaterial, um ihr ein »borstiges« Aussehen zu verleihen. Die Felder sind mit Draht markiert. Trifft ein Dart ein Feld, zählt der Wurf, auch wenn er den Draht zur Seite biegt. Prallt der Dart dagegen ab, zählt der Wurf nicht.

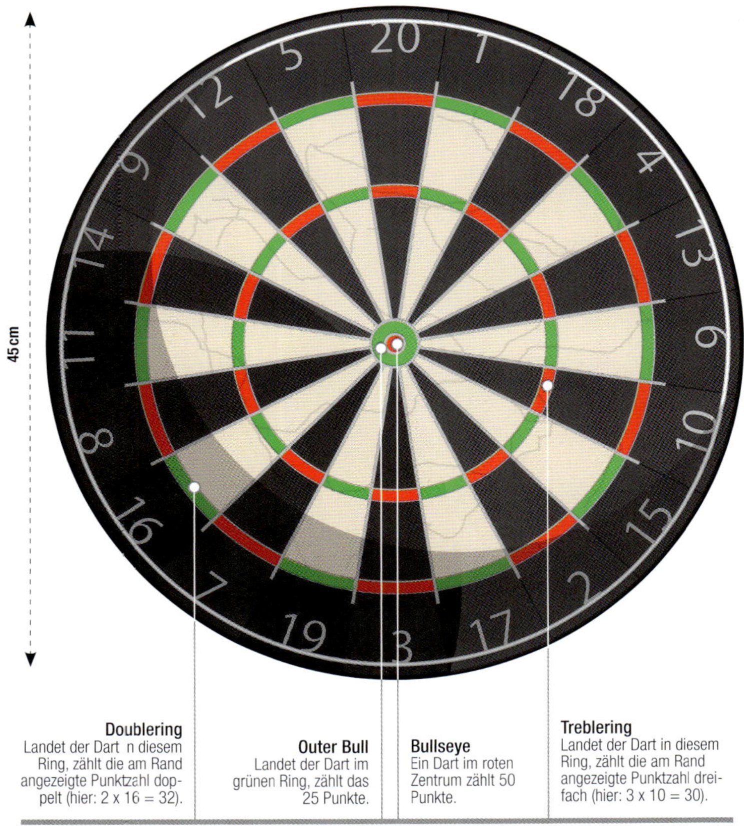

Doublering
Landet der Dart in diesem Ring, zählt die am Rand angezeigte Punktzahl doppelt (hier: 2 x 16 = 32).

Outer Bull
Landet der Dart im grünen Ring, zählt das 25 Punkte.

Bullseye
Ein Dart im roten Zentrum zählt 50 Punkte.

Treblering
Landet der Dart in diesem Ring, zählt die am Rand angezeigte Punktzahl dreifach (hier: 3 x 10 = 30).

DER CHECKOUT

Mit den ersten Würfen versucht der Spieler, möglichst viele Punkte zu machen – am besten jedes Mal Triple-20. Gegen Ende versucht er, 32 Punkte übrig zu lassen, damit er eine Doppel-16 werfen kann. Dies ist der beliebteste Checkout, weil ein Fehlwurf, der eine 16 übrig lässt, mit einer Doppel-8 kompensiert werden kann, die direkt daneben liegt. Geht das schief und es bleiben 8 übrig, bleiben Doppel-4, Doppel-2 und Doppel-1.

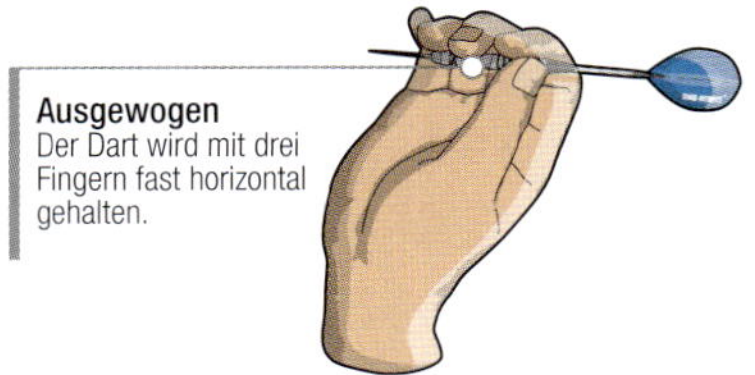

Ausgewogen
Der Dart wird mit drei Fingern fast horizontal gehalten.

STANDARD-GRIFF
Der Schaft wird zwischen Daumen und Zeigefinger genommen und mit Mittel- oder Ringfinger gestützt. Der kleine Finger bleibt aus dem Spiel.

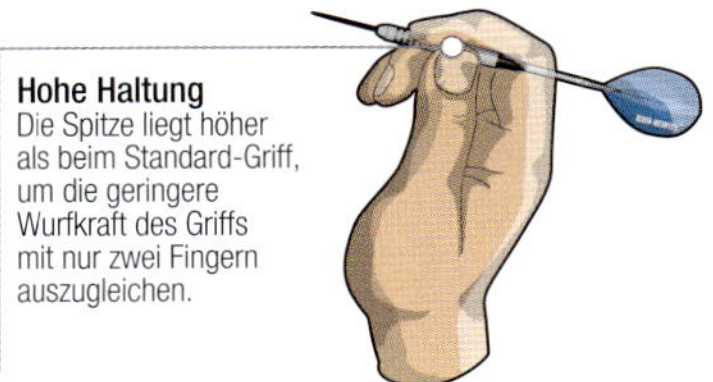

Hohe Haltung
Die Spitze liegt höher als beim Standard-Griff, um die geringere Wurfkraft des Griffs mit nur zwei Fingern auszugleichen.

BLEISTIFTGRIFF
Der Dart wird nur zwischen Daumen und Zeigefinger gehalten. Diese häufig zu sehende Variante wird von vielen Top-Spielern verwendet, einschließlich des 16-fachen Weltmeisters Phil »The Power« Taylor.

WURFGERÄT

Das erlaubte Höchstgewicht eines Dartpfeils beträgt 50 g. Die Spitze kann aus Messing (die billigste Variante), Nickel-Silber-Legierungen oder Wolfram (die teuerste Option) sein. Der Schaft besteht aus Kunststoff oder Aluminium. Das Flight ist austauschbar und entweder aus Nylon oder flexiblem Kunststoff.

Spitzen-Typen
Die Wahl zwischen harten (Wolfram) und weicheren Spitzen ist eine Frage des persönlichen Geschmacks.

Griffringe
Der dickere Mittelteil des Schafts balanciert den Dart aus und bietet den Fingern besseren Halt.

Rotierende Schäfte
Manche Darts haben einen Schaft, der im Flug rotiert. Dadurch treffen sie zwar nicht genauer, erlauben aber dichte Platzierungen auf der Scheibe, weil die Darts nebeneinander in Position gleiten können. Steife Schäfte erhöhen das Risiko von Abprallern.

Stabilisator
Die Flügel des Flights stehen im 90-Grad-Winkel zueinander.

INSIDER-STORY

Darts hat sich wohl aus dem Bogenschießen entwickelt – frühe Dartscheiben besaßen konzentrische Kreise. Das Spiel wird im Englischen auch »Arrows« (Pfeile) genannt. Es war ein regionales Spiel, bis in den 1920ern die Regeln festgelegt wurden. Seine Blütezeit hatte der Sport in den 1930ern, als selbst König George VI. und seine Frau Elizabeth sich beim Dartwerfen in einem Pub nahe Windsor fotografieren ließen. Der nächste Boom kam in den 1970ern mit dem Fernsehen, den ersten Stars des Sports und der Gründung der World Darts Federation (WDF) und der British Darts Organisation (BDO). Die WDF hat heute 69 Mitgliedsnationen.

DIE PROFESSIONAL DARTS CORPORATION (PDC)
1992 gründete einer der international führenden Spieler, Phil Taylor, mit 15 anderen Spitzenspielern eine Konkurrenzorganisation zur BDO. Das Professional Darts Council (PDC) veranstaltet seit 1994 eigene Weltmeisterschaften und organisiert heute eine erfolgreiche Tournee mit Turnieren von Blackpool bis Las Vegas. BDO-Topspieler Raymond von Barneveld wechselte im Jahr 2006 von der BDO zur PDC.

ÜBERBLICK

Beim Bogenschießen treten zwei oder mehr Schützen gegeneinander an und versuchen, auf einer Zielscheibe möglichst viele Punkte zu erzielen. Die meisten Wettkämpfe gehen über verschiedene Distanzen, damit die Schützen ihre Vielseitigkeit zeigen müssen. Runde Zielscheiben haben konzentrische Ringe: Je näher der Pfeil der Mitte kommt, desto höher die Punktzahl. Bei Zielscheiben in Tierform zählen die Bereiche am meisten, in denen ein Treffer für ein lebendes Tier tödlich wäre. Sieger eines Turniers ist der Bogenschütze mit der höchsten Punktzahl nach einer vereinbarten Anzahl an Schüssen.

FAKTEN

- **Internationaler Dachverband ist die World Archery Federation (WA), die seit 1931 jährliche Weltmeisterschaften organisiert.**
- **Pfeil und Bogen werden schon seit mindestens 5000 Jahren zu Jagd- und Kriegszwecken eingesetzt. Der Sport hat sich aus dem Militärtraining heraus entwickelt.**
- **Olympische Wettbewerbe bestehen aus Herren Einzel, Damen Einzel, Herren Mannschaft und Damen Mannschaft – alle über die 70-m-Distanz.**

BOGEN-SCHIESSEN

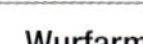

SPORTLERPROFIL

Bogenschützen brauchen eine ruhige Hand, Zielvermögen und Konzentration. Darüber hinaus müssen sie auch psychischen Stress aushalten können – der Druck, eine bestimmte Punktzahl schießen zu müssen macht das Zielen nicht leichter.

Wurfarm
Einst aus Holz, besteht ein moderner Bogen heute aus Verbundstoffen mit Kohlefaser und Fiberglas.

Visier
Ein Metall- oder Kunststoffstab mit einem Visier an einem Ende hilft dem Schützen beim Zielen.

Armschutz
Ein Lederschutz bewahrt vor Verletzungen durch die Sehne.

Stabilisatoren
Gerade nach vorne und V-förmig an den Seiten montierte, unterschiedlich lange Stabilisatoren helfen beim vertikalen bzw. horizontalen Ausbalancieren des Bogens.

Nockpunkt
Eine Markierung an der Sehne zeigt den Nockpunkt: die Stelle, an der die Nocke des Pfeils aufgesteckt werden sollte.

Fingerschutz
Leder-»Tabs« schützen die ersten zwei oder drei Finger der Hand vor der Sehne.

Bogensehne
Die Sehne besteht aus hochfester Polyethylenfaser.

Pfeilköcher
Die Pfeile stecken in einem Köcher auf der Seite der Hand, die auch die Sehne spannt, um das Neuauflegen zu erleichtern.

Stabiler Stand
Die Schützen tragen feste Schuhe mit glatten Sohlen, um einen besonders festen Bodenkontakt zu haben.

RECURVEBOGEN

Der Recurvebogen ist die am häufigsten eingesetzte Bogenform, und die einzige, die bei Olympischen Spielen verwendet wird.

DIE SCHIESSBAHN

Bogenschießen kann in der Halle und im Freien stattfinden. Die Distanzen in der Halle betragen 25 m und 18 m. Es gibt noch weitere Varianten: Beim Feldbogensport wird bergauf und bergab geschossen, was die Ziele schwerer erkennbar macht; bei Ski Archery und Run Archery (Bogenlaufen) müssen die Schützen wie beim Biathlon (siehe S. 307) nach dem Laufen auf Ziele schießen. Flight Archery ist eine der reinsten Formen des Sports. Es gibt kein Ziel: Man schießt einfach so weit man kann.

Offizielle
Die Schiedsrichter überwachen die Entfernungen und regeln Auseinandersetzungen. Pro zehn Ziele sollte es mindestens einen Offiziellen geben.

Ampel
Die Schützen dürfen erst bei Grün schießen. Gelb bedeutet, dass noch 30 Sekunden bleiben.

Direktionsstuhl
Der Wettkampfleiter überwacht den Wettkampf und nimmt die Punktansagen der Schiedsrichter entgegen.

Sehhilfe
Ein Teleskop hilft den Schützen, ihre Treffer zu sehen.

WIE ROBIN HOOD

Eines der seltensten Vorkommnisse beim Bogenschießen ist das Spalten eines im Ziel steckenden Pfeils mit einem zweiten Pfeil. Schützen, denen diese Leistung – nach dem legendären Schützen des 12. Jahrhunderts »Robin Hood« genannt – gelingt, dürfen die Pfeile als stolze Trophäen behalten.

REGELN

Bei FITA-Turnieren haben die Schützen begrenzt Zeit, um zwölf Runden (36 Pfeile) auf 30–90 m entfernte Ziele zu schießen. Die Ergebnisse werden über lange Distanzen nach sechs und über kurze Distanzen nach drei Pfeilen aktualisiert.

Ein Pfeil zwischen zwei Ringen zählt den höheren Wert; ein Pfeil, der abprallt oder das Ziel durchschlägt, zählt nur, wenn er eine deutliche Marke hinterlässt. Bei einem Unentschieden siegt der Schütze mit den meisten gültigen Treffern.

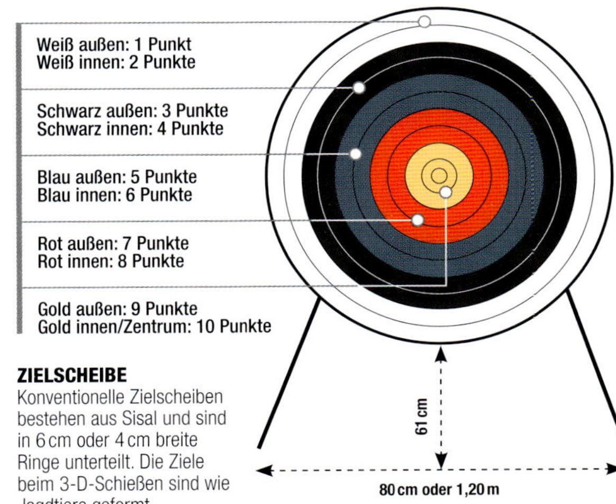

ZIELSCHEIBE
Konventionelle Zielscheiben bestehen aus Sisal und sind in 6 cm oder 4 cm breite Ringe unterteilt. Die Ziele beim 3-D-Schießen sind wie Jagdtiere geformt.

Nocke
Eine V-förmige Kerbe am Schaftende arretiert den Pfeil sicher auf der Bogensehne.

Befiederung
Früher bestand die Befiederung aus Federn, heute aus Kunststoff. Sie stabilisiert den Pfeil im Flug.

Schaftbau
Pfeile bestanden früher aus Holz, heute sind sie meist aus Kohlefaser oder einem Mix aus Kohlefaser und Aluminium.

Spitze
Die scharfe Spitze wird aufgeschraubt, sodass sie vom Schützen nach Belieben justiert werden kann.

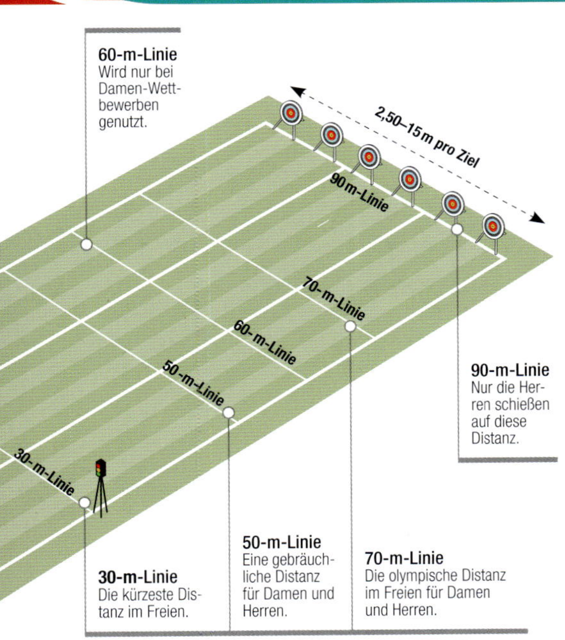

INSIDER-STORY

Bogenschießen war seit 1900 olympisch, wurde aber nach 1920 aus dem Programm genommen, weil man sich nicht auf die Regeln einigen konnte. Das änderte sich mit Gründung der FITA 1931. Bei den Sommerspielen 1972 wurde der Sport für Männer und Frauen wieder aufgenommen. Die FITA heißt heute World Archery Foundation und hat 152 Mitgliedsnationen.

ZIELANSPRACHE

Schützen, die mit dem rechten Auge besser sehen, sollten den Bogen mit links halten – und umgekehrt. Jeder Schuss dauert vom Auflegen bis zum Schießen nur 15–20 Sekunden, aber das Schießen ist trotzdem ermüdend. Deshalb lassen die Schützen den Bogen zwischen den Schüssen sinken (»ruhen«).

VORBEREITEN
Der Schütze steht mit schulterbreit gespreizten Beinen mit der führenden Schulter zum Ziel. Er zielt mit dem Bogen zu Boden und »lädt«, indem er den Schaft auf die Pfeilauflage legt und die V-förmige Nocke am hinteren Pfeilende auf die Bogensehne steckt.

SPANNEN UND ZIELEN
Indem er die Sehne mit Zeige- und Mittelfinger oder Zeige-, Mittel- und Ringfinger hält, zieht der Schütze die Sehne zurück, hebt den Bogen und blickt über das Visier zum Ziel. Diese Stellung wird gehalten. Manche Bögen haben einen Klicker, der signalisiert, wenn die richtige Auszugslänge erreicht ist.

SCHUSS
Kurz vor dem Schuss sollte die Hand an der Bogensehne an der Wange des Schützen ruhen. Der Pfeil wird abgeschossen, indem der Schütze die Finger an der Sehne locker lässt und streckt. Nach dem Schuss lässt der Schütze den Bogen sinken und greift nach dem nächsten Pfeil im Köcher.

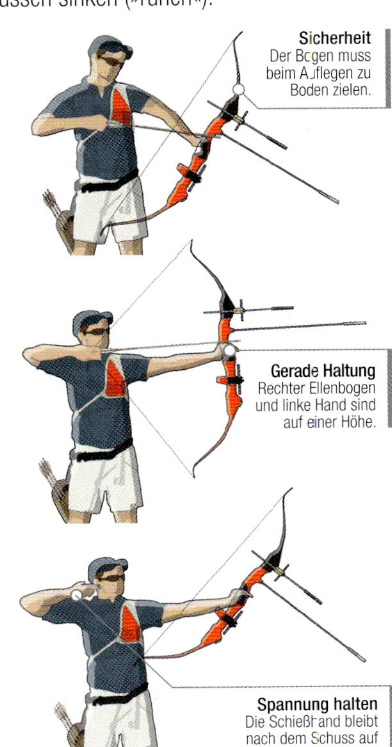

Sicherheit
Der Bogen muss beim Auflegen zu Boden zielen.
Gerade Haltung
Rechter Ellenbogen und linke Hand sind auf einer Höhe.
Spannung halten
Die Schießhand bleibt nach dem Schuss auf Schulterhöhe.

PISTOLEN-SCHIESSEN

FAKTEN

- Pistolenschießen ist seit den ersten Spielen der Neuzeit 1896 olympische Disziplin, hat sich aber mit der Entwicklung der Waffen verändert.
- In einigen Ländern mit strikten Waffengesetzen werden Schießwettbewerbe nicht im TV gezeigt.
- Pistolenschießen als moderner Sport ist auch etwas für Naturschützer, da nur auf Scheiben geschossen wird.
- Es gibt insgesamt fünf olympische Wettbewerbe für Pistolen.

SPORTLERPROFIL

Pistolenschützen benötigen ein immenses Konzentrationsvermögen, um auch unter extremen Wettkampfbedingungen entspannt zu bleiben, da jede nervöse Anspannung im Schussarm den Schuss abgelenkt. Zudem brauchen Pistolenschützen körperliche Kraft und Ausdauer.

ÜBERBLICK

Bei dieser Sportart schießen die Schützen aus dem Stehen mit einer Pistole auf runde Zielscheiben mit zehn konzentrischen Ringen. Je näher zur Mitte der Schuss trifft, desto höher ist die Wertung. Die Mitte der Scheibe (das Schwarze) hat die Wertung Zehn. Geschossen wird auf Schießständen. Es gibt verschiedene Disziplinen, bei denen mit unterschiedlichen Pistolen über unterschiedliche Distanzen geschossen wird.

Gehörschutz
Sportschützen tragen im Bereich der Schießstände immer einen Gehörschutz in Form von Stöpseln, Kopfhörern oder ähnlichem.

Augenschutz
Wettkampfschützen tragen Schutzbrillen aus Sicherheitsglas oder ähnlichen Materialien, um ihre Augen vor Verletzungen zu schützen.

Schießarm
Der Arm, der die Pistole hält, wird ausgestreckt und darf in keiner Weise gestützt werden.

Wettkampfpistole
Es gibt drei Pistolenarten, die in Wettkämpfen zum Einsatz kommen.

Wettkampfkleidung
Es gibt beim Sportschießen keine Kleiderordnung, aber Kleidung, die den Schießarm in irgendeiner Weise stützt, ist nicht erlaubt. Zudem sollen flache Schuhe getragen werden, die die Gelenke stützen.

Freie Hand
Die freie, nicht schießende Hand darf in keiner Weise unterstützend eingesetzt werden und wird normalerweise in die Hosentasche oder den Gürtel gesteckt.

GEWUSST?

161 Die Anzahl der nationalen Schießsportverbände von allen fünf Kontinenten, die Mitglied der International Shooting Sport Federation sind.

3 So viele olympische Goldmedaillen konnte der erfolgreichste Schütze der Welt, der Deutsche Ralf Schumann, bisher (1992, 1996 und 2004) mit der 25-m-Schnellschusspistole gewinnen.

581 Die Anzahl der Ringe, mit der der Russe Alexander Melentjew bei den olympischen Spielen 1980 einen neuen Weltrekord mit der Freien Pistole aufstellte. 600 Ringe sind die Höchstwertung, 570 gilt als Weltklasse.

DER SCHIESSSTAND

Wettbewerbe im Pistolenschießen werden auf dem Schießstand ausgetragen. Dabei hat Sicherheit höchsten Stellenwert. Pistolen und Zielscheiben werden von einem Offiziellen überprüft. Ein weiterer notiert nach jeder Runde die Ringzahl.

KONZENTRISCHE RINGE

Zielscheiben haben zehn konzentrische Ringe. Ihr Punktwert steigt von außen nach innen an. Treffer auf eine Linie erhalten den höheren Punktwert. Es gibt Zielscheiben in unterschiedlichen Größen.

Äußere Ringe
Die Ringe mit den Punktwerten 1 bis 6 sind weiß.

Innere Ringe
Die Ringe mit den Punktwerten 7 bis 10 sind schwarz.

Schießstationen
Jede der Schießstationen misst 1,25 m x 2,50 m.

Teilnehmergruppen
Die Teilnehmer werden in Gruppen eingeteilt, die gleichzeitig schießen. Beim olympischen Finale sind in jeder Gruppe sechs bis acht Teilnehmer vertreten.

PISTOLENTYPEN

Die international häufigsten Wettbewerbe sind 10 m Luftpistole, 25 m Pistole und 50 m Pistole. Sie werden mit verschiedenen Pistolentypen geschossen. Das Kaliber gibt den Durchmesser des Laufs an. Aus Sicherheitsgründen wird Munition aus Blei oder ähnlich weichem Material verwendet. Das Reglement erlaubt nur Kimme und Korn, optische Zielhilfen wie Spiegel und Zielfernrohre sind nicht erlaubt. Die Pistolen aller Teilnehmer werden vor dem Wettkampf genau kontrolliert, damit sie auch den Wettkampfbestimmungen entsprechen. Versagt eine Pistole, hat der Teilnehmer 15 Minuten Zeit, um sie zu reparieren oder zu ersetzen.

10M LUFTPISTOLE

Sportschützen verwenden Luftpistolen mit Kaliber 4,5 mm und feuern mit Bleigeschossen auf eine 10 m entfernte Zielscheibe. Die Pistole darf maximal 1,5 kg schwer sein. Der 10er-Ring hat einen Durchmesser von 11,5 mm.

Triebkraft der Munition
Die Munition wird von Pressluft oder CO_2-Patronen durch den Lauf katapultiert.

25M PISTOLE

Für die Wettbewerbe 25 m Pistole der Frauen und 25 m Schnellfeuerpistole der Männer gelten dieselben Regeln. Die Pistolen haben Kaliber 5,6 mm und dürfen maximal 1,4 kg wiegen. Der 10er-Ring hat beim Schnellfeuerwettbewerb 10 cm Durchmesser.

Schnellfeuerpistole
Mit diesem Pistolentyp können fünf Schuss abgegeben werden, ohne nachzuladen.

50M PISTOLE

Sportschützen schießen mit Pistolen vom Kaliber 5,6 mm. Man spricht auch von Freier Pistole, da es keine Gewichtsbegrenzung gibt. Die Zielscheibe steht in 50 m Entfernung und der 10er-Ring ist 5 cm im Durchmesser.

Einzelschuss
Die Pistole darf nur einzeln geladen werden.

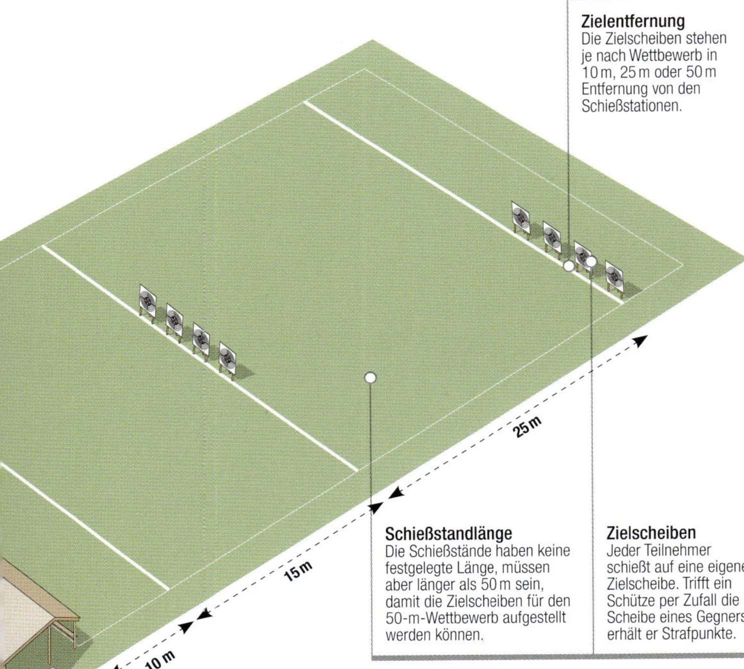

Zielentfernung
Die Zielscheiben stehen je nach Wettbewerb in 10 m, 25 m oder 50 m Entfernung von den Schießstationen.

Schießstandlänge
Die Schießstände haben keine festgelegte Länge, müssen aber länger als 50 m sein, damit die Zielscheiben für den 50-m-Wettbewerb aufgestellt werden können.

Zielscheiben
Jeder Teilnehmer schießt auf eine eigene Zielscheibe. Trifft ein Schütze per Zufall die Scheibe eines Gegners, erhält er Strafpunkte.

OLYMPISCHE DISZIPLIN

Es gibt fünf olympische Schießwettbewerbe mit Pistolen, zwei für Frauen und drei für Männer. Der Wettbewerb 10 m Luftpistole ist seit 1988 olympisch und wird als Herren- und als Damenwettbewerb ausgetragen. Die Männer schießen 60 Schuss in 105 Minuten, die Frauen 40 Schuss in 75 Minuten. Die Frauen schießen zudem beim 25 m Pistolenwettbewerb zwei Runden à 30 Schuss. Der Männerwettbewerb 25 m Schnellfeuerpistole geht ebenfalls über zwei Runden à 30 Schuss. Beim 50 m Pistolenwettbewerb feuern die Männer 60 Schuss in 120 Minuten ab.

GESAMTSIEGER

Bei Wettbewerben gelangen die acht Besten der Qualifikationsrunde in die Finalrunde (beim 25 m Schnellfeuer der Männer nur die besten Sechs). Die Ringzahlen aus Qualifikation und Finale werden addiert. Gesamtsieger ist der Schütze mit der höchsten Gesamtzahl an Ringen.

HÖCHSTWERTUNG

Auch unter schwierigen Wettkampfbedingungen streben die Schützen nach der höchsten Ringzahl. Beim 25 m Schnellfeuerwettbewerb liegt sie bei 600 in der Qualifikation. Eine Ringzahl von 592 gilt allgemein als Weltklasse.

EINHÄNDIGER CHAMPION

Károly Takács war Mitglied des Pistolenschützenteams Ungarns, als er 1938 seine rechte Hand bei einer Granatenexplosion verlor. Er brachte sich selbst bei, mit der linken Hand zu schießen und wurde 1940 ungarischer Meister. Anschließend siegte er mit der Schnellfeuerpistole bei den Olympischen Spielen 1948 in London und 1952 in Helsinki.

INSIDER-STORY

Das Pistolenschießen wird gemeinsam mit anderen Schießsportarten von der International Shooting Sports Federation (ISSF) organisiert, die 1998 gegründet wurde und aus der International Shooting Union (ISU) hervorging. Die ISSF überwacht die alle vier Jahre, je zwei Jahre nach den Olympischen Spielen, stattfindenden Weltmeisterschaften. Dabei treten Männer, Frauen und Junioren in Einzel- wie Mannschaftswettbewerben im Pistolenschießen an. Zudem richtet die ISSF Weltcup sowie kontinentale Meisterschaften und Spiele aus. Seit der Einführung elektronischer Treffersysteme 1989 werden bei internationalen Wettbewerben keine Papierziele mehr verwendet. Die Zuschauer können die Trefferzahl direkt ablesen. Bei den Olympischen Spielen in Barcelona brach 1998 eine neue Fernsehära an, als die Schießwettbewerbe zum ersten Mal in alle Welt übertragen wurden.

INTERNATIONAL SHOOTING SPORTS FEDERATION (ISSF)
Der Internationale Schießsportverband ISSF organisiert den Schießsport in aller Welt und hat seinen Sitz in München.

WURFSCHEIBEN-SCHIESSEN

ÜBERBLICK

Beim Wurfscheibenschießen schießen die Schützen mit Schrotflinten auf Tonscheiben, die von einer Trap genannten Maschine geworfen werden. Der Sport lässt sich grob in drei Kategorien unterteilen: Trap, Skeet und Compak-Sporting. Trap und Skeet sind olympische Sportarten, während beim Compak-Sporting auf naturnahe Ziele geschossen wird.

Kimme und Korn
Alle Hilfsmittel, die ans Gewehr montiert werden können, um dem Schützen beim Zielen zu helfen, wie z.B. Zielfernrohre, sind verboten.

Flintenlauf
Skeetflinten haben wegen der näheren Ziele oft einen kürzeren Lauf als Trap-Flinten (60–71 cm im Vergleich zu 71–86 cm).

Hörschutz
Die Schützen sollten einen Hörschutz tragen, um ihr Gehör vor dem Lärm der Schüsse zu schützen.

Flintenkaliber
Verwendet werden meist Schrotflinten vom Kaliber 12. Kleinere Kaliber sind erlaubt, größere jedoch nicht.

Ärmellose Jacke
Es ist keine spezielle Kleidung vorgeschrieben, aber die Schützen tragen meist eine Weste mit großen Taschen, um ihre Patronen unterzubringen. Darunter tragen sie häufig ein locker sitzendes Hemd oder T-Shirt, um sich ungehindert bewegen zu können.

Schießstellung
Bei allen Wurfscheiben-Wettbewerben schießen die Schützen im Stehen.

SPORTLERPROFIL

Wurfscheibenschützen müssen sich körperlich und mental disziplinieren können. Sie brauchen eine hervorragende Hand-Augen-Koordination und räumliches Vorstellungsvermögen. Sie müssen die Flugbahn des Ziels vorhersehen und entsprechend anlegen können.

SCHIESSSTÄNDE

Skeet- und Trapschützen nutzen unterschiedliche Schießstände. Der olympische Skeet-Stand bietet acht im Halbkreis angeordnete Stationen. Die Schützen schießen nacheinander. Die Ziele werden von einem Hoch- und einem Niederhaus zu beiden Seiten des Halbkreises aus geworfen. Beim Trap wird von fünf Stationen mit je drei Wurfmaschinen geschossen, die 15 m entfernt in einem Graben stehen. Beim Doppeltrap (hier nicht gezeigt) werden zwei Ziele simultan in verschiedenen Höhen und Winkeln geworfen. Die Schützen haben einen Schuss pro Ziel. Es gibt wie beim Trap fünf Stationen, die aber in einer Linie liegen.

FAKTEN

- **Der moderne Wurfscheibensport (Trap und Skeet) hat sich aus der sportlichen Jagd auf Vögel, vor allem Tauben und Fasane, entwickelt.**
- **Das Skeetschießen wurde 1915 als Freizeitsport entwickelt. Zunächst schoss man auf lebende Tauben, ersetzte sie aber schließlich durch Tonscheiben.**
- **Trapschießen ist bereits seit 1950 olympische Sportart, während Skeet erstmals 1968 ins olympische Programm aufgenommen wurde.**
- **Das Wort »Skeet« leitet sich von einem alten skandinavischen Wort her, das »Schießen« bedeutet. Der Begriff wurde 1926 für den Sport übernommen.**

GESCHLECHTERTRENNUNG

1992 gewann die Chinesin Shan Zhang als erste Frau bei einem gemischten olympischen Skeet-Wettbewerb. Anschließend wurden die Wettbewerbe wieder getrennt und Shan durfte ihren Titel nicht verteidigen.

DER OLYMPISCHE SKEET-STAND

Von acht im Halbkreis angeordneten Positionen wird eine Standardrunde von 25 Zielen beschossen. An den Enden des Halbkreises stehen Hoch- und Niederhaus, aus denen die Ziele mit fester Flugbahn und -weite geworfen werden. Von jeder Position wird auf eine Kombination aus Einzel- und Doppelzielen geschossen. Ein Treffer gibt einen Punkt. Es ist nur ein Schuss pro Ziel erlaubt. Alle Schützen in der Rotte (bis zu sechs) müssen ihre Position abgeschlossen haben, bevor sie zur nächsten vorrücken dürfen.

WETTBEWERBE

Bei den Olympischen Spielen gibt es zur Zeit fünf Wurfscheiben-Bewerbe, aber das Programm hat sich geändert. Früher gab es mehr Wettbewerbe – 2004 wurde das Doppeltrap der Frauen aus dem Programm genommen. Die Weltmeisterschaften bieten eine größere Vielfalt, inklusive Skeet, Trap und Doppeltrap für Männer und Frauen.

Einzel- und Doppelziele
Pro Runde werden Einzel- und Doppelziele beschossen. Ein Einzelziel wird entweder aus dem Hoch- oder dem Niederhaus geworfen. Doppelt heißt, dass die Ziele gleichzeitig aus Hoch- und Niederhaus geworfen werden.

Zielüberschneidung
Regelgerecht geworfene Ziele müssen einen über dem Kreuzungspunkt liegenden Kreis durchfliegen.

Hochhaus
Die Ziele aus dem Hochhaus starten auf einer Höhe von 3,05 m und fliegen bis zu 65 m weit.

Position 8
Die 8. Position ist mit 90 cm x 185 m die größte. Die anderen Positionen messen nur 90 cm x 90 cm.

Positionen 1 bis 7
Der Schütze beginnt an Position 1 und rückt Position um Position weiter. Die Positionen liegen 8,10 m auseinander.

Niederhaus
Die Ziele verlassen das Niederhaus auf einer Höhe von 1,05 m und sind rund 88 km/h schnell.

DER TRAP-STAND

Beim Trapschießen stehen immer sechs Schützen (eine Rotte) bereit. Die Ziele werden auf Zuruf des Schützen geworfen, aber der Schütze weiß nicht, welche der drei Traps das Ziel wirft. Die Scheiben haben eine Startgeschwindigkeit von rund 130 km/h. Jeder Schütze hat zwei Schüsse pro Ziel und schießt der Reihe nach von seiner Position, bis alle Mitglieder der Rotte jeweils 25 Ziele beschossen haben (eine Runde).

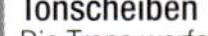

Tonscheiben
Die Traps werfen die Ziele mit unterschiedlichen Höhen, Geschwindigkeiten und Winkeln (zwischen 0 und 45 Grad nach links und rechts). Jeder Schütze hat zwei Schüsse pro Ziel.

Zielentfernung
Der Graben mit den Wurfmaschinen ist 15 m von den Positionen der Schützen entfernt.

Positionen
Es gibt fünf Positionen. Jede wird von drei Traps bedient (deshalb stehen insgesamt 15 Traps im Graben).

Graben mit Wurfmaschinen
Der Graben enthält 15 Wurfmaschinen in fünf Dreiergruppen. Er ist 2 m tief und 2 m breit.

Feldbreite
Das Schießfeld ist insgesamt 20 m breit.

GEWUSST?

198 **Der aktuelle Weltrekord im Doppeltrap-Schießen, aufgestellt von dem Briten Peter Wilson bei einem World-Cup-Event 2012. Er ist das kombinierte Ergebnis von 200 möglichen Punkten aus Qualifikation und Finale. Das perfekte Resultat in der Qualifikation ist 150, die höchste bisher erreichte Punktzahl beträgt 148. Da dies bereits mehreren Schützen gelungen ist, gibt es keinen Gesamtrekordhalter.**

55 **Die eingestellte Flugweite der Ziele beim Doppeltrap in Metern. Die Schützen treffen die Scheiben beim Doppeltrap in der Regel aus 25–40 m.**

3 **So viele Wurfscheiben-Wettbewerbe wurden aus dem Programm der Olympischen Spiele genommen. Dazu zählt auch das Schießen auf lebende Tauben. Stattdessen schießt man heute auf Tonscheiben.**

0–3 **Die maximale Anzahl an Sekunden zwischen dem Aufruf des Skeetschützen und dem Auslösen der Wurfmaschine. Die mögliche Verzögerung ist bewusst gewählt, um die Schwierigkeit zu erhöhen.**

324 **So viele Goldmedaillen gewann Russland seit 1897 bei ISSF-Weltmeisterschaften. Die WM findet alle vier Jahre, immer zwei Jahre nach bzw. vor den Olympischen Spielen, in wechselnden Ländern statt.**

FLINTEN

Die Wurfscheibenschützen verwenden normalerweise Flinten vom Kaliber 12 mit Schrotmunition. Die beim Trapschießen verwendeten Flinten sind mit rund 4 kg die schwersten mit den längsten Läufen und einem einzelnen Abzug für schnelles Schießen. Skeetflinten wiegen etwa 3 kg und sind dank ihres kürzeren Laufs handlicher. Doppeltrapflinten gleichen den beim Trap verwendeten, aber die Munition hat eine größere Streuung.

Schaftkappe
Diese Stützen sind in Länge und Höhe am Schaft justierbar und können an den Schützen angepasst werden.

Stütze
Die justierbare Wangenauflage macht das Anlegen bequemer.

Lauflänge
Skeetflinten haben einen kürzeren Lauf für schnelles Schießen auf kurze Distanz. Trapflintenläufe sind länger.

Streuung
Der Choke (eine Verengung am Laufende) kann auf verschiedene Ziele angepasst werden. So wird bei Skeetflinten das Schrot weiter gestreut, da die Ziele näher sind. Trapflinten haben ein engeres Streumuster.

SCHROTFLINTEN

Schrotflinten unterscheiden sich von Pistolen und Gewehren dadurch, dass sie glatte Läufe und manchmal mehr als einen Abzug haben. Bei Wurfscheiben-Wettbewerben werden die Flinten mit zwei Patronen geladen.

TONSCHEIBE
Die ca. 11 x 2,5 cm große, scheibenförmige »Tontaube« besteht eigentlich aus Pech und Kreide und ist meist gefärbt, um sie besser erkennen zu können.

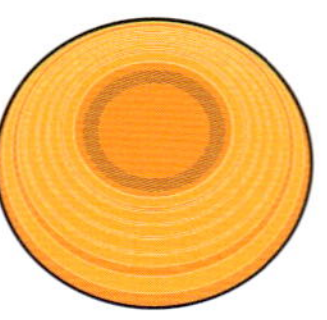

SCHROTMUNITION
Die Kartuschen sind mit 24 g Bleikügelchen gefüllt. Die Mündungsgeschwindigkeit des Schrots liegt bei 1530 km/h.

WURFMASCHINE
Die Trap wirft die Scheibe automatisch – dank eines Mikrofonsystems, das auf den Ruf des Schützen reagiert. Höhe, Winkel und Geschwindigkeit der Ziele lassen sich an der Maschine einstellen. Einige Traps fassen bis zu 400 Scheiben.

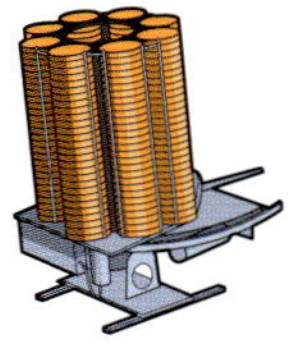

OLYMPISCHE WETTBEWERBE

Bei den Olympischen Spielen gibt es Vorrunden, aus denen sechs Teilnehmer ins Finale aufrücken. Bei den Skeet- und Trap-Bewerben der Männer werden fünf Runden zu 25 Zielen geschossen, gefolgt von der Finalrunde mit 25 Zielen. Bei den Frauen sind es drei Runden zu 25 Zielen und eine Finalrunde mit 25 Zielen. Beim Doppeltrap (den Männern vorbehalten) werden drei Runden mit je 50 Zielen geschossen, denen ein Finale mit ebenfalls 50 Scheiben folgt.

Beim olympischen Skeet-Schießen haben die Schützen einen Schuss pro Scheibe. Der Wurf erfolgt um bis zu drei Sekunden verzögert. Beim Trap-Schießen dürfen die Schützen zwei Schüsse pro Scheibe abgeben. Beim Doppeltrap werden zwei Scheiben gleichzeitig geworfen, sodass der Schütze einen Schuss pro Scheibe hat.

Voranschlag
Trap-Schützen halten ihre Flinte im Anschlag, bevor sie das Ziel abrufen.
Munitionstasche
Die Schützen haben ihre Munition in der Jackentasche.
Bockflinte
Die Flintenläufe liegen übereinander.
Markierung
Um die Haltung der Flinte kontrollierbar zu machen, wird ein Klebebandstreifen auf die Jacke des Schützen geklebt. Das Band ist gelb mit schwarzem Rand und 25 x 3 cm groß.

TRAP-STELLUNG
Trap-Schützen haben ihre Flinte von Anfang an im Voranschlag und zielen in Richtung Scheibe, die auf den Ruf »Pull!« hin geworfen wird.

SKEET-STELLUNG
Olympische Skeet-Schützen beginnen mit der Flinte an der Seite. Der Schaft liegt auf einer Klebeband-Markierung an der Jacke auf.

PUNKTE

Für jedes getroffene Ziel gibt es einen Punkt. Der Treffer muss erkennbar sein – der Schiedsrichter muss sehen, dass sich mindestens ein Stück von der Scheibe löst. Der Schiedsrichter zeigt die Scheibe als »tot« oder »verloren« an und der Anschreiber notiert ein »/« oder »x« für tot, bzw. eine »0« für verloren. In der Finalrunde enthalten die Scheiben ein farbiges Pulver, wodurch Treffer deutlicher zu erkennen sind.

STATISTIK

OLYMPIASIEGER SKEET

JAHR	NAME (LAND)
2012	VINCENT HANCOCK (USA)
2008	VINCENT HANCOCK (USA)
2004	ANDREA BENELLI (ITA)
2000	MIKOLA MILTSCHEW (UKR)
1996	ENNIO FALCO (ITA)
1992	ZHANG SHAN (CHN)
1988	AXEL WEGNER (GDR)
1984	MATTHEW DRYKE (USA)
1980	KJELD RASMUSSEN (DEN)

OLYMPIASIEGER TRAP

JAHR	NAME (LAND)
2012	GIOVANNI CERNOGORAZ (KRO)
2008	DAVID KOSTELECKY (CZE)
2004	ALEXEI ALIPOW (RUS)
2000	MICHAEL DIAMOND (AUS)
1996	MICHAEL DIAMOND (AUS)
1992	PETR HRDLICKA (CZR)
1988	DMITRI MONAKOW (UDSSR)
1984	LUCIANO GIOVANNETTI (ITA)
1980	LUCIANO GIOVANNETTI (ITA)

INSIDER-STORY

Das Wurfscheibenschießen mit Tontauben kam in den 1880er-Jahren auf. Olympische Sportart ist es seit 1896; seitdem hat sich das Wettkampfprogramm regelmäßig verändert. Die ersten Weltmeisterschaften im Wurfscheibenschießen fanden 1897 statt.

DACHVERBAND
Die International Sports Shooting Federation (ISSF) ist der Dachverband der Wurfscheibenschützen. Sie organisiert alle vier Jahre (im Wechsel mit den Olympischen Spielen) Weltmeisterschaften.

GEWEHR-SCHIESSEN

ÜBERBLICK

Beim Wettbewerb geht es darum, innerhalb einer bestimmten Zeit mit einer festgesetzten Schusszahl die Mitte der Zielscheibe so häufig wie möglich zu treffen. Die Schützen müssen dabei selbst auf die Einhaltung der Zeit und der Schusszahl achten, die je nach Distanz variiert. Das Finale erreichen nur die Besten der Qualifikation. Gesamtsieger ist der Schütze mit der höchsten Gesamtringzahl aus beiden Runden.

FAKTEN

- Schießen diente ursprünglich der Nahrungsbeschaffung durch die Jagd auf Wild. Als das Jagen dank der industriellen Revolution und aufkommenden Massentierhaltung nicht mehr notwendig war, entwickelte sich Schießen zum Sport.
- Entsetzt über die schlechten Schießfähigkeiten ihrer Soldaten, gründeten die Amerikaner Colonel William C. Church und General George Wingate 1871 die National Rifle Association (NRA).
- Bei Wettkämpfen sind nur Geschosse aus Blei oder ähnlich weichen Materialien erlaubt. Leuchtspur-, panzerbrechende und Brandmunition sind verboten.
- Frauen nahmen erstmals 1968 an den olympischen Schießwettbewerben teil – mit je einer Schützin aus Mexiko, Peru und Polen.

SPORTLERPROFIL

Gewehrschützen benötigen hervorragendes Konzentrationsvermögen. Zudem müssen sie ihre Atmung gut kontrollieren und Hände und Körper über längere Zeit vollkommen ruhig halten können. Weiters brauchen sie gutes Sehvermögen und müssen die Witterungsverhältnisse einschätzen können.

Mit Besatz
Jacke und Hose der Gewehrschützen bestehen aus Leinen und Leder mit einigen Gummipolstern, damit sie beim Zielen nicht wegrutschen.

Tunnelblick
Die aufwendigen Schießbrillen verfügen seitlich häufig über Abdeckscheiben, um die Augen beim Zielen vor Sonne und Wind zu schützen.

Gewehrschaft
Der Schaft kann aus Holz, Metall, Kunststoff oder Glasfaser bestehen. Er ist der Teil des Gewehrs, an dem Lauf, Visierung und Abzug montiert sind und den der Schütze in der Hand hält.

Lauf
Der Lauf ist der schwerste Teil des Gewehrs und wird normalerweise aus Stahl gefertigt.

Anvisiert
Die vordere Visierung (Korn) darf nicht über die Mündung des Laufs hinausragen.

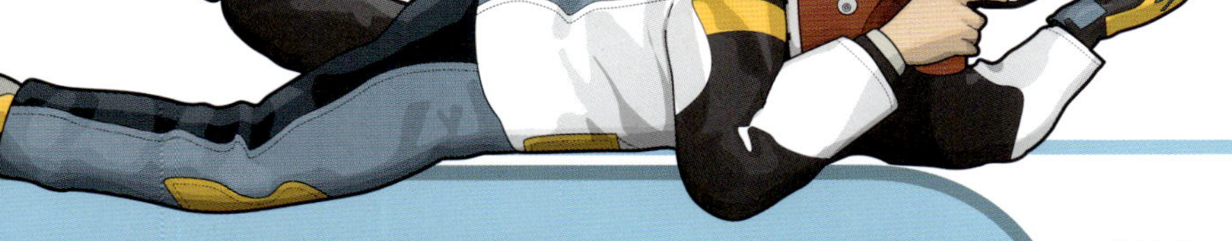

DIE SCHIESSSCHEIBE

Bei den Disziplinen Gewehr, Pistole und laufende Scheibe schießen die Sportschützen auf runde Schießscheiben, die in der Mitte schwarz und am Rand weiß sind. Sie sind in zehn konzentrische Wertungskreise, die Ringe, eingeteilt. Moderne Schießscheiben haben elektronische Wertungssysteme. Die Zuschauer können über Großleinwand die Einschussstelle sehen. Hier ist die Scheibe für 50 m Gewehr abgebildet.

Immer mitten ins Schwarze
Der innere 10er Ring (ein kleiner Kreis im 10er Ring) hat nur 0,5 cm Durchmesser.

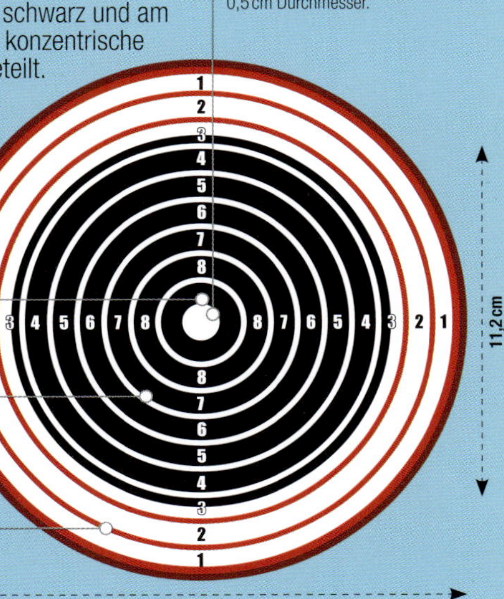

Fehlende Zahlen
Der 9-Punkt- und 10-Punkt-Bereich sind nicht mit Zahlen markiert.

Magische Zahlen
Die Ringwertungen 1–8 sind horizontal und vertikal in rechtem Winkel zueinander auf der Schießscheibe vermerkt.

Eine dünne Linie
Die Dicke der Trennlinien zwischen den einzelnen Wertungsringen liegt zwischen 0,2 mm und 0,3 mm.

OLYMPISCHE WERTUNG

Bei den Olympischen Spielen werden die zehn Ringe dezimal gewertet (10,0 bis 10,9); die höchste Wertung wird für einen Treffer im 10er-Ring erzielt.

Wertung 10,9
10er-Ring: Durchmesser 1 cm
innerer Kreis: 0,5 cm

Wertung 10,8
9er-Ring: Durchmesser 2,6 cm

Wertung 10,7
8er-Ring: Durchmesser 4,2 cm

Wertung 10,6
7er-Ring: Durchmesser 5,8 cm

Wertung 10,5
6er-Ring: Durchmesser 7,4 cm

Wertung 10,4
5er-Ring: Durchmesser 9,4 cm

Wertung 10,3
4er-Ring: Durchmesser 10,6 cm

Wertung 10,2
3er-Ring: Durchmesser 12,2 cm

Wertung 10,1
2er-Ring: Durchmesser 13,8 cm

Wertung 10,0
1er-Ring: Durchmesser 15,4 cm

WO WIRD GESCHOSSEN?

Moderne Freistände sollten so gebaut sein, dass die Sonne an Wettkampftagen so lange wie möglich im Rücken der Schützen steht. Zudem sollten bei 50-m-Ständen mindestens 45-m unter freiem Himmel, bei 300-m-Ständen mindestens 290 m unter freiem Himmel liegen.

SCHIESSWETTBEWERBE

Schießwettbewerbe teilt man in Wurfscheiben-, Gewehr- und Pistolenschießen sowie Schießen auf laufende Scheibe ein. Das Gewehrschießen wird auf Schießständen abgehalten. Frauen und Männer schießen auf Scheiben in 10 m, 25 m, 50 m und 300 m Entfernung.

DER SCHIESSSTAND

Der Schießstand muss eine Feuerlinie haben, die parallel zur Scheibenlinie verläuft. In vorbestimmtem Abstand zwischen Schützen und Scheiben müssen Windfahnen aufgestellt werden.

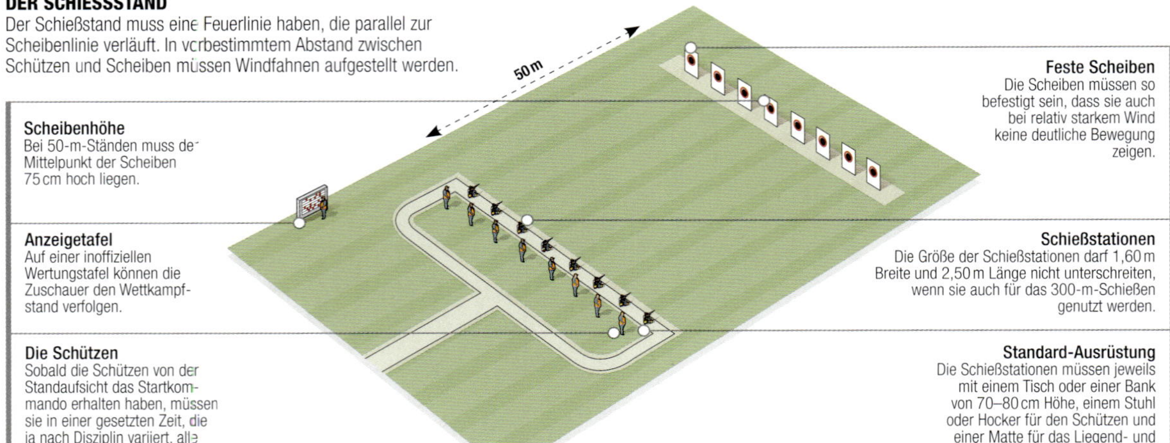

Scheibenhöhe
Bei 50-m-Ständen muss der Mittelpunkt der Scheiben 75 cm hoch liegen.

Anzeigetafel
Auf einer inoffiziellen Wertungstafel können die Zuschauer den Wettkampfstand verfolgen.

Die Schützen
Sobald die Schützen von der Standaufsicht das Startkommando erhalten haben, müssen sie in einer gesetzten Zeit, die ja nach Disziplin variiert, alle Schüsse abgeben.

Feste Scheiben
Die Scheiben müssen so befestigt sein, dass sie auch bei relativ starkem Wind keine deutliche Bewegung zeigen.

Schießstationen
Die Größe der Schießstationen darf 1,60 m Breite und 2,50 m Länge nicht unterschreiten, wenn sie auch für das 300-m-Schießen genutzt werden.

Standard-Ausrüstung
Die Schießstationen müssen jeweils mit einem Tisch oder einer Bank von 70–80 cm Höhe, einem Stuhl oder Hocker für den Schützen und einer Matte für das Liegend- und Kniend-Schießen ausgestattet sein.

WAFFEN UND MUNITION

Alle für Randfeuerpatronen Kaliber 5,6 mm und 8 mm geeigneten Gewehre sind erlaubt, vorausgesetzt sie wiegen einschließlich allen verwendeten Zubehörs inklusive Handstütze oder Handstop nicht mehr als 8 kg für Männer und 6,5 kg für Frauen. Beim 10-m-Luftgewehrwettbewerb dürfen Druckluft- und Gasgewehre benutzt werden, die für Kaliber 4,5 mm geeignet sind und nicht mehr als 5,5 kg wiegen.

VISIERE

Es sind nur Visiereinrichtungen erlaubt, die keine Linsen oder Linsensysteme enthalten.

Spiegel
Vergrößernde Gläser sind nicht erlaubt.

GESCHOSSE

Die erlaubte Munition bei Gewehren liegt zwischen Kaliber 5,6 mm und 8 mm.

Abfeuern
Der Schlagbolzen trifft den Hülsenrand und zündet.

KALIBER 5,6 MM (.22")

Diese Kleinkalibergewehre sind Einzellader und verwenden Munition vom Kaliber 5,6 mm (.22"). Zu ihren Merkmalen gehört ein geformter Schaft mit individuell auf den Schützen anpassbaren Teilen wie eine hakenförmige Schaftkappe und Handstütze.

Schafthaken
Die Gesamtlänge des Hakens mit allen Bogen oder Krümmungen darf 17,8 cm nicht überschreiten.

Diopter
Farbfilter sind am Diopter, der hinteren Visiereinrichtung, erlaubt. Er kann vertikal und horizontal feinjustiert werden.

Handstütze
Die Handstütze wird unter dem vorderen Teil des Schafts angebracht und hilft dem Schützen, das Gewehr zu stabilisieren.

Riemen
Der Riemen am Vorderschaft darf maximal 4 cm breit sein.

Der Lauf
Ein gezogener Lauf ergibt bei weiten Distanzen eine höhere Präzision.

Vordere Visierung
Die Länge des Korntunnels darf 5 cm und sein Durchmesser 2,5 cm nicht überschreiten.

KALIBER 4,5 MM (.177")

Wichtigster Wettkampf mit dem Luftgewehr ist das 10-m-Schießen mit 60 Schuss bei den Männern und 40 bei den Frauen. Meist werden Einzellader mit gezogenem Lauf und einem Schaft aus Holz oder Kunststoff geschossen.

Kapazität
Bei Einzelschusswaffen wird kein Magazin benötigt.

Hintere Visierung
Jede Visiereinrichtung ohne Linsensystem ist erlaubt.

Tempo
Die Kugel ist bis zu 148 m/s schnell.

Lauflänge
Die Länge des Laufs darf 76 cm nicht überschreiten.

Anpassbarer Schaft
Eine anpassbare Schaftkappe darf angebracht werden.

SCHIESSWETTBEWERBE

Die Rahmenbedingungen aller Gewehrwettbewerbe sind gleich, nur die Anzahl der Schüsse und die Zeit, in der sie abgegeben werden müssen, variiert. Beim 50 m Gewehr Stellungswettkampf der Männer feuert jeder Schütze je 40 Schuss im Liegen, Stehen und Knien auf eine 50 m entfernte Scheibe. Im Liegen muss der 10er-Ring innerhalb von 45 Minuten möglichst oft getroffen werden, im Stehen innerhalb von 75 Minuten und im Knien beträgt das Zeitlimit 60 Minuten. Die acht besten Schützen qualifizieren sich für das Finale. Es besteht aus zehn Schuss in stehender Position mit einem Zeitlimit von 75 Sekunden pro Schuss.

DER DREISTELLUNGSWETTKAMPF

Beim hier gezeigten Wettkampf 50 m Gewehr 3 Stellungen schießen die Schützen aus den drei Positionen liegend, stehend und kniend. Sie müssen die klimatischen Bedingungen korrekt einschätzen, den Windeinfall beobachten und dürfen das Zeitlimit für jede der Positionen nicht überschreiten.

STEHEND
Beim Stehend-Schießen wird das Gewehr mit beiden Händen gehalten. Der Kolben ruht an der Schulter. Der linke Arm darf durch Rumpf oder Hüfte gestützt werden. Die maximale Pausenzeit zwischen den Stellungen beim 50-m-Gewehrschießen beträgt 10 Minuten.

Schulterschoner
Eine Verstärkung der Schulter, an der der Kolben angelegt wird, darf nicht länger oder breiter sein als jeweils 30 cm.

Knieschoner
Knieflicken und Verstärkungen im Kniebereich dürfen nicht länger als 30 cm sein und nicht breiter als die Hälfte des Umfangs des Hosenbeins.

KNIEND
Beim Kniend-Schießen darf ein rechtshändiger Schütze mit den Zehen des rechten Fußes, dem rechten Knie und dem linken Fuß den Boden berühren. Die Spitze des Ellenbogens darf nicht mehr als 10 cm über das Knie hinausragen und nicht mehr als 15 cm hinter dem Knie aufgestützt werden.

Schießhandschuhe
Die Gesamtstärke des Materials an Handflächen- und Handrückenteil zusammen darf 1,2 cm nicht überschreiten.

Kniendrolle
In der Kniend-Stellung darf das Knie mit einer zylindrisch geformten Rolle aus weichem geschmeidigem Material gestützt werden.

LIEGEND
Das Liegend-Schießen ist die erste Stellung im Dreistellungsschießen. Der Schütze darf das Gewehr an keinen Gegenstand anlehnen und nichts damit berühren. Beim rechtshändigen Schützen muss der linke Unterarm einen Winkel von mindestens 30 Grad zu einer Horizontalen bilden.

Schießschuhe
Die maximale Dicke der Sohle an der Schuhspitze beträgt 10 mm. Das Obermaterial darf inklusive Futter nicht stärker als 4 mm sein.

Zugelassene Kleidung
Bei allen Gewehrwettbewerben wird für jeden Schützen nur eine Schießjacke, eine Schießhose und ein Paar Schießschuhe von der Ausrüstungskontrolle zugelassen.

Am Abzug
Schützen dürfen sowohl mechanische als auch elektronische Abzüge verwenden.

Offizielle Länge
Der Lauf darf ab Stoßboden des Verschlusses bis zur Mündung nicht länger als 76 cm sein.

STATISTIK

50 M GEWEHR 3 POSITIONEN (FRAUEN)

NAME (LAND)	OLYMPISCHE SPIELE
JAMIE LYNN GRAY (USA)	LONDON 2012
DU LI (CHN)	PEKING 2008
LJUBOW GALKINA (RUS)	ATHEN 2004
RENATA MAUER (POL)	SYDNEY 2000

50 M GEWEHR 3 POSITIONEN (MÄNNER)

NAME (LAND)	OLYMPISCHE SPIELE
NICCOLO CAMPRIANI (2012)	LONDON 2012
QIU JIAN (CHN)	PEKING 2008
ZHANBO JIA (CHN)	ATHEN 2004
RAJMOND DEBEVEC (SLO)	SYDNEY 2000

50 M GEWEHR LIEGEND (MÄNNER)

NAME (LAND)	OLYMPISCHE SPIELE
SERGEI MARTYNOW (BLR)	LONDON 2012
ARTUR AYWASIAN (UKR)	PEKING 2008
MATTHEW EMMONS (USA)	ATHEN 2004
JONAS EDMAN (SWE)	SYDNEY 2004

OLYMPISCHE LANGWAFFEN-DISZIPLINEN
50 M GEWEHR 3 POSITIONEN (3 x 40) MÄNNER
50 M GEWEHR LIEGEND (60 SCHUSS) MÄNNER
DOPPELTRAP (150 SCHEIBEN) MÄNNER
SKEET (125 SCHEIBEN) MÄNNER
TRAP (125 SCHEIBEN) MÄNNER
50 M GEWEHR 3 POSITIONEN (3X20) FRAUEN
SKEET (75 SCHEIBEN) FRAUEN
TRAP (75 SCHEIBEN) FRAUEN

OLYMPISCHER JAGDSPORT

Der Schwede Oscar Swahn war bereits 60 Jahre alt, als er gleich zweimal beim Schießen auf den laufenden Hirsch olympisches Gold gewann, im Einzel- und im Mannschaftswettbewerb. Beim Doppelschuss holte er auch noch Bronze. Mittlerweile heißt die Disziplin Laufende Scheibe.

INSIDER-STORY

In Deutschland und den angrenzenden Nachbarländern gibt es bereits seit dem Mittelalter Schützengilden. Davon zeugt auch das berühmteste Bild des niederländischen Malers Rembrandt, »Die Nachtwache« von 1642, das die Amsterdamer Bürgerwehr, eine Schützengilde, darstellt. Der erste bezeugte Schützenwettbewerb wurde aber bereits 1442 in Zürich abgehalten.

SPORT AUF RÄDERN

09

SPORTLER-PROFIL
BMX-Fahrer müssen flexibel und hoch konzentriert sein. Aerobe Fitness ist beim Rennen unerlässlich, während im Freestyle Stil und Kreativität zählen.

BMX

ÜBERBLICK

Das in den späten 1960ern in den USA entwickelte BMX (Bicycle Motocross) ist eine pedalgetriebene Alternative zum Motocross (siehe S. 395–397). Es mag aussehen, als führen Erwachsene auf Kinderfahrrädern, aber es braucht Mut und Können, um bei Rennen und Freestyle Events Sprünge und andere atemberaubende akrobatische Tricks zu zeigen.

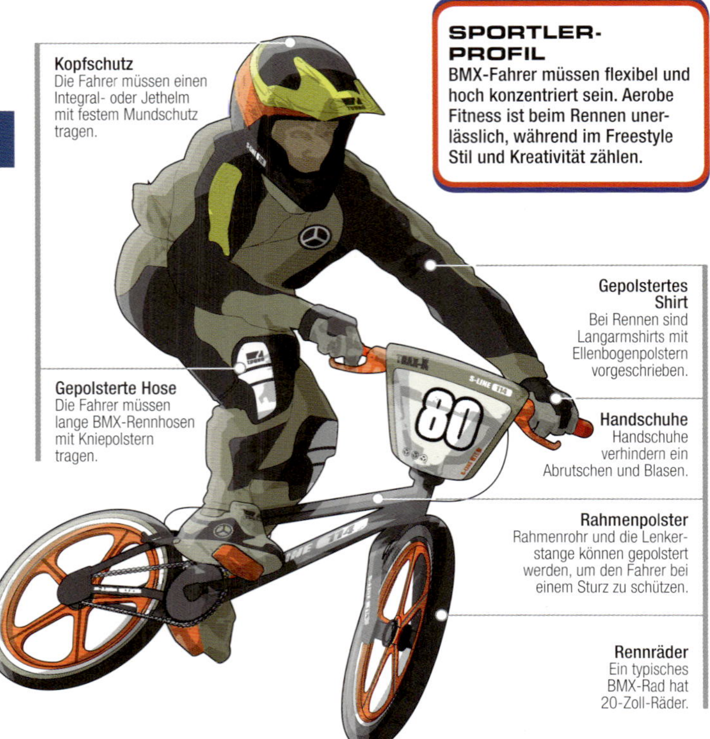

Kopfschutz
Die Fahrer müssen einen Integral- oder Jethelm mit festem Mundschutz tragen.
Gepolstertes Shirt
Bei Rennen sind Langarmshirts mit Ellenbogenpolstern vorgeschrieben.
Gepolsterte Hose
Die Fahrer müssen lange BMX-Rennhosen mit Kniepolstern tragen.
Handschuhe
Handschuhe verhindern ein Abrutschen und Blasen.
Rahmenpolster
Rahmenrohr und die Lenkerstange können gepolstert werden, um den Fahrer bei einem Sturz zu schützen.
Rennräder
Ein typisches BMX-Rad hat 20-Zoll-Räder.
80

BAHNEN UND RAMPEN

BMX-Rennen finden auf eigens angelegten Sandbahnen statt. Die Fahrer vollenden eine Runde und zeigen auf dem Weg zur Ziellinie die verschiedensten Sprünge und Drehungen. Bei Freestyle Events kommen Rampen zum Einsatz, von denen die »Vert«-Rampe (siehe unten) die wohl extremste ist.

SANDBAHN
Eine typische BMX-Strecke besteht aus einem Starttor, einer Sandbahn mit Sprunghügeln, Kurven und einer Ziellinie. Die Runde dauert 30–45 Sekunden.

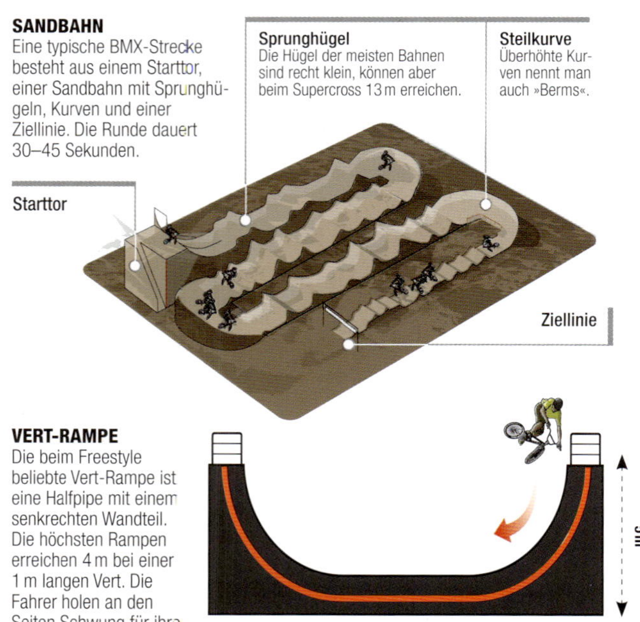

Die Hügel der meisten Bahnen sind recht klein, können aber beim Supercross 13 m erreichen.

Überhöhte Kurven nennt man auch »Berms«.

VERT-RAMPE
Die beim Freestyle beliebte Vert-Rampe ist eine Halfpipe mit einem senkrechten Wandteil. Die höchsten Rampen erreichen 4 m bei einer 1 m langen Vert. Die Fahrer holen an den Seiten Schwung für ihre Lufttricks.

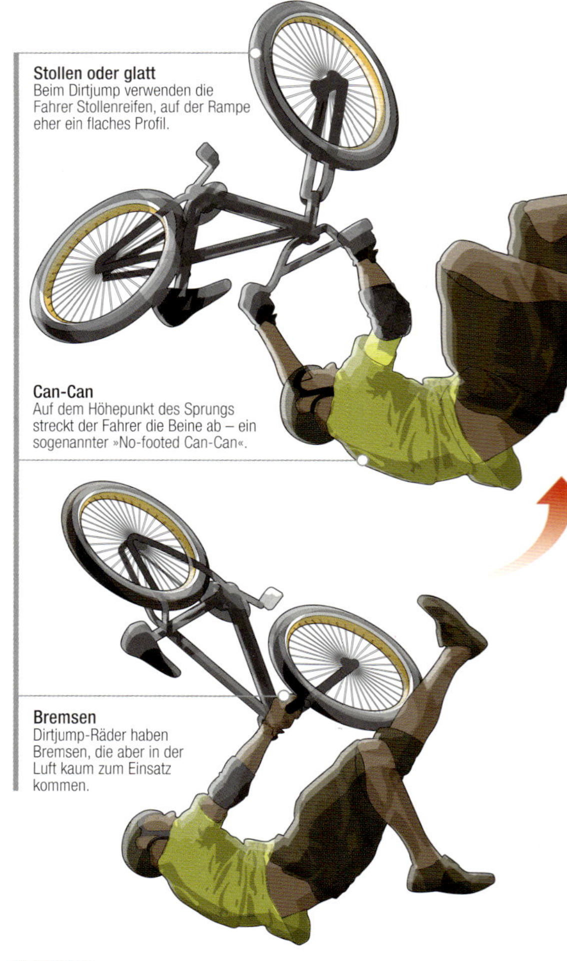

Stollen oder glatt
Beim Dirtjump verwenden die Fahrer Stollenreifen, auf der Rampe eher ein flaches Profil.
Can-Can
Auf dem Höhepunkt des Sprungs streckt der Fahrer die Beine ab – ein sogenannter »No-footed Can-Can«.
Bremsen
Dirtjump-Räder haben Bremsen, die aber in der Luft kaum zum Einsatz kommen.

FLIPWHIP
Die Fahrer zeigen beim Dirtjump einige erstaunliche Tricks. Beim Flipwhip macht der Fahrer einen komplizierten Rückwärtssalto und behält noch genug Schwung, um zu landen und weiterzufahren.

FAKTEN

- Weltweiter Dachverband für den BMX-Sport ist die Union Cycliste Internationale (UCI).
- 1970 organisierte der BMX-Pionier Scot Breithaupt die ersten Rennen in Long Beach/ Kalifornien.
- BMX-Racing wurde bei den Sommerspielen 2008 in Peking olympische Sportart.

DIE FREESTYLE-ARENA

Freestyle Events werden in fünf Disziplinen ausgetragen, je nachdem, wo die Fahrer ihre Tricks zeigen: Street, Park, Vert, Trails und Flatland. Streetfahrer improvisieren im urbanen Umfeld – auf Treppen, Geländern, Rampen etc. –, während Parkfahrer Pipes und Rampen in Skate Parks nutzen. Beim Vert führen die Fahrer in der Halfpipe Luftsprünge und Tricks auf der Kante vor. Trails ist eine Serie von Dirtjumps mit vielen Tricks. Flatland ist die reinste Freestyle-Variante: ein Fahrrad, ein Fahrer, eine Fläche ohne Hilfsmittel – und ohne Hindernisse – und sehr viel Fantasie und Können.

Strecken
Zu Beginn des Abstiegs zieht der Fahrer das Bike mit Schwung und Kraft wieder unter sich.

Rundherum
Ein spezieller Lenkkopf erlaubt ein Rotieren des Lenkers, ohne sich im Bremszug der hinteren Bremse zu verheddern.

DIRTJUMPS

Der Dirtjump ist ein beliebter Freestyle Event, bei dem die Fahrer eine Reihe von Sprüngen über einen Sandhügel machen und in der Luft Tricks zeigen, die die Punktrichter beeindrucken sollen. Sie bewerten Stil und Schwierigkeitsgrad der Sprünge. Der Fahrer mit den meisten Punkten im Gesamtklassement gewinnt.

URBANER STIL

Freestyle-Fahrer verstehen BMX oft eher als Lebenseinstellung denn als Wettkampfsport, aber viele nehmen auch an großen internationalen Turnieren wie den 1986 erstmals veranstalteten BMX Freestyle Worlds, den Metro Jams, den Backyard Jams und den X-Games teil.

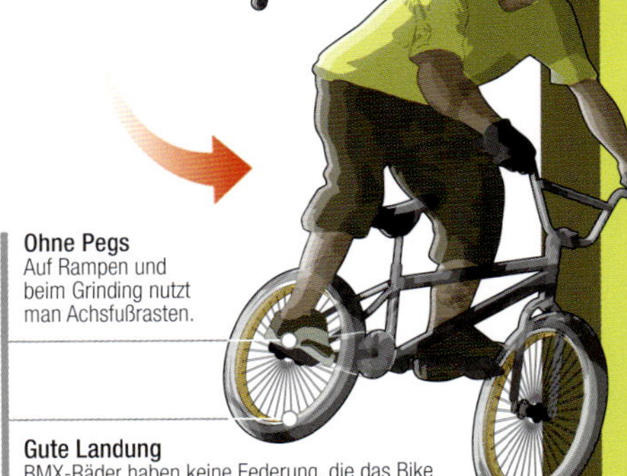

Ohne Pegs
Auf Rampen und beim Grinding nutzt man Achsfußrasten.

Gute Landung
BMX-Räder haben keine Federung, die das Bike beim Treten hüpfen lässt. Die Fahrer federn die Landung mit den Beinen ab.

RACING-REGELN

Bei einem typischen Race Event fahren acht Fahrer eine Reihe von »Motos« genannten Qualifikationsrunden. In jeder Moto treten Fahrer ähnlichen Alters und Könnens an. Bei internationalen Rennen sind die Elite- oder Pro-Kategorie 19 oder älter. Die 17- und 18-Jährigen fahren in der Junior-Kategorie. Nach den Eliminationsrunden kommen die vier schnellsten Fahrer in die »Mains« genannten Finalrunden. Der schnellste Fahrer in den Mains ist Sieger.

TRICKREICH

Es gibt vier Trick-Stile: Base, Grind, Aerial und Lip. Base-Tricks sind Grundmanöver, wie Bunny Hop, Wheelie und Fakie oder Rückwärtsfahren. Fußrasten helfen, Grind- und Lip-Tricks auf Geländern und der Kante der Halfpipe zu zeigen. Aerial-Tricks beim Dirtjump und an der Vert kombinieren hohe Sprünge mit akrobatischen Salti und Schrauben.

FLATLAND
Flatland ist wahrscheinlich die technisch anspruchsvollste Disziplin im BMX-Sport. Der Fahrer hier hüpft auf dem Hinterrad, um in Bewegung zu bleiben, während er einen Trick zeigt.

Perfekte Balance
Es ist leichter auf einem Bike in Bewegung das Gleichgewicht zu halten als im Stand.

INSIDER-STORY

BMX wurde in den frühen 1960ern von jungen Amerikanern entwickelt, die mit ihren Fahrrädern die Motorradfahrer kopieren wollten. Der Sport etablierte sich schnell in der Skateboardszene. Heute ist er so populär, dass er eine ganze Industrie ernährt. Viele Fahrer leben von ihrem Sport. Die besten Profis sind internationale Stars mit gut dotierten Sponsorenverträgen von Fahrradherstellern und Modefirmen.

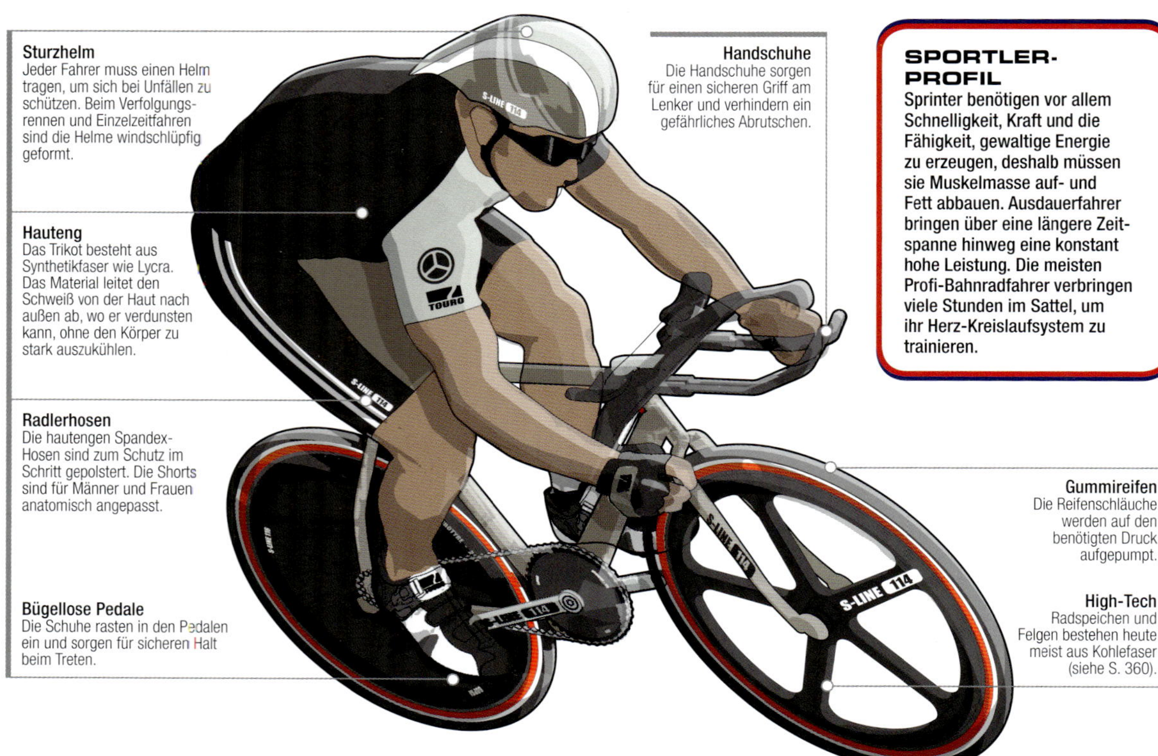

Sturzhelm
Jeder Fahrer muss einen Helm tragen, um sich bei Unfällen zu schützen. Beim Verfolgungsrennen und Einzelzeitfahren sind die Helme windschlüpfig geformt.

Hauteng
Das Trikot besteht aus Synthetikfaser wie Lycra. Das Material leitet den Schweiß von der Haut nach außen ab, wo er verdunsten kann, ohne den Körper zu stark auszukühlen.

Radlerhosen
Die hautengen Spandex-Hosen sind zum Schutz im Schritt gepolstert. Die Shorts sind für Männer und Frauen anatomisch angepasst.

Bügellose Pedale
Die Schuhe rasten in den Pedalen ein und sorgen für sicheren Halt beim Treten.

Handschuhe
Die Handschuhe sorgen für einen sicheren Griff am Lenker und verhindern ein gefährliches Abrutschen.

Gummireifen
Die Reifenschläuche werden auf den benötigten Druck aufgepumpt.

High-Tech
Radspeichen und Felgen bestehen heute meist aus Kohlefaser (siehe S. 360).

SPORTLER-PROFIL

Sprinter benötigen vor allem Schnelligkeit, Kraft und die Fähigkeit, gewaltige Energie zu erzeugen, deshalb müssen sie Muskelmasse auf- und Fett abbauen. Ausdauerfahrer bringen über eine längere Zeitspanne hinweg eine konstant hohe Leistung. Die meisten Profi-Bahnradfahrer verbringen viele Stunden im Sattel, um ihr Herz-Kreislaufsystem zu trainieren.

ÜBERBLICK

Der Bahnradsport besteht aus mehreren Disziplinen, die auf einer speziellen Rennbahn in der Halle oder unter freiem Himmel stattfinden. Er entstand in Europa als Wintertraining für Straßenfahrer, entwickelte sich aber schnell zu einer eigenständigen Sportart. Heute reichen die Veranstaltungen von Einzelrennen gegen die Uhr bis zu Mannschaftsrennen mit spannenden Sprints. Auf der Kurzstrecke kommt es auf Schnellkraft an, die Langstrecke erfordert eher Ausdauer.

DIE SCHWERSTE FAHRT

Der begehrteste Titel im Bahnradsport ist der Stundenweltrekord, von dem Eddy Merckx nach seiner Rekordfahrt 1972 sagte: »Das war die schwerste Fahrt, die ich je gemacht habe.« Vom fünfmaligen Tour-de-France-Sieger und dreifachen Straßen-Weltmeister will das einiges heißen!

FAKTEN

- Im olympischen Programm stehen zur Zeit zehn Bahndisziplinen. Männer treten in sieben Disziplinen an, Frauen in drei.
- Die UCI organisiert eine Reihe von Weltcup-Rennen und eine Weltmeisterschaft.

BAHNRAD-SPORT

GEWUSST?

105.000.000
Die Gesamtkosten in Pfund Sterling für das Velodrom der Olympischen Sommerspiele 2012 in London.

42 Die durchschnittlich steilste Steigung einer Rennbahn in Grad. Die Bahn ist überhöht, um den Fahrern die Kurvenfahrt zu ermöglichen, ohne bremsen zu müssen.

1 Die Anzahl an Gängen bei einem Bahnrad. Statt leicht zu starten und sich durch die Gänge hoch zu schalten, müssen die Fahrer das Rennen im hohen Gang beginnen, was einen Anschub erfordert.

DAS VELODROM

Eine Hallenbahn ist eine überhöhte, ovale Rennbahn mit zwei Geraden und zwei 180-Grad-Kurven. Die umlaufende schwarze Mallinie entspricht der Länge der Bahn, die je nach Velodrom (Radrennhalle) 150–500 m lang und 7–9 m breit sein darf. Seit Januar 2000 werden alle großen Veranstaltungen, wie die Rennen der Olympischen Spiele und die Weltmeisterschaftsrennen, ausschließlich auf 250 m langen Bahnen ausgetragen.

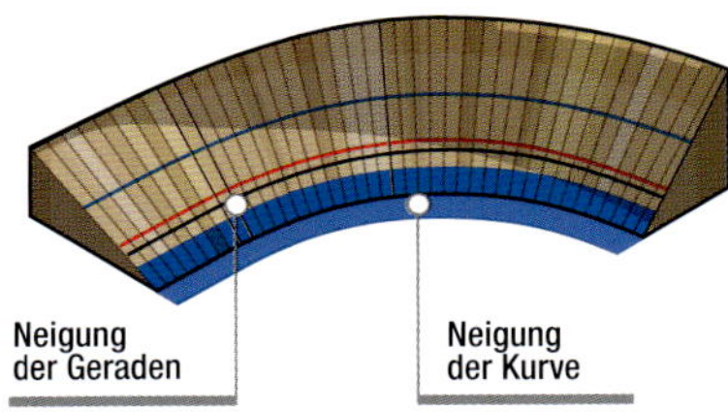

BAHNWISSENSCHAFT

Die Rennbahnkonstrukteure achten darauf, die Überhöhung der Bahn im exakt richtigen Winkel anzulegen. Die Geraden sind relativ flach geneigt, aber die Kurven müssen steil genug sein, dass die Fahrer ihre Räder auch bei Tempo 70 km/h fast im 90-Grad-Winkel zur Bahn halten können. Ohne die Überhöhung der Rennbahn müssten die Fahrer entweder von der direktesten Linie abweichen oder stark verlangsamen.

NEIGUNGSWINKEL

Der Neigungswinkel hängt von der Länge der Bahn ab. Bei der olympischen Standard-250-m-Bahn kann der Winkel nahezu 45 Grad betragen, während er auf einer 400-m-Bahn nur 22 Grad beträgt. Selbst die Geraden sind um 12 Grad überhöht.

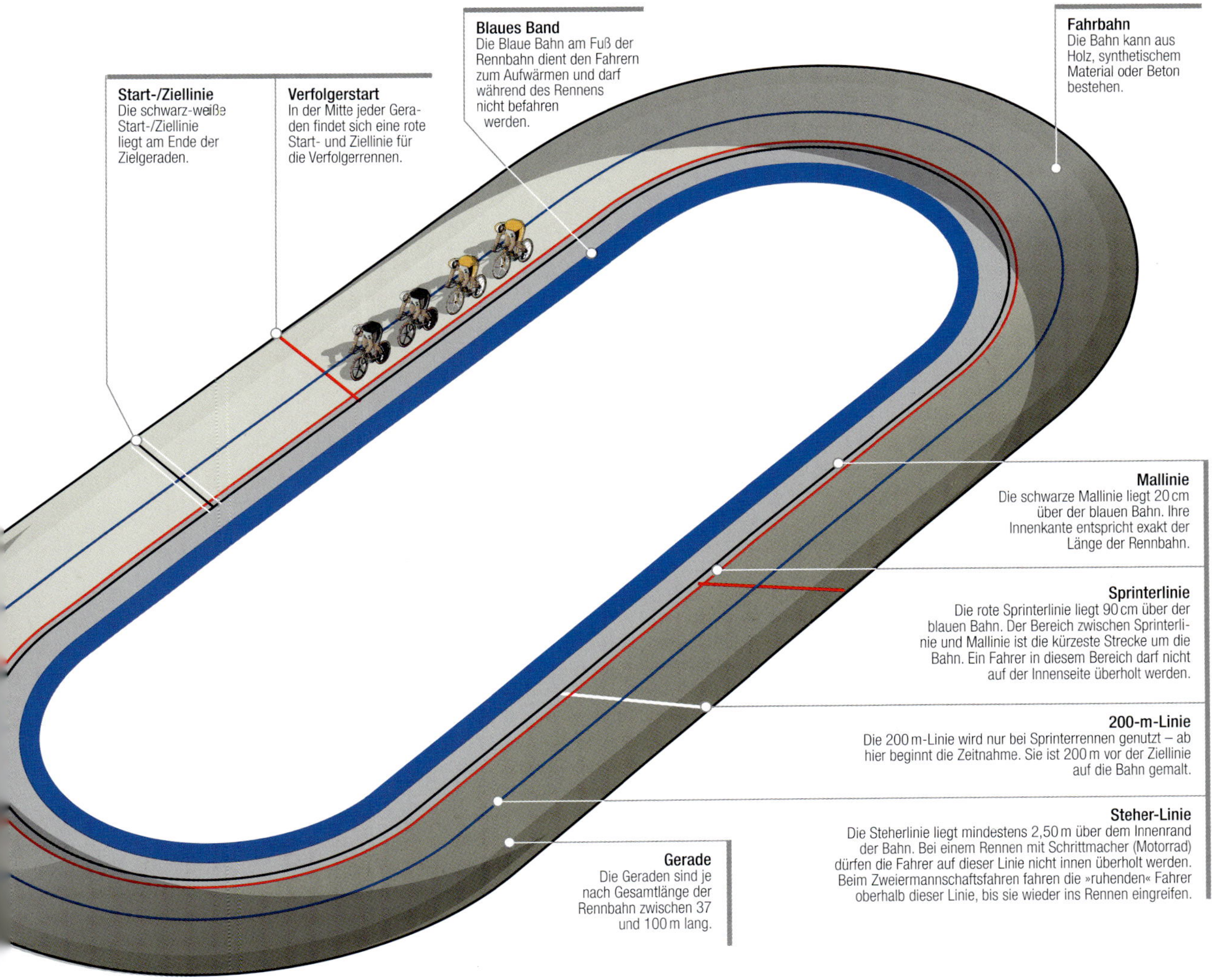

Start-/Ziellinie
Die schwarz-weiße Start-/Ziellinie liegt am Ende der Zielgeraden.

Verfolgerstart
In der Mitte jeder Geraden findet sich eine rote Start- und Ziellinie für die Verfolgerrennen.

Blaues Band
Die Blaue Bahn am Fuß der Rennbahn dient den Fahrern zum Aufwärmen und darf während des Rennens nicht befahren werden.

Fahrbahn
Die Bahn kann aus Holz, synthetischem Material oder Beton bestehen.

Mallinie
Die schwarze Mallinie liegt 20 cm über der blauen Bahn. Ihre Innenkante entspricht exakt der Länge der Rennbahn.

Sprinterlinie
Die rote Sprinterlinie liegt 90 cm über der blauen Bahn. Der Bereich zwischen Sprinterlinie und Mallinie ist die kürzeste Strecke um die Bahn. Ein Fahrer in diesem Bereich darf nicht auf der Innenseite überholt werden.

200-m-Linie
Die 200 m-Linie wird nur bei Sprinterrennen genutzt – ab hier beginnt die Zeitnahme. Sie ist 200 m vor der Ziellinie auf die Bahn gemalt.

Steher-Linie
Die Steherlinie liegt mindestens 2,50 m über dem Innenrand der Bahn. Bei einem Rennen mit Schrittmacher (Motorrad) dürfen die Fahrer auf dieser Linie nicht innen überholt werden. Beim Zweiermannschaftsfahren fahren die »ruhenden« Fahrer oberhalb dieser Linie, bis sie wieder ins Rennen eingreifen.

Gerade
Die Geraden sind je nach Gesamtlänge der Rennbahn zwischen 37 und 100 m lang.

DRINNEN UND DRAUSSEN

In der Blütezeit des Bahnradsports Anfang des 20. Jahrhunderts wurden die meisten Rennbahnen überdacht. Die Halle schützte nicht nur vor schlechtem Wetter und erleichterte den Fahrern das Rennen, sondern eignete sich auch zum Feiern bis tief in die Nacht, wenn die meisten Kneipen und Bars geschlossen hatten. Heute baut man die Bahnen aus Kostengründen lieber unter freiem Himmel.

KEIRIN

Das 1948 in Japan entstandene Keirin ist ein Sprint über 2000 m, bei dem bis zu neun Fahrer die ersten Runden hinter einem Schrittmacher herfahren, um dann bis zur Ziellinie zu sprinten. Im Japanischen bedeutet keirin »Kampf« – dem werden die Rennen oft gerecht, wenn die Fahrer um die Positionen rempeln.

BAHNRENNRÄDER

Auf der Bahn kommen zwei Arten von Rädern zum Einsatz: ein Verfolgungsrad für Ausdauer- und Zeitfahrten und ein Standardrad (siehe unten) für kürzere Sprints und Punktwertungen. Im Profi-Rennsport bestehen die Rahmen aus ultraleichter Kohlefaser oder Titan mit einem starren Gang und ohne Bremsen. Eine günstigere Alternative sind Aluminium und Stahl. Der Hauptunterschied zwischen den Fahrradtypen ist die Aerodynamik. Verfolgungsräder haben eine äußerst effiziente, aber unbequemere, aerodynamische Konfiguration, während Standardräder stabil und leicht und für schnelle Sprints besser geeignet sind. Verfolgungsräder haben oft spezielle Lenker, die die Silhouette des Fahrers klein halten.

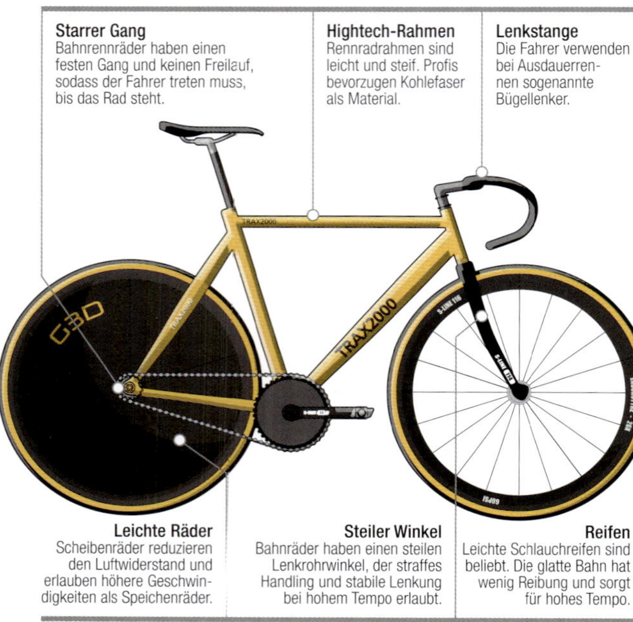

Starrer Gang Bahnrennräder haben einen festen Gang und keinen Freilauf, sodass der Fahrer treten muss, bis das Rad steht.
Hightech-Rahmen Rennradrahmen sind leicht und steif. Profis bevorzugen Kohlefaser als Material.
Lenkstange Die Fahrer verwenden bei Ausdauerrennen sogenannte Bügellenker.
TRAX2000
Leichte Räder Scheibenräder reduzieren den Luftwiderstand und erlauben höhere Geschwindigkeiten als Speichenräder.
Steiler Winkel Bahnräder haben einen steilen Lenkrohrwinkel, der straffes Handling und stabile Lenkung bei hohem Tempo erlaubt.
Reifen Leichte Schlauchreifen sind beliebt. Die glatte Bahn hat wenig Reibung und sorgt für hohes Tempo.

DISZIPLINEN

Der Bahnradsport kennt mehrere Disziplinen, bei denen es sich entweder um Sprintrennen von 500 m bis 2000 m Länge oder um bis zu 60 km lange Ausdauerrennen handelt.

EINZELSPRINT Zwei Fahrer fahren über drei Runden gegeneinander. Der Fahrer auf der Innenbahn führt die erste Runde an. Der Sprint ist ein »Katz-und-Maus-Spiel« bis zu den letzten 200 m, wenn ein Fahrer zum Endspurt auf die Ziellinie ansetzt.

TEAM-SPRINT Zwei Mannschaften zu drei Fahrern fahren über drei Runden. Jeder Fahrer muss eine Runde lang führen.

EINZELVERFOLGUNG Zwei Fahrer starten auf gegenüberliegenden Geraden und fahren über 4000 m (Männer) oder 3000 m (Frauen). Das Ziel ist, die Ziellinie in der kürzest möglichen Zeit zu überqueren oder den Konkurrenten einzuholen.

MANNSCHAFTSVERFOLGUNG Zwei Teams aus je vier Fahrern jagen sich bei dieser den Männern vorbehaltenen Variante über 4000 m.

ZEITFAHREN Das Zeitfahren ist ein Solo-Sprint gegen die Uhr über 1000 m für Männer bzw. über 500 m für Frauen.

PUNKTEFAHREN Die Fahrer fahren über 40 km (Männer) bzw. 25 km (Frauen), um möglichst viele Punkte zu sammeln. Alle zehn Runden gibt es einen Sprint, bei denen die schnellsten vier Fahrer Punkte erhalten. Der Endspurt zur Ziellinie bringt doppelte Punkte. Weitere Punkte gibt es für das Überrunden des Feldes.

MADISON Bei dieser Variante des Punktefahrens treten maximal 20 Teams aus zwei Fahrern über 50 km gegeneinander an. Nur einer der beiden macht Tempo. Der Wechsel erfolgt frühestens nach einer Runde. Alle 20 Runden wird um Punkte gesprintet.

VON DER BAHN AUF DIE STRASSE

Chris Boardman ist wahrscheinlich der erfolgreichste Fahrer, der je von der Bahn auf die Straße gewechselt ist. Er begann seine Karriere als Zeitfahr-Spezialist und hatte im Alter von 23 Jahren bereits zahlreiche Bahntitel und 1992 olympisches Gold in der Einzelverfolgung gewonnen. 1993 wechselte Boardman ins Profilager und gewann 1994, 1997 und 1998 die Prologe der Tour de France. 1999 zog er sich vom Sport zurück.

BAHNREGELN

Bei internationalen Bahnrennen wie den Olympischen Spielen und Weltmeisterschaften gelten die Regeln der Union Cycliste Internationale (UCI), des Weltdachverbands des Radsports. Nationale Wettbewerbe unterliegen dem Reglement des jeweils zuständigen Landesverbands.

HALTUNGSFRAGE

Anfang der 1990er entwickelte der Schotte Graeme Obree eine einzigartige Sitzhaltung, bei der die Brust tief auf dem Lenker lag und die Ellenbogen am Körper anlagen. In dieser Haltung brach er 1993 den neun Jahre alten Stundenweltrekord und gewann im gleichen Jahr die Weltmeisterschaft in der Einzelverfolgung. Als die UCI diese Haltung verbot, experimentierte Obree mit einer neuen »Superman-Haltung« mit weit vorgestreckten Armen. 1995 gewann er damit die Weltmeisterschaft in der Einzelverfolgung. Als der englische Rennfahrer Chris Boardman 1996 in derselben Haltung einen neuen Stundenweltrekord aufstellte, verbannte die UCI auch die Superman-Haltung aus dem Bahnradsport.

STUNDENWELTREKORD

Auf Rennbahnen finden auch immer wieder Weltrekordversuche statt. Einer der begehrtesten Titel ist der Stundenweltrekord. Das Ziel ist einfach – man muss in einer Stunde möglichst weit fahren –, aber die Regeln sind alles andere als das. Das Problem ist die rasante technische Entwicklung. Als Eddy Merckx 1972 einen neuen Stundenweltrekord (49,431 km) aufstellte, hatte er keine aerodynamische Ausrüstung, wie Scheibenräder oder Aerolenker. Deshalb erkennt die UCI heute zwei Rekorde an: den offiziellen »UCI-Weltrekord« mit dem Rennrad von Merckx als Standard und die inoffizielle »Weltbestleistung«, die die Nutzung modernster Technologie zulässt.

GEWUSST?

49,7 **Die Distanz in Kilometern, die der tschechische Fahrer Ondrej Sosenka 2005 zurücklegte, als er den UCI-Stundenweltrekord brach.**

20 **So viele Zentimeter darf ein Fahrer beim Einzelsprint im Stand maximal zurückrollen, bevor er disqualifiziert wird.**

6.000 **Das Fassungsvermögen des olympischen Velodroms in Peking, in dem die Bahnrennen der Sommerspiele 2008 stattfanden.**

ZEITNAHME

Das Zeitfahren ist die einzige Bahndisziplin, bei der der Fahrer aus einem Startblock heraus startet. Sobald das Hinterrad im Block fixiert ist, zählt eine Uhr vor dem Fahrer 50 Sekunden bis zum Start herunter. Am Ende des Countdowns wird die Bremse des Startblocks gelöst und die Zeitnahme gestartet. Ein Transponder im Fahrrad registriert die Zeit, sobald der Fahrer die Ziellinie überfährt. Die Zeitnahme ist auf eine Hundertstelsekunde genau.

Stehender Start Der Zeitfahrer startet stehend aus dem Startblock.

RENNTECHNIKEN

Die Fahrer setzten je nach Disziplin verschiedenste Techniken ein. Bei Einzelwettbewerben, wie dem Zeitfahren, geht es um Kraft, Tempo und Ausdauer. Es bleibt wenig Raum für taktisches Geplänkel. Andere Disziplinen sind ein psychologischer Kampf um die besten Positionen.

Schleuder Ein Schleudereffekt katapultiert den Fahrer ins Rennen.

HELFENDE HAND

Eines der beeindruckendsten Bilder bei der Mannschaftsverfolgung ist der Wechsel. Während ein Fahrer das Rennen macht, schöpft der andere neue Kräfte, indem er am oberen Bahnrand fährt, bis er wieder an der Reihe ist. Dann lässt er sich erneut auf die Rennlinie fallen, wo sein Partner ihn mit einer Hand wieder auf Renntempo zieht.

Im Gänsemarsch Die Fahrer bilden eine lange Reihe im Windschatten des Führenden.

Auf Tempo Der Schrittmacher bringt die Fahrer auf Geschwindigkeiten von bis zu 45 km/h.

BESCHLEUNIGER

Das Schrittmachermotorrad, das zu Beginn des Keirin anführt, hat einen fliegenden Start, sodass die Fahrer hinterhersprinten müssen. Es erhöht beständig das Tempo und überlässt das Feld dann dem Kampf über zwei Runden.

STILLSTAND

Der Einzelsprint ist ein Rennen über drei Runden zwischen zwei Fahrern. Der Fahrer auf der Innenbahn – ausgelost durch Münzwurf – muss in der ersten Runde führen. Die Führungsposition gilt als Nachteil, weil der nachfolgende Fahrer einen Überraschungsangriff starten kann. Wenn der Endspurt beginnt, befindet sich der hintere Fahrer zudem vorteilhaft im Windschatten des Gegners. Deshalb bleibt der führende Fahrer oft in der zweiten Runde fast stehen und versucht, den anderen auf dem Fahrrad balancierend zum Überholen zu provozieren. In der letzten Runde verliert einer der beiden die Nerven und sprintet zur Ziellinie. Beim Einzelsprint entscheidet der beste von drei Durchgängen. Der Sieger kommt in die nächste Runde.

Ausgewogen Der Fahrer balanciert auf dem Rad und rollt sachte hin und her.

Pedalkraft Die Pedale bleiben horizontal und der Lenker ist leicht eingeschlagen.

STATISTIK

BAHNREKORDE
SCHNELLSTER MANN ÜBER 1000 M
FRANÇOIS PERVIS 56,303 SEK (2013)
SCHNELLSTE FRAU ÜBER 500 M
ANNA MEARES 32,836 SEK. (2013)
WEITESTE STRECKE IN EINER STUNDE
CHRIS BOARDMAN 56,375 KM (1996)*
* UCI-»WELTBESTLEISTUNG«

IM WINDSCHATTEN

Windschattenfahren ist eines der wichtigsten Elemente bei Radrennen. Dabei fährt der Fahrer nur wenige Zentimeter hinter dem Hinterrad des Vordermannes. Der verrichtet die ganze Arbeit, indem er den Luftwiderstand überwindet, während der Hintermann in seinem Windschatten bis zu 40 Prozent Energie spart. Manchmal fädeln sich auch mehrere Fahrer zu einer Reihe auf und übernehmen abwechselnd die Führungsrolle. Fahrer, die sich dabei um die Schrittmacherposition drücken, profitieren zwar von den Mühen der anderen, müssen sich aber auch auf wütende Kommentare der übrigen Fahrer einstellen.

INSIDER-STORY

Der Bahnsport verdankt seine Existenz der enormen Popularität des Fahrrads gegen Ende des 19. Jahrhunderts. Bahnrennen brachten die Aufregung der Straßenrennen in die geschützte Halle. Sie waren zudem eine beliebte Trainingsform der Straßenfahrer. Das erste dokumentierte Bahnrennen fand 1868 im französischen Saint-Cloud statt. Schon bald schossen überall in Europa und den USA Velodrome aus dem Boden. Als Spiegelbild der großen Straßenrennen waren manche frühe Bahnrennen extreme Ausdauerveranstaltungen, wie 24-Stunden-Rennen und die notorischen Sechstagerennen, bei denen sich Teams sechs Tage und sechs Nächte lang abwechselten. Auch Sprintrennen waren beliebt: Bei den Olympischen Spielen 1896 in Athen fanden Einzelsprints und Zeitfahren statt.

DIE UNION CYCLISTE INTERNATIONALE (UCI)

Die 1900 gegründete Union Cycliste Internationale (UCI) ist der Dachverband des Radsports, vom BMX bis zum Bahnradsport. Sie organisiert die Weltcup-Serie und die Weltmeisterschaften des Bahnradsports und arbeitet bei den Olympischen Spielen mit dem Internationalen Olympischen Komitee (IOC) zusammen. Außerdem gibt die UCI jedes Jahr für jede Disziplin die Weltrangliste der Fahrer heraus.

STRASSEN-RADSPORT

FAKTEN

- Straßenrennen sind in aller Welt beliebt, aber die prestigeträchtigsten Rennen finden nach wie vor in Europa statt.
- Es gibt verschiedenste Arten von Rennen, wie z. B. mehrtägige Etappenrennen, Eintagesrennen, Zeitfahren und Kriterien.
- Der internationale Radsport-Dachverband ist die Union Cycliste Internationale (UCI).
- Die besten Fahrer treten in der UCI World Tour an, einer internationalen Rennserie, die zwischen Januar und Oktober stattfindet.

ÜBERBLICK

Der Radrennsport zählt zu den härtesten Sportarten. Bei den großen Rennen, wie der Tour de France, gehen Spitzenfahrer an die absolute Grenze der körperlichen Belastbarkeit und legen in wenigen Wochen Tausende Kilometer zurück. Ein Fahrer muss den ganzen Tag im Sattel sitzen, auf Geschwindigkeiten von 80 km/h und mehr beschleunigen und die steilsten Bergpässe bezwingen können. Das Schwierigste aber ist, dass er bereit sein muss, individuellen Ruhm zu opfern, um dem Mannschaftskapitän zum Sieg zu verhelfen.

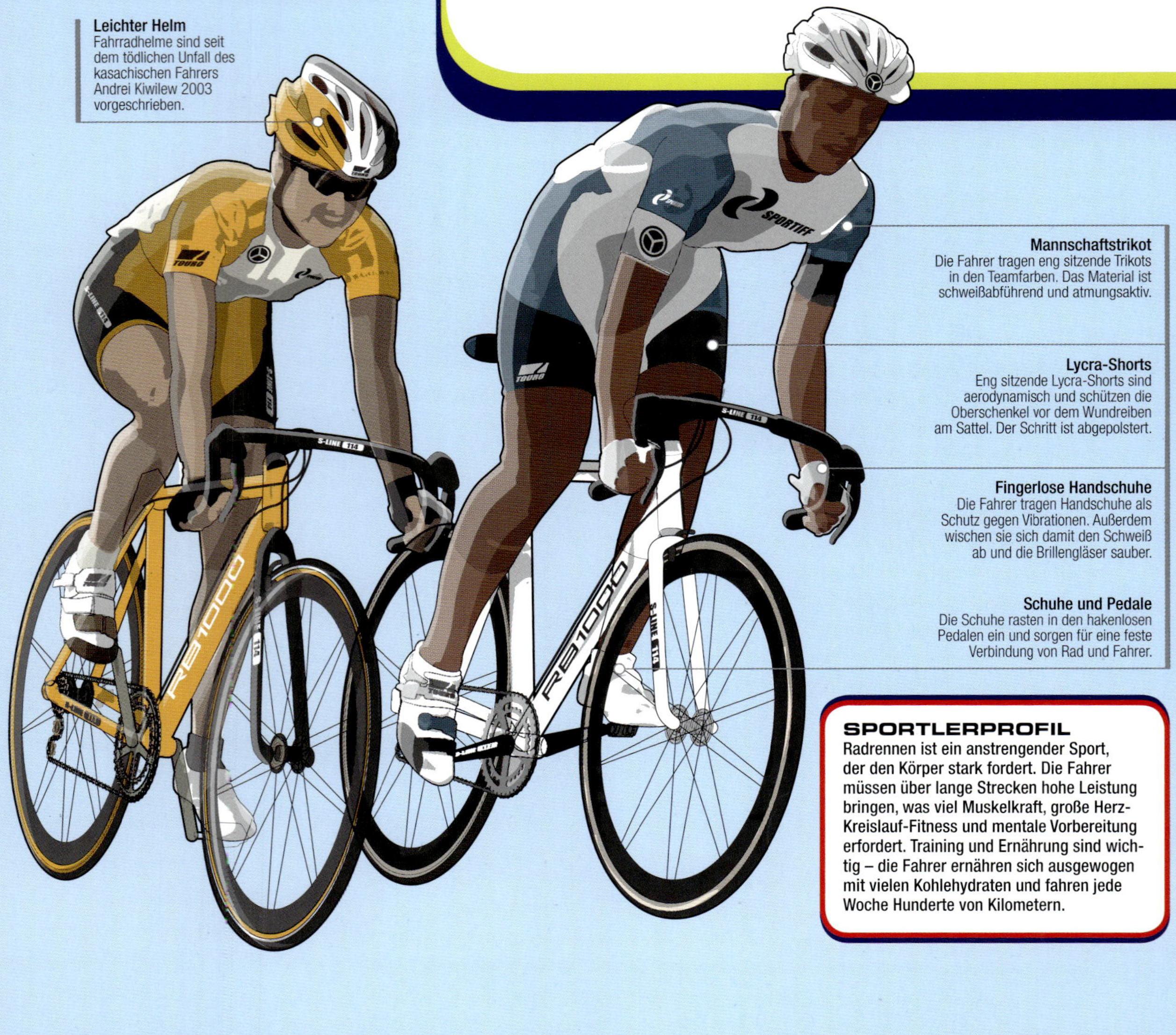

Leichter Helm
Fahrradhelme sind seit dem tödlichen Unfall des kasachischen Fahrers Andrei Kiwilew 2003 vorgeschrieben.

Mannschaftstrikot
Die Fahrer tragen eng sitzende Trikots in den Teamfarben. Das Material ist schweißabführend und atmungsaktiv.

Lycra-Shorts
Eng sitzende Lycra-Shorts sind aerodynamisch und schützen die Oberschenkel vor dem Wundreiben am Sattel. Der Schritt ist abgepolstert.

Fingerlose Handschuhe
Die Fahrer tragen Handschuhe als Schutz gegen Vibrationen. Außerdem wischen sie sich damit den Schweiß ab und die Brillengläser sauber.

Schuhe und Pedale
Die Schuhe rasten in den hakenlosen Pedalen ein und sorgen für eine feste Verbindung von Rad und Fahrer.

SPORTLERPROFIL

Radrennen ist ein anstrengender Sport, der den Körper stark fordert. Die Fahrer müssen über lange Strecken hohe Leistung bringen, was viel Muskelkraft, große Herz-Kreislauf-Fitness und mentale Vorbereitung erfordert. Training und Ernährung sind wichtig – die Fahrer ernähren sich ausgewogen mit vielen Kohlehydraten und fahren jede Woche Hunderte von Kilometern.

AUF DER STRASSE

Straßenrennen werden auf ganz normalen Straßen gefahren. Mit Ausnahme der Zeitfahrten starten die Fahrer im Massenstart und fahren je nach Art des Rennens über einen abgesteckten Kurs unterschiedlicher Länge. Die Teams bestehen aus acht bis zehn Fahrern, die zusammenarbeiten, um dem Kapitän zum Sieg zu verhelfen.

Motorrad
Ein Motorrad fährt vor den führenden Fahrern und sorgt dafür, dass die Straße frei ist. Außerdem kündigt es den Zuschauern die Fahrer an.

Teamfahrzeug
Das Teamauto transportiert das Personal, Ersatzfahrräder, Räder, Proviant und Wasser.

Peloton
Das Feld oder Peloton ist die Hauptgruppe der Fahrer. Bei einem Ausreißversuch nehmen die Fahrer des Pelotons die Verfolgung auf.

Rennleiter
Der Rennleiter organisiert das gesamte Rennen und bleibt im Auto hinter der Führungsgruppe auf Höhe der Ereignisse.

Führungsgruppe
Eine Handvoll Fahrer löst sich gemeinsam vom Rest des Feldes. Die Zusammenarbeit mit einigen Gleichgesinnten, um sich vom Feld abzusetzen, bringt Zeit und Punkte.

TOURKARAWANE

Die Werbe-Karawane verleiht der Tour de France eine Kirmesatmosphäre. Eine Vielzahl an Sponsorenfahrzeugen fährt über die Tourstrecke und verteilt Geschenke an die wartenden Zuschauer.

FAHRRADTECHNIK

Form und Fitness sind der Schlüssel zum Erfolg auf der ProTour, aber die Fahrer haben auch der Technik viel zu verdanken. Kohlefaser und hochwertige Metalle, wie Titan, kommen beim Fahrradrahmen zum Einsatz und senken das Gewicht, ohne Steifigkeit und Stabilität zu beeinträchtigen. Beim Zeitfahren verwenden die Fahrer spezielle Räder mit einer besseren Aerodynamik.

KOMMUNIKATION
Der sportliche Direktor gibt seine Anweisungen während des Rennens per Funk. Die Fahrer tragen ein Funkgerät mit Ohrhörer.

RENNRAD

Professionelle Rennfahrer verwenden leichte und stabile Fahrräder, die bequem genug sind, um stundenlang darauf zu fahren. Schnellspanner erlauben bei einem Plattfuß einen schnellen Radwechsel.

Leichte Räder
Hochprofilfelgen kombinieren die Aerodynamik einer Scheibe mit der Gewichtsersparnis von Speichen.

Rahmen und Gabel
Die meisten Straßenräder haben einen Diamantrahmen. Eine steife Karbongabel fängt kleinere Stöße ab.

Schlauchreifen
Der innere Schlauch ist mit dem Mantel vernäht und mit Reifenkitt mit der Felge verklebt.

Hakenlose Pedale
Stollen in den Schuhsohlen rasten in den Pedalen ein und garantieren eine maximale Kraftübertragung bei jedem Tritt.

Bremse/Schalthebel
Integrierte Hebel ermöglichen Bremsen und Schalten mit minimalem Aufwand.

ZEITFAHRMASCHINE

Die für Einzel- und Mannschaftszeitfahren eingesetzten Räder sind auf Geschwindigkeit getrimmt. Der Komfort wird einer aerodynamischen Haltung geopfert, während eine große Übersetzung für Tempo sorgt.

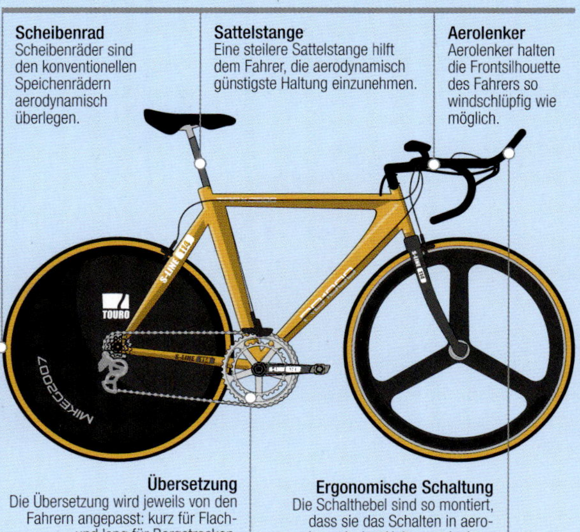

Scheibenrad
Scheibenräder sind den konventionellen Speichenrädern aerodynamisch überlegen.

Sattelstange
Eine steilere Sattelstange hilft dem Fahrer, die aerodynamisch günstigste Haltung einzunehmen.

Aerolenker
Aerolenker halten die Frontsilhouette des Fahrers so windschlüpfig wie möglich.

Übersetzung
Die Übersetzung wird jeweils von den Fahrern angepasst: kurz für Flach- und lang für Bergstrecken.

Ergonomische Schaltung
Die Schalthebel sind so montiert, dass sie das Schalten in aerodynamischer Haltung erlauben.

STATISTIK

TOUR-DE-FRANCE-SIEGER	
SIEGE	**SIEGER (LAND)**
5	JACQUES ANQUETIL (FRA)
5	EDDY MERCKX (BEL)
5	BERNARD HINAULT (FRA)
5	MIGUEL INDURAIN (SPA)
3	PHILIPPE THYS (BEL)
3	LOUISON BOBET (FRA)
3	GREG LEMOND (USA)
2	ALBERTO CONTADOR (SPA)
2	LAURENT FIGNON (FRA)
2	BERNARD THEVENET (FRA)
2	FAUSTO COPPI (IT)
2	GINO BARTALI (IT)
2	SYLVERE MAES (BEL)
2	ANTONIN MAGNE (FRA)
2	LUCIEN PETIT-BRETON (FRA)

UCI-WELTMEISTER (MÄNNER)	
SIEGE	**SIEGER (LAND)**
2013	RUI COSTA (POR)
2012	PHILIPPE GILBERT (BEL)
2011	MARK CAVENDISH (GBR)
2010	THOR HUSHOVD (NOR)
2009	CADEL EVANS (AUS)
2008	ALESSANDRO BALLAN (ITA)
2007	PAOLO BETTINI (ITA)
2006	PAOLO BETTINI (ITA)
2005	TOM BOONEN (BEL)
2004	ÓSCAR FREIRE (ESP)
2003	IGOR ASTARLOA (ESP)
2002	MARIO CIPOLLINI (ITA)

OLYMPIASIEGER STRASSE (MÄNNER)	
JAHR	**SIEGER (LAND)**
2012	ALEXANDER WINOKUROW (KAZ)
2008	SAMUEL SANCHEZ (ESP)
2004	PAOLO BETTINI (ITA)
2000	JAN ULLRICH (GER)
1996	PASCAL RICHARD (SUI)
1992	FABIO CASARTELLI (ITA)
1988	OLAF LUDWIG (GDR)
1984	ALEXI GREWAL (USA)
1980	SERGEI SUCHORUTSCHENKOW (URS)
1976	BERNT JOHANSSON (SWE)
1972	HENNIE KUIPER (NED)
1968	PIERFRANCO VIANELLI (ITA)

OLYMPIASIEGER ZEIT (MÄNNER)	
JAHR	**SIEGER (LAND)**
2012	BRADLEY WIGGINS (GBR)
2008	FABIAN CANCELLARA (SUI)
2004	TYLER HAMILTON (USA)

RENNFORMATE UND SERIEN

Es gibt verschiedene Rennformate, von dreiwöchigen Etappenrennen bis zu halbtägigen Kriterien. Die prestigeträchtigsten Profi-Rennen sind in der UCI World Tour zusammengefasst, wie die »Grand Tours«, die Frühjahrs-Klassiker und einige kleinere Rennen. Fahrer und Teams sammeln in den Serien Punkte. Am Ende der Saison gewinnen diejenigen mit den meisten Erfolgen. Weitere große Wettbewerbe sind die jährlich stattfindende UCI-Weltmeisterschaft und alle vier Jahre die Olympischen Spiele.

ETAPPENRENNEN

Etappenrennen sind die ultimativen Ausdauerrennen. Jede Etappe ist entweder ein Streckenrennen oder ein Zeitfahren. Sieger ist der Fahrer, der alle Etappen in der kürzesten Zeit absolviert. Die renommiertesten Etappenrennen – Giro d'Italia, Tour de France und Vuelta a España – nennt man auch die »Grand Tours« (Große Rundfahrten).

KLASSIKER

Die Klassiker sind Eintagesrennen, die im Frühjahr im Vorfeld der Grand Tours stattfinden. Es sind in der Regel bis zu 270 km lange Rennen, oft mit brutalen Anstiegen oder auf schwerem Terrain, wie dem Kopfsteinpflaster der Strecke Paris–Roubaix.

ZEITFAHREN

Beim »Rennen der Wahrheit« kann sich niemand mehr im Feld verstecken. Beim Einzelzeitfahren fährt jeder alleine gegen die Uhr. Die meisten Etappenrennen enthalten auch Zeitfahren, bei denen das ganze Team als Einheit fährt.

Zeitfahrstart
Der Fahrer sprintet aus dem Starttor und beschleunigt auf Renngeschwindigkeit.
S-LINE

EINZELZEITFAHREN
Das Einzelzeitfahren ist ein harter Kampf – mit Kraft und Ausdauer gegen die Stoppuhr.

KRITERIEN

Ein Kriterium ist ein Hochgeschwindigkeitsrennen auf einem abgesperrten Stadtkurs oder auf einer Rennbahn. Der Rundkurs ist meist maximal 5 km lang und das Rennen hat ein Zeit- (meist eine Stunde) oder Rundenlimit. Neben dem Gesamtsieg können sich die Fahrer auch mit Zwischensprints Prämien erspurten.

DIE TOUR DE FRANCE

Die Tour de France ist das Original – das härteste und prestigeträchtigste Radrennen der Welt. Erstmals 1903 ausgetragen, besteht sie aus 21 Tagesetappen auf ebenen, schnellen Straßen und schwindelerregenden Bergpässen über eine Strecke von rund 3500 km quer durch Frankreich. Der begehrteste Lohn ist das »Maillot Jaune«, das Gelbe Trikot, das der Fahrer tragen darf, der in der Gesamtwertung führt.

BUNTE TRIKOTS

Der führende Fahrer in jeder Kategorie trägt ein farbiges Trikot und versucht es zu verteidigen, bis das Feld die Tour in Paris beendet hat. Die stärksten Fahrer fahren um den Gesamtsieg, die Bergfahrer um den Bergpreis, die Sprinter um die Punkte und die unter 25-Jährigen um den Titel des besten jungen Fahrers.

GELBES TRIKOT
Das »Maillot Jaune« wird dem führenden Fahrer in der Gesamtwertung verliehen.

GRÜNES TRIKOT
Das Grüne Trikot gebührt dem Fahrer mit den meisten Sprinterpunkten.

BERGTRIKOT
Das rot gepunktete Trikot geht an den »König der Berge«, den besten Bergfahrer.

WEISSES TRIKOT
Mit dem weißen Trikot wird der höchstplatzierte Nachwuchsfahrer ausgezeichnet.

TEAM-STRUKTUR

Die meisten Teams sind um einen Kapitän herum aufgebaut, den besten Fahrer mit den größten Chancen auf den Sieg. Die Hauptaufgabe der anderen besteht darin, ihn zu unterstützen. In jedem Team gibt es starke Bergfahrer, Sprinter, Zeitfahrspezialisten und so genannte Wasserträger – Helfer, die gegen Ausreißer verteidigen und das Team im Rennen mit Nahrung und Wasser versorgen. Spitzenteams unterhalten auch eine große Entourage aus Sportdirektor, Mechanikern, Ärzten und persönlichen Betreuern.

TAKTISCHE PLANUNG

Bei Straßenrennen geht es ebenso um Taktik wie um körperliche Kraft. Bei einem typischen Rennen startet eine Gruppe einen Ausreißversuch, indem sie sich gemeinsam vom Feld absetzt und möglichst viel Zeit gewinnt. Dann bestimmt die Zusammenarbeit im Peloton über den Ausgang des Rennens. Die Fahrer mancher Teams werden eine Verfolgung organisieren, während andere Teams das Tempo reduzieren, um einem Teammitglied einen Vorsprung zu verschaffen.

WINDSCHATTENFAHREN

Das Fahren im Windschatten ist beim Straßenrennen die beste Methode, Kraft zu sparen. Der erste Fahrer einer Gruppe setzt viel Energie ein, um den Luftwiderstand zu brechen. Der Windschattenfahrer heftet sich nun an sein Hinterrad und spart damit bis zu 30 Prozent der Energie, die er beim gleichen Tempo alleine aufwenden müsste. Die Etikette verlangt, dass jeder Fahrer die Führungsposition in der Einzelreihe übernimmt, um sich die Arbeit zu teilen (siehe unten).

BERGFAHREN

Bei mehrtägigen Etappenrennen ist eine gute Bergtechnik unerlässlich, da an den Steigungen Zeit gewonnen oder verloren wird. Wie gut ein Fahrer am Berg ist, bestimmt sein Kraft-Gewicht-Verhältnis. Ein leichter Fahrer muss nicht so viel Kraft aufbringen wie ein schwererer, da er weniger Gewicht den Berg hinaufbringen muss. Deshalb sind Bergfahrer meist eher schmächtig, während Sprinter muskulöser sind (und auf Bergetappen mehr zu leiden haben). An langen Steigungen bleiben die Fahrer meist im Sattel und halten eine hohe Kadenz (Pedaldrehzahl). Das Fahren im Stehen ist kleinen Hügeln, steilen Anstiegen und Angriffen auf Konkurrenten vorbehalten.

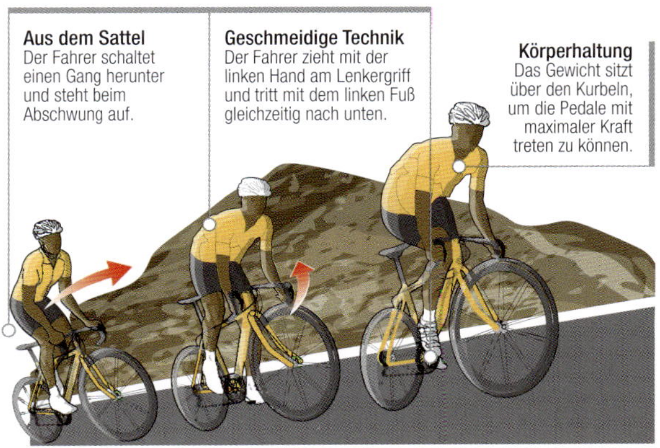

Aus dem Sattel
Der Fahrer schaltet einen Gang herunter und steht beim Abschwung auf.
Geschmeidige Technik
Der Fahrer zieht mit der linken Hand am Lenkergriff und tritt mit dem linken Fuß gleichzeitig nach unten.
Körperhaltung
Das Gewicht sitzt über den Kurbeln, um die Pedale mit maximaler Kraft treten zu können.

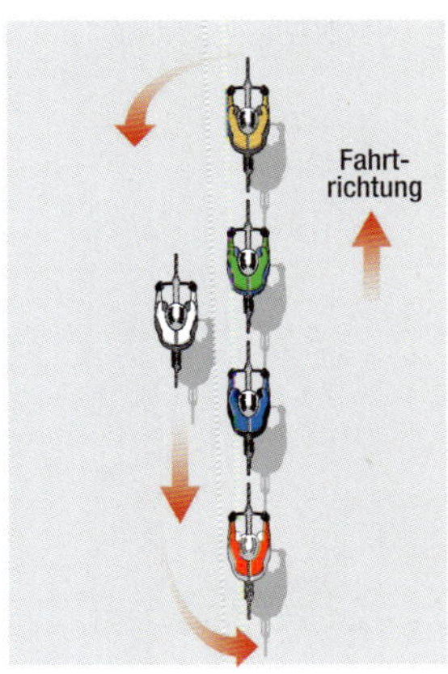

EINZELREIHE
Bei der Einzelreihe fahren die Fahrer dicht hintereinander. Einer führt eine Zeitlang und lässt sich dann zurückfallen, woraufhin der nächste Fahrer die Führungsposition übernimmt.

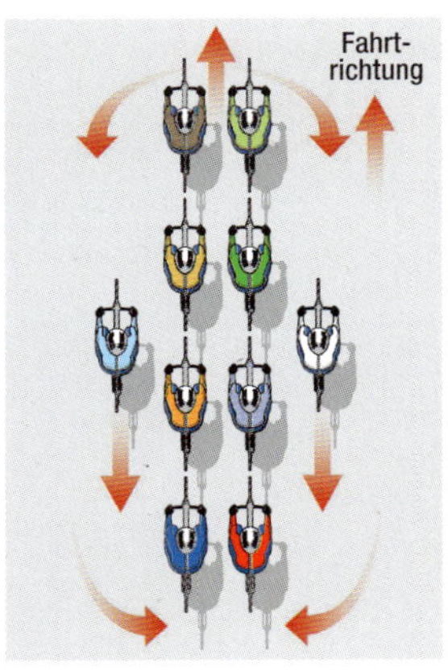

BELGISCHER KREISEL
Der vor allem beim Zeitfahren eingesetzte Belgische Kreisel besteht aus zwei parallelen Reihen. Die Fahrer an der Spitzenposition wechseln sich wie bei einer Kette beständig ab.

GESTAFFELTER KREISEL
Der gestaffelte Kreisel kommt bei starkem Seitenwind zum Einsatz. Die Fahrer bilden zwei in Windrichtung gestaffelte diagonale Reihen und rotieren durch die Positionen.

ARMSTRONGS SCHANDE

Der Radsport hat eine lange Doping-Geschichte. Ein Kapitel ist der Skandal um den siebenfachen Tour-de-France-Gewinner Lance Armstrong. 2012 befand die amerikanische Anti-Doping-Agentur ihn des systematischen Dopings für schuldig und erkannte ihm alle Tour-Titel ab. Nach Jahren des Abstreitens gestand Armstrong 2013 schließlich im TV-Interview mit Oprah Winfrey.

GEWUSST?

34 Die Rekordanzahl an Tour de France-Etappensiegen, gehalten vom Belgier Eddy Merckx, einer Legende des Radsports.

123.900 Der durchschnittliche Kalorienverbrauch eines Rennfahrers während der dreiwöchigen Tour de France.

16.038 Das Mindesteinkommen eines Profis in US-Dollar. Die besten verdienen mehrere Millionen.

6,8 Das vorgeschriebene Mindestgewicht eines professionellen Rennrads (in kg) nach UCI-Reglement.

INSIDER-STORY

Die Geschichte des Straßenradsports ist fast so lang wie die Geschichte des Fahrrads selbst. Das erste Straßenrennen fand 1869 zwischen Paris und Rouen statt. Als 1903 die erste Tour de France gefahren wurde, war Straßenrennen bereits olympischer Männersport und in ganz Europa populär. Dank der Erfolge amerikanischer und australischer Fahrer haben die Rennen ein größeres Publikum gefunden, aber der Sport ist in der letzten Zeit durch Dopingfälle stark in Misskredit geraten.

DIE UCI
Die 1900 gegründete Union Cycliste Internationale (UCI) ist der internationale Dachverband des Radsports. Sie residiert im schweizerischen Aigle.

FAKTEN

- Es gibt vier Hauptdisziplinen im Mountainbike-Sport: Cross Country (XC/CC), Downhill (DH), Four Cross (4X) und Trial. Endurance Racing, eine Langstreckenversion des Cross Country Racing, erfreut sich wachsender Beliebtheit.
- In jeder Disziplin findet alljährlich ein Weltcup – eine Rennserie an verschiedenen Austragungsorten – sowie die WM statt. Beide werden von der Union Cycliste Internationale (UCI) veranstaltet.
- Cross Country ist seit 1996 als einzige Mountainbike-Disziplin olympisch.
- Der Ursprung des Mountainbikes (MTB) ist umstritten. Eine Frühform waren auf jeden Fall die von kalifornischen Fahrern in den späten 1970er-Jahren gebauten »Clunker«-Räder.

SPORTLERPROFIL

Jede der Disziplinen verlangt vom Fahrer andere Fähigkeiten. XC-Fahrer benötigen ein starkes Herz-Kreislaufsystem und viel Ausdauer; DH- und 4X-Fahrer müssen starke Muskeln im Oberkörper und den Beinen haben, um Sprünge vollführen und schnell antreten zu können, und für Trial-Fahrer sind ein hervorragender Gleichgewichtssinn und erstklassige Fahrtechnik notwendig.

Kopfschutz
Mountainbiker müssen einen Helm tragen. Bei XC, Trial und 4X tragen die Fahrer meist leichte Styropor-Helme, beim Downhill werden zum besseren Schutz Integralhelme getragen.

Atmungsaktive Kleidung
MTB-Rennen sind körperlich anstrengend, daher ist atmungsaktive Kleidung sehr wichtig. XC-Fahrer tragen eng anliegende Stretch-Kleidung, in den anderen Disziplinen werden weitere Trikots bevorzugt.

Mehrere Gänge
XC-Räder haben für Bergfahrten teils 27 Gänge und mehr, DH-, 4X- und Trial-Räder haben weniger.

Hakenlose Pedale
Mountainbiker fahren mit hakenlosen Pedalen. Die Pedale haben stattdessen eine Art Bindung wie bei Skiern.

Breite Reifen
Breite Reifen mit starkem Profil geben im Gelände besseren Halt.

MOUNTAINBIKE

ÜBERBLICK

Mountainbiking ist die jüngste Radsportart. Von den Anfängen in den späten 1970ern über die erste UCI-WM in den 1990ern bis zur ersten Olympiateilnahme 1996 entwickelte es sich rasant. Grundsätzlich testen die Fahrer im Gelände ihre fahrtechnischen und körperlichen Fähigkeiten. Die meisten Wettbewerbe werden auf Zeit gefahren, die Trials von Richtern bewertet.

HARDTAIL-MTBS
Räder mit Federgabel aber starrem, ungefedertem Hinterbau werden Hardtails genannt und für XC und 4X genutzt.

Kräftige Bremsen
Hydraulische Scheibenbremsen wie an Motorrädern geben Bremssicherheit.

HITECH-RAD

In der kurzen Zeit seines Bestehens hat der MTB-Sport einen technologischen Quantensprung erlebt wie kaum eine andere Radsportart: von Karbon- und Titan-Rahmen über hydraulische Scheibenbremsen bis hin zu Nabenschaltungen mit internem Schnellschaltgetriebe. Ein eindeutiges Beispiel ist die Federung: Sie galt früher als schwer und überflüssig und ist heute an jedem Mountainbike vorhanden.

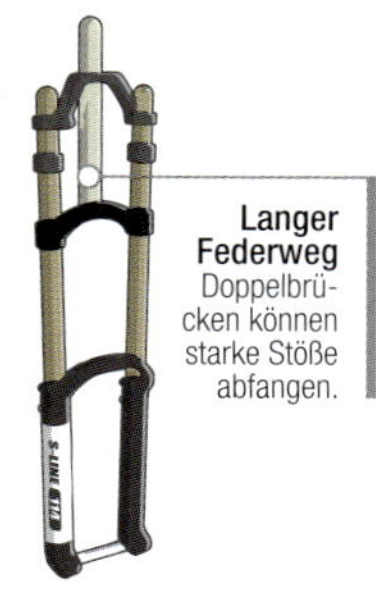

Langer Federweg
Doppelbrücken können starke Stöße abfangen.

VORDERE FEDERUNG
Mit einer guten Federgabel kann man schneller durch raues Terrain fahren.

VOLLGEFEDERTES MTB
Aufgrund der Federbeine mit langem Federweg, einer Hinterbaufederung und hydraulischen Scheibenbremsen macht es Spaß, mit einem Fully bergabzurasen.

Vollgefedert
Kernstück des vollgefederten MTBs ist der Hinterbaudämpfer, der Schläge auf das Hinterrad abfängt.

CROSS COUNTRY

Cross Country ist die beliebteste Wettkampfdisziplin, da es weniger Spezialausrüstung und auch weniger spezielle Fertigkeiten erfordert als die anderen Disziplinen. Die Fahrer müssen auf einem Geländekurs eine festgelegte Rundenzahl absolvieren. Wer als erster die Ziellinie überquert, gewinnt. Eine neue Entwicklung beim XC sind Massenstart-Langstreckenrennen mit 6-, 12- und 24-Stunden-Rennen, »Dusk til Dawn«-Rennen, 25 km, 50 km, 75 km und 100-km-Marathons sowie mehrtägige Etappenrennen.

GEWUSST?

0 Die beste Wertung, die ein Trial-Fahrer für eine »saubere Runde« erhalten kann. Bodenberührungen mit den Füßen und Zeitüberschreitungen geben 5 Strafpunkte – die schlechteste Wertung.

19.500 So viele Steigungsmeter müssen beim TransAlp Race überwunden werden – mehr als die doppelte Höhe des Mount Everest. Es ist eines der härtesten Etappenrennen, bei dem die Teilnehmer acht Tage lang quer durch die Alpen fahren.

25 So lang in Zentimetern ist der Federweg eines typischen vollgefederten Downhill-Mountainbikes.

DOWNHILL UND 4X

Downhill bezeichnet ein Abfahrtsrennen, bei dem die Fahrer einzeln gegen die Zeit einen Abfahrtskurs hinunterrasen. Die schnellste Zeit gewinnt. Dabei kann die Wahl der Reifen und der Federung sowie das Einhalten der Ideallinie ausschlaggebend sein. Durch enge Kurvenfahrt und Überspringen von Hindernissen können wichtige Sekunden gewonnen werden. Four Cross ist eine DH-Variante, bei der vier Fahrer auf einer kurzen abschüssigen Strecke mit Sprüngen, Steilgefällen und Steilkurven gegeneinander antreten.

TRIAL

Trials sind Geschicklichkeitsprüfungen, bei denen Gleichgewicht, Nerven und Können gefragt sind. Die Fahrer treten in zwei Klassen (20- bzw. 26-Zoll-Räder) an und müssen eine Reihe von Hindernissen mit Sprüngen, Drehungen und anderen artistischen Tricks überwinden, ohne die Füße abzusetzen. Punkte gibt es für Technik, Stil und Originalität. Fußfehler werden mit Punktabzug bestraft.

EINMALIGE EHRUNG

Der erste Olympiasieger im Mountainbike war 1996 bei den Spielen in Atlanta der Niederländer Bart Brentjens. Nach seiner Heimkehr wurde er nicht nur begeistert von seinen Fans empfangen, sondern auch von der Königin für seine Leistung geehrt.

BUNNYHOP

Eine der grundlegenden Techniken beim Mountainbike ist der Bunnyhop. Dieser Hüpfer kann in fast allen Fahrsituationen zum Überspringen von Felsen, Stämmen oder anderen Hindernissen genutzt werden. In Wettkämpfen ist er unerlässlich, um von einem Hindernis zum nächsten zu springen.

ROLLEN
Beim ungebremsten Rollen steht der Fahrer in gebückter Haltung mit parallelen Pedalen über dem Sattel.

VORDERRAD HOCH
Der Fahrer gibt Gewicht auf den Lenker, wirft dann den Oberkörper nach hinten und reißt den Lenker hoch.

HINTERRAD DREHEN
Das Hinterrad wird durch Hochreißen der Füße mit Druck nach hinten angehoben und seitlich eingeschlagen.

SANFTE LANDUNG
Beide Räder setzen gleichzeitig auf dem Boden auf. Der Stoß wird mit Ellenbogen und Knien abgefangen.

STEILE KLETTERPARTIE

Cross-Country-Rennen werden in gebirgigem Gelände ausgetragen. Zügiges Berganfahren und schnelles Abfahren sind hier erforderlich. Schnelles Antreten im Stand bringt zwar starke Beschleunigung, für längere Strecken ist aber die Sitzhaltung mit konstantem Treten vorteilhafter.

ZÜGIGER ANSTIEG
Am effektivsten und zügigsten gelingt der Anstieg bei gleichmäßiger Verteilung des Körpergewichts, da so beide Räder sicher greifen.

Gewichtskontrolle
Der Schwerpunkt des Fahrers liegt in der Mitte zwischen Vorder- und Hinterrad.

Immer im Kreis
Die Pedale werden gleichmäßig getreten, um konstant gleichen Schub auf die Räder zu geben.

INSIDER-STORY

Die Mountainbike-Disziplinen werden vom Internationalen Radsportverband Union Cycliste Internationale (UCI) reguliert. Der Weltverband richtet auch den Weltcup und die Weltmeisterschaften aus und hat zahlreiche nationale Mitgliedsverbände.

GEWUSST?

38,9 In dieser Zeit in Sekunden lief der Italiener Gregorio Duggento bei den World Speed Skating Championships 2006 neuen Weltrekord über die 200-m-Kurzstrecke.

8.000 So viele Teilnehmer starteten zum 40-km-Lauf, dem Auftaktrennen zum World Inline Cup 2007 in Seoul, dem ersten Weltcup-Rennen in Südkorea.

12.000 So viele Quadratmeter misst der größte Skatepark der Welt, der 2005 mit vielen Bowls (Schüsseln), Banks (Rampen) und Rails (Geländern) in Shanghai eröffnet wurde.

24,1 So viele Millionen Amerikaner betrieben laut einer Statistik der National Sporting Goods Association im Jahr 1999 Inlineskating. 2010 waren es nur noch rund 10 Millionen.

INLINESKATING

ÜBERBLICK

Von seinen bescheidenen Ursprüngen im 19. Jahrhundert, dem einfachen Rollschuhfahren, hat sich der Sport in erstaunlich viele Disziplinen aufgeteilt, wie Inlineskating, Speed Skating, Quads (Rollschuh mit 4 Rollen), Aggressive (Stuntskating), Derbies, Rollhockey, Freestyle und Artistic (Rollkunstlauf). Die Skater trainieren auf Plätzen und Straßen in der Stadt, auf Landstraßen, in Hallen, auf Bahnen und in Skateparks. Auf regionaler wie internationaler Ebene gibt es verschiedenste Wettkämpfe.

TEMPO UND AUSDAUER

Inline-Skater, die den Sport nicht nur als Freizeitbeschäftigung und als Entspannungsmöglichkeit sehen, sondern sich mit anderen messen möchten, können ihre Schnelligkeit bei Sprintrennen und ihre Ausdauer bei Marathon-Veranstaltungen unter Beweis stellen.

Aerodynamischer Helm
Speedskater tragen Helme, um bei Unfällen vor Kopfverletzungen geschützt zu sein. Damit der Luftwiderstand so gering wie möglich ist, sind sie aerodynamisch geformt.

Eng anliegendes Trikot
Durch eng anliegende Kleidung versuchen die Skater den Luftwiderstand zu reduzieren.

Steile Kurvenlage
In den Kurven der Speed-Skating-Bahnen nehmen die Fahrer eine sehr steile Kurvenhaltung ein, um keinen Schwung einzubüßen.

Socken
Speed Skater tragen meist dünne und strapazierfähige Socken, die nicht scheuern.

SCHNELLLAUFBAHN

Die Schnelllaufbahnen unter freiem Himmel und in der Halle bestehen aus zwei parallelen Geraden und zwei Kurven gleichen Durchmessers. Die Bahnen können eben sein oder überhöhte Kurven haben.

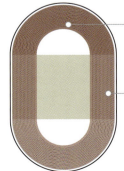

Bahnlängen
Die minimale Länge einer Bahn beträgt 125 m. Die längste Bahn hat eine Länge von 400 m.

Bodenbelag
Den verschiedenen Materialien ist gemein, dass sie glatt sind, aber nicht rutschig sein dürfen.

FAKTEN

- Rollschuhe, heute auch Quads genannt, wurden 1863 von James Plimpton erfunden. Sie hatten zwei parallele Rollenpaare, die Rückwärtsfahren, Drehungen und elegante Kurven erlaubten.
- Nur wenige Jahre nachdem der Eishockeyspieler Scott Olson Rollerblades erfand und sie mit seiner Firma für den Massenmarkt produzierte, war der neue Rollschuh in aller Welt beliebt.

ROLLSCHUHARTEN

Durch verschiedenste Schuhe, Rahmen und Rollen gibt es eine große Auswahl an Rollschuharten. Zudem können sie an die Ansprüche des einzelnen Läufers und des Laufterrains angepasst werden. Inlineskates haben einen Rahmen aus Aluminium, der bis zu sechs Rollen aufnehmen kann. Die Kunststoffrollen haben Durchmesser von 7,8 cm bis 10 cm. Die Skates sind teilweise mit Bremsklötzen ausgestattet.

AGGRESSIVE/STUNT-SKATING
Stunt-Skater fahren mit sehr stabilen Inline Skates, die zum Grinden (Gleiten über Geländer und Kanten) mit Grindplatten aus Metall oder Kunststoff ausgestattet sind.

Feste Stiefel
Die Stiefel der Stunt Skates sind fest und strapazierfähig, um den Füßen Halt und Schutz zu bieten, aber auch die notwendige Bewegungsfreiheit.

Kleinere Rollen
Die Rollen der Stunt Skates sind kleiner und härter als bei Speedskates und daher flexibler und beweglicher.

SPEED SKATES
Grundsätzlich sind Speed Skates leicht und haben eine enge Passform. Jeder Läufer passt sie aber zusätzlich seinen eigenen Bedürfnissen an.

Eng sitzender Schuh
Die Softboots der Speed Skater werden normalerweise aus Leder gefertigt und reichen nur bis an die Knöchel.

Härtere Rollen
Die Rollen der Speed Skater sind härter als die an normalen Freizeit-Skates, was ihnen mehr Tempo gibt.

VERT, STREET & PARK

Beim Aggressive bzw. Stunt Skating gibt es drei Disziplinen. Vert besteht aus Sprüngen in der Halfpipe. Street ist auf Hindernisse wie Kanten, Geländer und Stufen angewiesen. Park wird meist neben Skatebord- und BMX-Wettbewerben in Skateparks ausgetragen.

TRICKS UND STUNTS

Aggressive, das auch Stunt Skating oder Freestyle Rollerblading heißt, hat ein großes Repertoire an Tricks und Stunts, die teils sehr gefährlich sind. Dazu gehören Grinds genannte Gleitmanöver über Hindernisse, wie Treppengeländer oder Betonkanten.

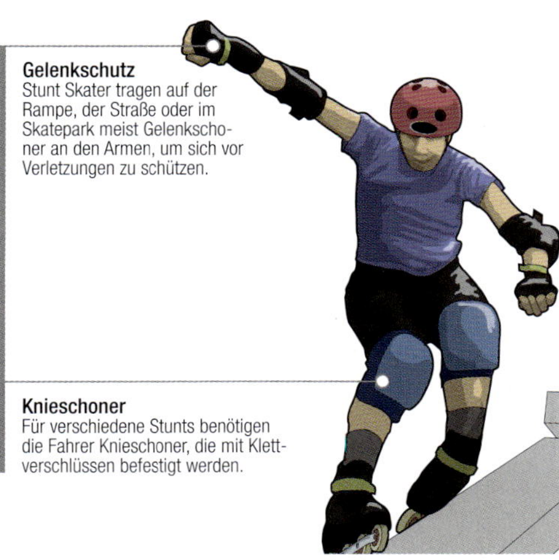

Gelenkschutz
Stunt Skater tragen auf der Rampe, der Straße oder im Skatepark meist Gelenkschoner an den Armen, um sich vor Verletzungen zu schützen.

Knieschoner
Für verschiedene Stunts benötigen die Fahrer Knieschoner, die mit Klettverschlüssen befestigt werden.

DIE WELT DES SPEED SKATING

Die Weltmeisterschaften im Inline Speed Skating werden vom Comité International de Course (CIC) organisiert. Das CIC ist eine Unterabteilung der Fédération Internationale de Roller Sports (FIRS). Bei den Wettbewerben des Inline Speed Skating, die für Männer, Frauen, Junioren und Senioren ausgerichtet werden, gibt es die Disziplinen Sprint, Zeitfahren, Ausscheidungsrennen, Staffelrennen und Marathon. Mannschaften treten in Zeitrennen, Verfolgung und Staffel an.

AGGRESSIVE INLINESKATING

Jahrelang existierte der Extremsport des Aggressive Inline Skating (Stunt Skating) nur am Rand. Die Fahrergruppen organisierten selbst lokale und nationale Wettbewerbe. Aggressive ist in den USA, Australien, Brasilien, Japan und einigen europäischen Ländern wie den Niederlanden, Spanien und Großbritannien sehr beliebt. Inline-Disziplinen wie Vert, Street und Downhill wurden bei den X Games ausgetragen – einem Turnier für Extremsportarten in den USA, das je einmal im Sommer und im Winter stattfindet –, 2005 aber aus dem Programm genommen. Daher gründeten im selben Jahr rund 50 Stunt-Skater und Sponsoren gemeinsam die International Inline Stunt Association, um den Sport zu fördern.

DURCH DIE STADT

Inlineskater beteiligen sich in vielen Großstädten an Läufen, die sie quer durch die Stadt führen. An der »Blade Night« in München nehmen jährlich Tausende von Skatern teil, geleitet von 500 Ordnern, die den Verkehr regeln. Die größte Veranstaltung ist die seit 1994 bestehende »Paris Roller« in Paris.

GRUNDTECHNIKEN

Einzelne Läufer entwickeln je nach Zielsetzung und Grad des Könnens eigene Techniken. Es gibt aber bestimmte Grundtechniken, die jeder Skater beherrschen sollte. Dazu gehören Stehen, Stoppen, Wenden, Übersetzen und Gleiten. Die meisten Inlineskates sind mit einer Fersenbremse aus Gummi ausgestattet. Eher selten sind Modelle mit Bremsleine. Bremsen ist die wichtigste Technik, da man damit Unfälle vermeiden kann.

IMMER SCHNELLER

Speed Skater haben beim Rennen nur selten beide Füße gleichzeitig auf dem Boden. Sie halten ihre Schultern gerade und schwingen nur mit den Armen mit, um mehr Vortrieb zu haben. Sie können ihre Beine vollkommen unabhängig bewegen. Bei jedem Schritt setzen sie die Füße immer direkt unterhalb des Körperschwerpunkts auf und drücken ihre Füße dann rückwärts auswärts, statt gerade nach hinten. Am Ende des Schritts wird die Ferse auswärts gedreht. Dann setzt der Fuß in gleichmäßiger Bewegung zum nächsten Schritt an.

INSIDER-STORY

Beim alljährlich von der Fédération Internationale de Roller Sports (FIRS) organisierten World Inline Cup treten Mannschaften aus vielen Nationen gegeneinander an. Die Teilnehmer sammeln an den verschiedenen Weltcup-Austragungsorten das gesamte Jahr hindurch Punkte. Sieger ist, wer am Ende des Jahres die meisten Punkte hat.

SPORTLERPROFIL
Rollhockey ist ein sehr schneller Sport, daher ist neben offensivem Spielverhalten körperliche Fitness und Wendigkeit erforderlich. Für die komplexen Spielmanöver mit plötzlichen Stopps und Richtungswechseln ist zudem Balance gefragt.

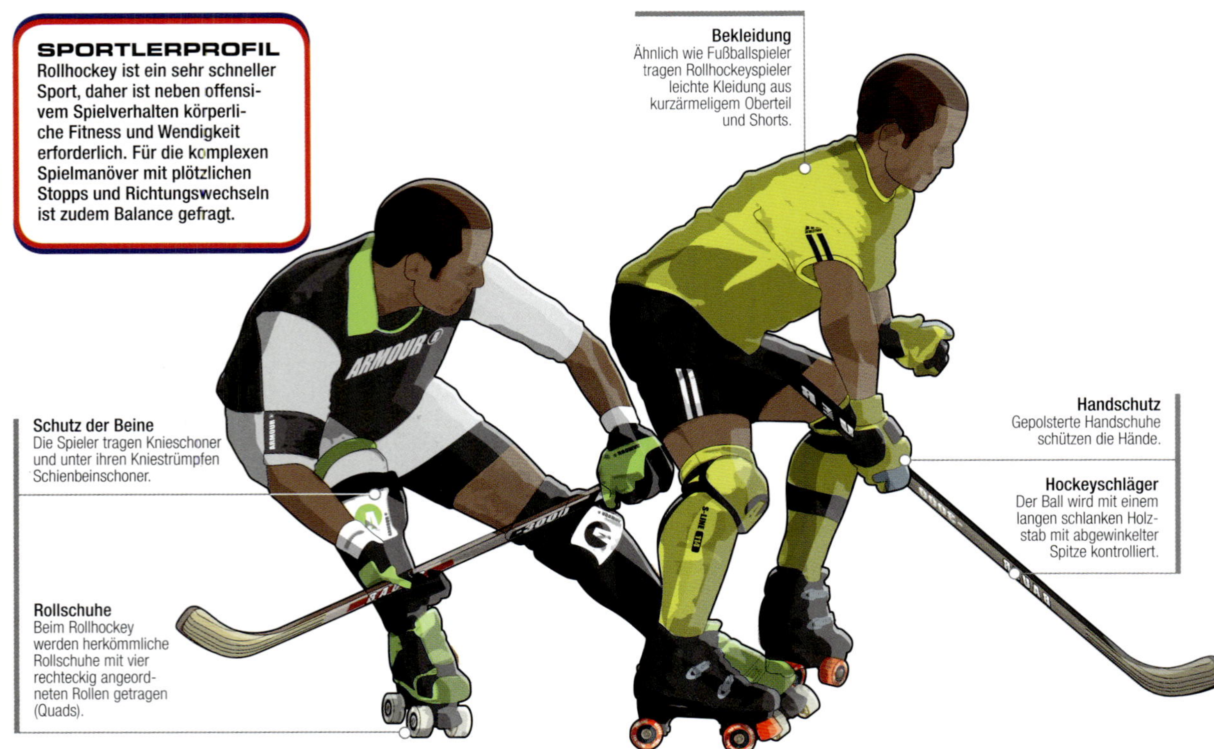

Bekleidung
Ähnlich wie Fußballspieler tragen Rollhockeyspieler leichte Kleidung aus kurzärmeligem Oberteil und Shorts.

Schutz der Beine
Die Spieler tragen Knieschoner und unter ihren Kniestrümpfen Schienbeinschoner.

Handschutz
Gepolsterte Handschuhe schützen die Hände.

Hockeyschläger
Der Ball wird mit einem langen schlanken Holzstab mit abgewinkelter Spitze kontrolliert.

Rollschuhe
Beim Rollhockey werden herkömmliche Rollschuhe mit vier rechteckig angeordneten Rollen getragen (Quads).

FAKTEN

- Bis zum Zweiten Weltkrieg dominierten britische Teams den Sport, dann übernahmen Spanien und Portugal die Spitze.
- Rollhockey ist in Spanien, Italien, Portugal, Argentinien und Brasilien sehr populär.
- Die Variante Inlinehockey stammt aus den USA und wird auch von Eishockeyspielern zum Sommertraining genutzt.

GEWUSST?

60 In so vielen Ländern wird Rollhockey gespielt.

17.000 So viele Zuschauer besuchten das Finale, als Rollhockey bei den Olympischen Sommerspielen in Barcelona 1992 Demonstrationssportart war.

16 So oft hat Spanien als erfolgreichste Nation den Weltmeistertitel im Rollhockey gewonnen.

ROLL-HOCKEY

ÜBERBLICK

Rollhockey ist eine schnelle Sportart, die auf Rollschuhen gespielt wird. Es gibt auch die Variante des Inlinehockey. Beide folgen ähnlichen Taktiken und Prinzipien: Zwei Mannschaften spielen gegeneinander – die Mannschaft mit den meisten Toren gewinnt. Die Unterschiede liegen im Spielfeld und der Ausrüstung. Rollhockey ist vor allem in Südeuropa beliebt, Inlinehockey dagegen in Nordamerika.

AUSRÜSTUNG FÜR INLINEHOCKEY

Bei Rollhockey und Inlinehockey gibt es Unterschiede in der Ausrüstung. Inline-Spieler tragen Helme und Skates mit Rollen in einer Reihe (in line). Sie verwenden längere Schläger und einen Puck oder Ball. Die Torhüter haben Fanghandschuhe.

INLINE SKATES
Die Rollschuhe beim Inlinehockey haben einen Metallrahmen mit normalerweise vier, teils auch fünf Rollen, die hinten höher sein dürfen als vorne. Inlinehockey Skates haben zudem keine Bremsen.

PUCK UND SCHLÄGER
Beim Inlinehockey wird mit einem harten Puck (meist aus Kunststoff) oder Ball von 7–8 cm Durchmesser gespielt. Der Schläger kann aus Holz, Aluminium, Karbon oder Graphit bestehen.

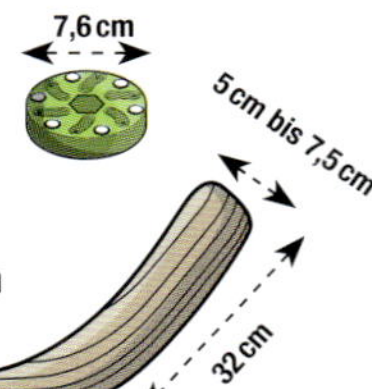

DAS SPIELFELD
Das Spielfeld beim Inlinehockey entspricht in seinen Dimensionen dem des Eishockey (siehe S. 150–155). Die Abbildung unten gibt die Maße des Rollhockeyfeldes an. Auch hier ist das Feld von einer 1 m hohen Bande umgeben.

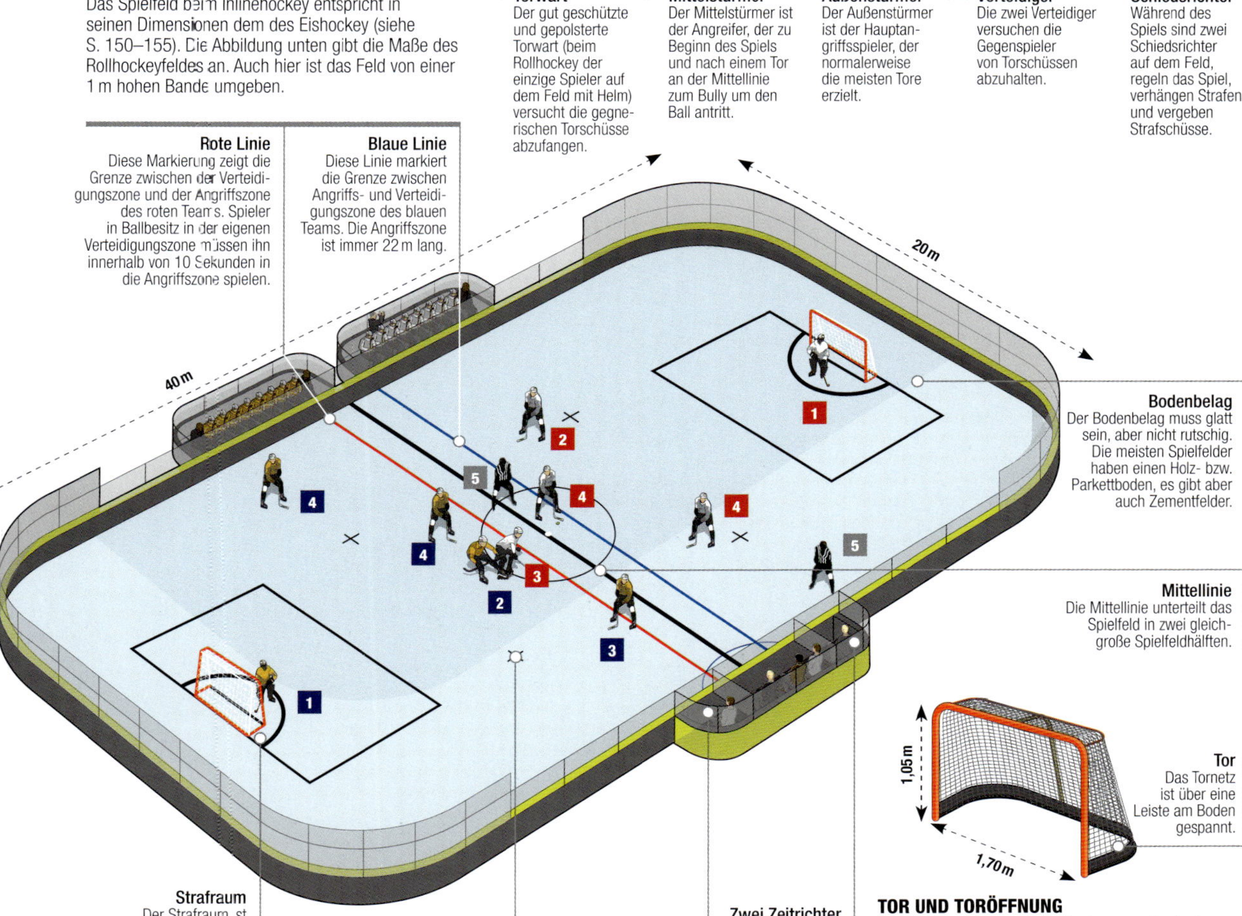

1 Torwart
Der gut geschützte und gepolsterte Torwart (beim Rollhockey der einzige Spieler auf dem Feld mit Helm) versucht die gegnerischen Torschüsse abzufangen.

2 Mittelstürmer
Der Mittelstürmer ist der Angreifer, der zu Beginn des Spiels und nach einem Tor an der Mittellinie zum Bully um den Ball antritt.

3 Außenstürmer
Der Außenstürmer ist der Hauptangriffsspieler, der normalerweise die meisten Tore erzielt.

4 Verteidiger
Die zwei Verteidiger versuchen die Gegenspieler von Torschüssen abzuhalten.

5 Schiedsrichter
Während des Spiels sind zwei Schiedsrichter auf dem Feld, regeln das Spiel, verhängen Strafen und vergeben Strafschüsse.

Rote Linie
Diese Markierung zeigt die Grenze zwischen der Verteidigungszone und der Angriffszone des roten Teams. Spieler in Ballbesitz in der eigenen Verteidigungszone müssen ihn innerhalb von 10 Sekunden in die Angriffszone spielen.

Blaue Linie
Diese Linie markiert die Grenze zwischen Angriffs- und Verteidigungszone des blauen Teams. Die Angriffszone ist immer 22 m lang.

Bodenbelag
Der Bodenbelag muss glatt sein, aber nicht rutschig. Die meisten Spielfelder haben einen Holz- bzw. Parkettboden, es gibt aber auch Zementfelder.

Mittellinie
Die Mittellinie unterteilt das Spielfeld in zwei gleichgroße Spielfeldhälften.

Tor
Das Tornetz ist über eine Leiste am Boden gespannt.

Strafraum
Der Strafraum ist 9 m x 5,40 m groß. Wird ein Angreifer in diesem Bereich gefoult, kann er dafür einen Freischuss von einem Strafschusspunkt erhalten.

Freischuss
Die vier Kreuze auf dem Spielfeld markieren die Punkte, von denen aus ein Freischuss ausgeführt werden darf, wenn ein Strafschuss verhängt wurde.

Wertungsrichter
Der Wertungsrichter ist für die offizielle Zählung der Tore verantwortlich.

Zwei Zeitrichter
Ein Zeitrichter ist für die Strafzeiten verantwortlich, der andere für die Gesamtspielzeit.

TOR UND TORÖFFNUNG
Das Tor ist nicht am Hallenboden verankert, aber schwer genug, um am Platz stehen zu bleiben. Pfosten und Querbalken sind mit fluoreszierender Farbe orange gestrichen, der Rest des Tors ist weiß. Der Torwart steht in einem halbkreisförmigen Torraum mit 1,50 m Radius.

ROLLHOCKEY

Die beiden Mannschaften beim Rollhockey bestehen jeweils aus fünf Spielern: einem Torwart und vier Feldspielern – einem Mittelstürmer, einem Außenstürmer und zwei Verteidigern. Eine Mannschaft darf mit Ersatztorwart maximal zehn Spieler haben – es wird häufig ausgewechselt. Es werden zwei Halbzeiten à 25 Minuten mit einer 10-minütigen Halbzeitpause gespielt. Abseitsregeln variieren von Land zu Land. In den USA wird ohne Abseits gespielt.

INLINEHOCKEY

Beim Inlinehockey sind ebenfalls je fünf Spieler auf dem Feld, aber maximal 14 Spieler in jeder Mannschaft. Es werden zwei Halbzeiten à 20 Minuten mit fünf Minuten Pause gespielt. Bei einem Unentschieden gibt es eine Verlängerung und danach, falls nötig, ein Penalty-Schießen. Die Regeln des Inlinehockey ähneln den Eishockeyregeln (siehe S. 150–155), es gibt aber kein Abseits. Wie beim Rollhockey können Spieler für Fouls wie Bodychecks und regelwidrige Berührungen Zeitstrafen erhalten.

STREETHOCKEY

Streethockey ist eine Variante des Rollhockeys, das auf der Straße und öffentlichen Plätzen in den USA und Kanada entstand. Es wird auch Ballhockey und Straßenhockey genannt. Der Sport entstand um 1970. Heute gibt es Ligen und Meisterschaften, die allerdings auf Spielfeldern ausgetragen werden.

INSIDER-STORY

Rollhockey entstand in Großbritannien in den 1870er- und 1880er-Jahren. 1901 hatte sich der Sport bereits in ganz Europa ausgebreitet. Inlinehockey entwickelte sich in den 1990ern im Anschluss an die Erfindung der Inline Skates in den 1980ern. Die erste Weltmeisterschaft im Inlinehockey der Männer fand 2005 in Chicago statt – die erste der Frauen bereits 2002 in Rochester im US-Bundesstaat New York. Seit 2005 ist Inlinehockey eine Disziplin bei den World Games.

FEDERATION INTERNATIONALE DE ROLLER SPORTS (FIRS)
Die FIRS ist der internationale Dachverband sowohl für Rollhockey als auch für Inlinehockey und reguliert darüber hinaus das Speed Skating und den Rollkunstlauf. Die Weltmeisterschaften im Rollhockey werden alle zwei Jahre ausgetragen, die im Inlinehockey finden jährlich statt.

SKATEBOARD

ÜBERBLICK

Millionen von Menschen in aller Welt benutzen das Skateboard als Sportgerät oder sogar als Transportmittel, einige wenige betreiben Skateboardfahren als Wettkampfsport. Die Sportler werden bei den Wettbewerben nach ihrem Erfindungsreichtum beim Vorführen innovativer Tricks und nach ihrer Wendigkeit auf einem Hinderniskurs bewertet. Skateboarden ist ein telegener Sport mit vielen Sponsoren. Die großen internationalen Wettbewerbe ziehen große Zuschauermengen sowohl live als auch im Fernsehen an.

HALFPIPE & GELÄNDER

Es gibt verschiedene Arten von Wettbewerben, die in ganz unterschiedlicher Umgebung stattfinden. Der spektakulärste ist wahrscheinlich die Halfpipe, eine U-förmige Anlage mit steilen, Verts (für vertikal) genannten Wänden. Die Skater fahren durch die Halfpipe, katapultieren sich über die Verts in die Luft und vollführen Tricks im Flug. Auch beim Freestyle werden Tricks gezeigt, allerdings auf einer ebenen Fläche. Bei Street-Wettbewerben zeigen die Skater ihr Können an Mauerkanten und Geländern. Es gibt auch Slalom-Wettbewerbe, bei denen die Skater über mit Pylonen abgesteckte Kurse fahren.

DIE ZEPHYRS

Die Z-Boys aus Kalifornien, das legendäre Zephyr Team der 1970er-Jahre, benutzten die Wände eines Swimmingpools für ihre Tricks – und erfanden so das Vert-Skating.

FAKTEN

- Schon in den 1940ern gab es improvisierte Skateboards. In den 1950ern schraubten Skater Rollschuhrollen an Bretter oder nahmen Rollern den Lenker.
- Das Skaten wurde im Kalifornien der 1950er und ’60er populär. Es war eng mit der Surfer-Kultur verbunden und wurde auch Straßen- oder Gehwegsurfen genannt.
- Zum Sport wurde das Skateboarden in den 1970ern, als Neuerungen in der Fertigung den Skatern mehr Mobilität und Kontrolle gaben, sodass sie immer gewagtere und fantastischere Tricks zeigen konnten.

GEWUSST?

18.500.000 So viele Menschen fahren schätzungsweise laut einer amerikanischen Untersuchung von 2002 weltweit Skateboard.

10 So viele Goldmedaillen hat Tony Hawk bei den X Games, einem der größten Wettbewerbe, im Vert Skating gewonnen. Hawk ist vermutlich der bekannteste und erfolgreichste Skater der Welt.

900 Der erste 900-Grad-Turn wurde 1999 von Tony Hawk gezeigt. Gebräuchlicher sind 720- und 540-Grad-Drehungen.

Schutzhelm
Ein Sturzhelm ist wichtig, um Verletzungen vorzubeugen. Er besteht meist aus einer Kunststoffschale mit einem eng anliegenden Polster.

Knieschoner
Knieschoner bestehen aus einem das Knie umschließenden Schaumpolster und einer harten Plastikschale für zusätzlichen Schutz.

GRAB 540 BACKSIDE
Der hier gezeigte Trick ist der Grab 540 Backside. Der Skater vollführt in der Luft eine 540-Grad-Drehung, während eine Hand das Board hält und der andere Arm den Schwung für die Drehung erzeugt. Der Skater lässt das Brett los, sobald er wieder Kontakt mit der Halfpipe hat.

Coping
Manche Skater führen auf der Lippe der Vert (Coping) Tricks wie Grinds und einhändige Handstände aus.

Vert
Die Gesamthöhe der Vert (kurz für Vertikale) beträgt meist 3–4 m.

Rollfläche
Die Halfpipe ist in der Regel eine Holzkonstruktion mit einer glatten Oberfläche aus Spanplatten.

SPORTLERPROFIL

Skateboarder brauchen für ihre schwierigen Tricks einen hervorragenden Gleichgewichtssinn, perfektes Timing, Koordination und Körperbeherrschung. Außerdem müssen sie kreativ und fantasievoll sein, um die Punktrichter mit originellen Tricks zu beeindrucken. Skater sind eher von kleiner Statur und dadurch beweglicher. Sie haben deshalb vor allem in der Luft eine bessere Kontrolle.

Skateboard
Skateboards sind meist 76–79 cm lang und 20 cm breit. Das Deck ist mit Griptape beklebt, damit der Skater nicht vom Board abrutscht.

Ellenbogenschoner
Ellenbogenschoner sind genauso konstruiert wie Knieschoner. Außerdem tragen viele Skater Handgelenksprotektoren.

BOARDS & AUSRÜSTUNG

Die Entwicklungen im Wettbewerbs-Skaten hängen eng mit der Entwicklung der Technologie zusammen. Die Einführung von Polyurethanrädern Anfang der 1970er war ein Meilenstein, der die Leistungen der Skater deutlich verbesserte und sehr zur Popularität des Sports beitrug. Abgesehen vom Skateboard ist auch die Schutzkleidung wichtig, da Unfälle alltäglich sind. Vor allem Helm, Knie- und Ellenbogenschoner und Sportschuhe mit gutem Grip sind unverzichtbar.

DAS SKATEBOARD
Skateboards können aus Fiberglas oder Polypropylen bestehen, sind aber meist aus Holz gebaut. Besonders beliebt ist Ahorn; die Decks bestehen aus sieben zusammengepressten Furnierschichten.

Gebogenes Deck
Das Deck ist das Brett. Decks sind an den Enden hochgebogen; das vordere Ende nennt man Nose, das hintere Tail.

Kleine Räder
Die Polyurethanräder haben einen Durchmesser von 5–5,6 cm.

Achsgehäuse
Die »Trucks« sind am Deck verschraubt und halten die Achsen. Sie liegen 33–38 cm auseinander.

TRICKS

Street-Skating-Techniken wirken weniger spektakulär, weil sie auf ebener Fläche stattfinden, erfordern aber trotzdem ein enormes Können. Ollie (siehe unten) und Grind sind Grundtechniken. Beim Grind macht man einen Ollie auf ein Geländer und rutscht dann auf den Trucks des Skateboards darüber.

DER OLLIE
Der Ollie ist ein Trick, bei dem der Skater sich senkrecht in die Luft katapultiert, meist um auf einem Street-Kurs über Hindernisse zu springen.

Abheben
Der Skater hebt sich in die Luft, indem er auf das Ende des Decks drückt.

Fuß nach vorne
Der Vorderfuß geht zur Nase des Decks, um das Board anzuheben.

Ausrichten
Der hintere Fuß hebt sich, um das Board flach zu legen.

INSIDER-STORY

Es gibt keinen internationalen Skateboard-Dachverband. Die Szene zeigt erheblichen Widerstand gegen die Idee einer solchen Organisation für einen Sport mit derart starken Wurzeln in der nonkonformistischen Jugendkultur. Allerdings sind Wettbewerbe wichtig für den Sport. Der erste offizielle Contest fand 1965 in Kalifornien statt, das erste europäische Event 1977 in Deutschland. Heute sind die X Games eines der beliebtesten Turniere.

DIE X GAMES
Die X Games sind eines der wichtigsten internationalen Turniere, bei dem Skateboard-Events neben anderen »Extremsportarten«, wie Snowboarding, ausgetragen werden. Die Games finden seit 1995 jedes Jahr statt.

MOTORSPORT

10

FORMEL 1

FAKTEN

- Jeder Grand Prix lockt riesige Scharen enthusiastischer Rennfans vor Ort und Millionen von Fernsehzuschauern in nahezu allen Ländern der Welt an.
- Die Formel 1 wurde 1946 eingeführt; das erste Rennen wurde 1947 gefahren. Die erste Formel-1-Weltmeisterschaft fand 1950 statt.
- Die Fédération Internationale de l'Automobile (FIA) ist der Dachverband des Formel-1-Rennsports.

SPORTLER-PROFIL

Die Fahrer müssen körperlich fit und mental stark sein, um bei Höchstgeschwindigkeit an einem heißen, engen, lauten und äußerst gefährlichen Arbeitsplatz arbeiten zu können. Abgesehen von hohem fahrerischem Können, viel Mut und schnellen Reflexen brauchen sie Teamgeist und müssen sich schnell auf Situationen einstellen können.

ÜBERBLICK

Die Formel 1 ist eine Serie spannender, rasanter Grand-Prix-Rennen auf Kursen in aller Welt und ein Topereignis im Motorsportkalender. Autokonstrukteure und Fahrer unterliegen einem strengen Reglement – einer Ansammlung von Spezifikationen, die beständig den sich verändernden Anforderungen an Sicherheit und Fairness angepasst wird – während sie nach dem technologischen Vorteil suchen, der ihnen den Vorsprung vor den Rivalen beschert. Die Fahrer und Konstrukteure, die während der Saison die meisten Punkte sammeln, werden Formel-1-Weltmeister.

FAHRERSICHERHEIT

Das Reglement stellt die Sicherheit der Fahrer an oberste Stelle. Sicherheitszelle, Gurte sowie Karbonchassis und -karosserie schützen den Fahrer bei einem Unfall vor Verletzungen. Anzüge und übrige Ausrüstung der Fahrer bestehen aus Nomex, einem äußerst feuerfesten Material.

FLIEGE

Der extravagante britische Fahrer Mike Hawthorn, Formel-1-Weltmeister von 1958, trug beim Rennen gerne eine Fliege, passend zu seinem gewinnenden Lächeln.

DAS FORMEL-1-AUTO

Das Formel-1-Auto ist ein Produkt brillanter Ingenieurskunst und modernster Technologie mit einer Mischung aus fein abgestimmter Aerodynamik, Elektronik, Reifen und Federung.

Handschuhe Feuerfeste, aber dünne Handschuhe hindern nicht beim Fahren.

HANS Entlastet Kopf und Genick und schützt vor Verletzungen (Head And Neck Support).

Schutzhelm Helm und Visier überstehen den Aufprall eines Gegenstandes mit 500 km/h.

Darunter Unter der Fahrerkombi bietet die Unterkleidung zusätzlichen Brandschutz.

Schultergriffe Schlaufen an den Schultern ermöglichen das Herausheben des Fahrers.

Rennstiefel Die feuerfesten Schuhe haben guten Grip und sind dünn genug, um beim Fahren nicht zu stören.

Griffige Reifen Das Spezialprofil der Reifen erhöht die Traktion und die Kurvengeschwindigkeit.

Heckflügel Der aerodynamische Heckspoiler erhöht den Anpressdruck auf die Hinterräder.

Lufthutze Der Lufteinlass des Motors sitzt über dem Kopf des Fahrers.

Sicherheitszelle Die zwischen Tank im Heck und Knautschzone im Bug ins Chassis eingebaute Sicherheitszelle enthält das Cockpit.

Bremssystem Karbonbremsscheiben machen es möglich, dass das Auto aus 110 km/h binnen 18 m zum Stehen kommt. Es gibt außerdem ein ausfallsicheres Ersatzsystem.

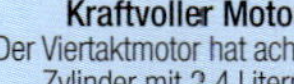

Kraftvoller Motor Der Viertaktmotor hat acht Zylinder mit 2,4 Litern Hubraum.

Vorderradaufhängung Die Vorderradaufhängung trägt den Bug des Wagens und entscheidet über den Straßenkontakt der Reifen.

GEWUSST?

5 So viele Sekunden braucht ein Formel-1-Auto, um aus dem Stand auf 160 km/h zu beschleunigen und dann wieder auf 0 km/h zu verzögern. Ein Rennwagen kann aus 300 km/h in weniger als 3,5 Sekunden zum Stehen kommen.

23 Das Alter des jüngsten Fahrers – Sebastian Vettel – der je die Formel-1-WM gewonnen hat. Das war 2010, in seiner dritten kompletten Formel-1-Saison.

320 Diese Geschwindigkeit in km/h können Formel-1-Autos auf einer Geraden erreichen.

20 So viele Grand-Prix-Rennen fanden in der Formel-1-Saison 2012 statt. Zwölf davon außerhalb Europas – z. B. Indien, Malaysia, China, Australien und Bahrain.

7 So oft war Michael Schumacher Formel-1-Weltmeister. Statistisch gesehen macht ihn das zum besten Fahrer aller Zeiten.

INTERAKTIVES LENKRAD

Im Cockpit versorgt das interaktive Lenkrad den Fahrer mit Informationen über die Fahrwerte des Autos und erlaubt ihm, zahlreiche Parameter einzustellen und zu kontrollieren, sowie mit seinem Boxenteam in Funkkontakt zu bleiben.

Lichterkette
Eine Lichterkette hilft dem Fahrer, im richtigen Augenblick zu schalten.

Hauptdisplay
Das große Display liefert Informationen über Gang, Temperaturen und Bremsen. Am unteren Rand kann die FIA die Farbe der Flagge (z. B. Gelb, Rot oder Schwarz) einblenden, die die Streckenposten gerade schwenken.

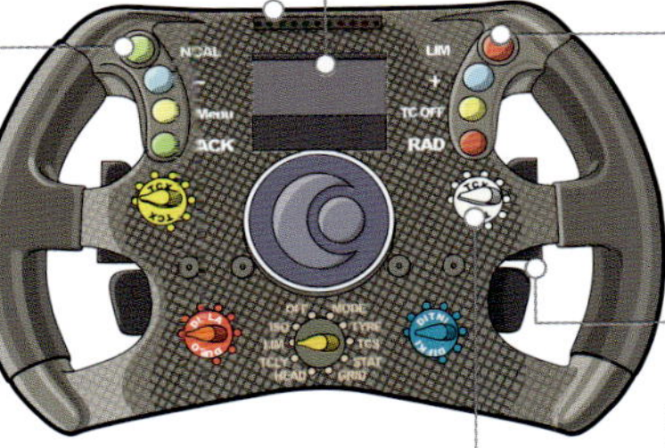

Rechte Schalterreihe
Die Schalter auf der rechten Seite bedienen den Tempobegrenzer für die Boxengasse (LIM) und das Funkgerät (RAD), das den Kontakt zum Team ermöglicht.

Gangschaltung
Die Fahrer können mit Schaltwippen am Lenkrad die Gänge schnell mit den Fingerspitzen wechseln. Es gibt in der Regel acht Gänge (sieben vorwärts und einer rückwärts).

Linke Schalterreihe
Die Schalter auf der linken Seite schalten das Getriebe in den Leerlauf (N), kalibrieren die Kupplung (CAL), bedienen das Menü im Display und bestätigen einen Funkspruch vom Boxenteam (ACK), wenn der Fahrer gerade nicht sprechen kann.

Traktionskontrolle
Dieser Schalter passt die Einstellung der Traktionskontrolle den Fahrbahnverhältnissen und den Wünschen des Fahrers an.

STRASSENKONTAKT

Formel-1-Autos haben Spezialreifen, die den Kontakt mit der Straßenoberfläche verbessern und dabei gewaltigem Anpressdruck widerstehen können. Harte Reifen sind haltbarer und länger fahrbar als weiche, die dafür mehr Traktion bieten. Die Reifen benötigen eine gewisse Betriebstemperatur und sind auf maximal ein Rennen ausgelegt. Die Bestimmungen werden jedes Jahr überarbeitet und geändert. Seit 2007 ist für alle Teams ein gemeinsamer Reifenhersteller vorgeschrieben, heute ist das Pirelli.

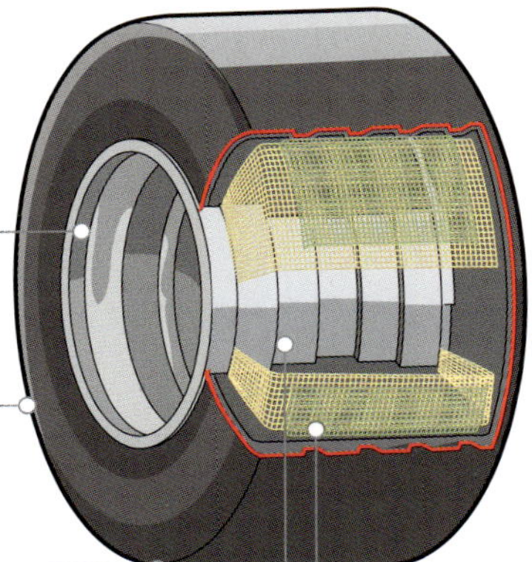

Radmaße
Der maximale Durchmesser der Räder mit Regenreifen beträgt 66 cm und 67 cm.

Reifenmaße
Die maximale Breite des vorderen Reifens beträgt 35,5 cm, die des hinteren Reifens 38 cm.

Lauffläche
Die äußere Lage des Reifens besteht aus einer Gummimischung.

Gürtellage
In der Mittelschicht liegt die stabilisierende Gürtellage.

Hitech-Geflecht
Die innere Lage ist ein Geflecht aus Polyester und Nylon.

DIE REIFENWAHL

Einige der wichtigsten Entscheidungen, die ein Formel-1-Team zu treffen hat, betreffen die Wahl des Reifentyps und des richtigen Zeitpunkts zum Wechseln. Pro Rennwochenende stehen jedem Fahrer 14 Sätze Trockenreifen, fünf Sätze Regenreifen und vier Sätze Extremwetter-Reifen zur Verfügung.

Trockenreifen
Die sogenannten Slicks haben kein Profil und eignen sich nur für absolut trockene Straßen. Es gibt eine harte und eine weiche Variante.

Regenreifen
Für feuchte Bedingungen halten die Teams Reifen mit Profil bereit. Sie müssen bei wechselhaftem Wetter jederzeit einsatzbereit sein.

Extremwetter-Reifen
Für starken Regen gibt es Reifen mit tiefem Profil, das den Grip verbessert, indem es das Wasser unter dem Reifen ableitet.

WIE EIN BRETT

Die Konstrukteure von Formel-1-Rennwagen streben nach einem leichten Auto, das »wie ein Brett« auf der Straße liegt. Dies erreichen sie durch Verringerung des Luftwiderstands und Maximierung des Anpressdrucks auf die Räder. Über die Jahre hat die Entwicklung zu einem hochgezogenen Heck, kleinen Flügeln an der Nase, flexiblen Schürzen und Heckflügeln geführt. In den 1980ern erzeugte die flügelähnliche Konstruktion des gesamten Autos einen starken »Bodeneffekt«, der aber in Kurven zu gefährlich war und verboten wurde. Heute dient fast jede Fläche des Autos der Erzeugung von Anpressdruck.

Frontflügel
Flügel an der Nase des Wagens sorgen für Anpressdruck auf die Vorderräder und kanalisieren den Luftstrom auf den Rest der Karosserie.

Windabweiser
Windabweiser an den Flanken kanalisieren den Luftstrom und reduzieren Turbulenzen.

Helmform
Aerodynamisch geformte Helme verbessern den Luftstrom in den Ansaugstutzen hinter dem Kopf des Fahrers.

Heckflügel
Der Anpressdruck der einstellbaren Heckflügel sorgt für eine bessere Traktion der Hinterräder.

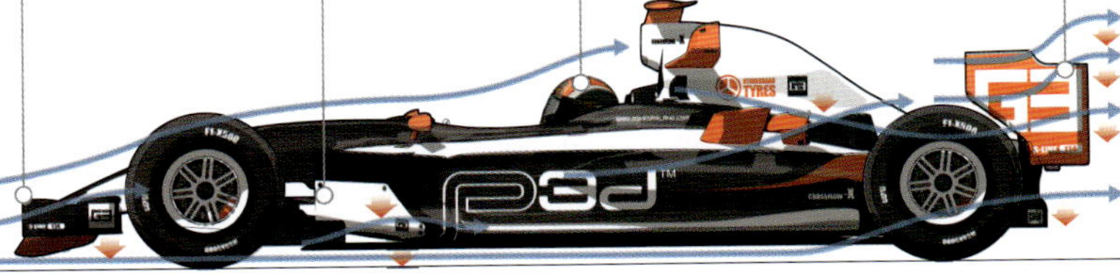

DAS RENNWOCHENENDE

Die Grand-Prix-Rennen finden immer am Wochenende statt. Am Freitag (in Monaco Donnerstag) werden freie Trainingsrunden gefahren. Am Samstag ist erneut Training, dann werden in der Qualifikation die Startpositionen für das Rennen am Sonntag ausgefahren. Die Regeln besagen, dass mindestens 20 und maximal 24 Wagen am Rennen teilnehmen dürfen.

DAS FREIE TRAINING

Im freien Training sollen sich die Teams auf der Rennstrecke akklimatisieren: Die Fahrer machen sich mit den Eigenheiten vertraut, während die Techniker und Teamchefs über Reifenwahl und Treibstoffmenge entscheiden und die Fahrzeuge entsprechend einstellen.

DAS QUALIFYING

In drei 15-minütigen Qualifikationsrennen fahren die Fahrer gegen die Uhr, um die Startaufstellung für das Rennen am Sonntag zu bestimmen. In der ersten Einheit fahren alle Fahrer gegeneinander – die langsamsten (meist sechs) belegen die letzten Plätze und nehmen am weiteren Qualifying nicht mehr teil. In der zweiten Einheit werden die nächsten (meist sechs) Plätze ausgefahren. Im dritten Rennen fahren die verbleibenden Fahrer um die vorderen Plätze – der schnellste nimmt die Pole Position ein.

DER RENNBEGINN

Fahrer und Autos müssen sich 15 Minuten vor Beginn der Einführungsrunde aufstellen. Zu diesem Zeitpunkt ist aufgetankt, die Reifen sind montiert, die Motoren laufen und die Strecke ist frei. Zwei grüne Ampeln geben das Startsignal für die Einführungsrunde, nach der die Fahrer ihre Positionen einnehmen. Der Countdown beginnt.

LOS! LOS! LOS!
In 1-Sekunden-Intervallen gehen von links nach rechts die roten Lampen an. Nach ein paar Sekunden gehen alle fünf gleichzeitig aus – und der Sprint auf die erste Kurve beginnt.

PUNKTE

Die Fahrer erhalten Punkte, wenn sie das Rennen auf einem der ersten zehn Plätze beenden. Der Sieger erhält 25 Punkte, der Zweite 18 Punkte, der Dritte 15 Punkte, der Vierte 12 Punkte, dann in Zweierschritten weiter bis zum zehnten Platz mit einem Punkt. Konstrukteure, die zwei Fahrer im Rennen haben, erhalten Punkte, je nachdem, wie viele Punkte ihre Fahrer zusammen erzielen. So erhält beispielsweise ein Team, das den ersten und den zweiten Platz belegt, 43 Punkte.

DIE RENNSTRECKEN

In der Saison 2009 gab es rund um die Welt 17 Rennen, einschließlich Istanbuls 2005 eröffneter neuer Rennstrecke. Die Illustration einer Strecke (siehe unten) ist ein Blick aus der Vogelperspektive und zeigt die einzelnen Teilbereiche des Kurses.

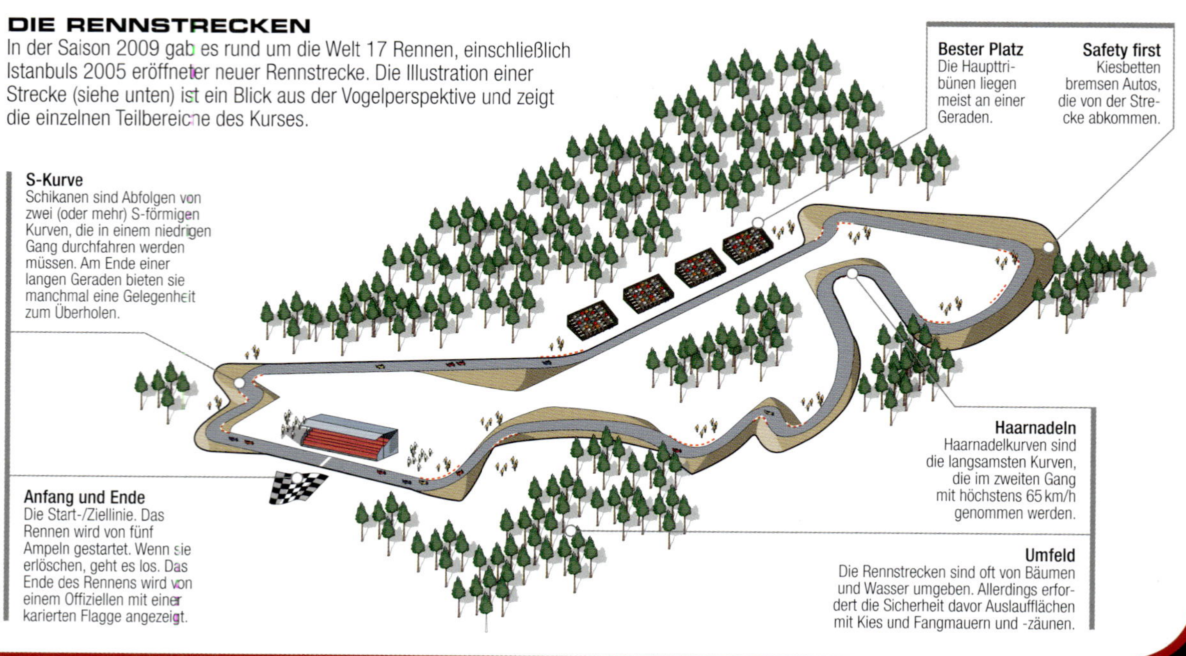

Bester Platz
Die Haupttribünen liegen meist an einer Geraden.

Safety first
Kiesbetten bremsen Autos, die von der Strecke abkommen.

S-Kurve
Schikanen sind Abfolgen von zwei (oder mehr) S-förmigen Kurven, die in einem niedrigen Gang durchfahren werden müssen. Am Ende einer langen Geraden bieten sie manchmal eine Gelegenheit zum Überholen.

Haarnadeln
Haarnadelkurven sind die langsamsten Kurven, die im zweiten Gang mit höchstens 65 km/h genommen werden.

Anfang und Ende
Die Start-/Ziellinie. Das Rennen wird von fünf Ampeln gestartet. Wenn sie erlöschen, geht es los. Das Ende des Rennens wird von einem Offiziellen mit einer karierten Flagge angezeigt.

Umfeld
Die Rennstrecken sind oft von Bäumen und Wasser umgeben. Allerdings erfordert die Sicherheit davor Auslaufflächen mit Kies und Fangmauern und -zäunen.

SIGNALFLAGGEN

An verschiedenen Positionen stehen Streckenposten, die mittels Flaggen die Aufmerksamkeit der Fahrer erregen sollen. Die unterschiedlichen Farben der Flaggen signalisieren beispielsweise eine Gefahr auf der Strecke, eine Rennunterbrechung oder eine Freigabe.

GEFAHR
Gefahr auf der Strecke. Langsam fahren und nicht überholen.

VERSCHMUTZUNG
Verschmutzte und rutschige Fahrbahn voraus.

LANGSAMES AUTO
Ein langsam fahrendes Fahrzeug auf der Strecke. Langsam fahren.

ALLES FREI
Alles klar – die Warnungen der Gelben Flagge sind aufgehoben.

ÜBERRUNDUNG
Ein schnelleres Auto schließt auf. Ungehindert überholen lassen.

TECHN. PROBLEM
Flagge mit Autonummer ruft einen Fahrer in die Box zurück.

VERWARNUNG
Der Fahrer mit dieser Nummer wird wegen Unsportlichkeit verwarnt.

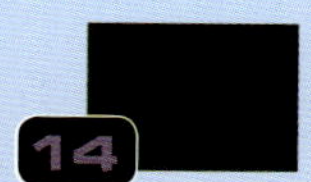

DISQUALIFIKATION
Der Wagen ist disqualifiziert und muss in die Box.

UNTERBRECHUNG
Das Rennen, Training oder Qualifying ist unterbrochen.

RENNEN BEENDET
Das Rennen ist beendet. Flagge wird zuerst dem Sieger gezeigt.

TEAMWORK

Viele Menschen tragen mit ihrer Arbeit und ihrem Fachwissen zum Funktionieren eines Formel-1-Teams bei. Die Fahrer werden am ehesten wahrgenommen, aber alle Beteiligten, von den Managern und Technikern bis zu den Testfahrern und der Boxencrew, sind für den Erfolg wichtig.

BOXENCREW

Wenn ein Fahrer die Box anfährt, schwärmt ein großes Team aus behelmten Mechanikern in einer sorgfältig abgestimmten Choreografie aus. Jeder Sekundenbruchteil zählt. Jeder Mechaniker weiß exakt, was er zu tun hat – ob Betanken, Aufbocken oder Reifenwechsel.

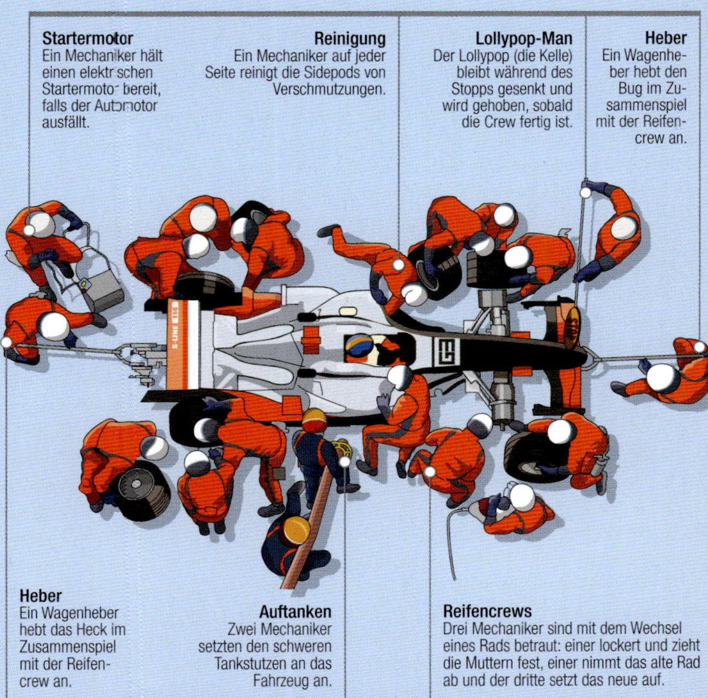

Startermotor
Ein Mechaniker hält einen elektrischen Startermotor bereit, falls der Automotor ausfällt.
Reinigung
Ein Mechaniker auf jeder Seite reinigt die Sidepods von Verschmutzungen.
Lollypop-Man
Der Lollypop (die Kelle) bleibt während des Stopps gesenkt und wird gehoben, sobald die Crew fertig ist.
Heber
Ein Wagenheber hebt den Bug im Zusammenspiel mit der Reifencrew an.
Heber
Ein Wagenheber hebt das Heck im Zusammenspiel mit der Reifencrew an.
Auftanken
Zwei Mechaniker setzten den schweren Tankstutzen an das Fahrzeug an.
Reifencrews
Drei Mechaniker sind mit dem Wechsel eines Rads betraut: einer lockert und zieht die Muttern fest, einer nimmt das alte Rad ab und der dritte setzt das neue auf.

DIE BOXENGASSE

Die Boxengasse liegt zwischen Boxenmauer und Teamgaragen und ist in Spuren unterteilt: die schnelle nahe der Mauer und die innere vor den Garagen. Die Boxencrew kommt aus der Garage, sobald ein Fahrer einen Boxenstopp ankündigt. Die Teams haben ihre Kontrollzentren an der Boxenmauer. Sie sind der Mittelpunkt der Teamaktivitäten – hier diskutieren die Teamleiter und Ingenieure die Taktik und Rennstrategie und ziehen Computer und Anzeigemonitore zu Rate. Von hier aus hält das Team auch den Funkkontakt zum Fahrer und zu den Analytikern im Hauptquartier.

DAS PIT BOARD

Das Pit Board informiert den Fahrer über seine Position, gefahrene Runden und den Abstand zwischen ihm und den Wagen davor und dahinter.

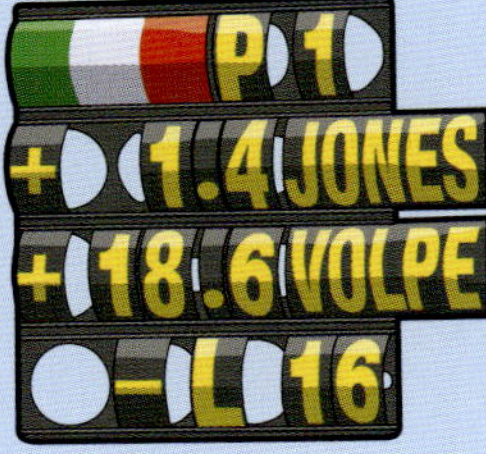

KONTROLLE

Jedes Formel-1-Team hat eine Zentrale an der Boxengasse, in der es mithilfe von Computern Rundenzeiten, Telemetrie und Kamerabilder ihrer Autos auf einer ganzen Monitorwand auswertet. Zwischen den Testrunden können sich die Fahrer Aufzeichnungen ihrer Fahrt ansehen. Die Helligkeit der Bilder wird durch Sonnenlicht oder den Qualm der Boxengasse nicht beeinträchtigt.

STATISTIK

FAHRER-WELTMEISTERSCHAFT

JAHR	NAME	LAND
2013	SEBASTIAN VETTEL	(GER)
2012	SEBASTIAN VETTEL	(GER)
2011	SEBASTIAN VETTEL	(GER)
2010	SEBASTIAN VETTEL	(GER)
2009	JENSON BUTTON	(GBR)
2008	LEWIS HAMILTON	(GBR)
2007	KIMI RÄIKKÖNEN	(FIN)
2006	FERNANDO ALONSO	(ESP)
2005	FERNANDO ALONSO	(ESP)
2004	MICHAEL SCHUMACHER	(GER)
2003	MICHAEL SCHUMACHER	(GER)

KONSTRUKTEURSMEISTERSCHAFT

JAHR	NAME	PUNKTE
2013	RED BULL	596
2012	RED BULL	460
2011	RED BULL	650
2010	RED BULL	498
2009	BRAWN	172
2008	FERRARI	172
2007	FERRARI	204
2006	RENAULT	206
2005	RENAULT	191
2004	FERRARI	262
2003	FERRARI	158

GRAND-PRIX-SIEGE

ANZAHL	NAME	LAND
91	MICHAEL SCHUMACHER	(GER)
51	ALAIN PROST	(FRA)
41	AYRTON SENNA	(BRA)
39	SEBASTIAN VETTEL	(GER)
32	FERNANDO ALONSO	(ESP)
31	NIGEL MANSELL	(GBR)
27	JACKIE STEWARD	(GBR)
26	LEWIS HAMILTON	(GBR)
25	JIM CLARK	(GBR)
25	NIKI LAUDA	(AUT)

INSIDER-STORY

2005 begannen ehemalige Formel-1-Fahrer in einer Serie namens Grand Prix Masters Rennen zu fahren. Alle Teilnehmer fahren auf identischen Fahrzeugen auf Basis des Reynard ChampCar von 1999 mit 3,5-Liter-V8-Motor. Sie müssen körperlich fit, über 45 Jahre alt sein und mindestens zwei Formel-1-Saisons absolviert haben. Das erste Rennen im südafrikanischen Kyalami gewann Nigel Mansell.

FAKTEN

- Das Indy Car Racing ist das amerikanische Äquivalent zur Formel 1.
- Ihren Namen verdankt die Rennserie ihrem berühmtesten Rennen: den Indianapolis 500.
- Die Rennen finden in den USA statt, aber auch in Australien, Brasilien, Kanada und Japan.

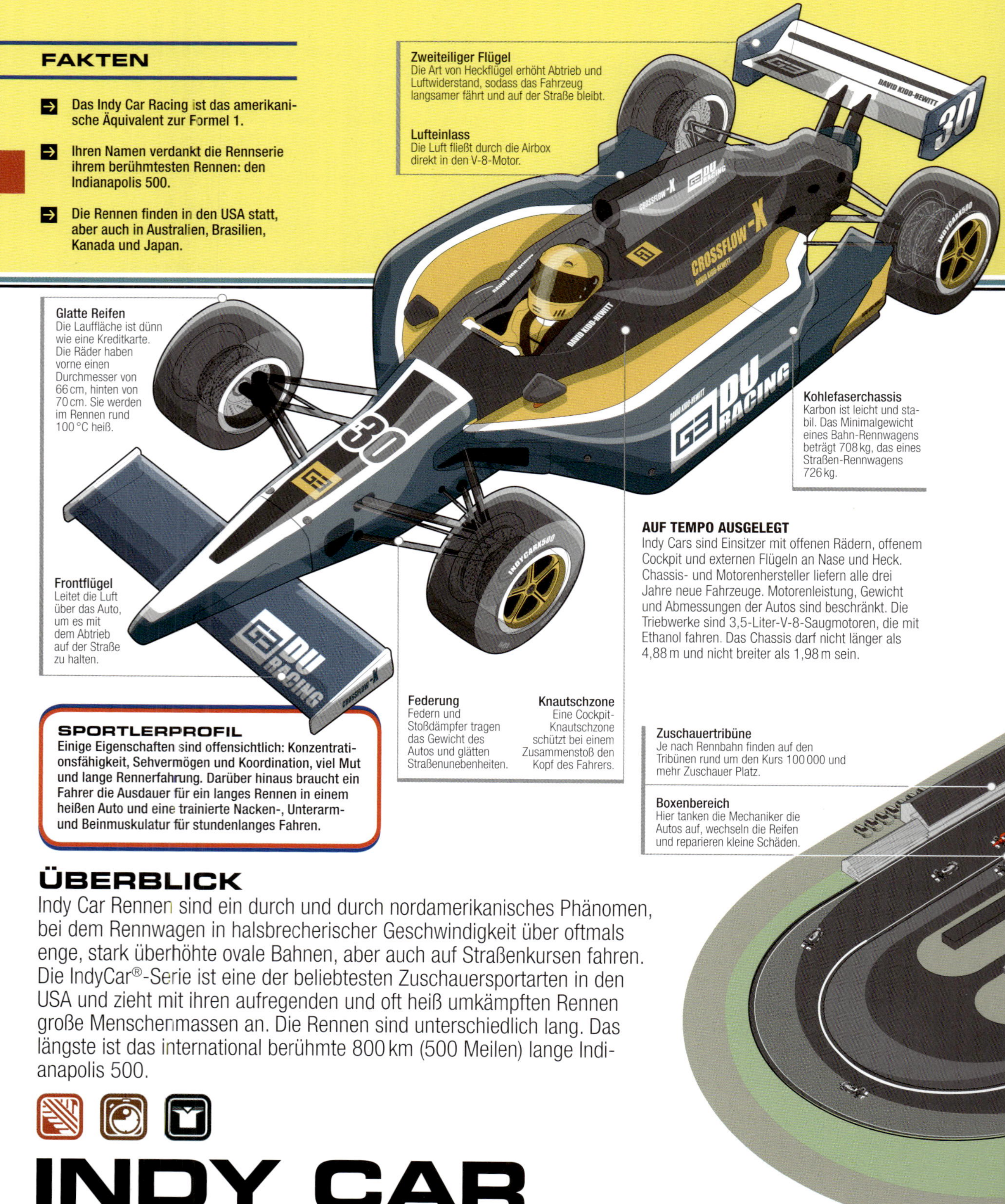

Zweiteiliger Flügel
Die Art von Heckflügel erhöht Abtrieb und Luftwiderstand, sodass das Fahrzeug langsamer fährt und auf der Straße bleibt.

Lufteinlass
Die Luft fließt durch die Airbox direkt in den V-8-Motor.

Glatte Reifen
Die Lauffläche ist dünn wie eine Kreditkarte. Die Räder haben vorne einen Durchmesser von 66 cm, hinten von 70 cm. Sie werden im Rennen rund 100 °C heiß.

Kohlefaserchassis
Karbon ist leicht und stabil. Das Minimalgewicht eines Bahn-Rennwagens beträgt 708 kg, das eines Straßen-Rennwagens 726 kg.

AUF TEMPO AUSGELEGT
Indy Cars sind Einsitzer mit offenen Rädern, offenem Cockpit und externen Flügeln an Nase und Heck. Chassis- und Motorenhersteller liefern alle drei Jahre neue Fahrzeuge. Motorenleistung, Gewicht und Abmessungen der Autos sind beschränkt. Die Triebwerke sind 3,5-Liter-V-8-Saugmotoren, die mit Ethanol fahren. Das Chassis darf nicht länger als 4,88 m und nicht breiter als 1,98 m sein.

Frontflügel
Leitet die Luft über das Auto, um es mit dem Abtrieb auf der Straße zu halten.

Federung
Federn und Stoßdämpfer tragen das Gewicht des Autos und glätten Straßenunebenheiten.

Knautschzone
Eine Cockpit-Knautschzone schützt bei einem Zusammenstoß den Kopf des Fahrers.

Zuschauertribüne
Je nach Rennbahn finden auf den Tribünen rund um den Kurs 100 000 und mehr Zuschauer Platz.

Boxenbereich
Hier tanken die Mechaniker die Autos auf, wechseln die Reifen und reparieren kleine Schäden.

SPORTLERPROFIL
Einige Eigenschaften sind offensichtlich: Konzentrationsfähigkeit, Sehvermögen und Koordination, viel Mut und lange Rennerfahrung. Darüber hinaus braucht ein Fahrer die Ausdauer für ein langes Rennen in einem heißen Auto und eine trainierte Nacken-, Unterarm- und Beinmuskulatur für stundenlanges Fahren.

ÜBERBLICK
Indy Car Rennen sind ein durch und durch nordamerikanisches Phänomen, bei dem Rennwagen in halsbrecherischer Geschwindigkeit über oftmals enge, stark überhöhte ovale Bahnen, aber auch auf Straßenkursen fahren. Die IndyCar®-Serie ist eine der beliebtesten Zuschauersportarten in den USA und zieht mit ihren aufregenden und oft heiß umkämpften Rennen große Menschenmassen an. Die Rennen sind unterschiedlich lang. Das längste ist das international berühmte 800 km (500 Meilen) lange Indianapolis 500.

INDY CAR RACING

RENNSTRECKEN

Indy-Car-Rennen finden auf drei Arten von Rennstrecken statt: Ovale (Speedways), längere Ovale (Superspeedways) und Straßenkurse. Bei den längsten Rennen legen die Fahrer bis zu 800 km zurück. Die berühmteste Indy-Car-Rennstrecke ist der Indianapolis Motor Speedway, auf dessen 4 km langem Superoval die Fahrer über 200 Runden um den Titel des Indy 500 Champion kämpfen. Die Straßen von St. Petersburg in Florida liefern den Stadtkurs für einen weiteren Termin des Indy-Car-Kalenders. Die Serie wird auch in Japan gefahren – auf dem Twin Ring Motegi mit Oval und Straßenkurs.

GEWUSST?

257.325 Die Zuschauerkapazität des Indianapolis Motor Speedway, der Heimat der Indianapolis 500.

675 Die Leistung des methanolgetriebenen 3,5-Liter-Aggregats eines Indy Car in PS.

20.000 Die Abtriebskraft in Newton, die auf ein Indy Car wirkt, das mit 350 km/h fährt.

POLE POSITION

Im Qualifying fahren die Fahrer gegen die Uhr um einen Platz in der Startaufstellung. Die Regeln für die Qualifikation variieren von einem Rennen zum anderen. Auf Ovalen fährt man drei Qualifikationsrunden. Der schnellste Fahrer hat die Pole Position, der nächste den zweiten Platz und so weiter, bis die Aufstellung komplett ist. Nach einigen Aufwärmrunden findet ein fliegender Start hinter dem Pacecar statt. Bei Straßenrennen fahren die sechs schnellsten Fahrer in der Qualifikation die ersten drei Reihen in der Aufstellung untereinander aus.

INDY CAR VS. FORMEL 1

Es gibt eine ganze Reihe von Unterschieden zwischen Indy-Car- und Formel-1-Rennen (siehe S. 376–379). Indy-Car-Rennen fanden ursprünglich auf ovalen Kursen mit fliegendem Start statt. Formel-1-Rennen finden auf nicht-ovalen Kursen statt und haben einen stehenden Start – mit allen Autos auf ihren jeweiligen Positionen. Indy Cars sind schwerer als F1-Autos, aber auf den Geraden schneller, während letztere wendiger und beschleunigungsstärker sind. In der Formel 1 sind Traktionskontrolle und Halbautomatik erlaubt, in Indy Cars, deren Motoren auf 10 300 U/min. begrenzt sind, hingegen nicht. Indy Cars wurden früher mit Methanol oder einer Mischung aus Methanol und Ethanol betankt, aber seit 2007 ist man zu 100 Prozent Ethanol übergegangen. F1-Autos werden mit bleifreiem Rennbenzin betankt.

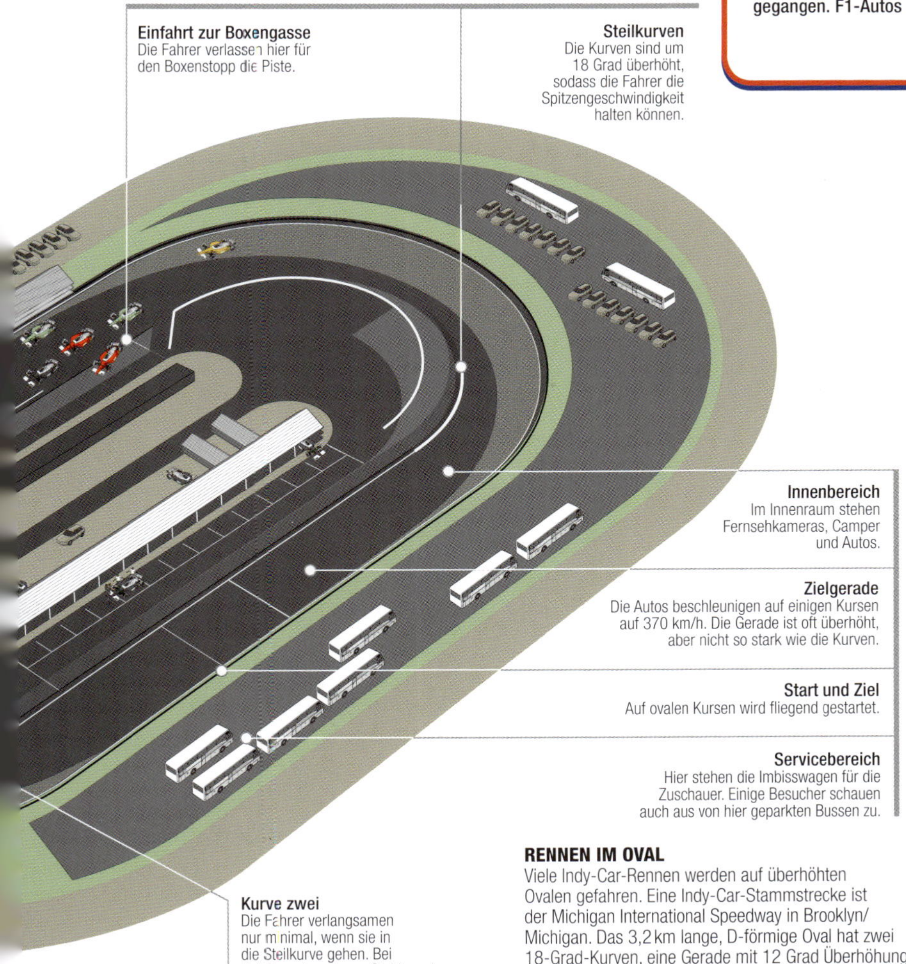

Einfahrt zur Boxengasse
Die Fahrer verlassen hier für den Boxenstopp die Piste.

Steilkurven
Die Kurven sind um 18 Grad überhöht, sodass die Fahrer die Spitzengeschwindigkeit halten können.

Innenbereich
Im Innenraum stehen Fernsehkameras, Camper und Autos.

Zielgerade
Die Autos beschleunigen auf einigen Kursen auf 370 km/h. Die Gerade ist oft überhöht, aber nicht so stark wie die Kurven.

Start und Ziel
Auf ovalen Kursen wird fliegend gestartet.

Servicebereich
Hier stehen die Imbisswagen für die Zuschauer. Einige Besucher schauen auch aus von hier geparkten Bussen zu.

Kurve zwei
Die Fahrer verlangsamen nur minimal, wenn sie in die Steilkurve gehen. Bei Unfällen absorbieren Stahl- und Schaumstoffabsorber (SAFER) die Aufprallenergie.

RENNEN IM OVAL

Viele Indy-Car-Rennen werden auf überhöhten Ovalen gefahren. Eine Indy-Car-Stammstrecke ist der Michigan International Speedway in Brooklyn/Michigan. Das 3,2 km lange, D-förmige Oval hat zwei 18-Grad-Kurven, eine Gerade mit 12 Grad Überhöhung und eine mit 5 Grad. Auf einigen Kursen sinkt die Geschwindigkeit der Autos nie unter 320 km/h, wobei auf den Geraden deutlich schneller gefahren wird.

STATISTIK

FAHRER MIT DEN MEISTEN SIEGEN

SIEGE	FAHRER (LAND)
32	SCOTT DIXON (NZL)
22	HELIO CASTRONEVES (BRA)
21	DARIO FRANCHITTI (GBR)
20	WILL POWER (AUS)
19	SAM HORNISH JR. (USA)
16	DAN WHELDON (GBR)
16	TONY KANAAN (BRA)
12	RYAN HUNTER-REAY (USA)
9	SCOTT SHARP (USA)
8	BUDDY LAZIER (USA)

INSIDER-STORY

Die Ursprünge des Indy Car Racing liegen auf dem Indianapolis Motor Speedway. Lange Jahre organisierte Championship Auto Racing Teams (CART) die Rennen, aber nach einer Abspaltung 1994 wurde der Name »Indy« von der Indy Racing League übernommen. CART organisiert heute die der F1 ähnliche Champ Car World Series.

DACHVERBAND

Die nordamerikanische Indy Racing League (IRL) überwacht die IndyCar Series und die Indy Pro Series.

GP2

ÜBERBLICK

Die 2005 in den Rennsportkalender eingeführte GP2-Serie ist ein neues Format, das die Formel 3000 als Trainings- und Vorbereitungsklasse für Fahrer und Teams auf die Formel 1 ablöst. Die GP2-Meisterschaft ist eine jährlich in einigen Ländern stattfindende Serie von Rennen im Umfeld des Formel-1-Grand-Prix. Um sicherzustellen, dass der beste Fahrer sich durchsetzen kann, müssen alle Teams identische Motoren, Chassis, Getriebe und Reifen verwenden.

FAKTEN

- **Viele GP2-Rennen, z. B. in Bahrain, Malaysia, Spanien, Italien, Frankreich, Ungarn, Deutschland, Belgien, und Monaco, werden im Fernsehen übertragen.**
- **GP2-Autos erreichen bis zu 320 km/h. Sie beschleunigen in 2,95 Sekunden von 0 auf 100 km/h und in 6,7 Sekunden von 0 auf 200 km/h.**

SPORTLERPROFIL

Die jungen Rennfahrer der Formel GP2 benötigen vor allem fahrerisches Können und Talent, da ihre Autos über keinerlei technische Fahrhilfen verfügen, die ihnen die Arbeit im Cockpit erleichtern könnten.

HANS-System
Jeder Fahrer trägt zur Sicherheit die Kopf- und Nackenstütze HANS.

V8-Motor
Ein 4-Liter-Motor leistet rund 600 PS.

6-Gang-Getriebe
Der Fahrer bedient das sequentielle Getriebe über Schaltwippen am Lenkrad.

Heckflügel
Ein zweiteiliger Heckflügel verbessert die Aerodynamik des Autos.

Radaufhängung
Doppelquerlenker tragen Vorder- und Hinterräder.

Slicks
Je nach Bedingungen montiert man Regenreifen oder einen von drei Typen von Trockenreifen.

WOCHENENDRENNEN

Die Rennen finden auf elf verschiedenen Strecken statt. An jedem Rennwochenende gibt es zwei Läufe nach dem gleichen Muster (außer in Monaco, wo es kein Sonntagsrennen gibt). Die Fahrer trainieren und qualifizieren sich am Freitag, fahren am Samstag ein 180-km- und am Sonntag ein 80-km-Rennen. Die acht besten Fahrer vom Samstag bestimmen die Aufstellung am Sonntag in umgekehrter Reihenfolge: Der 8. übernimmt die Pole Position und der 1. startet vom 8. Platz. Beim Samstagsrennen ist ein Boxenstop vorgeschrieben, bei dem mindestens zwei Reifen gewechselt werden müssen.

DAS PUNKTSYSTEM

Am Samstag gibt es 2 Punkte für die Pole Position und 10 Punkte für den Sieger. Die folgenden Sieben erhalten 8, 6, 5, 4, 3, 2 und 1 Punkt. Am Sonntag erhält der Sieger 6 Punkte und die nächsten Fünf bekommen 5, 4, 3, 2 und 1 Punkt. Bei jedem Rennen gibt es 1 Punkt für die schnellste Runde. Als Lewis Hamilton die Serie 2006 gewann, hatte er 113 Punkte gesammelt, zwölf mehr als Nelson Piquet Jr.

SIEGER

Der deutsche Fahrer Nico Rosberg war der Champion der ersten GP2-Serie 2005. Der Brite Lewis Hamilton gewann 2006. Beide sind in die Formel 1 aufgerückt. 2007 siegte wiederum ein Deutscher – Timo Glock.

INSIDER-STORY

Fünf Grundwerte bestimmen die GP2-Rennen und ihr Reglement. Diese sind hohe Leistung der Rennwagen, Kontrolle der Rennkosten, Fahrersicherheit, Training für jedes Teammitglied und nicht zuletzt ein unterhaltsames und spannendes Rennen. Die Kostenkontrolle wurde nach Abschaffung der Formel 3000, die für viele Teams zu teuer geworden war, zu einem wichtigen Faktor. Die Formel GP2 ist der erste Motorsport mit einem integrierten Konzept – so können die Teams z. B. durch den Zentraleinkauf Geld für Ersatzteile sparen.

TOUREN-WAGENRENNEN

DIE DTM

Die Deutsche Tourenwagen Masters ist äußerst populär und begeistert mit internationalen Spitzenfahrern auf werksgestützten Tourenwagen mit V-8-Motoren und einer Maximalleistung von 470 PS. Die Wagen haben standardisierte Reifen, Bremsen, Getriebe, Abmessungen und Aerodynamik

FAHRERLOSES AUTO

Seat stellte 2007 den ersten fahrerlosen Tourenwagen vor. Das von der Box aus ferngesteuerte Auto kann durchgängig schnelle Rundenzeiten liefern – ganz ohne Risiko.

DIE BTCC

Seit ihrer Einführung 1958 zieht die British Touring Car Championship (BTCC) mit ihren Spitzenfahrern auf beliebten Serienmodellen regelmäßig riesige Zuschauermengen an. Auch die Automobilhersteller zeigen gerne ihre neuen Modelle bei den Rennen, zumal die BTCC über das Fernsehen in Millionen von Haushalte übertragen wird. Die Teams fahren mit ihren 2-Liter-Limousinen auf neun Rennstrecken in Großbritannien und der Republik Irland. 2007 mussten die Tourenwagen erstmals dem Super-2000-Reglement der FIA genügen, die die technischen Spezifikationen über den gesamten Motorsport hinweg vereinheitlichen will.

ÜBERBLICK

Bei Tourenwagen handelt es sich im Prinzip um viertürige Limousinen oder zweitürige Coupés, die umfassend für Rennstrecken und Straßenrennen modifiziert sind. Das unterscheidet sie von gezielt für Rennen gebauten Sportwagen. Die verschiedensten Tourenwagentypen konkurrieren in einer ganzen Reihe von Meisterschaften und Serien in aller Welt, vor allem in Großbritannien, Deutschland und Österreich.

INSIDER-STORY

2005 ersetzte die Fédération Internationale de l'Automobile (FIA) die Tourenwagen-Europameisterschaft durch die Tourenwagen-Weltmeisterschaft. Die Fahrer messen sich auf zwölf Rennstrecken in verschiedenen Ländern, wie Marokko, Japan und Russland, nach Super-2000-, Diesel-2000- oder Super-Tourenwagen-Reglement.

FAKTEN

- **Einige Rennen dauern 24 Stunden und fordern die Ausdauer von Crew und Fahrer.**
- **Zu den Fahrern, die von der Formel 1 zum Tourenwagensport gewechselt sind, zählen Mika Häkkinen und Jean Alesi. Den umgekehrten Weg nahmen Michael Schumacher und Alexander Wurz.**

Heckflügel Der verstellbare Heckflügel hat zahlreiche Einstellmöglichkeiten.

Traktion Die Autos können Front-, Heck- oder Allradantrieb haben.

Sicherheit Ein Überrollbügel schützt den Fahrer bei einem Unfall.

Frontspoiler Der aerodynamische Frontspoiler hilft, die Luftströmung zu kontrollieren.

SPORTLERPROFIL

Um auf den unterschiedlichsten Kursen bestehen zu können, müssen die Fahrer körperlich fit und mental stark sein. Sie müssen zahlreiche Fertigkeiten mitbringen, von der Kurventechnik bei hohem Tempo bis zum Wissen, wie man mit einem Satz Reifen über ein ganzes Rennen kommt.

FAKTEN

- Dragsterrennen kommen aus den USA, wo sie die größte Anhängerschaft haben. Fans finden sich aber auch in Europa sowie in Brasilien, Mexiko, Kanada, Südafrika und Australien.
- Weltweit gibt es mehr als 300 Drag Strips (Rennstrecken).
- Die sechstägigen US Nationals der National Hot Rod Association (NHRA) in Indianapolis ziehen jedes Jahr mehr als 100 000 Zuschauer an und sind die größte Drag-Racing-Veranstaltung der Welt.

DRAG-RACING

ÜBERBLICK

Beim Drag Racing geht es um pure Beschleunigung. Es ist die schnellste Landsportart. Die Rennen folgen einem einfachen Muster: Zwei Fahrzeuge rasen über eine kurze, gerade und ebene Strecke, und der erste an der Ziellinie ist der Gewinner. Die Fahrzeuge werden nach Fahrzeuggröße, Motorgröße, Radstand und Rahmenart klassifiziert.

Heckflügel
Die Karbonflügel üben einen enormen Anpressdruck auf den Dragster aus und halten ihn beim Beschleunigen auf der Piste.

Turbolader
Presst mit Hochdruck Luft in den Motor, um mehr Leistung zu erzeugen.

Fallschirme
Bremsfallschirme bringen den Dragster nach dem Lauf zum Stehen.

Hinterräder
Die Reifen sind riesig: 46 cm Breite bei einem Durchmesser von 95 cm.

Frontflügel
Die Entenflügel halten den Dragster in voller Fahrt auf der Piste.

Tiefgelegt
Die Nase des Dragsters muss mindestens 8 cm Bodenfreiheit haben.

Brennstoff
Die Treibstoffpumpe versorgt den mächtigen Motor mit 227 Litern Nitromethan pro Minute.

SPORTLERPROFIL

Die wichtigste Eigenschaft ist Furchtlosigkeit. Außerdem muss der Fahrer sich konzentrieren können, da ein Sekundenbruchteil beim Start den Unterschied zwischen Sieg und Niederlage ausmachen kann. Dragsterfahrer brauchen zudem die mentale Stärke, um ihre Konkurrenten psychologisch zu übertrumpfen und sich nicht von ihnen austricksen zu lassen.

TOP FUEL DRAGSTER

Kein Auto auf der Welt kann schneller beschleunigen als ein Top Fuel Dragster. Sie werden meist von einem 8000 PS starken 426 Chrysler Hemi-Motor mit halbkugelförmigen Brennkammern mit riesigen Ventilen und einer zentral sitzenden Kerze für eine verbesserte Zündung angetrieben. Top Fuel Dragster brauchen Spezialbenzin, riesige Reifen und Flügel, die sie sicher am Boden halten.

HANDSCHUH

Die feuerfesten Handschuhe bieten guten Schutz für Hände und Handgelenke.

Gelenkschutz
Der Stulpen bedeckt auch den Unterarm.

SCHUTZHELM

Der Helm hat drei Lagen, die den Kopf vor Stößen und Feuer schützen: eine äußere Lage, ein Schaumpolster und ein feuerfestes Futter. Ein Nackenschoner bietet Schutz vor den immensen Beschleunigungskräften.

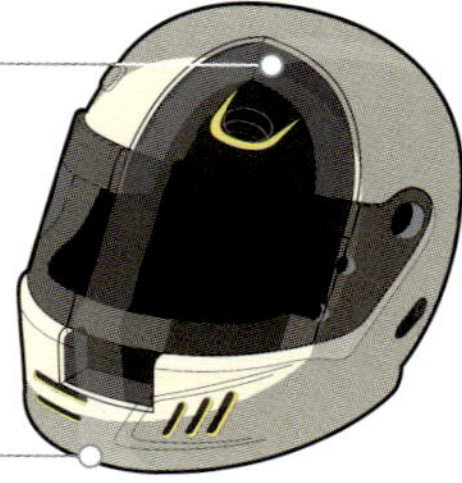

Polster
Ein dickes Schaumstoffpolster fängt Schläge gegen den Helm ab.

Außenschale
Schützt vor Schädeltraumata.

GEWUSST?

3,58 So viele Sekunden brauchte Sammy Miller 1984 für den 402 m langen Santa-Pod-Strip in England, als er in seinem Auto »Vanishing Point« den Weltrekord brach. Seine Spitzengeschwindigkeit betrug 621,61 km/h.

16 So oft wurde der amerikanische Fahrer John Force zum Sieger der NHRA Funny Car Championship gekrönt. Mit mehr als 130 Karrieresiegen und als Inhaber des Rekords von 395 Rennqualifikationen in Folge ist er einer der erfolgreichsten Dragsterfahrer aller Zeiten.

DER SPEEDWAY

Der Speedway Strip ist gerade, eben und kurz. Eine spezielle Oberflächenbehandlung verbessert die Traktion. Die Standardlängen sind 402 m (1/4 Meile) und 201 m (1/8 Meile). Lichtschranken messen an Start- und Ziellinie die Zeiten. Die Fahrer beschleunigen über die Startlinie, sobald am »Weihnachtsbaum« vor ihnen die grüne Ampel aufleuchtet. Am Ende der Rennstrecke befindet sich eine Auslaufzone von gleicher oder anderthalbfacher Länge, in der die Dragster abbremsen können.

Startampel
Die Fahrer bereiten sich auf den Start vor, sobald die orange Lampe aufleuchtet. Einen Augenblick später gibt die grüne Ampel das Rennen frei.

Bahnen
Die Fahrer dürfen nicht von ihrer Bahn auf die des Konkurrenten wechseln, sonst werden sie disqualifiziert.

Fahrbahn
Ein Zementstreifen zu Beginn sorgt für gute Traktion. Der Rest des Strip darf aus Asphalt bestehen.

Aufstellung
Die Fahrzeuge stellen sich nebeneinander auf. Nur bei Handicap-Rennen, bei denen schwächere Autos gegen stärkere antreten dürfen, erhält das langsamere Fahrzeug einen Vorsprung.

RENNGESCHOSSE

Die schnellsten Top Fuel Dragster legen die Viertelmeile (402 m) mit 530 km/h oder mehr in höchstens vier Sekunden zurück. Die Verzögerung mit 5 G durch die Bremsfallschirme kann bei den Fahrern zu Augenproblemen führen.

WEIHNACHTSBAUM

Eine Reihe von Signalampeln – von gelb über orange bis grün – vor der Startlinie informiert die Fahrer, wann das Rennen beginnt.

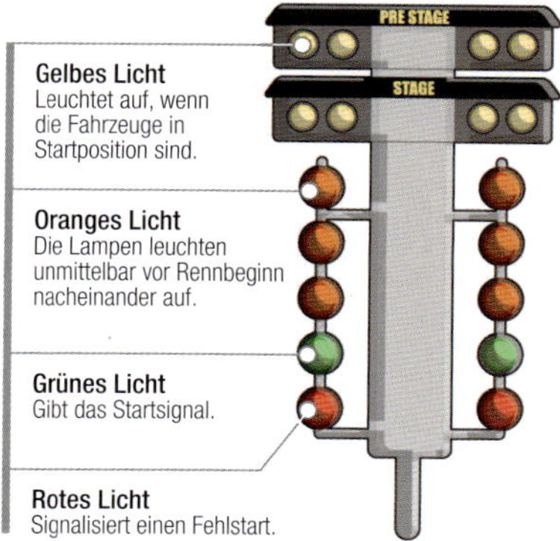

Gelbes Licht
Leuchtet auf, wenn die Fahrzeuge in Startposition sind.

Oranges Licht
Die Lampen leuchten unmittelbar vor Rennbeginn nacheinander auf.

Grünes Licht
Gibt das Startsignal.

Rotes Licht
Signalisiert einen Fehlstart.

DIE FAHRZEUGE

Es gibt mehr als 200 verschiedene Fahrzeugklassen, jede mit eigenen Anforderungen an Hubraum, Gewicht, Treibstoff und Chassis. Die wichtigsten Klassen sind: Top Fuel Dragster, Pro Stock Cars, Pro Stock Bikes, Top Fuel Funny Cars, Top Methanol Dragster und Pro Modified Cars.

PRO STOCK CAR

Die Fahrzeuge müssen wie Serienmodelle aussehen, können aber die Viertelmeile in sechs Sekunden zurücklegen. Die NHRA erlaubt einen Hubraum von bis zu 8,2 Litern, die IHRA bis zu 13,1 Liter.

Breitreifen
Die Hinterräder sind mit 43 cm Breite und 82 cm Durchmesser fast so groß wie die von Dragstern.

PRO STOCK BIKE

Bei NHRA-Rennen fahren auch stark modifizierte Motorräder. Die meisten werden von einem 1500-ccm-Suzuki-Motor angetrieben, der 300 PS bei 13 500 U/min. leistet.

Wheelie Bar
Die lange Aluminiumbrücke verhindert, dass das Motorrad beim Beschleunigen nach hinten überschlägt.

TOP FUEL FUNNY CAR

Diese Fahrzeuge erinnern vage an Serienautos, sind aber fast so schnell wie Dragster. Das Chassis besteht aus Fiberglas, die Karosserie aus aerodynamisch geformtem Karbon.

Nitromethan
Die aufgeladenen Einspritzermotoren fahren mit Nitromethan.

DAS RENNEN

Meist fahren zwei Fahrer gegeneinander. Der Sieger rückt in die nächste K.o.-Runde auf. Es gibt einige Regeln, aber vor allem wird ein Fahrer disqualifiziert, wenn er zu früh startet oder die Bahn wechselt. Sobald die grüne Ampel leuchtet, fahren die Dragster mit maximaler Beschleunigung, bis der erste die Ziellinie überquert. Manchmal explodiert ein Motor vor dem Ende des Rennens, aber der Wagen rollt trotzdem zuerst ins Ziel. Dies nennt man »Heads-up Racing«.

FRÜHSTART

Eigentlich sollte das Auto sich erst bewegen, wenn die grüne Ampel am Weihnachtsbaum vor der Startlinie aufleuchtet. Tatsächlich fährt der Fahrer aber schon in dem Sekundenbruchteil zwischen Orange und Grün los. Durchfährt das Auto jedoch die Lichtschranke auf der Startlinie, bevor die grüne Ampel leuchtet, wird der Fahrer disqualifiziert. Sollten beide Fahrer zu früh starten, wird nur derjenige disqualifiziert, der die Lichtschranke als erster durchbricht.

VERBÄNDE

In Nordamerika wird der Sport von der National Hot Rod Association (NHRA) und der International Hot Rod Association (IHRA) organisiert. Im Rest der Welt ist die Fédération Internationale de l'Automobile (FIA) zuständig. Diese Verbände richten die Rennen für die verschiedenen Fahrzeugklassen aus. So organisiert die NHRA als größter Drag-Racing-Verband der Welt z. B. die Mello-Yello-Serie in den USA.

FAKTEN

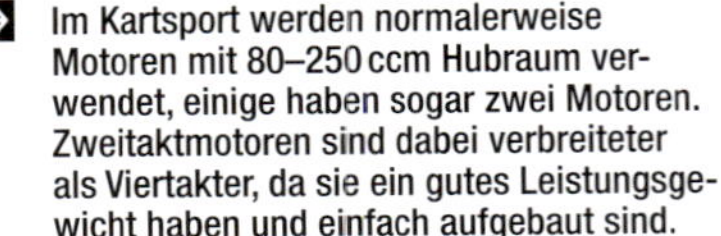

- Im Kartsport werden normalerweise Motoren mit 80–250 ccm Hubraum verwendet, einige haben sogar zwei Motoren. Zweitaktmotoren sind dabei verbreiteter als Viertakter, da sie ein gutes Leistungsgewicht haben und einfach aufgebaut sind.

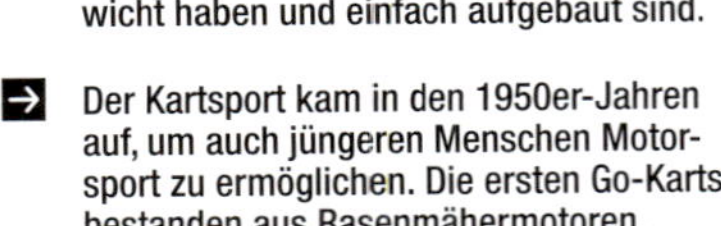

- Der Kartsport kam in den 1950er-Jahren auf, um auch jüngeren Menschen Motorsport zu ermöglichen. Die ersten Go-Karts bestanden aus Rasenmähermotoren, einfacher Lenkung und kleinen Rädern.

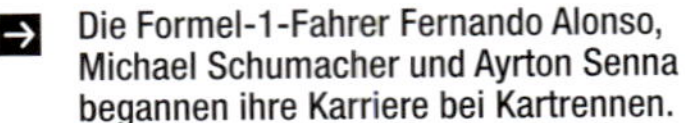

- Die Formel-1-Fahrer Fernando Alonso, Michael Schumacher und Ayrton Senna begannen ihre Karriere bei Kartrennen.

KARTSPORT

ÜBERBLICK

Kartsport ist ein Motorsport, bei dem Fahrer auf Rennstrecken mit Karts (auch Go-Karts) genannten Fahrzeugen darum kämpfen, wer als Erster die Ziellinie überquert. Es gilt als die einfachste Form des Motorsports, aber auch als beliebter Einstieg für zukünftige Formel-1-Fahrer. Zudem ist Kartfahren ein populärer Freizeitsport bei Jung und Alt. Junioren- wie Seniorenwettbewerbe für Fahrer verschiedener Altersstufen werden in unterschiedlichen Divisionen und Klassen abgehalten.

SPORTLERPROFIL

Die Fahrer müssen körperlich fit, konzentriert und willenstark sein und zudem komplizierte Fahrtechniken wie präzise Steuerung, Kurvenfahrten, Beschleunigung, Überholmanöver und schnelles Bremsen beherrschen.

Kopfschutz
Die meisten Kartfahrer fahren mit Integralhelm und einem speziellen Nackenschutz.

Rippenschutz
Da Karts keine Sicherheitsgurte haben, tragen viele Fahrer unter ihrem Anzug einen Brustpanzer.

Tiefergelegt
Das Chassis kann bis auf 1,5 cm über den Boden abgesenkt werden.

Rennanzüge
Die Fahrer tragen Spezialanzüge aus abrieb- und feuerfestem Material.

Motorisierung
Karts sind mit Zweitakt- oder Viertaktmotoren ausgerüstet.

VERSCHIEDENE RENNEN

Am häufigsten werden Sprintrennen gefahren, bei denen auf kurvenreichen Kursen Distanzen zwischen 400 m und 1500 m zurückgelegt werden. Bei Straßenrennen fahren die Karts auf größeren Kursen mit längeren Geraden. Leistungsstarke Karts mit sequenziellem Schaltgetriebe werden meist auf Sprintstrecken gefahren.

INTERNATIONALE WETTBEWERBE

Internationale Kartwettbewerbe, wie Weltmeisterschaften und Europameisterschaften, werden von der Commission Internationale de Karting (CIK) ausgerichtet. Der Dachverband ist der Féderation Internationale de l'Automobile (FIA) angeschlossen, die die Formel 1 und viele andere Rennen betreut.

GEWUSST?

19 Die Drehzahl eines Zweitakters in Tausend Umdrehungen pro Minute (U/min.).

8 Das Mindestalter für Kartfahrer in den meisten Ländern.

80 Die Geschwindigkeit eines Sprintkarts in km/h. Auf längeren Geraden werden Karts fast doppelt so schnell.

4,5 In so wenigen Sekunden beschleunigt ein 100 ccm Zweitaktmotor-Kart mit 150 kg Gewicht von 0–100 km/h.

SPEEDWAY-RENNEN

Kart-Speedway-Rennen werden auf ovalen Kursen auf Asphalt oder hartem Naturboden ausgetragen. Die Karts sind Spezialanfertigungen für reine Linkskurvenrennen. So ist z. B. der rechte (äußere) Hinterreifen größer als der linke.

INSIDER-STORY

Früher mussten Karts über einen externen Anlasser oder durch Anschieben gestartet werden. Moderne TAG-Karts (touch-and-go) haben einen Startknopf, sind sehr robust und werden in aller Welt gefahren. Das Rotax Max war das erste erfolgreiche TAG-Kart. Der österreichische Hersteller veranstaltet Rennen in verschiedenen Ländern.

SPORTLERPROFIL
Stock-Car-Fahrer müssen sich das Rennen taktisch geschickt einteilen, Überholchancen erkennen, sich rechtzeitig ins Fahrerfeld einordnen, um den Luftwiderstand zu minimieren und rechtzeitig ausscheren, um zu gewinnen.

Leistungsstarker Motor
Stack Cars haben einen großen Hubraum, erzeugen bis zu 760 PS Leistung und können Geschwindigkeiten von bis zu 200 km/h erreichen.

Der Fahrerraum ist durch einen stabilen Überrollkäfig versteift, um den Fahrer bei Unfällen vor Verletzungen zu schützen.

Für den Fall, dass ein Wagen außer Kontrolle gerät, sorgen Dachflügel und Heckspoiler dafür, dass er nicht abhebt und durch die Luft schleudert.
Radialreifen
Stock Cars haben Radialreifen, die bei hohen Temperaturen stabil laufen und gute Traktion bieten. Oft sind sie statt mit Luft mit Stickstoff gefüllt.

ÜBERBLICK

Stock-Car-Rennen sind in den USA ein beliebter Motorsport, bei dem verschiedene Fahrzeugklassen auf ovalen Pisten gegeneinander antreten. Früher waren nur modifizierte Serienmodelle (stock) zugelassen, daher der Name. 1973 wurde das Reglement geändert, sodass viele Modelle heute nur noch aussehen wie Serienfahrzeuge und ansonsten den Spezifikationen der NASCAR entsprechen.

STOCK-CAR-RENNEN

FAKTEN

- **NASCAR-Rennen sind so beliebt, dass sie 2002 17 der 20 meistbesuchten US-Rennveranstaltungen ausmachten.**
- **NASCAR-Rennen haben in den USA die zweithöchsten Einschaltquoten im Sport und werden zudem in über 75 Länder übertragen.**

NASCAR-RENNEN

Die National Association for Stock Car Racing (NASCAR) wurde 1948 gegründet. Sie ist der US-Dachverband und organisiert die wichtigsten Rennserien: den Sprint Cup (inklusive Daytona 500) und die Nationwide Series. Zudem überwacht sie 1500 Rennen auf 100 Rennstrecken in den USA, Kanada und Mexiko.

OVALE RENNSTRECKEN

Die Rennen werden normalerweise auf ovalen Strecken von 400 m bis 4,26 km Länge ausgetragen. Einige sind überhöht, andere haben eine unbefestigte Fahrbahn (Dirt Tracks). Besonders lange Rennstrecken werden Superspeedways genannt.

SONNTAGS GEWONNEN, MONTAGS VERKAUFT

Der erste oben gesteuerte Motor, der in den allgemeinen Verkauf ging, war der Oldsmobile Rocket V8. Wegen seiner Erfolge bei den Stock-Car-Rennen 1949 und 1950 wollten immer mehr Menschen ihn kaufen, was den Ausspruch prägte: »Win on Sunday, sell on Monday.«

IM WINDSCHATTEN

Während der Rennen versuchen die Fahrer den Windschatten der Konkurrenz zu nutzen. Sie fahren im Pulk oder in einer Reihe nah auf, um den Luftwiderstand ihres Fahrzeugs zu reduzieren und Benzin zu sparen. Das ergibt spannende und gefährliche Fahrmanöver. Obwohl es häufig zu Unfällen kommt, sind schwere Verletzungen selten.

INSIDER-STORY

Stock Car Racing kam 1950 in Großbritannien auf. Man setzte leicht modifizierte Serienmodelle ein. Zusammenstöße gehörten bald mit dazu und so wurden Stoßstangen und Überrollbügel Pflicht. Die British Stock Car Association (BriSCA) ist der führende britische Verband. Formel 1 Stock Cars haben nichts mit Serienmodellen gemein, sondern sind mit unverkleideten Reifen und Fahrersitz in der Mitte konstruiert.

FAKTEN

- Die Féderation Internationale de l'Automobile (FIA) regelt den Cross-Country Rally World Cup, der sich aus maximal acht Wettbewerben pro Saison zusammensetzt.
- Eine der frühesten Langstrecken-Rallyes war die Rallye Peking–Paris von 1907, an der nur fünf Fahrzeuge teilnahmen, die die 16 560 km lange Strecke in 60 Tagen bewältigten.
- Obwohl sie kein Weltcup-Rennen mehr ist, ist die Rallye Dakar weiterhin der größte, gefährlichste und gleichzeitig prestigeträchtigste Rallye Raid. 2014 gingen 147 Autos, 174 Motorräder und 70 Trucks an den Start.

RAUER RITT

Bei Rallye Raids werden Mensch, Material und Navigationskünste auf Terrains von den Sandpisten der Sahara über das steile Felsgelände des Atlas bis zu Savannen und Pampas auf die Probe gestellt – je härter, desto besser.

Helm
Helm und Nackenstütze schützen den Kopf des Fahrers.
258
Rahmen
Der robuste Rahmen verteilt das Gewicht optimal.

RALLYE-MOTORRÄDER
Die Motorräder müssen robust, leicht und motorstark sein. Sie haben eine hohe Bodenfreiheit, um Hindernisse wie hohe Felsen überwinden zu können, und verstärkte Stoßdämpfer, um im rauen Gelände zu bestehen.

Überlebenswichtig
Wasser, Proviant, Schaufeln und Leuchtpistole sind im Kofferraum.

FÜR WEITE STRECKEN
Bei den meisten Rallye Raids dürfen Trucks nicht mehr als insgesamt 3,5 Tonnen wiegen. Die Besatzung darf drei Personen stark sein. Ein Treibstoffvorrat von 820 Litern darf mitgeführt werden.

OFF-ROAD-RALLYE

ÜBERBLICK

Off-Road-Rallyes, sogenannte Rallye Raids, sind der absolute Härtetest für Mensch und Maschine und verlangen Sportsgeist und Abenteuerlust. Früher wurden sie nur mit Autos gefahren, heute begeben sich auch Motorräder und Trucks auf die teils Tausende Kilometer langen Etappen, die sie quer durch Wüsten, Gebirgszüge und unwegsames Gelände führen. Sieger ist der Fahrer mit der schnellsten Gesamtzeit. Die berühmteste Langstrecken-Rallye ist die Rallye Dakar, die von Europa nach Dakar im Senegal führt.

STRAFZEITEN

Die Fahrer müssen keiner streng festgelegten Route folgen, müssen aber bei jeder Etappe bestimmte Kontrollpunkte zwischen Start und Ziel passieren. Für verfehlte Kontrollpunkte gibt es Strafzeiten.

SPORTLERPROFIL
Die Piloten (Fahrer) und Kopiloten (Beifahrer) benötigen die körperliche Fitness eines Athleten und die mentalen Fähigkeiten eines Abenteurers.

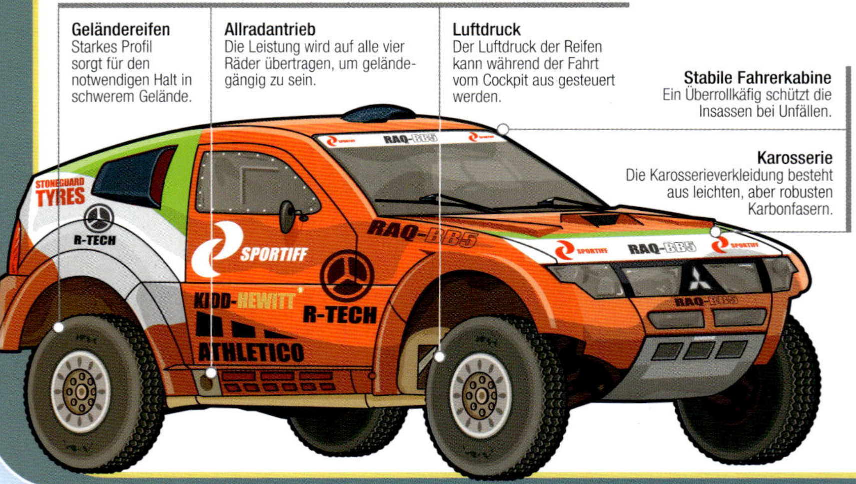

Geländereifen
Starkes Profil sorgt für den notwendigen Halt in schwerem Gelände.

Die Leistung wird auf alle vier Räder übertragen, um geländegängig zu sein.
Luftdruck
Der Luftdruck der Reifen kann während der Fahrt vom Cockpit aus gesteuert werden.
Stabile Fahrerkabine
Ein Überrollkäfig schützt die Insassen bei Unfällen.

GEWUSST?

27 Die Anzahl der Teilnehmer, die seit der ersten Austragung 1978 bei der Rallye Dakar gestorben sind.

1.000.000 So viele Zuschauer kamen in Portugal zur Auftakt-Etappe der 2007er Rallye Dakar, als das Fahrerfeld sich von Lissabon aus in Richtung Spanien aufmachte.

6 Mal wurde die Rallye Dakar bereits in Südamerika ausgetragen. Aus Angst vor Anschlägen wurde die Rallye im Jahr 2009 von Nordafrika nach Südamerika verlegt.

DIE GEBURT EINER IDEE

Dem Franzosen Thierry Sabine kam die Idee zur Rallye Dakar, als er sich bei der Rallye Abidjan – Nizza 1977 in der libyschen Wüste verirrte. 1978 organisierte er die erste Rallye Dakar, die 170 Teilnehmer hatte. 1986 kam er bei der Rallye bei einem Helikopterabsturz ums Leben.

FAKTEN

- Als Lastkraftwagenrennen in den 1980er-Jahren aufkamen, wurden zunächst reine Straßenmaschinen verwendet.
- Die Camping World Truck Series startete erstmals 1995.
- Ein Renn-Truck kann schneller auf 100 km/h beschleunigen als ein Porsche 911.
- Das Minimalgewicht eines Renn-Trucks beträgt 5,5 t.
- Aus Sicherheitsgründen gibt es eine Geschwindigkeitsbegrenzung von 160 km/h.

AUF DER STRECKE

Die European Race Series wird von der Fédération Internationale de l'Automobile (FIA) ausgerichtet und hat eine Geschwindigkeitsbegrenzung von 160 km/h. Im Gegensatz zur festen Startaufstellung bei anderen Motorsportveranstaltungen wird hier fliegend (rollend) gestartet. Die Rennen gehen über eine feste Rundenzahl. Die Fahrer auf den Führungspositionen erhalten Punkte, die am Ende des Rennwochenendes zusammengerechnet werden.

SPORTLERPROFIL

Mit einem 5,5 Tonnen schweren Truck über eine Rennstrecke zu rasen ist nichts für Zartbesaitete. Die Fahrer brauchen stählerne Nerven und schnelles Reaktionsvermögen. Zudem müssen sie für den Erwerb einer Rennlizenz mindestens 21 Jahre alt sein.

RENNSTRECKEN

Sowohl in den USA als auch in Europa finden Truck-Rennen auf unterschiedlichen Strecken statt, von Straßenrennen mit Rechts- und Linkskurven bis zu ovalen Bahnen nur mit Linkskurven. Der European Truck Racing Cup (ETRC) wird jede Saison auf weniger als 10 Strecken ausgetragen, die Camping World Truck Series besucht bis zu 25 Austragungsorte.

REGLEMENT

Neben den im Motorsport üblichen Strafen, wie für zu schnelles Fahren in der Boxengasse, werden bei Truck-Rennen auch Strafen für zu starke Abgaswolken und für Überschreiten der Höchstgeschwindigkeit von 160 km/h verhängt.

RAD AN RAD

Obwohl Truck-Rennen eigentlich kein »Kontaktsport« ist, kommt es durch die immense Größe der Fahrzeuge und die begrenzte Breite der Rennstrecke oft zu sehr engen Manövern.

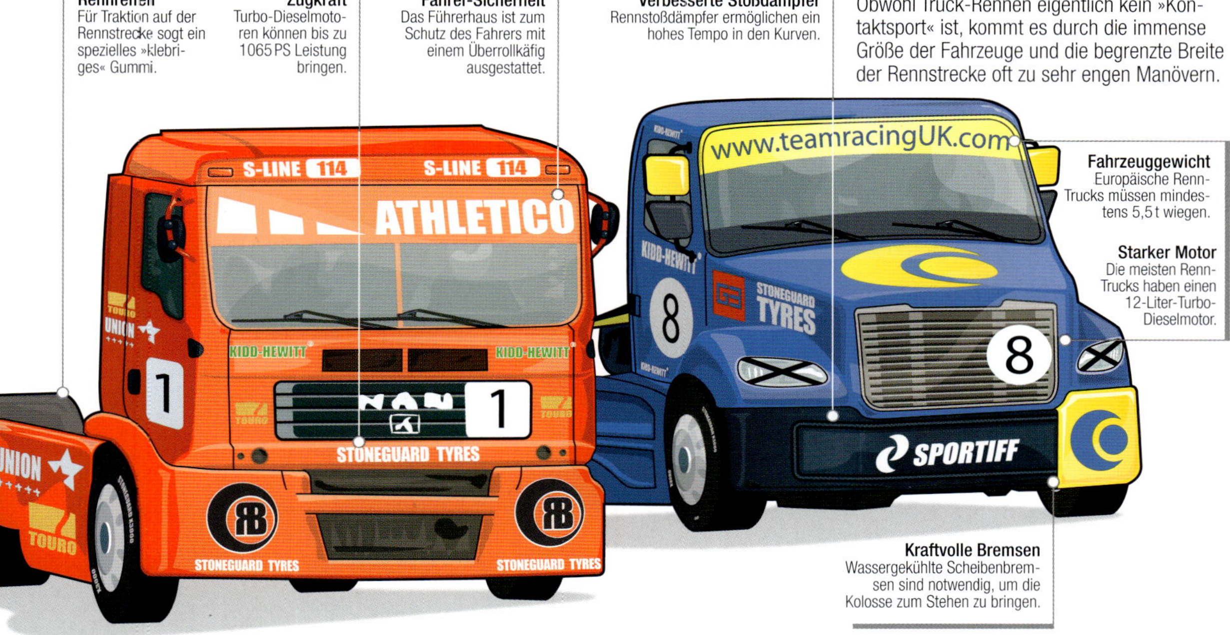

Rennreifen Für Traktion auf der Rennstrecke sogt ein spezielles »klebriges« Gummi.

Zugkraft Turbo-Dieselmotoren können bis zu 1065 PS Leistung bringen.

Fahrer-Sicherheit Das Führerhaus ist zum Schutz des Fahrers mit einem Überrollkäfig ausgestattet.

Verbesserte Stoßdämpfer Rennstoßdämpfer ermöglichen ein hohes Tempo in den Kurven.

Fahrzeuggewicht Europäische Renn-Trucks müssen mindestens 5,5 t wiegen.

Starker Motor Die meisten Renn-Trucks haben einen 12-Liter-Turbo-Dieselmotor.

Kraftvolle Bremsen Wassergekühlte Scheibenbremsen sind notwendig, um die Kolosse zum Stehen zu bringen.

TRUCK-RENNEN

ÜBERBLICK

Truck-Rennen ist zwar nicht der bekannteste Motorsport, gehört aber mit zu den spannendsten Wettbewerben. Die European Truck Racing Championship (ETRC) findet auf einigen der berühmtesten Rennstrecken der Welt statt – dem Nürburgring in Deutschland und in Le Mans in Frankreich. In den USA lockt die Camping World Truck Series Scharen zu den Rennstrecken im ganzen Land. Sie begeistern sich für Kopf-an-Kopf-Rennen bis zu 400 km/h schneller Pickup-Trucks.

ERSTKLASSIGE RENNSTRECKE

Der Nürburgring ist Deutschlands berühmteste Rennstrecke. Hier wird auch einmal jährlich ein Rennen der European Truck Racing Championship (ETRC) ausgetragen, zu dem sich rund 150 000 Fans versammeln.

RALLYESPORT

ÜBERBLICK

Rallyes sind schnelle und harte Etappenrennen, die auf öffentlichen und privaten Straßen sowie unbefestigten Wegen gegen die Uhr gefahren werden. Wichtigster Wettbewerb ist die World Rally Championship (WRC), die auf unterschiedlichen Strecken rund um die Welt ausgetragen wird und Zuverlässigkeit des Wagens sowie Nerven und Fahrvermögen von Pilot und Kopilot testet.

SPORTLERPROFIL

Um die rund 300 PS starken Wagen zu kontrollieren, benötigen die Fahrer neben fahrerischem Können Konzentrationsvermögen und schnelle Reaktionen, um sofort auf wechselnde Bedingungen reagieren zu können. Zudem müssen sie ihrem Kopiloten blind vertrauen.

Insassenschutz Im Rahmen ist ein extrastarker Überrollkäfig verankert.

Austauschbare Außenhaut Die Karosserieteile bestehen aus Stahlblech und können ausgetauscht werden.

Technische Daten Die Crew hat Zugriff auf die technischen Daten.

Starke Rennmaschine Alle WRC-Wagen sind mit 2-Liter-Turbo-Dieselmotoren ausgestattet.

Bremssystem Starke, innenbelüftete Bremsscheiben sorgen für genügend Bremskraft.

Griffiges Gummi Für extra starken Grip können die Reifen bis zu 46 cm breit sein.

Kraftübertragung Das Sechsganggetriebe wird mit einer halbautomatischen Schaltung bedient.

Rennchassis Die spezialgefertigten Chassis werden versteift, um die Wagen für die extremen Rallyebelastungen so robust wie möglich zu machen.

Aerodynamische Hilfe Durch den Heckspoiler entsteht Abtrieb, der hilft, den Wagen bei schneller Kurvenfahrt auf dem Boden zu halten.

FAKTEN

- Bis in die 1950er-Jahre fanden Rallyes nicht auf privaten, sondern auf öffentlichen Straßen statt.
- Der Schwede Björn Waldegard gewann 1979 die erste Rallye-WM mit einem Ford Escord.

KLASSISCHE RALLYE

Die zuletzt 2002 zur WRC gehörende Safari Rallye zählt zu den härtesten Rennen. Auf den öffentlichen Straßen Ostafrikas lauern Gefahren wie Wildtiere und Sandstürme.

FAHRTEN IN JEDEM GELÄNDE

Die Rallyes der WRC finden in praktisch jedem erdenklichen Gelände statt – von den Gletschern Schwedens über die Gebirgspässe Argentiniens bis zu Waldstrecken in Wales. Nur wer als Fahrer unterschiedliche Böden wie Eis, Schlamm, Geröll und Sand beherrscht, hat eine Chance, die anspruchsvolle Meisterschaft zu gewinnen. Die Rallyes bestehen aus relativ kurzen Wertungsprüfungen und Ruhephasen, in denen die von Herstellern unterstützten Teams zum nächsten Austragungsort reisen.

RAHMENBEDINUNGEN

Die Rallyes bestehen aus bis zu 25 Streckenrennen, den Wertungsprüfungen, die von wenigen Kilometern bis zu 60 km lang sein können. Die Fahrer gehen einzeln im Ein- oder Zweiminutenabstand an den Start der abgesperrten Strecke und versuchen, sie so schnell wie möglich zu absolvieren. Sieger ist der Wagen mit der schnellsten Gesamtzeit in allen Wertungsprüfungen.

ZEITSTRAFEN

Der Rallyesport kennt ein striktes System von Zeitstrafen. Sie werden beispielsweise verhängt, wenn ein Fahrer zu spät zum Start erscheint oder wenn das Mechanikerteam nach Abschluss einer Wertungsprüfung länger als die erlaubte Zeit zur Überprüfung des Wagens benötigt.

DER KOPILOT

Als Navigator der Rallye-Crew versorgt er den Fahrer über die gesamte Strecke mit allen wichtigen Informationen. Vor der Wertungsprüfung inspiziert der Kopilot die Strecke genau und macht sich akribische Notizen zu Kurven, Straßenbelägen und möglichen Gefahren. Während des Rennens liest er dem Fahrer diese Informationen vor.

AUTOS UNTER DER LUPE

Nach den Regeln der Fédération Internationale de l'Automobile (FIA) müssen die an der World Rally Championship teilnehmenden Wagen Serienfahrzeuge, also – wenn auch meist in begrenzter Stückzahl – für den »Otto Normalverbraucher« erhältlich sein. Aber da hören die Gemeinsamkeiten auch schon auf, weil die Teams die Wagen im Rahmen des FIA-Reglements stark modifizieren. Bei den WRC-Rennen überprüft eine technische Prüfungskommission vor, während und nach den Rennen die Wagen auf Regelkonformität. Bei Verstößen werden die Fahrer disqualifiziert.

SÜCHTIG NACH GESCHWINDIGKEIT

Das Erfolgsrezept liegt darin, an Hindernissen so wenig Fahrt wie möglich einzubüßen. Beschleunigen vor Sprüngen und Wassergräben hält die Front des Wagens oben und ermöglicht eine sichere Landung. Die zusätzliche Traktion an Abhängen und in Senken nutzen die Fahrer für stärkere Brems- und Lenkarbeit, um auf der Ideallinie zu bleiben. Die meisten Rallyewagen haben Allradantrieb, bei dem die Leistung auf alle Räder übertragen wird, was zusätzlichen Halt im Gelände gibt.

KURVENTECHNIK

Die Kurventechnik ist ein fein dosiertes Wechselspiel zwischen Bremsen, Gaspedal und Kupplung. Die Kunst des Driftens ist eine der wichtigsten Techniken bei Rallyes und kann unterschiedlich ausgeführt werden. Grundsätzlich wird aber der Wagen seitlich durch die Kurve geschleudert.

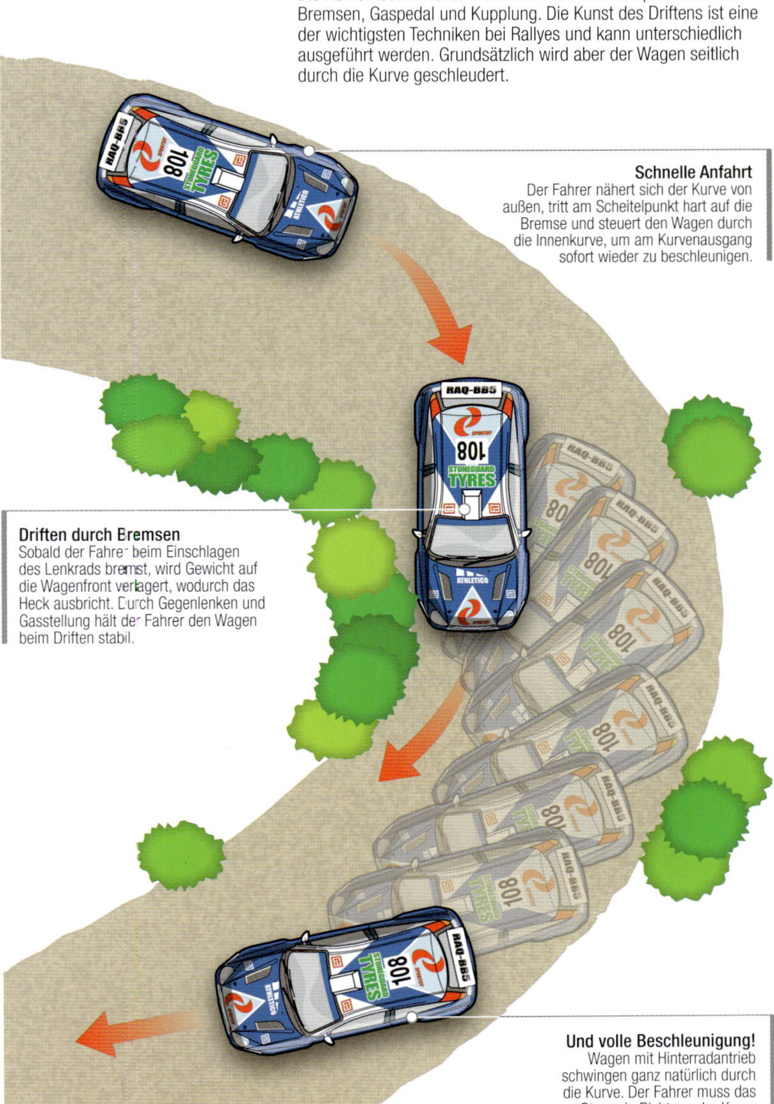

Schnelle Anfahrt
Der Fahrer nähert sich der Kurve von außen, tritt am Scheitelpunkt hart auf die Bremse und steuert den Wagen durch die Innenkurve, um am Kurvenausgang sofort wieder zu beschleunigen.

Driften durch Bremsen
Sobald der Fahrer beim Einschlagen des Lenkrads bremst, wird Gewicht auf die Wagenfront verlagert, wodurch das Heck ausbricht. Durch Gegenlenken und Gasstellung hält der Fahrer den Wagen beim Driften stabil.

Und volle Beschleunigung!
Wagen mit Hinterradantrieb schwingen ganz natürlich durch die Kurve. Der Fahrer muss das Steuer in Richtung der Kurve einschlagen und am Ende der Kurve stark aus ihr heraus beschleunigen.

STATISTIK

WRC-BESTENLISTE – FAHRER

SIEGE	FAHRER
78	SEBASTIEN LOEB
30	MARCUS GRÖNHOLM
26	CARLOS SAINZ
25	COLIN MCRAE
24	TOMMI MÄKINEN
23	JUHA KANKKUNEN
20	DIDIER AURIOL
20	MARKKU ALEN
18	HANNU MIKKOLA
17	MASSIMO BIASION

WRC-BESTENLISTE – TEAMS

SIEGE	TEAMS
97	CITROËN
80	FORD
74	LANCIA
49	PEUGEOT
47	SUBARU
43	TOYOTA
34	MITSUBISHI
24	AUDI
21	FIAT
12	VOLKSWAGEN

HINTER DEN KULISSEN

Bei den Profiteams starten bis zu drei Wagen bei einem Rennen, die alle von einem Mechanikerteam betreut werden. Es hält die Wagen während der gesamten Rallye in bestem Zustand und überprüft sie zwischen den Rennen genau.

INSIDER-STORY

Die Idee der Rallyerennen kam bereits mit den ersten Automobilen im 19. Jahrhundert auf. Zu den frühen Motor-Rallyes zählt die Rallye Monte Carlo, die zum ersten Mal 1911 stattfand. Es folgten längere Rennen, wie etwa die in den 1950ern in Afrika veranstaltete, über 16 000 km gehende Méditeranée-Le Cap. Von diesen einfachen Anfängen bis zu den hochtechnischen Fahrzeugen der heutigen Prüfungen hat der Rallyesport eine immense Entwicklung durchlaufen.

DACHVERBAND

Rallyerennen werden vom FIA World Motor Sport Council betreut, das weltweit alle Motorsportarten überwacht. Das Council organisiert die World Rally Championship (WRC), die alljährlich auf mehr als 13 verschiedenen Rennstrecken in aller Welt ausgetragen wird.

SPORTLERPROFIL

Neben viel Ausdauer für die etwa eine Stunde dauernden Rennen benötigen die Fahrer Kraft und ein niedriges Körpergewicht. Zudem ist Mut erforderlich, um die Maschinen mit 320 km/h und mehr über die Strecke zu jagen.

Motorkraft Die Motorengrößen variieren je nach Rennklasse. Beim MotoGP treten ausschließlich Prototypen mit Viertaktmotor und maximal 800 ccm an.

Spezialanzug Ein gepolsterter, verstärkter und abriebfester Spezialanzug und Handschuhe sind Pflicht.

Sturzhelm Nach dem Aufprall eines Unfalls müssen Sturzhelme ausgetauscht werden.

Breite Reifen Für besseren Grip sind die Hinterreifen, auf die alle Kraft geleitet wird, breiter als die Vorderreifen.

Aerodynamisches Design Kraftvolle Motoren und aerodynamisches Design erlauben MotoGP-Bikes Geschwindigkeiten von bis zu 350 km/h.

RUNDKURSE

Rundkurse sind speziell angelegte Rennstrecken. Sie alle haben ihre Eigenheiten und ihren besonderen Charakter, bestimmte Merkmale sind aber immer gleich: Es gibt weite und Haarnadelkurven, Geraden, Anstiege und Abfahrten (manchmal), Auslaufzonen und Kiesbett-Sicherheitszonen. Die Rennstrecke muss breit genug sein für Kurvenfahrten und Überholmanöver. Die Sicherheitszonen entlang der Strecke müssen sinnvoll platziert sein. Für die Zuschauer gibt es verschiedene Tribünenbereiche. Für schnelle Hilfe bei Unfällen sorgen Helfer entlang der Strecke.

ANDERE RENNEN

Motorradrennen finden nicht immer auf Rundkursen statt, sondern werden auch auf abgesperrten öffentlichen Straßen, Flugfeldern oder im Gelände abgehalten.

DRAG RACING Zwei Fahrer fahren gegeneinander eine gerade asphaltierte Strecke entlang, die normalerweise 400 m lang ist.

HILL CLIMB Steile Bergrennen in Einzelfahrten gegen die Zeit.

STRASSEN-RALLYE Straßen-Rallyes sind Rennen zwischen festgelegten Start- und Zielpunkten mit mehreren Kontrollpunkten auf der Strecke. Sie führen über öffentliche Straßen. Die Fahrer müssen sich an die offiziellen Verkehrsregeln halten.

ZU VIEL GEWOLLT

Am 7. März 2007 stürzte Shinya Nakano bei einem Trainingslauf des Spanischen GP. Bei rund 320 km/h verlor er die Kontrolle über seine Maschine, blieb aber unverletzt.

FAKTEN

- **Motorradrennen sind bei Zuschauern an der Strecke wie am Fernseher weltweit beliebt. Weltweit verfolgen regelmäßig geschätzte 300 Millionen Zuschauer den Moto Grand Prix am Fernseher.**
- **Die prestigereichsten Rennen sind die der MotoGP-Weltmeisterschaften, die alljährlich auf 18 Rennstrecken in aller Welt ausgetragen werden.**
- **Valentino Rossi wurde in drei Klassen Weltmeister: 1997 in der 125-ccm-Klasse, 1998 in der 250-ccm-Klasse und 2001 auf einer 500-ccm-Honda. Das gelang vor ihm nur Phil Read in den Jahren 1964 bis 1974.**

MOTORRAD-RENNEN

ÜBERBLICK

Zu den beliebtesten Motorsportereignissen zählen Motorradrennen, die auf Renn- oder Straßenstrecken ausgetragen werden. Publikumsmagneten sind vor allem die Motorrad-WM in der 125-ccm- und 250-ccm-Klasse. Dazu kommen der 800 ccm MotoGP, die Superbike-WM, die Supersport-WM sowie 24-Stunden-Endurance-Rennen und Seitenwagen-Rennen. Weiterhin werden Motocross und Supercross in den USA immer beliebter.

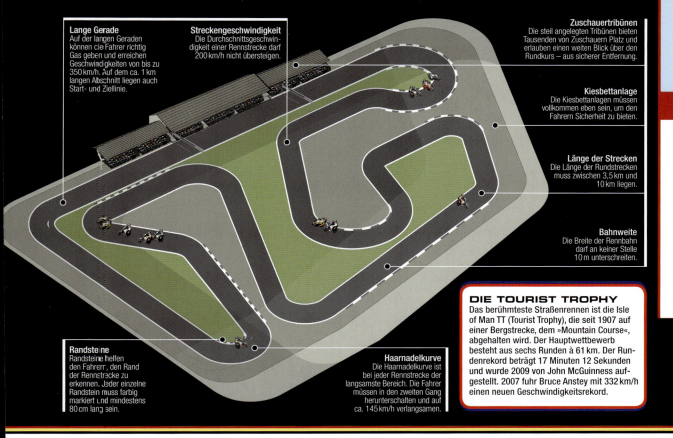

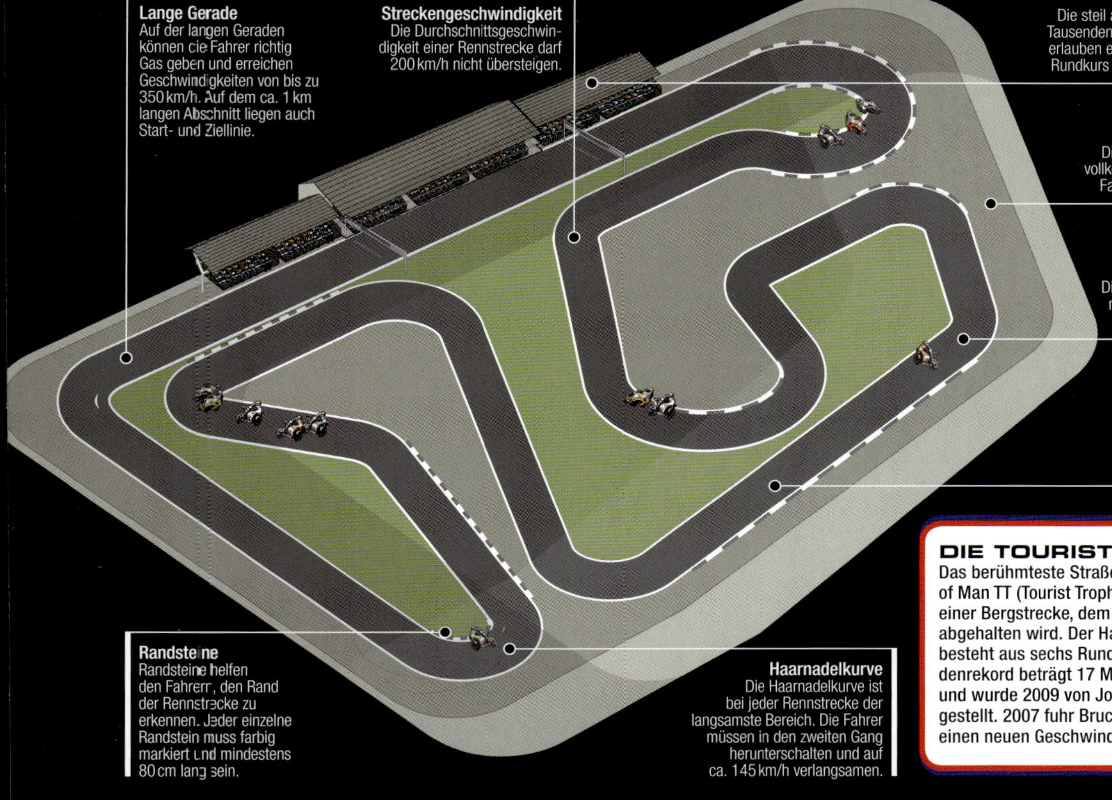

Lange Gerade
Auf der langen Geraden können die Fahrer richtig Gas geben und erreichen Geschwindigkeiten von bis zu 350 km/h. Auf dem ca. 1 km langen Abschnitt liegen auch Start- und Ziellinie.

Streckengeschwindigkeit
Die Durchschnittsgeschwindigkeit einer Rennstrecke darf 200 km/h nicht übersteigen.

Zuschauertribünen
Die steil angelegten Tribünen bieten Tausenden von Zuschauern Platz und erlauben einen weiten Blick über den Rundkurs – aus sicherer Entfernung.

Kiesbettanlage
Die Kiesbettanlagen müssen vollkommen eben sein, um den Fahrern Sicherheit zu bieten.

Länge der Strecken
Die Länge der Rundstrecken muss zwischen 3,5 km und 10 km liegen.

Bahnweite
Die Breite der Rennbahn darf an keiner Stelle 10 m unterschreiten.

Randsteine
Randsteine helfen den Fahrern, den Rand der Rennstrecke zu erkennen. Jeder einzelne Randstein muss farbig markiert und mindestens 80 cm lang sein.

Haarnadelkurve
Die Haarnadelkurve ist bei jeder Rennstrecke der langsamste Bereich. Die Fahrer müssen in den zweiten Gang herunterschalten und auf ca. 145 km/h verlangsamen.

DIE TOURIST TROPHY

Das berühmteste Straßenrennen ist die Isle of Man TT (Tourist Trophy), die seit 1907 auf einer Bergstrecke, dem »Mountain Course«, abgehalten wird. Der Hauptwettbewerb besteht aus sechs Runden à 61 km. Der Rundenrekord beträgt 17 Minuten 12 Sekunden und wurde 2009 von John McGuinness aufgestellt. 2007 fuhr Bruce Anstey mit 332 km/h einen neuen Geschwindigkeitsrekord.

WICHTIGE AUSRÜSTUNG

Schutzkleidung ist keine Option, sondern Pflicht, da alle Motorradfahrer hin und wieder stürzen und sich verletzen könnten. Gute Schutzkleidung kann den Unterschied zwischen »nur« starken Prellungen und gebrochenen Knochen ausmachen. Die Schutzkleidung besteht aus Integralhelm, Rennanzug, Handschuhen, Knieschonern und Stiefeln. Zudem tragen alle Fahrer eine Notfallplakette mit ihrer Blutgruppe. Für die Rennen müssen sie körperlich topfit sein.

HANDSCHUHE

Die äußere Lederschicht ist verstärkt, Schaumstoffpolster sorgen für mehr Schutz und Komfort und rutschfeste Flicken geben mehr Halt in der Handfläche.

HELM

Die Helme fangen Stürze ab, schützen das Gesicht, ziehen Frischluft an und leiten Feuchtigkeit und verbrauchte Luft aus dem Inneren nach draußen.

STIEFEL UND KNIESCHONER

Zusätzliche Protektoren an den Stiefeln bieten besonderen Schutz für Achillesferse, Gelenkknöchel, Zehen und unteres Schienbein. Die Knieschoner schützen die Knie.

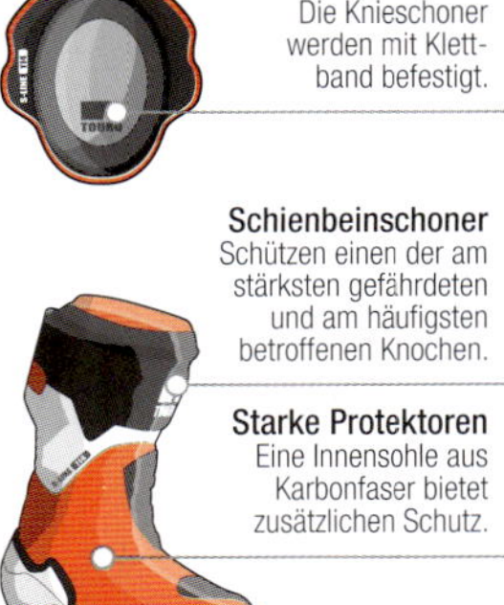

Umgeschnürt
Die Knieschoner werden mit Klettband befestigt.

Schienbeinschoner
Schützen einen der am stärksten gefährdeten und am häufigsten betroffenen Knochen.

Starke Protektoren
Eine Innensohle aus Karbonfaser bietet zusätzlichen Schutz.

Schulterprotektoren
Schulterprotektoren aus Titan sind ein wichtiger Schutz gegen Verletzungen des Schultergelenks.

Brustprotektoren
In den Anzug integrierte Protektoren schützen Brustbereich und Rippen.

Ellenbogenschutz
Ein verletzter Ellenbogen schränkt die Fahrfähigkeit ein, daher wird er besonders geschützt.

ZUSÄTZLICHER SCHUTZ

Spezielle Protektoren aus Titan sind im Bereich der Schultern, Ellenbogen und Knie in den Rennanzug integriert. Elastisches Material im Schritt bietet mehr Sitzkomfort.

Knieschutz
Zusätzlich werden Knieschoner seitlich um das Knie geschnürt.

Stiefel
Die verstärkten, schienbeinhohen Stiefel werden über dem Anzug getragen.

DIE GESETZE DER STRASSE

Die von der Féderation Internationale de Motocyclisme (FIM) ausgerichteten 125-ccm- und 250-ccm WMs und MotoGP Rennen sind zwischen 95 und 130 km lang. Die Rundenzahl hängt von der Länge der jeweiligen Rennstrecke ab. Über die Startposition entscheidet die schnellste Runde im Qualifying. Um sich zu qualifizieren, muss ein Fahrer mindestens eine Zeit fahren, die 107 Prozent der schnellsten Zeit seiner Klasse beträgt. Vor dem Rennen geben Offizielle bekannt, ob die Strecke »trocken« oder »nass« ist, damit entsprechende Reifen benutzt werden können. Sie können noch in der Startaufstellung gewechselt werden. Nach einer Aufwärmrunde wird das Rennen über eine Ampel gestartet. Zunächst leuchtet zwei bis fünf Sekunden lang eine rote Ampel. Wenn sie erlischt, ist das Rennen gestartet. Kommen zwei Fahrer zeitgleich ins Ziel, gewinnt der Fahrer mit der schnellsten Einzelrundenzeit.

KURVENTECHNIK

Geschickte Überholmanöver trennen den Champion vom restlichen Fahrerfeld – und eine schnelle Kurvenfahrtechnik bringt ihm schnelle Rundenzeiten. Je mehr Zeit ein Motorrad aufrecht bleibt, desto schneller wird es. Wer also Kurven schnell hinter sich bringt, kann seine Rundenzeiten verbessern und im Rennen ganz vorne mit dabei sein.

STATISTIK

GRAND PRIX-SIEGE UND -TITEL

FAHRER (LAND)	TITEL	EINZELSIEGE
GIACOMO AGOSTINI (ITA)	15	122
ANGEL NIETO (SPN)	13	90
VALENTINO ROSSI (ITA)	9	106
MIKE HAILWOOD (GBR)	9	76
CARLO UBBIALI (ITA)	9	39
JOHN SURTEES (GBR)	7	38
PHIL READ (GBR)	7	52
GEOFF DUKE (GBR)	6	34
JIM REDMAN (ZIM)	6	45
MICK DOOHAN (AUS)	5	54
ANTON MANG (GER)	5	42

In die Kurve legen
Aus der aerodynamischen Fahrposition verlagert der Fahrer bei Einfahrt in die Kurve sein Gewicht zur Kurvenmitte und erhöht so die Traktion. Der Blick des Fahrers bleibt konstant in Fahrtrichtung gerichtet.

Volle Schräglage
Der Fahrer legt das Motorrad noch weiter schräg. Er hängt seitlich neben der Maschine und gleitet mit dem Innenknie über den Boden.

Kurvenscheitelpunkt
Idealerweise sollte keine Geschwindigkeit eingebüßt und die Vorderradbremse nicht benutzt werden, da das Vorderrad sonst ausbrechen kann. Ab dem Scheitelpunkt der Kurve kann der Fahrer wieder beschleunigen.

Kurvenausfahrt
Der Fahrer bringt die Maschine so schnell wie möglich wieder in die aufrechte Position, beschleunigt und schaltet hoch.

Vorderradbremse
Die Hauptbremse ist die Vorderrad-, nicht die Hinterradbremse.

Neigungswinkel
Die Maschinen können bis zu 60 Grad geneigt werden, ohne umzufallen.

VALENTINO, NUMERO UNO

Der italienische Fahrer Valentino Rossi ist der absolute Superstar der Motorradszene. Da er seine Konkurrenten mit kühl kalkulierter Taktik deklassiert, wird er auch »der Doktor« genannt. Zwischen dem 8. September 2002 und dem 18. April 2004 stand er 23 Mal auf dem Podium. Neben Ruhm und Ehre haben ihm seine Siege auch satte Preisgelder beschert. Bis zum Jahr 2007, so schätzt man, hat er durch seine Rennerfolge insgesamt 34 Millionen Dollar einfahren können.

INSIDER-STORY

Ihren Anfang nahmen die Straßenrennen mit dem berühmten Rennen Paris–Rouen 1894, bei dem Motorräder und Autos gemeinsam starteten. Die erste Isle of Man TT fand 1907 statt. Erst 1949 kamen die Streckenrennen auf Rundkursen auf, als die FIM den Road Racing World Championship Grand Prix für 125 ccm, 250 ccm, 350 ccm (inzwischen abgeschafft) und 500 ccm sowie für Seitenwagen gründete. Anfangs beherrschten italienische und britische Fahrer die Szene, heute sind Australier, Amerikaner und Spanier führend. Die Superbike-WM (1000 ccm) startete 1988. Der MotoGP löste 2002 die 500er-Klasse ab.

DACHVERBAND

Die Fédération Internationale de Motocyclisme (FIM) wurde 1904 von Vertretern der Motorradklubs aus Österreich, Belgien, Dänemark, Frankreich, Deutschland und Großbritannien gegründet, Heute repräsentiert der Dachverband 111 nationale Verbände und teilt sich in die sechs Kontinentalgruppen Afrika, Asien, Europa, Südamerika, Nordamerika und Ozeanien. Die FIM wird vom IOC anerkannt.

ÜBERBLICK

Motocross-Rennen werden grundsätzlich im Gelände bzw. auf nicht-asphaltierten Strecken oder Straßen ausgetragen. Man unterteilt Motocross-Sport in die Disziplinen Motocross (MX), Supercross (SX), Speedway, Endurosport, Cross-Country und Trial. In den letzten Jahren haben auch neue Varianten, wie Beachcross, an Popularität gewonnen. Neben dem Fahruntergrund liegt der größte Unterschied zum Straßenrennen in der Art des Motorrads.

MOTO-CROSS

FAKTEN

- Motocross kam in den 1920ern in Großbritannien auf. In seiner Blütezeit lockte es bis zu 80000 Zuschauer an die Rennstrecken. Heute gibt es in Europa eine beliebte Grand-Prix-Serie.
- In Nordamerika ist der Supercross, die Hallenversion des Motocross, beliebter und lockt riesige Zuschauermassen in die Arenen. Bei der World Supercross Series war der Georgia Dome mit 70000 Menschen bis an die Kapazitätsgrenze gefüllt.
- Früher galt die 500er-Klasse im Motocross als absolute Spitzenklasse. Der technologische Fortschritt hat die 250-ccm-Maschinen jedoch immer schneller und leichter beherrschbar gemacht, sodass sie schließlich die 500-ccm-Maschinen ablösten.

SPORTLERPROFIL

Motocross verlangt Fahrkönnen, Kraft, Ausdauer und Konzentrationsfähigkeit. Die Fahrer müssen harte Schläge und viel Dreck hinnehmen. Trial-Fahrer benötigen exzellente Fahrtechnik, perfekte Balance und absolute Beherrschung der Maschine, um die schwierigen Hindernisse zu überwinden.

Kopfschutz
Ohne Schutzhelm dürfen die Fahrer nicht an Rennen teilnehmen.

Brille
Die Brille muss abnehmbar sein, wenn sie schmutzig ist.

Schutzkleidung
Die über dem Anzug getragenen Protektoren sind meist aus hartem Kunststoff.

Hebeleinstellung
Kupplungs- und Bremshebel sollten leicht hängend montiert sein, sodass die Unterarme eine gerade Linie mit den Hebeln bilden.

Dämpfungseinstellung
Die Einstellung der Dämpfung bestimmt darüber, wie schnell das Federbein nach dem Eintauchen wieder in die Ausgangsstellung zurückkehrt. Ist sie zu leicht eingestellt, neigt das Motorrad beim Beschleunigen aus der Kurve zum Springen.

Stollenreifer
Das gewählte Reifenprofil hängt vom Terrain ab. Hohe Stollen geben im Schlamm guten Halt und verhindern ein Wegrutschen in der Kurve. An Vorderreifen sind die Stollen manchmal um 45 Grad gedreht, um den Schlamm schneller abzuleiten.

Motorleistung
Die meisten Motocrossmaschinen haben zwei- oder viertaktige Einzylinder-Motoren.

Schnelle Richtungswechsel
Der Radstand beschreibt den Abstand zwischen Vorder- und Hinterachse. Bei einem nach vorne versetzten Hinterrad verkürzt sich der Radstand, was dem Fahrer schnellere Kurvenfahrten ermöglicht.

NACHKRIEGSRENNEN

1947 fand in den Niederlanden ein Motocross-Teamwettkampf statt, der aus zwei Läufen zu je acht Runden auf der 3,2 km langen Strecke bestand. Gewertet wurden die Zeiten der drei schnellsten Fahrer jedes Teams. Großbritannien gewann mit nur neun Sekunden Vorsprung vor Belgien.

CROSS-MASCHINEN

Es gibt verschiedenste Gelände-Motorräder, aber sie alle brauchen drehfreudige Motoren, schnelle Beschleunigung, Reifen, die mit unwegsamem Gelände fertig werden und eine Federung, die harte Schläge hinnehmen kann. Die Maschinen werden in Hubraum-Klassen eingeteilt.

ENDUROSPORT

Im Gegensatz zu MX- und SX-Motorrädern haben Enduro-Maschinen eine Straßenzulassung. Sie reichen von 100–650 ccm und werden entsprechend in Klassen eingeteilt.

Beleuchtung
Zur Sicherheit werden bei Nachtfahrten Front- und Heckscheinwerfer montiert.
Schmaler Lenker
Ein schmaler Lenker gibt auf engen Kursen mehr Bewegungsfreiheit.

TRIAL-MASCHINEN

Trial-Motorräder sind extrem leicht, für eine stehende Fahrhaltung konstruiert und haben im Vergleich zu Motocross- oder Enduro-Maschinen einen relativ kurzen Federweg.

QUAD-RACING

Die Quads (auch ATVs bzw. All-Terrain-Vehicles) haben ihre eigenen Cross-Rennen. Die verwendeten Motoren müssen aus der Serienherstellung stammen.

Ein Viertaktmotor mit elektronischer Einspritzung sorgt für die Leistung.
Gut gefedert
ATVs haben Stoßdämpfer mit einem oft benötigten Federweg von 25 cm.

MOTOCROSS-PARCOURS

Motocross-Rennen werden auf einem markierten und umzäunten Parcours von meist 1,5–2 km Länge ausgetragen. Künstliche Steigungen und steile Abfahrten, schnelle Geraden, eingebaute Sprünge und Steilkurven gestalten die Wettkämpfe abwechslungsreich. Nach FIM-Reglement muss der Untergrund natürlich sein, Wasser aufnehmen können, pflegeleicht sein und Traktion geben. Die Rennen gehen meist über 30 Minuten plus zwei Zusatzrunden. Pro Rennen können 30 Fahrer teilnehmen.

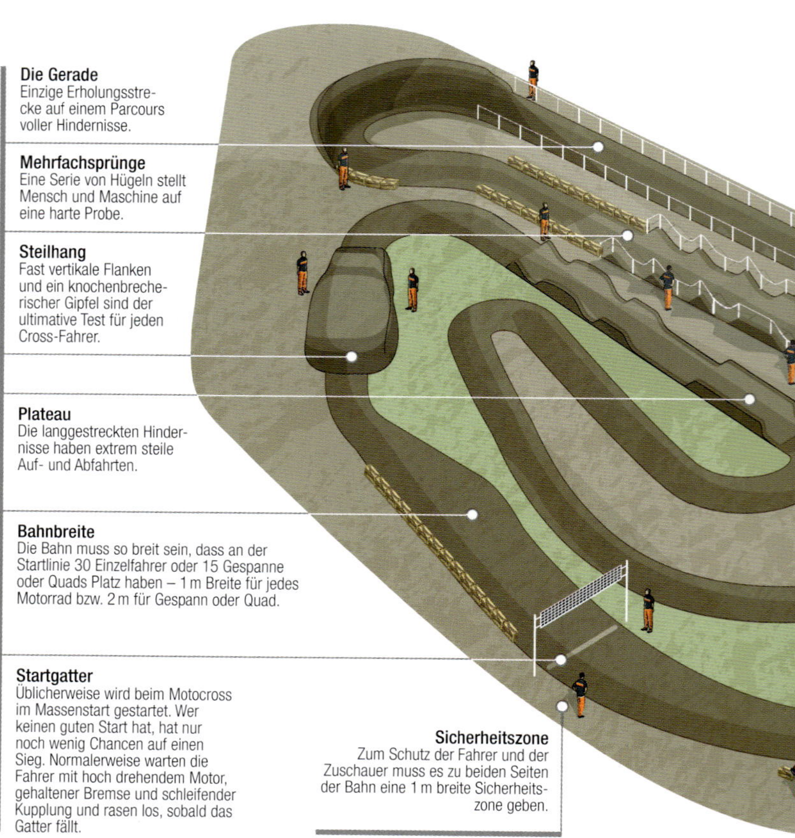

Die Gerade
Einzige Erholungsstrecke auf einem Parcours voller Hindernisse.
Mehrfachsprünge
Eine Serie von Hügeln stellt Mensch und Maschine auf eine harte Probe.
Steilhang
Fast vertikale Flanken und ein knochenbrecherischer Gipfel sind der ultimative Test für jeden Cross-Fahrer.
Plateau
Die langgestreckten Hindernisse haben extrem steile Auf- und Abfahrten.
Bahnbreite
Die Bahn muss so breit sein, dass an der Startlinie 30 Einzelfahrer oder 15 Gespanne oder Quads Platz haben – 1 m Breite für jedes Motorrad bzw. 2 m für Gespann oder Quad.
Startgatter
Üblicherweise wird beim Motocross im Massenstart gestartet. Wer keinen guten Start hat, hat nur noch wenig Chancen auf einen Sieg. Normalerweise warten die Fahrer mit hoch drehendem Motor, gehaltener Bremse und schleifender Kupplung und rasen los, sobald das Gatter fällt.
Sicherheitszone
Zum Schutz der Fahrer und der Zuschauer muss es zu beiden Seiten der Bahn eine 1 m breite Sicherheitszone geben.

CHAOS AUF VIER RÄDERN

Rennen mit All-Terrain-Vehicles (Geländefahrzeugen) sind besonders in Nordamerika beliebt. Die vierrädrigen ATVs mit Motoren ab 50 ccm treten in ähnlichen Formaten wie die zweirädrigen Maschinen bei MX, MS, Endurosport und Verfolgerrennen an. Daneben gibt es ATV-Tourist-Trophy-Veranstaltungen auf präparierten, kurven- und sprungreichen Strecken sowie dem Speedway ähnelnde Rennen auf ovalen Strecken von 400 m Länge. Für die ganz Mutigen gibt es auch ATV-Rennen auf Eis.

WICHTIGE FERTIGKEITEN

Als Geländefahrer benötigt man viele Talente, wesentlich ist aber die Beherrschung schneller Kurvenfahrten auf traktionsarmem Untergrund. Besonders schwierig ist dies in Kurven ohne Überhöhung, wie auf Speedway- oder MX-Parcours. Bei Motocross, Supercross und anderen Geländedisziplinen muss man zudem Sprünge meistern können.

ABHEBEN

Um ein Hindernis gekonnt zu überspringen, muss der Fahrer genügend Auftrieb erzeugen und anschließend ungebremst ohne Geschwindigkeitsverlust landen. Geübte Fahrer vollführen spektakuläre Sprünge mit Richtungsänderung.

ANDERE GELÄNDERENNEN

Nicht zuletzt dank der Motorradstunts eines Evel Knievels haben sich viele Geländesportarten entwickelt. Sie alle haben gemeinsam, dass sie auf unbefestigten, meist mit Hindernissen versehenen Strecken stattfinden. Die verschiedenen Parcours erfordern unterschiedliche Motorräder. Durch den begrenzten Platz auf Supercross-Kursen werden z. B. fast ausschließlich 250er-Maschinen verwendet.

SUPERCROSS (SX) Diese Hallenvariante des MX weist alle typischen Cross-Merkmale auf, wie Steilwände, Sprünge, Haarnadelkurven und harte Konkurrenz – nur auf engen Raum beschränkt. Supercross ist mit die beliebteste Cross-Variante und geht über drei Runden – Qualifying, Halbfinale und Finalrunde.

ENDUROSPORT Die Fahrer starten in kurzen Intervallen auf Geländestrecken von bis zu 160 km Länge, die durch felsige Flussbetten, über Waldwege und schlammige Anstiege führen. Für zu langsames Fahren oder Auslassen eines Streckenpostens gibt es Zeitstrafen.

TRIAL Jeder Parcours ist anders angelegt, um die Fahrkünste der Fahrer zu testen. Sie müssen Hindernisse wie Felsen, Kanten, Wasser, Baumstämme und Holzpaletten überwinden, ohne einen Fuß abzusetzen. Für Bodenberührungen gibt es Strafen.

SPEEDWAY Je zwei Fahrer aus zwei Teams fahren über vier Runden auf ovaler Bahn ca. einminütige Rennen auf 500-ccm-Maschinen mit starrem Gang und ohne Bremsen.

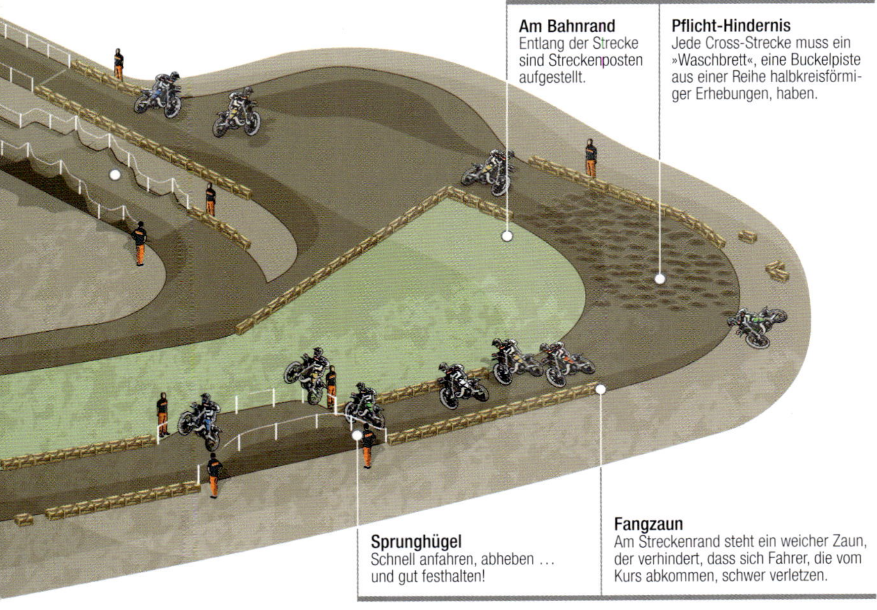

Am Bahnrand

Jede Cross-Strecke muss ein »Waschbrett«, eine Buckelpiste aus einer Reihe halbkreisförmiger Erhebungen, haben.

Schnell anfahren, abheben … und gut festhalten!

Am Streckenrand steht ein weicher Zaun, der verhindert, dass sich Fahrer, die vom Kurs abkommen, schwer verletzen.

REGELWERK

Für jede Disziplin hat die FIM ein eigenes Reglement festgelegt. Unfaires oder gefährliches Fahren führt überall zur Disqualifizierung. Die Maschinen, die Ausrüstung und der Treibstoff müssen genauen Spezifikationen entsprechen. Die Motorräder bei Sechs-Tage-Rennen werden von den Organisatoren unter Verschluss gehalten, was als »parc fermé« oder »closed control« bezeichnet wird. Es soll verhindern, dass die Maschinen zwischen den Rennen manipuliert werden. Auch werden verschiedene Startvarianten gefahren, wie etwa Massenstart bei MX und Speedway und Intervall-Einzelstarts bei Enduro.

STATISTIK

MOTOCROSS-WELTMEISTER

TITEL	FAHRER (LAND)
FIM MX1 WORLD MOTOCROSS (250 CCM)	
7	STEFAN EVERTS (BEL)
6	JOEL ROBERT (BEL)
5	ANTONIO CAIROLI (ITA)
FIM MX2 WORLD MOTOCROSS (125 CCM)	
3	ALESSIO CHIODI (ITA)
3	HARRY EVERTS (BEL)
FIM MX3 WORLD MOTOCROSS (500 CCM)	
5	ROGER DE COSTER (BEL)
4	JOEL SMETS (BEL)
3	GEORGES JOBE (BEL)
AMA USA MOTOCROSS (125 CCM)	
3	RICKY CARMICHAEL (USA)
3	RYAN VILLOPOTO (USA)
AMA USA MOTOCROSS (250 CCM)	
7	RICKY CARMICHAEL (USA)
3	JEFF STANTON (USA)

SPRUNGTECHNIK

Die Hindernisse auf der Strecke sind recht unterschiedlich, aber die Grundtechnik des Sprungs ist immer die gleiche.

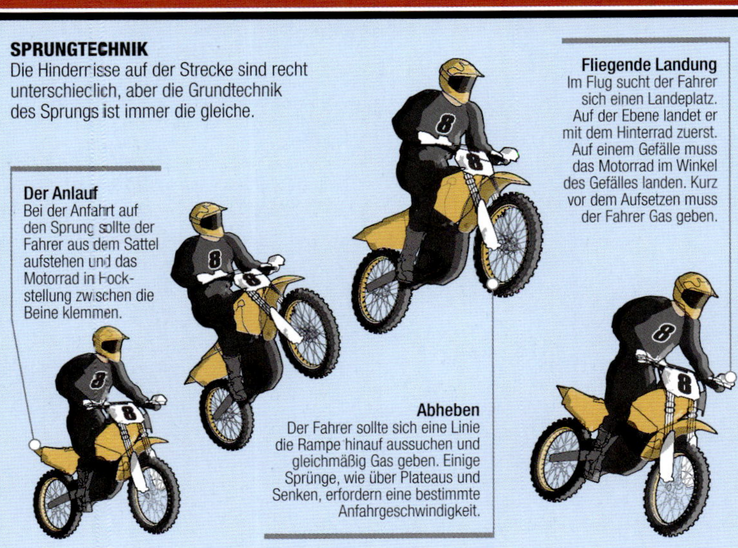

Der Anlauf
Bei der Anfahrt auf den Sprung sollte der Fahrer aus dem Sattel aufstehen und das Motorrad in Hockstellung zwischen die Beine klemmen.
Abheben
Der Fahrer sollte sich eine Linie die Rampe hinauf aussuchen und gleichmäßig Gas geben. Einige Sprünge, wie über Plateaus und Senken, erfordern eine bestimmte Anfahrgeschwindigkeit.
Fliegende Landung
Im Flug sucht der Fahrer sich einen Landeplatz. Auf der Ebene landet er mit dem Hinterrad zuerst. Auf einem Gefälle muss das Motorrad im Winkel des Gefälles landen. Kurz vor dem Aufsetzen muss der Fahrer Gas geben.

INSIDER-STORY

Motocross war zunächst als ein britisches Geländerennen namens Scrambles bekannt, das sich seinerseits aus den im Norden des Landes beliebten Trials entwickelt hatte. Es gewann in den 1930ern stark an Popularität. 1952 schuf die FIM eine europäische 500-ccm-Meisterschaft, 1962 folgte eine 250-ccm-Weltmeisterschaft. Motocross wurde schließlich in der 250er-Klasse heimisch und entwickelte Nebendisziplinen wie das in der Halle ausgetragene Supercross. Freestyle-Wettbewerbe (FMX), bei denen die Fahrer nach ihren akrobatischen Sprungtechniken bewertet werden, sind inzwischen ebenso beliebt wie Supermoto (Motocross-artige Rennen auf Asphalt und im Gelände).

FAKTEN

- Motorboot-Rennen sind ein teurer Sport – die Kosten für Material, Treibstoff und Wartung können siebenstellig sein.
- Formel-1-Bootsrennen ziehen Zuschauermassen von bis zu 70 000 Menschen an, die keinen Eintritt bezahlen müssen.
- Einige Powerboats beschleunigen in 4 Sekunden auf 160 km/h.
- Die Crews müssen eine Prüfung ablegen, bei der sie z. B. zeigen, wie man sich aus einem überfluteten Cockpit befreit. Sie müssen sich zudem einer medizinischen Untersuchung unterziehen.

CREWPROFIL
Formel-1- und Class-1-Boote haben eine zweiköpfige Besatzung aus Lenker und Gasgeber. Schwimmwesten sind zwar vorgeschrieben, aber die Crew sollte gut schwimmen und das Boot bei hohem Tempo sicher lenken können. Wichtig ist, das Wasser »lesen« zu können und sich immer der Position des Bootes auf dem Rennkurs bewusst zu sein.

POWERBOAT-RENNEN

ÜBERBLICK

Mit Spitzengeschwindigkeiten von bis zu 225 km/h ist das Motorboot-Rennen der schnellste, gefährlichste und glamouröseste Wassersport. Die Boote fahren je nach Motorisierung in verschiedenen Klassen auf Rund- oder Streckenkursen. Daneben gibt es Ausdauerrennen, die Fahrer, Boote und Teams an den Rand der Leistungsfähigkeit bringen. Unfälle sind selten, können aber tödlich enden.

NASSE STRECKE

Motorboot-Rennen können auf jeder geeigneten Wasserfläche wie einer Bucht, einem Fjord, einem Fluss oder auf dem Meer gefahren werden. Der Kurs kann um Felsen und Inseln oder um Bojen herum führen.

Die Boote fahren meist gegen den Uhrzeigersinn, aber die Richtung kann je nach Tide oder Witterung geändert werden. Bei Inshore-Rennen muss der Steg mindestens 75 m lang sein und aus Sicherheitsgründen mindestens 300 m von der ersten Kurve entfernt liegen. Die Geraden dürfen höchstens 850 m lang sein.

Bei einem geraden Kurs ist der Fahrer der Sieger, der als Erster nach einer bestimmten Rundenzahl die Ziellinie überfährt. Auf Slalomkursen werden wesentlich mehr Bojen verwendet, um alle Kurven abzustecken.

Propeller
Es gibt je nach Wasserfläche verschiedenste Formen. Die Propeller bestehen aus Edelstahl und haben drei, vier oder sechs Blätter.

Designfrage
Die beiden wichtigsten Designkriterien eines Rennboots sind aerodynamische Effizienz und Sicherheit.

Einstellbare Flügel
Die Crew kann den Winkel der Flügel an den Rümpfen individuell einstellen, um den Auftrieb durch den Fahrtwind zu regulieren.

Cockpit
Die abgeschlossene Sicherheitszelle besteht aus Kohlefaser und Kevlar und ist nicht Teil der Bootsstruktur, um Unfallfolgen für die Crew zu mildern.

Batterien
Im linken Rumpf befinden sich zwei Batterien: eine für den Anlasser und eine für die Stromversorgung des Motors.

Nase
Die Nase ist mit Kunststoffschaum gefüllt und schluckt die Aufprallenergie rauer Seen.

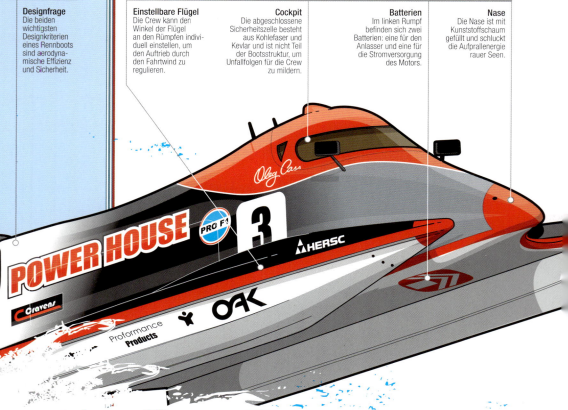

FORMEL-1-BOOTSRENNEN

Die Formel 1 (F1) ist die prestigeträchtigste Veranstaltung im Bootsrennsport mit Rennen in Ländern in aller Welt, wie Portugal, Ukraine, China und den Vereinigten Arabischen Emiraten (VAE). Die Veranstaltungen ziehen Zehntausende Zuschauer an.

RENNKURSE

Die F1-Kurse unterscheiden sich in der Form, sind aber alle rund 2000 m lang. Jeder verfügt über mindestens eine lange Gerade, auf der die Boote ihre Spitzengeschwindigkeit erreichen. Doha in Quatar hat sogar zwei 650-m-Geraden. Andere Kurse haben Haarnadelkurven, die die Fäh gkeiten der Crew im Umgang mit Bremse und Gas testen.

RENNQUALIFIKATION

Jede F1-Veranstaltung geht über zwei Tage, wobei der erste Tag der Konkurrenz dem Zeitfahren vorbehalten ist. Dieses bestimmt grundsätzlich die Startposition beim Hauptrennen am zweiten Tag, wobei es am Ende des ersten Tages noch ein Zusatzrennen (das »Shootout«) der besten sechs Boote um die Pole Position gibt.

DER SHARJAH CIRCUIT

Dieser Kurs in den VAE ist seit 2001 Austragungsort der F1 und anderer Motorboot-Rennklassen. Das Rennen findet auf einer künstlich angelegten Wasserfläche namens Khalid Lagoon statt.

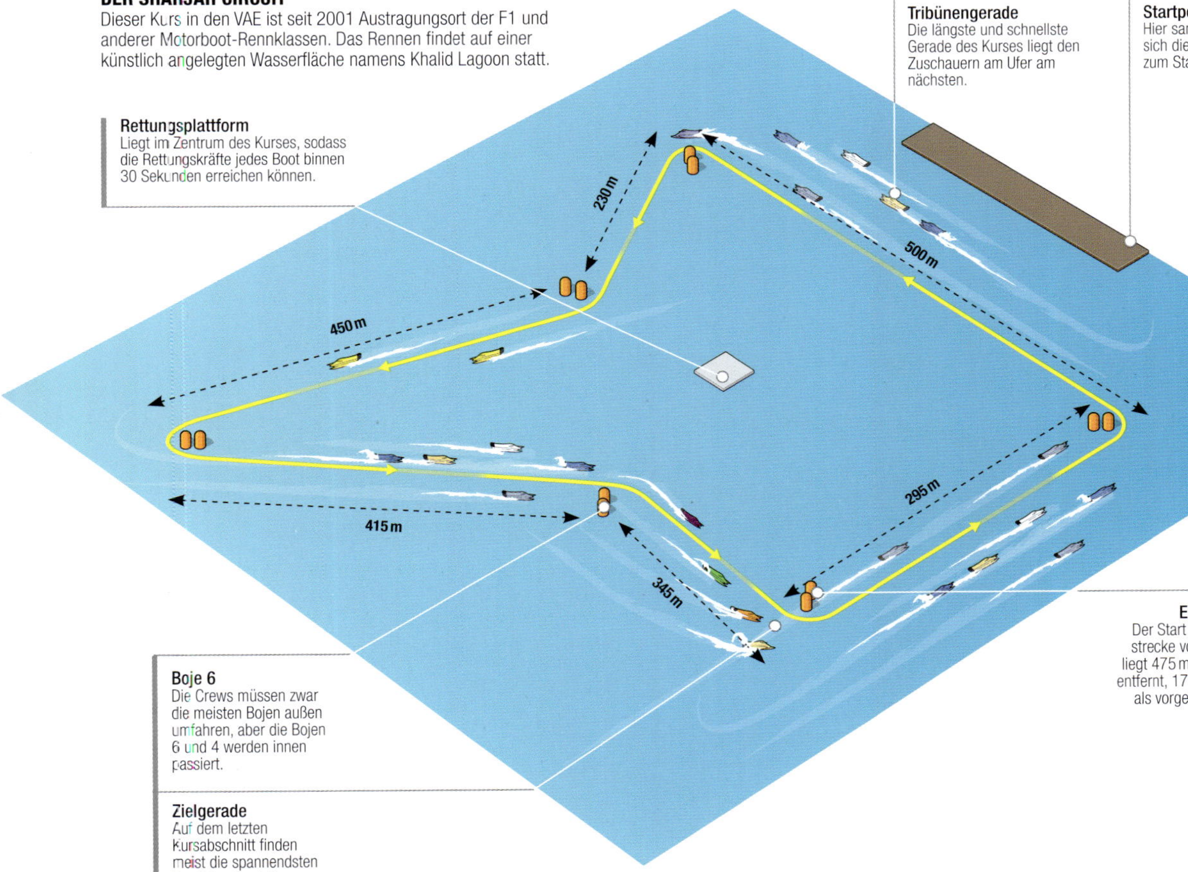

Tribünengerade
Die längste und schnellste Gerade des Kurses liegt den Zuschauern am Ufer am nächsten.

Startponton
Hier sammeln sich die Boote zum Start.

Rettungsplattform
Liegt im Zentrum des Kurses, sodass die Rettungskräfte jedes Boot binnen 30 Sekunden erreichen können.

Erste Boje
Der Start der Rennstrecke von Sharjah liegt 475 m vom Steg entfernt, 175 m weiter als vorgeschrieben.

Boje 6
Die Crews müssen zwar die meisten Bojen außen umfahren, aber die Bojen 6 und 4 werden innen passiert.

Zielgerade
Auf dem letzten Kursabschnitt finden meist die spannendsten Zweikämpfe statt.

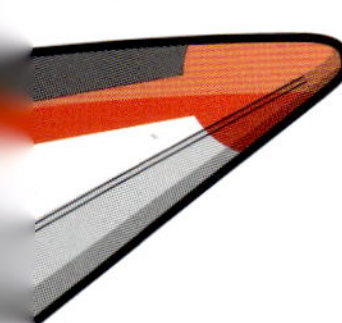

F1-BOOTE

Die Katamarane der Formel 1 sind 6 m lang und 2,1 m breit. Durch ihre Konstruktion heben sich die Rümpfe bei hohem Tempo aus dem Wasser. Das Boot gleitet auf einem Luftkissen zwischen den beiden Rümpfen und hat nur noch wenig Berührung mit dem Wasser. Dadurch kann der 350-PS-Motor das Boot mit Höchstgeschwindigkeit vorantreiben. Manche behaupten sogar, dass der Sport ebensoviel mit Fliegen wie mit Bootfahren zu tun hat. Darüber hinaus muss das Boot – und die Crew – den hohen Beschleunigungskräften in den Kurven gewachsen sein.

SICHERHEIT

Die Mannschaft steuert das Boot nicht nur aus einer verstärkten Cockpitzelle heraus, sondern ist zudem mit Sicherheitsgurten, Kopf- und Nacken-Stützen sowie einem Airbagsystem vor Unfällen geschützt. Noch in den 1980ern bestanden die F1-Boote aus fragilem Sperrholz – die Crew saß unangeschnallt im Cockpit.

STATISTIK

FORMEL-1-WELTMEISTER

JAHR	SIEGER (LAND)
2013	ALEX CARELLY (ITA)
2012	ALEX CARELLA (ITA)
2011	ALEX CARELLA (ITA)
2010	SAMI SELIO (FIN)
2009	GUIDO CAPPELLINI (ITA)
2008	JAY PRICE (USA)
2007	SAMI SELIO (FIN)
2006	SCOTT GILLMAN (USA)
2005	GUIDO CAPPELLINI (ITA)
2004	SCOTT GILLMAN (USA)
2003	GUIDO CAPPELLINI (ITA)

AUSRÜSTUNG

Die verschiedenen Bootstypen haben zwar unterschiedliche Spezifikationen, aber alle nutzen GPS zur Navigation. Neben dem Zeitnahmesystem ist auch eine Reihe von Leuchten im Cockpit montiert, die vom Rennkomitee aktiviert werden können, wenn das Rennen nach einem Unfall oder einem Regelverstoß verlangsamt oder komplett gestoppt werden muss. Die Crewmitglieder tragen wasserdichte und feuerfeste Kleidung, Schutzhelme und Schwimmwesten.

KOMMUNIKATION

Der Motorenlärm und das Geräusch des Wassers erschweren eine Verständigung der Crewmitglieder untereinander, sodass sie auch im Cockpit über Funk sprechen müssen. Auf diese Weise werden zudem taktische Anweisungen und andere Nachrichten zwischen dem Boot und den Teammitgliedern an Land ausgetauscht.

BOOTSTYPEN

Rennboote gibt es in verschiedenen Formen, wobei die kleinsten in der Formel 1 (F1) fahren. Beim Offshore-Rennen kommen die größten Boote mit den stärksten Motoren zum Einsatz, von denen einige aus der Edelschmiede Lamborghini stammen. Die schnellsten sind die Hydroplanes mit bis zu 300 km/h Höchstgeschwindigkeit.

FORMEL 1

Das Herz der F1-Katamarane sind 2-Liter-Benzinmotoren mit bis zu 425 PS. Die Boote haben eine Zweimann-Besatzung, wiegen 390 kg und können 120 Liter Treibstoff mitführen.

Windschutzscheibe
Aus dem gleichen Material wie die Cockpits von Militärjets.

OFFSHORE CLASS 1

Die Boote in dieser Klasse sind Einrümpfer oder Katamarane. Mit zwei oder drei 8-Liter-Benzinern oder 10-Liter-Dieseln erreichen sie im Schnitt 200 km/h und Spitzengeschwindigkeiten von 250 km/h. Die Crew besteht aus einem Lenker und einem Gasgeber.

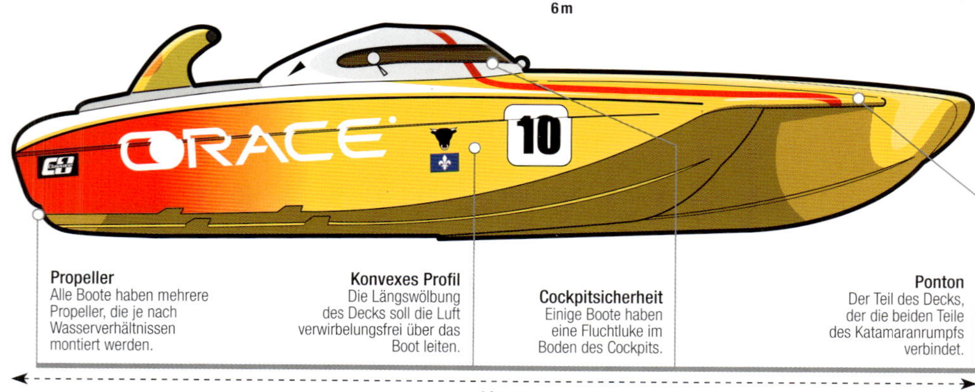

Alle Boote haben mehrere Propeller, die je nach Wasserverhältnissen montiert werden.
Konvexes Profil
Die Längswölbung des Decks soll die Luft verwirbelungsfrei über das Boot leiten.

Einige Boote haben eine Fluchtluke im Boden des Cockpits.

Der Teil des Decks, der die beiden Teile des Katamaranrumpfs verbindet.

UNLIMITED HYDRO

Diese Boote werden von einer Innenbordturbine oder einem Kolbenmotor ähnlich dem eines Flugzeugs angetrieben. Ihre Spitzengeschwindigkeit von 300 km/h macht sie zu den schnellsten Motorbooten. Nicht ohne Beschränkung ist die Größe des Propellers, der nicht mehr als 40 cm Durchmesser haben darf.

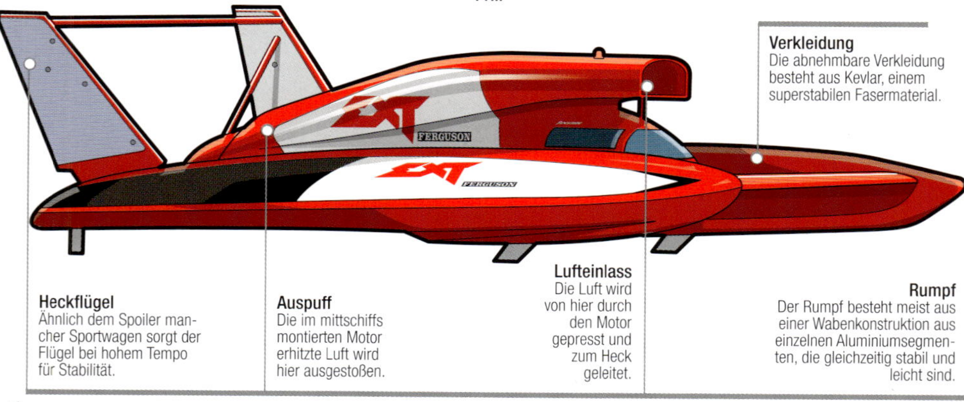

Verkleidung
Die abnehmbare Verkleidung besteht aus Kevlar, einem superstabilen Fasermaterial.
Heckflügel
Ähnlich dem Spoiler mancher Sportwagen sorgt der Flügel bei hohem Tempo für Stabilität.
Auspuff
Die im mittschiffs montierten Motor erhitzte Luft wird hier ausgestoßen.
Lufteinlass
Die Luft wird von hier durch den Motor gepresst und zum Heck geleitet.
Rumpf
Der Rumpf besteht meist aus einer Wabenkonstruktion aus einzelnen Aluminiumsegmenten, die gleichzeitig stabil und leicht sind.
8,50–9,75 m

GEWUSST?

511,11 **Die höchste Geschwindigkeit, die je ein Rennboot erreicht hat, in km/h. Rekordhalter ist seit 1978 der Australier Ken Warby.**

40 **So viele Seemeilen (74 km) mussten die Motorboote 1908 bei den Olympischen Spielen zurücklegen, als der Sport das letzte Mal im Programm stand. Es gab drei Klassen – unter 18 m, 8 m und offen – und in jeder gab es nur einen Finalisten.**

12 **So viele Siege fuhr der Amerikaner Lee Edward »Chip« Hanauer seit 1982 im Gold Challenge Cup ein. Das prestigeträchtige Rennen der American Power Boat Association (APBA) findet jedes Jahr in den USA, häufig auf dem Detroit River, statt.**

DIE GEBURT DES INTERNATIONALEN RENNSPORTS

Das erste jährlich stattfindende internationale Motorbootrennen, der Harmsworth Cup, wurde 1903 vom Eigentümer der britischen Zeitung *Daily Mail*, Alfred Harmsworth, ins Leben gerufen. In den 1920ern gewann Gar (kurz für Garfield) Wood, ein amerikanischer Erfinder, der bei seinem Tod 1971 mehr Patente als jeder andere hielt, den Cup neun Mal. Da Wood älter aussah als er in Wirklichkeit war, taufte die Presse ihn den »Grauen Fuchs«.

RENNTAKTIK

Während es im Formel-1-Autorennsport von Vorteil ist, sich dicht hinter dem Rivalen zu halten und dort auf eine Chance zum Überholen zu lauern, sorgt das Kielwasser eines Rennboots dafür, dass man doch lieber vorneweg fährt.

BOJENTECHNIK

Die Fahrer sollten Bojen und Markierungen nicht zu weiträumig umfahren, um keine Zeit zu verlieren (siehe »schlechte Linie«, rechts), dürfen sie gleichzeitig aber auch nicht berühren. Wenn sie eine Kursmarkierung innen passieren, die sie hätten umrunden sollen, erhalten sie eine Strafe, die von einer Strafrunde bis zur Disqualifizierung reichen kann. Wie im Autorennen ist das Kurvenfahren eine Kunst. Die Fahrer versuchen, eine möglichst gerade Linie um die Bojen herum zu halten, ohne dabei an Geschwindigkeit zu verlieren.

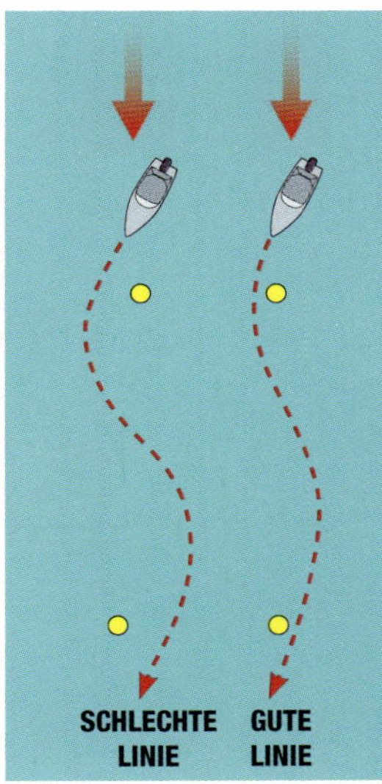

VOLLGAS

An Motorbootrennen ist wesentlich mehr dran als Vollgas zu geben und das Boot zu lenken. Die Crews müssen die Motorleistung konstant gegen die Winkel des Bugs und des Propellers austarieren, um beides optimal auszunutzen. Alle Umdrehungen des Motors sind nichts wert, wenn der Bug auf Luft und Wellen schlägt, statt sie zu durchschneiden. Außerdem verschwendet man Energie, wenn der Propeller nicht so tief wie möglich unter Wasser liegt.

GELDFRAGEN

Es existieren zwar einige Gemeinsamkeiten zwischen Bootsrennen und Motorsport, vor allem in der Art der Vermarktung, aber es gibt einen großen Unterschied: Die Fans der Rennen auf dem Wasser müssen fürs Zuschauen nichts bezahlen.

In der Spitzenklasse werden gewaltige Geldsummen durch Fernseh-Übertragungsrechte in alle Welt und das Sponsoring einiger der größten Unternehmen der Welt umgesetzt. Die Globalisierung der Formel 1 setzte in den frühen 1990ern ein, als Nicolo di San Germano Marketingchef dieser Disziplin wurde. Er trieb die Expansion des Sports in andere Regionen der Welt, wie z. B. nach Asien, voran.

KALTSTART

Die Wettbewerbe finden meist nach Motorgröße in verschiedenen Kategorien statt. Allen gemeinsam ist der Umstand, dass die Rennen auf einem Steg in einiger Entfernung zum Kurs beginnen und die Motoren bis zum Startsignal ausgeschaltet sind.

DIE FORMEL 1

Bei F1-Rennen treten Boote mit 2000 ccm an. Pro Jahr finden bis zu zehn Grands Prix mit jeweils 24 Booten statt. Die zehn besten, die nach 45 Minuten die meisten Runden gefahren sind, erhalten Punkte, von 20 Punkten für einen Sieg bis zu einem Punkt für den zehnten Platz.

DIE CLASS 1

Die Class 1 World Offshore Championship wird über das Jahr verteilt in zehn Rennen ausgefahren. Jedes dieser Rennen führt innerhalb höchstens einer Stunde über rund 182 km um einen 9 km langen Kurs. Das Punktsystem ist das Gleiche wie in der Formel 1.

DER HARMSWORTH CUP

Der Harmsworth Cup, der über Streckenkurse wie Cowes–Torquay–Cowes an der englischen Südküste führt, zählt zu den vielen regionalen Rennen in aller Welt. Es gibt keine Begrenzung der Motorengröße. Die erfolgreichsten Boote der modernen Ära werden von Motoren angetrieben, die auf Hubschrauber-Turbinen basieren.

WEITERE RENNEN

Hydroplane-Rennen finden auf relativ kurzen Kursen in den USA und Australien statt, während die P1 eine europäische Langstreckenserie aus Rennen über jeweils 148 km ist.

KÖNIG DER WELLEN

Guido Cappellini gilt als einer der größten F1-Rennbootfahrer aller Zeiten. Der ehemalige Bootsbauer aus dem italienischen Como begann seine Rennkarriere in Gokarts und hat mehr F1-Grand-Prix und Weltmeisterschaften gewonnen als jeder andere Rennfahrer. Er sicherte sich zwischen 1993 und seinem Rücktritt 2009 zehn Weltmeisterschaftstitel.

INSIDER-STORY

Das Powerboot-Rennen veränderte sich 1981 radikal, als die International Powerboating Union die Formel 1 als Rennklasse anerkannte. Die bisherige Nischensportart verwandelte sich schnell in eine Attraktion für Zuschauer und Sponsoren. Rennen, die bisher auf jeder geeigneten Wasserfläche ausgetragen werden konnten, mussten nun vor einem Uferstreifen mit einer kompletten Infrastruktur aus Hotels, Restaurants, Bootswerften und der entsprechenden Verkehrsanbindung stattfinden.

DIE AMERICAN POWER BOAT ASSOCIATION (APBA)

Das erste offizielle Motorbootrennen wurde 1903 auf dem New Yorker Hudson River unter Aufsicht der American Power Boat Association (APBA) ausgetragen. Die APBA hatte zwar in Nordamerika das Sagen, galt aber im Rest der Welt wenig, was das internationale Wachstum des Sports hemmte.

DIE UNION INTERNATIONALE MOTONAUTIQUE (UIM)

Die Union Internationale Motonautique (UIM) war die Antwort des Rests der Welt auf die APBA. Gründungsmitglieder waren 1927 Argentinien, Belgien, Frankreich, Deutschland, Großbritannien, Holland, Irland, Monaco, Norwegen, Polen und Schweden. Die USA traten kurz vor dem Zweiten Weltkrieg bei.

LUFTRENNEN

FAKTEN

- Das erste Luftrennen war das Reims-Luftrennen 1909, bei dem die Piloten vom französischen Reims nach England flogen.
- Die Piloten fliegen mit hochentwickelten Kunstflugmaschinen, die mit Lycoming-Flugzeugmotoren ausgestattet sind.
- Wird eine Pylone getroffen, können die Techniker sie in weniger als drei Minuten durch eine neue ersetzen.

ÜBERBLICK

Luftrennen sind eine rasante und relativ junge Rennsportart, bei der es darum geht, einen abgesteckten Kurs so schnell wie möglich zu durchfliegen. Die Piloten starten einzeln und müssen die aus aufgeblasenen Pylonen bestehenden »Air Gates« (Luft- oder Flugtore) in einem Rennen gegen die Zeit mit vorgeschriebenen Manövern umfliegen. Bei diesen Rennen sind Geschwindigkeit und Präzision gefragt. Jeder fliegerische Fehler wird mit einer Zeitstrafe belegt, die der Gesamtzeit zugerechnet wird.

SPEED RACING

Speed Racing ist ein Vorläufer der Luftrennen, bei dem es nur um Geschwindigkeit geht. Bei diesen Rennen müssen die Piloten einen ovalen Kurs so schnell wie möglich absolvieren. Der Kurs ist mit sechs maximal neun Meter hohen Pylonen abgesteckt. Es starten jeweils acht Piloten. Die Distanz in der Blue-Riband-Klasse beträgt normalerweise 39 km.

Spannweite
Die Flügel bestehen zu 100 Prozent aus Karbon und haben eine Spannweite von 8 m.

Die antreibende Kraft
Meist sind die Maschinen mit dreiblättrigen Propellern mit einer maximalen Drehzahl von 2700 U/min. ausgestattet.

Motorleistung
Die Flugzeuge werden üblicherweise von Sechszylinder-8-Liter-Einspritzmotoren mit einer Leistung von 260–210 PS angetrieben.

Steuerung
Richtungswechsel werden über die Querruder an den Hinterkanten der Flügel eingeleitet.

Flugzeugrumpf
Der Rumpf sollte stabil und leicht gebaut sein. Er kann aus Kohlenstofffasern, Stahlrohren oder einer Mischung aus beidem bestehen.

Pilotensitze
Das Dach kann abgeworfen werden, wenn der Pilot aussteigen muss. Die Rennmaschinen haben aber keine Schleudersitze.

GEWUSST?

13 Die durchschnittliche Distanz in Kilometern, die ein Pilot in einem Durchgang eines Luftrennens zurücklegt.

400 Die Durchschnittsgeschwindigkeit in Stundenkilometern, die die Spezialflugzeuge bei Luftrennen auf den Kursen erreichen.

10 So starken Beschleunigungskräfte in G sind die Piloten bei einigen ihrer atemberaubenden Manöver in der Luft ausgesetzt. 10 G entsprechen dem Zehnfachen der Erdanziehungskraft. Die Piloten tragen keine Druckschutzanzüge (Libellen).

2003 Das Jahr, in dem das erste Red Bull Air Race stattfand. Im ersten Jahr gab es nur zwei Rennen, heute sind es deutlich mehr.

ÄUSSERER RAHMEN

Die Qualifikation besteht aus zwei Runden, wobei jeweils die schnellere Runde gewertet wird. Die zwölf schnellsten Piloten nehmen am Halbfinale teil, woraus die acht schnellsten wiederum in die Finalrunde einziehen. Bei inkorrektem Passieren eines Tores (Gate) werden Strafsekunden verhängt. Für eine zu große Flughöhe oder falsches Ansteuern eines Tores sowie ein unkorrekt ausgeführtes Pflichtmanöver gibt es drei, für Berührung einer der Pylonen zehn Strafsekunden.

TORE AM HIMMEL

Die 20 m hohen Air Gates (Tore) bestehen jeweils aus zwei Pylonen (nur das Quadro, ein Spezialtor, besteht aus vier), die aus leichtem Segeltuchstoff hergestellt werden, der bei Berührung durch ein Flugzeug zerreißt. Eine Kollision mit einer Pylone stellt also für Mensch und Maschine keine Gefahr da, erzeugt aber einen Knall, da die Pylonen mit Druckluft gefüllt sind. Die Tore mit 5 m Durchmesser am Boden und 75 cm an der Spitze sind robust und können Windgeschwindigkeiten von 54 km/h aushalten.

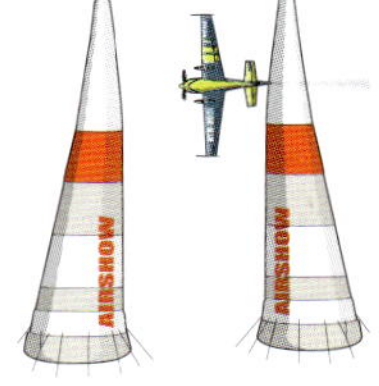

REGLEMENT UND SICHERHEIT

Die Air Race World Series wird vom internationalen Dachverband FIS (Fédération Aéronautique Internationale) betreut, der auch Reglement und Sicherheitsbestimmungen festlegt, die alle Austragungsorte einhalten müssen.

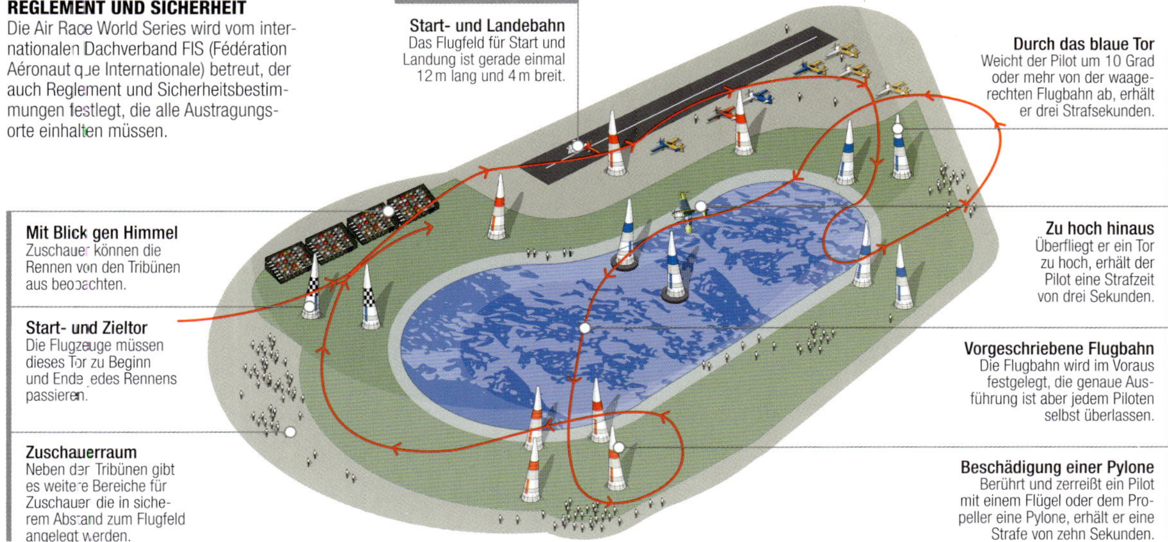

Start- und Landebahn
Das Flugfeld für Start und Landung ist gerade einmal 12 m lang und 4 m breit.
Durch das blaue Tor
Weicht der Pilot um 10 Grad oder mehr von der waagerechten Flugbahn ab, erhält er drei Strafsekunden.
Mit Blick gen Himmel
Zuschauer können die Rennen von den Tribünen aus beobachten.
Zu hoch hinaus
Überfliegt er ein Tor zu hoch, erhält der Pilot eine Strafzeit von drei Sekunden.
Start- und Zieltor
Die Flugzeuge müssen dieses Tor zu Beginn und Ende jedes Rennens passieren.
Vorgeschriebene Flugbahn
Die Flugbahn wird im Voraus festgelegt, die genaue Ausführung ist aber jedem Piloten selbst überlassen.
Zuschauerraum
Neben der Tribünen gibt es weitere Bereiche für Zuschauer die in sicherem Abstand zum Flugfeld angelegt werden.
Beschädigung einer Pylone
Berührt und zerreißt ein Pilot mit einem Flügel oder dem Propeller eine Pylone, erhält er eine Strafe von zehn Sekunden.

DER FLUGPARCOURS

Der Flugparcours ist etwa 1,4 km lang und besteht aus einer Reihe von aufblasbaren Toren, den Air Gates. Bei jedem Durchgang müssen die Piloten einem festgelegten Flugplan folgen und die Tore in bestimmter Reihenfolge entweder horizontal (blaue Tore) oder vertikal (rote Tore) durchfliegen. Zudem gibt es Spezialtore, wie etwa den Slalomkurs aus drei einzelnen Pylonen. Bei jeder Veranstaltung werden die Tore wieder neu platziert. Jeder Ort birgt seine eigenen Herausforderungen und hat andere zu beachtende Faktoren.

EINE WAHRHAFT INTERNATIONALE VERANSTALTUNG

Luftrennen finden weltweit statt. Von den bescheidenen Anfängen 2003, als das World Championship gerade einmal aus zwei Wettkämpfen bestand, hat sich das Luftrennen zu einem internationalen Phänomen gemausert. Zwischen 2011 und 2013 wurden die Meisterschaften ausgesetzt, aber seit 2014 geht die Serie weitergehen. Die Karte zeigt die Austragungsorte der Tour 2007. In den USA ist aber immer noch Speed Racing beliebter.

Ungarn
Tschechische Republik
Großbritannien
Türkei
USA
Portugal
Brasilien
Mexiko
Vereinigte Arabische Emirate
Spanien
Australien

WICHTIGE FLUGTECHNIKEN

Bei den Flugrennen geht es nicht nur um Geschwindigkeit, sondern auch um präzise Tiefflugmanöver, wie etwa Wenden, Durchflüge mit horizontal oder vertikal gestellten Flügeln (Messerflug) oder als Half Cuban Eight (auch halbe kubanische Acht oder halbe Loopingacht genannt). Selbst leichte Abweichungen bei der Durchführung der Manöver werden mit Zeitstrafen geahndet. Zu den Flugmanövern, die die Piloten während der Rennen ausführen dürfen, zählen u. a. Turn, Rolle, horizontaler Kreis und Looping.

BLAU MARKIERTE PYLONE

Zwei mit ca. 14 m Abstand nebeneinander aufgestellte Pylone mit blauer Markierung bilden ein blaues Tor. Die Piloten müssen diese Tore mit exakt waagerechten Flügeln durchfliegen (auch »horizontal crossing« genannt).

AUF MESSERS SCHNEIDE

Die rot markierten Pylone haben nur 10 m Abstand – die Piloten müssen sie in vertikaler Lage, dem sogenannten Messerflug, durchfliegen. Dabei zeigt ein Flügel zum Himmel, einer zum Boden.

DIE HALBE KUBANISCHE ACHT

Diese Flugfigur wird zum Wenden des Flugzeugs verwendet. Dafür fliegt der Pilot fünf Achtel in einen Looping hinein, bis er auf dem Rücken 45 Grad geneigt ist. Dann folgen eine halbe Rolle und ein weiterer Achtel-Looping.

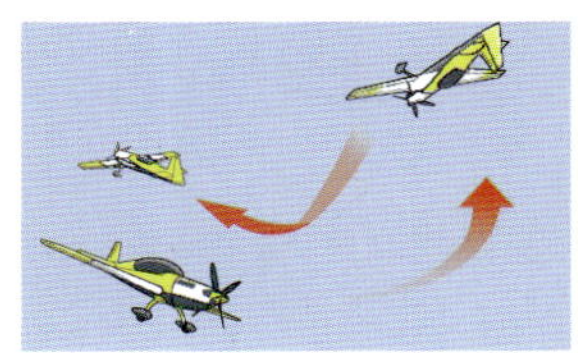

SCHNEEMOBIL-RENNEN

ÜBERBLICK

In den Schneebreiten der Nordhalbkugel, vor allem in den USA und Kanada, sind Schneemobilrennen ein beliebter winterlicher Motorsport mit spannenden und heiß umkämpften Läufen auf Eisovalen und Querfeldein-Pisten. Schneemobile wurden populär, als die Erfindung des Ski-doo in den späten 1950ern die Technik mit Antriebsraupe im Heck und Skiern am vorderen Ende handlicher machte, als sie es in den bisherigen schweren Schneefahrzeugen von Militär, Post, Rettungsdiensten und Forstindustrie gewesen war.

Steilkurven
An beiden Enden des Ovals liegen stark überhöhte Kurven, die die Mobile in der Bahn halten.

EISOVAL
Bei vielen Kursen, wie dem berühmten Eagle River in Wisconsin, fahren die Schneemobile auf ovalen Eisbahnen.

SPORTLERPROFIL

Schneemobilrennen sind harte Arbeit, also müssen die Fahrer körperlich fit und kräftig genug sein, um eine PS-starke Maschine bei hohem Tempo zu beherrschen. Daneben erfordern die Unwägbarkeiten des Rennens über Schnee und Eis Aufmerksamkeit und starke Nerven.

FAKTEN

- **Der Schneemobilfahrer ist im Schnitt 41 Jahre alt. Rund 17 Prozent sind 60 Jahre alt oder älter.**
- **Im Sommer verzichten viele Fahrer nicht etwa auf ihren Sport, sondern modifizieren ihre Fahrzeuge für Gras oder Wasser.**

Windschild
Der Windschild schützt den Fahrer vor dem eisigen Fahrtwind.

Warme Kleidung
Wasserdichte Jacke und Hose halten den Fahrer warm und trocken. Handschuhe und Stiefel schützen Hände und Füße.

Vortrieb
Die Zwei- und Viertaktmotoren der modernen Schneemobile werden immer sauberer und effizienter.

DAS SCHNEEMOBIL
Die aus leichten, robusten Materialien gebauten modernen Schneemobile beschleunigen schnell und erreichen Geschwindigkeiten von 190 km/h. Allerdings sind sie laut und ihre Abgase nicht gerade umweltfreundlich.

Endantrieb
Der Motor wirkt auf den Endantrieb, der seinerseits die Antriebsraupe bewegt.

Antriebsraupe
Die aus leichtem Material wie Gummi gefertigte Raupe verteilt das Gewicht des Mobils, sodass es nicht einsinkt.

Komfort und Stabilität
Stoßdämpfer und Federn an den Skiern sorgen für eine komfortable Fahrt.

Skier
Die Skier gibt es in einfacher und doppelter Ausführung sowie in verschiedenen Größen für unterschiedliches Terrain.

GEWUSST?

144.601 **So viele Schneemobile wurden 2013 weltweit verkauft: 48 536 davon in den USA und 44 022 in Kanada.**

2.241 **So viele Kilometer legt ein Schneemobilfahrer schätzungsweise im Schnitt pro Jahr zurück. In der gleichen Zeit gibt er rund 2900 Euro für den Sport aus.**

80 **Der Prozentsatz an Schneemobilfahrern, die ihr Schneemobil für das Trail Riding oder Touren auf den vielen speziell angelegten Trails nutzen. Rund 20 Prozent nutzen ihr Mobil für Transport, Fischfang oder Arbeit.**

19 **So viele Milliarden Euro geben Schneemobilfahrer in den USA und Kanada nach Schätzungen jährlich für ihren Sport aus. In Europa und Russland liegt die Zahl bei 3,6 Milliarden Euro.**

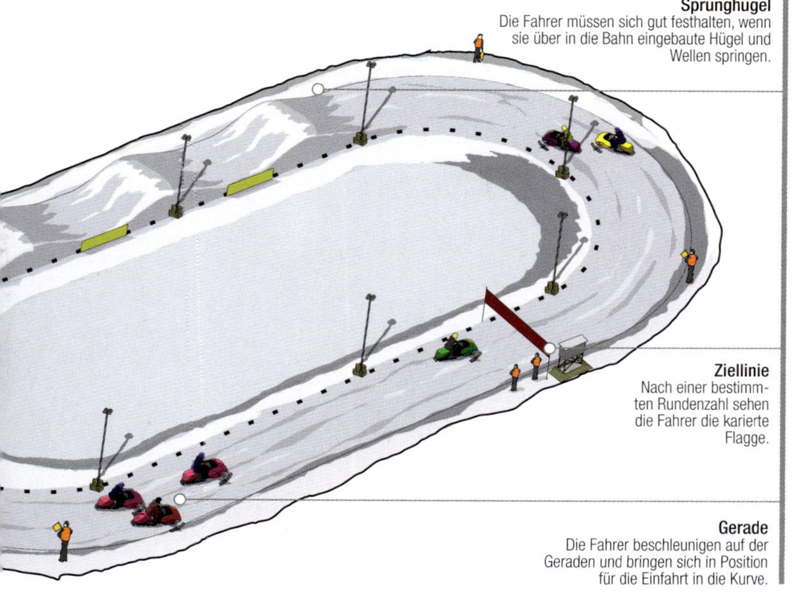

Sprunghügel
Die Fahrer müssen sich gut festhalten, wenn sie über in die Bahn eingebaute Hügel und Wellen springen.
Ziellinie
Nach einer bestimmten Rundenzahl sehen die Fahrer die karierte Flagge.
Gerade
Die Fahrer beschleunigen auf der Geraden und bringen sich in Position für die Einfahrt in die Kurve.

SCHNEEMOBIL-TYPEN

Es gibt fünf Haupttypen von Schneemobilen, angefangen bei den leichten, unproblematisch zu fahrenden Trail-Modellen für Einsteiger. Performance-Maschinen sind schwerer, etwas stärker (ab 85 PS) und drehfreudiger. Touring-Schneemobile sind noch größer und schwerer, haben längere Raupen und bieten zwei Personen auf längeren Strecken bequem Platz. Mountain Snowmobiles sind länger, schmaler und stärker und haben Spezialraupen, die das Fahren und Manövrieren im Tiefschnee ermöglichen. Nutzfahrzeuge, die schwerer, länger und etwas breiter als andere Typen sind, eignen sich für Gelände und schweren Schnee.

TOP OF THE WORLD

Jeden Februar können Schneemobilfahrer über 320 km gepflegter Pisten von Tok in Alaska nach Dawson City am Yukon trekken. Auch »Tok to Dawson Poker Run« genannt, führt der Trek die Tourenfahrer über den »Top of the World Highway« mit steilen Hügeln, heulendem Wind, verschlungenen Kehren und atemberaubender Landschaft.

EAGLE RIVER

Der »Derby Track« in Eagle River im Norden Wisconsins ist Austragungsort der Schneemobil-Weltmeisterschaft. Die Rennen wurden hier erstmals 1964 mit Disziplinen wie Hill Climbing, Geländerennen und Sprintrennen auf einem zugefrorenen See und vor 3000 Zuschauern ausgetragen. Mit der Zeit kamen neue Kurse und Anlagen, Preisgelder, Fernsehübertragungen, Profifahrer und Zuschauerzahlen von 50 000 und mehr. Bei der siebentägigen »40. Eagle River World Championship« konkurrierten die Mobile im »World Championship Oval«, dem »World Championship Snocross« und der »Vintage World Championship«. 2007 fanden in Eagle River das »44. World Championship Derby«, das »Loadmaster Classic Vintage Weekend« und ein »World Power Sports Association National Snocross« statt.

IRON DOG CLASSIC

Das als längstes und härtestes Schneemobilrennen der Welt berüchtigte »Iron Dog Goldrush Classic« führt über 3172 km und verbindet Wasilla mit Nome und Fairbanks in Alaska. Die Fahrer sind bei Temperaturen weit unter dem Gefrierpunkt auf Schneemobilen mit Spezialbenzin unterwegs. Sie erreichen über extrem rauem Terrain Geschwindigkeiten von bis zu 150 km/h.

SNOCROSS

Das spannende Snocross (eine Piste für Schneemobile ähnlich einer Motocrossbahn) zieht Scharen begeisterter Zuschauer an. Die kurze Bahn mit verschiedenen Sprüngen, Steilkurven und engen Kehren ermutigt die Fahrer zum Abheben und Vorführen gewagter Sprungfiguren. Die Snocross-Klassen variieren von Region zu Region. Bei einigen Meisterschaften reicht das Klassement über die volle Bandbreite, von Mini für Kinder bis zum Alter von elf Jahren bis zu Pro für Teilnehmer, die bereits Erfahrung auf höchstem Niveau gesammelt haben (siehe unten).

PISTENPFLEGE

An der Grenze zwischen Kanada und den USA arbeiten ganze Armeen von Freiwilligen aus Schneemobilklubs und anderen Organisationen mit den Provinz-, Staats- und lokalen Behörden zusammen, um die Trails (Pisten) anzulegen, zu kartografieren und zu pflegen. Man nimmt an, dass den etwa vier Millionen Schneemobilfahrern in den USA und Kanada mehr als 350 000 km an gut gepflegten Trails zur Verfügung stehen.

STATISTIK

SNOCROSS-KLASSEN

KLASSE	ALTERSSPANNE
MINI	5–11 JAHRE
YOUTH 1	9–13 JAHRE
YOUTH 2	13–17 JAHRE
SPORT	ÜBER 13 JAHRE
PLUS 30	ÜBER 29 JAHRE
MASTERS	ÜBER 39 JAHRE
SEMI PRO	ÜBER 13 JAHRE
PRO	ÜBER 13 JAHRE

SCHNEEMOBIL-MOTOREN

HUBRAUM
125 CCM (MAXIMAL 15 KM/H)
MAX. 500 CCM*
MAX. 500 CCM (PRO BIS 800 CCM)
MAX. 600 CCM**
MAX. 800 CCM
* (FLÜSSIGKEITSGEKÜHLT)
** (NICHT FLÜSSIGKEITSGEKÜHLT)

INSIDER-STORY

Die United States Snowmobiling Association (USSA) ist der älteste Verband. 1965 gegründet, übernahm er die Organisation eines chaotischen Sports – es gab nahezu 120 Schneemobil-Marken mit mehr als 25 verschiedenen Motoren und überall fanden Rennen statt. Die USSA vereinheitlichte Regeln, Spezifikationen und Sicherheitsbestimmungen und ordnete den Rennkalender.

DIE WORLD POWER SPORTS ASSOCIATION (WPSA)

Die WPSA ist der Dachverband, der die verschiedenen Schneemobil-Veranstaltungen organisiert, reguliert und vermarktet.

SPORT MIT TIEREN

11

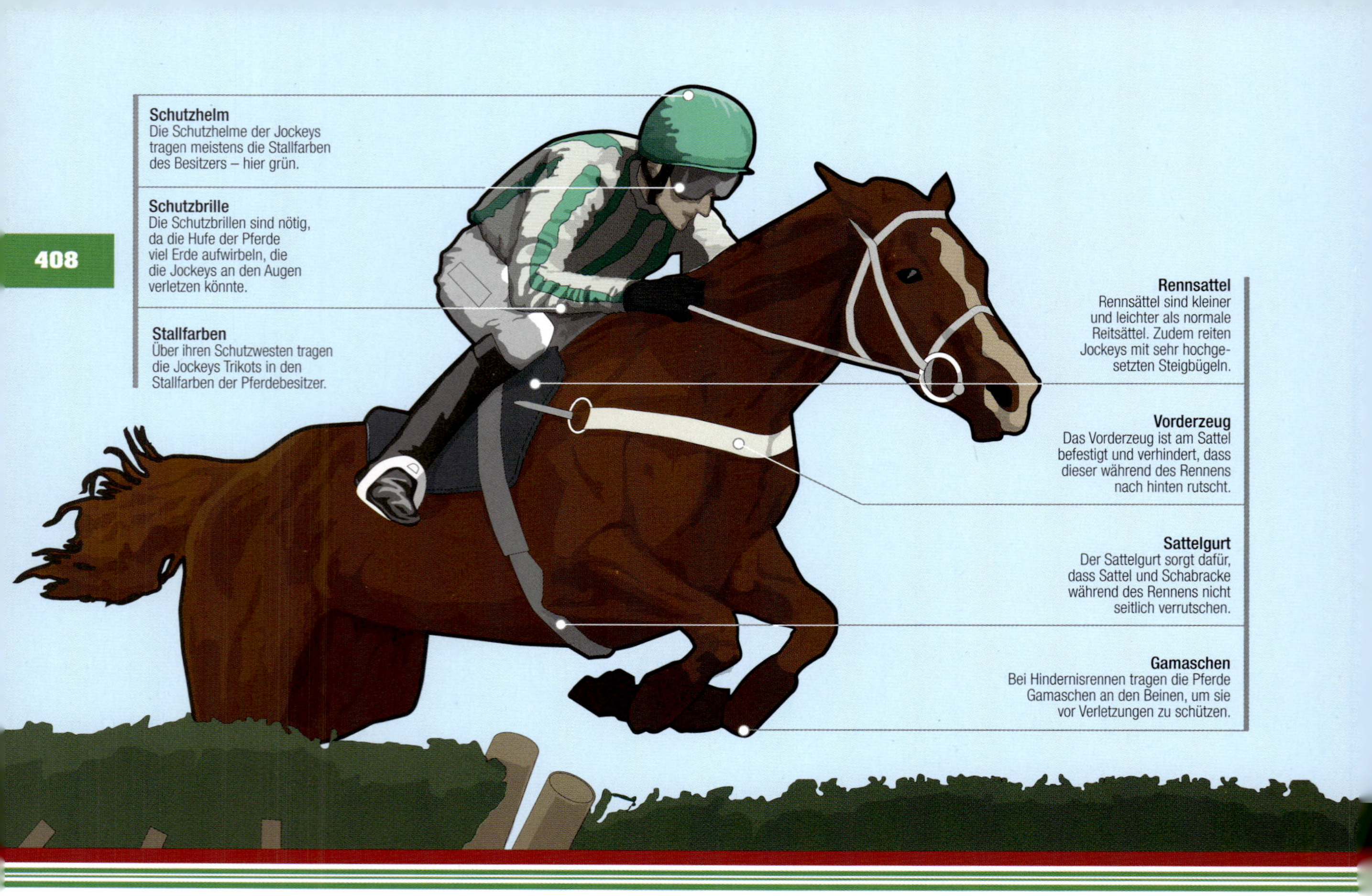

Schutzhelm
Die Schutzhelme der Jockeys tragen meistens die Stallfarben des Besitzers – hier grün.

Schutzbrille
Die Schutzbrillen sind nötig, da die Hufe der Pferde viel Erde aufwirbeln, die die Jockeys an den Augen verletzen könnte.

Stallfarben
Über ihren Schutzwesten tragen die Jockeys Trikots in den Stallfarben der Pferdebesitzer.

Rennsattel
Rennsättel sind kleiner und leichter als normale Reitsättel. Zudem reiten Jockeys mit sehr hochgesetzten Steigbügeln.

Vorderzeug
Das Vorderzeug ist am Sattel befestigt und verhindert, dass dieser während des Rennens nach hinten rutscht.

Sattelgurt
Der Sattelgurt sorgt dafür, dass Sattel und Schabracke während des Rennens nicht seitlich verrutschen.

Gamaschen
Bei Hindernisrennen tragen die Pferde Gamaschen an den Beinen, um sie vor Verletzungen zu schützen.

PFERDERENNEN

ÜBERBLICK

Rennveranstaltungen umfassen mehrere Rennen über verschiedene Distanzen. Im Sommer finden nur Flachrennen (Galopprennen) statt, im Winter auch Hindernis- und Geländerennen. Die Pferde werden nach Alter und Rennerfahrung eingeteilt. Jüngere Pferde gehen über kürzere Distanzen und tragen weniger Gewicht. Die Jockeys sind klein, leicht und stehen in harter Konkurrenz. Verletzungen sind besonders bei Hindernisritten nicht selten. Die Klassikerrennen ziehen Millionen von Besuchern an, von denen viele auf den Rennausgang wetten.

WUNDERPFERD ARKLE

Arkle gewann in Großbritannien und Irland so überzeugend seine Rennen, dass die Ausgleicher ein anderes Gewichtsklassensystem verwendeten, wenn er am Start war. Gewöhnlich trug er über 12,5 kg mehr als seine Konkurrenten.

FAKTEN

- Die meisten Rennen sind Flach- und Hindernisrennen auf speziellen Pferderennbahnen. Der Palio in Siena findet dagegen zweimal im Jahr auf dem Marktplatz statt.
- Die Stammväter der auf Geschwindigkeit gezüchteten Englischen Vollblüter sind Byerley Turk (1689), Darley Arabian (1704) und Godolphin Arabian (1730).
- Das berühmteste Hürdenrennen ist das Grand National, das immer im April im englischen Aintree stattfindet.

FLACHRENNEN

Es gibt zwei Arten von Flachrennstrecken. Grasstrecken sind hindernisfreie Strecken unterschiedlicher Länge, die leichte Steigungen enthalten können. Manche werden im Uhrzeigersinn, andere entgegen der Uhr gelaufen. Viele enthalten gerade Abschnitte für kürzere Renndistanzen. Allwetterbahnen haben angelegte Naturboden- oder Sandbahnen, die vollkommen eben sind und meist gegen den Uhrzeigersinn gelaufen werden. Die Startboxen sind beweglich und können für jede Distanz individuell aufgestellt werden. Der Zielpfosten ist fest gegenüber der Haupttribüne installiert und mit einer Zielkamera ausgestattet, die bei einem knappen Einlauf über den Sieg entscheidet.

HINDERNISRENNEN

Hindernisrennen finden vor allem in Großbritannien, Irland und Frankreich statt. Als Hindernisse werden Hecken (Jagdrennen) oder niedrigere und flexible Hürden (Hürdenrennen) eingesetzt. Die beiden Rennbahnen liegen häufig direkt nebeneinander. Manche Anlagen bieten zudem noch eine Flachbahn. Die Amateurversion der englischen Jagdrennen (Steeplechase) sind sogenannte Point-to-Point-Rennen auf dem Land mit abwechslungsreichen natürlichen Hindernissen wie zum Beispiel Baumstümpfen. In vielen Ländern, wie den USA, gibt es keine Steeplechase-Rennen.

AMERICAN QUARTER HORSES

Die meisten amerikanischen Rennpferde sind englische Vollblüter (Thoroughbred) oder American Quarter Horses. Die Quarter Horses, speziell gezüchtet für Geschwindigkeit auf der Viertelmeilenstrecke, sind die Kraftpakete des Pferderennsports. Aus dem Stand bewältigen sie 0,4 km in unter 21 Sekunden, womit sie auf die kurze Distanz schneller sind als die Thoroughbreds. Quarter Horses laufen in den USA 200–800 m, Thoroughbred-Rennen sind hingegen zwischen 1000 m und 4000 m lang.

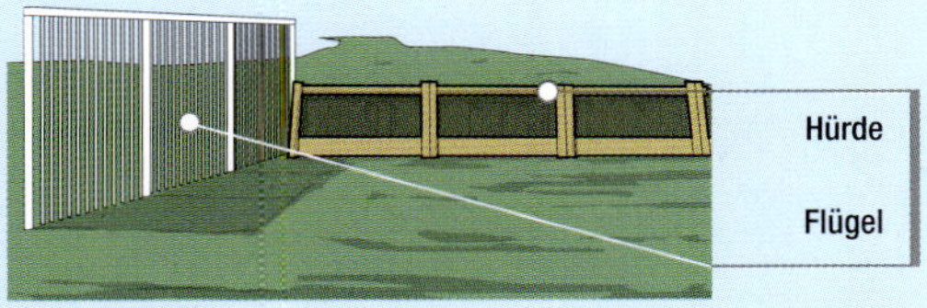

Hürde

Flügel

HÜRDEN

Die Hürden sind mindestens 1 m hoch und bestehen aus mehreren Abschnitten. Sie sind in Laufrichtung der Pferde angeschrägt und klappen nach unten, wenn ein Pferd sie berührt. Der weiße »Flügel« an der linken Seite leitet die Pferde zum Sprung.

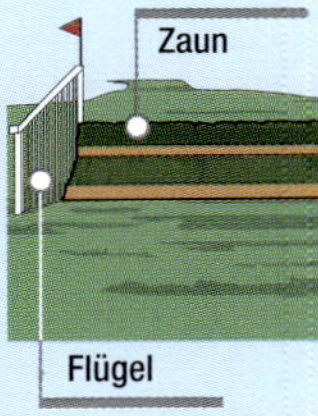

Zaun

Flügel

JAGDHINDERNISSE

Die einfachen Hecken (Zäune mit Buschwerk) sind normalerweise 2 m hoch. Zudem enthält ein Rennkurs meist auch einige Grabensprünge mit offenem Graben auf der Absprungseite und einen Wassergraben.

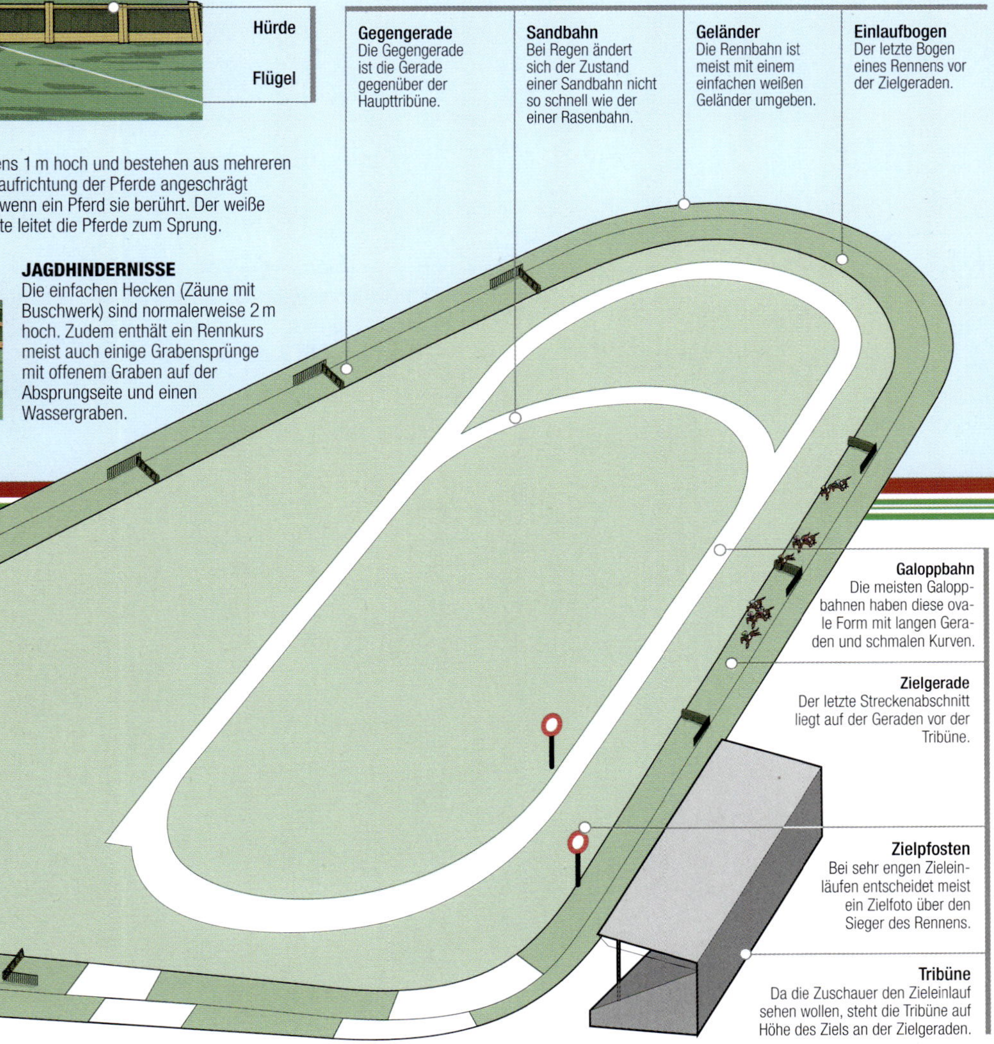

Gegengerade
Die Gegengerade ist die Gerade gegenüber der Haupttribüne.

Sandbahn
Bei Regen ändert sich der Zustand einer Sandbahn nicht so schnell wie der einer Rasenbahn.

Geländer
Die Rennbahn ist meist mit einem einfachen weißen Geländer umgeben.

Einlaufbogen
Der letzte Bogen eines Rennens vor der Zielgeraden.

Galoppbahn
Die meisten Galoppbahnen haben diese ovale Form mit langen Geraden und schmalen Kurven.

Zielgerade
Der letzte Streckenabschnitt liegt auf der Geraden vor der Tribüne.

Zielpfosten
Bei sehr engen Zieleinläufen entscheidet meist ein Zielfoto über den Sieger des Rennens.

Tribüne
Da die Zuschauer den Zieleinlauf sehen wollen, steht die Tribüne auf Höhe des Ziels an der Zielgeraden.

AUSGLEICHSRENNEN

Pferde laufen manchmal in Ausgleichsrennen (Handikaprennen), die allen Pferden die gleiche Chance geben sollen. So müssen erfolgreichere Pferde ein Ausgleichsgewicht tragen, wobei ein Kilo etwa einer Pferdelänge im Ziel entspricht. Der erteilte Ausgleich wird in Form eines Bleigewichts in einer Tasche unter dem Sattel mitgeführt. Jockeys werden vor und nach dem Rennen zur Kontrolle des Gewichts mit Sattel und Rennkleidung gewogen.

STARTBOXEN

Bei Flachrennen werden die Rennen aus Startboxen gestartet, in die die Pferde vor dem Start von hinten einreiten und die sich erst beim Start öffnen. Manchmal ertönt beim Start gleichzeitig eine Startglocke.

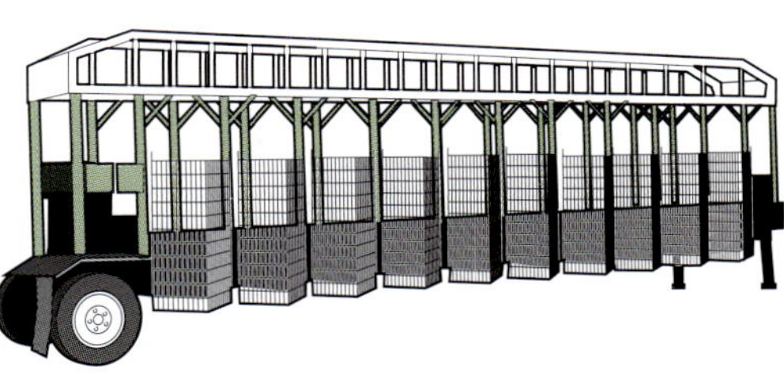

AUSSTATTUNG

Jockeys haben eine Gerte und die meisten tragen eine Schutzbrille. Ihre Kleidung ist immer gleich (wie hier gezeigt), nur die Farben wechseln entsprechend der Farben des Stalls, für den sie reiten.

KOPFBEDECKUNG
Die Jockeyhelme sind Sturzhelme, die den Kopf bei einem Sturz vor dem Aufprall und gegen Huftritte schützen. Gefährliche Stürze kommen bei Hindernisrennen häufiger vor als bei Galopprennen.

Der Helm
Er hat eine harte äußere Schale und ist innen gepolstert.

Kinnriemen
Der Kinnriemen sorgt dafür, dass der Helm nicht vom Kopf gerissen wird.

JOCKEY-KAPPE
Die leichten Kappen in Stallfarben werden über den Helmen getragen und machen die Jockeys leicht erkennbar.

Stallfarben
Jeder Stallbesitzer hat seine eigenen Farben, die der Jockey auf Trikot und Helm trägt.

Jockeyhosen
Alle Jockeys tragen weiße Reithosen.

Schulter-Protektoren
Schützen Schulter und Oberarm.

Protektor-Platten
Schützen und geben zugleich Bewegungsfreiheit.

SCHUTZWESTEN
Schutzwesten sind für alle Jockeys Pflicht und sollen bei Stürzen vor Rückenverletzungen schützen.

Stiefel-Stulpen
Die weißen Hosen werden von oben in den Stiefelschaft gesteckt.

HOHE REITSTIEFEL
Jockeystiefel aus weichem Leder schützen die Unterschenkel und sind normalerweise Maßanfertigungen.

RENNREGELN

Da bei den einzelnen Rennen große Wettsummen auf dem Spiel stehen, gibt es viele Regeln und Vorschriften, die Betrug verhindern sollen. So darf kein Rennen vor der angesetzten Zeit gestartet werden. Das Siegerpferd wird auf Doping getestet. Bei Pferden, die plötzlich weit hinter ihrer Leistungsfähigkeit zurückbleiben, wird getestet, ob sie nicht »gedämpft« wurden. Trainer und Jockey werden außerdem von der Rennkommission zur schlechten Leistung ihres Pferdes befragt. Gerten sind inzwischen stark umstritten – in Großbritannien wird der übermäßige Einsatz der Gerte mittlerweile mit einigen Tagen Sperre bestraft.

ALTERSSTUFEN

Vollblüter werden grundsätzlich am 1. Januar ein Jahr älter, egal in welchem Monat sie geboren sind. Pferde für Flachrennen können bereits ab zwei Jahren über kurze Distanzen von 1000 m laufen, Pferde für Hindernisrennen dürfen erst ab vier Jahren an Rennen teilnehmen. Es gibt spezielle Flachrennen für Stuten und solche für Junghengste. Maidenrennen sind gesonderte Rennen für bislang sieglose Pferde.

PFERDEZUCHT

Reine Vollblut-Blutlinien sind bei der Zucht der Rennpferde sehr wichtig. Die Kombination von Stute und Hengst hängt ganz davon ab, was für ein Rennpferd man möchte. Schnelle Galopper sind beispielsweise eher von Eltern zu erwarten, die selbst schnelle Sprinter waren. Viele Vollblüter werden als Jährlinge auf Auktionen verkauft. Ihr Verkaufswert hängt von der nachgewiesenen Blutlinie ab.

RENNSTRATEGIEN

Der Schlüssel zum Erfolg liegt in einem wohl dosierten Start. Zudem muss der Jockey wissen, wie sein Pferd läuft, denn es gibt gute Frontläufer und Pferde, die lieber erst spät eingreifen. Ein Pferd mit genügend Energiereserven im Finish kann am Ende den Sieg bedeuten.

GALOPPRENNEN

Die Gangart ist bei allen Rennen der Galopp. Das Tempo mag besonders bei langen Distanzen am Anfang noch recht gemächlich sein, zieht auf den letzten 1000 m aber deutlich an. Spätestens auf den letzten 200 m laufen die Pferde dann, angetrieben durch den Jockey, im gestreckten Galopp.

Ruhiger Stand
Der Jockey steht in niedriger Bückhaltung und perfekt ausbalanciert in den Steigbügeln.

MENSCH UND PFERD ALS EINHEIT
Während eines Rennens nimmt der Jockey eine niedrige, gebückte Haltung auf dem Pferd ein. Seine Beine bleiben ruhig, nur die Arme bewegen sich leicht mit dem Kopf des Pferdes im Galopp.

SPRINGRENNEN

Springer müssen nicht nur schnell laufen, sondern auch eine Reihe von Hecken oder Hürden überspringen, ohne zu stürzen. Doch selbst wenn ein Pferd perfekt springt, besteht Sturzgefahr durch andere Pferde, die an den Hürden ins Straucheln geraten.

BECHER'S BROOK
So nennt man das 6. und das 22. Hindernis beim Grand National-Rennen in England. Es ist berüchtigt, da die Landung niedriger liegt als der Absprung. Es wurde nach Captain Martin Becher benannt, der bei dem Rennen 1839 an dieser Hürde stürzte.

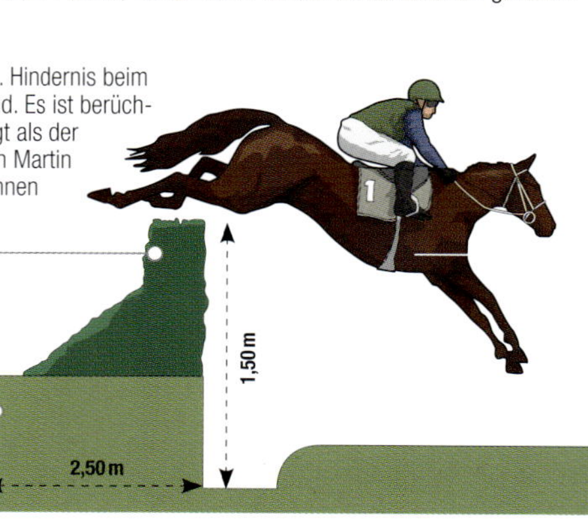

Die Hecke
Nur beim Grand National in Großbritannien bestehen die Hecken aus Fichtenzweigen.

Der Graben
Die Gräben sind mit Wasser gefüllt und liegen auf der Rückseite der Hecken.

DER WEG ZUM SIEG

Erstklassige Rennpferde sind ein Produkt guter Teamarbeit. Am Tag des Rennens müssen sie sich in Bestform präsentieren. Das ist die Verantwortung des Trainers. Er muss das Pferd auf den Tag genau trainieren, ohne dass es sich Verletzungen zuzieht. Auf seiner Heimbahn wird es täglich geritten und sein Trainingsfortschritt genau überwacht. Häufigkeit und Art des Trainings hängen von der Renndistanz und vom Termin des Rennens ab. Jedes Rennpferd ist einem eigenen Stallburschen oder -mädchen zugeteilt, die für seine Pflege verantwortlich sind. Sie sorgen dafür, dass das Pferd entspannt und in guter Allgemeinverfassung ist. Sie müssen den Trainer schon auf kleinste Abweichungen, wie etwa Appetitlosigkeit, aufmerksam machen. Nur so kann das Pferd zum Rennen auf den Punkt in Topform sein.

BODENBESCHAFFENHEIT

Es gibt Pferde, die besser auf hartem als auf weichem Boden laufen, daher ist die Bodenbeschaffenheit ein wichtiger Faktor. Die Trainer melden die Pferde meist für Rennen an verschiedenen Orten und für mehrere Läufe an verschiedenen Renntagen an. Dadurch sind sie flexibler und können besser entscheiden, wann der Boden ideal ist.

DIE JOCKEYS

Jockeys sind erfahrene Reiter, die ihr Pferd durch ein Rennen führen und sicherstellen, dass es die besten Chancen auf den Sieg hat. »Stall-Jockeys« gehören einem bestimmten Stall oder Gestüt an und reiten nur dessen Pferde. Andere Jockeys werden von verschiedenen Besitzern und Trainern gebucht. Neben Profi-Jockeys gibt es inzwischen auch weibliche Jocketten. Der Jockey mit den meisten Siegen in einer Saison wird Jockey-Champion.

DIE GEWICHTE

Bei einigen Flachrennen müssen alle Pferde mindestens 50 kg Gewicht tragen, bei Ausgleichsrennen liegen die Gewichte zwischen 52 kg und 64 kg. Bei Hindernisrennen tragen die Pferde ein Minimum von 64 kg – das am höchsten eingestufte Pferd kann bis zu 80 kg tragen.

JOCKEY-CHAMPION LESTER PIGGOTT

Elfmal zum Jockey-Champion gekürt, ist Lester Piggott einer der besten Galoppreiter aller Zeiten. Seinen ersten Sieg ritt er mit gerade einmal zwölf Jahren nach Hause. Piggott setzte sich erst nach 4493 Siegen, darunter neun Derbys, zur Ruhe.

In der Luft Beim Galopp gibt es eine Schwebephase – einen Punkt, an dem alle vier Hufe des Pferdes wie hier in der Luft sind.

Kopf gehoben An diesem Punkt ist der Kopf des Pferdes leicht angehoben.

Voll gestreckt Wenn das Pferd schneller läuft, verlängert und beschleunigt es seinen Schritt.

Kopf gesenkt Im gestreckten Galopp senkt das Pferd Kopf und Hals leicht ab, um den Kopf weit vorzustrecken.

STRATEGISCHES RENNEN

Um zu gewinnen braucht es eine gute Rennstrategie: Der Erfolg hängt oft davon ab, eine geeignete Lücke zwischen zurückfallenden Pferden zu finden, um anzugreifen. Teilweise werden Pferde bei Rennen mit hohen Wettquoten auch nur als Schrittmacher für andere Pferde eingesetzt. Einige Jockeys erhalten vom Trainer dezidierte Angaben zum Rennverlauf, andere können über ihre Strategie frei entscheiden.

DEN SCHRITT MACHEN

Das führende Pferd gibt die Geschwindigkeit vor. Die Jockeys auf den folgenden Pferden müssen aufpassen, dass sich ihr Pferd nicht zu früh verausgabt oder sie zu stark zurückfallen und so jede Chance auf den Sieg verlieren.

EIN GUTER START

Ein guter Start ist besonders bei kürzeren Rennen wichtig. Ein schneller und reibungsloser Start ermöglicht dem Jockey den frühen Wechsel auf die Innenbahn und damit die kürzeste Strecke, ohne dabei die anderen Reiter zu behindern.

EINSATZ DER GERTE

Die Bestimmungen zum Einsatz der Gerte variieren von Land zu Land, wie auch die Rennbestimmungen selbst. Auch Länge und Gewicht der Gerten sind genau geregelt. Es wird heftig diskutiert, ob ein Pferd überhaupt schneller läuft, wenn man es schlägt. Angeblich hilft es aber in der letzten Rennphase einem ermüdenden Pferd, gerade in der Bahn zu bleiben, wenn man ihm die Gerte zeigt, ohne es zu berühren.

INSIDER-STORY

Pferderennen gibt es bereits seit mehr als 4000 Jahren. Flachrennen kamen in England auf, als die Kreuzritter kleine, schnelle Araberpferde mit nach Hause brachten. Im 18. Jahrhundert nahm die Popularität des Sports stark zu, vermutlich aufgrund verstärkten Interesses durch das Königshaus – eine Tradition, die bis heute anhält. Die europäischen Siedler führten Pferderennen in den USA ein. Die erste Rennbahn wurde bereits 1665 auf Long Island erbaut.

Hindernisrennen gehen auf Rennen irischer Jagdgesellschaften zurück, bei denen von einem Kirchturm zum anderen geritten wurde, was dem Sport auch seinen Namen gab (Steeplechase – Kirchturmjagd). Hindernisrennen werden heute in vielen Ländern rund um den Erdball ausgetragen.

DAS TEUERSTE RENNEN DER WELT

Der Dubai World Cup wird jedes Jahr Ende März in den Vereinigten Arabischen Emiraten ausgetragen und bringt ein Preisgeld von zehn Millionen US-Dollar. Es ist ein Flachrennen über 2000 m auf der Sandbahn der Meydan-Rennbahn in Dubai. Das 1996 zum ersten Mal veranstaltete Rennen wurde von Scheich Muhammad bin Rashid Al Maktum ins Leben gerufen und lockt alljährlich die besten drei- und vierjährigen Vollblüter aus aller Welt an den Persischen Golf.

FAKTEN

- Die Fédération Equestre Internationale (FEI) ist der internationale Dachverband für den olympischen Reitsport. Dressurreiten ist seit 1912 olympische Disziplin.
- Dressur geht auf das Training zurück, mit dem man Pferde auf die Schlacht vorbereitete.

ÜBERBLICK

Dressur wird manchmal auch als »Pferdeballett« beschrieben. Es ist der höchste Ausdruck reiterlichen Könnens. Bei dieser jahrhundertealten Disziplin müssen Pferd und Reiter eine Reihe von Lektionen (präzise Bewegungsabläufe) absolvieren, bei denen das Pferd auf geringste »Hilfen« und Kommandos des Reiters reagiert. Da Dressur eine lange militärische Tradition hat, dürfen Militärangehörige bei vielen Turnieren in Uniform antreten.

SPORTLERPROFIL

Ein Dressurreiter benötigt Konzentration, Geduld und großes reiterliches Können. Er muss das Pferd mit kleinsten Hilfen und Kommandos lenken können. Das Pferd muss gehorsam sein, sollte aber nicht gegen seinen Willen zu etwas gezwungen werden. Das erfordert jahrelanges und intensivstes Training.

Dressurkleidung
Militärangehörige dürfen in Uniform starten. Alle anderen Reiter tragen die von der FEI vorgeschriebene formelle Kleidung, die aus Reiterfrack, weißer langer Reithose und hohen Reitstiefeln besteht. Auch Handschuhe sind obligatorisch.

Herausgeputzt
Das Pferd muss perfekt gestriegelt und die Mähne geflochten sein.

Dressursattel
Der Sattel ist flach gepolstert und hat lange, gerade Sattelblätter für den engen Kontakt zwischen Reiter und Pferd.

Stangenzaum
Auch Dressurkandare genanntes Zaumzeug mit zwei Ring- und zwei Zügelpaaren.

Steigbügel
Metallbügel mit flachem Boden sind mit einstellbaren Ledergurten am Sattel befestigt.

DRESSUR

DAS DRESSURVIERECK

Das Dressurviereck ist ein genormter ebener Platz mit Sandboden. Am Rand des Vierecks markieren deutlich sichtbare Buchstaben die Bahnpunkte, an denen bestimmte Figuren ausgeführt werden. Die auf der Mittellinie des Vierecks liegenden Bahnpunkte sind nicht markiert.

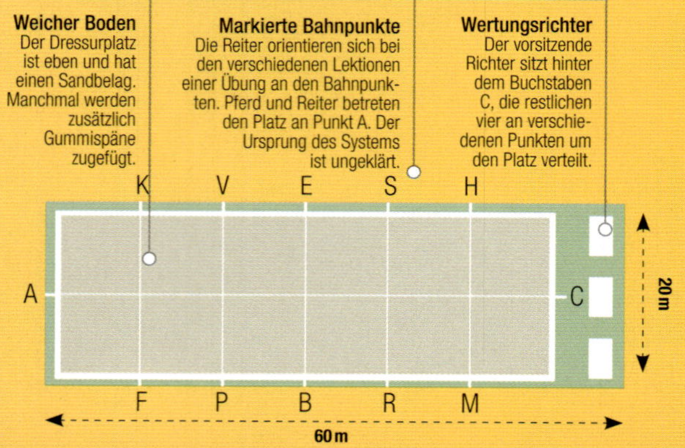

Weicher Boden
Der Dressurplatz ist eben und hat einen Sandbelag. Manchmal werden zusätzlich Gummispäne zugefügt.
Markierte Bahnpunkte
Die Reiter orientieren sich bei den verschiedenen Lektionen einer Übung an den Bahnpunkten. Pferd und Reiter betreten den Platz an Punkt A. Der Ursprung des Systems ist ungeklärt.
Wertungsrichter
Der vorsitzende Richter sitzt hinter dem Buchstaben C, die restlichen vier an verschiedenen Punkten um den Platz verteilt.
K V E S H
A
C
20 m
F P B R M
60 m

DIE RICHTIGEN BEWEGUNGEN

Jede Dressuraufgabe besteht aus 35 Lektionen. Sie werden aus dem Gedächtnis in bestimmter Reihenfolge und an den markierten Bahnpunkten durchgeführt. Die Übung endet im Stand. Der Reiter salutiert dem Hauptrichter. Bis zu 20 Aufgaben sind bei internationalen Wettbewerben durch die FEI anerkannt.

DRESSURTURNIER

Bei Dressurturnieren müssen Reiter und Pferd eine Reihe von Bewegungsabläufen innerhalb des Dressurvierecks (siehe links) vollführen. Das Pferd muss die drei Grundgangarten Schritt, Trab und Galopp sowie sanfte Übergänge zwischen den Gangarten zeigen. Fünf Wertungsrichter bewerten die Aufgaben aus verschiedenen Blickwinkeln mit Noten von eins bis zehn. Addiert ergeben sie die Wertung – die höchste Gesamtwertung siegt. Zu den internationalen Wettkämpfen zählen WM, Grand Prix, Grand Prix Spezial, Grand Prix Freestyle (Kür) und Olympische Spiele.

DIE SPANISCHE HOFREITSCHULE

Die Hengste und Reiter der Spanischen Hofreitschule in Wien sind berühmt für ihre Vorführungen der Klassischen Reitkunst. Es wirkt, als würden die Pferde zur Musik tanzen, die die Quadrille begleitet, bei der die Pferde in Formation verschiedene Dressurfiguren vorführen. Nur älteren Hengsten werden die komplizierten Figuren der Hohen Schule mit ihren »Lektionen über der Erde« beigebracht. Die Hengste der Spanischen Hofreitschule zeichnen sich durch guten Charakter, Ausdauer, perfekten Körperbau, Grazie und Intelligenz aus.

MILITARY

ÜBERBLICK

Military, eigentlich die veraltete Bezeichnung für Vielseitigkeitsreiten, Eventing bzw. Concour Complet (CC), ist eine Art reitsportlicher Triathlon aus Dressur, Geländeritt und Springreiten, die alle mit demselben Pferd bestritten werden. CC hat, wie die meisten Reitsportdisziplinen, militärische Wurzeln. In den letzten Jahren hat sich die kurze Variante des CC durchgesetzt, die nicht mehr an drei, sondern an einem Tag stattfindet.

FAKTEN

- Vor den Olympischen Spielen 1952 war CC eine reine Militärsportart (daher Military). Männer und Frauen starten heute in einem Wettbewerb.
- Der Geländeritt ist mit seinen 30 bis 40 Sprüngen eine Mutprobe für Pferd und Reiter.
- Die erfolgreichsten Vielseitigkeitsreiter kommen aus Australasien, Europa und Nordamerika.
- CC-Wettbewerbe können über 1, 2 oder 3 Tage stattfinden.

FEHLERPUNKTE

Seit 1971 wird über den Sieg eines Vielseitigkeitsturniers mittels eines Systems aus Fehlerpunkten entschieden. Die Wertungen aller drei Disziplinen werden in Fehlerpunkte umgerechnet. Die Punktwerte der Dressur werden dann mit der Sprungwertung und den Zeitfehlern aus dem Geländeritt und dem Springreiten addiert. Zeitpunkte werden für jede Sekunde Überschreitung des Zeitlimits vergeben, Fehlerpunkte für Fehler oder Verweigern eines Hindernisses. Je nach Bodenbeschaffenheit (feucht oder trocken) kann der Geländeritt einen starken Einfluss auf das Endergebnis haben. Sieger ist der Reiter bzw. das Team mit der geringsten Fehlerpunktzahl.

ELITE-KLASSE

Die von der FEI ausgerichteten internationalen Vielseitigkeitsprüfungen werden mit einem Sternsystem in verschiedene Schwierigkeitsklassen unterteilt, mit einem Stern als einfachster Klasse. Schwierigste und am heißesten umkämpfte Wettkämpfe sind die viersternigen Councour Complet International (CCI), von denen es nur sechs gibt: Adelaide in Australien, Badminton und Brughley in Großbritannien, Kentucky in den USA, Luhmühlen in Deutschland und Pau in Frankreich. Die olympischen Wettbewerbe und die bei den Welt-Reiterspielen entsprechen diesen Veranstaltungen.

EIN SPORT FÜR PRINZESSINNEN

In Großbritannien genießt das Vielseitigkeitsreiten einen edlen Ruf. Sowohl Prinzessin Anne als auch ihre Tochter Zara Phillips konnten internationale Titel, wie etwa die EM, gewinnen.

DREITÄGIGE VIELSEITIGKEITSPRÜFUNG

Eine dreitägige Veranstaltung stellt einen ziemlichen Härtetest für Mensch und Tier dar. Die Dressur findet dabei am ersten Tag, der Geländeritt am zweiten und das Springreiten am dritten und letzten Tag statt (Dressurreiten siehe linke Seite, Springreiten siehe S. 414–415).

GELÄNDERITT

Dies ist der anspruchsvollste Teil des Wettkampfs, bei dem die Ausdauer von Pferd und Reiter getestet wird. Der Ritt geht über eine festgelegte Distanz mit verschiedenen festen Hindernissen, wie Wassergräben und Mauern.

SPRINGREITEN

Jeder Reiter führt sein Pferd durch einen Parcours mit insgesamt 16 Sprüngen. Das Springreiten prüft nicht nur die Sprungfähigkeit von Pferd und Reiter, sondern ist auch eine Ausdauerprüfung, da das Tier noch die Strapazen des Vortags im Gelände spürt.

Natürliche Hürden
Bruchsteinmauern sind häufige Hindernisse bei Geländeritten.

Springreiten
Die Stangen der Sprunghindernisse fallen bei leichtester Berührung.

SPORTLERPROFIL

Vielseitigkeitsreiten ist für Pferd und Reiter sehr anstrengend. Die unterschiedlichen Disziplinen erfordern verschiedene Fertigkeiten und die Reiter müssen stets volle Kontrolle im Sattel haben. Über viele Trainingsjahre entwickeln die Reiter ein enges Verhältnis zu ihrem Pferd.

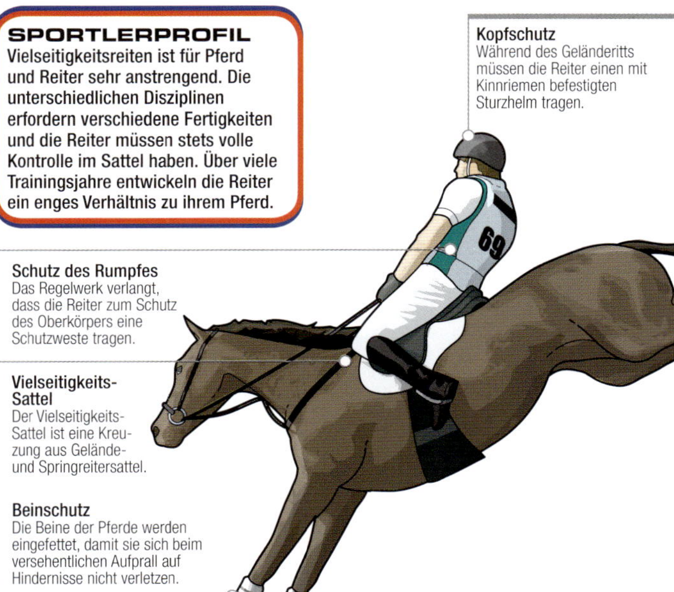

Kopfschutz
Während des Geländeritts müssen die Reiter einen mit Kinnriemen befestigten Sturzhelm tragen.

Schutz des Rumpfes
Das Regelwerk verlangt, dass die Reiter zum Schutz des Oberkörpers eine Schutzweste tragen.

Vielseitigkeits-Sattel
Der Vielseitigkeits-Sattel ist eine Kreuzung aus Gelände- und Springreitersattel.

Beinschutz
Die Beine der Pferde werden eingefettet, damit sie sich beim versehentlichen Aufprall auf Hindernisse nicht verletzen.

SPRINGREITEN

ÜBERBLICK

Beim Springreiten absolvieren Pferd und Reiter einen Parcours aus verschiedenen Hindernissen. Der Reiter muss den idealen Anritt und das richtige Tempo für jeden Sprung finden und das Pferd muss das Hindernis sauber überqueren. Normalerweise besteht ein Wettkampf aus zwei Runden, wobei nur jene Reiter den Finaldurchgang erreichen, die den ersten fehlerlos absolviert haben. Wettkämpfe reichen von kleinen Turnieren bis zu Grand Prix, Weltcup und Cup der Nationen.

DER PARCOURS

Springreiten findet in der Halle oder im Freien auf Parcours wechselnder Größe und Bodenbelägen wie Sand, Gras oder Erde statt. Grand-Prix-Parcours sind bis zu 1000 m lang und bestehen meist aus 15 Hindernissen, wie etwa der massiv erscheinenden Mauer, die allein schon durch ihre Höhe beeindruckend wirkt. Um den Parcours erfolgreich und in der vorgegebenen Zeit zu absolvieren, müssen Pferd und Reiter eine enge Linie mit hohem Tempo reiten.

FAKTEN

- **Springreiten ist seit 1912 olympische Disziplin.**
- **Der Sport ist in Australien, Europa und Nordamerika sehr beliebt.**
- **Männer und Frauen treten in einem gemeinsamen Wettkampf gegeneinander an.**
- **Die Grand-Prix-Springen sind Turniere auf höchstem Niveau mit hohen Preisgeldern.**

Reiter-Schick
Die Reiter tragen weiße lange Reithosen, hohe Reitstiefel und ein rotes oder schwarzes Reitjackett. Viele tragen eine Gerte, um das Pferd anzutreiben.

Kopfschutz
Der Helm ist ein wichtiger Bestandteil der Ausrüstung, da er den Kopf bei einem Sturz vor Verletzungen schützt.

SPORTLERPROFIL

Ein Springreiter benötigt sehr guten Gleichgewichtssinn, muss körperlich fit sein und Distanzen gut einschätzen können. Entschlossenheit und Mut sind ebenfalls wichtig, da die Hindernisse selbst vom Rücken des Pferdes aus beeindruckend wirken. Harmonie zwischen Pferd und Reiter ist unerlässlich.

Aufgesattelt!
Ein Springsattel hat weit geschwungene Sattelblätter mit hohen Pauschen für guten Halt der Knie nach der Landung und recht kurze Steigbügelhalter.

Polsterriemen
Der Sattelriemen ist breit und gepolstert, damit sich das Pferd nicht mit den Hufeisen verletzt, wenn es die Beine zum Sprung anzieht.

Zum Schutz der Beine
Die Pferde tragen normalerweise Springgamaschen, um ihre Beine vor Verletzungen zu schützen.

Aufgezäumt
Das Zaumzeug ist oft mit einem sogenannten Sprungzügel (gleitender Martingal genannt) ausgestattet.

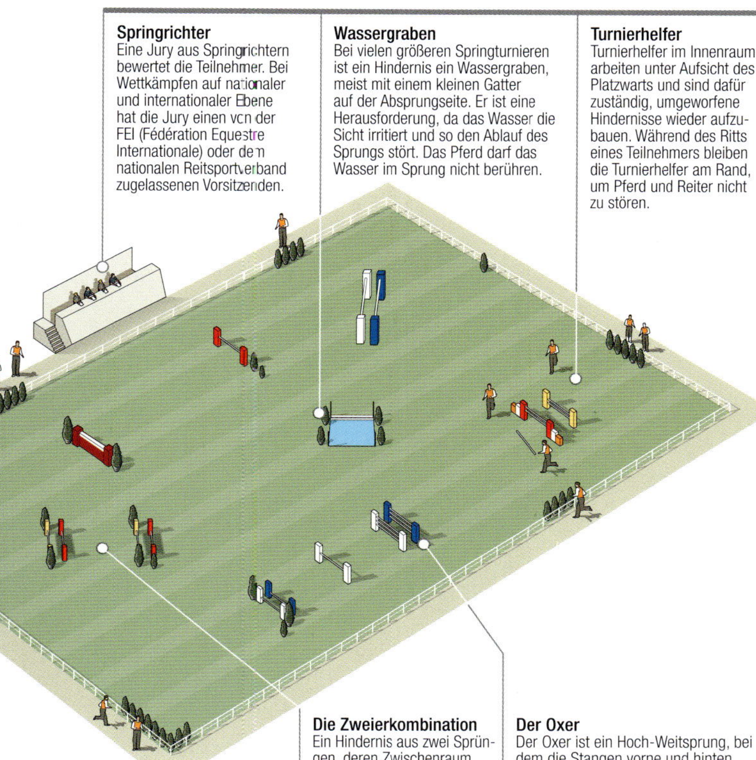

Springrichter
Eine Jury aus Springrichtern bewertet die Teilnehmer. Bei Wettkämpfen auf nationaler und internationaler Ebene hat die Jury einen von der FEI (Fédération Equestre Internationale) oder dem nationalen Reitsportverband zugelassenen Vorsitzenden.

Wassergraben
Bei vielen größeren Springturnieren ist ein Hindernis ein Wassergraben, meist mit einem kleinen Gatter auf der Absprungseite. Er ist eine Herausforderung, da das Wasser die Sicht irritiert und so den Ablauf des Sprungs stört. Das Pferd darf das Wasser im Sprung nicht berühren.

Turnierhelfer
Turnierhelfer im Innenraum arbeiten unter Aufsicht des Platzwarts und sind dafür zuständig, umgeworfene Hindernisse wieder aufzubauen. Während des Ritts eines Teilnehmers bleiben die Turnierhelfer am Rand, um Pferd und Reiter nicht zu stören.

Die Zweierkombination
Ein Hindernis aus zwei Sprüngen, deren Zwischenraum genau einen Galoppsprung erlaubt, erfordert Sprungkraft und präzises Reiten.

Der Oxer
Der Oxer ist ein Hoch-Weitsprung, bei dem die Stangen vorne und hinten dieselbe Höhe haben. Die Sprungweite ist für das Pferd schlecht einzuschätzen, was den Sprung kompliziert macht.

EIN KLEINER HELD

Stroller (1950–1986) ist eines der berühmtesten Springpferde. Das Pony mit seinen nur 1,47 m Stockmaß trat erfolgreich gegen Pferde mit über 1,68 m Höhe an. So gewann es unter seiner Reiterin Marion Coakes 1967 das Hickstead Derby und 1968 die Silbermedaille im Einzel bei den Olympischen Spielen in Mexiko. Insgesamt holten sie gemeinsam 61 Titel.

SPRINGREGELN

Die grundlegenden Regeln des Springreitens sind einfach. Pferd und Reiter müssen den Hindernisparcour in der vom Erbauer vorgesehenen Reihenfolge passieren, ohne ein Hindernis zu reißen, das Wasser des Wassergrabens zu berühren oder ein Hindernis zu verweigern bzw. auszulassen. Jeder dieser Fehler wird mit Fehlerpunkten bestraft. Bei der dritten Verweigerung in einer Runde wird das Paar disqualifiziert, wie auch bei einer falschen Route, Auslassung der Start- oder Ziellinie oder dem Abwurf des Reiters. Reiter, die die erste Runde fehlerlos absolvieren, ziehen in die Finalrunde mit weniger Hindernissen ein. Über den Sieg entscheiden geringste Fehlerzahl und kürzeste Zeit.

PUBLIKUMSSPORT

Aufgrund seiner unkomplizierten Regeln und dem hohen Tempo ist Springreiten beim Publikum sehr beliebt. Die Einzelritte dauern oft nur wenige Minuten und man kann unterschiedliche Pferd- und Reitercharaktere beobachten.

ARBEIT IM SATTEL

Beim Springreiten geht das Pferd immer im Galopp, einer schnellen, federnden Gangart, bei der der Reiter die Schrittlänge gut regulieren kann. Relativ kurz gehaltene Steigbügelriemen erlauben dem Reiter viel Bewegungsfreiheit im Sattel. Beim Sprung beugt sich der Reiter nach vorne, nimmt so sein Gewicht vom Rücken des Pferdes und lockert gleichzeitig leicht die Zügel, was dem Pferd den Sprung erleichtert.

PFERDEPROFIL

Auch wenn jedes Pferd springen kann, ist nicht jedes ein gutes Springpferd. Zu den wichtigsten Eigenschaften zählen Springfreude (um den Sprung anzugehen) und Vorsicht (um nicht zu reißen). Das Pferd muss zudem topfit sein und gerne mit dem Reiter arbeiten.

EIN GUTER SPRUNG

Ein Sprung lässt sich in fünf Sprungphasen unterteilen: Anritt, Absprung, Queren, Landung und Ausritt. Jede Phase muss perfekt ausgeführt werden, damit der Sprung erfolgreich ist.

Kontrollierter Anritt
Beim Anreiten ist die Schwungkraft des Pferdes wichtig. Der Reiter verändert normalerweise die Schrittweite des Pferdes, um den idealen Absprung zu treffen.

Absprung und Querung
Beim Absprung zieht das Pferd die Vorderbeine an und drückt sich kräftig mit den Hinterbeinen ab. Die Querung ist ein erweiterter Galoppsprung.

Landung und Ausritt
Nach der Landung versuchen Pferd und Reiter schnell und übergangslos das nächste Hindernis anzugehen.

GEWUSST?

5 **Mit fünf Goldmedaillen hält der deutsche Springreiter Hans Günter Winkler den olympischen Rekord.**

2,47 **Der FEI-Hochsprung-Rekord in Metern, den der Chilene Alberto Morales 1949 aufstellte.**

8,4 **Der weiteste Sprung in Metern, 1975 erzielt vom Südafrikaner Andre Ferreira.**

50.000 **Die Zuschauerkapazität der Reitarena der Olympischen Spiele 2000 in Sydney.**

INSIDER-STORY

Die Ursprünge des Springreitens lassen sich auf Jagdgesellschaften in Großbritannien im 19. Jahrhundert zurückführen, bei denen die Reiter Geländehindernisse wie Zäune oder Mauern überwinden mussten. Damals hatten die Reiter lange Steigbügel und vollführten die Sprünge aufrecht stehend. Frühe Wettbewerbe wurden von Militärreitern beherrscht. Der italienische Kavallerist Federico Caprilli entwickelte den modernen Springsattel.

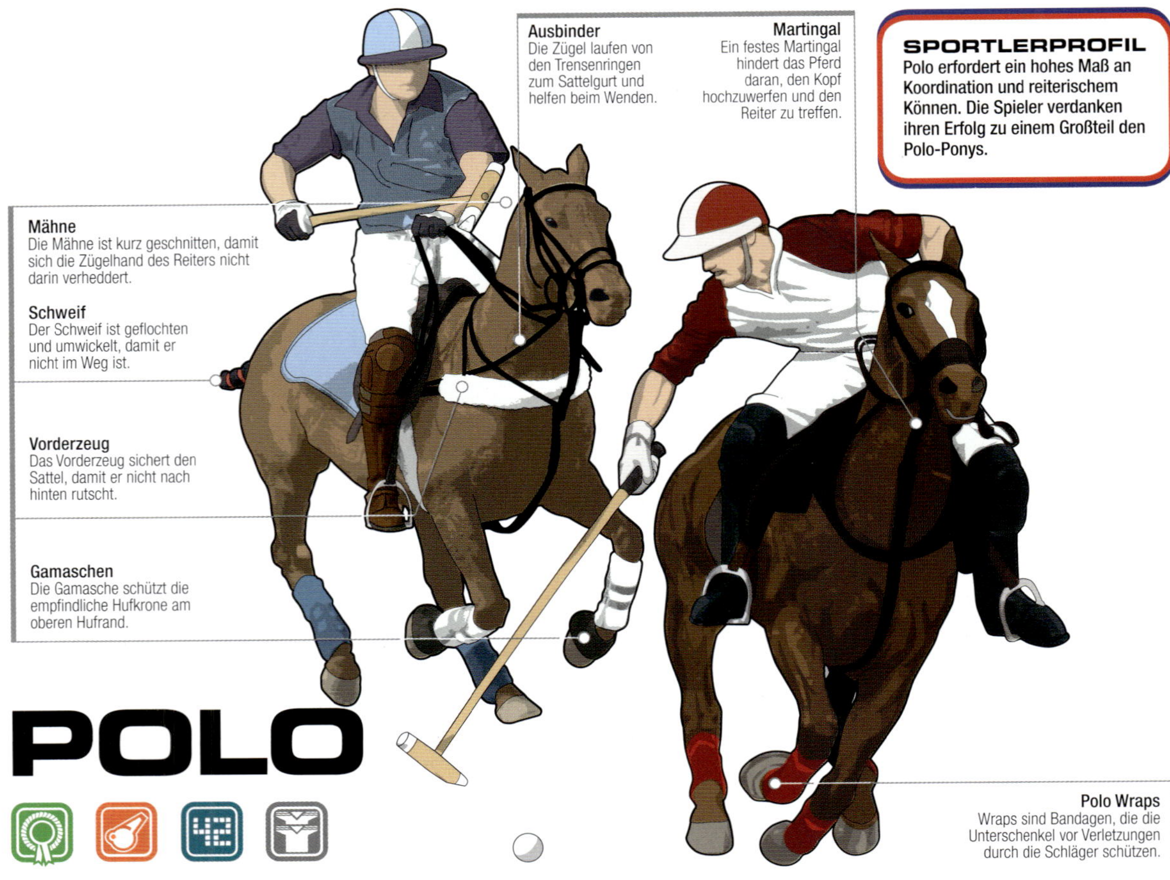

Ausbinder
Die Zügel laufen von den Trensenringen zum Sattelgurt und helfen beim Wenden.
Martingal
Ein festes Martingal hindert das Pferd daran, den Kopf hochzuwerfen und den Reiter zu treffen.
Mähne
Die Mähne ist kurz geschnitten, damit sich die Zügelhand des Reiters nicht darin verheddert.
Schweif
Der Schweif ist geflochten und umwickelt, damit er nicht im Weg ist.
Vorderzeug
Das Vorderzeug sichert den Sattel, damit er nicht nach hinten rutscht.
Gamaschen
Die Gamasche schützt die empfindliche Hufkrone am oberen Hufrand.
Polo Wraps
Wraps sind Bandagen, die die Unterschenkel vor Verletzungen durch die Schläger schützen.

SPORTLERPROFIL
Polo erfordert ein hohes Maß an Koordination und reiterischem Können. Die Spieler verdanken ihren Erfolg zu einem Großteil den Polo-Ponys.

POLO

ÜBERBLICK

Polo ist ein Reitsport für zwei Mannschaften aus je vier Reitern. Das Spiel wird in Chukka genannten Zeitabschnitten gespielt. Ein Match hat sechs Chukkas; ein Chukka dauert siebeneinhalb Minuten. Das Ziel ist, mehr Tore zu schießen als die gegnerische Mannschaft. Dazu muss der Spieler den Ball mit einem langen Holzschläger zwischen die Torpfosten des Gegners schlagen. Polo ist für Spieler und Zuschauer ein atemberaubend schnelles und aufregendes Spiel. Es gibt auch eine Hallenversion, das Hallenpolo.

HALLENPOLO
Hallenpolo ist die überdachte Version, die nach den gleichen Grundregeln gespielt wird. Jede Mannschaft besteht aus drei Spielern. Das Spiel geht über vier Chukkas zu je siebeneinhalb Minuten. Da das Spielfeld kleiner ist, ist Hallenpolo wesentlich langsamer als die Freiluftvariante, was es aber durch das körperbetonte Spiel mehr als wettmacht.

GEWUSST?

5 So oft war Polo olympische Sportart (Paris 1900, London 1908, Antwerpen 1920, Paris 1924 und Berlin 1936).

19 So alt war der argentinische Polospieler Facundo Pieres, als er (als jüngster Spieler aller Zeiten) das +10-Handicap erreichte.

1875 Das Jahr, in dem das Hurlingham Polo Committee gegründet wurde – der Polo-Dachverband, der heute unter dem Namen Hurlingham Polo Association das Spiel in Großbritannien reguliert.

4.307 Die Höhenlage (in Metern) des vermutlich höchsten Polofelds der Welt, das auf der pakistanischen Deosai-Hochebene liegt.

FAKTEN

- Polo ist eine der ältesten Mannschaftssportarten der Welt und entstand vermutlich um 600 v. Chr. in Persien.
- Internationaler Dachverband und Organisatorin der Polo-Weltmeisterschaft ist die Federation of International Polo (FIP).
- Argentinien beherrscht das Profi-Polo. Die meisten der weltbesten Polospieler (mit Handicap +10) stammen aus dem südamerikanischen Land.

DIE AUSRÜSTUNG

Polo ist ein rauer Kontaktsport, deshalb müssen Sattel und Zaumzeug den Belastungen der schnellen Manöver standhalten. Gespielt wird der Ball mit dem hammerartigen »Stick«. Geschlagen wird mit den Breitseiten, nicht den Spitzen.

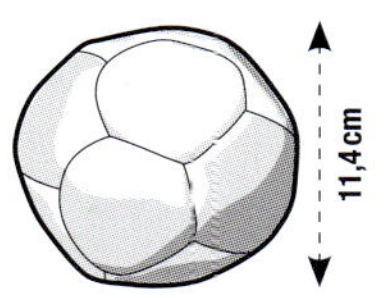

SPEZIALBALL
Beim Polo im Freien besteht der Ball aus massivem Kunststoff. Beim Hallenpolo ist er luftgefüllt und aus Leder (oben).

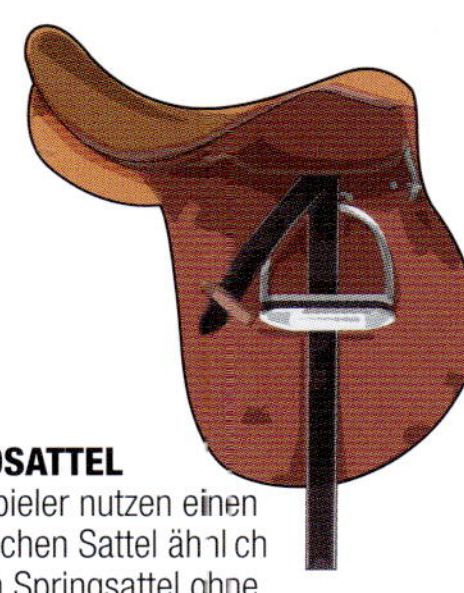

POLOSATTEL
Die Spieler nutzen einen englischen Sattel ähnlich einem Springsattel ohne Kniepolster.

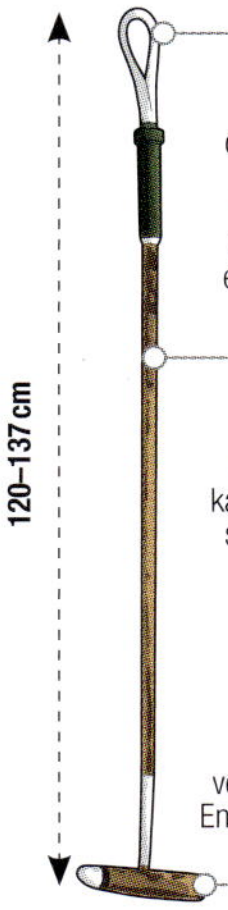

120–137 cm

Gummigriff
Der Gummigriff gibt dem Spieler besseren Halt. Die gewebte Handschlaufe sichert den Schläger, sodass er nicht verloren geht.

Bambusschaft
Der Schaft besteht aus Bambusrohr und kann starr oder flexibel sein. Die Länge hängt vom Stockmaß des Pferdes ab.

Schlägerkopf
Der Kopf ist etwa 25 cm lang und verjüngt sich an einem Ende, um den Schwung nicht zu behindern.

STICK-FÜHRUNG
Der Schlägerkopf ist gewichtet, um dem Spieler mehr Kontrolle über den Schwung zu geben. Das Gewicht wird »Zigarre« genannt.

DIE KLEIDUNG

Jeder Spieler trägt einen Helm, ein Poloshirt in den Teamfarben und mit seiner Rückennummer sowie weiße Reithosen. Die Stiefel dürfen Sporen haben. In manchen Klubs sind Knieschoner vorgeschrieben, Handschuhe sind optional.

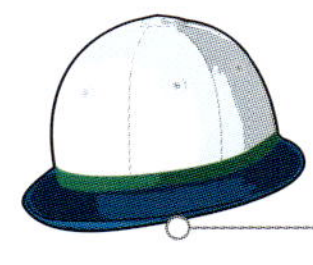

Teamfarben
Der Helm ist mit den Teamfarben geschmückt.

KOPFSCHUTZ
Ein fliegender Ball kann ernsthafte Verletzungen verursachen, deshalb ist der Helm für alle Spieler Vorschrift.

Poloshirt
Die Nummer auf dem Hemd zeigt die Spielposition an.

HEMD MIT KRAGEN
Das Poloshirt trägt die Teamfarben. Auf der Straße ist es ebenso beliebt wie auf dem Polofeld.

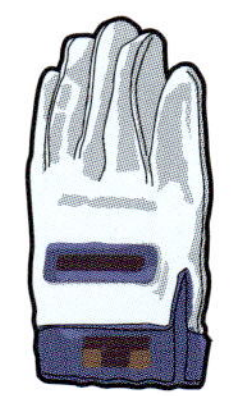

HANDSCHUHE
Die Spieler tragen mindestens einen Handschuh, um den Stick halten zu können.

KNIESCHONER
Glatte Lederprotektoren schützen die Knie vor Schlägen und fliegenden Bällen.

Polostiefel
Lederstiefel bieten Schutz vor Schlägern und Bällen.

REITSTIEFEL
Gut sitzende Kniestiefel bewahren die Unterschenkel vor Verletzungen.

DAS SPIELFELD

Polo wird auf einer ebenen Rasenfläche von der Größe von etwa neun Fußballfeldern gespielt. Die Länge beträgt immer 300 Yards (274,3 m), aber die Breite schwankt. Felder mit einer Bande sind 160 Yards (146,3 m), unumrandete Felder meist 200 Yards (182,9 m) breit. Die gepolsterten Torpfosten stehen in der Mitte jeder Schmalseite in 8 Yards (7,3 m) Entfernung voneinander.

1 Nummer 1
Die Nummer 1 ist der Hauptangreifer, aber auch der unerfahrenste Spieler. Er nutzt die Schnelligkeit seines Pferdes, um Tore zu schießen.

2 Nummer 2
Die Nummer 2 ist der zweite Angreifer. Er dringt in die gegnerische Hälfte vor, stört die Verteidigung und bereitet Torchancen vor.

3 Nummer 3
Als erfahrenster Spieler des Teams ist die Nummer 3 der Spielmacher und die Verbindung zwischen Angriff und Verteidigung. Er schlägt alle Strafschläge.

4 Nummer 4
Die Nummer 4 ist der »Back« oder Verteidiger. Er setzt Tempo und Kraft seines Pferdes ein, um den Angriff des Gegners zu stören und das Tor zu verteidigen.

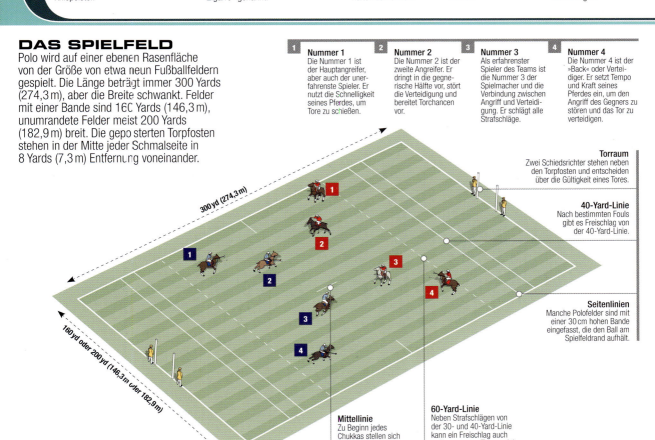

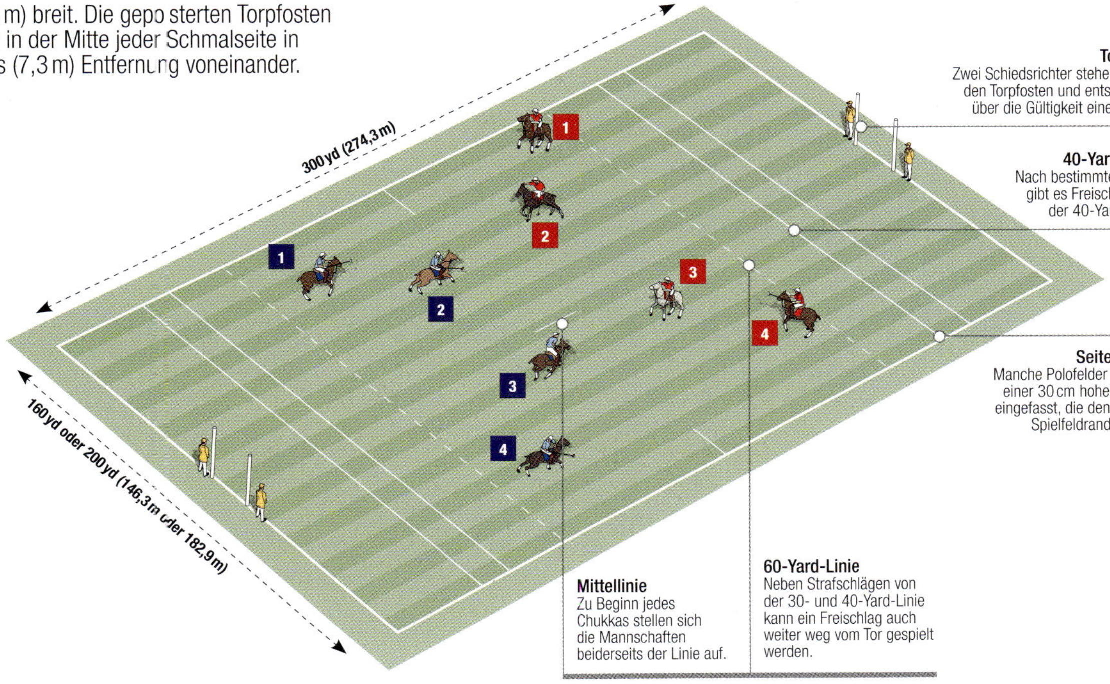

300 yd (274,3 m)

160 yd oder 200 yd (146,3 m oder 182,9 m)

Torraum
Zwei Schiedsrichter stehen neben den Torpfosten und entscheiden über die Gültigkeit eines Tores.

40-Yard-Linie
Nach bestimmten Fouls gibt es Freischlag von der 40-Yard-Linie.

Seitenlinien
Manche Polofelder sind mit einer 30 cm hohen Bande eingefasst, die den Ball am Spielfeldrand aufhält.

Mittellinie
Zu Beginn jedes Chukkas stellen sich die Mannschaften beiderseits der Linie auf.

60-Yard-Linie
Neben Strafschlägen von der 30- und 40-Yard-Linie kann ein Freischlag auch weiter weg vom Tor gespielt werden.

DAS SPIEL

Polo ist ein aufregend schnelles Spiel. Ein volles Match geht über acht Chukkas, aber die meisten Spiele haben heute nur sechs. Unterbrochen wird das Spiel nur, wenn ein Pferd oder ein Spieler verletzt sind oder ein kaputtes Zaumzeug den Spieler am Weiterspielen hindert. Die Pausen zwischen den Chukkas dauern vier Minuten, in denen die Reiter die Pferde wechseln (was sie aber auch jederzeit sonst dürfen). Die zehnminütige Halbzeitpause ist abgeschafft.

POLO-VARIANTEN

Viele verschiedene Sportarten nennen sich Polo. Eine Version wird mit Kamelen statt Pferden gespielt, eine andere mit Elefanten und es gibt sogar eine mit Yaks. Andere Sportarten sind Kanupolo und Radpolo, die aber eher im Freizeitsektor beheimatet sind. Die olympische Sportart Wasserball wird im Englischen »Water Polo« genannt.

HANDICAPS

Im Polo wurde ein Handicap-System eingeführt, damit zwei Teams unterschiedlicher Spielstärke gegeneinander antreten können. Das Handicap beruht auf einem Match mit sechs Chukkas und reicht von –2 bis +10 Toren, wobei –2 das niedrigste und +10 das höchste Handicap ist. Ein Spieler mit einem Handicap von +4 ist gut genug für internationale Matches. Vor Spielbeginn wird das Handicap aller Spieler im Team addiert, um das Mannschaftshandicap zu bestimmen. Die Differenz zwischen den beiden Mannschaftshandicaps wird dem schwächeren Team als Torvorsprung zugesprochen. Damit kann ein Team mit einem Gesamthandicap von 30 mit fünf Toren Vorsprung gegen ein Team mit einem Handicap von 35 antreten.

LINKS LIEGEN GELASSEN

Es gibt zwar einige linkshändige Spieler im internationalen Polosport, aber der Stick muss grundsätzlich immer mit rechts geführt werden – das Spiel mit Links wurde 1975 als zu gefährlich untersagt.

STRAFEN

Begeht ein Teammitglied ein Foul, kann einer der Schiedsrichter einen Frei- oder einen Strafschlag anordnen. Kleinere Fouls werden je nach Schwere meist mit einem Freischlag von der 40- oder 60-Yard-Linie bestraft. Hindert das Foul einen Spieler an einem Torschuss, gibt es einen Strafschlag von der 30-Yard-Linie. Die Schläge werden vom erfahrensten Spieler auf Position 3 ausgeführt, der auf den Ball zugaloppiert und ihn zwischen die Pfosten schlägt. Das gegnerische Team darf währenddessen nicht eingreifen.

DIE SPIELREGELN

Die Poloregeln sind kompliziert und regeln alles – von der Größe des Tores bis zu den Teamfarben. Diverse Regeln bestimmen die Spielsituationen. Das Hauptaugenmerk gilt der Sicherheit von Spielern und Ponys. Die grundlegendsten Regeln befassen sich mit reiterlichen Fouls und gefährlichem Einsatz des Sticks. Zwei berittene Schiedsrichter folgen dem Spiel an den Seiten des Feldes. Ein Schiedsrichter sitzt außerhalb des Feldes und entscheidet Unstimmigkeiten zwischen den Spielern per Videobeweis.

SPIELBEGINN

Zu Beginn jedes Chukkas und nach jedem Tor reihen sich die Teams beiderseits der Mittellinie auf. Einer der berittenen Schiedsrichter wirft den Ball zwischen die Reihen, um das Spiel zu beginnen. Geht der Ball ins Seitenaus, reihen sich die Teams 5 Yards (4,60 m) von der Stelle auf, an der er ins Aus gegangen ist, und der Schiedsrichter wirft den Ball wieder ein. Schlägt ein Angreifer den Ball ins Toraus, schlägt ein Verteidiger ihn wieder von der Stelle, an der er ins Aus ging, ins Spiel zurück.

ANGRIFFSSCHLÄGE

Ein Polospieler kann den Ball mit nur zwei kraftvollen Schlägen über das ganze Feld treiben. Indem er im Sattel aufsteht, erhöht er die Schlagkraft noch. Er darf den Ball in jede Richtung schlagen. Einige Schläge sind schwieriger als andere, sodass Spieler aller Stufen ihre Technik auf dem Holzpferd trainieren. Der schwierigste Schlag ist der »Millionaire's Hit«, der unter dem Bauch des Pferds gespielt wird und zu Verletzungen führen kann, wenn der Stick zwischen die Beine des Tiers gerät.

VORHAND

Ein Vorhandschlag (Forehand) wird auf der Offside (der rechten Seite) des Pferds gespielt. Der Ball wird in Laufrichtung geschlagen.

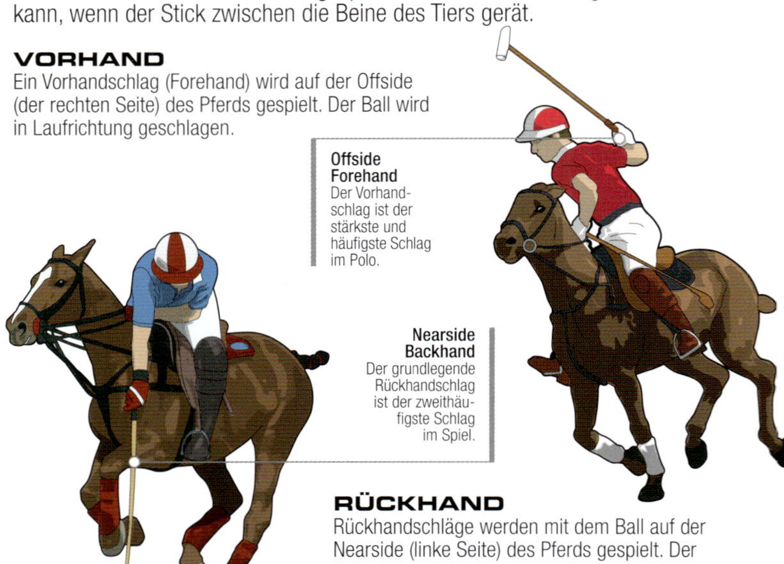

Offside Forehand
Der Vorhandschlag ist der stärkste und häufigste Schlag im Polo.

Nearside Backhand
Der grundlegende Rückhandschlag ist der zweithäufigste Schlag im Spiel.

RÜCKHAND

Rückhandschläge werden mit dem Ball auf der Nearside (linke Seite) des Pferds gespielt. Der Ball wird nach hinten, gegen die Laufrichtung, geschlagen.

DEFENSIVSPIEL

Beim Kampf um den Ball kommt eine ganze Reihe von Defensivtechniken zum Einsatz. Die Nummer 4, der »Back«, ist der Hauptverteidiger. Er leistet, unterstützt von der Nummer 3, die meiste Abwehrarbeit. Viele seiner Schläge sind Rückhandschläge weg vom Tor.

Haken
Ein Spieler kann seinen Stick in den Stick des Gegners haken, um dessen Schlag zu blockieren.

FOULS UND STRAFEN

Polo ist ein körperlich harter Sport, der zudem im vollen Galopp gespielt wird. Daher steht die Sicherheit von Pferd und Reiter an erster Stelle und der Einsatz unnötiger Gewalt gilt als unsportlich. Ein Spieler darf z. B. seine Ellenbogen nicht einsetzen, wenn er einen anderen Spieler vom Ball abdrängt. Das führt zu einem Freischlag von dem Punkt, an dem das Foul begangen wurde.

WEGERECHT

Das wichtigste Prinzip beim Wegerecht ist die Fluglinie des Balls. Diese imaginäre Linie beschreibt den Weg des Balls, sobald er geschlagen ist, und bestimmt das Wegerecht für alle Spieler auf dem Feld. Folgt ein Spieler der Fluglinie des Balls, hat er das Wegerecht – das meist dem Spieler gebührt, der den Ball zuletzt geschlagen hat. Kreuzt ein anderer die Linie vor dem Spieler mit Wegerecht, erkennt der Schiedsrichter auf Foul und verhängt eine Strafe.

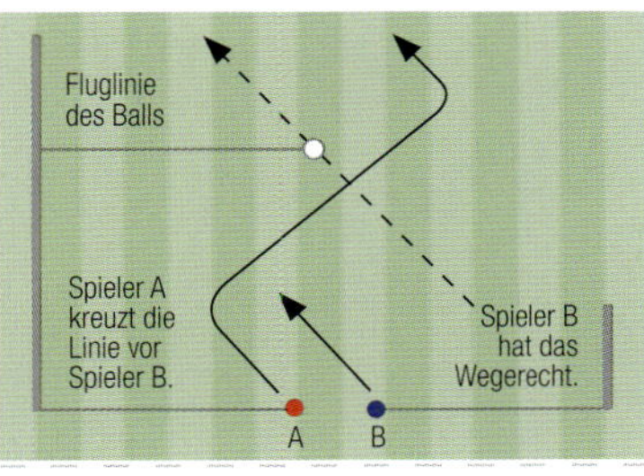
Fluglinie des Balls
Spieler A kreuzt die Linie vor Spieler B.
Spieler B hat das Wegerecht.
A
B

GEFÄHRLICHES REITEN

Gefährliches Reiten ist ein Sammeltatbestand für jedes Reitverhalten, das einen Reiter oder ein Pferd in Gefahr bringt. Jede Form gefährlichen Reitens ist streng verboten und wird von den Schiedsrichtern hart bestraft. Beispiele sind das Kreuzen eines galoppierenden Spielers, das Abreiten in einem Winkel über 45 Grad, das Hineinreiten in einen anderen Spieler, das Hinüberreiten quer über die Pferdebeine des Gegners und generell jedes bedrohliche Verhalten.

HAKEN-FOUL

Versucht ein Spieler, über den Rücken des Pferdes seines Gegners hinweg zu haken, ist das ein »Cross Hook«-Foul. Der Hook darf nur mit dem Ball zwischen den Pferden versucht werden. Das Haken über Schulterhöhe oder vor den Beinen des Pferdes führt zu einem Strafschlag.

Foul
Ein Spieler begeht ein Foul, indem er von der falschen Seite stickt und seinen Stick über Schulterhöhe hält.

TAKTIK UND TECHNIK

Beim Polo geht es ebenso sehr um Taktik und Strategie wie um Kraft und Ausdauer. Ein Team plant das Spiel selten im voraus durch, aber die Spieler informieren sich über die Stärken und Schwächen des Gegners, in der Hoffnung, das gegen ihn einsetzen zu können. Sie heben sich oft ihre besten Ponys für das vierte oder sechste Chukka auf, die meist entscheidend für den Ausgang des Spiels sind.

RÜCKPASS

Das Tailing oder Backing ist ein Rückpass zu einem Mitspieler. Der Spieler, der den Pass annimmt, kann wenden und den Ball in eine Angriffsposition schlagen. Tailing ist meist einfacher, als den Ball zu wenden, und kann auch eingesetzt werden, wenn ein Spieler dem Gegner den Ball stiehlt. Danach kann der Spieler den Ball in die Richtung des gegnerischen Tors passen.

DEN BALL WENDEN

Mit einem Turn kann ein verteidigender Spieler, der den in Richtung seines Tors laufenden Ball verfolgt, umdrehen und zum Angriff übergehen. Ein Spieler kann den Ball auch wenden, um seine Mitspieler herankommen zu lassen. Dazu schlägt er den Ball zurück und wendet sein Pferd auf die neue Fluglinie. Da dies Zeit braucht, sollte man es vermeiden, wenn sich Gegner in der Nähe befinden.

ABREITEN

In manchen Fällen macht es mehr Sinn, einen Gegenspieler vom Ball abzudrängen, statt den Ball selber zu schlagen und zu verfolgen. Das gilt vor allem dann, wenn ein Mitspieler in einer besseren Position für den Schlag ist. Das Abreiten ist erlaubt, solange der Angriffswinkel kleiner als 45 Grad ist. Zwar machen die Pferde die meiste Arbeit, aber der Spieler darf den Gegner auch mit dem eigenen Körper beiseite schieben.

Gefährliches Spiel
Der Einsatz der Ellenbogen beim Abreiten verstößt gegen die Regeln.

EINEN GEGNER ABREITEN
Der Spieler in Blau versucht, seinen Gegner vom Ball abzureiten. Er darf sein Pferd einsetzen, um den Gegner wegzudrücken. Das Abreiten ist ein Defensivmanöver, das dazu dienen kann, den Gegner am Schlag zu hindern oder einen Mitspieler zum Schlag kommen zu lassen.

INSIDER-STORY

Das als »Sport der Könige« titulierte Polo ist ein Sport mit langer Geschichte. Die genauen Ursprünge sind nicht bekannt, aber es stimmt wohl, dass das Spiel schon 600 v. Chr. im Mittleren Osten gespielt wurde. Über die Jahrhunderte hat es sich in Asien ausgebreitet und ist schließlich über Indien nach Großbritannien gekommen. Polo war von 1900–1936 olympische Sportart, hat sich aber wegen der hohen Begleitkosten als Profisport nur schleppend weiterverbreitet.

WELTVERBAND

Die 1982 in Argentinien gegründete Federation of International Polo (FIP) ist der internationale Dachverband für alle Polo spielenden Länder. Eines der Hauptziele der FIP ist die Wiedereinführung als olympische Sportart.

BRITISCHER VERBAND

Die Hurlingham Polo Association (HPA) ist der Dachverband für Großbritannien, Irland und 32 weitere Länder. Die HPA ist die älteste britische Organisation mit 73 Mitgliedsklubs in Großbritannien und Irland.

WINDHUND-RENNEN

Renndecke
Jeder Hund trägt eine Decke mit individueller Farbe und Startnummer (siehe rechts).
Maulkorb
Der zwingend vorgeschriebene Maulkorb soll Beißereien verhindern.
5

HUNDEPROFIL
Windhunde sind die Geparden unter den Hunden: extrem schnell, aber nur über kurze Strecken. Spitzenläufer erreichen etwa 48 km/h über die Meile (1,6 km), echte Champions kommen sogar über 70 km/h.

ÜBERBLICK

Windhundrennen ist ein spannender Sport, selbst wenn man nicht auf die Tiere wettet – was in Deutschland verboten ist. In vielen anderen Ländern ist es allerdings ausgesprochen beliebt. Die Hunde werden gleichzeitig aus der Startbox gelassen und jagen auf der Rennbahn einem künstlichen »Hasen« hinterher. Sieger ist der erste Hund auf der Ziellinie.

DIE RENNBAHN

Professionelle Hunderennen finden über Distanzen zwischen 210 m und 1105 m statt. Die Bahn hat eine Gummioberfläche, die mit einer Mischung aus Sand und Bindemittel bedeckt ist, damit der Sand nicht davonweht.

FAKTEN

- Windhundrennen sind in vielen Ländern populär und gelten vor allem in Großbritannien, Australien, Irland, Neuseeland und den USA als bedeutender Wettsport.
- Ein Rennabend ist ein beliebter Zeitvertreib mit einem Dutzend oder mehr Rennen.
- Weitere Rennhundrassen sind unter anderen Whippets und – vor allem in den USA – Dackel.

GEWUSST?

29,36 So viele Sekunden brauchte der legendäre Windhund Mick the Miller 1929 für den 480 m langen Greyhound Derby Course im Londoner White City Stadium. Die Halbminutengrenze galt bis dahin als nicht zu brechen.

16 Die maximal erlaubte Buchstabenzahl für einen Rennwindhundnamen, einschließlich der Wortzwischenräume. »Mick the Miller« lag um nur einen Buchstaben unter dem Limit.

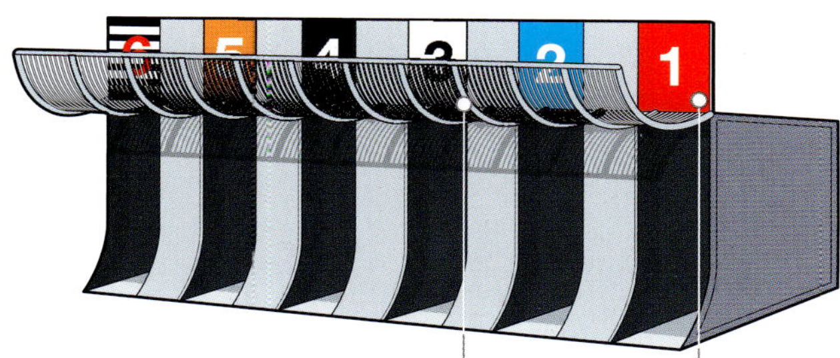

DIE STARTBOX
Die Hunde werden nach Los oder aktueller Form in die Startbox sortiert. Wenn alle drin sind, gibt der Starter das Startzeichen für den Hasen.

Gitter
Öffnen automatisch, sobald der Hase vorbeigelaufen ist.

Startnummern
Die Startbox und der Hund auf der Innenbahn tragen immer die Nummer 1.

FARBCODE
Jeder Hund trägt eine individuelle Renndecke mit seiner Startnummer. Meist starten sechs Hunde; bei einem Rennen mit sieben oder acht Hunden hat die Nr. 7 eine grüne und die Nr. 8 eine gelb-schwarze Decke.

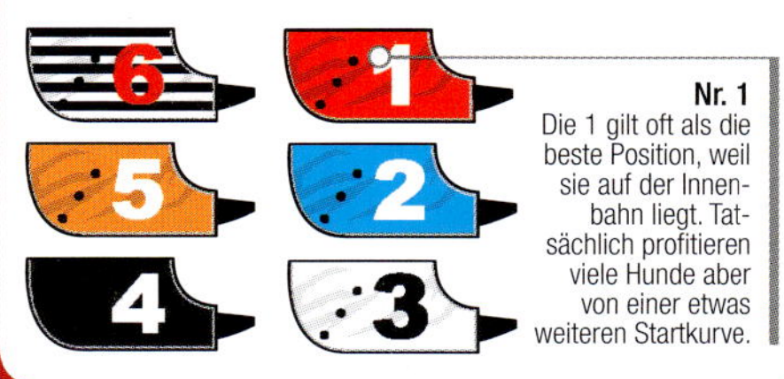

Nr. 1
Die 1 gilt oft als die beste Position, weil sie auf der Innenbahn liegt. Tatsächlich profitieren viele Hunde aber von einer etwas weiteren Startkurve.

Begrenzungszaun
Der Hund mit der höchsten Nummer startet immer auf der Außenbahn dicht am Grenzzaun.

Fliehender Hase
Der »Hase« läuft auf einer Schiene auf der Innenseite der Rennbahn. Wenn er einen bestimmten Punkt hinter der Startbox erreicht, löst er einen Schalter aus, der die Gitter öffnet und die Hunde loslässt.

Zwinger
Zwischen dem Wiegen und dem Start müssen die Hunde für Zuschauer und Offizielle deutlich sichtbar sein, sodass die ersteren sich einen möglichen Sieger auswählen und die letzteren garantieren können, dass kein Betrugsversuch stattfindet.

Ziellinie
Zielkameras helfen bei der Entscheidung bei einem engen Einlauf.

Startbox
Die Startbox wird von der Strecke gezogen, sobald die Hunde unterwegs sind.

Tribüne
Hier befinden sich Bars und Restaurants. Außerdem gibt es rund um die Strecke Wettschalter und Verkaufsstände.

Starterpodest
Von hier aus gibt der Hauptschiedsrichter ein deutlich sichtbares Startsignal.

DER HASE
Der Hase wird elektrisch angetrieben und läuft auf einer Schiene um die Innenseite der Rennbahn. Die Form des »Hasen« spielt kaum eine Rolle, solange er nur schnell genug läuft.

34.000.000 **So viele zahlende Zuschauer besuchten im Rekordjahr 1946 die Windhundrennen in Großbritannien.**

34–36 **Das Gewicht eines Rennwindhunds (in kg) auf dem Höhepunkt seiner Karriere im Alter zwischen zwei und drei Jahren.**

7 **So viele US-Bundesstaaten haben Hunderennbahnen. Es gibt in den Vereinigten Staaten nur noch 21 Rennbahnen, 12 davon liegen im Bundesstaat Florida.**

AUSWEIS

Jeder Hund muss einen Meldeschein haben, in dem Geschlecht, Farbe und Markierungen (inklusive Ohrmarken) vermerkt sind, um ihn eindeutig zu identifizieren. Damit sollen illegale Auswechselungen verhindert werden.

RENNREGELN

Jeder Windhund muss ein registriertes Gewicht haben, das der Eigner im Voraus bei der Rennleitung angibt. Liegt der Hund beim Wiegen zwei Stunden vor dem Start mehr als 1 kg über dem angegebenen Gewicht, wird er disqualifiziert.

Einige Rennen sind offen, andere gestaffelt. Bei gestaffelten Rennen werden die besten Hunde gesetzt und erhalten die Startbox, die ihrem Stil am ehesten entspricht. Hunde auf der Außenbahn haben ein »W« (»Wide Runner«) auf der Box oder neben ihrem Namen auf der Rennkarte. Gesetzte Hunde mit bekannter Präferenz für die Mittelbahn bekommen ein »M«.

Kein Hund darf in mehr als einem Rennen pro Veranstaltung laufen. Sind zwei Hunde gleichauf, kann der Sieger per Los bestimmt werden.

HINDERNISLAUF

Manche Hunderennen gehen über Hürden, meist fünf oder sieben hintereinander. Jede Hürde ist 75,8 cm hoch und um 20–25 Grad nach vorne geneigt. Wie Pferde sind auch Hunde mehr für die eine oder andere Rennvariante geeignet und selten in beiden erfolgreich. In den meisten Ländern mit Hunderennen ist das größte Hürdenrennen das Greyhound Grand National. Das Flachbahn-Äquivalent sind die Greyhound Derbys.

INSIDER-STORY

Windhundrennen haben ihren Ursprung zwar in der Hasenjagd, haben sich aber schon im späten 19. Jahrhundert vom Jagdsport gelöst. In Großbritannien hatten die Rennen ihre Blütezeit nach dem Zweiten Weltkrieg, verloren aber an Zuschauern, als 1961 die Wettbüros legalisiert wurden. Hunderennen sind auch in Australien und zunehmend in Südafrika ein großes Geschäft. Auch in Europa sind die Rennen populär, aber weniger kommerziell: So sieht man Hunde in Belgien, Frankreich, Deutschland und den Niederlanden als Haustiere und nicht als Wettobjekte.

FAKTEN

- Fast alle amerikanischen Trabrennen gehen über 1 Meile (1,6 km). In Australien sind die Distanzen manchmal länger.
- Die meisten Rennen beginnen mit einem fliegenden Start hinter einem auf ein Auto montierten Startgatter.
- Die größten internationalen Rennen sind das Hambletonian Stakes in den USA, das Maple Leaf Trot in Kanada und der Prix d'Amérique in Frankreich.

Safety First
Der Fahrer trägt zur Sicherheit Körperschutz und Helm.

Zügel
Der Fahrer lenkt das Pferd mit Leder- oder Synthetikzügeln, die mit der Trense im Pferdemaul verbunden sind.

SPORTLER-PROFIL

Die meisten Trabrennfahrer trainieren ihre eigenen Pferde. Sie konzentrieren sich dabei auf den Gang und verlängern den Schritt, um das Tempo zu erhöhen.

Oberscheck
Der Oberscheck hängt am Gebiss und zieht den Kopf hoch, um das Pferd im Trab zu halten.

Martingal
Der Martingal ist ein Hilfszügel, der verhindert, dass das Pferd den Kopf zurückwirft.

Geschirr
Das Geschirr ist die Rennausrüstung des Pferdes. Es besteht aus Sattelpolster, Sattelgurt, Schweifriemen, Zaumzeug und Zügeln.

Sulky
Der Sulky ist ein leichter zweirädriger Karren mit Aluminiumrahmen.

Scheibenräder
Die Räder haben eine Einheitsgröße und sind mit Plastikscheiben verkleidet, um den Luftwiderstand zu verringern.

Beinschutz
Beinsehnen, Hufkronen und die Knie-Innenseiten werden mit verschiedenen Formen von Protektoren geschützt.

TRABRENNEN

ÜBERBLICK

Trabrennen ist ein in Europa und Nordamerika populärer Pferderennsport. Jedes Pferd zieht einen Fahrer in einem sogenannten Sulky. Die Rennen werden im Trab gelaufen und das Pferd darf den Schritt nicht ändern. Sieger ist das erste Pferd auf der Ziellinie.

SANDBAHN

In den USA finden fast alle Trabrennen auf Sandbahnen statt. Die Bahn muss geschlossen sein, aber darüber hinaus gibt es keine Regeln für Form oder Länge – die Geraden können lang oder kurz, die Kurven eng oder weit sein. Als klassische Distanz gilt weithin die Meile. In Europa werden die Rennen meist auf Grasboden gefahren. Die Bahn kann bis zu 2,2 km lang sein.

SPEKTAKULÄRE STARTS

In den USA werden manche Rennen fliegend hinter einem fahrenden Startgatter gestartet. Die Fahrer nehmen Fahrt auf, während das Gatter sich der Startlinie nähert. Sobald es sie überfährt, falten sich die Gatterflügel zusammen, das Gatter fährt davon und die Pferde können das Rennen ungehindert aufnehmen.

AUS DEM TRITT GERATEN

Die wichtigsten Regeln betreffen die Gangart des Pferdes während des Rennens. Die Rennleitung überwacht die Einhaltung der vorgeschriebenen Gangart von Fahrzeugen aus und per Kamera. Bei in Europa ausgetragenen Rennen führt ein Wechsel der Gangart zur sofortigen Disqualifikation. In den USA muss das Pferd auf die Außenbahn wechseln und die vorgeschriebene Gangart wieder aufnehmen, bevor es ins Rennen zurückkehren darf. Zudem wird es einen Platz zurückgestuft.

DIE GANGART

Trabrennen werden in einer von zwei unterschiedlichen Gangarten gelaufen. In Europa ist ausschließlich Trab erlaubt. In Nordamerika und andernorts ist der schnellere Passgang verbreiteter als der Trab.

DER TRAB

Beim Trab berühren der linke Vorder- und der rechte Hinterhuf den Boden, dann der rechte Vorder- und der linke Hinterhuf.

Diagonalschritt
Linkes Vorder- und rechtes Hinterbein treten gleichzeitig auf.

DER PASSGANG

Beim Passgang berühren der linke Vorder- und der linke Hinterhuf gleichzeitig den Boden und umgekehrt. Im Gegensatz zum Trab, bei dem sich die diagonal gegenüberliegenden Beine gemeinsam bewegen, bewegen sich hier die Beine jeweils einer Seite zusammen. Dies ist für die meisten Pferde kein natürlicher Gang und muss durch Training und Zucht gefördert werden. Um das Pferd beim Einhalten des Passgangs zu unterstützen, setzt man ein spezielles Zaumzeug an den Beinen ein.

RODEO

ÜBERBLICK

Das moderne Rodeo ist eine amerikanische Erfindung mit mexikanischen Wurzeln. Die meisten professionellen Rodeos haben sieben Disziplinen. Das Wildtierreiten wird von Schiedsrichtern mit Punkten bewertet. Die Zeit-Disziplinen werden gegen die Uhr geritten. Der schnellste Teilnehmer gewinnt.

SPORTLERPROFIL

Die einzelnen Rodeodisziplinen erfordern unterschiedliche Fertigkeiten. Die Wildtierritte sind die anstrengendsten, da sie die meiste Kraft und Beweglichkeit verlangen. Die Fang-Disziplinen beruhen auf Beweglichkeit, Schnelligkeit und Timing.

FAKTEN

- Die Professional Rodeo Cowboys Association (PRCA) ist der weltweit größte Rodeoverband.
- Das in Las Vegas stattfindende National Finals Rodeo ist das prestigeträchtigste Rodeo-Event in den USA.

Zügelersatz
Die Reiter verwenden ein dickes Seil, das am Halfter befestigt ist.

Sattel
Der beim Saddle Bronc verwendete Westernsattel ist leicht und hat keinen Knauf.

Lederchaps
Die Chaps sind Lederschürzen, die die Beine und die Vorderseite des Schritts schützen.

DIE ARENA

Ein Rodeo findet auf einer umzäunten Sandfläche statt. Es gibt keine Standardgröße für die Arena, die in der Halle und im Freien stehen kann. An einem Ende steht die »Bucking Chute«, in der die Reiter vor dem Ritt aufsitzen. Die »Roping Chute« ist ein dreiseitiges Gatter auf der anderen Seite der Arena. Hier werden die Tiere für die Fang-Disziplinen in die Arena gelassen.

Bucking Chute
Hier sitzen die Reiter auf und gelangen dann durch ein Tor in die Hauptarena.

Schiedsrichter
Die Offiziellen beobachten die Punkt-Disziplinen von einer Plattform aus.

Zuschauerränge
Aufsteigende Tribünen garantieren eine gute Sicht.

Roping Chute
Von hier starten die Kälber und Stiere für die Zeit-Disziplinen.

RODEO-REGELN

Es gibt drei Reit-Disziplinen: Bareback, Saddle Bronc und Bull Riding. Die Reiter dürfen sich nur mit einer Hand festhalten. Jede Berührung mit der freien Hand führt zur Disqualifikation. Es gibt vier Zeit-Events: Steer Wrestling, Barrel Racing, Tie-Down und Team Roping. Außer beim Barrell Racing verhindert bei allen Events eine Barriere, dass die Reiter vor dem Vieh starten. Ein Durchbrechen der Schranke gibt eine Zeitstrafe.

PUNKTWERTUNG

Die Wertung bei den Wildtier-Ritten beruht darauf, dass der Ritt mindestens acht Sekunden dauern muss. Es gibt zwei oder vier Schiedsrichter, die jeder bis zu 25 Punkte für Tier und Reiter vergeben. Ein perfekter Ritt bringt 100 Punkte.

RODEO-TECHNIKEN

Während eine gute Reittechnik bei allen Disziplinen wichtig ist, verlangen Tie-Down und Team Roping auch einen meisterhaften Umgang mit dem Lasso vom Sattel aus (siehe unten).

RODEO-STIL

Der Stil ist ein wichtiges Element des modernen Rodeos, so tragen die Reiter z. B. einen Cowboyhut aus Stroh oder Filz. Ein echter Cowboy verliert niemals seinen Hut beim Ritt.

BARREL RACING

Der Barrel Race ist ein Frauen-Wettbewerb gegen die Uhr, bei dem ein Kleeblattmuster um drei Tonnen geritten werden muss.

Enge Wende
Die Reiterin muss das Pferd so eng wie möglich um die Tonnen lenken.

TIE-DOWN

Beim Tie-Down muss ein Kalb mit dem Lasso gefangen und innerhalb von sechs Sekunden an den Beinen gefesselt werden.

Absteigen
Der Reiter muss absteigen, um das Kalb zu fesseln.

BULL RIDING

Beim Bull Riding muss sich der Reiter nur mit einem dicken Seil auf dem bockenden Bullen halten, was Koordination und Mut erfordert.

Kein Sattel
Der Bullenreiter hat keinen Sattel, sondern nur ein Seil.

KAMELRENNEN

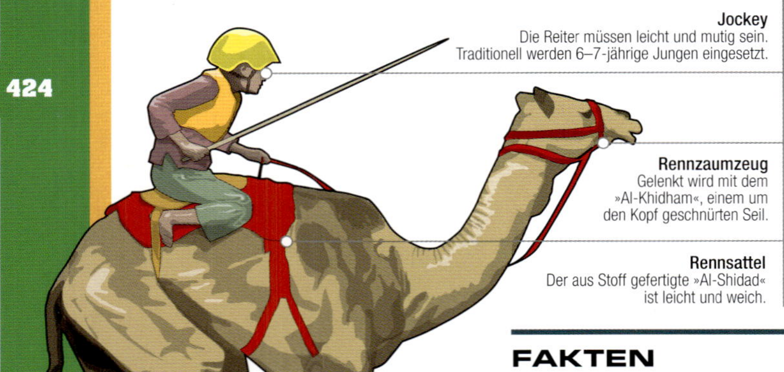

Die Reiter müssen leicht und mutig sein. Traditionell werden 6–7-jährige Jungen eingesetzt.

Gelenkt wird mit dem »Al-Khidham«, einem um den Kopf geschnürten Seil.

Der aus Stoff gefertigte »Al-Shidad« ist leicht und weich.

ÜBERBLICK

Bei diesem beliebten Zuschauersport, der vor Jahrhunderten bei den Beduinenstämmen entstand, locken große Preise. Am besten eignen sich Kamelstuten, die mit bis zu 64 km/h sprinten und über eine Stunde ein Tempo von 28 km/h halten können.

FAKTEN

- **Professionelle Kamelrennen finden in Nord- und Ostafrika, auf der Arabischen Halbinsel, vor allem in den Vereinigten Arabischen Emiraten und Katar, und in Australien statt.**
- **Das in Saudi-Arabien jährlich veranstaltete »King's Cup Camel Race« hat 2000 Teilnehmer. Normal sind 25–30.**

DIE RENNBAHN

In den Vereinigten Arabischen Emiraten finden Rennen über 4–10 km auf eigens angelegten Rundkursen statt. Australische Rennen gehen meist über die Viertelmeile (402 m), aber auch längere Distanzen erfreuen sich zunehmender Beliebtheit. Gelaufen wird auf Gras oder Sand.

ROBOTER UND KAMELE

Ein Rennkamel ist hochbeinig und schlank mit kleinen Höckern. Die Tiere beginnen im Alter von 13 Monaten mit dem Training und mit rund drei Jahren mit den Rennen. Der umstrittene Einsatz von Kinderjockeys hat zur Entwicklung kleiner Roboter mit Reitgerte geführt, die von Verfolgerautos aus gesteuert werden.

SCHLITTENRENNEN

ÜBERBLICK

Sprint- und Ausdauerrennen finden in aller Welt statt (ohne Schnee auch auf Rädern). Der Schlitten wird von bis zu 24 Hunden in Zweierreihen gezogen. Der Fahrer steht hinten und lenkt die Hunde.

FAKTEN

- **Organisierte Schlittenrennen begannen 1908 in Nome, Alaska.**
- **Der »Yukon Quest«, das wohl härteste Rennen, geht über bis zu 1635 km.**

RENNPISTEN

Die »Trails« sind markiert und haben regelmäßige Checkpoints und »Dog Drops«, wo erschöpfte und verletzte Hunde versorgt werden. Die Teams starten in Intervallen.

HUNDE UND MUSHER

Die Hunde brauchen Ausdauer, Schnelligkeit und Teamgeist. Sie sind auf eine bestimmte Position in der Gruppe trainiert und betrachten den Musher als ihren Rudelführer.

Musher
Der Fahrer heißt »Musher«, vom französischen Wort »marcher«, dem ehemaligen Kommando zum Loslaufen.
Rennschlitten
Die kurzen Schlitten sind oft aus Holz gebaut. Sie haben Karbonkufen und Aluminiumbeschläge.
Sprintteam
Jeder Hund trägt ein angepasstes Geschirr mit gepolsterten Brustriemen.

»IDITAROD RACE«

Das Rennen durch Alaska geht über 1852 km. Dallas Seavey hält seit 2014 den Rekord von 8 Tagen, 13 Stunden, 4 Minuten und 19 Sekunden.

HORSEBALL

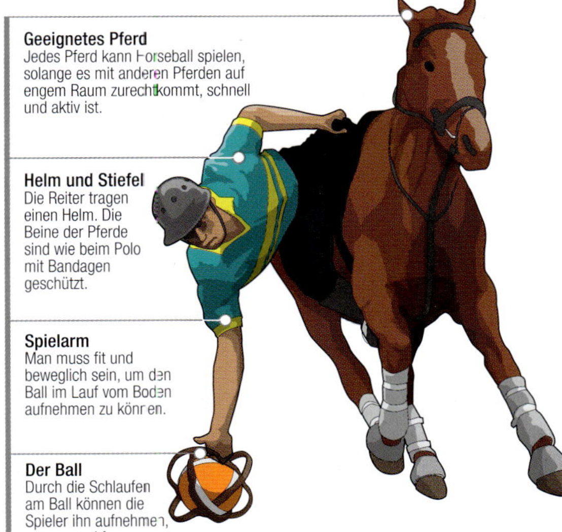

Geeignetes Pferd
Jedes Pferd kann Horseball spielen, solange es mit anderen Pferden auf engem Raum zurechtkommt, schnell und aktiv ist.
Helm und Stiefel
Die Reiter tragen einen Helm. Die Beine der Pferde sind wie beim Polo mit Bandagen geschützt.
Spielarm
Man muss fit und beweglich sein, um den Ball im Lauf vom Boden aufnehmen zu können.
Der Ball
Durch die Schlaufen am Ball können die Spieler ihn aufnehmen, passen und fangen

ÜBERBLICK

Dieser relativ junge Pferdesport ist eine Art Kombination aus Polo, Rugby und Basketball. Er wird von zwei Teams aus je vier berittenen Spielern beiderlei Geschlechts gespielt. Sieger ist das Team, das die meisten Tore erzielt hat.

DAS SPIELFELD

Das Feld ist 20 m x 60 m groß. Die Tore bestehen aus 1 m großen, senkrechten Ringen, die in 3,50 m Höhe hängen. Das Spiel geht über zwei zehnminütige Halbzeiten, in denen die Spieler den Ball in Richtung Tor passen – vor dem Torwurf müssen drei Pässe erfolgt sein.

PFERD & REITER

Das ursprünglich als Spaßsport für Reitschulen entwickelte, schnelle Horseball erfordert gute Balance und perfekte Kommunikation zwischen Pferd und Reiter. Die Reiter müssen ihre Tiere mit Schenkeldruck und ohne Zügel lenken können. Die Pferde müssen gehorsam und fit sein. Etwas Dressurtraining ist ideal, weil es die Beweglichkeit und Geschmeidigkeit des Pferdes fördert.

FAKTEN

- **Horseball entstand in den 1970ern in Frankreich.**
- **Wichtige Turnierveranstaltungen sind die Horseball-Europameisterschaft, die Champions League und die Weltmeisterschaft.**
- **Der Internationale Horseball-Verband hat 18 Mitglieder.**

KUTSCHENRENNEN

FAKTEN

- **Kutschenrennen auf Sand- oder Graspisten sind ein alter Sport, dessen Ursprünge bis in die Antike zurückreichen.**
- **Trial-Wettbewerbe sind neuer und bestehen meist aus drei Disziplinen. Hier zählen Schnelligkeit, Agilität und Gehorsam.**

ÜBERBLICK

Der Kutschensport ist vielgestaltig, von Trabrennen mit Teams aus Pferd und Fahrer bis zu Trials, bei denen Gespanne aus vier Pferden unterschiedlichste Prüfungen absolvieren müssen.

PFERD UND KUTSCHER

Wegen der Vielseitigkeit findet sich für jedes Pferd, vom Pony bis zum Kaltblüter, eine geeignete Disziplin. Trabrennen sind schnell und werden mit leichten Sulkys gefahren. Ausgewachsene Kutschen mit Gespannen sind zwar langsamer, erfordern aber vom Kutscher viel Können und Geschick.

Kutschgeschirr
Dies ist ein einfaches Geschirr mit einem bequemen breiten Vorzeug.
Zweierteam
Während der Fahrer lenkt, hält der »Groom« das Gleichgewicht.
Vier Räder
Wichtig sind ein niedriger Schwerpunkt und eine stabile Federung.

BRANDUNGS-ANGELN

ÜBERBLICK

Das Wettkampfangeln an der Küste ist für viele Freizeitangler der logische nächste Schritt, wenn sie nach einer Herausforderung suchen. Es gibt zwei grundsätzliche Formen des Brandungsangelns: stationär an einem Ort bzw. mobil innerhalb eines definierten Areals, abhängig davon, wo der Wettkampf stattfindet. Heutzutage werden diese Wettkämpfe so umweltfreundlich wie möglich abgehalten, indem man die Fische fängt, schnell vermisst und dann lebend wieder ins Meer wirft (vor allem bei stationären Veranstaltungen). Die verschiedenen Fischarten haben je nach Art und Größe bestimmte Punktwerte.

SPORTLERPROFIL

Meeresangeln ist ein Sport, bei dem häufig lange Phasen der Inaktivität (Warten auf den Biss) von kurzen hektischen Aktivitätsausbrüchen (wenn der Fisch binnen Sekunden gefangen, eingeholt, gewogen und freigelassen wird) unterbrochen werden. Deshalb benötigen die Angler Geduld, Konzentration und schnelle Reflexe. Kraft im Oberkörper ist wichtig, vor allem, um den (manchmal recht schweren) Fisch einzuholen. Darüber hinaus muss man experimentierfreudig mit der Ausrüstung, den Ködern und dem Standort sein.

FAKTEN

- Das moderne Wettkampfangeln entwickelte sich in den 1960ern aus dem technisch fortgeschrittenen Brandungsangeln. Moderne Angelruten aus Fiberglas und die technische Weiterentwicklung ermöglichten größere Reichweiten und damit erfolgreichere Angelpartien an der Küste.
- Durch die Notwendigkeit, alle möglichen Arten von Fischen zu fangen, ist das Brandungsangeln ein technisch fortschrittlicher Sport. Diese hochentwickelten Fangmethoden wiederum dringen auch auf den Freizeitmarkt durch (z. B. Haken, Rute, Transport und Unterstände).

Warme Kleidung
Besonders an kalten Tagen, wenn der Wind von See bläst, ist warme Kleidung äußerst wichtig.

Fester Griff
Die Angler müssen das hintere Ende der Angel mit beiden Händen fest im Griff haben.

Robuste Hosen
Angler machen sich auf rutschigen Felsen schnell schmutzig und bevorzugen daher Jeans.

Kräftige Beine
Angler sind keine Athleten, haben aber vom vielen Stehen kräftige Beinmuskeln.

Solider Stand
Vor allem beim Einholen sind Stiefel mit gutem Grip wichtig.

GEWUSST?

3.000 **So viele Teilnehmer hatten die World Games 2006 in Portugal. Die World Games sind das Spitzenturnier des Brandungsangelns und finden alle fünf Jahre statt.**

14 **So viele Weltmeisterschaften gewann der Engländer Chris Clark – mehr als jeder andere Meeresangler. Chris zog sich 2006 aus dem Wettkampfangeln zurück und ist heute Mitglied im Internationalen Komitee und Oberschiedsrichter.**

DER FANG

Es gibt viele Faktoren, vom Köder bis zum Standort, die für den Erfolg beim Turnierangeln wichtig sind. Zwei entscheidende Techniken sind das Werfen und das Spiel mit dem Fisch.

WERFEN

Dies ist die Kunst des Umgangs mit Angelrute und Rolle, um Haken und Köder zum Teil weit ins Meer hinaus zu werfen. Weiter hinaus in tieferes Wasser werfen zu können, ist von großem Vorteil. Eine verlässliche und effiziente Technik zahlt sich hier aus.

MIT DEM FISCH SPIELEN

Oftmals holt ein Angler den geköderten Fisch nicht sofort ein, sondern erlaubt ihm, die Schnur weit auszuziehen, bevor er sie wieder einzieht, wenn der Fisch ermüdet. Mit dieser Technik holt man auch schwere Fische sicher an Land.

RUTEN UND ROLLEN

Meist angelt man beim wettbewerbsmäßigen Brandungsangeln mit einer 3,66–4,27 m langen Angelrute, einer so genannten Matchrute, mit der man rund 113–170 g Wurfgewicht plus Köder auswerfen kann. Der Angler beobachtet die Spitze seiner Rute auf Anzeichen eines Bisses. Viele Strand- und Mündungsangler führen im Turnier auch eine leichtere Rute (für 56–113 g) mit Rolle mit, um auf kurze und mittlere Distanz vor allem auf kleinere Fischarten zu angeln (so genanntes »Scratching«).

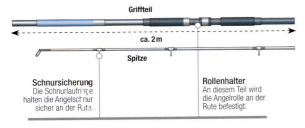

Griffteil

ca. 2 m

Spitze

Schnursicherung
Die Schnurlaufringe halten die Angelschnur sicher an der Rute.

Rollenhalter
An diesem Teil wird die Angelrolle an der Rute befestigt.

DREIBEIN

Einen Großteil der Zeit verbringt man beim Turnier- und Freizeitangeln damit, die Haken auszuwerfen und auf ein Anbeißen zu warten. Deshalb legt man die Ruten in ein spezielles Stativ und wartet auf ein Anzeichen für einen Biss.

NACH DER UHR ANGELN

Sobald der Köder ausgeworfen ist, liegt die Rute auf dem Stativ. In Gegenden mit vielen kleinen Fischen angeln viele »nach der Uhr«, indem sie den Haken in bestimmten Zeitintervallen einholen. Damit bringen sie nicht nur Fische zum Vermessen ein, sondern können auch beständig die Köder auffrischen, um die appetitlichsten Geruchsspuren zu legen. Häufig warten die Angler aber auch einfach auf ein Zucken der Rutenspitze (wenn ein Fisch den Haken aufnimmt, ruckt er an der Rute), bevor sie die Schnur einholen.

HAKEN

Es gibt unzählige Varianten von Hakenkonstruktionen, die alle auf dem Prinzip beruhen, dass man einen Köder auf den Haken steckt, den Haken auswirft und ihn vom Wurfgewicht zu Boden ziehen lässt. Die Fische folgen dem Duft des Köders.

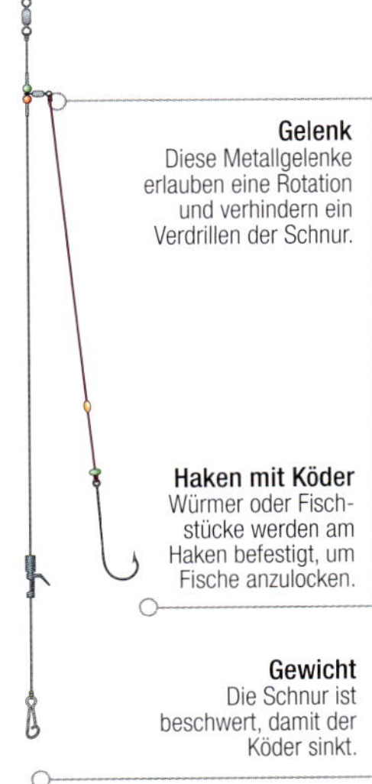

Gelenk
Diese Metallgelenke erlauben eine Rotation und verhindern ein Verdrillen der Schnur.

Haken mit Köder
Würmer oder Fischstücke werden am Haken befestigt, um Fische anzulocken.

Gewicht
Die Schnur ist beschwert, damit der Köder sinkt.

KÖDER

Die erfolgreichsten Turnierangler verwenden nur den besten Köder und haben oft viele Sorten dabei, die sie nach langen Experimenten zusammengestellt haben. Als Köder eignen sich verschiedene Wurmarten (Wattwurm, Ringelwurm, Sandwurm etc.), Krebse, frische und tiefgefrorene Fische sowie Tintenfische.

ROLLEN

Mithilfe der Rolle wird die Angelschnur auf einer Spule an der Rute ausgegeben und eingeholt. Beim Brandungsfischen kommen je nach Vorliebe kleine Multirollen oder mittelgroße bis große Stationärrollen zum Einsatz.

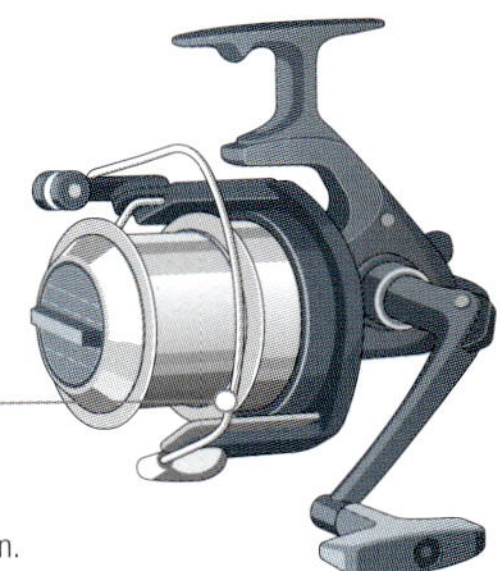

Bügel
Der Bügel wird zurückgeklappt, um die Schnur beim Werfen laufen zu lassen und nach vorne gelegt, um sie wieder einzuholen.

ANGELREGELN

Es gibt zwei Wertungsmaßstäbe beim Wettkampfangeln – einer auf Basis der Größe (Länge) des Fisches, der andere auf Basis des gefangenen Gesamtgewichts.

IN VORGEGEBENEM BEREICH

Diese Art von Turnieren findet in Regionen statt, in der Wettkämpfe mit fester Station in großem Maßstab nicht möglich sind, weil die Küste zu stark durch Felsen, kleine Buchten, Klippen und Landzungen untergliedert ist. Auch hier wird mit Zeitmessung gearbeitet. Weil sich die Angler aber frei bewegen, bringen sie ihren Fang erst am Ende des Wettbewerbs zu einer zentralen Wiegestation. Sieger ist der Angler mit dem schwersten Fangkorb. Dabei werden aber nur Fische ab einer gewissen Mindestgröße in die Wertung einbezogen.

MIT FESTEM STANDORT

Die Turnierleitung sucht einen geeigneten Ort aus, meist einen offenen Strand mit genügend Platz für Bereiche und Standorte, von denen aus die Angler ihre Köder auswerfen. Die Angler kommen im Vorfeld an einem bestimmten Ort zusammen, bezahlen ihre Startgebühr und ziehen nach dem Losverfahren eine Standortnummer. Dann verteilen sie sich auf ihre Standorte und warten auf den Wettbewerbsbeginn. Während des Wettkampfs messen die Teilnehmer jeden gefangenen Fisch mit einem Konkurrenten oder einem Stewart als Zeugen und setzen ihn dann lebend wieder ins Wasser zurück. Punkte gibt es für die Länge des einzelnen Fisches, der aber eine gewisse Mindestgröße haben muss, um gewertet zu werden. Sieger ist der Angler, der in der vorgegebenen Zeit die größte Gesamtlänge geangelt hat. Häufig gibt es auch Geldpreise für Bereichs- und Gesamtsieger.

INSIDER-STORY

Das Turnierangeln wird von der 1952 gegründeten International Angling Federation (CIPS) organisiert. Eine Unterabteilung der CIPS, die International Sea Sport Fishing Federation (FIPS-M), organisiert die jährlich stattfindenden Weltmeisterschaften für Männer, Frauen und Junioren. Jede teilnehmende Nation ist von einem fünfköpfigen Team vertreten. Zudem gibt es auch Preise für Einzelteilnehmer.

EXTREM-
SPORT

12

ÜBERBLICK

Straßenrodeln (street luge) ist die Extremversion des olympischen Wintersports Rodeln (siehe S. 310). Die Rodler rasen mit bis zu 110 km/h nur wenige Zentimeter über dem Asphalt auf einem aufgemotzten Skateboard eine Straße hinunter. Die Rodel haben keine Bremsen – außer den Füßen des Fahrers. Das Ziel ist einfach: Als erster am Ende der Strecke ankommen. Jeder Kurs ist anders, aber die meisten sind 1–5 km lang. Es gibt verschiedene gleich haarsträubende Disziplinen. Beim Zweierrennen fahren zwei Fahrer um das Recht, in die nächste Runde aufzusteigen. Daneben gibt es auch Rennen, bei denen vier oder sechs Rodler gegeneinander fahren, inklusive spektakulärer Unfälle.

STRAFZETTEL

In den Anfangstagen fuhren die Rodler in Kalifornien häufig auf öffentlichen Straßen und es gab zahlreiche Unfälle, in die Zuschauer ebenso verwickelt wurden wie die Fahrer selbst. Die Polizei schrieb sogar Strafzettel wegen überhöhter Geschwindigkeit aus. Schließlich verboten Los Angeles und andere Städte Rennen auf Straßen mit mehr als 3 Prozent Gefälle.

REGLEMENT

Es gibt keinen gemeinsamen Verband und kein verbindliches Regelwerk, aber prinzipiell es ist verboten, sich gegenseitig aus dem Weg zu stoßen. Die Rodel müssen vorne und hinten Stoßfänger haben, aber Gewicht, Länge und Breite variieren von Verband zu Verband. So verbietet z. B. Gravity Sports International Rodel mit mehr als 25 kg Gewicht.

STRASSENRODELN

FAKTEN

- Straßenrodeln ist vor allem in den USA, aber auch in Kanada und einigen europäischen Ländern, wie Österreich, der Schweiz und Großbritannien beliebt.
- Der Sport entstand in den 1970ern in Südkalifornien, als Skateboarder entdeckten, dass sie bergab schneller sind, wenn sie sich aufs Brett legen.
- Das erste Wettrennen fand 1978 am Signal Hill in Kalifornien statt.
- Der größte Straßenrodel-Verband der Welt ist die International Gravity Sports Association.

AUSRÜSTUNG

Da die Fahrer öfter von ihren Rodeln stürzen, müssen sie sich wenigstens mit Helm, Leder-Rennanzug, Handschuhen und Stiefeln schützen. Die Konstruktion der Rodel ist äußerst variabel. Einige bestehen aus Holz, die meisten sind aber aus Aluminium gebaut. Sie haben vier oder sechs Räder, Stoßfänger vorne und hinten, Lenkachsen und Handgriffe. Die Straßenrodel sind bis zu 2,60 m lang und 40 cm breit.

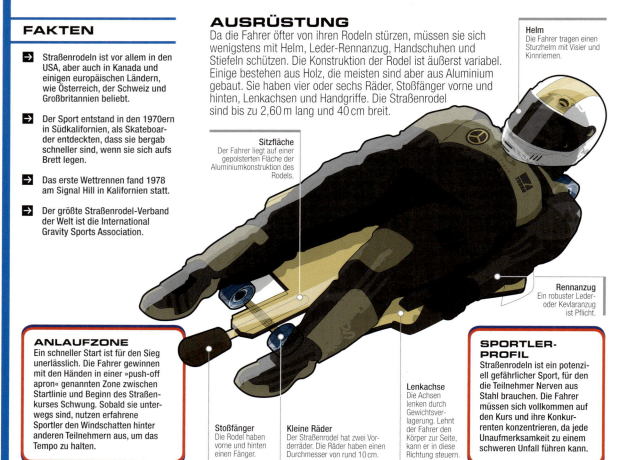

Helm
Die Fahrer tragen einen Sturzhelm mit Visier und Kinnriemen.

Sitzfläche
Der Fahrer liegt auf einer gepolsterten Fläche der Aluminiumkonstruktion des Rodels.

Rennanzug
Ein robuster Leder- oder Kevlaranzug ist Pflicht.

Stoßfänger
Die Rodel haben vorne und hinten einen Fänger.

Kleine Räder
Der Straßenrodel hat zwei Vorderräder. Die Räder haben einen Durchmesser von rund 10 cm.

Lenkachse
Die Achsen lenken durch Gewichtsverlagerung. Lehnt der Fahrer den Körper zur Seite, kann er in diese Richtung steuern.

ANLAUFZONE

Ein schneller Start ist für den Sieg unerlässlich. Die Fahrer gewinnen mit den Händen in einer »push-off apron« genannten Zone zwischen Startlinie und Beginn des Straßenkurses Schwung. Sobald sie unterwegs sind, nutzen erfahrene Sportler den Windschatten hinter anderen Teilnehmern aus, um das Tempo zu halten.

SPORTLERPROFIL

Straßenrodeln ist ein potenziell gefährlicher Sport, für den die Teilnehmer Nerven aus Stahl brauchen. Die Fahrer müssen sich vollkommen auf den Kurs und ihre Konkurrenten konzentrieren, da jede Unaufmerksamkeit zu einem schweren Unfall führen kann.

Keine Ärmel
Ein ärmelloses Shirt gibt Bewegungsfreiheit und verringert das Risiko, an Hindernissen hängen zu bleiben.
Hauswand
Das urbane Äquivalent von Bergwänden und Schluchten ist die ideale Umgebung für einen Parkour-Sportler.
Weite Hosen
Locker sitzende Hosen oder Shorts gewähren genügend Beinfreiheit für weite Sprünge und schwierige Aufstiege.
Sportschuhe
Gute Sportschuhe sind wichtig. Sie sollten Halt auf Ziegeln, Beton- und Stahlflächen geben.

FAKTEN

- Das Wort Parkour kommt vom französischen Begriff »parcours du combattant«, dem Hinderniskurs der französischen Armee Anfang des 20. Jh.
- Parkour-Kunststücke sind auch immer häufiger in Kino und Fernsehen zu sehen, zum Beispiel im James-Bond-Film »Casino Royale«.
- Organisationen wie Urban Freeflow bieten Traceurs Beratung und Training.

SPORTLER-PROFIL

Bevor ein angehender Traceur eine schwierige Route in Angriff nimmt, muss er Monate, wenn nicht Jahre, trainieren. Der Sport verlangt Kraft im gesamten Körper, Balance und Beweglichkeit. Parkour erfordert zudem mentale Stärke – die Fähigkeit, sich der Umgebung völlig bewusst zu sein und in Sekundenbruchteilen für oder gegen einen Move zu entscheiden.

PARKOUR

ÜBERBLICK

Mit Elementen aus Kampfkunst und Tanz erfordert Parkour die Beweglichkeit eines Akrobaten und den Geist eines Kämpfers. Ziel ist eine ununterbrochene, fließende Fortbewegung um, über, unter und durch Hindernisse im urbanen Umfeld. Die sogenannten Traceurs nehmen dabei keine festen Routen, sondern erklettern Wände, überspringen Hindernisse und laufen über Geländer. Jedes neue Hindernis ist zugleich auch eine neue Herausforderung. Parkour erfordert mehr als nur schlichte Kraft, Ausdauer und Beweglichkeit. Seine Anhänger fordern außerdem Eleganz und Grazie. Sie treten meist nicht gegeneinander, sondern gegen sich selbst an – im ständigen Bemühen um Weiterentwicklung.

ZIELGENAUER SPRUNG

Jede Route stellt unterschiedliche Herausforderungen. Ein erfahrener Traceur muss Hunderte von Moves beherrschen. Dabei darf er aber auch die Grundtechniken – Springen, Landen und Abrollen – nicht vernachlässigen. Der »saut de précision«, der Präzisionssprung, verbindet Kraft, Grazie und Genauigkeit (siehe unten).

DER PRÄZISIONSSPRUNG

Für den Traceur besteht das Ziel beim Präzisionssprung nicht allein darin, ein Hindernis zu überspringen, sondern es mit Stil und Eleganz zu überwinden.

Landung
Der Traceur geht bei der Landung in die Hocke, um den Aufprall abzufangen. Mit etwas Übung kann er präzise auf dem anvisierten Punkt landen und ist sofort bereit, zum nächsten Hindernis weiterzulaufen.
Aufschwung
Die Beine werden explosiv gestreckt, um Schwung für den weiten Sprung zu haben. Die Arme werden über den Kopf geschwungen.
Absprung
Der Springer bereitet sich mit angehockten Beinen und nach hinten gestreckten Armen auf den Sprung vor.
Abschwung
Die Beine werden für die Landung angezogen und die Arme sinken zu den Körperseiten herunter.

EXTREMKLETTERN

ÜBERBLICK

Extremkletterer wagen sich an ganz extreme Anstiege am Fels oder Eis. Man unterscheidet zwischen Freeclimbing (Freiklettern) und Extrem-Bergsteigen, wobei die Bergsteiger Zusatzausrüstung benutzen, Freikletterer nur natürliche Haltepunkte. Bei beiden Disziplinen sind die Sportler angeseilt. Im Gegensatz zu ihnen verwenden Free-Solo-Kletterer nur Kletterschuhe und Magnesia. Das Ziel ist, neue Routen zu erschließen oder neue Bestzeiten aufzustellen.

Helm
Schützt vor herabfallenden Eis- oder Steinbrocken.
Kleidung
Die Kleidung darf nicht behindern, muss leicht, warm und wasserdicht sein und in extremen Wetterlagen schützen.
Seil
Die Seile aus Nylon sind stark und dynamisch (flexibel).
Eispickel
Ins Eis gerammt bietet der Pickel dem Bergsteiger einen weiteren Haltepunkt.
Steigeisen
Mit Nägeln versehene Platten, die unter die Stiefel geschnürt werden, geben im Eis Halt.
Karabiner
Mit Sicherheitkarabinern aus Aluminium wird das Seil in Kletterhaken eingehängt, die in Eis oder Fels getrieben wurden.

FAKTEN

- Mit rund 200 000 Aktiven allein in den USA ist Eisklettern in Nordamerika sehr populär. Der Ice Climbing World Cup wird in Nordamerika und Europa ausgetragen.
- Eine Umfrage in den USA zeigte, das Klettern eine der beliebtesten Extremsportarten ist. Im Durchschnitt sind die Sportler 23 Jahre alt.

SPORTLERPROFIL

Kletterer benötigen extreme Kraft in Armen und Beinen, Koordination, Ausdauer, Gelenkigkeit und sehr gutes Gleichgewicht. Sie müssen auch an extremen Punkten, wie Steil- und Überhängen, vollkommen ruhig bleiben.

KLETTERGEBIETE

Geklettert wird überall. Senkrechte Steilhänge, brüchige Felsen, Überhänge und raues Wetter sind nur neue Herausforderungen. Routen werden nach Schwierigkeitsgraden unterteilt, wobei es verschiedene Systeme gibt. In Mitteleuropa hat sich die UIAA-Skala der Union Internationale des Associations d'Alpinisme durchgesetzt.

INSIDER-STORY

Menschen besteigen schon seit Tausenden von Jahren Berge. Die erste dokumentierte Besteigung war die des Mont Blanc 1786. Kletterwettbewerbe kamen in den 1970ern in Russland auf.

DACHVERBÄNDE

Wettkämpfe im Eisklettern werden von der Union Internationale des Associations d'Alpinisme (UIAA) betreut. Hallen-Kletterwettbewerbe richtet die 2007 neu gegründete International Federation of Sport Climbing (IFSC) aus.

AUSRÜSTUNG

Die Ausrüstung variiert je nach Art der Route und des Kletterstils. Freeclimber benutzen neben dem Seil zur Sicherung Kletterschuhe, Magnesia, um die Hände trocken zu halten, und leichte, bewegungsfreundliche Kleidung. Bergsteiger verwenden Seile, Karabiner, Kletterhaken und mehr. Eiskletterer tragen Steigeisen an ihren Bergstiefeln und führen Eispickel mit sich. Kletterer, die am Berg übernachten, benötigen darüber hinaus Schlafsack und warme Kleidung. Zudem können Biwak-Zelt oder -plane notwendig sein.

KLETTERSCHUHE

Das Obermaterial besteht aus weichem Leder oder Synthetik. Sohle sowie Zehen und Fersenverstärkung bestehen aus griffigem Gummi. Die Schuhe sollten eine gute Passform haben und fest sitzen.

EISSCHRAUBEN

Eisschrauben werden bei der Überwindung von steilen Eisflächen verwendet. Sie können wieder herausgedreht werden und dienen zur Befestigung von Karabinern für das Sicherungsseil.

Fester Halt
Einige Eisschrauben sind bis zu 23 cm lang. Ein kräftiges Gewinde sorgt für festen Halt.

FAKTEN

- Mehr als 70 000 Männer und Frauen nehmen an Ultramarathons teil, Rennen, die über mehr als die übliche 42-km-Distanz gehen.
- Die International Association of Ultra Runners (IAU) organisiert jährlich Weltmeisterschaften in verschiedenen Disziplinen wie 50 km, 100 km, 24 Stunden und 48 Stunden.
- Extremlaufen ist eine der anspruchsvollsten Sportarten der Welt.

LAUFREGELN

Das Reglement variiert von Wettkampf zu Wettkampf. Da aber das Erschöpfungsrisiko sehr hoch ist, hat jeder Läufer normalerweise sein eigenes Helferteam. Die Läufer müssen sich vollständig aus eigener Kraft fortbewegen und dürfen keine Kühlung mitführen. Sie sollten leichte Kleidung, Sonnenbrille und eine Kopfbedeckung tragen, einen ausreichenden Wasservorrat und energiereiche Nahrung mitführen. Bei einigen Rennen dürfen die Läufer einen anderen Läufer als Schrittmacher engagieren. Bei Geländerennen, bei denen die zurückgelegte Strecke der Läufer im unüberschaubaren Terrain nicht ständig überwacht werden kann, müssen sie sich regelmäßig bei Streckenposten melden.

GEWUSST?

23.961 **Die Zahl der Teilnehmer beim 75. »Comrades Marathon«, dem ältesten und größten Ultramarathon der Welt in Kapstadt.**

4.989 **So viele Kilometer lang ist die Strecke des längsten Ultramarathons, des »Self-Transcendence Run« in New York. Der derzeitige Rekord bei diesem Rennen beträgt 41 Tage.**

2.750 **Der Höhenanstieg in Metern beim »Wasdale Fell Race«.**

EINMAL UM DIE WELT

Der dänische Ultraläufer Jesper Olsen lief von 2004–2005 in 22 Monaten einmal um die ganze Welt und legte dabei 26 000 km zurück. Die meiste Zeit schob er dabei einen Jogger-Kinderwagen vor sich her, in dem er seinen Proviant, ein Zelt und weitere Ausrüstung transportierte.

Sonnenbrille
Schützt die Augen vor dem Sonnenlicht und gleichzeitig vor Steinchen, die sich bei Läufen durch raues Gelände lösen könnten.

Kopfbedeckung
Sie sollte einen breiten Schirm und einen zusätzlichen Sonnenschutz im Nacken haben.

Rucksack
Darin führt der Läufer Proviant und ein GPS-System mit sich, das ihm in gleichförmigem Terrain die Orientierung ermöglicht.

Wasserflasche
Lebensnotwendiger Vorrat, damit der Läufer auf der langen Strecke nicht dehydriert.

Läufernummer
Jeder Läufer bekommt eine Startnummer zugeteilt, die er sichtbar an der Kleidung befestigen muss.

Regengamaschen
Schützen den Läufer davor, dass Wasser (Regen oder Schweiß) oder feste Bestandteile wie Steinchen, Schlamm oder Zweige in die Schuhe geraten.

Laufhosen
Sie sollten größtmögliche Bewegungsfreiheit bieten, gleichzeitig aber eng anliegen, um ein Wundreiben zu verhindern.

Laufschuhe
Sie müssen strapazierfähig wie auch komfortabel sein.

Sonnenschutz
Eines der größten Probleme bei den Läufen ist die lange Zeit, die die Läufer der Sonnenstrahlung ausgesetzt sind. Ein hoher Lichtschutzfaktor ist daher notwendig.

WO LAUFEN SIE DENN?

Ultramarathons werden auf der Bahn, auf Straßen, unbefestigten Wegen oder auch im Gelände gelaufen. Einige sind reine Ausdauertests, andere bieten weitere Herausforderungen. So führt der 215 km lange »Badwater Ultramarathon« mit einem Höhenunterschied von 2600 m durch das Death Valley in Kalifornien. Teilnehmer der »Four Deserts Series« müssen 250-km-Rennen durch die Wüsten Sahara, Gobi und Atakama absolvieren, bevor sie am letzten Rennen teilnehmen dürfen – durch die Antarktis!

ÜBERBLICK

Extremläufe, auch Ultraläufe genannt, gibt es in verschiedenen Varianten. Am beliebtesten sind Ultramarathons, die über mehr als die traditionellen 42 km und oftmals durch extremes Gelände führen. Die Laufwettbewerbe gehen über feste Distanzen, wie etwa 50 km, oder festgesetzte Zeiträume, wie etwa 24 Stunden, drei Tage oder auch sechs Tage.

ULTRA-RUNNING

SPORTLERPROFIL

Wichtigste Voraussetzung sind mentales und körperliches Durchhaltevermögen. Lange Trainingseinheiten unter härtesten Bedingungen trainieren Herz und Muskeln. Das Mitführen von Gewichten baut zusätzlich Kraft auf. Das Training der mentalen Stärke ist schwieriger, aber ohne sie wird auch der trainierteste Läufer nicht durchhalten.

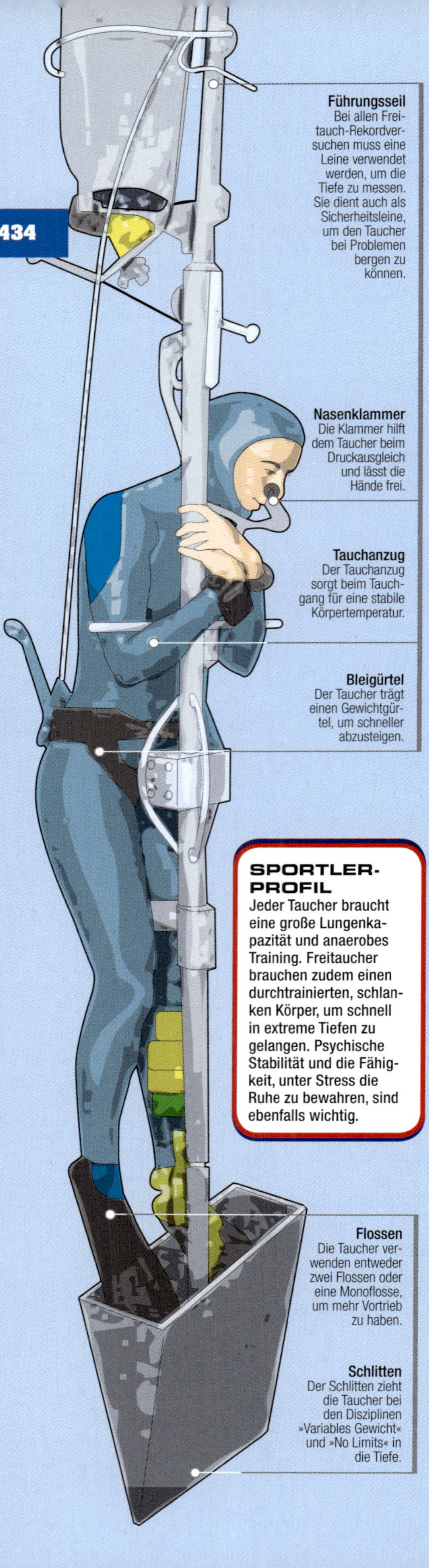

Führungsseil
Bei allen Freitauch-Rekordversuchen muss eine Leine verwendet werden, um die Tiefe zu messen. Sie dient auch als Sicherheitsleine, um den Taucher bei Problemen bergen zu können.

Nasenklammer
Die Klammer hilft dem Taucher beim Druckausgleich und lässt die Hände frei.

Tauchanzug
Der Tauchanzug sorgt beim Tauchgang für eine stabile Körpertemperatur.

Bleigürtel
Der Taucher trägt einen Gewichtgürtel, um schneller abzusteigen.

Flossen
Die Taucher verwenden entweder zwei Flossen oder eine Monoflosse, um mehr Vortrieb zu haben.

Schlitten
Der Schlitten zieht die Taucher bei den Disziplinen »Variables Gewicht« und »No Limits« in die Tiefe.

SPORTLER-PROFIL

Jeder Taucher braucht eine große Lungenkapazität und anaerobes Training. Freitaucher brauchen zudem einen durchtrainierten, schlanken Körper, um schnell in extreme Tiefen zu gelangen. Psychische Stabilität und die Fähigkeit, unter Stress die Ruhe zu bewahren, sind ebenfalls wichtig.

ÜBERBLICK

Frei- oder Apnoetauchen ist ein gefährlicher Sport, bei dem die Taucher versuchen, nur mit dem eigenen Atem im offenen Meer oder in einem Becken große Tiefen, Zeiten oder Strecken zu tauchen. Dabei setzen sie sich auf der Jagd nach immer neuen Rekorden und Extremen großen Gefahren, wie Bewusstlosigkeit und Ertrinken, aus. Freitauchen basiert als Sport auf Einzelleistungen in Disziplinen, die entweder als Rekordversuch oder Wettbewerb um die beste Individualleistung ausgeübt werden.

FREITAUCHEN

TAUCHDISZIPLINEN

Es gibt fünf Tieftauchdisziplinen, die vom Internationalen Verband zur Förderung des Apnoetauchens (AIDA) anerkannt sind. Konstantes Gewicht mit Flossen ist die verbreitetste Disziplin, bei der der Taucher mithilfe von Flossen und einem bestimmten Gewicht absteigt. Konstantes Gewicht ohne Flossen ist die schwierigste Tieftauchvariante, die nach den gleichen Regeln wie konstantes Gewicht mit Flossen, nur ohne Tauchhilfen, ausgeführt wird. Bei der Disziplin »Free Immersion« ziehen sich die Taucher selbst an einer Führungsleine in die Tiefe und wieder hinauf. Bei den Varianten mit variablem Gewicht nutzt der Taucher einen gewichteten Schlitten zum Abstieg und seine eigene Kraft zum Aufstieg, indem er schwimmt oder eine Führleine benutzt. »No Limits« ist die ultimative Disziplin, bei der der Taucher mit einem Schlitten ab- und einer Methode seiner Wahl wieder aufsteigt.

POOL-DISZIPLINEN

Es gibt drei anerkannte Pooldisziplinen, von denen zwei in einem Pool mit mindestens 25 m Länge stattfinden müssen. Beim Streckentauchen muss die größte Distanz unter Wasser erreicht werden. Es gibt zwei Kategorien: mit und ohne Flossen. Bei der dritten Disziplin, Zeittauchen, muss möglichst lange die Luft angehalten werden.

FAKTEN

- **An der ersten Freitauch-WM 1996 nahmen Teams aus Deutschland, Belgien, Kolumbien, Spanien, Frankreich und (der letztliche Sieger) Italien teil.**
- **Der aktuelle Weltrekord im No Limits steht bei atemberaubenden 214 m, aufgestellt vom Österreicher Herbert Nitsch.**

»IM RAUSCH DER TIEFE«

Dem Freitauchen wurde mit dem Film »Im Rausch der Tiefe« von 1988 ein Denkmal gesetzt. Erzählt wird die Geschichte der realen Rivalität zwischen zwei berühmten Freitauchern: dem Franzosen Jacques Mayol und dem Italiener Enzo Maiorca.

TRAINING

Freitaucher trainieren sowohl im als auch außerhalb des Wassers. Eine Übung an Land ist der »Apnoegang«, bei dem der Taucher kurz (meist eine Minute) im Ruhezustand die Luft anhält und anschließend ebenfalls bei angehaltener Luft umherläuft. Mit dieser Methode gewöhnt er seine Muskeln an anaerobe (»luftlose«) Bedingungen.

INSIDER-STORY

Jacques Mayol und Enzo Maiorca waren eine große Inspiration für die gesamte Freitauchszene. Die beiden Taucher brachen immer wieder den Rekord des jeweils anderen und steigerten damit in den 1960ern und 1970ern das öffentliche Interesse am Freitauchen. 1976 stieg Mayol als erster auf 100 m ab. Maiorca hielt zwischen 1960 und 1974 13 Weltrekorde. 1983 tauchte der inzwischen 56-jährige Mayol auf 105 m.

KLIPPENSPRINGEN

ÜBERBLICK

Das von der World High Diving Federation (WHDF) als »die akrobatische Perfektion des Ins-Wasser-Springens« bezeichnete Klippenspringen ist ein äußerst riskanter Sport, bei dem die Sportler von einer hohen Klippe springen und auf dem Weg ins Wasser komplizierte Kombinationen aus Schrauben und Salti zeigen. Für die Ausführung gelten strenge Kriterien, die von mehreren Punktrichtern bewertet werden.

Beinstellung
Öffnet der Taucher im Sprung die Beine, um die Balance zu halten, können ihm Punkte abgezogen werden.
Kopf voran?
Die Springer tauchen in der Regel nicht mit dem Kopf zuerst ins Wasser ein, sondern landen mit den Füßen voran.
Körperkraft
Die Springer müssen viel Kraft aufbringen, wollen sie beim Eintauchen senkrecht bleiben, um möglichst wenig Spritzer zu erzeugen.

AUSTRAGUNGSORTE

Um Wettbewerbe im Klippenspringen austragen zu können, braucht es eine steile Klippenwand und Wasser mit einer Mindesttiefe von 5 m. Die vorgeschriebenen Standardhöhen betragen für Männer 23–28 m und für Frauen 18–23 m. Bei internationalen Turnieren steht die Sprungplattform meist 1 m über die Klippenkante hinaus, während bei nationalen Wettbewerben in der Regel direkt von der Kante gesprungen wird.

KOMBINATIONEN

Um die maximale Punktzahl zu erreichen, muss jeder Springer komplizierte Kombinationen aus Salti und Schrauben zeigen. Wichtig für den Erfolg sind Höhe, Winkel, Schwung und Position des Absprungs, die deutliche Ausführung der angekündigten Figuren, wie gehechtet, gehockt oder Spagat, und die Spritzermenge beim Eintauchen ins Wasser.

SPORTLER-PROFIL

Klippenspringer sind Sportler mit außergewöhnlicher Körperbeherrschung. Sie haben durchtrainierte Körper, die es ihnen erlauben, in den drei Sekunden des Sprungs schwierige Manöver auszuführen.

FAKTEN

- **Die erste WHDF-Weltmeisterschaft fand 1997 in der Schweiz statt. Sieger war Dustin Webster aus den USA mit einer Gesamtpunktzahl von 248,04.**
- **Ein Klippenspringer tritt mit einer Geschwindigkeit von 75 bis 100 km/h ins Wasser ein und entwickelt dabei neunmal mehr Wucht als ein Springer vom normalen 10-m-Brett.**
- **Die höchste Punktzahl, die je für einen Sprung vergeben wurde, ist 168,0: Sie wurde 2006 von dem Russen Artem Silchenko bei einem internationalen WHDF-Springen mit einem dreifachen Salto mit zwei Schrauben erzielt.**

EIN PERFEKTER TAG

Der Kolumbianer Orlando Duque, der als einer der elegantesten Klippenspringer aller Zeiten gilt, zeigte bei der WHDF-Weltmeisterschaft 2000 in Kaunolu auf Hawaii den perfekten Sprung. Duque ersprang sich auf dem Weg zum Weltmeistertitel mit einem doppelten Rückwärtssalto mit vier Schrauben eine perfekte »10« von allen sieben Punktrichtern. Dieser Sieg war der erste von drei Weltmeistertiteln in Folge zwischen 2000 und 2002.

PUNKTWERTUNG

Ein Standard-Wettkampf besteht aus drei Runden, wobei jeder Springer einen Sprung pro Runde hat. Jeder Sprung wird von fünf Punktrichtern mit maximal zehn Punkten gewertet. Das beste und das schlechteste Ergebnis werden gestrichen und die Summe der drei übrigen Wertungen mit dem Schwierigkeitsgrad der Sprünge multipliziert. Der Schwierigkeitsgrad ergibt sich aus der Summe der vorgegebenen Punktzahlen für fünf Kategorien: Absprung, Salti, Schrauben, Anzahl der Stellungen im Flug und Eintauchen. Sieger ist der Springer, der nach drei Runden die meisten Punkte hat.

INSIDER-STORY

König Kahekili (1710–1794), der letzte unabhängige König von Maui, war für *lele kawa* bekannt: »das Springen von hohen Klippen und Eintauchen mit den Füßen voran ohne einen Spritzer«. Eine Generation später begannen die Hawaiianer, *lele kawa* als Sport zu betreiben und den Stil der Sprünge und das Eintauchen zu bewerten.

DIE WHDF

Die World High Diving Federation (WHDF) wurde 1996 gegründet. Ihr Hauptquartier liegt im schweizerischen Avegno. Sie ist zurzeit der internationale Dachverband der Klippenspringer.

FREERIDE MOUNTAIN-BIKING

FAKTEN

- **Spitzenveranstaltung des Sports ist die »Red Bull Rampage«, die von 2001–2013 acht Mal in Virgin, Utah in den USA abgehalten wurde.**
- **2004 lockte das »Monster Park Slopestyle-Turnier« in Dana Park, Kalifornien mehr als 6000 Zuschauer an.**

ÜBERBLICK

Genau wie Freeride Snowboarding und Freeskiing umfasst Freeride Mountainbiking eine Reihe von Fahrstilen, die alle unter einem gemeinsamen Aspekt zusammengefasst sind: grenzenloses Fahren. Bikes mit besserer Federung erlauben heute längere und schnellere Abfahrten, weitere Sprünge und immer extremere Routen.

Rundumschutz
Ein Integralhelm schützt bei einem Sturz Kopf und Gesicht.

Gangschaltung
Die meisten Freeride Bikes haben nur neun Gänge. Normale Mountainbikes haben 27.

FREERIDE BIKES
Vollgefederte Fahrräder ermöglichen heute hohe Geschwindigkeiten und können Hindernisse jeder Größe und Form überwinden.

Protektoren
Die Fahrer tragen Handschuhe und gepolsterte Protektoren vor allem an Knien und Ellenbogen. Sie schützen bei Stürzen.

Aluminiumrahmen
Freeride Bikes sind mit 14–20 kg nicht gerade die leichtesten Räder.

Flache Pedale
Leichte, robuste Leichtmetallpedale bieten eine stabile Plattform.

Lange Federwege
Die meisten Federungen haben vorne und hinten rund 23 cm Federweg.

Robuste Reifen
Die auf große Belastungen ausgelegten Reifen haben eine Lauffläche, die tiefe Schräglagen ermöglicht.

LUFTSPRÜNGE

Beim Freeriding vollführen die Fahrer im natürlichen Gelände oder auf Stadtkursen spontane Sprünge und Tricks, was einem organisierten Wettbewerb nicht unbedingt entgegenkommt. Die Spitzenveranstaltungen sind reine Einladungsturniere, bei denen die besten Freerider um Geld und Punkte für Schwierigkeit, Schnelligkeit, Flüssigkeit, Tricks und Stil konkurrieren. Ein solches Turnier ist die »Red Bull Rampage«, die auf steilen Bergrücken stattfindet. Auch künstlich angelegte Stadtparcours erfreuen sich zunehmender Beliebtheit.

NORTH SHORE STIL

Ein Ableger des Freeriding ist der »North Shore Stil«, benannt nach dem Viertel von Vancouver, wo er entstand. Bei diesem Stil fährt man über Holzstege, die ursprünglich angelegt wurden, um dicht bewachsenen Waldboden überqueren zu können. Mittlerweile fahren die Fahrer über schmale Bretter, Baumstämme, Rampen und Abhänge und sogar über massive Schaukelbalken. Der Einfluss des North-Shore-Stils findet sich mittlerweile auch im Mainstream-Freeriding wieder, wo in viele Wettbewerbe Holzelemente eingebaut werden.

SPORTLERPROFIL

Die Fahrer brauchen viel Kraft, eine große Lungenkapazität und fahrtechnisches Können – vor allem Sprungtechnik, einen Blick für die richtige Linie sowie Timing. Außerdem benötigen sie Selbstvertrauen und müssen ihr Fahrrad beherrschen. Ein Fehler führt schnell zu Knochenbrüchen.

Anlauf
Beim Anlauf auf den Sprung bremst der Fahrer und schwingt das Hinterrad herum.

Drehung
Wenn der Fahrer über die Kante springt, rotiert das Bike bereits und hört während des ganzen Sprungs nicht damit auf.

Landeanflug
Der Fahrer muss die Kontrolle über das rotierende und sinkende Bike behalten.

360-GRAD-DOWNHILL-JUMP
Als genüge es nicht, über bis zu 9 m hohe Felskanten zu springen, legen die Spitzenfahrer auch noch einen Flugstunt ein – und landen anschließend wohlbehalten wieder auf dem Erdboden.

Landung
Der Fahrer muss sein Gewicht über dem Hinterrad halten, damit es als erstes den Boden berührt. Stoßdämpfer vorne und hinten fangen den Aufprall auf.

FAKTEN

- Strandsegeln als Wettkampfsport ist vor allem in Europa und Nordamerika populär. Frankreich und Belgien beherrschten bei den Weltmeisterschaften 2006 im französischen Le Touquet den Medaillenspiegel.
- Der weltweite Dachverband FISLY (Fédération Internationale de Sand et Land Yachting) organisiert alle zwei Jahre die Austragung von Weltmeisterschaften.

REGELN ZUM SEGELN

Die Fahrer dürfen mit ihren Wagen andere weder behindern noch berühren. Steuern zwei Wagen auf sich kreuzenden Kursen, hat der von rechts kommende Vorfahrt – der andere muss bremsen oder ausweichen. Ein überholender Wagen darf den langsameren nicht abdrängen – der Überholte darf seinerseits den schnelleren nicht behindern.

STARTFLAGGE
Das Rennen beginnt, sobald die rote Flagge an der Startlinie gesenkt wird.

WENDEMARKE
Der Rennkurs ist mit Flaggen markiert, die die Wendepunkte für die Wagen anzeigen.

ZIELFLAGGE
Die karierte Flagge signalisiert das Ende des Rennens, sobald der erste Wagen über die Ziellinie fährt.

GEEIGNETE RENNSTRECKEN

Zum Strandsegeln braucht man zwei Dinge: eine große, relativ flache Ebene und Wind. Sind diese beiden Voraussetzungen erfüllt, kann man auch Rennen fahren. Geeignet sind Strände, Salzseen, gefrorene Seen (dann mit Kufen statt mit Rädern) und ehemalige Flugplätze. Beliebte Wettkampfstrecken sind De Panne (Belgien), Le Touquet (Frankreich), Terschelling (Niederlande) und der ausgetrocknete See von Ivanpah/Nevada (USA). Die Rennen finden normalerweise auf mit Wendemarken (rot-weiße Flaggen) abgesteckten Rundkursen statt. Der Abstand zwischen den Wendemarken muss mindestens 2 km betragen. Hindernisse müssen deutlich mit Pylonen gekennzeichnet sein.

ÜBERBLICK

Die Fahrer segeln in dreirädrigen, windgetriebenen Wagen über große, ebene Flächen. Sie liegen dabei im Wagen und steuern mit Pedalen oder Hebeln. Indem er die Segelstellung verändert, kann ein erfahrener Fahrer um ein Vielfaches schneller sein als die vorherrschende Windgeschwindigkeit. Da die Wagen öfter kentern, ist der Sport nicht ungefährlich, zumal es keine Bremsen gibt.

STRAND-SEGELN

SCHNELL WIE EINE RASENDE ... ENTE?

Der amerikanische Fahrer Bob Schumacher erreichte in seinem ein wenig unpassend »Iron Duck« (»Eiserne Ente«) getauften Wagen am 20. März 1999 auf einem ausgetrockneten See in den USA 187,7 km/h. Das war der Weltrekord für Segelfahrzeuge auf dem Land, bis Richard Jenkins mit »Greenbird« am 26. März 2009 mit 202,9 km/h einen neuen Rekord aufstellte.

WAGENKLASSEN

Bei Strandsegel-Wettbewerben sind verschiedene Klassen von Fahrzeugen zugelassen:

KLASSE II Die größte Klasse mit Fiberglasrumpf, flügelförmigem, bis 8 m hohem Segel und hölzerner Hinterachse. Nicht immer die schnellsten Wagen. Werden hauptsächlich in Europa gefahren.

KLASSE III Optisch der Klasse II ähnlich, aber kleiner. Die beliebteste Wagenklasse, die Geschwindigkeiten von 110 km/h und mehr erreichen kann.

KLASSE V Kleiner als die Klassen II und III. Der Fahrer liegt in einem Fiberglassitz in einem Stahl- oder Aluminiumrohrrahmen statt in einem geschlossenen Rumpf.

STANDARD Standard-Wagen sind der Klasse V ähnlich, nur dass alle Wagen identisch sind, damit kein Fahrer sich einen technologischen Vorsprung verschaffen kann. In Standard-Wagen können die Fahrer ihr fahrerisches Können direkt vergleichen.

SPORTLERPROFIL

Die Fahrer müssen über solide Segelkenntnisse verfügen, um den Wind nutzen zu können. Erfahrene Segler sind hier im Vorteil. Außerdem müssen sie sich der Bodenbeschaffenheit und der Position anderer Wagen bewusst sein. Blitzschnelle Reflexe, Kraft, Konzentration und Mut sind ebenfalls wichtig.

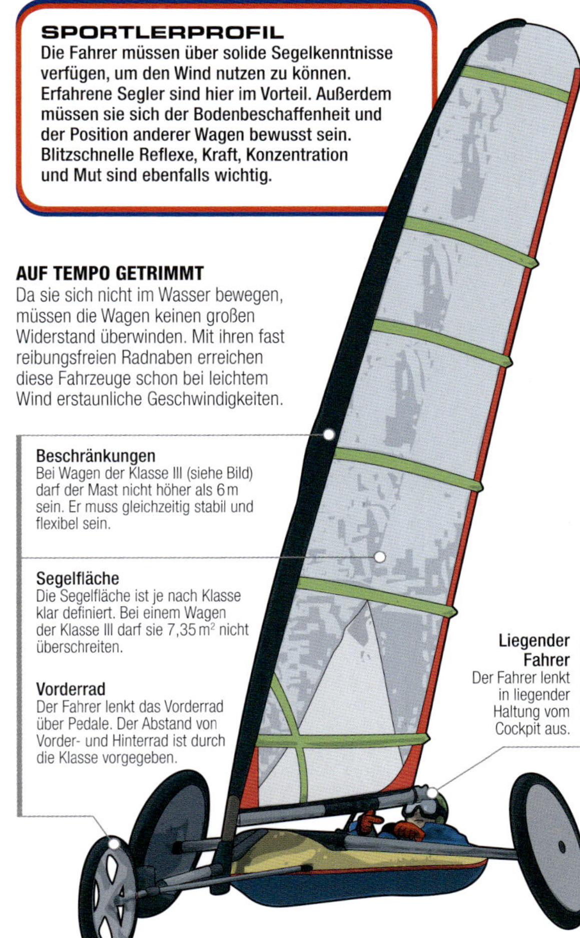

AUF TEMPO GETRIMMT
Da sie sich nicht im Wasser bewegen, müssen die Wagen keinen großen Widerstand überwinden. Mit ihren fast reibungsfreien Radnaben erreichen diese Fahrzeuge schon bei leichtem Wind erstaunliche Geschwindigkeiten.

Beschränkungen
Bei Wagen der Klasse III (siehe Bild) darf der Mast nicht höher als 6 m sein. Er muss gleichzeitig stabil und flexibel sein.

Segelfläche
Die Segelfläche ist je nach Klasse klar definiert. Bei einem Wagen der Klasse III darf sie 7,35 m² nicht überschreiten.

Vorderrad
Der Fahrer lenkt das Vorderrad über Pedale. Der Abstand von Vorder- und Hinterrad ist durch die Klasse vorgegeben.

Liegender Fahrer
Der Fahrer lenkt in liegender Haltung vom Cockpit aus.

WILDWASSER-RAFTING

ÜBERBLICK

Wildwasser-Rafting, oder kurz nur Rafting, ist eine aufregende und manchmal gefährliche Freizeit- und Wettkampfsportart. Eine kleine Crew rudert dabei mit Paddeln oder Riemen in Schlauchbooten oder Flößen aufgewühlte Flussstrecken entlang. Sportvereine und kommerzielle Anbieter bieten Abenteuer-Touren für Teilnehmer aller Altersstufen auf entlegenen Flüssen und Stromschnellen in aller Welt an. Erfahrene Rafter nehmen an nationalen, kontinentalen und internationalen Wettkämpfen wie den World Rafting Championships (der WM) teil.

UNTERSCHIEDLICHE RAFTS

Am häufigsten werden Flöße oder Boote mit Paddeln verwendet, um durch die schäumenden Wasser von Stromschnellen zu navigieren. Boote mit Riemen sind seltener, meist schwerer und stabiler als Paddelboote. Eine weitere Bootsvariante ist das Catacraft aus zwei Schwimmpontons, die mit einem Metallrahmen verbunden sind und von einer zweiköpfigen Crew mit Paddeln gesteuert werden.

RAFTING-WELTMEISTERSCHAFTEN

All zwei Jahre organisiert die International Rafting Federation die World Rafting Championships (WRC) für Männer und Frauen. Teams aus je sechs Raftern müssen in den Disziplinen Sprint, Slalom und Abfahrt (Downhill) Punkte sammeln. Der Sprint ist eine reißende Kurzstrecke, der Slalom besteht aus 12 Stromabwärts- und Stromaufwärtstoren, und die Abfahrt führt fast eine Stunde den Fluss hinab.

FAKTEN

- Wildwasser-Rafting wurde in den 1970er-Jahren immer beliebter, nachdem der Slalomwettbewerb im Kanu 1972 in München olympisch wurde.
- Bei den Weltmeisterschaften 2011 gewann das japanische Team den Titel sowohl bei den Frauen als auch bei den Herren.

WILDWASSER-KLASSEN

Wildwasserwege werden nach einer internationalen Skala in verschiedene Schwierigkeitsgrade unterteilt, vom ruhigen Wasser der Klasse I bis zum extremen Wasser der Klasse VI, das nur von Experten bewältigt werden kann. Klasse II und III haben leichte Stromschnellen, Klasse IV viele Stromschnellen, Klasse V ist nur für geübte Rafter, da die Strecke versteckte Hindernisse und Risiken enthält.

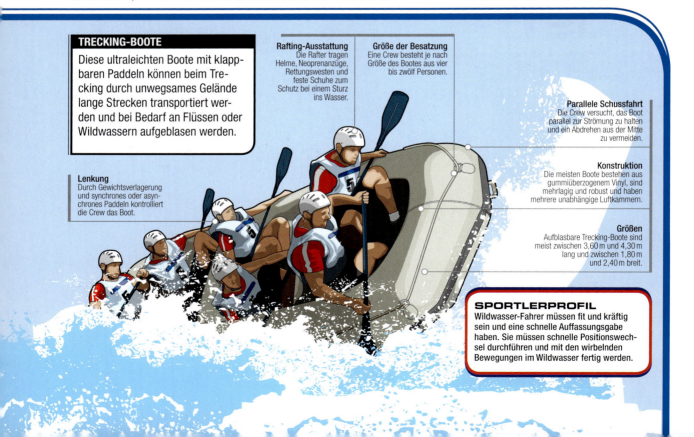

TRECKING-BOOTE

Diese ultraleichten Boote mit klappbaren Paddeln können beim Trecking durch unwegsames Gelände lange Strecken transportiert werden und bei Bedarf an Flüssen oder Wildwassern aufgeblasen werden.

Rafting-Ausstattung
Die Rafter tragen Helme, Neoprenanzüge, Rettungswesten und feste Schuhe zum Schutz bei einem Sturz ins Wasser.

Größe der Besatzung
Eine Crew besteht je nach Größe des Bootes aus vier bis zwölf Personen.

Parallele Schussfahrt
Die Crew versucht, das Boot parallel zur Strömung zu halten und ein Abdrehen aus der Mitte zu vermeiden.

Lenkung
Durch Gewichtsverlagerung und synchrones oder asynchrones Paddeln kontrolliert die Crew das Boot.

Konstruktion
Die meisten Boote bestehen aus gummiüberzogenem Vinyl, sind mehrlagig und robust und haben mehrere unabhängige Luftkammern.

Größen
Aufblasbare Trecking-Boote sind meist zwischen 3,60 m und 4,30 m lang und zwischen 1,80 m und 2,40 m breit.

SPORTLERPROFIL

Wildwasser-Fahrer müssen fit und kräftig sein und eine schnelle Auffassungsgabe haben. Sie müssen schnelle Positionswechsel durchführen und mit den wirbelnden Bewegungen im Wildwasser fertig werden.

FAKTEN

- Der Triathlon beinhaltet eine Freiwasser-Schwimmstrecke von 1,5 km.
- Das 10-km-Freiwasserschwimmen war bei den Spielen 2008 in Peking erstmals olympische Wettkampfdisziplin.
- Bei den 10 km der Frauen in London trennte die erstplatzierte Éva Risztov und Haley Anderson auf dem zweiten Platz weniger als 1 Sekunde.

GEWUSST?

5 Zahl der Ozeane (Atlantischer, Arktischer, Indischer, Pazifischer und Südlicher Ozean), in denen der Brite Lewis Gordon Pugh bereits Langstrecken geschwommen ist. Er ist der Erste, dem dies gelungen ist.

66 So viele Tage benötigte der Slowene Martin Strel 2007 für das Durchschwimmen des Amazonas von Atalaya in Peru bis nach Belem in Brasilien, wobei er mit 5268 km einen neuen Langstrecken-Weltrekord aufstellte.

3.082 So oft ist der Ärmelkanal bis Juni 2014 schwimmend durchquert worden. Die durchschnittliche Zeit lag bei 13,5 Stunden. Der an der schmalsten Stelle ca. 33 km breite Kanal gilt aufgrund von Tide, Wind und Schiffsaufkommen als »Mount Everest des Freiwasserschwimmens«.

42 Die Anzahl der Schwimmerinnen aus 25 Nationen, die 2007 im australischen Melbourne am 10-km-Rennen der Damen bei den 12. FINA-Weltmeisterschaften teilnahmen.

WETTKÄMPFE

Ausdauerschwimmer treten bei Schwimmen über verschiedene Distanzen, wie etwa 5 km, 10 km oder 25 km, gegeneinander an. Andere Wettkämpfe gehen über festgesetzte Zeiträume von einer Stunde oder mehr. Die Fédération Internationale de Natation (FINA) richtet Wettkämpfe für Männer und Frauen aus, wie etwa die Weltmeisterschaften, die Freiwasser-Weltmeisterschaften und den Marathon-Weltcup, der aus mehreren Rennen über 10 km besteht. Beim Freiwasserschwimmen wird jeder einzelne Teilnehmer von einem Beiboot mit einem Jurymitglied und einem Teammitglied begleitet, das Ratschläge gibt und die Verfassung des Schwimmers überwacht.

ÜBERBLICK

Ausdauerschwimmer treten im Freistil über lange Distanzen in Flüssen, Seen oder im Meer an. Es gibt auch Wettkämpfe in Schwimmbädern oder künstlichen Gewässern. Wettkämpfe finden auf lokaler, nationaler und internationaler Ebene statt, wie etwa die zweijährig ausgetragenen Weltmeisterschaften. Die Schwimmer setzen sich aber auch oft das Ziel, ein bestimmtes Gewässer, wie etwa den Ärmelkanal, zu durchqueren.

WETTKÄMPFE IM FREIWASSER

Viele Ausdauerschwimmer nehmen an Freiwasserwettbewerben, wie etwa dem »Rottnest Channel Swim« über 20 km im australischen Perth oder an den Marathon-Bahnschwimmen in den Niederlanden, teil. Andere stellen sich mutig ganz besonderen Herausforderungen im Freiwasser, wie etwa die Amerikanerin Lynn Cox, die als erster Mensch die Beringstraße zwischen Alaska und Russland durchquerte. Zudem schwamm sie 1,7 km im Südpolarmeer.

FLUCHT VON ALCATRAZ

Die Strecke von der Insel Alcatraz zur Küste von San Francisco ist eine beliebte Herausforderung, die einige beherzte Schwimmer schon mehr als 100-mal bewältigt haben.

AUSDAUER-SCHWIMMEN

Helle Badekappe Eine helle Badekappe ist weithin gut sichtbar und für Jury und Sicherheitskräfte leicht auszumachen.

Schwimmbrille Die meisten Schwimmer tragen Schwimmbrillen, manche auch Nasenklemmen und Ohrstöpsel.

Schwimmanzug Viele der Schwimmer tragen Schwimmanzüge, die im Gegensatz zu den Neoprenanzügen bei Tauchern nicht den Auftrieb erhöhen.

SPORTLERPROFIL

Ausdauerschwimmer benötigen eine gute Schwimmtechnik mit langen, weichen und kraftvollen Armzügen in regelmäßigem Rhythmus und gleichmäßigem Tempo. Sie müssen körperlich fit, aber auch mental robust sein und ihren Geist im Wasser stets wach halten. Besonders beim Freiwasserschwimmen müssen sie sicher sein, die Strecke sowie Kälte, Wellen, Strömung und Wind aushalten und bewältigen zu können.

FAKTEN

- In den 1890ern baute und flog Otto Lilienthal in Deutschland die ersten Hängegleiter.
- 1963 baute der australische Elektroingenieur John Dickenson einen tragbaren und lenkfähigen Gleiter. Im gleichen Jahr flog Rod Fuller den Gleiter, indem er sich von einem Motorboot ziehen ließ, und löste einen Trend aus.
- Die Fédération Aéronautique Internationale organisiert und koordiniert weltweit Aktivitäten in den Bereichen Luftfahrt und Raumfahrt und vertritt auch die Hängegleiter. Ihr gehören etwa 100 Nationen der Erde an.

HÄNGEGLEITEN

ÜBERBLICK

Die nur durch Luftströmungen vorangetriebenen Hängegleiter schweben wie Adler über der Landschaft. Die Piloten steuern ihre immer ausgefeilter werdenden Fluggeräte aus Spaß und in Wettbewerben über immer weitere Strecken und in immer größere Höhen.

NUR EIN FLÜGEL

Hängegleiter haben einen dreieckigen Flügel aus Stoff, der über einen manchmal mit Karbon verstärkten Aluminiumrahmen gespannt ist. Der Pilot hängt ausgestreckt liegend in der Mitte unter dem Flügel in einem Geschirr. Das Geschirr ist so aufgehängt, dass er sein Gewicht nach Belieben verlagern und so den Hängegleiter lenken kann.

Reißfester Flügel
Der Flügel besteht aus einem reißfesten Stoff, wie z. B. Mylar.

Auftrieb
Die Form des Flügels erzeugt beim Gleiten einen Auftrieb, genau wie ein Flugzeugflügel.

Rahmen
Der Aluminiumrahmen des Flügels ist gleichzeitig stabil und leicht.

Steuerstange
Der Pilot steuert den Hängegleiter mit der Trapezstange, die am Flügel befestigt ist.

Gestreckte Haltung
Das Geschirr hält den Piloten in einer gestreckten Haltung. Indem er sein Gewicht seitlich oder nach vorne oder hinten verlagert, kann er den Gleiter lenken.

S-LINE 114

Q25

GEWUSST?

8–32 So schnell (in km/h) muss der Wind für ideale Start- und Landebedingungen sein.

16–90 Die Altersspanne der Aktiven beim Hängegleiten. In den USA machen Frauen etwa 10–14 Prozent der Betreiber der Sportart aus.

86 So viele Länder haben Piloten, die im Dachverband, der Fédération Aéronautique Internationale, registriert sind.

INSIDER-STORY

Nationale und internationale Wettbewerbe werden in der ganzen Welt geflogen. Die Veranstaltungen sind nach den Klassen der Fluggeräte – klassische Drachen (Klasse 1) und Starrflügler (Klasse 2) – und nach Einzel- sowie Teamwettbewerben organisiert. Der Strecken-Weltrekord wurde 2012 mit 764 km von Dustin B. Martin aufgestellt.

START & LANDUNG

Normalerweise starten die Hängegleiter durch Anlauf der Piloten. Mit dem Gleiter auf den Schultern laufen sie eine Hügel- oder Bergflanke hinab, bis die Startgeschwindigkeit ausreicht. Die Gleiter können auch von Booten, Autos, Ultraleichtfliegern oder einer Winde angeschleppt werden. Im Flug steuert der Pilot den Hängegleiter per Gewichtsverlagerung durch tragende Luftschichten und über Hänge, an denen Thermalwinde aufsteigen. Zum Landen lenkt er den Gleiter in den Sinkflug und schneidet den Auftrieb ab, indem er den Flügel aufstellt und auf den Füßen landet.

STEIGMESSER

Ein unverzichtbares Instrument ist der Variometer, der die vertikale Geschwindigkeit anzeigt. Er kann akustische Signale geben, die Steig- oder Sinkrate und die Höhe anzeigen. Wenn er weiß, wie schnell er steigt oder sinkt, kann der Pilot gezielt nach Thermiken suchen. Ein eingebautes GPS hilft dem Piloten und den Flugrichtern, im Wettkampf den Kurs zu protokollieren.

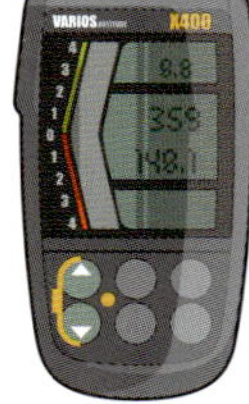

FAKTEN

- Das Gleitschirmfliegen wurde 1985 erfunden, als sich die ersten Flieger von einem Alpenhang in die Luft erhoben.
- 2006 fanden im schweizerischen Villeneuve die ersten Weltmeisterschaften im Gleitschirmfliegen und Hängegleiten statt.

SELBSTENTFALTENDER SCHIRM

Der Gleitschirm ist so konstruiert, dass er sich automatisch mit Luft füllt. Bei schwachem Wind läuft der Pilot mit dem Schirm an, sodass sich die langen, vorne geöffneten und hinten geschlossenen Luftzellen der »Matratze« mit Luft füllen. Bei stärkerem Wind lässt er den Gleitschirm sich wie einen Drachen von selbst aufrichten.

ÜBERBLICK

Als Sport ist Gleitschirmfliegen oder Paragliding dem Hängegleiten sehr ähnlich: Die Piloten bleiben stundenlang in der Luft und konkurrieren in Wettkämpfen. Es gibt aber mehrere Unterschiede. Gleitschirmflieger hängen normalerweise sitzend unter ihrem luftgefüllten Schirm, den sie mit Leinen kontrollieren. Gleitschirme sind leichter, tragbarer und einfacher aufzubauen als Hängegleiter. Allerdings fliegen sie langsamer und niedriger.

PARAGLIDING

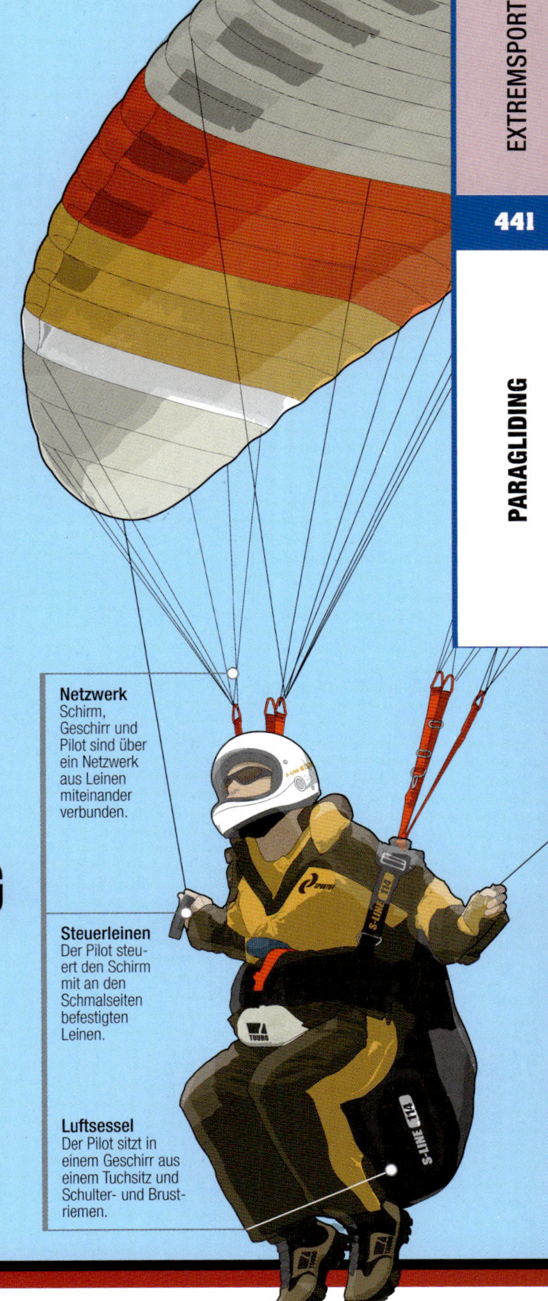

Netzwerk
Schirm, Geschirr und Pilot sind über ein Netzwerk aus Leinen miteinander verbunden.
Steuerleinen
Der Pilot steuert den Schirm mit an den Schmalseiten befestigten Leinen.
Luftsessel
Der Pilot sitzt in einem Geschirr aus einem Tuchsitz und Schulter- und Brustriemen.

PARAHAWKING

In Nepal haben Gleitschirmflieger eine Technik namens Parahawking erfunden, ein faszinierendes Abenteuer, bei dem man mit Milanen, Adlern und Geiern fliegt.

IDEALE FLIEGER

Gleitschirme sind das perfekte Gerät, um auf Luftströmungen zu reiten, seien es nun Thermiken oder Steigwinde. Erfahrene Piloten können im Schnitt drei Stunden in der Luft bleiben und Höhen von 3000 m erreichen. Der Zeitrekord liegt bei 11 Stunden. Die längste je von einem Gleitschirmflieger zurückgelegte Strecke beträgt 502,9 km.

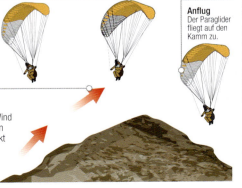

Aufstieg
Der Paraglider steigt auf der Luftströmung auf.

Aufwind
Die Luft steigt an den Flanken auf.

Anflug
Der Paraglider fliegt auf den Kamm zu.

AUFWIND

Auftrieb entsteht, wenn der Wind gegen Hügel oder Bergflanken weht und nach oben abgelenkt wird. Gleitschirmflieger und Hängegleiter nutzen diese schmalen Steigwinde, um länger in der Luft zu bleiben.

INSIDER-STORY

Wie beim Hängegleiten gibt es in aller Welt nationale und internationale Wettbewerbe im Gleitschirmfliegen, bei denen einzeln und in der Mannschaft Weiten, Genauigkeit und Flugmanöver geflogen werden. Hier gilt das Weltranglistensystem (World Pilot Ranking System – WPRS) der Fédération Aéronautique Internationale (FAI). Die 11. FAI-Weltmeisterschaft fand 2009 in El Peñon (Mexiko) statt statt. Der Schweizer Andy Aebi gewann im Cross-Country der Männer, die Französin Elisa Houdry im Cross-Country der Frauen. Die erste Asien-Meisterschaft, die FIA Asian Paragliding Championship, fand 2004 in Korea statt.

ÜBERBLICK

Fallschirmsportler springen in großer Höhe aus einem Flugzeug, verbringen eine Zeit lang im freien Fall und öffnen dann ihren Fallschirm, der sie sanft und sicher in der Landezone aufsetzen lässt. Bei Wettbewerben gibt es verschiedene Disziplinen, wie Freestyle, Formationssprung, Skysurfing, Bladerunning und Freeflying.

FALLSCHIRM-SPRINGEN

FAKTEN

- Es gibt weltweit mehr als 1200 Sprungplätze, davon etwa 600 in Europa.
- Springer können auch von Helikoptern und Heißluftballons abspringen.
- Wenn der Hauptfallschirm versagt und sich nicht öffnet, wirft der Springer ihn ab und öffnet den Reserveschirm.

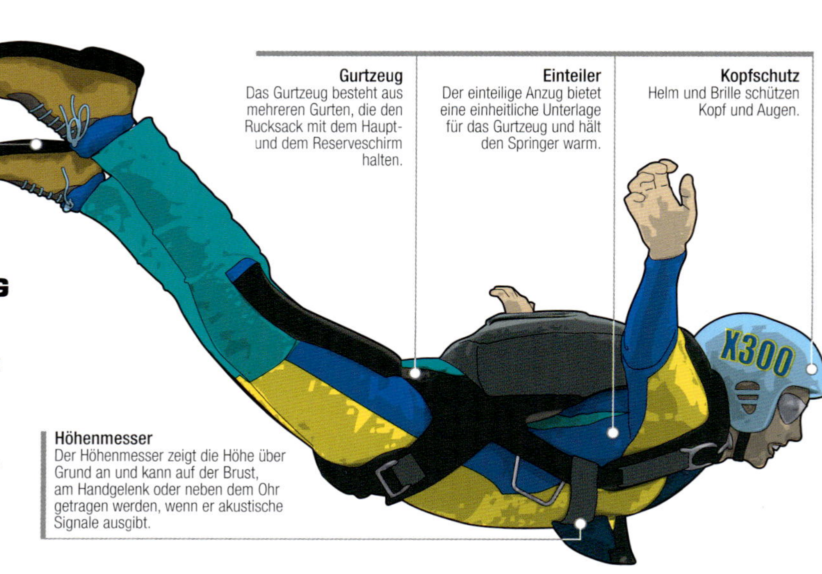

Stabile Stiefel
Fallschirmspringer tragen meist feste Stiefel, die die Fußgelenke bei der Landung stützen, aber leicht genug sind, um die Aerodynamik nicht zu stören.
Gurtzeug
Das Gurtzeug besteht aus mehreren Gurten, die den Rucksack mit dem Haupt- und dem Reserveschirm halten.
Einteiler
Der einteilige Anzug bietet eine einheitliche Unterlage für das Gurtzeug und hält den Springer warm.
Kopfschutz
Helm und Brille schützen Kopf und Augen.
X300
Höhenmesser
Der Höhenmesser zeigt die Höhe über Grund an und kann auf der Brust, am Handgelenk oder neben dem Ohr getragen werden, wenn er akustische Signale ausgibt.

AUF DEM SPRUNG

Fallschirmspringer springen meist aus Flugzeugen und brauchen in der Regel gutes Wetter. Sie starten vom Flugplatz und springen in etwa 4000 m Höhe ab. Sie verbringen eine Zeit im freien Fall, meist mit dem Bauch nach unten, und vollführen manchmal akrobatische Manöver, wie Salti und Schrauben. Schließlich öffnen sie den Fallschirm, sodass er bei etwa 760 m Höhe voll entfaltet ist, und landen in einer vorgesehenen Landezone.

FALLSCHIRME

Ein Fallschirmspringer fällt mit geschlossenem Schirm mit rund 190 km/h. Der Fallschirm, der sich in der Regel von selbst öffnet, ist so konstruiert, dass er diese Belastung aushält. Der Schirm hat Steuerleinen, mit deren Hilfe der Fallschirmspringer seinen Flug lenken und sicher landen kann.

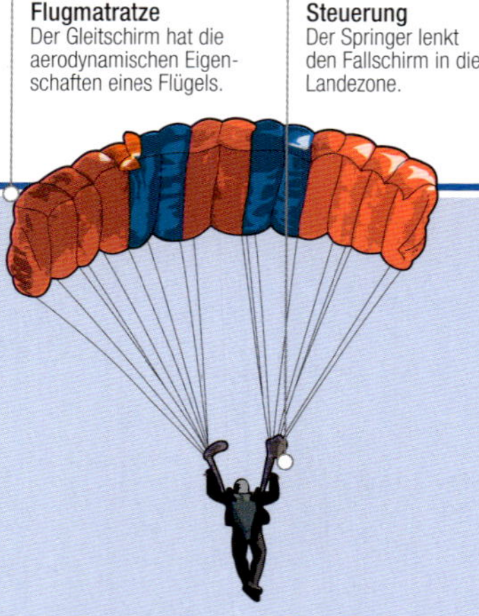

Flugmatratze
Der Gleitschirm hat die aerodynamischen Eigenschaften eines Flügels.
Steuerung
Der Springer lenkt den Fallschirm in die Landezone.

FORMATIONS-SPRINGEN

In der Phase des freien Falls können sich die Fallschirmspringer zu Formationen zusammenfinden (das sogenannte Relativspringen). Sie bleiben manchmal zu Hunderten für einige Sekunden zusammen und bilden in der Luft verschiedenste Muster, die sie zuvor auf dem Boden eingeübt haben. Beim Kappenformationsspringen öffnen die Springer ihre Schirme schon beim Absprung und finden sich dann mit geöffneten Schirmen (»Kappen«) zu ihren Formationen zusammen.

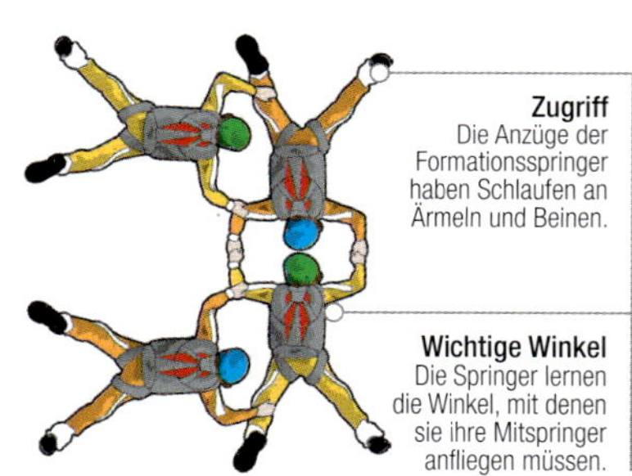

Zugriff
Die Anzüge der Formationsspringer haben Schlaufen an Ärmeln und Beinen.
Wichtige Winkel
Die Springer lernen die Winkel, mit denen sie ihre Mitspringer anfliegen müssen.

ZUSAMMENSCHLUSS
Formationsspringer kommen zu einem festgelegten Bild zusammen. Sie wissen genau, in welchem Winkel sie ihre Mitspringer anfliegen und anfassen müssen und welche Zeichen den nächsten Schritt einleiten.

INSIDER-STORY

Wettbewerbe im Fallschirmspringen werden in den verschiedensten Disziplinen auf internationaler, nationaler und regionaler Ebene abgehalten – von Shows mit Freestyle, Skysurfing und Freeflying bis zum Formations- und Zielspringen. Es gibt Kategorien für Frauen, Männer und Junioren.

DIE INTERNATIONAL PARACHUTING COMMISSION (IPC)

Der Fallschirmsport wird von der International Parachuting Commission geregelt, einer von mehreren Luftsport-Komissionen der Fédération Aéronautique Internationale (FAI). Sie organisiert internationale Meisterschaften und ist für die Bestätigung von Weltrekorden verantwortlich.

Schwalbe
Der Sprung mit ausgebreiteten Armen ist häufig zu sehen.
Kopfschutz
Manche Springer tragen einen Helm, um ihren Kopf zu schützen.
Gurtzeug
Gurte und Netzstoff erlauben einen sicheren und bequemen Sprung.
Freie Arme
Mit den Armen können die Springer Salti und Schrauben steuern.
Beinschlaufen
Die Gurte der Beinschlaufen sind meist an beiden Beinen befestigt – an nur einem Bein befestigt ist das Fluggefühl noch intensiver.
Hoher Anker
Das Bungeeseil ist sicher an einer hohen Plattform befestigt.

FAKTEN

- **Diverse Risikofaktoren verbieten einen Bungee-Sprung. Dazu zählen hoher Blutdruck, Herzbeschwerden, Rückenbeschwerden, Epilepsie, Übergewicht und Schwangerschaft.**
- **Bungeejumping wird weltweit praktiziert, von den USA über viele Länder Europas bis nach Südamerika, Australien, Neuseeland, Indien, Japan und Korea.**

STATISTIK

HÖCHSTE BUNGEE-SPRÜNGE

HÖHE	ORT
321 M	ROYAL GORGE BRIDGE COLORADO, USA
233 M	MACAU TOWER MACAO, CHINA
220 M	VERZASCA-STAUDAMM LOCARNO, SCHWEIZ
216 M	BLOUKRANS RIVERBRIDGE SÜDAFRIKA

BUNGEE-JUMPING

ÜBERBLICK

Bungeejumping ist ein Freizeitspaß, bei dem die Springer sich kopfüber von einer hohen Plattform in die Tiefe stürzen und erst im letzten Augenblick von einem Gummiseil abgebremst werden. Das von vielen als der ultimative Adrenalin-Kick bezeichnete Springen ist bislang kein Wettkampfsport.

HÖHEPUNKTE

Brücken, Heißluftballons, Kräne und Türme sind nur einige Plattformen, die Bungeejumper für ihre Sprünge nutzen. Einige der berühmtesten sind die Bloukrans Rivers Bridge in Südafrika, der Verzasca-Staudamm in der Schweiz und die Kawarau Bridge in Neuseeland. Kommerzielle Anbieter verwenden oft Kräne als mobile Sprungplattformen.

SPRUNG IN DIE TIEFE

Bei einem derart gefährlichen Unterfangen sind absolut zuverlässige Gummiseile unerlässlich. Meist kommen Seile aus mehreren Latexsträngen zum Einsatz, die je nach erforderlicher Streckung und Elastizität ummantelt oder freiliegend sind. Die Springer werden sorgfältig gewogen und mit Gurtzeug gesichert, bevor sie auf die Sprungplattform gehen. Der Sprung dauert nur wenige Sekunden und beinhaltet einige »Rebounds« (Rückschwünge). Das Seil schluckt einen Großteil der Beschleunigungskräfte, sodass der Springer sanft abgebremst wird.

INSIDER-STORY

Inspiriert durch die Landtaucher der Pentecost Islands von Vanuatu, banden sich vier Mitglieder des »Dangerous Sports Club« in Oxford Gummiseile an die Beine und sprangen 1979 von der Clifton Suspension Bridge in Bristol. So läuteten sie die Ära des modernen Bungee-Springens ein.

SICHERHEITSBEWUSSTSEIN

Die Bungee-Klubs in aller Welt sind für ihre Sicherheitsbestimmungen bekannt: Sie haben narrensichere Mechanismen zum Schutz ihrer Springer eingeführt. In einigen Ländern ist der Sport auch reguliert. So gehören die Klubs in Großbritannien der »British Elastic Rope Sports Association« (BERSA) an, die sich um Sicherheit, Training und Lizenzierung kümmert.

REGISTER

C

D

G

H

I

J

K

L

M

N

S

T

NÜTZLICHE WEBSITES

Olympische Spiele
Internationales Olympisches Komitee
www.olympics.org

Leichtathletik
Fédération Internationale
de Gymnastique
www.fig-gymnastics.com

Gewichtheben/Kraftdreikampf
International Weightlifting Federation
www.iwf.net

Fußball
Fédération Internationale de Football Association
www.fifa.com

Basketball
Fédération Internationale de Basketball Amateur
www.fiba.com

American Football
National Football League
www.nfl.com

Rugby Union
International Rugby Board
www.irb.com

Rugby League
Rugby League International Federation
www.rlif.com

Australian Football
Australian Football League
www.afl.com

Cricket
International Cricket Council
www.icc-cricket.com

Baseball
International Baseball Federation
www.baseball.ch

Softball
International Softball Federation
www.internationalsoftball.com

Rounders
National Rounders Association
www.nra-rounders.co.uk

Eishockey
International Ice Hockey Federation
www.iihf.com

Bandy
International Bandy Federation
www.internationalbandy.com

Feldhockey
International Hockey Federation
www.fihockey.org

Unihockey
Deutscher Unihockey-Bund
www.unihockey.de

Lacrosse
International Lacrosse Federation
www.intlaxfed.org

Volleyball
International Volleyball Federation
www.fivb.org

Footvolley
Deutscher Footvolley-Verband
www.foot-volley.de

Sepak Takraw
Sepak Takraw Berlin e.V.
www.sepaktakraw-berlin.de

Netball
International Federation of Netball
Associations
www.netball.org

Handball
International Handball Federation
www.ihf.info

Gaelic Football
Gaelic Athletic Association
www.gaa.ie

Hurling
Gaelic Athletic Association
www.gaa.ie

Shinty
Camanachd Association
www.shinty.com

Dodgeball
International Dodgeball Federation
www.dodge-ball.com

Tauziehen
Tug of War International Federation
www.tugofwar-twif.org

Ultimate
Ultimate Players Association
www.upa.org

Tennis
International Tennis Federation
www.itftennis.com
www.atptennis.com

Real Tennis
International Real Tennis Professional
Association
www.irtpa.com

Soft Tennis
International Soft Tennis Federation
www.jsta.or.jp

Tischtennis
International Table Tennis Federation
www.ittf.com

Badminton
International Badminton Federation
www.internationalbadminton.org

Jian Zi
Deutscher Federfußballbund
www.deutscher-federfussballbund.de

Squash
World Squash Federation
www.worldsquash.org

Racquetball
International Racquetball Federation
www.internationalracquetball.com

Rackets
Paddleball
Tennis and Rackets Association
www.tennisandrackets.com

Eton Fives
Eton Fives Association
www.etonfives.co.uk

Pelota
Federación Internacional de Pelota Vasca
www.fipv.net

Boxen
International Boxing Federation
www.ibf-usba-boxing.com

World Boxing Organisation
www.wbo-int.com

Fechten
Fédération Internationale d'Escrime
www.fie.ch

Judo
International Judo Federation
www.ijf.org

Sumo
International Sumo Federation
www.amateursumo.com

Ringen
Fédération Internationale de
Luttes Associées
www.fila-wrestling.com

Karate
World Karate Federation
www.wkf.net

Kung-Fu
International KungFu Federation
www.internationalkungfu.com

Jiu-Jitsu
International Judo Association
www.ijf.org

Taekwondo
Taekwon-Do International
www.tkd-international.com

Kickboxen
World Kickboxing Network
www.worldkickboxingnetwork.com

World Kickboxing Association
www.worldkickboxingassociation.com

Sambo
Federation International Amateur Sambo
www.sambo.com

Kendo
International Kendo Federation
www.kendo-fik.org

Schwimmen
Fédération Internationale de Natation
www.fina.org

Tauchen
Fédération Internationale de Natation
www.fina.org

Wasserball
Fédération Internationale de Natation
www.fina.org

Synchronschwimmen
Fédération Internationale de Natation
www.fina.org

Unterwassersport
World Underwater Federation
www.cmas.org

Segeln
International Sailing Federation
www.sailing.org

Rudern
International Rowing Federation
www.worldrowing.com

Kajak
International Canoe Federation
www.canoeicf.com

Canadier
International Canoe Federation
www.canoeicf.com

Drachenboot-Rennen
International Dragonboat Federation
ww.idbf.com

Wasserski
International Waterski Federation
www.iwsf.com

Windsurfen
International Windsurfing Association
www.internationalwindsurfing.com

Surfen
International Surfing Association
www.isasurf.org

Association of Surfing Professionals
www.aspworldtour.com

Ski alpin
Fédération Internationale de Ski
www.fis-ski.com

Freestyle-Skiing
Fédération Internationale de Ski
www.fis-ski.com

Snowboard
Fédération Internationale de Ski
www.fis-ski.com

Skilanglauf
Fédération Internationale de Ski
www.fis-ski.com

Skispringen
Fédération Internationale de Ski
www.fis-ski.com

Nordische Kombination
Fédération Internationale de Ski
www.fis-ski.com

Biathlon
International Biathlon Union
www.biathlonworld.com

Bobsport
Fédération Internationale de Bobsleigh et
de Toboganning
www.bobsleigh.com

Rennrodeln
Fédération Internationale de Luge de Course
www.fil-luge.org

Skeleton
Fédération Internationale de Bobsleigh et
de Toboganning
www.bobsleigh.com

Eisschnelllauf
International Skating Union
www.isu.org

Eiskunstlauf
International Skating Union
www.isu.org

Eistanz
International Skating Union
www.isu.org

Golf
International Golf Federation
www.internationalgolffederation.org

PGA
www.pga.com

Krocket
The Croquet Association
www.croquet.org

Curling
World Curling Federation
www.worldcurling.org

Lawn Bowling
The English Bowling Association
www.bowlsengland.com

Pétanque
Fédération Internationale de Pétanque et Jeu
Provençal
www.fipjp.com

Bowling
World Ten Pin Bowling Association
www.wtba.ws

5-Pin-Bowling
Canadian 5-pin Bowler's Association
www.c5pba.ca

Kegeln
Fédération Internationale des Quilleurs
www.fiq.org

World-Ninepin-Bowling-Association
www.wnba-fiq.de

Atlatl
World Atlatl Association
www.worldatlatl.org

Hufeisenwerfen
National Horseshoe Pitching Association
of America
www.horseshoepitching.com

Snooker
World Snooker Association
www.worldsnooker.com

Karambolage
World Pool Billiard Association
www.wpa-pool.com

Pool-Billard
World Eightball Pool Federation
www.wepf.org

Darts
World Darts Federation
www.dartswdf.com

Bogenschießen
International Archery Federation
www.archery.org

Pistolenschießen
International Shooting Sport Federation
www.issf-shooting.org

Wurfscheibenschießen
International Shooting Sport Federation
www.issf-shooting.org

Gewehrschießen
International Shooting Sport Federation
www.issf-shooting.org

BMX
Union Cycliste Internationale
www.uci.ch

Bahnradsport
Union Cycliste Internationale
www.uci.ch

Straßenradsport
Union Cycliste Internationale
www.uci.ch

Mountainbike
International Mountain Bicycling Association
www.imba.com

Inlineskating
International Rollersports Federation
www.rollersports.org

Rollhockey
International Rollersports Federation
www.rollersports.org

Skateboard
www.gravity-sports.com

Formel 1
Fédération Internationale de l'Automobile
www.fia.com

Indy Car Racing
Fédération Internationale de l'Automobile
www.fia.com

GP2
Fédération Internationale de l'Automobile
www.fia.com

Tourenwagenrennen
Fédération Internationale de l'Automobile
www.fia.com

Drag-Rennen
International Hot Rod Association
www.ihra.com

Kartsport
International Kart Federation
www.ikfkarting.com

Stock Car Racing
National Association for Stock Car Auto Racing
www.nascar.com

Off-Road-Rallye
Fédération Internationale de l'Automobile
www.fia.com

Truck-Rennen
British Truck Racing Association
www.btra.org

Rallyesport
Fédération Internationale de l'Automobile
www.fia.com

Motorradrennen
Fédération Internationale de Motocyclisme
www.fim.ch

Motocross
Fédération Internationale de Motocyclisme
www.fim.ch

Powerboat-Rennen
Union Internationale Motonautique
www.uimpowerboating.com

Luftrennen
Fédération Aéronautique Internationale
www.fai.org

Schneemobilrennen
Powersports Entertainment
www.powersportstour.com

Pferderennen
Fédération Internationale des Autorités Hippiques de Courses au Galop
www.horseracingintfed.com

Dressurreiten
Fédération Equestre Internationale
www.horsesport.org

Military/Vielseitigkeit/Cours Complet (CC)
Fédérationa Equestre Internationale
www.horsesport.org

Springreiten
Fédération Equestre Internationale
www.horsesport.org

Polo
Federation of International Polo
www.fippolo.com

Hurlingham Polo Association
www.hpa-polo.co.uk

Windhundrennen
British Greyhound Racing Board
www.thedogs.co.uk

Trabrennen
Internetpräsenz des deutschen Trabrennsports
www.trabrennsport.de

Rodeo
Rodeo America
www.rodeo-america.de

Horseball
Fédération Internationale de Horseball
www.fihb-horseball.org

Kutschenrennen
Fédération Equestre Internationale
www.horsesport.org

Kamelrennen
Imparja Camel Cup Committee
www.camelcup.com.au

Hundeschlittenrennen
International Federation of Sleddog Sports
www.sleddogsport.com

International Sled Dog Racing Association
www.isdra.org

Straßenrodeln
Gravity Sports International
www.gravitysportsinternational.com

Parkour
www.parkour.de

Extremklettern
Union Internationale des Associations d'Alpinisme
www.uiaa.com

Ultra-Running
International Association of Ultra Runners
www.iau.org.tw

Freitauchen
AIDA-International
www.aida-international.org

Klippenspringen
World High Diving Federation
www.whdf.com

Freeride Mountainbiking
International Mountain Bicycling Association
www.imba.com

Strandsegeln
Fédération Internationale de Sand et Land Yachting
www.fisly.org

Wildwasser-Rafting
International Rafting Federation
www.intraftfed.com

Ausdauerschwimmen
Fédération Internationale de Natation
www.fina.org

Hängegleiten
Fédération Aéronautique Internationale
www.fai.org

Paragliding
Fédération Aéronautique Internationale
www.fai.org

Fallschirmspringen
Fédération Aéronautique Internationale
www.fai.org

Bungeejumping
www.bungeezone.com/clubs

DANK

Dorling Kindersley möchte sich bei den folgenden Personen für ihre Unterstützung und Mitarbeit an diesem Buch herzlich bedanken: bei Kingshuk Ghoshal, Govind Mittal, Deeksha Saikia, Bimlesh Tiwari und Balwant Singh von DK India; bei Ann Baggaley, Jarrod Bates, Bob Bridle, Kim Bryan, Gill Edden, Anna Fischel, Phil Hunt, Tom Jackson, Nicky Munro, Nigel Ritchie, Manisha Thakkar, Simon Tuite, Miezen Van Zyl, Jo Weeks und Ed Wilson für ihre redaktionelle Mitwirkung; bei Sarah Arnold und Susan St. Louis für ihre Mitarbeit am Design; bei David Ashby, Kevin Jones Associates, Peter Bull, Brian Flynn, Phil Gamble, Tim Loughead, Patrick Mulrey, den Oxford Designers & Illustrators, Jay Parker und Mark Walker für zusätzliche Illustrationen; bei Ian D. Crane für die Indexerstellung sowie beim The Flag Institute in Chester, Großbritannien, für die Hilfe bei den Flaggen.

BILDNACHWEIS

Der Verlag dankt den folgenden Personen, Firmen und Institutionen für die freundliche Bereitstellung und Genehmigung zum Abdruck ihrer Bilder. (Schlüssel: o=oben; u=unten; l=links; r=rechs; m=Mitte)

12 Getty Images: IOC Olympic Museum (mro) (mru). 13 Getty Images: IOC Olympic Museum (or) (mru). PA Photos: (mro); DPA (ml) (m). 14 Getty Images: IOC Olympic Museum (or) (mr) (mru). PA Photos: (mu); S&G (mo); Topham Picturepoint (mr) (ml). 15 Getty Images: IOC Olympic Museum (mr) (mru) (or). 16 Getty Images: IOC Olympic Museum (or) (mr) (mru). 17 Getty Images: IOC Olympic Museum (mru) (or). PA Photos: (mr) (mu); AP (mo) (mlo) (mlu). 18 Corbis: Hulton-Deutsch Collection (ol). Getty Images: IOC Olympic Museum (mr) (or). PA Photos: (um). 19 Getty Images: AFP (mlo); IOC Olympic Museum (mr) (or). PA Photos: S&G (ur). 20 Getty Images: IOC Olympic Museum (or). PA Photos: DPA (u); S&G (mo). 21 Corbis: Bettmann (mru). Getty Images: IOC Olympic Museum (or) (mr). PA Photos: (mlo). 22 Getty Images: IOC Olympic Museum (or) (mr). PA Photos: Robert Rider-Rider/AP (mu); S&G (ol). 23 Getty Images: IOC Olympic Museum (mr). PA Photos: AP (mu); DPA (o). 24 Getty Images: Hulton Archive/Keystone (o); IOC Olympic Museum (mr). PA Photos: S&G (ur). 25 Getty Images: IOC Olympic Museum (or) (mr). PA Photos: AP (mlo); DPA (mru). 26 Getty Images: IOC Olympic Museum (or) (mr). PA Photos: AP (mlo); DPA (mru). 27 Getty Images: IOC Olympic Museum (or); Bob Martin (u). PA Photos: Heikki Kotilainen/Lehtikuva (mlo). 28 Getty Images: IOC Olympic Museum (or). PA Photos: AP (u) (mlo). 29 Getty Images: IOC Olympic Museum (or) (mr). PA Photos: AP (mlo); Wilfried Witters/Witters (mru). 30 Getty Images: IOC Olympic Museum (or) (mr). PA Photos: S&G (mlo) (mru). 31 Getty Images: IOC Olympic Museum (mr). PA Photos: Ed Reinke/AP (o); S&G (mru). 32 Corbis: Mike King (mr). Getty Images: IOC Olympic Museum (or) (ur). MARTIN/AFP (ul). 33 Getty Images: Clive Brunskill (or); IOC Olympic Museum (or) (mr). PA Photos: Michael Probst/AP (ul). 34 Getty Images: Jiji Press/AFP (or); Mike Powell (mlo); Nick Wilson (mr). PA Photos: Neal Simpson (ur). 35 Getty Images: Stuart Hannagan (ur); IOC Olympic Museum (or) (mr). PA Photos: Tony Marshall (mlo). 36 Corbis: Gero Breloer/EPA (mlo). Getty Images: Gabriel Bouys/AFP (ur); IOC Olympic Museum (or) (mr). 37 Getty Images: Frank Fife (u); Clive Rose (mro); IOC Olympic Museum Collections (or). 38 Getty images: Attila Kisbenedek (u); Getty/AFP (ol). 39 Corbis/Visionhaus (o); Getty/Johannes Eisele (ul). 40 Corbis/Julian Stratenschulte (u). 41 Leo Mason/Corbis (ol); Yang Lei/Xinhua Press/Corbis (or); AFP/Getty (ul); AFP/Getty (um); Gallo Images (ur). 42 Jean-Yves Ruszniewski/TempSport/Corbis (o); Getty (ul); Julian Stratenschulte/dpa/Corbis (ur) 43 Getty Images: Phil Cole